1 MONTH OF
FREE
READING

at
www.ForgottenBooks.com

By purchasing this book you are eligible for one month membership to ForgottenBooks.com, giving you unlimited access to our entire collection of over 1,000,000 titles via our web site and mobile apps.

To claim your free month visit:
www.forgottenbooks.com/free1029602

ISBN 978-0-364-47212-5
PIBN 11029602

This book is a reproduction of an important historical work. Forgotten Books uses
state-of-the-art technology to digitally reconstruct the work, preserving the original format
whilst repairing imperfections present in the aged copy. In rare cases, an imperfection in
the original, such as a blemish or missing page, may be replicated in our edition. We do,
however, repair the vast majority of imperfections successfully; any imperfections that
remain are intentionally left to preserve the state of such historical works.

DIE BAUHÜTTE.

ZEITUNG FÜR FREIMAURER.

DIE BAUHÜTTE.

ZEITUNG FÜR FREIMAURER.

BEGRÜNDET UND HERAUSGEGEBEN

VON

Br. J. G. FINDEL,

Mitglied der Loge Eleusis z. V. in Bayreuth, Vorstands-Mitglied des Vereins deutscher FrMr,
Ehrenmitglied der Logen Johannes z. w. T. in Ludwigsburg, Verschwisterung der M. in Glauchau,
zu den drei Sternen in Rostock, Deutsche Freundschaft zum südl. Kreuz in Joinville (Brasilien),
zur Bruderkette in Hamburg, Pforte zum T. des L. in Hildesheim, Jérusalem des Vallées Eg. zu
Paris, Minerva zu Hall (England), Insubria zu Mailand, zum Morgenstern in Hof, zum wiedererb.
Tempel der Bruderliebe in Worms, Lessing in Barmen, Mother Kilwinning zu Kilwinning
(Schottland), St. John Nr. in Monrovia (Liberia), zu den 3 weissen Lilien in Temesvar (Ungarn),
Szegenyi zu Arad (Ungarn), zur Vaterlandsliebe in Baja (Ungarn), Kingstonloge zu Hall (England),
des Vereins deutsch-amerik. FrMr zu New-York und des Br-Vereins „Humanitas" in Wien.

DREIZEHNTER JAHRGANG.

LEIPZIG,
VERLAG VON J. G. FINDEL.
1870.

Druck von Bär & Hermann in Leipzig.

A. 547819.

Systematisches Inhaltsverzeichniss.

Künzel, Dr. Heinr., Hofrath in Darmstadt, S.
Leopold, Dr., Bezirksarzt in Glauchau, S.
Löwe, Dr. Feodor, Regisseur in Stuttgart, S.

Maass, Dr. M., Gymnasiallehrer in Sprottau, S.
Maier, Dr. F., Professor in Stuttgart, S.
Mannschatz, Carl, Lehrer in Leipzig, S.
Menzer, Jul., in Neckargemünd, S.
Nagel, Dr., in Mühlheim a. d. R., S.
Oppel, Dr. Karl, in Frankfurt a. M., S.
Putsche, Dr. C. Ed., Professor in Weimar, S.
Reinhardt, Hauptmann in Mergentheim, S.

Rittern...
Rosenbaum, Dr., ...
Schröter, F. W., Lehrer in Dresden, ...
Seydel, Dr. Rud., Professor in Leipzig, S.
Solger, Heinr., Lehrer in Würzburg, S.
Strebel, Paul, Buchhändler in Gera, S.
Suhle, in Cöslin, S.
Thost, Gust., Ingenieur in Zwickau, S.
Treu, Georg, Kaufm. in Mannheim, S.
Wetter, Wilh., in St. Gallen, S.
Zumpe, in Altenburg, S.

Namen- und Sachregister.

№ 1.   XIII. Jahrgang.

Die

BAUHÜTTE.

Begründet und herausgegeben

von

Br J. G. FINDEL.

* Organ des Vereins deutscher Freimaurer. *

Handschrift für Brr Frmr.   Leipzig, den 1. Januar 1870.   MOTTO: Weisheit, Stärke, Schönheit.

Von der „Bauhütte" erscheint wöchentlich eine Nummer (1 Bogen). Preis des Jahrgangs 3 Thlr. — (vierteljährlich 22½ Ngr. — fl. 1. 21. rhein.
Die „Bauhütte" kann durch alle Buchhandlungen bezogen werden.

Inhalt: Die Hand an's Werk. Von Br Emil Rittershaus. — Das deutsche Mrthum im Jahre 1869. Vom Herausg. d. Bl. — Zwei Freimaurerbriefe von Goethe. Mitgetheilt von Br Patsche. — Literarische Besprechung. — Feuilleton: Bayreuth. — Berlin. — Dänemark. — Frankreich. — Farth. — Kehl. — Oppenheim. — Würzburg. — Verein deut. Mr. — Statistik der mr. Stiftungen. — Briefwechsel. — Anzeigen.

Die Hand an's Werk!

Von

Br Emil Rittershaus.

Es senkt das alte Jahr das Haupt zum Sterben
Und keiner hüllt sich drum in Trauerflor;
Ein Jeder hofft das Beste von dem Erben,
Der aus der Fluth der Zeiten steigt empor.
Ein Jeder hofft, er schliess' den Himmel offen,
Er bringe Glück und halte fern das Leid.
Ein schöner Traum, ein mehr als kindlich Hoffen!
Die Hand an's Werk! Dann schaffen wir die Zeit!

Du Bruderbund, der einst vorangeschritten
In alten Zeiten auf der Bahn zum Licht,
Der Boden bebt von deiner Feinde Tritten,
Sie ziehn heran und, ach, du merkst es nicht!
Du zechst vergnügt im Zelt der Marketender,
Indess die Trommeln wirbeln rings zum Streit;
Du freust dich deiner Orden, deiner Bänder! —
Die Hand an's Werk! Dann schaffest du die Zeit!

Die morschen Ketten will zusammenschweissen
Der Priester Hand auf's Neu in dunkler Stund'!

Nun thut es Noth vom Traum sich loszureissen,
Masonenthum, geliebter Maurerbund!
Verkünd'ge Gott durch hohe Liebesthaten,
Wenn nach dem Glauben nur der Pfaffe schreit.
Vom Zechtisch auf! Zum Banner, ihr Soldaten
Des freien Geist's! Dann schaffen wir die Zeit!

Frisch in die Welt! Der lebt nur recht auf Erden,
Der keck hinein in's volle Leben greift!
Uns muss zur Werkstatt unser Tempel werden,
Wo sich der Geist zum Kampf die Waffen schleift!
Das Licht in's Volk! Den Aermsten und Geringsten
In Bruderliebe nimm ihn treu zur Seit',
Sei ihm ein Lehrer! Dann erscheint das Pfingsten
Der neuen Zeit, dann schaffen wir die Zeit!

Lass deine Thaten deinen Ruhm verkünden,
Du Maurerbund! Das ist der Zeit Gebot!
Und mit dem Wahn und mit der Lüge Sünden
Kein Friedensschluss, den Kampf bis in den Tod!
Zieh' du voran im grossen Strauss der Geister
Und thu' gewaltig deine Predigt kund!
So geb' es Gott, der ew'ge Weltenmeister!
Er segne dich, geliebter Maurerbund!

Barmen, im December 1869.

Das deutsche Maurerthum im Jahre 1869.

Eine Rückschau.

Von

Herausgeber des Blattes.

Wiederum ist ein Jahr mit seinen Strömungen und Gegenströmungen, mit seinen Erfolgen und Ansätzen, unter Kampf und Ringen nach Besserem dahin geschwunden und wir sind als Geschichtschreiber der ewig fliessenden Zeit wieder in der Lage, Umschau zu halten und zu prüfen, was wir erreicht.

Bevor wir aber dazu übergehen, drängt es uns, allen Brn nah und fern unsere innigsten Glückwünsche zum neuen Jahre darzubringen, unsern Lesern und Mitarbeitern für ihre treue Theilnahme warm zu danken und sie zur ferneren Mitarbeit am gemeinsamen Bau brüderlichst einzuladen. Möge das Werk im neuen Jahre gefördert werden und gedeihn! Als günstiges Vorzeichen begrüssen wir mit Freuden das Wachsthum des Vereins, dem dieses Blatt als Sprechsaal dient, und die zunehmende Verbreitung der „Bauhütte" selbst, die noch keinen Jahrgang unter so vielen Zubestellungen eröffnen konnte, wie diesen.

Doch nun zur Sache!

Zunächst ergibt sich aus einem Rückblick, dass das letztverflossene Jahr an hervortretenden Ereignissen und tiefgreifenden Umgestaltungen, wie an bedeutenden literar. Erscheinungen arm war. Gleichwohl aber hat die deutsche Mrei im Zusammenhalt mit dem vorhergehenden Jahre und als Nachwirkung desselben — eine wesentlich neue, veränderte Gestalt angenommen. Diese bekundet sich nicht blos durch die direkte Vertretung der Einzellogen bei ihren Grosslogen und die daraus hervorgegangenen jährlichen Zusammenkünfte (Bayreuth, Darmstadt, Hamburg, 3 Weltk. in Berlin), nicht blos durch die Auflösung der Grossloge von Hannover und durch Einfügung ihrer Logen in den Verband der drei preussischen Grosslogen, sondern auch durch das naturwüchsige Hervortreten neuer Gebilde, wie der „Verein deutscher Freimaurer" und der deutsche „Grossmeistertag." Dieser äusserliche Umgestaltungsprozess ist zur Zeit noch keineswegs vollendet, sondern steht erst am Anfang und wird aller Wahrscheinlichkeit nach über kurz oder lang im deutschen Süden, wie auch in Preussen neue Phasen durchmachen. Innerlich macht sich mehr und mehr das Streben geltend, aus der FrMrei Ernst zu machen, ihre Prinzipien tiefer zu erfassen, mit dem Geiste des aufgeklärten 19. Jahrhunderts mehr als bisher Fühlung zu gewinnen und die Mrei des Scheins, der Phrase und des Spiels hinüberzuleiten auf das befruchtende Gebiet der That. Solche tiefgreifende Umwandlungen können sich selbstredend nicht vollziehen ohne eine gewisse Spannung zwischen den Anhängern des Alten, der Vergangenheit und denen des Neuen, der Zukunft zu verursachen; nicht ohne Reibungen und Conflikte, obwohl innerhalb unseres auf dem Boden der Geistesfreiheit, der redlichen Prüfung und des freundlichen Entgegenkommens gestellten Bruderbundes solche Gegensätze ohne scharfe Reibung sich ausgleichen sollten. Eine gewisse Spannung und zeitweilige Missstimmung ward im Laufe des letzten Jahres erzeugt durch die Ablehnung der vom Verein dem. FrMr erbetenen Logenräume seitens der Leipziger Logen „Balduin zur Linde" und „Minerva zu den 3 Palmen", ein Conflict, auf den wir hier nicht näher mehr einzutreten gedenken. Dank dem freundlichen Anerbieten der Loge „zu den ehernen Säulen" in Dresden wurde die Verlegenheit, in welche der Verein dadurch gekommen war, alsbald wieder beseitigt. Wenn auch verhältnissmässig schwach besucht, fand die Jahresversammlung des Vereins in den Tagen des 4. und 5. Septbr. in Dresden statt. Der Verein selbst ist im Laufe des vergangenen Jahres, wie nie zuvor, gewachsen und hat bereits eine achtunggebietende Höhe erreicht. Um seine Bestrebungen gruppirte sich ein nicht unbeträchtlicher Theil der geistigen Arbeit der Brüderschaft, sofern nicht eine geringe Zahl von Artikeln d. Bl. der Frage der maurer. Werkthätigkeit gewidmet war, abgesehen von den zur Veröffentlichung gelangten Preisarbeiten der Brr Cramer, Hufschmidt und Dr. Kayser.

Auch das vom Verein aufgestellte „Grundgesetz für den Mrbund" machte seine fortwirkende Kraft geltend; es ward von Neuem warm und eindringlich empfohlen von Br Dr. Dörffel in Joinville, während der Herausg. d. Bl. eine neue, sich mehr an das Bestehende anlehnende Fassung zu finden bemüht war und die Aufstellung eines solchen den hervortretendsten Gegenstand des deutschen Grossmeistertags bildete, der diesmal in Dresden versammelt war. Grosse Hoffnungen knüpfen sich an dieses Gebilde der Neuzeit, obwohl der Tieferblickende sie kaum zu theilen vermag. Dass der deut. Grossmeistertag vorzugsweise die vom Vereine deut. Mr angeregten Fragen und Strebeziele sich zu bemächtigen suchte, wird man ganz in der Ordnung finden und darf man auch aus der Thatsache, dass seine Verhandlungen bisher völlig erfolglos blieben, kaum einen Vorwurf ableiten. Bedenklich dagegen war schon der Beschluss der letzten Versammlung, wornach sich derselbe gegen eine Verstärkung aus der Elite der Brüderschaft ablehnend verhielt, und noch bedenklicher muss sein Streben erscheinen, zu einstimmigen Beschlüssen zu gelangen, ein Bestreben, welches ihn bei seiner Zusammensetzung nothwendig zu absoluter Nullität herabdrücken muss. Zu keinem einzigen, auch nur halbweg nennenswerthen Beschlusse ist die Zustimmung der Vertreter der Grossen L. L. v. D. und der Grossl. zu den 3 Weltk. zu erlangen. Wenn man nicht zu einfachen Mehrheitsbeschlüssen sich bequemt, so wird man über ein schattenhaftes Dasein nicht hinauskommen. Diese Ansicht theilt auch einer der kenntnissreichsten, verdienstvollsten und erfahrensten FrMr Deutschlands, der im Hinblick auf die letzten Vorgänge innerhalb der Grossloge zu den 3 Weltk. bemerkt: „Welcher Wechselbalg von alten Pflichten könnte das sein, der Aussicht auf Annahme bei diesem Directorium hätte! Da scheint es ja leichter zu sein, sich an einem Seil von Häcksel aus dem Monde herabzulassen, als zu erfinden, welche Art von alten Gesetzen der Beschaft Gnade zu finden Aussicht hätte." — Zwischen Geist und Verfassung der Grossen Bundesloge „zur Sonne" und jener der sogen. Grossen L. L. v. D., zwischen der Grossloge von Hamburg und der Grossloge zu den 3 Weltk. dürfte eine Ausgleichsbasis schwer zu finden sein. —

Die Grossloge „zur Sonne" in Bayreuth hat auf ihrer Conferenz in Kaiserslautern die freisinnigen Beschlüsse der constituirenden Versammlung in Stuttgart völlig wieder hergestellt, durch glückliche Neuwahl der Grossbeamten sich neu befestigt und bei ihren Verhandlungen einen Geist des Freisinns und der Einigkeit gezeigt, wie er allein unseres Bundes würdig ist und eine segensvolle Zukunft verheisst. Diesem Bilde mr. Verständnisses und mr. Eintracht tritt das Bild der Maiconferenz der Grossen Nat.-M.-Loge zu den 3 Weltk. in Berlin als der reine Gegensatz gegenüber. Die wohlbegründeten Anträge der Loge „Ernst z. Compass" in Gotha und anderer Logen fanden weder Verständniss und hinreichende Unterstützung, nach brüderl. Entgegenkommen, und dies ist um so bedeutungsvoller und um so bedauerlicher, als ja der innerhalb der Gr. Nat.-M.-Loge in Aussicht genommene Fortschritt immerhin noch weit hinter dem zurücksteht, was die Grossl. „zur Sonne" bereits vor ihrer Neugestaltung in Stuttgart bot. Und um das Mass voll zu machen, hat das Bdesdirektorium auch noch dem einzigen dort gefassten Beschlusse die Bestätigung versagt, und damit alle Hoffnungen auf die kommende Maiversammlung gründlich vernichtet. „Es bleibt Alles beim Alten", lautet die Parole!

Während auf dem Grossmeistertag die Annahme des wesentlichen Theils der alten Pflichten in Aussicht gestellt war und in der Maiversammlung eine schüchterne Fortschrittsbewegung versucht wurde, athmet das Johannisrundschreiben des Bundes-Direktoriums den alten autokratischen Geist, der schon mehr an China, als an die moderne Civilisation erinnert. Die Ausfälle gegen die „sogen. maurer. Presse" und die Ablehnung des einzigen Beschlusses der Maiversammlung setzen „das innige Verhältniss zwischen der Grossloge, dem Bundesdirektorium und den Tochterlogen", sowie die Behauptung, dass das Bdesdirektorium die Logen weder „bevormundet" noch „in einem selbständigen Vorschreiten zum Besseren hemmt", — in ein eigenthümliches Licht. Mehre uns auf vertraulichem Wege zugegangene Vorkommnisse beweisen überdies schlagend, dass den Einzellogen auch nicht der Schatten einer Selbständigkeit zugestanden wird.

Freilich beweist der eine dieser Fälle auch, dass manche Logen zur Selbstverwaltung nicht reif und für die Bevormundung gleichsam geschaffen sind. Statt in einem Falle, wo es sich um Beförderung eines israel. Brs auf Requisition einer auswärtigen Loge, um lediglich um eine brdl. Gefälligkeit handelte, einfach das Gesetzbuch zu befragen, dieses im freiesten Sinne zu deuten und selbst einen etwaigen Verweis seitens der Grossl. als Ehrensache anzusehen, fragt man beim Grossmstr. in Berlin an, von wo natürlich ein ablehnender Bescheid erfolgt. Was soll man zu solcher Unmündigkeit sagen? Wem könnte es angesichts solcher Thatsachen und der maurer. Verhältnisse in Preussen insgesammt entgehen, dass die Logen, welche der Typus edlen Menschenthums und ein Ur- und Vorbild des Aussenlebens sein sollten, vielfach tief unter der Atmosphäre des sogen. „profanen" Lebens stehen?

Innerhalb der Grossloge „zur Eintracht" in Darmstadt trat ein reges Geistesleben und der Trieb nach fortschreitender Verbesserung im verflossenen Jahre unverkennbar hervor. Als schöne Resultate solchen Strebens haben wir die mannichfache Thätigkeit in den Logen und in den Kränzchen, den Beschluss der Gründung eines monatlich erscheinenden Lokalblatts („Jahrbuch der Bauhütten des Eintrachtsbundes") und der Aufhebung der Censur zu betrachten, sowie den unerwarteten und die Loge hoch ehrenden Beschluss der Loge „Freunde der Eintracht" zu Gunsten der sogen. christlichen Prinzips zu Gunsten der mr. Einheit und Allgemeinheit.

Innerhalb des Verbandes der sogen. Grossen L. L. v. D. (schwedischen Systems) hat auch in diesem Jahre, wie im ganzen letzten Jahrzehnt, Gehorsam und Schweigen geherrscht. „In Warschau herrscht Ruhe!" —

Von sonstigen Vorkommnissen erwähnen wir noch die leider vereinzelt dastehende männliche Ablehnung der angesonnenen Beförderung in die sog. Schottengrade seitens des rühmlichst bekannten Dichters Br Emil Rittershaus; die erste Aufnahme eines Suchenden mosaischen Glaubens in der Loge „Minerva zu den 3 P." in Leipzig (2. Febr.); das 125jähr. Jubelfest der Loge „Carl zur gekrönten Säule" in Braunschweig; die Verfügung der kgl. b. Regierung von Unterfranken, dahin lautend, dass sie den Mrbund nicht als „geheime" Gesellschaft ansehe und es demgemäss jedem Beamten unbenommen sei, dem Bunde sich anzuschliessen; die Einweihung der neuen Logengebäude in Dresden (ehernen Säulen), Hof, Kaiserslautern und Wiesbaden; die Darreichung brüderl. Hilfe behufs Erwerbung eigener Logenhäuser an die Logen in Hof, Hirschberg und Siegen; den reichen Ertrag der Sammlung für die verunglückten Bergleute im Plauenschen Grunde, abgesehen von den Ergaben für Br Venedey, für Schw. Brüggemann, für den Stud. H. u. dgl. m.; die befriedigende Erklärung des Br Schnakenburg, Grossmstr. in Berlin, in Hannover, dass die Grossloge „Royal York z. Fr." innerlich dem Prinzip der Allgemeinheit zugethan sei und eine dahin zielende Statuten-Aenderung vornehmen werde, sobald die Zeitverhältnisse dies gestatten; der vollzogene Anschluss der meisten hannöverschen Logen an die eben genannte Grossloge „Royal York z. Fr.", die relativ freieste und bestverwaltete in Preussen, ein Anschluss, der ein neues gesundes Element der preuss. Mrei zugeführt und mit der Zeit von Bedeutung zu werden verspricht, wenn erst die Gegenwärtige, nicht zu leugnende Erschlaffung der hannöv. Logen gewichen sein wird; ferner die Gründung neuer Logen in Oberstein, Freienwalde und Kattowitz, und endlich die Einführung des vom Herausg. d. Bl. bearbeiteten Rituals in mehren Logen, wie in Ludwigsburg, Hof, Constanz und die versuchsweise Anwendung in anderen, wie Bingen u. s. w.

Auf dem Felde der maurer. Literatur ist ausser Br Henne's „Buch der Mysterien" so gut wie nichts zu verzeichnen, wenn wir von den periodischen Erscheinungen (Bauhütte, FrMrZtg, Latomia, Asträa und Dalen's Jahrbuch) absehen. Auch hinsichtlich der Logenvorträge, deren Zahl wie Gehalt, bleibt viel zu wünschen übrig, namentlich in manchen preussischen Logen, die in der Behandlung der rituellen Formen und in der Geselligkeit fast aufgehen und die Bedeutung der Instruktionsvorträge und der geistigen Selbstthätigkeit vielfach unterschätzen oder über an produktiven Kräften Mangel leiden. Nur einige kleinere Logen machten eine rühmliche Ausnahme.

Wie in der Kirche, so herrscht auch auf dem Gebiete der FrMrei vielfach noch Indifferentismus einerseits, blindes Schwören in verba magistra andererseits. Die Zahl Derer, welche für unsere heilige Sache wirkliches Interesse haben, ist verhältnissmässig klein; noch kleiner die Zahl derjenigen, welche Muth und Energie genug besitzen, gegen den Strom zu schwimmen. Ueber kurz oder lang wird und muss jedoch der „Verein deut. Mr", um dessen Wirken und Streben sich schon seit einigen Jahren fast die ganze Geschichte der Mrei in Deutschland dreht, der Krystallisationskern aller intelligenten, strebsamen und für das Wohl des Bundes begeisterten Brr und der belebende Mittelpunkt der Regeneration werden. Seine Anziehungskraft steigert sich täglich, das Vertrauen auf sein Wirken hebt sich zusehends und seine nächste Jahresversammlung in Darmstadt, zu der Zeit wo die Sonne am höchsten steht und die Frucht zur Ernte reift, verspricht ebenso besucht, wie inhaltreich, bedeutend und weittragend zu werden.

Möge das Jahr 1870, wie es äusserlich in ein neues Jahrzehent einführt, der Beginn einer neuen Aera für die deutsche Mrei werden, ein Wendepunkt zu neuer Blüthe, neuer Kraft und neuem Leben — den Verbundenen und der Menschheit zum Heil!

Zwei Freimaurerbriefe von Goethe.

Aus dem Archive der Loge Amalia in Weimar mitgetheilt.

Von
Dr Putsche.

Wenn schon das Schreiben, welches Goethe am 13. Februar 1780 an den Geheimerath Freiherrn von Fritsch, damaligen Meister vom Stuhl der Loge „Amalia" in Weimar, als Aufnahmesuchender gerichtet hat, in dem Arbeitsaale des Logengebäudes in Weimar „als eine theure Relique unter Glas und Rahmen aufbewahrt wird" und in dem allgemeinen Handbuch der Freimaurerei unter dem Artikel Goethe mit Recht wörtlich aufgenommen worden ist: so verdient ein anderer seitdem in dem Archive derselben Loge aufgefundener Brief, welchen Goethe zum Behufe der Wiedereröffnung der seit 1784 geschlossenen Loge Amalia im Jahr 1808 an die Loge „Günther zum stehenden Löwen" in Rudolstadt gerichtet hat, vielleicht in noch höherem Grade allgemeiner bekannt zu werden. Denn er legt nicht allein von der inzwischen gereiften maurerischen Einsicht Goethes (welcher, am Vorabende des Johannisfestes am 23. Juni 1780 unter Bodes Hammerführung aufgenommen, bereits am 23. Juni 1781 in den II., am 2. März 1782 in den III. Grad befördert worden war), namentlich von seiner Ansicht über die stricte Observanz, ein sehr werthvolles Zeugniss ab, sondern er gibt auch über das hauptsächliche Verdienst Goethes um die Wiedererweckung der Loge Amalia, welches in den Artikeln des Freimaurerhandbuchs über Bertuch und Goethe fast ein der Wirksamkeit Bertuchs mehr untergeordnetes scheinen könnte, so wie über die Zeit, wann die Loge „Amalia" von der stricten Observanz sich losgesagt hat, den unzweideutigsten Aufschluss.

Das unverkennbar von Goethes eigner Hand niedergeschriebene und signirte Concept, welches ausserdem von dem Herzog Carl August am Rande vidirt, von C. v. Schardt, Chr. Gottl. Voigt, Friedr. Justin Bertuch, G. Ernst Egloffstein, C. J. R. Ridel, C. K. F. Böttger, Carl Bertuch und Ludwig v. Schardt mit unterzeichnet ist, lautet wie folgt:

„An die hochw. Loge Günther zum stehenden Löwen in Rudolstadt.

Hochwstor M. v. St.

S. E. u. geliebte Brüder!

Zeit und Umstände veranlassten uns im Jahre 1784 die Arbeiten unserer Loge Amalia einzustellen und bis jetzt ruhen zu lassen. Zeit und Umstände veranlassen uns anjetzt unsere Loge Amalia wieder zu eröffnen und unsere Arbeiten in derselben zu erneuern. Wir sind indessen als Maurer nicht unthätig geblieben. Wir haben in der Stille Welt und Menschen, Geist der Zeit und Resultate seines Wirkens, Fortgang der Maurerei zu ihrer Vervollkommnung beobachtet und auch ohne Logenverband unsere Maurerpflichten getreu zu erfüllen gesucht, so weit es uns möglich war.

Mehrere Erfahrungen, die wir indessen sammelten, und schätzbare Aufklärungen, die wir über Zwek und Wesen unseres Ordens erhielten, haben bei uns den Entschluss bewirkt, bei unseren Arbeiten das ehedem bei der Loge Amalia angenommene, anjetzt aber nicht mehr brauchbare System der stricten Observanz zu verlassen und anjetzt nach dem weit mehr gereinigten, zwekmässigeren und dem Geist unserer Zeit und Kenntnisse mehr entsprechenden Systeme der grossen Provinzialloge von Niedersachsen zu Hamburg, nach welchem auch Sie arbeiten, anzunehmen und uns mit gedachter grossen Provinzialloge von Niedersachsen zu vereinigen.

Hiezu sind nun nicht allein wir unterzeichneten älteren Brüder Meister und Mitglieder der Loge Amalia entschlossen, sondern es haben auch unsere übrigen hier lebenden, mit unterzeichneten und anjetzt noch keiner andern Loge als der Ihrigen angehörenden Brr. sich mit uns zur Wiedereröffnung der Loge Amalia nach obgedachtem Systeme mit höchster Genehmigung des Hoehwsten und Durchlsten Bruders Carl August, unseres innigst geliebten Herzogs und Landesregenten, vereiniget. Wir achten es daher für Schuldigkeit und Bruderpflicht, Sie von diesem Entschlusse hierdurch zu benachrichtigen und hoffen gewiss, dass Ihnen diese Nachricht nicht allein angenehm sein werde, sondern auch dass die Loge Amalia bei der neuen Einrichtung und Anordnung ihrer Arbeiten auf die gütige und brüderliche Unterstützung der Loge Günther zum stehenden Löwen gewiss rechnen könne. Diese Unterstützung, um welche wir Sie brüderlich bitten müssen, würde vor der Hand in folgenden 2 Stücken bestehen, nämlich

1) da wir, gewisser Umstände wegen, die Loge Amalia nicht sogleich förmlich wieder eröffnen können, sondern vor der Hand blos in der Meisterconferenz noch einige Zeit arbeiten werden, dass sie also die bei unserer Loge Amalia sich meldenden Candidaten, wenn wir über ihre Aufnahme entschieden haben und sie Ihnen präsentiren, auf Requisition für uns und als Mitglieder der Loge Amalia aufnehmen und avanciren.

2) Dass Sie uns selbst erlauben, uns vor der Hand

und so lange bis wir unsere Loge Amalia selbst wieder förmlich eröffnen können, als Mitglieder zu ihrer Loge zu halten (da wir dies Alle nicht schon sind) und an allen Ihren Arbeiten Theil nehmen lassen.

Sie werden uns durch die gütige Erfüllung unserer Wünsche und Bitten recht sehr verbinden und einen neuen Beweis Ihrer brüderlichen Liebe geben. Von uns können Sie ein Gleiches in allen Fällen mit Zuversicht erwarten. Denn wir wünschen nichts mehr, als Ihnen unsere Verehrung und Bruderliebe zu bethätigen, mit welcher wir vom Osten bis zum Westen des Lebens verharren als

Ihre

treuverbundensten

Brüder.

Aus diesem Schreiben ergibt sich mit völliger Evidenz, 1) dass Goethe es war, welcher zur Wiedereröffnung der Loge Amalia den ersten Schritt that; 2) dass das von Goethe als nicht mehr brauchbar bezeichnete System der stricten Observanz von der Loge Amalia gleich bei ihrer Wiedereröffnung verlassen und mit dem weit mehr gereinigten, zweckmässigeren und dem Geiste unserer Zeit und Kenntniss mehr entsprechenden Systeme der grossen Provinzialloge von Niedersachsen zu Hamburg vertauscht worden ist, während man nach einer Bemerkung des Freimaurerhandbuchs in dem Artikel Goethe fast glauben sollte, dass das System der stricten Observanz von der Loge Amalia zwar auf Betrieb Goethes, aber erst nach ihrer Reorganisation abgeschafft worden sei. Dort heisst es nämlich S. 549: „Als 1808 die ruhende Loge wieder in Thätigkeit gesetzt werden sollte, wirkte Goethe neben Bertuch hauptsächlich für ihre Reorganisation. Bei der Beamtenwahl, bei welcher 12 Meister zugegen waren, erhielt er 3 Stimmen zum Meister, während 9 auf Bertuch fielen. Dagegen unterlagen die wichtigeren Reden, Gesänge und Anordnungen meist seiner vorausgehenden Prüfung und Billigung. Kräftig wirkte er namentlich mit für Einführung des Systems der Grossloge zu Hamburg; denn die Amaliaioge hatte bis dahin nach dem Systeme der stricten Observanz gearbeitet", wo wenigstens die Ausdrücke Einführung und bis dahin zweideutig sind.

Dass aber Goethe die Reorganisation der Loge Amalia auf den ausdrücklichen Wunsch Carl Augusts anbahnte, dies ergiebt sich unzweifelhaft aus einem zweiten Schreiben des Ersteren, welches wahrscheinlich (denn die Adresse fehlt leider) an Bertuch gerichtet war und folgendermassen lautet:

„Indem ich Ew. Wohlgeb. Concept und Mundum wieder zurücksende, ersteres von Serenissimo vidirt, von mir signirt, letzteres von mir unterzeichet, so bitte ich nunmehr in der Sache ungesäumt weiter fortzuschreiten.

Das erste wäre nun sämmtliche hiesige Brüder zur Mitunterschrift des Schreibens einzuladen, sodann eine Conferenz zu halten und in derselben sich über die Personen zu besprechen, welche man zunächst veranlassen möchte zu der Verbrüderung gleichfalls beizutreten. Mit Herrn G. R. R. Voigt und Müller, so wie mit Kr. R. Weiland habe gesprochen und diese sind bereitwillig. Präsident v. Fritsch[*] und Herr von Ziegesar wären auch zu

begrüssen, und wen man sonst noch brauchen möchte. Durchlaucht haben sich auch wegen Beitritt des durchl. Erbprinzen beifällig erklärt.

Wollte man nun zu Johanni eine gemeinschaftliche Wallfahrt nach Rudolstadt anstellen, so könnte gleich dort, unter Beirath des Herrn von Beulwitz,[**] die hiesige Loge formirt werden.[***] Kömmt es zur Wahl der Stellen, so bitte beiliegendes versiegeltes Blatt zu eröffnen, worinnen mein Votum auf diesen Fall enthalten ist.

Um lebhaften Betrieb und Beschleunigung der ganzen Sache bitte ich theils weil ich sie selbst für wichtig halte, theils weil Serenissimus diese Beschleunigung wünschen und erwarten.

Die Ritualien folgen hierbei.

Weimar den 11. März 1808.

Goethe.

Literarische Besprechung.

Br C. van Dalen's Jahrbuch für Freimaurer auf das Jahr 1870. Von Brhand fortgesetzt. 10. Jahrg. Leipzig, 1870. J. G. Findel. Geb. 20 Sgr.

Wenn auch etwas später als gewöhnlich (in Folge der Behinderung des bisherigen Bearbeiters) ist der neue, und vielen Brn stets willkommene Jahrgang des van Dalenschen Jahrbuchs erschienen und wenn wahr ist, was der Rezensent der „Latomia" behauptet, dass es mit jedem Erscheinen an innerem Gehalte zuzunehmen pflegt, so wird der neue Jahrgang wieder auf eine freundliche Aufnahme rechnen dürfen.

Die Zahl der für die „Notizen" bestimmten leeren Blätter — eine Folge der Stempelverpflichtung — ist diesmal allerdings noch unvermindert geblieben; indessen soll der freundliche Wink, sofern nicht Einsprache geschieht, nächstes Jahr Beachtung finden. Neu hinzugekommen sind in diesem Jahre die Logen-Adressen, sofern sie nicht mit der des Meisters v. St. identisch sind. Die Arbeitstage sind bei mehr Logen, als früher, vermerkt worden; die Schottenlogen, für die Inhaber des Jahrbuchs ohne Belang, sind „als unnützer Ballast und nicht zur Mrei gehörig" beseitigt worden; die deutschen Logen in Ungarn sind mit Angabe der Stuhlmstr. einge-

---

[*] Der Polizeipräsident C. W. von Fritsch, Sohn des früheren Meister vom Stuhl, wirklichen Geheimraths Jac. Frdr. von Fritsch, welcher seinen Beitritt versagt und die Acten an Bertuch abgeliefert hatte.

[**] Des Meisters vom Stuhl der Loge in Rudolstadt, E. W. von Beulwitz, nicht zu verwechseln mit C. Aug. von Beulwitz, dessen das Freimaurerhandbuch allein Erwähnung thut, der jedoch als Grossmeister der grossen Landesloge von Deutschland in Berlin bereits 1799 gestorben war.

[***] Die Constituirung fand statt, nachdem am 24. Juni der Polizeipräsident v. Fritsch, der Kriegsrath Weyland und der Criminalrath Schumann unter Hammerführung des S. E. M. v. Beulwitz aufgenommen worden und am 27. Juni die Genehmigung der Grossloge zu Hamburg eingetroffen war. Die Eröffnung der Arbeiten in Weimar erfolgte am 24. October 1808, nachdem zuvor noch in Rudolstadt, Br v. Conta affiliirt, v. Voigt jun. so wie Johannes Schulze zum III. Grade befördert worden waren.

fügt. Im Uebrigen hat das Jahrbuch seine alte Gestalt und den gewohnten Inhalt behalten; nur dass der Abschnitt „Literatur", der im J. 1869 überhaupt kaum eine Bereicherung erfahren, etwas stiefmütterlich behandelt werden musste, weil der bisherige Bearbeiter sich der Herausgabe dieses Jahrgangs nicht unterziehen konnte.

Den Inhalt anlangend, weist die Liste der maurer. Jubelfeste für 1870 eine ziemliche Vermehrung auf; das „Verzeichniss sämmtlicher Grosslogen" der Welt und „sämmtlicher activen Logen und FrMrkränzchen Deutschlands" wird mit gewohnter Genauigkeit ergänzt und revidirt sein, soweit die Quellen zur Verfügung standen; dem Abschnitt „Verein deut. Mr" (Vorstand, Corresp. Mitglieder und Auszüge aus den Statuten) folgen „Maurer. Chronik" v. J. 1869, welche einige Lücken aufweist, „Todtenschau", „Literatur" und endlich „Anzeigen".

Eine in der „Latomia" angedeutete Preisermässigung ist ein Ding der Unmöglichkeit angesichts des verhältnissmässig geringen Absatzes und der bedeutenden Herstellungskosten. Das Jahrbuch, bemerkt der Rezensent der „Latomia", bildet „ein vorzügliches Vademecum" und ist für Logenmeister und Sekretäre geradezu unentbehrlich. Und doch möchten wir wohl behaupten, dass manche derselben vom Jahrbuch keine Kenntniss haben oder dieselbe verleugnen, weil -- nun weil ein Name auf dem Titel vorkommt, der ihnen unangenehm ist und dem sie die unbequemen Reformbewegungen im Bunde in erster Linie in die Schuhe zu schieben geneigt sind."

Diese Ansicht ist eine irrige. Wohl mag der Name des Verlegers manchen Brn als Popanz gelten; aber man möge ihn nur nicht über Gebühr schwarz anmalen. Thatsächlich liegen die Dinge vielmehr so, dass es eben dem gegenwärtigen Verleger gelungen, den Fortbestand des Unternehmens zu sichern, nachdem der frühere Verleger Br Sittenfeld nach dreijährigem Versuche den Muth dazu verloren hatte. Der dermalige Verleger geizt denn auch nicht nach einem unmöglichen merkantilen Gewinne, sondern bestrebt sich lediglich, das schöne Unternehmen über Wasser zu halten. Möge die Brüderschaft ihn in diesem Bestreben unterstützen durch fernere freundliche Theilnahme und durch Verbreitung des Jahrbuchs! —

Feuilleton.

Bayreuth. — Der Grossmeister der grossen Bundesloge „zur Sonne" hat den Br G. J. Fr. Arndt, Banquier in Berlin, zum Repräsentanten bei der Grossl. „Royal-York z Fr." ernannt. In der Sitzung des Bundesraths genannter Grossloge am 15. Nov. v. J. kam auch die Herstellung einer Statistik des Bundes zur Sprache und erklärte der Grosssekretär Dr Redlich sich bereit, die Vorarbeiten zu einer solchen statistischen Zusammenstellung zu übernehmen.

In der Loge „Eleusis" herrschte im verfl. Jahre ein verf. bewegtes äusseres, wie geistiges Leben. In letzter Beziehung war es ausser der neuenBds-Verfassung namentlich die Ritualfrage, welche mit der grössten Lebhaftigkeit in den Meisterconferenzen erörtert wurde. Die Ritualbearbeitung des Br Redlich, mit Modificationen sich an das Schröder'sche Ritual anschliessend, der Ritualentwurf für den 1. Gr. des Br Puschkin, an das Fessler'sche Ritual anlehnend, das von Br Findel in Leipzig verfasste Ritual im Zusammenhalt mit dem des Dr Bluntschli und dem bisher üblichen, gaben reichen Stoff, um in den darüber stattgehabten Meisterberathungen die Geister auf das Höchste anzuregen. Bei den so sehr divergirenden*) Ansichten der Brr und der Zähigkeit, mit welchen sie festgehalten und vertheidigt wurden, konnte eine Einigung nicht erzielt werden. (Br Puschkin hat seinen Entwurf offenbar unter diesen Einflüssen bearbeitet; denn er ist überaus conservativ und gewissermassen für ein Uebergangsstadium berechnet. In Carlsruhe hat die Bluntschli'sche Bearbeitung bei mehrn Arbeiten angesprochen; dagegen unsere Bearbeitung bei einer Vorlesung im Kränzchen keinen besondern Eindruck hervorgebracht.)

Berlin. — Unser, jüngst der Grossl. „zur Sonne" gegenüber ausgesprochene Wunsch betr. der Grossl.-Protokolle ist von der Grossen Nat. M.-Loge zu den 3 Weltk. verwirklicht worden; dieselbe lässt jetzt ihre Protokolle in bequemem Octavformat drucken, ein zwar nur äusserlicher Fortschritt, aber doch ein Fortschritt, den wir freudig begrüssen, ihn zugleich zur Nachahmung empfohlen. Dies um so mehr, als genannte Grossl. den Protokollen auch ihre etwaigen Rundschreiben, Berichte aus dem Gebiete der mr. Geschichte im Allgemeinen und insbesondere der Verfassung und Ritualistik beifügen wird. (Wir haben an die Grossl. zu den 3 Weltk. bereits mehrmals das brdl. Ersuchen um Uebersendung ihrer Protokolle gerichtet, sind aber stets abschlägig beschieden worden. Wir wiederholen hiermit diese Bitte im Vertrauen der Hoffnung, dass auch in dieser Hinsicht liberalere Anschauungen Platz greifen. Uebrigens werden uns auch von den sonst freisinnigen Grosslogen von Sachsen und Hamburg die Protokolle nicht zugefertigt, während wir solche von Frankreich, Italien und Amerika erhalten.)

Dänemark. — Der auch in deutschen Mrkreisen durch seinen mr. Eifer und seine Kenntnisse, wie durch seine Liebenswürdigkeit bekannte Br Dr. C. Otto in Kopenhagen hat am letzten Johannisfest sein Amt als Msr. v. St. niedergelegt, wozu ihn theils vorgerücktes Alter, theils die zweckwidrigen Einrichtungen des „Systems" veranlassten. Die Brr seiner Loge geben ihm das Zeugniss, dass seine Hammerführung eine segensreiche, erfolgekrönte war und dass ihm die Loge „Zorobabel" ihren derzeitigen Glanz und eine weithin anerkannte Blüthe zu verdanken hat. Bei seinem Abgang haben bereits zehn aufgeklärte Brr der Loge gedeckt mit der Erklärung, sie seien mit dem schwed. System nicht einverstanden und daher Willens, eine neue Loge nach einem andern System und mit nur drei Graden zu gründen. (Diesem Bestreben wünschen wir den besten Erfolg und allseitige Nachahmung, auch in Deutschland.) —

*) Weil man unseres Erachtens an diese Frage allzusehr den subjektiven, statt eines objektiven Massstabs anlegt. Wenn man die Sache principiell behandelt, ist sie keineswegs so schwierig.
Die Redaktion.

Frankreich. — Grossmeister Bruder Mellinet hat an sämmtliche Grosslogen das folgende Rundschreiben gerichtet:

Paris, 25. Okt. 1869.

Theuerste Brr!

Der Grosse Orient von Frankreich hat in seiner Generalversammlung am 8. Juli 1869 die Erklärung einstimmig angenommen:

„Die unter der Jurisdiction des Grossen Orients von Frankreich stehenden Maurer, repräsentirt in der Sitzung von 1869 durch ihre gesetzlichen Vertreter, erklären, dass die Menschheit und die Maurerei beschimpft werden, wenn Farbe, Rasse oder Religion zum Vorwande gemacht werden, einem Profanen die Aufnahme in die grosse Maurerfamilie zu verweigern."

In derselben Sitzung beauftragte die Versammlung den Grossmstr., diese Erklärung zur Kenntniss aller auswärtigen maurer. Oberbehörden zu bringen, zugleich mit dem Beschlusse des Gr. Orients, dass er von nun an allen Verkehr mit irgend einer maurer. Behörde, welche diese Erklärung nicht zustimmt, abbrechen werde.

In Uebereinstimmung mit diesem Beschlusse, habe ich die Ehre, gel. Brr, Ihre Aufmerksamkeit auf diese Erklärung hinzulenken. In dem Ihnen zugefertigten Bulletin vom Juli 1869 finden Sie die Motive, welche den Grossen Orient von Frankreich dazu veranlasst haben und die Gefühle, welche ihn belebt haben. Ich halte mich versichert, dass diese Erklärung bei keiner mr. Oberbehörde der Erde einen Gegner finden und den Gr. Or. Orient keiner Verbindung berauben werde; denn die von ihm proklamirten Prinzipien — sind sie nicht in der That die Fundamental-Grundsätze der Mrei und der natürliche Ausfluss der Devise: Freiheit, Gleichheit, Brüderlichkeit?

Ebenso rechne ich darauf, dass Sie mir den Empfang der gegenwärtigen Mittheilung anzeigen. Sie werden mich sehr verbinden, wenn Sie mir Ihre Antwort vor dem Mai 1870, also vor Zusammentritt unserer Generalversammlung zugeben lassen. Genehmigen Sie etc.
Der Grossmstr.
Mellinet.

Fürth. — Die Loge „zur Wahrheit und Freundschaft" hat mit Rücksicht auf die Wahl ihres Orients als nächsten Versammlungsort der Grossloge (im Okt.) erklärt, dass sie sich durch diese Wahl geehrt fühle und bestrebt sein werde, die Mitglieder der Grossloge würdig und brüderlich zu empfangen.

Kehl. — Die sieben hier wohnhaften Brr, denen demnächst weiterer Zuwachs bevorsteht, beabsichtigen sich zu einem maurer. Kränzchen zu vereinigen. Wir hoffen, s. Z. nach erfolgter Constituirung nähere Mittheilungen hierüber zu erhalten.

Krotoschin. — Nachdem vor einigen Monaten der gel. Dr Kaulfus in Posen (Criminaldirector a. D.), 1826 Mitstifter und sodann langjähriger erster Aufseher (in polnischer Sprache) der Loge „zum Tempel der Pflichttreue" im Or. Krotoschin sein funfzigjähriges Maurer-Jubiläum gefeiert hatte, bei welcher Gelegenheit er zum Ehrenmitgliede unserer Loge ernannt wurde, hatten wir das hohe Glück, am 12. December wiederum ein so seltenes Fest zu begehen. Unser gel. Br Lengnik I. (Postmeister a. D.) ist vor funfzig Jahren zu Stargard in Pommern in den Maurerbund aufgenommen und hat darauf der Loge „Friedrich Wilhelm zum goldenen Scepter" im Or. Küstrin angehört. Im Jahre 1860 half er die seit 1851 ruhende Loge in Krotoschin reactiviren und bekleidete in derselben 1861/62 das Amt des ersten Stewards. Im Jahre 1867 führte er unserem Loge seinen Sohn und seinen Schwiegervater, den gel. Br Zipper, zu und hat trotz seines hohen Alters — Br Lengnik zählt jetzt 78 Jahre — der Loge und

dem Frmrbunde ein reges Interesse gewahrt, das er an seinem Ehrentage noch besonders durch die Beitrittserklärung zum Vereine deutscher Frmr an den Tag legte. Das Fest, das mit einer Beförderungsloge verbunden wurde, wird allen Brüdern, die daran Theil nahmen, stets eine angenehme Erinnerung bleiben. Erwähnt sei noch, dass der Jubilar ein Glückwunschschreiben seitens der Grosslge zu den 3 Weltkugeln erhielt und von der Loge „Friedrich Wilhelm zum goldenen Scepter" im Or. Küstrin zum Ehrenmitgliede ernannt wurde.

Oppenheim, 24. Novbr. — Das hiesige FrMr-Kränzchen „Concordia zur Landeskrone" hielt heute, wie an dem letzten Mittwoch eines jeden Monates seine regelmässige Zusammenkunft unter Anwesenheit und Mitwirkung des von allen Brn nah und fern mit Recht hochverehrten Grossmeisters des Eintrachtbundes, Br Pfaltz, ab.

Nach Erledigung der wenigen Formalien in kurzer Zeit, begann die eigentliche Arbeit und nach gründlicher Erörterung wurde von dem Kränzchen die Betheiligung aller Mitglieder desselben an dem versuchsweise von 1870 an von den Brn: Förmes, Kahlert, Künzel und Reinck in Darmstadt herauszugebenden „Jahrbuch der Bauhütten des Eintrachtbundes in Monatsblättern", und die Zahlung der Jahresabonnements aus der gemeinschaftlichen Kasse des Kränzchens sowie die mögliche Unterstützung dieses Unternehmens durch Mittheilungen über die Arbeiten und Ereignisse von maurerischem Interesse beschlossen.

Es wurden Zeichnungen über den Frieden in der Natur, die Gerechtigkeit und eine Ansprache an die Maurerwelt „Zur Hülfe den Brüdern zur See" Namens der deutschen Seerettungsgesellschaft in Bremen vorgetragen, und auf Antrag des geliebten Br Pfaltz einstimmig beschlossen, diese Ansprache durch die freimaurerische Presse zu verbreiten und dadurch allen Frmrbrüdern die Betheiligung an den national-humanen Bestrebungen dieser Gesellschaft als maurerische Ehrenpflicht ans Herz zu legen.

Die Brr Schlamp und Krag erfrischten durch sehr gelungene musikalische und Gesangsvorträge das auch mit geistiger Arbeit gemischte Brmahl, und die Stunde, welche die Brr zu scheiden rief, kam einem Jeden zu früh.

Br Pfaltz sprach über die Arbeitsweise dieser kleinen Bauhütte seine Befriedigung aus und ermunterte alle Brüder, auf der betretenen Bahn rüstig voranzugehen und im geistigen Kampfe muthig auszuharren, — und wahrlich unter der Leitung eines so geliebten und sicheren Führers, wie Br Pfaltz, bewährt sich die Ermunterung des Alten: Fortuna favet fortes.

Würzburg. — Ueber das Maurerkränzchen urtheilt der Grossmstr. Br Feustel auf Grund eigener Anschauung, wie folgt: „Die Brr zeigen sich von dem Ernst ihrer Aufgabe vollkommen erfüllt; es herrsche unter ihnen der beste Geist und rege Thätigkeit. Sie halten regelmässige Zusammenkünfte, bei welchen sie sich mit den Erscheinungen der modernen Literatur bekannt machen und durch Zeichnungen ihre Ideen zu gegenseitiger Vervollkommnung zu entwickeln suchen."

Verein deut. Mr. — In einer der letzten Grosslogen-Sitzungen der Gr. Loge „zur Eintracht" wurde Namens des früher eingesetzten Ausschusses von Br Eckstein in Giessen über das „Wormser Grundgesetz" und das damit verbundene Manifest Bericht erstattet und zunächst die Competenz des Vereins deut. Mr einer ausführlichen Erörterung unterzogen. Der Ausschuss hatte sich in der Frage dahin schlüssig gemacht, dass dieser Verein zur Anregung allerdings competent sei, so lange das Gute zu nehmen wäre, es gebende würde. In der Sache selbst schloss sich der Ausschuss den von der hochw. Gr. Landesloge von Sachsen in dieser wichtigen Angelogenheit gegebenen Ausführungen im Wesentlichen an. Eine Berathung über den Inhalt des Manifestes und des Grundgesetzes glaubte indessen der Ausschuss nicht in Antrag bringen zu können, indem bei einer Diskussion vor allen Dingen die Prinzipienfrage in den Vordergrund treten müsse, was bei der eigenen Art der Zusammensetzung des Eintrachtbundes zu vermeiden sein möchte. Mit diesem Antrage verband der Ausschuss noch den Wunsch, dass der nächste Grossmeistertag das schätzbare und beachtenswerthe Material thunlichst benutzen wolle.

Die Versammlung ertheilte diesen Ausführungen und Anträgen ihre Zustimmung.

Statistik der maurer. Stiftungen. — Bei der Gr. Nat. M.-Loge zu den 3 Weltk. und ihren Töchterl. bestehen im Ganzen 155 milde Stiftungen; davon kommen 15 theils auf die Grossloge allein, theils auf diese in Gemeinschaft mit den beiden andern Grossl., bleiben also 140 für die Einzellogen, wovon auf 30 Logen keine Stiftung kommt. Diese Stiftungen sind mit ganz geringen Ausnahmen nur für Brr und deren Hinterbliebene bestimmt. Dieselben lassen sich ungezwungen in folgende Rubriken bringen:

Stipendien: 23; Wohlthätigkeitsfonds und Unterstützung an Hilfsbedürftige: 22; Wittwen- und Waisenfonds: 42; Sterbekassen: 30; Weihnachtsbescheerungen: 3; Confirmandenbekleidung: 2; dann je 1 Invalidenstiftung, Darlehnskasse, Taubstummenanstalt, Fonds für dienende Brr, für Rettung aus der Noth.

Bei der Grossl. „Royal York z. Fr." bestehen 53 Stiftungen; 13 Logen haben keine. Davon sind Stipendienfonds: 1; Wohlthätigkeitsfonds: 1; Wittwen- und Waisenfonds: 19: W.- und W. Pflege: 1; Sterbekassen: 6; Confirmandenbekleidung, Weihnachtsbescheerung, Handwerkerfortbildung, Darlehenskasse, Verein für gute Werke je 1—3.

Briefwechsel.

Br Dr. D. in Zw. Dankend erhalten! Brdl. Gegengruss!

Br J—g in L—g. Vsbeiträge erhalten; die Verspätung soll dem glücklichen Bräutigam, jetzt Neuvermählten gern vergeben sein. Herzlichen Glückwunsch und Gegengruss!

Br Dr. B—ss in Br—n. Dankend erhalten! Die „Mittheilungen" werden ihnen zugegangen sein; meine „History" ist noch unterwegs. Herzlichen Gruss!

Br Schw. in Kr. Besten Dank für Ihren Bericht und Ihre Anmeldungen sowie für die Berichtigungen im Mitgl.-Verz. des Vereins, wovon ich Notiz genommen. Ihre Wünsche und Grüsse erwidere herzlichst!

Br C. Tr. in M. Ihren ersten Brief betr. der L. hat Herr W. beantwortet, nachdem Br M. die Erledigung abgelehnt. Bestcn Gruss!

Br Holtschmidt in Bielefeld. Ihre früher in dies. Bl. erschienene Zeichnung ist in's Englische und Spanische übersetzt worden; ihre neueste treffliche Arbeit erscheint nächstens. Besten Gruss!

Br W. A. L—r in H. Das haben Sie recht gemacht, da Sie auf diese Weise rascher in Besitz der Ztgen kommen und leichtere Abrechnung haben. Von F. wird ihnen Rechnung gesandt. Bewahren Sie mir Ihre Freundschaft und Ihr schätzbares Wohlwollen auch in neuen Jahre! Herzlichen Gegengruss!

Br R—dt in M—m. Du hast einen Namensvetter und Collegen in Br R. (Lieut.) in Schwiebus, ebenfalls Leser der Bauh. Dir und Deiner Schw. Gruss und Glückwunsch zum n. J. Lass mai von Dir hören!

Br A. F. in F—g. Von Ihrer Erklärung, dass Sie nicht Agent sein, also für den Verein, nicht einmal das Einsammeln der Beiträge und die Anmeldung neuer Mitgl. auf sich nehmen wollen, habe ich Notiz genommen. Br Gegengruss!

Verantwortlicher Redacteur: Br J. G. Findel. — Verlag von Br J. G. Findel in Leipzig. — Druck von Brr Bär & Hermann in Leipzig.

Nº. 2.　　　　　　　　　　　　　　　　XIII. Jahrgang.

Die

Begründet und herausgegeben

von

Bʀ J. G. FINDEL.

* Organ des Vereins deutscher Freimaurer. *

Handschrift für Brr Srllr.　　　　　Leipzig, den 8. Januar 1870.　　　　MOTTO: Weisheit, Stärke, Schönheit.

Von der „Bauhütte" erscheint wöchentlich eine Nummer (1 Bogen). Preis des Jahrgangs 3 Thlr. — (vierteljährlich 22½ Ngr. = d. 1. 21. rhein.
Die „Bauhütte" kann durch alle Buchhandlungen bezogen werden.

Geliebte Brr!

　　Von dem Grundsatze ausgehend, dass gegenseitige Mittheilungen und der Austausch der Meinungen zwischen den einzelnen Bauhütten des Freimaurerbundes wünschenswerth und erspriesslich seien, indem dadurch die maur. Thätigkeit angeregt und gefördert, namentlich auch das Bewusstsein enger Zusammengehörigkeit befestigt wird, haben wir an dem heutigen Stiftungstage unserer Loge, mit welchem nunmehr eine dreijährige Thätigkeit hinter uns liegt, es wohl für geeignet gehalten, durch gegenwärtiges Winter-Johannissendschreiben der übrigen Bruderschaft über unser Wirken und unsere Stellung in der Maurerei eine kurze Nachricht zu geben. —

　　Unsere Bauhütte, welche bei ihrer Installirung am 28. Dec. 5866 30 Mitglieder hatte, ist seit jener Zeit in der Zahl derselben bis auf 45 Mitglieder angewachsen. —

　　Unsere regelmässigen Arbeiten, bei welchen neben der rituellen Vorlesung und Erläuterung der Instructionen auch viele anregende Vorträge gehalten wurden, fanden eine ebenso befriedigende Theilnahme, wie auch die dem geselligen br. Verkehr gewidmeten, jeden Donnerstag Abend stattfinden Zusammenkünfte im Logen-Lokale.

　　Die bei Stiftung unserer Loge mitbegründete Wohlthätigkeits-Casse hat bereits durch Sammlung bei maur. Zusammenkünften, sowie durch freiwillige Geschenke einzelner Brüder, einen Fonds von über 1000 Thlr. erreicht. Bei Verwendung der Zinsen dieses Capitals soll statutgemäss von der anderwärts vielfach noch ausschliesslich angestrebten Wittwen- und Waisen-Unterstützung der Mitglieder möglichst abgesehen, vielmehr die Wohlthätigkeit hauptsächlich auf Schulzwecke, namentlich auf Beschaffung von Freistellen und Gewährung von Lehrmitteln an den hiesigen höheren Schulen gerichtet werden. Wir gingen bei Feststellung dieses Prinzips von der Ansicht aus, dass für die Wittwen- und Waisen-Unterstützung der Logen-Mitglieder sich besser geeignete öffentliche Anstalten genugsam darböten, deren Benutzung auch wohl jedem einzelnen Bruder in höherem oder geringerem Masse möglich sei. — Im Allgemeinen waren wir aber auch ferner der Meinung, dass die wahre Wohlthätigkeit nicht in erster Linie oder allein die eigenen Interessen der Gehenden selbst ins Auge fassen dürfe und endlich, dass es für die maur. Wohlthätigkeit überhaupt kein besseres Arbeitsfeld geben könne, als eine zeitgemässe Erziehung und Ausbildung der Jugend, indem durch diese die Menschheit ihre grössten Fortschritte anzubahnen vermag. Wir liessen uns dabei von dem auch anderwärts bereits zur Geltung gebrachten Satze leiten, dass die heutige Maurerei bei der grossartigen Concurrenz der öffentlichen und freien Vereine in die Oeffentlichkeit hinaustreten müsse, damit die Welt erkenne, dass die Mrei keine überwundene, sondern eine lebenskräftige Macht im Dienste der Menschheit ist. So wünschenswerth es auch sein mag, dass der Maurerbund als solcher die Ausbildung der Jugend in der allerweitesten Bedeutung gründlich in die Hand nehme, nicht allein durch Lehre und geistige Anregung, sondern auch durch die opferwillige Gabe, so halten wir es doch immerhin auch jetzt schon geeignet und lohnend, selbst bei noch geringen Mitteln vorzugsweise in diesem Sinne durch die That zu wirken.

Nach dieser kurzen Andeutung unserer äusseren Verhältnisse gehen wir zu unserer Stellung in der Maurerei im Allgemeinen über.

Wir stehen auf dem Boden der Reformbestrebung, welche die drei Johannisgrade als ein in sich abgeschlossenes Ganze betrachtet, eine freiere Verfassung, grössere Selbständigkeit der einzelnen Logen, zeitgemässere Umgestaltung der Form und das Prinzip der Gleichheit aller religiösen Bekenntnisse für den Bund herbeizuführen sucht.

In diesem Sinne haben wir namentlich auch bereits vor 2 Jahren bei unserer hochw. Mutter-Loge Anträge auf Abschaffung des Prinzips des Erfordernisses eines formell christlichen Bekenntnisses gestellt, indess ohne Erfolg. Auf der letzten Mai-Conferenz der grossen National-Mutter-Loge waren wir durch unseren vorsitzenden Meister vertreten, doch sind auch diesmal die im reformatorischen Sinne gestellten, resp. unterstützten Anträge noch nicht angenommen worden.

Nichtsdestoweniger werden wir, auf endlichen Erfolg vertrauend, und so lange wir in unserer Ueberzeugung eines Besseren nicht belehrt werden, in unseren Bestrebungen ausharren, da wir es für eine maur. Pflicht erkennen, dass nicht nur die einzelnen Brüder, sondern auch die Logen als solche, sei es nach dieser oder jener Richtung, in den unsere Zeit bewegenden maur. Fragen offen und entschieden Partei nehmen und ihren Ansichten freimüthig Ausdruck verleihen.

Wir werden uns in unsren der demnächstigen Mai-Conferenz der grossen National-Mutter-Loge zu den drei Weltkugeln zu machenden Vorschlägen den Anträgen der Loge „Ernst zum Compass im Or. Gotha", wie solche in deren diesjährigem Johannissendschreiben enthalten sind, in allen Theilen anschliessen und hegen die Hoffnung, dass durch zahlreiche fernere Unterstützung dieser Anträge deren Annahme ermöglicht werde.

Zu jenen Anträgen der Loge „Ernst zum Compass" werden wir noch den Antrag einbringen,

„dass der §. 53 unserer Bundesstatuten dahin ergänzt, resp. abgeändert werde, dass die maur. Veröffentlichung von Beschlüssen, Kundgebungen und Erklärungen durch die maur. Presse fernerhin, wie die bereits nach obigem §. gestattete Veröffentlichung von einzelnen Vorträgen, Rundschreiben etc., ohne eine specielle Genehmigung der oberen Bundesbehörden dem freien Belieben der einzelnen Logen anheim gestellt sei."

Wir gehen hierbei von der Ueberzeugung aus, dass die einzelnen Logen selbst bei etwaiger Benutzung der maur. Presse stets die erforderliche Rücksicht und pflichtgemässe Vorsicht im Auge behalten werden; wir können die maur. Presse auch nicht für etwas Ueberflüssiges oder gar der Sache Schädliches erkennen, halten solche vielmehr für das geeignetste Mittel zur gegenseitigen Verständigung und Anregung und somit für eine Nothwendigkeit zur gedeihlichen Entwickelung zeitgemässer Verhältnisse.

In der Voraussetzung, dass Sie, gel. O.-Brüder, diese unsere Mittheilungen im br. Sinne freundlich aufnehmen werden, verbinden wir damit die Versicherung, dass es uns zur besonderen Freude gereichen werde, gleichfalls Kundgebungen aus anderen Orienten zu empfangen und grüssen Sie i. d. u. h. Z.

Or. **Barmen**, den 28. December 1869.

Die Loge Lessing.

<table>
<tr><td>Br **Flasche**,
Meister vom Stuhl.</td><td>Br **Scheele**,
Dep. Meister.</td><td></td></tr>
<tr><td>Br **Taddel**,
I. Aufseher.</td><td>Br **Mühlenfeld**,
II. Aufseher.</td><td>Br **Koester**,
Secretair.</td></tr>
</table>

Die Loge als Familie.

Von

Br **Hufschmidt** in Unna,
deput. Redner der Loge „zur alten Linde" in Dortmund.

Jeder Mensch gehört drei Lebenssphären an, von denen die eine die andere aber nicht ausschliesst, sondern einschliesst, also drei concentrische Lebenskreisen. Die engste Lebensgemeinschaft umfasst die Personen, welche am meisten Eigenthümlichkeiten mit einander gemein haben, welche sich sogar im Körperbau und in dem Gesichtsausdrucke gleichen, es ist die Familie. Die nächst grössere Lebensgemeinschaft schliesst alle die Menschen ein, welche von demselben Boden genährt und von demselben Himmel bestrahlt werden, und deren geistiges Leben sich in denselben Worten kundgibt; es ist das Vaterland. Der dritte und grösste Lebenskreis umschlingt alle, welche die Fähigkeit in sich tragen, das Höhere zu vernehmen und zu immer höheren Stufen der Vollkommenheit aufzusteigen; es ist die Menschheit. Auch der Maurer gehört diesen drei Lebenskreisen an, und die Maurerei hat in ihrer ernstsinnigen Weise für jeden derselben ein Fest geschaffen. Der Johannistag ist das Fest der Menschheit, die Geburtsfeier des Staatsoberhauptes das Vaterlandsfest und der Stiftungstag der Loge die Familienfeier.

Das Stiftungsfest der Loge ist eine maurerische Familienfeier, es ist die festliche Begehung des Tages, an welchem die betreffende Maurerfamilie begründet wurde. Familienfeste haben ganz im Allgemeinen den Zweck, die Familienbande fester zu knüpfen, das Gefühl der Zusammengehörigkeit in den Familiengliedern zu nähren und zu stärken, und dadurch jedes Familienglied geneigter zu machen, seine Pflichten gegen die Familie immer treuer zu erfüllen. Wenn daher das Menschheitsfest der Maurerei, das Johannisfest, dazu dienen soll, die Humanität im Allgemeinen zu befördern, zur Uebung allgemeiner Menschenliebe anzuregen, so möchten die maurerischen Familienfeste, wie das Stiftungsfest der Loge, mehr dazu geeignet sein, die Familientugenden, die Familienliebe zu pflegen und zu ihrer Uebung zu ermuntern. Wir werden damit auch keineswegs den Ideen des Menschheitbundes untreu, denn jegliche Tugend wurzelt in der Familie, und es gilt auch dem Maurer als Logenmitglied das Wort: „Wer die Seinigen, sonderlich seine Hausgenossen nicht liebt, der hat den Glauben, der hat die Maurerei verleugnet, und ist ärger, denn ein Heide, ein Profaner." Mit andern Worten: „Wer seine Logenbrüder nicht mit brüderlicher Liebe umfasst, der ist kein Maurer." Denn im Kreise der Logengenossen, in der nächsten Umgebung kann man die Probe anstellen auf das Bekenntniss: „Ich bin ein Maurer", und hier muss es sich in Thaten ausprägen. „An ihren Früchten sollt ihr sie erkennen."

Es ist gewiss schön und angenehm, am Familienfeste mit den Verwandten beim Malde zusammensitzen und mit den Brüdern gemeinsam zu feuern auf das Wohl der Familie und ihre hohen Ziele; wenn aber damit weiter nichts erzielt wird, als das Blut warm zu machen und die Zunge zu entfesseln, so ist damit wahrlich nichts Maurerisches gethan. Dasselbe hätte unter tausend andern Formen auch erreicht werden können. Das Feuer ist ein schönes Symbol, aber dann muss es zugleich eine verzehrende und eine nachhaltig belebende Wirkung haben. Es muss verzehren den Egoismus, welcher sich bald als Genusssucht, bald als Eitelkeit, bald als Eigennutz kund gibt, und verknüpft ist mit Missachtung der Rechte Anderer, mit Vernachlässigung der Pflichten gegen dieselben. Dagegen muss es nachhaltig beleben das Mitgefühl für das Glück und die Noth der andern Familienglieder, und die Anerkennung der Verdienste derselben im Verhältniss zu dem Masse ihrer Kräfte.

Es ist gewiss schön und angenehm, sich im Familienkreise mit trauten Namen nennen; aber es liegt darin wahrlich wenig Maurerisches, wenn diese Namen weiter nichts sind als Schall und Phrase. Einzelne Glieder der Familie werden uns näher stehen, als andere, obgleich wir sie mit demselben Namen nennen; aber jedes hat Rechte an uns. Man schliesst sich zwar an diesen oder jenen Bruder enger an, aber man darf keinen vernachlässigen, keinen durch Geringschätzung und Nichtbeachtung verletzen. Wer in seinem Leben Gelegenheit hatte, auch unter den Maurern solche Phrasenmenschen kennen zu lernen, deren Mund in der Loge überströmte von süssen Worten, von denen aber das Herz nichts wusste, die den Bruder nur kannten, wenn er in bedeckten Räumen neben ihnen stand, die aber weiter nie sich kümmerten um sein Wohl und Wehe, die also mit dem heiligen Brudernamen loses Spiel trieben und durch Heuchelei entweihten, der wird bei der Erinnerung an sie das Gefühl der Entrüstung schwer unterdrücken können, ja es wird ihm erst vollständig gelingen, wenn er angefangen hat, solches Gebahren abgeschmackt und lächerlich zu finden. Es ist ein starker Beweis gegen den guten Geist in einer Familie, wenn der Grad der Aufmerksamkeit, welcher einem Familiengliede gewidmet wird, sich abstuft nach dem Vermögen und nach der äusseren Stellung desselben. Es scheint eher richtig zu sein, diese Aufmerksamkeit von der geistigen Kraft abhängig zu machen; aber es

scheint auch nur. Der einzige Massstab, welchen es für die Werthschätzung eines Menschen gibt, ist die Grösse seiner sittlichen Kraft. Aber wie leicht lässt man sich in der Beurtheilung derselben täuschen. Es ist, um an eine bekannte Fabel zu erinnern, für die Katze kein Verdienst, wenn sie nicht Wein säuft. Man kann nur dann ein richtiges Urtheil über den moralischen Werth eines Menschen fällen, wenn man die Umstände kennt und richtig erwägt, unter denen er lebt. Der Reiche, welcher um Tausende übervortheilt, ist jedenfalls schlechter, als der Arme, welcher im Hunger ein Brod stiehlt.

Nur noch eine Seite des Familienlebens will ich berühren. Wie handelt eine Familie, in welcher ein guter Geist herrscht, gegen ihre leiblich Armen, wie gegen ihre moralisch Armen? Zunächst und vor allen Dingen stösst sie diese nicht sofort von sich, die leiblich Armen nie. Es gilt für einen Vorzug, für ein hohes Verdienst der ersten Christengemeinden, dass in ihnen kein Armer gefunden wurde, dass jeder Arme, welcher in sie eintrat, so gehoben und getragen wurde, dass er nicht mehr als Armer zu betrachten war, dass sie Jedem Mittel und Wege an die Hand gaben, sich aus seiner Armuth zu erheben. Diese Gemeinschaften haben den Beweis geliefert, dass es einer grossen Familie und wenn sie auch nicht über grosse Mittel zu gebieten hat, doch nicht schwer fallen kann, den Einzelnen in den Wellen des Lebens oben zu erhalten, so dass ihn die Wogen der Noth nicht begraben können. Würde eine Familie einen leiblich Armen aus ihrer Mitte verstossen, so würde sie ihn dem Verderben preisgeben. Andere Familien, in denen ein guter Geist herrscht, würden um Tausende glauben, dass der Ausgestossene bloss um seiner leiblichen Armuth willen entfernt worden sei, es würde sich der Schein eines moralischen Makels an seine Fersen heften und ihm die Wege zum Emporkommen versperren. Die profane Welt glaubt an den guten Geist in der Maurerfamilie, welcher keinen leiblich Armen verlässt, und wir werden wohl thun, wenn wir diesen Glauben zu erhalten suchen.

Wie soll aber die Maurerfamilie gegen ihre moralisch Armen verfahren? Die moralisch Armen sind kranke Glieder am Körper der Familie. Löst man ein krankes Glied vom Körper ab, so ist es unrettbar verloren, es stirbt, geht in Verwesung über, und verpestet möglicher Weise die Luft. Es ist nicht human, ein Kranken zu tödten, so lange noch jegliche Aussicht auf mögliche Heilung vollständig dahin ist. Gesund kann ein krankes Glied nur dann wieder werden, wenn es mit dem Körper verbunden bleibt, wenn die gesunden Glieder ihm gesunde Säfte zuführen. Oft auch wird es zur Heilung noth thun, dass Arzenei gebraucht wird, unter Umständen bittere: Tadel, Ermahnung, Bestrafung. Bei all diesem muss aber stets das Vertrauen auf die mögliche Heilung durchschimmern. Gibt eine Familie dieses Vertrauen zu einem kranken Gliede auf, so wird es bald auch bei dem Leidenden selbst schwinden, und wie dies von übler Wirkung ist bei leiblich Kranken, so noch weit mehr bei moralisch Leidenden. Wer im moralischen Gebiete an sich selbst verzweifelt, der wird sich nie wieder aufrichten. Deshalb sucht eine Familie von gutem Geiste dies Vertrauen bei sich und in dem moralisch Kranken zu erhalten, sie nährt es, wo es noch vorhanden ist, sie sucht es wieder zu wecken, wo es zu ersticken droht. Eugen Sue spricht eine tiefe und wichtige Wahrheit aus, als er den Chourineur dadurch lässt gerettet werden von dem vollständigen Versinken im Sumpfe der Gemeinheit, dass Rodolphe zu ihm sagt: „Du hast noch Ehre im Leibe!" Es gibt nur einen Grund, welcher eine Familie veranlassen darf, ein Glied völlig von sich abzulösen, und dieser Grund ist, dass das kranke Glied die gesunden und damit den ganzen Körper in Gefahr bringt.

Meine Brr! Jede Familie hütet sich mit allem Fleisse, einen schlechten Menschen in ihren Kreis aufzunehmen; aber sie nimmt Menschen auf, Wesen, welche fehlen, fallen können. Auch die Maurer hüten sich vor der Aufnahme solcher Menschen, die keinen guten Ruf haben, ja sie verlangen mehr als einen guten Ruf, sie fordern, dass der Aspirant die Fähigkeit besitze, maurerische Lehren zu fassen und maurerische Thaten zu üben. Wir lassen uns von einem Bruder, der den Suchenden genau kennen muss, Bürgschaft für ihn leisten. Wir dürfen also, um mit Herder zu reden, hoffen, ja überzeugt sein, in jedem Aufgenommenen dem Bunde eine „schöne Menschenseele" zugeführt zu sehen.

Meine Brr! Eine schöne Menschenseele finden
Ist Gewinn; ein grösserer Gewinn ist,
Sie erhalten; doch der schönst' und grösste
Sei, die schon verloren war, zu retten.

Ich schliesse mit einer Erzählung aus dem Leben des Evangelisten Johannes.

St. Johannes, aus dem öden Pathmos
Wiederkehrend, war, was er gewesen,
Seiner Heerden Hirt. Er widmet ihnen
Wächter, auf ihr Innerstes aufmerksam.

In der Menge sah er einen schönen
Jüngling, fröhliche Gesundheit glänzte
Vom Gesicht ihm, und aus seinen Augen
Sprach die liebevolle Feuerseele.

„Diesen Jüngling", sprach er zu dem Bischof,
„Nimm in deine Hut. Mit deiner Treue
Stehst du mir für ihn! Hierüber zeuge
Mir und dir vor Christo die Gemeinde.

Und der Bischof nahm den Jüngling zu sich,
Unterwies ihn; sah die schönsten Früchte
In ihm blühen, und weil er ihm vertraute,
Liess er nach von seiner strengen Aufsicht.
Und die Freiheit ward ein Netz dem Jüngling;

Angelockt von süssen Schmeicheleien,
Ward er müssig, kostete die Wellust,
Dann den Reiz des fröhlichen Betruges,
Dann der Herrschaft; er sammelt um sich
Seine Spielgesellen, und mit ihnen
Zog er in den Wald, ein Haupt der Räuber.

Als Johannes in die Gegend wieder
Kam, die erste Frag' an ihren Bischof
War: „Wo ist mein Sohn?" — „Er ist gestorben."
Sprach der Greis und schlug die Augen nieder.
„Wann und wie?" — „Er ist Gott abgestorben,
Ist, mit Thränen sag ich es, ein Räuber."
„Dieses Jünglings Seele", sprach Johannes,
„Ford' ich einst von dir. Jedoch wo ist er?"
„Auf dem Berge dort." — „Ich muss ihn sehen."

Und Johannes, kaum dem Walde nahend,
Ward ergriffen, eben dieses wollt' er.
„Führer", sprach er, „mich zu eurem Führer!"
Vor ihn trat er. Und der schöne Jüngling
Wandte sich, er konnte diesen Anblick
Nicht ertragen. „Fliehe nicht, o Jüngling,
Nicht, o Sohn, den waffenlosen Vater,
Einen Greis. Ich habe dich gelobet
Meinem Herrn, und muss für dich antworten.
Gerne geb' ich, willst du es, mein Leben
Für dich hin; nur dich fortan verlassen
Kann ich nicht! Ich habe dir vertraut,
Dich mit meiner Seele Gott verpfändet."
Weinend schlang der Jüngling seine Arme
Um den Greis, bedeckte sein Antlitz
Stumm und starr, dann stürzte statt der Antwort
Aus den Augen ihm ein Strom von Thränen.
Auf die Knie sank Johannes nieder
Nahm ihn neu geschenket vom Gebirge,
Läuterte sein Herz mit süsser Flamme.

Jahre lebten sie jetzt unzertrennet
Mit einander. In den Jüngling
Goss sich ganz Johannes schöne Seele.
Sagt, was war es, was das Herz des Jünglings
Also tief erkannt und innig festhielt,
Und es wieder fand und unbezwingbar
Rettete? Ein St. Johannes Glaube,
Zutraun, Festigkeit und Lieb' und Wahrheit.

(Herder.)

Möchten uns dieser Johannisglaube und diese Johannesliebe nie fehlen! Möge stets ein guter Geist in unserer Maurerfamilie herrschen!

Die Freimrei in Oesterreich unter der neuen Aera.

Genesis
des nicht-politischen Vereines „Humanitas" in Wien.

Zu Mitte Juni 1869 traten in Wien sieben Gesinnungsgenossen zusammen, um über die Mittel und Wege zu berathen, wie in der k. k. Haupt- und Residenzstadt ein Central- und Sammelpunkt für alle Diejenigen geschaffen werden könne, welche schon lange das unabweisbare moralische Bedürfniss in sich fühlten, ihrem bereits „anderen Orts" geleisteten Versprechen: „Die praktische Ausübung einer alle Lebensverhältnisse durchdringenden Nächstenliebe, ohne Unterschied der Nationalität und Confession, sowie unter Ausschliessung jedweder Diskussion über kirchliche oder politische Tagesfragen anzustreben und die echte Humanität zu wahren und werkthätig zu fördern" auf vollkommen gesetzlich erlaubte Weise, nämlich mit strikter Berücksichtigung des Vereinsgesetzes vom 15. Novbr. 1867, nach Thunlichkeit Rechnung zu tragen.
Sowohl die an massgebender Stelle wiederholt mündlich eingeholten Informationen, als auch ein schriftlicher Bescheid, welcher unter dem 13. November 1868 von der k. k. n. ö. Statthalterei dem Prof. Dr. Ludwig Lewis auf sein Gesuch um Reactivirung der Loge zum h. Josef in Wien zu Theil wurde,*) lassen es als völlig unzweifelhaft

*) Dieser Bescheid lautet wörtlich:
„Die k. k. Statthalterei findet sich bestimmt, die beabsichtigte

erscheinen, dass von Seite der kaiserlich österreichischen Regierung durchaus keine Geneigtheit bestehe, von der Bestimmung des §. 18 des vorgenannten Vereinsgesetzes*) in toleranter Weise Umgang zu nehmen, nämlich sich mit der im §. 17**) ausgesprochenen Verantwortlichkeit des Vereins-Vorstandes zu begnügen, mithin von uns auf jene Form der Vereinigung, welche doch die demselben Monarchen unterstehende, gewiss nicht minder loyale und pflichtbewusste ungarische Regierung ausdrücklich gestattet hat, unbedingt Verzicht geleistet werden müsse.

Im klaren Bewusstsein der obwaltenden Verhältnisse und mit Hinblick auf die evidente Unmöglichkeit betreff des in Rede stehenden §. 18 Zugeständnisse zu erlangen, welche als conditio sine qua non betrachtet werden müssen, falls die Versammlung der Gesinnungsgenossen in formgerechter Weise und ohne Profanirung der

---

Bildung der Freimaurerloge zum h. Joseph in Wien im Sinne des §. 6. des Vereinsgesetzes vom 15. November 1867 als ihrer Einrichtung nach gesetzwidrig zu untersagen, weil der §. 8 der vorliegenden Statuten die Bestimmung enthält, dass nur Mitgliedern einer gerechten, gesetzmässigen Loge der Zutritt in die Versammlung gestattet werden darf, somit ein Abgeordneter der Behörde von der Versammlung ausgeschlossen wäre, während es nach §. 18 des Vereinsgesetzes der Behörde freisteht, zu jeder Vereinsversammlung einen Abgeordneten abzusenden, und weil ferner die Statuten auch keine Bestimmungen über die Art der Bildung des Vereines, über die Beschaffung der Vereinsmittel und über die Art der Beschlussfassungen, endlich auch keine Aufklärung über das Wesen der im §. 2 der Statuten erwähnten symbolischen Gebräuche enthalten.

Weber m. p.

*) Dieser §. 18 lautet vollinhaltlich:

„Der Behörde steht es frei, zu jeder Vereinsversammlung einen Abgeordneten zu entsenden. Diesem ist ein angemessener Platz in der Versammlung nach seiner Wahl einzuräumen und auf Verlangen Auskunft über die Person der Antragsteller und Redner zu geben.

„Derselbe ist berechtigt, die Aufnahme eines Protokolls über die Gegenstände der Verhandlung und über die gefassten Beschlüsse zu verlangen.

„Die Entsendung des Abgeordneten steht in der Regel der im §. 12 bezeichneten Behörde zu (nämlich der politischen Bezirksbehörde und wo eine landesfürstliche Sicherheitsbehörde besteht, dieser), kann jedoch von der Landesstelle ihrer eigenen Verfügung vorbehalten werden.

„In die Protokolle über Vereinsversammlungen kann die Regierung jederzeit Einsicht nehmen."

Hierbei muss ausdrücklich erwähnt werden, dass die Behörde nicht verpflichtet ist, zu jeder Vereinsversammlung einen Abgeordneten zu entsenden, sondern dass ihr dieses Recht nur freisteht und in der That viele solche Versammlungen bisher abgehalten wurden, wo kein Vertreter der Regierung erschien, welche mithin tolerant sein kann, wenn sie gerade will.

**) §. 17 lautet:

„Für die Wahrung des Gesetzes und für die Aufrechthaltung der Ordnung in einer Vereinsversammlung hat zunächst der Vorsitzende Sorge zu tragen.

„Er hat gesetzwidrigen Aeusserungen oder Handlungen sofort entgegenzutreten und, wenn seinen Anordnungen keine Folge geleistet wird, die Versammlung zu schliessen."

Man sollte glauben, dass dieser Paragraph angesichts einer Versammlung, welche nur aus achtbaren und entschieden friedlich gesinnten Männern besteht, der Regierung als hinreichende Garantie dienen könnte, zumal überdies die Vereidigung des gesammten Vorstandes auf das Gesetz zu Handen der politischen Behörde von Seite aller Vereinsmitglieder nur mit Freuden begrüsst werden würde.

Sache überhaupt möglich sein soll, verzichteten daher die sieben Urgründer im vornhinein und für so lange, als die jetzige kais. österr. Regierung nicht schriftlich die gewünschte Toleranz zusichert, oder nicht im Wege der Gesetzgebung ein entsprechendes Amendement zu Stande kommt, auf die Constituirung einer streng geschlossenen Gesellschaft von Gesinnungsgenossen, wie solche in anderen Ländern vom Staate theils geduldet, theils förmlich anerkannt sind.

Anderseits würde es aber den sieben Urgründern als eine grobe Pflichtverletzung erschienen sein, von dem einmal begonnenen Werke zaghaft und verdrossen zurückzutreten, weil im Augenblicke nicht Alles erreichbar war. In erster Linie musste nämlich der sich hier und da kundgegebenen Neigung zur Bildung von Winkel-Versammlungen, durch deren Existenz unsere Sache von jeher nur heillos compromittirt wurde, ebenso entschieden entgegengetreten werden, als der von anderer Seite kundgegebenen Absicht, die Gesinnungsgenossen in banalen Kränzchen zu blossen Geselligkeitszwecken zeitweise zu vereinen, in welcher allzu profanen Form jene nach ernstern Zielen strebende Geistesrichtung, sowie jene stramme Disciplin, welche von unserer Sache absolut untrennbar sind, alsbald einer völligen Corruption ganz sicher entgegengeführt werden müssten.

Die sieben Urgründer, welche unter sich den gefertigten Verfasser dieser „Genesis" zum Obmann gewählt hatten, beschlossen daher die Gründung eines nicht-politischen und Humanitas zu benennenden Vereins.*)

Dem Vereinsgesetze gemäss musste ein grosser Werth darauf gelegt werden, dass die Humanitas als nicht-politischer Verein sich constituire und zwar sowohl zur Wahrung unseres Prinzipes: keine Politik zu treiben, als auch, weil politische Vereine keine Zweigvereine gründen dürfen**), während wir doch beabsichtigten und noch beab-

---

*) Zur Charakteristik der an massgebender Stelle diesfalls herrschenden Anschauungsweise möge auch noch Folgendes dienen:

Bei den vorerwähnten mündlichen Verhandlungen wurde unter anderem auch der Antrag gestellt, denjenigen landesfürstlichen Commissär, welchen die Regierung mit der Ueberwachung unseres Vereines betrauen würde, taxfrei in den Verband der Gesinnungsgenossen aufzunehmen. — Hierauf wurde in sehr schroffer Weise die Antwort ertheilt: „Dass sich die Regierung nichts vorschreiben lasse, und dass man sich das Recht vorbehalte, heute den A, morgen den B, übermorgen den C u. s. w. zu entsenden. Ferner könne man sich nicht der Gefahr aussetzen, dass der in den Verband aufgenommene Commissär dann etwa mehr „Gesinnungsgenosse" als Staatsbeamter sein werde."

Bei einer andern Gelegenheit äusserte derselbe einst so sehr im Geruche des Liberalismus gestandene Herr „Bürgerminister" zu Herrn F. v. P. aus Pest, dass er gar nichts dagegen habe, wenn sich Cisleithanier in ungarischen oder anderen Logen aufnehmen lassen. Das sei eine individuelle Angelegenheit jedes Einzelnen; als Corporation werde er aber die Freimaurer nie anerkennen, denn dieser Bund (hört! hört!) sei — antimonarchisch.

Die Beweise dieser inhaltsschweren Beschuldigung ist man selbstverständlich schuldig geblieben, da man wahrscheinlich denn doch Anstand nehmen dürfte, sich diesfalls auf die Autorität der Herren Didier, Philalethes u. s. dgl. jesuitischer Schmierfinke zu stützen.

**) Der diesbezügliche §. 33 des V.-G. lautet:

„Politischen Vereinen ist untersagt, Zweigvereine (Filialen) zu gründen, Verbände unter sich zu bilden oder sonst mit anderen Ver-

sichtigen überall, wo es uns nur genehm sein wird, Filialen der Humanitas zu errichten, ferner Ausländer von unserem Verein ausgeschlossen wären*) u. s. w.

Am 23. Juni d. J., dem Vorabende des Johannestages, erfolgte die Einberufung einer grösseren Anzahl von Gesinnungsgenossen mittelst brieflicher Einladungen. Es erschienen siebzehn Personen, welche den Beschluss der sieben Urgründer: einen nicht-politischen und Humanitas zu benennenden Verein, in welchem nur Gesinnungsgenossen Aufnahme finden sollen, einstimmig guthiessen, die sofortige Constituirung eines Gründungs-Comité's beschlossen und zu dessen Obmann den Urgründer Franz Julius Schneeberger (Arthur Storch) wählten.

In der zweiten, am 30. Juni stattgefundenen, von neunzehn Gesinnungsgenossen besuchten Gründer-Versammlung wurde von Schneeberger bereits ein Statuten-Entwurf im Manuskripte vorgelegt und dessen Drucklegung beschlossen.

In der dritten Gründer-Versammlung, 14. Juli, wurde die Special-Debatte über den Statuten-Entwurf auf die nächste am 21. desselben Monats stattfindendende Sitzung vertagt, in welcher die Annahme en bloc erfolgte.

In Folge dessen reichte der Obmann bereits am 22. Juli der k. k. n. ö. Statthalterei den in Rede stehenden Statuten-Entwurf ein, in welchem die §§. 1, 2 und 13 wörtlich, wie folgt, lauteten:

§. 1. **Zweck des Vereines.** Der Verein „Humanitas," mit dem Sitze in Wien, hat den Zweck, unter Ausschliessung jedweder Diskussion über kirchliche oder politische Tagesfragen, die echte Humanität zu wahren und werkthätig zu befördern.

§. 2. **Wirksamkeit des Vereines.** Der Verein stellt sich im Sinne des §. 1 im allgemeinen die Aufgabe, durch die praktische Ausübung einer alle Lebensverhältnisse durchdringenden Nächstenliebe, ohne Unterschied der Nationalität und Confession, auf die Veredlung der Menschheit hinzuwirken und insbesondere die Wohlfahrt, Ehre und Einigkeit sämmtlicher Nationen des gemeinsamen Vaterlandes unter getreuer Beobachtung aller zu Recht bestehenden Gesetze anzustreben.

In seiner speciellen Thätigkeit wird der Verein „Humanitas" alle wie immer Namen habenden und

gesetzlich anerkannten Humanitätsanstalten oder Vereine in ihrem statutenmässigen Wirken mit Rath und That unterstützen.

Namentlich wird der Verein „Humanitas" in erster Linie es sich zur Aufgabe machen, verschämte und sittenreine Arme von Bildung, ohne Unterschied der Nationalität und Confession, theils durch Geldspenden, theils durch Zuweisung einer ehrlichen und standesgemässen Beschäftigung zu unterstützen. Der Verein wird ferner, insoferne die Besserung der Existenz solcher Hilfsbedürftigen nur durch Uebersiedlung von einem Ort zum andern möglich ist, bei den Verkehrsanstalten von Fall zu Fall alle erreichbaren Begünstigungen anstreben, sich überhaupt zur Verwirklichung seiner rein humanitären Ziele aller gesetzlich erlaubten Mittel bedienen.

§. 13. **Vereinssiegel.** Das Vereinssiegel besteht aus der Umschrift Verein Humanitas in Wien und der allegorischen Darstellung der Vindobona und Humanitas, welche sich über Bibel, Zirkel und Winkelmass, als den Symbolen des Glaubens, der Gerechtigkeit und Sittenstrenge, die Hände reichen.

Auf diese Eingabe kam dem Obmanne des Gründungs-Comité's folgender Bescheid zu:

„Z. 23276. S. E. der Herr Minister des Innern, an welchen die von Euer Wohlgeboren am 22. Juli d. J. hierorts überreichten Statuten des Vereines „Humanitas" mit Rücksicht auf §. 14 dieser Statuten und den §. 11 des Vereinsgesetzes vom 15. Nov. 1867, zur hohen Schlussfassung vorgelegt wurden, hat mit dem Erlasse vom 12. Aug. d. J. Z. 3102, Folgendes anher eröffnet:

Da die im §. 2 der Statuten bezeichnete Wirksamkeit des Vereines „Humanitas" denselben trotz der im §. 1 erwähnten Ausschliessung jedweder Diskussion über politische und kirchliche Tagesfragen — als einen politischen Verein erscheinen lässt, die Vereinsstatuten aber den gesetzlichen Erfordernissen politischer Vereine (§§. 30 bis 34 des Vereinsgesetzes vom 15. Nov. 1867, Z. 134 R. G.) nicht entsprechen, wird die auf Grund der vorgelegten Statuten beabsichtigte Bildung des Vereines „Humanitas" nach §. 6 des citirten Vereinsgesetzes untersagt.

Wien, am 14. August 1869.

Für den k. k. Statthaltereileiter:

Fischer, m. p."

In der sechsten Gründer-Versammlung vom 1. Sept. 1869 wurde folgende Replik beschlossen und am 3. desselben Monats ordnungsmässig eingereicht:

(Fortsetzung folgt.)

---

einen, sei es durch schriftlichen Verkehr, sei es durch Abgeordnete, in Verbindung zu treten.

„Desgleichen darf kein Vorstandsmitglied dem Vorstande eines anderen politischen Vereines angehören."

*) §. 30 lautet:

„Ausländer, Frauenspersonen und Minderjährige dürfen als Mitglieder politischer Vereine nicht aufgenommen werden."

Feuilleton.

Amerika. — Der Verein deut.-amerik. Freimaurer hat eine Eintheilung seiner Mitglieder in Bezirke vorgenommen und für diese Bezirke Vormänner ernannt.

Die „Reform" berichtet über die Maiversammlung der Grossen Nat.-M.-Loge zu den 3 Weltk., über die Vereinsversammlung in Dresden, wobei der Brr Küchenmeister und Wigard in ehrender Weise gedacht ist, und über den Grossmeistertag. Der betr. Bericht schliesst, wie folgt: „Dieser lähmende Einfluss lässt sich selbst aus den letzten Verhandlungen des Vereins unschwer erkennen; nicht an dem Grossmeistertag, wohl aber an die ganze Brüderschaft soll er sich wenden mit seinen Reformvorschlägen; denn nur aus dem Maurer-Volke, nicht aus jener kleinen Zahl von Gr.-Beamten, die bei ihren Sitzungen nicht die Repräsentanten der Maurer (denn dazu sind sie nicht gewählt worden) Deutschlands sind und ausdrücklich sich geweigert haben, Vertrauensmänner aus den Logen unter sich zu sehen, kann und muss das Heil erblühen. Vergleicht man die Resultate der Versammlung des Vereins mit dem des Grossmeistertags und der Conferenz der Gr. N.-M.-Loge, so neigt sich die Schale überwiegend zu Gunsten des ersten. Ein besonnenes und consequentes Verharren auf der vom Vereine betretenen Bahn wird doch endlich, dessen sind wir gewiss, zur Einigung und zum Frieden führen."

Die Grossloge von Illinois hat beschlossen, einen Vorleser (lecturer) für die deutschen Logen aufzustellen, den Verkehr mit dem Grossen Or. von Frankreich abzubrechen und den Sitz der Grossloge nach Chicago zu verlegen.

Die Grossloge von Jowa, vor 25 Jahren 4 Töchter mit circa 100 Mitgliedern zählend, hat jetzt deren 232 mit einer Mitgliederzahl von über 10,000. —

Frankreich. — Die Mehrheit der französischen Logen (292 gegen 117) hat die Abhaltung eines ausserordentlichen Convents am 8. Decbr. abgelehnt. Die Zahl der dafür stimmenden Logen ist jedoch immerhin eine namhafte.

Leipzig. — Kurz vor Weihnachten hatte die Loge Apollo wiederum eine reiche Bescheerung von Lebensmitteln aller Art an 50 arme Frauen veranstaltet.

Den Uebergang in das neue Jahr beging die genannte Loge durch eine Sylvesterfeier in üblicher Weise durch ein Br- und Schwestermahl unter der Leitung des verehrten Br Eckstein, Mstr. v. St. Das Fest war zahlreich besucht und nahm einen schönen Verlauf; die Tafel ward gewürzt durch zahlreiche musikalische Genüsse und zwar ausser einem Gesangquartett und mehreren Solovorträgen eines gesangkundigen Bruders, durch ein Violinsolo (Br Haubold), Klarinette (Br Landgraf), Horn (Br Gumpert), Posaune (Br Nahich) und ein Fagottduett. Alle Leistungen wurden mit verdientem Beifall aufgenommen.

Schweinfurt. — Das seit einigen Monaten bestehende mr. Kränzchen zu den zwei Säulen am Stein in Würzburg schloss sich auf Grund der seitens der Grossloge zur Sonne in Bayreuth erlassenen Bestimmung unserer Loge zur Brudertreue am Main an, und erlangte dieser engere Bund brüderlicher Angehörigkeit dadurch seine Weihe, dass am 12 ds. Mts. zwölf Brüder von Würzburg hierher kamen und sich an einer Arbeitsloge des ersten Grades betheiligten, wobei der von ihnen vorgeschlagene dienende Bruder ritualmässige Aufnahme fand. Dieses erste gemeinschaftliche Wirken in unserer k. K. gab sprechenden Beweis, dass es den geliebten Brüdern des neuen

Vereins ebenso Herzenssache ist wie uns, in unserm schönen Frankenlande, einer Provinz, in welcher beinahe ein Jahrhundert keine Loge existirte, eine solche mit zu erschliessen und so nach und nach die FrMrei heimisch zu machen.

Von grosser Wichtigkeit ist es für unsere Sache, dass in der alten Bischofstadt, in welcher noch eifrige Gegner derselben leben, sich die Brüder muth- und vertrauensvoll entschlossen haben, die Hände ans Werk zu legen.

Möge der a. B. a. W. seinen Segen dazu geben!

Mein letztes Wort an Br Zerdik in Bielefeld.

Es hat mir sehr fern gelegen, durch die Mittheilung meiner Correspondenz an Br Findel, Staub aufzurühren. — Mir war es weit mehr darum zu thun, privatim das Urtheil des gel. Br Findel anzurufen, ob ich in dieser Angelegenheit auch br.: korrekt und nach dem rechten Winkel gegangen wäre. —

Dem Artikel in Nr. 49 d. Bl. gegenüber konstatire ich jetzt nur, dass mich Br Metzmacher oder vielmehr gebeten hatte, ihm die Gründe der Abweisung des Herrn P. mitzutheilen, welche der Dortmunder Loge unbekannt geblieben wären. — Es ist gar nicht zweifelhaft, dass mir Br Metzmacher dies auf meinen Wunsch einfach bestätigen würde. — Eine Unwahrheit oder auch nur Ungenauigkeit, wie der Artikel mir hierin zuzutrauen scheint, liegt also nicht entfernt vor. — Die Art und Weise, wie ich damals nach den Abweisungs-Gründen forschte, konnte der Meisterschaft keinen Anstoss geben. — In Ermangelung eines Protokolles musste ich wohl zweckmässig den Br Sekretär befragen. — Die Mittheilung des Br Hubendick „er habe inzwischen — ich weiss nicht von wem, erfahren, dass andere, als politische und religiöse Abweisungsgründe in der Meister-Conferenz geltend gemacht wären," konnte gegenüber der vom Br Sekretär erhaltenen Auskunft mir nicht genügen. —

Warum mein Schreiben zum Gegenstande eines besonderen Conferenz-Beschlusses der Meisterschaft gemacht wurde, ist mir ein Räthsel. — Nur der Mstr. v. St. war von mir um einen mehr beruhigenden Aufschluss gebeten worden, als der des Br Sekretär gewesen war. — Dieser Aufschluss konnte gegeben werden, ohne den Apparat einer Meister-Conferenz in Thätigkeit zu setzen. — Dass dies letztere geschah und dass meine Abfertigung in der dem Wortlaute nach veröffentlichten hochtrabenden und kränkenden Weise erfolgte, erinnert an das Sprüchwort vom dem Hunde und dem Knüttel. Wie Hohn klingt es daher, wenn man mich jetzt noch verdächtigt, ich hätte aus unlauteren Motiven „mich gedrungen gefühlt, meinen Austritt aus der Loge zu provoziren und mit Eklat auszuführen." — Die Leser der Bauhütte mögen darüber richten, wo die Provokation zu einem eventuellen Austritte niedergelegt ist — in meinem Schreiben vom 22. Juli c. a, oder in dem der Loge vom 9. September c. —

Die herzliche Bruderliebe und brdl. Nachsicht, mit welcher mir die Loge Armin z. d. Tr. immer entgegenkam, wird mir in dankbarer Erinnerung bleiben. — Ich wusste sie stets zu schätzen und auch sehr wohl zu unterscheiden von jener philiströsen, herzlosen Pedanterie, die jeden Ausdruck eines freien, unabhängigen Muthes und jedes ehrliche Bekennen einer im Herzen empfundenen oder einer erkannten Wahrheit als destructive Tendenz denunzirt, wie auch jene Rede aus 1866, die mir angeblich ein maurerisches Verfahren zuziehen konnte. (Dieselbe ist s. Z. in der „Bauhütte" veröffentlicht.) Was ich damals als meinen innersten Gedanken im vertrauten Brkreise aussprach, hört man heute bereits laut und allen Dächern rufen. — Ich verwechsle endlich auch nicht die geliebte Brschaft der Loge Armin z. d. Tr. mit der Meisterschaft, welche mir am 9. Septbr. c. mit Eklat den Stuhl vor die Thüre der Loge gesetzt hat, und welche es jetzt noch unternimmt, sich in rechter Pharisäer-Weise zu brüsten: „Seht her, mit welcher brüderlichen Nachsicht wir diesem geliebten Bruder entgegengekommen sind". —

Mühlhausen i. Th., 22. Decbr. 1869.

H. Bruno.

Erklärung.

Das Nachwort, welches die Redaction der Bauhütte auf die in Nr. 49 dieses Blattes enthaltene Erklärung unseres vorsitzenden Meisters Br. Zerdik hat folgen lassen, zwingt die Loge Armin zur deutschen Treue zu der Entgegnung, dass diese von unserem Meister vom Stuhle Br. Zerdik Namens der Loge veröffentlichte Erklärung im Auftrage, in Vollmacht und unter voller Zustimmung der Meisterschaft der Loge Armin zur deutschen Treue erlassen worden ist.

Auch fügen wir noch in Betreff des Punktes 2 der Bemerkungen der Redaction zur sachlichen Erläuterung hinzu, dass der Anfang der Angelegenheit, um welche es sich handelt, nicht unter der Hammerführung des jetzigen Stuhlmeisters vorgekommen ist, sondern dass die Antwort auf die Anfrage der Dortmunder Loge unter dem Vorsitze des frühern Meisters vom Stuhle erlassen worden ist.

Auf den sonstigen Inhalt des fr. Nachwortes wollen wir nicht weiter eingehen, finden uns vielmehr nur der Erklärung veranlasst, dass wir fernere, so wenig brüderliche und dem wahren Geiste der ächten Freimaurerei so wenig entsprechende Angriffe nicht beantworten werden.

Das Beamten-Collegium der Loge Armin zur deutschen Treue.

August Waldecker, Dep. Meister.
I. Aufs. (Vacat).
J. V. Gust. Engelbrecht, II. Aufseher.
Gnuse, subst. Aufseher.
Krefft, Br Sekr. Loge.

Nachwort. Indem wir die Akten über diese Angelegenheit schliessen, weisen wir gleichzeitig die obige unwahre Behauptung zurück, dass unser Nachwort in Nr. 49 wenig brüderliche Angriffe enthalten habe, da dasselbe überhaupt keinen Angriff, sondern eine Abwehr und Rechtfertigung und nichts dem Geiste der ächten FrMrei Zuwiderlaufendes enthielt.

Die Redaction.

Für die verw. Schw. Brüggemann in Brevörde.

(Vgl. „zu Hülfe" in Nr. 28 d. Bl.)

Transport Thlr. 110. 22.		
Von Br Ziecher, Fabrikinspektor in Ochtmersleben	„	3. —
Von einem Suchenden in Eichenbarleben	„	4. 15.
Von den Brn Schoener in Freiburg a. U.	„	—. 15.
Cramer	„	—. 15.
Knabe	„	—. 20.
Ritter	„	1. —
Schadewell	„	1. —
Summa: Thlr. 121. 27.		

Quittung.

Für die Centralhilfskasse des Vereins d. Mr. behufs Unterstützung des Studenten H. zur Beendigung seiner Studien:

Transport Thlr. 49. 23$^{1}/_{8}$.		
Von Br Ziecher, Fabrikinsp. in Ochtmersleben	„	2. —
Von Br Verkrüzen (3 Cedern) in Stuttgart	„	1. —
Summa: Thlr. 52. 23$^{1}/_{8}$.		

Schluss der Sammlungen.

Unter Bezeugung des innigsten Dankes für die eingegangenen Gaben und mit den besten Wünschen für die edlen Geber schliesse ich hiermit beide Sammlungen.

Dem Stud. H. habe ich bereits Thlr. 60. —. als Darlehen zu fakultativer Zurückzahlung, wenn ihm dies möglich, gegen Quittung übersandt, in der sicheren Hoffnung, dass mir die Vereinsversammlung für die Mehrausgabe von Thlr. 7. 6$^{1}/_{3}$ Sgr. Indemnität bewilligen werde.

Weitere Beiträge für die verw. Schw. Brüggemann, die höchst erwünscht sind, wolle man direkt einsenden an Bruder E. Rose, Lederfabrikant in Hameln.

Mit Brgruss

J. G. Findel.

Erlös aus Br Zopf, Weisheit etc. „Baustein für J. Venedey's Haus":

Transport:	Thlr.	20. 12.	5.
Von der Loge „Brkette zu d. 3 Schwanen" in Zwickau für 50 Expl.	„	5. —.	—.
Von der Loge „Tempel der Bruderliebe" in Rawicz*) für 4 Expl.	„	—. 12.	—.
Summa:	Thlr.	25. 24.	5.

Exemplare der obigen Schrift sind durch mich, sowie durch alle Buchhandlungen zu beziehen.

J. G. Findel.

Briefwechsel.

Br F. M—r in Turin. Nach Abzug Ihres Vsbeitrags per 1870 und Thlr. 2 für Br R. in M. und Uebersendung des Jahrbuchs bleibt Ihnen immer noch ein Guthaben von Thlr. 1. Darf ich diesen Rest der Centralhilfskasse überweisen? Brdl. Gruss und Handschlag!

Br R—r in Mailand. Von Dalen's Jahrbuch sende ich Ihnen 1 Expl. durch Ihre dortige Buchh. v. V. & M. Als Vereinsmitglied sind Sie uns herzlich willkommen und begrüsse ich mit Freuden Ihre Bestrebungen. Ihnen und den deutschen Brn glücklichen Erfolg und herzl. Gruss! Wollen Sie die „Mittheilungen" etc erhalten Sie durch die dortige Buchh. gratis.

Br W. Sch. in Fr. a. U. Besten Dank für Ihre Sendung. Kreuzbandsendungen dürfen nicht verschlossen sein, da die Post gesetzlich berechtigt ist, den Inhalt herauszunehmen. Brdl. Gegengruss!

Br E. in Cr—m. Ihnen und den Brudern H. und K. herzlichen Gegengruss!

Br W. W. in Pf. Beitr. dankend erhalten. Ihre Wünsche und Grüsse erwidere ich herzlich!

Br V—l in S. Verbindlichsten Dank für die Einladung zur Tr. Loge und br. Gegengruss!

Br R. in L—z. Vereinsbeitr. dankend erhalten und von der Berichtigung Notiz genommen. Das Gewünschte erhalten Sie. Freundl. Gruss!

Innigsten Dank

für die brüderl. Glückwünsche zum Jahreswechsel, die ich hierdurch von Herzen erwidere, da ich dies brieflich nicht thun kann. Die vielfachen Beweise brüderl. Aufmerksamkeit und Theilnahme haben mich tief gerührt und sollen mir ein neuer Sporn für meine weitere Wirksamkeit sein. Allen Brn Gruss und Handschlag!

*) Bezog auch 1 Stütt, Mrarbeit etc. (Verlag von Br Vollrath).

Verantwortlicher Redacteur: Br J. G. Findel. — Verlag von Br J. G. Findel in Leipzig. — Druck von Brr Bär & Hermann in Leipzig.

N̲o̲ 3.　　　　　　　　　　　　　　　　　　XIII. Jahrgang.

Die

BAUHÜTTE.

Begründet und herausgegeben

von

Br J. G. FINDEL.

* Organ des Vereins deutscher Freimaurer. *

Handschrift für Ber Brür.　　　Leipzig, den 15. Januar 1870.　　　MOTTO: Weisheit, Stärke, Schönheit.

Von der „Bauhütte" erscheint wöchentlich eine Nummer (1 Bogen). Preis des Jahrgangs 8 Thlr. — (vierteljährlich 22½ Ngr. — fl. 1. 21. rhein. Die „Bauhütte" kann durch alle Buchhandlungen bezogen werden.

Inhalt: Vereinsnachrichten. — Die FreiMrei in Oesterreich unter den neuen Aera. — Die Logenweihe zu Wiesbaden. — Maurerleben. Von Br Wilh. Wetter. — Feuilleton: Darmstadt. — Dresden. — England. — Niederlande. — Literar. Notiz. — Statistische Notiz. — Quittung der Loge Morgenstern im Or. Hof. — Briefwechsel. — Anzeigen.

Vereinsnachrichten.

Beitritts-Erklärungen.

Aachen:

Br Goldberg, Hermann, Mitglied der Loge „La Persévérance zu Mastricht, Kaufmann.

Breslau:

Br Mamroth, Ludwig, Mitglied der Loge „zur Bruderkette" in Hamburg und perm. Besuchender der Loge „Horas", Kaufmann.

Hameln:

Br Dörries, Dr. ph., Ceremonienmeister der Loge „zur königl. Eiche", Gymnasiallehrer.

Krotoschin: Mitglieder der Loge „zum Tempel der Pflichttreue".

Br Braun, Otto, Kreis-Sekretär, Ceremonienmeister, Krotoschin.

Br Freitag, Otto, Gutsbesitzer und Lieutenant a. D., Trzebow bei Kozmin.

Br Kosmäl, Friedrich Adolph, Buch- und Steindruckereibesitzer, Krotoschin.

Br Kujawa, Herrman Albert, Apotheker, Ostrowo.

Br Lengnik I., Ludwig, Postmeister a. D., Ritter etc., gewesener 1. Steward, Mr-Jubilar, Swinkow bei Krotuschin.

Br Lengnik II., Alexander, Gutspächter, Swinkow bei Krotoschin.

Br Mundry, Erdmann Moritz, Kaufmann, Militsch.

Br Zipper, Wilhelm, Gutspächter, Danissyn bei Ostrowo.

Mailand:

Br Röder, Adolf, Mitgl. der Loge Carl zu den 3 Ulmen in Ulm, Kaufmann.

Oohtmersleben (bei Eichenbarleben):

Br Ziecher, Julius, Mitgl. der Loge „Asträa" in Wolmirstedt, Geschäftl. der Zuckerfabrik.

Oedenburg (Ungarn):

Br Thiering, Dr. Karl Th., Mstr. v. St. der Loge „zur Verbrüderung", Professor am evang. Lyceum.

Stuttgart:

Br Gutmann, Jacob, Mitgl. der Loge „zu den 3 Cedern", Kaufmann.

Br Lobenhofer, C, Mitgl. derselben Loge, Professor.

Br Rieth, Christian, zugeordn. 2. Aufscher ders. Loge, Werkmeister.

Br Verkrüzen, Andrea, Armenpfleger derselben Loge, Partikulier.

Br Wieland, Wilhelm, Schatzmeister derselben Loge, Kaufmann.

Temesvar (Ungarn):

Br Reimann, Eduard, Mstr. v. St. der Loge „zu den 3 weissen Lilien, Theaterdirektor.

Werl:

Br Neukircher, Joseph, Mitglied der Loge „zur Brkette" in Hamburg, Kanfm.

Würzburg:

Br Heim, Heinr., Vicevors. des Kränzchens „zwei Säulen am Stein", Mitgl. der Loge „Wahrh. und Freundsch." in Fürth, Kaufm.

Br Nöll, Georg, Mitglied der Loge „Karl und Charlotte" in Offenbach, Wagenfabrikant.

Br Vornberger, J. M., Vorsitzender des Kränzchens „zwei Säulen am Stein", Mitgl. der Loge „zum w. Tempel der Brliche" in Worms, Kaufmann.

Zwolle (Niederlande):

Br ten Cate, S. II., Sekretär der Loge „Fides mutua", Schriftsteller. (Forts. in Nr. 5.)

Die FreiMrei in Oesterreich unter der neuen Aera.

Genesis

des nicht-politischen Vereines „Humanitas" in Wien.

(Schluss.)

„An die hohe k. k. n. ö. Statthalterei! Im Namen und Auftrage des Gründungs-Comité's des beabsichtigten nicht-politischen Vereines „Humanitas" in Wien, habe ich hiermit über den am 16. d. M. uns zugestellten hohen Erlass vom 14. desselben Monats Z. 23276 ganz gehorc samst Folgendes zu erklären:

„Vor Allem sind wir einstimmig der Ansicht, dass die Auslegung der im §. 2 definirten Wirksamkeit des Vereines „Humanitas" als eine politische, ein rein subjektive, weder mit unseren Absichten, noch mit dem Wortlaute harmonirende sei, wir daher beschlossen hätten, wenn nicht in Anbetracht der hohen Stelle, welche die Entscheidung diessfalls getroffen hat, dieser Schritt von selbst als zwecklos entfiele."

„Da wir aber anderseits durchaus nicht gesonnen sind, die Bildung eines nicht-politischen und „Humanitas" zu benennenden Vereines aufzugeben, so haben wir beschlossen die im §. 2 beanstandete Wirksamkeit einzuschränken, insoweit selbe als eine politische ausgelegt werden könnte und wird desshalb der §. 2 in seiner neuen Fassung nur zwei Absätze zu enthalten haben, von denen der erste lautet:"

„Der Verein stellt sich im Sinne des §. 1 die Aufgabe, auf die Veredlung der Menschheit, ohne Unterschied der Nationalität und Confession hinzuwirken und zu diesem Zwecke alle wie immer Namen habenden und gesetzlich anerkannten Humanitätsanstalten oder derlei Vereine in ihrem statutenmässigen Wirken mit Rath und That zu unterstützen."

„Der frühere dritte, nunmehr zweite Absatz bleibt ungeändert.

„Ich erlaube mir daher in Folge dieser wesentlichen Abänderung, welche den von S. E. dem Herrn Minister des Innern angegebenen einzigen Untersagungs-

grund vollständig behebt, hiermit abermals unter Vorlage von fünf gleichlautenden Exemplaren des korrigirten Statuten-Entwurfes um die Genehmigung des Vereines „Humanitas" als eines nicht-politischen einzuschreiten, daher auch die §§. 3 bis incl. 16 in ihrer ursprünglichen Fassung beibehalten erschienen.

Wien, am 2. September 1869.

F. J. Schneeberger m. p."

Diese Eingabe fand folgende Erledigung:

„Zahl 28075. An Herrn Franz Julius Schneeherger, Schriftsteller in Wien, Schleifmühlgasse Nr. 20. Laut Erlasses des Herrn Ministers des Innern vom 28. l. M. Zahl 3666/M. J. kann der Verein „Humanitas", welcher auf Grund des ursprünglich vorgelegten Statuten-Entwurfes mit dem Erlasse des Herrn Ministers des Innern vom 12. August d. J. Zahl 3102/M. J. für einen politischen erklärt worden ist, auch nach dem mit der Einlage vom 2. Sept. l. J. vorgelegten, im §. 2 modifizirten Statuten-Entwurfe ungeachtet der gewählten Bezeichnung eines nicht-politischen Vereines doch nur als ein politischer Verein betrachtet werden, weil

1. in §. 1 der Statuten nicht die Politik überhaupt, sondern nur „jede Diskussion über kirchliche und politische Tagesfragen" von der Thätigkeit des Vereines ausgeschlossen werden soll, da der in den §§. 1 und 2 in ganz allgemeinen Ausdrücken bezeichnete Vereinszweck der „Wahrung und Förderung echter Humanität," dann „des Hinwirkens auf die Veredlung der Menschheit" gerade die Erörterung politischer und sozialer Fragen, wenn sie auch nicht Tagesfragen sind, umfasst und hiernach die Verfolgung des Vereinszweckes auf das politische Gebiet führt,[*] wie denn auch nach §. 2 der Statuten alle gesetzlich anerkannten — daher auch die politischen Vereine nicht ausgeschlossen[**] — mit Rath und That unterstützt werden sollen, und weil

---

[*] Angesichts dieser superfeinen Distinktion zwischen politischen und nicht-politischen Vereinen muss es mehr als Erstaunen erregen, dass S. E. der Herr Minister des Innern zufolge Erlasses vom 15. Oktober 1869 Z. 3043 den Bestand des Vereines „Hort" als eines nicht-politischen genehmigt hat, obwohl der §. 1 der Statuten wie folgt lautet:

„Der Hort ist eine Genossenschaft, die den Zweck hat, auf Grundlage einer leitenden und gestaltenden Idee die grossen Lebensfragen, welche unsere Zeit bewegen, vor Allem die religiöse, die sittliche und die sociale (gesellschaftliche) wissenschaftlich zu erörtern, ihre Lösung festzustellen und damit nicht allein den Weg zu zeigen, auf den das allgemeine Uebel, an dem die Menschheit leidet und welches allgemein Verderben droht, zu bekämpfen und das Heil der Zeit herbeizuführen ist, sondern auch damit einen festen Punkt zu bieten, um den die mit einander streitenden Richtungen und Parteien sich vereinigen und dem alle Rath- und Hilfesuchenden sich anschliessen können."

Dass dieser Verein vom Ministerium als ein nicht-politischer anerkannt wurde, geht evident aus den §§. 16 und 17 der Statuten hervor, welche die Zweigvereine des „Hort" betreffen. Nach dem klaren Wortlaute des bereits citirten §. 53 des Vereinsgesetzes wäre nämlich dem „Hort" die Bildung von Zweigvereinen nicht möglich, falls ihn der Herr Minister des Innern als einen politischen Verein betrachten würde.

[**] Dies ist ein Irrthum. In der Eingabe vom 3. September steht ausdrücklich „alle Humanitätsanstalten und derlei Vereine."

2. die nach §. 13 in das Vereinssiegel aufzunehmenden Symbole dieselben wären, wie die bekannten Wahrzeichen einer geheimen**) und daher hierlands unzulässigen Verbindung, welche sich bekanntlich***) in ihrem Endziele auch mit politischen Dingen beschäftigt.

Da nun die vorgelegten Statuten den Bestimmungen des Gesetzes über politische Vereine (§§. 30 bis 34 des Vereinsgesetzes vom 15. Nov. 1867 Rgb. Nr. 134) nicht entsprechen, hat der Herr Minister des Innern die auf Grund dieser Statuten beabsichtigte Bildung des Vereines „Humanitas" nach §. 6 des vorbezogenen Gesetzes zu untersagen befunden.

Wien, den 28. September 1869.

Weber m. p.

Ueber diesen sehr befremdenden Bescheid wurde in der achten Gründer-Versammlung folgende Eingabe beschlossen und am 9. desselben Monats auch bereits eingereicht.

„Hohe Statthalterei! In der am. 5. d. M. von mehreren Gesinnungsgenossen veranstalteten letzten Privatbesprechung betreff Gründung eines nicht-politischen und „Humanitas" zu benennenden Vereines wurde vom Gefertigten, als dem erwählten Ob- und Vertrauensmanne dieser Versammlung der h. Statthalterei-Erlass vom 28. v. M. Z. 28075 mitgetheilt, worauf die Anwesenden nach längerer Debatte schliesslich, wie protokollarisch sicher gestellt, einstimmig den Unterzeichneten beauftragten, folgende Beschlüsse, Erklärungen und Ansichten als Replik auf den von S. E. dem Herrn Minister des Innern mit Erlass v. 28. v. M. Z. 3666/M. I. erfolgten abweislichen Bescheid im Wege der h. k. k. n. ö. Statthalterei vorzulegen, resp. zum dritten Male um Genehmigung der „Humanitas" als nicht-politischer Verein geziemend einzuschreiten.

Demgemäss habe ich im Namen und mit Zustimmung meiner Gesinnungsgenossen Folgendes vorzubringen:

1. Die bereits in meinen Eingaben vom 22. Juli und 2. Sept. l. J. namhaft gemachten Gründer, welchen seither auch noch die Herren: (Siehe Protokoll v. 21./9. 1869) beigetreten sind, verharren unter allen Umständen bei dem Entschlusse auf Grundlage des Vereinsgesetzes v. 15. Nov. 1867 einen nicht-politischen und „Humanitas zu benennenden Verein zu gründen.

2. Um dem im h. Minist.-Erlass Z. 3666/M. J. enthaltenen ersten Untersagungsgrunde, wobei natürlich die Frage der Uebereinstimmung dieser Motive mit unseren subjectiven Anschauungen völlig unerörtert bleiben muss, objectiv und Angesichts der Zwecklosigkeit eines Rekurses Rechnung zu tragen, werden §. 1 und 2 des Statutenentwurfs auf eine Weise abgeändert, welche die Wirksamkeit des Vereines „Humanitas" als eines nicht-politischen nunmehr wohl zweifellos charakterisirt.

3. Obgleich der zweite Untersagungsgrund, nämlich die Beanstandung der laut §. 13 des ersten Statutenentwurfes für das Vereinssiegel beabsichtigte gewesenen drei Symbole für sämmtliche Gründer völlig unverständlich ist, weil keiner derselben irgend einer Verbindung angehört, welche nicht von einer völkerrechtlich anerkannten Regierung gestattet ist und deren gesetzlichen Schutzes sich erfreut, sind wir dennoch gerne bereit auch in dieser Beziehung eine Modifikation des ursprünglichen Entwurfes eintreten zu lassen, daher §. 14 nunmehr zu lauten hat:

Das Vereinssiegel besteht aus der Unterschrift: Verein Humanitas in Wien.

4. Sprechen wir mit Hinblick auf den vom Herrn Minister des Innern erst nachträglich mitgetheilten zweiten Untersagungsgrund die Hoffnung aus, dass nachdem das V. G. v. 15. Nov. 1867 den hohen Behörden laut §. 6 Absatz 2 des V. G. die Verpflichtung auferlegt, die Untersagungsgründe bekannt zu geben und hieraus von selbst die Nothwendigkeit folgert diese Gründe auf einmal und vollzählig zu äussern in dem h. Erlasse Z. 3666/M. J. nunmehr alle Motive erschöpft seien, welche betreff des ursprünglichen Statutenentwurfes überhaupt geltend gemacht werden konnten.

Fünf Exemplare des neuen Statutenentwurfes liegen bei. 5 Stück.

Wien, am 7. Oktober 1869.

F. J. Schneeberger m. p."

Auf diese Eingabe wurde endlich die Genehmigung in folgender Form ertheilt:

An Herrn Franz Julius Schneeberger, Schriftsteller, Wieden Schleifmühlgasse 21.

Z. 31754. Mit dem Erlasse des Herrn Ministers des Innern vom 30. Oktober d. J. Z. 4334 wurde die beabsichtigte Bildung des Vereines „Humanitas" auf Grundlage der unter dem 9. v. M. vorgelegten Statuten zur Kenntniss genommen.

Ein mit der Vidirungsklausel versehenes Statuten-Exemplar folgt in der Anlage mit dem Beifügen mit, dass die Vereins-Vorstehung alljährlich nach Ablauf des Vereinsjahres gemäss §. 13 des Gesetzes vom 15. November 1867 die Rechenschafts- und Geschäftsberichte des Vereines in drei Exemplaren der im §. 12 des obigen Gesetzes bezeichneten Behörde vorzulegen haben wird.

Ferner wird die Vereines-Vorstehung eingeladen, alljährlich nach Ablauf des Vereins-Verwaltungsjahres eine Tabelle nach dem mitfolgenden in zwei Exemplaren für Zwecke der Statistik im Wege der hiesigen k. k. Polizei-Direktion anher vorzulegen.

Schliesslich ersuche ich der zuletzt genannten Be-

— Das bei der Statthalterei erliegende Original wird dieses an dieser Stelle schwerwiegende Wörtchen derlei als vorhanden nachweisen. Damit ist nicht nur vom logischen, sondern auch sachlichen Standpunkte der Einwand, dass die „Humanitas" mit politischen Vereinen in Beziehung treten wolle, wohl hinlänglich widerlegt.

**) Gesunder Logik zufolge ist eine geheime Gesellschaft eine solche, welche ihr Dasein der Kenntniss der Behörden und der Welt überhaupt zu verbergen strebt. Es kann also hier von S. E. unmöglich der Freimaurerbund gemeint sein, welcher zwar eine streng geschlossene, aber keine geheime Gesellschaft ist.

***) Ja woher weiss der Herr Dr. Giskra diess so genau, um einen derart positiven Ausspruch von Amtswegen zu thun?

hörde ein ungestempeltes Statuten-Exemplar zu übermitteln.

Wien, am 4. November 1859.

Weber m. p.

Und hiermit ist die Schilderung der Genesis der Humanitas naturgemäss zu Ende.

Die Logenweihe zu Wiesbaden.

Den 14. November v. J. feierte die Loge Plato zur beständigen Einigkeit im Or. Wiesbaden das Fest der Einweihung ihres neuerbauten Logenhauses.

Zahlreich waren die Deputationen und besuchende Brüder vieler Oriente erschienen, um diesem Feste beizuwohnen.

Um 12¼ Uhr Mittags machte der Br Ceremonienmeister dem Mstr. v. St. Br Roth die Mittheilung, dass die Brr welche gekommen seien der Einweihung des Tempels beizuwohnen, bereit seien dem Rufe zur Arbeit zu folgen. Nach Aufforderung des Mstrs. v. St. bekleideten sich dieselben, und zogen in einem durch den Ceremonienmeister gebildeten Zug unter Orgelklang zu dem Tempel. Der Br Intendant übergab, nachdem der Zug an den Pforten des Tempels angelangt war, dem S. E. Mstr. v. St. den Schlüssel zu demselben, indem gleichzeitig der Br Ceremonienmeister die Versicherung gegeben hatte, dass die Einweihung des Tempels nach den Gesetzen unseres Bundes stattgefunden habe.

Im Namen und zum Gedeihen des ganzen Frmrthums, welches seinen Tempel sichtbar werden lassen will auf Erden, im Namen des eklektischen Frmrbundes und insbesondere der Loge Plato zur beständigen Einigkeit eröffnete der Mstr. v. St. die Pforten des Tempels; welcher feierliche Augenblick durch den Gesang der musikalischen Brr verherrlicht wurde.

Auf Aufforderung des Mstr. v. St. traten nun die Brr in den neuen Tempel, und nachdem dieselben ihre Plätze eingenommen hatten, erfolgte durch den Mstr. v. St. die Anzündung des ersten grossen Lichts mit den Worten:

Lasset uns nach Weisheit ringen,
Und ein Strahl der ew'gen Weisheit
Wird durch uns're Seele dringen;

das des zweiten Lichtes durch den dep. Mstr. Br Alefeld mit den Worten:

Thun wir recht in allen Dingen!
Und beseelt von ewiger Stärke,
Wird uns gutes Werk gelingen.

und des dritten Lichtes durch den Br Redner Hiepe indem er sagte:

Lasst uns Liebespflicht vollbringen!
Und der Abglanz ewiger Schönheit
Strahlt von uns'rer Seele Schwingen.

Unter entsprechenden ähnlichen Ansprachen wurden durch die Brr Beamte die übrigen Lichter entzündet und durch andere dazu bestimmte Brüder die Schmückung der Loge durch Niederlegen der Constitutions-Urkunde, der Rituale, Gesetzbuch, Bibel, Winkelmass, Zirkel etc., Auflegen des Tapis etc. vollendet. Der Br Architekt übergab den Bauplan mit einigen Worten, welche der S. E. Mstr. v. Stuhl mit Dank entgegennahm, und seinen Dank mit einer Aufforderung an die Brüder schloss, in diesen Räumen stets die Einigkeit in Liebe walten zu lassen.

Mit der folgenden von Br Wissmann verfassten und von Br Hagen componirten Hymne, wurde nun die Festarbeit eingeleitet:

Der durch das Weltall ordnend kreist,
O giess dein Licht erhab'ner Geist,
In seiner reichen Fülle
Auf uns, die in der Kette Rund
Geeinigt steh'n zum Bruderbund.
Dir dienend in der Stille.

Die rastlos ohne auszuruh'n,
Dir dienen in verborg'nem Thun,
Den rauhen Stein behauend,
Und glatten Stein zu glattem Stein
Harmonisch fügen, im Verein
An deinem Tempel bauend.

Giess auch dein Licht auf dieses Haus,
Darin wir schreiten ein und aus
Fortan zur Arbeitsstunde!
Lass deinen Segen niederthau'n,
Lass deinen Himmel drüber blau'n,
Lass fest es steh'n im Grunde!

Und unsern Herzen giesse ein
Von deinem Licht den reinsten Schein,
Dass unsre stillen Werke
Im neuen Haus zu deinem Ruhm
Aufrichten echtes Maurerthum,
In Weisheit, Schönheit, Stärke.

Hierauf wurde nach einem kurzen Gebet in ritueller Form die Festloge eröffnet.

Der S. E. Mstr. v. St. begrüsst zunächst den anwesenden dep. Gr.-Mstr. des eklektischen Bundes Br Danker, und überreichte ihm den ersten Hammer; derselbe drückte in herzlichen Worten seine Freude aus über das gelungene Werk, bedauerte die durch Unwohlsein begründete Abwesenheit des Hochwsten Gr.-Meisters, begrüsste und beglückwünschte die Loge und gab den ersten Hammer in die Hände des Mstrs v. St. zurück.

Nach Begrüssung der erschienenen Deputationen der Gr.-Loge und vieler andern Logen, sowie der zahlreich anwesenden besuchenden Brr erfolgte der Vortrag des Mstr. v. St., welcher als Grundidee des Bundes, und als einzigen Haltepunkt für die Entwickelung desselben, die Bewahrung und Pflege der allgemeinsten Menschen- und Brliebe, also schilderte:

Meine Brr!

Wir haben zwar heute nicht die Pforten einer neugegründeten Loge geöffnet, und ihren Tempel geweiht, sondern wir haben die Arbeitsstätte der jüngsten Tochterloge des eklektischen FrMr-Bundes nur verändert.

Auch bei dieser Feier drängen sich unserem Geiste alle die Gedanken, Wünsche, Hoffnungen und Erinnerungen auf, welchen wir auch bei Gründung einer neuen Loge begegnen.

Die Constitution unsrer Loge erfolgte vor 11½ Jahren; aber schon lange vor dieser Zeit existirte in unserer Stadt Maurer- und Logenleben, deren letzterem sogar ein Fürst aus dem Herrscherhause des Landes, der Fürst Friedrich August als schottischer Obermeister vorstand. Und nicht unbekannt muss das Logenleben der Maurerwelt gewesen sein, denn in Wiesbaden wurde nach dem Convent in Braunschweig im Jahre 1775, ebenfalls ein maurerischer Convent abgehalten, welcher indessen von einem der, in jener Zeit so vielfach auftretenden Betrüger und Schwindler berufen war, und aus dem Grunde für die Klärung und Fortbildung der maurerischen Ideen ohne Folgen blieb.

Dass indessen die Mitglieder der Loge zur Einigkeit in Wiesbaden zu jener Zeit für die echten Prinzipien der Freimaurerei begeistert sein mussten, beweist die Thatsache, dass wir im Jahre 1784 diese Loge unter der Hammerführung des Br Schott von Schottenstein, als eine Tochterloge des eklektischen Freimaurerbundes, der im Jahre 1783 sich bildete, aufgeführt finden.

Leider fehlen uns aus den späteren Jahren alle Nachrichten über den ferneren Bestand dieser Loge in unsrer Vaterstadt und trotz sorgfältiger Nachforschungen, in der Loge zu Wetzlar, so wie in Frankfurt — die Loge zum Reichsadler in Wetzlar und Einigkeit in Frankfurt bildeten damals das Directorium des eklektischen Bundes, — konnten wir keinerlei Nachrichten über dieselbe erhalten.

Wie die politischen Verhältnisse damaliger Zeit nicht ohne Rückwirkung blieben auf das Maurerthum, wie die französische Revolution das emporwuchernde Misstrauen gegen die Freimaurerei nährte, und demselben manche Loge unterliegen musste, so wird letzteres Schicksal auch die in hiesigem Oriente existirende Loge betroffen haben. Die alte Loge zur Einigkeit ist verschollen. Niemand konnte uns Auskunft geben wohin ihre Werkzeuge gekommen sind, in welcher Weise ihr häusliches Eigenthum, dessen späterer Benutzung als katholische Kirche ich mich aus früher Jugend erinnere, veräussert wurde. Durch den Mangel an Anknüpfungspunkten, war auch jeder Halt geschwunden, der uns berechtigt haben würde, der Gr. M.-Loge des eklektischen Bundes auf Grund alter Institutionen nur die Wiederaufnahme der Logenarbeiten mitzutheilen.

Die Zahl der Brüder Freimaurer, aufgenommen in verschiedenen Orienten mehrte sich indessen seit den Jahren 1836,40, sie fanden sich nach und nach und fühlten das Bedürfniss in maurerisch brüderlicher Weise zusammenzukommen und zu verkehren. Sie bildeten ein Kränzchen, in welchem manche schöne anregende Stunden verlebt wurden, sie fühlten aber tagtäglich mehr das Bedürfniss, eine eigene Loge zu gründen. Durch die Abneigung des früheren Fürsten dieses Landes gegen die Maurerei veranlasst, wurden manche Wege zur Erreichung des Zieles betreten; die Aengstlichkeit einzelner Brr liess Wege betreten, die wir als Irrwege bezeichnen müssen, aber dennoch fanden wir im entscheidenden Momente den Weg, welcher nicht allein zum Ziele, nein welcher uns auch in die Arme der Mutter zurückführte, welche 74 Jahre früher die schützende Mutter der hier bestandenen Loge war. Wir kehrten auf diesem Wege zu dem Systeme zurück, welches mit Energie und Umsicht die Prinzipien zu erhalten und fortzubilden bestrebt ist, welche wir als die allein richtigen Grundsätze der Freimaurerei anerkennen und pflegen wollen. Wir wurden wieder von der Gr. M.-Loge des eklektischen Frmrbundes am 2. Mai 1858 als ger. und vollk. St. Joh. Loge feierlich installirt.

Mit gutem redlichen Willen, nicht geschützt durch Staat und Regierung, vielfach befeindet, begannen wir unsere maurerische Wirksamkeit, und heute m. Brüder können wir mit dem Bewusstsein auf unsere seitherige Wirksamkeit zurückblicken, wir dürfen es uns gestehen, stets bestrebt gewesen zu sein die Ideen des Maurerbundes, die Ausbildung und Pflege der edelsten Menschlichkeit fördern zu helfen.

Während des kurzen Zeitraumes unserer Logenthätigkeit haben wir aber eine Zeit durchlebt, reich an Ereignissen auf politischem, kirchlichen und sozialen Gebiete, welche alle nicht unbemerkt und erfolglos an dem Logenleben vorübergehen konnten. Es fällt in diese Zeit die Periode welche einen neuen Aufschwung in dem Maurerleben kennzeichnet; eine Anzahl neuer Bauhütten wurde gegründet, die maurerische Literatur wurde vermehrt durch gehaltvolle und interessante Schriften, die Frage ob und welche Reform in dem Bunde der Maurer nöthig und zweckmässig sei, trat überall zu Tage, und durch den Ausbau der Eisenbahnnetze wurde der Verkehr zwischen den einzelnen Logen erleichtert, und die passende Gelegenheit zu grösseren Versammlungen zum Austausch der mr. Ideen angebahnt und benutzt.

In diese Zeit fällt aber auch das Auftreten von gemeinnützigen Vereinen in den ausser dem Logenleben liegenden Kreisen, es fällt in dieselbe die Gründung von Gesellschaften, welche in echt maurerischem Sinne den Menschen zur Erkennung und Ausbildung seiner geistigen Kräfte, zur Förderung seiner geistigen Ausbildung und dadurch auch zur Vermehrung seines materiellen Wohls bringen wollten; und die Erfolge, die diese Vereinigungen erzielt haben, sind so gross, dass die Frage, ob die Freimaurerei mit ihrem geheimnissvollen Treiben hinter verschlossenen Thüren wohl noch eine Berechtigung und Zukunft habe, gewiss nicht ohne allen Grund gestellt werden konnte.

M. Brr! Wir alle, die wir die Grundideen des Mrbundes kennen, die wir redlich bestrebt sind dieselben verwirklichen zu helfen, denselben nachzuleben, wir müssen es uns leider gestehen, dass im Vergleich zu anderen gemeinnützigen Vereinigungen und deren erzielten Resultaten das Maurerthum in der Neuzeit wenig oder keine greifbaren Erfolge aufweisen kann, welche geeignet sind der Menschheit die Zweckmässigkeit, die Nützlichkeit, ja die Nothwendigkeit unsrer Vereinigung zu beweisen. Und dennoch, m. Brr, hat die Maurerei auch heute noch ihre Berechtigung; trotz allen Gründen, welche man gegen diese Berechtigung aufzubringen sucht, müssen wir sogar die Nothwendigkeit ihrer Existenz und Fortbildung betonen, aber auch beweisen.

Lessing sagt in seinen Gesprächen über Freimaurerei zwischen Ernst und Falk:

„Recht sehr zu wünschen wäre es, dass in jedem Staate Männer geben möchte, die über die Vorurtheile der Völkerschaft hinweg wären und genau wüssten, wo Patriotismus Tugend zu sein aufhört.

Recht sehr zu wünschen, dass es in jedem Staate Männer geben möchte, die dem Vorurtheil ihrer angeborenen Religion nicht unterlägen, nicht glaubten, dass alles nothwendig gut und wahr sein müsse, was sie für gut und wahr erkennen.

Recht sehr zu wünschen, dass es in jedem Staate Männer geben möchte, welche bürgerliche Hoheit nicht blendet und bürgerliche Geringfügigkeit nicht ekelt, in deren Gesellschaft der Hohe sich gern herablässt und der Geringe sich dreist erhebt.

Wenn es nun solche Männer stets gegeben habe und noch gäbe, wenn diese Männer die Freimaurer wären?"

Wohl ist in Lessing's Worten eine Wirksamkeit angedeutet, welche beinahe das ganze ideale Streben des Freimaurerbundes umfasst, und jeder von uns wird es sich gestehen, dass in diesem Sinne der Bund Vieles leisten könne, wenn nur die Grundidee, auf welcher alle diese angedeuteten und ersehnten Eigenschaften sich verwirklichen lassen, die Idee, welche wir von allen Lippen der Freimaurer so oft nennen hören, die Liebe, die Alle umfassende Bruder- und Menschenliebe, vollständig bei uns heimisch geworden wäre.

Zu allen Zeiten, aber insbesondere in einer Zeit wie die gegenwärtige, reich an politischen Ereignissen, welche tief eingriffen in die Staaten- und Völkerordnung, bildeten und bilden sich Parteien, welche sich im sozialen Leben mitunter schroff gegenüber stehen und sich bekämpfen. Eine jede dieser Parteien glaubt dem Vaterlande durch den in ihr ausgesprochenen Grad von Patriotismus am besten zu dienen, man befehdet andere Ansichten mitunter auf leidenschaftlichster Weise. Ja diese Befehdung bleibt nicht einmal in den Grenzen des engeren Vaterlandes, sie harmonirt oder streitet mit den Parteirichtungen anderer Länder und Völker und hilft dadurch die Trennungen, welche unter den Menschen gleicher und verschiedener Nationen bestehen, noch vermehren. Selbst auf das maurerische Leben haben sie Einfluss. Zwar sollte der Mrtempel der Ort sein, an welchem Mitglieder aller Parteien sich zu einem einzigen alle Menschen beglückenden Streben vereinigen, wo politischer Parteihass eine ganz unbekannte Eigenschaft ist; m. Brr, es sollte so sein, und es wird auch so sein im Kreise der Brr, welche sich regelmässig bei unsern Arbeiten einfinden; aber wir finden in allen Logen wohl eine Anzahl Brr und darunter Manche, welche wir nur bei Festlichkeiten zu erblicken gewohnt sind, weil ihnen die Lust zur Theilnahme an den gewöhnlichen Logenarbeiten fehlt, und diese Mitglieder, m. Brr, sie haben häufig im sozialen Leben eine hervorragende Stellung, wir finden sie häufig als Leiter oder hervorragende Mitglieder bestimmter Parteistellungen, wir finden sie in der Regel als Männer von Bildung und Wissen, welchen Niemand die allgemeine Achtung versagen kann, welchen dennoch aber die Eigenschaft fehlt, in dem Bunde in dem Sinne zu wirken, wie sie es alle bei der Aufnahme in denselben feierlich gelobt haben.

Solche Brr sind es häufig, mit welchen manche Loge ihre Mitgliederverzeichnisse" schmückt, diese Brr sind es häufig, auf welche die profane Welt ihr Auge richtet, deren Erscheinen, deren Betheiligung an den Logenarbeiten sie zu beobachten, und sich dann ein Urtheil über den Bund selbst zu bilden sucht.

(Fortsetzung folgt.)

Maurerleben!

Von

Br Wilh. Wetter in St. Gallen,

(bei seiner Beförderung zum Meister).

Du trittst in's Dasein ein, ein kurzer Traum
Verhüllt dir noch des Lebens ernstes Walten.
Da hat die Welt, da hat dein Herz nicht Raum
Für all die süssen, schönen Truggestalten.
Doch mit der Sonne Steigen weicht die Nacht,
Die Bilder immer blasser dich umschweben,
Und mit dem Tag zu neuer Kraft erwacht
Beginnst den ersten Kampf Du mit dem Leben.
Nun lass dein Herz vom Traume sich entfernen;
Denn um zu siegen, musst du kämpfen lernen.
Und willst du werben um des Sieg's Gewinn,
Demüthig bitt' um echten Lehrlingssinn!

Mit diesem Sinn üb' Herz und Geist
Und Aug' und Ohr, zu wirken und zu schaffen,
Und wo die Welt dich falsche Bahnen weist,
Bekämpfe sie mit selbstgeschliffnen Waffen.
Nicht kehr' zur Nacht, zum eitlen Traum zurück!
Was du gelernt muss dir, der Menschheit nützen.
Auf selbstverdientes, selbsterworbnes Glück
Musst du dein Haus, dein selbstgebautes, stützen.
Ist heiss der Mittag auch, sind schwer die Lasten,
Ist fern das Ziel, die Stunde, auszurasten,
Du trägst umsonst nicht, trägst auch nicht allein —
Gesell muss werden, wer will Meister sein! —

Und ist er Meister — üb' er seine Kunst.
Und mag er tief in's eigne Herz sich schreiben
„Nicht g'nügen soll mir die erworbne Gunst,
„Ich bin nun Meister, will auch Meister bleiben!"
Nicht bleibe stehn auf halb erklomm'ner Bahn,
Wer was vermisst, die Höhe zu ersteigen. —
Nicht mit dem Worte sei es abgethan,
Es muss die That den wahren Meister zeigen.
An dieser That, da soll die Welt erkennen
Ob du ein Recht hast, Meister dich zu nennen.
Sie sei Dein Ziel — erbitt' dir himmelwärts
Zur echten That das echte Meisterherz! —

Feuilleton.

Darmstadt. — Wie seit vielen Jahren, so zündete auch diesmal am 3. Weihnachtstage die hiesige Freimaurerloge Johannes der Evangelist zur Eintracht einer grösseren Anzahl braver Kinder unbemittelter Eltern die Lichter des Christbaumes an, unter welchem, neben andern Geschenken, vollständige neue Anzüge für die Knaben und Mädchen lagen. Auch die Frauen der der Loge angehörigen Mitglieder wohnten dem sinnigen und erhebenden Ritus der Feier bei.

—————

Dresden. — Ein ernster Akt versammelte am Abend des 30. December die hiesigen Brr. in den Räumen des Logenhauses der Altstadt, wo die Loge zu den 3 Schw. ihre Todtenfeier abhielt. Dieselbe galt 11 Mitgliedern dieser Loge, sowie 5 Brüdern, welche durch Ehrenmitgliedschaft letzterer verbunden gewesen waren. Wenn, vielleicht mit Ausnahme Br. Kadner's*), jene in der Ferne Wenigen bekannt gewesen sein dürften, so waren diese, die Ehrenmitglieder (Br. J. Herring in New-York, Br. Back in Altenburg, Br. Lucius und Erdmann in Leipzig und Br. Diettrich in Görlitz) in der gesammten Maurerwelt bekannt und höchst geachtete Persönlichkeiten. Erwähnte Trauerloge fand in dem angemessen dekorirten grossen Saale statt und wurde von dem betreffenden Stuhlmeister Br. Rumpelt-Walther geleitet, welcher auch in der bekannten schwungvollen Weise den geschiedenen Brr. die Gedächtnissrede hielt. In gleich ergreifender Weise trug Br. Pfaff eine Arbeit über die Gedanken bei und nach dem Tode unserer Lieben vor, ebenso wirkten die von musikalischen Brr. vorgetragenen Gesänge erhebend. Die ganze Feier, welche von 1/27—9 Uhr währte, war eine durch hohen Ernst ausgezeichnete und wurde von ächtem Mrgeiste getragen! Der Eindruck, den sie auf die versammelten Brr. — gegen 300 — machte, war ein gewaltiger.   S.

— Wie im vorigen Jahre, so veranstaltete auch in diesem Jahre am 29. December Abends 6 Uhr die Loge zu den eber. Säulen hier eine Weihnachtsbescheerung für Arme. Es erhielten Geschenke im Ganzen 24 Personen — 21 Kinder, darunter 5 Confirmanden, und 3 alle Wittwen. Viele von den Kindern waren Halbwaisen, sämmtliche Percipienten aber mit Fleiss und Sorgfalt ausgewählt. Die Bescheerung fiel sehr reichlich aus: eine lange Tafel trug einen herrlichen Christbaum und war bedeckt mit Aepfeln, Stollen und Kleidungsstücken aller Art. Einige Confirmanden erhielten vollständige Bekleidung vom Fusse bis zum Kopfe. — Die Feier selbst war eine erhebende und, das dürfen wir wohl hinzufügen, für die Geber oder richtiger Geberinnen — die Bescheerung wurde fast lediglich durch Sammlungen, den Fleiss und die Arbeit der geliebten Schwestern zu Stande gebracht — eine beglückende. Das im Wiederscheine des Lichtbaumes strahlende Antlitz der Kinder, und die voll Dankesthränen stehenden Augen der „Alten" sagten ihnen und jedem Anwesenden, dass Geben seliger ist denn Nehmen.

Der Akt der Bescheerung wurde eröffnet durch den Sologesang:

„Ziehe ein, geweihte Nacht,
Komme, wie du kamest.
Bringe, was du einst gebracht,
Nimm, was du einst nahmest!
Bring die Sonne klar und warm,
Nimm hinweg den Gram und Harm."

—————

*) Br. Kadner war Dr. med. und Direktor der diätetischen Heilanstalt und Klinik in Dresden und als solcher wie als Schriftsteller weit und breit bekannt. Dabei war er, das müssen auch seine ärztlichen Gegner zugestehen, ein edler Mensch, ein Menschenfreund im wahrsten Sinne des Wortes.

Hierauf wendete sich Br. Clauss I. in einer herzlichen Ansprache an die zu Bescheerenden, wornach Br. Drensinger II. ein Gedicht vortrug. Nach diesem sprach Br. Steinbach unter Ueberreichung von je einem Gesangbuche an die Confirmanden zu denselben tief ergreifende Worte der Mahnung und Ermunterung, die ihre Wirkung um so weniger verfehlt haben werden, je mehr sie die speziellen Verhältnisse der betreffenden Kinder betrafen. Mit einem Schlussgesange endete die Feier, fröhlichen Herzens nahmen die Beschenkten ihre Gaben und verliessen mit Dankesworten die Logenräume.   S.

—————

England. — Die neue mr. Zeitschrift „The Freemason" hat ihren dritten Jahrgang begonnen, und zwar mit einer Vergrösserung des Umfanges und einer Verbesserung der Ausstattung. Der Verleger gibt an, dieselbe habe bereits nahezu 1/4 Million Abonnenten. Nr. 1 des Freemason enthält an seiner Spitze einen Artikel: „Maurerische Geschichtsschreiber. I. Br Findel", mit einer sehr anerkennenden Besprechung der soeben in 2. Auflage erschienenen „History of Freemasonry" aus der Feder des Br. W. J. Hughan.

In einem recht gut geschriebenen Neujahrsartikel heisst es: „Wir nehmen das vergangene Jahr als eine gute Vorbedeutung für die Zukunft; nie sind die maurer. Wohlthätigkeits-Institute liberaler unterstützt worden, als im Jahre 1869. „Fortschritt" ist die Signatur dieses Jahres — wir haben unsere neue Maurerhalle eingeweiht; wir haben den künftigen Monarchen des Reichs bei uns als „Bruder", nicht als „Patron" aufgenommen; wir haben der grossen Zahl unserer Bundesglieder ebenso 6—7000 neue Brr beigefügt, welche sich, wie wir hoffen, als gute und treue Männer erweisen; ferner sind im weitern Bereiche unserer Jurisdiction etwa 50 neue Logen constituirt worden."

—————

Niederlande. — Gleich Br Schouten im Maç. Weekblad begrüssen auch wir mit Freuden die Herausgabe eines „Bulletin van het Ned. Gr. Or.", d. i. einer offiziellen maurer. Zeitschrift unter der Redaction des verdienstvollen Br Noordziek und mit Unterstützung eifriger und verdienstvoller Brr im Haag. Dieses Bulletin soll auch den Brr Lehrlingen zugänglich sein, jährlich 3 fl. kosten, alle 4 Monate erscheinen und Berichte aus den Logen der Niederlande und des Auslandes, geschichtliche Beiträge aus dem Grosslogen-Archiv u. dgl. m. enthalten. Wir sehen in diesem Unternehmen einen Beweis neuer Regsamkeit und erhöhten Lebens innerhalb unseres Bundes.

—————

Literarische Notiz. — Wir verdanken der Güte des Verfassers eine kleine Schrift mit den treu, pietätvoll und ansprechend gezeichneten Lebensbildern hervorragender Maurer unter dem Titel: „Die in d. e. O. e. Brr Schöne, Lucius und Erdmann. Drei Lebensläufe verfasst und bei der Trauerfeier der Loge Apollo in Leipzig den 13. Dezember 1869 vorgetragen vom Br v. Leupold. Leipzig, Vollrath." 8. 24 S. — Diese Lebensbilder sind durch die „FrMr-Ztg" einem grösseren Leserkreise bereits mitgetheilt worden.

— Im April erscheint bei C. Petrik (Osterlamm) in Pesth eine 2. Aufl. von: „Br Dr. Lewis, geschichtliche Darstellung der Freimaurerei in Oesterreich und Ungarn." 1 Thlr. — Wir machen auf diese Geschichte aufmerksam und wünschen dem Werkchen des greisen Verfassers, dem die Wiedergeburt der FrMrei in Ungarn zu danken, den besten Erfolg.

Statistische Notiz. — Die Joh.-Freimaurer-Loge zur Brudertreue in Sangerhausen ist am 7. März 1823 von der Grossen Loge von Preussen, genannt Royal York zur Freundschaft, gestiftet worden und zählt gegenwärtig (Johannis 1869) 128 wirkliche Mitglieder, welche im durchschnittlichen Alter von 33 Jahren Aufnahme gefunden haben und von welchen 55 Brüder in Sangerhausen selbst wohnen.

Darunter sind:
51 Meister ohne jeden Hochgrad,
30 Gesellen,
47 Lehrlinge.

Durchschnittlich haben von den 47 Lehrlingen jeder bereits 9 Jahre, von den 81 Meistern und Gesellen jeder 2½ Jahr als Lehrling gedient, und von den 51 Meistern jeder durchschnittlich 2 Jahre als Geselle gearbeitet, so dass jeder derselben bis zu seiner Meistererhebung durchschnittlich 4½ Jahr Freimaurer gewesen ist.

Hierzu treten:
5 Ehrenmitglieder, 2 perman. Besuchende, 5 dien. Brr.

Von Johannis 1868—69 sind
9 Brr aufgenommen,
4 Brr in No. II befördert,
1 Br in No. III befördert,
1 Br. reactivirt.

Dagegen sind ausgeschieden
5 Brr durch Eingang i. d. e. O.,
2 Brr durch ehrenvolle Entlassung,
1 Br durch Deckung.

Mit Ausschluss der an bestimmte Tage gebundenen Festlogen finden die Arbeiten stets am Freitag statt und es werden die nicht zur Arbeit bestimmten Freitags-Abende von 7—½9 Uhr zu maurerischer Literatur und Debatte verwendet. Ausserdem circuliren die mr. Zeitschriften in verschlossenen Mappen in mehreren Exemplaren unter den Brr.

Mit der Loge ist eine profane Gesellschaft verbunden, welche jedoch weder an den ordentlichen Arbeitstagen, noch an aussergewöhnlich anzusetzenden Logentagen Zutritt hat.

Der Vorstand dieser profanen Gesellschaft besteht nur aus Brn, damit die maurerische Benutzung des Hauses der Geselligkeit vorangehe.

Der Loge zum Morgenstern im Or. Hof

sind ferner noch zugegangen:

Von der Logo z. Eintracht u. Standhaftigkeit in Cassel Thlr.		25
Von der Loge z. Harmonie in Chemnitz . . . . . „		25
Von der Loge z. d. 3 eisernen Bergen in Siegen. . „		5
Von der Loge z. Pelikan in Hamburg (Geschenk). . „		10
Von der Loge Friedr. Wilh. z. gekrönten Gerechtig-		
keit in Berlin, und zwar von folgenden Brr:		
Schnoeckel sen. . . . . . . Thlr.	5	
L. Herrig . . . . „	5	
Flohr . . . . „	5	
Langenscheidt . . . . „	4	
Schwartze . . . . „	5	
Paul Petersen . . . . . . „	5	
J. B. Lowy . . . . „	5	
W. Wolffenstein . . . . . . „	5	
Franz Reschke . . . . . . „	5	
Summa	„	45

Unter Versicherung herzlichen Dankes

Br **Wm. Voigt.**

Briefwechsel.

Hr Dr. Gr. in Ph—a. Ich bedauere, Ihrem Wunsche nicht entsprechen zu können, da ich der neuern Romanliteratur nicht gefolgt bin, auch nicht Ihr Publikum kenne und nicht weiss, welchen Umfang der betr. Roman haben darf oder soll. Auch liefern die Verleger nur auf Grund eines Bestellzettels von Sch. & K. aus. Die dortige Buchhandlung wird Ihnen am besten rathen und demgemäss bestellen können. Brdl. Gegengruss!

Dr F—s in V—n. Beitr. erhalten und freue mich über Ihre Theilnahme am Wachsthum des Vereins. Bleiben Sie dort das einzige Mitglied? Besten Gruss!

Br Jul. Z—r in O—n. Thlr. 3 richtig erhalten; Mittheilungen Ihnen unter Kreuzband gesandt. Seien Sie Namens des Vereins herzlich willkommen geheissen! Es wird mir angenehm sein, Ihre persönliche Bekanntschaft zu machen. Glück auf und brdl. Gegengruss!

Br (Major) H. in E—ck. Es freut mich sehr, dass Sie meiner in so br. Weise gedenken. Innigsten Dank für Ihre Theilnahme und freundl. Glückwünsche, die ich herzlichst erwidere. Gestatten Sie mir die Antwort auf diesem Wege; denn es hat sich bereits wieder ein ziemlicher Berg von Briefen bei mir aufgehäuft, obgleich ich in den beiden letzten Monaten über 90 Briefschulden getilgt. In treuer Gesinnung Gruss und Handschlag aus der Ferne!

Br L. M—th in Br. Als Vereinsmitglied willkommen; Ihrem kranken Kinde wünsche ich von Herzen baldige Genesung; Ihr br. Besuch wird mir s. Z. angenehm sein. Brdl. Gegengruss! Möchte in der Loge H. Ihr Beispiel Nachahmung finden!

Br O. G—g in Fkf. Vsbeltr. pr 70 erhalten; brdl. Gruss!

Br A. E. in F. b. Br. Ihre Sendung von Thlr. 10, und meine Nota kreuzten sich. Ihren Glückwunsch erwidere ich bestens; für Ihre anerkennenden Worte freundl. Dank. Brdl. Gegengruss!

Quittung.

Ah-Beitr. für Bauh. 1870 dankend erhalten von Br A. Pr. in Rt — Br P. in D—st; — Br W. Sch. in Fr—g; — Br Fr. in B—f bei N. — Br R. L. in Dr; — Br Tr. in Gn; — Br L. in A. — Br Kr. in B—m; — Br M. in Br; — Br R. in M—m; — Br Z. in R—w. ?

Verantwortlicher Redacteur: Br J. G. Findel. — Verlag von Br J. G. Findel in Leipzig. — Druck von Brr Bär & Hermann in Leipzig.

Nᵒ. 4.

XIII. Jahrgang.

Die

BAUHÜTTE.

Begründet und herausgegeben

von

Br J. G. FINDEL.

* Organ des Vereins deutscher Freimaurer. *

Wochenschrift für Brr Fr Mr.

Leipzig, den 22. Januar 1870.

MOTTO: Weisheit, Stärke, Schönheit.

Von der „Bauhütte" erscheint wöchentlich eine Nummer (1 Bogen). Preis des Jahrgangs 3 Thlr. — (halbjährlich 1 Thlr. 15 Ngr.)
Die „Bauhütte" kann durch alle Buchhandlungen bezogen werden.

Inhalt: Die Gegenwart und Zukunft der Maurerei in Deutschland. Von einem alten Logenbruder. — Trauerfeier der Loge Archimedes zu den 3 R. in Altenburg. — Die Logenweihe zu Wiesbaden. — Feuilleton: Amerika. — Coburg. — Oestreich. — Wien. — Mr. Schwindel. — Hierzu eine Beilage: Vereinsnachrichten. — Briefwechsel. — Anzeigen.

Die Gegenwart und Zukunft der Maurerei in Deutschland.

Von

einem alten Logenbruder.

*Motto: Du bist am Ende, was du bist:
Setz dir Perrücken auf von Millionen Locken,
Setz deinen Fuss auf ellenhohe Socken,
Du bleibst doch immer, was du bist.*

IV.

Wie die neuesten, gewissenhaftesten Forschungen ergeben, erfolgte die Einführung der Maurerei in Deutschland um 1733, also zu einer Zeit, wo Katholizismus und Protestantismus insofern noch an den Folgen ihrer Trennung litten, als der kirchliche Kampf zwischen Licht und Finsterniss, zwischen Freiheit des Geistes und des Herzens überhaupt noch nicht zu vollständigem Abschlusse gekommen, vielmehr wenige Jahrzehnte später durch die französische und englische, in ihrer Neuheit und Kühnheit überraschende Philosophie und Menschenrechte, sowie Friedrichs II., Katharina's II. und Joseph II. reformatorische Bestrebungen wesentlich neu angefacht, die geistige Gährung auch auf das politische Gebiet übertrugen. Ein gefährlicher, weil leidenschaftlicher, innerer und verdeckter, später auch an die Oeffentlichkeit tretender Kampf der sich gegenüberstehenden kirchlichen und politischen Meinungen drohte jeden politischen und kirchlichen Glauben gänzlich zu vernichten, wenn auch Staat und Kirche äusserlich noch eine Haltung zu haben schienen. Hierzu kam noch die von den Höfen und Standes-

...vorausgehende vollständigste Entsittlichung aller Stände, die jedes Familienglück vergiftete und zerstörte und so alle Bande der Ordnung bedrohlich lockerte. Nicht minder wirkte darauf ein das tiefempfundene, nach und nach sogar zu Tage tretende Missverhältniss zwischen der Lehre der verschiedenen Kirchen und ihrer Anwendung auf das Leben, ferner eine Politik, welche die Menschen nur als Sachen betrachtete und behandelte, von den „Unterthanen" nur dann und insoweit Notiz nahm, als sie durch ihre Person und ihr Besitzthum die Mittel herbeigeschaffen hatten, die Herrschsucht und die Ueppigkeit der geistlichen und weltlichen Gewalthaber zu befriedigen. Solche trostlose Zustände mussten nothwendig die fühlende und denkende Menschheit dazu drängen, entweder den Vergewaltigungen Vergewaltigung entgegen zu stellen oder die innere Befriedigung, welche die angewiesene Kirche nicht gab, anderweitig aufzusuchen, auf der andern Seite sich ein Asyl zu schaffen, das der angeborenen sittlichen Freiheit keine naturwidrige Schranke auferlegte. Ein solches Asyl nach beiden Richtungen hin bot die bis dahin kaum gekannte oder beachtete Maurerei in ihrer Idee der sittlichen Freiheit, der Versöhnung und der Menschenliebe. Lange Zeit hielt die Maurerei an dieser Idee, welche ihr das Entstehen gab, deren Verkörperung auch allein ihr Bestand und Wirksamkeit geben kann, treulich fest und leistete in ihrem anfänglich engbegrenzten Kreise und trotz der Ungunst innerer Umstände, trotz der zahlreichen Verfolgungen weltlicher und geistlicher Machthaber und deren Schleppträger, wahrhaft Verdienstliches und Grosses. Aber die moralische und geistige Zerfahrenheit, namentlich während der letzten Hälfte des vorigen

Jahrhunderts, infizirte auch die Brüderschaft. Die ursprüngliche Idee der Maurerei wurde allmälich verdunkelt, entstellt oder schlug in das gerade Gegentheil um. Die Logen liessen wider- und nicht maurerische Einflüsse bestimmend auf sich einwirken und gaben wider- und nicht maurerischen Zwecken sich dienstwillig und dienstbar hin. Der Geist und der Ernst mussten wiederholt eitler Spielerei weichen. An die Stelle der Idee und des Geistes trat die Heuchelei, die leere Form, der äussere Prunk und die klingende Phrase. Aber der lebensfähige und lebenbringende Grundgedanke der Maurerei, welcher wohl entstellt und zeitweilig niedergehalten werden kann, hat sich stets zu gegebener Zeit siegreich durchgebrochen. So sehen wir denn auch nach mannigfachen Zerwürfnissen im eigenen Innern, nach vielfältigen Abirrungen, durch beides sogar geläutert und gefestigt, die Maurerei wenige Jahre nachher aus und durch sich selbst regenerirt wiederum in vollster und gesegnetster Thätigkeit. Der Zutritt von Männern von Geist und Thatkraft und deren maurerisches Wirken gab dem Bunde neues Leben, neuen Impuls, neue vergrösserte Spannkraft. Leider war aber diese Blüthezeit wiederum von kurzer Dauer. Die französische Revolution und die darauf folgende Knechtung Europa's, dann die nachherigen deutsch-französischen Kriege, welche alle Verhältnisse sprengten oder sich ihrem Zwecke dienstbar machten, brachten auch einen vernichtenden Keim in die Maurerei. Der erste Bonaparte, der seinem eisernen Willen, seinen welterobernden und weltumgestaltenden Plänen Alles despotisch unterordnen, zog auch die zahlreichen Logen, nicht blos Frankreichs, sondern auch der eroberten Länder in den Kreis seiner mitwirkenden Faktoren. Vor dem Machtwort des weltbeherrschenden und weltberückenden Imperators und dem Einflusse der von ihm bestellten und abhängigen Ordensoberen zogen sich diejenigen, welche einzustehen hatten für die Unantastbarkeit und freie Selbständigkeit des Maurerthums feige, schwach oder auch ganz und gar unmächtig zurück. Auch nicht wenige deutsche Fürsten und Fürstchen hatten sich ein Beispiel an dem klug berechneten Vorgehen ihres französischen Schutzherrn und Kronenverschenkers genommen zu ihrem Nutzen und gegen ihn. Auch sie benutzten mit nicht minderm Geschick und Erfolg den auch auf die Logen übertragenen erwachten Volksgeist, um vermittelst der Logen auf die schon sehr erregte, öffentliche Stimmung weiter einwirken zu lassen. Wie viele Anstrengungen man auch gemacht, es wegzuleugnen, so ist doch nunmehr geschichtlich festgestellt, dass der im Frühjahre 1808 von Mosqua, Lehmann, Both, Assessor Bardeleben u. A., zu Königsberg gestiftete „Tugendbund", wenn er auch äusserlich den Anschein sich zu gehen wusste, von der Maurerei unabhängig zu sein, doch in ihr sein Entstehen, seine Nahrung und seine Weiterverbreitung gefunden. Dass Friedrich Wilhelm III. auf Anweisung der französischen Regierung und nach Stein's Entfernung aus dem Ministerium ihn aufhob, beweist weiter nichts, als dass dieser durch das schwere Unglück seines Hauses tiefgebeugte Monarch, wie leider in so vielem Andern, auch hier dem Zwang der Umstände und der französirten Preussen an seinem Hofe willig nachgab. Wie dieses königliche Gebot aufgefasst und zu befolgen beabsichtigt wurde, zeigen folgende Worte, mit welchen ein Vorsteher

des Bundes (Schön?) die Bundesglieder in der Schluss-Sitzung entliess: „Meine Herren! Nach dem Willen unseres Königs ist der Bund seiner Form nach aufgelöst. Unsere gemeinsame Thätigkeit hat aufgehört. Ich hoffe in unseren Herzen dauert der Bund fort und das nicht gegen den Willen unseres Monarchen." Diesen Worten ganz entsprechend löste sich der Bund als solcher allerdings formell auf, trat aber wieder zurück in seine Geburtsstätte, dort seine wahrhaft patriotische Wirksamkeit mit grösster Energie fortsetzend. Als die mit Gut und Blut bethätigte Begeisterung ihre Dienste gethan, der Mohr kann gehen und die so trefflich benutzte und so wirksam befundene Begeisterung wurde durch eine perfide Staatskunst auf das rechte Mass d. h. auf den schuldigen Gehorsam des beschränkten Unterthanen-Verstandes zurückgeschraubt. Man war indessen staatsklug genug, sich den einmal gewonnenen und wohlbewährten Einfluss für kommende Nothzeiten zu sichern und zwar einfach durch Aufrechthaltung der sogenannten schützenden Toleranz-Edikte und vermittelst Einwirkung auf die Besetzung der Aemter der leitenden Bundesbehörde durch den Höfen nahestehende Persönlichkeiten und einflussreiche Staatsbeamte, wodurch mittelbar die leitende und bewegende Kraft aus den Händen des Bundes in jene der jeweiligen Staatsregierung überging. Mit diesem für den Bund und die Bruderschaft hochwichtigen Umstande werden wir uns später zu beschäftigen Gelegenheit haben.

Gehen wir nunmehr zu der Frage über: Erfüllt der Maurerbund seine Aufgabe noch heute, also zu einer Zeit, wo die in unserem vorigen Abschnitte angegebenen Zeitumstände dies so wesentlich erleichtern und begünstigen? — so antworten tausend Thatsachen mit niederschmetterndem Nein! Es fehlen dem Maurerbunde dermalen dazu die unerlässlichsten Grundbedingungen: die ursprüngliche, reine, unverfälschte Idee; die unbehinderte Thätigkeit aller guten Menschen in demselben und für denselben; die Möglichkeit der Insichaufnahme der berechtigten Forderungen der Zeit und endlich, was die Hauptsache, die zur Durchführung seiner hohen Aufgabe nöthigen geeigneten Männer. Wir werden dies nachzuweisen haben und nachweisen.

(Fortsetzung folgt.)

Trauerfeier der Loge „Archimedes zu den 3 R." in Altenburg.

In der Loge Archimedes zu den 3 R. in Altenburg ist es seit mehreren Jahrzehnten Gebrauch, nur nach längeren unbestimmten Zeiträumen Trauerlogen und zwar unter Theilnahme der Schwestern zu halten. Dagegen wird, wenn die Loge von dem Heimgange eines Bruders Nachricht erhalten in der nächsten Monatsloge der Geschiedenen mit brüderlicher Liebe gedacht.

Der Heimgang verschiedener, der Loge besonders theurer Brr und namentlich auch der Tod des verehrten, ehemals dem Bunde angehörenden Herzog Joseph von Sachsen-Altenburg, gab die Veranlassung, dass am 12. December 1869 wieder eine feierliche Trauerloge gehalten wurde.

Der nachstehende Versuch einer, wenn auch möglichst treuen Schilderung dieser Feier wird freilich den Eindruck wohl kaum hervorbringen können, den derselbe auf die Theilnehmer selbst hervorgebracht hat. Der grosse Saal war zur Abhaltung der Trauerloge in entsprechender Weise eingerichtet und dekorirt. Namentlich waren im Westen unter einer Verhüllung die Büste des Herzogs Joseph und darunter neben einander die in Oel gemalten Bildnisse der verstorbenen Brr Lingke I. und Back I. angebracht.

Kurz nach 6 Uhr Abends begaben sich die anwesenden Brr und Schwestern — die verschiedenen Abtheilungen derselben von Ceremonienmeistern angeführt — unter den Klängen einer Trauermusik in einer durch ein Programm festgestellten Ordnung in den grossen Saal, wo zunächst die Beamten und sonst fungirenden Brr die für sie bestimmten Plätze einnahmen, die Schwestern oben und hinter diesen die Brr vor den in Süden und Norden stehenden Stühlen sich aufstellten.

Auf ein demnächst vom Mstr. v. St. gegebenes, von den Vorstehern wiederholtes Zeichen schwieg die Musik und ertönten 12 Glockenschläge, worauf nach einem besonders für die Trauerloge entworfenen Ritual dieselbe eröffnet wurde.

In Folge vom Mstr. v. St. geschehener Aufforderung legten ja ein Bruder der 3 Grade von ihm auf einem schwarzen Kissen getragene Bekleidung der Brr seines Grades auf einen in der Loge aufgestellten Katafalk nieder, auf welchem zu Häupten die Herzogskrone ruhte und welcher im Süden, Norden und Westen von je 3 Trauermarschällen der 3 Grade umgeben war.

Sodann verlas der Br Sekretär die Namen der Brr, deren Gedächtniss gefeiert wurde.

Hierauf forderte der Mstr. v. St. die Stewards auf, die Büste unseres fürstlichen Brs und Gönners Herzogs Joseph, „der einst alle Eigenschaften eines guten Regenten mit den Tugenden eines Privatmannes verband und mit treuer Liebe unserem Lande, besonders unserer Stadt zugethan war", zu enthüllen. Die Stewards verfügten sich nach Westen und vollzogen diesen Auftrag durch Wegziehung der Verhüllung. In dem Augenblicke, wo diess geschah, erhielt der bis dahin matt erleuchtete Saal die volle Beleuchtung und ertönten einige Akkorde. Und nun forderte der Mstr. v. St. die Stewards auf, die Bildnisse zweier Brr zu enthüllen, „die — sowie Herzog Joseph das Land — unsere Loge einst regierten und welche bis in die letzten Stunden die an dem Altar gelobte Treue redlich der Loge bewahrten — der Brr Gotthold Friedrich Lingke und Karl Back. Als diess geschah, ertönte eine leise Musik, worauf die Brr, sofern gewiss gern von den Geistern unserer geschiedenen Brr als ihre Vertreter anerkannten theuren Männer in heiliger Dreizahl", in bekannter Weise begrüssten.

Nachdem sich die Schwestern und Brr niedergelassen, hielt der Meister v. Stuhl Br von Broke folgende Einleitungsrede:

„Geehrte Schwestern und Brüder!

Seit längerer Zeit fühlten wir das Bedürfniss, der Anhänglichkeit und Liebe, welche uns im geistigen Bunde mit den in den ewigen Osten vorausgegangenen theuren Brn erhält, einen äusseren Ausdruck zu geben, und zwar

um so mehr, als wir seit der Osterzeit des Jahres 1861 — wo ein gleiches Bedürfniss in diesen Räumen uns zusammenführte — wir zu unserer grossen Betrübniss nach und nach Brr von uns scheiden sahen, denen wir bei ihrem Leben theils wegen der schätzbaren Eigenschaften ihres Herzens, theils wegen der hervortretenden Verdienste, die sie sich um die Loge nach den verschiedensten Richtungen hin erworben hatten, unsere Zuneigung und Dankbarkeit zollten, und welchen wir bis zu dieser Stunde vorzugsweise ein ehrendes Andenken bewahren.

Jetzt, wo der entlaubte Hain, das verödete Feld, die das erfrischende Grün entbehrende Aue und die in ferne mildere Gegenden wandernden Bewohner der Lüfte uns ein ernstes Bild der Veränderlichkeit und Vergänglichkeit alles Irdischen vor Augen halten, konnten wir dem Wunsche, unseren entschlafenen Brn ein Todtenopfer zu bringen, nicht länger widerstehen. Geehrte Schwestern! Wir glaubten nicht nur, durch Ihre Gegenwart diese Feier zu grösserer Würde zu erheben, sondern wir erkannten auch an, dass Ihnen eine Anwartschaft auf die Theilnahme an dieser feierlichen Stunde zustehe.

Nicht Wenige von Ihnen waren ja als Gattinnen mit unseren heimgegangenen Brn eng verbunden, genossen längere oder kürzere Zeit mit Ihnen die Freuden, durch welche sie beglückt wurden, halfen ihnen die Mühseligkeiten tragen, denen sie nicht entgehen konnten, — theilten ihren Kummer und ihre Sorgen, trockneten ihre Thränen und harrten bei ihnen aus mit pflegender Hand, bis der Engel des Todes die Fackel senkte.

Und manche Tochter hat ja des geliebten Vaters zu gedenken, der sorgsam ihre Jugenderziehung leitete, dessen Stolz und Freude sie war, auf deren glückliche Zukunft sein liebevolles Auge mit sehnsuchtsvoller Hoffnung blickte.

Ihnen, geliebte trauernde Schwestern und Ihnen, die in dem trauten Familienkreise mit Ihren Gatten und Vätern vereint sind, wünschen wir durch Ihre Zuziehung zur Theilnahme an der heutigen Feier eine Bürgschaft dafür zu leisten, dass, — wenn auch Ihre Lieben, unsere Brr, früher oder später am höheren Arbeit im Jenseits abgerufen werden, — das Sie mit uns verbindende schwesterliche Band nicht nur nicht gelöst, sondern vielmehr durch erhöhtere, den hinterbliebenen Brn obliegende Pflichten noch fester geknüpft werde.

Geliebte Schwestern und Brr! Wenn auch der Sarkopbag, der sinnbildlich unsere verewigten Brr in sich vereinigt, Ihre Trauer wach rufen sollte, so geschieht es doch nur vorübergehend, denn es steht Ihnen der Trost zur Seite und die Hoffnung, dass Sie mit den Geschiedenen in irgend — freilich uns in dieser Zeitlichkeit nicht bekannten — Weise einst sich wieder zusammen finden werden. Unsere abgeschiedenen Brr stehen vor Ihren Augen nicht als für immer Verlorene, sondern als zu höherer Vollendung Ihnen Vorausgegangene.

Es lehrt uns ja eine aufmerksame Betrachtung der uns umgebenden Welt, dass kein Stäubchen ganz verloren geht, sondern wenn es auch aus seiner bisherigen Verbindung losgelöst ist, in einer anderen neuen eine Stelle wieder einnimmt, — und dass alles Erschaffene in einer gemeinsamen, vom Unvollkommenen zum Vollkommenen aufsteigenden Ordnung sich aneinander schliesst.

Sollte der menschliche Geist von diesem allgemeinen Gesetze allein eine Ausnahme machen? Sicherlich nicht!

Es lehrt die Culturgeschichte der Menschheit, dass zu allen Zeiten, unter allen Völkern, welche sich nur einigermassen aus dem Zustande der rohesten Barbarei erhoben hatten, — der Glaube an die Fortdauer der Seele nach diesem Leben sich geltend machte, wenn auch ihre Vorstellungen hierüber je nach dem Charakter des einzelnen Volkes oder der Bildungsstufe, auf der es stand, sehr verschieden und mehr oder weniger mit dem Kleide des Sinnlichen umgeben waren.

Wir Alle fühlen lebhaft, dass der Glaube unserer Fortdauer nach dem Tode in höherer Vollkommenheit der Hort und Stab ist, an den wir uns halten, und dass wir nur mit ihm und durch ihn im Stande sind, die mannigfachen Widerwärtigkeiten des Lebens und die Schläge des Schicksals muthig und ausdauernd zu ertragen.

Von der Weisheit, Gerechtigkeit und Güte des allm. B. d. W. lässt sich nicht annehmen, dass er in die Menschheit das Bedürfniss dieses Glaubens ohne die Absicht, ihm zu entsprechen, gepflanzt haben sollte. — Gott würde ja den Menschen, indem er ihn zur vollkommensten seiner Schöpfungen auf dieser Erde machte, und ihn mit den zu höherer Erkenntniss führenden Kräften des Geistes ausstattete, zugleich zu dem unglücklichsten Wesen bestimmt, mit ihm ein unwürdiges Spiel getrieben haben!

Das kann aber nicht sein, ist mit unseren Vorstellungen von Gott unvereinbar!

Jeder Zweifel aber, der noch übrig bleiben könnte, wird beruhigt — und das ist die Hauptsache, — durch die Verheissung unsres göttlichen Erlösers Jesus Christus. Daran wollen wir festhalten! Es wird dann in dieser geweihten Stunde unsere gerechte Trauer um den Verlust unserer Lieben sich auflösen in eine freundliche Erinnerung an ihre theueren Züge, erhöbet und befestigt durch die Hoffnung auf ein einstiges geistiges Wiedersehen."

Der Rede des Mstr. v. St. folgte der gemeinschaftliche Gesang des Liedes: „Tiefe Trauer eint uns hier" u. s. w. unter musikalischer Begleitung.

Nach Beendigung des Gesanges ergriff der Redner Br Zumpe das Wort und sprach eine ergreifende Gedächtnissrede.

Dann ertönte eine leise Musik; der Mstr. v. St. mit einem Lorbeerkranz, und der dep. Mstr. v. St. mit einem Eichenkranz begaben sich an die Südseite des Katafalks, während der erste Vorst. mit einem Myrtenkranz, der zweite Vorst. mit einem Akazienkranz an die Nordseite desselben traten. Ein Jeder befestigte seinen Kranz am Katafalk nach Sprechung folgender vom dep. Mstr. Br Glass entworfenen Worten:

Mstr. v. St.:

„Wer für das Gute gekämpft,
Dem winkt von dem göttlichen Throne
Hier der Lorbeer des Siegs,
Droben die Ewigkeit Krone!"

Dep. Mstr. v. St.:

„Schmückst mit dem Kranze der Eiche
Den Sarg der verewigten Brüder,
Welche das Recht und Gesetz,
Wahrten als redliche Hüter!"

Erster Vorst.:

„Wer gewaltet im Haus
Und ruhig getragen die Bürde
Seines Lebensberufs,
Den zieret am Ende die Myrte!"

Zweiter Vorst.:

„Trägt uns der Engel dereinst
Hinauf mit leuchtendem Flügel,
Schmückt der Akazienzweig
Unsere grünenden Hügel!"

Nachdem die gedachten Beamten sich wieder an ihre Plätze verfügt hatten, wurde von einem Männer- und Frauenchor unter musikalischer Begleitung das Lied: „Ueber den Sternen wohnt Gottes Friede" u. s. w. gesungen, vor und nachher aber trug der Mstr. v. St. entsprechende Dichtungen vor.

Auf ein vom Mstr. v. St. gegebenes Zeichen begaben sich die Stewards, nachdem sie die Büste des Herzogs und die Bildnisse der Brr Lingke und Back wieder verhüllt hatten an ihre Plätze, die Versammlung trat in O. und der Br Karl Gottwerth Müller sprach nachstehendes von ihm verfasstes Gebet:

Weiser Vater, der die Welt gegründet,
Dass sie sei ein Tempel deiner Ehren,
Dessen Ruhm die Harmonie der Sphären
Wie der Wurm im Staube laut verkündet!

Wer in dir die ew'ge Ruhe findet,
Den kann nimmer Tod und Grab zerstören;
Nein, dein ew'ges Licht wird ihn verklären,
Weil sein Leben in dem deinen mündet!

Uns're Thränen preisen deine Gnade,
Die auf kaltem, todesdunklem Pfade
Theure Brüder trug zur ew'gen Klarheit!

Glanz aus Osten! Frohen Lichtes Quelle!
Leuchte uns im Tode rein und helle
Und verkläre uns in deiner Wahrheit!

Starker Held, der du mit Liebesketten
Einst die Macht des Todes hast gebunden
Und den Schreckenskönig überwunden,
Uns're armen Seelen zu erretten!

Die wir weinend in die Gräber saeten,
Haben nun in dir ihr Heil gefunden,
Denn sie dürfen ja in dir gesunden
Von des Lebens Gram und bittern Nöthen!

Dank sei dir, dass du das Band geschlungen,
Das uns alle freundlich soll verbinden
Mit den Lieben, welche ausgerungen!

Und wo noch ein trübes Auge thränet,
Und wo noch ein Herz sich trostlos sehnet,
Lass es Trost in deiner Liebe finden!

Geist der Schönheit, welche nie veraltet,
Geist der Tugend, ewig klar und heiter,
Heil'ger Geist, du unsers Lebens Leiter,
Geist der Liebe, welche nie erkaltet!

Wem dein Leben in dem Innern waltet,
Der empfängt das Schwert der Gottesstreiter,

Der kämpft muthig bis zum Tode weiter
Und wird siegend ewig nen gestaltet!

In der Tugendliebe heil'gen Flammen
Schmiede uns auf Erden fest zusammen,
Dass kein Tod uns von einander scheide!

Dann winkt uns im Osten ew'ge Freude,
Und wir singen nach vollbrachtem Streite
Ewig dir das Hallelujah! Amen!

Dann folgte der gemeinschaftliche Gesang des Liedes:
„Wenn ich einmal soll scheiden" u. s. w. woran sich eine
sanfte Musik anschloss, die mit zwölf Glockenschlägen
endete.

Darauf wurde die Trauerloge ritualgemäss geschlossen
und unter den Klängen einer leisen Musik verliessen die
Schwestern und Brr in sichtlich feierlicher und wahrhaft
erhobener Stimmung den Saal, an dessen Ausgang Gaben
für Nothleidende in Empfang genommen wurden.

In den ausgelegten Listen hatten sich als theilneh-
mend 110 Schwestern und 110 Brr eingezeichnet, doch
mögen dem Augenschein nach wohl 30—40 der ersteren,
wegen Kürze der Zeit, die Einzeichnung unterlassen haben.
Nachschrift.

Kaum waren die letzten Trauerklänge in den Hallen
des Archimedes verstummt, da wurde abermals ein theurer
Br zu höherer Arbeit abberufen.

Am 22. December 1869 ging der gel. Bruder Karl
Ludwig Rothe, H. S. Lieutenant a. D. in Oberzetzscha
nach 55jähriger Maurerlaufbahn in d. e. O. ein. Mit ihm
verlor die Loge eines ihrer Jubel-Ehrenmeister, der durch
Wort und That seine treue Liebe für den Bund und seine
Anhänglichkeit an die Loge bewiesen hatte. Ein ehrendes
Andenken wird ihm stets von seinen Brüdern bewahrt
bleiben. Br Henny I.

Die Logenweihe zu Wiesbaden.

(Schluss.)

Welche Interessen solche Brr in die Loge führten,
wer kann diess ergründen? Hofften sie in derselben eine
Förderung ihrer politischen Sonderinteressen oder irgend
einen persönlichen Vortheil für sich? erkalten sie gegen
den Bund, weil sie sich hierin getäuscht haben? Wir
wissen es nicht, aber wir finden leider solche Männer in
unserem Bruderbunde, welche die Bestrebungen desselben
die Förderung und Pflege des jedem Menschen innewoh-
nenden Gefühls für Menschenwohl und Menschenwürde
nur nach ihren Ideen vernehmen wollen. Das sind die
Männer, welche ihren Patriotismus allein für Tugend
halten.

Häufiger noch, meine Brüder, begegnen wir Männern,
leider ganzen Logen-Corporationen, welche den Vorurtheilen der ihnen angeborenen Religion unterliegen und deshalb dem in den alten Gesetzen und Grundzügen ausgesprochenen Ziele des Maurerbundes entgegenarbeiten.

Der Mensch wird geboren in Verhältnissen, deren er
nicht Herr ist, und deren er erst in reiferen Jahren Herr
werden kann.

Jeder denkende, jeder strebsame Mensch aber soll

aus solchen Zufälligkeiten keine Vorzüge für sich in Anspruch nehmen, er soll nicht verlangen, dass Alle dasselbe
für wahr und allein massgebend halten, was er dafür erkannt hat. Leider jedoch begegnen wir nicht vielen solcher Art denkenden Männern, nicht allein in den profanen
Lebenskreisen, sondern auch in den Kreisen von Männern,
in welchen Religionsunterschiede unbekannt sein sollten,
in welchen Vorurtheile vollständig unberechtigt sind. Leider finden wir in diesen Kreisen Männer, welche von der
Wahrheit unsres Wahlspruches: „Liebe Gott über Alles
und deinen Nächsten wie dich selbst" — vollständig überzeugt sind, aber sie haben nicht den Muth diess auch
ausserhalb der Loge zu bethätigen. Sie fürchten den Spott
ihrer Confessionsangehörigen, sie fürchten unter Umständen auch ihre Stellung zu gefährden, wenn sie sich auch
öffentlich als Bekenner solcher Prinzipien bezeichnen.

Und m. Brr, was soll die Welt von der Bedeutung
und der Berechtigung der Maurerei sagen, wenn wir sehen
und täglich erleben, wie nicht allein einzelne Brr, sondern
wie alle Logen des Theiles von Deutschland, welcher durch
Grösse und Intelligenz zur Führung des deutschen Volkes
berufen scheint, es nicht über sich vermag, sich auf den
allgemein menschlichen Standpunkt zu erheben und die
Berechtigung aller Religionen anzuerkennen, anstatt gegen
diese Anerkennung mit Feuer und Schwert zu kämpfen?

Aber nicht vorwiegend die politischen und kirchlichen Fragen sind es, welche die Kämpfe unseres Maurer-
strebens erfüllen, nein die sozialen Fragen, die soziale
Stellung der Einzelnen nehmen in denselben eine hervorragende Stellung ein.

Wie sehr auch das Streben nach politisch-, natio-
nal- und religiös- freierer Gestaltung die Menschen beschäftigt, so tritt dennoch immer bewusster als Endpunkt
der politischen und kirchlichen Thätigkeit das humane
Element hervor, welchem die politischen Einrichtungen
nur als Mittel zum Zwecke dienen.

Betrachten wir so das Streben der Einzelnen auf
diesem Gebiete, so finden wir gerade in der Zeit, in welcher wir leben, einen Ernst in der Bekämpfung der mannichfachen Sorgen, welche das Tagewerk des Mannes er-
schweren, und wir müssen es wohl zugestehen, dass die
volle körperliche und geistige Kraft eines Mannes dazu
gehört, will er sich einem befriedigenden Ziele näher
bringen. Und so verschiedenartig der Beruf der Einzelnen
auch ist, die Entwickelung des ganzen Lebens, das harmonische Zusammenwirken aller Kräfte allein, ist nur im
Stande eine Vollkommenheit in dem staatlichen und sozialen Leben hervorzubringen.

So verschiedenartig die einzelnen Berufsarten sind,
so scharf scheidet man sie nach ihrer scheinbar grösseren
oder geringerer Wichtigkeit in hohe und niedere Klassen,
und wie selten wird es erkannt, dass jeder Beruf eines
tüchtigen Arbeiters bedarf, soll er der Menschheit nützlich
sein, und soll der Arbeiter wenn auch in bescheidener
Sphäre dennoch eine achtunggebietende Stellung einnehmen. Wie oft werden von Trägern höherer Stellungen
im staatlichen Verhältniss Ansprüche Personen gegenüber
geltend gemacht, welche sich in niederen Stellungen befinden, Rechte, welche sie als Menschen dem Menschen
gegenüber nicht besitzen.

Wie streng scheidet reich von arm, Meine Brüder!

Wir, die wir alle diese Mängel in dem sozialen Leben recht gut erkennen, deren Beseitigung wünschen und erstreben wollen, finden wir denn, dass dieselben von uns Allen so bekämpft werden, als es nothwendig ist, um die durch diese Mängel hervorgerufenen Schäden auszugleichen? Müssen wir nicht leider zu oft die Erfahrung machen, dass die Mängel des sozialen Lebens auch in unserm Kreise Schaden bringen, und der Wunsch solche zu beseitigen, manchmal nur in den Logenarbeiten ausgesprochen wird, ohne dass die Brr solchen Ansichten auch die That folgen lassen?

M. Brr! So lange die durch Lessing angedeuteten Trennungen existiren, hat die Maurerei ihre Berechtigung; denn öffentlich lässt sich gegen solche Trennungen nicht kämpfen, aber durch eine geheime Macht, welche nicht im Wort, sondern durch überlegte That diese Trennungen und deren Schäden ernstlich auszugleichen versuchen soll, und diese Macht ist die Freimaurerei, welche sich im stillen, der offenen Welt verschlossenen Tempel zu diesem Schaffen rüsten will.

M. Brr! Heute an dem Tage, an welchem wir einen Tempel weihen, welcher fortan solcher Thätigkeit gewidmet sein soll, lassen Sie es uns feierlich geloben, die Tugend allein vorzugsweise zu pflegen, welche geeignet ist, die angedeuteten durch die Unvollkommenheit der Menschen bedingten Trennungen auszugleichen, die Tugend, welche uns lehrt, den Menschen nur nach seinem inneren Werthe zu schätzen, die Tugend, welche uns lehrt, dem Verdienste die Anerkennung nie zu versagen, vielmehr ihm freiwillig Achtung zu zollen; die Tugend, welche uns lehrt, durch keine Aeusserlichkeiten und Zufälligkeiten beschränkt, jedem Manne die Bruderhand zu reichen, ihm in edlem Streben beizustehen mit Rath und That.

Diese Tugend, m. Brr, die Liebe, die allgemeine Bruder- und Nächstenliebe, sie ziehe heute mit uns ein in diese schönen Räume, so wie sie sich hier befestigen, ihren bleibenden Aufenthalt nehmen möge, so möge sie auch Platz greifen in dem Herzen eines Jeden, welcher heute diese Schwelle überschritten, sie möge allein das Wirken der ganzen Maurerwelt bewegen und durchglühen.

Meine Brüder! Sie, die Sie als Mitglieder des eklektischen Bundes diese Räume weihen helfen, Sie fordere ich insbesondere auf, diesem Systeme, welches vorzugsweise die allgemeinste Brliche zur Anerkennung bringen will, unsern Gesetzen, welche dem Geiste der alten unverfälschten Maurer-Gesetze analog sind, überall Geltung verschaffen zu helfen, die Liebe, welche wir predigen, auch zu verbreiten, durch Ihr Wirken auch zu zeigen, dass in dem eklektischen Bunde, und meine Brr, Mitglieder dieser Loge, dass vor Allem auch in dieser Loge der Geist der wahren Bruderliebe ein Asyl gefunden habe.

Lassen Sie uns ringen und kämpfen nach der Vollkommenheit unsres Wesens, welches sich über alle Zufälligkeiten des Lebens hinweg zu setzen vermag, damit wir von unsrer, von der Maurer-, der Menschen-, der Bruderliebe sagen können, wie ein unvergesslicher Dichter singt:

Deine Zauber binden wieder,
Was die Mode streng getheilt;

Alle Menschen werden Brüder,
Wo dein sanfter Flügel weilt.
Seid umschlungen Millionen,
Diesen Kuss der ganzen Welt,
Brüder, — überm Sternenzelt
Muss ein lieber Vater wohnen. —

Von solcher Liebe durchdrungen, werden wir uns an allen Unternehmungen, welche bestimmt und geeignet, das Loos unserer Mitmenschen zu verbessern, betheiligen und sie fördern helfen. Wir werden unsere und die sittliche Kraft aller Menschen zu entwickeln und zu bethätigen helfen.

Und wenn man auch nicht von allem Guten, was in der Welt für die Menschheit gethan wird, sagen kann, das haben die Freimaurer gethan, so gereicht es doch dem Bunde zur Ehre und den einzelnen Gliedern des Bundes zur Befriedigung, dazu thätig mitgewirkt zu haben. Und was der Gesammtheit so und dem Thun des Einzelnen zu Gute kommt, kehrt mit verdoppeltem Segen zu ihnen selber zurück.

Die Arbeiten in den, der Maurerei geweihten der profanen Welt verschlossenen Hallen, sie sollen stets darauf gerichtet sein, unser Gemüth anzuregen und unser Wollen zu kräftigen, und Anregung finden wir gewiss zur Genüge, wenn wir die uns umgebenden Symbole, welche uns immer wieder die Gleichheit und Gleichberechtigung vor die Seele führen, mit Aufmerksamkeit betrachten und in ihnen zu leben versuchen.

Erhalten wir unsern Arbeiten den eigenthümlich schönen Zauber, welcher in unserm Ritual liegt, und Alle so eng verbindet, und verwerthen. wir die darin bildlich ausgesprochenen Wahrheiten durch Wort und That.

Bleiben wir nicht zurück so wird überall ausser der Loge kräftig sich entwickelnde Vereinsleben, welches in Gleichheit der Gesinnung und des Strebens sich als eine sittliche Macht gestaltet, und auch unser Streben wird von der gebildeten Welt täglich mehr und mehr anerkannt werden. Man wird aufhören unsere Berechtigung in Frage zu stellen, und die Besseren und Gebildeteren der menschlichen Gesellschaft werden sich uns anschliessen, denn keine Wissenschaft, kein Beruf kann segensreich wirken, wenn die Liebe zu der Menschheit nicht seine Triebfedern sind. Darum meine Brr, die Liebe, die unverfälschte Bruder- und Nächstenliebe sei heute mit uns hier eingekehrt, sie wollen wir bewahren und in ihr

Wirken wir Gutes, nähren der Menschheit göttliche Pflanze,
Bilden wir Schönes, und streuen Keime des Göttlichen aus." —

Diesem Vortrag folgte ein Gesang: "die Liebe" und nach demselben die Mittheilung, dass das Fest von Deputationen der Gr. M.-Loge sowie einer grossen Anzahl Logen (die Namen derselben lassen wir in deren Berichte weg) offiziell beschickt und ausserdem eine Anzahl Schreiben nicht vertretener Logen eingelaufen seien. Da jede Loge, welche Verdienste anerkennt und zu ehren sucht, dadurch sich selbst ehrt, so hatte auch unsere Loge beschlossen, vier verdienstvollen Brr Maurern, und zwar den Brn. H. Weismann, Mstr. v. St. der Loge zur Einigkeit in Frankfurt a. M., Br K. Paul, Mstr. v. St. der Loge zum aufgehenden Licht in Frankfurt a. M. und die Brr W. Fresenius, Mitglied der Loge Socrates zur Standhaftigkeit, F. Fief, Mitglied der Loge Carl zum aufgehenden Licht, letztere zwei Brr langjährige Repräsentanten unserer Loge bei der Gr. M.-Loge des eklektischen Bds in Frankfurt bei dieser festlichen Gelegenheit die Ehrenmitgliedschaft unsrer Loge zu überreichen. Dieser Akt reihte sich hier an, und dankte Br Paul im Namen der neuernannten Ehrenmitglieder für die ihnen gewordene Auszeichnung.

Nach der hierauf folgenden Anfrage brachten Glückwünsche Br Paul, Namens der Gr. Loge des eklektischen Bundes und der 3 eklektischen Logen in Frankfurt a. M., Br Seebach, Namens der Loge Carl und Charlotte zur Treue in Offenbach, Br Ullmann, Namens der Loge zu den 3 Nelken in Meiningen und Br Heck, Mstr. v. St. der Loge in Mainz, dankte Namens der sämmtlichen besuchenden Brr für die ihnen gewordene brüderliche Aufnahme, welchen Br v. Orten, noch einige Wünsche für das Gedeihen unsrer Loge hinzufügte.

Nun erfolgte der Festvortrag des Redners Br Hiepe, in welchem derselbe besonders die intellectuelle Seite der FrMrei betonte, ihre Nothwendigkeit in der heutigen Zeit, wo die finstern Mächte wieder kühn ihr Haupt erheben, hervorhob, und mit einer Mahnung an die anwesenden Brr schloss.

Die Reihe der Zeichnungen schloss Br Wissmann mit folgendem Gedicht, welches allgemeinen Beifall fand.

Im Frühling war's, dass wir den Grundstein legten
Zu diesem nun geweihten Logenhaus,
Im Frühling, als sich alle Sprossen regten
Und alle Knospen treibend schlugen aus,
Als alle Wälder Sang und Lieder hegten,
Die ganze Flur ein einz'ger Blüthenstrauss,
Als jede Kreatur voll Lebenswonne
Aufschlag den Blick in's Licht der goldnen Sonne.

Jetzt ist es Herbst, die Blumen gingen schlafen,
Der Zweig schloss seine Knospenaugen zu,
Des Waldes Sänger suchten wärmern Hafen,
Auf allen lagert öde Ruh!
Des Herbstes Schauer, so die Erde trafen,
O Menschenherz, empfindest sie auch du?

Sind auch in dir gewelkt die zarten Sprossen?
Die Knospen auch in dir zum Schlaf geschlossen?

O nein, o nein! Im Menschenherzen waltet,
Wenn es sich treu erkennt und recht versteht,
Ein ew'ger Lenz, der stets sich neu gestaltet,
Und nimmermehr, so lang es schlägt, vergeht.
Die ew'ge Liebe liegt in ihm enthüllt,
Vom Schöpfungshauch erwärmend angeweht;
Mag draussen d'rum der Herbst in Schauern tosen,
Im Herzen treibt die Liebe ihre Rosen.

Der Menschenliebe eine Kultusstätte,
Sei dieses Logenhaus für alle Zeit!
Ihr haben wir, gefügt zur Bruderkette,
Den Grundstein jüngst und jetzt den Bund geweiht,
O dass ich in der Hand den Segen hätte,
Der Weisheit, Schönheit, Stärke uns verleiht,
Ich legt' ihn' ihn auf die Schwelle, einen Hüter
Der Liebeswerke aller unsrer Brüder!

Doch solchen Segen kann nur Einer spenden,
Der Meister, der gebaut das All der Welt,
Er ist's allein, der in allmächt'gen Händen
Den Segen auch für uns're Arbeit hält.
So lasst zu ihm uns fromm die Blicke wenden,
Dass unser Haus sei fest und gut bestellt,
Dass unserm Thun der Hauch der Weltenseele,
Der Weisheit, Schönheit, Stärke uns nicht fehle!

Nach der Sammlung für die Armen wurde in ritueller Form die Kette gebildet und die Festarbeit geschlossen.

Es reihte sich dieser Arbeit in dem Bankettsaale eine Tafelloge an, welche in würdiger Weise unter ernsten und heiteren Trinksprüchen den Schluss des Festes bildete.

Es sind ernste Mahnungen für das Festhalten an den echten unverfälschten Grundideen des Maurerbundes bei dieser Feier an alle Anwesende ergangen, und wir glauben annehmen zu dürfen, dass dieselben ihren Widerhall in den Herzen der Brr gefunden haben.

Das Fest war getragen von einem würdigen Ernste, jeder war sich des Ernstes einer solchen Stunde bewusst, und begeistert für die Maurerei und ihr Streben und befriedigt von dem Gelingen dieser Festarbeit verliessen Alle die Feier.

Feuilleton.

Amerika. — Ueber die Vereinsversammlung in Dresden fällt der Berichterstatter des „Triangel" ein günstiges und wohlwollendes Urtheil, sowie er auch zu dem Verein selbst „der so viele hochachtbare Mitglieder zählt", eine freundliche Stellung nimmt.

Auf eine Polemik desselben Bl. gegen den Herausg. d. gehen wir nicht weiter ein.

Die Bayreuther Erklärung gegen das römische Concil bringen der „Triangel" und die „Reform". Von beiden Zeitschriften liegen uns die Schluss-Nrn des Jahrgangs 1869 vor.

Das in Boston erscheinende „Masonic Monthly" (Okt.) enthält u. A. einen ausführlichen, fleissigen und vorurtheilsfreien Artikel über „die Entstehung des Royal Archgrads" aus der Feder des Grossmeisters von Massachusetts Bruder Gardner,

den wir mit Freuden begrüssen als einen Fortschritt in Behandlung historischer Gegenstände in Amerika. Das Citat aus Jerem. How (p. 373) kann sich bei „Oliver, Kloss, Findel und Hughan" unmöglich finden, da die Stelle auf grobem Irrthum oder Betrug beruht, sowohl in der Angabe, wie in der Jahreszahl. Die Elemente des Royal Archgrades finden sich in einer französischen Maurerschrift und möchte Br Gardner wohl Recht haben, wenn er die ersten Spuren in England auf das katholische Irland zurück verfolgt. Die Gründlichkeit und Gewissenhaftigkeit, mit welcher Br Gardner verfährt und der Fleiss, mit dem er alles Material zusammenstellt, verdient ebensowohl Anerkennung, wie Nachahmung seitens anderer amerikan. Brr.

Wir verdanken der Güte des Br Frank Gouley in St.

Louis, Grosssckr., die Verhandlüngen der Grossl. von Missouri (Proceedings of the 49. Annual Communication of the Gr. L. of Missouri, 510 pag.) Das umfangreiche und splendid ausgestattete Buch enthält eingehende Berichte auch über die deutschen Grosslogen und widmet etwa 10 S. dem „Verein deut. FrMr."

Coburg. — Die Loge „Ernst für Wahrheit etc." hat bei der kürzlich stattgefundenen Wahl den gel. Br J. Dressel (Bankdirektor) zum Mstr. v. St. gewählt.

Aus Oestreich schreibt man uns: „Zu Ihrer sehr richtigen Bemerkung in Nr. 298: „man sieht, dass es in Oestreich, trotz der neuen Aera, nicht um ein Haar besser ist, als anderwärts", kann ich Ihnen noch einen weiteren Beleg liefern in der Thatsache, dass in der westlichen Reichshälfte die Gründung von Freimaurerlogen nicht genehmigt worden ist, während in Ungarn bereits drei Logen (Pest, Oedenburg und Temesvar) bestehen und das Emporblühen der Maurerei, dieser Schule der Humanität, nach Eintritt der neuen Aera in Italien, Portugal und Spanien in keiner Weise behindert wurde. Der „Bürgerminister" Giskra hat den Maurerbund, aller Wahrheit zum Hohn, als einen politischen Verein und als antimonarchisch bezeichnet und sich mit dieser Verdächtigung an die Seite des Papstes und der Herren Alban Stolz, Eckert und Didler gestellt. Von der Grundlosigkeit dieser seiner Auffassung konnte er sich ebensowohl durch offenkundige Thatsachen, wie durch Herrn Staatsminister v. Beust überführen lassen, der seiner Zeit als sächsischer Minister zeug eigenem Geständniss die Protokolle der grossen Landesloge von Sachsen „stets mit Interesse" gelesen. Unseres Dafürhaltens ist es Herrn Giskra mit jener Beschuldigung nicht Ernst, sondern er bediente sich ihrer nur als Vorwand, um seine nothgedrungene Rücksichtnahme auf Antipathien höberen Orts und auf den Widerstand des katholischen Clerus in dieser Frage zu decken. Der Ausspruch des unsterbl. Lessing, dass es immer und überall das Zeichen eines schwachen Staates und fauler Zustände sei, wenn jener die Freimaurerei neben sich dulden wolle, findet demnach auf das Oestreich der neuen Aera noch seine volle Anwendung. In Europa sind es ausser Oestreich jetzt nur noch der Kirchenstaat (wo indessen eine Loge heimlich arbeiten soll) und Russland, wo der Freimaurerbund geächtet ist. Damit contrastirt das „liberale" östreichische Ministerium in nicht beneidenswerther Weise gegen die k. bairische Regierung von Unterfranken, welche erst jüngst in einem Erlasse ganz sachgemäss erklärt hat, es halte den Freimaurerbund für keine geheime, sondern nur für eine geschlossene Gesellschaft und finde gegen den Eintritt von Staatsbeamten nichts einzuwenden." (Const. Ztg.)

Wien. — Mit Bezug auf die von uns vollinhaltlich mitgetheilte „Genesis" der Humanitas, ein rühmliches Beispiel mr Muthes und unentwegter Standhaftigkeit bietet, theilen wir weiter mit, dass der bisherige Obmann des Gründungs-Ausschusses Bruder F. Schneeberger (A. Storch) in der am 28. Decbr. abgehaltenen constituirenden Plenar-Versammlung, zu welcher die Regierung grossmüthiger Weise keinen Abgeordneten entsendete, mit Acclamation zum Präsidenten gewählt wurde. — Die Logen zur Einigk. im Vaterl. zu Pest und zur Verbrüderung zu Oedenburg hatten Abgeordnete entsendet. — Die Loge zu den 3 weissen Lilien in Temesvar entschuldigte sich schriftlich namentlich dadurch, dass die freie Zeit der dortigen Brr durch die bevorstehende Errichtung einer Loge in Arad vollständig in Anspruch genommen sei. — Die Loge Carl zum Lindenberg in Frankfurt sendete ein Telegramm in Versen und die Loge Germania zum goldenen Horn in Konstantinopel ein Beglückwünschungsschreiben. — Das im Hotel

Richard abgehaltene Brrmahl wurde mit sinnigen Reden und Toasten gewürzt und das Feuer stets nach maurerischer Weise ausgebracht. Der erste Toast, welchen der Vorsitzende Br Schneeberger ausbrachte, galt dem Landesherrn.

Dem Brudermahle sowohl als auch der vorausgegangenen im grossen, prachtvoll erleuchteten Saale der Handelsakademie abgehaltenen Plenar-Versammlung wohnten ausser den erwähnten Deputirten viele Brr Gäste bei, von denen fast alle in Wien Domicilirenden sofort ihren Beitritt zu diesem vielverheissenden Br-Vereine anmeldeten.

Gleichzeitig können wir die erfreuliche Thatsache vermelden, dass mehrere Zweigvereine der Humanitas bereits in Böhmen und Mähren im Entstehen begriffen sind und demnach die Organisirung der bisher zerstreut und mrisch verkümmert lebenden Brr in Oestreich durch die Humanitas als gesunder Stamm und deren Filialen als weitreichende Aeste alsbald in überraschender Weise gelingen werde. —

Am 28. Decbr. 1869 ernannte die „Humanitas" 18 Ehrenmitglieder und zwar in alphabetischer Reihenfolge:

1. Buek, Dr., Stadtphysikus zu Hamburg, Glockengiesserwall 23.
2. Clarke, Hyde, Esq., Sekretär im Rathe für fremde Anlehen zu London 18. Palmerston Buildings E. C.
3. Feustel, Friedrich, Banquier zu Bayreuth.
4. Findel, J. G., Buchhändler und Redakteur zu Leipzig.
5. Frapolli, Ludwig, deputato al parlamento italiano a Firence.
6. Gelpke, Dr. u. Professor zu Bern.
7. Gardon, Riche, Redakteur du journal de Inities aux principes — Paris rue de la banque 5.
8. Helm, Gustav, Konstantinopel, Pera Rue Vénedik 19.
9. Hayère, J. S., Dr. de Med. Chir. et Pharmacie a Paris, rue du Faubourg, du Temple 133.
10. Lichtenstein, F. L., Redakteur zu Post, Königsgasse 43.
11. Pulszky, Franz, ungar. Reichstags-Abgeordn. in Pest.
12. Rodocannacchi, Demeter, in Galacz.
13. Reimann, Eduard, Theater-Direktor in Temesvar.
14. Schletter, Herm. Theod., Dr. Hofrath u. Professor zu Leipzig.
15. Sonnemann, Leop., Inhaber der Frankfurter Zeitung in Frankfurt a. M.
16. Thiering, Karl, Professor zu Oedenburg.
17. Warnatz, Dr., Medicinal-Rath zu Dresden.
18. Zille, Moritz, Dr., Redakteur und Gymnasial-Direktor zu Leipzig.

Für die Richtigkeit

Der Präsident:
Franz Julius Schneeberger.

Wien, 29. Decbr. 1869.

Anmerkung. Alle den Verein Humanitas betreffenden Correspondenzen sind zu richten an den obigen Präsidenten pr Adresse:

Wien, Schleifmühlgasse Nr. 20.

Maurer. Schwindel. — Ein Suchender, dem die Aufnahme seitens der betr. Loge verweigert wurde, erhielt kürzlich von einem reisenden Franzosen angeblich Mittheilung der mr. Geheimnisse und eine Art (geschriebenes) Certifikat auf den Namen der Loge de la Liberalité zu Paris, unterzeichnet von Sami Heinault. Das Papier trägt kein Datum und entbehrt des Logensiegels. Wir machen auf diesen Schwindler aufmerksam.

Verantwortlicher Redacteur: Br J. G. Findel. — Verlag von Br J. G. Findel in Leipzig. — Druck von Brr Bär & Hermann in Leipzig.
Hierzu eine Beilage.

№ 5.

XIII. Jahrgang.

Die

BAUHÜTTE.

Begründet und herausgegeben

von

Br J. G. FINDEL.

* Organ des Vereins deutscher Freimaurer. *

Sonntagsblatt für Brr Frmr.

Leipzig, den 29. Januar 1870.

MOTTO: Weisheit, Stärke, Schönheit.

Von der „Bauhütte" erscheint wöchentlich eine Nummer (1 Bogen). Preis des Jahrgangs 8 Thlr. — (halbjährlich 1 Thlr. 15 Ngr.)
Die „Bauhütte" kann durch alle Buchhandlungen bezogen werden.

Alexander von Humboldt und die Freimrei.

Von

Br M. Künzel in Darmstadt.

Wer hat sich nicht in dem Jahre 1869 mit Alexander von Humboldt's Leben beschäftigt? Humboldt ist, soviel wir wissen, nie in einer Loge der grossen Kette angereiht worden, und doch war er, Alles in Allem einer der grössten Maurer aller Zeiten, auch ohne Schurzfell, wie Schiller und der Amerikaner Peabody.

„Humanität", aber auch im weitesten Sinne des Wortes, in der Wissenschaft und im Leben, war sein frühestes und sein letztes Ziel. Er wusste eben so human mit den Grossen der Erde zu verkehren, wie er es mit dem Niedrigsten, mit dem Bekenner eines jeden Glaubens, (namentlich auch mit den gebildeten Juden seiner Vaterstadt), mit jeder Menschenrace, von jeder Farbe, in seinem langen Leben ohne Verläugnung seines innersten Wesens gethan hat. Dass Humboldt diesen Weg in einer Zeit einschlug, er, der Angehörige eines altadligen Geschlechts, wo noch die Finsterniss des altpreussischen Junkerthums, der Orthodoxismus, der Bureaukratie und des absoluten persönlichen Regiments auf Staat, Kirche und Gesellschaft lag; dass er die Humanität wie kein anderer Mensch auf der Höhe des Lebens und der Wissenschaft als die höchste Pflicht erkannte und übte, das verdankt er dem Geist der Maurerei, in dem er von seinem ausgezeichneten Vater, einem begeisterten Maurer, mit seinem älteren Bruder Wilhelm erzogen worden war.

In der „Geschichte der Grossen National-Mutter-Loge der Preussischen Staaten, genannt zu den 3 Weltkugeln nebst Bericht über die Gründung und Wirksamkeit der Wohlthätigkeitsanstalten" (nach der Revision vom Jahre 1869, Berlin, Br Mittler), wird der Vater Humboldt's auf S. 33 und 36 zweimal als thäiger Maurer aufgeführt.

S. 33. „Die Loge „Concorde" arbeitete (zum Zeichen ihrer Trennung von der Mutterloge) seitdem abwechselnd zu Charlottenburg und auf dem Schlosse des Bruders von Humboldt zu Tegel, wendete sich aber an den Markgrafen Carl, damaligen Obermeister der schottischen Logen, stellte ihm das Sachverhältniss vor und bat ihn um seine Vermittlung, die er ihr auch angedeihen liess."

S. 36. „Im Mai 1757 wurde der Br von Printzen zum Meister vom Stuhl gewählt, und auch diessmal die Loge „Concorde" zur gemeinschattlichen Feier des Johannisfestes eingeladen. Diese Loge entschuldigte sich aber in einem ebenso brüderlichen als verbindlichen Schreiben damit, dass sie ihre Einrichtungen bereits getroffen hätte, um wieder, wie im vergangenen Jahre, das Fest auf dem Gute des Bruders von Humboldt in Tegel zu feiern, versprach jedoch, sich künftig bei frühzeitiger Benachrichtigung, dem gemeinsamen Feste wieder anschliessen zu wollen. Die Brüder beider Logen hatten übrigens schon gegenseitig die Arbeiten der anderen Loge besucht."

Aus diesen Mittheilungen geht klar hervor, dass Humboldt's Vater ein eifriger Maurer war, der die Räume seines drei Stunden von Berlin entfernten Schlosses zur Feier des höchsten maurerischen Festes in der Mitte des Jahres, um Johanni, um welche Zeit damals kein reizenderer, stillerer Ort um ganz Berlin gefunden werden konnte, seinen Brüdern oft und freudig zur Verfügung stellte. Und der Wunsch ist gewiss gerade hier am Platze, aus etwa noch vorhandenen Protokollen der Mutterloge oder der Loge „Concorde" Näheres über die Beziehungen des Vaters der beiden Dioskurenbrüder zu seiner Loge und der Maurerei überhaupt zu erfahren. Aber aus dem Erziehungston, nach welchem die geistige Entwickelung und Charakterbildung der beiden Söhne vom Vater geleitet wurde, wird es klar, dass der Vater jede mechanische Abrichtung verschmähte, und im Geiste des „Rousseau-schen Naturevangeliums der Erziehung", im Geiste der Humanität vor allem darauf bedacht war, durch Anschauung der Natur, wie der Menschen und ihrer Sitten die Geistesentwicklung seiner Knaben zu fördern. Durch den frischen Hauch des unmittelbaren Lebens und der Anschauung wurden die reichen Bildungskeime entwickelt und gezeitigt, die in den Kinderseelen schlummerten. Dazu kam noch, dass der Vater nach den langjährigen Mühen des Krieges, in seinem anmuthigen Tegel an der Seite einer edlen Gattin, der Wittwe des Barons von Holwerder, einer geborenen Colomb und Cousine der Fürstin Blücher, ein stilles Asyl fand, und ein glückliches Familienleben.

Freiherr Alexander Georg von Humboldt hatte als Major im Finkenstein'schen Dragoner-Regiment gedient, und als Adjutant des Herzogs von Braunschweig (einem der eifrigsten Maurer) sich des Vertrauens des grossen Friedrichs (der, selbst Maurer, die Aufgabe der Maurerei so richtig erfasst hatte) in hohem Grad erfreut. Er hatte als Kammerherr der später geschiedenen Prinzessin von Preussen, Elisabeth, bis zu deren Trennung vom Prinzen von Preussen, dessen Liebling und Günstling er blieb, bis 1769 in Potsdam gelebt.

In Potsdam war am 22. Juni 1767 sein ältester Sohn Wilhelm, in Berlin am 14. Sept. 1769 sein zweiter Sohn Alexander geboren worden, die Goethe (der freilich erst 1780 in den Maurerbund trat) an einem schönen Maimorgen 1778, nach einem Manöver mit dem Herzog Karl August von Weimar, als zwei muntere Knaben sah. Nicht die staubige Schulweisheit, sondern die herrliche Natur und das Leben und der Umgang mit edlen Menschen erzog die grossen Dioskuren; man kann sagen der Geist der Maurerei hat frühe ihren Sinn auf das Reinmenschliche wie Menschheitliche hingewiesen, welche beide die Grundrichtung ihres Lebens blieben. Dazu kamen die für die Erziehungsreform begeisterten Jugendlehrer J. H. Campe, später der vortreffliche Christian Kunth, der ihnen mehr als Hofmeister und Lehrer, der ihnen mitfühlender, mitdenkender Freund war, der mitten im Leben und an den Werken des Menschengeistes die leitenden Tiefen der Geisterwelt, wie der Natur erschloss. Als der Vater im Jahre 1779 starb, zählte Wilhelm zwölf und Alexander zehn Lebensjahre; aber der Grund für deren ganzes Leben war gelegt, und auf diesem festen Unterbau entwickelte sich ihre spätere Geistesbildung, die wir bei beiden Brüdern eine im Geiste der Humanität vollendete maurerische Bildung im strengsten Sinne des Wortes nennen dürfen. Erinnern wir uns Wilhelms Briefwechsel mit einer Freundin und Alexanders reinste Humanität und Menschlichkeit in allen Lagen seines Lebens. Wilhelm, der grosse Sprachgelehrte und Geschichtskenner, Alexander,

der grösste Naturforscher seiner Zeit, haben beide vollendete Freimaurer ohne Schurzfell, als Endergebniss ihrer allumfassenden Studien die Bestimmung der Menschheit im Geist der Maurerei aufgefasst, in jener erhabenen Stelle, mit welcher Alexander, der dieselbe seinem älteren Bruder Wilhelm entlehnte, den ersten Theil seines Kosmos (S. 385) probetisch geschlossen hat: „Indem wir die Einheit des Menschengeschlechts behaupten, widerstreben wir auch jeder unerfreulichen Annahme von höheren und niederen Menschenraçen. Es giebt bildsamere, höher gebildete, durch geistige Cultur veredelte, aber keine edleren Volksstämme. Alle sind gleichmässig zur Freiheit bestimmt; zur Freiheit, welche in roheren Zuständen dem Einzelnen, in dem Staatenleben bei dem Genuss politischer Institutionen der Gesammtheit als Berechtigung zukommt. Wenn wir eine Idee bezeichnen wollen, die durch die ganze Geschichte hindurch in immer mehr erweiterter Geltung sichtbar ist, wenn irgend eine die vielfach bestrittene, aber noch vielfacher missverstandene Vervollkommnung des ganzen Geschlechtes beweist, so ist es die Idee der Menschlichkeit: das Bestreben, die Grenzen, welche Vorurtheil und einseitige Ansichten aller Art feindselig zwischen die Menschen gestellt, aufzuheben, und die gesammte Menschheit, ohne Rücksicht auf Religion, Nation und Farbe, als einen grossen nahverbrüderten Stamm, als ein zur Erreichung eines Zweckes, der freien Entwicklung innerlicher Kraft, bestehendes Ganze zu behandeln. Es ist dies das letzte, äusserste Ziel der Geselligkeit, und zugleich die durch seine Natur selbst in ihn gelegte Richtung des Menschen auf unbestimmte Erweiterung seines Daseins.

Er sieht den Boden, soweit er sich ausdehnt, den Himmel, soweit, ihm entdeckbar, von Gestirnen umflammt wird, als innerlich sein, als ihm zur Betrachtung und Wirksamkeit gegeben an. Schon das Kind sehnt sich über die Hügel, über die Seen hinaus, welche seine enge Heimath umschliessen; es sehnt sich dann wieder pflanzenartig zurück: denn es ist das Rührende und Schöne im Menschen, dass Sehnsucht nach Erwünschtem und Verlorenem ihn immer bewahrte, ausschliesslich an dem Augenblick zu haften. So festgewurzelt in der innersten Natur des Menschen, und zugleich geboten durch seine höchsten Bestrebungen, wird jene wohlwollend menschliche Verbindung des ganzen Geschlechts zu einer der grossen leitenden ideen in der Geschichte der Menschheit."

Aus dem Frmrleben in Ungarn.

Von

Dr Dr. Rosenbaum in Pest.

Sekretär der Loge z. E. i. V.

Es ist in der Natur der Sache gelegen, dass ich meinem Versprechen, Ihnen gel. Br über unsere Arbeiten und Fortschritte von Zeit zu Zeit Bericht zu erstatten, vorderhand nur nach längeren Pausen gerecht werden kann. Wir sind noch in Ungarn als Körperschaft noch in der Entstehung begriffen, wir constituiren uns erst, wir trachten das Interesse für die k. K., die in unserem Vaterlande schon gänzlich verschollen war und thatsächlich aus dem Auslende importirt werden musste, wieder wach zu rufen und in immer weitere und weitere Kreise dringen zu lassen. Und es geschehen Zeichen und Wunder; die gütige Hand der Vorsehung unterstützt uns auf die allermerkwürdigste Weise. In demselben Momente, wo eine auserlesene Zahl von Männern ihre geistige Kraft und gesellschaftliche Stellung ins Gewicht legt, um alle die Vorurtheile zu bannen, die Despotismus und Unwissenheit gegen den Frmrbund erweckten, wo auch bei uns das strahlende Banner der Menschenliebe und Menschenwürde mächtig geschwungen wird und würdige Männer in allen Landestheilen an Errichtung von Bauhütten arbeiten, in welchen Liebe für die Menschheit gelehrt und Licht und Aufklärung verbreitet wird; in demselben Momente machen auch die Tagesblätter ohne unser Zuthun auf unseren Bund aufmerksam, indem sie von Ausgrabungen mrischer Insignien und Aktenstücke erzählen. So wurden in letzter Zeit ein maurerisches Siegel in Siebenbürgen und erst ganz kürzlich wieder im Gömörer Comitate bei Umsturz einer Mauer mehrere Mr-Insignien und Aktenstücke aufgefunden. Das in Siebenbürgen aufgefundene Siegel kam durch unsern ehrw. Mstr. v. St. und Museumdirektor Br Fr. Pulszky in den Besitz unseres Antiquitätenkabinets und sind ihm, ähnlich wie dem Siegel der Loge zur Einigkeit im Vaterlande, drei ineinander verschlungene Hände eingravirt. Sowie wir, hatten sich also auch unsere früheren Brr in Ungarn zur Hauptaufgabe gemacht, die verschiedenen Nationalitäten unseres Vaterlandes mit einander zu versöhnen und deuten die drei ineinander verschlungenen Hände des ausgegrabenen Siegels offenbar auf die drei verschiedenen in Siebenbürgen lebenden Volksstämme. Ist man da nicht versucht zu glauben, dass uns jene verstorbenen Brr über ihre Gräber hinaus die Hände reichen zur Aufmunterung, dass wir auf den betretenen Pfade wacker vorwärts schreiten und die Idee der wahren Brliebe in alle Herzen verpflanzen? Es muss uns mit Muth und Stolz erfüllen, dass wir unbewusst das Erbe unserer verewigten Brr antraten und gerade dort anfingen, wo diese aufgehört hatten. Diese eben aufgefundenen Spuren früherer mrischer Arbeiten in Ungarn füllen die Kluft aus, welche zwischen der gewaltsamen Erdrückung des Frmcthums in Oesterreich und dessen neuem Wiederaufblühen in der östlichen Hälfte der Monarchie bestand; sie bilden die Brücke, welche uns über die Zeiten hinweg, wo unser Vaterland geknechtet war und jede liberale Regung des freien Geistes als Hochverrath verdammt wurde, mit unseren frmrischen Vorfahren verbindet; sie sind sprechende Zeugen dafür, dass sich der menschliche Geist durch keinen Machtspruch ertödten lasse, sondern — eine Zeit lang niedergehalten — dann mit um so stärkerer Elastizität wieder emporschnellt.

Verzeihen Sie, gel Br, diese Abschweifung; ich nehme meinen Bericht wieder auf. Wie gesagt, wir führen nach Aussen hin noch ein sehr ruhiges, beschauliches Leben und beschäftigten uns bisher nur mit unserer häuslichen Einrichtung. Und der a. B. a. W. fördert unsere Arbeiten. Die Hoffnungen, die ich in meinem Briefe an Sie bei Gelegenheit der Einweihung unseres Tempels aussprach, waren nicht zu optimistisch. Mit Ende dieses Monates wird Ungarn sieben gerechte und vollkommene Logen besitzen, (Pest 2, Oedenburg, Temesvar, Baja, Arad, Pressburg)

und hat die Loge zur Einigkeit im Vaterlande, als Mutterloge bereits an die übrigen Logen des Landes Aufforderungen ergehen lassen, für den zur Constituirung des Gr.-Or. von Ungarn am 30. d. M. in Pest zusammentretenden Congress je zwei Mitglieder zu wählen.

Am 14. d. M. feierten wir hier das Einweihungsfest unserer Tochterloge Set. István. Wir mussten, um uns nicht das sehr würdige, aber zum Theil noch immer exclusive magyarische Element zu entfremden, eine Loge gründen, in welcher ausschliesslich in ungarischer Sprache gearbeitet werden wird und beschlossen daher, dass 7 Mstr. der Loge zur Einigkeit im Vaterlande, der ungarischen Zunge angehörig, diese neue Loge constituiren. Diese 7, nun der Loge St. István angehörenden Brr, vor Allen aber deren verdienstvoller und allgemein beliebter Mstr. v. St. Br Dr. Theodor Bakody sind hinreichende Bürgen dafür, dass wir mit Errichtung dieser neuen Bauhütte nur eine neue und würdige Stätte für das Mrthum geschaffen haben. Die Loge St. Stefan ist übrigens nicht neu, sie ist vielmehr eine Reaktivirung der im J. 1862 in Pest bestandenen und von der damaligen Regierung aufgehobenen Loge gleichen Namens.

Erlauben Sie mir einige Worte aus der Rede anzuführen, welche der Mstr. v. St. der Loge St. Stefan, Br Bakody, bei Eröffnung dieser Loge als Erwiderung auf die Ansprache des Mstrs. v. St. der Loge zur Einigkeit im Vaterlande, Br Pulszky, an die beinahe vollzählig anwesenden Brr der letztgenannten Loge richtete. Es sind einfache, schlichte Worte, aber sie verdienen mitgetheilt zu werden, weil sie einem wahrhaft mrischen Herzen entstammen, welches edel und glühend nur dem Schönen, Guten und Wahren entgegenschlägt. Die Worte lauten in deutscher Uebersetzung:

„...... Ich begrüsse Sie freudigen Herzens. Seien Sie überzeugt, dass mit dem Augenblicke, wo wir aus unserer geliebten Mutterloge scheiden, um die Loge St. Stefan von Neuem zu errichten, die grosse Kette des FrMrthums nur um einen neuen starken Ring vermehrt wurde. Unser Streben wird unermüdlich dahin gerichtet sein, dass wir in allen unseren Arbeiten die Zufriedenheit unserer geliebten Mutterloge erringen. Erlauben Sie mir gel. Brr, bei dieser feierlichen Einweihung der Loge St. Stefan meinen heissen Wunsch auszusprechen, dass die Frmrei sich in unserem Vaterlande einer solch blühenden Zukunft erfreuen möge, wie es ihre erhabene und wichtige Bestimmung erheischt. Der a. B. a. W. möge uns in dem edlen Streben bestärken, mit welchem wir an der eigenen und der ganzen Menschheit wahrhaften Vervollkommnung arbeiten und möge gestatten, dass uns bei unseren Arbeiten immer das Prinzip der uneigennützigen Menschenliebe leite. Ich bitte ihn, dass er meine schwache Seele in dieser meiner reinen Absicht unterstütze, auf dass ich den mir anvertrauten Hammer zum Wohle meiner gel. Brr und der ganzen Menschheit führen könne. Unser Bund ist ein Bund der Weisheit und des ernsten Willens, dessen jedes Streben auf die wahrhafte Erlösung des Menschengeschlechtes gerichtet ist, und in diesem Sinne sei unser Tempel der Tempel der Tugend, ein Asyl für reine Herzen, wo sich die ungerechten Leidenschaften nicht einnisten können, er sei eine Stätte des heiligen Friedens zum

Wohle und Segen unseres geliebten Vaterlandes. So wahr uns Gott helfe!"

Ich schliesse diesem meinem Briefe noch ein offizielles Aktenstück bei, eine „Erklärung der Loge zur Einigkeit im Vaterlande im Or. zu Pest", um deren Veröffentlichung ich Sie bitte. Das Schriftstück bedarf keines weiteren Kommentars: aus seinem Inhalte ergiebt sich seine Entstehungsgeschichte von selbst. Das beiliegende Aktenstück wurde an sämmtliche Logen des Landes versendet und ist von allen zustimmend beantwortet worden. Sowie ich s. Z. Ihre an mich gerichtete freundlichen Zeilen in offener Loge verlesen liess und es auf uns ermuthigend wirkt, wenn Männer von Ihrem Verdienste um die k. K. unser Streben anerkennen und die Art und Weise unserer Arbeiten billigen, so wünschte ich auch diesmal Ihre Ansichten über unsere in der beigeschlossenen Erklärung niedergelegten Prinzipien zu vernehmen und zur Kenntniss meiner hiesigen Brr bringen zu lassen.

Indem ich Ihnen noch mittheile, dass die Loge zur Einigkeit im Vaterlande Ihr oben erwähntes Schreiben mit einer dreifachen mrischen Salve begrüsste, grüsse ich Sie i. d. u. h. Z.

Erklärung
der gerechten und vollkommenen Loge „zur Einigkeit im Vaterlande" im Or. zu Pest.

Der Freimaurerbund ist ein Bund der Menschenliebe, er trachtet den Menschen gut und milde, gesittet und edel zu machen, im Menschen die bessere Natur und aus ihr die Menschenwürde zur höheren Entwickelung zu bringen. Er trachtet den Sinn für die Wahrheit, die Treue für das Gesetz, die Begeisterung für die Tugend zu wecken, und auf diesem Wege den Menschen für das grosse Menschenthum heranzubilden.

In diesem Sinne sollen und wollen wir als Frmr mit Kraft und Ausdauer, mit Muth und Beharrlichkeit und Ueberlegung alle Hindernisse und Hemmnisse hinwegräumen, die der geistigen und sittlichen Vervollkommnung im Wege stehen.

Aus diesem Grunde ist es unsere erste Pflicht: gegen den Irrthum als Gegensatz der Wahrheit, gegen die Lüge und geistige Beschränktheit — als die Hauptquellen der ungerechten Vorurtheile anzukämpfen.

Sollen wir aber unser Glaubensbekenntniss speciell für unsere Verhältnisse formuliren, so wird es nach unseren Grundsätzen also lauten: wir wollen die Tugend, als Basis unserer constitutionellen Monarchie, immer mehr und mehr zum leitenden Prinzip der Selbsterkenntniss und Selbstbildung machen.

Die banale Formel der französischen Schreckenszeit: „Gleichheit, Freiheit und Brüderlichkeit" weisen wir demnach von unserem Standpunkte in die ihr gebührenden Schranken zurück; denn wir wollen weder auf Rechnung der Gleichheit — die sittliche Freiheit, noch auf Rechnung der Brüderlichkeit — die bürgerliche Freiheit beeinträchtigen.

Da aber dieser Wahlspruch auch in die Freimaurerei aufgenommen wurde, müssen wir in Würdigung seiner moralischen und socialpolitischen Bedeutung hervorheben, dass er nur durch die Achtung vor dem Gesetze — nur durch die Rücksicht, durch den Gerechtigkeits- und Billigkeitssinn — wonach wir in unseren Handlungen — unser Recht nach dem Masse unserer Pflichten bestimmen, ferner nur durch die Anschauung und Werthschätzung des Guten und sittlich Berechtigten, und endlich nur durch die Liebe zur Gerechtigkeit — aufhört zu sein — was er bis nun war: eine leere Phrase. — Und nur in diesem edleren Sinne ist er auch unsere Devise.

Dies ist das Glaubensbekenntniss der gerechten und vollkommenen Loge „zur Einigkeit im Vaterlande" im Or. zu Pest — im Thale der Donau.

Nachdem nun all unser Streben dahin gerichtet ist, in allen unseren Handlungen unserem Gewissen treu zu bleiben, ist es selbstverständlich, dass wir von allem Anfange her, somit schon bei Errichtung unserer kleinen Bauhütte, alles vermieden halten, was uns mit uns selbst und mit unseren Grundsätzen in Widerspruch zu bringen vermöchte, und dies veranlasste uns, für unsere Arbeiten das lautere, wahre, keiner Täuschungen fähige, sich auf wahre Brüderlichkeit basirende, ursprüngliche System der 3 Johannisgrade zu wählen.

Durch die Geschichte unterrichtet, wissen wir nur zu gut, welch nachtheiligen Einfluss die später auftauchenden sogenannten Hochgradsysteme auf die echte, reine Freimaurerei übten — und sind davon überzeugt: dass dieselben weder den Culturansprüchen der Jetztzeit entsprechen — noch unseren nationalen Bedürfnissen zweckdienlich wären — denn das Schaffen ungerechtfertigter Stufenhöhen, die mehr der persönlichen Eitelkeit als dem inneren Wesen Befriedigung geben, erwecken und nähren nur noch mehr den leeren schaalen Hang für gehaltlose Aeusserlichkeiten, geben zu unzähligen Ungerechtigkeiten Veranlassung, fördern das Geheimnisswesen und Cliquenthum, stören das brüderliche Vertrauen und sind schon aus diesem Grunde mit unseren Tendenzen unvereinbar.

Da aber überdies die Hochgradsysteme meist in allen Landen, wo es um die eigentlichsten Zwecke der Frmrei Ernst ist — ein bereits überwundener Standpunkt sind, und wir eben mit jenen in innigere Beziehung zu treten gesinnt sind, unsere Grundsätze überdies über den verschiedenen Glaubens- und politischen Parteien stehen, wir somit weder speciell politische, noch confessionell religiöse Tendenzen verfolgen, wäre schon aus diesem Grunde das Hochgradsystem unseren zu lösenden Aufgaben mehr hinderlich denn förderlich.

Dies ist der Standpunkt der gerechten und vollkommenen Loge „zur Einigkeit im Vaterlande" im Oriente zu Pest im Thale der Donau.

Sollte sich in unserem Vaterlande, wo mehrere Brüder der Hochgradsysteme leben und zu wirken beginnen, eines dieser Systeme zur Geltung bringen und lebensfähig erweisen, so möge sich bei Wahrung der individuellen Freiheit, der Einzelne dahin wenden, wohin er sich auf Grund geistiger und moralischer Sympathien hingezogen fühlt, damit er in Mitten der ihm verwandten Seelen und Geister — seine Thätigkeit um so erspriesslicher entwickeln könne. Dies kann nur zur Folge haben, dass auf Grund der natürlichen Attraction homogener Elemente, die Arbeit eine um so erfolgreichere werden dürfte — denn nur in der Einigkeit liegt Kraft!

Die gerechte und vollkommene Loge „zur Einigkeit im Vaterlande" im Oriente zu Pest — erachtet es aber für ihre Pflicht, hiermit feierlichst auszusprechen: dass sie als solche ihrem Systeme treu bleiben werde — und fühlt sich hierbei zugleich veranlasst, die Idee einer Vereinigung mit den Anhängern der Hochgradsysteme, mit Bedauern abzulehnen, denn die freigewählten Prinzipien des Systems werden uns von demselben für immer als scharf markirte Grenzen trennen.

Wir kennen die Pflichten gerechter Maurer und werden zu allen Zeiten, und unter allen Umständen den Brn anderer Systeme, in wahrer treuer Brüderlichkeit unsere Herzen entgegentragen — sie in voller Liebe, Achtung und Anerkennung als unsere Lichtgenossen betrachten; durchdrungen von der Ueberzeugung: dass sie, wie wir, nur das Wohl der Menschheit fördern wollen, werden wir mit treuherziger Freudigkeit den Erfolg ihrer Arbeit begrüssen, und sie, eingedenk des ewig wahren Satzes: dass endlich doch nur die Wahrheit siegen und die Welt beherrschen könne — unbehindert wirken lassen, — die Zumuthung aber der endlichen Möglichkeit einer Verschmelzung mit ihnen müssen wir mit allem Nachdruck — leider für ewige Zeiten von uns weisen.

Im Oriente zu Pest 1. Decbr. 1869.

Carl Grósz,   Franz Pulszky,
Schriftführer.   Mstr. v. St.

Ein Reformruf.

Die innerhalb der Gr. L. L. v. D. herrschende Todtenstille ist kürzlich durch einen von Leben und Streben, wie von charaktervoller Selbständigkeit zeugenden Reformruf unterbrochen worden, welcher auf eine ehrende Erwähnung gegründeten Anspruch hat. Wir meinen das d. d. 17. Sep. erlassene Rundschreiben der „St. Johannisloge zum Oelzweig in Bremen," eine Loge, die, wie wir schon früher bemerkten, unter der Leitung des Br C. Buff sich merklich zu heben beginnt. Wenn auch eine Schwalbe bekanntlich noch keinen Sommer macht, von einer Meinungsäusserung bis zu enschiedenem Handeln noch ein weiter Weg ist und ein „Vorwärts auf dem Pfade der Wahrheit und des Lichts" für die Gr. L. L. v. D. nichts weniger bedeutet, als ein Aufgeben ihres Systems, so begrüssen wir doch das Votum dieser Loge.

Es heisst u. A. darin:

„Nach der gesetzlichen Bestimmung übernahm der Dep. Mstr., unser Hochw. Br C. Buff bis zum Schluss des laufenden Logenjahres 1868—69 provisorisch den ersten Hammer, und vom Sept. c. an nach der einstimmigen Wahl der Meister und auf dringendes Bitten aller Brr definitiv das Amt des Logenmeisters, in welches er durch den Hochwürdigen Br Graupenstein aus Hamburg, welcher von der Höchsterleuchteten Gr. Landesl. der Frmr von Deutschland zu Berlin und der Hochw. Provinzialloge von Niedersachsen zu Hamburg deputirt worden war, installirt wurde. Das Stiftungsfest unserer Loge wurde durch diese Feier ein doppeltes Freudenfest, da uns das der Mrei treu ergebene Herz unseres Logenmeisters die zuverlässige Bürgschaft giebt, dass für die nächste Zukunft die Leitung unserer Loge wohl bestellt ist. — Wir müssen es rühmend anerkennen, dass seit einer sehr langen Reihe von Jahren, Dank der treuen Fürsorge unserer Logenmstr. der Friede, der in unsern Hallen wohnen soll, nie gestört worden ist und dass unsere örtlichen Verhältnisse in stets zunehmendem Aufsteigen begriffen sind. — — Aber unwillkürlich wendet sich beim Jahreswechsel der Blick von der eigenen Loge auf die gesammte Mrei und da kann es einem aufmerksamen Auge nicht entgehen, dass sich die Strömungen der Zeit auch auf ihrem Gebiete geltend zu machen suchen. In allen grossen Lebensverhältnissen, in der Kirche und im Staate, in der Wissenschaft und den socialen Beziehungen will sich aus dem Alten ein Neues gebären. — Es ist eine Zeit der Fortentwickelung und unwillkürlich werden wir da an die Stelle unserer Akten erinnert, in welcher die Aktion und Reaktion als die treibenden Kräfte bezeichnet werden, die das Leben bewegen und den Fortschritt bedingen. Will die Maurerei dieses von ihr selbst anerkannte ewige Gesetz verläugnen; bleibt sie nicht auch ihm unterworfen? Auch die Maurerei kann und darf nicht stille stehen; wird doch jedem „Neuaufgenommenen das Suchen nach Licht und Wahrheit zu seiner ersten Pflicht gemacht, und wird er doch ermahnt anzuhalten in diesem Streben, selbst wenn ihm die grössten Hindernisse entgegentreten, und er den Leidenskelch zu trinken gezwungen würde. „Vorwärts" auf dem Pfade der Wahrheit und des Lichtes, das ist die maurerische Aufgabe jedes einzelnen Jüngers der K. K., und wie? — was den Einzelnen treibt und drängt, sollte das nicht auch zum Agens der Gesammtheit werden dürfen? Sollte dieser Geist als der Ausdruck des Gesammtwillens zu missbilligen sein? — Wir glauben nicht, dass das Streben der Jetztzeit nach organischer Entwicklung vervollkommnungsfähiger und vervollkommnungsbedürftiger Zustände den Tadel der für Licht und Wahrheit erwärmten Geister nach sich ziehen kann, vorausgesetzt, dass diesem Streben der Geist der Ruhe und Besonnenheit innewohnt, und dass ihm die Achtung vor dem alt als gut bewährten Alten, und die gläubige Geduld nicht fehlt, die die Entwickelung der Blüthe aus der Knospe und der Frucht aus der Blüthe der organischen, mütterlich sorgenden Thätigkeit der Natur und des Geistes überlässt, sich aber wohl hütet, mit vermessener Hand vorschnell einzugreifen, und dadurch die besten Lebenskeime zu zerstören. Mit grosser Theilnahme und hohem Interesse folgen wir den Tagesfragen und den Tagesereignissen; zunächst aber suchen wir uns ein dem Geiste unseres Ordens entsprechendes, ernstmildes und gerechtes Urtheil zu bilden und vor Allem in uns und in unserer Logengemeinschaft den maurerischen Geist sorgsamer und allseitiger Prüfung zu wecken, zu beleben und zu befestigen. In diesem Sinne werden wir, wie bisher fortarbeiten, so uns der a. B. d. W. seine Kräft verleiht und sein Licht leuchten lässt, und bitten Sie, Hochwürdige und geliebte Brüder, uns in diesem Streben brüderlich freundlichst zu unterstützen. Beifolgende Logenliste giebt Ihnen Kunde über die Veränderungen, die im letzten Jahr in unserer Loge stattgefunden haben.

Wir verharren in Bruderliebe und Brudertreue i. d. u. h. Z.

Ihre treuverbundenen Ordensbrüder
der **St. Johannes-Loge zum Oelzweig** in Bremen,
und Namens derselben:

C. Buff,   **Ernst Bulle,**
Logenmeister.   Abgeord. Logenmeister.

Gustav Helfer,   **J. C. Ficken,**
Erster Aufseher.   Zweiter Aufseher.

Ed. von Heymann,
Sekretär.

Br Joh. Friedr. Ludw. Hildebrand.

(Trauerloge in der Loge Maria zum goldenen Schwerte Or. Cöslin am 6. December 1869.)

Es ist eine wehmüthige Pflicht, die mir heute obliegt, die gel. Brr hinzuführen an den Sarg so mancher Lieben, die im Leben durch Br- und Freundschafts-Bande uns werth und theuer waren und die im Laufe der Jahre aus unsern Colonnen abgerufen wurden, die einst diese Plätze mit uns theilten, hier mit uns an den Säulen der W., Sch. und St. sich belehrten, begeisterten und kräftigten für die sittlich edle Aufgabe des Menschen; hier im Br-Kreise Erholung, in der Br-Kette Trost und Ausdauer fanden für das Nichtige des alltäglichen Lebens, im Hinblicke auf ihre einstige Vollendung durch den Ruf des höchsten Bmstrs. a. W.! — Herz und Hand sind kalt; das Auge keines Liebesblickes, der Mund keines Br-Wortes mehr fähig; der belebende Geist entflohen! — Aber der Geist, diese göttliche Kraft, das höhere Sein des Menschen, unabhängig von seiner physischen Natur, kann nicht unterworfen sein dem Gesetze der Verwesung! Der Geist starb nicht; er ward uns nur entrückt — wenn auch unsere irdischen Begriffe das Wie und Wo nicht zu fassen vermögen: der Weisheit des obersten Bmstrs. a. W. gehört die Zukunft auf Erden, die Zukunft des Jenseits; seine Allmacht belebt, wo das blöde Menschenauge nur Staub und Verwesung zu sehen vermag. Denn unsern Gesichtskreis begrenzt der Tod! Und dieser Schranke wollen wir uns heute nahen, Umschau zu halten um uns und in uns.

Prüfen wir unsere Reihen, so fehlt seit Jahresfrist nur ein Br in unserer Kette. Nur ein Br unserer Bauhütte legte Schurz und Werkzeug nieder — den Hammer an der Säule der Sch. —: der hochw. Br Johann Friedrich Ludwig Hildebrand, erster Aufseher unserer ger. und volik. Loge Maria zum gold. Schwert, ging am 31. März d. J. in seinem 83. Lebensjahre zum e. O. ein! — Nur ein Br, den wohlbekannt auch in weitern Mr-Kreisen als eine Hauptstütze unserer Loge, für die er lebte mit Sinn und That, sowie er denn durch bewundernswürdige Willenskraft und Ausdauer unserer ger. und volik. Loge Maria zum gold. Schwert, den in ihm die mannigfachen Kreise seines Wirkens anerkannt haben, seine Familie und Freunde betrauern und die Loge hoch verehrt. — Am 6. November 1786 in Cöslin geboren, und nachdem er hier auch seine Schulbildung genossen,

widmete er sich dem Studium der Rechtswissenschaft, trotz der Hindernisse, die durch den Tod seines Vaters in seinem zwölften Lebensjahre — nach seinen eigenen Aufzeichnungen — seinen Vorsatz erschüttern, aber nicht umstürzen konnten; unterstützt und aufgemuntert durch Freunde, anfänglich 1805—6 in Halle, und nach Aufhebung jener Universität durch die Franzosen, bis zum Jahre 1807 in Frankfurt a. O. Dann als Auscultator bei dem hiesigen königl. Oderlandesgerichte beschäftigt, bestand er 1809 das Examen als Referendarius, 1814 das als Assessor, und wurde schon am 26. November desselben Jahres zum Justizcommissarius ernannt. Die Verdienste des Verewigten in seinem Berufsfache wurden am 9. December 1838 durch die Ernennung zum Justizrathe, am 8. Januar 1854 durch Verleihung des rothen Adlerordens, wie im Jahre 1857 — bei Gelegenheit seines 50jährigen Amtsjubiläums — durch Beilegung des Titels als Geheimer Justizrath geehrt, und am 6. August 1867 folgte noch die Feier auch seines 60jährigen Amtsjubiläums, wie er denn in der Verwaltung seines Amtes, und vieler damit verbundener, mühevoller Obliegenheiten, sowie mannigfacher Ehrenämter, namentlich auch seit 1844 als Vorsitzender des Ehrenrathes der Rechtsanwälte bis zu seinem Tode ausharrte, wozu ihn eine seltene Lebhaftigkeit und Frische der Geisteskräfte, trotz seines hohen Alters, noch befähigte. — Am 25. August 1815 seinen häuslichen Heerd durch seine Verheirathung mit Wilhelmine Radcke, Tochter des Apothekers Radcke in Driesen, begründend, wurde diese Ehe mit sieben Sprossen, drei Söhnen und vier Töchtern, gesegnet, von denen zwei Töchter und ein Sohn ihm schon vorausgegangen waren in das Jenseits — Verluste, von deren Schwere das tiefempfindende Vaterherz sich nie ganz erholt hat, da namentlich der am 30. August 1863 verstorbene, als Br und Secretair unserer Loge uns näher verbundene älteste Sohn Carl in der Fülle des Mannesalters ihm aus seiner täglichen Umgebung entrissen wurde. — Seit 1838 Besitzer mehrerer Güter, war ihm namentlich Wusseken wegen seiner anmuthigen Lage ein alljährlicher geschätzter Sommersitz, und im zahlreichen Familienkreise feierte er im Jahre 1865 daselbst auch seine goldene Hochzeit, wozu ihm eine Deputation auch unserer Loge die Glückwünsche unserer Loge überbrachte. — Zu den in den letzten Jahren eingetretenen körperlichen Leiden gesellte sich im vorigen Jahre leider noch das Unglück, seine ihm so liebe, an äusserste Pünktlichkeit gebundene Häuslichkeit durch Brandunglück gestört zu sehen, und wenn auch die Anwesenheit des Sohnes, unseres ehrw. Br zweiten Aufsehers, ihm in dieser herben Prüfung eine tröstliche und kräftige Stütze war, durch die ihm die Freude ermöglicht wurde, sein heimisches Dach zum zweiten Male hergerichtet zu sehen, so traf ihn dieser Schicksalsschlag immerhin als einer der schwersten seines Lebens.

Das maur. Licht empfing der verew. Br am 18. October 1814 in unserer gel. Loge und feierte er 1864, wie Vielen von uns noch in frischer Erinnerung, unter aussergewöhnlich lebhafter Betheiligung auch der gel. Nachbarlogen sein 50jähriges Maurer-Jubiläum, anlässlich dessen ihm von der hochw. National-Mutter-Loge Or. Berlin, und der ger. und vollk. Loge zur Morgenröthe des höheren Lichts, Or. Stolp, die Ehrenmitgliedschaft verliehen wurde, welche

er seitens der ger. und vollk. Loge Wilhelm zur Männer-
kraft, Or. Colberg, bereits besass, während der Jubilar
seinerseits den Tag durch eine Stiftung auszeichnete, mittelst welcher die Zinsen eines der Verwaltung der Meisterschaft unserer Loge anvertrauten Capitals alljährlich der
Armenkasse zufliessen, um so auch nach seinem Tode seine
sonst freigebigen Spenden nicht fehlen zu lassen.

Seit dem 12. Januar 1819, also über 50 Jahre, Meister
unserer Loge, hatte er mehrfache Anträge, das Amt eines
vorsitzenden Meisters zu übernehmen, stets entschieden
abgelehnt, dagegen lange das des ersten Aufsehers mit
bekannter Hingebung bekleidet. Am 1. März dieses Jahres
nahm er seinen Platz hier unter uns zuletzt ein. — Wie
er als Aufseher wohl die überwiegende Mehrzahl der Brr
unserer Loge zur Weihe geführt, so war er jedem Br ein
liebevoller Leiter, der Meisterschaft ein erfahrener Be-
rather, ein thätiger Beamter in Verwaltungsangelegenheiten
der Loge, und seiner grossen Liebe zur Sache der Freimaurerei musste es zur lebhaften Genugthuung gereichen,
dass, ausser zwei Söhnen, auch seine drei Schwiegersöhne
dem Bunde angehören. — Noch in den letzten Lebens-
stunden haben ihn maur. Interessen in Correspondenz und
Gespräch lebhaft beschäftigt, und — ein Freund der Natur
— ihn deren erste duftende Frühlingsspende noch erquickt — Veilchen aus der Hand der Tochter; es war die
letzte Wonne, die ihm vom Erdenschoose entsprossen —
sie waren ihm ein letzter Scheidegruss, ein Wink zum
ewigen Frühling. „Das sanfte Veilchen blüht nur eine
kurze Zeit", diese Worte haben wir aus seinem Munde
oft vernommen — „sie kommen neu hervor". Es war
hoch Mittag! — Kurz und entschieden, wie wir seinen
Charakter kannten und schätzten, konnte er auch dem
Hammerschlage des ob. Bmstrs. a. W. zur ewigen Loge
folgen! — Die Erfüllung eines Wunsches, den er in ernster
Stunde oft aussprach, schloss seine irdische Laufbahn:
ein rascher, anscheinend schmerzloser Tod!

In vielfacher Beziehung zwar fordert dies Leben uns
zur Nacheiferung auf; aber zwei der edelsten Mr-Tugenden
zierten den Heimgegangenen ganz besonders: — Trotzdem
das Geschick ihn mit Glücksgütern reichlich gesegnet, die
Natur seinen Geist mit einer seltenen Kraft ausgestattet,
und er Ehren und Würden durch eigenen Fleiss erworben
hatte, war es eine Einfachheit und Anspruchslosig-
keit seines Wesens, die von wahrer Bildung des Geistes
und Gemüthes, von seiner Läuterung, durch die Schule

und Prüfungen des Lebens zeugten. — Und eine treue
Schwester jener Tugend: die Selbstverläugnung, die
sich in seinem rückhaltslosen, versöhnlichen Entgegenkommen bethätigte, wenn er Jemand im Eifer seines lebhaften Temperaments betrübt zu haben glaubte. — Ja,
Brr, diese Tugenden wurden dem Geschiedenen eine
Krone wahrer Menschenwürde! Mögen sie in seinem
Andenken auch uns zum Eigenthume werden; denn sie
sind der Ausfluss thätiger Menschenliebe, derjenigen Liebe,
von welcher der Dichter so ergreifend spricht:

„Lieb', so lang du lieben kannst,
Lieb', so lang du lieben magst!
Es kommt der Tag, es kommt der Tag,
Wo du am Grabe stehst und klagst."

Denn wir selbst wandeln dahin täglich am Rande des
Grabes; jeder Schritt bringt uns ihm näher! — Aber erst
wenn wir einem geliebten Todten zur Ruhestätte folgen,
wenn der Schmerz der Scheidestunde, der Eindruck vielleicht eines plötzlichen Scheidens noch frisch ist — dann
verdunkelt sich der freie Blick, dann bewältigen den
kurzsichtigen Menschen Empfindungen, die seine Thatkraft
lähmen durch die Mahnung, dass auch seine Stunde un-
abänderlich bestimmt aufgezeichnet ist im Schicksals-
buche unter den undurchsichtigen Schleier kommender
Tage — und die Trauer wird uns eine Segensspende!
Eine innere Stimme mahnt uns, „das Haus zu bestellen",
um auf das Kissen eines unbefleckten Bewusstseins treu
erfüllter Pflicht einst auch unser Haupt niederzulegen,
und damit wir getrost sprechen können, „Meister, sieh'
unser Werk in Gnaden an!" — Ja, eine Segensspende:
denn Brr, mit jedem Sarge, dem wir trauernd folgen,
tragen wir einen Theil unserer eigenen weltlichen Eitelkeit mit zu Grabe! — O, möge es so sein! — Möge es
auch mit dem Sarge so sein, der heute unsern Teppich
einnimmt, als Symbol unserer Sterblichkeit! — Möge auch
er zur Läuterung unseres weltlichen Selbstes beitragen, uns aus ihm aufsteigen ein läuternder Geist der
Wahrheit und Menschenliebe! — Dann werden wir unsere
heutige Feier des Gedächtnisses des Verstorbenen recht
würdig begangen haben und sie wird uns zum wahren
Wohle gereichen! — Friede ihrer Asche! Friede uns! Das
walte Gott, der ob. Bmstr. a. W.!

Br Suhle, Redner.

⁓⊶⦵⊷⁓

Feuilleton.

Frankreich. — Mit Freuden begrüssen wir als Zeichen
vermehrter Regsamkeit und geistigen Lebens eine zu Bordeaux
erscheinende neue freimaur. Zeitschrift „L' Avenir Maçonnique", Organ der südwestl. Logen Frankreichs, herausgegeben
von Br Durand zu Gmünten der maurer. Schule zu Bordeaux,
wovon uns die erste Nr. durch Güte des Br Ebel-Steiner
(Vereinsmitgl.), zugegangen. Diese erste Nummer enthält u. A.
einen Auszug der Rede des Br Dr. Münch in Worms aus
der „Bauhütte" in französischer Uebersetzung. (Une voix de

l'Allemagne). Die Redaktion beginnt diesen Auszug mit folg.
Bemerkungen: „Die deutsche Mrei befindet sich gleich der
französischen in der vollen Krisis der Umgestaltung. Alles
bestätigt, auch die ihre Hände zum Himmel emporstreckenden
Burggrafen beider Nationen, dass eine Reform, ein maurer.
Protestantismus vor der Thüre steht. Noch ist die maurer.
Fortschrittspartei in der Minderheit, aber ihre Reihen vermehren sich von Tag zu Tage und die Maurer der Zukunft, thätiger, kühner und ausdauernder als die des Stabilismus (réaction),

werden sicher ihr Programm verwirklichen." Weiterhin hebt die Redaktion mit Recht die Solidarität und die Uebereinstimmung im Streben seitens der fortschrittlichen mr. Presse aller Länder hervor. — Wir wünschen dem neuen Blatte guten Erfolg und drücken der Redaktion aus der Ferne warm die Brhand. —

Leipzig, 14. Jan. — In der gestrigen Sitzung des Mr-clubs Masonia, der ersten im neuen Jahre, wurden die Brüder durch ein reiches Geschenk (eine Aktie über 250 frcs.) für den Waisenfonds überrascht und erfreut, welches Br W— am Jahrestage seiner Gesellenbeförderung stiftete. Einstimmig ward dem edlen Geber der innigste Dank votirt. Sodann fand eine längere Debatte über den Entwurf eines Regulativs für mr. Werkthätigkeit von Br Findel statt, wobei man sich einmüthig für die Nothwendigkeit der Kapitalisirung aussprach, die Allgemeinheit und Weite des Zwecks billigte und einige Zusätze und Verbesserungen in Anregung brachte.

Louisville, 31. Dec. 1869. — Das war ein schöner Abend, der 27. d. Mts. — Es fand hier wieder ein kleines Abendessen statt, welches die Loge Willie Stuart am Tage ihrer Beamtenwahl fast regelmässig gibt. Im der Turnerhalle, wo Br A. Huber das Regiment hat, sassen wir traut zusammen und stärkten unsern Körper an einem einfachen aber schmackhaften Abendessen und diverser Flaschen reinen Hochheimers aus dem Kellergewölbe des edlen Br C. H. Finck; den Geist erfrischten wir durch Reden und Toaste. —

Den ersten Toast auszubringen, wurde Br Ph. Nichels ersucht, und dieser glaubte ihn der Willie Stuart Loge, die ihn zu Gast geladen, darbringen zu sollen, wobei er auf die Bedeutung des Tages und in einer kurzen Vergleichung auf die beiden Johannes' hinwies, um dann die Loge zu fortgesetztem ernstlichem Ringen und Streben nach Wahrheit zu ermuntern. — Die Brr C. H. Finck, Wm. Reinecke, J. Heinzen etc., brachten Toaste aus, theils in poetischer und theils in prosaischer Form, u. A. auch auf die „Bauhütte" als das gediegenste Blatt, das dem Fortschritt der Maurerei huldige und das sich bereits Bahn gebrochen habe über den ganzen Erdkreis etc. etc.

Wir trennten uns in der Geisterstunde vergnügt, nachdem wir vorher noch eine Collecte von S 19. für eine würdige und dürftige Maurer-Wittwe zusammengelegt hatten.

Viele Grüsse von allen diesen Brüdern mit dem ermuthigenden Zuruf: Vorwärts! Nach Licht! Fröhlich Neujahr! —

Stettin. — Die Johannis-Loge „drei goldene Anker zu Liebe u. Tr." hat bereits zur Feier ihres 100jährigen Bestehens eingeladen. Sie sagt: „Am 3. März d. J. sind einhundert Jahre verflossen, seit unsere Bauhütte gegründet wurde. Diesen Tag hoffen wir mit des u. B. d. W. Hilfe in der Art festlich zu begehen, dass wir die letzte Loge des abgelaufenen Jahrhunderts am 2. März, Abends von 6 Uhr ab, in unserem Logenhause beschliessen und am 3. März, Mittags 1 Uhr, das neue Jahrhundert durch eine Säcular-Fest-Loge und darauf folgende Tafel-Loge beginnen."

Amerikanische und englische Brüder machen wir darauf aufmerksam, dass sie, wenn sie deutsche Logen besuchen wollen, mit ihrer maurer. Bekleidung sowie mit Certifikaten neuern Datums versehen sein müssen.

Briefwechsel.

Br S—th in B—n. Sendung erhalten; das Porto für die Bauh. beträgt 18 Sgr. Als Vereinsmitgl. heisse ich Sie willkommen; Mittheilungen etc. sende Ihnen unter †bd. Brdl Gegengruss!

Br H. v. K. in M. Die Verwechselung von fl. mit Thlr. bestätigt sich allerdings. ihre br. Gabe für den Verein war willkommen. Brdl. Gegengruss!

Br S. in Kr—g. Besten Dank für Ihre Berichtigung, sowie für ihre freundbrdl. Wünsche und ihre Theilnahme für meine Wirksamkeit. Ihren Wunsch und Gruss erwidere ich freundlichst!

Br O. W. in S—n. Beitr. für Br N. dankend erhalten. Brüderlichen Gruss!

Br R. in Schw—g. Sendung erhalten. Brdl. Gegengruss!

Br Ph. M—s in L. Die Bauh. haben Sie wohl bei E. St. in N.-Y, bestellt, von dem Sie solche beziehen. — Besten Dank für Ihre gütige Verwendung und ihren Bericht. Ihnen und den dortigen Brn Dank und brdl. Gegengruss!

Br Fr. N—l in C—n. Die Bestellung ist s. Z. ausgeführt worden. Ihr Besuch wird mir angenehm sein; inzwischen brüderliche Gegengruss!

Br Scha—r in W—n. Die Adr. des L.Sch. Goddard ist mir unbekannt; ich habe Ihre Anfrage an Br W. weitergehen lassen. Brdl. Gruss!

Br S—r in W—g. Anm. und Beitr. erhalten; Quittungen erfolgen nächstens. Herzl. Gegengruss!

Zur Nachricht.

Wie mein Geschäftslokal, so befindet sich jetzt auch meine Privatwohnung

Turnerstrasse Nr. 15.

Leipzig, 29. Januar 1869.

J. G. Findel.

Verantwortlicher Redacteur: Br J. G. Findel. — Verlag von Br J. G. Findel in Leipzig. — Druck von Brr Bär & Hermann in Leipzig.

No. 6.   XIII. Jahrgang.

Die
BAUHÜTTE.

Begründet und herausgegeben

von

Br J. G. FINDEL.

* Organ des Vereins deutscher Freimaurer. *

Handschrift für Brr Brüdr.   Leipzig, den 5. Februar 1870.   MOTTO: Weisheit, Stärke, Schönheit.

Von der „Bauhütte" erscheint wöchentlich eine Nummer (1 Bogen). Preis des Jahrgangs 3 Thlr. — (halbjährlich 1 Thlr. 15 Ngr.)
Die „Bauhütte" kann durch alle Buchhandlungen bezogen werden.

Inhalt: Die Gegenwart und Zukunft der Maurerei in Deutschland. Von einem alten Logenbruder. — Antwort der Loge der vereinigten Brüder im Or. von Strassburg an den Grossorient von Frankreich. — Maurerische Wanderungen. (Aus Schwaben.) — Thomas und unmassgebliche Vorwürfe für freimaurerische Zeichnungen. Von Br H. Künzel. — Literarische Besprechung. — Feuilleton: Alssy. — Bayreuth. — Dresden. — Frankreich. — Giessen. — Gera. — Leisnig. — Marburg. — Pest. — Temesvar. — Quittung und Dank. — Briefwechsel. — Anzeigen.

Die Gegenwart und Zukunft der Maurerei in Deutschland.

Von

einem alten Logenbruder.

V.

Wer die Grundverfassung unserer Grosslogen und die darnach bearbeiteten Bundesstatuten einer nähern Prüfung unterzieht; wer das innere Leben der Logen, deren Thätigkeitsarten und Thätigkeitsäusserungen ununterbrochen längere Zeit zu beobachten Gelegenheit hat, wird nothwendig zu der Ueberzeugung gelangen müssen, dass die heutige Maurerei eine Anomalie geworden ist für sich selbst und die Gegenwart, dass sie durch starres Festhalten an dem früher vielleicht berechtigten, jetzt aber überlebten, sogar zweckwidrigen Prinzipe der Stabilität und chinesischer Abgeschlossenheit in direktem und ungerechtfertigtem Gegensatze steht zu dem Bewusstsein, den Forderungen und Errungenschaften der Zeit. Die jetzige Maurerei hat in ihrem Zustande fortwährender Gebundenheit, Begrenztheit und Isolirtheit keine Wurzeln in ihrer Gegenwart und kann demnach weder Leben noch Nahrung von ihr empfangen oder auf sie überleiten. Alles dies ist eine Hauptursache, dass gerade der Bund, der es sich zur Aufgabe gestellt und auch dazu die Mittel haben könnte „Millonen zu umschlingen und unzereissbar zu verbinden", der es vermöchte und sollte „Geist und Gemüth wahrhaft und dauernd zu befriedigen", nach und nach jede nennenswerthe Wirksamkeit, jede Anziehungs- und Fesselkraft verloren, dass die heutige Maurerei bedeutungs- und wirkungslos geworden ist nicht blos für einen grossen Theil seiner eigenen Glieder, sondern für das Leben überhaupt; dass sich immer mehr und mehr von ihr fern halten oder abwenden Männer der frischen, lebendigen That; endlich dass bei dem Zusammenwirken aller dieser lähmenden und auflösenden Umstände der dermalige Freimaurerbund bei nach Aussen künstlich erhaltener gleissender Hülle, sich jetzt in einem schon weit fortgeschrittenen Stadium innerer Verwesung befindet. Die Allgewalt, welche die Grosslogen sich im Laufe der Zeit angeeignet haben oder welche ihnen durch die Gleichgültigkeit und Schwäche der Brüderschaft schon von selbst zugefallen, hat die Tochterlogen in ein Abhängigkeits-Verhältniss gebracht und darin erhalten, das jede, auch die einfachste selbständige Lebensäusserung unmöglich macht. Wie bei den einzelnen Logen die Verwaltung aus dem Gesammtwillen der Meisterschaft derselben hervorgeht, so sollte bei den Grosslogen diejenige Oberbehörde, in deren Hände die Summe aller Machtvollkommenheit gelegt werden muss, nämlich die gesetzgeberische, bestätigende und vollziehende Gewalt, die Grossbeamten von dem Gesammtvertrauen und dem Gesammtwillen der ganzen Meisterschaft geschaffen und dadurch gestützt und gekräftigt sein.[*] Auf die Wahl der

---

[*] Es dürfte sich hierbei die Frage aufwerfen: Wie können die Logen in den Provinzen ein Urtheil über die zu Grossbeamten geeigneten Persönlichkeiten haben? Wir erwidern darauf, dass alle

Mitglieder der Grossloge haben die Tochterlogen aber auch nicht die allermindeste Einwirkung. So wird z. B. bei den 3 Weltkugeln die National-Mutterloge im engern Sinne aus den von ihr gewählten Mitgliedern ihrer vier vereinigten Berliner Tochterlogen, welche als aktive Mitglieder der Mutterloge auf einer über den Meistergrad hinausgehenden Ordensstufe stehen müssen, gebildet; das Bundesdirektorium ebenfalls durch die Gr. N. M.-Loge aus sieben Brüdern, und aus diesen wiederum von der Gr. N. Mutterloge der National-Grossmeister und der deputirte National-Grossmeister gewählt. Durch diesen arbiträren Wahlmodus, der die Tochterlogen in den Provinzen als gar nicht vorhanden betrachtet, ermangeln die auf solche Weise zusammengesetzten Grosslogen jedes innern und innigem geistigen wie leiblichen Zusammenhangs mit den Tochterlogen, sind dadurch für dieselben eben nichts weiter als eine gesetzgeberische, bestätigende und vollziehende Behörde im bureaukratischsten und nüchternsten Sinne des Wortes. Dieses absonderliche Verhältniss erklärt vollständig und berechtigt gewissermassen die Stellung, welche die Grosslogen ihren Tochterlogen zugewiesen haben. Weiter: die Grosslogen, statt wie es ihre natürliche Stellung im Bunde und zum Bunde erheischt, ihr ganzes Augenmerk, ihre volle Einwirkung darauf zu richten, die sittliche Freiheit und Thätigkeit ihrer Tochterlogen im Sinne des Bundes und zu seinen Zwecken anzuregen, zu heben und in entsprechender Thätigkeit zu erhalten, geriren sich, wie bereits gesagt, durch ihre gegenwärtige Stellung geradezu bedingt und quasi berechtigt, lediglich als Verwaltungsbehörde; denn die ganze Thätigkeit derselben — das Archiv jeder Tochterloge liefert davon den Beweis — beschränkt sich — rechnet man die sogenannte Johannis-Ansprache und das Protokoll über die Geburtsfeier des Regenten ab — nur auf rein Geschäftliches, noch dazu in trockenster und sterilster Form, und wird nebenbei nicht selten dazu benutzt den Tochterl. von Zeit zu Zeit das vielleicht etwas mattgewordene Bewusstsein ihrer Botmässigkeit aufzufrischen. Es kann daher nicht fehlen, dass, steht nicht ein Mann von Talent, Thatkraft und Einfluss als Stuhlmeister an der Spitze, die Tochterlogen allmälig und unvermerkt daran gewöhnt werden, die Maurerei selbst als etwas Geschäftliches zu betrachten. Daher der in so vielen „gerechten und vollkommenen Logen" sich träge dahin schleppende Geist — wenn überhaupt noch von Geist die Rede sein kann — der mitunter wahrhaft kindisch und lächerlich werdende Formen-Kultus, die ausserordentliche Leere, wenn es sich um ernste Arbeiten, die Ueberfüllung bei einem hohen Besuche oder wenn es sich um Sinnengenüsse handelt. Als Kriterium und unerlässliche Bedingung eines Gesammtzweckes, eines Gesammtwollens und eines Gesammtwirkens fehlt dem Freimaurerbunde in seiner dermaligen Verfassung die Einheit der Lehrart, des Gebrauchs und der äussern Form. Die verschiedenen zum Theil sich widersprechenden, sich sogar gegenseitig ab- und ausschliessenden, ja sogar sich bekämpfenden „Systeme" haben den Bund, der die ganze gebildete Menschheit umfassen soll, in sich gespalten und in Spaltung erhalten, haben die zu einem und demselben Zwecke zu verbindenden Einzelkräfte statt zu einen, zersplittert und abgestossen und so deren Wirken wie nach Innen so nach Aussen macht- und wirkungslos gemacht. Daher gibt es auch jetzt keinen Freimaurerbund mehr, sondern nur Freimaurerbünde, von von welchen Jeder seinen eigenen und gesonderten Weg geht. Der Bruder hat somit vollkommen Recht, welcher in No. 6 der Bauhütte von 1863 sagt, wie er bei Beantwortung der desfallsigen Frage jedes Mal daran erinnert werde, dass in den meisten deutschen Staaten die Ausdehnung der Loge schon bei dem Systeme einer andern Grossloge, wo nicht gar schon beim nächsten Grenzpfahle aufhöre und ihre Höhe nicht über die eigene Grossloge hinausreiche. Welche klägliche Stellung die Tochterlogen und die einzelnen Glieder des Bundes ihren Grosslogen gegenüber einnehmen, bezeichnen mehr als zur Genüge die bezüglichen Bestimmungen in den Bundessta*uten der meisten Grosslogen, welche die Beschlüsse und Vorschläge, ja die Existenz ihrer Tochterlogen lediglich dem Ermessen dieser Grossloge preisgeben. Durch ein solches Uebermass der Rechte und Befugnisse der Grosslogen muss jedes Gefühl der Selbständigkeit und Freiheit der Bewegung und mit ihm jede innere Kraft in den Logen verloren gehen. Die Maurerei ist dadurch für manche Logen zu einem ganz gewöhnlichen Vereine herabgesunken oder vielmehr herabgewürdigt, der unter mysteriösen Formen einen Kultus pflegt, der jeden Verständigen anwidert, weil er geistlos und zudem heuchlerisch ist, da er mit der Idee, welche die Maurerei repräsentirt und den Zwecken, welchen sie nachstreben soll, im grellsten Widerspruche steht.

(Fortsetzung folgt.)

Antwort der Loge der vereinigten Brüder im Or. von Strassburg an den Grossorient von Frankreich.*)

(Uebersetzt und mitgetheilt von Br O. v. Cornberg in Carlsruhe.)

Der Grossorient von Frankreich hat, in Folge der Verhandlungen des Congresses von 1869 den Logen einen Vorschlag des Br Massol folgenden Inhalts zugehen lassen:

„In Erwägung, dass es unter den gegenwärtigen Umständen, im Angesicht des öcumenischen Concils, welches im Begriff ist zusammenzutreten, der Freimaurerei ansteht, die grossen Grundsätze des allgemeinen Menschenrechts, welche ihr Boden und ihr Ruhm sind, feierlich zu bekennen;

„Fordern die Unterzeichneten den hocherleuchteten Grossmeister und den Ordensrath auf, einen ausserordentlichen Congress der ihnen untergebenen Logen, sowie der Logen anderer Systeme und fremder Orden

---

Brüder in den Provinzen, denen es darum zu thun ist und welche die maurerische Tagesliteratur verfolgen, ebensogut wie in der Hauptstadt, vielleicht sogar noch besser, die maurerische Richtung, Fähigkeit und Thätigkeit der dortigen Grossbeamten oder sonstiger dazu passender Persönlichkeiten kennen.

*) Wenn auch etwas spät kommend, dürfte dieses Aktenstück doch immerhin noch interessant und der Mittheilung werth erscheinen. Die Redaktion.

auf künftigen 8. December zusammenzuberufen, um ein Manifest auszuarbeiten und zu votiren, welches der Ausdruck dieses Bekenntnisses sein soll."

· (Folgen die Unterschriften.)

Die „Loge der vereinigten Brüder im Oriente von Strassburg" erklärt, nachdem sie in ihrer Sitzung vom letzten 20. Sept. diese Mittheilung verhandelt hat, ihren Beitritt zu dem Vorschlage, einen ausserordentlichen Congress behufs Aufstellung der Grundsätze der Freimaurerei zusammenzuberufen.

Sie glaubt diesen Beitritt begründen und erklären zu sollen, unter welchen Bedingungen es ihr wünschenswerth erscheint, dass der ausserordentliche Congress zusammentrete, in welchem Sinne und in welcher Form er sich ausspreche.

Vor allen Dingen und in Beantwortung gewisser Zweifel, welche in der Versammlung von 1869 vorgebracht sind, erklärt die Strassburger Loge, dass das Recht der Freimaurerei „die Grundsätze auf welchen sie beruht und welche ihr Ruhm sind" unter allen Umständen zu besprechen und kund zu thun, ein unbeschränktes, unleugbares und unverjährbares Recht ist. Wenn die Freimaurerei dieses Recht nicht hätte, so hätte sie keinen vernünftigen Grund zu existiren; sie würde aufgehört haben zu bestehen.

Dieses Recht einmal zugestanden, stellt sich die Frage: Sind die gegenwärtigen Umstände der Art, die Berufung eines ausserordentlichen Congresses nothwendig oder auch nur nützlich zu machen? Wir denken: ja!

Wir glauben, dass es dringend nothwendig ist, dass die Freimaurerei feierlich im Angesichte der ganzen Welt den Verfechtern des Despotismus ins Angesicht die Erklärung ihrer Rechte abgebe.

Der Augenblick ist kritisch. Die alte klerikale Alleinherrschaft erhebt sich von allen Seiten, und, gestützt auf den weltlichen Arm, droht sie jene Stellungen wieder zu zu nehmen, welche ihr zu entreissen Freiheit und Recht Jahrhunderte bedurft haben. 1789 ist bedroht! Wie unsere Väter, so müssen wir uns erheben, wir alle, die wir die Freiheit, die Gleichheit, die Brüderlichkeit für den heiligen Hort der Humanität halten, und müssen unsern Glauben bekennen.

Wem kommt es zu, Einsprache zu erheben im Namen der Freiheit, im Namen des Rechts gegen das grosse Aergerniss (grand scandale), welches sich in Rom vollzieht und gegen den Schimpf, den man auszugiessen gedenkt auf alle die von unseren Vorfahren gemachten Errungenschaften? Wem, wenn nicht der Freimaurerei, der Hüterin dieser Grundsätze; der Freimaurerei, welche früher die Zufluchtsstätte für die Gewissensfreiheit war; der Frmrei, welche heute die Rächerin sein wird des unterdrückten Rechtes?

Die Logen sind es, welche in einer Zeit der Unruhen und der Finsterniss zuerst und allein diese Grundsätze aufstellten, unter deren Zeichen die Humanität ihre reinsten Siege davon getragen hat. Unter ihrem schützenden Schatten konnte die Gedankenfreiheit, dieses erste und älteste Recht, keimen und blühen damals, als die Gewalt allein die Welt beherrschte. Und es sind die Logen, aus deren Busen an dem Tage des grossen Kampfes das Symbol des Fortschritts, die Dreieinigkeit des Menschenrechts

entsprang, welche das Volk an den Tagen ihres Sieges jedesmal auf seine Fahnen schrieb: Freiheit, Gleichheit, Brüderlichkeit.

Heute werden diese Eroberungen unserer Väter geleugnet, angegriffen und beschimpft; und unsere unsterblichen Grundsätze, sie werden mit Füssen getreten von denen, welchen unsere Väter die Anerkennung dafür abgezwungen hatten. Wenn es jemandem ziemt, seine Stimme zu erheben, so sind wir es! Die Grundsätze, die man schmäht, sind unsere Rechte; die Rechte, die man verneint, sind unsere Rechte; sie waren die unsrigen, ehe sie noch allgemeine Rechte wurden, denn wir sind es gewesen, die sie zuerst bekannt haben und die, aus dem Innern der Logen hervor, sie ihre Strahlen haben werfen lassen über die ganze Welt.

In dem Augenblicke, wo der Feind der Freiheit kein Hehl aus seiner Stellung macht, muss auch die Freimaurerei sich ihrerseits offen erklären; sie muss die Sache aller derer in die Hand nehmen, die sich angegriffen fühlen; in dem maurerischen Congresse muss die Stimme unserer Abgeordneten im Namen der Unduldsamkeit und des Despotismus Verwahrung einlegen gegen die beschimpfte Menschenwürde (conscience humain).

Die Strassburger Loge schlägt demnach vor, einen ausserordentlichen Congress aller dem Grossoriente zugehörigen Logen, der Logen anderer Systeme und der fremden Orden zusammen zu berufen, um eine feierliche Erklärung der maurerischen Grundsätze, eine feierliche Erklärung der Menschenrechte auszuarbeiten und zu votiren. Sie verlangt, dass dieser Congress sobald als möglich und spätestens am nächsten 8. December zusammentrete.

Demzufolge hat die Strassburger Loge folgende Erklärung aufgestellt:

Erklärung der Grundsätze der Maurerei.

Die zum ausserordentlichen Congresse von 1869 Abgeordneten der Logen von Frankreich:

In Erwägung:

Dass es den Angriffen gegenüber, deren Gegenstand die neuzeitlichen Grundsätze sind, von Wichtigkeit ist, sie anzuerkennen;

In Erwägung:

Dass die gegenwärtigen Umstände eine Darlegung der Grundsätze, auf welchen die Freimaurerei beruht, besonders gelegen erscheinen lassen;

In Erwägung:

Dass eine solche Darlegung Freunde und Feinde in den Stand setzen wird, über diese Grundsätze und diejenigen, welche es sich zur Aufgabe gemacht haben, sie zu vertheidigen, sich mit Sachkenntniss auszusprechen.

Erklären:

Jeder Mensch ist frei geboren, frei im Denken, persönlich frei.

Jeder Mensch ist an Rechten und Pflichten den andern Menschen gleich und ihr Bruder.

Niemand hat über seine Brüder irgend ein Recht, welches sie nicht gleichmässig über ihn hätten. Alle Menschen haben die gleichen und gegenseitigen Pflichten: also vollständige Achtung der Freiheit eines jeden.

Diese Grundsätze der Freiheit, der Gleichheit und

der Brüderlichkeit erkennt die Freimaurerei an, sie bekennt sie und lehrt sie.

Von diesen Grundsätzen geht ihr Moralgesetz aus, welches sie so ausdrückt:

Thue andern das, was du willst, dass sie dir thun möchten.

Thue andern das nicht, von dem du nicht willst, dass sie es dir thäten.

Unter diesem obersten Gesetze finden alle Religionen Platz, vor ihm sind sie alle gleich.

Die Freimaurerei hält vor allen andern Freiheiten hoch die Gewissensfreiheit.

So gut sie selbst sich kein Recht anmasst, irgend jemand wegen seines Glaubens oder wegen seiner Meinungen zu verfolgen oder zu verfluchen, eben so räumt sie ein solches Recht keiner Religion, keiner Lehre, keiner Verbindung, welcher Art sie auch sein möge, ein.

Unduldsamkeit, unter welchem Namen sie auch auftauche, wird ewig ihrem Widerstande begegnen. Heisse sie römischer Ultramontanismus, oder protestantische Orthodoxie, oder jüdischer Talmudismus, sei sie kirchliche Gewaltherrschaft einer Sekte, oder weltliche eines Despoten oder einer Demagogie, die Freimaurerei wird in ihr ihren Feind erblicken und wird sie bekämpfen.

Vor allem wird sie sie dann bekämpfen, wenn die Intoleranz Schutz suchen wollte unter der erlogenen Fahne der Freiheit, und insbesondere wird die Freimaurerei in denen ihre Feinde erkennen, welche unter dem Vorwande ihrer persönlichen Freiheit die Freiheit Anderer bekämpfen und kein anderes Ideal verfolgen würden, als die Freiheit der Intoleranz und des Despotismus.

Sie wird sie bekämpfen, nicht im Namen der Duldung, sondern im Namen des Rechts, denn Unduldsamkeit ist für sie ein Wort ohne Sinn. Die Freimaurerei erkennt jedem das Recht zu die Wahrheit zu suchen, wo er sie zu finden glaubt, und verlangt von jedem die Pflicht, dieses Recht zu achten.

Sie bekämpft die Unduldsamkeit, diesen schlechtesten Despotismus und diese verbrecherische Anmassung durch Unterricht, durch Verbreitung von Aufklärung, durch freie Besprechung.

Sie sucht weder, noch nimmt sie den Schutz der Gewalt an; sie will den Sieg ihrer Grundsätze nur der Macht der Vernunft verdanken, sie verlangt nur die Freiheit, zu handeln, zu sprechen, zu schreiben und sie fordert diese Freiheit für alle Welt.

Die Freimaurerei hat Abscheu vor jeder Aeusserung der rohen Gewalt. Sie weist den Krieg zurück als abscheulich und erkennt ihm nur dann eine Berechtigung zu, wenn ein Volk sich erhebt, um seine überfallene Heimath und seine bedrohte Freiheit zu schützen.

Die Freimaurerei glaubt an den Triumph ihrer Grundsätze. Die Zukunft gehört ihnen; und wenn auch diejenigen, welche heute für sie streiten, den Tag ihres Sieges nicht sehen sollten, so werden sie sterben mit dem erhabenen Troste, den kommenden Geschlechtern diese Freude vorbereitet zu haben.

Und so wirft die Freimaurerei noch über das Grab hinaus in den unvergänglichen Kitt der allgemeinen menschlichen Verbrüderung die ewigen Rechte der Freiheit, der Gleichheit und des Rechts.

(Auszug aus dem Berathungsprotokolle der Sitzung vom 20. Sept. 1869.)

Maurerische Wanderungen.
(Aus Schwaben.)

Zu den Annehmlichkeiten im Mrleben gehört zweifelsohne auch die Berechtigung, den Logenarbeiten allwärts anwohnen zu dürfen, wohin ein Bruder seine Schritte wenden mag. Wir zählen diese Annehmlichkeit nicht zu den geringsten und haben uns ihrer gerade desshalb auch schon zum öfteren erfreut; ja wir gestehen es gern, dass wir eben durch Theilnahme an maurer. Arbeiten in verschiedenen Bauhütten nicht selten einen grossen Gewirn gezogen haben, wäre es auch nur derjenige, mancher Einseitigkeiten und Sonderlichkeiten los und ledig geworden zu sein. Wir müssen eben desshalb — beiläufig sei es bemerkt — den Wunsch hier aussprechen, es möchte jeder Br, wo und wann sich ihm Gelegenheit dazu bietet, von dem Rechte Gebrauch machen, die Logenarbeiten zu besuchen und an der Arbeitsweise anderer Werkstätten sich zu betheiligen. — Nun, diese Gelegenheit liessen wir in den letzten Wochen nicht unbenutzt vorbeigehen: wir wohnten — die Zeit erlaubte uns das gerade — in Stuttgart und Ludwigsburg maur. Versammlungen bei, über die wir uns ganz besonders auch desshalb in diesen Blättern zu berichten gedrungen fühlen, weil Brüder und Schwestern sich bei derselben zusammen fanden.

Die erste dieser brüderlich-schwesterl. Vereinigungen fand am Abend des 7. Dec. v. J. in der Loge „Wilhelm zur aufgeh. Sonne" in Stuttgart statt. Da diese Bauhütte sich ausgezeichneter musikalischer Kräfte erfreut, so wurde ein kleines Konzert gegeben. Der Besuch desselben war ein äusserst zahlreicher, wie es die musikalischen Vorträge, nicht wenige wahrhaft künstlerisch und meisterhaft gehalten, verlangten. Doch bald merkten wir, dass das Konzert nicht die Hauptsache des Abends sei: der Zweck dieses Zusammenseins war vielmehr der, den seit Johannis v. J. funktionirenden Mstr. v. St., Br Dr. Feodor Löwe, den Schwestern vorzustellen und ihn dem Kreis derselben einzuführen. Seit mehr als 20 Jahren — so liessen wir uns erzählen — besteht nämlich in dieser Loge die Sitte, dass sich die Schwestern jeden zweiten Dienstag, also alle 14 Tage in einem Lokale des Logenhauses versammeln und ihre Zeit theilweise mit Arbeiten für Arme, theilweise mit Anhören von Vorträgen eines Brs zubringen. Letztere Aufgabe liegt nun zunächst dem jeweiligen Mstr. v. St. ob; doch kann dieser auch andere Brr hierzu designiren. Um nun dem jetzigen Stuhlmeister mit einem Male Gelegenheit zu geben, die Frauen und Töchter der Brüder kennen zu lernen, wurde nach dem gelungenen Konzerte noch ein einfaches Mahl eingenommen, das ritualiter von Br Löwe eröffnet und in der That meisterhaft geleitet wurde. Waren wir schon vorher durch den Bericht aus Kaiserslautern sehr gespannt, diesen Stuhlmeister in seinem Amte thätig zu sehen, so kamen wir bald zu der vollen Ueberzeugung, dass jener Bericht auch keine Silbe zu viel Lob gespendet habe. Die Vorträge, die sich nach kurzen Pausen folgten, waren gleichsam von einem Grundgedanken durchwoben; ein rother Faden zog sich durch alle hindurch und man hätte können versucht sein zu glauben, sie seien alle von Einer Hand geformt, Einer Quelle entsprungen. In einem feurigen Toaste in gebundener Rede und blühender Sprache feierte Br Löwe die Schwestern; Br Lehr aber trug ein Gedicht des Stuhlmeisters, „der salomonische Tempel", wahrhaft ergreifend vor, und Schwester Lehr erwiderte den Toast des Mstrs. v. Stuhl auf eine neckisch-humoristische, oft satyrisch-drastische Weise, so dass sie stürmischen Beifall erntete. Wir möchten hier den Wunsch nicht unterdrücken, diese poetischen Zeichnungen, jede in ihrer Art gelungen, in diesen Blättern veröffentlicht zu sehen, denen sich eine von Br Lemppenau gesprochen, in blühender Prosa geschriebene Einleitung zum Ganzen nicht unebenbürtig anreihen dürfte. Abwechselnd mit diesen Vorträgen erfreuten die musikalischen Brr die Anwesenden noch mit allerlei lieblichen, feinen Gaben, und so verstrichen die Stunden nur zu rasch und zu eilig, und Hochmitternacht war herbeigekommen, ehe man sich so recht nach Herzenslust hatte umsehen können. Als wir dann etwas nach Hochmitternacht diesen schönen Kreis verliessen, mussten wir uns im Stillen gestehen, dass wir einen wirklich schönen glücklichen Abend verlebt haben und wir danken jetzt noch den Brüdern und Schwestern recht innig und warm, die die grösste Opferwilligkeit an den Tag legten, um allen Gästen einen hohen Genuss zu bereiten.

(Fortsetzung folgt.)

Themate und unmassgebliche Vorwürfe für freimaurerische Zeichnungen.
(Eine Neujahrsgabe für die Brüder.)

Von Br R. Klhazel.

1.

Der Bund der Freimaurer ist ein allgemein menschlicher und sittlicher Verein, der Männer von verschiedenen politischen Parteien und von verschiedenem religiösen Glauben durch das gemeinsame Band der Bruderliebe verknüpft.

2.

Der Bund der Freimaurer beschäftigt sich als solcher innerhalb der Logenversammlungen grundsätzlich nicht mit politischen und kirchlichen Angelegenheiten.

3.

Die Freimaurerei arbeitet an einem sittlichen Bau, den ihre Mitglieder nach dem, den unwandelbaren Gesetzen der sittlichen Baukunst entsprechenden, in allen seinen Theilen richtig entworfenen Grundriss in Gemeinschaft mit den auf dem Princip des freien Genossenschaftswesens verbundenen Werkleuten aufzuführen haben.

4.

Die Freimaurerei ist die geistige, sittlichreligiöse und gesellschaftliche Baukunst, die ihre zur grossen Welt-

gemeinde gehörigen Glieder und Kunstjünger, zur sittlichen Freiheit, Gleichheit und Brüderlichkeit solidarisch verpflichtend, in einzelnen Bauhütten (Logen) vereinigt, um sie mit vereinten Kräften den ihnen zufallenden Theil der grossen Arbeit der Humanität in ihrem bestimmt begränzten Kreise ausführen zu lassen.

5.

Ist die Maurerei eine Wissenschaft oder eine Kunst? Oder ist sie beides in harmonischer Vereinigung?

6.

Giebt es ein maurerisches Fachwissen, also eine Wissenschaft der Maurerei?

(Fortsetzung folgt.)

Literarische Besprechung.

Asträa. Taschenbuch für FrMr auf das Jahr 1870. 30. Jahrgang. Herausg. von Br A. W. Müller. Gotha, Eupel's Verlag (Br Rolhoevener).

Unsere Leser kennen die „Asträa" bereits, sei es durch unsere Besprechungen, sei es durch eigene Einsicht, und wir brauchen daher über Inhalt und Einrichtung kein Wort zu verlieren. Der neue Jahrgang gleicht seinen Vorgängern, innerlich, wie äusserlich, so dass es genügt, einfach auf das Erscheinen desselben hinzuweisen.

In dem Abschnitt, „Schönheit" findet sich manche lesenswerthe poetische Gabe; die Abtheilung „Stärke" ist schwach vertreten, darunter ein Vortrag unseres geschätzten Mitarbeiters Br Putsche: „Woran erkennen wir, dass eine Loge blüht?" Er beantwortet diese Frage dahin: 1) wenn es ihr nicht an Geist und tüchtigen Kräften fehlt; — 2) dass jede Kraft in ihr, so gut sie kann, auch wirkt; — 3) wenn aller Brr Herzen der schönste Trieb beseelt, der Trieb der warmen Brliebe.

Der Inhalt der drei Abschnitte „in der Arbeitshalle", „in der Festhalle", „in der Trauerhalle" ist vorwiegend erbaulichen Charakters; viele dieser Logen-Predigten sind weder rednerische Kunstwerke, noch nehmen sie sonst einen höheren Flug oder schlagen einen frischeren Ton an, so dass wir dem Rezensenten in der „Latomia" nur beipflichten können, wenn er meint, „dass des Moralisirens zu viel werden kann" und „dass die Einförmigkeit des Stoffs ermüdet." Das Lesenswertheste in der Rubrik „Weisheit" ist die interessante Skizze über Br Herder von Putsche und die belehrende, anregende Abhandlung „über Logenthätigkeit" vermuthlich von Br Mejer, (ein alter Mr, der sich jugendlichen Geist bewahrt hat). Mit Bedauern constatiren wir, dass der gel. Br Zumpe in Altenburg auf S. 75 als „erste Bedingung für die Möglichkeit einer Aufnahme" ein Dogma (oder eine philosophische Ansicht) hinstellt, dessen Berechtigung als Aufnahmebedingung wir längst widerlegt haben und seitdem auch von vielen andern Seiten her entschieden bestritten worden ist. Unsere französischen Brr gehen in dieser Hinsicht sogar noch einen Schritt weiter, indem sie auch die Bezeichnung

„Gr. Baum. a. W." beseitigt wissen wollen. Der FrMrbund ist eine Gesinnungs-, keine Glaubensgemeinschaft; jeder Suchende ist ihm willkommen, der das Gute will und übt, das Schöne liebt und das Wahre sucht, welcher Art auch seine Ueberzeugung sein mag. —

Bei der Billigkeit der „Asträa" wird gewiss auch der neue Jahrgang manchen Brn, namentlich Logenrednern, willkommen sein. Auf einen grossen Absatz wird freilich. kaum zu hoffen sein, solange der Inhalt fast nur aus Logenreden besteht, deren die „FrMr-Ztg" und „Bauhütte" schon zur Genüge bringen, so dass ein Bedürfniss hierfür nicht vorhanden sein kann.

Feuilleton.

Alzey. — In der letzten Wahlloge der Loge Carl zum n. Licht wurde Br Petri (Vereinsmitgl.) wiederum zum Mstr. v. St., Br Becker (Bezirksger.-Rath) zum deput. Mstr., Br Balz (Ger.-Acc.) zum Sekr. gewählt; alle übrigen Beamten gehören ebenfalls dem Vereine d. FrMr an.

Bayreuth, 24. Jan. — Gestern fand das 129. Stiftungsfest der Grossloge „zur Sonne" statt. Der Grossmeister Br Feustel ernannte Br Lauterbach zum ersten und Br Krauss zum zweiten Grossaufseher, Carl Kolb als Grossredner und Engel zum Grossceremonienmeister für dieses Fest und leitete es mit einem Vortrage über das Thema ein: dass, und warum es ein Fest der Freude, ein Fest des Dankes sei? Hierauf gab Br Redlich ein Resumée über die interessanten Ereignisse im verflossenen Jahre, worauf Br Carl Kolb den Festvortrag über „maurer. Tugenden" hielt.

Die Loge war stark besetzt, namentlich auch von besuchenden Brüdern, worunter Br Egloff von Hof, und blieben die meisten bis spät Abends beisammen.

Dresden. — Abermals ist von einer Christbescheerung einer Loge — z. d. 3 Schw. etc. — im hiesigen Oriente zu berichten. — Donnerstag den 6. Jan. Nachmittags 4 Uhr wurden unter den Klängen des Harmoniums 21 Confirmanden — Knaben und Mädchen, meistens Halbwaisen — in den grossen Saal des altstädter Logenhauses geleitet, in dem eine lange mit Geschenken reich belegte Tafel stand und zwei hohe Christbäume glänzten. — Nachdem die Kinder sich an die Tafel, jedes an seinen Platz, gesetzt hatten, wurde von musikalischen Brüdern das Quartett:

„Lieber deutscher Tannenbaum,
Frisch gefällt im Walde etc. etc." —

vorgetragen, worauf der deput. Mstr. v. St. der Loge zu den 3 Schw. etc., Br Pfaff, das zahlreich erschienene maur. und nichtmaur. Publikum in kurzen Worten bewillkommnete, wobei er des Stifters des Bescheerungsfonds, Br Gerstkamp, rühmend gedachte, und der Schw. Gerstkamp für kräftige Unterstützung des Liebeswerkes dankte.

Darauf folgte ein von Bruder v. Witt meisterhaft vorgetragener Sologesang (Heil'ge Nacht) und sodann eine Rede des deput. Mstrs. an die zu bescheerenden Kinder.

Nach diesem forderte Dr Pfaff die Kinder auf, einzeln an den Altar heranzutreten, um ein Gesangbuch mit einem Denkspruche zu empfangen. Hierauf folgte der Vortrag eines zweiten Quartetts, und nachdem den Kindern ihre Geschenke bestehend in einem vollständigen Anzuge, wie Stollen, Aepfel etc., überwiesen worden waren, endete die Feier mit einem allgemeinen Schlussgesange. —

Frankreich. — Die seit 1858 ruhende Loge Union et confiance zu Lyon und die Loge la Ruche philos. zu Paris sind wieder activ geworden und zu Pantin ist eine neue Loge la Démocratie maç. gegründet worden.

Das Novemberheft des „Bulletin du Grand Orient" enthält einen Artikel über die Auflösung der ehem. Grossloge von Hannover, der mit der Mahnung schliesst, die hannöverschen Brüder sollten in Preussen für ihre Prinzipien Propaganda machen.

Am Winter-Johannisfest des Gr.-Or. hielt das Mitglied des Ordensrathes Br Oppert einen ausgezeichneten offiziellen Vortrag, worin er u. A. in energischer Weise gegen jene mr. Oberbehörden protestirte, welche die Toleranz und Gerechtigkeit verleugnen sei es durch Ausschliessung der Israeliten, sei es durch die der Farbigen von der Aufnahme.

Die Loge l'Ecole de la morale zu Libourne hat am 18. Decbr. eine Reihe von Conferenzen (Vorträgen) begonnen, indem Br Delboy über confessionslosen Unterricht (l'enseignement laïque) sprach. Die Loge gedenkt auch eine Handwerkerschule zu eröffnen.

Giessen. — Am 14. Januar fand in der Loge Ludwig zur Treue die Neuwahl der Beamten statt und wurden wieder gewählt: Br Obersteuereinnehmer Schuster als Mstr. v. St. Auch die übrigen Beamten blieben, nur trat an die Stelle des Br Professor Leonhard, der einem Rufe nach Bern gefolgt ist, Br Ferd. Stammler, Postsekretär, als corresp. Sekretär.

Am 28. Jan. wurde der Sohn des rühmlichst bekannten mr. Geschichtsschreibers Br W. Keller der Bruderkette eingereiht.

Gera. — Für das Jahr 1870 ist soeben erschienen der „Bericht der Loge Archimedes z. ewigen Bunde über ihre Thätigkeit in der Zeit von 1855 bis 1869 nebst Nachtrag zu ihrem Mitgliederverzeichnisse v. Jahre 1869". Der Bericht bemerkt: „Von Haus aus isolirt und frei von allen mehr oder minder beengenden Fesseln eines Grosslogenverbandes, im Staate kraft landesherrlicher Verfügung unsrer gnädigsten, für die Maurerei stets huldvoll gesinnt gewesenen Landesherrschaft anerkannt und mit den Rechten einer milden Stiftung versehen, hat die Loge Archimedes z. e. B. unter der einsichtsvollen Führung bewährter Meister stets sich bemüht im Geiste wahren Maurerthums nach innen sich aufzubauen und nach aussen hin die Stellung sich zu erhalten, die ihr in weiten Kreisen schon früher gezollt wurde und damit zugleich der Anerkennung gerecht zu werden, die ihr auch als einer isolirten Loge stets im In- und Auslande zu Theil geworden ist". Der Bericht ist sowohl wegen des langen Zeitraumes, als auch wegen der Stellung und Geltung der Loge, sowie wegen der Trefflichkeit des Berichts selbst der allgemeinsten besonderen Beachtung zu empfehlen.

(FrMrZtg.)

Leisnig, den 31. Dec. 1869. — Nachdem längere Zeit hindurch regelmässige Zusammenkünfte von den hier und in nächster Umgebung wohnenden Brrn stattgefunden, constituirte sich im Februar dieses Jahres ein freimaurischer Club unter specieller Aufsicht der hiesigen Orte zunächst gelegenen Loge Albert zur Eintracht in Grimma. Jeden Monat wurde eine Sitzung abgehalten und ist in jeder derselben ein maurisches Thema zum Vortrage gekommen, woran sich in der Regel eine längere und lebhafte Debatte schloss. Diesem Club gehören gegenwärtig 18 Brr an und hatten wir im Laufe des Herbstes die Freude, zwei neue Mitglieder als solche begrüssen zu können. Freilich sind auch andererseits Verluste zu beklagen, die für eine so geringe Zahl von Betheiligten als sehr bedeutend angesehen werden müssen. Am 18. December starb der seit Kurzem erst nach Leisnig gewendete Br Oswald, Advocat (Minerva). Im Mai ging der älteste in hiesiger Stadt wohnhafte Br Freimaurer, Anton Wörkert, in den ewigen Osten ein und unser Br Heinsius verlor im Februar einen hoffnungsvollen Sohn von 16 Jahren. Ueberdiess kam uns im November die Kunde, dass der während seiner Beschäftigung als Bauunternehmer an hiesiger Bahn sich unserem damals mit Liebe angeschlossenen Br Waltzer in Grüsbach bei Schneeberg verstorben sei. Ihrer gedachte man in dem letzten Clubabende des Jahres mit Wehmuth und Liebe.

Obgleich unser Leisnig von Fremden viel besucht wird, hatten wir doch nur zweimal das Vergnügen, auswärtige Brr in unseren Versammlungen begrüssen zu können. Da uns ein brüderlicher Besuch stets sehr willkommen sein würde, beschlossen wir, die im nächsten Jahre stattfindenden Clubtage genau zu bestimmen und hierdurch bekannt zu machen. Dieselben sind mit Rücksicht auf den Mondschein und vorbehältlich der Abänderung für einen besonderen Zwischenfall an folgenden Dienstagen anberaumt: den 18. Januar, 15. Febr., 15. März, 12. April, 17. Mai, 14. Juni, 12. Juli, 9. August, 13. Septbr., 11. Oct., 8. Novbr., 13. Decbr. Ausserdem wird auf jede Versammlung durch hiesiges Wochenblatt hingewiesen.

Marburg, Jan. — Eine erhabene Feier fand Samstag den 22. Januar Abends in den schönen Räumen des Br Ostergard statt. Br Oberst Caemmerer, früher Mstr. v. St. der Loge in Jülich, feierte sein 25jähriges Maurerjubiläum. Die Loge in Giessen, zu welcher eine grosse Zahl der Marburger Brr gehören, kam bereitwillig dem Wunsche des Marburger Kränzchens nach, zu der Festfeier ihres Vorsitzenden eine Loge dort halten zu wollen, und hatten sich von Giessen und auch von Siegen eine Anzahl Brüder eingefunden. Der Jubilar hatte keine Ahnung davon, in welcher Weise die Feier eingeleitet werden sollte und um so ungesuchter war die Antwort auf die Akte der Liebe und Anerkennung, die ihn erwarteten. Der Altmeister der Loge Ludwig zur Treue in Giessen, Br Eckstein, welcher die Arbeit leitete, hielt eine Ansprache an den Jubilar und überreichte demselben das Diplom eines Ehrenmitgliedes seiner Loge, über welches der Jubilar um so mehr erfreut war, als er in Giessen geboren ist, woselbst sein Vater als Major und Professor wirkte, und eine grosse Liebe zu seiner Vaterstadt hegt. Br Professor Horstmann hielt die Festrede und überreichte am Schlusse derselben dem Jubilar im Namen des Kränzchens einen silbernen Becher. Nachdem sodann Br Caemmerer seinen Gefühlen in schlichter, aber um so tiefer eindringender Weise Worte geliehen, sprach Br Keller aus Giessen über die früheren maurerischen Verhältnisse Marburgs, wo seit dem Jahre 1824 kein maur. Hammerschlag mehr ertönt war, da damals die kurhessischen Logen auf höchsten Befehl ihre Arbeiten einzustellen gezwungen waren. — Die Tafelloge im Gasthause zum Ritter brachte des Schönen noch Manches und hielt die Brüder um so mehr bis lange nach Mitternacht beisammen, als da erst die Gäste wieder heimwärts ziehen konnten.

Rom und die FreiMr. — Es liegt uns der Wortlaut der aus der päpstlichen Druckerei (En Typogr. rev. cam. apost.) hervorgegangenen neuen „Constitutio qua eccl. censurae latae sententiae limitantur" vor, aus der wir ersehen, dass das Papstthum „von Gottes Gnaden" noch von „geheimen Obern" im Mrbunde fabelt. Die Stelle lautet:

„Nomen dantes seclae Masonicae, aut Carbonariae, aut aliis eiusdem generis sectis, quae contra Ecclesiam vel legitimas potestates seu palam, seu clandestine machinantur, nec eisdem sectis favorem qualemcumque praestantes; earumve occultos coriphaeos ac duces non denunciantes, donec non denunciaverunt."

Petitionen um Aufhebung des Freimaurerordens. Das vom Pfarrer Keller in Popułken herausgegebene, in Pelplin erscheinende polnische Kirchenblatt „Pielgrzym" hat ermittelt, dass sämmtliche elf dem Landtage wegen Aufhebung der Klöster in Preussen übersandten Petitionen das Machwerk der Berliner „Freimaurer" sind. Das polnische Priesterorgan empfiehlt jetzt die Veranstaltung von Massenpetitionen, worin die Aufhebung des Freimaurerordens verlangt werden soll, weil alle Geheimthuerei vom Uebel sei. (Ein Gleiches wird auch in den Provinzen Schlesien, Rheinland und Westphalen beabsichtigt.)

Pest. — Neben den Tempel der FrMrei hat hier der Teufel bereits eine Kapelle gesetzt in der Form einer Schottenloge „Matthias Corvinus." In dieser Verirrung einzelner Brr würde für die Mrei in Ungarn die Quelle künftiger Wirren und Zerwürfnisse liegen, wenn die Johannislogen nicht wachsam und entschlossen den Kampf gegen solche Auswüchse gleich von vornherein frisch und entschieden aufzunehmen sich bereit gezeigt hätten. Principiis obsta!

Temesvar. — Die hies. Loge zu den 3 weissen Lilien hat am Weihnachtsabend 10 arme Kinder und 5 Wittwen mit Kleidungsstücken u. dgl. beschenkt. Vor der Bescheerung fand eine Schwesternloge nach dem Rituale des Br Findel statt, eine Festlichkeit, welche den besten Eindruck gemacht.

Quittung und Dank.

Seit unserer letzten Empfangsanzeige sind bei uns für die Schw. Brüggemann und deren Kinder eingegangen:

	Thlr.		
Von der Loge z. hellleucht. Stern im Or. von Celle	5.	—.	—.
Von der Loge zur alten Linde im Or. von Dortmund durch Br Metzmacher	10.	—.	—.
Von der Loge Pforte zum Temp. d. Lichts im Or. von Hildesheim	10.	—.	—.
Von der Loge Selene zu d. 3 Thürmen im Or. von Lüneburg	13.	—.	—.
Ein Wechsel von Br J. G. Findel von der Loge in Zwolle 25 fl.	11.	8.	6.
Von Br Matthies in Gotha aus einer Sammlung bei einem Schwesternfeste in der Loge Ernst zum Compass	9.	—.	—.
Von der Loge Ferd. z. Glückseligkeit im Or. von Magdeburg	5.	—.	—.
Von einigen Brn aus Höxter	2.	25.	—.
Durch Br Schaumann aus Holzminden von dortigen Brn (2. Sendung)	31.	—.	—

Durch Br H. Bock aus Minden aus der
Logen-Casse Pyth. z. d. 3 Str. . . Thlr. 10. —. —.
Durch denselben aus einer Sammlung . „ 7. 3. 3.

Indem wir hiermit den Empfang bestätigen, danken wir bestens und grüssen aufs herzlichste, alle die lieben Brr die sich an diesem Werke der Barmherzigkeit so gern und so reichlich betheiligt haben.

Die Brr der Loge z. k. Eiche im Or. Hameln.
Br E. Rose zu Hameln.   Br Georg Weber zu Hajen.
Dep. Mstr. v. St.   Redner.

NB. Die in der Bauhütte angezeigte Summe
der bei Br Rose und Br Weber eingegangenen Gaben beträgt . . Thlr. 246. 17. 9.
Bei Br J. G. Findel . . . . „ 121. 27. —.

Briefwechsel.

Br Br. in M. Verbindlichen Dank für die Berichtigungen im Mitgl.-Verz. d. V. — Giskra ist wenigstens in der „Const. Ztg." prostituirt worden. Vielleicht kommt er noch zu dem Entschlusse, das Standbild Joseph II. niederreissen und dafür Pater Greuter „anschauen" zu lassen. Ihre und der A. Brr Grüsse erwidere ich herzlichst.

Br S. M—n in San Antonio, Texas. The visit of Bro Whitehead with his Scr. was very welcome to me. Please to give him and the other Brethren my best compliments and fraternal greetings. One Bro of the Alamolodge, you perceive, is now a member of the Union of German Freemasons. To you and the Alamolodge a happy new year.

Br E—k in Br—n. Sie erhalten diese Nr. und folgende nach Br. mit den besten Grüssen und Glückwünschen. Sie hatten bei Förster & F. noch 10 Sgr gut, welche ich Ihnen gutgebracht.

Br E—na in Cr—m. Bitte das Versehen gütigst entschuldigen zu wollen; die Forts. erfolgt nun regelmässig. Brdl. Gegengruss!

Br Fr—ns in Löw—n. Freundlichen Dank für gütige Ueber-sendung der Statuten des „Hort", welche uns immerhin sehr beach-tenswerth und interessant erscheinen.

Br Förster hat mir a Conto Förster & Findel gezahlt:

Für Br Greve in N.-York . . Thlr. 1. —. —.
„ „ Hahn in Altk. . . . „ —. 10. —.
„ „ Hesse in St sch. . . . „ —. 24. —.
„ „ Oppenheim in Genua . . „ —. 19. 5.
„ „ Reichelt in Schwarzb. . „ —. 5. —.
„ „ Sarg in Trzemeszno . . „ 1. 16. —.
„ „ Schlimpert in Zöblitz . „ —. 10. —.

Alle diese Posten habe ich den betr. Brn gutgeschrieben und belieben dieselben eventuell über den Betrag zu verfügen.

J. G. Findel.

Telegramm.

Pest, 31. Januar. — Grossloge von Ungarn für die drei Johannisgrade hat sich Heute constituirt; zum Grossmeister Franz Pulszky und übrige Beamte gewählt. Erschienen waren je zwei Vertreter aller sieben Johannislogen in Ungarn, nämlich zwei in Pest, Temesvar, Oedenburg, Baja, Pressburg, Arad. Die Bayreuther Gr.-L.-Verfassung mit Modifikationen angenommen.

Rosenbaum.

Verantwortlicher Redacteur: Br J. G. Findel. — Verlag von Br J. G. Findel in Leipzig. — Druck von Brr Bär & Hermann in Leipzig.

№. 7.   XIII. Jahrgang.

Die

BAUHÜTTE.

Begründet und herausgegeben

von

Br J. G. FINDEL.

* Organ des Vereins deutscher Freimaurer. *

Handschrift für Brr Mr.   Leipzig, den 12. Februar 1870.   MOTTO: Weisheit, Stärke, Schönheit.

Von der „Bauhütte" erscheint wöchentlich eine Nummer (1 Bogen). Preis des Jahrgangs 3 Thlr. — (halbjährlich 1 Thlr. 15 Ngr.)
Die „Bauhütte" kann durch alle Buchhandlungen bezogen werden.

Ziel und Taktik der maurerischen Fortschritts-
freunde.
Vom
Herausgeber dieses Blattes.

Unter der Aufschrift „Muth und Ausdauer" veröffentlicht die „FrMrZtg." eine Reihe Aufsätze, deren Spitze, wenn auch in anerkennenswerther Milde, gegen die Freunde mr. Fortschritts gerichtet ist und denen wir einen nachtheiligen Einfluss auf die Entwickelung des Bundes um so mehr zuschreiben zu dürfen glauben, als sie unverkennbar die Stimmung eines namhaften Theiles der Brrschaft aussprechen. Wer mit den gegenwärtigen Zuständen, Verhältnissen und Einrichtungen des Bundes und des Logenwesens zufrieden und nicht geneigt ist, die Vorschläge einer Höherbildung und Neugestaltung zu prüfen, daran mit zu arbeiten und die Reformbewegung ernstlich zu fördern, der wird mit innerer Befriedigung auf eine so gewichtige Stimme, wie die des gel. Br Zille, hinweisen, wenn dieser (Nr. 2 der FrMrZtg.) in einem der erwähnten Artikel einem langsamen Fortschritt das Wort redet, zu fast endloser Geduld mahnt, den „ungestümen Geistern, welche allein durch beschleunigte Erfolge zufriedengestellt werden können," „Selbstliebe" und „Schwärmergeist" zum Vorwurfe macht und die preist, welche „den anstürmenden Geistern mit dem Schilde ruhiger Würde und dem flammenden Schwerte der lauteren Wahrheit" entgegentreten. Oder wenn er, von der Reformbewegung ganz ablenkend, auf das eigentliche Arbeitsfeld des Bundes im Grossen und Ganzen hinweisend, in einem andern (Nr. 5) betont, dass Jahrhunderte vergehen, ehe man sagen könne, was die FrMr geleistet, und fragend ausruft: „Können wir nicht trotz aller Mängel in Gebrauchthum und Verfassung am Wohle der Menschheit bauen?" Wir fürchten sehr, dass Br Zille wider seinen Willen (denn auch er befürwortet ja eine Fortbildung des Logenwesens) nur jenen Brn Wasser auf die Mühle liefern werde, welche sich „wiegen auf den Eiderdunen süsser Gewohnheit", während es im Angesichte unseres kreisenden, eine bessere Zukunft in seinem Schoosse tragenden, umgestaltungsreichen Jahrhunderts, wie uns dünkt, viel mehr an der Zeit ist, mit Posaunenschall die Schläfer zu wecken und die müssigen und unkundigen Bauleute zur Lehre und zur Arbeit zu treiben.

Wir hoffen das freundschaftliche brüderliche Verhältniss zu dem gel. und verehrten Br Zille, über dessen Ziel und Absichten wir nicht den geringsten Zweifel hegen, in keiner Weise zu trüben, wenn wir unsere abweichende Ansicht ihm gegenüber offen aussprechen und auch denjenigen Freunden mr. Fortschritts das Wort reden, welche er des Ungestüms und der Schwarmgeisterei bezichtigt. Wir unsererseits haben von solchem Ungestüm und solcher Verzagtheit überhaupt gar keine Kunde; wir sehen vielmehr nur auf der einen Seite die Streiter für den Fortschritt in verschiedenen Schattirungen, die einen etwas kühner und energischer, die anderen etwas behutsamer, gemässigter und zahmer, auf der andern Seite die Vertreter des Stabilismus und des Geheulassens, des Spiels und der

Phrase u. s. w. — Das Werk der Förderung des Fortschritts ist allerdings ein schwieriges und es gehören dazu neben Einsicht und gutem Willen, neben Eifer und Charakterstärke auch „Muth und Ausdauer". Und es wäre thöricht, derart „beschleunigte Erfolge" zu erwarten und zu heischen, dass alle Reformforderungen von heute auf morgen oder im Laufe weniger Monate erfüllt sein müssten; aber andererseits dürfen wir uns denn doch auch nicht verhehlen, dass die mahnende Stimme der Zeit mit allem Ernste an uns herantritt, dass dem Bunde allenthalben Einheit im Geiste und planmässiges Wirken abgeht, dass es im Innern der Logen mitunter recht traurig aussieht, dass unsere Verfassungen und Einrichtungen theilweise, weit entfernt der Welt zum Vorbild zu dienen und das Ideal einer vollkommenen Gesellschaft darzustellen, weit unter dem Niveau der Aussenwelt stehen und vor Allem auch, dass „die Forderungen der Vernunft und Billigkeit" leider schon seit gar langer Zeit in unseren Kreisen „vergeblich erhoben" worden sind. Wenn man aufmerksam den Gang der mr. Geschichte verfolgt und im Mrleben einige Erfahrung gesammelt hat, möchte man fast zu der Behauptung gelangen, dass der Fortschritt nirgendwo so aufgehalten, dem Besseren nirgendwo so hartnäckig der Weg versperrt und den Forderungen der Vernunft und Billigkeit nirgendwo länger ein höhnendes „non possumus" entgegengestellt wird, wie eben innerhalb des Maurerbundes. Oder hat man es vergessen, wie selbst das unschuldige und doch so nützliche Institut des maur. Correspondenzbureaus anfangs theils geringe Unterstützung, theils offenen feindlichen Widerstand fand? Hat man vergessen, wieviele Jahrzehnte dazu gehörten, einzelne Reformen in Verfassung und Gebrauchthum durchzusetzen? Erinnert man sich nicht mehr, wie langsam und unter welchen Hindernissen sich der „Verein deut. Maurer" Bahn brach? Hat man schon vergessen, wie die „Bauhütte" und ihre reformatorische Tendenz lange Jahre hindurch von mehreren Grosslogen durch die Auffrischung der Censurgesetze gemassregelt und in Acht und Bann gethan wurde? Und sind denn die Verbesserungen in Verfassung und Gebrauchthum, die Vorschläge für Hebung des Logenwesens und für Ausgestaltung unseres Bundes, welche vor nahezu einem Jahrhundert schon von den Brn Fessler, Schröder u. A. gemacht wurden, etwa heutigen Tages schon überall durchgedrungen und zum Gemeingut geworden? Wird der Zopf des Hochgradthums nicht noch ellenlang getragen? Hängt man, trotz der Ausspendung von „Licht" und der Arbeit für „die Humanität," welche die Aufgabe unseres Brbundes ist," — nicht noch heutigen Tages an religiösen Vorurtheilen, an Raçenhass und Ausschliesslichkeit in den Logen? Ist es nicht ein permanenter Hohn auf die vielgerühmte „Brüderlichkeit" und eine stete Beleidigung der „Schwesterlogen", wenn ganze Logenbünde und Systeme den in andern Logen aufgenommenen israelitischen oder farbigen „Brüdern" zu verstehen geben, sie seien unrechtmässig aufgenommen und würden bei ihnen zurückgewiesen worden sein? Wo bleibt da die mr. Freizügigkeit, das allgemeine Logenrecht und die Idee der Drei als vom Morgen bis zum Abend reichend, von Mittag bis gen Mitternacht? Und wenn wir in einzelnen Systemen noch ein hierarchisches und absolutistisches Gebahren finden, welches ein Hohn gegenüber

dem Constitutionalismus und den demokratischen Einrichtungen des Staatslebens ist, soll man da nicht mit Feuer und Schwert dreinfahren, um endlich ein solches Zerrbild aus der Welt zu schaffen? Haben wir wirklich nicht auf „beschleunigte Erfolge" zu dringen, wenn wir sehen, wie die Gebildeten, die Männer der Intelligenz und Thatkraft, die Edelsten und Besten unserer Nation sich vom Bunde zurückziehen; wenn wir sehen, wie geringschätzig man auf das Mrthum der Gegenwart als den Schatten seiner Vergangenheit und als ein Institut ohne Zukunft herabblickt? Könnte man all diesen Fragen nicht noch eine grosse Reihe weiterer Fragen anreihen, wenn man alle Schäden und Gebrechen des Logenwesens, alle Verkehrtheiten und Entstellungen hier aufzählen wollte?

Alle Brr FrMr, welcher Richtung sie auch angehören mögen, streben oder sollen streben nach der Verwirklichung grsr. Grundsätze, nach der geistig-sittlichen Emporhebung der Menschheit, nach Verbreitung allgemeinen Glücks und allgemeiner Wohlfahrt durch die Herrschaft der Vernunft, der Freiheit und Gerechtigkeit. Diesen idealen Zustand sucht der Freimaurerbund herbeizuführen, indem er zunächst einen Verwirklichungsversuch im Kleinen, innerhalb des Bundes selber macht. Die Brüderschaft der FrMr ist nichts anderes oder soll wenigstens nichts anderes sein, als die ideale Darstellung der in Freiheit und Liebe geeinigten Menschheit, gleichsam der Keim, aus dem sich die Blüthe der vollendeten Menschheit entwickelt, der Krystallisationskern, um den sich alle verwandten Geister und Herzen schaaren sollen, um diesem Verwirklichungsversuche eine immer grössere Ausdehnung und Kraft zu sichern. Zur Erreichung dieses Zieles wendet der FrMrbund zwei Mittel an, das Wort und die That, Belehrung und Beispiel. Diese beiden mächtigen Hebel für die Vervollkommnung unseres Geschlechts setzt er zunächst allerdings bei den einzelnen Mitgliedern des Bundes ein und muss so verfahren, wenn er seine Aufgabe lösen und nicht sich selber untreu werden will. Die Darstellung der vollendeten Menschheit im Kleinen ist ja nur möglich, wenn jedes einzelne Bundesglied gewissermassen ein Repräsentant des ganzen Bundes ist, wenn jeder Einzelne das Ideal an sich selbst möglichst verwirklicht; daher die Bearbeitung der r. St. und die Zusammenfügung cubischer Steine nach Plan und Riss, nach den Gesetzen der Weisheit, Stärke und Schönheit, behufs Darstellung des salomonischen Tempels, behufs Verwirklichung des Kunstwerks.

Aber die Bearbeitung des r. St. ist nicht die einzige Thätigkeit des freien Mrs, des Jüngers der k. Kunst und kann es nicht sein; daher scheinen mir jene Brr wenig Verständniss für unsern Tempelbau und für unsere Kunst zu verrathen, welche dem Rufe nach Fortschritt, nach Reinigung und Vertiefung der mr. Lehre, nach Fortentwickelung des Bundes und nach Neubelebung des maur. Geistes — stets nur den Ruf nach Selbsterkenntniss und Selbstveredlung entgegenstellen. Wort und That, Belehrung und Beispiel sind Hebel des Bundes nicht blos nach innen, sondern auch nach aussen.

„Wir Freimaurer sind eine Gesellschaft von Weltverbesserern", ruft Br Zille mit Recht aus (Nr. 5). Wohlan, wenn der Bund ein Bund für die Menschheit ist und sein Ziel erreichen, oder wenigstens herannähern will, dann darf er nicht einseitig seine Thätigkeit nur auf seine Angehörigen richten, sondern er muss gleichzeitig auf weitere und immere weitere Kreise einzuwirken und sie zu gewinnen bestrebt sein; denn einmal bildet die Aussenwelt die geistige Atmosphäre der Bundesglieder und andererseits ist sie der Boden, aus welchem der Bund die Nahrung für sein Bestehen zieht. Diese Wechselwirkung allein schon würde ihn bestimmen müssen, dafür zu sorgen, dass sowohl die älteren Mitglieder gesunde Luft einathmen, wie dass der Boden gut bestellt sei, welcher ihm neue Mitglieder zuführt, wenn nicht, wie bereits bemerkt, der Bund überhaupt ein über seinen Mitgliederkreis hinausgehendes, auf die Vollendung der Menschheit selbst gerichtetes Ziel hätte.

Wie nun, wenn man etwa wahrnehmen müsste, dass der Bund in der jetzigen Verfassung und unter den obwaltenden Umständen seiner Aufgabe nicht genüge, dass er weder selber einen idealen Charakter trage, noch auch heilsam und fördernd auf die ihn umgebende Welt einwirke, dass er nicht nur kein Vor- und Musterbild der Menschheit, sondern in mancher Hinsicht sogar ein Zerrbild sei?

Und wenn dem so ist, sollen dann nicht alle, welchen das Heil der Menschheit am Herzen liegt, zusammengreifen, um mit vereinigter Kraft ein so wichtiges Institut, wie unsern Bund, seiner Aufgabe gewachsen, seiner Idee entsprechend zu gestalten?

Gewiss und dies eben ist der Wunsch und die Aufgabe der mr. Fortschrittsfreunde. Ein hohes, heiliges Ziel schwebt ihnen vor und mit nimmer lasser Hand arbeiten sie daran, dasselbe zu erreichen. Schwierig ist das Werk; aber keinen von ihnen gebricht es an Muth und an Ausdauer. Nicht auf beschleunigte Erfolge dringen sie ungeduldigen Sinnes; aber wohl rühren sie sich und verlangen, dass Hand an's Abtragen des Schutts, an das Zurichten cubischer Steine und an den Aufbau des Tempels gelegt und dass das Werk auch wirklich gefördert werde. Den Riss und Bauplan Allen zum Verständniss zu bringen, sind sie eifrig bemüht; wo es gilt, reissen sie morsches und zerbröckeltes Steinwerk unbarmherzig ab, um solides Mauerwerk einzusetzen; die Trägen und Säumigen eifern sie an und die Sybariten, welchen Genuss das Höchste, und Tragen und Arbeiten zuwider ist, möchten sie am liebsten aus ihren Reihen entfernt sehen. Da, wo man die Forderungen der Vernunft und Billigkeit seit gar zu langer Zeit schon taube Ohren entgegengesetzt, scheuen sie sich nicht, diese endlich in etwas energischerer Weise zur Geltung zu bringen. Was sie wollen und erstreben, ist nicht mehr und nicht minder, als dass unsere heilige Sache mit Ernst und Eifer betrieben werde, dass die Arbeiter maurerisches Wissen und maurerische Kunstfertigkeit erlangen und das Werk nach Plan und Riss fördern, dass der Bund zunächst nach innen, in Verfassung und Gebrauchthum, in Lehre und Werkthätigkeit, kurz nach allen Seiten hin eine seiner Idee entsprechende Haltung und Gestaltung gewinne, damit er, ein Bild möglichster Vollendung, seine Angehörigen hebe und beglücke und eine Leuchte sei für die gesammte Menschheit, nicht der Erbe einer ausgelebten Vergangenheit, sondern der Träger der Zukunft, nicht das Bild der Zerfahrenheit und Hinfälligkeit, sondern ein lebenvolles, organisches Ganze voll Kraft und Saft, — ein spürbarer Segen für die Menschheit. —

Maurerische Wanderungen.
(Aus Schwaben.)

(Schluss.)

In etwas anderer Weise feierte die Loge „zu den drei Cedern" in Stuttgart ebenfalls ein brüderlich-schwesterliches Fest. Es ist nämlich bei dieser Werkstätte zum wahrhaft löblichen Brauchthum geworden, alljährlich für arme Kinder der Stadt eine Weihnachtsbescherung zu veranstalten. Dieser Feierlichkeit wohnen nicht bloss dem Maurenbunde Angehörige bei, sondern es werden auch sogenannte „Profane" zu derselben eingeladen. Aus diesem Grunde tritt natürlich das maurer. Ceremoniell beinahe vollständig in den Hintergrund. Die diesmalige Bescheerung, die wir auch mitzumachen das Glück hatten, wurde am Abend des 25. Dec., im Saale der Liederhalle auf ergreifende Weise vorgenommen. Um 5 Uhr Abends, nachdem eine überaus grosse Zahl Theilnehmerinnen und Theilnehmer ihre Plätze eingenommen hatte, führte ein Bruder 16 Knaben im Alter von 6—12 Jahren, ein anderer Br aber 14 Mädchen in den Saal, und kaum hatten diese Kinder ihre für sie paraten Sitze vor einer langen Tafel, auf der die Gaben aufgelegt waren, inne, so wurden die Lichter dreier prachtvoller Weihnachtsbäume wie mit einem Schlage angezündet.

Ein Quartettgesang eröffnete den schönen Akt. Br Pauli, Mstr. v. St. dieser Loge, sprach sich sodann der Versammlung gegenüber des Näheren über die Grundsätze aus, von welchen die Mitglieder der Cedernloge bei diesem Gebrauchthum sich leiten lassen, verbreitete sich über die Erfahrungen, die die Brr in dieser Richtung schon gemacht haben und dankte sodann den mildthätigen Werkgenossen, sowie denjenigen Anwesenden, die das Fest durch ihr Erscheinen verherrlichten. Und nun wurden zuerst die Knaben mit Namen aufgerufen und zur die grosse Tafel geführt, wo jeder derselben in einem Körbchen ein par Hosen und eine Jacke — die Kleider waren nach Mass für die Glücklichen gemacht worden — und noch verschiedenes Backwerk aufgespeichert sah. Dann kamen die Mädchen, welche in dem Körbchen je ein Stück Zeug zu einem guten warmen Kleide neben einer Geldgabe von 2 fl. für die Machen des Kleides, eine Kinderschrift und Backwerk fanden. Welche Freude sich da in den Gesichtern dieser Kinder zeigte! Mit inniger Rührung betrachteten wir die reichbeschenkten Kleinen. Mit nicht geringerer Rührung schauten wir aber auch auf die ebenfalls anwesenden Mütter oder Väter der Kinder. Dankesthränen wurden von diesen geweint, als die Kinder mit den werthvollen Geschenken auf ihre Plätze zurückkehrten. Man sah es den Alten an, wie hoch erfreut sie darüber waren, dass man auf solche Weise ihrer Lieben gedachte. Wir selber standen tief ergriffen diesem — wir möchten sagen heiligen — Schauspiel gegenüber und fühlten recht innig und warm, wie wahr es ist und bleibt, dass „Geben ist seliger denn Nehmen." Das war eine glückliche, eine selige Stunde! Das war eine herrliche Nachfeier des Christfestes! Und von welch trefflicher Wirkung musste sie sein auf die Kinder, auf deren Eltern, auf alle Anwesenden! — Br Th. Walter, Redner dieser Loge, gab, nachdem die Kleinen ihre Geschenke erhalten hatten, diesen noch ein Angebinde, ein einziges Wörtlein mit auf den Weg: er legte ihnen und ihren Eltern mit warmen Worten die „Zufriedenheit" ans Herz und zeigte ihnen, wie auch sie, obgleich nicht mit irdischen Glücksgütern gesegnet, dennoch durch wahre Zufriedenheit sich das Leben versüssen, verschönern können. Uns dünkte, dieser Vortrag habe auch für die zuschauenden Theilnehmerinnen gepasst, und wir wünschen nur, dass er in vielen Herzen einen guten Grund und Boden gefunden haben möchte. — Ein Schlussgesang von vier Sängern endigte diese erhebende Feier, deren Eindrücke, denken wir, sich in den Herzen aller Betheiligten niemals verwischen werden. „Gelungen, vortrefflich gelungen!" so mussten wir unwillkürlich ausrufen, und wir segneten die Urr, welche also wir, Werkthätigkeit üben. Und als wir später erfuhren, dass von den Mitgliedern der Cedernloge zur Beschenkung der Kinder mehr als 400 fl. gespendet wurden, konnten wir unser freudiges Staunen und unsere volle Bewunderung nicht bergen. Heil, Heil, dreifacher Segen ström' diesen Brn entgegen!

Mit der Bescheerung war aber dieses Fest noch nicht geschlossen: der Saal wurde schleunigst zur Abhaltung eines einfachen Bankettes hergerichtet und ein frugales Mahl vereinigte nach wenigen Minuten über 120 freudig gerührte Menschen. Nicht lange dauerte es, und die Tischreden folgten sich Schlag auf Schlag. Br Verkruzen toastete in herzlicher Weise auf die Schwestern; ein Gast dankte im Namen aller Eingeladenen für den wunderlieblichen Abend, der diesen von der „Gesellschaft" bereitet worden war; ein anderer Bruder glaubte den in gehobener Stimmung Versammelten auch ein Wörtlein mit auf den Weg geben zu sollen und mahnte sie eindringlich, das für die Armen passende Angebinde „Zufriedenheit" doch ja nicht auch für die Schwestern sein zu lassen, vielmehr möchten sie „Unzufriedenheit" auf ihre Fahne schreiben, was sicherlich nicht am unrechten Platze sein könne. Wenn dieser Redner gehörig verstanden worden ist, soll es uns inniglich freuen. Wie uns schien, so hat wenigstens der Contrast für den Augenblick gewirkt. (Und ein auf der Gallerie des Saales zuschauendes Dienstmädchen dieser Brs soll geäussert haben, diese Rede sei fast eine Predigt gewesen!) Neben den Tischreden, die wir nicht alle aufzählen können, machten sich aber auch die Sänger mit ihren ernsten und humoristischen Liedern geltend. So trug männiglich dazu bei, die Zeit aufs angenehmste zu verkürzen, und wir merkten in später Nachtstunde, dass das Völklein der Masonen eben allwärts das gleiche ist; wir sahen aber auch, wie beruhigt die Brüder waren darüber, dass die Schwestern auch in keiner Weise zum Heimzuge mahnten, vielmehr in grösster Behaglichkeit und sorgloser Freude im Kreise der Brr verweilten und es — so kam es uns vor — sich ganz gut zurecht legen konnten, wenn auch bei den sonstigen Versammlungen der Brr die Stunden nicht in minutiöser Weise gezählt werden. Dass demnach diese Christbescheerung

sammt ihrem Anhängsel nach den verschiedenartigsten Richtungen nur günstig gewirkt haben muss: wer möchte dies jemals bestreiten?

Aber wir merken nachgerade, dass wir die Geduld der freundlichen Leser auf eine zu harte Probe stellen. Desshalb beeilen wir uns, dieses kleine Vergehen zu sühnen, indem wir uns Schweigen — wenn auch ungern — über das herrliche Weihnachtsfest auferlegen, überhaupt mit dem verflossenen Jahre abbrechen und vom neuen Jahre noch ein wenig plaudern. Denn auch in diesem war es uns vergönnt, einem Schwesternfeste anzuwohnen. Wir erfuhren nämlich, dass ein solches alljährlich mit dem Beginn eines neuen Jahres in dem Stuttgart so nahe liegenden Ludwigsburg abgehalten werde, und so nahmen wir die Aufforderung, am 2. Januar dorthin zu gehen, nicht eben unliebsam an. Das Fest selber begann um 2 Uhr Nachmittags (es war ein Sonntag). Die Schwestern wurden in den Tempel eingeführt und die Arbeit von Br Glökler, dem langjährigen Mstr. v. St., den seine Brr trotz der dringendsten Bitten desselben — so sagte man uns — eben immer nicht seines Amtes entbinden wollen, unter Assistenz der beiden Aufseher eröffnet. In freiem Vortrage erging sich dieser Br über das Thema: „Meine Seele dürstet nach Gott, nach dem lebendigen Gott", in ausführlicher Weise, und er sprach die Ueberzeugung aus, dass das begonnene Jahr ein Segensjahr für jeden Menschen werden müsse, dessen Seele immerdar dürste nach Gott. Schwester Oesterlen gab hierauf ihren Gefühlen in einer lieblichen Zeichnung Ausdruck, in welcher sie auf die gediegenste Weise die Sanftmuth als die schönste Zierde der Frauen schilderte. Vom abwesenden Bruder Reinhardt, von den Ludwigsburger Brn stets schmerzlich vermisst, war ebenfalls eine Zeichnung eingesandt und von Br Behr vorgelesen worden. (Diese Zeichnung erscheint später in diesen Blättern.) In die Kette geschlungen, schloss sodann der Stuhlmstr. diese Festarbeit auf ernste ergreifende Weise. Uns war es klar geworden, dass durch derartige Einführungen der Schwestern in die Loge die Versöhnung mit, ja das Leben in der Maurerei seitens dieser allein erzielt werden kann; desshalb wir beglückwünschen und loben wir ein solches Verfahren auch hier. Was uns aber in unserer frohen Seelenstimmung beinahe gestört hat, war das Fehlen nicht weniger Brr bei dieser Arbeit. Obwohl diese Brr es genügend fanden, einzig ihre Frauen und Töchter zu senden? — Noch vor Schluss der Arbeit war auch Br Löwe mit Br Lemppenau in die Loge eingetreten, während die Brüder Walter und Verkruzen, Engelbach, Weiss u. A. aus Stuttgart an derselben von Anfang an Theil nahmen. Und als man sich gegen 5 Uhr Abends in einem „gedeckten" Saale eines Gasthofs zusammen fand, waren auch noch andere liebe Gäste aus Stuttgart anwesend, um mit den Ludwigsburgern die Stunden des Abends traulich zu geniessen. War anfangs auch die Temperatur etwas fröstelnd, so stieg der Wärmegrad zur grossen Beruhigung des ersten Hammerführenden nach nicht langer Zeit auf die rechte Höhe, und die Brr Glökler, Löwe, A. Ruthardt gaben dem bewegenden Gefühlen auch hier den richtigen Ausdruck. Wir bereuten es desshalb auch nicht einen Augenblick, den Ausflug nach dem „stillen" Ludwigsburg gemacht zu haben, waren vielmehr aufs neue erfreut darüber, dass wir hier Mitglieder dreier schwäbischer Logen so gar lieblich vereinigt sahen. Mit dem Wunsche, es mögen diese drei Bauhütten immerdar blühen, zogen wir von dannen. Den geneigten Leser aber bitten wir um Entschuldigung, wenn wir, nach seiner Meinung, etwas zu breit geworden sind. Hätten wir doch diesen Bericht noch viel weiter ausdehnen mögen! Wessen das Herz voll ist, dess geht ja der Mund über!

Literarische Besprechung.

—

Digest of Masonic Law, being a complete code of Regulations, Decisions, and Opinions upon quaestions of Masonic Jurisprudence. By Geo. Wingate Chase. 6th. Edit. Boston, 1865, Pollard & Co. 8. VI & 464 pag. Thlr. 3. 10.

Bei der Sucht, maur. Rechtsfragen zu entscheiden und Urtheile zu fällen, ist das vorstehende Buch für Amerika gewiss ein willkommenes Hilfsmittel und von praktischem Werthe. Für uns Deutsche ist es dagegen nach der praktischen Seite hin ganz ohne Belang, da wir von der amerikanisch-mr. Rechtspflege-Krankheit nicht befallen sind, alle Fragen nach dem betr. Gesetzbuch entscheiden oder aber, den Machtsprüchen der Grosslogen gegenüber in Gehorsam tiefunterthänigst ersterben. Stellen wir uns auf amerikanischen Standpunkt, so müssen wir die Umsicht und den Fleiss des Sammlers lobend anerkennen, der alle möglichen älteren und neueren Gesetzbücher, Urkunden und maur. Werke unter der betreffenden Rubrik auszugsweise mittheilt und die Urtheile von Grossmeistern u. s. w. getreu citirt, sowie denn auch durch ein genaues Sachregister das Nachschlagen ungemein erleichtert ist. Aber auch vom deutschen Standpunkt aus ist das Werk als ein verdienstliches zu bezeichnen, wenn wir auch nur ein theoretisches Interesse daran haben. Werthvoll und interessant ist zunächst die Zusammenstellung der Gesetzesstellen und Aussprüche amerikan. Schriftsteller und Grosslogenbeamten über Wesen, Einrichtung und Verwaltung der Grosslogen, über Aufnahmefähigkeit, über Zulassung Besuchender, über Beförderungen und alle möglichen Fälle mr. Rechtskunde, die freilich in Amerika sehr im Argen liegt, so dass manche Entscheidungen und mr.-richterlichen Urtheile bald Lächeln, bald Unwillen erregen und mitunter auf den heillosesten Blödsinn hinauslaufen. Aber gerade auch nach dieser Seite hin hat das Buch culturhistorisches Interesse, da sich die mr. Zustände der Gegenwart darin abspiegeln.

Die Ansichten über die wichtigsten Fragen des Mr-lebens gehen in Amerika wie bei uns in Deutschland, mitunter weit auseinander, so weit, dass man nicht Einen Bund, sondern ganz verschiedene Gesellschaften vor sich zu haben glaubt. Ein neuer Beweis dafür, dass unsere „Brüderschaft" noch weit von dem Einen Hirten und der Einen Herde entfernt ist und unter sich noch gar viel aufzuräumen hat. Anerkennen müssen wir — und wir thun dies mit freudiger Genugthuung — dass unsere Brr in Amerika der Frage betr. Aufnahme Farbiger in den Bund gegenüber weit weniger halsstarrig und verstockt an hergebrachten Vorurtheilen und persönlichen Antipathien festhalten, als jene deutschen Brr, welche für den Wechselbalg verchristlichter Mrei — ein Licht, welches nicht leuchtet oder ein hölzernes Wachs — schwärmen. In diesem Punkte enthält das Werk des Br Chase eine ganze Abstufung der Ansichten.

Die vernünftigste und zumeist maurerische ist die, dass jede Loge das unbestreitbare Recht habe, einen Neger, Mulatten, Indianer oder Chinesen aufzunehmen; dann beginnt, mit dem Urtheil des Br R. Morris, die Reihe der Vermittelungen; Neger und Mulatten, welche in einer auswärtigen Loge aufgenommen, seien als Besuchende zuzulassen, jedoch nicht, wenn sie in einer amerikan. Loge aufgenommen. Den entschiedensten unmaurerischen Standpunkt nimmt Illinois ein, welches rundweg erklärt: „Alle Tochterlogen sind dahin zu verständigen, keinen Neger oder Mulatten als Besuchenden oder sonstwie zuzulassen unter irgend welchen Umständen."

Das Formenwesen ist in den amerikan. Logen bis zur vollendeten Pedanterie ausgebildet. So z. B. kann ein Grossmeister nur durch seinen Vorgänger oder einen ehemal. Grossmstr. gesetzmässig installirt werden; so herrschen die peinlichsten Vorschriften über die Abhaltung gewisser Arbeiten, über Beförderungen, über Logen unter Dispensation u. dgl. m. Wir halten diese Formenknechtschaft ebenso für ein Uebel, wie die Nachlässigkeit und Willkür einzelner deutscher Logen, welche aller Zucht und Würde entbehren.

Wir wünschen aufrichtig einerseits, dass man in Amerika die gesetzlichen Bestimmungen und logenrechtlichen Entscheidungen auf ein vernünftiges Mass zurückführen möchte, andererseits aber auch, dass man in Deutschland sich über allgemein logenrechtliche Bestimmungen verständige. Kaum irgendwo anders, als bei uns, dürfte es möglich sein, die Grundzüge eines allgemeinen Logenrechts zu entwerfen und auch hierin die erhebende Idee, dass alle Maurer auf dem ganzen Erdenrund nur Eine Loge bilden, ihrer Verwirklichung näher zu führen. Die erste Vorbedingung hierfür, wie für gesunde und normale mr. Zustände überhaupt, bleibt immer die, dass die Logen in Preussen sich aufraffen, alle Reste der strikten Observauz abstossen und Verirrungen früherer Zeit entschieden vorwärts gehen im Sinne des freimr. Ideals, der Einheit in Freiheit und Liebe.

Feuilleton.

Altenburg. — Die Loge Archimedes zu den 3 R. feierte am 31. Januar ihr Stiftungsfest, nachdem Tags zuvor das 128. Jahr ihres Bestehens mit einer vom Deput. Mstr. Br Glass geleiteten Aufnahmeloge würdig geschlossen worden war. Der Herausg. d. Bl., welcher durch seinen Besuch ein früher gegebenes Versprechen löste, wohnte dieser Arbeit bei, welcher ein gemüthliches Zusammensein der Brr folgte. Ein reger Gedankenaustausch hielt eine Anzahl Brr lange vereinigt.

Der folgende Tag verstärkte die zahlreich anwesenden Brr durch mehrere auswärtige und besuchende Brr. Die Festloge begann unter Vorsitz des Genannten und in Anwesenheit des Mstrs. v. St. Br von Broxe gegen 12½ Uhr und bestand aus einem geistvollen, bilderreichen und anregenden Vortrage des Br Glass und dem eigentlichen erhebenden Festvortrage des neugewählten Redners Br Haase. Die darauf folgende Tafelloge war gewürzt durch die gelungenen musikalischen Vorträge der Brr Landgraf und Gumpert von Leipzig und Welcker von Altenburg, sowie durch Toaste des Br Herz (auf die Besuchenden), welchen der Stadtcommandant, Mitgl. der Loge in Bromberg erwiderte, des zum Vorsteher erwählten Br Zampe (auf die Stifter), des Br Gutwasser (auf die Schwestern), während Br Henny I. des greisen, 72jähr. Br Lewis in Pest gedachte, zur Abnahme seiner demnächst erscheinenden „Geschichte der Mrei in Pest und Ungarn" auffordernd. Den Glanzpunkt der Tafel bildeten zwei zum Theil improvisirte, meisterhaft gelungene und mit verdientem Beifall aufgenommene poetische Toaste des Br Gabler, von denen der erste auf die FrMrei ernst und ergreifend, der zweite (auf Br Wehmeyer) in Form einer Charade gegeben und von durchschlagendem Humor gewürzt war, so dass er mit jeder neuen Wendung die Heiterkeit der Brr steigerte. Der Herausg. d. Bl. gedachte, auf die Verdienste und ruhmvolle Vergangenheit der Loge hinweisend, der Brr Beamten, deren Tüchtigkeit eine schöne Zukunft der Loge verbürge.

Berlin. — Br Fr. W. Deichmann in Hildesheim ist zum Ehrenmitgliede der Grossloge Royal York zu Fr. ernannt worden.

Die eben genannte Grossloge hat eine Vereinfachung der mr. Titulaturen vorgenommen, indem sie angeordnet, dass die Logen und deren Stuhlmstr. und Dep. Mstr. mit „ehrw.", die Prov. Grossloge etc. mit „sehr ehrw.", die Grossloge und deren Grossmstr. mit „ehrwürdigst" angeredet werden sollen.

Bei der Gr. NatM. Loge ist der Fall vorgekommen, dass ein Mitglied einer auswärtigen Bauhütte, obwohl zum Besuch der Hochgrade nicht berechtigt, sich vom Kastellan jener Grossloge die Bekleidung für den Schottengrad geholt hat, um der Arbeit beizuwohnen. Da er sich als Schotte nicht legitimiren konnte, wurde er indessen zurückgewiesen.

Ein uns unverständlicher, weil unsachgemässer und namotivirter Entscheid der Grossloge Royal York z. Fr. ist der, dass der (höchst unschuldige) Inhalt der Grosslogen-Protokolle in den Lehrlingslogen nicht mitgetheilt werden darf, sondern „den Gesellen und Lehrlingen unbedingt vorzuenthalten bleibt". (Der Zopf, der hängt ihm hinten!) —

Berlin. — Die Verhandlungen der Petitionskommission des Abgeordnetenhauses über die sogenannte „Klosterfrage" haben unter den Katholiken eine energische Gegenbewegung hervorgerufen. Namentlich hat die Herbeiziehung des § 98 des Strafgesetzbuches („die Theilnahme an einer Verbindung, in welcher gegen unbekannte Obere Gehorsam oder gegen bekannte Obere unbedingter Gehorsam versprochen wird, ist zu bestrafen") sehr verletzt, und es wurde daher von katholischer Seite der Plan gefasst, auf die gegen die Klöster und religiösen Orden gerichteten Anträge mit Gegenpetitonen wegen der Freimaurerlogen zu antworten. Das „Märkische Kirchenblatt" theilt in seiner neuesten Nummer die betreffende Berliner Petition an das Abgeordnetenhaus mit; sie lautet: „Die Petitionskommission hat dem hohen Hause den Antrag vorgelegt, die königliche Staatsregierung zum Vorgehen gegen religiöse Genossenschaften aufzufordern. Die Anregung dazu haben elf Petitionen gegeben, von denen zehn aus Berlin stammen. Die unterzeichneten Katholiken Berlins ersuchen das hohe Haus, diese Petitionen ihrem Ursprunge nach einer ernsten Prüfung zu unterwerfen, zumal es in Berlin ganz allgemein bekannt geworden ist, dass das Volk durchaus nicht hinter jenen Petitionen steht, dass dieselben vielmehr lediglich das Machwerk einer Partei sind. Diese Prüfung ist um so wichtiger, als das hohe Haus durch Annahme des Antrages, welcher auf jene Petitionen sich stützt, in einen argen Widerspruch mit der Aufgabe, deren Verwirklichung das Volk von seinen Vertretern erwartet, hineingeführt werden würde. Dagegen würde das hohe Haus dem Volke einen grossen Dienst erweisen, wenn es Veranlassung nähme, die Logen unter dasselbe Vereinsgesetz zu rufen, welchem die religiösen Orden unterworfen sind. Die privilegirte Stellung und die Geheimnissthuerei der Logen schaden denselben in den Augen des Volkes und erscheinen ihm als eine Ungeheuerlichkeit in unserer Zeit der Oeffentlichkeit und der Gleichheit vor dem Gesetze. Das hohe Haus bitten wir daher: über den Antrag der Petitionskommission zur Tagesordnung überzugehen und die königliche Staatsregierung dazu aufzufordern, dass die bestehenden Vereinsgesetze für die religiösen Orden und für den Freimaurerorden gleichmässig gehandhabt werden."

Hamburg d. 30. Jan. 1870. Gestern Abend hielt die älteste Tochter-Loge der Grossloge von Hamburg „Absalon" unter Vorsitz ihres Mstrs. v. St. Dr Dr. Brabant (dem jüngsten Mstr. der 5 vereinigten Logen) eine Receptionsloge, darin 2 Suchende nach der neuen Einrichtung gleichzeitig d. L. bekamen, von denen der Eine von dem Br Wedemeyer (Mstr. v. St. der Loge Ferdinand z. Felsen) und der Andere von Br P. O. H. Pepper (Mstr. v. St. der Loge St. Georg) vorbereitet wurden. Nachdem die Brr Mstr. den Bericht der S. erstattet und die beiden Mstr. ihre Stühle im Osten einnehmen wollten, hielt der Vorsitzende, indem er bat, Br P. möge in dem decorirten Stuhle Platz nehmen, eine herrliche Ansprache, worin er besonders hervorhob, dass, abgesehen von der bereits vielseitig seit dem langen Mr-leben und langjähr. Hammerführung bewiesenen Thätigkeit, ausser seiner Loge ihm auch besonders die Loge Absalon nebst den 4 Schwesterlogen zu besonderem Danke verpflichtet seien, in deren Namen er den Br P. besten Dank und Anerkennung ausspreche, bei Gelegenheit, dass Br P. heute den 300. Suchenden für diese Logen vorbereitet habe. Er, der Redner, beglückwünschte den Br P. für ein so selten vorkommendes Resultat seiner Thätigkeit nach dieser Seite hin um so mehr, als derjenige, welcher von ihm vorbereitet wurde, auch wahrhaft vorbereitet war und mit diesem würdevollen Eindruck in die Loge eintrat.

Bruder P. hielt dann eine eben so bescheidene als gefühlvolle Dankesrede, worin er sagte, dass ihm für dieselbe wohl die Gefühle, nicht aber die Worte zur Seite ständen die ersteren auszussern, um so weniger, als er einer im traulichen BrKreise gemachten Aeusserung (dahin gehend, dass er, wenn er noch einen S. vorbereite, die Zahl von 300 voll habe) nicht eine derartige Folge beigemessen habe. Seit seiner bereits 50jährigen mr. Thätigkeit wäre er nur bestrebt gewesen, seinen Pflichten zu genügen und er verdanke es seiner Brr Liebe und Nachsicht, wenn er dafür Anerkennung gefunden und wünsche, dass ein jeder seiner Eingeführten in der Erfüllung seiner Pflicht den rechten Lohn finden möge, der sich auf das Bewustsein beschränkt, dahin gestrebt zu haben. Ein inniger Dank folgte der Aufforderung v. St., welcher von Br P. erwidert wurde. Dem voran ging ein Vortrag des Br Dr. Brabaut über das Verhältniss der Brüder zu einander und zu dem Bunde, welcher mit den markirtesten Zügen die Verhältnisse des zeitigen Mr-Lebens und der Brr, namentlich in der Beurtheilung und Richtung anderer Brr beleuchtend, auf das hinwies, was der Bund vorschreibt; er verlangt, dass nicht der einzelne Bruder über den Bruder einseitig aburtheilen solle, sondern abwarte, bis die Loge geprüft und über denselben geurtheilt habe. — (Ich hoffe diesen Vortrag — obgleich der Br B. ihn als einen flüchtig aufgezeichneten, nicht veröffentlicht sehen möchte — Ihnen doch zuzuführen.)

Vor acht Tagen feierte die unter der Prov. Loge von Niedersachsen arbeitende Loge zu den drei Rosen (Tochter der gr. Landesloge v. Deutschland) das hundertjährige Stiftungsfest, zu welchem eine Deputation unter Anderen der Berliner erschienen war. Die der Feier sich anschliessende Festtafel zählte 300 Couverts.

Hof. — Aus dem letzten Rechnungsabschluss der Wittwen- und Waisenstütze der Loge zum „Morgenstern" ergibt sich, dass sich deren Vermögen nach nur dreijährigem Bestehen bereits auf 438 Fl. 13 Kr. beläuft.

Linz. — Die in Linz erscheinende „Tagespost" (Nr. 23) enthält „Ein freies Wort über FreiMrei", worin landläufige Irrthümer über unsern Bund berichtigt und Angriffe der Gegner zurückgewiesen werden.

Louisville. — Versammlung zum Besten einer Maurer- Wittwen- und Waisen-Heimath. Die gestrige Versammlung im kleinen Saale des Maurer-Tempels legte einen deutlichen Beweis dafür ab, wie aus kleinen Anfängen Grosses entstehen kann, wenn eine Sache beim rechten Ende angefasst und mit Lust und Liebe gepflegt wird. Vor kaum drei Jahren fasste unser Mitbürger C. Henry Finck den Plan zur Gründung einer Heimath für die Wittwen und Waisen verstorbener Freimaurer im Staate Kentucky. Mildthätigkeit und somit auch Fürsorge für die Hinterbliebenen verstorbener Mitglieder ist zwar eine der Hauptaufgaben des Maurerbundes, aber diese Fürsorge war bisher in unserem Staate auf einzelne Akte, auf die jeweiligen individuellen Fälle, beschränkt; die Hinterbliebenen hatten kein ausdrücklich ausgesprochenes Recht auf eine solche Fürsorge. Dieses nun beabsichtigte Herr C. Henry Finck ihnen dadurch zu verschaffen, dass er die Idee zur Errichtung einer allgemeinen Wittwen- und Waisenheimath für den ganzen Staat anregte und zu verwirklichen strebte. Er ordnete eine Versammlung speziell eingeladener Bundesmitglieder an, denen er seinen Plan vorlegte, und er hatte die Genugthuung, sich zu überzeugen, dass derselbe allgemeinen Anklang fand. Er selbst ging mit einem guten Beispiele voran und zeichnete Nr 1000 zu dem angegebenen Zwecke, die grösste Baar-Summe, die bisher von einem einzelnen Mitgliede gezeichnet worden ist. Andere zeichneten Nr 100 bis Nr 500 und so war denn wenigstens der Grund gelegt. Herr Finck agitirte aber auch fortwährend für die ihm so sehr am Herzen liegende Sache und wusste es dahin zu bringen, dass der verstorbene Bankier Shreve kurz vor seinem Tode vier Acker Grund in der Nähe des Zufluchtshauses zum Bau der projektirten Heimath schenkte, zu denen noch zwei anstossende Acker gekauft wurden, so dass vor der Hand sechs Acker für dieselbe bestimmt sind. Nachdem die Sache so weit gefördert

war, galt es, die Mittel für Errichtung der nothwendigen Gebäude zu beschaffen, und diesem Zwecke sollte die gestrige Versammlung dienen, zu der die Maurer aus dem ganzen Staate geladen waren und in der man nicht nur von einzelnen Mitgliedern reiche Beiträge erwartete, sondern namentlich auch Comités für jede einzelne Ward unserer Stadt, sowie für die verschiedenen Distrikte des Staates behufs Sammlung von Beiträgen unter den Mitgliedern aufzustellen beabsichtigte.

Als wir um 7 Uhr in den Saal traten, fanden wir etwa 100 Personen dort versammelt, deren Anzahl sich jedoch in kurzer Zeit verdoppelte. Auf Vorschlag Col. W. P. Boone's wurde Gen. Harlan einstimmig zum Vorsitzer der Versammlung ernannt. Nachdem derselbe seinen Sitz eingenommen, schilderte er den hohen und edlen Zweck, der die Anwesenden zusammengerufen, in beredter, eindringlicher Sprache, in der er namentlich die Behauptung aufstellte, dass das Werk, zu dessen Vollführung seine Freunde hierhergekommen, jedes andere frühere, das der schöpferische Unternehmungsgeist der hiesigen Bevölkerung bisher ausgeführt, himmelhoch überrage und das stolzeste Monument sei, das der Bund der Freimr. in Kentucky seinem innigen Wohlthätigkeitssinn zu setzen vermag. Nachdem noch mehrere Ansprachen gehalten waren, wurden die 12 Wards (Bezirks-Ausschüsse) gewählt und folgende Beschlüsse gefasst:

Beschlossen, dass der Vorsitzer dieser Versammlung Gen. John M. Harlan, auch zu gleicher Zeit als Vorsitzer der Collections-Comitéen ernannt und als solcher befugt sei, dieselben zu jeder beliebigen Zeit zu einer Versammlung zu veranlassen und entstehende Vacanzen zu besetzen.

Beschlossen, dass wir mit innigem Vergnügen das grosse Interesse wahrgenommen, mit dem die hier versammelten Freimaurer Kentucky's an diesem edlen Unternehmen sich betheiligten und unsern Brüdern die frohe Versicherung zu geben im Stande sind, dass, wenn dieselben uns helfend zur Seite stehen, wir in kurzer Zeit ein Monument errichtet haben werden, das dem Wohlthätigkeitssinne unserer Bundesbrüder zu unvergänglicher Ehre gereicht.

Beschlossen, dass wir die heute Abend ernannten Ward-Comités der herzlichen Aufnahme und liberalen Unterstützung unserer Brr und Mitbürger auf's Angelegentlichste empfehlen. Die Versammlung vertagte sich hierauf bis Dienstag, den 28. Decbr., Abends 7 Uhr.

Schliesslich fügen wir nur noch hinzu, dass die „Ladies Masonic Aid Society" deren erste Beamten die Damen S. P. Heppurn und C. H. Fink sind, ebenfalls bereits Nr 6000 für dieses Unternehmen collectirten und dass wir mit warmer Sehnsucht der Vollendung dieses grossen und edlen Liebeswerkes entgegensehen.

Temesvár, am 26. Jan. 1870. Ich bin im Innersten meiner Seele vergnügt, ein schönes Werk unserer kaum 9 Monate alten Loge mittheilen zu können.

Dieselbe hat sich angesichts des Umstandes, dass die Bildung eines vaterländischen Gr. Orients längst ein tiefgefühltes maur. Bedürfniss war, die erhabene Aufgabe gestellt, die Zahl der vaterländischen Brr auf jene Höhe zu bringen, welche hierzu gesetzlich nothwendig ist. Arad war die Stadt, welche wir, namentlich auch unter Anregung des Br. Lichtenstein aus Pesth, in erster Reihe erkoren hatten, den ersten Saamen aufzunehmen. Wer unsere socialen Verhältnisse kennt, wird es begreifen, dass unser Beginnen — bei den trostlosen Begriffen, welche hierlands über FrMrei heutzutage noch herrschen — auf grosse Schwierigkeiten stiess. Wenn ich heute dennoch in der angenehmen Lage bin, die bereits vollzogene Gründung der in den Johannisgraden arbeitenden Arader Loge zu referiren, so verdanken wir dies erfreuliche Resultat einerseits der unermüdlichen Energie der Loge zu den 3 weissen Lilien in O. Temesvar, welche unter der Leitung ihres ausgezeichneten Mstrs. v. St. Eduard Reimann alle Hebel in Bewegung setzte, das edle Ziel zu erstreben, andererseits aber dem Umstande, dass die Wahl der Elemente, welche zur Vorbereitung des Arader Territoriums — in der hiesigen Loge aufgenommen wurden — eine durchaus glückliche zu nennen ist. Die Gründung der Arader Loge „Szechenyi", welche gleich der Loge in Temesvar nach dem von Br Findel bearbeiteten, geläuterten und zeitgemässen Rituale arbeitet, fand in erhebender, feierlicher Weise am 23. d. M. statt. Es war hierzu über Ersuchen unserer dortigen Brr, der Mstr. v. St. und der Beamtenkörper der hiesigen Loge entsendet. Ist auch die neugegründete Loge in Arad an Zahl der Mitglieder heute noch arm, so ist dieselbe dennoch reich vermöge des lebhaften Gefühls inniger Zusammengehörigkeit, welches jedem einzelnen Mitglied innewohnt und vermöge der Intelligenz ihrer Mitglieder. Als Mstr. v. St. ging aus der Wahlurne der um die Gründung verdiente Br Heinrich Goldscheider, Redakteur der „Arader Zeitung", hervor. Sekretär wurde Br A. Schmidt; 1. Aufseher Br Julius Eckl; 2. Aufseher Br S. Stabadkai; Schatzmeister: Dr L. Traytler; Ceremonienmeister: Dr E. Ding.

Nach der Loge wurde in gebräuchlicher Weise ein Br.-Mahl eingenommen, wobei es an gediegenen Toasten nicht fehlte. Die Stimmung war eine würdige und echt brüderliche und fand in dem allgemeinen herzlichen „Du" Ausdruck.

So möge denn die neue Loge ihre Arbeit beginnen zur Ehre Gottes und dem Wohle der Menschheit; der grosse Baumstr. a. W. segne ihre Werke! Br Török.

Ungarn. — Ein Bericht über die Constituirung der Grossloge von Ungarn nebst einer Antwort derselben an die sogen. Schottenloge Matth. Corvinus ist uns vor Schluss dieser Nr. zugegangen und erscheint in nächster Nr. — Logen, welche sich der neuen Grossloge nicht unterordnen, werden in Deutschland und anderwärts schwerlich anerkannt und nur als Winkellogen betrachtet werden, deren Mitglieder nirgend Zulassung finden.

Worms, Jan. 1870. — Der Mstr. v. St. der Loge zu Worms, Br Dr. Münch, in dem alle die Brr, die ihn näher kennen, den wahren, charakterfesten Maurer, den Br voll biedern Sinnes sowohl als auch den Mann der Wissenschaft hoch verehren, hat neuerdings wiederholt auch im Auslande bezüglich seiner nur Arbeiten eine Anerkennung gefunden, die uns Veranlassung gibt, auch die deutschen Brr nochmals auf die dessfalsige Arbeit des Br Münch aufmerksam zu machen. Im Organ „Du Sud Ouest de la France" etc. — „L'Avenir Maçonnique" wird nämlich (vgl. vorige Nr.) in einem Artikel: „Une voix de L'Allemagne", in dem auf die immer näher rückende und sich als unabweisbar geltend machende Reformation der deutschen, sowie französischen Freimaurerei hingewiesen ist, eine Rede von Bruder Münch, gehalten am Johannisfest in der Loge zu Worms (Bauh. 69 Nr. 42) und welche mit der Hauptfrage: „Hat die Frmrei noch das Recht zu bestehen?" beginnt — mitgetheilt und die einzelnen Absätze dieser Rede einer zustimmenden Besprechung unterzogen.

An der Stelle, an der Br Münch mit Wehmuth der geringen Thätigkeit gedenkt, welche die FrMr entwickeln um ihre Prinzipien zur Geltung zu bringen, ruft der Referent uns zu: „Deutsche Brüder! tröstet Euch, Ihr habt in dieser Hinsicht unser schönes Frankreich um Nichts zu beneiden!"

Wenn die FrMr einmal überall sich zu den hier besprochenen Ideen erheben, dann stimmen wir mit dem französischen Verfasser überein, dass die Zeit da ist, in der die FrMrei ein Institut werden kann, welches alle Fortschrittsmänner der modernen Gesellschaft zusammenführt, verbindet und vereint. Ob dieses Himmelreich so nahe ist, wie hier in Aussicht genommen wird, möchten wir in Zweifel ziehen. Doch ist es immer an der Zeit: „Busse zu thun und sich zu bekehren;" denn kommen wird die Zeit, eben so viele und ob vielleicht gar über Nacht, dass nur freie Männer und alle freie Männer der Erde durch's Logenband verbunden sein werden. Darum bekehre sich ein Jeder, dass ihn die Zeit, sobald sie erfüllet ist, bereit finde! L.

Themate und unmassgebliche Vorwürfe für freimaurerische Zeichnungen.

(Eine Neujahrsgabe für die Brüder.)

Von Br M. Künzel.

(Fortsetzung.)

7.

Inwiefern kann der Freimaurerbund der Bund aller Bünde genannt werden.

8.

Der Freimaurerei gehört recht eigentlich die Gesellschaftswissenschaft an.

9.

Die Loge, ein Bild der geeinigten Menschheit.

10.

Inwiefern sind Christenthum und Freimaurerei in ihrem tiefsten und reinsten Grunde eins und dasselbe?

11.

Ist der Freimrbund auch heute noch eine civilisatorische Macht?

(Fortsetzung folgt.)

Bekanntmachung.

Die Loge „Ernst für Wahrheit, Freundschaft und Recht" im Or. Coburg hat in ihrer jüngsten Wahlloge den Br Dressel I. zum Mstr. v. St. gewählt und bittet, Zuschriften für sie künftig an dessen profane Adresse:

„Bankdirektor Dressel"

zu richten.

Coburg, 30. Januar 1870.

Fr. Müller,
derz. Secretär.

Hierzu eine Beilage:

Verantwortlicher Redacteur: Dr J. G. Findel. — Verlag von Br J. G. Findel in Leipzig. — Druck von Brr Bär & Hermann in Leipzig.

№ 8.   XIII. Jahrgang.

Die
BAUHÜTTE.

Begründet und herausgegeben

von

Br J. G. FINDEL.

* Organ des Vereins deutscher Freimaurer. *

Halbschrift für Brr Brr.   Leipzig, den 19. Februar 1870.   MOTTO: Weisheit, Stärke, Schönheit.

Von der „Bauhütte" erscheint wöchentlich eine Nummer (1 Bogen). Preis des Jahrgangs 3 Thlr. — (halbjährlich 1 Thlr. 15 Ngr.)
Die „Bauhütte" kann durch alle Buchhandlungen bezogen werden.

Die Gegenwart und Zukunft der Maurerei in Deutschland.

Von

einem alten Logenbruder.

VI.

Während draussen, freilich nach schweren Kämpfen, aus dem Polizeistaate des Bevormundungssystemes, des beschränkten Unterthanenverstandes und der bureaukratischen Willkür der Rechtsstaat sich entwickelt und befestigt hat, die Freiheit und Selbständigkeit des Individuums, die Gleichheit der Stände und Konfessionen vor dem Gesetze anerkannt und durch Verfassung wie Recht gewährleistet sind, steht in dem idealen Freimaurerstaate das Bevormundungssystem und das unbeschränkte Polizeiregiment (vgl. die betreffenden §§ des Bundestatuts) in schönster, vollster Blüthe. Er hat das seltene Verdienst, trotz alledem und alledem sich die wirksamsten Requisite des ausgebildeten und wohlorganisirten Absolutismus: unbedingte willenlose Unterordnung seiner Angehörigen, kleinlichste Bevormundung und — für ausserhalb des Bundes Stehende kaum glaublich — die Präventiv-Censur erhalten zu haben. Während, wie schon oben gesagt, in den meisten deutschen Staaten Verfassung und Recht die Angehörigen der verschiedenen Konfessionen durchaus gleichstellen, schliesst der Bund, der nach seinen allgemeinen Grundsätzen sich selbst eine Verbindung nennt,

„deren einziger Zweck darauf gerichtet ist, Religiosität, Sittlichkeit und Humanität zu befördern und Weisheit des Lebens zu lehren und zu üben;

„seine Bestrebungen nur an den Menschen als solchen, abgesehen von seinen sonstigen äussern Lebens-, bürgerlichen und sonstigen Verhältnissen richtet;

der

„von seinen Mitgliedern nur verlangt einen unbescholtenen Ruf und sittlichen Lebenswandel, sowie den Grad geistiger Bildung und Empfänglichkeit des Gemüthes, welche zur Förderung der Zwecke der Mrei unerlässlich sind;

endlich der

„von seinen Mitgliedern Duldsamkeit verlangt für die religiösen Meinungen Anderer;

eine ganze Klasse Erdenbürger — Juden und überhaupt Nichtchristen — worunter sich gewiss viele ehrenwerthe Männer befinden, welche die obigen Erfordernisse in sich tragen, ohne alles Weitere und sogar grundgesetzlich von jeder unmittelbaren Angehörigkeit und Wirksamkeit im Bunde aus oder weist ihnen (den Juden) eine Stellung zu, welche den Bundesgrundsätzen (siehe oben) und den Bundeszwecken dimetral entgegensteht. Juden können z. B. in preussischen Logen nicht aufgenommen werden. Wenn in einer minder engherzigen, aber von den preussischen Grosslogen anerkannten auswärtigen Loge aufgenommen, konnten sie dennoch früher zu Logenarbeiten gar nicht zugelassen werden. Später ward der Besuch auf Ein Jahr gestattet und diese Gestattung dann dahin weiter ausgedehnt, dass die Zulassung von Jahr zu Jahr erneuert werden durfte; endlich ist neuerdings gestattet worden, die Juden als „permanent besuchende Brr" zuzulassen. Aber trotz dieser letzten „ungeheuern" Vergünstigung, wie ein „höchsterleuchteter" Bruder dieses Minimum von Recht in allem Ernste uns gegenüber nannte, sind die jüdischen Brüder im Bunde der Berliner drei Weltkugeln nicht anders und besser gestellt als früher, denn es schwebt fortwährend über ihnen das Damokles-Schwert des § 229 und die Befugnisse, welche der §. 232 den permanent besuchenden Brn einzuräumen gestattet, können ihnen niemals zu Theil werden, da ihnen der Eintritt in den preussischen Freimaurerbund versagt bleibt. Die Juden sind und bleiben demnach nur als „Geduldete", mit andern Worten als „maurerische Schutzjuden" zu betrachten. Dass ehrenwerthe Brr jüdischer Konfession, welche keine Vergünstigung, sondern einfach nur ihr gutes Recht fordern, eine solche sie entehrende und demüthigende Gnade mit gebührender Indignation und Verachtung zurückweisen, hat sich schon gezeigt. Wir verhandelten einmal mit einem holländischen Stuhlmeister die Stellung der in holländischen Logen aufgenommenen Juden in Preussen und sprachen unsere Verwunderung darüber aus, dass die holländische Gr.Loge, welche doch von den drei preussischen Grosslogen anerkannt sei, bis dahin in Berlin keine energischen Schritte gethan, dass den in holländischen „gerechten und vollkommenen" Logen aufgenommen jüdischen Brn, je nach ihren Graden, in den preussischen Logen die nämlichen Rechte eingeräumt würden, welche die preussischen Brr in holländischen Logen geniessen. Der gute Mann meinte aber, gegen die Berliner Grosslogen sei nicht anzukommen, auch gebiete die maurerische Liebe gegen Unbill Nachsicht und Duldung zu üben. Ueber eine solche maurerische Liebe und Nachsicht auf Kosten der Menschenwürde und des Manneszorns über flagrante Rechtsverletzung, der Scham über Schmach und Demüthigung, des verpflichteten Schutzes der eigenen Angehörigen werden wir weiter unten auch noch in anderer Beziehung zu reden Gelegenheit haben.

Welche Begriffsverwirrung und Unkenntniss der maurerischen Idee und der Zwecke des Bundes in der Maurerwelt herrschen, geht daraus hervor, dass sich ein nicht geringer Theil der Bruderschaft mit der unbeschränkten Zulassung der Juden im Prinzipe ganz einverstanden erklärt, nichts desto weniger aber sich scheut, diesem selbst anerkannten Prinzipe thatsächliche Geltung zu verschaffen, weil die Gefahr nahe liege, dass dadurch dem Bunde missliebige Elemente zugeführt werden könnten. In diesem Bedenken, hinter welches sich nach unserer Erfahrung zumeist der Unverstand und die Heuchelei, weil das Nichtwollen versteckt, liegt geradezu eine harte und ungerechte Verurtheilung der ganzen Judenschaft und zugleich eine schwere Beleidigung für die gesammte Bruderschaft, weil eine wohlberechtigte Verurtheilung des jetzigen Verfahrens bei der Ballotage über Aufnahmen. Ist, so spricht der gesunde Menschenverstand, die Ballotage, bei welcher ein altes, tiefeingewurzeltes Vorurtheil wesentlich verschärfend mitwirkt, nicht im Stande dem Bunde und der Bruderschaft unpassende und unliebe jüdische Persönlichkeiten fern zu halten, so wird dies weit weniger der Fall sein bei Ballotagen über eigene Glaubensgenossen (Christen).[*]

---

[*] Im J. 1851, wenn wir nicht irren, wurde im preussischen Abgeordnetenhause die Ausschliessung der Juden aus dem Freimaurer-

Ueber die dermalige unverantwortliche und höchst leichtfertige Handhabung der Ballotage werden wir später Gelegenheit haben, ein ernstes Wort zu sprechen.

(Fortsetzung folgt.)

Aus dem Frmrleben in Ungarn.

Pest, 4. Febr. 1870.

Aus dem Telegramme, welches ich unmittelbar nach Schluss der ungefähr 10 Stunden dauernden Berathung vom 30 v. M. an Sie sendete, wissen Sie und Ihre Leser bereits das Wichtigste. Die Versammlung hat sich als Grossloge constituirt, die Antwort auf das uns von den Hochgradlern zugekommene Schreiben wurde festgesetzt, die Verfassung der Grossloge „zur Sonne" im Or. von Bayreuth wurde Punkt für Punkt durchberathen und mit unwesentlichen Modifikationen, die durch unsere besonderen Verhältnisse bedingt sind, angenommen, die Beamten der Grossloge wurden gewählt und schliesslich erfolgte noch an demselben Abend die feierliche Eröffnung der Grossloge, der ersten, die Ungarn besessen hat.

Das Protokoll der Verhandlungen vom 30. v. M., dieses in der Geschichte der Freimaurerei unseres Vaterlandes epochemachenden Tages, ist unter der Presse und ebenso wird an der endgiltigen Codificirung der Verfassung rüstig gearbeitet und werden Ihnen beide Drucksachen rechtzeitig zugeschickt werden. Erlauben Sie mir indess, Ihnen schon heute den Wortlaut unserer Antwort auf das Schreiben der Loge Corvin Mátyás zu übersenden und über die Arbeit vom 30. v. Mts. einige allgemeine Bemerkungen zu machen.

Für die wesentlichste Errungenschaft der neuen Grossloge von Ungarn halte ich ihren Namen. Er lautet: „Grossloge von Ungarn für die drei St. Johannisgrade." Mit diesem Namen ist den Amalgamirungsbestrebungen des Hochgradsystems für alle Ewigkeit ein mächtiger Damm entgegengesetzt worden, in diesem Rahmen findet keine Hochgrad-Loge Platz, wenn sie nicht ihr von uns verworfenes System aufgeben will. Und wie sehr ein solcher Name Noth that, wie sehr wir uns vor der innigen Verknüpfung mit den schottischen Brüdern bewahren müssen, das lehrten am besten eben die Verhandlungen vom 30. Jänner. Ich muss hier wiederholen, dass meine Feder gebunden ist, und dass meine Brüder mich immer wieder ersuchen „um des lieben Friedens willen" mich möglichst zu mässigen; ich kann ihnen aber andeuten, dass unsere hochgradigen Brr nichts unversucht liessen, sich vor Mitteln nicht scheuten, denen man weder das Prädikat „maurorisch" noch „brüderlich" beilegen kann, um unter die 14 Mitglieder des Congresses Zwietracht zu streuen, um wenigstens einen oder zwei derselben für ihre Pläne zu gewinnen. Ich füge mich dem Willen meiner bedächtigeren und vernünftigeren Brr, aber ich sammle Daten, um

---

hunde öffentlich als Argument gegen deren politische Frei- und Gleichstellung gebraucht. Ob wohl dabei den Brr Freimaurern auf den Bänken im Abgeordnetenhause und draussen im Lande die Röthe der Scham ins Gesicht gestiegen ist?

sie, wenn es nothwendig werden sollte, veröffentlichen zu können. Es kostete auf dem Congresse ein gut Stück Arbeit, um solche irregeleitete Brr wieder auf den rechten Pfad zu bringen, aber es gelang schliesslich doch und — woran sehr viel gelegen war — alle Beschlüsse wurden mit Stimmeneinhelligkeit gefasst und man schied — Gott sei Dank — in freudiger, brüderlicher Eintracht von einander mit dem stolzen Bewusstsein, ein Werk geschaffen zu haben, welches allen ungerechten Angriffen trotzig wird die Stirne bieten können und für welches — so Gott will — noch späte Generationen dessen Begründer segnen werden.

Die Verfassung der Grossloge von Ungarn ist eine vollkommen liberale und sichert dieselbe den einzelnen Logen die vollständige Autonomie. Die an der Verfassung der Grossloge von Bayreuth, die der unsrigen zu Grunde liegt, vorgenommenen Modifikationen beziehen sich eben nicht darauf, dass den einzelnen Logen mehr Freiheit gewährt wird, als dies die Grossloge zur Sonne thut. Der Congress ging in diesem seinem Bestreben soweit, dass trotzdem sämmtliche Vertreter der 7 Logen, bis auf jene der Loge zu Oedenburg, ausgedehnte Vollmacht seitens ihrer Logen besassen, die vereinbarte Verfassung nur mit Vorbehalt der endgiltigen Genehmigung seitens aller Logen angenommen wurde und dass die Grosslogen-Beamten nur provisorisch, d. h. bis zum Zusammentritte der nächsten Grossloge gewählt wurden.

Die Wahl der Grosslogen-Beamten ergab folgende, meist einstimmige Resultate: Gr.-Mstr. Franz Pulszky, Mstr. v. St. der Loge zur Einigkeit im Vaterlande; deputirter Gr.-Mstr. J. L. Lichtenstein, I. Aufseher der Loge zur Einigkeit im Vaterlande; Correspondirender Gross-Sekretär Dr. S. Rosenbaum, Sekretär der Loge zur Einigkeit im Vaterlande; Gr.-Archivar: Hugo Maszák, I. Aufseher der Loge St. István in Pest; Gr.-Schatzmeister Josef Holländer, Schatzmeister der Loge z. Einigkeit im Vaterl.; I. Gross-Aufseher Eduard Reimann, Mstr. v. St. der Loge zu den drei Lilien zu Temesvar; II. Gr.-Aufseher Franz Julius Schneeberger, Mitglied der Loge zur Verbrüderung in Oedenburg, Präsident der „Humanitas" in Wien; Gr.-Redner, Gosweg, Redner der Loge zur Verbrüderung in Oedenburg; Gr.-Ceremonienmeister, Thiering, Mstr. v. St. der Loge zur Verbrüderung in Oedenburg; Gr.-Censor Sigmund Papp, I. Aufseher der Loge Honserêtet in Baja; Gr.-Almosenier Heinrich Goldscheider, Mstr. v. St. der Loge Széchényi in Arad; Gr.-Schaffner, Simonyi, Sekretär der Loge Wahrheit in Pressburg; Gr.-Thürsteher Dr. Theodor Bakody, Mstr. v. St. der Loge St. István in Pest.

Zur Sprengelrechtsfrage.

Ein haltloses Votum hat zu unserem Bedauern die Grossloge von Massachusetts abgegeben in dem „Report of Committee on the complaint of the Grand Lodge of Louisiana against the Grand Orient of France." 8. P. 14.

Bekanntlich hat der Gr.-Or. von Frankreich den schottischen Grossrath von Luisiana, der, von Foulhouze ge-

gründet, bisher nicht anerkannt war, nunmehr anerkannt, weil derselbe den Beschluss gefasst, farbige Suchende (Neger etc.), wenn sie sonst rechtschaffene, ehrbare und gebildete Männer sind, in den Bund aufzunehmen, ein Beschluss, der allerdings die genannte maurer. Körperschaft ehrt und den Prinzipien der echten und unverfälschten Mrei entspricht. Diese Anerkennung nun sieht die Grossloge von Luisiana mit Rücksicht auf die in Amerika geltende unmaurerische (politische) Sprengelrechtstheorie für eine Kränkung ihrer angeblichen Rechte an und andere amerikanische Grosslogen, welche gleichen Vorurtheilen huldigen, unterstützen sie nach Kräften, d. h. durch Proteste gegen das Verfahren des Gr.-Or. und eventuell durch Abbruch aller mr. Verbindung mit ihm. Die Gr.-Loge von Massachusetts nun hat die Frage ebenfalls einem aus den Brn Ch. Levi Woodbury, Ch. W. Moore und Luc. R. Paige bestehenden Ausschusse zur Berichterstattung überwiesen, dessen Gutachten uns zuging.

Dasselbe ist zwar sehr umfangreich und enthält manches nicht zur Sache Gehörige, ist aber im Ganzen unhaltbar, so dass wir die Gutheissung seitens der Grossloge nur beklagen können. Wir lassen ganz dahin gestellt sein, ob die Anerkennung des schottischen Gr.raths v. Luisiana seitens des Gr.-Or. von Frankreich durchweg begründet und zweckmässig, können aber in keinem Falle den Schlussfolgerungen der erwähnten Berichterstatter beipflichten, wenn sie sagen:

1) „Der angebliche Grossrath von L. für den schott Ritus ist eine nicht anerkannte unmaurerische Körperschaft und keine Person, welche durch sie zum Mr gemacht worden, hat irgend Anspruch auf die brüderlichen Privilegien der FrMrei.

2) Die Grossloge von Louisiana ist in ihren gerechten und gesetzmässigen Prärogativen und Beziehungen verletzt und geschädigt durch das Dekret des Gr. Orients."

Ein an den Grundsätzen der FrMrei, der Wohlfahrt des Bundes und der Freiheit der Brrschaft entgegenlaufendes Vorurtheil, wie die Sprengelrechtstheorie, nach welcher eine Grossloge auf einem bestimmten Gebiete die alleinige Herrschaft und ausschliesslichen Bestand haben soll, — ein solches Vorurtheil kann niemals eine „gerechte" Prärogative sein und wenn es gesetzliche Sanction erlangt, so ist es eben nur ein legaler Missbrauch, der einfach abgestellt werden muss. Demgemäss kann keine Rede davon sein, dass eine maurer. Oberbehörde eine zweite Gr.-Loge oder einen Grossrath neben einer andern in einem Staate nicht soll bestehen dürfen und dass an sich die Grossloge von Louisiana durch die Anerkennung des Gr.-raths geschädigt würde, vorausgesetzt, dass dieser Grossrath aus guten Elementen besteht, den wahren maurer. Grundsätzen huldigt, echte Mrarbeit liefert und die Sache des Bundes würdig vertritt. Dies führt uns auf den andern Punkt betr. Verweigerung der Nichtanerkennung des Grossraths als legale mr. Körperschaft. Die Gründung ist allerdings nicht in üblicher oder gesetzmässiger Form geschehen; aber damit ist nicht gesagt, dass eine darüber verhängte Acht nun auch ewig dauern müsse. Wieviele Grosslogen sind in nicht regelrechter Weise zu Stande gekommen und gegenwärtig doch allgemein anerkannt. Das legale Zustandekommen betrifft nur die Form, nicht das Wesen der Mrei und wenn sonst der betr. Grossrath von Louisiana von echtem Mrgeiste erfüllt ist, wie es den Anschein hat, und sachlich Мrei übt und fördert, so kann man über die Formsache als eine längst vergangene und gesühnte hinwegsehen und nachträglich Indemnität und Anerkennung ertheilen. Das ist ebenso brüderlich, wie das ewige Herumreiten auf früher bestandener Illegalität und Nichtanerkennung unmaurerisch ist. Das Fortbestehen einer nicht-anerkannten mr. Körperschaft schädigt den Bund, der durch deren Anerkennung nur gewinnt.

Ob in einem Staate eine, zwei oder drei Grosslogen bestehen, ist im Grunde gleichgiltig, obgleich das Bestehen nur einer einzigen wünschenswerth und zweckmässig ist; wenn diese zwei oder drei Grosslogen nur auf echt maurerischem Boden stehen und mit einander in Freiheit, Eintracht und Frieden gleicher Weise wahre FrMrei üben und das Beste des Bundes fördern.

Nun hält uns der dem amerikanischen Sprengelrechtsvorurtheile huldigende deutsche „Triangel" freilich ein: „Aber der Grossrath von Louisiana ist ja ein Vertreter des Hochgradwesens!" — und er wirft uns vor, dass wir in diesem Fall wenig consequent seien; denn die amerikanischen Grosslogen als solche anerkennen nur die 3 Johrgrade und überlassen die Pflege der Hochgrade gesonderten Oberbehörden. Das ist richtig und wir bedauern aufrichtig, dass ein schottischer Grossrath es war, der sich in den Ver. St. für die Aufnahme der Farbigen zuerst erklärte, wie wir es auch bedauern, dass der Grossrath von Louisiana dem Unfug der Hochgrade huldigt. Aber wir hören nicht auf, die Hochgrade zu bekämpfen, wenn wir in der Baçen- u. Sprengelrechtsfrage uns auf Seiten des Grossraths von Louisiana, also auf Seiten des maur. Fortschritts stellen. Die Trennung der Hochgrade von den amerik. Grosslogen will ja auch wenig besagen, da die Grossmeister und übrigen Grossbeamten doch auch zugleich den Kapiteln, Heerlagern und wie diese Dinge alle heissen, angehören. Wir begegnen also dem Hochgradwahn, „der Entstellung der alten Mrei hier wie dort, in dieser wie in jener Form"; die Vereinigung der höheren Grade mit der Joh. Мrei ist beim Grossrath von Louisiana keine innigere, wie bei der Grossloge von Louisiana; nur dass der Grossrath, der in einem Punkte vernünftigen Anschauungen huldigt, eher zu Hoffnungen auf eine bessere Zukunft berechtigt, als jene.

Von den alten „Landmarken" hätte der Ausschuss vollends besser geschwiegen, um seine Unwissenheit in dieser Beziehung nicht zu dokumentiren und von einem „Umsturz der Selbstregierung in den Vereinigten Staaten" ist nirgends die Rede, da die Gerichtsbarkeit der Grossl. von Louisiana nicht geschmälert wird, wenn eine andere Grossloge neben ihr arbeitet. Eine haarsträubende Verkehrtheit endlich ist es, wenn der Ausschuss behauptet, „die mr. Philanthropie, wie wir sie verstehen und üben, bezieht sich nur auf unsere Brr Mr", nicht auch auf die Aussenwelt, auf die gesammte Menschheit. Den Mrbund in eine blosse gegenseitige Hilfsgesellschaft umwandeln, heisst ihn von seiner Höhe herabziehen und das Wesen der fmr. Kunst von Grund aus missverstehen.

Die maurerische Werkthätigkeit des FrMrkränzchens Concordia zur Landeskrone im Orient Oppenheim am Rhein.

(Nach den officiellen Mittheilungen des Br Sekretärs Hermann Fuhr an die Ehrw. Grossloge zur Eintracht.)

Das Kränzchen zu Oppenheim [*]), welches gesetzlich wie alle derartige brüderliche Vereinigungen im Sprengel der Grossloge zur Eintracht unter Anschluss an eine Loge arbeitet, wurde am 13. Juni 1856 bei Br Dr. Förster constituirt. Die erste Arbeit fand am 28. Juni 1856, die Affiliation durch die Loge zu Мainz (christliches Prinzip) am 15. Sept. 1861, durch die Wormser Loge (Humanitätsprinzip) am 4. Okt. 1868, und die erste ritalmässige Arbeit unter der Leitung der Loge zu Worms im Orient Oppenheim am 28. Febr. 1869 statt.

Die Мitglieder bilden in Wahrheit eine maurerische Familie. Die hellstrahlende Werkthätigkeit des Kränzchens, die für alle Logen ein Vorbild sein kann, zeigt so recht, wie nicht die Zahl der Мitglieder, sondern der Geist und die Arbeitskraft derselben den Ausschlag in der maurerischen Werkthätigkeit giebt.

1) Das Kränzchen bestand im Anfang des Jahres 1868, sagt der Bericht, aus 11 aktiven und 4 Ehrenmitgliedern (unter den ersteren ein Israelit), von denen während des Jahres zwei Brüder, einer durch den Tod, und der andere durch Versetzung von hier austraten. Neuzugetreten sind drei Mitglieder.

2) Im Laufe des Jahres fanden dreizehn regelmässige Arbeiten statt, eine als Trauerkränzchen für den in den ewigen Osten eingegangenen Grossmeister Br Leykam. In denselben wurden 16 selbständige Zeichnungen und 9 Lesefrüchte vorgetragen.

3) Für den Armenfonds wurden nach den jedesmaligen Arbeiten fl. 57. 51. gesammelt und fl. 43. 45. verausgabt.

4) Thätigkeit des Kr. im profanen Leben:
    a) eine Sammlung für die Ostpreussen fl. 134.
    b) für die Wittwen und Waisen der in Ostpreussen am Typhus gest. Aerzte fl. 126.
    c) für die Abgebrannten in Lissa fl. 108. 36.
    d) für die Ueberschwemmten in der Schweiz fl. 248.
    e) für Herstellung eines Rettungsbootes in Verbindung mit der Binger Loge fl. 198.
in Summa 814 fl.

Fortwährend sind die Мitglieder des Kränzchens bei folgenden Vereinen in den Vorständen mitwirkend:
    a) Germanisches Мuseum in Nürnberg.
    b) Deutsche Gesellschaft zur Rettung Schiffbrüchiger.
    c) Verein zur Verbesserung entlassener Sträflinge in Hessen.
    d) Kranken- und Sterbeverein für 280 Arbeiterfamilien in Oppenheim.
    e) Höhere Mädchenprivatschule.
    f) Gesangverein.
    g) Schützenverein.
    h) Gewerbeverein.

[*]) Vergleiche die offizielle Mittheilung: „Zur Erinnerung an die erste ritualmässige Logenarbeit des FrMr-Kränzchens Concordia zur Landeskrone im Orient Oppenheim am 28. Febr. 1869."

i) Landwirthschaftlicher Verein.

k) Arbeiterbildungsverein.

l) Gemeindeverwaltung in Oppenheim.

Gebet hin, ihr Brüder in andern Logen und thut dasselbe; arbeiteten alle Logen so, dann wäre es nur Freude Bruder zu sein!

Ebenso wahrhaft maurerisch tief und weit sind die Grundsätze, die der Arbeit der Brüder in Oppenheim zu Grunde liegen.

Wir wollen hier die Namen der edlen Brr aufführen: E. Bayerthal in Oppenheim (Israelit), R. W. Förster†) in Opp. (Vorsitzender), Herm. Fuhr†) in Opp. (Sekretär), Ernst Kern (Verlagsbuchhändler) in Opp., Küstner III., in Guntersblum, J. Krug in Friesenheim, Adolph Lippold†) (ein wahrer maurerischer Apostel) Notar in Opp., Joh. Momberger†) Pfarrer in Dienheim, E. Schlarb in Opp., Carl Specht in Guntersblum, J. Stallmann V. in Wald-Uelversheim, und Witterstätter†) in Opp. —

Die Concordia zur Landeskrone*), sagt der Rechenschaftsbericht vom 1. Mai 1869, hat sich nach wie vor ihrer Gründung bemüht, im Verein mit allen Mitgliedern des Bundes dessen Ziele zu erreichen, durch Selbsterkenntniss das eigene Ich zu vervollkommnen, das Gute, Rechte und Wahre sowohl im engen Bruderkreise als auch in in der ganzen profanen Welt zur Herrschaft zu bringen, Licht und Aufklärung zu verbreiten, soweit die Kräfte eines kleinen Kreises von gleichgesinnten, nach Besserung aller sozialen Zustände strebenden Männern uns gestatten.

Wir haben die grosse Wahrheit nie verkannt, dass wir alle im Dienste des allmächtigen Baumeisters aller Welten stehen und dass, wenn wir auch wie alle freien Menschen, mit einem freien Willen und natürlichem Verstande ausgerüstet sind, unsern Handlungen eine bestimmte Richtung zu geben, wir einer höheren Weltordnung unterthänig bleiben, die Resultate unseres Strebens von keiner Dauer und von keinem Nutzen für die Menschheit sein können, wenn dieselben nicht nach seinem Geiste getragen werden und seinen Plänen, auf welchen die Grundsätze des Freimaurerbundes ruhen, entsprechen. — In unserem engeren Kreise hat sich die Ueberzeugung einstimmig dahin ausgesprochen, dass die erste Aufgabe, welche sich die Stifter unseres Bundes gestellt, und die darin wohl bestanden hat, der leidenden Menschheit Religions- und Gewissensfreiheit wieder zu erringen, gelöst ist; dass nachdem dieses der Menschheit lang und schwer verkümmerte Gut wieder ein allgemeines geworden, die Aufgabe der Freimaurerei in unseren Tagen eine andere geworden ist. — Nach den Grundsätzen des Bundes hat der ächte Freimaurer nicht blos unausgesetzt sich selbst zu veredeln und das geistige Schwert für Gewissens- und Religionsfreiheit unermüdet zu führen, sondern er war auch gleichzeitig an eine unbegränzte Wohlthätigkeit nicht bloss gegen die Brüder, sondern gegen alle Menschen angewiesen; bei einer treuen Pflichterfüllung gegen Familie, Gemeinde und Vaterland sollte ihm der Gedanke an alles,

was gut, recht und wahr ist, und was seiner nächsten Umgebung, wie auch den weitesten Kreisen in einem höheren Sinne nützlich sei, ein unvergesslicher, heiliger und stets zu verwirklichender sein. Nur in diesem Sinne fassen wir die Mahnung „gedenket stets der Armen" auf. Nicht der Bettler, dem es an den nöthigsten Mitteln zur Fristung des Lebens gebricht, ist bloss der Arme, sondern jeder ist arm, dem sein Recht verkümmert, dem seine Freiheit verkürzt, dem sein Erwerb beschränkt, dem man das Licht verdunkelt, dem man sein Herz beschwert, und allen diesen Armen hat der Bund seine hilfreiche Hand verpfändet.

Wenn, wie gesagt, das höchste Gut, die Freiheit Gott in seiner Weise zu verehren, der Menschheit durch die mitwirkende Thätigkeit des Bundes wieder erobert ist, so sind wir in unseren Tagen ganz besonders berufen, weitere Ziele der Freimaurerei zu verwirklichen und durch werkthätige Liebe für die Zukunft dem Bunde seine bis jetzt ausgezeichnete Stellung zu bewahren. Die Ideale, worüber wir in unsern Bauhütten, gesondert von dem Geräusche der profanen Welt und zu ihrer Erlösung uns verständigen, sie müssen durch unsere Bauleute in der profanen Welt verwirklicht werden. Nicht genug, dass die Maurerei in dem Tempel der Wahrheit, Gerechtigkeit und Menschenliebe die Erkenntniss dieser Ideale gefunden hat, er muss auch in seinem Berufs- und profanen Leben diesen Idealen einen lebendigen, thätigen Körper zu schaffen wissen. Schon Jahrhunderte lang hören wir von Lehrstühlen und Kanzeln solche Wahrheiten verkündigen und noch immer nicht entsprechen unsere sozialen Zustände den Erfordernissen der Humanität und sollen diese Zustände nicht so fortdauern, so müssen eben entschiedene Männer in Kampf treten, um das zu erringen, was der leidenden Menschheit gebricht. Die Grundsätze des Guten, wie sie Gott in das Herz des unverdorbenen Menschen gelegt hat, sie müssen für alle Menschen ohne Ausnahme mit energischen Mitteln zur Geltung gebracht werden. Der Gleichberechtigung aller Menschen zu einem glücklichen Leben in Arbeit und Genuss, in Freiheit und Tugend, in Nächstenliebe und Gottesfurcht, sie muss zu einer Wahrheit werden. Diesem Ziele die Menschheit näher zu führen ist unserer Ansicht nach der Freimaurerbund vermöge seines Grundgesetzes der Liebe, der werk- und wohlthätigen Liebe vor allen menschlichen Einrichtungen zunächst berufen. — So und nicht anders fassen die Mitglieder unseres Kränzchens die Aufgabe der Maurerei für die Gegenwart auf, um eine gute Zukunft für die Menschheit herbeizuführen." — Das ist die rechte Sprache, das sind die ächten Werkthätigkeitsübungen ächter Maurer!

Schlussbemerkung des Einsenders. — In vorstehender oder ähnlicher Weise, mit theilweiser Mittheilung der Statuten und Rechenschaftsberichte interessanter Stiftungen, die namentlich auf andere Oriente und Orte übertragbar sind, oder für eine Reihe von Jahren von ganzen Logengruppen oder den deutschen Gesammtbrüdern stets in Angriff und Ausführung genommen zu werden verdienten, wünschte ich das Werk über Statistik der deutschen maurerischen Werk- und Wohlthätigkeits-Stiftungen und Uebungen ausgeführt zu sehen, welches Br Cramer in Eichenbarleben und der Unterzeichnete in ihrem auf der

---

*) So genannt nach den Trümmern des alten Schlosses, welches im nordwestlichen Rücken Oppenheims die Stadt im Rücken beherrscht und bei Gustav Adolphs Rheinübergang mit seinen Schweden eine Rolle spielte.

†) Mitglieder des Vereins deut. FrMr.

Jahresversammlung des „Vereins deutscher Maurer" zu Dresden 1869 vorgetragenen Referaten über maurerische Statistik und Organisation der maurerischen Werkthätigkeit (Vergleiche: „Mittheilungen aus dem Verein deutscher Freimaurer", Leipzig, Findel 1869. Dritter Band S. 237 ff. u. S. 244 ff.) in Angriff zu nehmen aufgefordert etc.

In diesem Geiste abgefasst, würde es ein sicherer und überall durch das Dunkel maurerischer Werkthätigkeit hellleuchtender Führer sein und werden.

Orient Darmstadt im Decbr. 1869.

Br H. Künzel.

Feuilleton.

Darmstadt. — Vom „Jahrbuch der Bauhütten des Eintrachtsbandes in Monatsblättern" ist die erste Nummer (Januar) erschienen. Dieselbe enthält einen Artikel über „Aufgabe und Zweck der Monatsblätter", eine „Uebersicht über die verb. Logen", ein Lebens- und Charakterbild des verst Br Joh. Chr. Weisser in Frankfurt und verschiedene Feuilleton-Notizen. In dem ersterwähnten Artikel heisst es u. A.: „Diese Lokalblätter werden ebensowenig, wie das unsrige, den beiden freimr. wöchentlichen Hauptblättern, Dr Findei's Bauhütte und Br Zille's FrMrZtg, nicht allein keinen Abbruch und keine Einbusse an Lesern verursachen, sondern gerade, weil sie wie kleine aber klare Bäche in die beiden grossen Ströme naturgemäss einmünden, den Leserkreis derselben erweitern und der maurerischen Presse, einem der mächtigsten und wichtigsten Werkzeuge unserer K. Kunst, immer mehr Nachdruck und Eingang in bisher weniger zugängliche Kreise verschaffen. Denn wer einmal für die laufenden Interessen der mit seiner Bauhütte zusammengehörigen Logen durch die ununterbrochene Lectüre des Lokalblattes gewonnen ist, wird sich auch der magnetischen Kraft der beiden grossen Hauptblätter nicht mehr auf die Dauer entziehen können."

Krotoschin. — Die Loge „zum Tempel der Pflichttreue" hat sich dem Vernehmen nach in Folge des letzten Rundschreibens der Loge Lessing in Barmen einstimmig für die Gothaer Anträge ausgesprochen. Möchten recht viele Logen diesem Beispiele folgen!

Leipzig. — Die „Bauhütte" hatte dieser Tage die Freude, das erste Exemplar nach Spanien versenden zu können. Wir werden auch künftig in der Lage sein, direkte und zuverlässige Berichte über die Verhältnisse und die Entwickelung des MrThums in Spanien zu bringen.
— Br Dr. Fr. Aug. Eckstein, Mstr. v. St. der Loge Apollo, ist einstimmig von den sächs. Bundeslogen zum Dep. Landes-Gross-Meister erwählt worden.

Mannheim. — Die Loge Carl zur Eintracht hat einen schweren Verlust erlitten. Nachdem seit Kurzem bereits mehrere Brr in d. e. O. eingegangen, verschied Donnerstag den 27. Jan. Dr Carl Betz, Kfm., im Alter von noch nicht 46 J. Geboren 1824 und im J. 1850 in der Loge z. E. aufgenommen, begleitete er in derselben die Aemter eines Sekr. und 2. Aufs. und wurde später zum depot. Mstr. und dann zum Mstr. v. St. gewählt. In den letzten Jahren, wo er zu kränkeln begann, musste er die II. niederlegen, der durch das Vertrauen der Brr dem der Brei sehr ergebenen Br L. Keller übertragen wurde, während Br Betz in der Hoffnung auf baldige Genesung, zum deput. Mstr. gewählt ward. Obwohl er den Versammlungen nicht mehr anwohnen konnte, nahm er

doch bis zu den letzten Tagen inniges Interesse an dem Leben der Loge.

Die zahlreiche Begleitung zur letzten Ruhestätte zeigte, wie beliebt Br Betz in allen Kreisen war. Durch seinen Tod hat die Gemeinde der Stadt einen wackeren Bürger, die Loge Carl z. E. aber einen ihrer treuesten und tüchtigsten Mitarbeiter verloren!

Pest. — Kürzlich hat sich in Pest eine neue Loge „zur Grossmuth" aufgethan (Mstr. v. St. Br Dr. Lewis), hoffentlich mit Genehmigung der Loge „zur Einigkeit im Vaterlande" und unter Anschluss an die Grossloge, da wir andernfalls eine solche Separirung nur beklagen müssten. Es wundert uns, dass wir in dem letzten Berichte des gel. Br Rosenbaum keine Notiz darüber erhielten.

Erhaltener Mittheilung zufolge hat die schottische Loge „Matth. Corvinus" eine Verbindung mit der Loge „zur Einigkeit" gesucht, während diese in kluger und sachgemässer Würdigung der Verhältnisse dieses Gesuch der neuen Grossloge zur Erledigung überwiesen hat. Diese hat in einem brüderl. Schreiben darauf geantwortet, worin es u. A. heisst:

„Um aber den gel. Brn des Hochgradsystemes den klaren Beweis dafür zu geben, dass die in den 3 St. Johannisgraden arbeitenden Brr weit entfernt, eine unsere gemeinsamen hohen Ziele schädigende Rivalität anzustreben, vielmehr entschlossen sind, dahin zu wirken, dass die beiden Systeme in brüderlicher Eintracht neben einander bestehen, haben die bevollmächtigten Vertreter sämmtlicher im Lande bestehender 7 ger. und vollk. St.-Johannis-Logen das von ihnen gewählte im Or. von Pest arbeitende Beamtencollegium der Grossloge von Ungarn für die drei St.Johannisgrade angewiesen, der chrw. gerecht. und vollk. Loge Mátyás einen Auszug aus dem Protokolle des Congresses der 7 gerecht. und vollk. Johannis-Logen vom 30. Decbr. sammt der am selben Tage für die Grossloge von Ungarn für die 3 Johannisgrade vereinbarten und einstimmig acceptirten Verfassung zu übersenden und in Einem die chrw. gerecht. und vollk. Loge Mátyás brüderlich aufzufordern, dass dieselbe nebst ihren Statuten auch ihre auf Grund der vereinbarten Verfassung der Grossloge von Ungarn für die 3 St.-Johannisgrade zu stellenden Propositionen behufs der, durch die gerecht. und vollk. Loge Corvinus Mátyás beantragten Vereinigung der beiden Systeme dem genannten Beamtencollegium zustellen wolle, da dasselbe autorisirt worden ist, in dieser Hinsicht die weiteren Schritte vorzunehmen." —

Portugal. — Die zwischen den beiden Grosslogen von Lusitanien und Portugal gepflogenen Verhandlungen haben zu einem günstigen Resultat geführt, indem eine Convention darüber von sämmtlichen Mitgliedern des betr. Ausschusses unterzeichnet worden ist. Ferner theilen wir mit, dass die Grosse Loge einen Orden vom glänzenden Triangel (de Triangulo rutilante), zum Andenken an den vor vielen Jahren, als Märtyrer der Freimaurerei, hingerichteten (am Triangel des Galgens verstorbenen) Bruder Gomez Frere d' Andrade gestiftet, bestimmt als Auszeichnung für verdienstvolle Maurer ertheilt zu werden, und dass in Spanien wieder zwei neue Logen erstanden: „Igualdad" in Madrid und „Caridad e Igualdad" in Cadix. Aus einer Schrift des Bruders Dr. da Cuncho-Bellem: Le Grand Orient Lusitanien, ist ersichtlich, dass der genannte Bruder d' Andrade, Generallicutenant, Meister vom Stuhl der Loge „Virtude" in Lissabon, 1816 zum Grossmeister erwählt, am 18. October 1817 mit 11 andern Brüdern hingerichtet wurde, dass dann für längere Zeit die Freimaurerei in Portugal, die freilich zu der Zeit eine durchaus nur politische Verbindung gewesen, zu existiren aufgehört, dass sich dann 1849 mehrere ältere Brr wieder zusammengefunden, und den Grossorient von Portugal unter dem Grossmeister d' Oliveira gegründet, dass aber der Nachfolger desselben, Br Alves de Mauro Contucho, durch sein hartes, despotisches Verfahren viele Brr der guten Sache entfremdet, dass dann, am 31. Januar 1859, die frühere Grosse Loge von Lusitanien unter dem Grossmeister Br de Paraty wieder aufgelebt und so zwei Grosse Logen neben einander und einander gegenseitig nicht anerkennend, bestanden, eine bedauerliche Spaltung, die aber jetzt, hoffentlich für immer, ein Ende genommen; dass diese Grosse Loge, seit 1863 mit den Grossen Logen von Frankreich, Irland, Italien, Argentina, Uruguay, Sachsen, Luxemburg, Neugranada, Hamburg, Brasilien (dos Benedictinos), der Niederlande, Darmstadt, Belgien, Chili und mehreren Anderen, sowie in neuester Zeit mit den Grossen Logen „Royal York" und „zu den drei Weltkugeln," in Verbindung getreten, und dass sie 18 Tochterlogen zählt: in Lissabon (wo eine Loge, die Loge „Cosmopolite" fast nur aus Ausländern, namentlich Franzosen besteht), Porto, Coimbra, auf den Azoren und 3 (neuerlichst 4) in Spanien, in Sevilla, Cadix und (jetzt 2) in Madrid.

Literar. Notiz. Der auch im letzten Jahrg. der „Latomia" erwähnte maur. Prozess Wieber-Röhr, eine maur. Scandalgeschichte, spielt noch immer, wenigstens in der Literatur. Soeben erschienen folgende 2 Schriften: „Principles and Practice of Masonic Jurisprudence as illustrated by a case of three years Proceedings before the Grand-Lodge of the State of New-York by Br George Wieber. 8. 19 p. und: „Offener Brief an Dr Ed. Roehr in Beantwortung seines „Ein mr. Disciplinar-Verfahren" von Br G. Wieber, New-York, 1869. Teubner." 8. 36 S.

Da wir auf das Pamphlet des Br Roehr, gegen welches wir mancherlei einzuwenden gehabt, s. Z. nicht eingegangen, begnügen wir uns auch hier mit der blossen Anzeige der obigen Schriften.

Maurer. Lieder als Bausteine. — Demnächst erscheinen im Selbstverlag des Verfassers (des verehrten Br von Carnall, Prov. Grossmstr.) in Breslau: „Gesänge und Gedichte aus Schwesterkränzchen vom alten Kränzelvater der guten Loge Horus". 6 Bgn. geh. Subscrpreis 12½ Ngr.

Den Inhalt bilden I. Tafelgesänge a) zur Begrüssung der Schw.; b) allgemeine Tischlieder; c) Lieder verschiedenen Inhalts (darunter auch Toaste auf die Gäste). — II. Gedichte (meist humoristischen Inhalts).

Die Netto-Einnahme des Schriftchens soll einen kleinen Baustein zu dem Tempel der Loge Horus abgeben. „Unsere gute Loge ist nämlich durch die unerwartete Kündigung des bisher miethweise innegehabten Arbeitslokales, und da es nicht gelungen, ein solches hier anderweitig zu miethen, genöthigt, ein Grundstück zu erwerben und einen Neubau zu unternehmen. Die Geldmittel derselben sind indessen sehr beschränkt, und obgleich fast alle Brüder sich zu, für ihre Kräfte recht ansehnlichen Opfern bereit erklärt haben, muss ihr doch noch jeder, wenn auch noch so kleine Beitrag in hohem Grade erwünscht sein.

Wir empfehlen diese Gedichtsammlung aufs Wärmste zu geneigter Berücksichtigung und wünschen der Loge und dem Verfasser von Herzen recht guten Erfolg.

Für Medaillen-Sammler. — Br Guiseppe Giani, Mitglied der Loge Pietro Micca zu Turin, hat eine antipäpstliche, von dem Gegencouncil zu Neapel ausgegebene Medaille verfertigt, welche auch bei deutschen Brüdern Abnahme finden dürfte.

Dieselbe kostet in Bronce ächt vergoldet, in feinem Etuis frs. 10. —.
In Natur, in feinem Etuis frs. 8. —.
In Composition (weiss Metall) mit ordin. Schachtel frs. 1. 50.

Nochmals die Lokalverweigerung. Während wir unsererseits die Akten über den Leipziger Lokalverweigerungsprozess längst geschlossen, sehen wir, dass die Angelegenheit den verehrten Br Marbach noch immer nicht ruhig schlafen lässt. Auf dem jetzt nicht mehr ungewöhnlichen Wege aber Amerika erfahren wir erst kürzlich, dass Nr. 19 des Hamburger „Logenblatt" (vom 3. November) dem Br Marbach auf eine dorthin gesandte „Erklärung" eine zermalmende Abfertigung hat angedeihen lassen.

„Wir können nicht umhin," — bemerkt die geehrte Redaction des LogenbL — „unser Bedauern darüber auszusprechen, dass Br Marbach anstatt eine vor jedem unbefangenen Auge als verloren erscheinende Sache aufzugeben, sich aufs Neue in allerlei Haarspaltereien verwickelt, um, wenn auch nicht zu überzeugen, doch möglicher Weise das letzte Wort zu behalten. Denn bei der Hinfälligkeit der in obiger Erklärung angeführten Argumente können wir nur annehmen, dass ein so intelligenter Mann, als welchen die gesammte mr. Welt den Br M. kennt, entweder in der Aufregung des Streites den klaren Einblick in die Sachlage verloren oder — so schwer es uns fällt, dies auszusprechen — zu Beweisgründen gegriffen habe, zu denen er selbst kein Vertrauen hat und die ihm nur eine prozessualische Diversion gewähren." — — — „Bedürfen wir einer solchen Confusion gegenüber noch einer weiteren Rechtfertigung?" — „Wenn bei dieser Controverse weniger der Kern der Frage, als leichtwiegende, auf grammatische Minutien hinauslaufende Punkte in Betracht gezogen wurden, so liegt die Schuld nicht an uns, sondern an unserem Gegner, der es verzog, nicht mit inneren Gründen, sondern mit blossen Namen und Bezeichnungen zu argumentiren und sich auf diese Weise schliesslich mit seinen eigenen Ausführungen in Widerspruch zu bringen."

Soweit die Redaction. — Wir bemerken hier noch, dass Br Marbach in der bez. „Erklärung" von dem „durch die Brr Seydel und Findel repräsentirten Verein" spricht, während der Verein statutengemäss, wie Dr M. wohl weiss, nur durch den Vorsitzenden nach aussen vertreten wird. Will man aber mehr Namen, so ist der gesammte Vorstand zu nennen, der aus 5 Brn besteht. Zweitens sagt er, der Verein bezeichne sich offiziell selbst als „der Verein deut. FrMr." Dies hat der Verein niemals, wenigstens nicht mit Absicht gethan, da er sich lediglich „Verein deut. FrMr." nennt d. i. dem Sinne nach als einen Verein dt. FrMr hinstellt. Wenn er von sich selbst spricht, muss er allerdings den Artikel „der" davor setzen. Dass der Verein einen Nachdruck auf dieses „der" je gelegt, wird Br Marbach ebenso wenig beweisen können, wie andere Behauptungen seines famosen Rundschreibens. Da Br Marbach in jener „Erklärung" den Verein mehrfach den „Seydel-Findel'schen Verein" zu nennen beliebt, so sei ihm hiermit kund und zu wissen gethan, dass die Vereins-Mitglieder sich notorisch weniger beeinflussen lassen, als die Brr mancher Loge. Zeug der bisherigen Verhandlungen haben die Mitglieder des Vereins ihre Selbstständigkeit gelegentlich derart bewiesen, dass man jedenfalls viel eher von einer Marbach'schen Loge, als von einem Seydel-Findel'schen Verein reden kann. Br Marbach möge sich doch das beredte Schweigen der Loge Minerva zum Muster nehmen! —

Correspondenz.

Mein verehrter Bruder!

Im Entwurf zum norddeutschen Strafgesetzbuch heisst es im § 110 wie folgt:

„Die Betheiligung an einer Verbindung deren Dasein, „Verfassung oder Zweck vor der Staatsregierung geheim „gehalten werden soll — ist an den Mitgliedern mit „Gefängniss bis zu 6 Monaten — an den Beamten der „Verbindung mit Gefängniss von 1 Monat bis zu 1 Jahr „zu bestrafen."

Ich kann Ihnen nun versichern, dass Juristen die Befürchtung hegen, dass sich dieser § auf die Freimaurerei anwenden lasse, da das Wort „Verfassung" sehr dehnbar sei; daher bitte ich Sie, diese Angelegenheit einer öffentlichen Besprechung in der Bauhütte zu unterziehen.

Mit brüderlichem Gruss
Moritz Schanz.

Chemnitz, 10. Febr. 1870.

Nachschrift.

Obgleich wir diese Befürchtung nicht zu theilen vermögen, danken wir doch für die gegebene Anregung und werden uns freuen, wenn sich competente Brr, wie Br O. Bretschneider in Eisenach u. A., darüber aussprechen.

Die Redaction.

Briefwechsel.

Br N. in A—n. — Der Vorstand hat den Vorschlag des Br Th. noch nicht in Erwägung ziehen können; mir scheint, dass er erst später mit den anderweitig eingehenden Anträgen zu prüfen sein wird. Von Ihrem Votum habe ich einstweilen Notiz genommen. Brüderlichen Gegengruss!

Br M—r in N—d. — Beitrag erhalten und als Vereinsmitglied willkommen. Mittheilungen erhalten Sie durch E. M. Das Missgeschick des Br D—nn beklage ich sehr; wer hat für ihn in H. die Agentur übernommen? Mir sind die Beiträge der 3 H. Br pr 69 noch nicht zugegangen. Brüderlichen Gruss!

Br N—r in G—n. — Vereinsbeitrag erhalten; brüderl. Gruss!

Br Fr. F—l in Bayr. — innigsten, verbindlichsten Dank, warmen Händedruck im Geiste und herzl. Gruss!

Br G. W—r in M—n. — Die Pflichtw. vulgo K. W. war vortrefflich und weckte in mir die Erinnerung an jene frohen Stunden von 1859. Wärmsten Dank und freundl. Gruss!

Bekanntmachung.

Die Loge „Ernst für Wahrheit, Freundschaft und Recht" im Or. Coburg hat in ihrer jüngsten Wahlloge den Br Dressel I. zum Mstr. v. St. gewählt und bittet, Zuschriften für sie künftig an dessen profane Adresse:

„Bankdirektor Dressel"

zu richten.

Coburg, 30. Januar 1870.

Fr. Müller,
derz. Secretär.

Verantwortlicher Redacteur: Br J. G. Findel. — Verlag von Br J. G. Findel in Leipzig. — Druck von Brr Bär & Hermann in Leipzig.

No. 9.   XIII. Jahrgang.

Die
BAUHÜTTE.

Begründet und herausgegeben

von

Br J. G. FINDEL.

* Organ des Vereins deutscher Freimaurer. *

Handschrift für Bru FrMr   Leipzig, den 26. Februar 1870.   MOTTO: Weisheit, Stärke, Schönheit.

Von der „Bauhütte" erscheint wöchentlich eine Nummer (1 Bogen). Preis des Jahrgangs 3 Thlr. — (halbjährlich 1 Thir. 15 Ngr.)
Die „Bauhütte" kann durch alle Buchhandlungen bezogen werden.

Inhalt: Das christliche Prinzip in der Freimaurerei. Von Br O. Bretschneider. — Zur Frage der maurerischen Werkthätigkeit. I. Von Br G. Thost. — II. Von e. Frau. — III. Von Br Schröter. — Feuilleton: Darmstadt. — England. — Hof. — Niederlande. — Ungarn. — Villeneuve. — Zur maurer. Geschichte. — Briefwechsel. — Anzeigen.

Das christliche Prinzip in der Freimaurerei.

Von

Br O. Bretschneider,

zug. Metr. v. St. der Loge Ernst z. Compass in Gotha.

So viel auch schon seit Jahren in Deutschland darüber geschrieben, gesprochen und gestritten worden ist, ob es gerechtfertigt sei, von denen, welche die Aufnahme in den Bund der FrMr suchen, ein christliches Glaubensbekenntniss zu fordern, so ist diese Frage doch leider noch weit davon entfernt eine praktische Lösung gefunden zu haben, da namentlich noch die drei Preussischen Grosslogen zu Berlin, welche mit ihren zahlreichen Tochterlogen weitaus die Mehrheit aller deutschen Freimaurer umfassen, noch immer bei Allen, welche in ihren Systemen die Aufnahme in den Maurerbund nachsuchen, an der Forderung eines christlichen Glaubens festhalten. Obwohl eben durch das Festhalten an dieser Forderung nicht etwa blos den Juden, sondern überhaupt allen Nichtchristen, also der unendlichen Mehrheit aller Menschen, die Aufnahme in den Bund der Freimaurer versagt wird, hat man doch gewöhnlich diese universelle Frage specialisirt, und weil, namentlich in Deutschland, ausser den Bekennern christlicher Religionen, vorzugsweise nur Israeliten leben, den Streit als einen solchen über die Aufnahmefähigkeit der Israeliten in den Maurerbund bezeichnet, und die Frage selbst als „die Judenfrage" besprochen.

Ich habe bereits in einem, im 26. Band der „Latomia" S. 1 bis 35 inscrirten Aufsatz nachzuweisen versucht, dass dieser Standpunkt ein irriger ist, dass es sich, ganz abgesehen von der Aufnahme der Juden, vielmehr um die

Frage handelt, ob man die Aufnahme in den Freimaurerbund überhaupt von einem Religionsbekenntniss des die Aufnahme Nachsuchenden abhängig machen dürfe, und dass sich Gründe für eine Bejahung dieser Frage weder aus der historischen Entwickelung unseres Bundes nachweisen lassen, noch dass die unserem Bunde zu Grunde liegenden Principien dafür geltend gemacht werden können, dass vielmehr diese Prinzipien dem Verlangen eines Religionsbekenntnisses geradezu widersprechen. Eine Widerlegung dieses Aufsatzes ist mir bis jetzt nicht zu Gesichte gekommen, und erlaube ich mir daher die Brr, welche sich für diese wichtige Sache interessiren, auf die gedachte Zeichnung zu verweisen.

Aber gerade weil die Sache noch fortwährend controvers ist, und weil die drei grössten Logenbünde Deutschlands noch immer an der Forderung eines christlichen Glaubens für die Aufnahme in unsern Bund festhalten zu müssen meinen, glaube ich, dass es nothwendig ist, diese wichtige Controverse immer von Neuem der Prüfung und Beurtheilung der Brr zu unterbreiten und sie nach allen Richtungen hin zu erörtern und zu beleuchten.

Ich habe mir daher die Aufgabe gestellt, in Folgendem, den allgemeinen Gesichtspunkt verlassend, einen Beitrag zur Prüfung der sogenannten Judenfrage zu liefern, und zwar nicht um, wie dies schon oft geschehen ist, mit allgemeinen Phrasen, mit welchen man Niemand überzeugt, für oder gegen die Sache einzutreten, sondern um an der Hand der Geschichte nachzuweisen, wie die Stellung der Juden im bürgerlichen Leben in früheren Zeiten sie mit einer gewissen Nothwendigkeit von der Aufnahme in unseren Bund ausschliessen musste, wie sodann, namentlich seit Ende des vorigen Jahrhunderts durch Aufstellung des christlichen Prinzips in der Maurerei, insbesondere in Preussen, die Gesammtheit der Israeliten von der Aufnahme in die dortigen Logen ausgeschlossen wurde, wie sich im Laufe dieses Jahrhunderts in Deutschland und namentlich in Preussen die bürgerliche Stellung der Israeliten geändert hat, und welche Hindernisse dermalen ihrer Zulassung in den Preussischen Logen noch entgegenstehen. Nöthigt mich dies etwas weit auszuholen und namentlich auf die Geschichte der Stellung der Juden zum Christenthum und auf die rechtlichen Verhältnisse der Juden im Staate seit Begründung des Christenthums zurückzugehen, so hoffe ich um so mehr auf die Nachsicht der Brüder, welche diese Blätter lesen, als auch sie gewiss, wie ich, vor Allem Wahrheit und eine unbefangene Beurtheilung der Sachlage verlangen werden, diese aber ohne eine geschichtliche Unterlage nicht zu geben sind.

Das eigentlich jüdische Reich hatte schon mit der Eroberung Jerusalems durch Pompejus im Jahre 63 v. Chr. seine Unabhängigkeit verloren — (die Könige des herodianischen Geschlechts waren nur Vasallen Roms), — wurde aber bekanntlich nach der Zerstörung des zweiten Tempels durch Titus 70 n. Chr. politisch vernichtet, indem von da an Palästina eine römische Provinz wurde. Gleichwohl hat die Zerstreuung des jüdischen Volks in die damals bekannten Länder des römischen Reichs nicht erst nach der Vernichtung ihres politischen Reichs begonnen, sondern sie war damals bereits eine vollendete Thatsache, indem zu jener Zeit die Zahl der in allen anderen Ländern wohnenden Israeliten, die Zahl der in Palästina lebenden übertraf. Sicher hat aber die Einverleibung Palästinas in das römische Reich noch dazu beigetragen, dass die Juden, welche nunmehr durch kein politisches Band mehr zusammen gehalten wurden, noch mehr, als dies früher der Fall gewesen, den heimathlichen Boden verliessen.

Die Zerstörung des jüdischen Reichs in Palästina machte aber nur ihrer politischen Selbstständigkeit ein Ende, ohne in den sonstigen Verhältnissen des Volkes eine wesentliche Aenderung herbeizuführen. Die auch in den altrömischen Provinzen wohnenden Juden behielten daher ihre Gleichberechtigung mit den übrigen Einwohnern, so weit dieselbe bestanden hatte, nur mussten sie die von allen Juden früher zum Tempelschatz in Jerusalem entrichteten Abgaben nachher an den kaiserlichen Fiscus zahlen, woraus sich für die spätere Zeit die Grundlage einer besonderen Judensteuer entwickelte. Aber auch in Palästina blieb, mit Ausnahme des staatlichen Verhältnisses, der frühere Zustand ziemlich unverändert: die Juden behielten Freiheit ihrer Religionsübung, selbständige innere Verwaltung und Gerichtsbarkeit.

Während aber in den folgenden Jahrhunderten in religiöser Beziehung durch eine weitere Entwickelung und freiere Schriftauslegung, sowie durch den Erlass der Mischna und Gemarah (des Talmud), eine Neugestaltung des Judenthums herbeigeführt wurde, trat in den politischen und socialen Verhältnissen der Juden eine ihnen äusserst nachtheilige Veränderung ein.

Nachdem ihnen nämlich die allgemeine Bürgerrechtsertheilung unter Kaiser Caracalla, sowie allen anderen Einwohnern des römischen Weltreichs, zu gute gekommen war

und sie in den ersten Jahrhunderten nach Christi sich in unbeschränkter Uebung ihrer Religion, Handhabung ihrer Gesetze, im Besitz der Handels- und Gewerbefreiheit, der Befugniss Eigenthum an Grund und Boden zu erwerben, ja in der Verwaltung hoher Civil- und Militärämter befunden hatten, änderten sich diese Verhältnisse, seitdem die christliche Kirche zu grösserer Macht und höherem Ansehn gelangte. So lange nämlich die christliche Kirche nur als Secte des Judenthums betrachtet wurde, blieb der Parteikampf zwischen den Bekennern der neuen Religion und dem Judenthum ein innerer, der auf die Stellung der Juden und Christen zu den Römern wenig Einfluss übte. Als aber das Christenthum sich auch unter den Heiden verbreitete und unter diesen immer grösseren Anhang gewann, änderte sich dies. Aus einer anfänglich von den Römern verfolgten Secte schwang sich das Christenthum unter Kaiser Constantin zur Staatsreligion empor und bald war es der Gedanke der Weltherrschaft, von dem die christliche Kirche durchdrungen und geleitet wurde. Der Widerstand, den das schwache und zersplitterte Judenthum der Ausführung dieses Gedankens beharrlich entgegensetzte, die Verfolgungen, welche die Christen anfänglich von den Juden zu erdulden gehabt hatten, erregten nunmehr die Verfolgungssucht der christlichen Kirche, welche sich unter den christlichen Kaisern als die alleinberechtigte betrachtete.

Die Folgen dieser veränderten Stellung des Christen- und Judenthums äusserten sich in einer Reihe von Gesetzen, welche die bisherigen Rechte der Bekenner des israelitischen Glaubens schmälerten, und sie nach und nach einer Art Rechtlosigkeit zuführten, die im Mittelalter ihren Höhepunkt erreichte.

So erfolgte unter Kaiser Constantius ein strenges Verbot der Eingehung gemischter Ehen und die Auflegung drückender Sondersteuern auf Gewerbe und Grundbesitz, so entzog Horacius den Juden das Recht Kriegsdienste zu leisten, so erliess Kaiser Theodosius II. ein Gesetz gegen Ketzer, Samariter und Juden, nach welchem kein Jude ferner zu Aemtern und Würden zugelassen werden, keinem die Verwaltung städtischer Pflichten offen stehen, auch nicht der Dienst eines Vertreters der Städte von ihm versehen werden soll. „Denn (sagt der Kaiser) wir finden es unrecht, dass die Feinde der himmlischen Majestät und der römischen Gesetze dennoch durch die erschlichene Verwaltung der Gerichtsbarkeit die Verfechter unserer Gesetze seien, und geschützt von dem Ansehn erworbener Würden, Macht haben sollen über Christen, unserem Glauben gleichsam zum Hohn, zu richten und was sie wollen zu erkennen."*)

Wer die weiteren, die Juden beschränkenden und bedrohenden Bestimmungen dieses Gesetzes kennen lernen

---

*) cf. Hugo, jus civile Antijustinianeum Tom II. pag. 1230 wo es wörtlich heisst: Quamobrem hac victura in omne aevum lege sancimus, neminem Judaeum — ad honores et dignitates accedere, nulli administrationem potere civibus obsequii, nec defensoris fungi saltem officio. Nefas quippe credimus, ut supernae majestati et Romanis legibus inimici cultores etiam nostrarum legum susceptivae jurisdictionis habeantur obtentu, et adquisitae dignitatis auctoritate muniti adversus Christanos et ipsos plerumque sacrae religionis antistites, velut insultantes fidei nostrae judicandi vel pronunciandi, quod velint habeant potestatem.

will und den Geist, von welchem dasselbe eingegeben, der vergleiche Lib. I Tit. VI Novell. Theodosii II. am unten angeführten Orte. Solche Gesetze werden übrigens den nicht überraschen, welcher sich erinnert, dass die Juden bereits seit den Zeiten Kaiser Theodosius des Grossen auf Antrieb fanatischer christlicher Priester schrecklichen Verfolgungen und Gewaltthaten ausgesetzt waren.

Der Geist der damaligen Gesetzgebung, wie er auch in Justinians Corpus juris übergegangen ist, erhellt z. B. aus den Bestimmungen, dass Privilegien, die der Religion halber ertheilt sind, nur den Christen zu gute kommen sollen, nicht aber den Ketzern (unter welche Bezeichnung alle fallen, die nicht den richtigen Glauben haben), die vielmehr durch verschiedene Abgaben belastet werden sollen, (cf. Codex Justin. Lib. I Tit. V. c. 1. 2.), dass ketzerische Lehren nicht verbreitet, Kirchen oder denen ähnliche Gebäude, auch wenn sie in Privathäusern eingerichtet sind, den Ketzern genommen, ja auch Arianer und andere, von dem wahren Glauben abgefallene Christen nirgends im römischen Reich geduldet werden sollten, wie denn auch die Bestimmungen über die Unfähigkeit der Juden zu Aemtern und Ehren etc. aufrecht erhalten wurde. (cf. Cod. Just. l. c. c. 2. 3. 5. 12. Lib. I Tit. 9 c. 19.) Eigenthümlich ist aber, dass Kaiser Martian ihnen mindestens ein ehrliches Begräbniss gestattete. (Cod. Just. ibid. c. 9.)

„Nachdem einmal, sagt ein Schriftsteller, die Ausnahmestellung der Juden in der menschlichen und bürgerlichen Ordnung Platz gegriffen hatte und durch kaiserliches Gesetz festgestellt war, war es sehr natürlich, dass diese Willkür die ergiebige Quelle immer neuer Bedrückungen und Erpressungen wurde. Theodosius liess daher die allgemeine Patriarchensteuer mit den Erlösen des palästinensischen Patriarchats nicht etwa aufheben, sondern wie bisher, und strenger wie bisher von den Juden einziehen und, wie die einstige Tempelsteuer, in den kaiserlichen Fiscus fliessen. Justinian nahm den Juden auch das Recht des glaubhaften Zeugnisses gegen Christen und erhöhte nicht nur die Last der Curiaten und städtischen Abgaben für dieselben dermaassen, dass sie nach den eigenen Worten des Gesetzes darunter erseufzen sollten, sondern fügte noch empörenderweise hinzu: aber Ehren sollen sie nicht geniessen, sondern in eben dem verächtlichen Zustand bleiben, in dem sie ihre Seelen lassen wollen. Die einzelnen Verfolgungen und Besitzberaubungen, ja das gewaltsame Aufzwingen des Christenthums, wie es in den späteren Zeiten des byzantinischen Kaiserthums unter Heraclius, Leo dem Isaurier und Leo II. versucht wurde, konnte diese Zustände nicht verschlimmern, nachdem einmal völlige Rechtlosigkeit die Grundlage derselben geworden war." (Rotteck und Weiker, Staatslexikon ed. 3. Band 8 S. 654.

Nachdem ich diesen kurzen Ueberblick über die Verhältnisse der Juden im römischen und bezüglich im byzantinischen Kaiserreich gegeben, wende ich mich zu einer Darstellung ihrer Verhältnisse im späteren deutschen Reich und übergehe daher sowohl eine Schilderung ihrer Verhältnisse in den übrigen Ländern z. B. in Spanien, als auch die von Zeit zu Zeit sich wiederholenden grausamen Verfolgungen, denen sie ausgesetzt waren, und die theilweis durch den fanatischen christlichen Klerus veranlasst

wurden. Ebenso halte ich eine Erwähnung ihrer Schicksale beim allmäligen Verfall des oströmischen Kaiserreichs und zu den Zeiten der Völkerwanderung für den hier verfolgten Zweck überflüssig und bemerke nur, dass bei jenem allgemeinen Zersetzungsprozess und bei dem raschen Wechsel der entstehenden und wieder verschwindenden Staatenbildungen überhaupt von geordneten gesetzlichen Verhältnissen wenig die Rede sein kann.

Erst mit der Befestigung und Erweiterung des grossen Frankenreichs unter den Carolingern treten wieder geordnetere Zustände ein, und damit gelangten auch die Juden, welche namentlich wieder Gelehrtenschulen errichten durften, zu einer günstigeren und geachteteren Stellung, indem ihnen nicht nur volle Handelsfreiheit gewährt, sondern auch ihre Kenntniss fremder Länder, Sitten und Sprachen Veranlassung wurde, dass sie wieder zu Aemtern gelangten, wie z. B. Carl der Grosse einen Juden zum Gesandten an den Chalifen Harun Al-Raschid beorderte. Noch günstiger gestalteten sich die Verhältnisse für sie unter Ludwig dem Frommen, der ihnen nicht allein volle Glaubens- Gewerb- und Handelsfreiheit gewährte, sondern sie gleichfalls zu Aemtern zuliess.

Allein nach Theilung des Frankenreichs und Gründung eines besonderen deutschen Reichs, dessen Regenten dem Scheinbild eines wiederhergestellten römischen Kaiserreichs nachjagten und die Kräfte ihres Landes in langen Kämpfen um den Besitz Italiens vergeudeten, statt ihre Herrschaft in Deutschland selbst zu befestigen, trat nach und nach in den Verhältnissen der Juden ein Umschwung ein, der sie einem noch viel ungünstigeren Zustand zuführte, als der gewesen war, in welchem sie sich im römischen und byzantinischen Reich befunden hatten. Eines Theils mochte hierzu das Sinken der kaiserlichen Macht, auf deren Schutz und Gunst die Juden vorzugsweise angewiesen waren, beitragen, eine Macht, welche durch die fortwährenden Kämpfe mit Italien und die Anmaassung der Päpste eben so gemindert wurde, wie durch die zunehmende Erstarkung der Reichsvasallen, andererseits konnte die Kirche oder vielmehr der Clerus, welcher damals, wie jetzt, seine Macht über die des Staats erhoben und Kaiser und Könige, theilweis mit Erfolg, sich dienstbar machen wollte, bei seinem Streben nach der Weltherrschaft, und da das Christenthum in den cultivirten Ländern Europas, namentlich in Deutschland, die herrschende Religion war, die Juden, welche selbst in ihrer Zerstreutheit den einzigen Gegensatz gegen das Christenthum bildeten, mit einer durch alle Bedrückungen und Verfolgungen nur wachsenden Hartnäckigkeit und Ausdauer an ihrem Glauben hingen und alle Bekehrungsversuche zurückwiesen, unmöglich als Gleichberechtigte anerkennen. Waren der Kirche schon diejenigen Ketzer, welche, wenn auch Christen, doch den von den Concilien und Päpsten aufgestellten Dogmen nicht unbedingt beipflichteten, so musste dies bezüglich der Juden ganz ähnlich sein. Die herrschende Stellung, welche die christliche Kirche einnahm, brachte es daher schon mit sich, dass ihre Bekenner von Abscheu und Verachtung gegen die Juden als Ketzer erfüllt waren, und der Umstand, dass der Heiland von Juden war angeklagt und dem Kreuzestod überliefert worden, trug nicht wenig dazu bei, diese Verachtung zum Hass zu steigern. Solche Verhältnisse führten dann zu den grausamen Judenverfolgungen, die zunächst zur Zeit der Kreuzzüge von einem, wenn auch zu einem andern Zwecke künstlich fanatisirten Pöbel in einer Reihe deutscher Städte verübt wurden, und die sich dann im Laufe der Zeit, wenn auch aus anderen Gründen, wiederholt haben, ja zu welchen sich sogar unser Jahrhundert noch nicht ganz frei zu halten gewusst hat, obgleich die jetzigen Verfolgungen nur ganz vereinzelt vorgekommen sind, und nach Umfang und Grausamkeit mit den früheren in keinen Vergleich zu stellen sind.

Würde man aber unrecht thun, wenn man diese Verfolgungen etwa der Kirche oder ihren Dienern ausschliesslich in der Art zum Vorwurf machen wollte, als wenn sie direkt zu solchen Schandthaten angereizt hätten, so waren diese Ereignisse doch nur eine Manifestation der Gesinnungen, welche durch die Lehren hervorgerufen wurden, dass alle sich nicht zum Christenthum Bekennenden, Verächter der Wahrheit, Feinde Gottes und von ihm verworfen seien, dass aber namentlich die Juden um ihrer frevelhaften Verläugnung und Verfolgung des Erlösers halber, verdammt und für alle Zeit nur als lebendige Zeichen des göttlichen Zornes erhalten seien. Erachtete man es zur Zeit der Kreuzzüge für ein gottgefälliges Werk die Ungläubigen vom Grabe Christi zu vertreiben, wie konnte es da ein Verbrechen sein, die noch viel hassenswertheren Juden entweder zur Taufe zu zwingen, oder zu tödten und ihre Güter an sich zu nehmen? Wie wenig man damals sich scheute zu angeblich frommen Zwecken über die weltlichen Güter der Juden ohne weiteres zu verfügen, beweist das Beispiel Papst Eugen III., welcher Allen, die sich an dem zweiten Kreuzzug betheiligen würden, ausser Vergebung aller Sünden auch noch alle Schulden erliess, die sie an Juden zu zahlen hatten.

(Fortsetzung folgt.)

Zur Frage der maurerischen Werkthätigkeit.

Ehe noch die Centralhilfskasse des Vereins deut. Fr.-Maurer auf eine nennenswerthe Höhe gebracht und über deren Verwendung Beschluss gefasst ist, geben uns schon verschiedene Vorschläge mit Andeutungen zu, in welcher Richtung ihr. Werkthätigkeit fruchtbar und erfolgreich geübt werden könnte. Wir geben diese Vorschläge, wie sie an uns gelangten, mit der Bemerkung, dass die Vereinsversammlung s. Z. diese freudig zu begrüssenden Zeugnisse lebendiger eingehend prüfen und dieses „schätzbare Material" bestens verwerthen wird.

Es liegen uns vor: I) ein Rundschreiben des gel. Br Gust. Thost in Zwickau; II) ein anonymes Schreiben (von Frauenhand) an Bruder R. Seydel mit dem Poststempel Leipzig; III) ein Artikel des gel. Bruder Schröter in Dresden.

I.

An die Mitglieder des Vereins deutscher FrMr.

Verehrte und gel. Brr!

In letzter Vereinsversammlung zu Dresden hatte ich mir vorgenommen, einen Antrag über die Bestimmung und Verwendung der Centralhilfskassengelder vorzulegen und zu begründen. Die Kürze der Zeit veranlasste mich, zu schweigen.

Schon mehre Male habe ich die Spalten der Bauhütte benutzt, um darzulegen, dass die freimr. Werkthätigkeit, wie mir scheint, eine Seits auf Wege geführt wird, welche wohl einem Einzeloriente, nicht aber wohl hundert Orienten angehörenden Brüdern des Vereins (laut Mitgliederverzeichniss) Rechnung tragen. Ein jeder Orient mag sich für verpflichtet erachten, seine Werkthätigkeit innerhalb seines Sprengels und seines Gesichtskreises an den Tag zu legen; das kann dieselbe gut übersehen und überwachen. Die zusammengelegten Kräfte von weit über 500 Mitgliedern sollten nicht auf einem Einzelpunkte für einen eng beschränkten Zweck Verwendung finden. Gerechtigkeit fordert, dass so vielen Mitgliedern Etwas geboten werde, an welchem sie Alle Antheil und Mitgenuss haben können. Es ist diese Ansicht nur anscheinend eine selbstsüchtige und rechtfertigt sich durch die Anschauung und den dermaligen Gang unserer Zeit. Es ist an sich löblich und schön, einem armen begabten und fleissigen Schüler, vielleicht dem Sohne eines Bruders, die Mittel zur Fortsetzung seiner Studien aus der Centralhilfskasse zu gewähren. Es ist schön und löblich einer in Bedrängniss befindlichen Loge Geld zu schenken oder darzuleihen zum Bau eines eigenen Hauses. Es ist löblich, den in Constantinopel sich verlierenden deutschen Elementen einen Sammelplatz oder eine Schule zu beschaffen, oder in Hoboken ein Waisenhaus zu gründen, oder deutschen Schiffbrüchigen ein Asyl zu bauen. Aber welche ungeheuren Summen sind erforderlich, um nur einigermaassen allen diesen und noch vielen anderen Forderungen zu genügen! Das übersteigt unsere Kräfte. Zudem ist der Wohlthätigkeitssinn glücklicher Weise in allen Schichten der menschlichen Gesellschaft der Art grossgewachsen, dass, wie ich glaube, die meisten dergleichen Unterstützungen von jetzt ab den Einzelorienten und der profanen Welt ruhig überlassen werden können. Der Verein muss sich weiter tragende Ziele, umfassendere Aufgaben stellen.

Was ist für die Erziehung und Bildung unserer Jugend geschehen und in welche Bahnen sind sie eingelenkt?

Zweifellos ist das Zeitbewusstsein auf schönen Wegen, insoweit es die Bildung der männlichen Jugend betrifft. Wir haben eine ziemliche Anzahl von Universitäten und Akademien, von Bürger- und Realschulen, von allgemein und speziell technischen Anstalten und viele dergleichen Schulen sind im Aufbau, in der Planentwerfung oder in der Anstrebung begriffen. Staaten, Städte und Ortsgemeinden arbeiten daran.

Was aber ist für die Fortbildung unserer weiblichen Jugend, den künftigen Hausfrauen und Müttern geschehen? Wenig, noch sehr wenig! Nun können doch wir nicht den Staaten, Städten und Ortsgemeinden Fortbildungsanstalten bauen und sie fundiren. Wie wäre es, wenn wir zunächst uns und unsere Familien bedenken? Das, was ich für mich selbst noch nicht habe, kann ich doch billiger Weise nicht Andern darreichen. Unsere vereinte Werkthätigkeit fange bei uns, den Unseren, zuerst an!

Wohin sollen wir unsere Töchter nach vollendetem 14. Jahre behufs ihrer Weiterbildung bringen? Ein Töchter-

Institut ist in Dresden, worin aber auch Töchter von Nichtmaurern aufgenommen werden.

Um die bestehende Lücke zu verebnen, schlage ich vor, „dass der Verein zunächst und ausschliesslich alle seine geistige und materielle Kraft aufrufe, um eine Fortbildungsanstalt für die Töchter unserer Brr entweder im schönen Süden Deutschlands oder im Norden der Schweiz zu gründen."

In einer solchen Anstalt sollen unsere Töchter eine gute, lediglich im maurerischer. Geiste geleitete Weiterbildung erhalten. Grosse und intelligente Frauen sind die Mütter grosser und intelligenter Söhne. Auf diesen Erfahrungssatz weisen die leuchtendsten Beispiele der Geschichte hin und ein jeder mag in seinem engeren Kreise die Wahrheit dieses Satzes als oft zutreffend auffinden. In einer solchen Anstalt soll das grosse, alleinig wahre Dogma vom ewigen Baumeister aller Welten obenan stehen und daran sich anreihen die Bildung und Erziehung gemäss der Würde und den angebornen Eigenschaften der weiblichen Welt. Die Töchter sollen auf die hohen, dem Besten der Menschheit dienenden Ziele hingewiesen, und dagegen abgehalten werden, ihre Ziele und Lebensaufgabe in Putz, Modenarrheit, Geschwätz, nichtsnützender Arbeit, Tändeleien u. s. w. u. s. w. u. s. w. zu suchen und zu finden. Ihr Verstand soll logischer und naturgemässer entwickelt, ihr Herz soll grösser und erweiterter werden. Und sollten sich unsere Töchter, deren Väter sich als Brr betrachten, in einer solchen Anstalt nicht wohl und glücklich fühlen? Als Liebe gebende und Liebe nehmende Schwestern werden sie sich unter solchen leitenden Sätzen fühlen und erkennen. Wir Väter aber können mit Ruhe und ohne Bangigkeit unsere Töchter in ein Haus einführen, worin unsere Brr den Hausgeist und den Haushalt leiten. Wir fördern das Mrthum, wenn wir eine That dieser Art thun! Wir thun eine That, deren Früchte uns und den Unseren, aber auch der Welt zurückfliessen.

Streben wir an dieses Ziel, welches praktisch, erreichbar, nutzbringend, segensvoll ist!

Ich erlaube mir daher, zu beantragen, dass die nächste in Darmstadt stattfindende Vereins-Versammlung sich dahin aussprechen wolle:

„Indem der Verein die obigen Sätze und das oben genannte Ziel im Allgemeinen zu dem seinigen macht, richtet derselbe seine Aufmerksamkeit auf die Ausfindigmachung eines dazu sich eignenden Orientes, welcher die Geschäftsführung und Verwaltung nach einem vom Verein zu entwerfenden, respective dem betr. Oriente zu vereinbarenden Statute übernimmt.

Als geeignet erscheinende Oriente nenne ich beispielsweise Freiburg im Breisgau und Constanz im Seekreise. Insofern die Schweizer Brr diese Sätze günstig ansehen sollten, könnte auch eine schweizerische Stadt gewählt werden.

Inzwischen aber, m. Brr, mag unsere Presse, mögen die Brr miteinander, mag jeder einzelne Br diesen Gegenstand in Anregung nehmen! Allseitige Prüfung wird das Wahre, das Starke und das Schöne finden!

In br. Gesinnungen und mit br. Grüssen

Or. Zwickau, den 25. Januar.

Gustav Thost.

II.

Verehrter Herr!

Als ich vor einiger Zeit las, dass auf die Preisfrage des Vereins deut. Freimaurer „über die zweckmässigste, fruchtbarste und den Ideen der Maurerei angemessenste Art maurerischer Werkthätigkeit", keine der eingegangenen Arbeiten den ersten Preis erhalten hat, beschäftigt mich diese Angelegenheit so unausgesetzt, dass ich mich nicht enthalten kann, Ihnen, verehrter Herr, meine Gedanken darüber mitzutheilen.

Voraus muss ich schicken, dass ich eine schlichte, einfache Frau bin, die aber für das Wohl und Wehe ihrer Mitmenschen ein fühlendes Herz hat, und die durchdrungen von dem Gedanken ist, dass dem sittlichen Verfall des Menschengeschlechtes nur durch die Hebung des Familienlebens, und daraus folgender besserer Erziehung der Kinder, — dem künftigen Geschlecht — geholfen werden kann.

Könnte der „Verein deutscher FrMr" in allen grösseren Städten, wo die grösste und bitterste Sorge eines jeden Familienvaters die Miethzins ist, billige Wohnhäuser nach meiner Idee erbauen, es würde dadurch viel guter Saamen in die Erde gestreut und bald eine schöne Ernte aufgehen.

Die Häuser müssten ausserhalb der Stadt gebaut werden, in einer gesunden Gegend, wo der Grund und Boden noch billig zu erlangen ist, und jede Familie müsste ein kleines Gärtchen für sich allein bekommen,*) wo sie ein paar Blumen sich aufziehen können, und einen hübschen schattigen Platz, wo die Mutter ihre Kinder pflegen und warten kann, indem sie ihre Näharbeiten verrichtet, und nicht wie jetzt meistens unter dem Vorwande des Kinderwartens überall herumstehen und klatschen und sich und andere Menschen verderben. Der Mann, wenn er des Tages Last und Hitze redlich getragen hat, würde sich glücklich schätzen, könnte er in dem kleinen Gärtchen mit Weib und Kind sein Abendbrod verzehren, würde nicht fort ausser seine Erholung im Wirthshaus zu suchen, noch viel weniger, wie jetzt so oft, die Frau und die Kinder mitnehmen, nur dass sie aus der dumpfen Stadt heraus kommen, wodurch aber der Mann dem Hause entfremdet wird; die Frau, die doch eigentlich nur für's Haus bestimmt ist, und nur im Hause sich wohl fühlen sollte, lernt Geschmack am Wirthshausgehen finden und die Kinder — ach die armen Kleinen, sie werden dadurch von zartester Kindheit verdorben. Darum — wollet ihr lieben, verehrten Freimaurer etwas Tüchtiges für eure armen Mitbrüder thun, so bauet billige Wohnhäuser mit gesunden luftigen Wohnungen zu mässigem Preis, gebt jeder Familie ein Stückchen Gottes Frde zum Selbstpflegen, für die Kinder einen gemeinsamen grösseren Spielplatz, lasset die kleinen Colonien dann beaufsichtigen ohne dass es fühlbar wird, und so wie eine Familie sich dieser Wohlthat nicht würdig zeigt, so entferne man sie, damit sie nicht andere anstecke. —

Wenn Sie meinen Worten wirklich bis hierher ge-

---

*) Also nach Art der Mühlhausener Arbeiterwohnungen, die sich überdies gut verzinsen.

Die Redaction.

folgt sind, so danke ich Ihnen herzlich für diese Güte, sollte aber gar meine Phantasie, gleich einem kleinen Fünkchen, das ein grosses heilbringendes Licht entzündet, sein, so wäre ich mehr als glücklich!

III.
Ein Beitrag zur maurer. Werkthätigkeitsfrage.

Von verschiedenen Brn sind verschiedene Seiten der maur. Werkthätigkeit besprochen worden, sei es mir vergönnt, einen neuen Vorschlag zur Prüfung und etwaigen Annahme auszusprechen. Br Hufschmidt behandelt in seiner Preisarbeit vornehmlich das Gebiet der Erziehung und Volksbildung und berührt damit einen Gegenstand, dessen sich viele Brr und Logen mit Erfolg schon angenommen haben. Hier besitzt z. B. die Loge zu den drei Schwertern ein Knabeninstitut und die Loge zum goldnen Apfel eine Lehr- und Erziehungsanstalt für Mädchen, die im vergangenen Schuljahr (1868—69) 72 Pensionärinnen und 128 Tagesschülerinnen zählte. Ferner ist die hier bestehende Sonntagsschule in früherer Zeit ebenfalls von einer Loge gegründet worden, und wenn dieselbe auch jetzt nicht mehr ausschliessliches Eigenthum dieser Bauhütte ist, so geben zu ihrer Erhaltung sämmtliche Logen hier regelmässige Beiträge, und einzelne Brüder thun dasselbe.

Damit thun jedoch die hiesigen Logen nicht etwas, was anderwärts unterbleibt; gleiche Erscheinungen giebt es auch an andern Orten. Im allgemeinen ist zu konstatiren, dass die FrMr und Logen immer Förderer der Jugend- und Volksbildung gewesen und es meistentheils noch sind. Es hängt dieser Gegenstand mit der Maurerei aber auch nothwendig zusammen: Licht, Aufklärung, Bildung zu verbreiten und dadurch bessere Zustände für die Menschheit herbeizuführen muss ein Haupttheil maurer. Werkthätigkeit für alle Zeiten sein und bleiben. Wer glücklichere Zeiten herbeiführen will, nimmt sich der Schule an: „Wer die Schule besitzt, der besitzt die Zukunft."

Die Sorge für grössere Jugend- und Volksbildung aber ist keineswegs nur den Mrn eigenthümlich, andere Gesellschaften, Vereine, sowie einzelne der Loge fernstehende Männer nehmen sich der Schulfrage mit gleicher, wenn nicht noch grösserer Energie an. Sie, die Schulfrage, ist eine Frage der Zeit geworden, und überall steht sie auf der Tagesordnung.

So erfreulich dies ist, so sehr dies zur Hoffnung auf Verbesserung der Jugendbildund und Hebung des Volkes berechtiget, so wäre die Freude eine noch allgemeinere, wenn man allen Kindern gleiche Aufmerksamkeit widmete. Leider kann dies niemand bestätigen, obgleich auch hierin deutliche Anzeichen eine bessere Zukunft verkündigen.

Ein Theil der Erziehungs- und Unterrichtskunst ist die Heilpädagogik, die sich vornehmlich mit der Bildung von Taubstummen und Blinden beschäftigt, darüber aber die Erziehung schwachsinniger Kinder vernachlässigt hat. Regierungen, Gemeinden, edle Menschenfreunde haben seit 50 resp. 100 Jahren Blinden- und Taubstummenanstalten geschaffen, sehen wir uns aber nach Instituten für Schwachsinnige um, so müssen wir lange suchen, ehe wir solche finden. Von Regierungen ist in dieser Sache fast nichts gethan worden, Sachsen ist das einzige Land, das eine Anstalt für schwachsinnige Kinder auf Staatskosten unterhält. Die übrigen auf diesem Gebiete arbeitenden Anstalten sind Privatspekulationen, die sich natürlich nur der Kinder vermögender Eltern annehmen. Der Arme, das Kind des niedern Volks entbehrt dieser so nöthigen Aufmerksamkeit, obgleich nachgewiesen ist, dass gerade die niederen Klassen der menschlichen Gesellschaft an schwachsinnigen Kindern reich sind. (Unter den hiesigen ca. 12,000 Kindern der Bezirks- und Gemeindeschulen gibt es über 30 schwachsinnige). Es ist diese Erscheinung auch sehr natürlich, wenn man bedenkt, dass Schwachsinn hauptsächlich infolge vernachlässigter Erziehung während der ersten Lebensjahre entsteht. Ich erinnere hierbei an die mangelhafte Ernährung, Wohnung und Kleidung der Armen. — Wenn zur Verbesserung dieser den Schwachsinn herbeiführenden Zustände vornehmlich die Hygieine in die Schranken zu treten hat, so gilt es zur Heilung bereits schwachsinniger Kinder die Anstrengung aller, denen das Wohl der Menschheit am Herzen liegt. Und zu diesen sind wohl in erster Linie die Brr Mr zu rechnen, welche die Humanität auf ihre Fahne geschrieben haben. Auch aus den schwachsinnigen Kindern sind Menschen zu bilden. Dass dies keine Illusion sei, ist durch bereits auf dem einschlagenden Felde gemachte Erfahrungen zur Genüge nachgewiesen; an Blödsinnigen wird freilich alle Kraft zu nichte. Letztere gehören in Versorgungsanstalten, schwachsinnige Kinder sind aber von vollsinnigen zu trennen und in besonderen Schulen oder Anstalten zu erziehen. Das letzteres geschehe, überall geschehe, darauf hinzuwirken ist Pflicht jedes humanen Menschen, und vor allen Dingen sollten Mr dieser Sache sich annehmen.

Es ist zu wünschen, dass jeder Br in seinen Verhältnissen — ich denke hierbei besonders an die Brr Bürgermeister, Stadträthe, Stadtverordnete etc. etc. — zur Verbesserung der Lage Schwachsinniger das ihm Mögliche durch Wort und That thue, dass er die Gründung von Schulen für diese unglücklichen Kinder unterstütze. Ich fordere damit nichts Unmögliches, so lange man von geschlossenen Anstalten für schwachsinnige Kinder anfangs noch absicht und nur besondere Schulen errichtet, deren in jeder Stadt eine genügt. In der Regel wird auch die Kraft eines Lehrers zur Leitung einer solchen Schule ausreichen und somit der pekuniäre Aufwand letzterer ein geringer sein. Guter Wille vermag hier mit einigen Hundert Thalern viel Gutes zu wirken.

Indem ich vorstehende Zeilen den Brn zur Prüfung ans Herz lege, werde ich, wenn die Redaktion d. Bl. es erlaubt, später noch einmal auf Einrichtung solcher Schulen zu sprechen kommen.

Or. Dresden. Br **F. W. Schröter.**

Feuilleton.

Darmstadt. — Die Loge Johannes der Evang. z. Eintr. feierte am 2. Febr. das 50jährige Mr-Jubiläum des Br F. von Friedrich in solenner Weise. Am 20. Febr. findet eine Schwestern-Festloge statt.

— Die Loge zu Darmstadt feiert Mittwoch den 2. Febr. d. J. mit der Obligationsloge ihr Winter-Johannisfest und das funfzigjährige Maurer-Jubiläum des Ehrwürdigsten Br Ferd. von Friedrich, welcher am 7. Febr. 1820 zu Meiningen in der r. u. v. Loge „Carlotte zu den drei Nelken" der Bruderkette el gereiht ward. Wir werden über das Fest und den Jubilar in der nächsten Nummer Bericht erstatten. Der Festloge folgt im Logenbankett-Saale ein gemeinsames Mahl. —

Die Gründung maurerischer Kränzchen in Gross-Umstadt im hess. Vorodenwald und in Michelstadt im Odenwalde stehen in nächster Zeit in sicherer Aussicht, und zwar im Anschluss an die Loge zu Darmstadt, welcher die meisten gründenden Brr angehören. Solche Kränzchen sind immer die treibenden Samenkeime zu neuen Logen. Im Sommer des nächsten Jahres treten wir durch die neue Odenwald-Eisenbahn mit denselben in die nächste räumliche Verbindung. (Monatsbl.)

England. — Eine Anzahl Brr, Freunde und Schüler des Br Brett, Vorleser und Einüber des Rituals, veranstalteten ein zahlreich besuchtes Ehren-Mahl (testimonial dinner) bei welchem dem Genannten in Anerkennung seiner Verdienste als maurer. Lehrer eine Börse mit 100 Guineen (nahezu 700 Thlr.) als Ehrengeschenk überreicht wurde.

In England ist eine Bewegung für Betonung des christlichen Charakters der FrMrei, unter Aufrechthaltung des Prinzips der Allgemeinheit in den Aufnahmebestimmungen, im Gange. Männer aller Raçen, Glaubensbekenntnisse und Ueberzeugungen sollen ferner als Brr willkommen sein; aber bei der Aufnahme christlicher Suchender soll, wie bei Mohammedanern auf den Koran und bei Juden auf das A. T., die Verpflichtung unter Betonung des N. T. abgenommen werden. Bei der Strenggläubigkeit unserer Brr in England, welche der katholischrömischen Propaganda so erfolgreich in die Hände arbeitet, ist vorauszusehen, dass man dabei dann nicht stehen bleiben, sondern in der Verchristlichung weiter gehen wird. Als ein Schritt in dieser Richtung darf es gelten, dass von Seiten der Grossloge dem „Grossconclave der Tempelritter" die Benutzung der FrMrhalle gestattet worden ist. Man geht damit um, sämmtliche Hochgrade unter einer Oberleitung zu vereinigen.

Hof. — In der Loge „zum Morgenstern" sind zwei Aufnahmen nach dem Rituale von Br Findel und zwar mit grosser Pünktlichkeit vorgenommen worden; das Ritual fand allenthalben Anklang und Zustimmung.

Niederlande. — Die Loge Ultrajectina hat am 25. Jan. dem eifrigen und verdienstvollen Br H. Seemann, Mstr. v. St. der Loge la Charité in Amsterdam in feierlicher Weise das das Diplom als Ehrenmitglied überreicht. —

Die zunehmende Verchristlichung der FrMrei in England fällt auch dem Maç. Weekblad auf.

Villeneuve, Canton Vaud, Schweiz, 20. Dez. — Gestern erst hatte ich Gelegenheit, einer Aufnahme in der Loge „Chrétienne des Alpes zu Aigle" beizuwohnen.

Durch einen der hiesigen Brüder, die mir allseitig sehr freundlich entgegengekommen sind, von dieser Arbeit in Kenntniss gesetzt, begab ich mich per Bahn in Gesellschaft mehrerer Brr von hier nach dem 2 Meil. entlegenen Aigle, wo wir gleich nach Ankunft der Loge zueilten. Im Ganzen war die Arbeit nur schwach besucht, (ca 16 Brüder, ausser den Beamten und 3 Bes.). Wir wurden von den früher Gekommenen herzlich bewillkommnet. Ehe wir noch in die Halle eingetreten, wurde der Suchende schon in üblicher Weise ins Vorzimmer geführt; der Vorbereitende ergriff ihn bei den Armen und schob ihn nicht gar sanft mehre Male rückwärts im Zimmer herum, sodann über die Schwelle weg in ein Nebenzimmer, dann wieder zurück, bis er endlich in d. K. gebracht war. Inzwischen hatte die Arbeit ihren Anfang genommen und wurde nach Erledigung einiger geschäftlicher Angelegenheiten die Aufnahme fortgesetzt. Obgleich das Ritual, wornach gearbeitet wurde, mir beinahe nur wie eine französische Uebersetzung des Schröder'schen vorkam, so waren mir doch besonders die Aufnahme-Prüfungen, die ich theilweise nur im Vorzimmer hatte ausführen sehen, ganz neu und machten, um aufrichtig zu sein, auf mich den Eindruck, dass ich mir im Stillen Glück wünschte, nicht selbst unter solchen Umständen das mr. Licht erblickt zu haben. Die Arbeit fand allseitig mit entblösstem Haupte statt; die Loge war klein und einfach eingerichtet, ein Harmonium und dgl. nicht vorhanden und fiel mithin die Feierlichkeit zu sehr erhoben kann, hinweg. Die vom S. zu beantwortenden Fragen, die vorgelesen wurden, waren viel ausgedehnter wie bei uns. Der S. erschien nicht mit den üblichen 3 Schi. an die Pf. Vor der Thüre war ein Rahmen, mit dickem Papier bespannt, aufgestellt und hinter demselben befand sich eine ziemlich niedrige Bank, so dass der S., als er Einlass begehrte und durch das Papier sich durcharbeitete, der Bank wegen gezwungen war, auf glattem Bauche in die Halle zu kriechen. Hier wurde ihm nun ein Sitz auf einem spitzen Schemel angeboten, worauf er, natürlich halb entblösst, ein scharfes Examen über sich selbst, über seine Untugenden und Fehler etc. auszuhalten hatte, den mit schärfer, wie alle andern Proben erschien. Nachdem dann die übrigen, wahrlich sehr unzeitgemässen Feuer- und Wasserproben, Springen in den Abgrund und (leben über ein unebenes Brett u. s. w.) erfolgte die Aufnahme, wie bei uns (nach Schröder'schem Ritual), nur dass vor das Licht in der Kette erhielt, erst nachdem er angekleidet wieder in die Halle zurückgekehrt war. Die mr. Bekleidung erhielt er vom ersten und zweiten Aufseher. Nach empfangenem Unterricht wurde die Loge geschlossen. Bei einem Glase Wein im Vorzimmer verabschiedeten wir uns und dankten für das wirklich freundliche Entgegenkommen. —

(Es ist unglaublich wie solche Geschmacklosigkeiten, so widerlicher Humbug, so empörende Narrheiten jahrzehntelang eine unbestrittene Herrschaft unter den Söhnen des Lichts behaupten können! Manche nennen dies vielleicht gar „Poesie" und ein einfaches, würdevolles, vernünftiges Ritual „nüchtern"!)

Ungarn. — Ausser den Logen in Arad und Temesvar arbeiten nach die Loge „zur Einigk. im Vaterl." zu Pest und die Loge „zur Wahrheit" in Prossburg nach dem von Br Findel bearbeiteten, geläuterten und zeitgemässen Rituale.

Rittershaus, freimaur. Gedichte. — Die Brüder in Stuttgart sind in der Abnahme dieser Schrift mit gutem Beispiel vorangegangen, indem sie bereits 24 Expl. fest bestellt haben und eine Abnahme von 50 Expl. in Aussicht stellen. Wenn alle deut. Logen sich in gleichem Verhältnisse dafür interessirten, würde der Centralhülfskasse eine namhafte Summe zufliessen Auch von den Brüdern in Iserlohn ist bereits ein erfreulicher Anfang gemacht.

Zur maurer. Geschichte. — Eine interessante Entdeckung unseres Freundes Br J. Norton in Boston bestätigt von Neuem das alte Sprichwort: „Es ist kein Faden so fein gesponnen, er kommt doch endlich an die Sonnen." Um es gleich vorweg zu sagen, die Brr Norton und Jiughan haben fast zweifellos dargethan, dass die angebliche Vollmacht an Br Price im J. 1733 seitens des Gross-mstrs. Montague eine unhaltbare Prätension und Br Price, der bisher im Lichte des verdienstvollen Begründers der Årei in Amerika stand — ein mr. Betrüger ist.

Br Norton hat nämlich jüngst ein Packet alter maurer. Handschriften gekauft, welche einen Briefwechsel zwischen Henry Price und zwei Grosssekretären von England enthielt (1768—70). Eine Prüfung dieser Correspondenz und der Originalakten der Grossloge von Bassachsetts ergab nun, dass Price erst in dieser Zeit (1768) die Prätension als Prov.-Grossmeister von Amerika erhob, dass er seine Vollmacht weder je im Original, noch in Abschrift vorlegte, dass die Grossloge von England ohne genaue Untersuchung, nur auf Treue und Glauben hin diese angebliche Vollmacht 1770 bestätigte und registrirte, dass die Protokolle und Akten der Grossloge von Massachsetts nur bis J. 1751 zurückreichen, ferner dass (wie Br Jiughan*) zeigt) im J. 1729 unter Grossmstr. Norfolk Bruder Dan. Cox für New-Jersey Vollmacht erhielt, während die für Price weder im J. 1733 noch 1735 registrirt ward, wornach zwei Grosssekr. in demselben Irrthum hätten verfallen müssen und dass endlich Price im J. 1754 eine passende Gelegenheit, seine Ansprüche geltend zu machen, ungenützt vorübergehen liess. — Br Norton wird im „American Freemason" weitere Mittheilungen machen, denen wir mit Spannung entgegensehen.

Briefwechsel.

Br N—th in Fr—g. Ihrem Wunsche werde ich mit Vergnügen entsprechen. Herzl. Gegengruss!
Br Fr. in A—r (Pf.). Verbeitr. erhalten, herzl. Gegengruss!
Br C. G. M—r in R—ch (Böhmen). Ihre Sendung mit Thlr. 4. 24. erhalten; v. Daleu's Jahrb. sandte Ihnen unter Fbd. Brüderlichen Gegengruss!

*) Freemason, 1870. Nr. 49 p. 80.

Einladung zum Abonnement.

Das neue Blatt.

Ein illustrirtes Familienjournal.

Redacteur: Paul Lindau.

erscheint wöchentlich in Nummern von 16 Hoch-Quart-Seiten und kostet per Nummer nur

1 Ngr.

Das neue Blatt ist das reichhaltigste, vielseitigste und dabei billigste

deutsche Familienblatt.

Zu seinen Mitarbeitern zählt es die hervorragendsten Schriftsteller und Künstler Deutschlands.

Br B—ss in I—m. Ihr Inserat soll willkommen sein und bereitwillige Aufnahme finden. Wir sind von verschiedenen Seiten um Aufnahme auch geschäftlicher Inserate, wie dies ja auch englische und amerikanische freiue Zeitschriften mit grossem Erfolge thun, angegangen worden und haben uns in Folge dessen entschlossen Inserate aller Art, soweit der Raum reicht, aufzunehmen. — Besten Dank für Ihre wohlthuenden Sympathien und herzlichen Gegengruss! Beiträge Thlr 3. erhalten!

Br J. P. G. in St. Verbindlichsten Dank für Deinen, den Eifer und die Thätigkeit der dortigen Brr in so glänzendes Licht setzenden Bericht. Möchte man anderwärts diesem Beispiele folgen! Das Uebrige all right! Herzl. Gegengruss und fortdauernde Gesundheit!

Br J. K. in U—a. Ihre treffliche Illustration zu Br Thost Vorschlag „die Wichtigkeit der Schwestern für die Årei" ist willkommen und soll s. Z. in dem Bl. erscheinen. Inzwischen freundlichen Dank und Gruss!

Br Th. in Zw. Besten Dank für die Berichtigungen. Ueber den Tag der Jahresversammlung ist noch nichts bestimmt; ich bin mit Dir einverstanden, dass Ende Juli zu wählen, wo wenigstens die Abende etwas Kühlung spenden. In der ersten Hälfte des Juli würde ich meinerseits, wegen des Semesterwechsels und vermehrter Arbeit, nicht theilnehmen können. Brdl. Gegengruss!

Br Sch. in Ch. Freundl. Dank für Ihre Anregung und br. Gruss!

Br L. Sch. in P—n. Die Bank, geht Ihnen durch F. zu, durch den ich auch v. Daleu's Jahrb. sandte. Ihr erster Brief ist mir indessen nicht zugegangen. Brdl. Gruss!

Anzeigen.

Eltern, die gesonnen sind, ihre Söhne zu Ostern auf die Neustädter Realschule in Dresden zu bringen, finden für dieselben empfehlenswerthe Aufnahme bei einem Lehrer. Im Interesse der Betreffenden liegt es, ihre Anmeldungen baldigst anzubringen. Nähere Auskunft zu vermitteln wird die Güte haben Br E. am Ende, Dresden, Seestrasse 11.

Gesuch.

Ein oder zwei junge Männer von guter Vorbildung, am liebsten Söhne von Brn, werden von einem Apotheker als Lehrlinge gesucht. Dieselben würden in geschäftlicher, wie in wissenschaftlicher Beziehung tüchtig herangebildet werden.

Offerten vermittelt unter der Chiffre „Dr. S. in E."
Die Redaction d. Bl.

Programm.

Ein neues Blatt? Was will das Blatt,
Dies „Neue Blatt" noch heute,
Wo überdrüssig und übersatt
Vom vielen Lesen die Leute?

Das „Neue Blatt", das heraus sich wagt
In stürmischem Herbstwetter,
Es ist kein Blatt, das zittert und zagt,
Wie andere herbstliche Blätter.

Es ist kein Blatt, das sich um's Wohl
Des Volks mit Pathos bemüht,
Und Euch den alten Sauerkohl
Auf's neue täglich wärmt.

Es kommt nicht, wie so mancher Schelm,
Mit heuchlerischen Mienen,
Und sagt, es wolle mit dem liehn
Und nicht dem Schwarzrock dienen.

Es braucht nicht, wie der Schein es muss,
In seines Mantels Falten

Die Krallen und den Pferdefuss
Sorgsam versteckt, zu halten.

Es klopft an Eure Thüren frei
In blühendem Jugendmuth
Und bietet in lustigem Allerlei
Das Echte, das Schöne, das Gute.

Und ohne Furcht erklärt es Krieg
Der Lüge und dem Schlechten
Und wirbt um nichts, um den Sieg
Des Schönen, des Guten und Echten.

Und trifft es unter Alt und Jung
Auf eingebildete Narren,
So wird es zu Eurer Belustigung
Euch zeigen ihre Sparren.

Stets unerschrocken, frei und wahr,
Und lustig wird es kommen,
Drum sei es heut und immerdar
Gastfreundlich aufgenommen.

Abonnementspreis praenum. pro Quartal, also für 18 Nummern
12½ Ngr.

Alle Buchhandlungen wird man geneigt finden, die Besorgung zu vermitteln, Erste Nummern sind bei allen Buchhandlungen und Bezugsquellen vorräthig und zur Ansicht zu bekommen.

Die Verlagsbuchhandlung von A. H. Payne in Leipzig.

Verantwortlicher Redacteur: Br J. G. Findel. — Verlag von Br J. G. Findel in Leipzig. — Druck von Brr Bär & Hermann in Leipzig.

Nº. 10.   XIII. Jahrgang.

Die

BAUHÜTTE.

Begründet und herausgegeben

von

Br J. G. FINDEL.

* Organ des Vereins deutscher Freimaurer. *

Handschrift für Brr Frmr.   Leipzig, den 5. März 1870.   MOTTO: Weisheit, Stärke, Schönheit.

Von der „Bauhütte" erscheint wöchentlich eine Nummer (1 Bogen). Preis des Jahrgangs 3 Thlr. — (halbjährlich 1 Thlr. 15 Ngr.)
Die „Bauhütte" kann durch alle Buchhandlungen bezogen werden.

Vereinsnachrichten.

———

Beitritts-Erklärungen.

Altenburg:

Br Henny, Herm. Em., Archivar der Loge Archimedes zu d. 3 R., Sporteleinnehmer.

Br Wehmeyer, Fr. Wilh., Armenpfleger derselben Loge, Kaufmann.

Barmen:

Br Giese, Diedr., Mitglied der Loge Lessing, Kaufmann.

Br Thunes, Adolf, Mitgl. ders. Loge, Kaufmann.

Bensheim:

Br Kraus, Dr. med. Bernh. Jos., Mitglied der Loge Johder Evang. in Darmstadt, Vorsitzender des Mrkränzchens, prakt. Arzt.

Berlin:

Br Büchmann, Vict. Lebrecht S., 2. Steward der Loge zur siegenden Wahrheit (R. Y.), Kaufmann.

Br Jenisch, Otto Emil Leopold, 1. Aufseher ders. Loge, Kaufmann.

Br Kade, Rudolph, Mstr. v. St. ders. Loge, Apothekenbesitzer.

Br Leitmann, Gustav, 2. Censor der Loge Friedrich Wilhelm zur gekrönten Gerechtigkeit (R. Y.), Dr. phil., Apotheker 1. Cl. und Inhaber einer Mineralwasserfabrik.

Br Möller, August Albert, subst. Sekretär ders. Loge, Kaufmann.

Br Thieme, Johann Carl Friedr., Mitglied ders. Loge, Kaufmann.

Böhlen bei Gr. Breitenbach:

Br Siemroth, A., Mitglied der Loge Ernst zum Compass in Gotha, Fabrikant.

Darmstadt:

Br Gaulé, Karl, 1. Ceremonienmstr. der Loge Joh. d. Ev., Kaufmann und Versich.-Director.

Kampen (Niederlande):

Br van Wyk, A., Sekretär der Loge Profonde Silence, Militär-Apotheker.

Krotoschin:

Br Schultz, Ferdinand, Mitglied der Loge zum Tempel der Pflichttreue, Maler.

Lehesten bei Wurzbach:

Br Bischoff, F. B., Mitglied der Loge Charlotte zu den 3 Nelken in Meiningen, Director der herzogl. Schieferbrüche.

Michelstadt (Odenwald):

Br Glenz, Karl II., Mitgl. der Loge Joh. d. Ev. in Darmstadt, Tuchfabrikant.

Neckargemünd:

Br Menzer, J. F., Mitglied der Loge Ruppr. zu d. 5 R. in Heidelberg, Weinhändler.

Osthofen:

Br Schwarz, Carl, Mitglied der Loge zum w. Tempel der Brliebe in Worms, Direktor der Handelsschule.

Stuttgart:

Br Cordes, Ad., Mitglied der Loge zu den 3 Cedern, Partikulier.

Br Hartmann, Wilh., Mitgl. ders. Loge, Kaufmann.

Br Kaufholz, J., zugeord. 2. Aufs. ders. Loge, Kaufmann.

Br Lemppenau, Gustav, Redner der Loge Wilhelm z. a. S., Apotheker.

Br Plouger, A., Mitglied ders. Loge, Bijouteriefabrikant.

Würzburg:

Br Schild, L., Mitglied der Loge Santa Rosa in Hilton, Privatier.

Br Schmidt, J. G., Mitgl. der Loge Wahrh. und Freundschaft in Fürth, Vergolder.

Br Thaler, Aug., Mitgl. der Loge Eleusis z. Verschw. in Bayreuth, Kaufmann.

Die Brr Strunz in Hof und Aug. Lohmann in Frankfurt a. M. haben ihren Austritt aus dem Verein erklärt; der gel. Br J. Lehmann in Barmen ist zum e. O. eingegangen.

Für die Bibliothek des Vereins ist eingegangen:

Von Br Dr. Hoorn van Kalckenstein in Mannheim
2 Gedruckte mr. Vorträge.

Von Br Henny in Altenburg
1 Erinnerungstableau an die Grundsteinlegung der Loge in Altenburg.

Für die Medaillen-Sammlung des Vereins sind eingegangen:

Von Br F. Müller in Turin
1 alte antipäpstliche Medaille,
1 neue päpstliche Medaille von der Clerisei ausgegeben,
1 neue antipäpstliche, vom Neapolitaner Gegenconcil ausgegeben und von Br Guis. Giani verfertigt.

Für die Centralhilfskasse des Vereins sind eingegangen:

Von Br C. Schwarz in Osthofen . . . Sgr. 7. 5.
Von Br Ellersieck in Bremen . . . „ 10. —

Leipzig.   J. G. Findel.

Das christliche Prinzip in der Freimaurerei.

Von

Br O. Bretschneider,
zug. Mstr. v. St. der Loge Ernst z. Compass in Gotha.

(Fortsetzung.)

Dass die Juden trotz dieser Verfolgungen und aller gegen sie verübten Gewaltthaten nicht gänzlich ausgerottet wurden, das lag wohl theils in dem Umstande, dass sie über das ganze cultivirte Europa verbreitet und zerstreut waren, theils in ihrer bewundernswerthen Anhänglichkeit an ihren Glauben und ihre Nationalität, in der unendlichen Zähigkeit, mit welcher sie Verfolgungen, Insulten, Bedrückungen und Martyrthum ertrugen, theils wohl darin, dass dieselben schon damals durch ihre Handelsgeschicklichkeit Reichthümer zu erwerben wussten, und gerade deshalb ein willkommener Gegenstand für die Erpressung der Mächtigen waren, den man durch Ausrottung oder vollständige Verjagung sich selbst entzogen haben würde. Ihre Stellung im Staate und im Leben war aber ähnlich der von Menschen, welche nur Pflichten, aber keine Rechte hatten und aus der bürgerlichen Gesellschaft gewissermassen ausgestossen waren. J. H. Boehmer, welchem ich in vorstehender Darstellung gefolgt bin, schreibt in seinem Jus ecclasiasticum Protest. ed. 3ª Tom. IV pag. 754 über ihre Verhältnisse im 14. und den folgenden Jahrhunderten, sie seien die allerelendesten gewesen, so dass die Juden wegen der ungeheueren Verfolgungen kaum hätten athmen können. Selbst die Bischöfe hätten ihnen mitunter Schutz gewährt, damit sie nicht von Königen und Fürsten, um Geld von ihnen zu erpressen, auf das Schändlichste misshandelt und eingekerkert würden. Sie seien so schlecht behandelt worden, dass sie fast den Sclaven (Leibeigenen), beizuzählen wären und dass man ihnen jedes menschliche Recht abgesprochen worden sei. Wären sie mitunter etwas glimpflicher behandelt worden, so seien sie gezwungen worden sich den Schutz durch ungeheure Geldsummen zu erkaufen, so dass man denken könne, es sei ihnen nur der gegen sie verübten Erpressungen und des dadurch zu ziehenden Gewinnes halber das Leben gelassen worden. Ihre abweichende Stellung von den übrigen Unterthanen bezeichnet derselbe Schriftsteller in der Art, dass 1. Leibeigene waren, gleichsam als wenn sie noch in der babylonischen Gefangenschaft lebten; 2. dass sie der Ehrenrechte entbehrten, und 3. dass sie als Ausgestossene betrachtet wurden, die man im Staate nicht dulden dürfe.

Demgemäss spricht Papst Innocenz III. aus, dass die Juden durch eigene Schuld ewiger Knechtschaft verfallen seien, dass sie keine Christen zu Dienern, keine Christinnen zu Ammen haben dürfen, und dass, damit Christen nicht etwa geschlechtlichen Umgang mit Jüdinnen pflegen und vorreden, sie hätten nicht gewusst, dass es Jüdinnen seien, die Juden eine besondere, ausgezeichnete Kleidung tragen sollen.*)

---

*) cf. c. 13 X. V. G. c. 15 ibid. wie überhaupt der ganze Titel b des V. Buchs der Dekretalen Gregors de Judaeis, Saracenis et eorum servis zu vergleichen ist.

Der deutsche Kaiser Carl IV. (1347—78) erklärte die Juden mit folgenden Worten zu seinen Leibeigenen:

„Alle Juden gehören mit Leib und Gut unserer Cammer und seyn in unser Gewalt und Hände, dass wir mit unserer Mächtigkeit thun und lassen mögen, was wir wollen."[**])

während es im Judenspiegel heisst:

„dass die Juden uns Christen zum Exempel und Warnung als Knechte und leibeigene Leute vor Augen gestellt seien."[***])

War nun auch diese Leibeigenschaft, eine Leibeigenschaft des Staates und nicht einer Privatperson, so dass die Juden nicht, wie wirkliche Leibeigene, jedes persönlichen und Vermögensrechtes baar waren, so unterschied es doch die Juden sehr wesentlich von allen anderen Unterthanen, schloss sie namentlich von der Uebung jedes staatsbürgerlichen Rechtes aus, und belastete sie mit unverhältnissmässig höheren Abgaben an den Kaiser.

Der Mangel der Ehrenrechte zeigte sich dadurch, dass sie anrüchig (levis notae macula) waren, daher nicht allein von Aemtern und Ehren ausgeschlossen, sondern auch unfähig z. B. als Handwerker einer Innung beizutreten, dass ihr Zeugniss gegen einen Christen nicht galt etc. Wie der Umstand, dass sie als Ausgestossene galten, aufgefasst wurde, ergibt sich aus einer Erklärung des Herzogs Christoph von Würtemberg, der, um Zulassung derselben in seinem Lande angegangen, antwortete:

Wenn diese verfluchten Leute mir wollten Geld vollauf geben, wollte ich sie doch in meinem Fürstenthum, weil sie an meinem Bruder und Erlöser Jesu Christo treulos waren und öffentliche Zauberer sind, nicht leiden.†)

Dass sie sich trotzdem in Würtemberg Eingang zu verschaffen wussten, ist sattsam bekannt.

„Die wesentlichsten Bestimmungen", sagt ein Schriftsteller, „der in dieser Weise sich gestaltenden Stellung der Juden im deutschen Reich sind etwa folgende: Der Jude bildet kein Glied der staatlichen Gemeinschaft und der bürgerlichen Gesellschaft, kein Glied irgend welcher anerkannten Corporation, insbesondere nicht der Zünfte und Gilden. Er nimmt nicht Theil an ihren Rechten und in gewissem Sinn auch nicht an ihren Pflichten. Er ist von jeder Mitwirkung für das Gemeinwohl, vom Militairdienst und jedem öffentlichen Amt und auch vom Grundbesitz, wie von jedem anderen Besitz ausgeschlossen, der dem Inhaber eine bestimmte Stellung in der feudalen Gliederung des Staats verleiht. Er gesteht ferner als Mensch nicht auf gleicher Stufe mit dem Christen, ist ein inferior desselben, kann also nicht obrigkeitliche und richterliche Functionen üben, nicht über christliche Sclaven und Dienstboten gebieten. Er ist ferner ein Ausgestossener. Der Christ darf nicht in connubium (Geschlechtsgemeinschaft) mit ihm treten, nicht mit ihm essen und wohnen. Doch wird im Uebertretungsfalle zunächst der Jude bestraft. Es soll ihm eine von den christlichen abgesonderte Wohnung angewiesen. werden (Ghetto), er soll sich durch ein äusseres Abzeichen (den gelben Tuchring am Mantel)

kenntlich machen. Der Jude ist endlich ein Feind der Christen, er kann nicht gegen denselben Zeugniss ablegen.

„Der Jude ist nach alledem Niemandes Unterthan oder Höriger — er ist des Kaisers — kein Subject, sondern ein Object des kaiserlichen Besitzthums. Nicht das Gesetz des Landes, sondern die Gnade des Kaisers ist sein Schutz. Was ihm diese gewährt, ist sein Recht. Der Schutz, den ihm der Kaiser gewährt, ist der Schutz seines eignen Besitzthums; wer einen Juden verletzt, missachtet des Kaisers Schutz und vergreift sich an seinem Besitz. Das Strafurtheil erfolgt durch kaiserliches Gericht, die Strafgelder fliessen in den kaiserlichen Fiscus. Der Kaiser bestimmt des Juden Rechte. Er weist ihm seinen Wohnsitz an und verleiht seinen Vasallen ebensowohl das Recht Juden aufzunehmen, wie das Recht sie zurückzuweisen Er bestimmt die Grenzen ihrer Gewerbthätigkeit, nicht wovon sie ausgeschlossen sind, sondern was ihnen gestattet ist, denn die Ausschliessung ist die Regel. Er konnte ihnen daher auch Erwerbsquellen eröffnen, die dem Christen verschlossen waren und ihn mit dem verderblichen Vorrecht der Zinsnahme oder vielmehr des Wuchers ausstatten, welche den Bekennern des Christenthums nach Massgabe der damaligen Bibelauslegung von der Kirche untersagt war; ja er verlieh ihnen sogar das noch viel bedenklichere Vorrecht, gestohlenes Gut, welches ein Jude es öffentlich vor Zeugen gekauft hatte, nur gegen Rückzahlung des Kaufgeldes dem Eigenthümer zurückzugeben, während der Christ es ohne Entschädigung aushändigen musste, wenn er den Verkäufer nicht anzugeben vermochte. Der Kaiser war aber auch der rechtliche Eigenthümer alles jüdischen Besitzes, denn der Jude befindet sich nicht im rechtlich anerkannten Besitz irgend welchen Eigenthums. Es stand dem Kaiser ohne weiteres jede Art der Verfügung über dasselbe zu seinen eignen Gunsten oder zu Gunsten Dritter zu. Er hatte und hatte nicht nur ein unbeschränktes Bestimmungsrecht über seine Juden und übertrug dasselbe nicht selten in eben so unbeschränkter Weise auf einzelne Reichsstände, sondern verfügte auch ganz willkürlich die Vertreibung der Juden mit Zurücklassung ihres Vermögens und in gleicher Weise die Nichtigkeitserklärung aller Schuldforderungen, welche sie an christliche Gläubiger geltend zu machen hatten. Von dieser Berechtigung machte Kaiser Wenzel 1390 bekanntlich in der Weise Gebrauch, dass er ganz Franken von allem, was Fürsten, Ritter und Unterthanen den Juden schuldig waren — gegen Erlegung eines Theils dieser Schulden an ihn selbst — ohne weiteres befreite. Doch waren ihm schon Ludwig der Bayer und Heinrich der VII. mit ähnlichen Massregeln zu Gunsten einzelner Vasallen vorausgegangen, denen sie eine besondere Gnade erweisen wollten etc."[*])

Diese Stellung der Juden im deutschen Reich . und namentlich zum deutschen Kaiser, erfuhr jedoch im Laufe

------

*) cf Rotteck und Welker, Staatslexikon ed. 3ᵃ Bd. 8 S. 658. Vergl. übrigens über die hier vorgetragenen Verhältnisse J. H. Boehmer jus ecclesiasticum Prot. ed. 3ᵃ Tom. IV. Lib. V. Tit. 6. Danz, Handbuch des deutschen Privatrechts Bd. 7 S. 228 flg. Mittermaier, deutsches Privatrecht ed 4ᵃ p. 106 flg. Ortloff, Grundsätze des deut. Privatrechts S. 208. Gerber, deutsches Privatrecht ed 9 2ᵃ p. 44 flg.

**) J. H. Boehmer l. c. pag. 757.
***) J. H. Boehmer l. c.
†) J. H. Boehmer l. c. pag. 759.

der Zeit dadurch Veränderungen, dass die Reichsstände theils durch besondere Verleihung des Kaisers, theils durch Verjährung und langes Herkommen, theils dadurch, dass der Kaiser ihnen die Juden gegen gewisse Geldsummen verpfändete (cf. Mooser, deutsches Staatsrecht Th. IV. S. 79 flg.), das Recht erlangten, Juden in ihren Territorien zuzulassen, (cf. die goldene Bulle Carl IV. cap. 9. 32 u. 3) und dass durch die Reichspolizeiordnungen von 1538 Tit. 27, von 1548 Tit. 20 und von 1577 Tit. 20 allen Reichsständen das Recht eingeräumt wurde, den Juden Schutz zu geben. Solchergestalt wurden die Juden aus „Kammerknechten des Kaisers“, „eigne Kammerknechte der Reichsstände“, und zahlten ihre Abgaben nicht mehr an den Kaiser, sondern an die Reichsstände. Eine natürliche Folge davon war, dass auch die Bedingungen, unter welchen die Juden in den einzelnen Territorien der Reichsstände zugelassen wurden, die Abgaben, die sie entrichten, die Rechte, die sie erhalten, bezüglich nicht erhalten sollten, in den verschiedenen Territorien verschieden festgestellt wurden. (cf. Ortloff, deutsches Privatrecht S. 208.)

Eine Besserung der früheren Rechtlosigkeit der Juden erfolgte zunächst durch einen Schutzbrief Kaiser Carl V. von 1530, in welchem verordnet wird, dass man ihnen zahlen soll, was man schuldig sei, dass sie an Leib und Gut vor Gewalt geschirmt werden sollten, ihnen ausser den kaiserlichen, keine Steuern aufgelegt, sie nicht zur Taufe gezwungen, sie aus den Orten, wo sie einmal zugelassen, nicht vertrieben werden sollen, und worin das ihnen ertheilte Privilegium des Wuchers aufgehoben wird. Es blieben aber die Vorschriften über die besondere Kleidung der Juden (R. P. O. von 1530 Tit. 22) und es ist selbstverständlich, dass in jenen Zeiten ein solcher Schutzbrief nur soweit wirkte, als die Macht des Kaisers reichte, und in Anwendung gebracht werden konnte, was bei den damaligen zerfahrenen innern Zuständen Deutschlands wohl nur dann geschah, wenn politische Rücksichten ein solches Vorgehen rechtfertigten. Dass durch die R. P. O. von 1577 wieder Aenderungen hierin eintraten, ist schon erwähnt worden, und dass in den nun folgenden schweren Zeiten der Religionskriege, namentlich aber des 30jährigen Kriegs, Gesetz und Recht überhaupt nicht zur ordnungsmässigen Geltung kamen, bedarf kaum der Erwähnung.

Nur nach und nach gestalteten sich die Verhältnisse der Juden besser. Der erste deutsche Fürst, der ihnen menschliche Rechte in seinen Staaten einräumte, war der grosse Churfürst, Friedrich Wilhelm von Brandenburg, welcher die Berliner Judengemeinde gründete, während Friedrich der Grosse von Preussen durch das 1750 erlassene Judenprivilegium eine feste, rechtliche Grundlage für die Stellung der Juden, die er freilich noch mit hohen Steuern belastete, in seinem Reiche schuf und ihnen für geistige und materielle Entfaltung ihrer Thätigkeit freien Spielraum gewährte. Eben so zeigte Kaiser Joseph II. durch sein bekanntes Toleranzedikt, dass er über die altherkömmlichen Vorurtheile der Unduldsamkeit sich erhoben hatte und dem Prinzip einer edlen Humanität huldigte. — Musste auch dieser erhabene Fürst die traurige Wahrnehmung machen, dass er mit seinen Ansichten seinen Völkern weit vorausgeeilt sei, und deshalb gegen seinen Wunsch und sein besseres Wissen manche seiner humanen Verfügungen zurücknehmen, so gab andrerseits doch die

gelegentlich des nordamerikanischen Freiheitskriegs erfolgte Proklamation der sogenannten „allgemeinen Menschenrechte“, eine neue Veranlassung zur ernsten Prüfung der dadurch auch den Völkern zugänglich gemachten Ideen über die Gleichberechtigung der Menschen. Fanden dieselben auch damals in Deutschland keinen praktischen Eingang, wie dies in Frankreich während der Revolutionszeit geschah, so war damit doch eine Anregung gegeben, die zunächst von Philosophen und Staatsmännern erfasst, erörtert und wenn man so sagen darf, wissenschaftlich verarbeitet, nach und nach auch Eingang in das Bewusstsein des Volkes fand. Auch die Gesetzgebung blieb hiervon nicht unberührt.

Durch ein Edikt des damaligen Grossherzogs von Frankfurt wurden den Juden völlig gleiche Rechte mit den christlichen Einwohnern ertheilt, und durch ein K. Preussisches Edikt vom 11. März 1812 wurde verordnet:

§. 1. Die in unseren Staaten jetzt wohnhaften, mit Generalprivilegien, Naturalisationspatenten, Schutzbriefen und Concessionen versehenen Juden und deren Familien sind für Einländer und Preussische Staatsbürger zu achten.

§. 7. Die für Einländer zu achtenden Juden sollen, insofern diese Verordnung nichts abweichendes enthält, gleiche bürgerliche Rechte und Freiheiten mit den Christen zu geniessen.

§. 8. Sie können daher akademische Lehr- Schulauch Gemeindeämter, zu welchen sie sich geschickt gemacht haben, verwalten.

§. 9. Inwiefern die Juden zu anderen öffentlichen Bedienungen und Staatsämtern zugelassen werden können, behalten wir Uns vor in der Folge der Zeit gesetzlich zu bestimmen.

Dem entsprechend wurde ihnen durch die folgenden §§. dieses Edikts das Recht der freien Niederlassung in Städten und auf dem platten Land, die Befugniss Grundstücke zu erwerben und alle erlaubten Gewerbe zu treiben, gewährt, und bestimmt, dass die Juden als solche, nicht mit besonderen Abgaben belastet, dagegen zum Militairdienst herangezogen werden sollten.

Auch die deutsche Bundesakte Art. 16. erkannte die Nothwendigkeit an, Veranstaltungen zur bürgerlichen Verbesserung der Juden zu treffen, ohne dass jedoch dies, wie sovieles Andere, je zur Ausführung gekommen wäre.

In Preussen selbst folgten sogar bis zum Jahre 1830 wieder Rückschritte, indem durch eine Verordnung vom 4. December 1822 bestimmt wurde, dass die §§. 7 und 8 des Ediktes vom 11. März 1812 wonach die für Inländer zu achtenden Juden zu akademischen Lehr- und Schulämtern, zu welchen sie sich geschickt gemacht haben, zugelassen werden sollen, „wegen der bei der Ausführung sich zeigenden Missverhältnisse“, aufgehoben wurden, und durch eine Cabinetsordre vom 8. August 1830 erklärt wurde, dass das Edikt vom 11. März 1812 nur in denjenigen Provinzen, in welchen es bei seiner Erlassung publicirt wurde, gelten, in den neuen und wiedererworbenen Provinzen dagegen als mit dem allgemeinen Landrecht und der allgemeinen Gerichtsordnung eingeführt, nicht betrachtet, vielmehr in letzterem, bis zu weiterer gesetzlicher Bestimmung, sich in Hinsicht der Verhältnisse der Juden lediglich nach denjenigen Vorschriften gerichtet werden soll, welche bei der Besitznahme dieser Provinzen vorgefunden worden sind.

Es ist bekannt, dass bei der Erhebung der deutschen Nation im Jahre 1848 von den in der Nationalversammlung vereinigten Vertretern des Volks der Ansicht, dass die Verschiedenheit des Religionsbekenntnisses keine Ungleichheit der Rechte und Pflichten der Staatsangehörigen begründen dürfe, durch Feststellung der sogenannten Grundrechte Ausdruck verliehen wurde und dass, wenn auch diese Grundrechte nicht überall eingeführt, oder aber später in den einzelnen Staaten wieder aufgehoben wurden, gerade die hier in Frage stehenden Bestimmungen derselben in die Verfassungen der meisten deutschen Staaten wieder Aufnahme fanden.

Insbesondere gewährt auch die jetzt in Preussen geltende Verfassung im Artikel 4 und 12 nicht allein die Freiheit des religiösen Bekenntnisses, sondern erklärt den Genuss der bürgerlichen und staatsbürgerlichen Rechte für unabhängig von dem religiösen Glaubensbekenntniss, und die öffentlichen Aemter für alle dazu Befähigten gleich zugänglich.

Diese Bestimmungen haben ferner in der am 26. Juli 1867 erlassenen Verfassung des norddeutschen Bundes, Art. 3, und in dem Bundesgesetz über die Freizügigkeit vom 1. November 1867 §. 1 wiederum für den gesammten norddeutschen Bund Anerkennung gefunden.

Es mag nun beiläufig hier erwähnt werden, dass selbst in Oestreich durch das Grundgesetz über die allgemeinen Rechte der Staatsbürger vom 21. December 1867 die volle Gleichberechtigung aller Staatsbürger vor dem Gesetz, namentlich die Gleichberechtigung aller Religionsgenossenschaften ausgesprochen und durch das Gesetz vom 25. Mai 1868 insbesondere bestimmt wird, dass die öffentlichen Schulen confessionslos und die Bekleidung des Lehramts an denselben, mit Ausnahme des Amtes des Religionslehrers, von dem Religionsbekenntnisse unabhängig sein sollte.

Es war erforderlich diese historischen Momente näher ins Auge zu fassen, um sich zu vergegenwärtigen wie es gekommen, dass die Juden Jahrhunderte eine solche exceptionelle Stellung im Leben und Staat einnahmen, und sich die Gründe klar zu machen, welche zu solchen Verhältnissen führten. Man wird wohl nicht irre gehen, wenn man den nächsten Grund darin findet, dass von der Zeit an, wo die christliche Kirche sich nach und nach aus einer verfolgten Religionssecte zur Staatskirche des römischen Reichs emporgeschwungen hatte, die Bekenner des Christenthums nun ihrerseits alle Nichtchristen, von denen sie selbst vorher verfolgt und bedrückt worden waren, mit gleichem Eifer verfolgten und zu unterdrücken suchten, mochte dazu der dunkle Menschen innewohnende Trieb der Vergeltung, oder ein missverstandener Eifer für den christlichen Glauben, oder die Hoffnung auf Bekehrung der Ungläubigen, das hauptsächlichste Motiv sein. So viel steht wenigstens fest, dass von jener Zeit an sich die Gesetze der römischen Kaiser datiren, welche die Juden zum grössten Theil rechtlos machten. Ebenso wenig kann es überraschen, dass unter den germanischen Völkern, welche selbst erst vom Heidenthum zum Christenthum bekehrt wurden, und nun ihrerseits die neue Religion gleichfalls unter Anwendung der gewaltsamsten Mittel zu verbreiten

suchten, namentlich bei Berücksichtigung des damaligen Kulturzustandes derselben und bei der religiösen Schwärmerei und dem religiösen Fanatismus derselben, wie er sich insbesondere zur Zeit der Kreuzzüge kund gab, die Verhältnisse der Juden sich nicht besserten, zumal der Eigennutz der Fürsten ihre exempte Stellung nur zu gern zu Erpressungen benutzte. Dass auch die Reformation in dieser Beziehung nicht sofort eine günstige Einwirkung auf die Verhältnisse der Juden äusserte, ist um so begreiflicher, wenn man die Schwierigkeiten bedenkt, mit welcher die sogenannten Protestanten anfänglich für ihr Bestehen und ihre Duldung zu kämpfen hatten, und erwägt, dass diese Schwierigkeiten eigentlich erst mit Beendigung des 30jährigen Kriegs durch Verträge ihre Erledigung erhielten und zu einem gesicherten Zustande führten. Gleichwohl wird man der Reformation, und der dadurch geförderten Aufklärung den erheblichsten Antheil daran zuschreiben müssen, dass nach und nach geläuterte und richtigere Ansichten über die Gleichberechtigung aller Menschen sich herausbildeten und, wenn auch nur langsam, in die Ueberzeugung der Völker Eingang fanden. Dass einzelne begabte und vorurtheilsfreie Fürsten schon im vorigen Jahrhundert solchen Prinzipien gemäss handelten, wenn schon dabei auch vielleicht politische Motive mitwirken mochten, bestätigt nur das Gesagte, wenn schon damals das eigentliche Volk solchen Anschauungen noch mehr oder weniger unzugänglich war. Für das Volk bedurfte es erst noch der Fortbildung und der politischen Erkenntniss der Ideen, welche durch den nordamerikanischen Freiheitskrieg, die französische Revolution und die in Folge derselben namentlich in Deutschland hervorgerufene geistige und sittliche Erhebung, eine allgemeinere Verbreitung erhielten, um zu einer geläuterteren und unbefangeneren Anschauung der fraglichen Verhältnisse zu gelangen.

(Schluss folgt.)

Bericht über eine Lokalversammlung der Mitglieder des „Vereins deutscher Freimaurer" in Stuttgart.

Die in Stuttgart und in dessen Nähe wohnenden Mitglieder des „Vereins deutscher FrMr" versammelten sich am 12. Febr. 1870 zu einer Besprechung über die Angelegenheiten, Vorlagen etc. des genannten Vereins im Lokale der Loge zu den „drei Cedern" im Orient Stuttgart. Eingeladen hierzu waren nicht nur Vereinsmitglieder, sondern auch die Brr der beiden Werkstätten in Stuttgart überhaupt, und von jenen waren diese in nicht geringer Zahl vertreten; auch aus dem Or. Ludwigsburg hatten sich drei Vereinsmitglieder eingefunden.

Br Th. Walter eröffnete die Versammlung mit einem Hinweis auf die Wichtigkeit solcher Zusammenkünfte und spricht der Loge zu den „drei Cedern" Namens der Vereinsangehörigen den wärmsten Dank für Ueberlassung des Lokals aus. Br Pauli, Mstr. v. St. der genannten Loge, erwidert hierauf mit den freundlichsten Worten, heisst die Brr herzlich willkommen und berührt zugleich das „unbrüderliche" Verfahren der beiden Logen in Leipzig gegen den „Verein deutscher FrMr" im vergangenen Jahre, bemerkend, dass er, hätte seine Loge die nöthigen Räumlichkeiten, den genannten Verein damals dringend eingeladen haben würde, hier zu tagen. Um so mehr freue er sich, dass sich die Mitglieder desselben, die in Stuttgart und dessen Nähe wohnen, abermals in diesen Räumen zusammen gefunden hätten und er wünsche nur, dass solche Beschlüsse gefasst werden, die zum Besten des gedachten Vereins und der Mrei überhaupt ausschlagen. Br Verkrüzen sucht das bekannte Vorgehen der Leipziger Logen in ein besseres Licht zu stellen, Bezug nehmend auf eine Unterhaltung, die er seiner Zeit mit Br Dr. Zille in Leipzig gehabt habe. Br Walter meint jedoch, es werde sich jeder Br über jenen Vorgang sein Urtheil gebildet haben und Br Pauli's Worte seien keineswegs zu herb. Bruder Glökler überbringt noch Grüsse vom Mstr. v. St. der Loge „Wilhelm zur aufgeh. Sonne", Br Dr. Löwe, der es sehr bedauere unbesiegbarer Hindernisse wegen der Versammlung nicht anwohnen zu können.

Br Walter, einstimmig zum Vorsitzenden gewählt, geht nunmehr auf eine Beleuchtung der Zwecke des „Vereins deut. Mr" über, entkräftet in Kürze die Vorwürfe, die demselben gemacht werden, und weist die Berechtigung des Bestehens desselben nach, welche Berechtigung sich eigentlich am deutlichsten dadurch kund thue, dass er mit jedem Jahre an Mitgliedern zunehme; sodann nennt er die Vorlagen, welche das Rundschreiben des Vorstandes des Vereins enthält, und die erste derselben, maur. Werkthätigkeit betreffend, gibt dem Vorsitzenden Veranlassung, die beiden veröffentlichten Preisarbeiten in ihren Hauptpunkten zu kennzeichnen. Dabei kommt er zu dem Urtheil, die beiden Verfasser haben, so werthvoll auch ihre Darlegungen sein mögen und so dankbar man für ihren Eifer sein müsse, doch eigentlich das nicht getroffen, was man gehofft und erwartet habe. Nun habe aber in den jüngsten Tagen Br Thost in Zwickau einen Vorschlag ausgesandt und einen Antrag bezüglich der mrschen Werkthätigkeit gestellt, den er, der Vorsitzende, zunächst zur Kenntniss der anwesenden Brr gebracht wissen möchte.

Br Dr. Maier (Ludwigsburg) wünscht, ehe dies geschehe, zu wissen, was die Jahresversammlung des Vereins in Dresden bezüglich unseres vorjährigen Beschlusses, den Beitritt ganzer Logen betreffend (s. Bauhütte 1869 S. 94 Sp. 1), angeordnet und festgesetzt habe.*)

Br Walter erwidert, er vermöge hierüber leider keine Auskunft zu geben, werde aber bei Br Findel in Leipzig sich wegen dieses Punktes des Näheren erkundigen und später die gestellte Frage beantworten. Zugleich ersucht er nun den Br Dr Maier, das Rundschreiben des Br Thost vorzulesen. Nachdem dies geschehen war, spricht sich Br Glökler in warmen Worten über die Ansichten des Brs Thost aus, empfiehlt diese Vorlage angelegentlichst und will den Antrag des genannten Brs, der Verein deutscher Mr" möge „eine Fortbildungsanstalt für die Töchter unserer Brr entweder im schönen Süden Deutschlands oder im Norden der Schweiz" gründen, zum Antrag unserer Lokalversammlung gemacht wissen.

Br Walter kann nicht umhin, auf die Frage, welche Br Verkrüzen in der vorjährigen Lokalversammlung (s. Bau-

---

hütte 1869 S. 93. Sp. 2) angeregt habe, zurückzukommen und fragt den genannten Br, ob er nicht in jener Richtung das Wort ergreifen wolle.

Br Verkrüzen entspricht dieser Aufforderung und führt in längerer, eingänglicher und warmer Rede aus, wie die Fürsorge für gefallene Mädchen und die Rettung derselben sicherlich einer der dankenswerthesten Akte maur. Werkthätigkeit wäre. Ein Verein zur Verhütung des Elendes, in das alleinstehende Mädchen so leicht gerathen; ein Verein, der die Gefallenen zu einem menschenwürdigeren Dasein zurückführe — ein solcher Verein thue noth. Er beweist dieses schlagend und verliest zu diesem Behufe noch ein Fragment aus Lessing; er zeigt ferner, wie in der genannten Richtung verfahren werden müsste, und plaidirt mit wahrhaft erhebenden Worten für diese ärmsten und elendesten der Menschen. Aber — so schliesst er — zur Ausführung eines solchen Werkes gehört Muth und Selbstverläugnung.

Br Ellinger hält dafür, dass in erster Linie für die Erziehung der Kinder zu sorgen sei, will Br Hufschmidts Vorschläge, mr. Werkthätigkeit zu üben, ausgeführt wissen und stellt hierauf einen Antrag.

Br Lobenhofer glaubt, der Vorlage des Brs Thost das Wort reden zu müssen, obgleich er die hohe Bedeutung des Verkrüzen'schen Antrags keineswegs verkenne.

Br Wieland begrüsst alle diese Vorlagen, meint aber, um etwas Tüchtiges auszuführen, bedürfe es nicht geringer materieller Mittel; desshalb werde es sich lohnen, nicht zu grosse und weitgehende Plane ins Auge zu fassen, sonst könnte man leicht Illusionen, Träumen nachgehen.

Br Verkrüzen vertheidigt seinen Plan und weist nach, dass zur Verfolgung und Ausführung desselben nicht das Geld, sondern vorzugsweise moralische Wirksamkeit nöthig sei.

Br Walter sagt, wir arbeiten hier für den „Verein deutscher Mr", machen ihm Vorschläge, damit die Gelder der Centralhilfskasse den Vereinszwecken gemäss verwendet werden, und hierzu scheine ihm eben Br Verkrüzens Plan, gerade weil so gross angelegt, an die rechte Adresse gerichtet zu sein.

Br Dr. Maier kann sich mit beiden Anträgen (Thost und Verkrüzen) befreunden, meint aber, es handle sich rücksichtlich der mr. Werkthätigkeit mehr um moralische Unterstützung; darum möchte er jene hingelenkt wissen auf die Erziehung und Bildung namentlich der weiblichen Jugend, auf Einführung konfessionsloser Schulen etc. etc. Keineswegs möchte er aber den Vorschlag des Brs Verkrüzen fallen lassen; es sei gefallenen Mädchen Hilfe zu leisten und er stimme ganz mit Br V. überein, dass, wenn ein solches Mädchen gerettet sei, so seien viele gerettet. Er stellt daher den Antrag, es möge der Versammlung in Darmstadt jener Vorschlag vorgelegt werden, damit sie sich ebenfalls darüber äussere.

Br Steiniger ist der Ansicht, dass Br V. zu weit gehe, viel zu grossartige Plane verfolge, die seitens der Mr nicht auszuführen sein dürften, während Br Thost's Antrag realisirbar sei, wesshalb er diesem das Wort rede.

Br Verkrüzen geht von ihm entworfenen Paragraphen die Ausführbarkeit seines Antrags und verlangt nicht Geld, sondern moralische Unterstützung; Br Dr. Maier stimmt dem Vorredner bei, betonend dass eben durch

---

*) Die Jahresvers. ging zur Tagesordnung über (vergl. Bericht).
Die Redact.

Verwirklichung jenes Planes für die Sache der Menschheit gewirkt würde.

Br Walter hält die Debatte für erschöpft und glaubt, eine Abstimmung über sämmtliche Vorlagen werde am besten zeigen, welcher derselben die Brr den Vorzug geben. Br Ellinger fügt seinem Antrag noch den Wunsch bei, es mögen für Kinder unbemittelter Eltern Stipendien geschaffen werden, um dieselben in ihren Studien etc. nachhaltig zu unterstützen.

Da kein Br mehr über die Vorlagen zu sprechen begehrt, so schreitet der Vorsitzende, nachdem er noch die Hauptmomente der beiden Preisarbeiten beleuchtet hatte, zur Abstimmung über die verschiedenen Anträge, von denen aber keiner die Mehrheit erhält; dagegen wird einstimmig beschlossen, den Plan des Brs Verkrüzen der Versammlung der Mitglieder des „Vereins deutscher Frmr", welche im Lauf dieses Jahres in Darmstadt zusammentreten wird, zu weiterer Erörterung zu unterbreiten; und es wird derselbe rechtzeitig dem Vorstande des genannten Vereins übermittelt werden.

Br Walter bringt nun einen zweiten Punkt, die Reiseentschädigung sämmtlicher Vorstandsmitglieder betreffend, auf die Tagesordnung. Er glaubt, dass es nur billig sei, allen Vorstandsmitgliedern eine ausreichende Reiseentschädigung aus den Mitteln des Vereins auszusetzen und beantragt, auch diese Angelegenheit der Darmstädter Versammlung zur Beschlussfassung dringlichst vorzulegen. Ohne weitere Debatte wird dieser Antrag einstimmig gutgeheissen.

Endlich bringt der Vorsitzende noch die Centralhilfskasse des Vereins zur Sprache, beleuchtet die Nothwendigkeit, die Mittel dieser Kasse zu vermehren, und fordert die Brr auf, zu diesem Behufe auf die Gedichte von Br E. Rittershaus, deren Ertrag jener Kasse zufliessen wird, zu subscribiren. Dieser Aufforderung wird zahlreich entsprochen und 24 Subscribenten werden sofort notirt; beschlossen aber wird, noch vorläufig 50 Expl. jener Gedichte fest zu bestellen.

Schliesslich wünscht Br Kettner noch, dass Versammlungen, wie die heutige, nicht bloss einmal des Jahres, sondern mindestens zweimal abgehalten werden möchten. Dieser Wunsch findet allseitig Anklang und der Vorsitzende stimmt mit Freuden demselben zu, wird deshalb späterhin um so lieber die Brr zu einer derartigen Besprechung einladen, als die weiteren Gegenstände des Rundschreibens bei der sehr vorgeschrittenen Zeit einer Erörterung nicht mehr unterzogen werden konnten.

Mit Worten wärmsten Dankes schliesst Br Walter die heutige Versammlung, wünschend, die Brr mögen das Besprochene einer weiteren Erwägung worth halten und bei der nächsten Zusammenkunft ebenso zahlreich wie heute erscheinen; wünschend aber auch, es möchten die hiesigen Mitglieder des zum öfteren genannten „Vereins deut. Mr" sich in grösster Zahl an der Versammlung in Darmstadt betheiligen.

Anfügen müssen wir zum Schlusse noch, dass dem Verein fünf neue Mitglieder, Brüder der beiden hiesigen Logen, beitraten, sowie dass die mr.sche Zeitschrift „Die Bauhütte" weitere Abnehmer fand.

Stuttgart, Febr. 1870.

Br J. P. Glökler.

Feuilleton.

Amerika. — Der schon längst nur vegitirende maurer. Verein „Masonia" ist nunmehr vollends wieder eingegangen. Da seine Wirksamkeit gleich Null war, wird ihm Niemand eine Thräne nachweinen!

Die Grossloge von Maine zählt 148 Töchterlogen mit über 14,000 Mitgliedern; die von Vremont 87 Logen mit über 7000 Milgl., die von Delaware 18 L. mit 390 Mitgl.

Aus Schwaben. — Diesen Sommer soll ein gemeinschaftliches Johannisfest der schwäbischen Logen in Stuttgart unter der Leitung von Br Feod. gefeiert werden. In der Loge „Wilhelm z. a. S." herrscht überhaupt jetzt ein äusserst reges Leben; Aufnahmen erfolgen Schlag auf Schlag. Neulich fand eine solche statt, der mehr als 70 Brr anwohnten, was seit vielen Jahren nicht erlebt worden. Es wurde ein Br aus Calw der Kette eingereiht.

Dem wackeren Mstr. v. St. der Loge zum Brunnen des Heils in Heilbron Br F. Ed. Mayer sen. wurde jüngst in Anerkennung seiner Verdienste um Gewerbe und Handel von S. Maj. der Titel „Commerzienrath" verliehen.

Berlin. — Die Grosse Nat. M.-Loge zu den 3 Weltk. hat sich von deut. Schwester- Grosslogen behufs Revision der Bundesrituale die Rituale der betreffenden Grosslogen erbeten. Wir begrüssen diesen Fortschritt mit Freuden.

Leipzig. — In der Loge Balduin z. L. ist am 7. Febr. Br O. Marbach wiederum zum Mstr. v. St. gewählt worden. Den 2. Hammer hat Br Schletter, den 3. Br Schöne erhalten.

Monrovia (Liberia), Afrika. — Die hier arbeitende St. Johnsloge Nr. 3 hat am 20. Dezem. 1869 den Herausgeber der „Bauh.", einstimmig zum Ehrenmitgliede ernannt. (Wir nehmen diese gewiss seltene Auszeichnung mit freudigem Danke entgegen und legen auf dieselbe besonderen Werth. — J. G. F.)

Oedenburg. — Die hiesige Loge zur „Verbrüderung" ist am 12. Februar l. J. von der Hamburger Grossloge als Tochterloge (Nr. 29) anerkannt und dadurch in den allgemeinen frmrschen Verband eingeführt worden. Vertreter der Oedenb. Loge für die Hamburger Grossl. ist der in mr. Kreisen durch seine vielfachen Verdienste um die k. K. wohlbekannte Bruder Berthold Cohnheim zu Hamburg. —

Oschatz. — Inliegend sende Ihnen den Betrag von 2 Thlr. für unsere verw. Schw. Brüggemann in Brevörde.

Meinen Namen zu zeichnen, finde ich nicht für nöthig; und als Beweis, dass sie es erhalten haben, gilt die Aufzeichnung in Ihrem Br-Blatt „Die Bauhütte."

Seit einem halben Jahre hat sich in Oschatz ein Maurer-Club gebildet, welcher bis jetzt einen sehr erfreulichen Fortgang hat.

Wien. — Der bekannte frmrsche Agitator Prof. L. Lewis in Pest hat sich bestimmt gefunden, daselbst eine neue Loge, zur „Grossmuth" betitelt, zu gründen. Da diese Loge sowie deren Mitglieder sich in tiefes Dunkel hüllen, so ist deren Bestand thatsächlich unbekannt. Wir müssen diese „Verirrung" des greisen Br Lewis, der nun einmal um jeden Preis Mstr. v. St. sein will, um so mehr bedauern, als er damit die Pietät vernichtet, die man ihm ob seiner Verdienste um die Reactivirung der FrMrei in Ungarn zu zollen, ungeachtet mancher „Zwischenfälle" bisher keinen Anstand nahm.

Zittau. — Am 14. Januar feierte die hiesige Loge das 50jährige Maurerjubiläum der Brr Domsch und Neubert.

☞ Notiz. — Um die werthvolle Arbeit des gel. Br Bretschneider nicht allzusehr zu zerstückeln und wenigstens in drei Nrn. zu bringen, sind wir genöthigt, mehrere interessante Baustücke, ausführliche Berichte aus Ungarn und Coburg, sowie eine Beleuchtung des Verhaltens der Grossl. des eklkt. Bds gegenüber dem Joh.-Schreiben der Gr. L. L. v. D. für die folgenden Nrn. d. Bl. zurückzustellen.

Aufruf!

Alle in Oesterreich in der Diaspora lebenden Brüder werden dringend ersucht im Interesse der k. K. ihre genauen Adressen, sowie ihren Grad in der Loge, welcher sie angehören sobald als möglich dem Br F. J. Schneeberger (Arthur Storch), Präsident des Br-Vereins Humanitas in Wien (Wieden, Schleifmühlgasse 20) bekannt zu geben. Discretion wird auf Mrwort verbürgt.

Zur Besprechung.

Hoffmann, Paul, die Jesuiten, Geschichte und System des Jesuitenordens, 4. Lieferung. Mannheim, Schneider. 5 Sgr.

Briefwechsel.

Br G. W. in H—n. Die für Schw. Br. eingegangenen 2 Thlr. (vgl. Oschatz) habe ich Dir gutgeschrieben und bitte solche der früheren Summe beizufügen. Brdl. Gruss!

Br M—r in R—ch in Böhmen. Ihr Conto, incl. v. Dalen's Jahrb., ist rein ausgeglichen. Br. Gruss!

Br G. Frank Gouley in St. Louis. A copy of my „History of F." 2. Edition. I have send you (also for Boston, Jowa etc.) through Smithsonian Institution early in January. A copy of the Statutes of the Union of Germ. Masons I send you with the „Bauhütte." Fraternal regards.

Br L—ch in H—n. Haben Sie meinen Brief an unsere Loge nicht erhalten? Bis jetzt habe ich einer Antwort vergebens entgegengesehen. Br. Gruss!

Br M. in M. Nicht in dem fraglichen Punkte allein! „Und die Gewohnheit ist seine Amme!" Obgleich kaum irgend ein Br glaubt, dass das höchste Wesen durch profanes Hutabziehen geehrt werden könne oder müsse, thut man dies doch noch fast allerwärts bei Nennung des „Gr. B. a. W."

In den unter der Gr. L. L. v. Sachsen arbeitenden Logen ist dieser Missbrauch längst abgeschafft. Auch das abgeschmackte und lächerliche Säbelgerassel ist im Schröder'schen System nicht üblich. Besten Gruss!

Br Z—n in D—dt. Wofür sind die eingezahlten Thir. 3. —.? Eine Bestellung oder sonstige Notiz hierüber ist uns nicht zugegangen. Besten Gruss!

Br Dr. K. in O. Besten Dank für das interessante Programm zur Schwesternloge. Deine Anerkennung für die „hoffentlich fruchttragende Kritik" des „alten Logenbr.", der „stets den Nagel auf den Kopf trifft", freut mich um des wackeren Verf. willen, in dem ich einen trotz seines Alters jugendfrischen, energischen und charaktervollen Mr. habe schätzen gelernt. Auch daria stimme ich mit Dir überein, dass die „Ungarn unsere Unterstützung verdienen, da dort, wie in Oesterreich die Mrei Manna und Thau vom Himmel ist." Ohne Zweifel lässt die Anerkennung der Gr. L. L. v. Ungarn nicht lange auf sich warten. Eine noch grössere Liste und zwar Vereinsmitglieder als die heutige harrt bereits der Veröffentlichung! Brieflich nächstens mehr; inzwischen herzlichen Gruss!

Br S. in Würtb. Die gewünschten 12 Expl. „Rittershaus Dichtungen" werden Ihnen sofort nach Erscheinen zugehen. Brüderlichen Gegengruss!

Bekanntmachung.

Am 27. März d. J. erfüllen sich 25 Jahre, dass die unterzeichnete Loge die Weihe ihres eigenen neuen Hauses feiert und die Erinnerung daran gedenkt dieselbe

Sonntag den 27. März d. J. Vormittag 11 Uhr

mit einer Arbeits- und darauf folgender Tafel-Loge zu begehen. Indem wir die geliebten auswärtigen Brüder hierdurch davon in Kenntniss setzen, bitten wir zugleich diejenigen, welche unsere Feier durch ihren Besuch erhöhen und an der Tafelloge theilnehmen wollen, dies spätestens bis 23. März d. J. bei unserem Bruder Ceremonienmeister Louis Baumgärtel hier anzumelden.

An die ehrwürd. Hammnerführenden Mstr. richten wir gleichzeitig die brüderliche Bitte, die gel. Brüder ihrer engeren Kette auf diese Bekanntmachung thunlichst aufmerksam zu machen.

Or. Chemnitz, 23. Februar 1870.

Die Loge zur Harmonie.

Verantwortlicher Redacteur: Br J. G. Findel. — Verlag von Br J. G. Findel in Leipzig. — Druck von Brr Bär & Hermann in Leipzig.

N⁰. 11.
XIII. Jahrgang.

Die

BAUHÜTTE.

Begründet und herausgegeben

von

Br J. G. FINDEL.

* Organ des Vereins deutscher Freimaurer. *

Handschrift für Ђrr Frār.
Leipzig, den 12. März 1870.
MOTTO: Weisheit, Stärke, Schönheit.

Von der „Bauhütte" erscheint wöchentlich eine Nummer (1 Bogen). Preis des Jahrgangs 3 Thlr. — (halbjährlich 1 Thlr. 15 Ngr.)
Die „Bauhütte" kann durch alle Buchhandlungen bezogen werden.

Das christliche Prinzip in der Freimaurerei.

Von

Br O. Bretschneider,

zug. Mstr. v. St, der Loge Ernst z. Compass in Gotha.

(Schluss.)

Hat diese durch den dermaligen Kulturzustand unseres Volkes bedingte richtigere Anschauung dahin geführt, dass durch die Gesetze die frühere Ungleichheit zwischen Christen und Juden beseitigt worden ist, so sollte es die Pflicht jedes intelligenten Christen sein, dahin zu wirken, dass diese durch die Gesetze aufgehobene Ungleichheit auch in Wirklichkeit zur Wahrheit werde. Wir haben den Juden gegenüber ein Jahrhunderte lang geübtes schweres Unrecht zu sühnen und können dies nur in der Weise thun, dass wir ein theoretisch überwundenes Vorurtheil nun auch praktisch ablegen. Und sind etwa die Juden nicht werth, dass wir dies thun? Wollen wir vergessen oder ignoriren, dass die Juden trotz Jahrhunderte lang fortdauernder Missachtung, Unterdrückung, Verfolgung und Erpressung und ungeachtet ihrer Zerstreuung über die ganze Erde, sich nicht allein als eine eigene Nation forterhalten haben, dass sie noch jetzt an dem Glauben ihrer Väter festhalten, dass sie sich, namentlich durch den Handel, fast den einzigen Beruf, welchen ihnen eine verkehrte frühere Staatspolitik gestattete, zu einer angesehenen und einflussreichen Stellung in der bürgerlichen Gesellschaft emporgeschwungen, aber auch in Wissenschaft und Kunst eine Reihe der ausgezeichnetsten Männer hervorgebracht haben, und legt dies nicht ein unwiderleg-

liches Zeugniss ab für die Stärke ihres Nationalgefühles, die Festigkeit ihres Glaubens, und ihre hervorragende geistige Begabung? Sind die Grundlagen ihres Sittengesetzes von denen des unsrigen verschieden, oder leben wir demselben mehr nach, als sie?

Wohl mag es sein, dass es auch unter ihnen noch viele giebt, die an der geistigen Erhebung und Entwickelung ihrer Glaubensgenossen nicht Theil genommen, und desshalb auch noch auf einer niederen Stufe stehen, ist dies aber ein Schicksal, das sie nicht auch mit den christlichen Nationen theilen, und können wir deshalb ihnen einen Vorwurf machen? Wir, die wir Jahrhunderte lang sie als Knechte behandelt und sie der politischen, wie der bürgerlichen Rechte beraubt hatten?

In der That, es ist nur ein Akt lang vorenthaltener Gerechtigkeit, wenn wir jetzt endlich sie in Wirklichkeit auch als Gleichberechtigte behandeln. Eine wiederholte Mahnung zur Uebung dieser Gerechtigkeit erscheint aber um so mehr geboten, als unter uns, der Nation der Denker und Philosophen, wie wir uns nicht ungern von anderen Völkern bezeichnen lassen, und zwar keineswegs blos im eigentlichen Volke, sondern auch unter den sogenannten Gebildeten, sich nicht wenige finden, welche die alten Vorurtheile gegen die Juden noch keineswegs abgelegt haben, die sich schon um deswillen besser dünken, weil sie Christen sind — (wenn vielleicht auch nur dem Namen nach) — und wenn sie auch die Richtigkeit des Prinzips der Gleichberechtigung nicht zu bestreiten vermögen, doch für ihre Person demselben keine praktische Folge leisten mögen.

Diese auf den Verhältnissen und Anschauungen früherer Zeiten noch ruhende Abneigung gegen die Juden und diese christliche Exclusivität macht sich nicht blos im Privatleben geltend, nein, sie versucht selbst im Staate den klaren Worten des Gesetzes entgegen den Juden die wirkliche Gleichberechtigung zu verkümmern, ja sie zeigt sich auch auf dem Gebiet der Freimaurerei und hat in manchem Artikel über die Judenfrage in der mrschen Presse Ausdruck gefunden.

Wende ich mich nun zur Beantwortung der Frage, ob den Juden seit dem Bestehen des Bundes der FreiMr die Aufnahme in denselben grundsätzlich von Anfang an versagt war, so wird zunächst auf die Entstehung unseres Bundes zurückzugehen sein. Mögen nun auch die Ansichten darüber sehr von einander abweichen, ob nicht schon in den frühesten Zeiten geheime und offene Gesellschaften ähnliche Ideen zu verwirklichen gesucht haben, wie der Freimaurerbund es jetzt thut, so dürfte doch nach den gründlichen Forschungen maurerischer Wissenschaft gegenwärtig wohl darüber kein Zweifel mehr bestehen, dass der Bund der Freimaurer mit seinen rein geistigen Zwecken, wie sie der Hauptsache nach dermalen von allen freimaurerischen Systemen anerkannt werden, sich im Anfang des vorigen Jahrhunderts in England aus der frühern Genossenschaft der Werkmaurer herausgebildet hat und zur Entstehung gelangt ist. Gerade der Umstand aber, dass der Freimaurerbund aus der Werkmaurerei hervorging, ist von nicht zu unterschätzender Bedeutung. Denn die Werkmaurer standen in einem innungsmässigen Verband und wir finden nach den Anschauungen früherer Jahrhunderte in fast allen Statuten solcher Innungen (namentlich auch in den alten Steinmetzordnungen), nicht allein Vorschriften über die Organisation und Handhabung der Zunft, sondern auch über das christliche Verhalten der einzelnen Zunftglieder, mithin stillschweigend die Bestimmung, dass nur Christen Mitglieder derselben sein konnten. Wenn nun bei Begründung des Freimaurerbundes in seiner jetzigen Gestalt, von einem ferneren Betrieb der Handwerksmaurerei abgesehen, und dafür die Thätigkeit unter Anlehnung an die Formen der Werkmaurerei auf Fortbildung des in den Statuten der Werkmaurerei bereits enthaltenen geistigen, bezüglich sittlichen Prinzips beschränkt wurde, so hätte wohl nichts näher gelegen, als die in den Innungsstatuten der Werkmaurerei bereits enthaltenen, hierauf bezüglichen Vorschriften über christliches Leben und christlichen Wandel, so wie die über Beobachtung der Gebräuche der christlichen Kirche enthaltenen Vorschriften in die Constitution des neuen Bundes herüber zu nehmen und vielleicht nur sachgemäss zu erweitern. Allein dies ist nicht geschehen, sondern das Gegentheil.

Denn das von Jacob Anderson ausgearbeiteten und von der im Jahre 1717 in London gegründeten ersten Grossloge genehmigten Statuten enthalten im Satz I „Gott und die Religion betreffend", wörtlich nur folgende Bestimmungen:

„Ein Maurer ist durch seinen Beruf verbunden, dem Sittengesetz zu gehorchen; und wenn er die Kunst recht versteht, wird er weder ein stumpfsinniger Gottesläugner, noch ein irreligiöser Wüstling sein. Obwohl nun die Mr in alten Zeiten in jedem Land verpflichtet wurden, von der Religion dieses Landes oder dieses Volks zu sein, welche es immer sein mochte, so wird doch jetzt für dien-

licher erachtet, sie allein zu der Religion zu verpflichten, worin alle Menschen übereinstimmen, ihre besonderen Meinungen aber ihnen selbst zu überlassen, das ist gute und treue Männer zu sein, oder Männer von Ehre und Rechtschaffenheit, durch was immer für Bennungen oder Ueberzeugungen sie unterschieden sein mögen. Hierdurch ist die Maurerei der Mittelpunkt der Vereinigung und die Ursache treuer Freundschaft unter Menschen, welche ausserdem sich nie näher getreten wären."

Auch später in Abschnitt VI sub 2 dieser Statuten wird noch hervorgehoben, dass Zänkereien über Religion, oder Völker oder Staatsverfassung in der Loge nicht vorkommen dürfen „da wir als Maurer blos von der obenerwähnten allgemeinen Religion sind etc."

Fasst man diese, den früheren Innungsstatuten entgegenstehende, und in sich selbst klare und deutliche Bestimmung ins Auge, so ist es unzweifelhaft, dass man damit bestimmen wolle, dass die Verschiedenheit des religiösen Bekenntnisses nicht von der Theilnahme am Bund ausschliessen sollte, dass man es vielmehr für dienlicher erachtete den Maurer nur zur Beobachtung des Sittengesetzes zu verpflichten, dass man nur gute und treue Männer abgesehen von ihren Ueberzeugungen, aufnehmen wollte. Dass diese Ansicht nicht allein den bekanntesten Regeln der Auslegekunst entspricht, sondern auch darin eine wesentliche Unterstützung findet, dass zur Zeit der Gründung des Bundes meist nur geistig hervorragende Männer, dem Bunde angehörten, die in ihren Ansichten den damaligen Anschauungen der grossen Masse vorausgeeilt waren, und gerade zur Förderung ihrer Ideen und Anschauungen sich zu einem Geheimbunde vereinigten, dürfte mit Grund nicht zu bezweifeln sein.[*]

Es ist bekannt, dass die Freimaurerei von England aus auch nach Deutschland verbreitete, und dass auch in Deutschland das Constitutionsbuch der Londoner Grossloge als Grundlage maurerischer Gesetzgebung betrachtet, bezüglich anerkannt wurde. Auch in der Stiftungsakte der Mutterloge zu den drei Weltkugeln in Berlin vom 9. Nov. 1740 lautet das Chap. II. Articles concernants la Reception des Apprentifs et des Compagnons, 1. Tout homme faisant profession d'Atheisme ou de Libertinage, ne pourra être reçu sous quelque pretexte que ce soit. Andere Vorschriften über die Aufnahmefähigkeit, namentlich eine Bestimmung, dass nur Christen aufgenommen werden dürfen, finden sich in dieser Stiftungsakte nicht, wohl aber legte man den Arbeiten im Wesentlichen die altenglische Form zu Grunde und erachtete auch sonst das englische Constitutionenbuch als maassgebend.[**]

Dass man jedoch bei der damaligen bürgerlichen Stellung der Juden in Deutschland nicht sehr geneigt sein mochte Juden in den Bund zuzulassen, mag um so eher zugegeben werden, als erst in den letzten Jahrzehnten des vorigen Jahrhunderts, wie oben gezeigt wurde, richtigere Ansichten über Menschenwürde und Gleichberechtigung

---

[*] Nähere Nachweisungen und Begründungen über die Bedeutung und Auslegung der altenglischen Constitution finden die Brüder in Latomia Band 26 S. 1 flg. Schletter und Zille, Handbuch der Freimaurerei s. v Juden.

[**] Geschichte der G. N. M. L. zu den drei Weltkugeln Seite 198 flg. 17. 39.

der Menschen sich Eingang verschafften. Obwohl daher, wie es in dem oben citirten Handbuch der Freimaurerei Bd. II S. 85 heisst, schon sehr früh im vergangenen Jahrhundert sich Juden als Freimaurer zu erkennen gaben, welche in England, Frankreich und den Niederlanden in die Verbrüderung aufgenommen worden waren, so wies doch schon 1766 die Loge zur Einigkeit in Frankfurt ein von Cassel ergangenes Constitutionsgesuch zurück, weil sich unter den Unterschriften „ein Kind Israels" befand, während in der in Hamburg gegründeten Loge „Obermeisterschaft Israels" neben einem Lübecker Superintendenten eine Anzahl Juden waren. Später trat in Berlin eine Anzahl Juden zu einer sogenannten Toleranzloge zusammen, welche den Schutz der Regierung genoss, aber bald wieder einschlief.

Hieraus ergibt sich wohl mit Sicherheit, dass man nicht allein in England, Frankreich etc. Juden unbedenklich in den Bund aufnahm, sondern dass auch in Deutschland und speciell in Preussen Juden als Freimaurer anerkannt waren. Auch die am 29. Nov. 1764 festgestellten Bundesstatuten der Mutterloge zu den 3 Weltkugeln in Berlin scheinen das christliche Princip noch nicht aufgestellt zu haben, wenigstens ergibt sich solches aus den Mittheilungen in der Geschichte der G. N. M. Loge zu den 3 Weltkugeln, S. 40 nicht, und auch das ibid. S. 48 mitgetheilte Schreiben des damaligen Kronprinzen, worin derselbe der Mutterloge seine Protektion zusagte, macht diesen Schutz nicht davon abhängig, dass nur Christen Aufnahme in den Bund finden sollten. Auch in einem Circularschreiben vom 11. Nov. 1783 ladet die gedachte Mutterloge „alle und jede in und ausserhalb Deutschland befindliche Hoch- und Ehrwürdige Logen, sie mögen Namen haben, wie sie wollen (blos jene Secte ausgenommen, von der im §. 7 gesprochen wird i. e. die Illuminaten), auf das freundschaftlichste und brüderlichste ein, uns die Ehre zu erzeigen sowohl eine maurerische Correspondenz in den bekannten und bisher allgemein angenommenen alten drei Englischen Graden mit uns theils anzufangen, theils fortzusetzen, als auch ihre reisenden Brüder an uns zu adressiren, welche wir jederzeit liebreich aufnehmen und ihnen, auf ihre Certificate, die Thüren unseres Heiligthums in besagten Graden mit grösster Willfährigkeit öffnen werden", woraus sich gleichfalls ergeben dürfte, dass man noch damals für die Aufnahme oder den Besuch der Brr anderer Logen ein christliches Religionsbekenntniss nicht für nothwendig erachtete. Auch in dem vom König Friedrich Wilhelm II. von Preussen unter dem 9. Februar 1796 der Freimaurerloge zu den 3 Weltkugeln in Berlin ertheilten Confirmations-Patent und Protektorium cf. Gesch. der G. N. M. L. zu den 3 Weltk. S. 76, ist nichts enthalten, was darauf hindeutete, dass der König die Confirmation und das Protektorium von Aufrechthaltung oder vielmehr einer Annahme des sogenannten christlichen Princips abhängig mache.

Wohl aber bereitete sich damals der Uebergang von dem universellen Humanitätsprincip zur christlichen Exclusivität in der Mutterloge vor. Bezeichnend für die damaligen Anschauungen ist es, dass der bekannte allmächtige Minister Wöllner, welcher schon seit 1775 altschottischer Obermeister gewesen war, im Jahre 1791 zum deputirten Nationalgrossmeister erwählt wurde, und diese

Stelle bis 1799 beibehielt. Das war derselbe Mann, welcher das sogenannte Religionsedikt von 1788 erliess, durch welches jede Abweichung von der überlieferten Glaubenslehre sowohl auf der Kanzel, als auf dem Katheder bei Strafe der Absetzung verboten wurde. Es war die Zeit, von welcher Schlosser in seiner Weltgeschichte Band 17 S. 269 schreibt:

„Ganz dieselbe Reaction trat in Preussen gegen die politischen und religiösen Grundsätze ein, von denen Friedrich Wilhelms II. Vorgänger, Friedrich der Grosse, sich hatte leiten lassen. Auch dort (in Preussen), wurden alle freisinnigen Männer zurückgedrängt und durch entschiedene Freunde der alten Zeit und ihre Missbräuche ersetzt. Der Graf Herzberg, Prinz Heinrich und der Herzog von Braunschweig mussten einem Bischoffswerder, Wöllner, Luchesini und ähnlichen Leuten Platz machen und diese führten den König dann immer weiter rückwärts", und S. 51 ebendaselbst: „Er (Friedrich Wilhelm II.) suchte in blindem Glauben und in der sogenannten Kirchlichkeit Beruhigung und Trost, was von den Frömmlern, zu welchen seine Minister Wöllner und Bischoffswerder gehörten, benutzt wurde, um den Rationalismus in der Theologie auszurotten und die alte Kirchenlehre mit Gewalt aufrecht zu halten etc." Erwägt man, dass Wöllner sowohl, als Bischoffswerder Maurer waren, und Ersterer factisch an der Spitze der G. N. M. L. stand, erwägt man die oben angedeuteten politischen Verhältnisse, wo man die durch die französische Revolution hervorgerufene Aufregung und verbreiteten politischen Ideen durch Festhaltung und Zurückführung auf die alten Zustände und einen orthodoxen Kirchenglauben bannen zu können meinte, erwägt man ferner, dass durch das K. Preussische Edikt vom 30. Okt. 1798 die Theilnahme an allen geheimen Verbindungen verboten und nur die drei Preussischen Grosslogen nebst den von ihnen gestifteten Tochterlogen tolerirt, alle anderen Mutter- und Tochterlogen aber verboten sein sollten, so kann es nicht überraschen, dass nunmehr im Statuten der G. N. M. L. von 1799 der §. 1 lautet: Der Freimaurer muss ein aufrichtiger und freimüthiger Bekenner der christlichen Religion sein, und §. 20: Ein Jude kann weder aufgenommen noch affiliirt noch zum Besuche zugelassen werden cf. S. 142 flg. der Gesch. der G. N. M. L. zu den 3 Weltkugeln. Spiegelt sich doch in diesen Vorschriften die damals in den maassgebenden Kreisen herrschende Ansicht wieder, und kann es andererseits nur befremden, wenn in der eben genannten Geschichte S. 141 sich die Behauptung findet, dass die Bundesstatuten von 1799 sich in Uebereinstimmung mit der (oben wirklich angeführten) englischen Constitution von 1723 befänden.

Darf man annehmen, dass die Statuten von 1799 zuerst das sogenannte christliche Princip aufstellten, und Dokumente, die das Gegentheil besagen, sind nirgend bekannt gemacht, so befinden sich jedenfalls diejenigen im Irrthum, die annehmen, dass das Confirmationspatent von 1796 und das Edikt von 1798 um deswillen jeder Aenderung in dieser Beziehung entgegenstände, weil sie den Bund nur nach seinen damaligen Statuten bestätigt, bezüglich tolerirt hätten; man wird vielmehr im Gegentheil behaupten müssen, dass Patente und Edikte aus den Jahren 1796 und 1798 sich nicht auf Bestimmungen gründen könnten, welche erst 1799 statutenmässig festgestellt wurden.

Die Richtigkeit dieser Ansicht hat sich aber auch durch das bewährt, was inzwischen geschehen ist. Dann entgegen dem citirten §. 20 der Statuten von 1799 werden jetzt in dem System der G. N. M. L. zu den 3 Weltk., Juden, welche in anderen ger. und vollkommenen Logen in den Maurerbund aufgenommen sind, als besuchende, ja als permanent besuchende Brr zugelassen. Ich frage einfach, wäre dies möglich, wenn, wie behauptet wird, die Statuten von 1799 dem Confirmationspatent von 1796 und dem Edikt von 1798 als unabänderliche Grundlage dienten? Hätte man dann nicht bereits gegen diese Confirmationen und Protektionen verstossen?

Es waren also die Zeiten politischer und kirchlicher Reaction, in welchen man, um den Bund als einen christlichen Verein zu charakterisiren und dadurch der höchsten Gnade und des höchsten Schutzes zu versichern, ein christliches Glaubensbekenntniss als nothwendige Bedingung für den Eintritt in den Bund feststellte. Es waren die Zeiten des Absolutismus, in welchen das Bestehen des Freimaurerbundes lediglich von dem persönlichen Willen des Regenten abhing, so dass überall, wo eine solche Erlaubniss versagt wurde, die Logen geschlossen werden mussten. Es war die Zeit, wo die Freimaurerei noch als Geheimbund bestand, und wo keine Staatsverfassung jeden Verein zu erlaubten Zwecken gestattete.

Wie vorsichtig man bei der Duldung des Freimaurerbundes sein zu müssen glaubte, erhellt aus dem schon erwähnten Edikt von 1798, in welchem es jedem Maurer zur unaufhörlichen Unterthanenpflicht gemacht wird, jeden Versuch eines Ordensmitglieds diesem Edikt zuwider zu handeln, sofort der Ortspolizeibehörde anzuzeigen, wonach die Mutterloge alljährlich bei Verlust der Protektion und der Duldung das Verzeichniss der sämmtlichen von ihr abhängigen Logen und die Liste sämmtlicher Mitglieder dem Könige einzureichen, wonach jede Loge der Polizei den Ort ihrer Zusammenkunft anzeigen und ihren Mitgliedern bei Verlust der Duldung nicht gestatten darf, ausser dem angezeigten Orte Zusammenkünfte zu halten, welche auf die FrMrei Bezug haben.

Es leuchtet daher ein, dass bei dieser Einrichtung das Bestehen des Bundes lediglich davon abhing, dass der Orden nach dem persönlichen Willen und den persönlichen Anschauungen des jeweiligen Regenten geleitet wurde, und dass diejenigen, welche an die Spitze des Bundes gestellt wurden, dafür verantwortlich waren, dass die Mrei lediglich in diesen Gränzen und Beschränkungen betrieben wurde. Es liegt der Gedanke nahe, dass der Wunsch, stets eine solche specielle Aufsicht über den Bund zu führen, dazu mitgewirkt hat, dass seitdem stets Mitglieder der Regentenfamilie an der Spitze der Preussischen Mrei gestanden haben.

So stand die Sache vor 70 Jahren und unter solchen Verhältnissen fand das christliche Princip Aufnahme in die Statuten. Haben sich seitdem die Verhältnisse geändert? Ich sollte es meinen.

Auf die Zeit der politischen und kirchlichen Reaction am Schlusse des vorigen Jahrhunderts folgte die von jedem Maurer beklagte Zeit tiefer Erniedrigung für Preussen durch den Krieg von 1806, sodann aber die Wiedergeburt des Staates unter Stein und Hardenberg, die Erhebung des Volks im Jahre 1813 und die Besiegung des fremden Eroberers. In diese Zeit fällt die oben erwähnte Preussische Verordnung von 1812, welche den Juden die Staatsbürgerlichen und Ehrenrechte zurückgab und sie den übrigen Staatsangehörigen gleichstellte. Aber der nach den Befreiungskriegen eintretende Rückschlag führte, wie schon oben nachgewiesen worden, zur Verkümmerung und Beschränkung der politischen und kirchlichen Freiheit, welche das Volk durch seine Erhebung verdient zu haben glaubte. Daraus erklären sich die schon erwähnten Verordnungen von 1822 und 1830, welche den Juden theilweise das wieder entzogen, was eine aufgeklärte Politik ihnen früher gewährt hatte. So wie man die politische Beziehung dem Drängen des Volks nach einer freieren Gestaltung der staatlichen Verhältnisse nach jeder Richtung hin entgegentrat, so wurde in kirchlicher Beziehung Orthodoxismus und Strenggläubigkeit nach jeder Richtung gestützt und begünstigt. Die Wissenschaft, auf deren verschiedensten Gebiete in den letzten 50 Jahren eine Entwickelung und Fortbildung stattgefunden hatte, wie kaum zu einer anderen Zeit, sollte umkehren, weil ihre Resultate mit dem strengen Kirchenglauben theilweis in unauflösliche Widersprüce geriethen, und wenn man in Folge der Ereignisse von 1848 in politischer Beziehung dem Strom der andringenden freiheitlichen Ideen nicht zu widerstehen vermochte, wenn man von der absoluten Regierungsform sich dann dem sogenannten constitutionellen Regierungssystem zuwenden musste, so klammerte man sich um so zäher und fester an Strenggläubigkeit und kirchliche Orthodoxie an, sei es aus Ueberzeugung, sei es, weil man damit die letzte Stütze des seinem Verfall entgegengehenden Gebäudes der guten, alten Zeit sichern zu müssen glaubte.

Es ist hier nicht der Ort auf diese Verhältnisse näher einzugehen, aber sie müssen im Allgemeinen erwähnt werden, weil sie auch auf die Stellung des Maurerbundes in Preussen von massgebenden Einfluss gewesen sind, da, wie oben herausgesetzt wurde, das Preussische Mrthum oder vielmehr Logenwesen zur Zeit lediglich an die in den herrschenden Kreisen vorwaltenden Anschauungen gebunden ist.

Das ist der factische Stand der Sache und es ist wohl begreiflich, dass wenn man den Werth und die Verlässlichkeit des Einzelnen zunächst darnach beurtheilt, ob er gläubig ist oder nicht, die Juden keine Aussicht haben, Aufnahme in den Bund der Preussischen Logen zu finden. Anders gestaltet sich freilich die Sache, wenn wir die Frage aufwerfen, ob rechtliche und sachliche Gründe vorliegen, welche zur Aufrechthaltung des christlichen Princips in der Mrei nöthigen.

Was zuvörderst die rechtliche Seite anlangt, so ist bereits nachgewiesen worden, dass durch die gegenwärtig in Preussen in Geltung befindliche Verfassung die Bekenner der verschiedensten Religionen gleiche bürgerliche und staatsbürgerliche Rechte und Pflichten geniessen. Eben so ordnen die Artikel 29 bis 31 derselben Verfassung:

Art. 29. Alle Preussen sind berechtigt sich ohne vorgängige Erlaubniss friedlich und ohne Waffen in geschlossenen Räumen zu versammeln.

Art. 30. Alle Preussen haben das Recht sich zu solchen Zwecken, welche den Strafgesetzen nicht zuwiderlaufen, in Gesellschaften zu vereinigen.

Art. 31. Die Bedingungen, unter welchen Corporationsrechte ertheilt oder verweigert werden, bestimmt das Gesetz.

Es unterliegt hiernach keinem Zweifel, dass Juden und Christen, denn beide sind ja Preussen, sich zu einer nicht verbotenen Gesellschaft vereinigen dürfen. Es setzt dies aber voraus, dass der Zweck der Gesellschaft dem Staat mitgetheilt wird, mit anderen Worten, dass ihm die Statuten der Gesellschaft vorgelegt werden. Da der Freimaurerbund in dieser Beziehung längst das frühere Geheimniss aufgegeben hat, seine Zwecke auch allbekannt sind, und in den Statuten nur die leitenden Grundsätze und die innere Organisation des Bundes, nicht aber die geheim zu haltende Lehrart und Arbeitsweise niedergelegt ist, so kann kein Bedenken stattfinden, diese Statuten der Staatsgewalt vorzulegen, wie dies auch von ausser Preussen befindlichen Logen, geschieht. Dass die Statuten unseres Bundes den Strafgesetzen nicht zuwiderlaufen, bedarf keines Nachweises. In der That hat aber nach Seite 96 der Statuten jeder Bruder, der einen Suchenden zur Aufnahme vorschlagen will, demselben die wesentlichsten Grundzüge der Statuten mitzutheilen, eine Vorschrift, die deutlich genug zeigt, dass man aus denselben kein Geheimniss macht, und dass sie auch derjenige erfährt, dem die Aufnahme verweigert wird. Es besteht demnach in Preussen nach dem Gesetz die Füglichkeit, dass sich Logen unter Vorlegung ihrer Statuten bilden, bezüglich dass die schon bestehenden sich unter das Gesetz stellen, während sie zur Zeit nur durch das persönliche Protektorium des Regenten bestehen. Ob eine solche Ausnahmestellung, das Bestehen einer geheimen Gesellschaft, ohne Zustimmung der verantwortlichen Staatsgewalt, nicht den Prinzipien des constitutionellen Staatsrechts überhaupt zuwiderläuft, mag hier unerörtert bleiben.

Dass aber selbst unter dem jetzt noch bestehenden Verhältniss Aenderungen der Statuten möglich sind und vorkommen, dass sie namentlich in Beziehung auf die sogenannte Judenfrage bereits durch Zulassung von Juden als besuchenden und permanent besuchenden Brüdern eingetreten sind, ist bekannt, ebenso; dass z. B. die Edikt von 1798 insofern öfters entgegengehandelt worden ist, als Brr verschiedener Logen sich an dritten Orten zu maurerischen Zwecken vereinigt haben, wie denn selbst von der K. Preuss. Ministern der Justiz und des Innern anerkannt worden ist, dass die Strafbestimmungen des Edikts vom 20. Okt. 1798 aufgehoben sind,*) so wie, dass, wenn in einem Erlass vom 20. Mai 1849 ausgesprochen worden sei, dass die aus dem Verband mit den Preuss. Grosslogen scheidenden Logen in Preussen nur die Vorrechte der Letzteren verlieren, und keine weiteren Befugnisse, als jede andere, nicht gegen das Strafgesetz verstossende Gesellschaft hätten, hiermit allerdings anerkannt sei, dass diese austretenden Logen, sowie andere ausser dem Verband der Grossen Loge etwa sich bildenden Logen in Preussen gestattet seien.

Wenn die Minister dann darauf hinweisen, dass der §. 98 des Strafgesetzbuchs die Theilnahme an einer Verbindung, deren Dasein, Verfassung oder Zweck vor der Staatsregierung geheim gehalten werden soll, oder in

welcher gegen unbekannte Obere Gehorsam, oder gegen bekannte Obere unbedingter Gehorsam versprochen werde, mit Gefängnissstrafe bedrohe, so liegt auf der Hand, dass diese Voraussetzungen für Logen, die ihre Statuten der Staatsbehörde vorlegen, nicht zutreffen.

Nach alledem dürfte kein Zweifel sein, dass rechtliche Hindernisse der Zulassung der Juden zum Mrbunde nicht existiren. Aber auch an ausreichenden sachlichen Gründen für die Aufrechthaltung des christlichen Princips scheint es mir zu fehlen.

Zunächst bedarf es wohl keiner näheren Ausführung, dass die Gründe, welche in früheren Jahrhunderten zum Hass, zur Verachtung und Bedrückung der Juden führten, dermalen nicht mehr bestehen. Die fortgeschrittene Bildung hat, mindestens in dem aufgeklärten Theile Deutschlands, es dahin gebracht, dass wohl kein Christ mehr daran denkt, die dermaligen Bekenner jüdischen Glaubens für dasjenige verantwortlich machen zu wollen, was ihre Ahnen vor über 1800 Jahren gegen den Stifter unseres Glaubens und dessen Anhänger gethan haben, dass also der Hass gegen die Juden als die ersten Widersacher des Christenthums und die Ansicht, dass man ihnen die Christo und seinen Bekennern zugefügten Uebel vergelten müsse, vollständig verschwunden sind. Haben ferner die Juden ihrer Religion trotz aller Verfolgungen und Bedrückungen, und ungeachtet aller Bekehrungsversuche mit bewundernswerther Treue angehangen, so wird dieser Umstand jeden Christen, namentlich aber jeden Freimaurer, der gegen die abweichenden Ansichten Anderer duldsam sein soll, mindestens Achtung abnöthigen. Auch bildet die Zahl der in Deutschland, namentlich aber in Preussen lebenden Christen gegen die der Israeliten eine solche ungeheure Mehrheit, dass abgesehen von allem Anderen, das Christenthum von ihnen nichts zu fürchten hat. Da aber das Christenthum, wenn auch das Bekenntniss der unendlichen Mehrzahl, nicht mehr als herrschende Kirche gilt, weil den Bekennern verschiedener Kirchen gleiche Rechte eingeräumt sind, so wird der Freimaurer, dessen erste Pflicht in treuer Erfüllung und Beobachtung der Gesetze besteht, nur dieser Pflicht genügen, wenn er die gesetzlich festgestellte Gleichberechtigung der verschiedenen Religionsgenossen auch seinerseits anerkennt und demgemäss handelt. Stehen aber die Juden gesetzlich als uns vollkommen Gleichberechtigte und Verpflichtete da, tragen sie gleiche Steuern und Abgaben, haben sie ihr Blut, so gut wie Christen, für das Vaterland auf dem Felde der Ehre vergossen, so haben sie nach dem Prinzip der Gerechtigkeit auch Anspruch auf unsere Anerkennung dieser Gleichberechtigung.

Wohl können man meinen, mögen die Juden gleiche Rechte und Pflichten im Staate haben, wie die Christen, daraus folgt nicht, dass sie auch einen Anspruch auf Aufnahme in unseren Bund haben, denn ein Recht auf diesen Eintritt räumen wir nicht einmal allen Christen ein. Ganz recht, allein was ist der Zweck unseres Bds, und welche Eigenschaften verlangen wir von denen, die wir aufnehmen?

Den Zweck unseres Bundes definiren unsere Statuten dahin, dass durch eine ihm eigenthümliche Lehr- und Uebungsweise, Religiosität, Sittlichkeit und Humanität gefördert und Weisheit des Lebens gelehrt und geübt werde

*) Geschichte der G. N. M. L. zu den 3 Weltk. S. 139 note *).

und dass sich die Bestrebungen des Bundes unmittelbar an den Menschen als solchen, abgesehen von den äusseren Lebens-, bürgerlichen und Standesverhältnissen richten, allen politischen und kirchlichen Angelegenheiten aber von der Thätigkeit des Bundes ausgeschlossen sein sollen. Also an den Menschen als solchen richten sich die Bestrebungen des Bundes, abgesehen von seinen äusseren Verhältnissen. Ist aber ein Religionsbekenntniss nicht etwas äusserliches? nehmlich die durch die Aufnahme in eine bestimmte Kirchengemeinschaft öffentlich abgegebene Erklärung, Mitglied dieser im äusseren Leben auftretenden Kirchengemeinschaft sein zu wollen? Die Forderung, es solle sich der die Aufnahme in unseren Bund Suchende zum christlichen Glauben (ohne Unterschied der Confession) bekennen, enthält daher die Forderung an etwas Aeusserliches. Der Mensch als solcher gehört keinem Staat, keiner Nation, keinem Stand, keiner Confession an, er ist eben Mensch.

Soll, wie unser System lehrt, durch den Bund Religiosität, Sittlichkeit und Humanität gefördert und Weisheit des Lebens gelehrt werden, so fragt man billig, weshalb man das Erforderniss eines bestimmten Religionsbekenntnisses aufstellt, da dieses doch für die innere Eigenschaft der Religiosität keine Bürgschaft bietet. Gibt es nicht genug Menschen, welche sich zu einer bestimmten christlichen Confession bekennen, ohne sich je um dieselbe gekümmert zu haben, oder zu kümmern, und ohne sich namentlich an den äusseren Gebräuchen ihrer Confession zu betheiligen? Werden Verbrechen oder unsittliche Handlungen etwa nur von Nichtchristen begangen? Es gehört in der That nur wenig Ueberlegung dazu, sich zu überzeugen, dass der Umstand, dass sich Jemand zu einer bestimmten Confession bekennt, keine Gewährschaft dafür bietet, dass er auch darnach lebt, und handelt. — Aber eben so leicht wird sich zeigen lassen, dass die Mitgliedschaft bei einem bestimmten kirchlichen Bekenntniss, nicht einmal eine Gewähr dafür bietet, dass die Ueberzeugung eines solchen Mitglieds mit den Satzungen seiner Confession vollständig übereinstimmt. Denn die religiöse Ueberzeugung, der Glaube, ist etwas innerliches, das Bekenntniss etwas äusserliches. — In jedem Menschen bilden sich die religiösen Ueberzeugungen auf eigenthümliche (subjective) Weise aus, und zwar um so verschiedener, je mehr der Einzelne über religiöse Dinge nachdenkt, so dass selbst unter den Mitgliedern ein und derselben Confession die grösste Verschiedenheit der Ansichten über religiöse Dinge herrscht. Denken wir doch nur an die z. B. in der protestantischen Kirche bestehenden verschiedenen Parteien der Strenggläubigen, Altlutheraner, Rationalisten, Supernaturalisten etc. die sich leider theilweise schroffer entgegenstehen, als die Anhänger verschiedener Confessionen. Denken wir doch daran, wie nicht selten Lehrer in Kirchen und Schulen angegriffen und entsetzt worden sind, weil sie angeblich nicht den richtigen Glauben hatten. Denken wir an die grosse Zahl von Christen, die obwohl dem Namen nach der Kirche angehörend, sich der Theilnahme an der Gottesverehrung und den Gebräuchen ihrer Kirche aus Indifferentismus enthalten, oder nun deswillen, weil ihre Ueberzeugung mit dem Kirchenglauben nicht im Einklange steht.

Wenn dem aber so ist, welche Garantie für die Ueberzeugung des Einzelnen bietet· es dann, wenn man nach seinem kirchlichem Bekenntniss fragt? Macht Letzteres einen Unterschied zwischen wesentlichen und unwesentlichen Satzungen, und wenn dies, wie bekannt, nicht der Fall ist, kann man aus dem äusseren Umstand, dass Jemand einem bestimmten kirchlichen Bekenntniss angehört, mit Sicherheit einen Schluss darauf ziehen, dass auch seine Ueberzeugung diesem Bekenntniss vollständig entspreche? Beruht nicht die Mitgliedschaft bei einer bestimmten Kirche meist auf äusseren Verhältnissen z. B. Geburt von Eltern, die dieser Confession bereits angehörten, Erziehung etc., und sind die Menschen im 14. Lebensjahre, wo sie sich für die Wahl einer Kirche entscheiden sollen, geistig reif? Kommen die Fälle des Uebertritts von einer Kirche zu einer anderen etwa häufig vor, und sind sie etwa stets Folge innerer Ueberzeugung, oder erfolgen sie nicht häufig aus ganz anderen Ursachen?

Berücksichtigt man aber erst das Verhältniss der verschiedenen christlichen Kirchen, von denen zum Beispiel die katholische alle Nichtkatholiken als Ketzer betrachtet und dies bekanntlich an jedem Gründonnerstag durch ihr geistliches Oberhaupt in drastischer Weise kundgibt, erwägt man, dass der Papst den Freimaurerbund als einen schändlichen, der Kirche und dem Staat gefährlichen mit dem Bann belegt hat, wie mag man da, wenn man überhaupt auf das Bekenntniss einen Werth legt, einem katholischen Suchenden die Aufnahme gewähren? Man ersieht hieraus, wie die Forderung eines bestimmten Religionsbekenntnisses mit dem Wesen und Zweck des Maurerbundes in unlösbarem Widerspruch tritt.

Wollte man mir entgegenhalten, dass die Forderung nur dahin geht, dass der Suchende sich zum christlichen Glauben bekenne, ohne Unterschied der Confession, so habe ich dem zu entgegnen, dass ein christlicher Glaube (abgesehen von einem der christlichen Bekenntnisse) überhaupt nicht existirt. Es gibt einen griechisch- oder römisch-katholischen, einen evangelisch-lutherischen, reformirten etc. Glauben, aber keinen christlichen Glauben, der nicht sich einer dieser verschiedenen Confessionen anschlösse. Mit anderen Worten, man kann nicht Christ sein, ohne einer der bestehenden christlichen Confessionen anzugehören, und die Forderung eines christlichen Glaubens, ist daher gleichbedeutend mit der Forderung einer christlichen Confession. Ein Glaube als solcher ist aber überhaupt etwas innerliches und es wird in unserem Systeme sehr richtig gelehrt, dass ein Glaube, sofern er nicht in blossen Worten, sondern in der inneren Ueberzeugung lebendig ist, nicht vorgeschrieben und von aussen her aufgedrungen werden könne, dass demgemäss auch ein Glaubensbekenntniss aus freier, innerer Ueberzeugung hervorgehen müsse, wenn es am Werth, welcher der Religion gebühre, einen Antheil haben solle, und dass dies die erheblichen, in die Augen fallenden Gründe seien, aus welchen der Bund der Freimaurer kein Glaubensbekenntniss von seinen Mitgliedern fordere.

Wie man diese Lehre mit der Forderung eines christlichen Glaubensbekenntnisses in Einklang zu setzen vermag begreife ich in der That nicht. Denn wenn ein Glaubensbekenntniss nur dann Werth hat, wenn es aus freier, innerer Ueberzeugung hervorgegangen ist, gleichwohl aber nur nach dem Bekenntniss gefragt wird, so fragt man eben nach etwas, was man selbst für unwesentlich erklärt. Es mag nur noch erwähnt werden, dass das sogenannte christliche Prinzip aber auch mit den Zwecken unseres Bundes im Widerstreit steht. Denn wenn unsere Aufgabe darin besteht, mit redlichem Fleiss an unserer eigenen Vervollkommnung zu arbeiten, und unermüdlich dahin zu streben, dass die Lehren des Bundes in uns, unseren Bundesbrüdern und der Menschheit überhaupt immer mehr zur That und Wahrheit werden, so ist es ein Widerspruch, wenn wir von vornherein alle Nichtchristen, also die unendliche Mehrheit aller lebenden Menschen, sofort von unserem Bunde ausschliessen.

Vielleicht könnte man mir einwerfen, dass nach dieser Ausführung der Freimaurerbund überhaupt keine Veranlassung habe nach den religiösen Ueberzeugungen eines Suchenden zu fragen. Es ist wohl kaum erforderlich hervorzuheben, dass ich dieser Ansicht nicht bin, dass meines Erachtens der Maurerbund vielmehr verpflichtet ist, sich von den religiösen Ueberzeugungen eines Suchenden zu vergewissern. Nur den Weg, den die Vertheidiger des christlichen Princips zu diesem Behufe einschlagen, halte ich für einen unrichtigen. Wer von den religiösen Wahrheiten innig überzeugt ist, der wird durch seine Handlungen, durch seinen untadelhaften Lebenswandel, und die Achtung, die er sich dadurch bei seinen Nebenmenschen erwirbt, seine Würdigkeit zur Aufnahme in unseren Bund verlässiger bethätigen, als durch seine blosse Mitgliedschaft bei einer Kirchengemeinde. Unsere religiösen Ueberzeugungen, wenn wir von ihnen innig durchdrungen sind, werden sich in unserem ganzen Leben und Handeln sicherer und kenntlicher zu Tage legen, als die Erklärung, Mitglied einer Kirche sein, oder bleiben zu wollen, zumal diese Erklärung meist zu einer Zeit erfolgt, wo wir weder die Verschiedenheit der religiösen Anschauungen in den einzelnen bestehenden Kirchen sattsam kennen, noch befähigt sind ein eigenes Urtheil darüber zu fällen, welches Bekenntniss unseren religiösen Anschauungen entspricht. Forsche man daher, wenn ein Suchender an unsere Pforte klopft, darnach, ob er tugendhaft lebt und handelt, ob er seine Pflicht gegen den Staat, die Gemeinde und seine eigene Familie treu und gewissenhaft erfüllt, ob er ein treuer Freund ist, duldsam gegen anders Denkende, aber stets bereit für das mit seiner Person einzustehen, was er für wahr und recht erkannt hat, strenge gegen sich selbst, nachsichtig gegen Andere, ob er im Glück demmüthig, im Leiden standhaft sei, ob er sich fühlt als Glied der Menschheit, und in anderen Menschen, mögen sie hoch oder niedrig stehen, nur gleichberechtigte Wesen erkennt, so dass er gegen höher stehenhe seine eigene Würde nicht vergisst, gegen niedriger stehende sich nicht überhebt; forsche man, sage ich, darnach, und fällt die Antwort befriedigend aus, dann frage man nicht nach seinem kirchlichen Bekenntniss. Denn dann ist er ein guter sittlicher Mensch; wer aber wahrhaft sittlich ist, muss religiös sein, weil Sittlichkeit mit innerer Nothwendigkeit zur Religion führt, wenn Letztere nicht schon so vorhanden ist. Leider verwechselt man aber immer die Religion eines Menschen, mit seinem kirchlichen Bekenntniss, und legt den vorzüglicheren Werth auf Letzteres, statt auf Ersteres, und zwar geschieht dies keineswegs immer aus Mangel an Verständniss, sondern mit voller Ueberlegung.

Es ist bekannt, dass die Zahl derer eine bedeutende ist, welche meinen, dass der Glaube selig macht, und zwar nicht der, welcher in der inneren Ueberzeugung des Menschen lebendig ist, sondern der, welchen Vernunft und Verstand gefangen nimmt, und das einzige Gewicht darauf legt, dass der Mensch den Kirchenglauben mit seinen Dogmen bekennt, und eben so ist bekannt, dass diese Strenggläubigkeit fast aller Orten in Deutschland von Oben her geschützt und begünstigt wird, weil man sie für eine der Grundmauern der staatlichen Wohlfahrt, namentlich aber für eine Hauptstütze der monarchischen Regierungsform erachtet. Diese Ansicht, welcher der gewiss richtige Gedanke zu Grunde liegt, dass das Gewicht eines Staates wesentlich von dem religiösen und sittlichen Kulturzustand seiner Bewohner bedingt wird, und die sich abermals nur an die Schale (das Kirchenbekenntniss), statt den Kern (die religiösen und sittlichen Ueberzeugungen) hält, ist dermalen auch noch in den massgebenden maurerischen Kreisen die herrschende, und hierin liegt meines Erachtens jetzt noch der einzige Grund für die Aufrechthaltung des christlichen Princips in der Maurerei. Denn die Versuche, dies Princip aus der Geschichte, dem Wesen und Zweck der Maurerei, oder aus dem dermaligen Stand der Gesetzgebung rechtfertigen zu wollen, halten keiner unbefangenen Prüfung stand.

Diese, vom Staate gehegte und gepflegte Strenggläubigkeit, diese christliche Exclusivität, die sich ihres religiösen Bekenntnisses halber schon für besser erachtet, als Andere, ist es daher, welche die Aufrechthaltung des christlichen Princips in der Maurerei auf ihre Fahne geschrieben hat. Nach ihrer Ansicht genügt ein unbescholtener Ruf, ein sittlicher Lebenswandel, sowie ein für die die Förderung der Zwecke des Bundes geeigneter Grad geistiger Bildung und Empfänglichkeit des Gemüths nicht, um einem Bunde sich anzureihen, der Religiosität, Sittlichkeit und Humanität fördern will, wenn nicht noch ein christliches Kirchenbekenntniss hinzutritt.

Diejenigen, welche dieser christlichen Exclusivität entweder aus Ueberzeugung oder vielleicht auch aus anderen Gründen anhängen, werden allerdings durch vorstehende Zeichnung schwerlich anderen Sinnes werden, allein für sie habe ich auch nicht geschrieben. Wohl aber für diejenigen, welche ohne vorgefasste Meinungen die Sache mit Unbefangenheit zu prüfen gemeint sind. Für Letztere füge ich nur noch Folgendes bei.

Es ist bekannt, dass in einer Anzahl maurerischer Systeme Deutschlands, sowie in den meisten Logen Frankreichs, Englands, Nordamerika's etc. das christliche Prinzip keine Geltung hat, und daher auch Nichtchristen in den Maurerbund Aufnahme finden, dass nirgend hat sich bis jetzt gezeigt, dass dies Verfahren zu einer Schädigung der Maurerei Veranlassung gegeben habe, vielmehr haben sich auch die Logen, welche Nichtchristen aufnehmen, als gerechte und vollkommene bewährt, und unsere Mutterloge und ihre Töchter unterhalten brüderlichen Verkehr mit denselben.

Dass in Deutschland und namentlich in Norddeutschland die Ansichten der Brr über diesen Punkt noch verschieden sind, habe ich bereits im Eingange dieser Zeichnung erwähnt. Jedoch glaube ich, dass die Mehrheit für die Zulassung der Nichtchristen ist. Als im Jahre 1849 die G. N. M. L. ihren Töchtern die Frage vorlegte, ob in den diesseitigen Logen die Juden als besuchende Brr zugelassen werden sollten, stimmten von den damaligen 72 Tochterlogen, 56 für die Zulassung (cf. Geschichte der G. N. M. Loge S. 145), und ebenso sprachen sich in der Maiconferenz des Jahres 1868 mehr als zwei Drittel der Mitglieder derselben für die Zulassung der Juden als permanent besuchende Brr aus.

Würde die Frage nach Aufhebung des christlichen Prinzips den Tochterlogen vorgelegt, so dürfte die Beantwortung nach Vorstehendem gleichfalls in der Mehrheit bejahend ausfallen. Wie die Sache gegenwärtig liegt, ist die Aufhebung des christlichen Prinzips lediglich eine Frage der Zeit. Denn der allgemeinen Ueberzeugung kann auf die Dauer Niemand, auch der Mächtigste nicht, mit Wirksamkeit entgegentreten. Der Geist der Zeit kann durch Macht und Gewalt allerdings aufgehalten werden, aber die Geschichte lehrt, dass er sich solchen zeitweisen Hemmnissen gegenüber nur um so mächtiger und unwiderstehlicher Bahn bricht.

Inzwischen thue jeder an seinem Platz seine Pflicht.

Feuilleton.

Frankreich. — Die deutsche Loge „Concordia" hat Br Brink zum Mstr. v. St. gewählt. —

Der Grosse Orient von Frankreich wird in Uebereinstimmung mit dem Grossen Orient von Spanien einer Loge zu Carthagena eine Constitution ertheilen.

Dem Vernehmen nach werden die Logen „Bonaparte" und „Napoleon-le Grand" ihren Titel ändern.

Am 10. Januar starb zu Paris Br Boubée, gew. Mstr. v. St. der Loge Jérusalem des v. Eg. und Verfasser mehrerer mr. Schriften im Alter von 97 Jahren. Er ist im J. 1797 in den Bund aufgenommen worden und zählte somit ein maurer. Alter von 73 Jahren.

Schweiz. — Zwischen den deutschen und den französischen Logen der Grossloge Alpina tritt, wenn auch z. Z. noch in milder Form, unverkennbar eine Spannung hervor, deren Folgen noch zu übersehen sind. Ein Artikel im Febr.heft der „Esquisses Maç. Suisses" giebt dieser Spannung Ausdruck, sofern darin die von der Loge in Aarau gebrauchte unverfängliche Bezeichnung „Vorort" bemäkelt und die Wahl von 9 Brüdern der Loge in Aarau in den Verwaltungsrath der Alpina prinzipiell als unzuträglich beanstandet wird, da Mitglieder einer Loge einem so schwierigen Amte kaum zu allseitiger Zufriedenheit vorstehen könnten (was in Deutschland doch der Fall). Dieser Zustand der Dinge wird als gefährlich und die Rolle der französischen Logen als eine Demüthigung vor dem deutschen Elemente bezeichnet. Um das Uebel zu heben, wird eine demokratischere Ausgestaltung des Grundvertrags und die Einführung des allgemeinen Stimmrechts der Einzelnlogen vorgeschlagen, derart, dass nicht die Vertreter der Logen auf die Grosslogenversammlung, sondern die Logen in corpore über wichtige Fragen abzustimmen hätten.

Briefwechsel.

Br D—n zu Vevey. Verbindlichsten Dank für Ihre gütigen Berichtigungen und Ergänzungen zu v. Dalen's Jahrb. und brüderlichen Gegengruss!

Br Jac. Such—a in W—n. Ihr Brief ab Pardubitz ist mir richtig zugegangen; aber nicht der avisirte Thlr. 1. —. Brüderlichen Gruss!

Br R—s in L—z. Polaks Tapis oder Urrel. habe ich nicht vorräthig und wollen Sie das Werk durch E. dort von J. St. Goar in Frankf. kommen lassen. Als zweckmässiger und rationeller empfehle ich Ihnen statt jenes Werkes Br Marbach's Katechismusreden und Arbeiten am r. St. (Verl. v. H. Fries.) Besten Gruss!

☞ In Folge mehrtägigen Unwohlseins, das mich am Arbeiten hinderte, bin ich mit meiner Correspondenz wiederum in Rückstand gerathen und bitte daher verspätete Antworten brdl. entschuldigen zu wollen.

Bekanntmachung.

Am 27. März d. J. erfüllen sich 25 Jahre, dass die unterzeichnete Loge die Weihe ihres eigenen neuen Hauses feiert und die Erinnerung daran gedenkt dieselbe

Sonntag den 27. März d. J. Vormittag 11 Uhr

mit einer Arbeits- und darauf folgender Tafel-Loge zu begehen. Indem wir die geliebten auswärtigen Brüder hierdurch davon in Kenntniss setzen, bitten wir zugleich diejenigen, welche unsere Feier durch ihren Besuch erhöhen und an der Tafelloge theilnehmen wollen, dies spätestens bis 23. März d. J. bei unserem Bruder Ceremonienmeister Louis Baumgärtel (Uhrmacher) hier anzumelden.

An die ehrwürd. Hammerführenden Mstr. richten wir gleichzeitig die brüderliche Bitte, die gel. Brüder ihrer engeren Kette auf diese Bekanntmachung thunlichst aufmerksam zu machen.

Or. Chemnitz, 23. Februar 1870.

Die Loge zur Harmonie.

Verantwortlicher Redacteur: Br J. G. Findel. — Verlag von Br J. G. Findel in Leipzig. — Druck von Brr Bär & Hermann in Leipzig.

No. 12.

XIII. Jahrgang.

Die
BAUHÜTTE.

Begründet und herausgegeben

von

Br J. G. FINDEL.

* Organ des Vereins deutscher Freimaurer. *

Handschrift für Ihre Fr.Br.

Leipzig, den 19. März 1870.

MOTTO: Weisheit, Stärke, Schönheit.

Von der „Bauhütte" erscheint wöchentlich eine Nummer (1 Bogen). Preis des Jahrgangs 3 Thlr. — (halbjährlich 1 Thlr. 15 Ngr.)
Die „Bauhütte" kann durch alle Buchhandlungen bezogen werden.

Inhalt: Vereinsnachrichten. — Die Schwesternfestloge im Orient Darmstadt. — Aus Ungarn. — Feuilleton: Amerika. — Bordeaux. — Coburg. — England. — Irland. Ungarn. — Verein deutl. Fr. — Literar. Notiz. — Zur Besprechung. — Festgram. Von Br Jul. Messer. — Nachtrag zu der Sammlung für Br Venedey. — Briefwechsel. — Bekanntmachung.

Vereinsnachrichten.

Im Laufe der letzten Wochen habe ich zugleich mit dem neuesten Vorstands-Rundschreiben die Quittungen über den Jahresbeitrag pr 1870 versandt; ich bitte die gel. Brr, mir die fälligen Beträge baldmöglichst zugehen lassen zu wollen.

Betreffs der Zeit der nächsten Jahresversammlung in Darmstadt scheinen die Wünsche sehr auseinander zu gehen und zwar vom letzten Sonntag im Juni bis ersten Sonntag im August. Sicher dürfte die Abhaltung einer grossen Versammlung in der heissesten Jahreszeit mit vielen Missständen verbunden und durchaus unzweckmässig sein. Nachdem von so vielen Seiten her Reclamationen eingegangen, schlage ich als die geeignetste und den Meisten passende Zeit — die Pfingsttage vor (4.—6. Juni).

Um baldige Meinungsäusserung hierüber ersucht
Leipzig.   J. G. Findel.

———

Beitritts-Erklärungen.

Hof:

Br Brass, Albr., 2. Aufs. der Loge Wahrheit und Einigkeit zu den 7 ver. Brn in Jülich, Fabrikbesitzer.

Br Klotz, Carl, Mitglied der Loge zum Morgenstern, Photograph.

Höxter:

Br Andreae, Mitglied der Loge zur Bundeskette in Soest, Buchhändler.

Br Dirking-Holmfeld, Mitgl. der Loge zum hellen Licht in Hamm, K. Steuerinspektor.

Br Hesse*, F., Mitglied der Loge zur alten Linde in Dortmund, herzogl. Rat. Kammerrath zu Corvey bei Höxter.

Br Jericke, Julius, Mitglied derselben Loge, Oeconomie-Commissar.

Br Klein, Robert, Mitglied der Loge zur Pflichttreue in Birkenfeld, Bauunternehmer.

Br Kobbé, Eduard, Mitgl. der Loge zur Rose am Teutob. Wald in Detmold, Apotheker.

Neisse:

Br Luft, Emanuel, Mitglied der Loge zum Morgenstern in Hof, Kaufmann.

Ohrdruf:

Br Krügelstein, Dr. A., Mitglied der Loge Ernst zum Compass in Gotha und Sekretär des Mrkränzchens, Rechtsanwalt.

Paderborn:

Br Meyer, S., Mitgl. der Loge des vrais amis de l'union in Brüssel, Dampfmühlenbesitzer.

Sangerhausen:

Br Böttcher, Carl Wilhelm, Mitgl. der Logo zur Bruder-treue, Zimmer- und Maurermeister.

Br Burghardt, Ferdinand, Mitgl. ders. Loge, Kaufmann.

Wien (Verein Humanitas):

Br Schneeberger, F. J., Mitgl. der Logo z. Verbrüd. in Oedenburg. Ehrenmitgl. und General-Bevollmäch-tigter. II. Grossaufscher in Pest, Präsident der Hu-manitas in Wien, Schriftsteller.

Br Lustig, Henry, Mitglied der Loge zur Verbrüderung, II. Cassirer, Rentier, daselbst.

Br Bardach, Sigism., Mitgl. ders. Loge, Kaufm., das.

Br Grünwald, Louis, Mitgl. ders. Loge, Künstler, das.

Br Sucharipa, Jakob, Mitgl. ders. Loge, Handlungs-reisender, das.

Br Schüler, Berth. Bar, Mitgl. ders. Loge, Bankier, das.

Br Pschikal, Louis, Mitgl. ders. Loge u. Protok. Schrift-führer der Hum., Kaufm., das.

Br Pschikal, Eduard, Mitgl ders. Loge, Kaufm., das.

Br Bindtner, Theodor, Mitglied derselben Loge, Spedi-teur, das.

Br Paget, Heinrich, Mitgl. ders. Loge und I. Kassier der Hum., Fabrikant.

Br Erlebach, Rudolf, Mitgl. ders. Loge, Fabrikant, das.

Br Landau, Wilhelm, Mitgl. der Loge Ferdinande Caroline in Hamburg, Kaufm.

Br Höfer, Joh. jun., Mitgl. der Loge Libanon z. d. 3 Ce-dern in Erlangen, Bäckermstr.

Br Bolze, Karl, Mitgl. der Loge zur Verbrüd. in Geden-burg, Kaufm.

Br Stanzel, Ernst, Mitgl. ders. Loge, Kaufm.

Br Singer, Louis, Mitgl. der Loge Diciples de Pythagore in Galacz, Kaufm.

Br Janotta, August, Mitglied der Loge zur Verbrüd. in Oedenburg, Lehrer.

Br Hahn, Adolf, Mitgl. ders. Loge, Buchhalter.

Br Grossinger, Eduard, Mitgl. ders. Loge, Kaufm.

Br Czihak, Theodor, Mitgl. der Loge Israïu in Paris, und Stellvertretender Präsident der Humanitas, Med. Chir. Dr.

Br Bechmann, Franz, Mitgl. der Loge zur Verbrüd. in Oedenburg, Fabrikant.

Br Scherer, Rudolf, Mitgl. derselben Loge, Eisenbahn-Beamter.

Br Rudolf, Alex. jun., Mitglied ders. Loge, Fabrikant.

Br Brée, Otto, Mitglied der Loge Akazie in Meissen, Kaufmann in Brünn.

Für die Centralhilfskasse des Vereins sind ein-gegangen:

Von Br von der Crone in Remscheid . . Thlr. 1. —
„ „ Bischoff in Lehesten . . . . . „ 1. —
„ „ Wolff in Sangerhausen (jährl.) . . „ 1. —
Leipzig. J. G. Findel.

Die Schwesternfestloge im Orient Darmstadt.

Sonntag den 20. Februar 1870.

Wir haben in unserer grossen, sinnig geschmückten Maurerhalle am Sonntag den 20. Febr. d. J. ein unver-gessliches Fest, das mit reichem Segen bei allen Anwesen-den hoffentlich lange nachwirken und gute Früchte der werkthätigen Liebe tragen wird, abgehalten. Es galt dies-mal nicht, den Schwestern durch die Symbolik unseres Bundes Ueberraschungen, ihrer Neugierde Befriedigung, ihrer Geselligkeit ein gemeinsames gesellschaftliches, flüch-tig vorüberfliehendes Vergnügen zu bereiten; es galt dies-mal eine ächt maurerische Lebens- und Liebesaufgabe auf ernste Weise, durch ernst symbolische Arbeit einzu-weihen. Am Christfeste, wo wir mit den Schwestern ge-meinschaftlich, guten aber bedürftigen Kindern nach her-gebrachter Sitte die Lichter des Christbaums angezündet hatten, unter denen reiche Gaben und neue Anzüge lagen, hatten wir ein edles, lange Zeit vorbedachtes und vorbe-reitetes Werk der erbarmenden Menschenliebe provisorisch constituirt, dann wir ihm den bedeutungsvollen, seine Aufgabe bezeichnenden Ehrennamen „Charitas" gegeben. Die Statuten, deren Abdruck wir am Schluss*) aus dem Grunde folgen lassen, um vielleicht andere maurerische Gemein-schaften zu ähnlichen Stiftungen anzuregen, gestatten am besten Einsicht in das Wesen und die Ziele unsrer neuen Stiftung „Charitas." — Nach dem vorliegenden, in an-sprechendem, wahrhaft klassischen, symbolisch-maurerischen Arabeskenschnuck durch den Lufton, Architekten H. Müller ausgeführten Programm, das Sie vielleicht seinem Inhalte nach zum Abdruck zu bringen die Güte haben, und im Geist unserer maurerischen Schwesternfestloge vollständig zu signalisiren, zerfiel unser Fest in drei Theile: 1) in die eigentliche Festarbeitsloge, in der auch die Schwestern das Wort und den Ton nahmen, die von 3 Uhr Nach-mittags bis halb 6 Uhr dauerte; 2) in das Festbankett im grossen Saale des Gasthofs zur Traube (Br Stempel) von 6 Uhr Abends bis halb 9 Uhr und 3) in der musikalisch-literarischen Abendunterhaltung, welche die ganze maure-rische Familie d. h. auch das jüngere Geschlecht von 12 Jahren an vereinigte, und bis nach Mitternacht zusam-men hielt. Die ausgezeichnetsten Mitglieder der Hofoper, unsere Brüder und Schwestern Mayr, Greger, Bögel und Pecz, wie Frau Schwester Mayr-Olbrich (denen sich leider Br Niemann von Berlin nach der Oper Rienzi wegen Er-müdung nicht anschliessen konnte) wirkten beim Feste in den verschiedenen Abtheilungen**) mit. Das Lustspiel

*) Folgen wegen Mangel an Raum später.
Die Redaction.

**) Programm:
I. Arbeits-Loge.
1. Rituelle Einführung der Schwestern durch den Mstr. v. St.
2. O Isis und Osiris, Chor a. d. Zauberflöte von Br Mozart, gesungen von den Brn Bögel, Greger, Mayr, Pecz.
3. Die Frauen und ihr Beruf, von Br Künzel.
4. Die Sterne, comp. von Br Cramolini, gesungen von Br Bögel.
5. Licht, Kraft und Leben, von Frau Schw. Pfaff.
6. Br Baur L.: „Den Schwestern!"
7. In diesen heil'gen Hallen, von Br Mozart, ges von Br Greger.

„Der Freimaurer" ward ganz vorzüglich dargestellt und die schönsten Gesangsstücke der Zauberflöte bildeten einen musikalischen Rahmen, den man unvergleichlich brillant nennen darf. Das Fest verlief in allen seinen Theilen ganz nach Wunsch und Entwurf. Die reichen Armensammlungen fielen natürlich der Charitas zu.

8. Des Menschen Inneres, ein Garten, von Br Jäger I.
9. Das Wort der Rose, von Frau Schw. Rohde.
10. Ueberall, von Br Drobisch, von Br Fr. Schmidt.
11. Glaube, Liebe, Hoffnung, poetische Paraphrase von Br C. Herder, nach: 1. Corinth. 13, comp. von Br W. Mangold, mit Clarinettbegleitung von Br Reitz, ges. von Br Mayr.
12. Charitas, von Br Förmes.
13. Die Frauen als Priesterinnen des Schönen, von Br Dingeldey.
14. Die Arbeitsloge, von Frau Schw. Gaulé.
15. Instrumentalsatz für Pianoforte, Violine und Clarinette, ausgeführt von den Brn Niederhof, Reitz und Steingräbner.
16. Allgemeines Schlusslied: „Erschall o Gefühl", Solo mit Chor, ges. von Br Pecz.
17. Armensammlung für die Charitas.
18. Gebet und ritualmässiger Schluss der Festloge.

II. Fest-Bankett.

1. Ritualmässige Eröffnung der Festtafel durch den Mstr. v. St.
I. Erster und zweiter Gang. — 2. Schwesternfestlied, Gedicht von Br Cramolini, comp. von Br W. Mickler, ges. von Br Pecz.
3. Das Lied an die Freude, Ged. v. Schiller, I. u. 2. Strophe, Solo u. Chor, ges. v. Br Pecz.
4. Trinkspruch auf die Schwestern von Br Künzel.
II. Zweiter und dritter Gang. — 5. Wohl kommt des Guten viel herab, Ged. von Br Schneider, comp. von Br Gottf. Weber, ges. von Br Mayr.
6. Dank der Schwestern von Frau Schw. Riedlinger.
7. Trinkspruch auf die Charitas von Br Hemmerde.
8. Zweiter Dank der Schwestern von Frl. Schw. Seeger.
III. Vierter und fünfter Gang. — 9. Eine schwesterliche Adresse an die Brr von Br Hemmerde.
10. Würde der Frauen, von Schiller, vorgetragen von Br Pfaff.
IV. Sechster Gang und Nachtisch. – 11. Die Torte, von Br Pfaff.
12. Vortrag und Gesang der übrigen Strophen des Liedes an die Freude, (bei Str. 8 Armensammlung.)
13. Kettengebet, Ritueller Schluss der Festtafel.

III. Musikalisch-literarische Abendunterhaltung.

I. Gesellschaftslied von Br Goethe: „In allen guten Stunden", ges. von Br Pecz.
II. Der Freimaurer, Lustspiel in 1 Aufzug v. Kotzebue.
Personen: Graf von Hecht, Br Gaulé I.
Caroline, seine Nichte, Fr. Schw. Seeger.
Der Baron, Br Gerhard.
Haus, des Grafen Bedienter, Br Seeger.
III. Die Zauberflöte von Br Mozart.
1. Einleitende Erklärung von Br Künzel.
2. Dies Bildniss ist bezaubernd schön, ges. von Br Mayr.
3. In diesen heil'gen Hallen, ges. von Br Greger.
4. Ein Mänchen oder Weibchen, ges. von Br Bögel.
5. Arie der Pamina: „Ach ich fühle", ges. von Frau Schw. Mayr-Olbrich.
6. Duett zwischen Pamina und Papageno: „Bei Männern welche Liebe fühlen", von Frau Schw. Mayr-Olbrich u. Br Greger.
IV. Musikalisches Quodlibet von Lortzing, ges. v. Br F. Schmidt.
V. Komische Duette:
1. Pfui, was für schlechte Menschen, Kom. Duett zu Müller und Schulze von R. Genée, ges. von den Brn Greger und Mayr.
2. Ein Rückschritts-Verein, Humoristisches Duett für 2 Männerstimmen von G. Genée, ges. von den Brn Bögel und Pecz.
3. Wie die verschiedenen Völker lobsingen, vorgetr. v. Br Greger.
Vorträge, Dichtungen, Duette, Arien und gesellige Lieder weiter ad libitum infinitum.

Der Arbeitsloge wohnten über 150 Brr undf Schw. bei. Und was die Hauptsache ist — die Charitas beginnt nun nach ihrer Geburt und Taufe ihr volles Leben in diesen Tagen.

Rede des Mstrs. v. St. Br Künzel an die Schwestern.

Hochverehrte Schwestern!

Unsere heutige Festarbeit können wir mit keiner würdigeren Aufgabe beginnen, als mit der Weihe unserer „Charitas", des von unserer Loge „Johannis der Evangelist zur Eintracht" gegründeten Vereins zur Unterstützung kranker, namentlich in der Wiedergenesung begriffener Armen".

Die wahre menschliche, also maurerische Werkthätigkeit muss, wie es auch bei allen gebildeten und durch die Humanität erzogenen Völkern immer geschah und noch geschieht, und bis ans Ende der Tage geschehen wird, zu Hause beginnen, vor unserer Thürschwelle. Wie wir in unser Haus, so müssen wir auch an unsere Loge die gemeinschaftlichen Fäden unserer Menschenliebe, unserer engverbundenen Wirksamkeit anknüpfen und zwar mit den uns aus eigner Kraft, aus eigenem Vermögen zustehenden und zugänglichen Mitteln, mögen sie auch anfangs noch so klein sein. Wie sich aus dem winzigen, aber gesunden und lebensfähigen Kern selbst der Riesenbaum entwickelt, so muss jedes menschliche Werk, jede menschliche Kraft und Thätigkeit in der Verrichtung sittlicher Arbeiten, in der Entfaltung wohlthätiger Vereine aus unscheinbarem Anfang. Wir können behaupten, unsere Charitas keinem bereits bestehenden Vereine nachgeahmt. Wir haben nach längerem Erforschen der gegebenen wirklichen Verhältnisse eine Lücke in dem reichen Kranze der Wohlthätigkeitsanstalten unserer Stadt ausfindig gemacht, eine Lücke, die wir durch die Gründung unserer Charitas auszufüllen uns zum Ziele gesetzt haben. Gleichsam anknüpfend an die drei hier wirkenden Gemeinschaften für Krankenpflege, beabsichtigt unser Verein, dem Boden der allgemeinen Menschenliebe (Humanität) entwachsen, den kein Raubsystem bis jetzt noch zu erschöpfen vermocht hat, „kranke und in der Wiedergenesung begriffene Arme mit nothwendigen Bekleidungsgegenständen, wie Leibwäsche, wärmere Kleidungsstücke und dergleichen, sowie mit den zur Kräftigung Wiedergenesener erforderlichen stärkenden Lebensmitteln und Getränken zu unterstützen."

Es giebt für das Frauenherz keine grössere Seligkeit als die wenigen Mussestunden, welche bei der Sorge für die eigene Familie, der allerersten Pflicht, einer edlen Frauenseele zufallen, mit Arbeiten der Liebe auszufüllen, welche dem Adel, der Würde und der Herzensgüte der Frauen entsprechen. In diesen heiligen Dienst der Barmherzigkeit wollen Sie nun, hochverehrte Schwestern, aus eignem Antrieb bei unserer Charitas eintreten. Es eröffnet sich Ihnen damit eine Laufbahn fruchtbarster, edelster, reinmenschlicher, damit maurerischer Werkthätigkeit. Unsere Charitas führt die edlen Frauen derjenigen Brüder, welche durch den Genius unseres Bundes in Liebe und Freiheit, in Gleichheit und Brüderlichkeit zu geistiger und werkthätiger Gemeinschaft für die Verwirklichung der heiligsten Güter der Menschheit enger wie andere sittliche und gesellschaftliche Lebenskreise verbunden sind, zu verwandter Arbeit, zur fortdauernden, bestimmt geregelten, reinmenschlichen, und damit maurerischen Thätigkeit. Unsere Charitas knüpft dadurch zugleich ein neues Band der Gemeinschaft nicht allein zwischen allen, den verschiedenen Ständen angehöri-'gen Schwestern, sondern auch zwischen den Brüdern der Loge selbst; denn wenn wir auch als Männer die Ideale, welche die Maurerei uns vorzeichnet, allein zu erreichen suchen, so muss, wie im Hause, so auch bei Werken der Liebe und Barmherzigkeit, die von der Loge ausgehen, das Weib rathend, fördernd und wirkend dem Bruder zur Seite treten, soll solch ein Werk gelingen und auf die Dauer Bestand haben. Hat doch in den letzten Tagen ein hochverehrter Bruder, ein einfacher, aber sehr intelligenter und freisinniger Bürger in Mainz, Br Carl Heck, Meister v. St. der Mainzer Schwesterloge „die vereinigten Freunde", der uns für die Charitas eine Gabe von zwanzig Gulden aus eigenem Antrieb übersandte, das Geheimniss wahrer Menschenliebe und damit der Maurerei durch seine That in den Worten enthüllt: „Mögen die hochverehrten Schwestern, schreibt er, Ihrer guten Loge (aber auch ebenso unsere Brüder ohne Ausnahme, die Hochstehenden und Höchsterleuchteten) alle die Ueberzeugung gewinnen, wie Loge und Familie verwandte Kreise sind, so schön und innig in einander verweht durch den Geist, der beiden innewohnt, durch das Ziel, das Beide zu erstreben suchen, durch den Segen, den sie beide stiften. Gewiss das vereinigte Feuer in seiner reinsten Flamme glüht, wie immer, so auch beim Schwesternfest nächsten Sonntag „für Familienglück, für Friede, Eintracht und Liebe im Hause!"

Und er hat Recht, dieser edle Bruder. Ja, die Loge muss eine erweiterte Familie bilden, ohne dass die Schranken, welche die äusseren Verhältnisse gezogen, willkürlich niedergetreten werden. Nur der sittliche Adel, die in werkthätiger Liebe arbeitende Humanität hat bei uns Geltung; bei uns erhebt nur die Fülle der Bildung und Menschenliebe, und nur der Mangel daran erniedrigt. Selbst draussen in der Welt liegt die Zeit überwunden hinter uns, wo Rang und Stand allein die Gesellschaftsfähigkeit bestimmte. Bildung und Vermögen haben längst auch in der Frauenwelt, wie in der der Männer die buntfarbigen Schranken niedergelegt, welche aristokratische und bureaukratische Standesinteressen, eingewurzelte, engherzige Vorurtheile und erträumte eingebildete Vorzüge, oft nur scheinbar durch den sogenannten edlen Rost der Jahrhunderte geheiligt, zwischen den Frauen des Bürgerthums und den Damen der Gesellschaft gezogen hatten. Glücklicherweise hat unsere edle Muttersprache in ihrer Reinheit zur Bezeichnung des zarteren Geschlechtes nur die Worte „Frau" und „Weib" gekannt, aber nicht das von Frankreich eingeschmuggelte Fremdwort „Dame".

Der die Gegensätze der sozialen Welt durch die Wahrheit vermittelnde und versöhnende Geist unseres Bundes offenbart sich in seiner reinen Erscheinung in der Zusammensetzung der Mitglieder unserer Charitas; dieses herzerfreuende Bild ist das wohlthuende Abbild des Urbildes der vereinigten Menschheit, die sich in Ihnen, hochverehrte Schwestern, als deren edle Vertreterinnen, verbunden hat zur gemeinsamen Werkthätigkeit in der Ausübung erbarmender Samariterliebe im Geist edelster Humanität. So soll einst der Zustand der Menschheit sein:

Das Bild schöner und versöhnter Harmonie des menschlichen Daseins!

Gesegnet sei daher diese Stunde; sie sei und bleibe es in unser aller Andenken, die Stunde, wo wir in Treue zusammentraten zu einem Werke der Liebe. Mögen, wie heute innerhalb dieser Werkstätte der Humanität, so auch fortan ausserhalb derselben Brüder und Schwestern in Liebe und Treue, in Freundschaft und Wohlwollen, in Vertrauen und Anhänglichkeit, in gegenseitiger Anerkennung und Hochachtung wie heute Hand in Hand durchs Leben wandeln.

Ehrwürdiger Br Ceremonienmeister, und Sie ehrw. Brüder Aufseher und Stewards, geleiten Sie nun die zehn provisorisch ernannten Vorstandsmitglieder der Charitas in feierlichem Zuge zu diesem Altar.

(Orgelspiel beginnt und setzt sich leise fort bis zum Schluss der Rede.)

Nachdem die Schwestern um den Altar getreten sind.

In Ordnung, meine hochverehrten Schwestern und Brüder!

„Zum Werke, das wir ernst bereiten,
Geziemt sich wohl ein ernstes Wort;
Wenn gute Reden sie begleiten,
Dann fliesst die Arbeit munter fort.
So lasst uns jetzt mit Fleiss betrachten,
Was durch die schwache Kraft entspringt;
Den schlechten Mann muss man verachten,
Der nie bedacht, was er vollbringt.
Das ist's ja, was den Menschen zieret
Und dazu ward ihm der Verstand,
Dass er im innern Herzen spüret,
Was er erschafft mit seiner Hand!"

Schliessen Sie nun, hochverehrte Schwestern, durch die Kette der Liebe (die Schwestern bilden die einfache Kette) den heiligen Reihen fester, und geloben Sie im Namen aller am Werke der Charitas arbeitenden Mitschwestern, treu und ausdauernd zu sein und zu bleiben im Dienste der erbarmenden Liebe.

Ich frage Sie desshalb feierlich: Wollen Sie treu sein und bleiben im Dienste der erbarmenden Liebe, im Dienst der Charitas? —

(Die Schwestern antworten einstimmig: Ja, wir wollen es!)

Nun so gebe der allmächtige Baumeister aller Welten seinen Segen, dass Ihr edles Wollen reife zu guten, segenbringenden Thaten!

Empfangen Sie zugleich diese blaue Schleife, geschmückt mit dem Siegel unserer Loge und der Inschrift: „Charitas, 20. Febr. 1870", die Sie stets im Dienste der Charitas und bei allen festlichen Gelegenheiten unserer Werkstätte als Ehrenzeichen unserer Loge zu tragen haben, zum bleibenden Gedächtniss an diese unvergessliche Stunde. — Damit erkläre ich zur Ehre des allmächtigen Baumeisters aller Welten die Thätigkeit der Charitas für eröffnet, kraft meines Amtes, in der uns heiligen Zahl!

Aus Ungarn.

Pest, 19. Febr. 1870.

Ich schreibe Ihnen heute mit grösserer Lust und Freude als jemals. Ich fange an, stolz darauf zu werden, dass ich Freimaurer bin, ein Atom in dieser grossen Gesellschaft, die immer — solange sie ihren Traditionen treu, fern geblieben ist von politischen, religiösen und nationalen Tendenzen — im Stillen gewirkt und manches Leid gelindert, manche Thräne getrocknet, zu dem „Bau der Ewigkeit" manches Sandkorn gereicht hat.

Sie, gel. Br., kennen zum Theile die kurze, aber in unserem engen Rahmen doch ereignissreiche Freuden- und Leidensgeschichte der Freimaurerei in Ungarn. Wir haben muthig gestritten, um bei Auferstehung der k. K. in unserem Vaterlande derselben eine feste, sichere Basis zu geben, damit das aufzuführende Gebäude dem Wechsel der Zeiten trotzen könne. Wir haben uns von Elementen befreit, die unserer guten Sache nur hätten schaden können, wir haben scrupulös darauf gesehen, dass uns keinerlei Formfehler vorgeworfen werden können, wir haben endlich das St. Johannis-System gewählt und es, nach schweren Kämpfen zwar, rein und unbefleckt erhalten. So vergingen die zwei Jahre seit der Gründung der ersten Loge in Ungarn, der Mutter-Loge zur Einigkeit im Vaterlande in Pest, unter Arbeiten um weitere Ausbreitung und unter Sorgen um ungeschmälerte Erhaltung des schon Geschaffenen. Glänzender Erfolg lohnte unsere Mühen; nach zweijähriger Thätigkeit haben 7 ger- und vollk. Logen sich zur Gr. Loge von Ungarn vereinigt.

Wir sind wie ein Wanderer, der ein bestimmtes Ziel vor Augen, einen steilen felsigen Berg zu erklimmen hat. Er gönnt sich weder Ruhe noch Rast, er fürchtet zu spät zu kommen. Oben angelangt schöpft er tiefen Athem und dehnt die müden Glieder, aber er darf nicht lange weilen, dies ist nicht sein Endziel, weiter muss er, ohne Ruh und Rast.

Wir haben den Berg erklommen, nicht ohne dass uns Hindernisse vor die Füsse geworfen wurden. Wir folgten einem unermüdlichen Führer, der immer um ein gut Stück Weges voraus, uns durch sein aufopferndes Beispiel anfeuerte. Es ist dies Br H. L. Lichtenstein. Die Grossloge von Ungarn für die drei Johannisgrade ward gegründet. Wir schöpften dann tiefen Athem, aber dies war nicht unser Endziel, hier durften wir nicht stehen bleiben.

Die häuslichen Angelegenheiten waren geordnet, wir waren hierbei allen Formalien gerecht geworden, wir mussten nun erst ans Arbeiten gehen, ans maurerische Handwerk und, dass wir uns vor dem Arbeiten nicht scheuen und den Geist des Maurerthums richtig aufgefasst haben, davon möge Sie die folgende Episode aus der regelmässigen Arbeit der Loge St. Stefan, Tochter-Loge der Loge zur Einigkeit im Vaterlande, vom 17. d. Mts. überzeugen:

Der Mstr. v. St. der Loge St. Stefan, Br Theodor Bakody sagte in einer Ansprache an die anwesenden Brr ungefähr Folgendes: Ich bin überzeugt, dass Sie meine Ansicht theilen, dass aus den verwahrlosten, dem Verderben überlassenen armen und elenden Kindern, die grossentheils zum Betteln und Stehlen auferzogen werden und deren erstes Prinzip, welches sie aus ihrer Erziehung lernen, die Lüge ist, dass aus diesen armen, vernachlässigten Geschöpfen die grösste Anzahl jener unglücklichen Individuen stammt, die aus Mangel an Erziehung von der Lüge zum Diebstahl und von diesem zum Verbrechen sinken. Wir haben von der Anzahl dieser kleinen unglücklichen Vagabunden in unserer Hauptstadt keinen Begriff; aber ich kann Ihnen auf Grund meiner Erfahrungen versichern, dass dieselbe verhältnissmässig nicht gering ist. Ich kann Ihnen aus meiner Spitalpraxis Beispiele anführen, wo Kinder, die kaum der Amme entwachsen waren, im berauschten Zustande ins Spital gebracht wurden, nachdem sie die Spelunken, die ihre Eltern bewohnten, vor mehreren Tagen verlassen hatten. Für diese vielen elternlosen oder unter dem Drucke elender Familienverhältnisse körperlich und moralisch hinsiechenden Kinder ist es nothwendig, ein sicheres Asyl zu schaffen. Es ist nur die Frage, wie diese Arbeit anfangen? Die Aufgabe, die wir uns hier stellen, ist gross, doch schrecken wir vor scheinbaren Unmöglichkeiten nicht zurück, die Menschenliebe vermag ja Vieles!

Br Bakody entwickelte nun seinen Plan. Es solle ein anfangs bescheidenes Lokal gemiethet werden, welches vorderhand hauptsächlich dazu dienen soll, dass solche kleine Unglückliche darin übernachten können und Abends eine warme Suppe oder Thee bekommen. Man möge nicht fürchten, dass die vorhandenen Mittel zur Ausführung dieses Unternehmens nicht ausreichen würden; man werde sich hier eben nicht auf Sammlungen im Kreise der Freimaurer beschränken, sondern jeder der Brüder werde gerne die Pflicht übernehmen in den Kreisen, die ihm nahe stehen, milde Gaben zu sammeln und Niemand werde an dem Erfolg dieser Mühen zweifeln. Auf demselben Wege würden Kleidungsstücke für diese Armen herbeigeschafft werden. Nach und nach werde man hinreichende Mittel besitzen, um für diesen Zweck ein grösseres Lokal zu gewinnen und den kleinen Schützlingen einen, wenn noch so geringen Unterricht angedeihen zu lassen. Die Knaben, welche hierzu das nöthige Alter erreicht haben, würde man dann bei Handwerkern unterbringen, damit sie sich irgend einem Gewerbe widmen und so ein ordentliches, thätiges Glied im Staate werden. Auf diese Weise würde man mit der Zeit in den Besitz eines Asyles gelangen, in welchem die verschiedenen Gewerbe selbst vertreten sein würden und die Kinder in demselben sich nach ihren Neigungen dem einen oder anderen Handwerke werden widmen können. Natürlich würde dann auch gesorgt werden, dass diese Kinder entsprechenden Unterricht geniessen.

Nach diesem Vortrage, welcher mit allgemeiner Zustimmung aufgenommen wurde, erhob sich der zufällig anwesende Mstr. v. St. der Loge zur Einigkeit im Vaterlande, Br Franz Pulszky und drückte in warmen Worten seinen Dank für die Initiative in dieser Richtung und seine Zustimmung zu dem entwickelten Unternehmen aus. Es sei kein Zweifel, es könne Vieles in der bezeichneten Richtung geschehen; auch er fürchte nicht, dass hierzu die Mittel fehlen werden und überdies möge man sich erinnern, dass Franke die Gründung seines grossartigen

Waisenhauses in Halle mit 16 Groschen begann. Nur bitte er, dass bei diesem Unternehmen die Loge St. Stefan nicht selbstständig, sondern im Vereine mit der Mutterloge vorgehe.

Br Bakody spricht seine Freude darüber aus, dass Bruder Pulszky sich für das Unternehmen interessire; er ist über den Erfolg gewiss, sobald Br Pulszky die Angelegenheit in Hände nehme.

Die Ausführung des obigen Planes wird nächstens zur Verhandlung kommen und werde ich Ihnen darüber berichten.

Feuilleton.

Amerika. — Die Zahl der deutschen Logen (jetzt über 60) wird sich demnächst um eine vermehren, da die Gründung einer solchen in Alleghe ny im Werke ist.

In der neu begründeten deutschen Loge „Harmonie“ in Buffalo sind folgende Beamte installirt worden: Br C. Kiene als Mstr. v. St.; Br H. F. Jüngling als 1. Aufs.; Br H. Breitwieser als 2. Aufs.; Br Fr. Tränkle als Sekr.

Bordeaux (Frankreich). — Die Loge Française Élue Ecossaise zu Bordeaux hat einen Br Wendt beauftragt, sie beim Jubiläum der unter der Bevormundung der Gr. L. L. v. D. stehenden, die Juden von der Aufnahme ausschliessenden, verfassungslosen Loge „drei goldene Anker z. L. u. Tr.“ in Stettin zu vertreten und sie ihrer „Sympathien“ zu versichern. Die Loge Française huldigt dem mr. Fortschritt und steht auf sehr freisinnigem Standpunkte. Wenn Br Wendt betont, dass seine Loge nur mit jenen Brn in Preussen sympathisirt, „qui travaillant et qui cherchent, par des manifestations imposantes, à populariser les grandes idées maçonniques“, dann wird er im Kreise der frommen christlichen Ritter nur saueren Gesichtern begegnen. Aber hoffentlich wird Bruder Wendt den „dreifach grossen Baumeister“ der Grossen L. L. v. D. einen guten Mann sein lassen und so „brüderlich“ sein, die Gemüthlichkeit nicht durch freisinnige Reden zu stören.

Coburg. — (Auszug aus dem Jahresberichte der Loge Ernst für Wahrheit Freundschaft und Recht im Or. zu Coburg pro 1869.) Was zunächst die Werkthätigkeit der Loge sowohl in formeller Beziehung, als zur Bethätigung ihres maurerischen Sinnes und ihres Strebens nach maurerischer Fortbildung und Gesittung betrifft, so sind die regulären Logenarbeiten verrichtet worden. In 2 festlichen Zusammenkünften, 10 Arbeiten im ersten und 2 dergl. im dritten Grade, zusammen also 14 mal haben wir die Kunst betrieben, deren Jünger wir uns nennen, ausserdem wurde ein Schwesternfest mit Tafelloge, welche vollste Befriedigung gewährte, abgehalten. Weder bei diesen Festen, noch bei den regulären Zusammenkünften im Klublokale ist der Hauptzweck der maurerischen Arbeit ausser Augen gesetzt worden, die Loge hat solche jederzeit in Fortbildung des Geistes und Herzens im Allgemeinen, in Erkenntniss des wahren Zwecks und Wesens der Maurerei, in Erforschung der Bedeutung und des hohen Werths ihrer Symbole, in gegenseitiger Aufmunterung zur Erstrebung des gesteckten Ziels und in Ermahnung zur Selbsterkenntniss und der Stärkung des Strebens nach Selbstveredlung gesucht. Gleichzeitig sind jedoch die Brüder, nach wie vor der festen Ueberzeugung geblieben, dass ein gedeihliches Ziel nur dann zu erreichen sei, wenn wir treu und fest zusammenhalten und einen einfach schönen und alle Menschen umfassenden Eklekticismus und ephemere Ansichten über Maurerthum und Logenzweck fern halten. Was die Theilnahme der Brüder an den Arbeiten und geselligen Zusammenkünften betrifft, so hat sich diese, wenn man erwägt, dass die Mehrzahl der Mitglieder unserer Loge ausserhalb des hiesigen Or. wohnt, eher gehoben als gemindert. Die pekuniären Verhältnisse der Logenkasse und die mit derselben verbundene Wittwenkasse sind durch die rühmliche Thätigkeit des Schatzmeisters Br Scherzer wohl geordnet und der Pflicht der mr. Haupttugend, der Wohlthätigkeit ist nach Kräften Genüge geleistet worden. Unsere Beziehungen zu anderen Logen sind nicht nur die alten geblieben, sondern haben sich zu einigen Logen noch inniger gestaltet. An den Lebensschicksalen der Brr hat die Loge wie zu allen Zeiten, so auch im abgelaufenen Jahre stets innigsten Theil genommen und diess insbesondere bethätigt bei dem 25jährigen Maurerjubiläum ihres verehrten und geliebten Mstr. v. St. Br Barbach, sowie bei dem 50jähr. Maurerjubiläum des gel. Br Nicolaus Will, Mstr. v. St. der gel. Loge zur Brtreue a. z. zu Schweinfurt und des gel. Br von Winkelmann des früher langjährigen Mstr. v. St. der Loge zu Minden, bei welcher Gelegenheit Br Will die Ehrenmitgliedschaft unserer Loge, Br v. Winkelmann, welcher durch Affiliation sich enger mit uns verbunden, die Würde des Ehrenmeisters ertheilt erhielt. Das Ableben unseres langjährigen Repräsentanten bei der hochwürdigen Grossen Mutter-Loge Ehrenmeister Br Einbiegler haben wir beklagt. War doch der Heimgegangene ein eifriger, für die heilige Sache der k. K. begeisterter Br, der sich um den Bund wohl verdient gemacht. Wir haben deshalb dem verklärten Br in geöffneter Loge einen stillen Gruss der Liebe gewidmet.

Von 5 Bewerbern um die Mitgliedschaft sind nur 2 der Aufnahme für würdig befunden und dem Mrbunde durch uns zugeführt worden, da auch die hiesige Loge von dem Grundsatze ausgeht, nur die nach strenger Prüfung als vollkommen würdig befundenen, anzufügen und lieber wenige, aber würdige Glieder in ihrer Kette zu zählen, als viele und darunter manches unwürdige, das dem Bunde in und mehr noch ausser der Bauhütte unter den Augen der profanen Welt schadet. Der erhabene Grad der Meister wurde 4 Brr Gesellen für ihr beharrliches Streben am Baue der Humanität zugestanden.

Unter den von den Brn im Laufe des Jahres gefertigten Zeichnungen verdienen hervorgehoben zu werden:

Br Köhler — über Strafrechtstheorien, eine umfangreiche, ebenso gelehrte als populär gehaltene Abhandlung, die mehrere Abende die Aufmerksamkeit der Brr fesselte.

Br Baumgarten — über die symbolische Bedeutung der Tempelsäulen.

Derselbe — über den Schlusssatz des Kettenlieds: „Und der Mr starke Kette würdiger Brr reisse nie.“

Br Moritz Brand — über die Fortschrittsbestrebungen der deutschen FrMrei (mit besonderer Bezugnahme auf den Verein deutscher FrMr).

Br Reichenbach — über die Macht der Mrei.

Br Moritz Brand — über „Gedenke des Todes“.

Alex. von Humboldt's 100jähr. Geburtstag wurde, wie in so vielen Werkstätten Deutschlands und Amerika's, auch in unserer Bauhütte festlich begangen, wobei der verehrte Mstr. v. St. Br Barbach dem Verfasser des Cosmos die Huldigung der Loge darbrachte.

Mit offenen Augen verfolgen wir die Forschrittsbestrebungen der deutschen Mrei. Wir beklagen es daher, dass die wohl begründeten Anträge unserer gel. Schwesterloge Ernst z. Compass im Or. zu Gotha auch in der heurigen Maiconferenz der Gr. N.-M.-Logo zu den 3 Weltkugeln, keine hinreichende Unterstützung gefunden. Dagegen finden wir aus den Verhandlungen des Grossmeistertags zu Dresden ersehen, dass das Werk der Einigung unter den deutschen Grosslogen einen guten Schritt vorwärts gethan hat, wozu der Geist der Eintracht beigetragen, welcher auch diesmal die in Dresden versammelten Brüder beseelte. Mit dem Vorgehen der hochw. Grossloge zur Sonne in der römischen Concilsfrage sind wir vollständig einverstanden, namentlich mit dem Inhalte des Rundschreibens, entnommen aus dem Protokolle derselben Grossloge d. d. Kaiserslautern am 24. Okt. 1869. —

Der Bericht schliesst mit folgenden Worten: „Und so treten wir denn im Aufblick auf den Vater der Liebe ein neues Maurerjahr an! Möge sein Segen in immer gleich reichlicher Fülle uns zufliessen. Möge er wie bisher, so auch ferner unsere Loge rein erhalten. Möge er uns insbesondere schützen und bewahren vor jeder Parteinahme, welche der Ruin jeder Loge ist!"

Schliesslich die Mittheilung, dass der hish. Mstr. v. Stuhl Br J. F. Marbach wegen überhäufter profaner Geschäfte nicht bestimmt werden konnte eine Neuwahl anzunehmen und dass dagegen Br Julius Dressel zum Mstr. v. St. und Br Moritz Brand wieder zum dep. Mstr. v. St. ernannt worden ist. —

England. — Das „Maurer.-Archäolog. Institut" hat am 18. Februar wieder eine Sitzung gehalten unter dem Vorsitze des Br Hyde Clarke, der eine Arbeit des abwesenden Br Younghusband zum Vortrag brachte, woran eine Debatte sich anschloss. Es erfolgten mehrere neue Aufnahmen.

Der „Freemason" berichtet über die Installation des Br Beigel als Mstr. v. St. der Tranquilly-Loge und hebt hervor, dass der neue Meister seine Beamten unter geeigneten Ansprachen in ihr Amt einwies, sowie dass der Organist die verschiedenen Ceremonien auf einem vortrefflichen, von Br Beigel geschenkten Harmonium begleitete. Bei Tafel waren zwischen die Toaste Gesangsvorträge und gemeinsame Lieder eingeschoben, ganz nach Art deutscher Tafellogen. Der „Freemason" bezeichnet die Tafelreden als sehr gut, insbesondere die des Mstrs. v. St. und des Br Levy.

Irland. — Obgleich die Grossloge von Irland die höheren Grade anerkennt, verbietet doch das Constitutionsbuch das Tragen irgend eines Kleinods oder sonstiger Auszeichnung in der Grossloge, welcher einem höheren Grade, als dem des Meisters angehört. Unter der Grossloge werden nur die 3 Johannisgrade bearbeitet; unter dem Grosskapitel die Grade des Markmstrs. und des Royal-Arch, unter dem Grossconclave oder Grossheerlager die Grade des Ritters vom Schwert, Ritter des Ostens, Ritter des Ostens und Westens, Hoher Tempelritter und Ritter von Malta; endlich unter dem Grossrath die Grade des Rosenkreuzers, Kadosch, Sonnenritter, Grosskommandeurs, Prinzen vom kgl. Geheimniss und des General-Gross-Inspektors.

Ungarn. — Der Bericht in Nr. 6 d. Bl. über die Schottenloge M. Corvinus ist auf Grund erhaltener Nachrichten von der Redact. d. Bl. verfasst.

Die Grossloge von Quebec. — Nachdem Canada politisch in zwei Provinzen, Ontario und Quebec, getheilt worden, haben sich am 20. und 21. Oktober v. J. die Vertreter von 20 Logen in Montreal zusammengefunden und eine neue Grossloge von Quebec gegründet. Zum Grossmstr. wurde Bruder J. H. Graham von Richmond gewählt, zum Grosssekr. Bruder Edson Kemp von Nelsonville. Die Grossloge von Canada, von der jene Logen abfielen und welche ausser diesen noch etwa die gleiche Anzahl Töchterlogen in genannter Provinz zählt, missbilligt dieses Vorgehen und versagt der neuen Grossloge die Anerkennung. Der in St. Louis erscheinende „Freemason" (Hernsg.) Br Frank Gouley) bekämpft die Trennung und will ebenfalls von einer Anerkennung als dem Sprengelrecht zuwider nichts wissen, während der Londoner Freemason zwar das Vorgehen der 20 Logen ohne Genehmigung der Grossl. von Canada und die damit vollzogene Rebellion missbilligt, aber doch zur Anerkennung der vollendeten Thatsache und zur Versöhnung und zum Frieden zwischen beiden Grosslogen räth.

Verein d. Mr. — In Betreff des neulich an die Vereinsmitglieder versandten statistischen Schema's ist berichtigend zu bemerken, dass die Tabellen IX, X und XI vom Br Künzel herrühren und mehr für den Verein bestimmt sind als Handhaben zur Herbeischaffung des bez. Stoffs in der uns jetzt beschäftigenden Werkthätigkeitsfrage, dass dagegen die Tabellen I bis VIII für den allgemeinen Logengebrauch bestimmt sind.

Literar. Notiz. — Es liegt uns ein Heft (VI) einer neuen Zeitschrift vor „The Michigan Freemason" by W. J. Chaplin (Kalamazoo, Mich.), worin ein Artikel von Br J. Norton über „Maur. Aberglauben", wider die Landmarken- und Stabilitätsfanatiker gerichtet, der einzig gute und lesbare ist; alles Uebrige ist abgeschmackte und elendes Gewäsche. Wie fast alle amerikanischen mr. Zeitschriften huldigt auch diese dem Humbug der Hochgrade.

Zur Besprechung.

Michaelis, Curt, Wissenschaft, Religion und Kirche. Ein Votum über die kirchlichen Wirren unserer Zeit. Leipzig, 1870. O. Wigand.

Fest-Gruss

bei der provisorischen Eröffnung des neuerbauten Tempels der Loge Rupprecht zu d. 5 Rosen im Or. Heidelberg dargebracht

von

Br Jul. Menzer in Neckargemünd.

Heute endlich fiel der Hammer, der die Pforte öffnen hiess
Uns'res neuerbauten Tempels, uns'res Bundes Paradies.
Was mit manchem bangen Zweifel ward erwogen und erschafft,
Was mit frischem, kühnem Wagen sich zum Licht emporgerafft,
Heute schau'n wir es vollendet, unser Hoffen ist erfüllt,
Vor uns steht in hellem Strahle, ein'ger Liebe starkes Bild.
Ja! in holder Jugendschöne Rupprechts Rosen sind erblüht,
Dass sie nimmer mögen welken, tön' auch du, mein schwaches Lied.

Freudig dürfen wir uns sagen: Grosses haben wir geschafft;
Reichen Segen gab der Meister aller Welten unsrer Kraft.
Aber auch mit ernster Mahnung tritt zu uns heran er heut',
Dass wir nimmer lässig ruhen in dem Riesenkampf der Zeit;
Grösses noch bleibt zu vollbringen. Mächtig ist des Zeitgeists Web'n;
Aber manchen tiefen Schatten lassen seine Spuren sehn.

Dürfen d'rum nicht müssig liegen, da der Morgen kaum ergraut,
Sorgen wir, dass auch der Abend uns noch an der Arbeit schaut,
An der Arbeit, deren Würde nur der echte Maurer kennt,
Die er hohen Muths: „Bekämpfung des socialen Elends" nennt.
Denn, so lang der Mann der Arbeit ringt im Schweiss um's Stückchen Brod,
Das ihn kärglich mag erretten vor gewissem Hungertod,
Und so lang ein Weib des Armen gibt den Leib der Schande
Weil von Elend und Entbehrung sie nicht andre Rettung weiss;
Und so lang ein Kind des Volkes noch in Nacht und Dunkel irrt,
Weil an seinem Lebensmorgen ihm der Unterricht nicht wird;
Weil das Wissen ihm verschlossen, das allein zum Leben stählt,
Dessen beide Morgengabe dem Mehrbeglückten fehlt:
Und so lang ein Häuflein Bonzen, wie's am Tiberstrand just tagt,
Aller Wissenschaft und Forschung ins Gesicht zu schlagen wagt,
Und so lang der Hochgebor'ne, der stolz seine Ahnen zählt,
Oder dem das Glück, das blinde, sich in toller Lust vermählt,
In dem mind'rer Gunst Theilhaft'gen, nicht den gleichen Bruder sieht,
Dessen ganzes Thun und Fühlen ihn zu gleichem Recht erzieht; —
Kurz — so lang noch eine Seele hier in Sünd' und Jammer liegt —
Haben wir dem heil'gen Baue nicht den Schlussstein eingefügt.

Was wir heute uns errungen, lasst es uns ein Omen sein!
Unsre Arbeit fördre rüstig: Aller Wohlfahrt und Gedeih'n;
Lassen wir dem Pfaffenthum heil'gen Blödsinns Unnatur,
Stellen wir uns an die Spitze menschenwürdiger Cultur;
Lasst uns das Panier ergreifen, stark im Kampfe vorwärts gehn,
Siegend müssen unsre Zeichen auf der Menschheit Höhen weh'n,

Denn mit uns ist Dessen Gnade, der dem Recht den Sieg verheisst
Und der Dreizahl: „Weisheit, Stärke, Schönheit", ew'ger heil'ger Geist. —

Nachtrag

zu der Sammlung für Br Venedey:

Von der Loge Glückauf zur Brtreue in Waldenburg i. Schl. . . . . fl. 3. 30 kr.

Mit brüderlichen Danke

im Auftrage der Loge zur edlen
Aussicht in Freiburg
Br Fehrenbach.

Briefwechsel.

Br Schn. in W—n. Beiträge von Thlr. 24. —. erhalten; brüderl. Gegengruss!
Br N—d in H—g. Ich belasse es bei der Bestellung von 200 Expl. und bitte um Uebersendung pr Post oder sonst auf sicherem und billigen Wege. Herzl. Dank für Ihre Wünsche und brdl. Gegengruss!
Br R—s in L—z. Antwort fanden Sie in d. Bl.; auch Br Schaubergs Handb. der vergleichenden Symbolik ist zu empfehlen. Brdl. Gruss!
Br M—r in R—a. Willkommen! Herzl. Gegengruss!

Quittung:

Jahresbeitrag zum Verein pr 1870 eingegangen von Br v. C. in C. Thlr. 2. —; von Br J. St. in C—w Thir. 3. —; von Bruder Br. in M—z Thlr. 5. —; von Br W. V. in H. Thlr. 1. —.; von Br D—n in K. Thlr. 7. —.

Bekanntmachung.

Die Loge „zur heissen Quelle" hat den wegen betrügerischen Bankerotts flüchtig gewordenen Banquier Richard Schaufuss von hier excludirt.

Or. Hirschberg i. Schl., am 12. März 1870.

Die vollziehenden Beamten der St. Joh. Loge „zur heissen Quelle"

Steudner,   **Conrad,**   **E. Siegemund,**
Meister vom Stuhl.   deput. Meister.   1. Aufseher.

A. Edom,   **Baumann,**
II. Aufseher i. V.   Sekretär.

Bekanntmachung.

Am 27. März d. J. erfüllen sich 25 Jahre, dass die unterzeichnete Loge die Weihe ihres eigenen neuen Hauses feiert und die Erinnerung daran gedenkt dieselbe

Sonntag den 27. März d. J. Vormittag 11 Uhr

mit einer Arbeits- und darauf folgender Tafel-Loge zu begehen. Indem wir die geliebten auswärtigen Brüder hierdurch davon in Kenntniss setzen, bitten wir zugleich diejenigen, welche unsere Feier durch ihren Besuch erhöhen und an der Tafelloge theilnehmen wollen, dies spätestens bis 23. März d. J. bei unserem Bruder Ceremonienmeister Louis Baumgärtel (Uhrmacher) hier anzumelden.

An die ehrwürd. Hammerführenden Mstr. richten wir gleichzeitig die brüderliche Bitte, die gel. Brüder ihrer engeren Kette auf diese Bekanntmachung thunlichst aufmerksam zu machen.

Or. Chemnitz, 23. Februar 1870.

Die Loge zur Harmonie.

Verantwortlicher Redacteur: Br J. G. Findel. — Verlag von Br J. G. Findel in Leipzig. — Druck von Brr Bär & Hermann in Leipzig.

N⁰. 13.   XIII. Jahrgang.

Die
BAUHÜTTE.

Begründet und herausgegeben

von

Br J. G. FINDEL.

* Organ des Vereins deutscher Freimaurer. *

Handschrift für Brr Brüder.   Leipzig, den 26. März 1870.   MOTTO: Weisheit, Stärke, Schönheit

Von der „Bauhütte" erscheint wöchentlich eine Nummer (1 Bogen). Preis des Jahrgangs 3 Thlr. — (halbjährlich 1 Thlr. 15 Ngr.)
Die „Bauhütte" kann durch alle Buchhandlungen bezogen werden.

Inhalt: Die Gegenwart und Zukunft der Maurerei in Deutschland. Von einem alten Logenbruder. — Rede, gehalten bei der Trauerloge in Altenburg. Von Br Zumpe. — Feuilleton: Berlin. — Bingen. — Frankreich. — Lobenstein. — Leipzig. — Sangerhausen. — Syrien. — Temesvar. — Ungarn. — Wahnglaube. — Briefwechsel. — Warnung. — Bekanntmachung.

Die Gegenwart und Zukunft der Maurerei in Deutschland.

Von

einem alten Logenbruder.

VII.

Es gab allerdings eine Zeit, wo die Maurerei eine anregende und bewegende und in gewissem Sinne noch eine bestimmende Kraft war für das Leben. Diese Zeit gehört aber schon einer fernen Vergangenheit an. Wer heute noch ihr dieses Alles beilegt, kennt sie entweder gar nicht oder zehrt an einem ehrenvollen Einstmals derselben oder gehört zu denjenigen, die zu persönlichen, wo nicht gar unmaurerischen Zwecken ihr ein künstliches Leben erhalten möchten. Man zeige, was sie seit der Zeit nach den deutschen Freiheitskriegen auf dem Gebiete der Aufklärung, des Wissens und der Humanität, wir wollen nicht fragen Grosses, aber auch nur Nennenswerthes geleistet oder geschaffen. Man nenne aus der jetzigen Mrwelt Namen, welche an einen Blücher, Dräseke, Fichte, Claudius, Börne, Wieland, Washington, Goethe, Herder, Mozart, Lessing, Voss, Zschocke, Franklin u. a. m. reichen! Man beweise, dass in ihrem eigenen Schoosse die Tugenden allein Herrschaft haben und behalten, welche die Brüderschaft nach maurerischem Wesen und Grundgesetz und freiwillig übernommener Pflicht zu pflegen und auch über den engen Kreis der Loge hinaus zur Geltung zu bringen hat! Wie lässt sich aber auch, so fragen wir weiter, von einer Genossenschaft etwas erwarten, die, wie man aus jedem Mitgliederverzeichnisse ersehen kann, zu einem nicht geringen Theile aus Männern besteht, welche bei aller sonstigen Ehrenhaftigkeit nach ihrer Lebensstellung nicht die Garantie gehen und gehen können, auf einem geistigen, ideal-realistischem Gebiete, wie das der Maurerei, etwas zu leisten oder zu schaffen? Wir wissen recht gut, dass die maurerischen Zwecke an und für sich keine hervorragende Geistesbegabung noch weniger aber Fachgelehrsamkeit erfordern, sondern mehr als alles dieses einen gesunden Kopf und ein warmfühlendes Herz, aber die Geistesklarheit und Geistesbildung muss doch immer vorhanden sein, welche die maurerische Idee zu erfassen und zu eigenem wie fremden Nutzen zu verwerthen, die in der Form den geistigen Inhalt, im Symbol die tiefere und anregende Bedeutung, mit dem Zweck auch die rechten Mittel zu erkennen im Stande ist. Männer wie Seydel, Henne, Findel, Zille, Marbach a. u. haben durch ihr Wirken, sei es für die Geschichte der Brei, sei es für die Thätigkeit und Fortentwicklung derselben in neuerer und neuester Zeit wahrhaft Verdienstliches und nicht Gewöhnliches geleistet und dennoch, bezeichnend für die Gesammtheit der heutigen Brüderschaft, hat das aufopfernde Wirken dieser ehrenwerthen Brr nur einen geringen, kaum merkbaren Einfluss auf das innere Leben der Logen auszuüben vermocht. Noch heute geht dies in den meisten Logen den althergebrachten, schleppenden und formalen Gang. Noch heute ermangelt den meisten Logen das Bewusstsein und das Bedürfniss gebührender freier Selbstbestimmung. Noch heute tragen die Freimaurer mit wahrhaft erstaunenswerther Geduld und Demuth in einem Vereine, dem sie sich freiwillig angeschlossen, die schmachvollen Fesseln, gegen welche sie sich draussen in Staat und Kirche stemmen. Die Erklärung ist einfach. Was auch die obengenannten Männer für die Auffrischung und Vergeistigung der Logenthätigkeit, für eine zeitgemässe und nothwendige Umformung der versteinerten Logensysteme gethan und wie sie auch gekämpft, es musste für die Logen unfruchtbar bleiben, weil die wenigsten Brr um die literarischen Erscheinungen in der Arei sich kümmern und, wenn dies hier und da der Fall, diejenigen Brr, welche einer zeitgemässen Reform aus eigenem Bedürfniss wie aus maurerischer Pflicht zustreben, von der grossen Mehrzahl derer überstimmt werden, welche an maurerische Unterwürfigkeit gewöhnt und für dasjenige, was der Maurerei wahrhaft Neth thut, ohne jedes Verständniss sind. Wie wenige Logen haben wir auf unsern Lebensgängen gefunden, die eine ordentliche Bibliothek besitzen oder die auch nur eine maurerische Zeitschrift halten. Und wenn eine Bibliothek vorhanden, wie selten wird sie benutzt! Ein Bibliothekar einer Loge in der sonst so intelligenten preussischen Provinz Sachsen klagte uns im vorigen Sommer, dass während seiner fünfjährigen Amtsdauer im Ganzen sieben, sage und schreibe sieben Bücher entliehen worden. Auf der nämlichen Reise trafen wir im Hessen-Darmstädtischen einen dep. Mstr., der dreizehn Jahre nacheinander im Amte war und nicht einmal wusste, dass es Freimaurerzeitungen gab, der von der Existenz von Lenning's Encyklopädie, Findel's Geschichte der Freimrei auch nicht die blasseste Idee hatte und erst durch uns erfuhr, dass es einen Verein deutscher Freimaurer gäbe. Solche Wahrnehmungen sind bezeichnender und überzeugender, denn Alles. Beobachtet man aber, wie es bei einem so überaus wichtigen und folgenschweren Akte, wie die Ballotage über Aufzunehmende in der Regel zugeht, so muss man sich in der That noch höchlich wundern, dass es in den Logen nicht noch weit schlimmer aussieht, als es schon jetzt der Fall. Unter den vielen Fällen, welche zu unserer Kenntniss gekommen oder die wir mit erlebt, wollen wir einen nicht selten vorkommenden herausheben. Ein Br Mstr. schlägt einen nur von einem geringen Theile der Brüderschaft gekannten, vielleicht sogar von gar keinem der anwesenden Brr gekannten Aufnahmesuchenden vor. Wie das Statut es bestimmt, wird der Vorschlag in geöffneter Lehrlingsloge zu allgemeinster Kenntniss gebracht, verordnet, dass sein Name an die schwarze Tafel geschlagen und die Brüder aufgefordert, sich nach der Persönlichkeit des S. zu erkundigen. So weit Alles in strictester Ordnung. Bei der Ballotage findet sich indessen nicht selten, dass Niemand sich um den Vorgeschlagenen weiter gekümmert, derselbe also ebenso unbekannt bleibt, wie zuvor. Dies hindert aber nicht, dass die Ballotage in den meisten Fällen „hellleuchtend" ausfällt. Man beruhigt sich eben mit der bequemen und naiven Ueberzeugung, dass Br N. N. keinen „Unwüdigen" vorschlagen wird. Hinterher stellt sich aber eben auch nicht selten heraus, dass Br N. N. und die Vertrauensseligen die Loge und den Bund durch den hellleuchtend Ballotirten compromittirt haben. Was ist da zu thun? Man drückt in brüderlicher Liebe und Nachsicht das Auge zu und vertröstet sich auf eine flagrante Statutenverletzung um ein statutgemässes(?!) Mittel zu gewünschter Entfernung zu haben. Aber auch eine solche Gelegenheit wird selten benutzt, da wiederum

brüderliche Liebe gebietet, die Schwächen des Bruders in Nachsicht zu beurtheilen. Ob die gegen einen solchen Br wiederholt und ohne Unterscheidung geübte Nachsicht und Liebe andere anständige Brr aus der Loge treibt; ob von der Angehörigkeit eines solchen „Bruders" auf den Charakter des Bundes und der Loge von den ausserhalb Stehenden ein missliebiger und ehrenrühriger Schluss gezogen wird, daran denkt Niemand. Welches Unheil die so gerne und so gedankenlos gebrauchte und angewandte Phrase von der brüderlichen Liebe und Nachsicht gegen thatsächlich Unwürdige bereits angerichtet und noch fortwährend anrichtet, wie sehr dadurch die betreffende Loge, ja der Bund selbst herabgewürdigt werden, darüber können wir uns ruhig auf die Wahrnehmungen und das Urtheil aller einsichtigen, auch gerne Liebe und Nachsicht, aber in anderer Auffassung übenden Brüder aller Logen beziehen.

Als innerhalb der kurzen Zeit von nur fünf Monaten in unsrer Loge bei zwei Fällen die Folgen der Leichtfertigkeit bei den Ballotagen auf eine sehr misliche Weise sich geltend machten, brachten wir der Meisterschaft in Vorschlag auf Grund des desfallsigen Ausspruches im Ritual: „dass dem Freimaurerbunde nicht daran gelegen, viele, sondern würdige Glieder zu haben" bei der Grossloge folgende Bestimmungen zu beantragen:

a) Ein am Sitze der Loge wohnender Vorgeschlagene, der nicht von mindestens zwei Drittel der ballotirenden Mstr. entweder persönlich oder durch anderweite zuverlässige Auskunft gekannt ist; im gleichen ein Auswärtiger, für welchen der Orient, an dessen Sitz er sich in den letzten 2 Jahren aufgehalten, nicht die durch das Statut von dem Vorschlagenden geforderte Bürgschaft mit übernimmt, bleibt bis dahin, dass diese Bedingungen erfüllt sind, von der Ballotage ausgeschlossen.

b) Die Vornahme der Ballotage ist (wie bei der Beförderung in den zweiten und dritten Grad) ebenfalls abhängig von der befriedigenden schriftlichen Ausarbeitung eines gegebenen Thema's unter Aufsicht der Brr Vorbereiter.

In der betreffenden Meisterkonferenz, zu welcher, beiläufig gesagt, von 81 Mstrn. 17 erschienen waren, fiel der Vorschlag mit 14 Stimmen gegen 3, also glänzend durch und zwar von der Majorität dahin motivirt, dass die Annahme zum Schlusse der Loge und zum Untergang der Maurerei führen würde. Also die gewissenhafte Erfüllung der durch das Statut ausdrücklich gebotenen, die ehrenvolle Existenz der Loge wie des ganzen Bundes sichernden Pflichten: Möglichst genaue Kenntniss der aufzunehmenden Persönlichkeiten und Seltens derselben den Nachweis eines auch nur mässigen Grades geistiger Ausbildung vermögen die Schliessung einer Loge, ja den Untergang der Maurerei herbeizuführen! Sapienti sat!

Die nämliche Leichtfertigkeit und Gleichgiltigkeit finden wir auch bei einem so hochwichtigen Akte, wie die Wahl der Beamten. Wir entnehmen einen unsern vielfältigen Erfahrungen entsprechenden Beleg hierzu aus Nummer 41 der Bauhütte von 1867, in welcher sich eine „Stimme aus einer preussischen Loge" also vernehmen lässt:

„Durch dieses Recht (Wahl der Beamten durch die

Meisterschaft) hat der hammerführende Mstr. — wie ich dies selbst fast täglich ersehe — im Grunde genommen weit weniger Rechte oder doch nur solche irrelevanter Natur, als jeder andere Br. Während man sonderbarer Weise ihm das Schwerste, die persönliche Verantwortlichkeit für das Gedeihen und den Rückgang der Loge ohne Weiteres zuschiebt, entzieht man ihm gleichzeitig alle Mittel, dieser seiner Verantworlichkeit genügen zu können, indem man ihm auch nicht den allergeringsten Einfluss einräumt, ja durch das Statut geradezu untersagt, auf die Wahl derjenigen, auf deren Mitwirkung und Beirath er in der Erfüllung seiner Aufgabe zunächst und zumeist angewiesen ist, einzuwirken. In Folge dieses Missverhältnisses zwischen Pflicht und Recht des Vorsitzenden können ihm Beamte zugeordnet werden, die weder nach seiner persönlichen Voraussetzung oder Erfahrung diejenige Opferwilligkeit und Befähigung besitzen, die zu einer wirksamen Unterstützung ihres Vorsitzenden nothwendig erforderlich sind oder die zu ihm in Auffassung der Maurerei und deren Aufgabe, so wie in dem, was einer Bauhütte Noth thut, mehr oder minder in direktem Gegensatze stehen, wo nicht gar, was bei einem Vorsitzenden, der schon einmal im Amte gewesen, leicht vorkommen kann, seine persönlichen Gegner sind. Der Mstr. v. St. kommt nun dadurch nicht selten in die unerquickliche Lage, dasjenige, was er nach Ueberzeugung und Erfahrung zum Besten seiner Loge für zweckmässig oder nothwendig hält, zuerst seinen Beamten und hinterher der Meisterschaft im buchstäblichsten Sinne des Wortes „abkämpfen" zu müssen. Wie kann bei solchen Zuständen von einer dauernden Arbeitsfreudigkeit des Vorsitzenden und einem persönlichen Einflusse desselben die Rede sein? Sie werden sagen, so etwas sollte in einer Loge nicht vorkommen. Sie haben Recht, es sollte in einer Loge nicht vorkommen, aber es kommt vor und sogar nicht selten.

Fasst man den jetzigen Wahlmodus ins Auge und zugleich wie das Wahlgeschäft thatsächlich und in der Regel gehandhabt wird, so wird man nicht wegläugnen können, dass der Vorsitzende hierbei lediglich der Indolenz, dem Ermessen und dem Belieben der Meisterschaft schutzlos preisgegeben ist. Der grösste Theil der Meister hält es kaum der Mühe worth, bei der Wahl zu erscheinen. Von den Anwesenden stimmen die Einen aus Bequemlichkeit auf jeden ihnen bezeichneten oder auf die bereits im Amte befindlichen Brr, die Andern wünschen einen ihnen nahe befreundeten Br in ein Amt zu bringen, die wenigsten aber werden, durchdrungen von der Folgenschwere der Wahl, dabei geleitet von billiger Rücksichtnahme auf den Vorsitzenden und dem Interesse des Bundes, wie der eigenen Bauhütte. Diese Wenigen aber haben keinen bestimmenden Einfluss auf die Wahl und aus diesem Grunde lichtet sich von Jahr zu Jahr bei der Wahl die Zahl derjenigen Brüder, welche ein klares, bewusstes Verständniss von der Wichtigkeit des Wahlaktes und zugleich Einsicht wie Urtheil haben, passende Persönlichkeiten heraus zu finden. Die Folgen hiervon treten in jeder mit einem solchen Uebel behafteten Loge stets in einer oder der andern Richtung hin zu Tage. Entweder werden altersschwache, geisterschöpfte Vorsitzende und bequeme, unfähige Beamte gewählt oder in ihren Aemtern erhalten, die sich an starre Formen anklammern, sonst aber Alles

gehen lassen, wie es eben gehen mag. Hat der Zufall aber — es ist kaum anders zu nennen — einen Vorsitzenden von Intelligenz und Thatkraft an die Spitze gebracht, so wird ein Solcher aus Gefühl der Ehre und Pflicht es zwar versuchen, in die vielleicht träge Masse seines aus den heterogensten Elementen zusammengewürfelten Beamten-Kollegiums Leben und Bewegung zu bringen, aber nach unzähligen vergeblichen Versuchen überzeugt, dass dies unmöglich, angewidert, müde und abgehetzt dem nächsten Johannistage entgegenseufzen, der ihn von seiner Sisyphus-Arbeit erlöst." Soweit die „Bauhütte." Wir haben nur hinzuzufügen, dass wir und gewiss auch der Schreiber der obigen Zeilen einer Loge das Recht vollständig zuerkennen, die Beamten zu wählen, vorbehaltlich, dass dieses Recht nicht, wie es jetzt ist, sich als ein lediglich einseitiges für die Wählenden darstellt. Um auch dem Mstr. v. St., das seinen zu übernehmenden Pflichten entsprechende und natürliche Recht zu gewähren, würde sich folgender Modus bei den Beamtenwahlen empfehlen. Entweder die Meisterschaft wählt zuerst den Mstr. v. St. und dieser schlägt ihr zu jedem Amte drei Kandidaten vor, aus welchen sie die ihr geeignetesten und genehmsten Persönlichkeiten wählt, oder, die Beamten von dem Brr Aufsehern abwärts werden zuerst und der Vorsitzende wie der Deputirte werden zuletzt gewählt, so dass diesen beiden ersten Beamten die Befugniss offen bleibt, um nach irgend einer Seite hin zu verletzen, die Wahl anzunehmen oder abzulehnen. Der etwaige Einwurf, dass das Statut die Reihenfolge der Wahl vorschreibe, ist ohne allen Grund, denn dasselbe bestimmt nur die Beamten, welche zu wählen sind.

(Fortsetzung folgt.)

Rede, gehalten bei der Trauerloge in Altenburg
(am 12. December 1869).

Von

Br Zumpe.

Theuerste Schwestern!
Geliebte Brr!

Unter ewig gleichem Pendelschlage ist die grosse Zeitenuhr um mehr als acht Jahre fortgerückt seit jenem 7. April 1861, wo wir in stiller Abendstunde derselben theueren Pflicht Genüge leisteten, welche uns heute hier zusammengeführt hat. Seit jenem Abende hat eine höhere Hand 43 Glieder aus unserer Bruderkette gelöst; 43 Brr haben, was sterblich an ihnen war, der Erde zurückgegeben!

Ihre Namen sind uns durch Wort und Schrift verkündet.

An ihrer Spitze steht Er, der unvergessliche, fürstliche Bruder Herzog Joseph von Sachsen-Altenburg, der schon in frühen Jahren unserem Bruder-Bunde angehörte. Welcher Geist den jugendlichen Fürstensohn belebte, das zeigen die Antworten, die er bei seiner am 13. Februar 1813 in Hildburghausen erfolgten Aufnahme gab. Auf die Frage:

„Was erwarten Sie von dieser Gesellschaft?"
antwortete Er:

„Nahrung für meinen Geist und mein Herz und Gelegenheit recht viel Gutes zu thun!"
und seine Antwort auf die Frage:
„Was kann die Gesellschaft von Ihnen erwarten?"
war:

„Treue gegen die Gesetze, Liebe gegen alle Mitglieder des Bundes."

Wenn nun auch dieser fürstliche Br später nicht in unmittelbar maurerischer Form mit uns arbeitete, so war und blieb Er doch jederzeit von ächt maurerischem Geiste beseelt. Die liebenswürdige Humanität, welche selbst bei abnehmenden Kräften sein Greisenalter verklärte, haben gewiss Alle erfahren, welche das Glück hatten, mit Ihm in nähere Berührung zu treten und was Er zum Wohle und Gedeihen seines Landes gewirkt und geopfert; was Er, getragen von Pietät gegen seine Ahnen, schuf; was Er anregend und mithelfend gestaltete zum Nutzen und zur Annehmlichkeit des Gemeinwesens — das steht in der Geschichte unseres, wenn auch kleinen, so doch reich gesegneten Landes verzeichnet. So hat Er durch sein Wirken, durch Seine Opferfreudigkeit, durch Seine Liebe eine Krone errungen, die unvergänglich ist und glänzender selbst strahlt, als das Diadem, welches Sein Fürstenhaupt einst schmückte.

Und Ihr, deren Bildnisse dort auf uns niederblicken, Du, Br Gotthold Lingke, Du, Br Karl Back, wie viele Stunden, die sich in Wochen, zu Monden, zu Jahren zusammen setzen, habt Ihr unserm Bunde gewidmet; wie manches Opfer brachtet Ihr unsern Zwecken, mit welcher Treue waret Ihr Jahre lang Führer und Leiter unserer Loge! Wir kannten Euch noch im Leben! Aber so wie wir, die Kinder dieser Zeit, oft mit stiller Verehrung vor den Bildnissen unsrer Stifter und der hochverdienten Meister stehen, die mit freundlichem Ernste in unserem Arbeitssaale auf uns niederschauen: so werden mit gleichem Gefühle späte Enkel auch zu Euern Bildnissen emporblicken. Euer Gedächtniss bleibet in Segen!

An Euch aber schliesst sich Eurer würdig — ein Br an, der als Ehrenmitglied unserer Loge zu uns gehörte. Es ist der hochverdiente Br Christian Adolf Wendler, dem nicht nur das seltene Glück zu Theil wurde, sein 50jähriges Maurerjubiläum zu feiern, sondern der, was mehr sagen will, ein Vierteljahrhundert hindurch hammerführender Mstr. der uns so nahe verwandten Loge Minerva zu den 3 Palmen im Orient Leipzig war.

Die enge Zeitschranke, die meinem Worte gezogen ist, erlaubt es natürlich nicht, Alle Diejenigen eingehender zu erwähnen, derer wir heute gedenken; aber es sei gestattet, wenigstens die Namen noch einiger Brr hervorzuheben, die durch ihre besondere Stellung zur Loge ihre Zeit und Kraft in erhöhterer Weise uns zu widmen berufen waren.

Wir gedenken da unseres Musikmeisters Br Heidrich. Er war in dieser seiner Stellung noch in der letzten Trauerloge thätig; aber der Erste, der kurze Zeit darauf in den ewigen Osten einging. Wir erinnern uns des Br Wille, welcher durch seelenvollen Gesang so Manchem das Herz bewegte; wir vergessen nicht unsern zweiten Vorsteher, den Br Stephanus, der unserm Kreise so

unerwartet entrissen wurde; wir gedenken zweier Brüder Redner, die von uns geschieden: Deiner, du milder, und freundlicher und vielgetreuer Höfler, dessen Wort in ernster, wie heiterer Stunde so oft zündete und Deiner Du vielbegabter Br Finke! Wir erinnern uns dankbar Deiner, Br Flemming, der Du noch in Deinen letzten Dispositionen, welche Du hier auf Erden trafest, so freundlich der Loge und der Armen gedachtest. Und auch Deiner sei nicht vergessen, Br Biedermann, der du das schwere Kreuz, was Dir auferlegt wurde, in Demuth hinnahmest und — ein Beispiel Jedem — als wahrer Maurer würdig trugest." —

Aber es gilt die heutige Stunde nicht allein der Erinnerung an den Einzelnen, sondern dem Gedächtnisse Aller und indem wir uns in Euer Aller Andenken versenken, ihr Heimgegangenen, treten wir mit Euch in einen geistigen Rapport und vernehmen auch Eure Stimme. Hören wir sie; hören wir

„die Mahnung der Heimgegangenen an uns!"
Sie ist eine doppelte und lautet:

Gedenket unserer in Liebe!
Verlieret Euch nicht in Eurer Trauer!

Gedenket unsrer in Liebe! Schon den Alten galt das Wort: „über die Todten und über die Abwesenden rede nur Gutes." Ich denke, was in längst verklungener Zeit Vorschrift war, dem werden wir uns nicht entziehen wollen, die wir uns freierer Gesittung und höheren Lichtes erfreuen. Mit mir in diesem Sinne und Geiste treten wir zur Gedächtnissfeier unserer Todten zusammen. Der letzte Blick, den ihr irdisches Auge auf uns zu werfen vermochte, sprach von inniger Liebe und fordert Gegenliebe. Diesen heiligen Zoll tragen wir ab, wenn wir ihrer in Liebe gedenken.

Was aber heisst das? Soll hierin eine Aufforderung liegen zu jener schwächlichen Lobhudelei, die den Lebenden so gefährlich wird? Gewiss nicht! Wenigstens an den Pforten des Jenseits soll Wahrheit herrschen unter uns! Die Geister der auf uns Niederschauenden würden uns zürnen, wollten wir sie rücksichtlich ihrer irdischen Pilgerfahrt frei sprechen von allem Irrthum, von jeder Schwäche. Sie waren, was wir jetzt noch sind, Menschen und als solche, wie wir Alle dem Irrthum und mancherlei Schwachheit unterthan. Aber wie vor dem mächtigen Gestirn des Tages sich die Nebel zerstreuen, welche dasselbe zu verdunkeln und seine belebende Kraft zu brechen versuchen: so schwinden vor dem Gesammtbilde unserer Heimgegangenen die menschlichen Schwächen, die ihnen einst anhaften mochten, wie leichte Schatten. Die leise Hand des Todes glättet alle Falten und unser geistiges Auge schaut sie in einem verklärten Lichte. Und das mit Recht. Denn man darf wohl sagen, dass die vereinzelte Schwachheit — das unvermeidliche Attribut jeder menschlichen Existenz — bei Euch, deren wir heute hier in Liebe gedenken, überstrahlt werde durch das Licht des göttlichen Funkens, der in Euch lebte und wirkte. Wer die Summe des Strebens und der innern Kämpfe, welche Euch bewegten; die Summe der Resignation, unter der ihr still duldend littet; die Summe der Liebe, die Ihr dem Ewigen, den Freunden, der Menschheit entgegen truget, in Einem Rahmen zusammenzufassen vermöchte, der würde uns ein wahrhaft Ehrfurcht gebietendes Bild vorführen! Aber wer ist das im Stande? Es gibt nur Einen, vor dessen Vaterauge sich Alles entschleiert und es ist Der, welcher die theuern Heimgegangenen ihrer irdischen Schwäche entkleidet und über das ausgegossen hat das Füllhorn seiner Gnade und göttlichen Klarheit. So, als Verklärte, stehen sie vor uns und wir blicken zu ihnen empor mit innigstem Gedenken!

Aber, wenn es natürlich ist, dass wir in den Stunden, die wir dem Andenken derer widmen, welche vor uns in den ewigen Osten eingingen, von besonders tiefer Bewegung ergriffen werden; so soll doch die Trauer nicht Nacht über uns gewinnen und zur lähmenden Gefühlsquälerei ausarten. Desshalb mahnen uns unsere Todten:

„Verlieret Euch nicht in Eurer Trauer!"

Es ist nicht die Schuld der christlichen Religion, dass wir den Tod als fleischloses Gerippe darstellen und um Grab und Tod alle Schrecken häufen, deren unsere Einbildung nur fähig ist. O, über uns Schwache, die wir immer von Grabes Nacht und Dunkel reden und nur gar zu oft vergessen, dass gerade wir es sind, die in Nacht wandeln und dass gerade uns, uns Lebenden die heilige Tröstung gilt:

„durch Nacht zum Licht!"

Zwar leben wir nicht in jener Nacht, deren absolute Lichtlosigkeit alles Erkennen unmöglich macht; sicher aber in einer solchen, die vergleichbar ist den irdischen Nächten, welche nur durch die funkelnde Sternenwelt in sanfte Dämmerung verwandelt werden. — Denn wie weit reicht denn unsere Weisheit und unser Erkennen selbst rein irdischer Dinge?

Ja, es ist wahr, wir betrachten die uns umgebende Natur mit forschendem Auge, wir fassen das einzeln Entgegentretende in grosse Gruppen zusammen, wir suchen für gewisse Wirkungen die Ursachen, wir machen uns Kräfte dienstbar: aber mit alle dem tasten wir nur an der Oberfläche herum. Wir bewundern Krystallbildungen, benennen ihre Formen, bemessen ihre Winkel; aber kein Forscher weiss anzugeben, warum dieses Mineral gerade so und nicht anders krystallisirt; wir zerlegen die Blume, zählen ihre Staubfäden und beschreiben Wurzel, Schaft und Blatt; aber kein Sterblicher wird uns sagen, warum aus solchem Saamenkorn gerade solche Pflanze und solche Bildung hervorgehen kann. Ja, begeben wir uns auf ein Gebiet des menschlichen Forschens, auf welches wir nur immer wollen, überall treten uns Tausend unlösliche Räthsel entgegen — überall das verschleierte Bild von Sais!

Und wenn es so mit uns steht, bei Erforschung der Dinge, die unsre Sinne täglich wahrnehmen, unsre Hände täglich greifen können, was sollen wir von uns sagen, wenn wir mit heiligem Schauer an der Hand des Glaubens die Pforten der unsichtbaren und überirdischen Welt zu überschreiten versuchen? —

Und wir wollten uns einbilden und uns vorreden, wir seien es, die im Lichte wandelten? Ein schwaches Dämmerlicht ist es, in welchem wir Alle unsere Pilgerfahrt vollenden. Aber die Schleier werden fallen! Durch Nacht zum Licht! Vom Glauben zum Schauen! — Und dieser erhebende Glaube wird uns zur tief innerlichen Herzenssache nicht allein durch die Lehren unserer erhabenen Religion, sondern auch durch ein unabweisbares Gefühl seiner durch unser ganzes Wesen und Denken bedingten inneren Nothwendigkeit.

Du allmächtiger Baumeister a. W. und Hort aller Liebe und Gnade legtest in die Brust deiner Menschenkinder eine ewige Sehnsucht nach Vervollkommnung und Aufschluss, nach höherer Erkenntniss; nach Licht, nach Licht! Und diese heilige, uns ganz durchdringende Hoffnung sollte Lüge sein? Es sollte der letzte Zweck des Menschengeschlechtes kein anderer sein, als in einem ewig monotonen Kreislaufe des Ringens, nach dem Ewigen zu streben, um in dem Augenblicke, wo das milde Haupt kraftlos zurücksinkt, das Ewige auf ewig zu verlieren?! Das wäre Vernichtung unsers innersten Lebens! —

Wie sollten wir uns also der Untröstlichkeit hingeben, weil diejenigen unserer Lieben, die wir Todte nennen, ihre irdische Hülle abgelegt haben und hingeeilt sind zur Stätte höheren Wirkens? — Sie sind nicht todt; sie leben, sie leben auch für uns!

Wir sind hier nicht zusammengekommen, um unsere Gefühle künstlich aufzuregen, sondern um selbst aus dieser Trauerandacht neuen Muth und neue Kraft fürs Leben zu gewinnen. Vergessen wir nicht, dass sie, die uns Vorangegangen, die Triumphirenden — wir, die noch Ringenden sind. Also vorwärts im Streben nach Weisheit, Stärke und Schönheit! Dann bringt auch diese Stunde uns Segen und Frieden.

Ihr aber, ihr entschlafenen Brr, und Du, verklärter fürstlicher Br Joseph, der du die irdische Fröhlichenwiederkunft[*]) wieder aufrichtest zur Erinnerung an das Wiedersehen glaubensmuthiger Glieder Deines fürstlichen Hauses nach langer Trennung — Ihr Alle seid zu neuem, höherem Wirken berufen; greifet zu Hammer und Kelle und errichtet unter der Leitung des allmächtigen Baumeisters der Welten eine himmlische Fröhlichenwiederkunft, in der auch wir einst einziehen und selig Euch Selige jubelnd begrüssen! Amen!

---

*) Beziehung auf die Herstellung des Herz. Schlosses Fröhlichenwiederkunft, wo sein Ahnherr Joh. Friedrich der Grossmüthige nach langer Gefangenschaft sein Land zuerst wieder betrat.

Feuilleton.

Berlin. — Die unter Constitution der Gr. Nat.-Mutter-L. zu den drei Weltkugeln arbeitende St. Joh.-L. zum flammenden Stern zu Berlin feierte am 5. März 1870 ihre Säcular-Feier. Es hatte sich eine sehr grosse Anzahl von Brn. eingefunden, unter ihnen als Ehrengäste der Landes-GrM. Br v. Dachroeden, der GrM. Br Schnakenburg, der National-GrM. Br v. Messerschmidt, sowie die vorsitz. Mr. der übrigen drei St. Joh.-Ln., die Br Fränkel, Wiebe und Scheeffer. S. M. der König hatte in einem eigenhändig unterzeichneten Schreiben sein Bedauern darüber ausgesprochen, dass er der Feier nicht beiwohnen könne, zugleich aber als Protector der feiernden L. seine Glückwünsche dargebracht. Dasselbe hatte der stellvertretende Protector S. K. H. der Kronprinz durch den abgeordn. Landes-GrM. Br Wegner der Jubel-L. melden lassen.[*)]

Um 1 Uhr Mittags begaben sich die im Ordenshause versammelten Brr. vom festlichen Saale in den Tempel, woselbst der vorsitz. M. Br Kleiber die Fest-L. ritualmässig eröffnete. Nachdem der Br Secretair die Uebersicht über die Arbeiten des letzten Jahres und den Personal-Bestand der L. verlesen, erklärte der vorsitz. M. die Arbeiten des abgelaufenen Jahrhunderts für beendigt, bemerkte aber, dass die Logen-Ordnung fortbestehen bleibe, was die Brr. Aufseher auf ihren Colonnen zu verkündigen hatten. Sodann schmückte der M. den Altar mit den neuen Insignien, welche der L. zur Säcular-Feier von einem Br geschenkt worden waren, erklärte durch das übliche Zeichen die Logen-Arbeit des neuen Jahrhunderts für eröffnet und brachte den durchlauchtigsten Protectoren, den GrMrn. etc. den Gruss der Jubel-L. dar, welche Grüsse die versammelten Brr mauerisch bekräftigten.

Nachdem die GrMr. Brr v. Messerschmidt, v. Dachrooden und Schnakenburg diese Grüsse erwidert hatten, proclamirte der Nat.-GrM. v. Messerschmidt die Brr der L. zum flammenden Stern: Lortzing, Sievers und Ehrhardt als nunmehr zur H. Nat.-Mutter-L. gehörig. Sodann that der vorsitz. M. von Seiten der Jubel-L. dem Nat.-GrM. Br v. Messerschmidt, dem Br Grell und dem Br Geyer die besondere Auszeichnung kund. Jeder der Brr wurde mauerisch begrüsst und erwiderte die an ihn gerichtete Ansprache.

Hierauf theilte der Vorsitzende mit, dass die arbeitende L. zur dauernden Erinnerung an die Feier ihres 100jährigen Stiftungsfestes einen Fonds gegründet habe, um hilfsbedürftige Wittwen von Brn, welche als active Mitglieder oder als permanent besuchende Brr der L. zum flammenden Stern verstorben sind, durch Gewährung von Jahres-Renten zu unterstützen, und berichtete über die günstigen Fortgang ihrer Stiftung, die den Namen der Ehren-National-GrMrn. von Horn erhalten.

Alsdann trugen die musik. Brr die von Br Grell componirte und der L. zu ihrem 100jährigen Stiftungsfeste gewidmete Cantate vor, von welcher die zusammelten Brr durchweg, insbesondere aber durch ihren Fugensatz und dessen Finale, mächtig erhoben wurden.

In dem darauf vom Vorsitzenden gehaltenen und auf das Fest bezüglichen Vortrage forderte derselbe die Brr. auf: 1) einen dankbaren Blick in die Vergangenheit, 2) einen prüfenden Blick in die Gegenwart und 3) einen hoffnungsvollen Blick in die Zukunft zu richten.

Nachdem der Schluss-Chor der von Br Symanski gedichteten und von Br Neidhardt componirten Cantate gesungen war, hielt der Br Redner seinen Fest-Vortrag.

Der Vorsitzende sprach sodann dem Br Redner und den musik. Brn den Dank der L. aus und begrüsste die besuchenden Brr, welche in grosser Anzahl erschienen waren. Diesen Gruss erwiderte Br Pepper, vorsitz. M. der L. „Georg" in Hamburg.

Hierauf ward die L. ritualmässig geschlossen, und es folgte das Festmahl, welches unter Toasten und Vorträgen und in gemüthlicher Weise endete.

Das Johannisschreiben der Grossen L. L. v. D. in Berlin v. J. 1869 führt — nach dem Protokoll der Grossloge des eklekt. Bundes zu Frankfurt a. M. — von der Zeit des Salomonischen Tempelbaus durch die Zeitalter durch bis in die Gegenwart und sucht darzuthun, es sei „in dem System der Ordenslehre ein Werk enthalten, an dem die Jahrtausende gebaut haben, jedes Weltalter nach seinem Bedürfniss, mit Beachtung dessen, was ihm das Nächstliegende war, aber mit heiliger Scheu und mit tiefster Anerkennung des vom grausten Alterthum her Ueberlieferten". „Wir verdenken es" — heisst es weiter — „der englischen Grossloge nicht, dass sie im Anfang des vorigen Jahrhunderts, als sie einen grossen Eindruck auf die religiöse und politische Denkart ihrer Zeit zu machen beabsichtigte, nicht ohne vielen Widerspruch das überkommene freimaurerische System gar sehr vereinfachte und viele historisch wichtige Bestandtheile ausschied, so dass eigentlich nur die allgemeinsten Umrisse des Ueberlieferten, zunächst Gegenstand der Arbeit waren. Wir haben keine Veranlassung, in unserer Zeit einen solchen unmittelbaren und so zu sagen öffentlichen Eindruck zu suchen. Es ist uns von grösserer Wichtigkeit, alle ächten und grossartig überlieferten Bestandtheile auf uraltem Grunde festzuhalten und ihren bleibenden Inhalt zu verwerthen für die Erfüllung der höchsten Zwecke der kgl. K. Das Streben nach der Wahrheit ist für die Menschheit nicht minder wichtig, als der Besitz der Wahrheit; der Tempel auf Moriah erstand nicht ohne die Bauhütten im Thale Josaphat, und die abschliessenden Resultate, wer kann sie überhaupt erfassen in ihrer Tiefe und Fülle, ohne auf dem Weg zurückzublicken, wodurch sie gefunden und vermehrt wurden?" —

Die Grossloge des eklekt. Bundes in Frankfurt a. M., welche mit gerechtem Stolze auf die Forschungen eines G. Kloss zurückschauen sollte und welche „die abschliessenden Resultate" natürlich mit allen Logen des englischen Systems nicht in ihrer Tiefe und Fülle zu erfassen vermag, — ist entzückt von dieser „geistvollen und tiefsinnigen" Betrachtung der Gr. L. L. v. D.; die Grossl. des eklekt. Bundes lässt diese Falschmünzerei der Geschichte, wonach die englische Grossloge im J. 1717 das überkommene freimr. System gar sehr vereinfacht und historisch wichtige Bestandtheile ausgeschieden haben soll, ruhig und ohne Bemerkung hingehen (qui tacet, consentit) und findet, wie es scheint, die in den mitgetheilten Stellen deutlich hervortretenden Prätensionen der Grossen L. L. v. D. ganz in der Ordnung! „Nach einer prägnanten Hinweisung auf das allgemeine Maurerfest Johannis des Täufers als Beweis und Zeugen des Zusammenhangs uralter Weisheit mit der Weisheit der urchristlichen und späteren Zeit (bemerkt die Grossl. des eklekt. Bundes) schliesst die Ansprache mit den warmen Worten" u. s. w. „Mit tiefer Herzensbewegung sehen wir im nächsten Jahre den Schluss eines 100jähr. Wirkens der Gr. L. L. v. D. herannahen; lassen Sie uns diesem Zeitpunkt entgegensehen mit dem freudigen Bewusstsein; wir haben bewahrt, was uns anvertraut worden."

[*)] In Stettin nahm er persönlich Theil an der Feier, in der Hauptstadt nicht, auf solche Weise die Traditionen seines Hauses (Friedr. II.) verleugnend und das moderne Ritterthum von der traurigen Gestalt bevorzugend. De gustibus non est disputandum! Das System der 3 Weltkugeln und das der Gr. L. L. v. D. verhalten sich ohngefähr zu einander, wie wissenschaftliche Naturauffassung und Knakismus. Die Redakt.

Wie die Grossloge des eklekt. Bundes solche Stellen ohne jedwede — sei es auch nur die leiseste und mildeste — Verwahrung abdrucken konnte, begreifen wir nicht und ebenso wenig wissen wir, wie dieses Verfahren seitens ihrer Töchterlogen aufgenommen werden wird; soviel aber wissen wir, dass sie sich damit jedenfalls bei der Gr. L. L. v. D. in Berlin einen Stein ins Bret gesetzt. Bei solcher Stimmung darf meine gel. Loge „zur Brkette" in Hamburg, welche s. Z. der Gr. L. L. v. D. den Rücken gekehrt, immerhin die Hoffnung hegen, gelegentlich wieder in den Schooss der alleinseligmachenden Gr. L. L., der Bewahrerin ihr anvertrauten Erbes „uralter Weisheit", zurückzukommen und die schnöde preisgegebenen „ächten Bestandtheile" der Ordenslehre wiederzufinden. Bei solcher sympathischen Vertiefung in die geistvollen und tiefsinnigen Betrachtungen der Gr. L. L. v. D. kann es nicht fehlen, dass man in Frankfurt a. M. bald vor Begierde brennen wird, von den bisher bearbeiteten nur „allgemeinsten Umrissen des Ueberlieferten" aufzusteigen in „die höheren Stufen", wo man das ganze und volle Licht erhält!

Bingen. — Die Loge „Tempel der Freundschaft", welche jetzt 35 Mitgl. zählt, hat in der letzten Wabloge Br C. Graeff wieder zum Mstr. v. St. gewählt, Br H. Brück zum deput. Mstr. und Br Carl Rother zum Sekret.

Frankreich. — Der Grossorient v. Peru hat zum Repräsentanten beim Grossen Or. von Frankreich den Bruder Grain, Mitglied des Ordensraths gewählt.

Lehesten bei Wurzbach. — Hier hat sich ein Maurerclub gebildet, dessen Zusammenkünfte wöchentlich am Dienstag Abend stattfinden. Vorsitzender ist Br F. B. Bischoff.

Leipzig. — Wir hatten dieser Tage das Vergnügen, den Besuch des verdienstvollen Brs Lichtenstein, deput. Grossmeister der Gr. L. v. Ungarn zu erhalten und in ihm eine für die Sache der Mrei begeisterte, gewinnende Persönlichkeit kennen zu lernen und einige Tage später den Besuch des Grossmstrs., des rühmlichst bekannten und liebenswürdigen Bruder Fr. von Pulszky.

Sangerhausen. Am 7. März d. J. feierte die Loge zur Brudertreue in Sangerhausen (R. Y.) ihr sieben und vierzigstes Stiftungsfest.

Der Festloge ging eine vom ehrw. Mstr. v. St. Br Meyer geleitete Aufnahmeloge voraus, zu welcher sich gegen 60 Brr bereits eingefunden hatten.

Die Festloge leitete der ehrw. dep. Mstr. v. St. Br Gänzel, welcher sich über das Thema verbreitete:

„Das Stiftungsfest, ein Fest der Freude und zugleich tiefen Ernstes."

Sodann folgte die Festrede des Redners, des gel. Br Wolff I über:

„Ihr seid das Salz der Erde" in welcher derselbe die Gewissenhaftigkeit als nothwendige erste Eigenschaft eines Freimaurers hinstellte und auf historischem Boden nachwies, dass die Gewissenlosigkeit sowohl beim dem Einzelmenschen als bei ganzen Völkerschaften stets die Fäulniss herbeigeführt habe.

Die sich anschliessende Festtafelloge gewann einen besonderen Reiz durch die musikalischen Leistungen der gel. Brr Ide und Aderhold aus Nordhausen.

Der angeordnete Wegfall der Titulaturen bei den brüderlichen Ansprachen, wurde wohlthuend empfunden, wie auch der

gel. Br Simon aus Eisleben, welcher seiner Glaubensangehörigkeit wegen keiner preuss. Loge angehört, jedoch jedes Jahr offiziell zu unseren Festen eingeladen wird, nicht umhin konnte, hierfür in schlichten aber aus dem Herzen kommenden Worten seinen Dank auszusprechen und mit demselben eine Danksagung für die übrigen zahlreich erschienenen besuch. gel. Brr zu verbinden.

Syrien. — Zu Lattaquié, dem alten Laodicea bei Beyruth ist am 26. Novem. v. J. eine neue Loge „l'Union des peuples" (Mstr. v. St. Br Dhionnet) installirt worden, bei welcher Gelegenheit Br Hakim in arabischer Sprache die Prinzipien der Maurerei erläuterte.

Temesvar. — Am 3. April d. J. wird die Loge „zu den 3 weissen Lilien" den Tag ihrer Stiftung (1869) durch eine Festloge feiern, wozu alle Schwesterlogen eingeladen werden sollen. Jüngst traten 15 Anhänger des Schottenthums aus unserer Loge aus, um eine neue zu gründen: die Loge „zu den 3 weissen Lilien", durch diesen Zwischenfall in keiner Weise erschüttert, arbeitet ruhig weiter und hat in letzter Zeit die Freude gehabt, eine tüchtige Kraft in der Person des wackeren evang. Pfarrers Kraenar zu gewinnen.

Schliesslich theile ich Ihnen noch mit, dass Sie nebst einigen anderen verdienstvollen Brn zum Ehrenmitglied unserer Loge einstimmig ernannt wurden.

Ungarn. — Aus Baja geht uns die erfreuliche Nachricht zu, dass die Mrei bei den hervorragenden und gebildeteren Männern grossen Anklang findet, und dass die Loge „zur Vaterlandsliebe" im erfreulichsten Fortschreiten begriffen ist. —

Ein Wahnglaube über Menschenfresserei in Skandinavien 1869. — Ungefähr zur selben Zeit, als in Kopenhagen von den dort versammelten Anthropologen und Archäologen die Frage in Discussion gezogen wurde, ob zweifelhafte Spuren von einstmaliger Anthropophagie in Europa nachweislich seien oder nicht, befanden sich die unteren Schichten der Einwohner Christianias wegen muthmasslicher Anthropophagie der Zeitgenossen in so grosser Aufregung, dass es zu aufrührerischen Demonstrationen kam und ernste polizeiliche Massregeln zur Herstellung der Ruhe nothwendig wurden. Die alte, bei uns längst verblasste Fabel, dass die Freimaurer beim Brudermahl in Menschenbraten schwelgen, oder dass sie verpflichtet seien, dem „Rüssel- oder Hundetürken" ein gewisses Quantum Menschenfleisch zu liefern — ist im skandinavischen Volke noch unvergessen und pflegt, allen Bildungsvereinen zum Trotz, bald hier, bald dort die leicht erregten Gemüther in Schrecken zu setzen.

So ging in Christiania ein Flüstern von Mund zu Mund, dass mehrere alte Frauen und Kinder, besonders aber mehrere blühende Landmädchen verschwunden seien. Ueber ihren Verbleib herrschte kein Zweifel: sie waren getödtet, eingesalzen und in Tonnen verpackt, um, diesmal nicht an den „Rüsseltürken", sondern an — den Vicekönig von Aegypten versandt zu werden! Das Schiff, welches die Fracht ausführen sollte, lag bereits im Hafen und wartete nur auf die Ankunft des Königs, welcher „als dürrer Maurer" die Waare besichtigen musste, ehe er sie an seinen Freund expedirte. Eine Sendung gemünzten Silbers, welche gerade damals von Stockholm ankam und in die Bank geschafft wurde, galt als Zahlung für die Waare. Es war „eine unheimliche Zeit!" Frauen und Mägde wagten sich am Abend nicht auf die Strasse. Eine Magd, welche von ihrer Herrschaft in der Dämmerung ausgeschickt war, wurde von einem unbekannten Herrn ersucht, einen Brief nach einem bezeichneten Hause zu besorgen. Sie öffnete denselben und las: „Roth und weiss, dick und fett, leg' sie in die bekannte Tonne!" — Ein anderes Mädchen wurde von einem Vorübergehenden in den Arm gekniffen, der verdriesslich in den Bart brummte: „Noch nicht fett genug." — Jeder Tag vermehrte die Zahl dieser unglaublichen Geschichten; der Wochenmarkt blieb ohne Zufuhren vom Lande, weil die Bauern sich nicht in die Stadt wagten und ihre Producte lieber mit geringerm Gewinn an Zwischenhändler verkauften.

Vergeblich waren alle Versuche, die Leute dem thörichten Wahn zu entreissen. Als die Polizei die Weiber hinderte, das Logenhaus zu stürmen, als die Zeitungen versuchten, die Gemüther zu beruhigen, wurden die Leute nur bestärkt in der Ueberzeugung, dass sowohl die Polizei als die Zeitungsschreiber es mit den „Vornehmen" hielten und die Unthaten absichtlich ignorirten und leugneten. Freilich konnte Niemand die verschwundenen Individuen namhaft angeben, nur von einer bejahrten Frau, die zum Beerenpflücken ausgegangen, wusste man mit Bestimmtheit, dass sie nicht zu den Ihrigen heimgekehrt war.

Der eigentliche Ursprung dieser abgeschmackten Gerüchte ist nicht kund geworden. Vielleicht lag eine Speculation der Productenhändler, vielleicht nur ein schlechter Scherz zu Grunde. Die norwegischen und schwedischen Blätter haben den Vorfall mit einer gewissen Bekümmerniss besprochen, und begreifen nicht, dass solches in einem Lande vorkommen kann, wo so viel für die Volksschulen gethan und der Schulbesuch obligatorisch ist. Die Volksschulen mögen immerhin vortrefflich sein in ihrer Art, allein so lange sich der Unterricht auf mechanisches Auswendiglernen beschränkt und nur auf die Schärfung des Gedächnisses hinarbeitet, wird man, unseres Bedünkens, selbst in den Culturländern ersten Ranges und vorzugsweise in solchen Gegenden, die fern von den grossen Verkehrsstrassen liegen, täglich ähnliche Auftritte herbeiführen können.

(Globus v. Jan. 70.)

Briefwechsel.

Br. „Wasunger": Ebenfalls „Grüss Gott"! Thlr. 1. erhalten! Damit Sie wenigstens einmal die ersehnte Bauhütte zeitiger erhalten, als von D. aus, sende ich Sie Ihnen direct. Auf Wiedersehen u. brüderl. Gruss!

Br. G. M. in Z.: Beitrag erhalten nebst Thlr. 1. für die Centrhk.

Br. G. W—s in H—m: Zum bevorstehenden Ex. die herzlichsten Glückwünsche. Ihre u. Br. B—s Grüsse erwidere freundlichst u. freue mich der übrigen Mittheilungen.

Br. S. L—r: Besten Dank für Ihren brdl. Wunsch! Allerdings ist Ihre Werkstätte im Verein d. Mr. zahlreich vertreten, so dass viele preuss. Logen sie zum Muster nehmen könnten. Für das Mitglvrz. freundl. dankend, erlaube ich mir die Bemerkung, dass „nach dem System" u. s. w. nicht richtig ist, da Sie ja nach dem Freib. Rit. arbeiten u. die Gr.-L. jetzt gar kein „System" mehr hat, sondern Freiheit der Arb. w. gewährt. Brdl. Gegengruss!

Br. D. L. in Br.: Besten Dank und herzl. Gegengruss!

Br. D. B. in E. Thlr. 1. erhalten; Nr. 1 sandte Ihnen sofort. Brdl. Gruss!

Br. D. M. M. in Spr. Ihr Baustück mit Dank erhalten; Ihren avisirten erfreulichen Nachrichten sehe ich entgegen; inzwischen brdl. Gruss!

Br. D. B. in Br—n: Von „Mittheil. II, 3. sende ich Ihnen 8 Expl. durch E. St. in N. Y Brdl. Gruss!

Br. L. B. in Gr.: Rittershaus, Dicht. sandte Ihnen unter Xbd. Brdl. Gegengruss!

Quittung:

Jahresbeitrag zum Verein pr 1870 eingegangen von Br S. N. aus P. Thlr. 1. —; von Br L—d in O. Tblr. 5. — ; von Br O—r in F. Thlr. 4. — ; von Br W. in H. Thlr. 1. — ; von Br Gr. in B. Thlr. 9.; von Br Dr. C. in D—g Tblr. 2. —; von Br H. in C. Tblr. 6. —; von Br R. in U. Thlr. 3. —; von Br M. T. in R. Thlr. 4. —; von Br S. in L—r Thlr. 17. —.

Warnung!

Ernst Jäger, etwa 38 Jahre alt, mit gelblicher Gesichtsfarbe, scharfem stechenden Blick, schwarzem Haar und Bart, will „Superintendent of Prisons" in Widnapore in Ostindien gewesen und reich sein; er ist so eben in Nr. 62 des Braunschw. Anzeigers vom Staatsanwalt wegen der hier in Braunschweig binnen 2 Monaten gemachten und nicht bezahlten Schulden steckbrieflich verfolgt. Derselbe hat unsere Loge nicht besucht, aber einigen Mitgliedern ein dort auf seinen Namen ausgestelltes F.-M.-Certificat gezeigt: wir halten uns deshalb verpflichtet, unsere, vorzugsweise die überseeischen, Schwesterlogen vor diesem frechen Betrüger zu warnen.

Braunschweig, den 15. März 1870.

Die Loge Carl zur gekr. Säule.

Bekanntmachung.

Die Loge „zur heissen Quelle" hat den wegen betrügerischen Bankerotts flüchtig gewordenen Banquier Richard Schaufuss von hier excludirt.

Or. Hirschberg i. Schl., am 12. März 1870.

Die vollziehenden Beamten der St. Joh. Loge „zur heissen Quelle"

Steudner,	Conrad,	E. Siegemund,
Meister vom Stuhl.	deput. Meister.	1. Aufseher.
A. Edom,		Baumann,
II. Aufseher i. V.		Sekretär.

Verantwortlicher Redacteur: Br J. G. Findel. — Verlag von Br J. G. Findel in Leipzig. — Druck von Brr Bär & Hermann in Leipzig.

N⁰. 14.   XIII. Jahrgang.

Die

BAUHÜTTE.

Begründet und herausgegeben

von

Br J. G. FINDEL.

* Organ des Vereins deutscher Freimaurer. *

Sendschrift für Brr Fr∴Mr.   Leipzig, den 2. April 1870.   MOTTO: Weisheit, Stärke, Schönheit.

Von der „Bauhütte" erscheint wöchentlich eine Nummer (1 Bogen). Preis des Jahrgangs 8 Thlr. — (halbjährlich 1 Thir. 15 Ngr.)
Die „Bauhütte" kann durch alle Buchhandlungen bezogen werden.

Vereinsnachrichten.

Beitritts-Erklärungen.

Berlin:

Br Wöllmer, Ferd., subst. Redner der Loge zur Eintracht, Kaufmann.

Br Lowinski, S., Mitglied der Loge zur Vaterlandsliebe in Wismar, Kaufmann.

Cöln:

Br Philippson, Carl, Mitgl. der Loge Carl van Zweden in Zütphen, Kaufm. (Firma: Ph. & Marx).

Riesa:

Br Merker, Otto, Mitgl. der Loge zu den 3 Schwertern und Asträa in Dresden, Bahnhofs-Inspektor.

Sangerhausen:

Br Butzmann, August, Mitglied der. Loge zur Brtreue, Restaurateur.

Br Ehrlich, Clemens, Mitglied ders. Loge, Kaufmann.

Br Fasch II., Karl August, Mitgl. ders. Loge, Kaufmann und Fabrikant.

Br Krause, Rud., Mitgl. ders. Loge, Lehrer.

Br Müller III., Heinrich, Mitglied ders. Loge, Schmiedemeister.

Br Wolff L., Karl, Redner ders. Loge, Lehrer.

Br Heidecke, Karl Max, Mitgl. ders. Loge, Lehrer.

Wegen Nichterfüllung seiner Verbindlichkeiten wurde gestrichen:

Br H. Fischer in Essen.

Für die Centralhilfskasse des Vereins sind eingegangen:

Von Br O. M. in R.	Thlr.	1. —.
Von Br S. Meyer in Paderborn	„	2. —.
Von Br Guido Meister in Zittau	„	1. —.
Von Br C. Graeff in Bingen	„	2. —.
Von Br S. Braun in Breslau	„	1. —.

Für die Sammlungen des Vereins ist eingegangen:

Von unserem verdienstvollen correspondirenden Mitgliede Br Herzveld in Haag eine fast vollständige Sammlung der „Buitenlandsche Correspondentie" 1—8. und 10—24. Heft der Grossloge der Niederlande, vortrefflich redigirt, sehr werthvoll und in dieser Vollständigkeit jetzt sehr selten, so dass der Verein dem gel. Br für diese werthvolle Bereicherung seiner Sammlungen zum wärmsten Danke verpflichtet ist.

Nr. XX. (1865) enthält von p. 2—14 einen eingehenden Bericht über den Verein und zwar: 1) Statuten — 2) Gründung — 3) Mitglieder — 4) Geldmittel — 5) Wis-

senschaftliche Leistungen — 6) Jahresversammlungen —
7) Reformpläne — 8) Berathungen über Reformen u. s. w.

Leipzig. J. G. Findel.

Antrag.

Die unterzeichneten Mitglieder des Vereins deutscher
FreiMr. stellen folgenden motivirten Antrag:

Die Jahresversammlung des Vereins deut. FreiMr.
beschliesst einen Broschüren-Verein zu bilden.

Der Zweck desselben ist, frmr. Anschauungen zu
verbreiten und von ihrem Gesichtspunkunkt aus, die
interessirenden Fragen des Tages zu erörtern.

Jeden Monat soll wenigstens eine Broschüre von
höchstens zwei Bogen erscheinen.

Das Jahres-Abonnement soll nicht 10 Sgr. und
die einzelne Broschüre nicht den Preis von 1 Sgr.
übersteigen.

Die Kosten der Herstellung werden, insoweit
sie nicht durch den Erlös gedeckt werden, auf die
Vereinskasse übernommen.

Für die beste, im Laufe eines Jahres publizirte
Broschüre wird ein Ehrenpreis von ausgesetzt. Ueber die Zuerkennung desselben entscheidet
die Majorität der Jahres-Versammlung auf den Bericht des Vorsitzenden.

Zur Ausführung dieses Beschlusses wird von der
JahresVersammlung ein Comité auf die Dauer von
drei Jahren gewählt. Dasselbe besteht aus vier Personen und dem jeweiligen Vorsitzenden des Vereins
als Präsidenten. Das Comité vertheilt die Geschäfte
unter sich nach freier Wahl.

Die Auswahl der zur Veröffentlichung eingehenden Arbeiten ist dem Comité anheimgestellt. Dasselbe
ist nicht verpflichtet, für sein Verfahren in dieser Beziehung Gründe anzugeben. Nicht angenommene

Manuscripte werden je nach Wunsch des Einsenders
zurückgesandt oder vernichtet.

Von dem Comité wird in jeder Jahres-Versammlung über den Erfolg des Unternehmens ein spe-
zieller Bericht erstattet und Rechnung abgelegt.

Die Jahres-Versammlung spricht die Erwartung
aus, dass jedes Vereins-Mitglied auf die Broschüren
abonnirt und für deren Verbreitung in seinem
Kreise Sorge trägt.

Gründe:

Bei der räumlichen Ausdehnung des Vereins
wird jedes an irgend einem Orte gegründete wohlthätige oder gemeinnützige Institut freimaurerischer
Werkthätigkeit immer nur, eine, mehr oder weniger
grosse, lokale Wirksamkeit erzielen und deshalb auf
die Theilnahme der Majorität der Vereins-Mitglieder
weder Anspruch machen können, noch dieselbe erregen.

Eine literarische Wirksamkeit der in Vorschlag
gebrachten Art ist dagegen räumlich unbeschränkt.
Dieselbe wird sowohl die speziellen Tendenzen des
Vereins befördern, als insbesondere auch über den
Kreis der Brüderschaft hinaus dazu beitragen, die
humanen Ideen des Bundes in religiösen und socialen
Fragen zur Geltung zu bringen und auf diese Weise
eine für beide Theile gleich erspriessliche geistige
Verbindung der Vereinsmitglieder unter sich und mit
der sogenannten profanen Welt anknüpfen und unterhalten.

Or. Aachen, im März 1870.

C. H. Georgi. Pütz. Nütten. Boyer. Mehler.
Friedr. Wittfeld. A. Thiele. S. Meyerhoff.
Joseph Salomo. Fr. Biesing. Carl Felser.
Alphons Dentgon. Bernh. Troost.

Unser Bau.

Vortrag zum Schwesternfest in der Logo „Joh. z. wieder-
erbauten Tempel" in Ludwigsburg am 2. Jan. 1870.

Von

Br Reinhardt.

Der Wunsch und das Streben, der maur. Gesinnung
einen sichtbaren Ausdruck zu geben, bewegt gegenwärtig
einen grossen Theil der Maurerwelt.

Die vom Verein dent. FreiMr. ausgeschriebene Preisfrage „über die den Ideen der Maurerei am meisten entsprechende fruchtbarste und zweckmässigste Art maur.
Werkthätigkeit" ist für viele Brüder ein Gegenstand der
Besprechung in Schrift und Wort geworden, und es liegen
nunmehr zwei preisgekrönte Arbeiten vor uns.

Diese beiden Baurisse — aus gleicher Grundanschauung hervorgegangen, und dennoch in ihrem Baustyle
verschieden — scheinen uns eine Mahnung zu sein, dass
die K. Kunst überhaupt sich nicht auf einen einzigen Styl
beschränken kann.

Wie mannigfaltig die Art der Theilnahme der Bauleute sein kann, dafür ist eben der Umstand ein Beweis,
dass schon die eine Frage über die Art der maur. Werkthätigkeit — obgleich nur eine Seite des Maurerthums
berührend — verschiedenartige Antworten gefunden hat,
deren jede gewiss berechtigt und anerkennenswerth ist.

Hieraus geht hervor, dass die Bauleute, wenn sie nur
den festen Willen zur Arbeit mitbringen, vollauf Beschäftigung finden, da bei uns — wenn auch in Einem Geiste
— so doch an den verschiedensten Baustellen gearbeitet
werden kann. Das gemeinschaftliche Band, das um die
Bauleute gezogen ist, liegt bei der ausgesprochenen Mannigfaltigkeit der K. K. weniger in der Theilnahme an
einem und demselben Baue, als vielmehr in der Gleich-
artigkeit der Grundbedingungen, unter welchen sich
zur Arbeit verpflichtet hat.

Jeder weiss, dass der Bau, an welchem er arbeitet,
nur befördert werden kann, durch Erfüllung gewisser Bedingungen, und in diesem Bewusstsein liegt eben das gemeinschaftliche Band, das sich um alle Bauleute schlingt,
welche im rechten Geiste arbeiten.

Ob es am zweckmässigsten ist, in diesem oder in jenem Style zu bauen, darüber mögen die Ansichten verschieden sein, die Hauptsache ist, dass sich jeder im rechten Geiste nach seiner inneren Ueberzeugung an demjenigen Baue betheiligt, der ihm der nothwendigste und fruchtbringendste zu sein scheint.

Das Leben der Maurer ist ein fortgesetztes Bauen und zwar in doppelter Richtung am eigenen Baue und am Baue der Menschheit.

Unser Bauen ist eine Handlung, eine Thätigkeit, nicht eine blosse Idee; es ist diejenige Handlung, durch welche die Weisheit einestheils in uns selbst lebendig gemacht, und anderntheils in das Leben ausser uns hineingetragen wird. Daraus geht hervor, dass nur derjenige Bau ein maurerischer genannt zu werden verdient, der die Weisheit zum Grundstein hat, und mit Weisheit ausgeführt ist. „Weisheit leite unsern Bau!"

Weisheit ist das Streben nach Vollkommenheit; wer weise ist, sucht die — diesem Streben entgegenstehenden — Hindernisse wegzuräumen, er sucht zu entfernen, was seiner Veredlung entgegen steht; er sucht sein Gefühl zu erwärmen an allem was schön, was gut, was göttlichen Ursprungs ist. Wer weise ist, strebt nach grösstmöglicher Entwickelung seiner geistigen Fähigkeiten; wer weise ist, sucht mit aller Macht, sich von der Scholle, soviel als Menschen möglich ist, los zu machen; er sucht sich durch die geringsten Ansprüche an Vergängliches die grössten Ansprüche an Bleibendes, an Ewiges zu erringen. Wer weise ist, sucht nach Wahrheit und hilft die Lüge, den Trug und den Schein entlarven und unschädlich zu machen; wer weise ist, strebt nach Freiheit, nach Erfüllung des Gesetzes ohne Gesetz. Wer weise ist, der sucht die Gebote Gottes zu erfüllen, diejenigen Gebote, von welchen er die Ueberzeugung hat, dass sie keinem menschlichen Wechsel in der Anschauung unterworfen, sondern von ewiger Dauer sind.

Wer weise ist, der hat Religion, auch wenn sie ihm von denjenigen abgesprochen werden wollte, welche die Mittel der Religion mit der Religion selbst verwechseln, welche keinen Unterschied zu machen wissen zwischen Confession und Religion.

Weise ist derjenige, welcher jeden Antrieb, jedes Mittel, jedes Motiv, das zur richtigen Verfassung des Herzens führt, anerkennt, derjenige, welcher jedes Motiv, jede Lehre, jeden Glauben für todt, für zwecklos erachtet, wenn er nicht ein reines Herz schafft, und gute Früchte trägt.

Es beurkundet stets einen Mangel an Weisheit, denjenigen der Irreligiösität zu zeihen, welcher nicht dieselben kirchlichen Sätze, dasselbe Lehrsystem hat, wie wir.

Abgesehen davon, dass es weder in unserer Macht noch in unserer Befugnis liegt, gleichsam an Gottes statt über den innern Zustand eines Menschen auf Grund seiner confessionellen Lehre zu richten, ist es auch die Theilnahme an den und jenen gottesdienstlichen Gebräuchen noch lange kein Beweis dafür, dass ein Herz vom göttlichen Geiste gehoben und durchdrungen ist.

Es beurkundet stets einen Mangel an Weisheit, an innerer Religion, diejenigen von der göttlichen Gnade ausschliessen zu wollen, deren gottesdienstliche Gebräuche nicht die unsrigen sind. Bevor wir nicht beweisen können, dass die Annahme oder Verwerfung dieser oder jener Lehren aus einem Herzen fliesst, in welchem die Liebe zum Guten keine Wurzel gefunden, dürfen wir auch diejenigen nicht verdammen, welche diese Lehre verwerfen oder jene annehmen.

Es ist nicht die Annahme oder Verwerfung einer Lehre, was bei der Beurtheilung über die Berechtigung hierzu in Frage kommen kann, sondern vielmehr die Herzensverfassung, die Gesinnung, die in solcher Annahme oder Verwerfung enthalten ist.

Wenn unser Bauen von solcher Weisheit, wie ich sie — wenn auch mit unvollkommenem Griffel — zu zeichnen versuchte, durchdrungen ist, so ist es gleichgültig, welchem Style wir am meisten huldigen.

Den Ideen der Mrei wird werkthätig entsprochen, durch einzelne Handlungen nicht minder, als durch gemeinschaftliches Wirken.

Wenn der einzelne in seinem Lebensberufe nach mr. Grundsätzen wirkt, so baut er am Tempel der Menschheit nicht minder, als wenn er diese oder jene Wohlthätigkeitsanstalt gründen oder unterstützen hilft. Wenn der einzelne in engeren oder weiteren Kreisen, in der Familie oder im öffentlichen Leben maurerisch handelt, d. h. alle diejenigen Hindernisse hinwegzuräumen sich bestrebt, welche der Vervollkommnung in den Weg treten, so baut er im maur. Sinne nicht minder, als wenn er für die Einführung der confessionslosen Schule wirkt.

Ich würde falsch verstanden werden, wenn man aus dem Gesagten den Schluss ziehen wollte, als halte ich die in den eben besprochenen Baurissen angegebene Art für minder zweckmässig; im Gegentheile wünsche ich beiden die regste Theilnahme; nur vor der da und dort auftretenden Ansicht wollte ich warnen, als ob die K. K. in jener Art zu bauen ganz vorzugsweise ihren Ausdruck fände.

Die Forderung nur mit Weisheit zu bauen, stösst freilich oftmals auf unabwendbare Hindernisse, weil sich das reale Leben häufig im Gegensatze zu dieser Forderung befindet. Häufig scheint dies aber auch nur so, und im Grunde genommen ist es dann nicht die Anforderung des Lebens, was uns von der Weisheit abzieht, sondern unsere eigene Verderbtheit und Schwäche, unser Egoismus.

Bauen im maur. Sinne heisst, die möglichst enge Verbindung des realen Lebens mit der Weisheit herstellen.

Wo diese Verbindung angestrebt wird, da zeigen sich bald die herrlichsten Früchte derselben: das Bewusstsein unserer Menschenbestimmung, der menschlichen Gleichheit, der Brudersinn, die Nächstenliebe, und viele andere.

Hast du gel. Br. schon zuweilen darüber nachgedacht, ob du den Forderungen der Weisheit nachgekommen bist? Hat die Weisheit schon Siege bei dir errungen, oder ist sie im Kampfe mit dem äusseren Leben stets unterlegen? Hast du aufrichtig nach Veredlung deines Herzens und deiner Gesinnung gestrebt, oder hat all' deine Thätigkeit nur materiellen Zwecken gegolten? Bist du dir klar darüber geworden, was im Leben Schein, was Wahrheit ist? Hast du für die Freiheit zu erringen gewusst von den drückenden Fesseln der Menschenfurcht, oder hast du deiner Gewohnheit nachgelebt und mit Rücksicht „auf die Leute" unterlassen, was du für gut und recht erkannt? Hast du die Gebote — von Gott in dein Inneres geschrieben —

nur erfüllt aus Furcht vor den menschlichen Richtern oder aus Freudigkeit zum Guten? Hast du die Religion als Herzenssache betrachtet, oder hast du dich mit der Theilnahme an den kirchlichen Gebräuchen befriedigt gegeben? Derartige Fragen an uns selbst zu richten, gehört zu den Forderungen maur. Sinnes.

Zum richtigen Bauen gehören 3 Dinge.

Zuerst ein nach möglichster Vollendung strebender und durch Selbsterkenntniss geläuterter Sinn, — Weisheit.

Sodann eine fortgesetzte Thätigkeit, mangelhaft zwar und häufigen Irrthümern unterzogen durch unsere Unvollkommenheit — das reale Leben.

Zuletzt eine Vermittlung zwischen den Anforderungen der Weisheit und dem realen Leben — die Klugheit.

Weisheit und reales Leben liegen in fortwährendem Kampfe. Wohl dem, dessen Geist durch errungene Siege erstarkt und der Vollendung näher gerückt ist. Aber wie, wenn du diesen Kampf gar nicht kennst? Kannst du dann überhaupt sagen, dass du an der Arbeit Theil nimmst, am gemeinschaftlichen Baue mithilfst? Gewiss, du gehörst in diesem Falle nicht zu den Bauleuten und trägst den Namen Freimaurer blos der Form nach, am Baue hast du nicht mitgewirkt.

Zur Herstellung einer Harmonie zwischen Weisheit und realem Leben bedürfen wir nothwendig einer Vermittlung. Die Klugheit — im hohen Sinne dieses Wortes — muss es verstehen, durch ihre Vermittlung eine Harmonie in unserem Leben herzustellen. Diese Lebensharmonie wird um so vollkommener, um so dauerhafter sein, je grösser der Antheil der Weisheit an ihr ist.

Harmonielos wird dasjenige Lehen dahinschwinden, bei welchem keine solche Vermittlung, keine Ausgleichung stattgefunden hat. Inhaltlos aber gar dasjenige, bei welchem eine Ausgleichung niemals nöthig geworden.

Bauen wir, gel. Brüder, unser lebenlang in diesem Sinne! Bringen wir Inhalt, noch mehr — bringen wir Harmonie in unser Leben, und der reichste Lohn innerer Befriedigung wird onsern Bau krönen.

Die Frauen als Priesterinnen der Schönheit.

Zeichnung in der Schwesternloge bei Gründung des Vereins Charitas im Orient von Darmstadt am Sonntag den 20. Febr. 5870, verfasst und vorgetragen

von

Itr Hermann Dingeldey.

*Motto: Ehret die Frauen! Sie flechten und weben
Himmlische Rosen in's irdische Leben,
Flechten der Liebe beglückendes Band;
Und in der Grazie züchtigem Schleier
Nähren sie wachsam das ewige Feuer
Schöner Gefühle mit heiliger Hand.
Schiller.*

Gewiss nicht ohne Bedeutung ist es, dass die alten Griechen mit dem Worte Κόσμος zwei Begriffe verbanden, welche im ersten Augenblicke wohl manchem heterogen erscheinen möchten, bei näherer Betrachtung aber doch in enger Beziehung zu einander stehen. Κόσμος bedeutet nämlich zunächst Ordnung, Schmuck und Schönheit, welche letztere ja ohne eine gewisse Ordnung und Symmetrie

nicht denkbar ist. Weiter aber bedeutet dieses Wort auch die Welt. Und in der That wie überall, so zeigt sich auch hier in dieser Verbindung der beiden Begriffe von Schönheit und Welt, dass die Griechen dasjenige Volk waren, in welchem der Begriff und das Ideal der Schönheit sich am meisten realisirte. Denn wo in aller Welt herrscht mehr das Gesetz der Schönheit und Ordnung, wo findet sich die Idee der Schönheit herrlicher und grossartiger geoffenbart als gerade in der Welt selbst? Nach den ewigen Gesetzen der Weisheit, Ordnung und Schönheit hat der a. B. a. W. den Tausenden von Welten ihre Laufbahn angewiesen, dass sie wandeln ihre gewaltigen Bahnen im unermesslichen Weltenraum, sie alle die grossen Himmelssonnen um die Eine Sonne aller Sonnen, welche heisst Jehova; der Gott, der da war, der da ist und ewig sein wird, wenn unser Aller Staub, das wir hier versammelt sind, schon längst als ein Atom nur noch das Weltall durchkreist. Wie aber diese Ordnung und Schönheit sich am Herrlichsten und Grossartigsten offenbart in dem Weltall, dem grossen, unermesslichen Ganzen, das unermesslich und ewig ist wie die Zeit, so offenbart sich dieselbe Ordnung und Schönheit auch auf unserer Erde, diesem „Tropfen am Eimer". Auch hier geht Alles nach den ewigen und heiligen Gesetzen der Ordnung, Weisheit und Schönheit und mit Recht sagt daher schon der Weise des Alten Bundes: „So lang die Erde stehet, soll nicht aufhören Samen und Ernte, Frost und Hitze, Sommer und Winter, Tag und Nacht." Doch was würde all diese in der Welt und in der Natur sich offenbarende Schönheit helfen, was wäre sie für uns, wenn nicht in uns Menschen das Gefühl und der Sinn für Schönheit vorhanden wäre? Ja, in ein Nichts würde diese Schönheit verschwinden, und wir würden sie gleich dem Thiere nicht erkennen; denn:

„Wär' nicht das Auge sonnenhaft,
Die Sonne könnt' es nicht erblicken;
Läg' nicht in uns des Gottes eig'ne Kraft,
Wie könnt' uns Göttliches entzücken?"

Darum Dank, dem allgütigen Schöpfer, dass er neben anderen herrlichen Vorzügen, welche unsere Menschenwürde bilden, auch das Gefühl für das Schöne mit heiliger Hand uns eingepflanzt hat, damit wir uns freuen können der schönen, herrlichen Welt und sie mit dankbarer Hand pflücken, die Rosen der Freude, womit der liebevolle Vater im Himmel unsern Lebensweg geschmückt hat. Jeder Mensch trägt das Gefühl für das Schöne in sich; doch wenn wir unsere Frauen vorzugsweise das schöne Geschlecht nennen, so ist dies nicht etwa ein leeres Wort oder eine nur schön klingende Redensart, sondern vielmehr volle Wahrheit und eine Bezeichnung, welche ihre volle Berechtigung hat.

Als die Heroen der Kunst im Alterthum die Schönheit bildlich darstellen wollten, da schuf der künstlerische Meisel, von geweihter Hand geführt, vorzugsweise Frauenbilder, welche dem kalten Stein und Marmor das warme und frische Leben der Schönheit gaben; und als die grossen Dichter der alten und neuen Zeit in ihren Dramen die ideale, nicht nur körperliche, sondern auch geistige Schönheit verherrlichten, da wählten sie vorzugsweise Frauen zu Trägerinnen derselben und liessen auf der Schaubühne Frauengestalten uns entgegentreten, die uns mit heiliger Bewunderung erfüllen. Ja mehr noch; in der so tiefsinnigen Mythologie der Griechen und Römer ist es nicht ein Gott, sondern eine Göttin, in welcher sich das Ideal der Schönheit verkörpert. Doch diese Schönheit als eine nur körperliche Schönheit aufgefasst, diess schöne Ebenmaass der Glieder, die schöne Gestalt, der aufrechte Gang, die regelmässigen Züge, sie machen noch nicht das wahre Wesen der Schönheit: die Seele ist es, die das Alles beleben muss mit dem unvergänglichen und unwiderstehlichen Reize der Anmuth. Darum mussten die Grazien, diese Göttinnen der Anmuth, die Venus erst zur Göttin der Schönheit dadurch weihen, dass sie ihr einen wunderbaren Gürtel gaben, welcher die Kraft hat Anmuth und Lieblichkeit zu verleihen. Und Juno, die höchste Göttin, konnte ihrem Gemahle, dem Zeus, dem erhabenen Vater der Götter und Menschen, erst dadurch gefallen, dass sie jenen von den Grazien erhaltenen wunderbaren Gürtel trug. So ist es also nicht nur die regelmässige äussere Form der Schönheit, die gefällt, auch wenn sie durch Reichthum und Kleiderpracht noch gehoben würde; sondern die Anmuth ist es, welche die Herzen gewinnt. O möchten diess stets unsere Frauen und Jungfrauen wohl beherzigen und allezeit mit dem wunderbaren Gürtel der Grazien geschmückt sein! Möchten sie sich, mag ihnen nun die rein äusserliche Schönheit verliehen oder versagt sein, die Grazien auf ihrem Lebenswege zu Begleiterinnen wählen! Denn die äusserliche Schönheit ist wohl auch ein Empfehlungsbrief auf der Lebensreise, der seinen Werth hat, aber sie ist eine nur zufällige Gabe, die der Mensch ohne sein Verdienst erhält; nur die Anmuth kann erworben werden, bildet sich von Innen heraus und verleiht den anziehenden, Herzen gewinnenden, lieblichen Reiz, der unwiderstehlich fesselt wo selbst da nicht fehlen wird, wo Venus aus dem Füllhorn der Schönheit die äusseren Reize nicht in vollem Masse ausgestreut hat. Denn:

„In dem Gürtel bewahrt Aphrodite der Reize Geheimniss."

Und so erst sind uns die Frauen ächte und würdige Priesterinnen der Schönheit, indem sie von Anmuth beseelt uns die wahre Schönheit zur Anschauung bringen, die ohne Anmuth nur eine geistlose Maske ist.

Doch die Frauen erweisen sich auch noch dadurch als Priesterinnen der Schönheit, dass sie überall der Schönheit würdig dienen und nach dem Gesetze derselben handeln. Dieser feine Sinn für Alles, was schön ist, dieses sinnige Streben nach Schönheit, diese ängstliche, ich möchte sagen, jungfräuliche und keusche Scheu irgend Etwas zu thun, wodurch das Gesetz der Schönheit verletzt werden könnte, zeigt sich bei den Frauen im Grossen wie im Kleinen. Mit ungetrübtem Sinne, mit reinem und empfänglichem Herzen geben sie sich der unvergänglichen Schönheit hin, wie die Natur sie zumal bei dem Erwachen des Frühlings und bei der reichen Fülle des Sommers über Wald und Flur ausgegossen hat. Da wo dem beobachtenden Sinne des Mannes ein Ziel und eine Grenze gesetzt zu sein scheint, erblickt der Frauen Auge immer noch gar manche verborgene Schönheit, der es sich nicht undankbar verschliesst. Da wird gar manche unscheinbare Blume des Waldes oder des Feldes gepflückt, welche im Verein mit ihren Schwestern der Frauen kunstsinnige Hände zu schönen Blumengewinden flechten und weben.

Und zieht der Herbst in unsere Gefilde ein, und neigt das Jahr sich seinem Ende zu, in den Strahlen der scheidenden Sonne blüht dem Frauenauge hier und dort noch eine süsse Erinnerung, die als letzte Gabe des scheidenden Jahres gepflückt das Andenken an die vergangenen schönen und heiteren Tage der Wonne während des trüben Winters wach erhalten muss. Und scheucht uns dieser in des Hauses trauliche Räume, wer ist es, die darinnen waltet

„Und herrschet weise
Im häuslichen Kreise
Mit ordnendem Sinn?"

Wer ist es, die hier als Priesterin dienet am häuslichen Heerd? Unsere Frauen und Jungfrauen sind es, die durch ihr schlichtes, unermüdliches Walten im Geiste der Schönheit, der Ordnung und Weisheit auch die niedere Hütte weihen zu einem Tempel der Schönheit und des reinsten häuslichen Glückes. Darum wenn der Mann hinaus muss

„In's feindliche Leben
Und wirken und streben
Und pflanzen und schaffen,
Erlisten, erraffen,
Und wetten und wagen,
Das Glück zu erjagen."

das schönste Glück, geliebte Schwestern, findet er doch immer bei euch „In des Hauses heilig stillen Räumen, Wo er ruhet von des Lebens Drang." Denn da sehen wir euch

„In weiblich reizender Geschäftigkeit
In unserm Haus den Himmel uns erbauen,
Und wie der Frühling seine Blumen streut
Mit schöner Anmuth uns das Leben schmücken
Und Alles rings beleben und beglücken."

Das wild verworrene Leben, wo in wildem Getümmel und in stetem Aufruhr menschliche Leidenschaften gegeneinander toben, wo Zwietracht und Parteiwuth das einsame Wirken für das grosse Ganze im Geiste der Ordnung und Schönheit unmöglich machen: Das ist der Tummelplatz des Mannes, doch da kann nicht die Schönheit Heimath sein; hier fehlt der feste, sichere Grund und Boden, auf welchem der Tempel der Weisheit, Schönheit und Stärke stehen könnte; da suchen wir auch vergebens nach den Priesterinnen, die am Altare dieses Tempels der Schönheit Gesetze uns lehren, denn da müssen Weisheit, Schönheit und Ordnung fliehen. Aber im häuslichen Kreise finden diese unter der Frauen schützender Hand ein trautes Asyl und eine willkommene Heimath, denn hier im Hause, in der Familie dienen unsere Frauen vorzugsweise auch als Priesterinnen dem Gesetze der sittlichen Schönheit, welches die höchste Schönheit ist; hier im häuslichen Kreise werden sie erzogen zu Priesterinnen der Schönheit; hier werden sie von erziehender Hand schon in den Jahren der Kindheit und Jugend vor Allem unter das Gesetz der sittlichen Schönheit gestellt, damit sie demselben auch dann treu bleiben, wenn das Schicksal sie hinausführt in das Leben, wo sie ganz besonders als Priesterinnen dieser sittlichen Schönheit sich bewähren sollen. Darum:

„Willst du genau erfahren, was sich ziemt,
So frage nur bei edeln Frauen an,
Denn ihnen ist am meisten d'ran gelegen,
Dass Alles wohl sich zieme, was geschieht.
Die Schicklichkeit umgibt mit einer Mauer
Das zarte, leicht verletzliche Geschlecht.
Wo Sittlichkeit regiert, regieren sie;
Und wo die Freiheit herrscht, da sind sie Nichts.
Und wirst du die Geschlechter beide fragen,
Nach Freiheit strebt der Mann, das Weib nach Sitte."

In der Trauerloge.

Am 15. Januar gesprochen in der Loge Wilhelm zur aufgehenden Sonne in Stuttgart.

Von

Br Feodor Löwe, Mstr. v. St.

———

Nur wie ihn Griechenkunst gebildet hat,
Als Schreckbild nicht, kann ich den Tod mir denken!
Er naht sich leise uns'rer Lagerstatt,
Um seine Fackel mitleidsvoll zu senken.

Meine Brüder! Der Bildungsgrad eines Volkes lässt
sich auch an seinen Friedhöfen ermessen. Wo man geordnete Hügelreihen, sorgsam gepflegte und geschmückte
Gräber findet, da lebt sicherlich ein gesittetes, auf höherer
Kulturstufe stehendes Volk. Dort aber, wo die stillen
Höfe der Abgeschiedenen in wüster Verwilderung liegen,
wo auf den eingesunkenen Hügeln und den Gräberwegen
üppiges Unkraut wuchert und in Samen schiesst, darf
man mit Gewissheit auf ein verkommenes oder in seiner
geistigen Entwickelung zurückgebliebenes Geschlecht
schliessen, das hier seine Todten der Verwesung und
damit zugleich der Vergessenheit überliefert. Wem die
letzte Ruhestätte der Seinen, an welche er durch das
Band der Familie oder der Freundschaft geknüpft war,
nicht theuer und heilig ist, wen die innere Stimme
nicht treibt, hinauszuwandeln nach jenen schweigsamen und
doch so beredten Höfen des Friedens und der Ruhe, um
dort für eine Stunde die Gegenwart zu vergessen und
der schönen Vergangenheit zu leben, der ist, und sei
er vom Glück auch noch so reich begünstigt, ein Armer
an Geist und Gemüth.

Wer nicht die Todten ehrt, hat auch kein Herz für
die Lebendigen! Wir Freimaurer ehren unsre Todten,
besuchen nicht nur öfter und bei die Grabstätten, derer,
die uns mit unvergessner Liebe und Treue nahestanden,
wir feiern auch in unserm Tempel alljährlich ein Fest der
Trauer und der Erinnerung für die Brüder, welche der
unerforschliche Wille des grossen Baumeisters der Welt
aus der Bruderkette in den ewigen Osten rief. Nicht nur
des Jüngstgeschiedenen wird bei solcher Feier in Liebe
gedacht, indem wir uns seine erkannten Vorzüge und
maurerischen Tugenden noch einmal vor unser geistiges
Auge stellen, wir gedenken dabei all' der Brüder, die
einst unsrer Loge angehörten und deren theure Namen
wir in die Vorhalle unsers Tempels eingezeichnet haben.
Wäre das auch wahre Bruderliebe, wenn einige Schaufel-
wurfe kühler Erde genügten, mitsammt der irdischen Hülle
des Abgerufenen auch das Gedächniss an ihn zu ver-

schütten? Nicht der Leib, der Geist, der diesen Leib
belebte, war es ja, mit dem wir uns vereinigt hatten, und
eine solche Vereinigung schwindet nicht mit den sich
lösenden Atomen zwischen den engen Wänden eines
Sarges. Was einmal in Wahrheit treu verbunden mit
uns gelebt, gestrebt und gewirkt hat, das lebt für uns und
in uns mit unzerstörbarer Dauer fort, bis auch wir in
den Schooss der allnährenden Mutter Erde hinabsinken
müssen.

Der Schmerz birgt in sich eine läuternde Kraft,
deren mächtiger Wirkung sich der denkende Mensch nicht
entziehen soll. Lassen Sie, meine Brüder, den Schmerz
um unsre abgerufenen Bundesglieder eine neue Kräftigung
unsres Entschlusses werden, immer des maurerischen Ge-
löbnisses würdig und so zu leben, dass wir dem Todes-
engel, wenn seine dunklen Flügel uns umrauschen, ruhig
ins Auge sehen und sagen können: Du findest mich
bereit!

Schau ungebeugten Muthes fest entgegen
Dem Unausbleiblichen, das dir bestimmt;
Bei Zeiten Freundschaft mit dem Tod zu pflegen,
Ist was dem Tode seine Schrecken nimmt.

Nur wenn wir die von Natur in uns gelegten Kräfte
und Anlagen zu unserm eignen und dem Wohle Andrer
entwickeln und bethätigen und sonach unser ganzes
Dasein als eine ernste Vorbereitung auf das unausbleibliche Ende betrachten, dann sind wir wirklich, was wir
uns nennen, Meister der königlichen Kunst, die nicht aus
Bangen vor einem künftigen Richter ihrer Worte und
Werke, sondern aus freiem Antrieb dem eigenen Ich vor-
wurfslos gegenüberstehen wollen. Aller Lohn, den wir für
die strikte Befolgung unseres Bundesgesetzes, des tief in
die Menschenbrust eingebornen Sittengesetzes, erwarten
soll nur die Liebe und Verehrung der Brüder sein —
eine Liebe und Verehrung, die übers Grab hinüberreicht,
weil sie im Dienste unseres Bundes erworben wurde, der
zum Besten der grossen Gesammtheit von dem Einzelnen
die Erhebung zur höchsten sittlichen Vollkommenheit
fordert.

Wenn du für dich nur lebst — die Welt vergisst,
Sobald du todt, dass du gewesen bist.
Leb' für die Menschheit, und dir wird gegeben
Schon hier auf Erden ein unsterblich Leben.

Eine solche Fortdauer zu erringen, ist in unsere Kraft
gelegt, und durch das Streben nach ihr gewinnen wir auch
die Stärke, ruhigen Muthes auf jenes grosse Räthsel
blicken zu können, Unsterblichkeit genannt, das sich jeder
menschlichen Vorstellung entzieht, und dessen dunkeln
Schleier selbst die grössten Weisen aller Jahrhunderte
nicht zu lüften vermochten. Denn so reich und glänzend
auch die Resultate der wissenschaftlichen Forschung sind,
an der Grenze der gegenwärtigen Welt muss sie still-
stehen und, den sie weder bestätigen noch läugnen kann,
den erhabenen Unsterblichkeitsgedanken, der Ueberzeugung
des Herzens, dem Glauben anheimgeben. —

Unsterblichkeit! Nur zweifelnd blickt dich an
Des Menschen Geist, der dich nicht fassen kann;
Allein das Herz hält fest an dich zu glauben
Und bisst sich nimmer seine Hoffnung rauben.

Haben Sie Dank, geliebte Brüder, für ihre auf den Sarg unseres jüngstgeschiedenen Bruders*) niedergelegten

*) Dr Silber, Repräsentant der Gr.-L.

Liebeszeichen und bringen Sie mit mir seinem Andenken und dem aller ihm in den ewigen Osten vorangegangenen Brüder, insonderheit denen, die uns vorleuchtende Beispiele gewesen, eine maurerische Huldigung dar.

Feuilleton.

Haag (Niederlande). Die Loge L'Union Royale hat einen schweren Verlust zu beklagen durch das Hinscheiden ihres verdienstvollen und tüchtigen Meisters vom Stuhl Br D. Lamb. Wm. Mensing, Vorsitzender der Luisastiftung. Die Loge wird sein Andenken ehren durch eine demnächst stattfindende Trauerloge.

Lübeck, den 24. März. — Unsere, zum System der Grossloge von Hamburg gehörende Loge zur Weltkugel hatte schon länger das Glück, vier Brüder Jubilare zu besitzen. Es waren dies die Brüder Kaufmann Sievers (aufgenommen 1813 in einer Zeit, in welchen unsere Loge sonst des harten Druckes, unter welchem Lübeck damals schmachtete, und der politischen Verhältnisse wegen nicht arbeitete und nur behufs der Aufnahme dieses Bruders eine einzige ausserordentliche Versammlung hielt), Pastor Sartori, Ehren-Deputirter-Meister (aufgenommen 1815 kurz vor seinem Eintritt in die hanseatische Legion), Oberstlieutenant a. D. Ahrens (aufgenommen 1817) und Kaufmann Wennberg (aufgenommen 1818). Zu ihnen gesellte sich am 17. März Br Pastor Klug (aufgenommen am 17. März 1820). Der Jubilar, welcher über 25 Jahre lang als Deputirter wie als vorsitzender Meister den ersten Hammer unserer Loge mit Segen geführt hat, ist seit einigen Jahren von diesem, wie von seinem Profan-Amte in den Ruhestand zurückgetreten und bekleidet die Würde eines Ehrenmeisters in der Loge. Dieselbe war glücklich, ihm, wie früher seinen älteren Brr Jubilaren den Dank für seine treue Anhänglichkeit an die Maurerei und die rastlose, vom besten Erfolge begleitete Thätigkeit, welche er ihr und ganz besonders unserer Loge stets gewidmet hat, in einfacher aber herzlicher Weise darzubringen. Auch die fünf vereinigten Logen und die Grossloge zu Hamburg (Br Klug gehört als Ehrenmitglied der letztern, wie der Loge Absolom an) hatten dem Jubilar schriftlich ihre Glückwünsche übersandt. Bei der Tafelloge waren von unseren jetzigen fünf Jubilaren vier in ausgezeichneter körperlicher und geistiger Rüstigkeit anwesend. — Unsere Loge zur Weltkugel zählt jetzt 169 Mitglieder (zwei Aufnahmen stehen bevor) und erfreut sich unter der Leitung ihres Meisters vom Stuhl, des Brs Staatsarchivar Wehrmann, nach Aussen wie nach Innen einer gesicherten, wohlgeordneten Stellung, sowie einer regen lebendigen Theilnahme ihrer Brüder.

Pest. — Von hier ging uns folgende Zuschrift zu, die wir wörtlich mittheilen: Herrn Redacteur J. G. Findel, Wohlgeboren Leipzig. In der Nummer 10 der „Bauhütte" erwähnen Sie unter dem Feuilleton, Seite 80 aus „Wien" eine Nachricht, der eben Sie, würdiger Br zu widersprechen im Stande gewesen wären.

Wir erklären daher, das eben wir es waren, die den greisen hochwürdigen Br L. Levis zu bewegen, im Verein mit uns eine „Loge" daselbst zu gründen, und unser Meister vom Stuhl zu werden, das er auf unser vieles Bitten endlich angenommen hat, wofür wir Br L. Levis dankbar sind und es auch bleiben.

Was Ihre Bemerkung anbelangt, dass „die Loge, sowie deren Mitglieder sich in tiefes Dunkel hüllen", ist vollkommen unwahr.

Das königliche Ministerium für Ungarn ist benachrichtigt, an die Dresdner Gross-Loge sind wir um Constituirung eingekommen, — an Sie, geehrter Br J. G. Findel haben wir ein Schreiben gerichtet, worin wir Sie ersuchen, dies unseren Brr mitzutheilen; ein zweites Schreiben erfolgte darauf worin wir Ihr geehrtes Blatt praenumerirten.

Dass wir noch mit keiner Loge in Verbindung stehen, ist nur die noch nicht erhaltene Constitution der Gross-Loge zu Dresden Schuld.

Wir glauben nicht mehr Gründe angeben zu müssen, sind jedoch zu gleicher Zeit bereit, Ihnen auf Ihre Fragen zu antworten.

Zum Schlusse bitten wir Sie, würdiger Br J. G. Findel, die Anfeindung an unseren Br L. Levis rückzunehmen, und zeichnen uns mit Br Gruss, und i. d. u. h. Z.

Louis Maass, Maschinist. Gustav Adolf v. Olotson, Kapitän. Peter Kerekes, Chef-Maschinist. Emil Berger, Maschinen-Oberwerkführer. Julius von Benko, Sparcassa-Buchhalter. Emil Leyrer, Buchhalter bei der „Elisabeth"-Dampfmühle. Andreas v. Haentjens, Maschinen-Ingeneur.
provisorische Beamte der Loge „Grossmuth".

Nachschrift.

Dass wir keinen Widerspruch erhoben, hat seinen Grund darin, dass wir Allem entschieden misstrauen, was die Firma Lewis an der Stirne trägt. Zu der Grossloge von Sachsen haben wir das volle Vertrauen, dass sie die projectirte Loge „zur Grossmuth" (lucus a non lucendo!) nicht mit Constitution versehen werde und erklären wir uns hiemit bereit, der Grossl. auf Wunsch Aufklärungen zu geben, welche ihr die Constitutionsertheilung unmöglich machen.

Wir ersuchen hiemit zugleich Herrn Lewis und seine Anhänger uns mit ferneren Zuschriften zu verschonen. Wir werden weder bezügliche Zuschriften beantworten, noch etwaige Angriffe erwidern.

Die Redaction.

Schmölln, am 22. März 1870. — Der hiesige unter der Loge Archimedes zu den 3 Reissbretern im Or. Altenburg stehende Frmr.-Club „Bruderverein in Schmölln" zählt gegenwärtig 14 Mitglieder aus den Orienten von Altenburg, Gera und Wurzen. Derselbe versammelt sich in den Wintermonaten alle 14 Tage, in den Sommermonaten aber jeden 1. Montag im Monat und hat am 11. d. M. sein 3tes Stiftungsfest in einfacher, aber würdiger Weise gefeiert. Der Vorstand besteht d. Z. aus den Brn Edmund Abendroth, Kgl. Bahnhofsinspector, Vorsitzender. Br W. Böttger, Herzogl. Gerichtsamtsactuar, Secretär und Carl Flemming, Kaufmann, Schatzmeister. —

Für Schwester Brüggemann in Brevörde
dankend erhalten:

Von Br W. Mahmfeldt in Seikendorf . . . . Thlr. 1. —.
J. G. F.

Erlös aus Br Zopf, Weisheit etc. „Baustein für Br J. Venedey's Haus":

Von Br Louis Bauch ferner . . . . . Thlr. 1. 21. —.

Briefwechsel.

Br. H—d in Haag: Ihre werthvolle Sendung der „Buitenlandsche Correspondentie" ist in unsern Handen. Hrzl. Gruss!

Br. S—a in W—n: Das Couvert war von Ihnen überschrieben, aber, wie mir schien und wie deutlich zu merken, geöffnet und wieder zugeklebt; der Brief war leer. Das Couvert habe ich nicht mehr. Ihr Vereinsbeitrag ist mir zugegangen. Brdl. Gegengruss!

Br. E. F. in Lyon: Hoffentlich entspricht die „Bauh.", von der Sie in Stuttg. „so viel Gutes gehört", diesen Empfehlungen und Ihren Erwartungen. Ich sende Ihnen die Nrn. vom 1. Jan. an, der Vollständigkeit wegen. Das Abonnement beträgt pr. Jahrg. incl. Porto Thlr. 3. 20 Ngr. und wollen Sie den Rest von Thlr. 1. 20 an Br. Ebel-Steiner, Weinh. in Libourne (Gironde) für m. Rechnungzahlen. Ihnen und Ihrer Loge herzlichen Gruss aus der Ferne!

Br. M—r. in E—n: La Darmstadt willkommen! Wird sich der in Rittershaus' Dicht. verherrlichte Br. Br. Bl. dem Verein nicht anschliessen? Hrzl. Gegengruss!

Br. A. u. B. in Schm—n: Dem BrVerein ferneres Gedeihen; Ihnen beiden freundl. Dank für gütige Einsendung des Berichts und brdl. Gegengruss!

Br. Tr. in M.: Ihre Z. über Sch. ist mir von Br. Cr. in Frf. zugegangen; darüber später, wenn etwas mehr freie Zeit. Der gerügte „grosse Irrthum" beruht auf ungenauer Lectüre Ihrerseits, da nicht von kathol. „Einrichtungen", sondern von kathol. Tendenzen die Rede. Wer hat Ihnen denn den Bären von „straffer Organisirung der Kräfte behufs Bekämpfung des Jesuitismus" aufgebunden? Den Jesuitismus bekämpft man doch wahrhaftig nicht mit frommen Phrasen und mit dem Evang. Johannes; da gehören auch andere Leute dazu. Brdl. Gruss!

Br. Cr. E—n: Dankend erhalten; erscheint in nächster Nr. Lokalvers. in S. ist am 8. Apr. und beginnt erst Abds 5 U. Ich kann nur bei gutem Wetter kommen, da Husten und Schnupfen noch immer anhält.

Quittung!

Jahresbeitrag zum Verein pr 1870 eingegangen von Br S. M. in M—e Thlr. 1.; von Br L. H. in A.Kt. Thir. 4. (Thlr. 11. 8; von

Br H—r in E. Thlr. 3.; von Br Kr. in O—f Thlr. 1; von Br F—t Thlr. 1.; von Br F—t in B—n Thlr. 12. 28 Ngr.; von Br. F. in D. Thlr. 16.; von Br F. in F—g Thlr. 5.; von Br H. in Ch. Thlr. 3.; von Br Br. in Br. 1 Thlr. (Thlr. 2).

Anzeigen.

Warnung!

Ernst Jäger, etwa 38 Jahre alt, mit gelblicher Gesichtsfarbe, scharfem stechenden Blick, schwarzem Haar und Bart, will „Superintendent of Prisons" in Widnapore in Ostindien gewesen und reich sein; er ist so eben in Nr. 62 des Braunschw. Anzeiger vom Staatsanwalt wegen der hier in Braunschweig binnen 2 Monaten gemachten und nicht bezahlten Schulden steckbrieflich verfolgt. Derselbe hat unsere Loge nicht besucht, aber einigen Mitgliedern ein dort auf seinen Namen ausgestelltes F.-M.-Certificat gezeigt: wir halten uns deshalb verpflichtet, unsere, vorzugsweise die überseeischen, Schwesterlogen vor diesem frechen Betrüger zu warnen.

Braunschweig, den 15. März 1870.

Die Loge Carl zur gekr. Säule.

Verantwortlicher Redacteur: Br J. G. Findel. — Verlag von Br J. G. Findel in Leipzig. — Druck von Brr Bär & Hermann in Leipzig.

No. 15.   XIII. Jahrgang.

Die BAUHÜTTE.

Begründet und herausgegeben

von

Br J. G. FINDEL.

* Organ des Vereins deutscher Freimaurer. *

Handschrift für die Brr.   Leipzig, den 9. April 1870.   MOTTO: Weisheit, Stärke, Schönheit.

Von der „Bauhütte" erscheint wöchentlich eine Nummer (1 Bogen). Preis des Jahrgangs 8 Thlr. — (halbjährlich 1 Thlr. 15 Ngr.)
Die „Bauhütte" kann durch alle Buchhandlungen bezogen werden.

Erläuterungen zu den statistischen Tabellen.

Von

Br Cramer in Eichenbarleben.

Dem an die Mitgl. d. V. deut. Mr. vertheilten Entwurfe zu Tabellen für frmr. Statistik lasse ich hier einige Erläuterungen nachfolgen, besonders zu dem Zwecke, die Gesichtspunkte anzudeuten, welche mich zur Aufstellung gewisser, empfindliche Stellen berührender Rubriken bestimmt haben, zugleich aber auch, um zu einer entschiedenen Kritik meines Entwurfes aufzufordern, damit wir auch diese zur Reform des Bundes so höchst nothwendige Vorarbeit in einer von Einseitigkeiten möglichst freien Weise zu Stande bringen.

Zuerst will ich dem von mir auf dem Vereinstage in Dresden über Statistik Vorgebrachten noch einiges Allgemeine hinzufügen. — Die Hauptsache bleibt dies, dass jeder Br sich ein eignes Urtheil über den Werth der Statistik für gesellschaftliche Zustände bildet, dass er erkennt, wie man die Wirklichkeit und ihre oft weit in der Vergangenheit liegenden Ursachen nur dann genau und richtig schätzen kann, wenn man sich ein mathematisches Element schafft, mit Hülfe dessen man rechnen, abwägen und die rechten Mittel zur Abhülfe von Uebelständen gleichsam mit mathematischer Sicherheit feststellen kann. Diese naturwissenschaftliche Methode also ist es, welche auch uns weiterbringen muss. Mit der Reform des Logenwesens haben wir eine überaus schwierige Aufgabe übernommen, die wir nur mit höchster Vor- und Umsicht lösen

können; ein vollkommen objectives Bild des Zustandes der Logen ist das nächste Erforderniss. Die bisherigen in Worten ausgeführten Schilderungen unserer Noth sind häufig für baare Uebertreibungen erklärt worden; mit einer Schilderung in Ziffern wird man nicht mehr leichthin absprechend umgehen können; auf sie hinweisend können wir rufen: „nun wisset ihr Alles, nun habt ihr keine Entschuldigung mehr, nun gehet hin und zeiget, wer ihr seid!" (Narbach.) Aber die Statistik ist eine zweischneidige Waffe, die sich auch gegen uns kehren könnte. Diejenigen nämlich, welche wir durch das Drängen nach Reform in ihrer Ruhe stören, welche alles Bestehende in den Logen für gut, höchstens für kleine Verbesserungen bedürftig halten und die uns nur als verbitterte Gemüther und einen Haufen unruhiger Köpfe betrachten, sie könnten uns durch specielle statistische Nachweise auf eine einfache und radicale Manier zum Schweigen bringen, wenn sie damit den unwiderleglichen Beweis führen, dass ihre Anschauung der Dinge die allein richtige ist. Auf jeden Fall bieten die rein sachlichen Ergebnisse der Statistik manchen Grosslogen ein Mittel, ihre Autorität mit den Forderungen eines grossen, activen Theils der Brüderschaft in Einklang zu setzen, ohne auch nur den Schein einer Nachgiebigkeit gegen Personen auf sich zu laden, denn die Statistik ist nicht zufälliger Wunsch eines oder mehrerer beliebiger Brr, sondern sie entspringt für Alle, die sehen wollen, aus dem praktischen Bedürfnisse unsrer Institution selbst.

Alle Brr aber, die sich mit Logenstatistik beschäftigen wollen, können nicht dringend genug davor gewarnt werden, in die Oede und Armseligkeit blosser Angaben des

Personenbestandes und der Versammlungen zu verfallen: die Seele der Statistik ist die Ermittelung der geistigen Thätigkeit, die allerdings auch in ihren Trägern und äussern Hülfsmitteln anschaulich gemacht werden muss, dann aber vornehmlich in ihrer Production von Ideen und in ihren Culturwirkungen. Aus der nackten Thatsache, dass eine Loge 100 Mitglieder diverser Grade hat, sich zwölfmal im Jahre versammelt und etwa über einen Armenfonds von 1000 Thlr. disponirt, kann natürlich Niemand einen Schluss auf den innern Werth und den Erfolg der Logenarbeit machen; diese trocknen Anführungen sind nutzlos, abschreckend und gänzlich überflüssig. Da aber bisher allein dergleichen gegeben wurde, so lässt sich daraus erklären, warum sich die Statistik keiner sympathischern Aufnahme bei uns erfreut, während man auf eine solche bei den vielen Geschäftsleuten unter der Brrschaft, Kaufleuten, Fabrikanten etc. eigentlich müsste rechnen können, denn diese so exacten Geschäftsmänner unternehmen doch in ihrem bürgerlichen Berufe nichts ohne Notirung statistischer Daten und pflegen daher der Buchhaltung auf das Minutiöseste. Nun ist zwar die frmr. Arbeit kein Geschäft im gemeinen Wortsinne, aber wenn wir sie nicht mit der berechnenden Sorgfalt und aufopfernden Arbeitstreue des Geschäftsmannes behandeln wollen, so thun wir besser, sie ganz aufzugeben, denn sonst verschwenden wir das durch die Individuen der Gesellschaft repräsentirte edelste Kapital. „Auch sollen freie und angenommene Mr Pfuschern nicht mit ihnen zu arbeiten gestatten, noch sollen sie sich von Pfuschern gebrauchen lassen." (Anderson).

Ich glaube in meinem Tabellenentwurfe trotz seiner scheinbaren Gedehntheit nur das Hauptsächliche gegeben zu haben. Freilich den bisherigen Mangel einer gründlichen frmr. Statistik kann man von vornherein nicht bestimmen, welche Angaben absolut nothwendig sind und welche nicht; aber eben der Mangel an Erfahrung muss uns veranlassen, nicht zu dürftige Notizen zu geben, auch wird ja manches Detail der einzelnen Logen, das für diese geringfügig erscheint, doch für eine allgemeine Statistik aller Logen höchst werthvoll, denn aus vielen Geringfügigkeiten entsteht schliesslich eine bedeutungsvolle Summe, die überraschende Aufschlüsse gewähren kann. Die Herstellung einer allgemeinen Statistik muss uns immer leitender Gedanke sein, denn sie erst ist die Krönung des Gebäudes. Da übrigens bei allseitiger Einführung einer eingehenden Statistik in jeder Loge ein Br speciell mit der Führung der Listen zu beauftragen ist, so wird dieser schon im Laufe des Logenjahres seinem Notizbuche so viele bezügliche Bemerkungen einfügen, dass ihm die Ausfüllung des ganzen Schema's im ungünstigsten Falle jährlich einige Stunden kosten wird, die kaum nennenswerther Aufwand an Zeit und Mühe in Anbetracht des so guten Zwecks.

All unser statistisches Material lässt sich wohl am übersichtlichsten unter vier Haupttitel bringen: A) Mitglieder; B) Versammlungen; C) Bildungsmittel; D) Werkthätigkeit. Es konnte vorläufig abgesehen werden von besonderen Rubriken für die Grossloge, für Namen und Orient der Tochterloge, was Alles einstweilen in der Ueberschrift gegeben werden kann. Es fehlt auch noch eine Stelle, wo der Werth des Besitzthums der Loge an Grundstücken und Mobilien anzumerken ist. Dagegen ist bei jeder Tabelle ein nicht zu knapp bemessener Raum zu Nachträgen und Bemerkungen nothwendig.

Tabelle I wird wohl kaum beanstandet werden, da sie nichts Ungewöhnliches verlangt. Die Constatirung einer Menge von permanent besuchenden Brn wird hoffentlich dazu führen, die Affiliation auch zwischen verschiedenen Systemen immer mehr zu erleichtern und zur Pflicht zu machen. Die helfenden Brr welche ohnehin genug vernachlässigt werden, müssen schon der Vollständigkeit wegen in der Liste Aufnahme finden. Die Trennung der Mitglieder in auswärtige und einheimische erscheint geboten, weil man nur nach Massgabe der Anzahl der einheimischen Brr das Ergebniss der durchschnittlichen Präsenz gerecht beurtheilen kann. Ist diese Präsenz eine auffallend geringe, so hat die betreffende Loge unbedingt die Pflicht, die Ursachen davon aufzusuchen und wegzuschaffen und die Grossloge kann event. zu Hilfe kommen. Ueberhaupt dürfte sich eine umfassende und regelmässige Statistik gerade für die Grosslogen in der Folge als ganz unentbehrlich erweisen. Die Angabe des durchschnittlichen Lebensalters der Logenmitglieder ist insofern interessant, als, wenn sich im Greisenalter ergäbe, man nicht berechtigt wäre, kraftvoll männliche Thaten zu erwarten.

Tabelle II ist in ihren letztern Rubriken besonders wichtig. Die Gründe des Ausscheidens aus der Loge geben gewiss viel zu denken, besonders wenn man aus einer Reihe von Logen eine ganze Musterkarte von Gründen vor sich haben wird, die alsdann wieder bei Erforschung der Tauglichkeit Suchender Fingerzeige geben. Statt der Angaben der wissenschaftlichen Vorbildung könnte man Rubriken einfügen, in welchen die Brüder nach ihrem bürgerlichen Berufe classificirt würden, wie es z. B. im Allgem. Handb. d. FrMrei Bd. I. S. 234 geschehen ist, indessen ziehe ich die von mir vorgeschlagene, durchgreifendere Eintheilung vor. Sollte es uns allzu sehr an Brn mit gelehrter Bildung fehlen, die doch in der Regel am meisten idealen Interessen zugewandt und daher als Lichtbringer unentbehrlich sind, so würde damit eine Grundursache aufgedeckt sein, warum wir seit langer Zeit gar keine eigentliche Geschichte mehr haben, denn diese macht sich nun einmal nur durch Ideen; es bliebe also zu erwägen, wie man ideenkräftige Männer herbeischafft.

Tabelle III darf durchaus nicht etwa auf ihre erste Rubrik zusammenschrumpfen, sondern es muss durch grössere Specialisirung auch räumlich die der Loge gewidmete Zeit vor Augen treten werden, damit auch dem blöderen Auge ein Missverhältniss zwischen aufgewendeter persönlicher Bemühung und erzielter Leistung nicht entgehen kann. Selbst sog. conservative Brr fangen an einzugestehen, dass an Instructionslogen ein empfindlicher Mangel sei. Wir kommen in der That oft vor vielen Aufnahmelogen mit dem bekannten Einerlei des katechetischen Zunftkrams der alten Steinmetzen gar nicht zum Aussprechen darüber, wie wir Menschen im letzten Drittel des 19. Jahrhunderts in Betreff praktischer Humanität denken und fühlen.

Tabelle IV bietet eine kleine Sammlung von „kitzlichen" Punkten, wie sie ein verehrter Br genannt hat, zugleich mit dem Bedenken, dass manche Loge nicht auf sie würde eingehen wollen. Aber es rechnet ja Niemand darauf, dass nun gleich jede Loge diese Rubriken reichhaltig ausfüllen kann; wer kennt denn nicht das Daniederliegen vieler Logen namentlich in kleinen Städten? Darauf kommts an, ob man überhaupt einen Fortschritt machen und sich zum deutlichen Erkennen desselben der Statistik bedienen will, wobei es natürlich gleichgültig ist, ob man sich gerade nach meinen Tabellen richtet. Aber glaube nur Keiner, dass wir vorwärts kommen, ohne dass wir eine neue frische geistige Strömung in der Brschaft erzeugen. Erst tüchtige Kenntnisse geben Sicherheit, Muth und Arbeitslust.

Tabelle V bis VIII. Diese sind den jetzt am meisten wahrnehmbaren Werkthätigkeitsäusserungen angepasst, die auf Armenunterstützung hinauslaufen. Wenn man künftig die Durchschnittsbeträge des von den Brn gegebenen und ebenso des von den Unterstützten Empfangenen schwarz auf weiss vor sich sehen wird, so lässt sich durch die zur Masse des menschlichen Elends vergleichsweise Geringfügigkeit der betr. Summen eine immer grössere Einsicht darin erhoffen, dass die gewöhnliche Armenunterstützung nur eine nebensächliche Obliegenheit von FrMrn sein kann, dass sie vielmehr der bürgerlichen Gesammtgemeinde zukommt und nur von dieser in genügendem Maasse gewährt werden kann. Dagegen ist es eine frmr. Arbeit die communale Armenpflege zweckmässig mit gestalten zu helfen. Um für arme Brr oder deren Hinterlassene ein Uebriges zu thun, ist ein allgemeines deutsches FrMr-Institut wünschenswerth, welches die materiellen Kräfte der Logen centralisirt und unter einander ausgleicht. Wir haben in dieser Beziehung eine Vorlage des Grossmeistertags zu erwarten. Auch die vielen frmr. Sterbekassen mit geringer Mitgliederzahl und verhältnissmässig grossen Beitragsquoten müssten sich verschmelzen. Schliesslich wird erst, wenn die vierte Rubrik der Tabelle VIII einen stets reicher werdenden Inhalt aufweist, der Fortschritt der Brüderschaft am augenscheinlichsten dargethan und damit der peinigende Gedanke, Danaïdenarbeit zu verrichten, von uns genommen sein. —

Die Tabellen IX bis XI sind nur irrthümlich so eng an die meinigen angeschlossen und mit meinem Namen bezeichnet worden; der gel. Bruder Künzel wollte mittelst ihrer eine Zusammenfassung der für maurerische Werkthätigkeit sich vorzugsweise eignenden Anstalten bewerkstelligen und sie müssen dringend der Beachtung und Benutzung empfohlen werden. Einzelne Brüder und Logen dürften durch den Ueberblick des bereits Geschaffenen und segensreich Wirkenden zu kräftigerem Thun angespornt werden. Brüder eines Ortes können nicht lange zweifelhaft bleiben, wo sie einzugreifen haben und es wird doch gewiss Jeder die Ueberzeugung gewonnen haben, dass es ganz unmöglich ist von jeder Loge die Pflege ein und desselben Instituts zu verlangen; so vielseitig die Hemmnisse der Humanität sind, so vielseitig müssen auch die Gegenwirkungen sein.

Die Wichtigkeit der Schwestern für die Maurerei.

Von
Br J. Hufschmidt in Unna.

Bei der Eröffnung der Loge fragt der Mstr. v. St. den ersten Aufseher: Womit vergleichen Sie den Meister? und der erste Aufs. antwortet: Mit der Sonne. Denn wie die Sonne den Tag erleuchtet und regiert, so erleuchtet der Meister die Loge und führt die Brüder auf dem Pfade der Tugend. Hat nicht die Schwester im Hause dieselbe Aufgabe zu erfüllen, und sagt daher der Dichter nicht mit vollem Recht: „Sie ist des Hauses Sonne?" Das Haus ist der kleine, aber unendlich wichtige Wirkungskreis der Schwester. Sie ist im Hause Meisterin vom Stuhl, das Haus ist ihre Loge. Wie der Meister für Alles, was die Loge betrifft, zu sorgen hat, sowohl für Aeusseres als Inneres; wie er auch das Kleinste nicht verabsäumen darf, weil es unter dem, was zum Baue des Menschheittempels gehört, nicht Grosses und Kleines gibt, sondern nur Nothwendiges: so hat die Schwester im Hause Alles zu leiten und zu ordnen. Der hohe Zweck aber, dem Alles in der Loge, wie im Hause dienen muss, und welcher dem Hause seine Weihe gibt, ist die Heranbildung und Herausbildung der Menschen, aller Logen und Familienglieder zur Humanität, zu einem Leben in der Liebe. Der Meister und die Meisterin haben die hohe Aufgabe vorzuleuchten als Muster echter Menschenwürde. Und wer könnte dazu geeigneter sein, als die Schwester, in welcher sich das Ideal der Maurerei, die Liebe, in höchster Reinheit und Fülle repräsentirt, so dass Jean Paul ausruft: „Ja, nur eine Mutter kann lieben, nur eine Mutter."

Das Haus ist eine Loge, es ist die Grundlage, es ist der Quell, aus welchem der Maurerei die Bäche verjüngenden Wassers immer von Neuem wieder zufliessen müssen, wenn ihr Strom nicht versiegen soll.

In dem grossen Garten der Maurerei können nur solche Bäume verpflanzt werden, welche durch sorgsame Pflege im Hause schon zu einiger Tragkraft entwickelt sind. Und nur durch sorgsame, anhaltende Pflege des Keimes und der jungen Triebe sind solche Bäume heranzubilden. In der kleinen Loge, im Hause, müssen die Männer gebildet werden, welche eine Zierde der grossen Loge werden sollen. Wenn nicht das Kind schon menschlich schön gebildet wird, wenn nicht in ihm schon die Blüthen edler Menschlichkeit entwickelt sind; so werden wir beim Manne die Früchte der Humanität vergebens suchen. Die Schwestern aber sind es, denen die Sorge für den Nachwuchs der Maurerei anvertraut ist. Deshalb blicken wir auf sie mit ernster Beachtung, entweder mit tiefer Ehrfurcht und Freude, oder mit Missmuth und Trauer.

Der Mensch ist der Erde Herr, der Abglanz des grossen Weltenmeisters. In ihm erst werden die Strahlen eines höheren Seins zu bewusstem Lichte. Erhaben steht er über allem Erdgeborenen. Sein aufrechter Gang, die Mannichfaltigkeit der Töne seiner Stimme, der Glanz und die durchdringende Kraft seines Auges, welche uns ein höheres Gefühl und einen kräftigen Willen vermuthen lassen, die hervortretende gewölbte Stirn, hinter welcher man die Kraft des Denkens ahnt, deuten auf seine höhere göttliche Natur. Und dennoch, was würde aus dem Menschenkinde mit allen seinen herrlichen Anlagen werden, wenn er in der Wildniss in der Gesellschaft wilder Thiere aufwüchse? Wird aber das Menschenkind in die Arme einer liebevollen denkenden Mutter gelegt, und von einer Mutterhand geführt; begegnet sein unsteter Blick einem liebestrahlenden Mutterauge und wird von ihm angezogen; tönt in sein Ohr der Wohllaut der Muttersprache: so werden in ihm die Keime des Menschheitlichen geweckt und gekräftigt. Im Mutterarme und am Mutterherzen fühlt es zuerst den Herzschlag der Liebe, die als heiliger Strom durch die Menschheit fluthet, und auch sein Herz wird warm für diese Liebe und lernt mit dem Mutterherzen in gleichem Tempo schlagen. Es sieht in dem Auge der Mutter und in ihrem ganzen Wesen das Glück sich spiegeln, welches es selber durchdringt, und lernt in Anderer Freude seine Wonne finden. Es liest in ihrem Auge die Besorgniss der Liebe, den Kummer der Liebe und lernt Mitleid mit dem Jammer Anderer und Aufopferungsfähigkeit in dem Streben, die Schmerzen Anderer zu stillen. Darum macht auch der Blick der Mutter, oder der blosse Gedanke an sie und an die Wirkung, welche unser Thun in ihrem Gemüthe hervorbringen würde, einen so tiefen Eindruck, dass uns dabei wohl oder weh wird bis in das Innerste der Seele. So wird die Schwester der uns sichtbar oder unsichtbar umschwebende Genius unseres Lebens. Der Weltenvater aber, welcher diesen Genius an unsere Wiege stellte, der uns in den ersten Augenblicken des Daseins schon einen Stern zeigte, der uns zum Wegweiser dient auf dem Ozean des Lebens, er lässt uns, wenn dieser Stern nur noch in der Erinnerung glänzt, einen neuen aufgehen, die Stelle jenes zu vertreten, in der Person der Gattin. Da treten tausend Zeugen auf, die es freudig bekennen: Der Gedanke an eine liebende Schwester, der Blick ihres seelenvollen Auges, das Wort ihres wahrhaftigen Mundes hat mich von Irrwegen abgehalten und zu edlem Streben und Thun begeistert. Und unsere Dichter, welche uns so manche Beispiele solcher Art in ihren Dichtungen vor die Seele führen, sprechen damit nur eine allgemeine Erfahrung aus. Ich erinnere nur an zwei derselben, welche unser grosser Schiller in seinem Tell anführt. Bertha von Bruneck sagt zu Rudenz, den selbst die Bitte des sterbenden Oheims nicht von seinem Irrwege zurückzuführen vermag: „Was auch daraus werde, steh zu deinem Volk, es ist dein angeborener Platz", und Rudenz folgt der Mahnung.

Und Gertrud, des edeln Iberg muthige Tochter, ruft ihrem zu ängstlichen Werner zu:

„Sieh vorwärts, Werner, und nicht hinter dich."

So sprachen Frauen und legten damit den Grund zur Freiheit des Volkes.

Das Glück zu so grossen Thaten zu rufen und so grosse Thaten ausführen zu können ist nur wenigen Sterblichen vergönnt; aber viele Brüder werden mit Stauffacher ausrufen dürfen: Wer solch' ein Herz an seinen Busen drückt, der kann für Recht und Pflicht mit Freuden sterben." Immer und überall übt die würdige Schwester einen läuternden und erhebenden Einfluss aus. Das Geheimniss der Maurerei ist die stille, aber sicher wirkende Kraft einer schönen, Ideen anregenden, Ideale vorführenden Umgebung; der unwiderstehliche Einfluss der braven Schwester besteht in der geheimnissvoll, aber sicher wirkenden Kraft eines schönen Gemüthes, in dessen Himmel man nur zu schauen braucht, um den Sturm der Leidenschaften zum Schweigen zu bringen, um die Begeisterung für Recht und Pflicht in sich aufwachen zu machen. Sowohl die Maurerei, als die würdigen Schwestern vermögen es nicht, aus den Menschen Engel zu machen, aber sie veredeln alle, die in ihre Nähe kommen, den Einen mehr, den Andern weniger. Es passt auf sie das Wort Schillers:

„Der Menschheit Würde ist in eure Hand gegeben, bewahret sie!"

Der Meister soll die Sonne der Loge, die Schwester soll die Sonne des Hauses sein. Sie sollen erleuchtende und erwärmende Strahlen in die Herzen der Menschen ihrer Umgebung werfen. Aber wenn sie das können sollen, so müssen sie würdige Meister, würdige Schwestern sein. Das Sprichwort sagt zwar: „Wem Gott ein Amt gibt, dem gibt er auch Verstand"; aber dass Gott Jemanden das Amt gegeben habe, das können wir Menschenkinder nur daraus erkennen, dass er das Amt mit Verstand, mit Umsicht und Würde verwaltet. Thut er das nicht, so hat ihm auch Gott das Amt nicht gegeben. Wir wissen es, m. Brr, wie viel, wie sehr viel für das Gedeihen einer Loge darauf ankommt, dass der Meister mit Einsicht und Würde sein hohes Amt verwaltet, aber wir werden gewiss sofort zugeben, dass das Wohl des Hauses, welches ja vor allen Dingen vom Gedeihen der Kinder ruht, weit mehr von der Mutter abhängt, als das Wohl der Loge vom Meister. Bedenken wir nur das Eine: Der Meister steht unter Männern, die gebildet sind, die ihre Selbstfortbildner sein sollen und sein können, denen der Meister Anregung und förderndes Vorbild sein kann, die aber auch ohne ihn ihren Lebensweg schon werden zu wandeln wissen; die Mutter aber steht Unmündigen gegenüber, Wesen, die erst lernen müssen, die sich selbst überlassen, jeden Augenblick auf Irrwege gerathen können. Wenn da nicht eine Meisterin im Hause ist, die es versteht, den Verstand zu erleuchten und das Herz für die Tugend zu erwärmen, so bleibt es dunkel und kalt in den jungen Seelen, und es werden aus ihnen nimmermehr Menschen, welche würdige Bausteine für den Tempel der Humanität sind.

Was aber ist bisher geschehen um unsere jungen Schwestern zu befähigen, dereinst als Gattinnen und Mütter würdige Meisterinnen vom Stuhl im Hause sein zu können? Wo existiren denn Anstalten, welche sich diese, für das weibliche Geschlecht wichtigste Aufgabe gestellt haben? Eine Tochter, welche das Glück hat, eine würdige, ihrer Aufgabe vollständig gewachsene Mutter zu besitzen, hat auch sicher die beste Lehrmeisterin. Aber man wird mir nicht zutrauen, dass ich irgend Jemanden zu nahe treten möchte — wo findet man denn die Schwester, welche in dem, was der Beruf der Gattin und Mutter fordert, so vollständig zu Hause ist? Dass es ihrer gar Viele gebe, wird man nicht annehmen dürfen, denn wie sollten sie dazu gelangt sein? Aber selbst dann, wenn es ihrer viele gäbe, woher sollten sie die Zeit nehmen, um alles das zu lehren, was eine Mutter als Pflegerin, Erzieherin und Lehrerin, was eine Gattin als Hausfrau und Gefährtin des Mannes zu können und zu wissen nöthig hat? Wir haben für die Bildung der männlichen Jugend für ihren Beruf viele gute Einrichtungen getroffen, obschon auch da noch Manches zu wünschen übrig bleibt; die Bildung der weiblichen Jugend für ihre eigentliche Bestimmung aber ist bisher sehr vernachlässigt worden, das ist keine Frage. Ich habe deshalb die Aufforderung von Br Thost in Zwickau mit hoher Freude begrüsst, und diese Zeilen sollen nur ein Versuch sein, seinen Vorschlag zu illustriren.

Mit einer solchen Anstalt, wie Br Thost sie vorschlägt, würde die Fortbildung der Menschheit in maurerischem Geiste so recht an ihrer Wurzel gefasst. Erziehen wir Frauen und Mütter, welche mit dem Brode der Maurerei genährt, welche durchdrungen sind von den hohen Ideen der Maurerei, so können in Zukunft die tüchtigen Maurer nicht fehlen. Junge Schwestern aber zu diesem Ziele zu führen, kann keine so schwierige Aufgabe sein; denn es liegt in der weiblichen Natur eine urkräftige Anlage zur Erfassung und Bethätigung maurerischer Gedanken.

Statuten der Charitas,

des von der Freimaurer-Loge „Johannes der Evangelist zur Eintracht" in Darmstadt gegründeten Vereins zur Unterstützung kranker, namentlich in der Wieder-Genesung begriffener Armen. *)

§. 1.

Der Verein, auf dem Boden allgemeiner Menschenliebe begründet, stellt sich, um solche werkthätig auszuüben, die Aufgabe:

kranke und in der Wiedergenesung begriffene Arme mit nothwendigen Bekleidungs-Gegenständen, wie: Leibwäsche, wärmere Kleidungsstücke und dergleichen, sowie mit den zur Kräftigung Wiedergenesener erforderlichen stärkenden Lebensmitteln und Getränken zu unterstützen —

und will damit die segensreiche Wirksamkeit der sich der Armenpflege widmenden Aerzte und Krankenpflegerinnen jeder Art ergänzen und fördern helfen.

§. 2.

Die Mittel zur Erfüllung der Vereins-Aufgabe werden gebildet:

a. durch die von den Mitgliedern gesammelten abgängigen, oder in brauchbaren Zustand herzustellenden Gegenstände von Leibwäsche und Kleidungsstücken, sowie die in Natur beigetragen werdenden stärkenden Nahrungsmittel und Getränke;

b. durch die jährlichen Geldbeiträge der Vereins-Mitglieder;

c. durch den, nach den Bedürfnissen des Vereins, sowie dem Stande der Logen-Armenkasse jährlich festgestellt werdenden Geldbeitrag der hiesigen, den Verein gegründet habenden Loge;

*) Vgl. Nr. 12 d. Bl. S. 90.

d. durch die zu hoffenden und dankbar entgegengenommen werdenden Beiträge und Geschenke von Nicht-Mitgliedern und

e. aus den Ergebnissen der, in Bedürfnissenfällen stattfindenden ausserordentlichen Sammlungen und Veranstaltungen.

§. 3.

Die Mitglieder des Vereins sind ordentliche und ausserordentliche.

Ordentliches Mitglied ist jede Gattin, Braut oder Tochter eines FreiMr-Bruders, welche wenigstens Einen Gulden jährlich in Vorauszahlung beiträgt, und sich verpflichtet, durch Sammlung der in §. 2. a. bezeichneten Gegenstände, sowie durch persönliche Thätigkeit für den Vereinszweck zu wirken.

Ausserordentliches Mitglied ist jede Frau und Jungfrau, welche sich zur Entrichtung eines Jahresbeitrags von mindestens Einem Gulden, sowie zur Mitwirkung für den Vereinszweck in der oben bezeichneten Richtung anheischig macht.

§. 4.

Der Austritt der ordentlichen wie ausserordentlichen Mitglieder aus dem Verein muss schriftlich dem Vorstande angezeigt werden und, wird in diesem Fall der gezeichnete Beitrag nur noch für das laufende Rechnungsjahr erhoben.

§. 5.

Jährlich wird durch die ordentlichen Mitglieder mittelst Stimmenmehrheit ein Vereins-Vorstand gewählt, welcher aus zehn ordentlichen Mitgliedern besteht. Dieselben vertheilen die zur Ausführung des Vereinszwecks und dessen Leitung erforderlichen Aemter unter sich durch Stimmenmehrheit.

Jedes ordentliche Mitglied hat die Verpflichtung, wenigstens ein Jahr lang der auf es fallenden Wahl Folge zu leisten und kann dann wieder gewählt werden.

Auch hat der Vereinsvorstand das Recht, ausserordentliche Mitglieder zur persönlichen Hilfsleistung zuzuziehen.

§. 6.

Der Vorstand hat alle an denselben gelangenden Gesuche um Unterstützung zu prüfen und nach Befund zu berücksichtigen. Er hat die nach §. 2 gesammelten und in Natur beigetragenen Gegenstände zu verwahren, die Geldmittel zu dem Ankauf derselben zu verwenden, überhaupt die zu den nachgesucht werdenden Unterstützungen erforderlichen Mittel bereit zu halten. Hierzu wird eine Localität im Logengebäude — Sandstrasse Nr. 18 — bestimmt, aus welcher die erforderlichen Gegenstände an noch zu bestimmenden Tagen und Stunden verabreicht werden.

Auch hat sich der Vorstand persönlich zu überzeugen, ob die gewährten und verabreichten Unterstützungen auch richtig verwendet werden und dass solche nur so lange erfolgen, als die Umstände sie erfordern.

§. 7.

Im Falle, dass in unserer Stadt oder Bessungen eine Krankheit epidemisch auftreten oder durch einen Krieg in der Nähe dem Verein ein Feld der Hilfsleistung eröffnet werden sollte, wodurch dessen Unterstützung in einem ausserordentlichen, die Mittel überschreitenden Maasse in Anspruch genommen werden, hat der Vorstand das Recht und die Pflicht, eine ausserordentliche Versammlung der Mitglieder einzuberufen, und derselben Vorschläge zu machen, wie den ausserordentlichen Ansprüchen gegenüber die Mittel des Vereins vermehrt werden sollen.

Sollte der Verein durch Vermächtnisse oder Schenkungen Kapitalvermögen erworben haben, so ist in solchen ausserordentlichen Nothfällen dasselbe vor Allem zu verwenden und hat desshalb die Anlegung dieser Beträge sowie der etwaigen Ueberschüsse als verzinsliches Kapital in einer Weise zu geschehen, welche die schnellste und sicherste Flüssigmachung ermöglicht.

§. 8.

Die obere Leitung des Vereins bleibt für immer bei der Loge Johannes der Evangelist zur Eintracht in Darmstadt, als der Gründerin des Vereins. Zu diesem Zwecke steht dem Vereins-Vorstande (§. 5) ein, jedes Jahr von der Gesammt-Loge gewähltes Comité von sechs Brüdern der Loge zur Seite, welche auf Einladung des Vereins-Vorstandes an dessen Sitzungen Antheil nehmen, die Correspondenz besorgen, zu Anfang eines jeden, von Johannistag an laufenden Rechnungsjahres einen Voranschlag über Einnahmen und Ausgaben des Vereins entwerfen und solchen der Gesammtloge zur Feststellung deren Jahresbeitrags vorlegen. Der Vereinsvorstand wählt aus der Zahl der sechs Comité-Mitglieder einen Schriftführer, den Rechner und Gegenrechner.

§. 9.

Nach Ablauf eines jeden Rechnungsjahres (Johannistag) ist der Vorstand verpflichtet, in Verbindung mit dem Comité (§. 8) der Loge einen Bericht über die Thätigkeit des Vereins, sowie einen Nachweis über Einnahmen und Ausgaben des Vereinskasse, nebst einem Verzeichnisse der ordentlichen und ausserordentlichen Mitglieder und die Ergebnisse der Vorstandswahl vorzulegen.

§. 10.

Die Auflösung des Vereins erfolgt, wenn solche von zwei Dritttheilen der ordentlichen Mitglieder beantragt und in der zu diesem Behufe anberaumten Generalversammlung vier Fünftheile der Anwesenden für die Auflösung stimmen.

Das vorhandene Vermögen fällt im Falle der Auflösung der Armenkasse der Loge zu.

Feuilleton.

Amerika. — Der im Jahre 1847 in New-York gestiftete, dermalen über 13 Staaten der Union in etwa 200 Logen mit 16,000 Mitgl. und 224,000 § Kapitalvermögen verbreitete Orden der Harugari, der nur in deutscher Sprache arbeitet und ausser gewöhnlicher Unterstützung in Krankheits- und Todesfällen Erhaltung und möglichste Verbreitung der deutschen Sprache zum Zweck hat, hat seit Kurzem ein eigenes, zu Reading, Pa., erscheinendes Organ, die „deutsche Eiche" (Herausg. Herr W. Rosenthal).   (Tr.)

— Aus St. Louis, berichtet der „Triangel", dass die deutsche Meridian-Loge Nr. 2 aufgelöst wurde, weil der Mstr. v. St. Br Gellenbeck die unmaurerischen Betragens angeklagt war, und er nebst andern Brüdern seiner Loge bezichtigt war, mit farbigen Maurern öffentlich intim verkehrt zu haben. Der Untersuchungsausschuss fand diese Anklage zwar unbegründet, erklärte aber, er sei durch die angestellten Erörterungen zu der Ueberzeugung gekommen, dass es am gerathensten sei, den Charter (Constitution) der Loge zurückzunehmen, das die Grossloge denn auch that. (Wir sind begierig, wie lange unsere deutschen Brr und die deutschen Logen in Amerika sich noch die Tyrannei der amerikan. Grosslogen gefallen lassen.)

Amerika. — Der von Dr Fl. Brennan in freisinnigem Geiste redigirte „American Freemason" (Cincinnati) beginnt seinen dritten Jahrgang mit Dank für die vielfache Unterstützung, welche dem zweiten Jahrg. zu Theil geworden.

Die Losung des „American Freemason" ist: Freiheit für die FreiMrei in Amerika. Freiheit für jeden echt-mr. Ritus,

grössere Decentralisation, Bildung kleinerer (Distrikts-), statt der monströsen (Staats-) Grosslogen; fort mit den alten Beschlüssen und Regulativen, welche eher für die Unterthanen eines Königreichs[*] passen, als für freie Männer einer Republik, eher für eine exclusive, als für eine universelle Brschaft; Freiheit, Fortschritt und Licht in Amerika!

Der Herausg. des American Freemason, dessen erste Nr. reich an gutem Inhalt ist, hat herausgerechnet, dass in Amerika alljährlich ca. 15,000 Brr aus der Brüderschaft wieder ausscheiden, hinausgetrieben, wie er meint, durch eine unvernünftige Gesetzgebung. (Uns scheint das Uebel nicht allein in den Verfassungen, sondern mehr in der verkehrten Langeweile der Arbeiten, in den leichtsinnigen Aufnahmen, in der Abgeschmacktheit des Rituals u. dgl. m. zu liegen.)

Dr Oberst Carl von Gagern, der lange in Mexico gelebt hat, Herausgeber des „Progress" und Staatssekretär in Orizaba war, ist verbannt worden und hat, nach 14monatlicher Haft entkommen, in Brooklyn Br Barthelmess besucht und sich nach Deutschland (Darmstadt) eingeschifft.

Bochum, 21. März. — Wie vorauszusehen war, hatte der für gestern Abend angekündigte Vortrag des Herrn Emil Rittershaus über: „das Wesen und die Geschichte der Frei-

---

[*] Auch ein Wink für die unter der Gr. L. L. v. D. arbeitenden Brr in den Republiken Hamburg, Lübeck und Bremen!

Die Redakt.

maurerei" ein überaus zahlreiches Auditorium herangezogen, so dass der Velten'sche Saal die Erschienenen kaum zu fassen vermochte. Besonders zahlreich vertreten war die Damenwelt. Herr Rector Schütz begrüsste in herzlicher Weise den ehrenwerthen Gast, der so bereitwillig dem Rufe des Gewerbe-Vereins gefolgt war, den schönen Damenkranz und alle die, welche dem Vereine nicht angehören, woran von dem Redner der Wunsch geknüpft wurde, dass jeder Einzelne bestrebt sein möge, das Ziel des Gewerbe-Vereins, Bildung zu verbreiten, mit erreichen zu helfen; denn die Bildung ist zugleich die Mutter edler Gesinnung, wahrer Menschenliebe, sie ist die Quelle der Eintracht und Liebe, die Mutter der Humanität. Diese Begrüssungsrede wurde mit rauschendem Beifall aufgenommen.

Hierauf bestieg Herr Rittershaus die Tribüne und entrollte in fast einstündiger Rede ein Bild der Entwickelung und des Wesens der Freimaurerei. Wir werden nicht verfehlen, in der nächsten Nummer auf den Vortrag näher einzugehen. Für heute nur noch die Bemerkung, dass Alle von dem licht- und geistvollen Vortrage ergötzt waren und dem Redner durch laute Bravo's ihre Anerkennung zollten.

Nach dem Vortrage entwickelte sich nun unter den Anwesenden ein recht reges und heiteres Leben. Die Damen wurden mit Bowle, Kuchen und Bisquit traktirt, wobei einzelne Mitglieder der Vergnügungs-Commisson die nöthigen Honneurs machten. Unter musikalischen Vorträgen und Toasten, die auf die Damen, (in improvisirten Versen von Herrn Rittershaus), auf den Dichter Rittershaus von Herrn Lewinger, auf den Gewerbe-Verein und speciell auf dessen Präses, Herrn Schütz, von Herrn Rittershaus u. s. w. ausgebracht wurden, flossen die Stunden dahin und werden gewiss in allen Anwesenden auf lange Zeit angenehme und süsse Erinnerungen zurückgelassen haben.   (Märk. Sprecher.)

Darmstadt. — Am vergangenen Sonntag den 27. März fand eine Sitzung des Grosslogenbundes „zur Eintracht" im Lokale der Loge „Carl zum Lindenberg" in Frankfurt a. M. statt, in welcher die Wahl des Grossmeisters und der Grossbeamten für die Jahre 1870 und 71 vollzogen wurde. Br Pfaltz (Darmstadt) wurde für diese Zeitdauer wieder zum Grossmeister gewählt, Br Castros (Mainz) zum deputirten Grossmeister.; Br Gessner (Friedberg, in Darmstadt wohnhaft) zum Correspondirenden Grosssekret; Br Eckstein (Giessen) wurde nach Hamburg delegirt, um die Glückwünsche der Gr. Loge zur Eintracht dem hochverdienten und Ehrw.sten Grossmeister Br Dr. H. W. Buek zu dessen 50jährigen Maurerjubiläum persönlich zu überbringen.

— Die Loge Johannes der Evangelist zur Eintracht im Orient von Darmstadt hat in der am 30. März d. J. abgehaltenen Wahlloge zum Meister vom Stuhl für 1870 den Br Dr. Künzel, zum dep. Mstr. Br Emmerdo L, zum Protok. Sekretär Br Pfaff, zum Corresp. Sekretär Br Dr. Vogel gewählt.

England. — Die bisherige Union-Loge zu York hat vom Grossmeister die Ermächtigung nachgesucht und erhalten, sich fortan York-Loge nennen zu dürfen.

Der „Freemason", der leider nur den Hochgradunfug zu sehr protegirt und auf Verchristlichung der Mrei hinarbeitet, statt auf reinere Ausgestaltung des universalen Charakters des Bundes zu dringen, hat jetzt (in Nr. 55) angefangen, auch Berichte über die Mrei des Auslands (Spanien, Deutschland, Ungarn etc.) zu bringen, ein Fortschritt, den wir freudig begrüssen.

Frankreich. — Mondo Maç. wünscht den Gründern der „Humanitas" in Wien zu ihrem Erfolge „chaleureusement" Glück.

Italien. — Für die italienische Kunst- und Industrie-Ausstellung hat die Loge Pietro Micca in Turin als solche 3 Aktien à 100 Lire gezeichnet, mit den einzelnen Brn zusammen 21 Aktien.

Kopenhagen. — Ich habe in der „Bauhütte" vom 4. Dez. v. J. „Hierarchie und Obscurantismus" gelesen und bin so mit Ihrem Namen und Ihrer Arbeit bekannt geworden.

Wir haben hier nur das schwedische System und ich mit 9 anderen Brn, wir sind empört über diese falsche Maurerei. Wir haben schon zu Anfang vorigen Jahres an die Vorstände ein Schreiben gerichtet, worin wir dasselbe gesagt haben, was Sie in der „Bauhütte" geschrieben. Wir haben darauf keine Antwort bekommen. Wir haben uns ganz losgesagt von der schwedischen Loge und erklärt, dass wir eine Loge bauen wollen nach den Grundsätzen der alten Maurerei. Alle sind wir Männer zwischen 40 und 50 Jahren und einige Maurer schon seit 20 Jahren. Wir lieben Freiheit und freie Forschung und hassen Tyrannei und Obscurantismus. — Soweit eine briefliche Mittheilung des geb Br G. Howitz, Direktor der Gasanstalt. Sein und der übrigen Ihr Ehrenmänner Namen verdienen mit goldenen Lettern in die Annalen der Mrei eingetragen zu werden; sie heissen: Br Joh. Petersen, Fabrikant; Br. Hindenburg, Advokat; Br Thymann, Baumeister; Br Rothe, Baumeister; Br Tvede, Architekt; Br Dreyer, Kaufmann; Br Plum, Kapitain; Br. Banke, Bierbrauer; Br Trigast, Kaufmann. Diese wenigen Brr wiegen tausend Andere auf; sie zeigen hellleuchtend, dass es noch Männer giebt, Männer von Gesinnung, Selbstachtung und Thatkraft! In Deutschland ist uns bis jetzt nur ein einziger Br bekannt, der sich ebenfalls vom schwed. System losgesagt.

Leipzig. — Am 31. März hielt der Vortragsclubb Masonia unter dem Vorsitz seines Gründers Dr. E. A. Meissner, der bei dieser Gelegenheit ein Photographie-Album für die Mitglieder zum Geschenk machte, unter mehr als gewöhnlicher Betheiligung seine 1000. Sitzung, welcher sich ein durch Humor gewürztes, gemüthliches Beisammensein bei einer Bowle anschloss.

Monrovia (Republik Liberia, Afrika). — Der kürzlich verstorbene Grossmeister der Grossloge von Liberia, Br Amos war im Staate Pennsylvanien, Ver. Staaten, geboren als der jüngste von drei Brüdern. Schon in seiner Jugend hatte er Neigung zum geistlichen Stande und besuchte er daher bei reifem Alter die jetzige Lincoln-Universität und trat nachher ein geistliches Amt an. Um jene Zeit trieb ihn seine hohe Meinung von der Mrei die Aufnahme in den Bund zu suchen, die er auch fand. Im Jahre 1859 wanderte er nach Liberia aus als Missionär der presbyterian. Kirche und fand er bei seiner Ankunft die Mrei in ziemlich trostloser Verfassung, weshalb er sich dem Logenleben fern hielt. Später fand ein Convent zur Wiederbelebung echt maurer Geistes statt, bei welcher Gelegenheit Br Amos zum deput. Grossmeister gewählt wurde, ein Amt, das er mit grossem Geschick und mit seltenem Takte bis zum Jahre 1867 bekleidete, wo er als Grossmeister installirt ward. Unter seiner Leitung blühte der Bund empor, die Zahl der Logen wuchs und die Brüderschaft gewann auswärts wieder Achtung. Im Jahre 1869 ward er wieder gewählt. In ihm hat die Brüderschaft eine bedeutende Kraft verloren; sein Andenken wird in Segen bleiben! —

Hier werden die Grossbeamten für ein Jahr gewählt, die Beamten der Tochterlogen nur auf 6 Monate. Für das Jahr 1870 fungiren als Grossmeister Br Jos. J. Roberts, als deput. Grossmeister Br Beverly P. Yates, als Grossschatzmeister Br Gabriel Moore, als Grosssekr. William A. Johnson.

str. v. St. von Saint-Johns-Loge Nr. 3 (von welcher der Herausg. d. Bl. zum Ehrenmitglied ernannt worden) ist Br R. A. Shermann, 1. Aufs. Br Williams, 2. Aufs. Dr Dimery, Schr. Br H. D. Brown. In Monrovia arbeiten 4 Logen: Oriental-Loge Nr. 1; St.-Pauls-Loge Nr. 2; St.-Johns-Loge Nr. 3 und Excelsior Nr. 4. Die Brüder in Maryland County, Liberia sind um Ertheilung einer Dispensation zur Eröffnung einer Loge unter dem Namen Hope and Prudence eingekommen.

Quebec. — Der neuen Grossloge von Quebec haben sich 5 Logen, darunter eine Tochterloge des Gr. L. von England, angeschlossen; zwei stehen eben im Begriffe, sich ihr anzuschliessen und die übrigen werden über kurz oder lang nachfolgen. Die Grossloge von Columbia hat die neue Grossloge bereits anerkannt.

Ungarn. — Die Nachricht über Gründung der Grossloge von Ungarn ist, der „Bauhütte" entnommen, in „Mondo Mac." (Paris) und in den (London) „Freemason" übergegangen. Die erstgenannte Zeitschrift, gleich der Bauhütte gegen den Hochgrad-Unfug eingenommen, hat auch der Schottenloge Matthias Corvinus gedacht.

Zwickau. — Die Loge Bruderkette zu den 3 Schwanen feiert ihr Stiftungsfest in diesem Jahre nicht am 12. April, sondern Sonntag, den 17. April, Nachmittags pünktlich 4 Uhr. Nach der Festarbeit folgt die Tafelloge.

Zur Besprechung.

Hoffmann, Paul E. F., die Jesuiten. Geschichte und System des Jesuitenordens. Mannheim, 1870. J. Schneider. 5. Lieferung.

E. Rittershaus, freimaurer. Dichtungen (zu Gunsten der Centralhilfskasse des Vereins):

Or. Altenburg: 18 Expl. — Or. Barmen: 26 Expl. — Or. Berlin (Loge zur Eintracht): 6 Expl. — Or. Bingen: 15 Expl. — Or. Breslau: 2 Expl. — Or. Darmstadt: 16 Expl. — Or. Dresden: 33 Expl. — Or. Hagen: 13 Expl. — Or. Hannover: 3 Expl. — Or. Iserlohn: 14 Expl. — Or. Lennep: 22 Expl.

— Or. Mannheim: 2 Expl. — Or. Stralsund: 6 Expl. — Or. Stuttgart mit Ludwigsburg: 62 Expl. — Or. Tilsit: 4 Expl. — Or. Würzburg: 12 Expl. u. s. w.

Briefwechsel.

Br. M. in C. bei M—r: Ihre Theilnahme an der Versammlung in Darmstadt sehr willkommen; die Einladung erscheint nächstens in der Bauh. Wenn die Vereinsmitgl. mehr, als bisher, einen jährlichen Beitrag von Thlr. 1—5 freiwillig an die Centralhilfskasse zahlen, erreichen wir dasselbe Resultat, wie durch eine Auflage. Einzelne Brr, wie Israel in E., Richter in M., Graeff in B. u. m. A. haben bereits alljährlich gesteuert. Hoffentlich unterstützen uns mit der Zeit auch Logen. — Die Quittung liegt, wenn ich nicht irre, in dem einen Expl. der Statuten. Herzl. Gruss.

Br. S—r. in L.: Es freut mich, dass die Bauh. Ihren Beifall fand und gewinnen Sie in Ihnen hoffentlich einen Gesinnungs- und Strebens-Genossen. Den Betr. von Thlr. 2. 20 Ngr. incl. Porto wollen Sie mir gelegentlich pr. Posteinzahlung zugeben lassen. Freundbrdl. Gegengruss!

Br. P. in O. O—z: Die Bauh. wird Ihnen regelmässig zugehen. Thlr. 2. 7½ dankend erhalten; Rest für Porto 12½ Ngr. Brdl. Gruss!

Br. M—r in Turin: Besten Dank und Gruss!

Br. K—r in St. E—n: Thlr. I. Beitr. erhalten; besten Dank für Ihre Wünsche, die ich herzlich erwidere. Ihrer Handschrift und dem Inhalt Ihrer werthen Zuschrift merkt man glücklicher Weise noch kein Alter an. Mit den besten Wünschen für Ihr Wohl und unveränderlicher Brliebe und Werthschätzung die freundlichsten Grüsse! Sie entschuldigen den Arbeitbeladenen, wenn er auf diesem Wege antwortet!

Br. W. in St.: Von der Berichtigung habe ich Notiz genommen. Besten Gruss!

Br. B—d in Gr—n: Erhalten! Br K. wird (§. 5 der Stat.) wegen Nichterfüllung etc. gestrichen. Brdl. Gruss!

Br. G. Tr. in M.: Erhalten und soll ehestens dankbar verwendet werden. Brdl. Gruss!

Br. S. in B.: Besten Dank und Gruss!

Bro Brennan in C. in Fr. Godey I St.: I very often receive your paper „Short Paid"; please to attend. Fraternally Yours.

Br. F. in Zw.: Ist mit Vergnügen geschehen. In Brtreue herzl. Gruss an Sie und die dortigen Brr. Vergnügtes Fest!

Br. H. in St.sch: Betrag dankend erhalten und Ueberschuss Ihnen gutgeschrieben. Brdl. Gruss!

Quittung:

Jahresbeitrag zum Verein pr 1870 eingegangen von Br E. in H. Thlr. 17; von Br N. in A. Thlr. 14; von Br B. in L—g Thlr. 5; von Br W—r in St. Thlr. 32; von B. in Gr. Thlr. 8.

Bekanntmachung.

Die Aufnahme-Loge der Loge zur Verbrüderung in Oedenburg, Ungarn — ist für den Monat April nicht wie gewöhnlich für den dritten Samstag d. M., also den 16. April, sondern für den 23. April anberaumt. — Dies zur Kenntniss auswärtiger Brüder und Mitglieder, welche von dieser Abänderung noch nicht in Kenntniss gesetzt wurden. — Uebrigens fallen die Logen-Tage in der Verbrüderung zu Oedenburg regelmässig auf den ersten Mittwoch des Monats, wo Arbeits- oder eigentlich Verhandlungsloge ist, und dann auf den dritten Samstag jedes Monats, wo Aufnahme-Loge gehalten wird.

Oedenburg am 31. März 1870. Br **Sam. Feher**, correspond. Schriftführer.

Verantwortlicher Redacteur: Br J. G. Findel. — Verlag von Br J. G. Findel in Leipzig. — Druck von Brr Bär & Hermann in Leipzig.

Nº. 16.   XIII. Jahrgang.

Die

Begründet und herausgegeben

von

Br J. G. FINDEL.

* Organ des Vereins deutscher Freimaurer. *

Sondschrift für Brr Frmr.   Leipzig, den 16. April 1870.   MOTTO: Weisheit, Stärke, Schönheit.

Von der „Bauhütte" erscheint wöchentlich eine Nummer (1 Bogen). Preis des Jahrgangs 3 Thlr. — (halbjährlich 1 Thlr. 15 Ngr.)
Die „Bauhütte" kann durch alle Buchhandlungen bezogen werden.

Inhalt: Bekanntmachungen. — Ein maurerisches Ostern. — Literarische Besprechung. — Feuilleton: Illuson. — Sangerhausen. — Briefwechsel. — Anzeigen.

Bekanntmachungen.

I.

Mit Rücksicht auf den Beschluss der Jahresversammlung in Dresden, in Uebereinstimmung mit der ehrw. Loge „Johannes der Ev. zur Eintracht" in Darmstadt und auf Grund von §. 6 der Vereins-Statuten hat der unterzeichnete Vorstand beschlossen:

Die Jahresversammlung des Vereins in Darmstadt findet vom 23. bis 25. Juli d. J. statt.

Programm und Einladungen werden wir ehestens veröffentlichen.

Der Vorstand des Vereins deut. FrMr.

Br Dr. Rud. Seydel,   **Br Dr. H. Künzel,**
Vorsitzender.   Vicevorsitzender.

Br Dr. Carl van Dalen.   **Br J. G. Findel.**   **Br O. Freih. von Cornberg.**

II.

Das unterzeichnete Lokalcomité des „Vereins deutscher Freimaurer" von den hiesigen Mitgliedern für die Vorbereitungen der diessjährigen Wanderversammlung gewählt, welche vom 23—25. Juli d. J. im Orient von Darmstadt, in unserer Mitte tagen wird, beehrt sich die nachfolgenden Vorschläge zur näheren Kenntniss der Betheiligten, wie aller deutschen Brr Freimaurer zu bringen, denen die unbeschränkte persönliche Theilnahme, mit Ausnahme der Abstimmungen, gestattet ist.

I. Von Samstag, den 23. Juli an werden die mit den verschiedenen Zügen Ankommenden im Bahnhof (im grossen Restaurationssaal des Br Fr. Köhler) von hiesigen Brüdern empfangen werden, die an einer blauen Rosette im Knopfloch zu erkennen sind.

Das Auskunftsbureau befindet sich im Hôtel zum Darmstädter Hof von Br L. Wiener (12. Rheinstr.), Zimmer No. 1 links vom Haupteingang zu ebener Erde, wo während der ganzen Dauer der Versammlungen hiesige Brüder zu gewünschter Auskunftsertheilung bereit sein werden. Hier selbst werden die Gastkarten in Empfang genommen, sowie die bestellten Wohnungen zugewiesen.

Am selben Tage Nachmittag von 2—4 Uhr findet eine Vorstands-Sitzung im Logenhause (18. Sandstrasse) statt.

Daran reiht sich die erste allgemeine Sitzung ebendaselbst von 4—7 Uhr.

Nach Schluss derselben findet gesellige Zusammenkunft im Saale und Garten des Darmstädter Hofes statt.

II. Sonntag, den 24. Juli um 7 Uhr Morgens gemeinschaftlicher Spaziergang nach der im nahen Buchenwalde gelegenen Ludwigshöhe, von wo die herrliche Aussicht nach dem Rhein, der Bergstrasse und dem vorderen Odenwald gewährt ist: Frühstück daselbst. — Diejenigen Brr, welche die Wohlthätigkeitsanstalten, die Krippe, die Kleinkinderschule, die Knabenarbeits- und die Idioten-Anstalt besuchen wollen, werden in derselben Zeit von Brüdern dort eingeführt werden.

Von 11—2 Uhr zweite allgemeine Sitzung im Logenhause.

Um 3 Uhr Bankett im Saale des Gasthofs zur Traube bei Br Stempel pr Couvert ohne Wein à fl. 1. 24.

III. Montag am 25. Juli Ausflug (wo möglich in Begleitung der Schwestern) nach der Bergstrasse und den Höhen des vorderen Odenwaldes und zwar in zwei Richtungen.

Die erste mit der Main-Neckar-Eisenbahn nach Jugenheim, über den Feldberg, das Felsenmeer und das alte Auerbacher-Schloss.

Die zweite mit der Eisenbahn bis Bensheim über Schloss Schönberg und das Fürstenlager. Sammelpunkt ist Auerbach, wo im Gasthof zur Krone bei Diefenbach Restauration stattfindet.

IV. Dienstag, den 26. Juli Rheinparthie um 7 Uhr mit der Ludwigsbahn nach Mainz, wo der Dom, das römische Museum, das Gutenbergsdenkmal, das Drusus Denkmal wie überhaupt die Stadt besichtigt werden können.

Von da ab 10 Uhr 35 M. mit der Eisenbahn nach Oppenheim, wo mit den Brn des freimaurerischen Kränzchens „Concordia zur Landeskrone" nach einem Rundgang durch die Stadt, nach dem Besuch der Katharinakirche, der Landeskrone und einer „Probe ächten Oppenheimer Rebenbluts in den Kellern", ein gemeinschaftliches Mittagsmahl eingenommen wird.

Um 4 Uhr mit der Eisenbahn nach Worms, Besichtigung des Lutherdenkmals und des Doms etc. etc.

Um 8 Uhr Rückfahrt nach Darmstadt.

Die allbewährte Gastfreundschaft Darmstadts wird sich am wenigsten in den Bruder-Kreisen verläugnen. Nach ernster Arbeit für die Interessen der deutschen Freimaurerei im Besonderen und des Menschheitsbundes im Allgemeinen werden die lockenden Höhen der Bergstrasse und des Odenwaldes mit den alten Ritterschlössern, und der deutsche Vater Rhein mit seinen uralten Stätten deutscher Sage und deutschen Culturlebens, und seinen Rebengeländen, zwei ungetrübte Freudentage und unvergessliche Erinnerungen allen theilnehmenden Brüdern bereiten.

> „Zur Bergstrass', ihr Brüder, hemmt all' an den Rhein,
> Ihr Brüder, wir rathen Euch gut;
> Da geht Euch das Leben so freudig ein,
> Da blüht Euch so fröhlich der Muth!" —

Drum auf nach Darmstadt, Ihr Brüder, von Nord und Süd, von Ost und West; auch Ihr, die Ihr noch nicht dem freien Wanderverein der deutschen Freimaurer angehört. Wir heissen Euch Alle zwischen Rhein, Main und Neckar zum Voraus herzlich willkommen!

Orient Darmstadt, den 30. März 1870.

Das Lokalcomité des Vereins deutscher FrMr.

Anmeldungen der Brüder mit etwaigen Wünschen der gastlichen Beherbergung bei hiesigen Brüdern oder der Aufnahme in Gasthäusern wollen an Br C. Gaulé gerichtet werden. (Addr. Generalagent Carl Gaulé in Darmstadt, Elisabethenstrasse Nr. 12.)

Ein maurerisches Ostern.

Noch war die Erde nicht ganz vom Eise befreit, aber der Südwestwind, welcher an ihm schon seit Wochen seine lösende Kraft bewährt hatte, die Sonne, welche kein Weisses duldet, arbeiteten vereint, das Hoffnungsgrün wieder zu Tage zu fördern, welches im heiteren Reich der Farben den Reigen beginnt, und dem Auge der Welt verkündet, dass es wieder einmal Frühling werden will.

Myriaden von Tropfen fielen in geschäftiger Eile von Bäumen und Dächern auf den Boden herab, und — diesem traulichen Geräusche lauschend — sass der Oberförster im milderwärmten Zimmer des Jagdschlosses, das Haupt auf den Arm stützend an einem kleinen Tische des Fensters, und der Halbmond — dessen sanftes Licht dann und wann durch die Wolken brach — beleuchtete sein ruhiges Antlitz.

„Es ist doch seltsam" — sagte er für sich hin — „dass die Natur nur wenige Monate braucht, um sich wieder zu verjüngen, von Neuem Blüthe und Früchte zu treiben, während es mit dem lieben Menschenvolk so langsam geht. Ehe das seinen einmal gefassten Standpunkt überwindet und neuen Anschauungen gerecht wird, bedarf es vieler Jahre. Es hängt mit einer Zähigkeit an dem einmal Ueberkommenen und lange Gewohnten, dass dem immer Vorwärtsschreitenden — dieser Philisterhaftigkeit gegenüber — die Geduld endlich ausgeht, und er sich zuletzt lossagt von einer Gesellschaft, die der unaufhaltsamen Zeitströmung kein Jota von der Bequemlichkeit opfern will, in welche sie sich mit der alten Ordnung eingelebt hat. Indess ist dies doch nicht liberal so, und wohl dem Manne, der, ohne an die Scholle gebunden zu sein, andere Wirkungskreise aufsuchen kann, die seinen Bedürfnissen besser entsprechen und seinem vorwärtsstrebenden Geiste Nahrung geben! Wie schlimm ist der, derjenige daran, welcher bleiben muss, wo er ist, und nur mittelbar aus der Ferne Anregung erhält, in seiner Umgebung aber allein steht und mit seinen Ansichten überall anstösst! Ihm bleibt nichts übrig als ein periodischer Ausflug, an dessen Errungenschaften er dann — zurückgekehrt — zehrt, wie in langer Winternacht der einsame Hamster."

Peitschenknall und das Rollen eines Wagens unterbrach dieses Selbstgespräch, und der Waidmann eilte hinaus, um die Gäste zu empfangen, die sich bei ihm angemeldet hatten.

Bald sassen sie mit ihm in einem anderen Zimmer, das von einem aus Hirschgeweihen componirten Kronleuchter erhellt war; und die von einer mehrstündigen Fahrt auf offenem Wagen ziemlich Erstarrten, labten sich an dem vortrefflichen Punsch und dem reichgespickten Rehrücken, der ihnen gleich beim Eintritt entgegengedampft hatte. Man liess Beiden alle Ehre an, und sprach wenig, bis der Magen allerseits sein unveräusserliches Recht bekommen hatte. Nun wurde Wein aufgetragen und jeder der Männer stopfte sich seine Pfeife.

Mit den blauen Wolken, die zur Decke stiegen, stellte sich sogleich das Wort ein, und der älteste der Gäste — ein stattlicher Herr — warf sein schneeweisses Haupt in die Höhe und liess sich also vernehmen:

Nun, mein lieber Bruder vom Walde, nachdem wir unser sterbliches Theil befriedigt, wollen wir auch dem unsterblichen gerecht werden, und — vor allen Dingen — bitten wir Sie, uns mitzutheilen, was Sie bewogen hat, uns zu verlassen. Ihr Brief gab darüber so gut wie gar keine Auskunft; indess haben wir auf den Grund hin, dass Sie sich bei unserer Lehrart unglücklich fühlen, Ihr Dimissoriale ertheilt, und sind gekommen, um im vertrauten Kreise Näheres zu erfahren. Ich hoffe, Sie werden darin nicht eitle Neugier erblicken, sondern vielmehr einen Beweis finden, dass Sie uns durch Ihren Austritt nicht gleichgültig geworden sind. Zwar wissen wir aus Ihren Zeichnungen, welche Sie früher von Zeit zu Zeit der Loge mittheilten, dass Sie die Drei nicht im Sinne unseres Systems auffassen und ihm trotz der weiteren Kenntniss, welche Sie später in höheren Graden erhielten, nicht holder geworden sind; allein wir sehen darin keinen Grund zur Deckung; glauben vielmehr, dass Sie sehr wohl die Form von dem Kern zu unterscheiden wissen und — wenn auch ausgeschieden — doch ewig Maurer bleiben werden., Wir vermuthen daher noch ganz besondere Gründe, die wir sehr begierig sind, zu erfahren.

Der Oberförster that einen tiefen Zug aus der Pfeife, legte sie auf den Tisch und sprach: Ich weiss Ihren Besuch, den ich ganz so auffasse, wie Sie ihn motivirten, sehr wohl zu schätzen, und danke Ihnen dafür, ebenso wie für Ihre gute Meinung, dass ich — wenn auch ewig ausgeschieden — doch ewig Maurer bleiben würde. In meinem Gesuch um Entlassung habe ich, ausser dass ich mich im Orden unglücklich fühle, keine weiteren Gründe angegeben, weil die Erörterung derselben für Sie unerquicklich, für mich aber unersprieslich war, weil ich wusste, (Sie haben dies ja auch eben selbst bestätigt), dass dieselben nicht als zureichend anerkannt werden würden. Da Sie aber argwöhnen, dass diesem Vorgange im Hintergrunde noch etwas ganz Besonderes vorliege, so versichere ich Ihnen hiermit dass dem nicht so ist, sondern dass einzig und allein die sogenannte Lehrart mich nach langem Kampfe zu dem Entschluss gebracht hat, von Ihnen zu scheiden.

Der der Kanzleirath fragte: wenn Ihrer maur. Auffassung die Form nicht entsprach, warum hielten Sie sich dann nicht an den Kern?

Oberförster. Ich höre, dass — wie bei vielen Brn — auch bei Ihnen Form und Lehrart gleichbedeutend ist. Für mich ist das zweierlei. Form nenne ich die bildliche Sprache, mit welcher der Stoff anschaulich gemacht wird; Lehrart — als Ausdruck von dem schwedischen System anwendbar — deutet auf das fremde Element, welches dem Kerne octroirt wurde, und ihn nicht blos verdunkelt, sondern zu einem ganz anderen Stoffe macht. Die Form also, die Bildersprache, in welche sich der mr. Stoff kleidet, hat mich nicht vertrieben, sondern der durch die Lehrart veränderte Stoff. Meines Erachtens giebt es für die Maurerei keinerlei Lehrart, sondern nur eine Lehre, welche nichts anderes ist, als Reflexion des Stoffes. Bei dem schwedischen System nun findet sich der Stoff unfrei, eingehüllt in eine Materie, die seiner Natur geradezu entgegen ist; darum die besondere Lehrart, welche in ihrer Durchführung von der ursprünglichen Maurerei abführt, und desshalb mich veranlasst hat zu decken.

Kanzleirath. Wenn — nach Ihnen — die Lehre Reflex

des Stoffes ist, so wird sie je nach dem Auge, in das er fällt, verschieden sein; denn Jedes sieht anders und so hat Jeder Recht.

Oberf. Für sich allerdings, aber überhaupt? gewiss nicht.

Kanzleirath. Wer bestimmt, ob Einer Recht hat in diesem Sinne?

Oberf. Der Kenner! — Ich meine den von Vorurtheilen freien Mann, der Alles prüfte, und so zum Urtheil kam.

Kanzleirath. Und was sagt dieser von unserem System?

Oberf. Was Einer seiner Bekenner und Vertheidiger selber von ihm sagt — dass es ein Gemachtes ist.

Kanzleirath. Ist das System der Grossloge von England, auf welches unsere Gegner fussen, nicht auch gemacht?

Oberf. Wohl! Es kommt nur darauf an, ob es ein aus dem Laufe der Geschichte und dem Zeitbewusstsein hervorgegangenes, zweckmässig zusammengesetztes Ganze ist; und das ist eben jenes englische. Das schwedische beruht auf einem Problema, zu dessen Annahme ein starker Glaube gehört. Und das ist der Punkt, der uns entzweit, der Stein des Anstosses für jeden mit der Geschichte und dem eigentlichen Wesen der Freimaurerei vertrauten Bruder. Lassen Sie uns hier abbrechen; ich fürchte bei weiterer Ausdehnung des Gespräches eben die Unerquicklichkeit und Unerspriesslichkeit, welche mich abhielt bei meinem Entlassungsgesuch ausführlicher zu sein; ich fürchte zu deutlich zu werden, und das ist es, was man mir schon so oft bei meinen kleinen maurerischen Zeichnungen vorgeworfen hat. Bin ich es dort schon gewesen, wie viel mehr würden mir bei unmittelbarer Mittheilung meiner Ansichten die Lippen übergehen.

Der Kanzleirath erwiderte hierauf nichts, und es entstand eine peinliche Pause, welche Bruder Reinhard mit der Bemerkung anhob, dass wir ja hier in keiner Loge seien, sondern ausserhalb derselben stehend uns über mr. Dinge unterhielten, da könne man den Vorhang wohl fallen lassen, der sonst dem freien Worte den Zugang hemmt.

Br Walther setzte hinzu, dass er überhaupt dafür halte, man müsse bei Abhandlungen über das Wesen der Sache auch in der Loge rückhaltlos seine Meinung sagen, und gar nicht danach fragen, ob Dem und Jenem das recht sei, es würde durch derlei Rücksichten die Sache wahrhaftig nicht gefördert. Er habe öfter wahrgenommen, dass Brr, die einen Vortrag über andere Systeme halten wollt, deswegen abgelehnt worden seien, weil in denselben andere Gesichtspunkte eröffnet und deshalb der Glaube an die Wahrheit unseres Dogma wankend gemacht werden könnte. Diese Brr wären dann von den Logenarbeiten weggeblieben, weil sie eben nicht wirken dürften, wie es ihnen zur Erhaltung und lebendigeren Gestaltung des guten Sache nothwendig erscheint, und es sei immer kein gutes Zeichen für den Geist einer Loge, wenn solche Brr durch derlei Engherzigkeit von ihr fern gehalten würden.

Nun? — fragte Br v. Norden, sich zum Oberförster wendend — fühlen Sie sich durch diese Aeusserungen nicht ermuthigt, Ihre Erörterungen fortzusetzen?

Nein! — entgegnete der Oberförster — ich fürchte gerade Ihnen, der Sie dieselben am wenigsten vertragen

können, wehe zu thun, und das ists, was ich gerade heute vermeiden möchte, wo ich zum Erstenmale die Ehre habe, Sie bei mir zu sehen.

v. Norden. Wenn ich Sie nun aber bitte, früherer Empfindlichkeiten meinerseits nicht zu gedenken, sondern Alles zu sagen, was Sie auf dem Herzen haben.

Der Oberförster sah den Sprecher mit einem forschenden Blicke an und da dieser denselben mit ruhig lächelnder Miene aushielt, sagte er: gut denn! wenn keiner der Brüder meine Offenherzigkeiten übel nehmen will, werde ich mit meinen Bekenntnissen fortfahren. Zuvor aber lassen Sie uns ein Glas leeren auf die Liebe, wie sie in der maurerischen Kette, die ja auch in exclusiven Logen geschlossen wird, ihren Ausdruck findet.

Die Brüder erhoben sich von ihren Sitzen, und der Kanzleirath sprach: Es gelte allen auf dem Erdkreis zerstreuten Freimaurern, welche wahrhaft am rohen Steine arbeiten, und für das Bestehen, also um die Fortbildung des Bundes bemüht sind! Sie leben!

Man stiess an, und der Oberförster — durch diese Fassung des Toastes sichtlich begeistert — nahm wieder das Wort. — Ja, meine Brüder, sagte er: Ein „Vivat!" allen Maurern! — Aber klingt dieser Schlusstoast und das Kettenlied in den exclusiven Logen nicht wie Ironie? — Wenn das Alle umschlingende Band und der Toast darauf eine Maxime sein soll, dann muss auch ein Prinzip Alle durchdringen, die daran Theil nehmen. Da das Prinzip aber nicht allgemein ist, so wird das Kettenlied zur Lüge, und es riecht nach Jesuitismus im Vereine der freien Maurer.

v. Norden unterbrach den Oberförster mit dem Einwurf: müssen wir denn Jesuiten sein, wenn wir ungeachtet unserer Ausschliesslichkeit auch die Brüder leben lassen, welche im Prinzip anderer Meinung sind? Ist dies nicht vielmehr ein Beweis ächt christlicher Liebe?

Oberförster. Nein! denn wie keiner wahrhaft christlichen Liebe, und wenn Andersgläubige in das Bereich maurerischer Toaste gezogen werden, so geschieht dies nicht aus ächt mr. Gesinnung, sondern ist pure Form. Wer in ausschliesslichen Logen zwanzig Jahre gelebt, hat Gelegenheit genug gehabt zu beobachten, dass Brr solcher Logen, welche nicht nach dem Glauben, sondern nur nach der Gesinnung fragen von den Rittern verächtlich angesehen werden, wenn diese auch zu Zeiten und bei gewissen Gelegenheiten die Humanen spielen.

v. Norden. Haben Sie diese Erfahrung an allen gemacht?

Oberförster. Ich kenne einige Ausnahmen, aber die Mehrzahl ist von jener Art. Sie macht sich mit ihren Bändern an jedem Feste breit und stolzirt einher, als wenn sie durch die höhere Erleuchtung und das Näherstehen an Salomonis Throne etwas Besseres geworden wäre als die Sorte der Johannisbrüder. Müssen nun diese nicht irre werden, da sie immer von brüderlicher Gleichheit gehört, und nun erfahren, dass diese Gleichheit ein leerer Schall, eine blosse Phrase ist?

Kanzleirath. Schlimm genug, wenn die Johannisbrr solche Erfahrungen machen! Daran sind doch aber die höheren Grade nicht Schuld, sondern der Umstand, dass diese nicht blos an solche Mitglieder ertheilt werden, die würdig sind sie zu empfangen, sondern auch an solche, die aus Eitelkeit und Hochmuth weiter wollen. Würdige Mitglieder nenne ich aber solche Brr, welche den Mr nicht spielen, sondern überall bethätigen, besonders durch wahre, aus dem Herzen kommende Liebenswürdigkeit. Erhielten nur solche höhere Grade, dann würde die brüderliche Gleichheit nicht vermisst werden.

Walther. Dem stimme ich durchaus bei; besser wäre es aber, die Symbole höherer Grade dürften in den Graden für Johannismaurerei von niemand getragen werden.

v. Norden. Dann fehlte der Sporn zur Erringung jener.

Walther. Sollen jene Zeichen, deren Bedeutung Brn niederer Grade unbekannt ist, und Viele nur durch ihre Schönheit reizen, das Mittel sein mehr erfahren zu wollen? Soll durch Erregung der Eitelkeit das Streben nach höherer Weisheit genährt werden? Das wäre unsittlich!

Reinhard. Richtig! und besser als das Nichttragen jener Symbole in den Johannislogen wäre die Ausführung des Vorschlages, dass nicht bloss aller Einfluss der höheren Grade auf die niederen aufhöre, sondern dass sie völlig von diesen getrennt werden.

Oberförster. Am besten wäre es, sie würden ganz aufgegeben; denn statt des Heils, das sie verbreiten wollen, haben sie von jeher Unheil angerichtet, dem Geist der Brei entgegengearbeitet, Elemente hineingebracht, die ihm ganz fremd sind, und das Band der Einheit durch Unduldsamkeit und Ausschliesslichkeit zerrissen. Freiheit des Glaubens und Denkens, allgemeine Duldung und Liebe sind die Lebensadern der FreiMrei; sie fehlen den höheren Graden, folglich erlischt in ihnen das maurerische Licht.

v. Norden. Und ein höheres flammt auf, das sich zu jenem verhält, wie die Sonne zum Monde; sie leuchtet selbst, sein Licht ist Reflex.

Oberförster. Abgesehen davon, dass der Mond sein Licht unmittelbar von der Sonne empfängt, also kein Reflexlicht hat, wollen wir hier nicht weiter untersuchen, ob der Vergleich zwischen dem maurerischen Lichte und dem des Mondes richtig ist; es kommt auch gar nicht darauf an ob das sogenannte höhere Licht höchstleuchtend oder selbstleuchtend genannt werden kann, sondern ob es überhaupt berechtigt ist, sich dem maurerischen zuzugesellen. — Eine auf authentischen Urkunden ruhende, vorurtheilsfreie Kritik hat diese Frage mit — nein — beantwortet; und von Gott und Rechtes wegen müsste der Störenfried des maurerischen Lebens schon längst verbannt sein. Aber unbekümmert um Alles, was gegen ihn auftrat, behauptet er schweigend seinen Platz — aus dem einfachen Grunde, weil er nur durch den Verband mit uns — den einfachen Freimaurern — lebensfähig bleibt, von uns abgetrennt auf immer verloren ist.

v. Norden. Wie das? Die reine Lehre der höheren Grade ist uralt, hat in Zeiten der Verfolgung sich in die Gesellschaft der Masonen geflüchtet, und besteht heute noch, indem sie dieser, blos auf sittlichen Grundsätzen beruhenden Gesellschaft ihren Geist gab, sie zu einer Höheren machte, aus Erkenntlichkeit für die erhaltene Zufluchtsstätte ihre Formen beibehielt und ist als integrirenTheil der nervus rerum des Ganzen. Mit seinem Falle würde die Mrei aufhören etwas zu sein, das für die Gesellschaft der Menschen von höherer Bedeutung wäre.

Oberförster. Wie tief sitzt doch das eitle Märchen von einem Durchgange jener esoterischen Lehre durch den alten Verband der Freimaurerbrüderschaft in den Köpfen der kabbalistischen Ritter. Ein einziger Blick in die Geschichte beweist, dass von solchem Durchgange nirgend Zeugniss abgelegt wird, und sein Dasein nur eine Fiction nichtswürdiger Schwindler ist.

v. Norden. Da Sie den höchsten Grad des Ordens nicht erreicht haben, kann ich Ihnen kein Urtheil über diesen Gegenstand zugestehen.

Oberförster. Thut nichts! — Höchsterleuchtete Brr — also urtheilsfähige — haben schon oft bekannt, dass die ganze Geschichte da oben, auf die mit so grosser Emphase gepocht wird, ein nonsens ist; und ein von dem apokalyptischen Geiste der Hochgrade sehr begeisterter höchsterleuchteter Bruder sagte mir kurz nach erhaltener Weihe des neunten Grades: den Beweis schenke ich ihnen!

Kanzleirath. Ueber das pro et contra der letzten Offenbarungen unseres Systems ist schon so viel herüber und hinüber gesprochen, dass es zuletzt widerwärtig wird davon ein Mehreres zu hören. Lassen wir die Sache auf sich beruhen und Jeden davon glauben, so viel oder so wenig er mag. Darüber zu sprechen, wie eine Versöhnung zwischen den Streitenden zu Stande zu bringen ist, scheint mir allein wichtig und nothwendig.

Oberförster. Eine solche ist unerreichbar, so lange das erste maurerische Gebot, die Liebe, nicht erfüllt wird.

Kanzleirath. Haben wir in dieser Pflicht nicht schon einen Schritt gethan, indem wir Andersgläubige zu unserer Arbeit zuliessen?

Oberförster. Allerdings; es muss ihm aber der zweite folgen, die Andersgläubigen nicht blos zuzulassen, sondern auch aufzunehmen.

Kanzleirath. Das ist nicht möglich, ohne das Gesetz aufzuheben.

Oberförster. So muss es eben aufgehoben werden; denn es ist lieblos, Jemanden die Aufnahme zu verweigern, der ausgerüstet mit Allem, was ein Suchender mitbringen soll, an unsere Pforte klopft.

v. Norden. Nur der Christ besitzt die Fähigkeiten, welche der Orden verlangt.

Oberförster. Die geforderten Fähigkeiten bestehen nur darin — das Gute zu erkennen, zu wollen und so viel Intelligenz zu besitzen, den Vorträgen folgen zu können, welche über die allseitige Ausführung desselben gegeben werden. Und diese Fähigkeiten wollen Sie nur den Christen zuerkennen?

v. Norden. Diese allerdings können auch andere Leute besitzen; aber ausser mancher anderen Tugend, die Sie vergessen haben, ist vor Allem hervorzuheben, dass der Suchende in Demuth bekenne, er leiste nichts durch eigene Kraft, sondern nur etwas mit Hülfe und Vermittlung dessen, der unser Aller Meister ist. Diese Selbstverleugnung aber wohnt nur in einem christlich-gläubigen Gemüthe; und ohne sie kann der Ordensgeist nicht Wurzel fassen, sich für seinen Zweck nicht gedeihlich entwickeln.

Oberförster. Natürlich, wo sollte denn sonst der blinde Gehorsam herkommen, der so nothwendig ist. Die Brüder sind ja nur unmündige Kinder, willenlose Werkzeuge für höhere Zwecke! — Ist das nun nicht die klerikale Wirthschaft in optima forma? — Nein! in dieser

Tonart kann sich die Musik der Freimaurerei nicht ergeben, und wenn sie in den Johannislogen des schwedischen Systems Alles durchdringt, wenn die Vernunft dort völlig gefangen genommen, der Mensch zur Maschine gemacht wird, so hört eben die Freimrei auf, und die Suchenden, welche etwas zu finden geträumt hatten, was ihnen bisher die Aussenwelt nicht geboten, erfahren bittere Täuschung, wenn im Allerheiligsten die Binde von ihren Augen fällt. Wer freilich — schon von vornherein zum Autoritätsglauben erzogen — nie untersucht, weil er dies für Sünde hält, also Alles unbedingt annimmt, was ihm als Wahrheit geboten wird, den allerdings wird das System sehr glücklich machen; wer aber durch Forschung zur Wahrheit strebt und die Vernunft als höchste Autorität anerkennt, wird es beklagen, dort Aufnahme gesucht zu haben, wo er dem Denken entsagen muss.

v. Norden. Für Freigeister ist auch der Orden nicht gemacht, sondern gestiftet zur Ehre Gottes, zur Befestigung seiner heiligen Offenbarung in den Gemüthern der Menschen, zur demüthigen Erkenntniss, dass all unser Wissen Stückwerk ist und wir nur im Aufblick zu ihm, dem göttlichen Meister, im völligen Aufgeben unseres stolzen Selbst das irdische Tagewerk vollbringen können; endlich aber zur würdigen Vorbereitung auf das künftige Leben, damit wir dort die Krone erlangen.

Oberförster. Bedarf es dazu noch eines besonderen Ordens? Diese Sorge ist ja Sache der Kirche, und wird von ihr vollständig absorbirt. Die Freimrei hat nichts damit zu schaffen; ihre Bestrebungen gehen darauf hinaus, das diesseitige Leben zu einem möglichst vollkommenen und deshalb die Bürger dieser Welt zur Erreichung desselben tauglich zu machen. Dazu gehört aber — in höchstem Betracht — die Erfüllung aller Forderungen der Sittlichkeit; dann die Hinwegräumung alles dessen, was Menschen entzweit, also der religiösen und politischen Glaubensmeinung, der Vorurtheile des Standes und Vermögens, zum Zwecke der vollkommensten gegenseitigen Anerkennung; und endlich die innige Vereinigung Aller im Streben nach allseitiger Vollkommenheit und wahrer Humanität.

So lange diese Principien nicht in allen Logen der Welt als zureichend und maassgebend anerkannt werden, so lange wird die Freimrei ihre Sendung nicht vollkommen erfüllen und ihre Feinde werden nicht aufhören, sie an den Auswüchsen zu erfassen, ihrer Zwittergestalt zu spotten und so der Verachtung der intelligenten Welt preis zu geben. Wir mögen in unserer Werkthätigkeit noch so eifrig sein und durch sie uns Achtung zu verschaffen suchen, es wird uns immer die Zerrissenheit und Zerfahrenheit vorgeworfen werden, mit der tief unter Gesellschaften stehen bleiben, die wir ihrer Tendenz wegen hassen oder verachten, und die doch gerade durch ihre Einheit zu der Macht und Grösse gelangt sind, vor welcher die Welt zittert. Wie anders, wenn wir zu jener Einheit durchgedrungen wären, und vermöge des allgemeinen Liebewillens segnend und schützend ihr unsere Hände reichen könnten! Aber ehe dies geschieht, muss erst noch eine Generation zu Grabe getragen sein.

v. Norden. Gut, dass Sie die Erreichung dieser Einheit so weit hinaussetzen; denn jeder von uns möchte die reine Lehre des Systems doch so lange erhalten wissen,

bis ihm das letzte Stündlein schlägt. Käme sie früher, müssten wir alle decken; denn — abgesehen von anderen Gründen — würde sich keiner von uns den sogenannten Bauhütten zuwenden; das hiesse vom Künstler zum Handwerker herabsteigen.

Oberförster. Da ich nun — nach Ihrer Ansicht — in diesem Falle bin, so erlauben Sie mir, Ihnen zu bekennen, dass ich mich von ganzer Seele freue, endlich der Fesseln ledig zu sein, die jede Fortbildung des mr. Geistes unmöglich machen, und — ihn corrumpirend — dem Zeitbewusstsein gegenüber — auf der Rumpelkammer alles Verbrauchten und Ueberwundenen seinen Platz anweisen. Was übrigens den Künstler betrifft, lasse ich dahingestellt sein, auf welcher Seite er eher und besser zu finden ist, jedenfalls aber hört er nach Abstreifung des Tempelbr. nicht auf; denn die Kunst ist allgemein und ganz unabhängig in ihrem Schaffen von irgend einer kirchlichen oder andern Machtvollkommenheit.

v. Norden. Die Kunst war und ist heute nur noch als Dienerin der Kirche das, was sie sein soll. Sobald sie sich um profane Dinge bewegt, hat sie ihren Zweck aus dem Auge verloren und ist ohne Werth.

Oberförster. Zweck der Kunst ist, durch Darstellung des Schönen dem menschlichen Geiste diejenige Anregung zu geben, welche ihn vor dem Versinken und Verflachen in das Triviale bewahrt. Das Schöne aber lebt und webt überall im Heiligen wie im Profanen; deshalb ist es ganz gleich, was Einer bildet, wenn in dem Geschaffenen nur die Schönheit nicht fehlt. Wie nun ein Künstler darum, weil er seinen Gegenstand aus der Heiligengeschichte nimmt, nicht um ein Haar breit grösser ist als der, welcher uns Thaten aus dem profanen Leben vorführt; — ebenso wenig steht der Maurer, welcher die Tugend darstellt, nicht um eine Stufe niedriger als der Templer, welcher vor Allem den Glauben befestigen will; und wenn behauptet wird, dass nur gläubige Gemüther im Stande sind, das Gute, Wahre und Schöne zu wollen und auszuüben, so beweist die Geschichte der Vergangenheit wie der Gegenwart tausendfach das Gegentheil. Nicht weil er ein gläubiger Christ gewesen ist, wird der Maurer in der letzten Stunde vor dem Richterstuhle des Gewissens bestehen, sondern weil er das Gute gewollt und gethan hat. Dies — ich wiederhole es — ist das Alpha und Omega im mr. Geiste; darüber sind alle Logen einig, denen der flammende Stern das höchste Symbol ist, und — Tempel sei Dank! — sie bilden die Mehrzahl, so dass sicher zu erwarten ist, sie werden dereinst über die Logen siegen, in deren Osten das Symbol des Kreuzes steht und die das mr. Nadir verloren haben.

Kanzleirath. Wieso haben sie es verloren? es besteht heute noch in den unteren Graden; wer nicht darüber hinaus will, kann es ja bleiben lassen, es gibt ja auch viele Brüder bei uns, die das thun.

Oberförster. Und unter diesen manch Einen, den die dogmatische Färbung stört, welche beim schwedischen System den unteren Graden gegeben ist. Andere macht sie verwirrt durch die aus ihr hervorgehenden Widersprüche, noch Andere sind empört über die Fälschung der reinen Materie, welche die Geschichte nachweist.

v. Norden. Ich begreife nur nicht, wie diese,

Empörten alle noch bei dem ihnen verhassten System beharren können; warum sie nicht austreten.

Walther. Es ist auch nur dann zu begreifen, wenn man erwägt, dass bei uns keine Logen existiren, die zur weissen Fahne schwören, auch keine solchen errichtet werden dürfen, jene Brüder aber — trotzdem sie keinen Boden für ihr volles maurerisches Bedürfniss finden, doch den brüderlichen Verkehr nicht missen wollen.

Kanzleirath. Dieser brüderliche Verkehr sollte ihnen eben Hauptsache sein, und — sich rein an den praktischen Theil der Lehre haltend — den dogmatischen ganz bei Seite lassend — könnten sie recht wohl mit uns leben und streben. Aber es ist als wenn der Satan jetzt in alle gefahren wäre, und sie fortwährend stachelte den Frieden und die Ruhe zu stören, die uns so lange gegönnt war. Selbst hochgraduirte Brüder sind von der Pest der Aufklärung angesteckt und fangen an zu rumoren. Wenn das so fortgeht, haben wir eines Tages die schönste Rebellion; und dann — gute Nacht! — Ordnung und Gemüthlichkeit!

Walther. O dass dieser Tag recht bald erschiene! denn ohne ihn werden wir aus dem Dilemma nicht heraus kommen, in welches die Zeit uns gebracht hat. Anders werden muss es; denn faul ist Vieles am Maurerwerke, faul in der Form, faul in der Farbe, und die ganze Composition ist zerrissen.

Reinhardt. Sie war nie eine Harmonische! und deswegen wiederhole ich, die höheren Grade müssen von den niederen getrennt — und Alles aus diesen entfernt werden, was an jene erinnert.

Kanzleirath. Sagte ich es nicht? Die Ritter von Osten und Westen fangen nun auch an revolutionär zu werden; zuletzt sitzt der Ordensrath allein in Kapitel und weiss keinen andern Rath als — dasselbe zu schliessen!

Oberförster. Ich wollte, es wäre erst so weit! Aber es sind der Brüder noch zu viele, die in dem Wahne stehen, es sei aus diesem doppelzüngigen System noch was zu machen. Andere sind durch den Knechtssinn, den es durch seinen Geist, wie durch seine Institutionen in ihnen ausgebildet hat, so umstrickt, dass sie ihre Mannesswürde — selbstständig zu denken und zu handeln — verloren haben; die Mehrzahl aber ist überhaupt dem Denken abhold, und kümmert sich um gar nichts. Wenn alle Johannisbrüder einen Begriff von der Entstehung und dem Werthe des maurerischen Gedankens, und für seine Verwirklichung Begeisterung hätten, dann würde ihnen die Energie nicht fehlen, das Einzige zu thun, was bei der Fruchtlosigkeit maurerischer Bestrebungen in unserem engeren Vaterlande übrig bleibt.

Kanzleirath. Das wäre?

Oberförster. Einstimmig Protest zu erheben gegen die Ordensmaurerei.

Kanzleirath. Und wenn der unbeachtet bliebe?

Oberförster. Bessere Zeiten abwartend, die Werkzeuge niederzulegen.

Kanzleirath. Das heisst also die Arbeit in den Logen sollte aufhören?

Oberf. Besser gar nicht arbeiten, als falsch arbeiten!

Kanzleirath. Was würde aber aus den Armen, aus den vielen segensreichen Stiftungen? Was würde aus der Verbindung überhaupt und ihren Versammlungslocalen?

Oberförster. Die Verbindung bleibt vor wie nach, beschränkt sich aber aufs Wohlthun, giebt die Räumlichkeiten ihrer Häuser für alle möglichen guten Zwecke hin, behält sich ein Zimmer für ihre Conferenzen und gewöhnlichen Zusammenkünfte, und ändert nur den Namen; sie nennt sich die Gesellschaft der barmherzigen Brr. Somit wird der Welt genützt, ihre allgemeine Achtung errungen, innere und äussere Feinde ziehen sich zurück, alle gradezu schädlichen Einflüsse und Eindrücke fallen weg, aller Streit hat ein Ende. —

Walther. Es wäre das wenigstens ein Theil der Maurerei, und es eröffnete sich ein grosses Feld für die jetzt so allgemein hervorgehobene äussere Werkthätigkeit. Aber ich hoffe, es wird der höheren Arbeit in Kurzem ein schöner Morgen blühen — auch ohne Protest — und zwar durch den Grossmeisterverein.

v. Norden. Glauben Sie, dass dieser der Demokratie jemals Concessionen machen wird?

Walther. Der Demokratie?

v. Norden. Allerdings, denn der Geist, welcher in den Bauhütten herrscht, welchen der Oberförster das Wort redet, ist ein demokratischer, und diesem wird in unserem Staate kein Grossmeister Vorschub leisten.

Reinhard. Das heisst also so viel als: Die Demokratie beschäftigt sich — wie die Freimaurerei mit dem Wohle der Menschheit.

v. Norden. Sie verstehen mich nicht, ich meine dass der Geist, welcher in den Bauhütten herrscht, kein aristokratischer ist.

Reinhard. Also Sie meinen, die Aristokratie beschäftigt sich nicht mit dem Wohle der Menschheit.

v. Norden. Wollen Sie mich schrauben? — Demokratie und Freimaurerei im Sinne der Bauhütten fordern unbedingte Freiheit. Diese gereicht der Menschheit niemals zum Wohle, und ist ganz gegen die Ordensregel, folglich wird kein Grossmeister von ihr abweichen.

Reinhard. Wer sagt Ihnen, dass die Anhänger der allgemeinen Maurerei unbedingte Freiheit wollen? — Das ist ein Vorurtheil, in welchem Viele von uns befangen sind. Die gewollte Freiheit ist eben von der Vernunft bedingt.

v. Norden. Vernunft ist Sünde, Geist ist Teufel! Sie begen zwischen sich den Zweifel, ihr missgestaltet Zwitterkind. Darum der Unglaube an die Lehre des Ordens, daher aller Zwiespalt und Abfall vom ursprünglichen Geiste.

Kanzleirath. Nun genug von Alledem! Wünschen wir lieber, dass zur Zufriedenheit Aller eine Ausgleichung der Gegensätze gelingen möge! Darauf lassen Sie uns unsere Gläser leeren, und — Oberförster — wir bleiben trotz Ihres Abfalls und der Verschiedenheit unserer Ansichten die Alten. — Noch eins — wo werden Sie sich hinwenden? Wahrscheinlich zu den Yorkern; denn die Weltklügler sind Ihnen doch wohl noch zu hochgraduirt?

Oberförster. Sie fragen Beide nach einem Glaubensbekenntniss: — wo die Humanität keine Schranke kennt — da allein ist des Maurers Heimath! —

Literarische Besprechung.

Findel, J. G., die Schule der Hierarchie und des Absolutismus in Preussen. Eine Vertheidigung des FreiMrbundes wider die Angriffe der „höchstleuchtenden" Gr. L. L. v. D. Leipzig, 1870. Verlag von Findel. 4¹⁄₂ Bogen. 9 Sgr.

Da ich mein eigenes Buch nicht selber besprechen kann, so theile ich die Urtheile einiger Brüder verschiedener Systeme hier mit.

Einer schreibt: „Ich war erstaunt über Deine kühne und offene Sprache, es wird an einer Fluth von Angriffen und Schmähreden gegen Dich nicht fehlen." Diese Vorhersagung ist nicht eingetroffen, es sind mir vielmehr bisher nur zustimmende Urtheile zugegangen, welche fast durchweg auf die Worte hinauslaufen: „Scharf, aber wahr!"

Ein anderer Br schreibt: „Brüderlichsten Glückwunsch und herzlichsten Dank für die mannhafte That, die Sie durch Ihr jüngstes vortreffliches Geistesproduct gewagt, indem Sie einem Bonifacius gleich die Axt an die Wurzel des Giftbaumes gelegt und an einem Götzenbilde gerüttelt, vor dem immer noch viele FrMr knien, ohne zu wissen, wie tief sie sich dadurch erniedrigen.

Ihr Schlag in das sumpfige Wasser eines der freien Strömung entbehrenden Nebenflusses des herrlichen Stromes, an dem Tausende freier Männer und Maurer sich erfreuen, wird weite Kreise ziehen; auch in unserem Grosslogenbunde wird es nicht unbemerkt vorübergehen." — —

Aus einer Loge schwedischen Systems theilt man mir mit: „Dein Opus hat hier unter den Brn, welche sich für Mrei interessiren, grossen Beifall gefunden und Einer, der bei seinen Vorträgen stets in die dogmatische Kerbe haut, hat trotzdem erklärt, es sei „blos schändlich, dass es so wahr" ist; ein Anderer wollte sofort decken und wieder ein Anderer meinte, Br Findel habe ganz recht; es sei dies System ein System der Lüge, dem man immerfort zu Leibe müsse, bis der maurerische Geist den Sieg gewonnen." —

Damit genug. —

Feuilleton.

Giessen. — Die Loge in Giessen erhält eine bedeutende Kraft und einen werthvollen Zuwachs in dem von Heidelberg an die Hochschule berufenen trefflichen Bruder W. Oncken, Professor der Geschichte.

Sangerhausen. — Die hiesigen Mitglieder des Vereins deut. FrMr beabsichtigen am 29. April Abends 5 Uhr eine Bezirksversammlung des Vereins abzuhalten, an welcher sich von auswärts auch Br A. D. Cramer von Eichenbarleben und der Herausg. d. Bl. sich betheiligen werden. Nach den Berathungen findet ein einfaches Brmahl statt. Nicht-Mitglieder des Vereins sind willkommen.

Briefwechsel.

Br C. R. in Schw.: ihre Bestellung habe ich nach Br. an Br v. C. befördert. Ich gehöre keinem „Orden" an und bin daher kein „O.", sondern ein „Bundesbr." Herzl. Gegengruss!

Br L. Sch—d in P—n: Ich bitte als Nachtrag zu Ihrer Anmeldung zum V. um gefäll. Angabe Ihrer Loge. Die V.-schriften (Statuten etc.) sende Ihnen durch F. Brdl. Gegengruss!

Br A. M. in K—ch: Natürlich an einen Papst, sei es in Berlin oder Rom, da mir andere „Unfehlbare" nicht bekannt sind. Sie scheinen übrigens das „Licht" aussen, statt innen zu suchen.

Br A. P. in O. O. Betrag von 12¹⁄₂ dankend erhalten. Brüderl. Gruss!

Br L. N. in A—dt. Erhalten; nach H. kann ich leider nicht kommen. Besten Gruss!

Br E. A. in Schm. Ist mit Vergnügen durch Sch. Buchhandlung geschehen; brdl. Gegengruss!

Quittung:

Jahresbeitrag zum Verein pr 1870 eingegangen von Br O. H. in St. G. Thlr. 8.; von Br C. L. in C—n: Thlr. 1.; von Br N. in Fr—g Thlr. 1; von Br U—r in Br. Thlr. 1; von Br D—na in H—g (fl. 68) Thlr. 3; von Br W. in St. Thlr. 1.

Verantwortlicher Redacteur: Br J. G. Findel. — Verlag von Br J. G. Findel in Leipzig. — Druck von Brr Bär & Hermann in Leipzig.

№ 17.   XIII. Jahrgang.

Die
BAUHÜTTE.

Begründet und herausgegeben

von

Br J. G. FINDEL.

* Organ des Vereins deutscher Freimaurer. *

Handschrift für Brr FrMr.   Leipzig, den 23. April 1870.   MOTTO: Weisheit, Stärke, Schönheit.

Von der „Bauhütte" erscheint wöchentlich eine Nummer (1 Bogen). Preis des Jahrgangs 3 Thlr. — (halbjährlich 1 Thlr. 15 Ngr.)
Die „Bauhütte" kann durch alle Buchhandlungen bezogen werden.

Einheit der Sprache.

Vortrag, gehalten in der Loge zur Brudertreue a. d. Elbe
in Hamburg.

Von

Br Rud. Ehrenberg.

„Wir wollen sein ein einzig Volk von Brüdern, in keiner Noth uns trennen und Gefahr", das ist der Schwur, den nach unserem deutschen Dichter ein kleines Völkchen leistete, welches gegen Druck und Elend, gegen Uebermuth und Bosheit keine andere Waffen hatte, als Eintracht und Einigkeit, um Herz an Herz und Hand in Hand zu leiden, dulden und ertragen, aber auch sich gegenseitig zu ermuntern, im rechten Augenblick zu handeln und den Sieg davon zu tragen. Durch Beherzigung des im Schertone ihm gegebenen Rathes: „seid einig, einig, einig" gelang das grosse Werk, und wo mächtige Nationen durch Zersplitterung ihrer Kraft und Abweichungen der Ansichten und Meinungen in ihren Unternehmungen scheiterten oder gar zu Grunde giengen, da erwuchs hier aus der Einheit der Gesinnung, aus einmüthigem Handeln nicht nur der Muth, jeder Gefahr die Stirn zu bieten, sondern auch die Kraft, die Fesseln zu brechen und aus dem Sklaventhum zu freien Männern sich zu erheben.

Einheit und Einigkeit sind die Factoren, die der grosse Weltenmeister beim erhabenen Bau des Weltalls in Anwendung brachte, um Uebereinstimmung in allem Geschaffenen, trotz Verschiedenheit der Organisation hervorzubringen. Einheit liegt der Formbildung des todten

Minerals zu Grunde, das in seiner Krystallisation überall dieselben regelmässigen Linien und Winkel und Flächen zeigt; Einheit findet man in der Pflanze, im unscheinbaren Grashalm, wie in dem stolzen Baum; denn nach demselben Prinzip entwickelt sich das Samenkorn in der Erde, bildet Zellen und vergrössert sich, bis es in seiner Vollendung dasteht; Einheit durchweht trotz aller Formverschiedenheit das Reich der Thiere, vom Wurm, den wir mit Gleichgültigkeit zertreten, bis durch alle vollendeteren Stufen hinauf zu dem Geschöpf, das sich das Ebenbild des Schöpfers nennt: es lebt und wirkt und schafft in der Einen Idee: Selbsterhaltung.

Aber auch eine einzige, einheitliche Kraft ist es, wie verschieden wir sie auch immer benennen mögen: ob Naturkraft, ob Weltengeist, ob Dreiheit in der Einheit, Jehovah, die diese Uebereinstimmung im Weltenraume erzeugt; dieselbe Kraft, die im Stein Atom an Atom befestigt und ihn vergrössert, lässt in die Pflanzenwurzel den nährenden Saft dringen und gibt dem Thier je nach der Vollkommenheit seiner Werkzeuge die Befähigung — unbewusst oder bewusst —, selbstständig zu wirken und zu schaffen, um sich zu vervollkommnen und zu veredeln.

Wie aber diese innere Uebereinstimmung sich durch alle Dinge zieht, so finden wir sie auch im Aeusseren wieder, wo das Gleiche sich immer mit dem Gleichen vereint und nur in dieser Vereinigung gedeiht. Die männlichen leblosen wie lebenden Geschöpfe sind zu Gruppen vereint an denselben Stellen des Erdbodens, da wo klimatische Verhältnisse oder Lebensbedürfnisse ihnen ihre Existenz sichern, da sie ja alle, von Klein bis Gross, äusseren Verhältnissen unterworfen sind, denen sie sich nicht zu entziehen vermögen. Nur der Mensch allein, der sich die ganze übrige Welt unterworfen hat, ist nicht an die Erdscholle gebunden, ihm ist der ganze Erdball Heimathsstätte geworden. Wie sehr auch die Menschen in ihrem Aeusseren von einander abweichend erscheinen, ob weiss ob schwarz, ob roth oder gelb: derselbe Geist, dieselbe hohe Gotteskraft liegt dennoch in Allen. Er, der dem Himmel den Blitz entrissen hat, um ihn unschädlich zu machen, der das Wort beflügelt um die Erde kreisen lässt, der Berge ebnet und in das Erdinnere dringt, um dem Schöpfer die Schöpfung abzulauschen, und der sich zum Himmel emporhebt, um die Bahnen der Sonne und Sterne zu bestimmen — gerade dieser Mensch, der überall dieselbe Einheit und Gleichheit besitzt, kennt die Eintracht am wenigsten. Sein allen Wesen überlegener Geist, der ihn zum höchsten und vollkommensten Geschöpfe stempeln soll, macht ihn gar häufig dem niedrigsten gleich. Die bevorzugenden Geisteskräfte, die ihm verliehen worden, durch welche er Einigkeit und Brüderlichkeit begründen und herstellen könnte, dienen ihm dazu, Neid und Zwietracht zu schaffen, Bosheit und Verfolgung zu säen. Das, was ihm das Heiligste und Wichtigste sein sollte, was er ehren und schützen müsste, wird von ihm am meisten herabgewürdigt und zum Gegenstand des Zankes, der Befehdung und Anfeindung erniedrigt. Da ist es zuerst die Religion, die von den verschiedenen Stiftern jedesmal zum Heil und Segen ihrer Mitmenschen gegeben worden, aber von den Menschen zum Unheil und Fluch verwandelt worden ist. Sie, die Himmelstochter, die den Menschen beseligen sollte, die die Erde zum Paradiese verwandeln wollte, wurde zu allen Zeiten und von allen Völkern geschändet und missbraucht. — Oder giebt es wohl noch eine Schandthat, die nicht schon unter dem Schleier sogenannter Religion geübt worden ist. Vom ersten Brudermorde an, den uns die Bibel berichtet, zieht sich Mord und Verfolgung aus Religion wie ein schwarzer Faden durch die Geschichte der Menschheit. Mit dem Schwerte in der Hand wollte man sie im Alterthume verbreiten, durch Auto da fe's und die raffinirtesten Martern suchte man sie im Mittelalter zur Anerkennung zu bringen, und noch die neueste Zeit verkündet uns wie aus Religion alle diejenigen verflucht sein sollen, die sie nicht in einer bestimmten Form anerkennen wollen. Kann man sich wohl eine tiefere Herabwürdigung, einen grösseren Missbrauch des menschlichen Wesens denken? — Die Religion ist, oder soll wenigstens doch nichts Anderes sein, als das Gefühl der Abhängigkeit von einem Schöpfer und die daraus hervorgehende kindliche Verehrung gegen einen Vater. Muss es nicht jedem Kinde freistehen, seine Liebe, seine kindliche Verehrung so dem Vater erkennen zu geben, wie das eigene Herz und das eigene Gefühl es ihm vorschreibt? oder wer unter den Menschenbrüdern ist es denn, der es wagen darf, zu sagen: ich bin besser als du, nur Ich bin das geliebte Kind, und so wie ich denke und handle und es treibe musst du es auch machen, wenn du willst, dass ein Theil der Vaterliebe auch auf dich übertragen werden soll. — Heisst das nicht, wie der Dichter sagt, „wie der Mensch, sind seine Götter", ist das nicht Neid säen, um daraus Todtschlag zu ernten? wird so nicht Religion die erste Ursache zur Entzweiung der Menschen?

Und dann ist es die menschliche Gerechtigkeit, die die Menschen trennt, statt sie zu verbinden. Es ergeht der Gerechtigkeit wie ihrer einzigen Schwester, Religion. Sie gleichen beide dem verschleierten Bilde zu Saïs, welches von den Menschen so sehr von verhüllenden Vorhängen und Teppichen umgeben worden ist, bis von dem innern Wesen gar nichts mehr zu entdecken war — und wehe dem, der es wagt; sie hinter dem Schleier aufzusuchen, er büsst sein frevelndes Unternehmen mit seinem Untergange! Recht und Gerechtigkeit sollen jeden Zwiespalt schlichten, jede Uneinigkeit unterdrücken und das Herz des Bruders dem Bruder wieder zuwenden — aber wer zeigt mir den Fleck der Erde, wo solche Gerechtigkeit geübt wird, wo es nur ein Recht für Alle giebt. Zeigen uns nicht die Kämpfe in der Weltgeschichte, wie Nationen sich immer auf ihr Recht beriefen, um andere unterdrücken zu können oder durch Eroberungen ihrem Stolz zu fröhnen, und haben wir nicht im täglichen Leben der Beispiele genug, wie sehr die Gerechtigkeit selbst zu einer unbekannten geworden sein muss, da die Wächter und Vertreter derselben Trugbilder als ihr Wesen zeigen und durch solche Täuschungen so sehr die Sinne dessen verwirren, der Gerechtigkeit sucht, dass er an ihr verzweifelt und endlich lieber jedes Unrecht — aber mit Hass im Herzen — erträgt, als dass er das Recht um Vermittelung und Aussöhnung bittet, mit Unrecht haben die Alten dem Bilde der Gerechtigkeit neben der Waage auch das Schwert in die Hand gegeben, um zu zeigen, dass sie in ihrer Blindheit nicht immer durch Gradheit versöhnend, sondern mit dem Schwerte auch vernichtend wirkt.

Und ebenso viel und vielleicht noch mehr, als Religion und Gerechtigkeit sind es Handel und Gewerbe, welche die Eintracht der Menschen untergraben. Erwerb ist nothwendig, auf ihm beruht das Glück und die Existenz des Einzelnen wie ganzer Völker. Der Erwerblose versinkt in Armuth und Elend, und seine Kräfte erschlaffen, er wird ein abgestorbenes Glied in der grossen Menschenkette. Aber die Gier nach Gewinn, nach Vergrösserung des Besitzes schreckt vor keinem Mittel zurück die Habsucht zu befriedigen. Da wird der Handel zur Handlung des Lugs und Betrugs, die sich an dem Besitz des Bruders, des Freundes, des Mitmenschen vergreift. Der Begüterte erregt den Neid, die Habgier des Minderbegüterten, und da dieser es jenem an Aufwand und verschwenderischer Pracht gleich thun will, so werden Treue und Glauben, die einzigen Stützen des reellen Erwerbs, gemissbraucht zur Täuschung des Nächsten, und Hader und Zwietracht sind seine Erfolge.

So findet man Uneinigkeit, Zerissenheit überall in der Welt, es fehlt den Menschen an gegenseitiger Uebereinstimmung, man kann, man will sich nicht verstehen: Sprachverwirrung hat überall Platz gewonnen, und die Aufforderung „seid einig" deutet sich jeder in seiner Weise, wie es seinem eigenen Urtheile am besten passt. Um eingewurzelte Krankheiten gründlich zu heilen, bedarf es der Mittel, die den ganzen menschlichen Organismus durchdringen; um solche Schäden an der menschlichen Gesellschaft zu vertilgen, bedarf es einer grossen erhabenen Kunst, die in Wahrheit den Namen einer k. K. verdient. Diese Kunst aber bedient sich zur Heilung nicht der scharfen, tief einschneidenden Instrumente des Chirurgen

— nein ihre Heilmittel sind das sanfte, eindringliche Wort, die Ermahnung und Belehrung, die in allen ihren Jüngern zur Ueberzeugung, zur Handlung führen soll. Damit aber das Wort und die Lehre in allen Anhängern der k. K. Wurzel schlage, so muss es auch in einer Sprache auf der ganzen Erde verkündet werden. — Ja, einerlei Sprache, hervorgegangen aus Einheit des Denkens, des Wollens und Vollführens, das ist das festeste Band, welches die Menschen aneinander zu ketten vermag! Dieses Bindemittel ist kein neues, es ist fast so alt, wie die Geschichte der Menschheit. Schon aus der biblisch-mythologischen Vorzeit wird uns erzählt, dass, als die Menschen nach mancherlei über sie hereingebrochenem Unheil zur Erkenntniss dessen, was recht und unrecht war gekommen waren, da hatten sie einerlei Sprache und einerlei Rede auf der ganzen Erde, und um sich diese Zusammengehörigkeit bewahren zu können, wollten sie sich ein Gebäude errichten, das bis an den Himmel reichte, um welches sie sich zusammenhaltend schaaren wollten. — Und ein ähnliches erhabenes Gebäude ist es, zu welchem seit fast zwei Jahrhunderten freie Männer auf dem ganzen Erdenrund Stein an Stein herbeitragen, um es zu vollenden, und die Krone desselben, die auf drei festen Säulen errichtet ist, ragt in den Himmel hinein — sie heisst Humanität, d. i. Menschenwürde, zum Zeichen dass die Bauleute sich nicht erheben, aber auch nicht erniedrigen wollen! Sie wollen wahre, echte Menschen sein.

Soll aber das Werk vollendet werden, so müssen auch die Maurer nur eine Sprache reden, sie müssen in gegenseitigem Verständniss leben. Eine solche Sprache kann aber keine nationale sein, welche Viele nicht lernen wollen, nicht lernen können. Der Maurer lernt schon Eine einheitliche Sprache, wenn die Binde fällt und er im Lichtesglanze durch Z. W und G., durch Merkmal und Bekleidung zu seinen Brüdern spricht. Aber diese Sprache ist nur eine rein äusserliche, die nichts weiter ausdrückt, als: Ihr Brr M. und G., erkennt mich als einen Eurer Mitarbeiter an. Es ist dies zwar Mr Sprache, aber nicht die Sprache eines wahren Maurers, denn diese liegt tiefer, sie äussert sich nicht in prunkenden Worten, nicht in rhetorischem Glanz, nicht in schwungvollen Redensarten, — sie macht sich durch den Schlag des Herzens, durch den Blick des Auges, durch den Druck der Hand verständlich. Es ist die Sprache, die der lallende Säugling der liebenden Mutter spricht, wenn er im Gefühle des sichersten Schutzes seine Arme um ihren Hals schlingt und sich fest an die Mutterbrust drückt, es ist die Sprache des Herzens, die nicht gelehrt und nicht gelernt wird, und dennoch jedem verständlich ist. In dieser Sprache sollten auch die Arbeiter an dem Bau der Humanität sich verständigen, dann würden auch die Bauhütten stets der Arbeiter voll sein, und wohin der Maurer käme, er müsste überall sich heimisch fühlen, denn er versteht und wird verstanden. Wer aber je auf einer Reise in ein fremdes Land, unter fremde Menschen kam, deren Sprache er nicht verstand, der fühlte sich wie der Schiffer auf dem weiten Ocean, unter gleichen Wesen dennoch verlassen. Keine Freude, denn Niemand ist da, der sich mit ihm freut; sein Schmerz wird ihm doppelt fühlbar, denn er kann ihn Niemand klagen; jede Thräne rinnt unaufhaltsam, denn Niemand

ruft die Hand die sie trocknet; jede Wunde blutet unaufhörlich, denn Niemand bittet den Arzt, der sie heilen kann! So ist auch unter den Mrbrüdern Unverständlichkeit der Sprache entstanden, dass man sich an vielen Arbeitsstätten fremd und verlassen fühlt. Die ursprüngliche Reinheit der Sprache ist verschwunden, man hat sie mit erborgten fremden Tand und Flitter ausgestattet, um wie es von jenem Babelsbau heisst: „sich einen Namen zu machen." Und an solchen Stätten liegt der Bau selbst darnieder; denn die Humanität solcher Arbeiter erstreckt sich nicht über solche, die ihre Menschenwürde nur durch bestimmte Glaubenssätze documentiren. Aber auch andere Bauhütten giebt es, wo die Sprache des Herzens in Vergessenheit gerathen ist oder wo der einzelne Arbeiter sie noch nie verstanden hat, sie noch nie hat verstehen wollen. Wie wäre es sonst möglich, dass die Brr sich in den Versammlungen in Reden der Liebe und Treue und Anhänglichkeit ergehen und gleich darauf so herzlos an einander vorübergehen, als ob sie nur in einer unverstandenen Sprache zu einander gesprochen hätten? — Zwar wird die Humanität als Aushängeschild benutzt, — wird sie aber auch gepflegt und geübt? Erstreckt sich denn die Humanität nur darauf, hier und da eine glänzende Stiftung errichtet zu haben, um „sich einen Namen zu machen", wie es scheinen könnte? Giebt es im täglichen Leben nicht dringende Fälle genug, wo man sich als ein wahrer Arbeiter an dem Werke der Menschenwürde bethätigen kann, auf welchem wir seine Sorge zu mindern, seinen Kummer zu unterdrücken vermag, und man nicht sich achselzuckend von ihm wendet, wenn er an unsere Thür klopft? Es ist zwar oft genug wiederholt: Die FreiMrei ist kein Bettelorden, aber es ist nicht nöthig, dass man betteln muss, wenn man der Mithülfe seines Bruders bedarf! —

O gewiss, meine Brüder, solche und ähnliche Uebelstände würden sich nirgends mehr vorfinden, wenn wir Alle nur in Einer Sprache, der Sprache des Herzens redeten. Besser wäre es in uns, besser würde es um uns sein. Mit dem Dichter können wir sagen: „lasst uns besser werden, dann wirds besser sein." Was wir hier in unsern Arbeitsstätten gedacht, gelobt und versprochen, wenn wir Herz an Herz und Hand in Hand zur Kette vereint gestanden — das wollen wir mit hinaustragen ins Leben und es nicht als einen todten Schatz hier begraben lassen, damit wir uns als würdige Arbeiter an dem Riesenbau, der zum Himmel führt, zeigen! Wenn erst wir Alle, die wir uns Brüder nennen, uns verstehen, uns in der Sprache des Herzens ausdrücken lernen — dann wird es die Welt um uns her wieder von uns ahnen, und dadurch alle Missverständnisse beseitigen und darum:

„Seid einig, einig, einig, dass wir seien ein einzig Volk von Brüdern, in keiner Noth uns trennen und Gefahr!"

Die Unterrichtsliga in Belgien.

Nach dem „Wegweiser, Organ für Volksbildung in Deutschland"[*]) bringen wir hier Mittheilungen über die belgische Unterrichtsliga, um die Brr für ähnliche Bestrebungen auf dies bewährte Beispiel aufmerksam zu machen.

Im Jahre 1864 traten Bürger von Brüssel zu dem Zwecke zusammen, den Zustand der Volksbildung in Belgien im Vergleich zu dem in andern Ländern zu untersuchen und Mittel aufzufinden, um der Entwickelung des Volksunterichts einen kräftigen Anstoss zu geben.

Von den aufgestellten Entwürfen erhielt derjenige den Vorzug, der die Gründung einer ausgedehnten Vereinigung vorschlug, die ihre Zweige über das ganze Land ausbreiten sollte, um, wie die „niederländische Gesellschaft fürs Gemeinwohl", überall Licht zu verbreiten.

Die Prinzipien der Gründer lassen sich in folgende Sätze zusammenfassen:

Die Liga hat sich den politischen und religiösen Ansichten gegenüber neutral zu verhalten; — den Gefahren der Centralisation ist durch die Schöpfung von Kreisverbänden vorzubeugen; — der Verein bedient sieh. zur Verwirklichung seines Programms nur derjenigen Mittel und Kräfte, die ihm aus dem freiwilligen Einfluss seiner Mitglieder zufliessen.

In den Statuten der Liga (s. Nr. 9 des „Wegweisers" von 1870) ist weiter ausgeführt, dass die Ausbreitung und Vervollkomnung der Erziehung und des Unterrichts in Belgien mit allen gesetzlichen Mitteln verfolgt werden solle, namentlich durch Studium und Besprechung der Fragen, die sich auf Erziehung und Unterricht beziehen; durch Begünstigung der Gründung von Volksbibliotheken, von Lehrkursen für das Volk, also Fortbildungsschulen; durch Verfassung und Verbreitung von Schriften über Erziehung und Unterricht und durch die Organisation von Volksvereinen. — Jedes Mitglied setzt seinen jährlichen Beitrag mindestens 1 Frank, fest. Die Geschäftsführung besorgt ein Generalrath, der sich jährlich erneuert, mit allen Vereinsmitgliedern direkt correspondirt und den Lokalverbänden Gegenstände zur Besprechung vorschlägt; auch ernennt er Specialcommissionen zum Studium wichtiger Fragen und legt am Ende des Jahres in einer Generalversammlung Abrechnung vor.

Die Lokalverbände eröffnen Diskussionen, legen Berichte vor, machen dem Generalrath Vorschläge und ergreifen in ihrer Umgebung alle Ausführungsmassregeln, welche den Interessen der Volksbildung in den Grenzen der von der Liga aufgestellten Grundsätze dienen können. Sie ziehen ferner die Beiträge ihrer Mitglieder ein und sind gehalten, dem Generalrath jedes Jahr zu einer bestimmten Zeit schriftlichen Bericht über ihre Verhältnisse und Arbeiten abzustatten.

Schon 1865 zählte die Gesellschaft 1200 Mitglieder und 6000 Fr. Einnahme; heute hat sie über 5000 Mitgl.

---

*) Dies unter der sorgfältigen Redaktion von Eduard Sack in Berlin wöchentlich einmal zu dem Vierteljahrespreise von 12½ Sgr. erscheinende Blatt sei allen Brn bestens empfohlen.

und über 15,000 Fr. Jahreseinnahme. Die beiden Hauptpunkte der ganzen Vereinsthätigkeit, die Aufgaben, welche die Liga mit einer Ausdauer verfolgt, die sich hoffentlich nie verleugnen wird, sind in der That: die Schaffung von Volksbibliotheken in allen Gemeinden des Landes, und die Organisation des Volksunterrichts mittels Wandervorträgen und unentgeltlicher Lehrkurse. Es sind zu dem Zwecke auch gehaltreiche Abhandlungen über die Organisation der Volksbibliotheken und über populäre Conferenzen und Abendgesellschaften veröffentlicht worden.

Um die Eröffnung dieser Bibliotheken zu veranlassen, bewilligt der Generalrath Bücherprämien an die in der Bildung begriffenen, vorzugsweise aber an die (um uns so auszudrücken) dürftigsten Bibliotheken; für die übrigen erwirkt er bei den Verlegern Preisermässigungen, übernimmt Bestellungen und wendet alle Mittel an, welche die Aufgabe wohlmeinender Personen, die Volksbibliotheken errichten wollen, zu erleichtern geeignet sind.

Jeden Winter hat er etwa 300 Wandervorträge und Vorlesungen in den verschiedenen Orten, wohin die Liga gedrungen ist, abgehalten. Während die Kreisverbände sich angelegen sein lassen, in ihrer Umgebung Bildung zu verbreiten, wacht der Generalrath unablässig über die allgemeinen Interessen der Volksbildung, auf deren weitem Gebiete kein Fall sich ereignet, keine Thatsache vorübergeht, die sowohl das Innere als das Aeussere betrifft, ohne dass der Generalrath sich damit beschäftigte und sie zum Besten der Entwickelung des Volksunterrichts auszubeuten suchte. Die Liga veröffentlicht endlich in ihren „Bulletins" einen Abriss ihrer Arbeiten, den sie an alle ihre Mitglieder ohne Rücksicht auf den Jahresbeitrag vertheilt.

Die erste Veröffentlichung der Gründer der Liga schloss folgendermassen: „Wir hoffen, dass ein Tag kommen wird, an dem es Jedem möglich ist, die belebenden Quellen der Wissenschaft zu erreichen, an dem es keinen noch so Armen gibt, der nicht nach vollbrachtem Tagewerke eine Zeitschrift oder ein Buch öffnen und sich so mit der Welt in Verbindung setzen, die glorreichen Zeitabschnitte der Geschichte im Geiste durchleben und die engen Grenzen seines Berufs und seines vaterlandes überschreiten könnte. An diesem Tage werden sie sich sagen können, dass sie die unerschütterlichen Fundamente der Grösse und des Gedeihens ihres Vaterlandes gelegt, auf denen sich die wahre Freiheit und die wahre Gleichheit erheben kann. Wahrhaft frei ist derjenige, der sich im vollen Lichte bewegt, der, befreit von den Fesseln der Unwissenheit, keinen Führer anzuerkennen braucht, als seinen Verstand. Der Unwissende lebt unter der fortwährenden Vormundschaft der Wissenden; nicht wagend, sich auf sich selbst zu verlassen, demüthig, unterwürfig, furchtsam hegt er die Gefühle eines Sklaven, nicht die eines Bürgers. Wahrhaft frei ist nicht derjenige, dem Alles zu thun erlaubt ist, sondern derjenige, den die Erziehung von der Binde des Irrthums und der Vorurtheile befreit hat, die seine Augen bedeckte, der als Zuhörer eines Wortkampfes zwischen entgegengesetzten Ansichten nach Wahl nach eigner vernünftiger Ueberzeugung zu treffen weiss.

„Wie chimärisch die Hoffnung auch erscheinen mag, dass eines Tages die Menschen in allen Beziehungen gleich seien, so ist doch sicher, dass der Unterricht der einzige

Weg ist, der uns diesem Ideale näher bringen kann. Wenn es einst, wie in Amerika, auch dem Aermsten möglich sein wird, seine Studien eben so weit zu treiben, als der Reichste, wenn dereinst die Theorien der Volkswirthschaft von den Arbeitern verstanden und angewandt werden, wenn erst die Schätze der Wissenschaft ohne Mühe bis zu den arbeitenden Klassen vordringen können, wenn die Bücher und Zeitschriften eine stetige Verbindung zwischen allen Mitgliedern der Gesellschaft werden hergestellt haben, wird man dann nicht sagen können, dass viel geschehen ist, die Menschen gleich zu machen?

„Dies ist die Aufgabe, die wir uns stellen; sie erscheint uns gross, schön und würdig der Sympathien aller. Könnten wir doch die Thätigkeit und Menschenfreundlichkeit der Männer, die Liebe und Hingebung der Frauen zu einer gemeinsamen Anstrengung vereinigen! Dann und nur dann wird unser Werk des Lichts sich zu vollenden beginnen und Belgien sagen können, dass es durch die Mitwirkung Aller allen Belgiern die heilige Geistesnahrung, den Unterricht, d. h. die Freiheit gegeben hat. —

Aus dem Jahresberichte des Generalraths pro 1868/69

heben wir Folgendes heraus: Der Geschmack an Wandervorträgen wächst. In allen Kreisverbänden waren Lehrkurse im Gange, so in Brüssel über Astronomie, Geometrie, Naturwissenschaften, Verfassungsrecht, Anatomie, Physiologie und Gesundheitslehre, Civilrecht, Mechanik, Cultur- und Kunstgeschichte. Dabei wurden Abdrücke und Auszüge der Vorträge unentgeltlich an die Zuhörer vertheilt. Das Lesezimmer wurde zwar etwas weniger besucht, aber die Entnahme von Büchern ist stets im Wachsen.

„Es ist Ihnen bekannt" — heisst's am Schlusse des Berichts — „dass das von Ihnen gegründete Werk sich über unsere Grenzen hinaus ausgebreitet hat. Zuerst folgte Frankreich, wo Jean Macé sich dem Werke ganz und gar hingibt, dann Italien, Spanien, Griechenland und selbst Afrika (Algier) und so vereinigen sich unter einer Benennung alle Menschen, die an der sittlichen und geistigen Vervollkommnung ihrer Mitbürger arbeiten. Möchten wir dabei beharren, damit man eines Tages sagen könne, das 19. Jahrhundert hat nicht nur seine Maschinen, sondern auch seine Menschen vervollkommnet."

Br Cr.

Feuilleton.

Baja. — In Nummer 6 der „Bauhütte" befindet sich eine von Pest datirte Correspondenz, in der es wörtlich heisst:

„Neben dem Tempel der Freimaurerei hat hier der „Teufel bereits eine Kapelle gesetzt, in der Form einer „Schottenloge „Mathias Corvinus" u. s. w."

So sehr wir an dem System der 3 Johannisgrade hängen, eben so sehr müssen wir uns gegen solche Aeusserungen aussprechen, welche die Eingebung momentanen Unmuths zu sein scheint und im zu weit gehenden Eifer für das Johannisgradsystem über das Ziel hinausführt.

Die Mitglieder der Mathias Corvinusloge haben Ausübung der Humanität, Verbreitung der Intelligenz ebenso als Prinzipien angenommen wie wir, und wenn ihr System, wie der Verfasser weiter erwähnt, auf Verirrung beruht, so sind derartige Aussprüche schwerlich geeignet, selbe auf den lichtvolleren Weg, den wir betreten, zu führen, sondern könnten nur dazu dienen, eine erbitterte Stimmung hervorzurufen, die wir schon als Freimaurer gern vermieden sehn würden.

Wir betonen noch ausserdem, dass in Folge unserer eigenthümlichen Landesverhältnisse zwischen den Anhängern der 3 Johannisgrade und der Schottenloge bei Weitem nicht jene schroffe Scheidung besteht, wie dies in Deutschland und in andern Ländern der Fall sein dürfte.

Dies erhellt auch schon daraus, dass zur Zeit und bei Gelegenheit der Constituirung der Grossloge von Ungarn ernstliche Verhandlungen zur Vereinigung beider Riten geführt wurden und dass das Beamten-Collegium der provisorischen Grossloge zur Erzielung eines günstigen Resultates beauftragt wurde.

Aus der am 3. April 1870 zur „Vaterlandsliebe" im Oriente zu Baja abgehaltenen Logensitzung.

Sigismund Papp, Mstr. v. St.; Br Julius Fialla, Ehrenmeister v. St.; Moritz Löwy, Sekretär der Loge; Ludv Nyers, 1. Aufseher; H. Heuer, 2. Aufseher; Michael Krátzl, Schatzmstr.; Alexander Szakátsch, Ceremonienmstr.

Berlin, 14. April. Wir sind in der angenehmen Lage, unseren Lesern nachfolgend eine höchst wichtige Mittheilung zu machen, von der wir sicher sind, dass sie im weitesten Brkreise freudige Theilnahme wecken und Dank ernten wird. Man schreibt uns: „Wenn ich neulich die Hoffnung aussprach, dass auch in den Berliner Bauhütten unseres Bundes (der National-Mutter-Loge zu den 3 Weltkugeln) die alte Indifferenz bald einem Interesse für jene Reform-Fragen weichen würde, welche nach glücklicher Lösung den Verfall unseres Hauses verhüten werden, so bin ich heute in der Lage, einen Vorgang in unserer maurerischen Thätigkeit mittheilen zu können, welcher dieses erwähnende Interesse deutlich bezeichnet.

Von einer Anzahl Brüder-Meister unserer guten Loge „x. Eintracht" war in einem motivirten Antrag um die Anberaumung einer Meister-Conferenz in welcher die wichtigsten der von auswärtigen Tochter-Logen an die nächste legislatorische Versammlung der Gross-Loge (die „sogenannte Mai-Conferenz) eingebrachten Reform-Anträge zur Discussion und Abstimmung zu stellen seien. Diese Meister-Conferenz hat gestern stattgefunden. Zu den daran theilnehmenden Brüdern zählten auch zwei Mitglieder des Bundes-Directoriums und mehrere Mitglieder der Grossloge, erstere und letztere in ihrer Eigenschaft als unserer Loge zur Eintracht angehörende Brüder-Meister; die Discussion leitete unser verehrter vorsitzender Meister, Br Fränkel.

Bei sich der jedesmaligen Discussion anschliessenden Abstimmung sucht der Gesetz-Anträge, welche bezwecken, die Betheiligung der auswärtigen Tochter-Logen an den legislatorischen Arbeiten des Bundes zu erweitern und zu erleichtern, speziell der Antrag, welcher die Betheiligung des Vertreters einer St. Joh. Loge an diesen Conferenzen, mithin die Zulassung zur Gross-Loge nicht mehr vom Besitz des Schottengrades abhängig macht, eine belangreiche Majorität.

Den Anträgen in der sogenannten Judenfrage, speziell dem Antrag zur Streichung desjenigen Paragraphen unserer Statuten, welcher die Aufnahme von dem christlichen Bekenntniss abhängig macht, wurde seine principielle Berechtigung ohne Widerspruch zuerkannt und dem ganzen Antrag mit bedeutender Mehrheit zugestimmt.

Diesen Anträgen schloss sich folgende einstimmig angenommene Resolution an:

„Die versammelten Br Meister der St. Joh. Loge zur Eintracht im Or. Berlin erklären sich mit den von der Grossloge z. Sonne in Bayreuth in ihrem Manifest an die Freimaurer Deutschlands ausgesprochenen Gesinnungen in allen Punkten einverstanden."

Unsere Discussionen und Abstimmungen, mein lieber Bruder, sind freilich vor der Hand von keiner praktischen Tragweite, wir dürfen ihnen aber wohl eine moralische Bedeutung beilegen, und da die nächste legislatorische Versammlung*) unserer Gross-Loge nahe bevorsteht, so hätten wir wohl den Wunsch, dass unsere auswärtigen Schwester-Logen erfahren, die Berliner Joh.-Logen sind nicht theilnahmlos." —

———

England. — Der letzten Arbeit der Tranquillity Loge wohnte ein grosser Kreis besuchender Brr an, darunter der Grosssekr. Br. John Hervey; es fanden 3 Aufnahmen statt, unter dem Vorsitz des Br Dr. Beigel, unter dessen Hammerführung die Loge sich sichtlich hebt.

Beim Jahresfeste des freimr. Knaben-Instituts führte Br Prinz von Wales den Vorsitz; er übergab von seiner Mutter, der Königin, dem Institut eine Gabe von 100 Pf. Sterl. Den Toast auf den Vorsitzenden brachte unter lauter Acclamation der erwählte Grossmstr. Graf de Grey. Der Prinz versprach in die Fusstapfen seiner beiden Oheime zu treten.

———

Frankfurt a. M. — Am 27. März war die Wahl der Grossbeamten des Eintrachtsbundes. Der seitherige Grossmeister, Br Pfalz, Oberpostdirektor, wurde wieder gewählt, sowie Br Castres in Mainz als Deputirter, Br C. Leykam in Frankfurt als 1., Br Heck in Mainz als 2. Grossaufseher, Br Eckstein in Giessen als Grossredner. Die Grossloge beschloss ferner, den hochverdienten Br Buck I. in Hamburg bei Gelegenheit seines 50jährigen Maurerjubiläums am 6. April zum Ehrenmitgliede zu ernennen und wurde der Grossredner mit der persönlichen Uebergabe des Diploms betraut. — Dem Grossorient von Frankreich wurde auf den bekannten Erlass ablehnend geantwortet. (!!)

Die Loge Carl zum Lindenberg bestätigte bei der unlängst stattgefundenen Wahl den seitherigen Mstr. v. Stuhl Br Scherbius (christlichen Princips?) in diesem Amte, ebenso die Loge in Mainz den seitherigen Mstr. v. Stuhl Br Heck.

———

Grevesmühlen. — Gelegentlich eines in unserm Club vorgetragenen Referates über die literarischen Erscheinungen, betr. mr. Werkthätigkeit, machte ich in letzter Vers. den Vorschlag: die Clubmitglieder in 4 Sectionen zu theilen und zwar für 1) Volksbildung, 2) Wohlthätigkeit, 3) Association, 4) Inneres. Ich erlaubte mir, diesen 4 Sectionen gleich eine Beschäftigung vorzuschlagen: ad 1. die Erweiterung des hier seit 1854 bestehenden, seit 1860 unter Leitung des Unterz. arbeitenden „Gewerbevereins" zu einem „Volksbildungsverein", wozu gehört die Einverleibung anderer, bisher ausgeschlossener Elemente, und Gewinnung mannigfaltiger Kräfte für Vorträge. ad 2. die Stiftung eines Kindergartens für Kinder unbemittelter Eltern. ad 3. — hat der Unterz. einen seit 1857 bestehenden Vorschussverein eingerichtet und schlägt nun vor auf dem Prin-

cip der Selbsthülfe einen „Krankenverein" zu gründen. Wer das Elend gesehen, welches durch Krankheit in Familien gebracht wird, die von der Hand in den Mund zu leben genöthigt sind, der wird die Nützlichkeit eines solchen Vereins würdigen und sollte ein solcher in keiner Stadt fehlen. ad 4. Sorge für Referate aus der frm. Literatur u. v. A.

Wenn wir nun auch noch weit entfernt sind, diese Ziele gleich zu verwirklichen, da die Brr vor der Aufgabe den ersten Abend zurückschreckten, so hoffe ich doch, etwas zu erreichen.

———

Hamburg. — Heute beeile ich mich, Ihnen aber ein herrliches mr. Fest zu berichten, welches am 6. April die 5 vereinigten Logen unter der Grossloge von Hamburg feierlichst begingen. Es war das 50jährige Jubiläum unseres allverehrten Grossmstrs. Br. Dr. H. W. Buek, wozu Brr von nah und fern in starken Deputationen erschienen waren, um dem Jubilar Beweise ihrer Theilnahme und Verehrung zu bringen. Schon um 2 Uhr Nachmittags hatten sich die Vorhallen des Tempels gefüllt, gegen 3 Uhr wurden die Brr der 5 vereinigten Logen zur Arbeit berufen und nachdem dieselben ihre Plätze eingenommen, wurden unter Begleitung des Harmonium die Br, welche als Deputirte und Besuchende so zahlreich erschienen waren, von den Brr Schaffnern in den Tempel geführt, worin unter dem Vorsitz des Br. Dr. Brabaut (Mstr. v. St. der Loge Absalom) sämmtliche Beamtenstellen von Mstrn. v. St. der übrigen 4 Schwesterlogen, wie von früher gewesenen Hammerführenden Mstrn. derselben besetzt waren. Nachdem die Loge eröffnet, wurde wie vor 50 Jahren, das derzeitige Protocoll verlesen, der Jubilar in üblicher Weise an der Pforte gemeldet und, geleitet von den Brüdern Oelreich und Grimme, — (welcher erstgenannte ihn schon vor 50 Jahren auf der üblichen Lehrlingsreise geleitet) — in den Tempel eingeführt. In feierlicher Ansprache vom Stuhl, begrüsste der Vorsitzende den Jubilar, dem er seinen Ehrenplatz im Norden dann anwies und nachdem die Besuchenden begrüsst waren übergab Br Brabaut den Hammer dem Br Ed. Buek, Deputirter GrMstr und Bruder des Jubilars. Derselbe hielt eine recht herzliche Ansprache, dieser folgte eine Fest-Cantate, gedichtet von Br v. Hahne, componirt von Br Schäffer mit Orchester und Harmonium und begann dann der Reihe nach den angemeldeten 42 Abgeordneten das Wort zu ertheilen, wovon besonders der Vertreter der Loge zu Cairo, wie auch der Repräsentant der Grossloge der Niederlande besonders hervorzuheben, auch die herzliche Rede und Begrüssung des Br P. O. H. Pepper, welcher Namens der 5 vereinigten Logen dem Jubilar noch ein sichtbares Zeichen der Liebe überreichte. Dasselbe bestand aus einem cubischen Stein aus Silber, geziert mit einem goldenen Lorbeerkranz.

Während der ferneren offiziellen Begrüssungen regneten förmlich die vom In- und Auslande eingegangenen Depeschen die den Altar deckten und leider nicht zum Vortrag kommen konnten. Unter den eingegangenen Glückwunschschreiben waren unter anderen eines von der Mutterloge zu England und ein eigenhändiges Handschreiben des Königs Wilhelm I. als Protektor der preussischen Logen, welches auf besonderen Wunsch des Jubilars zum Vortrag kam. Die schönsten Geistesfunken sprühte und durchglühten in bunter Abwechselung die in möglichster Kürze gedrängten Reden. Nach gehaltener ritualmässiger Rundfrage, erbat sich der Jubilar das Wort und sprach vom Altar aus mit herzlichen Worten anknüpfend an das alte Sprüchwort: „wovon das Herz voll, läuft der Mund über" und betonte ausdrücklich, dass es ihm hier nicht zutreffend sei, da zwar das Herz voll, der Mund ihm aber nicht gestatte durch Worte diesem Ausdruck zu geben, Allen, die ihm dieses herrliche Fest halfen zu verschönern u. s. w., seinen Dank aus und gelobte, soweit es seine Kräfte erlaubten, diese auch ferner dem Besten der Maurerei und besonders der Grossloge von Hamburg zu widmen. Ich erwähne noch, dass von den im Protokoll der Loge Absalon vom 6. April 1820 erwähnten Brüdern, noch fünf am Leben, zwei dem Jubel-

———

*) Im Interesse unseres Bundes wünsche ich von ganzem Herzen, dass die bevorstehende Mai-Versammlung ein befriedigendes Ergebniss haben möge, da die unter der Presse befindliche 3. Auflage meiner „Geschichte der Freimaurerei" bis zum Juni d. J. fortgeführt und ergänzt wird. J. G. F.

feste beiwohnten und zwar Br David Andreas Cords und Oelreich. Nach Schluss der Festarbeit wurde eine halbstündliche Pause gehalten, dann begaben sich die Brüder nach dem eleganten Sagebiel'schen Saale wo eine Festtafelloge von über 400 Couverts abgehalten wurde, welche von Anfang bis zum Schluss in der würdigsten Weise verlief.

Indien. — Der Vicekönig von Indien, welcher das Amt eines Protektors der Mrei angenommen, besuchte jüngst zu Calcutta die Districts-Grossloge von Indien und bemerkte in seiner Ansprache u. A. Folgendes:

„Ich bin nun schon seit mehr als einem Viertel-Jahrhundert ein Mitglied des Freimaurerbundes, und ich will gestehen, dass ich kein so thätiger Mr. war, als ich es sein sollte; ich muss sogar zugeben, dass ich häufiger die Tafelloge als die Arbeitsloge besuchte. Nichtsdestoweniger sage ich zuversichtlich, dass ich mit den vorrückenden Jahren immer mehr überzeugt werde von der grossen Mission, welche der Bund zum Wohle der Menschheit erfüllt hat und noch erfüllt; von dem wichtigen Einflusse zum Guten, welchen der Bund auf das grosse Publicum ausgeübt hat, und immer ausüben wird; und von der Thatsache, dass — was jedes aufrichtige Mitglied zugeben muss — ein guter Freimr. kein schlechter Mensch sein kann. (Laute Beifallsbezeugungen). In meinem Lande wird die Mrei. sehr hoch gehalten, vielleicht weil Harmonie keine hervorstechende Eigenschaft des irischen Volkes ist (Lachen); ein einigermaassen irischer Grund, werdet Ihr sagen, aber es ist bei allem dem ein Grund ist vielleicht der, dass in der Mrei ein Einheitsband vorliegt, wie man es sonst nirgend findet. (Beifallsbezeugungen). Es war eine Quelle grosser Befriedigung für mich, bald nach meiner Ankunft in diesem Lande, meinen Namen eingeschrieben zu sehen in Euer Freimaurerisches Tagebuch als Lord Patron des Ordens, und auf derselben Seite auch die Notiz zu finden, betreffs Errichtung des Bengalischen Freimaurerischen Vereins zur Beherbergung und Erziehung der Waisen armer Maurer. Ich kann nur sagen, wenn der in Indien jetzt zum ersten Male gemachte Versuch, einen solchen Verein zu gründen, gelingt, so wird es mir sehr angenehm sein, dass derselbe in demselben Jahre entstand, in welchem ich zum Lord Patron des Ordens ernannt worden bin. (Beifallbezeugungen) u. s. w. —

In der Arbeitsloge waren neben dem Distrikts-Grossmeister Br H. Landmann etwa 150 Brr anwesend und bei der Tafel 80 Brr, da der Raum nicht mehr fassen konnte. Bei letzterer brachte der Vicekönig den Toast auf den Distr.-Grossmstr. aus.

Temesvár. — Die v. u. g. St. Joh.-Loge im O. zu den drei weissen Lilien feierte am 3. April d. J. den Jahrestag ihrer Gründung — mit einer Festloge, welche durch Deputationen der Gr. Loge der drei Johannisgrade im Or. zu Pest, und der Schwesterloge „Széchényi" in Arad einen erhöhten Glanz erhielt.

Nach Eröffnung der Loge durch den würdigen M. v. St. Br Eduard Reimann, welcher auf die schweren Kämpfe des ersten Lebens-Jahres der Loge hinwies, hielt Br Krámár die Festrede in erhebender Weise und culminirte dieselbe mit Recht darin, dass der Dank für das Gelingen des Werkes nur dem gr. B. a. W. gebühre. Und wahrlich seines Segens bedürfte die Loge, dass sie heute in vollem Bewusstsein ihres aufrichtigen Willens, und ihrer Kraft rüstig und mit frohen Hoffen fortarbeiten kann am Baue des grossen Tempels, — denn nicht nur war Ausdauer und Kraft nöthig, dem noch hier ganz unbekannten, und in seiner kulturhistorischen Bedeutung nicht gewürdigten FrMrthum Bahn zu brechen, sondern eine Spaltung unter den Brüdern drohte den Bestand der Loge in Frage zu stellen. Der Uebertritt der Hälfte der Brr zum schottischen Ritus beendigte diese Krise, und indem der Rest die Arbeit

mit Muth von Neuem begann, brachte er es dahin, dass unsere geliebte Loge heute stark und gekräftigt in gesetzmässiger Arbeit ihre Mission erfüllt.

Der oberwähnte Uebertritt ist ein bedauerliches Faktum, denn nicht nur entzog er der noch jungen Loge tüchtige Arbeiter, sondern brachte auch das Mrthum in den Augen der profanen Welt in Misskredit, welche mit Recht behauptete, dass es mit der brüderlichen Liebe nicht am Besten bestellt sein müsse, und in Misskredit. O vanitas etc. Doch das ist nun auch überwunden, und wir wünschen im Interesse unseres Bundes, dass solche Fälle sich nicht wiederholen mögen.

Nach der Festloge war Kränzchen, wozu die Brr die treuen Gefährtinnen ihrer Lebensbahn mitbrachten, und frohe Conversation, so wie ein harmloses Tänzchen waren wohl keine so unwichtige Mittel, um auch in den Herzen der Schwestern das Band gemeinsamer Liebe und Eintracht zu festigen. Freilich ist auch da bis zur vollen Erkenntniss noch einige Uebung in der fmrischen Arbeit nothwendig.

Diesen kurzen Bericht schliesse ich mit der frohen Zuversicht, dass die nächstens stattfindende Wahl des Beamtenkörpers jene Brr an die leitende Spitze der Loge stellen wird, welche als werkkundige Mr Stein an Stein fügen werden in den grossen Bau, damit er immer höher zum Himmel emporstrebe, allwo das ewige Licht der Erkenntniss und der Weisheit leuchtet, — und ich dann beim nächsten Gründungsfeste berichten kann, wie wir im fernsten Osten als treue Brr für die höchsten Kleinodien der Menschheit „Liebe und Humanität" rüstig arbeiten und kämpfen.

Allen Brn Glück und Segen von Oben, Muth und Hingebung aus sich selbst.

Br Jul. Stielly.

Zur Aufnahme ihrer Luftons den vielgeliebten Brn Ludwig Herrig und Franz Reschke,

die Loge Friedrich Wilhelm zur gekrönten Gerechtigkeit am 17. März 1870.

I.

Weise lebenden,
Liebe gebenden
Brüdern entsprossene Söhne!
Lasst sie im Wandeln,
Reden und Handeln ·
Führer, Vorbild Euch sein!

Mit Euch bauen wir,
Auf sie schauen wir,
Meister im Guten und Schönen.
Rüstigem Regen
Fehlt nicht der Segen
Herrlich reifender Frucht.

Br van Dalen.

II.

Gelenkt hast Du mit Bruderhand,
Mit Liebe uns, der wahren!
Wir haben dankbar sie erkannt
Und ihre Kraft erfahren.
In Weisheit und durch Wortes Macht
Nie spartest Du die Mühe,
Geschafft hast Du, gesorgt, gewacht,
Dass „Friedrich Wilhelm" blühe.

Du hast, uns stets mit Muth voran,
Den Hammer hoch geschwungen,

Und was auch wir gewirkt, gethan,
Durch Dich nur ist's gelungen,
O, sei uns Master, edler Mann!
Für's ganze Maurerleben
Und gieb uns einen Talisman,
Der fest uns hält im Streben.

Br v. Bröcker.

E. Rittershaus, freimaurer. Dichtungen (zu Gunsten der
Centralhilfskasse des Vereins):

Or. Aachen: 10 Expl. — Or. Bielefeld: 10 Expl. — Or.
Dortmund: 13 Expl. — Or. Dresden: noch 30 Expl. im Ganzen
63 Exemplare. — Or. Goslar: 4 Expl. — Or. Kaisenslautern:
13 Expl. — Or. Ohrdruff: 2 Expl.

Letzte Quittung!

Für die Hinterlassenen der verunglückten Bergarbeiter
gingen bei uns noch ein:

von der Loge Carl z. Wartburg, Or. Eisenach   Thlr. 2 —
  „   „   „   Armin z. deut. Treue, Or. Bielefeld „ 32 —
  „   „   „   Carl z. Felsen, Or. Altona   „ 15 —
  „   „   „   Concordia, Or. Altona   „ 10 —

und schliessen wir hiermit unsere Sammlung unter dem innigsten brüderlichen Danke für die reichen Beiträge, welche uns
sowohl von Logen, als von einzelnen Brüdern, in Folge unseres
Circulars vom 4. August v. J. übermittelt wurden.

Im Ganzen beträgt die Einnahme des Central-Comités,
bei welchem der mitunterzeichnete Br Grahl als Cassirer fun-
girte, bis jetzt circa 440000 Thlr. und wird dieses Capital
derartig in monatlichen Raten unter 214 Wittwen, 175 Eltern
und 690 Kinder vertheilt, dass sich nach Ableben der beiden
ersteren und Mündigwerden der letzteren, das Capital sammt
Zinsen aufgezehrt haben. Seither und bis Juli a. c. erfolgte
die Auszahlung durch unsern Br Grahl, von da ab übernimmt
die Besorgung dieser ganzen Angelegenheit die Königl. Sächs.
Altersrentenbank kostenfrei.

Trost und Hülfe hat der allmächtige B. a. W. den unglücklichen Wittwen und Waisen gegeben, möge er auch alle
die mildthätigen Herzen für ihre reichen Gaben segnen.

Döhlen, den 12. April 1870.

Der Bruderverein im Weisseritzthale.

R. Heider,   R. Grahl,   F. Schelle,
Cassirer.   Vorsitzender.   Schriftführer.

Briefwechsel.

Br Kl. (?) in B—n: Verbindlichsten Dank für gütige Einsendung
der Statuten der Horn-Stiftung und der „Mittheilungen aus der Gesch.
der Loge zum flammenden Stern". Brdl. Gruss!

Br P. Str. in G. Beitrag erhalten; die betr. Nr. der Bauh. geht
Ihnen s. Z. zu. Brdl. Gegengruss!

Br. J. S. in W—n: Eine neue Logenkarte ist seit 14—15 Jahren
nicht erschienen; die alte ist in jeder Hinsicht ungenügend. Brüderlichen Gegengruss!

Br S—n in W. Den Betrag von Thlr. 1 dankend erhalten.
Besten Gruss!

Br. M—s in J. Herzlichen Gegengruss!

Br. Dr. L. in O. Dankend erhalten; herzl. Gegengruss!

Br O. H. in St. G. Bestens besorgt; brdl. Gruss. Ihre Theilnahme in D. wäre sehr erwünscht.

Br G. in D. Der Druckfehler ist sofort berichtigt worden. Ihren
„Dank aus innigem Herzensgrund für den Buth, den Oberförster
reden zu lassen", nehme ich als Zustimmung gern an; vielleicht
können Sie im Juli dem Verf. selber die Hand drücken. Sein Gespräch findet allenthalben Anklang. Herzlichen brüderlichen Gegengruss!

Br A. in M. Die Auflage der „Bauhütte" ist seit Neujahr vermehrt worden; der Leser- und Abnehmerkreis wächst in erfreulicher
Weise, namentlich auch im Auslande bis in die fernste Ferne. Sie
werden in den nächsten Nummern das Gewünschte finden. Brdl.
Gruss!

Quittung:

Jahresbeitrag zum Verein pr 1870 eingegangen von Br Dr. Kr.
in B. Thlr. 1.; von Br A. in W. Thlr. 20; von Br. H. und R. in H.
und A. in C. Thlr. 3.; von Dr M—s in J. Thlr. 3.; von Br v. V. in
Br. Thlr. 7.

Anzeigen.

Einladung und Bitte.

Zur Erziehung eines Luftons, eines braven, talentvollen,
neun-jährigen Knaben wünscht der unterz. Vater, Theolog
und Pädagog, einige Pensionäre im Alter von 9—12 Jahren.
Auch solche Knaben, welche in Folge anhaltender Krankheiten in ihrer körperl. und geistigen Ausbildung zurückgeblieben und in öffentlichen Anstalten weniger Berücksichtigung finden können, sind willkommen. Die Benutzung der
hiesigen Heilquellen und der Bäder aller Art; der Genuss der
stärkenden Waldluft, des reichen Ozons, sowie der kräftigen
Molken; der Rath und die Hilfe Seiten ausgezeichneter Aerzte
neben einer häuslichen, gewissenhaften Pflege, alle diese günstigen Umstände werden jedenfalls nicht ohne heilsame
Folgen sein! Dazu kommt, dass den lieben Angehörigen vom
15. Mai bis 30. Sept. die Gelegenheit geboten ist, die Kinder zu besuchen und vom Gedeihen derselben sich leichter
und gründlicher zu überzeugen, als an irgend einem andern
Orte!

Abgesehen von den nicht wenigen Zöglingen des Unterzeichneten, welche in allen gelehrten, technischen und geschäftlichen Berufsarten wirken und in Aemtern und Würden stehen,
werden gern Auskunft ertheilen über die Person des Unterzeichneten: zunächst die Bade-Aerzte in Elster, die Brüder
Hofrath Dr. Flechsig in Leipzig, Dr. Boehler in Dresden; die
Brr v. Broke und Lützelberger in Altenburg; die Brr Aron
und Prof. Petermann in Berlin; die Brüder Eger, Hartmann,
Solbrig in Chemnitz; die Brr Pfotenhauer, Richter, Siegel in
Dresden; die Brr Golle, Leopold, Kyber in Glauchau; die Brr
Carus, Götz, Findel, Müller, Schletter und Zille in Leipzig;
die Brr Heinrich, Lamprecht und Kretschmar in Lichtenstein
und Mülsen (St. Jacob); die Brr Heubner, Böhler, Mammen in
Plauen; die Brr Heubner, d'Alinge, Streit, Thost in Zwickau.

Bad-Elster, im März 1870.

Zu weiteren Mittheilungen stets bereit der in tr. Brliebe
ergebenste

Br Friedr. Meissner, genannt
Frauen-Lob II.

Verantwortlicher Redacteur: Br J. G. Findel. — Verlag von Br J. G. Findel in Leipzig. — Druck von Brr Bär & Hermann in Leipzig.

No. 18.   XIII. Jahrgang.

Die
BAUHÜTTE.

Begründet und herausgegeben

von

Br J. G. FINDEL.

* Organ des Vereins deutscher Freimaurer. *

Handschrift für Ber Br Br.   Leipzig, den 30. April 1870.   MOTTO: Weisheit, Stärke, Schönheit.

Von der „Bauhütte" erscheint wöchentlich eine Nummer (1 Bogen). Preis des Jahrgangs 5 Thlr. — (halbjährlich 1 Thlr. 15 Ngr.)
Die „Bauhütte" kann durch alle Buchhandlungen bezogen werden.

Die Gegenwart und Zukunft der Maurerei in Deutschland.

Von
einem alten Logenbruder.

VIII.

Wir haben oben gezeigt, wie wesentlich hindernd und lähmend das Missverhältniss in Recht und Pflicht der Logen ihren Grosslogen gegenüber auf die Entwickelung rechter maurerischer Thätigkeit der Logen einwirkt und wie als nothwendige Folge dieses Missverhältnisses die eigentliche maurerische Idee nicht klar und unverfälscht zum Durchbruch und zur äusseren Gestaltung gelangen kann. Es hiesse aber die Verhältnisse nicht kennen oder vollständig verkennen, ja ein offenbares Unrecht gegen die Grosslogen begehen, wollte man diesem Umstande allein die Ursache der jetzigen Bedeutungslosigkeit und des Verfalles unseres Bundes zuschreiben. Die erste und Hauptschuld tragen die Brr selbst durch ihre Gleichgültigkeit, Leichtfertigkeit, ja Gewissenlosigkeit bei den Aufnahmen und den Wahlen der Beamten. Vermöge der durch das Bundesstatut der Meisterschaft zustehenden Entscheidung über Aufnahme und Wahl der Beamten, ist der Meisterschaft das Gedeihen, die Wirksamkeit und das Heil des Bundes wie der eigenen Loge in die Hand gegeben. Aus den Aufnahmen bildet und ergänzt sich eine Loge in ihren Mitgliedern und aus diesen wiederum die Logen-Verwaltung. Wird daher bei den Aufnahmen und den Beamtenwahlen nicht mit grösster Vorsicht zu Werke

gegangen, so werden der Loge und dem Bunde Mitglieder zugeführt, welche beiden nicht allein nichts nützen, sondern, was noch weit schlimmer, nach Innen wie nach Aussen wesentlich schaden, es wird ferner die Gefahr geschaffen, dass die Interessen des Bundes wie der Loge in Hände von Beamten gelangen, die weder die Befähigung haben den geistigen Inhalt der Brei zum Verständniss und zur Verwerthung zu bringen, noch die administrative Kenntniss, Um- und Voraussicht, wie Gewandtheit, die materiellen Interessen der ihnen anvertrauten Bauhütte überall mit Erfolg wahrzunehmen und auf rechte Weise wahrzunehmen. Aus diesem Grunde leiden auch fast die meisten Logen an einer chronischen Finanzverlegenheit, was die weitere höchst üble Folge hat, dass man sich mitunter gedrängt fühlt, das Missverhältniss zwischen Einnahme und Ausgabe neben Erhöhung der Jahresbeiträge durch aussergewöhnliche Zuflüsse: Vermehrung der Aufnahmen und Beförderungen auszugleichen, somit unwillkürlich, mitunter sogar unbewusst das geistige Wohl der Loge für Gegenwart und Zukunft dem augenblicklichen materiellen Vortheil derselben hintenanzusetzen. Es hat sich daher im Mrleben der auf Thatsachen gestützte Erfahrungsgrundsatz gebildet, dass da, wo eine Loge trotz der grossen Anzahl ihrer Mitglieder, dennoch am Boden haften bleibt und nach Aussen nur geringe oder gar keine Geltung hat, der Grund immer darin zu finden ist, dass sie die Wichtigkeit der Aufnahmen, Beförderungen und Beamtenwahlen nicht begreift oder nicht gehörig berücksichtigt, dagegen da wo eine Loge selbst bei einer ganz geringen Mitgliederzahl in geistiger wie materieller Beziehung blüht und gedeiht und die öffentliche Achtung geniesst, immer mit Sicher.

heit anzunehmen ist, dass sie bei Aufnahmen, Beförderungen und Beamtenwahlen mit grösster Strenge und Auswahl verführt. Und ach, wie viele Logen gibt es leider, an welchen sich die Folgen jener Unterlassungssünden offenbaren! Wie viele, die sich lediglich nur in Kleinliebem, Nichtigem wo nicht gar Kindischem ergehen, wo an Stelle der reinen maurerischen Idee getreten ist deren Zerr- oder Widerbild, an Stelle frischer lebendiger That, die volltönende heuchlerische Phrase, dumpfes, krankhaftes Brüten über Mysterien, die im Laufe der Zeit jeden Gehalt, jede Bedeutung verloren, das Wohlgefallen an theatralischem Schmuck und knabenhafter Tändelei! Wie selten tritt ein Mstr. v. St., ein Br Redner oder ein andrer Br mit einem frischen oder erfrischenden Vortrag auf. Statt dessen, die ewig gleichmässig wiederkehrenden und bis zum Ueberdruss gehörten sogenannten Instruktionen, was nothwendig zumal die älteren Brr von den „Arbeiten" verscheucht und ausschliesslich den Tafellogen zudrängt, bei welchen, zumal wenn tüchtige musikalische oder darstellende Kräfte vorhanden sind, immerhin doch etwas geschieht, was neben dem materiellen Genusse das Herz und einen edeln Sinn erwärmen, erfreuen und befriedigen kann. Es ist daher keine Uebertreibung, sondern leider die nackte, volle und traurige Wahrheit, dass die Tafellogen und sonstigen geselligen Genüsse gar manche Loge einzig und allein noch zusammenhalten. Weiter: Wollen wir Maurer offen und ehrlich sein, so müssen wir zugestehen, dass die Erbärmlichkeiten des Lebens, die Spielzeuge der Eitelkeit und der Geistlosigkeit in unserem Logenleben, das ein ideales (in besserem und praktischem Sinne) sein soll in vollster Blüthe stehen. Man trete einmal in eine starkbesuchte Arbeit einer Residenz- oder einer grösseren Provinzialstadt und betrachte sich die vielfach maurerisch besternten oder bekreuzten, die vielfarbig bebänderten Brr; man denke an die verschiedenen Rangstufen bis zum Gottweisswievielten Grade und die danach eingeführten Anreden: „würdig", „hochwürdig" bis hinauf zum superlativischen „hoch-" und „höchsterleuchtet", so wird man nicht wegleugnen können, dass der Kastengeist, der in der profanen Welt allmälig schwindet, der Servilismus und seine Sprechweise, die man im öffentlichen Leben gebührend verachtet oder auch nach Umständen achselzuckend belächelt, in ihrer ungeschmälerten Glorie in unserm Logenleben lustig und üppig fortwuchern. Ein anderer wunder Fleck in der jetzigen Mrei, den wir unmöglich unberührt lassen können, ist das Haschen nach der Protektion irgend eines königlichen oder fürstlichen Hauses. Wenn auch nicht zu leugnen ist, dass dem Freimaurerbunde durch den Schutz oder gar Zutritt eines länderregierenden Brs ein gewisser Nimbus verliehen und ihm mancher „hochstehende" Br zugeführt wird, so liegt doch auch auf der anderen Seite die Gefahr sehr nahe, dass sich dadurch Einflüsse und Anforderungen geltend machen können (und geltend gemacht haben, s. die Geschichte des Bundes in England, Deutschland, Holland und Frankreich), die mit den Zwecken des Bundes auch nicht das Geringste gemein haben. Als in einer Staatsraths-Sitzung statt der bisherigen Protektion die Anerkennung des Grand Orient de France beantragt wurde, äusserte sich der erste Napoleon: „Nein, nein, wenn die Maurerei protegirt wird, ist sie nicht zu fürchten. So

wie sie jetzt ist, hängt sie von mir ab."*) Eine geistige Institution aber, welche mit ausserhalb ihrer selbst liegenden Mitteln Macht und Glorie aufsucht, bezeugt, dass ihr eigene innere Kraft und Würde abgeht. Mit dem Augenblicke, wo die erste christliche Kirche in ihren Leitern von den einfachen und reinen Lehren ihres göttlichen Stifters und Verbreiters abwich, entäusserte sie sich selbstmörderisch deren weltbewältigender und weltbeherrschender Kraft und war genöthigt dieser Wandlung entsprechend ihren Glanz, ihren Bestand und fernere Ausbreitung nunmehr vermittelst fürstlichen Schutzes und Beistandes, Kriegsheeren, Inquisition und Bann zu erstreben. Indem sie sich dadurch auf ein Gebiet verirrte, das ihrem ureigenen Wesen und ihrer wahren Aufgabe für das Leben fremd bleiben sollte, wurde sie zur Apostatie an sich selbst, zeugte und zeitigte zugleich im eigenen Schoosse den Abfall ihrer Angehörigen.**) In durchaus ähnlichem Falle befindet sich unsere heutige Maurerei. Auch sie ist durch eigene Selbstschwächung in Bahnen gedrängt worden, die sie ihrem Wesen und Zweck, ja feierlich eingegangener Selbstverpflichtung nach niemals betreten durfte und die sie auch niemals ohne eigene höchste Gefahr und Schädigung betreten hat. Weil sie in ihrer Verirrung den frühern innern geistigen Kern verloren und sich nur eine trügerische Schale erhalten, muss auch sie nach der unerbittlichen Logik dieser Thatsache diesen Mangel durch äussern Prunk, durch sinneschmeichelnde und sinnebethörende Gebräuche und Phrasell zu verdecken suchen. Dies die Ursache und die Quelle der Wirklichkeit entnommenen und in diesen Blättern objektiv dargelegten Zustände und Vorkommnisse in gar manchen Logen, wie sie in einem Bunde niemals gefunden werden dürften, der sich einem geistigen Streben und dem idealen Zwecke gewidmet: die ganze gebildete Menschheit einigend und anregend zu umfassen zu gemeinsamer Liebe und gemeinsamer Thätigkeit in demselben und für dieselbe; der nur den Menschen als solchen betrachtet und werthet; der seine Glieder wiederholt und nachdrücklichst ermahnt und anhält, stets eingedenk zu sein ihres Berufes als Mitglieder einer höhern Weltordnung. Wird man bei nüchterner und vorurtheilsfreier Betrachtung und Beurtheilung der Logenthätigkeit mancher unserer Bau-

*) Wie unendlich zart und richtig der Protektor sämmtlicher preussischen Logen, König Wilhelm I., seine Stellung im Freimaurerbunde zu demselben auffasst und bethätigt, geht schon daraus hervor, dass er sich beim Besuche einer Loge jede aussergewöhnliche Empfangsfeierlichkeit oder Ehrenbezeugung verbittet und sogar ausdrücklich verlangt, dass bei seiner Anwesenheit der Preis des Bauketts nicht höher gestellt wird wie gewöhnlich, „damit ich mich als Br der Anwesenheit sämmtlicher Brr erfreuen kann." (Eigene Worte). Wer so wie wir die Hochherzigkeit, soldatische Einfachheit, Geradheit und Biederkeit dieses in Gesinnung wie That wahrhaft königlichen Brs im öffentlichen Leben wie im engen Logenverkehr näher kennen zu lernen Gelegenheit gehabt, wird in seiner Angehörigkeit zum Freimaurerbunde niemals eine Gefahr, wohl aber einen Segen erblicken müssen.

**) Es ist daher nach unserer Ansicht ein geschichtlicher Irrthum, wenn hüben und drüben behauptet wird, Luther habe den Abfall und die Kirchentrennung hervorgerufen. Sein mannhaftes, kühnes Auftreten hat das innerhalb der katholischen Gemeinschaft schon längst vorhandene Ablösung zu äusserer Erscheinung gebracht, und ihr Gestaltung wie Norm gegeben.

hätten es nicht entschuldbar, wo nicht gar rechtfertigt finden, wenn ein verstorbener geistreicher Bundesbruder (Carl Georg Neumann), der dem Bunde nahezu 61 Jahre angehört, schon vor mehren Jahrzehnten die Ansicht aussprach, dass die Thätigkeit in nicht wenigen „ehrwürdigen, gerechten und vollkommenen Logen" geradezu eine Parodie und noch dazu eine der geistlosesten Art desjenigen sei, was der Freimaurerbund sein soll und was er in seinen Grundsätzen ausspricht. Leider gesellt sich zu dieser, von einem nicht geringen Theile der Brüderschaft getheilten, die Maurerei der Gegenwart verurtheilenden Ansicht die andere weit bedenklichere und gefährlichere, dass eine Umkehr unmöglich sei, ja der Versuch dazu die Gefahr mit sich führe, dass das alte, morsche und durchfaulte Gebäude rettungslos zusammenstürze. Dieser Ansicht sind wir ebenfalls. Flickwerk und Palliative taugen niemals, aber das alte, morsche Gebäude gänzlich verlassen und auf neuer, solider Grundlage mit vorsichtiger Benutzung des noch vorhandenen oder zerstreut umherliegenden guten und brauchbaren Materials einen Neubau aufführen, dies können und sollen wir. Beiläufig gesagt, gelangt man aber nicht dazu durch kleine schwächliche Rücksichtnahmen, Bedenklichkeiten und Besorgnisse, sondern durch das Aufbieten ganzer und voller Kraft, mannhaft muthiger That. Nur hiervon allein ist noch Rettung und Heil zu hoffen oder vielmehr zu erwarten.

Innere Mission und Freimaurerei.

Motto:
„Wenn Ein Wort unter den Menschen Hass, Verfolgung, Vermirrung und Stillstand der Gedanken, alteren Leichtsinn und vage Stupidität hervorgebracht hat, ist es das missfunge Wort: „church, Kirche."
Herder.

In Nummer 3 der Bauhütte von 1869 ist ein Aufsatz enthalten, welcher von der Gründung des Hauptvereins für i. M. der evang. luth. Kirche im Königreiche Sachsen spricht und die Ueberschrift führt: „Bausteine oder Kirche und Frmrei." Der Zweck jenes Aufsatzes war jedenfalls der, die Brr Mr auf das ganze Institut aufmerksam zu machen, zum Nachdenken darüber anzuregen und am Ende auch weitere Aussprachen über diese an allen Orten sich breit machende Sache hervorzurufen. Eine solche Aussprache ist nun folgende Arbeit, welche eben keineswegs auf Vollständigkeit Anspruch machen will, sondern ihren Zweck erreicht hat, wenn durch sie veranlasst, auch andere Brr sich mit der Betrachtung der innern Mission beschäftigen. Dabei geben wir uns der Hoffnung hin, durch unsere Arbeit das Verhältniss der Frmrei zur i. M. etwas zu klären und damit einen Baustein zum Bau der Humanität zu liefern.

Das Verhältniss der Frmrei zur i. M. wird sich ergeben, wenn wir zunächst in kurzen Zügen darlegen, was die innere Mission will und was sie thut und sodann von verschiedenen Gesichtspunkten aus die von ihr gebrauchten Mittel betrachten.

Bei Bearbeitung dieses Theiles unserer Arbeit benutzen wir neben einigen alten Schriften über i. M. die neuesten derselben, und zwar die „Bausteine, Blätter für i. M. im Königreiche Sachsen", sowie die beiden bis jetzt erschienenen Jahresberichte des oben erwähnten Hauptvereins.

Es gibt eine äussere und innere Mission; jene ist alt und arbeitet unter den Heidenvölkern, diese wirkt als eine alte Sache unter einem neuen Namen unter den Christen. Die äussere Mission will Heiden dem Christenthume zuführen, die i. M. „will getaufte, aber von der Kirche abgefallene Christen" zur „Kirche" zurückführen. Damit ist zugleich ihr Zweck angegeben, welchen die „Bausteine" mit folgenden Worten nennen: „Was ist i. M.? die gesammte Arbeit ists, welche die Barmherzigkeit lebendiger Christen im Dienste des Reiches Gottes an denen übt, welche bereits und noch im rechtlichen Zusammenhange mit der Kirche stehen, ihren Lebenszusammenhang aber mit derselben noch nicht, oder nicht mehr bethätigen." — In einem andern Werke über i. M. heisst es: „Die i. M. hat zu ihrem Zwecke die Rettung des evangelischen Volkes aus seiner geistigen und leiblichen Noth durch die Verkündigung des Evangeliums und die brüderliche Handreichung der christlichen Liebe." Während in diesen Worten der Rettung aus geistiger und leiblicher Noth Zweck sein soll, ist in den Bausteinen hauptsächlich das erste als Ausgangspunkt angenommen, nämlich die Rettung aus geistiger Noth — das Zurückführen zur Kirche — die Rettung aus leiblicher aber als ein Mittel zu diesem hingestellt. Unter anderm heisst es an selbigem Orte: „Die i. M. sucht dieselben (die Abgefallenen) entweder zum lebendigen Erweise ihrer Zugehörigkeit zur Kirche Christi zu erziehen oder sie in der Kirche und die Kirche in ihnen zu bewahren, oder sie geht, die Verlornen, die die Kirche nicht mehr suchen, suchen für die Kirche, immer in der Barmherzigkeit des Glaubens, welche gern glücklich macht und kein geringeres Ziel kennt, als vom ewigen Verderben zu retten zum ewigen Leben." Wo aber die Bausteine von den Mitteln reden, welche die i. M. zur Erreichung dieses Zweckes anwendet, betonen sie die Steuerung der äusseren Noth durch Werke der Liebe und Barmherzigkeit.

Innere Mission zu treiben und zu pflegen, liegt nach den Bausteinen zunächst den Dienern der Kirche, den Geistlichen ob; da aber manche von dieser Seite des Amts nicht pflegen wollen und können, so hat sich seit ungefähr 2 Jahren in unserem Vaterlande ein Hauptverein für i. M. gebildet, der seine Glieder in allen Ständen der menschlichen Gesellschaft sucht. Da nun dieser Verein erkannt hat, dass nicht bloss einzelne, sondern ganze Massen*) vom Evangelium abgefallen sind, und die Bekämpfung der geistigen Noth durch die nach Hülfe schreiende leibliche Noth gehindert wird, so will er auch nicht Einzelnen, sondern ganzen Massen helfen, vornehmlich aber will er sich auf die Heimath erstrecken und da durch Abhülfe der leiblichen Noth der geistigen steuern.

Zu diesem Zwecke fühlt sich aber nun der Verein für i. M. als einzelner Verein zu schwach, darum sagt das Vorwort der Bausteine: „Schon bisher ging die Arbeit mancher gesegneten heimischen Anstalten und Vereine dahin, im Sinne und Dienste der Kirche der Noth der

---

*) Er schliesst dies aus der Bildung von freien Gemeinden, dem mangelhaften Kirchenbesuche etc. etc.

Gegenwart zu steuern, aber sie standen vereinzelt da, oft ohne rechte Hilfe, waren dazu im Lande zum grossen Theile unbekannt." Der Hauptverein hat nun die Absicht, alle die Vereine — Hilfsvereine, Vereine zu Rath und That, Vereine der Armenfreunde etc. — zu gemeinsamer Thätigkeit zu vermögen, ihnen zu dienen und zugleich ihre Arbeit zu erweitern. Wie weit der Hauptverein diese Aufgabe erfüllen wird, werden wir sehen. Sein Arbeitsfeld ist ein grosses und der Mittel, die er anwendet, sind viele. Das Statut des Hauptvereins sagt darüber §. 1 u. flg.: „Der Hauptverein — hervorgegangen aus den 8 von der sächs. Pastorenkonferenz zu Dresden am 21. August 1867 gewählten Mitgliedern, welche sich nach der ihnen zugleich ertheilten Befugniss verstärkt haben, stellt sich die Aufgabe, anregend, berathend und helfend für die Zwecke der i. M. im Königreiche Sachsen thätig zu sein. Demgemäss erstreckt er seine Fürsorge auf Kinderbewahranstalten, Rettungshäuser, Arbeitsschulen, Jünglingsvereine, Herbergen zur Heimath, Mägdeherbergen, Armen- Krankenund Gefangenenpflege, Magdalenenstifte, Blödenanstalten, Volksbibliotheken und Verbreitung guter Schriften, Vereine für Waisenerziehung, entlassene Sträflinge, Sonntagsheiligung etc. etc. — Der Hauptverein bedient sich bei seiner Thätigkeit zunächst der Presse, insbesondere eines für seine Zwecke herausgegebenen Blattes.*) Er ertheilt auf Ansuchen Rath und Auskunft über Fragen im Erfahrungsgebiete der i. M. Er fördert nach Kräften mit Rath und That vorhandene und in der Bildung begriffene Anstalten und Arbeiten für i. M."

Letzteres ist nach dem 2. Jahresberichte des Hauptvereins in mancher Hinsicht schon geschehen. Vornehmlich ist das in der Nähe Dresdens (Niederlössnitz) gelegene Magdalenenstift, ein Asyl für gefallene Frauen, von ihm unterstützt worden. Ebenso ist in Folge der von dem Hauptvereine ausgegangenen Anregung hierselbst ein Verein zur „Verbreitung christlicher Schriften" gegründet worden.

Die Zahl der von der i. M. überhaupt eben ins Leben gerufenen oder doch geleiteten Anstalten ist keine geringe. Allüberall, auf dem Lande wie in den Städten sucht die i. M. Wurzel zu fassen, und es ist ihr bereits an vielen Orten schon gelungen. Am besten werden wir eine Einsicht von dem Umfange der i. Missions-Thätigkeit erlangen, wenn wir, geführt von den oben genannten §. 1, einige unter den Pittigen der i. M. entstandene und stehende Institute betrachten.

Es heisst in diesem §. 1: dass der Hauptverein und somit die i. M. sich auf die Erziehung der Kinder zu erstrecken habe. Zu diesem Zweck hat sie hier und da Kinderbewahranstalten**) errichtet, z. B. eine in der Dresdner Diakonissenanstalt, verbunden mit der in derselben sich befindenden Mägdeherberge.***) Neben der Kinderbewahr-

anstalt ist zugleich eine Krippe*) eingerichtet, und nach dem Berichte über diese beiden Anstalten zeigt ihr Gebrauch seiten des Publikums, dass sie für den betreffenden Stadttheil ein Bedürfniss sind. Ein anderes Feld, das sie für die i. M. zu bebauen sich bestrebt, sind die evangelischen Jünglingsvereine. Diese giebt es auf der ganzen Erde in ziemlich bedeutender Anzahl und zwar ca. 1000 mit gegen 60,000 Mitgl. Davon kommen auf Amerika 32,000, auf England 18,000 (London 3800). In Sachsen bergen ausser Dresden und Leipzig noch 14 Städte in ihren Mauern Jünglingsvereine.**)

Ferner betrachtet die i. M. die sogenannten „Herbergen zur Heimath" — „Gesellen- und Mägdeherbergen" — als Gegenstände ihrer Wirksamkeit. Solcher Herbergen für das männliche Geschlecht giebt es eine ziemliche Anzahl z. B. je eine in Dresden, Liegnitz (Schlesien) Görlitz — diese beherbergten in den Monaten April bis Juni 1868 1765 Männer in 2868 Nächten, im ganzen bis 10,426 Wanderer in über 17,000 Nächten, ohne die Logisgesellen, welche darin 820 Wochen wohnten — in Breslau, Berlin, welche im Jahre 1867 18000 Gäste beherbergten. Neben Gesellenherbergen errichtet die i. M. auch Mägdeherbergen. Deren giebt es in Berlin, Stettin, Derendorf bei Düsseldorf, Köln, Wiesbaden, Frankfurt a. M., Bonn, Koblenz u. a. O. Die erste evangelische Mägdeherberge überhaupt wurde 1847 in Paris gegründet, die jüngste befindet sich in Dresden unmittelbar verbunden mit der Diakonissenanstalt.

Wollten wir noch weiter über die Werke der i. M. berichten, so könnten wir noch lange reden; denn das steht fest: sie wird von ihren Jüngern und Jüngerinnen mit einem Eifer getrieben, der gross ist und den wir von Herzen anderen Richtungen wünschen müssen. Man möchte fast behaupten, dass keine Partei es sich um Verbreitung und Erweiterung ihrer Thätigkeit so angelegen sein lasse, als die Männer und Frauen, die absichtlich oder nicht für die i. M. ihre Kräfte anstrengen.

Hier entstehen Waisen- , da Krankenhäuser, hier weihen sich Jungfrauen der Diakonie, da leiht man der i. M. seine Zunge und predigt von ihren Werken. Alle Stände, vornehmlich aber die sogenannten hohen und höchsten liefern der i. M. eine bedeutende Anzahl von Anhängern und Mitgliedern. Wer das nicht glauben will, der gehe in die Diakonissenhäuser und frage nach den Namen der Diakonissen, er wird hohe aristokratische Familien genannt bekommen. Ebenso birgt auch der mehrfach genannte Hauptverein Männer in sich, die im weltlichen wie geistlichen Stande hohe Aemter verwalten. Alles dies hat freilich seinen Grund, doch davon weiter unten. Wir werden im Folgenden darauf kommen, wenn wir uns damit beschäftigen, warum die i. M. wirkt, welche Absichten ihre Glieder haben. Das wird uns auch die Antwort geben

---

*) Bausteine, Blätter für i. M. im Königreiche Sachsen."

**) Kinderbewahranstalten sind solche, in denen Kinder armer Eltern im Alter von 2—6 Jahren gegen eine kleine Vergütung von Früh bis Abends verpflegt werden.

***) In den Mägdeherbergen halten sich ausser Dienst stehende Mädchen gegen eine Vergütung von einigen Groschen täglich so lange auf, bis sie einen Dienst gefunden.

*) Die Krippen — ähnlich den Kinderbewahranstalten — nehmen Kinder zwischen 6 Wochen bis zu 2 Jahren auf.

**) Jünglingsvereine sind Vereine von Jünglingen, an deren Spitze ein Vorstand von weltl. und geistl. Mitgliedern steht. In diesen Vereinen werden zu bestimmten Zeiten Andachten, Bibelstunden etc. etc. abgehalten, sowie Vorträge über beliebige Zweige der Wissenschaft gehalten. Regelmässig, meist alle Abende versammeln sich auch ihre Mitglieder, um der Geselligkeit zu leben.

auf die Frage: Welche Stellung nimmt die Frmrei zur i. b. ein und wie hat sich der Br Mr ihr gegenüber zu verhalten?

Oben sehen wir aus den Worten von Anhängern und Führern der i. b., was diese will, wonach sie strebt. — Wir könnten, wenn wir nicht annehmen müssten, damit zu ermüden, noch eine Menge solcher Aussprüche anführen, aus denen hervorgeht, dass die i. b. „in und für die Kirche" arbeitet. Sie ist nach dem Bausteine eine Tochter[*]) der Kirche und eine „Gegnerin der die Kirchen auflösenden Union", —! — und hat da, wo sie lehrt, auf kirchliches Bekenntniss zu treiben. Wichern, der Hauptführer und „Vater" der i. b. nennt diese „die im Harnisch Gottes erscheinende Kirche" und sagt: „Ich kenne keine gesunde Arbeit der i. b., die nicht eine kirchliche wäre." Ebenso nennt sich der eben erwähnte Hauptverein einen „evangelischen", der „der Kirche dienen will."

Es gab eine Zeit in unserm Jahrhunderte, in der die Verschiedenheit der kirchlichen Bekenntnisse zum grossen Theile im Lebensverkehre erloschen und aus dem Bewusstsein mehr oder weniger verschwunden war. Man fing an, den Menschen im Menschen zu erkennen und zu achten und im Verkehre nicht nach dem Glauben zu fragen. Die Idee der Frmrei von einem Menschheitsbunde schritt ihrer möglichen Verwirklichung immer näher, und an vielen Orten entstanden Vereinigungen von Männern verschiedener Konfessionen und Religionen zu gemeinsamen humanen Zwecken. Jeder edle, humane Mensch muss sich über solche Erscheinungen freuen, und der Bruder Maurer kann darin eine Einwirkung seines Bundes begrüssen.

Die i. b. ist natürlich gegen solche Vereinigungen; sie fürchtet das Verlorengehen und Verschwinden des Bekenntnisses, das sie um jeden Preis zur Geltung zu bringen sucht. Damit setzt sie wissentlich oder unwissentlich eine Trennung des Volkes, der Bürger eines Staates, der Bewohner eines Ortes, einer Stadt, eines Hauses voraus und ruft somit einen Gegensatz wieder hervor, der durch die Bestrebungen auf der Höhe der Zeit stehenden Männer zum Theil verdrängt war und eines mehr zu schwinden begann. Die von allen edeln Menschen gewünschte Beseitigung der Kluft zwischen Katholiken und Protestanten wird dadurch wieder erneuert, hergestellt. Das religiöse Bekenntniss ist und bleibt aber eine Scheidewand zwischen den Bewohnern desselben Ortes und Landes. — Mit der Scheidewand und Kluft stellt sich aber auch der alte Zwiespalt und Hass wieder her, der Jahrhunderte hindurch die Menschen erfüllte, Kriege der Deutschen gegen Deutsche hervorrief, Verwandte gegen Verwandte empörte. Die Menschen, „berufen, sich unter einander zu lieben", aber zu gegenseitigem Hass zu treiben und die Nation zu entzweien, ist nichts weniger als religiös, ist vielmehr antireligiös und antinational.

Die Gefährlichkeit einer Vereinigung, die solche Zustände herbeiführt, oder nur herbeiführen kann, ist einleuchtend und sollte mit allen Mitteln bekämpft werden. Dass dies aber nicht geschehe, dafür ist gesorgt, und dies bestärkt unsere Furcht, die i. b. werde das Ziel, das sie

sich gesteckt, mehr als wir wünschen, erreichen. Die von ihr angewendeten Mittel sind zudem solche, die in den meisten Fällen nicht ohne Erfolg sind: Gebt dem Menschen, sagt Schiller, zu essen, zu trinken, bedeckt ihre Blösse, und ihr habt ihn ganz.

Es ist eine allgemein wahrzunehmende Erscheinung, dass, wer sich religiös beherrschen lässt, auch die Herrschaft anderer Mächte verträgt. Das weiss man, das hat die Geschichte der letzten Jahrzehnte genugsam gezeigt. Wir behaupten aber auch, wer auf dem Gebiete der Religion herrschen will, wer kirchlichen Absolutismus wünscht, der begünstigt dessen Bruder, den politischen Absolutismus. Ebenso ist es umgekehrt, wer diesem anhängt, wünscht jenen. Illustrationen zu diesen Behauptungen gehen uns die Männer, wie Stahl und Stiehl, Mühler und Hengstenberg, Leo etc. etc. Getrost sagen wir, weil diese dafür waren oder sind, sind wir dagegen.[*]) Eine Herrschaft geht mit der andern Hand in Hand, eine Art Knechtschaft unterstützt jede andere; man kann nicht in einer Beziehung frei, ein Mann und in der andern ein Knecht sein. Das Knechtsein wird aber von manchen Herrn nicht für eine Last angesehen. Es giebt welche, die glauben, äussere Noth, Armuth etc. üben auf den niedrig geborenen Menschen keinen Druck aus. Bringen doch, nach Herrn Leo in Halle, die Kinder der Armen Schwielen an den Händen mit auf die Welt und ist nach Herren Henrik Steffens Meinung „für den Proletarier die schwere Arbeit Genuss, während für den Edelmann der Genuss — Arbeit ist."

(Schluss folgt.)

Literarische Besprechung.

Die Jesuiten. Geschichte und System des Jesuiten-Ordens von Paul F. F. Hoffmann. Mannheim, 1870. Druck und Verlag von J. Schneider. (12 Lieferungen à 18 kr.) Wien, bei Martin, Opernring 13:

Von diesem Werke liegen bis jetzt sechs Lieferungen vor uns, welche den ersten Band bilden. Der zweite und letzte Band, gleichfalls 6 Lieferungen umfassend, wird in rascher Folge nachkommen.

Wie schon der Verfasser auf dem Titel ausspricht, haben wir hier nicht blos eine Geschichte des Jesuitenordens vor uns, sondern es wurde die Aufmerksamkeit vorzüglich dem Systeme dieses dem Fortschritt feindlichen Ordens und den Folgen dieses Systems zugewendet.

In einer Rundschau bei allen Nationen zeigt sich uns, welchen zersetzenden Einfluss dieser Orden auf die politische, religiöse und soziale Wohlfahrt aller Nationen ausgeübt hat, welche ihm ihre Grenzen öffneten.

Eine inhaltschwere Stelle der Subscriptions-Einladung spricht mehr Wahrheit aus, als tausende von Leitartikeln politischer Wühlereien enthalten.

---

[*]) Nach der Meinung der Anhänger der i. b. ist auch die Schule die Tochter der Kirche, also i. b. und Schule ein Schwesternpaar!!

[*]) Es ist zwar nicht allemal richtig, von den Personen auf die Sache zu schliessen, hier gilt aber dieser Schluss.

„Es ist meine feste Ueberzeugung, dass unsere freisinnigen Parteien bis jetzt noch viel zu wenig gethan haben, um den unheilvollen Uebelständen des jesuitischen Einflusses ein Ende zu machen, weil sie den Werth des reinen Denkens in den tiefsten und höchsten Angelegenheiten leider nur zu häufig nicht hoch genug anschlagen; ohne Geistesfreiheit wird eine politische Freiheit nie Wahrheit werden.“

In der Wirklichkeit ist dieses eine traurige Wahrheit. Unsere Gegenfüssler, die Jesuiten, stehen nicht nur im Bunde mit der staatlichen Reactionspartei, sondern die geistige Blasirtheit vieler sogenannter gebildeter Zeitgenossen, die Unthätigkeit der Halbgebildeten, die Denkfaulheit der Männer und die Willenlosigkeit der Frauen, leisten dem Jesuitismus den bedauerlichsten Vorschub, und in trauriger Zerfahrenheit der politischen Anschauungen gehen selbst sonst aufgeklärte Männer unseres Vaterlandes aus Parteihass mit jenen gefährlichsten Feinden jedes Fortschritts Hand in Hand und verkennen damit die alte Wahrheit, dass selbst die schroffste Gewaltherrschaft niemals so gefährlich für die Existenz einer Nation ist, wie die Herrschaft des Jesuitismus. Denn jene kann vorübergehend durch Gewalt das Recht vielleicht beugen, nimmer aber das Bewusstsein eines Volkes vernichten. Das System des Jesuitismus aber vergiftet das geistige Leben eines Volkes und macht es dadurch zu Werkzeugen in der Hand dieser gefährlichen Cosmopoliten, deren Grundsatz es ist, die Herrschaft der Welt durch die geistige Verdummung der Menschheit an sich zu reissen. Die Ergebnisse des jetzigen Concils bestätigen dieses.

Von diesen Gesichtspunkten aus empfehlen wir daher das vorliegende Werk, Jedem, welcher nicht blos Geschichte lesen, sondern sich auch belehren will über das System des Jesuitismus und seine Folgen! Der erste Band enthält die Abtheilungen: die Reformation. — Ignatius. — Organisation des Ordens und Ausbreitung desselben. — Exercitien. — Theologie und Moral des Ordens. — Das Erziehungswesen des Ordens. — Greuel des Ordens.

Aber — auch als Freimaurer können wir Manches aus dem Buche lernen, was Zähigkeit, Ausdauer und Organisation aller Kräfte für die Ordensziele betrifft.

Br G. Treu.

Feuilleton.

Berlin. — In der Nacht zum 12. April c. ging zum höheren Lichte ein: Br Ernst Siegfried Mittler, Königlicher Hof-Buchhändler, Buchdruckerei-Besitzer und Ritter etc. hiers. Der von allen Brn hochverehrte und geliebte Jubilar gehörte dem Höchsten Ordens-Rathe an, bekleidete durch lange Jahre das Amt des vorsitzenden Meisters der Loge, war Inhaber des Ehrenzeichens für verdiente Logenmeister und Repräsentant vieler auswärtiger Logen. Sein Dahinscheiden ist ein grosser Verlust für den Orden, dem er durch sein ganzes Leben mit seltener Hingebung und Liebe zugethan gewesen. Sein Andenken wird darum der ganzen Brüderschaft der Gr. Landes-Loge der Freimaurer von Deutschland unvergesslich sein.
(Wöchentl. Anz.)

Dr Mittler, ein wackerer und liebenswürdiger Mr und mir durch unsern gemeinsamen Freund den verew. Br Speyer, Mstr. v. St. der Loge in Arolsen näher verbunden, war über die Schnurrpfeifereien der schwedischen Systems völlig hinaus. Obgleich Mitglied des Ordensraths legte er den höheren Graden durchaus keinen sonderlichen Werth bei und gestand offen zu, dass die Gr. L. L. v. D. ihre historischen Prätensionen dokumentarisch nicht erweisen könne; deshalb behandelte Br Mittler sehr richtig die Mittheilungen der höheren Gr. nur als Sage. Ehre seinem Andenken! —
J. G. F.

St. Gallen. — Die hies. Vereinsmitglieder haben bereits vier Lokalversammlungen abgehalten und u. A. Br Thost's Anregung zur Gründung einer freimr. Töchteranstalt besprochen und mit Beifall aufgenommen. In Darmstadt werden sich jedenfalls hiesige Drr zur Vereinsversammlung einfinden, darunter vielleicht auch Br Henne, der rühmlichst bekannte Verfasser von „Adhuc stat“, welcher gegenwärtig hier eine freisinnige Zeitschrift „Lokomotive“ herausgibt. (Wir wünschen dem Blatt, von dem wir einige Numern mit trefflichem Inhalt gesehen, besten Erfolg!)

Leipzig. — Das Stiftungsfest der Loge „Apollo“, dessen Feier am ersten Osterfeiertage eine zahlreiche Brrschaar zu gemeinsamer Arbeit vereinigte, hatte diesmal eine besondere Bedeutung durch die Aufnahme zweier Söhne des allverehrten Br Eckstein. Die tiefinnige Rührung, welche den Vater ergriff, als die beiden jugendlichen Suchenden den Tempel betraten, theilte sich allen Brn mit, so dass manches Auge feucht wurde. Nach vollzogener Weihe hielt Br Eckstein, der die Arbeit leitete, einen in Inhalt und Form gleich ausgezeichneten Vortrag über das goldene Zeitalter, indem er in grossen Zügen ein Bild menschlichen Strebens und Könnens entwarf, aus dessen belehrendem Inhalte sich die sittlichen Grundsätze und Anregungen ganz von selbst ergaben. Da war Religiosität ohne kirchliche Schlagwörter und echtes, freies Maurerthum ohne maurerisches Phrasenwerk! In Bezug auf Wahl des Stoffes und der Behandlung als Maurer. Hanstück gilt uns dieser Vortrag geradezu als mustergiltig. Die Brr Götz (Loge Balduin z. L.) und Warnatz jun. brachten Glückwünsche dar, vom Ehrw. Grossmstr. W. traf überdies ein telegraphischer Gruss ein. Der Arbeit schloss sich eine durch Toaste und musikalische Vorträge gehobene Tafelloge an, nach deren Schluss noch viele Brr gemüthlich zusammen blieben. Diese bekamen auch noch Kenntniss einer telegraphischen Antwort der ebenfalls zum Stiftungsfest vereinigten Brr der Loge in Zwickau. Br Zille leitete unter Hinweis auf die (uns nicht zugegangene) gedruckte Festrede des Br Schiffmann in Stettin seinen Trinkspruch auf die besuchenden Brr sinnig und glücklich ein; den Dank sprach der biedere und gemüthvolle Br Clarus (Loge Minerva). Von auswärtigen Brn ergriff Dr Henny aus Altenburg das Wort. Glückauf der Loge Apollo zum neuen Mrjahre!

Schweiz. — (Neuer Hochgradspuk). Seit der Begründung der schweizerischen Grossloge Alpina im Jahre 1844 sind die damals bestandenen Hochgrade in diesem Lande, wenn nicht verschwunden, doch wenigstens ausser alle organische

Berührung mit der Johannismrei gestellt worden. Der damalige Vereinigungsvertrag der schweizerischen Logen schonte die Anschauungsweise der zum rektifizirten System der altschottischen Mrei gehörenden Logen so weit, dass er den Mitgliedern der höheren Grade gestattete, ihre spezifischen Verbindungen „als rein lokale Vereine und blosse Erkenntnissstufen" fortbestehen zu lassen, und die schweizerischen Logen haben es seither mit Befriedigung anerkannt, dass die in Genf und Zürich fortbestandenen Kapitel niemals einen Versuch gemacht haben, diese Grenzen zu überschreiten. An die Auferstehung des im Jahre 1822 untergegangenen „Grand Orient Helvétique Romand" dachte wohl Niemand mehr, um so weniger, als man wusste, dass er zur Zeit der Begründung der Alpina schon nicht mehr bestanden, und zum Ueberflusse das Protokoll der Grosslogen-Conferenz vom 23. October 1858, wie eine Rede des Grossmeisters Dr Meystre zu Lausanne am folgenden Tage constatirten, dass diese maurerische Verbindung aufgelöst sei.

Im Jahre 1859 wurde von dem Verwaltungsrathe der Grossloge Alpina zu Lausanne, nachdem eine neue Auflage des Verfassungsvertrages nothwendig geworden, dieselbe eingeleitet, nach deren Zusammenstellung, ohne dass hierüber weder eine Revision beschlossen, oder nur besprochen worden, die vererwähnten Bestimmungen für die Duldung der höheren Grade einfach weggelassen worden, vermuthlich weil sie als frühere Uebergangsbestimmungen zur Zeit für überflüssig gehalten wurden. Diese Auslassung scheint nunmehr so weit Früchte getragen zu haben, dass wenigstens die Frage entstehen könnte: ob jene Auslassung eine bloss zufällige gewesen sei.

Das neueste Protokoll der Grossloge von Hamburg vom 12. Februar 1870 giebt darüber Bericht, dass in Lausanne ein Phönix der Asche sich entwunden, indem dasselbe mittheilt, es habe der dortige Grossmstr. eröffnet, dass der Grossloge eine „unter ihrer Adresse eingesandte Bestandliste*) des Directoire suprême Helvétique Romand fondé à Lausanne en 1739, reconstitué en 1810 (?) dat. 28. November 1868 eingegangen, unterzeichnet von den Brn: C. Roulet abgegangener Grossmeister, J. Bésançon Grossmeister, J. M. Docbelé Deputirten-Grossmeister, Fierque Grosskanzler und Duion Vicegrosskanzler (was die jedem Namen hinzugefügten SE M 1314 bedeuten, wissen wir nicht), und hiezu bemerkt habe: dass diese Liste die Namen von Brn: in Lausanne, Genf und Vevey enthalte, die zum Theil auch in den Bestandlisten der Logen (Tochterlogen der Alpina) dieser Oriente sich gefunden, dass aber dieses Directoire helvétique Romand, nach den Erkundigungen, welche er geeigneten Ortes einzuziehen Gelegenheit genommen, freilich von dem Gross-Orient von Frankreich und der Grossloge von Italien anerkannt sei, die mit ihm in Verbindung getreten, von der Grossloge Alpina jedoch, die sich verfassungsgemäss auf die Johannisgrade beschränke, als eine reine lokale Behörde für die früheren schottischen Logen, und als eine maurerische Oberbehörde, die sich vor dem Jahre 1858 aufgelöst, wenigstens zur Zeit der Gründung der Alpina nicht mehr existirt; jetzt aber wie es scheine, auf welche Autorität sei nicht bekannt, wieder ins Leben getreten, nicht anerkannt werde, und nach der Verfassung des schweizerischen Logenvereins ihren Geschäftskreis nicht auf die Johannislogen ausdehnen, keine Logen gründen und leiten dürfe, und daher wohl eigentlich „vollständig in der Luft stehe"", jedenfalls aber wohl nicht darauf Anspruch machen könne, von unserer Grossloge, die mit der Grossloge Alpina in Verbindung stehe, anerkannt zu werden; er werde daher, wenn die Grossloge ihm darin beistimme (was durch Beifallszeichen geschah) dieses Dokument einfach ad acta legen."

Die Erscheinung eines neuen Hochkapitels in der Schweiz wäre man hier sehr geneigt als ein lächerliches Kinderspiel anzusehen, wenn nicht zufällig andere Verhältnisse geeignet wären, Misstrauen zu erwecken. Es musste nämlich auffallen, dass bei der jüngsten Grossmeisterwahl in Genf, nachdem diese durch frühere vier Wahlperioden ohne die mindeste Misstim-

mung vorübergegangen, eine leidenschaftlich geführte Streitfrage sich entwickelte, welche offenbar den Bestrebungen entsprungen, gerade diejenige Persönlichkeit an die Spitze der Alpina zu stellen, welche in dem angeführten Berichte nunmehr als Grossmeister des Conseil suprême erscheinen. Seit diese Möglichkeit geschwunden, treten zeitweise aus dem waadtländischen Brkreise Erscheinungen zu Tage, welche auf eine Misstimmung einzelner Glieder desselben schliessen lassen. So ungerechtfertigt und gleichgültig diese dem übrigen Theile der schweizerischen Maurer erschienen, so bedeutsam werden sie zur Stunde durch den Art. „Schweiz" in Nr. 11 der Bauhütte, verbunden mit der Hinweisung im „Briefwechsel" desselben Blattes auf eine Persönlichkeit zu Vevey, welche unter den Officianten dieses Conseil suprême als Vice-Grosskanzler desselben genannt wird. Das sind nunmehr Andeutungen, die nach den Gliedern der Alpina die Ueberzeugung aufdrängen, dass ihre Grossloge einer Krisis entgegengeht. Ihre fünfundzwanzigjährige Geschichte bietet uns aber die Gewähr, dass sie einem Sonderbunde innerhalb ihres Kreises nicht unterliegen wird.

Sprechende Thatsachen. — Wir haben früher einmal die Vereinsmitglieder nach Grosslogen geordnet aufgeführt. Noch interessanter aber ist es, die Betheiligung am Verein deutscher Freimaurer geographisch zu verfolgen. Wir haben uns die Mühe genommen, die Zahl der Mitglieder auf einer Landkarte zu verzeichnen. Darnach treten vor Allem acht Gruppen hervor: 1) die Rheingruppe (Mainz, Wiesbaden, Darmstadt, Worms und Umgegend) welche etwa 120 Mitgl. umfasst; — 2) die Gruppe Rheinland-Westphalen (Aachen, Cöln, Wupperthal, rothe Erde und Umgegend), etwa 115 Mitgl. umfassend; — 3) die sächsische Gruppe (Leipzig, Dresden, Voigtland bis Hof), etwa 75 Mitgl. umfassend. Die übrigen Posten sind zerstreute und vorgeschobene Posten, von denen nur das badische Unterland (Lahr, Kehl, Freiburg bis St. Gallen) wieder eine 4. Gruppe von etwa 50 Mitgl. bildet und Würtemberg (Stuttgart, Ludwigsburg, Heilbronn) eine fünfte mit etwa 40 Mitgl. Unter den zerstreuten Posten treten hervor: Bremerhaven mit 7, Berlin mit 22 und Krotoschin mit 17 Mitgl.

Nach den Flüssen verfolgt behauptet Vater Rhein mit seiner freisinnigen, rührigen, lieben und frohen Bevölkerung weitaus die Oberhand, vom badischen Unterland (50) beginnend mit der Kernstation um Worms-Alzei (125), dann bei Dingen abschneidend, bis Cöln eine völlige Lücke lassend und nach der Lecre zu (Duisburg-Ruhrort, 6) versandend. Der Main ist wenig ausgiebig (Altenkundstadt, 4 und Würzburg 7), auch in den Nebenflüssen (Nürnberg-Fürth 6 Mitgl.) Die Elbe, nur in dem schönen Dresden 15 Mitgl., und bei Magdeburg 2 Mitgl. aufweisend, liefert bis zur Mündung hin dem Verein weiter kein Mitgl. Hamburg, Stade und Lübeck zeigen dieselbe leere Physiognomie wie Mecklenburg und Pommern, welch letzteres nur an der Küste (Stralsund-Greifswald 5 Mitgl.) etwas besser wird. Ein vorgeschobener Posten an der Ostsee ist Cöslin mit 2 Mitgl. Oder und Weichsel sind völlig leer, bis auf Breslau 1 Mitgl.; ebenso ist Alles leer zwischen Elbe und Oder (ausser Berlin 22) und zwischen Oder und Weichsel (ausser Krotoschin 17, Culm 2, Posen 2). Der Zuzug liefert die Weser mit ihren Nebenflüssen, Wasungen 1, Höxter 6, Hameln 3, Minden 1, Bielefeld 8 und Bremerhaven 7 Mitgl. Zwischen Weser und Elbe fast ebensolche Leere, wie zwischen Elbe und Oder, da nur Thüringen (Eisenach 4, Hildesheim 1, Gotha 2, Sangerhausen 13) Zuzug liefert, während die preuss. Provinzen Sachsen und Hannover fast gar keine Betheiligung beweisen. — Zwischen Rhein und Weser liegt fruchtbarer und ergiebiger Boden — Witten, Dortmund, Hagen, Barmen, Elberfeld und Umgegend.

Theilt man die deutsche Landkarte in zwei ziemlich gleiche Hälften, so zählt der Verein nur Mitglieder auf der westlichen Hälfte, während die ganze östliche (mit der Theilungslinie 31° Dresden - Berlin - Greifswald) fast völlig leer ist (Zittau 2, Cöslin 2, Posen 2, Krotoschin 17, Culm 2, Sprottau 1, Neisse 1). Gerade diese letztere Aufstellung gibt Jedem denkenden Freimaurer einen bedeutsamen Fingerzeig, der um so sprechender und gewichtiger wird, wenn man damit die weitere Thatsache zusammenhält, dass auch die Verbreitung der „Bauhütte" (Theilnahme an der mr. Literatur und das Streben nach Licht) bei gleicher Theilung der Karte in zwei Hälften ´ganz genau dieselbe Erscheinung aufweist. Alle Oriente, welche nur 1—2 Expl. oder gar keines beziehen, liegen auf der östlichen Seite (Gleiwitz, Ratibor und Kattowitz machen eine Ausnahme); alle Oriente welche 5—15 Expl. beziehen, auf der westlichen Hälfte. Schon vor der Gründung des Vereins zeigten Baden-Würtemberg mit Rheinland-Westfalen die regste Theilnahme für die „Bauhütte". Von den in der „Frei-MrZtg" und in der „Bauh." erschienenen Baustücken dürfte ebenfalls die grössere Hälfte auf den deut. Westen, weitaus die kleinere auf den Osten kommen und wenn man die statistischen Nachweise betreffs der milden Stiftungen (ich habe nur die der 3 Weltk. flüchtig durchgezählt) nachsieht, so tritt ebenfalls die gleiche Erscheinung zu Tage. Wenn man die Theilungslinie vom 31° (Berlin-Greifsw.) etwas weiter nach links bis zum 29° (Weimar-Schwerin) verlegt, dann gelangt man zu dem überraschenden, aber sehr begreiflichen Resultate, dass die grosse Mehrzahl der zur Gr. L. L. v. D. (schwed. Systems) gehörigen Logen ebenfalls auf die östliche Hälfte kommt, während Rheinland-Westfalen nur einige wenige solcher wilden Schösslinge emporgetrieben. Doppelte Ehre daher den wenigen Logen in der östlichen Hälfte, welche ihrem Streben, ihren Leistungen und dem Geiste nach mit auf die westliche gehören!

Bischof von Ketteler nennt in seiner — Wuth, Gift und Galle gegen Stiftsprobst Döllinger speienden Broschure „die Unwahrheiten der röm. Briefe vom Concil" die Augsb. Allg. Ztg. „das Organ jenes freimaurerischen Afterliberalismus" worunter er einen solchen versteht, welcher „das Prinzip der vollen Unabhängigkeit der Wissenschaft von der von Gott gesetzten Autorität der Kirche" auf seine Fahne geschrieben. Und auf S. 4 spricht er von den Organen „des verbündeten rationalistischen Protestautismus, Logenthums, Liberalismus" u. s. w.

Briefwechsel.

Br C. L. in Tr. Posteinz. und Brief erhalten; Bauh. sofort gesandt. Ihnen und Br M. R. in K. freundl. Gegengruss!

Br Br. (?) in M—z und Br Dr. L. in C. Verbindlichsten Dank für gütige Uebersendung des neuen jesuitischen Machwerks. Herzl. Gruss!

Br R—d in Schw. Ihre brüderl. Anfrage habe ich, als durch die letzte Nr. der Bauh. erledigt unbeantwortet gelassen. Herzlichen Gruss!

Br Goetz in Bordeaux. Brudergruss und Handschlag aus der Ferne! Besten Dank für Ihre Notiz aus der Bauhütte über das Schwesternfest in Darmstadt im L'Avenir Maç. Ihrer Loge Franç. etc. E. unsern Glückwunsch zu dem glücklichen Erfolge der „Oeffentlichen Conferenzen!"

Dem gütigen Uebersender von „Fête solstitiale d. 2 L. Les fr. unis insép. et la ruche philos." wärmsten Dank!

Br G. Tr. in M. Die Bestellung für Bruder C. bestens erledigt. Freundl. Dank und Gruss und frohes Wiedersehen in D.!

Br Gl. in Zw. Ihrem Wunsche werde ich gern entsprechen und wünsche besten Erfolg. Brdl. Gegengruss!

Br M—r in T. Ihr Auftrag ist bestens besorgt worden; freundl. Dank und Gruss! Der Irrthum betr. der Ind. A ist verzeihlich, da ich der italien. Sprache nicht mächtig.

Br F—ch in Fr. Dankend erhalten; brdl. Gruss!

Anzeigen.

Einladung.

Die ger. und vollk. St. Joh. Loge „Rupprecht zu den fünf Rosen" im Or. von Heidelberg zeigt hiermit an: Am 29. Mai d. J. werden wir die feierliche Einweihung unsres neuen Logengebäudes, mit einem mr. Maifeste verbunden, abhalten (um 11 Uhr Festloge; um 1 Uhr Tafel im Museumssaale per Gedeck incl. Wein fl. 2. 20), und ersuchen freundlichst, dieses Fest durch Ihre Gegenwart zu verherrlichen. —

Indem wir hoffen eine grosse Anzahl Brr aller Or. zum ersten Male in unserem neuen Tempel begrüssen zu dürfen, bitten wir spätestens 8 Tage vorher

unter der profanen Adresse, Franz Köbel, hier anzeigen zu wollen, für welche Anzahl Brr Ihrer Loge Gedecke zu bestellen seien.

Mit Hochachtung und aufrichtiger Bruderliebe, grüssen wir, mit dem Grusse der Geweihten Orient Heidelberg, den 4. April 5870.

Br Bluntschli,
Mstr. v. St.

Br L. Zimmer,
Sekretär.

Verantwortlicher Redacteur: Br J. G. Findel. — Verlag von Br J. G. Findel in Leipzig. — Druck von Brr Bär & Hermann in Leipzig.

№ 19.   XIII. Jahrgang.

Die

Begründet und herausgegeben

von

Br J. G. FINDEL.

* Organ des Vereins deutscher Freimaurer. *

Sonntschrift für Brr Frmr.   Leipzig, den 7. Mai 1870.   MOTTO: Weisheit, Stärke, Schönheit

Von der „Bauhütte" erscheint wöchentlich eine Nummer (1 Bogen). Preis des Jahrgangs 8 Thlr. — (halbjährlich 1 Thlr. 15 Ngr.)
Die „Bauhütte" kann durch alle Buchhandlungen bezogen werden.

Inhalt: Die Maurerei und der Protestanten-Verein. Von Br. Dr. M. Maass. — Innere Mission und Freimaurerei. (Schluss). — Feuilleton: Amerika. — Berlin. — Bremen. —
Frankreich. — Hameln. — Hof. — Niederlande. — Villeneuve (Schweiz). — Literaz. Notiz. — Hierzu eine Beilage: Vereinsnachrichten. — Briefwechsel. — Anzeigen.

Die Maurerei und der Protestanten-Verein.

Rede am Stiftungstage der ger. und vollk. St. Joh.-Loge
Augusta im Or. Sprottau, den 4. März 1870 gehalten

Von

Br Dr. M. Maass,
Redner der Loge Augusta, Or. Sprottau.

Meine gel. Brüder! — Heute, am Stiftungstage unserer
gel. Loge Augusta wären Sie wohl zu der Erwartung berechtigt von Dem, den Sie mit dem ehrenvollen Amte
Ihres Redners betraut haben, einen grösseren, zusammen-
hängenden, nach allen Seiten hin genügend entwickelten
Vortrag über ein mit diesem festlichen Tage in Zusammenhang stehendes Thema zu vernehmen. Leider kann ich,
von den mannigfaltigsten Beschäftigungen in Anspruch genommen, Ihnen diesmal einen solchen nicht bieten; sondern
muss mich auf einige hingeworfene Gedanken beschränken,
bei deren Ausführung und Entwickelung Sie mit Ihrer
Selbstthätigkeit das Beste thun müssen.

Meine Brüder, es ist für eine kleine Loge, wie die
unserige, nicht eben leicht, festliche Tage in entsprechender Weihestimmung zu begehen. In einer grösseren Vereinigung, da macht sich die Sache so zu sagen von selbst.
Es liegt in der zahlreichen, von ungewöhnlichem Glanze
belebten, Versammlung von selbst etwas Anregendes, dem
Redner so zu sagen, das Wort in den Mund Gebendes.
Die Lichter scheinen heller zu brennen, die Gesichter
freudiger zu strahlen, welche so manchen längere Zeit
vermissten guten Bekannten unter den Brüdern wieder-

erkennen und der Phantasie fliessen ganz von selbst angenehme, mit der Festlichkeit in Zusammenhang stehende
Vorstellungen zu. Wie soll aber eine gleiche Erregung
in einen kleinen Kreis kommen? Es bleibt wohl ewig
wahr, das grosse Wort des unsterblichen Meisters: „Wo
Zwei oder Drei in meinem Namen weilen, da weile ich
mitten unter Euch" — aber es ist doch andererseits ein
ebenso unzweifelhaftes Factum, dass erst dann, als die
Apostel und Jünger Christi in grösserer Anzahl zum Feste
der Erstlinge im Tempel zu Jerusalem versammelt waren,
als sie mit freudigem Erstaunen auf ihre sich stets mehr-
ende Schaar blickten, als sie Einer aus den Augen des
Andern die innige Liebe zu dem neuen Glauben und die
volle Uebereinstimmung in ihren sittlich-religiösen Anschauungen lasen — dass erst dann, sage ich, sich jene
feurige Begeisterung in ihnen entzündete, welche als die
Ausgiessung des heiligen Geistes in der christlichen Kirche
noch immer festlich gefeiert wird.

Nun, meine geliebten Brüder, was da nicht ist, wir
können es nicht erzwingen, wir haben keine Macht über
die eigenthümlichen Verhältnisse unseres Wohnortes, wir
können die Pforten unseres Tempels nicht weiter auf-
machen, als Gesetz und Statut dies erlauben und wir
können auch nicht auf dem offenen Markte von dem
Werthe unserer Vereinigung predigen. Aber wir sind
dennoch in unserer Kleinheit nicht ganz verlassen und
vereinsamt! Denn wir haben ja den Zusammenhang mit
der ganzen grossen Maurerei in Nord und Süd, in Ost
und West und dass dieser Zusammenhang nicht ein bloss
ideeller, nur in der Theorie existirender ist — das ist
uns ja doch so manches Mal durch die erfreuliche Theil-

nahme lieber besuchender Brüder aus anderen Orienten an unseren Arbeiten bestätigt worden und das haben wir ja doch überdiess in der eclatantesten Weise erfahren, als im vergangenen Herbste die lieben Brüder der uns nachbarlich umgebenden Oriente von Sagan, Soran und Glogau, nebst noch manchen Brüdern anderer näher oder ferner liegenden Bauhütten sich bei uns zur gemeinsamen Logenfeier einfanden und diese jetzt so verwaist dastehenden Räume die Fülle der maurerischen Genossen kaum fassen konnten, welche herbeigeeilt waren, sich freudig mit uns an der gemeinsamen Förderung des Baues der Sittlichkeit und Humanität zu betheiligen.

Aber wir stehen selbst noch in weiteren Zusammenhängen. Meine Brüder, die Zeiten sind vorüber, wo die Maurerei sich als eine durchaus isolirte, mit den sonstigen sittlichen Bestrebungen der nicht zu ihr zählenden Menschheit nicht im Zusammenhang stehende, weil sie alle hoch überragende, Erscheinung auffasste, wo sie ihr Grundgesetz, sich nicht mit den politischen und religiösen Angelegenheiten der Aussenwelt zu beschäftigen, so auffasste, dass Alles, was auf diesen Gebieten in der Gegenwart vorgehe, sei es an sich auch noch zu bedeutsam, für sie als Maurerei und für ihre Mitglieder als Maurer keine Bedeutung habe. Jetzt vielmehr fassen wir, fassen alle vorurtheilsfreien und gebildeten Maurer die königliche Kunst als eine mit allen grossen Culturideen der Gegenwart in Zusammenhang stehende, und nur durch diesen Zusammenhang mit ihnen überhaupt noch bedeutsame, Erscheinung auf, und wenn auch die Maurerei der Gegenwart, wie sie ja nicht anders kann, mit gleicher Treue, wie diejenige der vergangenen Zeiten, an jenem eben erwähnten Grundgesetz der Maurerei festhält, so versteht sie dasselbe doch nur so, dass sie den laufenden und noch selbst erst der Entscheidung, der Klärung und Sichtung harrenden Angelegenheiten des Tages auf diesen Gebieten gegenüber nicht einseitig für oder wider Partei zu nehmen habe, ohne dass aber darum diese Interessen selbst, in denen ja die höchsten Strebungen der Menschen zum Ausdruck gelangen, sie auch als Maurer, gleichgiltig zu lassen brauchten oder auch nur könnten.

Hat nun aber diese so eben gemachte Definition nicht etwas sehr Künstliches, beim näheren Herantreten sich gar bald Verwischendes, zieht sie nicht etwa eine in der Praxis kaum innezuhaltende Gränze? Ist es nicht, vielleicht nur der grösseren Sicherheit willen, besser, sich von dieser gefährlichen Gränzscheide überhaupt ferne zu halten?

Nun, meine Brr, anstatt auf diese Fragen mit einem Ja oder Nein zu antworten, ziehe ich es unbedingt vor, geradeswegs an diese Praxis zu appelliren und an ihr zu zeigen, wie einerseits diese Gränzlinie gar wohl innezuhalten ist und andrerseits die gänzliche Vermeidung der mehrgenannten Gebiete, zu denen wir in unserer Gegenwart auch die politisch-sozialen unbedingt hinzurechnen müssen, der Maurerei ebensowohl einen grossen Reichthum geistiger Bewegung rauben, ihr eine grosse Fülle geistiger Nahrung entziehen, als dieselbe mit in die alte Isolirung, die für unsere Zeiten nicht mehr passt, zurückwerfen würde.

Zu diesem Ende wollen die werthen Brüder, welche an unseren montäglichen Zusammenkünften theilnehmen,

sich gefälligst daran erinnern, dass wir vor einiger Zeit in der Bauhütte und zwar in der letzten Nummer des vorigen Jahrgangs (der Doppelnummer 51 u. 52) die Notiz lasen, dass die Loge Français zu Bordeaux in den Tagen des 12.--14. Nov. v. J. ausserordentliche Sitzungen, eine Art maurerischen Congresses veranstaltet habe zur Erörterung einer Reihe von Fragen, unter denen sich auch die folgenden drei befanden: 1) Ueber die Mittel, die Mrei einflussreicher zu gestalten. — 2) Darf der Bund in die Volksbildung eingreifen? — 3) Ueber die Rolle der Maurerei Angesichts der Nationalökonomie und der Genossenschaftsbewegung. (Siehe das. Feuilleton p. 406). Haben nun alle die Fragen offenbar etwas recht Bemerkenswerthes und von dem gewöhnlichen Inhalte zu maurerischen Besprechungen aufgeworfener Propositionen Abweichendes, so ist es besonders die letzte derselben: „Ueber die Rolle der Maurerei Angesichts der Nationalökonomie und der Genossenschaftsbewegung." Es ward daher auch alsbald unter den anwesenden Brüdern die Bemerkung laut, dass diese letztere Frage mindestens doch wohl keine geeignete für die maurerische Besprechung sei, oder sich jedenfalls mit der einfachen Bemerkung abmachen lasse, dass die Mrei diesen ihr ganz fernliegenden Fragen gar keine Stellung einzunehmen habe, dass dieselbe in gar keinem Verhältnisse zu ihnen stehe. Ich erlaubte mir damals zu entgegnen, dass das allerdings wohl unzweifelhaft sei, dass die Maurerei sich nicht mit den schwebenden Fragen der Nationalökonomie und der Genossenschaftsbewegung abzugeben habe, dass es ihr aber wohl zukomme, sich an den sittlichen Bestrebungen für das Volkswohl, wenn auch zunächst um das materielle, welche sich in diesen modernen Erscheinungsformen kundgeben, in ein Verhältniss zu setzen und zu erklären, dass auch die Hebung des materiellen Woldes aller Volksklassen, namentlich der unteren, sie keineswegs gleichgültig lasse, und dass sie sich durchaus nicht etwa nur mit abstracter Moral und Sittenphilosophie beschäftige, keineswegs nur für ihre vier Tempelmaurern lebe, sondern auch hebend und fördernd ins Leben eingreifen wolle, wie das ja auch schon in der That selber schon vom Ursprunge der Mrei her bestehenden maurerischen Werkthätigkeit ausgedrückt ist. Und Anderes konnten, meiner Ansicht nach, die Proponenten jener Frage auch unmöglich gemeint und beabsichtigt haben, indem sie vielmehr nur ihrer Ueberzeugung Raum verschaffen wollten, dass die Maurerei sich den grossen Culturfragen der Gegenwart gegenüber, welcher Art dieselben auch seien und welche Gebiete auch hinüberschweifend, nicht von vornherein gleichgültig und abweisend verhalten dürfe.

Nun aber wenn dies von einer materiellen Culturfrage gilt und von den menschlichen Vereinigungen, welche deren Förderung und Durchführung beabsichtigen, das findet doch wohl in erhöhtem Grade seine Anwendung auf solche Erscheinungen der Gegenwart, welche in der That und ganz eigentlich dem ideellen Gebiete angehören und den ausgesprochenen Zweck an ihrer Stirne tragen, auf die Sittlichkeit und Humanität des gegenwärtigen Menschengeschlechtes fördernd und belebend einzuwirken. Eine solche Erscheinung möchte aber wohl unbedingt der in dem letzten Decennium in unserem deutschen Vaterlande hervorgetretene und rasch zu grosser Bedeutung gelangte

Protestantenverein sein, dem gegenüber es mir unbedingte Aufgabe der Drei zu sein scheint, sich schlüssig zu werden und Stellung zu gewinnen.

Aber wie, höre ich es auch alsbald von allen Seiten auf mich einreden, der Protestanten-Verein — das ist ja so recht eigentlich eine religiöse Angelegenheit des Tages? Du hast selbst öfter deine Stimme dafür erhoben, dass die Maurerei Männer aller Konfessionen in ihren Schooss aufnehme, Keinen um seines speciellen Glaubens wegen zurückstosse und nun soll sich die Maurerei mit einer Angelegenheit beschäftigen, welche, abgesehen von allen anderen sich dagegen erhebenden Bedenken, jedenfalls doch nur die Protestanten angeht? Aber selbst unter diesen protestantischen Brüdern werden doch, das lässt sich mit ziemlicher Gewissheit von jeder Bauhütte sagen, nicht Alle auf ganz demselben religiösen Standpunkte stehen, die wohl bekannte Tendenz dieses Protestanten-Vereines wird nicht unter den Brn lauter einstimmende Anhänger zählen, sondern höchst wahrscheinlich auch mehr oder minder prononcirte Gegner — und da bringst du ja durch eine solche Discussion, auch wenn sie zu einer Zeit geschah, wo gerade kein brennendes Tagesinteresse in Bezug auf diese Frage vorliegt und die Gemüther demgemäss weniger erhitzt sind, doch immer den Keim von Streit und Uneinigkeit unter die Brüder und thust somit das, was der Förderung der Sittlichkeit und Humanität am Entgegengesetztesten ist!

Nun, meine Brüder, gegen diese mit scheinbar grosser Berechtigung gemachten Einwürfe und Vorwürfe habe ich mich allerdings zu vertheidigen. In dieser Vertheidigung wird aber zugleich auch schon die Antwort auf die aufgeworfene Frage: „Welche Stellung die Drei zu dem Protestantenverein einzunehmen habe," liegen.

Der Protestanten-Verein, das werden Sie wissen, meine lieben Brüder, hat zwei Seiten, eine polemische und eine friedliche, eine negative und eine positive. Seine polemische, negative Tendenz besteht darin, dass er das Gelüste der auch auf protestantischem Gebiete jetzt immer mächtiger werdenden Hierarchie, wie es sich noch jüngsthin wieder in den Provinzial-Synoden kundgegeben hat, dem Laien einen bis auf Buchstaben und Titel verbindlichen Satzungsglauben aufzudringen, den papiernen Papst des siebzehnten Jahrhunderts mit der Infallibilitäts-Tiara zu krönen, auf das Entschiedenste bekämpft. Nun glaube ich freilich behaupten zu dürfen, meine gel. Brüder, dass nicht nur wir Brüder der Sprottauer Loge, sondern auch die Brüder der meisten Bauhütten, ihm zu diesem seinem Bestreben Glück und besten Erfolg wünschen, wenn auch der Grad der Zustimmung zu den auf diesem Wege ergriffenen Mitteln ein verschiedener, und der Beifall, mit dem seine Schritte begleitet werden, nicht überall und zu allen Zeiten ein gleicher sein mag. Schon in dieser Beschränkung aber, die wir selbst unter den Zustimmenden machen müssen, liegt es ziemlich deutlich ausgesprochen, dass wir ihm auf diesem Wege zwar im Allgemeinen mit Freuden wandeln sehen, aber nicht selbst folgen können. Die Maurerei will nicht und kann nicht nach Aussen hin polemisch auftreten, wenn sie nicht etwa selbst angegriffen wird; sie hat auch mit der, sei es protestantschen, sei es anderen, Hierarchie nur dann zu kämpfen, wenn sie direct von ihr herausgefordert wird, wie dies z. B. in dem Artikel des Mainzer Journals geschah, den wir bei unserem letzten vereinigten Logenfeste besprochen. Hier freuten wir uns allerdings, und gewiss mit Recht, über die derbe Abfertigung, welche derselbe in einem anderen rheinischen Blatte erhalten hatte und so haben wir denn auch in unseren montäglichen Zusammenkünften mit nicht minderer einstimmiger Befriedigung die tüchtige, nicht Hörner, noch Zähne habende, und doch alle Leser mächtig packende, Antwort in eben jener Schlussnummer der Bauhütte gelesen, welche die Grosse Landesloge „zur Sonne" in Bayreuth auf ihrer letztjährigen Conferenz zu Kaiserslautern auf die in dem berufenen päpstlichen Syllabus der Drei gemachten Vorwürfe erlassen hat. Aber damit ist es auch genug: über die Apologie geht die Maurerei den geistlichen, wie den politischen Gewalten gegenüber nicht hinaus und darf sie nicht hinaus gehen.

Wenn die Maurerei demnach zu jener mehrerwähnten polemischen und negativen Seite des Protestanten-Vereins keine Stellung, welcher Art sie auch sei, einnehmen kann, wie verhält es sich dann mit dessen positiver Seite und welches ist dieselbe? — Um dies auf dem authentischsten Wege zu erfahren, brauchen wir nur die „Erklärung des Berliner Union-Vereins" zu lesen, wie dieselbe im dem Anhange zu der bekannten Broschüre des Predigers Dr. Theol. Lisco zu Berlin, pag. 60 flg. enthalten ist.*) Unter den vier Punkten nämlich, welche hier der Verein als unerlässlich darstellt, wenn Anders der Widerstand gegen die Ausschreitungen der Hierarchie ein erfolgreicher sein soll, befindet sich als dritter auch, dass die Gemeinden den „Glauben nicht in die Annahme unveränderlicher Dogmen setzen, sondern in die Hingabe des Herzens an Gott, Christus und seinen Geist: in die Gesinnung, die sehr verschiedene Gestalten der Lehre zulässt."

In diesen wenigen Worten ist der positive Standpunkt des Protestanten-Vereins deutlich und unumwunden genug ausgesprochen. Nicht Dogmen, sondern Hingabe des Herzens an Gott, nicht uniforme Kirchenlehre, sondern religiös-sittliche Gesinnung, denn das Christenthum ist eben, wie dem Redenden ein ihm unvergesslicher, befreundeter Hamburgischer Geistlicher in einem bedeutsamen Momente einst sagte, nicht vorzugsweise Lehre, sondern vor Allem Leben und wenn man unter den Werken die aus dieser religiös-sittlichen Gesinnung hervorgehenden Handlungen versteht, die aber nichts mit den sogenannten kirchlichen Werken zu thun haben, so lässt sich das lutherische Schibboleth: „Der Glaube und nicht die Werke" gar wohl dahin anwenden: „Der rechte sittlich-religiöse Glaube d. h. die tugendhafte Gesinnung und aus ihm heraus die rechten, echt sittlichen Werke." Und nun frage ich meine gel. Brüder, darf sich die Maurerei gegen einen Verein, der zu solchen Grundsätzen sich bekennt, in der That ganz gleichgültig verhalten, darf sie zu einer solchen Gemeinschaft sagen: Du gehst mich nichts an, du kennst keine Bauhütte und keinen Meister vom Stuhl und maurerisches Gebrauchthum, ich habe mit dir nichts zu schaffen? Muss die Maurerei nicht vielmehr diese Grund-

*) Zustände des sittlichen und kirchlichen Lebens in Berlin, dargestellt von Gustav Lisco, Lic. Theol. (er war damals noch nicht Dr. Theol.), Prediger an der Neuen Kirche. Berlin 1868.

sätze als ihre eigensten, auf Beförderung der Sittlichkeit und Humanität unter den Menschen, ganz wie die ihrigen, gerichteten anerkennen, darf sie sich etwa daran stossen, dass die Form, unter der ihr dieselben hier entgegentreten, vielleicht nicht ganz dieselbe ist, als die, in welcher sie in ihren, nur von Geweihten betretenen Hallen diese Anschauungen ausspricht? Und wenn schliesslich noch Eines hinzukommt, wenn der Protestanten-Verein unter Anderen als eine seiner vorzüglichsten Aufgaben, die Emanzipation der Gemeinde von der erdrückenden Oberherrschaft der Hierarchie, die Schaffung einer eigentlichen Gemeindekirche mit wahrhafter, nicht kirchen- und polizeilich zurechtgeschnittener, presbyterialer und synodaler Ordnung erstrebt, ist das nicht auch ein Streben, das dem der Maurerei auf das Entschiedenste entgegenkommt? Denn will nicht auch die Maurerei vornehmlich die Selbstbetheiligung ihrer Glieder an dem sittlichen und geistigen Vorwärtsstreben mit eigenem Ringen und gemeinsamen Kräften? Ist ihr nicht aber dieses Streben von Seiten der Orthodoxie der verschiedenen Kirchen, als sei es eine eitele, das dargebotene Heil verschmähende, in thörichtem Hochmuth befangene Selbstgerechtigkeit oft bitter genug vorgeworfen worden? Findet sie also nicht auch in diesem Bestreben in dem Protestanten-Vereine einen Bundesgenossen, wie sie ihn sich gar nicht besser wünschen kann, und muss sie daher nicht dem Protestanten-Verein zu dieser seiner letztgenannten Tendenz, nur im passiven Zuschauen Glück wünschen, sondern ihm auch dabei in die Hände arbeiten, wo und wie es nur möglich ist?

Freilich kann dieses in die Hände arbeiten kein ostensibles sein; ihre Gesetze und Statuten verbieten ihr das, der Protestanten-Verein bleibt bei alledem immer ein profaner Verein, mit dem sie keine direkte, auf Schriftstücken und Dokumenten beruhende Allianz schliessen, kein Cartell zu gemeinsamer Arbeitsthätigkeit eingehen kann, aber das ist auch im Grunde gar nicht nöthig. Wenn sich die Maurerei nur dessen bewusst ist: mir lebt draussen ein Bundesgenosse, der dasselbe, was ich will, erstrebt; ich stehe also mit meiner Tendenz, meinen Arbeiten für die Förderung der Sittlichkeit und Humanität unter dem Menschengeschlechte nicht vereinzelt da, sondern wohin mein Einfluss und meine Einwirkung nicht mehr reichen, da fängt ein anderer, nicht minder segensreich wirkender an, und wenn nicht in der Gegenwart, so doch in naher oder ferner Zukunft mag der Moment eintreten, wo wir uns dann auch wirklich die Hände reichen und wo wir werden zu einander sagen können: ,Sieh', dahin habe ich meine Anhänger gebracht und nun zeige mir, auf welchem Standpunkte der Humanität und Gesittung, d. h. der ächten sittlich-religiösen Gesittung, stehen denn die Deinigen? Und wenn wir dann so Liebe um Liebe tauschen, dann wird sich auch unsrer Aller, Brüder der königlichen Kunst und Mitglieder des Protestanten-Vereins die Ueberzeugung bemächtigen, dass, was wir bauten in irdischen Hütten, wenn es anders im rechten Geiste und Sinne geschah, im Dienste eines Höheren geschehen, welcher immer und überall derselbe ist, möge er nun als Baumeister aller Welten, oder als Gott, der Vater Christi des göttlichen Sohnes von gleicher Macht und Herrlichkeit, oder auch als Gott, der Vater, der unter dem Bilde Christi

verkörperten göttlichen Menschheit, von dem frommen, glaubenserfüllten Herzen in heiliger Begeisterung angerufen werden!

Innere Mission und Freimaurerei.

(Schluss.)

Dass die i. M. der geistigen Freiheit entgegenwirkt und somit den politischen, religiösen und andern „Mächten" in die Hände arbeitet, lehrt auch ein Blick in ihre Literatur, die sie mit allen Kräften zu pflegen und zu bebauen sich vorgenommen. Die Presse, diese Grossmacht, soll ihr dienen; sie gründet darum Volksbibliotheken, Schriftenvereine, welche sich zur Aufgabe machen, „gute, christliche Schriften" unter dem Volke zu verbreiten. Wer dächte hierbei nicht an die sogenannten Traktätchen, zu denen man auf den Strassen und an den Ecken kommt, man weiss nicht wie, und ohne, dass man will. Welche Art Bücher die i. M. am liebsten verbreitet, das können wir sehen, wenn wir nach den Schriften fragen, die in ihren Anstalten — Diakonissenanstalten, Mägdeherbergen, Jünglingsvereinen etc. — ausgegeben werden. Die unter den Bausteinen empfohlenen Bücher sind fast durchaus derselben Art; ja es giebt welche darunter, die durch ihren Inhalt entsittlichend auf ihre Leser wirken müssen. So enthält: „Liederlust der Zionspilger, eine Sammlung geistlicher, lieblicher Lieder. — Leipzig und Dresden, J. Naumann 1868 — folgende Verse:

„Schütze mich vor Teufels Netzen,
Vor der Macht der Finsterniss,
Die mir manche Noth zusetzen
Und erzeigen viel Verdruss.
Lass mich doch, du wahres Licht,
Nimmermehr verlieren nicht." N. 39. v. 8.

„Jungfrau-Mutter, Keuschheit selber,
Du gebenedeites Weib,
Für die hohen Sterngewölbe
Wird dein unbefleckter Leib
Heut zum Himmelsthron erlesen;
Du empfängst ein reines Wesen.

Er, der Vater, wird zum Kinde,
Tochter, du musst Mutter sein,
Selbst das Heil wird hier zur Sünde,
Du empfängst und bleibst doch rein.
Jungfrau bleiben, schwanger gehn,
Kann allhier beisammen stehn."*)
Weihnachtslied 78, v. 6. 7.

Dass in den Anstalten der i. M. viel gebetet wird, ist selbstverständlich; ja von solchen, die in denselben gelebt — z. B. Mägdeherbergen*) wird erzählt, dass auf

---

*) Auf welchen Seiten beim Gesangbuchstreite die Anhänger der i. M. stehen, ist leicht zu errathen.

**) Mit der vielgerühmten christl. Liebe in solchen Anstalten soll es manchmal auch übel stehen. Ein in jeder Beziehung glaub-

Kommando niedergekniet und die Augen niedergeschlagen werden. Der Andachten, geleitet von Theologen und Diakonissen, gibt es viele. Weigerungen von denen, die zur Theilnahme an denselben aufgefordert werden, finden in der Regel nicht statt, was ganz natürlich ist; die Theilnehmer sind Kranke, ausser Dienst stehende Mädchen, auf der Wanderschaft begriffene Handwerker u. ähnl. Sie beten und singen die sogenannten frommen lieblichen Lieder mit, ob aber die dabei gezeigte Andacht natürlich ist und aus Ueberzeugung geschieht, daran muss jeder vernünftige Mensch zweifeln. Es wird unter ihnen manchen Heuchler geben, wie man ja auch annimmt, dass es solche unter den Anhängern der i. M. überhaupt gibt. Nachweisen können wir dies freilich bei keinem, das Zeugniss der Geschichte lehrt uns aber, dass es nirgends da, wo man aus und mit dem Glauben Furore gemacht, an Heuchlern fehlte. Dieser Gedanke hält manchen von der i. M. fern und mit Recht; denn „der Heuchler ist das schreckhafteste der Wesen, wie er die Miene der Frömmigkeit annimmt, das eine Auge senkt und mit dem andern nach dem Beifall der Menge, den Fleischtöpfchen Egyptens und den Töchtern der Erde schielet."*) Wir müssen also schon vom Standpunkte der Sittlichkeit gegen die i. M. sein; sie verführt den Menschen — oder es ist möglich, dass sie es thue — zur Selbstverläugnung, — nach Göthe „Menschenopfer unerhört."

So verfährt die i. M. mit Erwachsenen. Nun wissen wir aber, dass sie ihre Aufmerksamkeit, — wie jede Gesellschaft, die eine andere Zukunft herbeiführen will, auch auf die Erziehung der Kinder richtet. Sie errichtet darum Kinderbewahranstalten, Arbeitsschulen, Rettungshäuser. In letzteren sollen Kinder, die der Verwahrlosung ausgesetzt sind, von diesen bewahrt und in reiner Umgebung zum Guten erzogen und zu geschickten Menschen gebildet werden. Dieser Zweck ist ein löblicher, ein vortrefflicher, und doch haben viele, denen das Herz für das Wohl der Menschen warm schlägt, etwas gegen solche Rettungshäuser, als deren Stamm- und Mutterhaus, das „rauhe Haus" zu Horn bei Hamburg angesehen werden kann. Es giebt verschiedene Gegner dieser von der i. M. geleiteten Rettungshäuser, wir gehören auch dazu. Gegen ihren Zweck kann man freilich nichts haben, „aber es kommt etwas anderes hinzu: Es wird viel, sehr viel, zu viel gebetet. Die Religion der Rettungshäuser ist eine finstere, hat eine pietistische Farbe, lehrt aller Vernunft und Erfahrung entgegenlaufende Dinge, so dass von einer freien, naturgemässen Entfaltung der Menschennatur, von entwickelnder Erziehung gar nicht mehr die Rede sein kann." Das Kind wird zu einem Gläubigen, d. h. zu einem Anhänger seiner Kirche, zu einem Unterthan derselben gemacht. Die Vernunft wird theils beseitigt, theils als eine verderbliche, zum Verderben führende Anlage dargestellt. Was entsteht daraus? Nun im besten

Falle rettet das Haus das Kind vom sinnlichen und sündlichen Verderben, macht es aber geistig zu einem Sklaven, Knechte. Sehr oft gelingt es aber nicht, und der daselbst erzogene Mensch schlägt ins Gegentheil um, er wird entweder ein Freigeist oder ein Heuchler. Doch den besten Fall angenommen, es gelingt an jedem Kinde die Erziehung, ist dann der Erfolg nicht zu theuer erkauft, und konnte nicht dasselbe erreicht werden, ohne den Betreffenden zum blinden Sklaven zu machen? Das ists, was jeder freidenkende Mensch und somit der Freimaurer dabei zu bedenken hat. „Auch ein Rettungshaus soll, wie jedes Erziehungshaus eine Stätte freier Entfaltung der Menschenbildung sein. „Wo man den Geist knechtet, da ist keine Menschenbildung." Demgemäss muss man auch vom pädagogischen Standpunkte aus gegen die i. M. sein. Was die heutige Pädagogik erstrebt, ist ihr ein Greuel; konfessionslose Schulen hält sie für Stätten des „Satanismus," obgleich von dem Teufel darin gewiss nicht geredet wird, — und Lehrer, welche an solchen Bestrebungen sich betheiligen, sind ihre Gegner, Antichristen, weil Antikirchliche. Hat die i. M. recht, dann gehören zu letzteren alle die, welche im Jahre des Aufschwungs der Geister und Gemüther 1848 — in der deutschen Nationalversammlung in den deutschen Grundrechten die Emancipation der Schule dekretirten.

Wie wir aber sehen thut die i. M. viel Gutes, hilft und rettet aus leiblicher Noth, stillt den Hunger, deckt die Blösse, giebt Herberge. Wozu das? Es ist ihr diese sogenannte brüderliche Handreichung ein Mittel zur Rettung aus geistiger Noth, wie wir sie kennen lernten. Die Mittel dazu sind gut und wirksam, aber der Zweck, der Zweck! —

Es gab eine Zeit, in der gefühlt wurde, dass das Papstthum seinem Verfalle nahe sei, es stellte sich das Bedürfniss der Restauration desselben ein, und es entstand die „Gesellschaft Jesu", der Jesuiten-Orden, mit dem bekannten Grundsatze: „Der Zweck heiligt die Mittel."

Wie damals dem Papstthume, so drohte vor ca. zwanzig Jahren dem Pietismus, oder wie die Anhänger der i. M. sagen, der protestantischen Kirche der Verfall. — Sie schliessen das aus der Bildung der freien Gemeinden, der allgemeinen Kirchenscheu u. s. w. — Da entstand zur Kräftigung und Stütze der protestantischen Kirche die i. M., die gute Mittel anwendet zu Zwecken, die wir verwerfen. Dort gute Zwecke mit schlechten Mitteln, hier gute Mittel zu verwerflichen Zwecken, also umgekehrter Jesuitismus, aber doch Jesuitismus;*) denn der Zweck steht ebenso hoch als die Mittel, ja noch höher. Vom kulturhistorischen Standpunkte muss man demnach auch gegen die i. M. sein. Dasselbe müssen wir aber auch behaupten, wenn wir die i. M. vom sozialen Standpunkte aus betrachten.

In dem eben schon erwähnten 2. Jahresberichte wird die i. M. die soziale Arbeit der Kirche genannt. Die so-

---

würdiges Mädchen, die sich eine Zeit lang in einer solchen aufhielt, erzählte, dass von der der Mägdeherberge vorstehenden Diakonissin — Schwester N. N. — eines Abends ein Mädchen, das um Logis für eine Nacht bat, abgewiesen wurde, weil sie nicht vermochte, zwei Neugroschen für dasselbe zu bezahlen.

*) Dr. Preuss und Maler Zastrow. Lessing lässt in seinem Nathan Saladin sprechen: „Dass des Ritters Vortheil Gefahr nicht laufe, spielen sie den Mönch, den albernen Mönch."

*) „Wer den Jesuitismus nur ausserhalb der protestantischen Kirche sucht, muss sehr verblendet sein; die gefährlichsten Jesuiten für Deutschland sind die Orthodoxen in dieser Kirche. Wer ihren hierarchischen Zweck bekämpft, den denunziren sie als Feind der Ordnung, als Gegner des Bestehenden, als Revolutionär."

ziale Frage, eine Zeitfrage, soll durch die i. M. mit gelöst werden. Sie will diese Lösung aber auf einem ganz besonderen Wege herbeiführen. Nach ihrer Meinung wird das Volkswohl nur gefördert durch Bekehrung der Seelen zu Gott, und da, wo Christus in die Herzen, in die Häuser, in die Völker einzieht." Die i. M. schlägt diese Mittel zur sozialen Hilfe vor, weil sie die Noth als eine Folge der Sünde betrachtet. Nun muss man zugeben, dass in vielen Fällen die Sünden, nämlich schlechte Erziehung, Leidenschaften und Laster, die Schuld an dem Unglücke der Menschen tragen, aber zugeben muss man auch, dass das Proletariat nicht nur durch die Sünde der davon Betroffenen, sondern auch durch Umstände (Handelskonjunkturen, Missernten etc.) entstehen und befördert werden kann, welche denselben nicht als Schuld angerechnet werden kann.*)

Deshalb muss die „Massennoth" noch durch andere Mittel, als durch die von der i. M. gebrauchten, in Angriff genommen werden. Nach unserer Meinung kann die soziale Frage nur gelöst werden auf dem Wege der Gemeinschaft und Assoziation des Volkes selbst und seiner Glieder ohne Berücksichtigung irgend eines Unterschieds der Konfessionen. Es ist das eine Arbeit des ganzen Volkes; keine Partei, ja nicht einmal die Regierung kann sie auf sich nehmen. Dieser Weg ist auch längst anerkannt und wird vielfach schon begangen. Ueberall und unter allen Klassen und Ständen ist seit einem Vierteljahrhundert — der Geist der Gemeinschaft, das Gefühl der Zusammengehörigkeit, der Gemeinsamkeit erwacht und in Thätigkeit gesetzt worden. Wird letzteres von einer Partei angeregt, ist sie ihrem Ursprunge nach eine partikularistische, als solche auf Parteizwecke gerichtet, so nimmt sie eine schiefe Richtung an, so ist nichts von ihr zu erwarten, am wenigsten wahres Volkswohl. Knüpft man nun vollends noch die Wohlthaten an Glaubensbekenntnisse und verlangt von denen, die Hilfe suchen, Anschluss an eine bestimmte Partei, wo ist denn soziale Hilfe? Wenn sich darum die Anhänger der i. M. rühmen, die Frage der Zeit, die soziale Frage, durch Anwendung der ihr eignen Mittel zu lösen, so wissen wir, was wir davon zu halten haben. Wir müssen auch vom sozialen Standpunkte aus gegen sie sein.

Wir haben bisher die i. M. von verschiedenen Gesichtspunkten betrachtet und gesehen, dass sie eine von einer kirchlichen Partei ausgehende Arbeit ist, um diejenigen, welche sich nach ihrer Meinung von der Kirche entfernt haben, von ihr nichts mehr wissen wollen, zu

derselben zurückzuführen. Die Kirche und immer wieder die Kirche ist es, um die sich die i. M. dreht. Wenn an der Stelle des Wortes Kirche das Wort Christenthum, d. i. die reine Lehre Jesu stände, dann könnte man sich die Sache gefallen lassen, ja dann müsste Jeder, dem beim Anblicke des Elends ein Herz im Busen schlägt, die Gelegenheit ergreifen und sich an der i. M. betheiligen. Wie aber jetzt die Sache steht, kann dies nicht der Fall sein, am allerwenigsten können Maurer die i. M. gut heissen und sie unterstützen.*)

Als höchster Zweck gilt uns, Humanität zu wecken, zu pflegen und zur Blüthe zu bringen. Wir wollen Menschen sein und werden, wollen Menschen bilden, nichts weiter. Das reine, ächte Menschenthum geht uns über alles. Es wird aber nur da blühen, wo der Geist, frei von jeder Fessel, sich naturgemäss entwickeln kann. Für Freiheit des Geistes, Gewissens-, Denk- und Glaubensfreiheit zu kämpfen, ist Pflicht des Maurers. Kirchlicher, politischer, pädagogischer und jeder andere Absolutismus ist ihm ein Gräuel, ein zu besiegendes Ungeheuer. Da wo man in frommer Raserei den Menschen im Menschen ertödten will, ist es Pflicht für den Br offen und ohne Furcht für seine, als gut erkannte Sache einzutreten. Wenn irgendwo und wann, so gilt Lessings Wort heute:

„Wann hat und wo die fromme Raserei,
Den besten Gott zu haben, diesen bessern
Der ganzen Welt als bessern aufzudringen,
In ihrer schwärzesten Gestalt sich mehr
Gezeigt als hier, als jetzt." —

Die Maurer dürfen demnach noch keineswegs denken, das Ziel ihres Bundes erreicht zu haben, ein grosses Feld liegt zur Bearbeitung vor ihnen, denn: „Nicht die Menschenliebe, die jedem in das Gewissen geschrieben, nein, die Konfessionen sind das Schiboleth, das Erkennungszeichen, nach dem man sich gegenseitig fragt, sich enger an einander schliesst, in besondern Gemeinschaften sammelt, Schulen errichtet, Wohlthätigkeitsvereine gründet, sich sogar beim bessern Verkehre in konfessionelle Kasinos zusammenpfercht; die soziale Zerrissenheit, Feindseligkeit und den Glaubenshass bis in das Heiligthum der Familien als die Wurzel alles Uebels hinein verpflanzt. — Solche Saat, seit Jahrzehnten ausgestreut, wird üppig aufgehen, die Früchte werden reifen. Anstatt des ewigen Friedens wird, wenn die Zeit der Ernte naht, ein Krieg aller gegen alle ausbrechen, den nur die ächte Mrei zum Heile der Menschheit siegreich beenden kann und wird."

---

*) Man denke an Ostpreussen, Lugau in Sachsen, den plauenschen Grund bei Dresden, wo in diesen Tagen so viele Menschen eines plötzlichen Todes starben.

*) Es soll aber hier und da vorkommen, dass auch Brr Mr sich an der i. M. betheiligen.

Feuilleton.

Amerika. — Am 12. März verschied zu New-York in einem Alter von 54 J. der gewesene Grossmeister der Gr.-L. von New-York Br Robert D. Holmes. Der Verewigte war zugleich der Leiter der freimaurerischen Abtheilung der „New-York Dispatch."

Berlin, 22. April. — Gestern hatten unsere 4 Logen in Royal-York Neuwahl der Beamten für das Maurerjahr 1870/71 und benutze ich die Gelegenheit, Ihnen den Ausfall derselben mitzutheilen.

Die Logen „Friedrich Wilhelm" und „zur siegenden Wahrheit", welche dem Princip des zeitweisen Wechsels der Beamten huldigen, haben in diesem Jahre die Aemter ganz neu besetzt und zwar sind gewählt:

1) Loge Friedrich Wilhelm zur gekrönten Gerechtigkeit.
Meister v. St. Br Haarbrücker,[*] Dr. phil., Rector der Victoria Schule.
zug. Mstr. v. St. Br Flohr, Dr. phil., Oberlehrer.
1. Aufseher Br Reschke I., Kaufmann.
2. Aufseher Br Leitmann,[*] Dr. phil., Apotheker I. Cl.

Die Logen „zur siegenden Wahrheit.
Mstr. v. St. Br Fickert[*] I., Buchdruckereibesitzer.
zug. Mstr. v. St. Br Jenisch,[*] Kaufmann.
1. Aufseher Br Kade,[*] Apothekenbesitzer.
2. Aufseher Br Büchmann,[*] Kaufmann.

3) Loge Urania zur Unsterblichkeit.
Mstr. v. St. Br Broecker, Kaufmann.
zug. Mstr. v. St. Br Wieprecht, Dr. phil. und Schulvorsteher.
1. Aufseher Br Dallhammer, Hoflieferant.
2. Aufseher Br Leiter, Schornsteinfegermeister.

4) Loge Pythagoras zum flammenden Stern.
Mstr. v. St. Br Lucae, Generalagent.
1. Aufseher Br Hamel, Kaufmann.
2. Aufseher Br Ravené II., Kaufmann.

Bei den beiden letzteren Logen sind nur die 2. Aufseher neu gewählt, weil die bisherige Beamte dieser Logen gestorben sind. —

— Die sogenannte Gr. L. L. v. D. feiert am 24. Juni d. Fest ihres 100jährigen Bestehens.

— Die Grossloge Royal York hat das Schreiben des Gr. Or. von Frankreich betr. der maur. Prinzipfrage ad acta genommen.

Bremen. — Das Rundschreiben der Loge „zum Oelzweig" ist seinem Hauptinhalte nach auch in der „Reform" (Amerika) abgedruckt worden.

Hof, 26. April. — Bewegte Tage waren es, die zwei letzten der vergangenen und die beiden ersten der gegenwärtigen Woche für unsere Loge zum „Morgenstern". Arbeit gab es da in Fülle für die Brüder. Am Freitag Conferenz, am Sonnabend Instr.- u. Rec.-Loge, am Sonntag Schwestern-Loge mit darangeknüpfter Tafel, am Montag 6 Beförderungen im II. Grad. — Wenn die gel. Brüder diese Nachricht lesen, so werden sie wohl denken, nun die treiben es aber fast gewerbsmässig! Und fürwahr, es scheint fast, als wenn es so wäre; aber trotzdem herrscht unter den Brüdern die grösste Freudig-

[*] Mitglieder des Vereins.

keit und Eifer, am Tempel der Humanität zu bauen, keine verdrossene Miene, sondern die lebendigste, feurigste Theilnahme' — ein deutliches Document für die Gesinnungen der Bauleute. Es ist wirklich ein erfreuliches Zeichen, in welch' grossem Masse die Mitgliederzahl unserer Loge, ohngeachtet der strengsten Prüfung der Gesuche, sich vermehrt; namentlich sind die Suchenden aus dem tieferen Bayern und aus Oesterreich. Obwohl von Letzteren nur wenige Stunden von hier die Grenze, so scheint dasselbe für uns in cosmopolitischer Beziehung, als sei es mit der chinesischen Mauer umgeben. Die Freimaurerei jedoch, obgleich bis jetzt in diesem Lande verpönt, gewinnt immer mehr an Mitgliedern, und es gereicht uns zum Vergnügen, constatiren zu können, dass gerade die in unsere Loge aufgenommenen Brüder Oesterreichs lebendige Glieder unserer Kette sind und die regste Theilnahme an unserem Baue an den Tag legen. Unser „Morgenstern", im äussersten Norden unseres Landes, strahlt seit neuester Zeit in vollem Glanze hinab über die stockfinsteren Regionen Bayerns; möge er den zerstreuten Brüdern durch seinen Aufschwung ein beredter Zeuge sein, was durch besten, redlichen Willen und mit vereinten Kräften, trotz der ungünstigen Verhältnisse, erreicht werden kann; möge er denselben eine Ermunterung sein, trotz der Stürme des bewegten Meeres der Zeit, sich einen Fels zu bauen, auf dem die wahre Menschenliebe ihren heiligen Altar aufgepflanzt, vereint in dem Streben, wahres Menschenwohl zu fördern! —

Nachdem die 4 Aufnahmen am Sonnabend vollendet waren, und somit der zweite Arbeitstag beendet, begann am Sonntag Abend 5 Uhr die Schwestern-Loge. Die Schwestern versammelten sich im Parterrelokale unseres Logengebäudes und wurden, nachdem die Loge eröffnet, von den Brüdern abgeholt und in dieselbe unter den feierlich-ernsten Klängen des Harmoniums eingeführt. Hier nun wurden durch den Mstr. v. St., Br Egloff die Schwestern willkommen geheissen; der Redner, Br Eckelmann, hielt einen glänzenden Vortrag über den Beruf der Schwester; Br Egloff dagegen über Freimaurerei und den Grund ihrer Geheimhaltung. Er schilderte das Leben und Thun der Freimaurer in der Loge, den Stand derselben der profanen Welt gegenüber, und den Beruf der Schwester als Erzieherin des Menschengeschlechts mit warmen, herzgreifenden Worten, in der gewohnten geistreichen Weise; der tief erhabene Ernst, der den Mienen aller Anwesenden aufgeprägt, bekundete genugsam die Wirkung der Rede auf die Gemüther. Nachdem noch Br Röhl einige Worte des Lobes, den Schw. gewidmet, vorgetragen, wurde vom Br Redner kundgegeben, dass ein Körbchen mit prachtvollem Blumenbouquet von Schw. Findel aus Leipzig angekommen, als Beweis dienen sollte, dass obwohl verhindert, sie doch im Geiste bei uns weile. Das Blumenbouquet sollte nach ihrer Bestimmung versteigert und der Ertrag dem Wittwen- und Waisenfond zugewendet werden. Nachdem die eingelaufenen Schreiben verlesen, wurde die Loge nach den gebräuchlichen Formen geschlossen; die Brüder geleiteten die Schwestern wieder in den Parterre-Saal, woselbst die Tafel-Loge stattfand. Nachdem dieselbe vom Mstr. v. St. eröffnet, die Toaste auf den König, die anwesenden Schwestern, die besuchenden Brüder ausgebracht, und immer dazwischen die dampfenden Geschütze gelöst wurden, kamen die Anwesenden in die animirte Stimmung, die namentlich die schönen Musikvorträge der Brr Hirschel, Helm und Klotz vortrefflich unterstützten. Das Schwestern-Fest war als ein vollständig gelungenes zu bezeichnen und noch lange nach „hoch Mitternacht" sassen Brüder und Schwestern im trauten Kreis vereint. —

Wir können nicht unterlassen, an diesem Orte noch die Opferfreudigkeit der Brüder für die Wittwen- u. Waisenkasse, die unter der Aegide unseres Br Eckelmann so herrlich gedeiht, rühmend zu erwähnen. Wie bereits oben bemerkt, wurde während der Tafel das übersandte Bouquet der gel. Schwester Findel verloost und ergab das Resultat einen Betrag von 15 fl. 14 kr. Der glückliche Gewinner ist einer der am Abend vorher Aufgenommenen, Br Vetzburg, in der Nähe Bambergs wohnhaft. Am Vorabend des Festes wurden gesammelt, 4 fl. und vom Br Müller in Rossbach (Oesterr.) 5 fl. geschenkt. Im Ganzen also 24 fl. 14 kr. Die Sammlung für die Armen in der Schwestern-Loge betrug etwas über 7 fl. Jedenfalls ein glänzendes Zeugniss.   Br Hn.

Niederlande. — Der uns befreundete Br Vaillant in Haag theilt uns mit, dass die Grossloge von Holland demnächst ein Bulletin, ähnlich dem der Grossoriente von Frankreich und Italien herauszugeben beabsichtigt.

„Bereits seit einigen Monaten hat eine Special-Commission die Materialien gesammelt und eine Correspondenz mit den holländischen Logen eröffnet, um sich deren Unterstützung zu versichern und Subscriptionen zu sammeln. Die Bemühungen desselben hatten einen guten Erfolg und allenthalben wurde das Unternehmen sympathisch begrüsst. In einigen Wochen wird die erste Numer etwa 5 Bogen stark in 8. ausgegeben. Der Redactions-Ausschuss, welcher aus den Brn Noordziek, deput. Grossmstr., Hertzveld, v. Hoorn, v. Sypesteyn, Busch, Bondewynte und Heemskerk freut sich des Gelingens des neuen Unternehmens, welches unter den günstigsten Vorbedeutungen vom Stapel läuft.“

Um sich direkte Mittheilungen über mr. Vorgänge zu verschaffen, wandte sich der Ausschuss auch auswärts an geeignete Persönlichkeiten und an die Herausgeber maur. Zeitschriften des Auslands*) mit der Bitte um Beiträge, ein Vorgehen, dem man um so mehr guten Erfolg wünschen muss, als auf solche Weise das Unternehmen in Förderungsmittel der mr. Einheit im Geiste und gemeinsamen Wirkens und Strebens zu werden verspricht. So erhalten, den modernen Verkehrserleichterungen gemäss, die internationalen Tendenzen unseres Bundes allenthalben neue Kräftigung und erweiterte Bethätigung, wie sich denn überhaupt im Bunde unverkennbar mehr und mehr geistige Regsamkeit und ernstes, bewussteres Streben zu entfalten beginnt. Vorwärts und zielwärts mit vereinter Kraft und im rechten Geiste! —

Villeneuve (Schweiz). — Endlich ist es gelungen, hier, wo über 20 den verschiedensten Orienten angehörige Brüder leben, eine maurer. Vereinigung und Thätigkeit anzubahnen dadurch, dass wir, wenn auch noch ohne Statuten und Vorsitzenden einen Mrclub gegründet haben. Sechs Brr waren erschienen und mehre andere, welche abgehalten waren, haben ihre Zustimmung zu den Beschlüssen gegeben. Jeden Donnerstag Abend nach 7 Uhr findet im Café du Nord eine Versammlung behufs maurer. Unterhaltung statt. Aus dieser geselligen Vereinigung soll sich mit der Zeit ein lebenskräftiger MrVerein mit Statuten entwickeln.

Erklärung.

   . . . .

Von officiöser Seite geht mir bezüglich meines Aufsatzes in der Bauhütte „über das christliche Princip in der Freimaurerei“ eine Berichtigung zu, welche ich den Lesern der Bauhütte nicht vorenthalten zu dürfen glaube.

*) Der Herausg. d. Bl. hat trotz beschränkter Zeit gern seine Unterstützung zugesagt und das Amt eines Korrespondenten des Bulletins übernommen.

Ich hatte nämlich in dem gedachten Aufsatz (Seite 83 der Bauhütte) gesagt: „Darf man annehmen, dass die Statuten von 1799 zuerst das sogenannte christliche Princip aufstellten und Dokumente, die das Gegentheil besagen, sind nirgend bekannt gemacht, so u. s. w.“

Ich werde nun darauf aufmerksam gemacht, dass allerdings ein solches Dokument existire, welches das Gegentheil besage und demzufolge nicht erst im Jahre 1799, sondern bereits im Juli 1766 das christliche Princip in der Gr. Nationalmutterloge eingeführt wurde, denn in der Geschichte der Gr. N. Mutterloge zu den 3 Weltkugeln, 3. Auflage von 1869 stehe Seite 54:

„Das vom Br Krüger veränderte Ritual der ersten 4 Grade wurde bereits im Juli 1766 eingeführt. In der „Haupteinleitung“ zu diesem Ritual findet sich in dem 4. Abschnitt „von den nothwendigen Eigenschaften eines Freimaurers“ nachfolgende Vorschrift:

„„Nur ein Christ kann in unseren ehrwürdigen Orden aufgenommen werden, keineswegs aber Juden, Muhamedaner, Heiden. Diejenigen Logen, welche von letzteren Jemand zugelassen haben, geben dadurch den sichersten Beweis, dass sie nicht wissen, was ein Freimaurer sei.““

Ich erkenne sehr gern an, dass die eben erwähnte Notiz sich in der erwähnten 3. Ausgabe der Geschichte der Gr. N. Mutterloge von 1869 befindet, bemerke aber, dass mir bei Niederschrift meines obenerwähnten Aufsatzes (im November vorigen Jahres) diese dritte Auflage der gedachten Geschichte, welche meines Wissens erst im Septbr. oder October 1869 ausgegeben worden ist, noch nicht zugänglich war, mir damals vielmehr nur die zweite Auflage gedachten Werkes vorlag, in welcher obige Notiz noch nicht enthalten ist.

Dies ist der Grund, weshalb in meinem erwähnten Aufsatze von dieser neuen Mittheilung keine Erwähnung geschah.

Bin ich selbstverständlich weit davon entfernt die Zuverlässigkeit dieser Mittheilung in Zweifel zu ziehen, betrachte ich vielmehr dadurch den Nachweis als geführt, dass bereits im Jahre 1766 die Ueberzeugung, dass nur ein Christ Aufnahme in unserm Bund finden könne, bei den Mitgliedern der Gr. N. Mutterloge herrschend war, so glaube ich doch andererseits, dass der Beweis, es habe diese Ansicht erst in den Statuten von 1799 einen gesetzlichen Ausdruck gefunden, hierdurch nicht geschwächt worden ist.

Denn meines Erachtens ist das, was in der Einleitung zum Ritual niedergelegt ist, der Staatsbehörde niemals mitgetheilt, sondern besonders sind derselben die Statuten vorgelegt worden, so dass aber die vor 1799 bestandenen Statuten des Bds der Gr. N. Mutterloge schon das christliche Princip aufgestellt hätten, ist auch jetzt noch nicht erwiesen.

Wenn ich nun in meinem obenerwähnten Aufsatze anzuführen versucht habe, dass zuerst die Statuten der Gr. N. J. Loge von 1799 das sogenannte christliche Princip aufgestellt hätten, mit andern Worten also, dass die gesetzliche, in den Statuten niedergelegte Organisation des Bundes, welche der Staatsgewalt zur Einsicht vorgelegt wurde, erst im Jahre 1799 das christliche Princip aufgenommen habe, so glaube ich, dass diese Behauptung durch obige Notiz über die Aufnahme des gedachten Princips in die Einleitung zum Ritual nicht widerlegt wird.

Es erscheint nicht allein nicht unstatthaft, sondern ganz unbedenklich, dass in den Vorschriften über die Lehrart (Ritual) eine Beschränkung der Aufnahmefähigkeit auf Christen, als geboten lehrte, ohne dass man in den Statuten des Bundes derselben besondere Erwähnung that. Auch gegenwärtig finden sich zwischen den Vorschriften der Statuten und den das Lehrart betreffenden Instructionen abweichende Bestimmungen.

Orient Eisenach den 17. April 1870.

        Br O. Bretschneider.

Hierzu eine Beilage:

Verantwortlicher Redacteur: Br J. G. Findel. — Verlag von Br J. G. Findel in Leipzig. — Druck von Brr Bär & Hermann in Leipzig.

№ 20. XIII. Jahrgang.

Die

BAUHÜTTE.

Begründet und herausgegeben

von

Br J. G. FINDEL.

* Organ des Vereins deutscher Freimaurer. *

Zeitschrift für Br Frmr. Leipzig, den 14. Mai 1870. MOTTO: Weisheit, Stärke, Schönheit.

Von der „Bauhütte" erscheint wöchentlich eine Nummer (1 Bogen). Preis des Jahrgangs 5 Thlr. — (halbjährlich 1 Thlr. 15 Ngr.)
Die „Bauhütte" kann durch alle Buchhandlungen bezogen werden.

Zur Frage maurerischer Werkthätigkeit.

Von

Br Busch in Dresden.

Um für die voraussichtliche Fluth von Vorschlägen maurerischer Werkthätigkeit einen nicht überflüssigen Anhalt und eine bestimmte Richtung zu gewinnen, welche uns den Beschluss dereinst wesentlich erleichtern würde, sei es dem Verfasser erlaubt, die Gesichtspunkte anzudeuten, von denen aus, wie mir scheint, die vorliegende Frage und die eingehenden Vorschläge zu betrachten und zu prüfen sein werden. Lassen wir dabei einstweilen dahin gestellt, ob §. 1 des Regulativs für die Centralhilfskasse nicht etwa eine allzureiche Auswahl von Gesichtspunkten oder von Gründen zu Bewilligungen enthält und gedachter §. daher einer schärferen Betonung des Spezifisch-maurerischen bedürfe, — wir kommen noch darauf zurück.

Zunächst würden wohl die Vorfragen zu stellen sein: ob wir verschiedene oder nur Ein Werk und ob wir das eine oder andere schaffen wollen als einzelne Glieder einer unsichtbaren Kette an verschiedenen Punkten oder vereint an Einem Punkte wirkend. Beide Fragen würden wohl hier, wo es sich um Verwendung der noch bescheidenen Mittel einer Vereinskasse handelt, dahin zu entscheiden sein, dass wir nicht etwa nach verschiedenen örtlichen Bedürfnissen, mehrere Werke, sondern nur Ein Werk gemeinsam erstreben. Sollen wir aber dies gemeinsame Ziel durch Vertheilung der Mittel auf verschiedene

Orte gleichzeitig an mehreren Punkten in Angriff nehmen oder uns darauf beschränken, die Eine Aufgabe von Einem Centralpunkte aus lösen zu wollen? Im ersteren Falle streuen wir etliche Handvoll Samenkörner aus, im letzteren stecken wir viele kleine Körnlein zu einer Saat heranreifen zu lassen oder ob nicht lieber erst ein Kern zum Aufgehen einzigen Kern! Es wird hierbei wohl darauf ankommen, was geschehen soll, um bestimmen zu können, wie es geschehen soll. Der Gegenstand der Werkthätigkeit wird entscheiden, ob der Boden geeignet erscheint, viel kleine Körnlein zu einer Saat heranreifen zu lassen oder ob nicht lieber erst ein Kern zum Aufgehen zu bringen ist, der von dem sodann hundertfältige Frucht gewonnen wird.

Gehen wir daher zu diesem Kern der Sache über.

Hier stossen wir sofort auf die Haupt- und Cardinalfrage: Soll und kann der Gegenstand maurerischer Werkthätigkeit ein solcher sein, der nur durch uns allein beschafft werden kann, nur uns allein eigenthümlich ist? Also erst: Sollen wir einen solchen Gegenstand wählen, den die sogenannte profane Welt noch nicht erstrebt? Denn wenn sie ihn noch gar nicht oder nur noch nicht hinreichend erstrebte, so wäre eine Herbeiführung oder Unterstützung durch uns allerdings wohl recht menschenfreundlich, die Sache an sich könnte auch ganz maurerisch sein, — allein, unter gewissen Voraussetzungen arbeiteten wir dadurch nur im Schlepptau der profanen Welt — etwas nur uns allein Eigenthümliches, etwas rein Maurerisches schafften wir dadurch nicht! Müssen wir aber denn zugeben, dass wir dies sollten? Wenn wirs nicht zugeben, so erklären wir uns selbst für ganz unberechtigt zu existiren, denn das Recht der Existenz des Einen beruht ja mit darauf, dass er eben etwas vom Andern verschiedenes, nicht dasselbe ist — also auch nicht nur genau dasselbe thut. — Müssen wir also zugeben, dass wir diess sollten, so fragt sichs doch sofort, ob wir dies auch könnten? Mit dieser unabweisbaren Frage stellen wir aber wieder unsere ganze Kunst in Frage! Denn wollten, sollten und könnten wir schliesslich nichts besonderes, wozu dann ein besonderer Verein, Maurerbund genannt? Dann wollen wir uns doch lieber gleich einem oder mehreren der bereits bestehenden Vereine anschliessen und sie so zu compact wirkenden Massen machen! Es gibt bereits Dienstboten-, Bildungs- und Belohnungsvereine, es gibt bereits Schulen für schwachsinnige Kinder, es macht sich auch überall das dringende Bedürfniss besserer Mädchenbildung geltend, aber nicht blos in unserem Kreise, sondern allerwärts, ein Beweis mehr, dass diese Aufgaben wohl schön und gut, doch nicht blos unsere Ziele sein können! Sie privatim nach Kräften unterstützen — warum nicht? Aber wir Maurer als Maurer haben anderes zu thun, denn sonst müssten wir uns, wenn wir nicht einen von allen anderen Vereinen unterschiedenen Vereinszweck nachzuweisen vermöchten, aus lauter Menschenliebe consequenterweise allen Vereinen anschliessen oder sie wenigstens unterstützen, so dass wir zu einem eigenen, individuellen Vereinsleben gar nicht gelangen würden. Damit wäre ja eben die obgedachte Existenzberechtigung als eigener, selbständiger Verein mit selbsteigenem Zwecke thatsächlich verneint! Diese Gefahr liegt auch in der That sehr nahe, wenn dem Maurerbund immer nur anempfohlen wird, sich nur durch Bethätigung seiner Mitglieder, aber ja nicht als Bund bei irgend etwas zu betheiligen! Arbeitstheilung ist aber das Geheimniss allen künftigeren Schaffens und so müssen auch wir uns auf unser ureigenstes Gebiet beschränken lernen, und das genauer abstecken, als es durch landläufige Phrasen und einige allgemeine Redensarten möglich ist. Nun spricht man wohl oft, dass so mancher brave Mann ausserhalb der Loge Maurer sei ohne Schurz, wie Mancher trotz dem Schurze ausserhalb der Loge stehe, und so sei es auch der Fall mit vielen Bestrebungen der sogenannten profan. Welt: sie seien oft maurerischer als die maurerischen selbst. Weshalb? Worin liegt der mrische Charakter der ersteren? Nach meinem Dafürhalten noch nicht darin, dass sie überhaupt Noth und Elend zu heben suchen, sei es leiblicher oder geistiger Art, sondern es kommt dabei hauptsächlich auf zweierlei an: auf den Grund, die Absicht, aus der etwas geschieht, und dann auf die Art und Weise, wie es geschieht. Betrachten wir dies zunächst nach dem Grunde!

Wollten wir z. B. nach Anleitung der Reformthesen auf der letzten Jahresversammlung die Liebe als das uns Eigenthümliche, als das maurerische Prinzip hinstellen, so würde dem sofort entgegenzuhalten sein, dass die Liebe auch ein Gebot der Sittlichkeit und ein Merkmal der Religion ist, auch nicht blos religiöse, sondern noch manch' andere Vereine aus wahrer, ungefärbter Liebe Werke der Barmherzigkeit thun, ohne dass es deshalb Jemandem einfällt, deren maurerischen Sinn und That deshalb zu preisen — einfach darum, weil diese Thaten als Thaten der Liebe noch keine spezifisch maurerischen sind. Ist der Grund solcher Thaten aber Der,

Noth und Elend zu mindern, weil sie Haupt-Ursachen, -Kennzeichen und -Hemmnisse sind, dass die reinmenschliche Gleichheit Aller und das menschwürdige Dasein Aller noch nicht überall stattfindet, so ist der Zweck solcher Thaten — und auf den Zweck, die Absicht, den Grund kommts doch zunächst hier an — nicht der, die Liebe zu bethätigen, sondern der, dem Reinmenschlichen zur vollen Geltung zu verhelfen! Das ist unsere maurerische Aufgabe! Die Liebe kann und wird überall ein Mitgrund, ein bewegendes Motiv, aber nicht der alleinige und nächste Grund, der nächste Zweck sein: das ist eben ein bedeutender Unterschied! Die Liebe kann ja auch für die religiösen, die sittlichen, die geselligen und noch viel andere Bedürfnisse abhelfend wirken, der ganz abstrakte „strebende Liebewillen" wird aber allein niemals etwas schaffen, sondern sich stets in irgend ein bestimmtes Gewand hüllen und unter einem religiösen, sittlichen oder auch maurerischen Zeichen Förderer suchen und finden. Dann wird es aber eben verschiedene Aufgaben, welche besondere Vereine zu ihrer Verwirklichung fordern, diese Vereine müssen so zu sagen hübsch bei der Stange bleiben, sonst wird Konfusion und wir Maurer können ohne eine heillose Verwirrung der Begriffe und ohne folgenschwere, fortwährende Uebergriffe in andere Gebiete nichts anderes erstreben, als diese Gleichheit und das Wohl Aller durch allseitig harmonische Entwicklung des Menschen und der Menschheit! Gewiss werden sich die maurerische Bestrebungen mit denen anderer Vereine kreuzen, begegnen und vereinen, wie ja auch im öffentlichen Leben verschiedene Parteien oft zusammengehen; denn alle Lebensäusserungen haben eine religiöse, eine sittliche, eine rechtliche, ja auch eine wissenschaftliche, künstlerische, erziehende und zuhöchst eine maurerische Seite. Aber diese Seiten wollen einestheils zwar in eine rechte Harmonie mit einander gesetzt, anderntheils aber auch nicht untereinander gemengt, sondern jede für sich gepflegt sein, sollen sie zu voller Entwickelung gelangen! Auch diess wird durch die Geschichte bestätigt! Rühren nicht alle Kämpfe der Gegenwart davon her, dass die bisher am kräftigsten entwickelten Bünde der vereinte Pflege der Gottinnigkeit (Kirche) und des Rechtes (Staat) theils in gegenseitiger Grenzregulirung, theils in dem berechtigten Streben sich befinden, statt vormundschaftsweise von Andern besorgte Angelegenheiten zu selbsteigener Verwaltung zu erhalten? Ich erinnere nur an die Auseinandersetzung zwischen Kirche und Staat, zwischen Kirche und Schule, zwischen Staat und Schule etc.

In vielleicht nicht zu langer Zeit würden wir uns, falls der Maurerbund seiner idealen Aufgabe, seinem Berufe entspräche, mit Staat, Kirche und Schule auseinanderzusetzen, bez. in Einvernehmen zu setzen haben — allerdings in anderer Weise als jetzt geschieht oder als ängstliche Gemüther fürchten.

Also auch hier: Arbeitstheilung und Beschränkung auf eines Jeden ureigene Aufgabe. Und unsere Aufgabe als Maurer ist nicht die Pflege solcher einzelnen, zur Vollkommenheit des Menschen und der Menschheit wohl ganz nothwendiger, aber immer nur einzelner Seiten, sondern die Darlegung unserer als Ganzem über diesen Theilen und die Herstellung einer gottähnlichen Harmonie aller

Theile. Wir sind daher weder ausschliesslich eine religiöse Genossenschaft wie manche glauben, noch ein nur der sittlichen Veredlung gewidmeter Verein, wie auch sehr Viele irrthümlich glauben — eine so landläufige Ansicht, dass man an eine unbefangene Anschauung und Erklärung unserer Symbole kaum noch zu glauben vermag! Denn unsere Symbolik sagt doch eigentlich klar und deutlich genug, durch die 3 gr. L.: B. W. und Z., durch die 3 S.: W., Sch. und St., dass wir als Maurer nicht blos der sittlichen Veredlung uns befleissigen sollen (denn sonst müsste unser Symbol ein einziges sein), sondern dass wir alle unsere Verhältnisse gleichzeitig und harmonisch pflegen und entwickeln sollen. Deshalb ist es aber auch gegen unsere Symbolik die Liebe als das maurerische Prinzip hinstellen zu wollen, denn damit gründen wir sie einseitig nur auf das Symbol des Z., wie jene einseitige auf das das W. Das ganze — Leben soll es sein!

Weshalb aber diese langweilige Vor-Untersuchung? Ist nicht der Zweck unserer k. K. über allen Zweifel erhaben? — höre ich den Leser sagen! An sich, der Sache nach, ist er das gewiss — aber den Brr Maurern ist er eben meist nicht klar genug! Und das, meine Brüder, das ist, wie ich glaube, der Grund aller Gründe, dass es mit unserem hehren Bunde so steht — wie es eben steht. Wer den Staat reformiren will, muss nicht blos die dermaligen Verhältnisse des Staates kennen, er muss auch die Idee, das Wesen des Staates erkennen! Ohne erstere ist er ein blosser Doctrinair, ohne letztere ein routinirter Praktiker, der dem gleicht, der aus der Hand in den Mund lebt. So auch bei bei uns! Die manchen neueren Verfassungen von Grosslogen vorgedruckten Grundsätze, mehrfache Thesen, Versuche etc. sind ja lautredende Zeugnisse genug, dass wir einer klaren Selbst-Einsicht in die Grundidee unseres Bundes noch gar sehr ermangeln! Ohne diese Einsicht, ohne genaue Bestimmung und Begründung dessen, was wir eigentlich wollen und sollen, werden wir immer nur instinctiv handeln, im Glücksfalle vielleicht das Richtige treffen, öfter aber trotz der gehobensten Stimmung nur unsern momentanen Eingebungen folgen, die unsere Kräfte und Mittel zersplittern und uns selbst auf Abwege führen können. Auch die erstrebte maurerische Statistik wird uns nicht diese so sehr fehlende und so dringend nöthige Klarheit verschaffen! Sie wird uns — und dafür müssen wir jedenfalls dankbar sein — sie wird uns unzweifelhaft so manchen wichtigen Fingerzeig geben, manche dankenswerthe Lehre aufschliessen und bestätigen — ich rechne hierzu die Bestätigung der maurerischen Soll-Universalität in religiöser Beziehung, wenn wir den vorgeschlagenen Rubriken, unter Vertauschung des so selbstgerechten Ausdrucks „Profan" in „Nichtmitglieder" eine Spalte beifügen für „Confession", so dass, wie von meiner Loge zu rühmen ist, Christ, Jude und Türke nur als Bekenner der Einen Gottinnigkeit erscheinen. Aber trotz alledem wird uns die Statistik nur mittelbar auf Umwegen und als spätes Endergebniss sehr vieler Mühe und Arbeit die Grundsätze doch nur bestätigen, welche wir schon ahnungsweise in unserer herrlichen Symbolik ausgedrückt, sowie in den 3 Kunsturkunden von Krause und dessen „Urbild der Menschheit" mit wissenschaftlicher Schärfe und logischer Nothwendigkeit entwickelt und niedergelegt finden. Man denkt unwillkürlich des Goethe-

schen Wortes: „Willst du immer weiter schweifen, sieh', das Gute liegt so nah!" Leider nur gilt eben der Prophet nichts in seinem Vaterlande, wenn auch längst schon ultramontane Blätter Meister Krause den Philosophen der Freimaurer genannt haben! Wollte Gott, er wärs, wie ers schon ist! Unser Bund würde nicht mehr lichtscheu im Dunkel dahinleben, sondern in jugendlicher Kraft seinem Herrscherberuf gemäss auftreten! Krause zuerst hat die Ahnungen der altehrwürdigen Symbolik mit dem Feuer der Wissenschaft durchleuchtet, und dem Bunde den ihm allein ureigenen, von anderen Bünden ihn unterscheidenden Zweck aufgezeigt in der Aufgabe, die urbildgemässe Einheit und Harmonie des Menschen, und der Menschheit herbeizuführen. Aus dieser Idee heraus müssen wir die dermaligen Zustände des Bundes und der Menschheit überhaupt prüfen und beurtheilen, denn die blos realistische, nur geschichtliche Anschauung, wie sie auch die Statistik bietet, sagt uns noch lange nicht, wie etwas sein sollte und unter den geschichtlichen Vorbedingungen auch schon sein könnte. Wir würden sonst nur dem Malerdilettanten gleichen, der allein aus seinen eigenen bisherigen Versuchen die Theorie seiner Kunst, die Pinselführung und das Genre seiner Befähigung herauslesen wollte! Auch unsere Hammerführung würde immer eine nur dilettantenhafte bleiben, keine kunstgerechte werden, solange wir uns der Wissenschaft unserer Kunst verschliessen! Kunst ist ja nur die Verwirklichung der Ideen, d. h. aber, nicht blos statistisch zu ermittelnder Grundgesetze des erfahrungsmässigen Lebens, sondern aus dem Gliedbau der Erkenntnisse zu entwickelnder Grundwahrheiten, mit anderen Worten: wissenschaftlich, philosophisch zu begründender Axiome, welche die Prämissen sind für die Gestaltung des erfahrungsmässigen Lebens. Aus Ideen werden ja Ideale, aus Idealen erst wird das Reale, welches niemals allein aus statistischen Nachweisen vollständig zu erkennen ist, da es eben Abbild des Urbildes ist.

Diese Erwägungen sind auch der Grund, warum ich immer und vor allem auf die klare, bewusste Einsicht und Anerkenntniss des eigentlichen Zweckes dringe, da wir nur dadurch aus der Herrschaft der allgemeinen Redensarten von Liebe, Humanität etc. herauskommen können und dann auch mit dem Zwecke der k. K. wirklich Ernst machen werden. Ausser jener obgedachten Rubrik schlage ich deshalb auch noch vor, im §. 1 des Regulativs der Centralkasse — nicht Centralhilfskasse — nach „verwendet zu werden" die Worte einzuschieben: „d. i. also zu Werken, welche das Allgemein-Menschliche in universaler Weise fördern, wie z. B. Errichtung etc. — Barmherzigkeit ist absichtlich ausgelassen, weil wir durch die Statistik mehr als genug nachgewiesen erhalten werden, dass wir dermalen wirklich fast allein noch das Almosenprincip üben, was die „profane" Welt im Grunde längst schon mit dem Arbeitsprinzip vertauscht hat!

Müssen wir nun diesen Einen und alleinigen Vereinszweck in Regulativen, in Thesen und allerwärts klar und unabgeschwächt aussprechen, so müssen wir auch alle bisherigen und alle künftigen Vorschläge zur Werkthätigkeit darauf hin prüfen und alles unberücksichtigt lassen, was diesem Grundcharakter maurerischer Arbeit widerspricht.

Genau dasselbe gilt von einer zweiten Forderung an maurerische Werkthätigkeit. Es handelte sich bisher darum, den rechten Grund für sie nachzuweisen. Wir kennen ihn nun, aber doch könnte man hierbei noch den Einwurf machen, dass der Unterschied des Grundes, aus welchem man die Menschheit vom Elend erlöse, für die menschenfreundliche Thatsache dieser Erlösung gleichgültig sei, von ihr vielleicht gar aufgehoben, mindestens aufgewogen werde. Dies ist falsch! Ein Beispiel zeige es: Es ist z. B. ein grosser Unterschied die ·Menschheit von materiellen Fesseln zu befreien, ihr wohl gar Wohlleben und Genuss verschaffen zu wollen, damit sie nur um so williger geistige Fesseln sich gefallen lasse im sinnlichen Taumel, oder ob ersteres geschieht, damit sie, vom äusseren Druck·der Nahrungssorgen befreit, um so besser ihre geistige und menschliche Bestimmung erreichen könne! Die That, der Effect oder richtiger das äusserliche Geschehen der Erlösung ist dasselbe, aber der Zweck derselben ein geradezu ganz entgegengesetzter — im letzteren Falle eine Wohlthat. Ein ähnlicher Unterschied tritt hervor in Bezug der berührten zweiten Forderung an maurerische Werkthätigkeit, auf welche wir damit wieder zurückkommen. Er zeigt sich am besten — wenn man sich fragt, ob es unserer k. K. angemessen sei, z. B. einem Einzelnen, einmal ein paar Groschen oder Thaler zu schenken oder zehn oder hunderte aufzunehmen, zu bilden und zu erziehen? Es genügt also nicht, die Harmonie des Lebens zu bezwecken, die diesfalsige Thätigkeit, unsere maurerische Arbeit muss auch dem grossen Ganzen, dem Allgemeinen nützen und zwar nicht in homöopathischen, diminutiven Palliativen, sondern in grossen Umrissen, mit grossem Hintergrunde und grossen Kräften: Zu letzterem langen, beiläufig bemerkt, die §, 6 des Regulativs vorgeschlagenen halben Zinsen von 10,000 Thlr. natürlich nicht, wenn man umfassendere Werkthätigkeit im Auge hat. Zwar wird auch die ausgebreitetste immer nur eine Spezialität anderen Werken gegenüber sein, denn jede allgemeine Idee erscheint nur in ganz bestimmter individueller Verwirklichung, allein diese kann wieder die zu Grunde liegende Idee sehr wenig oder auch fast vollständig darstellen. Dem Charakter der Allgemeinheit und Universalität der Arei aber entspricht es nicht kleine Baracken oder Pavillons zu bauen, in denen der Eine oder Andere unterkriechen kann, sondern wir wollen und sollen einen Münster, einen Dom bauen! Das wollen wir doch nicht vergessen, meine Brüder! Nehmen wir doch auch diese Grossheit der Anlage von unserer Symbolik ab: Keiner einzelnen Confession, sondern der Einen allgemeinen herrlichen Gottinnigkeit dient die B. als Symbol; auf keine einzelne Pflicht, sondern auf Sittlichkeit überhaupt deutet der R.; keinem einzelnen Staat, sondern dem Einen gemeinmenschlichen Rechte und Rechtsverein verpflichtet uns der Z. — so darf auch unsere Werkthätigkeit nicht einem beschränkten Zwecke, nicht einer einzelnen Person, nicht einer einzelnen Stadt, nicht einem einzelnen Stande dienen, sondern sie muss dem Ganzen, muss der Menschheit gewidmet, sie muss universal sein!

Das, meine Brüder, sind die beiden Grundforderungen, auf welche hin wir alle Vorschläge zu maurerischer Werkthätigkeit prüfen müssen; denn ihre Erfüllung allein gibt uns die Bürgschaft, dass wir einst wirklich unserer maurerischen Aufgabe, den ganzen Menschen, die ganze Menscheit harmonisch zu gestalten, sowohl nach Inhalt, wie nach Form werden gerecht werden. In einem späteren Aufsatze — die Entscheidung über den Gegenstand maurer. Centralhilfskasse ist in nächster Vereins-Jahresversammlung wohl jedenfalls noch nicht zu erwarten, da die ganze Angelegenheit noch nicht spruchreif sein dürfte — hoffe ich dann nachweisen zu können, dass die Errichtung von Maurerschulen, zunächst nur einer Muster- und Mutteranstalt, diesen wohl begründeten Forderungen an maurerische Werkthätigkeit am meisten entspricht, bitte aber für jetzt alle Brüder, welche sich für die so nöthige Beschleunigung der Klärung unserer Lage interessiren, um ihre eingehende Prüfung der hier entwickelten Anschauungen, bez. um Berücksichtigung, Unterstützung und Annahme der für Regulativ und Statistiktabellen gemachten Vorschläge, damit endlich auch unsere „Arbeit" eine nach Gehalt wie nach Umfang unserer und der geliebten k. K. würdigere werde als bisher!

Die Gegenwart und Zukunft der Maurerei in Deutschland.

Von

einem alten Logenbruder.

IX.

Sind, bedingt durch die dermalige Organisation des Maurerbundes die Grosslogen die Bewahrerinnen und Trägerinnen der Maurerei, daher für deren Aufblühen, Fortentwickelung, Entartung oder gänzlichen Verfall in erster Linie verantwortlich, so folgt mit Nothwendigkeit hieraus, dass eigentlich sie die Initiative zu ergreifen haben zu allen zeit- und zweckgemässen Reformen, zum Mindesten aber, wenn solche von ihren Tochterlogen angeregt oder gar beantragt, kräftigst zu befördern und zu unterstützen. In einem früheren Artikel (V.) haben wir gezeigt wie die meisten Grosslogen ihren Beruf und ihre Aufgabe im Bunde und für denselben auffassen und erfüllen. Die Stellung, welche sie den dringendsten und berechtigsten Wünschen der Brüderschaft von irgend welcher Bedeutung gegenüber stets eingenommen haben und fortwährend einnehmen, entsprechen, wie jahrelange Erfahrung und hundertfältige Thatsachen es beweisen durchaus dieser ihrer einseitigen und indolenten Auffassung. Ausschliessung nicht des christlichen, wohl aber des christlich-kirchlichen Princips; Rückkehr zu den alten Bundesgrundsätzen und den einfachen Kultusformen; dem maurerischen Wesen und Zweck entsprechenden Anschluss an die berechtigten Forderungen der Zeit; freiere Selbstständigkeit der Logen und unbeschränktes Verfügungsrecht über ihr Besitzthum; geregelte Freiheit der Brrschaft im Geiste und zu den Zwecken des Bundes; das sind die grossen, brennenden Fragen, welche seit länger als 30 Jahren im Maurerstaate bis heute noch vollständig unerledigt auf der Tagesordnung stehn und voraussichtlich auch ferner noch unerledigt darauf stehen bleiben werden, so lange der intelligente Theil der Brüderschaft sich seiner persönlichen Freiheit und Selbstbestimmung begibt und die Geschicke des Bundes wie der eigenen

Bauhütte lediglich der Weisheit der Grosslogen überlässt. Welche Anstrengungen auch schon seit Jahren von einzelnen ehrenwerthen Logen und Brüdern gemacht worden sind, die abschüssige Bahn, auf welcher das Maurerthum sich befindet zu verlassen, das innere Logenleben aufzufrischen und zu anregen und zu befähigen zu einer der maurerischen Idee entsprechenden Thätigkeit, sie scheiterten alle und mussten alle scheitern an der Geist-, Willen- und Thatlosigkeit des grössten Theiles der Logen und das dadurch geradezu herausgeforderte Non possumus der Gr.-L. Die zu obigem Zwecke von Seiten verschiedener Logen und einzelner Brüder bis dahin gestellten Anträge oder geäusserten Wünsche sind in ihrer Mehrheit so massvoll und klar, so in sich selbst begründet und rechtfertigt, dass sich der konstante Widerstand der Grosslogen unmöglich anders erklären lässt als dass die Grosslogen selbst einsehen, wie die Brüderschaft in ihrer dermaligen persönlichen Zusammensetzung nicht auf der Höhe steht, um ihr mit voller Ruhe die Freiheit und die Mittel anvertrauen zu dürfen die Ideen des Bundes in Wahrheit zur Verwirklichung zu bringen. Soll und wird derjenige und nicht geringe Theil der Brüderschaft, welcher den Freimaurerbund auf sich und auf die Aussenwelt rein, voll und ungeschwächt einwirken lassen möchte, sich noch länger dem wohlverdienten Schicksale derjenigen fügen, die in dem Freimaurerbunde nichts Anderes zu erblicken vermögen als eine Staats- und exklusive Kirchen-Anstalt oder wohl gar lediglich als eine Vereinigung zu materiellen oder sinneschmeichelnden Zwecken? Gewiss nicht. Er wird mit allen Mitteln, welche Bundesstatut und natürliches Recht ihm an die Hand geben, dagegen ankämpfen und wenn er zu der Ueberzeugung gelangt, dass dieser Kampf vergeblich und aussichtslos, ist entweder dem Zwange, der, wie seinem Selbstbewusstsein demütigend, seinen persönlichen Anschauungen von der Maurerei kältend und entmuthigend überall entgegentritt, entziehen oder was das Uebel verschlimmert, bessere Zeiten abwartend sich dem Zwange in Groll und Bitterkeit fügen. Daher die vielen höchst bedauernswerthen Austritte von Brüdern von bewiesener und anerkannter Tüchtigkeit und echtmaurerischer Gesinnung wie That oder ihr Verbleiben in dem Bunde bei geistiger Theilnahmlosigkeit. Dieser geistige Stillstand in den oberen wie unteren Regionen muss nothwendig allmälig die noch vorhandenen wenigen guten Säfte verderben und gleichzeitig die corrosive Wirksamkeit der bereits verdorbenen in höchstem und bedenk-

lichstem Maasse steigern. Einem solchen verderbenbringenden Zustande ein Ende zu machen, ist demnach die höchste Zeit. Hat der intelligente, thatfähige und thatgewillte Theil der Brüderschaft einmal die Ueberzeugung gewonnen, dass weder von den Grosslogen noch von den Logen als solchen in dieser Beziehung irgend etwas mehr zu erwarten ist, so ist er als vollständig berechtigt wie verpflichtet zu betrachten, für sich und für den in seiner Existenz bedrohten Bund Hülfe selbst zu schaffen. Wie wir bereits am Schlusse des vorhergehenden Artikels hervorgehoben und was wir nochmals nachdrücklichst betonen müssen, gelangt man dazu nicht mit kleinlichen und schwächlichen Rücksichtnahmen, Bedenklichkeiten und Besorgnissen, sondern dazu bedarf es des Aufbietens ganzer voller Kraft, mannhaft muthiger That. Dazu gelangt man daher nicht durch Zuwarten, welches die trostlosen Zustände nur verlängert, vergrössert oder verdeckt, sondern, wie Umstände und Zweck es erheischen, mit durchgreifenden und Radikalmitteln. Um dem marasmirenden Freimaurerhunde neues und wirkliches Leben und damit neue und wirkliche Spann- und Widerstandskraft zu geben, ist vor Allem unumgänglich nöthig: Gründlicher Wechsel an Haupt und Gliedern, gründlicher Bruch mit Haupt und Gliedern, gründlicher Bruch mit den jetzigen schon einer todten Vergangenheit angehörenden Logensystemen und deren traurigen, verderbenbringenden Konsequenzen. Wir sind uns vollkommen bewusst, welch grosses und für diejenigen Brüder, die sich fürchten aus ihrem bisherigen maurerischen Stillleben unsanft aufgestört zu werden welch gar erschreckliches Wort wir damit aussprechen. Sie mögen sich beruhigen. Bei den Vorschlägen, welche wir den reformwünschenden und reformbedürftigen Brn in dieser Beziehung zu machen haben, bleibt grundsätzlich und unsern Zwecken durchaus entsprechend der Freimaurerbund in seiner jetzigen Verfassung und Zusammensetzung ausser aller Beachtung und Berechnung. Was wir wollen ist weder Neu- noch Umgestaltung des jetzigen Bundes innerhalb seiner selbst, sondern das unter den obwaltenden Umständen noch allein Heil und Erfolg Versprechende: Ausserhalb des alten Bundes Schaffung eines neuen Maurerthums auf zeitgemässer, den wahren Bundeszwecken entsprechender Grundlage mit vorsichtiger Benutzung der in der jetzigen Maurerei vorhandenen adäquaten Mittel und Personen. Untersuchen wir, inwiefern dies thunlich und möglich ist.

(Fortsetzung folgt.)

Feuilleton.

Amerika. — Unter der Grossloge von Rhode Island arbeiten 24 Logen. Im Jahre 1869 beschloss die Grossloge das Ritual, um Uebereinstimmung zu erzielen, in ein Buch niederschreiben und dieses im Geschäftslokale des Grosssekretärs aufbewahren zu lassen.

Der „Masonic Trowel" (March, 1870), redigirt vom hochconservativen Grossmstr. der Gr.-Loge von Illinois, Br Herm. G. Reynolds in Springfield, zieht in einer Besprechung von

Findel, History of Freimasonry, 2d Ed. nur den Abschnitt „Amerika" in Betracht und auch dies nur in ganz oberflächlicher Weise; im Uebrigen heisst es u. A.: „Wir bestehen darauf, dass ein Historiker wohlthätige Institutionen (die Hochgrade) nicht zerstören sollte unter der Maske eines Geschichtschreibers, während er (Findel) ein Agitator, Revolutionär und Zwischenträger ist". Es muss auch solche Käutze, wie Br Reynolds geben.

Amerika. — Der Verwaltungsausschuss des Vereins deutsch-amerikan. Mr hat sich in folgender Weise organisirt: Br J. ¼) Borchard, 1. Vorsitzender. Br C. Krog, 2. Vors. Br H. Zimmer, Schatzmstr. Br E. Reimann, Sekret. Br J. J. Durian, R. Berendsohn und G. A. Flach.

Berlin, 30. April. — Gestern Abend hatte die „siegende Wahrheit" ein Brmahl zu Ehren ihres Ehrenmitgliedes, des Grossmstrs. Br Feustel. Auch Br Bluntschli war erschienen. Der vorsitzende Mstr. Br Kade begrüsste die beiden Gäste und dann den anwesenden Grossmstr.: Br Schnakenburg. Dieser erwähnte in seiner Dankesrede, wie die süddeutschen Brüder eine ungünstigere Stellung hätten als wir, indem sie ohne landesherrliches Protektorat; trotzdem hätten sie sich so tüchtig entwickelt, dass sie in manchen Punkten eine freiere Richtung gewonnen als wir, namentlich den Gegensatz zwischen Maurerei und Kirche schärfer hätten ausprägen können, als es uns möglich geworden sei. Davon nahm Br Bluntschli, welcher in dem Toast des Br Lobeck auf die Besuchenden besonders erwähnt worden war, Anlass, in glänzender, mit begeistertem Beifall aufgenommenen Rede auszuführen: Der maurerische Grundsatz, dass die Logen sich nicht mit Politik und Religion zu befassen haben, ist durchaus nicht so zu verstehen, dass die Logen Alles, was auf dem Gebiete des Staats- und kirchlichen Lebens sich ereignet, theilnahmlos an sich vorüber und über sich ergehen lassen sollen. Soweit die Politik die Interessen der ganzen Menschheit berührt, so weit deutsche und französische Maurer, so weit alle politischen Parteien Humanitätszwecke verfolgen, gehört die Politik entschieden in die Loge; nur partikularistische und specielle Parteibestrebungen müssen aus der Loge entfernt bleiben. Um den konfessionellen Hader hat sich die Loge nicht zu bekümmern, die Religion aber, sofern sie mit der Humanität eins ist, gehört entschieden in die Loge, und wo ein Kampf entbrennt, wie auf jenem Transparentbilde, wo die Wahrheit in Gestalt eines Jünglings mit flammendem Schwerte über den Geist der Lüge in Gestalt eines zu Boden geworfenen „Alten" triumphirt, da darf die Loge nicht müssige Zuschauerin bleiben.

Mit dieser Wendung hatte Br Bluntschli das Schreiben seiner Gr.-L. gegen das Concil gerechtfertigt.

Der Eindruck, welchen diese Rede allgemein hervorbrachte, die Zustimmung, welche er sogar bei solchen Brn fand, die gewohnheitsmässig einer ganz anderen Richtung folgen, mahnt auf's Neue daran, wie wünschenswerth es ist, dass der nächste Grmstr-Tag von dergleichen „Sonnen"-Strahlen erleuchtet und durchglüht werde. —

England. — Die Installation des neugewählten Grossmstrs. Br Grafen de Grey und Ripon und des dep. Gr.mstrs. Br Grafen von Carnarvon musste vertagt werden in Folge der Trauer in beiden Familien der Gewählten durch die scheussliche Ermordung der Herren Vyner und Herbert, zwei nahe Anverwandte der beiden Grossmeister, durch die griechischen Banditen.

Frankreich. — Mit Freuden begrüssen wir den Bericht über eine Preisvertheilung an arme würdige Waisen seitens der Logen Les fr. unis inséparables und La ruche philos. zu Paris bei Gelegenheit der Feier des Sonnenwendfestes am 26. Jan. d. J. (Fête solstitiale etc.). Der Bericht über diese erhebende Feier, welche Bruder Aronssohn, Mstr. v. St. der Loge fr. unis leitete und von mehrern Mitgl. des Ordensrathes besucht war, liegt uns in einer hübsch ausgestatteten Schrift vor. Zur Vertheilung an die eingeführten Waisenkinder kamen unter entsprechender Anrede mehre Sparkassenbücher mit Einlagen von 30, 20 und 10 frs. Der Feier schloss sich ein Brudermahl an und den Bericht schliesst eine Mittheilung über

ein von der Loge Frères unis ins. veranstaltetes Concert zu Gunsten ihrer Waisenstiftung.

Alle Anerkennung den beiden Logen für ihr menschenfreundliches, echt maurerisches Werk. Die Schrift, hat auf uns einen sehr angenehmen Eindruck gemacht, mit Ausnahme der peinlich genauen Reifügung der Grade, die jeder erwähnte Br hat, wie Aronssohn (30), Gammas (33), Coste (18), Jobert (33), worüber wir uns eines mitleidigen Lächelns nicht entschlagen konnten. Wo bleibt da die brüderl. „Gleichheit" und der vorurtheilsfreie, grossartige, auf ernste Ziele gerichtete Sinn, der jeden Freimaurer auszeichnen soll, gegenüber solchen Lappalien?! —

Hamburg. — Die eklekt. Loge „zur Brudertreue a. E."¹) welche am 15. September d. J. ihr 25jähr. Jubiläum feiert, hat einen eingehenden Bericht veröffentlicht, dem wir nachfolgende Mittheilungen entnehmen:

Die Feier des Stiftungsfestes, eine Schwesternloge und in Gemeinschaft mit der s. ehrw. Loge „zur Bruderkette" die Feier des Johannisfestes, vereinte die Brr zu gemeinsamer freudiger Erhebung, so wie die einer Trauerloge zu der Darbringung des Zolls der Liebe noch über das Grab hinaus. Die in den M. C. L. besprochenen Vorlagen und event. Beschlüsse wurden in 6 Beamten-Conferenzen vorbereitet.

Ausser den 23 durch unsere Loge dem Freimaurerbunde angereihten neuen Bundesgliedern hatten wir die Freude zwei liche Brr, welche vor mehreren Jahren um ihren Abschied nachgesucht und denselben mit dem Prädicat „ehrenvoll" erhalten hatten, wieder als active Brr eintreten zu sehen, wodurch sich die Zahl der unserer Loge gewonnenen Mitglieder auf 25 beläuft. Von den neu aufgenommenen Brrn leben 16 im hiesigen Or. und 6 gehören fremden Or. an. Dem um die Frmrei hochverdienten und unserer Loge spec. stets bei verschiedenen Anlässen auf das brüderl. entgegenkommenden Br Carl Otto, Leister v. St. der s. ehrw. Loge „Zorobabel z. Nordstern" im Or. Kopenhagen, ertheilte unsere Loge in Veranlassung seines fünfzigjährigen Maurerjubiläums die Ehrenmitgliedschaft und hatten wir die Freude, dieselbe von dem genannten Br angenommen zu sehen.

Wenn somit die Bestandliste unserer Loge einen bedeutenden Zuwachs neuer vielversprechender Kräfte nachweist, so blieb uns doch auch nicht der Schmerz erspart, einige geliebte Brr aus unserer Kette scheiden zu sehen.

So weist denn unsere Bestandliste jetzt die Zahl von 235 Mitgliedern aus.

Die dem Freimaurerbund durch unsere Loge zugeführten neuen Bundesglieder haben sämmtlich die Bundesweihe erst dann erhalten, nachdem vorher die sorgsamsten Erkundigungen über ihre sittliche Würdigkeit zur Aufnahme, sowie ihre Befähigung, die Lehren des Bundes mit richtigem Verständniss aufzunehmen, eingezogen waren. Unserm Localstatuten gemäss wurden solche Erkundigungen in hies. Or. gepflogen. So durch ein für jede einzelne Anmeldung von dem vors. M. v. St. ernanntes, aus 3 Brüder Meistern zusammengesetztes geheimes Prüfungscomité eingezogen, dessen Mitglieder unabhängig von einander ein günstiges Urtheil abgegeben haben müssen, ohne welches eine Anmeldung gar nicht zur Proclamation kommt. Ueberdies wurden die Namen sämmtlicher fr. S. dem Prüfungscomité der s. ehrw. Gr.-L. von Hamburg, sowie den unter der Gonst. der s. ehrw. Prov.-Gr.-L. von N. S. arbeitenden Logen mitgetheilt und würden etwaige Einsprachen auch von jener Seite eine Beanstandung der Aufnahme des betr. N. S. oder dessen völlige Abweisung veranlasst haben. Fr. S., welche nicht im hies. Or. leben, wurden den allgemeinen Gesetzen des eklekt. Freimaurerbundes gemäss nicht dem maur. Lichte zugeführt, ohne die Loge ihres resp. Wohnortes benachrichtigt und dieselbe um Auskunft ersucht zu haben. In Betreff solcher Fälle ist neuerdings, wenigstens für solche Or., an denen wir eine grössere Zahl unserer Mitglieder zählen, noch die Einrichtung getroffen; auch dort ein Prüfungscomité einzusetzen, wodurch noch eingehendere Auskünfte erreicht werden sollen, damit die Möglichkeit, irrthümlich unwürdige Fr. S. das maurerische Licht zu ertheilen, auf das äusserste ferne gehalten wird. Es ist auf diese Weise nach unserm Dafürhalten alles geschehen, was menschliche Vorsicht zu thun vermag, dass nicht Unwürdige dem Bunde zugeführt werden.

Meistentheils war die Theilnahme der Brr an den festgesetzten Arbeiten eine recht erfreuliche, wenn wir leider! auch manche liebe Brr in den Reihen der Arbeiter vermissten; — dagegen hatten wir fast bei jeder Arbeit die Freude, die Theilnahme der geliebten Brr anderer Werkstätten in reicher Zahl zu bemerken.

Durch maurerische Vorträge, theils vom Stuhle aus, theils von einigen jüngeren Brr, die mit anerkennenswerther Bereitwilligkeit aus den Schätzen ihrer geistigen Bildung erfreuliche Spenden darreichten, wurden die Rec.-Logen zugleich auch zu Instructionslogen gestaltet.

Hinsichtlich des inneren Lebens der Loge und des Verkehrs der Brr Mitglieder unter einander ist nur Erfreuliches zu berichten. Mit Liebe und Vertrauen kamen die Brr stets einander entgegen, und ist bei keiner Fall einer ernsten Differenz vorgekommen. Von dem Geiste des Vertrauens, der Liebe und Eintracht, hat die letzte Wahlloge ein Zeugniss abgelegt, indem trotz der freiesten Wahl, bei welcher jedes Mitglied, ob Meister, Geselle oder Lehrling, seine Stimme abgiebt, dennoch sämmtliche Beamte einstimmig wieder zu ihren resp. Aemtern berufen sind. (Schluss folgt.)

· **Hameln.** — Dem Meister v. St. der Loge „zur königl. Eiche" Dr Kistner ist in Anerkennung seiner Verdienste um die Entwickelung seiner Werkstätte von der Grossl. Royal York z. Fr. die Ehrenmitgliedschaft ertheilt worden. ·

Hannover. — Seit ein paar Jahren veranstalten die drei hiesigen Logen, welche früher eine jede ihr eigenes Concert zum Besten der Armen gab, im Winterhalbjahro gemeinschaftlich drei Concerte, die nun durch das Zusammenwirken der tüchtigsten und für die Sache begeisterten Brüder, besonders in diesem Winter, vorzüglich ausgefallen sind. Die von den Logen committirten neun Brüder (von denen ich, ohne die übrigen zurücksetzen zu wollen, nur die Brr. Musikalienhändler Nagel, Buchhändler Th. Schulze, Redacteur Zum Berge, Kaufmann Lewing nennen will) haben ihre Aufgaben meisterhaft gelöst: nicht allein ist jedem der drei Armensäckel ein Reingewinn von circa 90 Thlr. zugeflossen, sondern es haben die „Concerte der vereinigten FrMr-Logen" im FrMr-Logenhause auch ein Renommé erhalten, dass über die localen Grenzen hinaus sich in weitere musikalische Kreise hinein verbreitet hat. Unsere Stadt hat in musikalischer Beziehung schon seit vielen Jahren durch Namen wie: Marschner, Fischer, Bott, Joachim, Niemann, Madelaine, Notes, u. s. w. und wegen der trefflichen Capelle des Hoftheaters einen guten Klang gehabt und sie nimmt in dieser Richtung auch gegenwärtig einen bevorzugten Rang ein; es dürfen also die kunstverständigen Brüder, Dank der liebenswürdigen, bereitwilligen Unterstützung und Mitwirkung der ausübenden Künstler, deren vorzüglichste wir zu unseren Brüdern zählen, mit Befriedigung und Freude auf das Geleistete zurücksehen. Dass das Urtheil, die Concerte im FrMr-Logenhause gehören zu dem Besten, was in der abgelaufenen Wintersaison vorgefuhrt ist, ein berechtigtes ist, mag aus dem nachfolgenden Auszuge aus dem Programme hervorgehen.

Instrumental-Musik:

Trio in D von Mendelssohn: Br Musikdirektor Engel und die Herren Capellmeister Bott und Kammermusikus Prell.

Quintett für Oboe, Horn, Clarinette, Fagott und Pianoforte von Beethoven: Mitglieder der Capelle Herrn Rose, Güntermann, Br Sobeck und Schmitbach und Br Engel.

· Sonate in D Op. 12 für V. u. P. von Beethoven.

Zwei kleine Tondichtungen und ein Andante für V. u. P. von J. J. Bott: der Componist und Br Engel.

Für 2 Pianoforte (Blüthner'sche Concertflügel, vom Br L. Kuhn geliefert): Impromptu und Improvisata von Reinecke: Herr Pianist Engel aus Bremen und dessen Bruder, Br Engel.

Polonaise und Nocturno von Chopin, Saltarello von Heller: Br Engel.

Vokal-Musik.

Arie aus: „Messe solenelle" (neu) von Rossini, „Schöne · Einrichtung" von Weinwurm, und „Gelb rollt mir zu Füssen" von Rubinstein: Dr Dr. Ganz.

Belsatzar und Frühlingsfahrt von Schumann.

Prinz Eugen von Löwe: Br Blotzacher.

Drei Lieder aus: Frauenliebe und Leben von Schumann, „Liebchen, wo bist Du?" von Marschner: Fräulein Garthe.

Frühlingslied und Suleika von Mendelssohn, Maïlied von Meyerbeer etc.: Fräulein Pauli.

Ausserdem sangen Lieder: Dr Jos. Schott und Fräulein Hänisch.

Die Declamation war vertreten durch Fräulein Hedwig Raabe aus Berlin, Fräulein Hildebrand und Fräulein Pressburg; erstere befand sich als Gast am Hoftheater hier und wirkte in unseren ersten Concerten unter wirklicher Aufopferung ihrer Zeit mit, da sie folgenden Tages im Theater zu Oldenburg auftreten musste.

Nach jedem der drei Concerte hielt ein kleines Mahl die Künstler noch ein paar Stunden im Logenhause zusammen, bei welcher Gelegenheit die Br-Mitglieder denselben den Dank der Logen abstatteten. Dass dabei der von den Künstlern so liebenswürdig unterstützten Institution der FrMrei als einer berechtigten und segensreichen gedacht wurde, einer Institution, gegründet auf gegenseitige Achtung und Liebe guter Menschen. treuer Freunde, welche nicht in sich abgeschlossen, sondern in der Welt und für die Welt wirken soll, ist wohl selbstverständlich, da in einer ausgewählten Gesellschaft in einem Logenhause jedenfalls der BrFrMr das sagen darf, ja bestätigen muss, was in guter Absicht in allen Conversations-Lexicons zu lesen ist, und was geeignet sein dürfte, dem Bunde rechtschaffene Männer zuzuführen, und auch die Frauen für unsere Sache zu begeistern. Unverständlich und unverständig mindestens ist es jedoch, wenn Brr-Mitglieder, welche sich nicht zu den Obscuranten und Ignoranten gezählt wissen wollen, mit wahrer Lust an Geheimthuerei und Geheimnisskrämerei missbilligend — nicht über Fasson und Trinken — sondern über Bruderwort und Bruderlied sich äussern.

Jenen edlen Künstlern und Künstlerinnen aber den ihnen gezollten Dank öffentlich zu wiederholen, ist der Zweck dieses Berichtes. Mögen sie, ob Mitglieder des Bundes oder nicht, überall wo sie erscheinen, die Liebe wiederfinden, die sie hier bei uns gesäet und ausgestreut haben!

Leipzig. — Die letzte Messloge der Loge Apollo war der Aufnahme von 4 Suchenden gewidmet und wiederum durch einen vortrefflichen Vortrag des Br Eckstein über Humanität geschmückt; ausserdem erinnerte Br von Leupold an die Thatsache, dass mit der heut. Aufnahme die Zahl 1000 der von der Loge Apollo dem Bunde zugeführten Mitglieder voll geworden. Bei dem darauf folgenden Brmahle erwiderte der deput. Mstr. der Loge „zum aufbl. Baum" in Eisleben (Gr. L. L. v. D.) Br Dr. Lorbacher den Toast auf die besuchenden Brr, indem er sich den maurerischen Humanitätsbestrebungen rückhaltslos anschloss unter Wiederholung des Gedankengangs der Eckstein'schen Rede, welche das sog. christl. Princip als inhuman bezeichnet und den Hochgraden entgegentreten. Damit hat Br Lorbacher, gleich Br Schiffmann in Stettin, den eigentlichen Kern und das Wesen des schwedischen Systems verurtheilt und preisgegeben.

Literar. Notiz. — Soeben ist in Mainz (Verlag von G. Passet) eine das Mrthum verunglimpfende Broschüre erschienen: „Enthüllungen der Geheimnisse der FreiMrei. Briefwechsel eines Freimaurers mit seinem Neffen. 8. 48 S." — Der Grundgedanke ist: „Die FreiMrei hat im grossen Ganzen aufgehört, von Bedeutung zu sein; sie ist ein leeres Formenwesen; sie ist unnütz und unzeitgemäss namentlich mit Rücksicht auf das Geheimsein und Geheimthun; die Kosten des Eintritts in den Bund sind zu hoch; der Eid ist unsittlich."

Das in der Schrift mitgetheilte Ceremoniell der 3 Grade ist ein veraltetes, in Deutschland und England nirgendwo übliches und das Ganze ist, wie mir scheint, die Uebersetzung einer alten französischen antimaurer. Schrift und zwar eine verunglückte, weil nicht überall deutsch. Der Verf. scheint ein mangelhaft gebildeter Mann zu sein. Das Büchelchen ist ohne allen Werth und enthält nur hier und da einige bittere Wahrheiten für zurückgebliebene, in blossem Formenkram befangene Logen. Das Kainszeichen befangener, parteiischer und gehässiger Auffassung und Darstellung ist ihm deutlich aufgeprägt. —

Literar. Notiz. — Als „Festgabe" zur Säcularfeier sind erschienen: „Mittheilungen aus der Geschichte der Loge „zum flammenden Stern", nach einer umfassenderen Arbeit des Br v. Schweinichen auszugsweise bearbeitet und herausgegeben von Br Kleiber, Mstr. v. St. Diese Festschrift, ein Verzeichniss sämmtlicher bisheriger Mitglieder der Jubelloge, einige geschichtliche Mittheilungen und biographische Notizen über die vorsitzenden Meister enthaltend, wird zunächst für die Mitglieder der Loge von Werth sein, wie sie auch sonst ein die Loge ehrendes Denkmal ist. Unter den Mitgliedern finden sich viele hervorragende Persönlichkeiten. Für die Allgemeingeschichte kann die Schrift wenig Ausbeute liefern, worüber sich der Herausgeber selber in sachgemässer Weise ausspricht, indem er bemerkt: „Ihre (der Loge) Schicksale sind vom ersten Augenblick ihres Bestehens an, mit dem Schicksale der Mutterloge aufs Engste verbunden gewesen, und die Brr, welche die folgenden Blätter lesen, werden von vornherein darauf verzichten müssen, in denselben wichtige Beiträge zur Geschichte der Mrei zu finden." Eine Durchsicht der Conferenz-Protokolle und der in der Loge gehaltenen Vorträge hätten indessen doch vielleicht einiges Material geliefert, welches interessante Streiflichter auf das innere Leben der Loge geworfen. Indessen auch so sind wir für diese Gabe dankbar.

Notiz. — Wegen Mangel an Raum mussten mehrere Berichte und Artikel für nächste Nr. zurückgestellt werden.

Briefwechsel.

Br Hughan, Truro: Many thanks for your kind note on my work in „Freemason" Nr. 60. Your 4 articles on the same have been reprinted by the „Mystic Star" Chicago, U. St. Fraternally yours.

Br G. Tr. in M.: Verbindlichsten Dank für die sehr ansprechende Z. des Br A. aus L. und brzl. Gegergruss! Dieselbe wird ehestens in d. Bl. erscheinen.

Br Dr. F. in C—x: Ihrem von Br W—r avisirten Berichte über die Mrei in Spanien sehe ich mit Spannung entgegen und sage ich Ihnen dafür zum Voraus wärmsten Dank. Sehr verbinden würden Sie mich, wenn Sie die Uebersendung wenigstens einiger Nrn. der in Sevilla erscheinenden maurer. Zeitschrift vermitteln könnten. Herzl. Begruss Ihnen und den dortigen Brrn!

Br Schr, Moreno Mines. New-Mexiko: Sie würden mich sehr verbinden, wenn Sie gelegentlich einem Briefe an Ihre w. Mutter einen kleinen Bericht über die dortigen mr. Verhältnisse beischliessen wollten. Brdl. Gruss!

Br M. in A.: Wegen der Buchhändlermesse und vermehrter Arbeit werde ich in nächster Zeit nicht zum Briefschreiben kommen können und bitte ich um br. Nachsicht. Brdl. Gruss!

Einladung.

Die ger. und vollk. St. Joh. Loge „Rupprecht zu den fünf Rosen" im Or. von Heidelberg zeigt hiermit an: Am 29. Mai d. J. werden wir die feierliche Einweihung unsres neuen Logengebäudes, mit einem mr. Maifeste verbunden, abhalten (um 11 Uhr Festloge, um 1 Uhr Tafel im Museumssaale per Gedeck incl. Wein fl. 2. 20.), und ersuchen freundlichst, dieses Fest durch Ihre Gegenwart zu verherrlichen.

Indem wir hoffen eine grosse Anzahl Brr aller Or. zum ersten Male in unserem neuen Tempel begrüssen zu dürfen, bitten wir spätestens 8 Tage vorher unter der profanen Adresse, Franz Köbel, hier anzeigen zu wollen, für welche Anzahl Brr Ihrer Loge Gedecke zu bestellen seien.

Mit Hochachtung und aufrichtiger Bruderliebe, grüssen wir, mit dem Grusse der Geweihten

Orient Heidelberg, den 4. April 5870.

Br Bluntschli,   Br L. Zimmer,
Mstr. v. St.   Sekretär.

Verantwortlicher Redacteur: Br J. G. Findel. — Verlag von Br J. G. Findel in Leipzig. — Druck von Brr Bär & Hermann in Leipzig.

No. 21.　　　　　　　　　　　XIII. Jahrgang.

Die

BAUHÜTTE.

Begründet und herausgegeben

von

Br J. G. FINDEL.

* Organ des Vereins deutscher Freimaurer. *

Handschrift für Brr FrMr.　　　Leipzig, den 21. Mai 1870.　　　MOTTO: Weisheit, Stärke, Schönheit

Von der „Bauhütte" erscheint wöchentlich eine Nummer (1 Bogen). Preis des Jahrgangs 3 Thlr. — (halbjährlich 1 Thlr. 15 Ngr.)
Die „Bauhütte" kann durch alle Buchhandlungen bezogen werden.

Einladung

zur

Jahresversammlung des Vereins deutscher FrMr zu Darmstadt am 23. und 24. Juli 1870.

　　　Der Verein deutscher Maurer, dessen Zweck ist a) Förderung der maurer. Wissenschaft in ihrem ganzen Umfange, b) die gegenseitige Verständigung über Alles, was das Gedeihen unseres Bundes fördern und dazu beitragen könnte, die Bande der Freundschaft und Brliebe enger zu knüpfen und zu befestigen — wird am 23. und 24. Juli d. J. seine Jahresversammlung halten.

　　　Da die ehrw. Loge „Joh. der Evangelist zur Eintracht" zu Darmstadt das Ansuchen des Vorstandes, den Verein in ihren Hallen tagen zu lassen, mit brüderlicher Bereitwilligkeit genehmigt hat, so haben die Unterzeichneten die Ehre und die Freude, die verehrten Brr Mitglieder und Freunde des Vereins nach diesem Oriente hierzu einzuladen.

PROGRAMM.

　　　Am 23. Juli (Sonnabend) erste Sitzung des Vereins von 4—7 Uhr Nachm.

1) Bericht über die Thätigkeit des Vorstands und die Lage des Vereins, erstattet von Br J. G. Findel.
2) Berathung und Beschlussfassung über das Budget, über den Druck der „Mitheilungen", eines Mitglieder-
. Verzeichnisses, neuer Statuten u. dgl.
3) Berathung über die Pflege freimr. Statistik und die von Br Cramer entworfenen statist. Tabellen.
4) Ueber alljährliche Erstattung eines Berichts an die Vereinsversammlung über die Beförderung der Humanität im Leben der Völker und des Menschheitsbundes und Vertheilung von Ehrenmedaillen der Humanität. Von Br Dr. H. Künzel.
5) Berathung über den Antrag des Br Pütz und Genossen in Aachen betr. Bildung eines Broschüren-Vereins.
6) Antrag auf Zusatz zu § 7 der Statuten nach den Worten „ein unentgeltliches Ehrenamt":
　　„Haben jedoch für die durch die Jahresversammlung ihnen verursachten Kosten Entschädigung zu erhalten und anzunehmen". (Stuttgart.)
7) Bestimmungen über Anlegung und Verwaltung des Vereins-Vermögens. Von Br J. C. Findel.

8) **Anträge:** a) Erlass eines Flugblattes an die deutsche Brrschaft, um über Ziele und Mittel des Vereins aufzuklären und verwandte Elemente anzuziehen.

b) Bildung von ständigen Kommissionen für die Hauptrichtungen der Vereinsthätigkeit. — Referent Br Cramer.

9) Neuwahl von drei Vorstandsmitgliedern (§ 7 der Statuten).

10) Vorberathungen über die Tagesordnung der nächsten Sitzung.

Zweite Sitzung am 24. Juli von 11—2 Uhr Vormittags.

1) Bericht über die Verhandlungen am Sonnabend.

2) Berathung über das Regulativ für Verwendung und Verwaltung der Centralhilfskasse.

3) Erörterung der Mittel und Wege, die Centralhilfskasse zu mehren.

4) Vorschläge über Verwendung der Centralhilfskasse von den Brn Thost, Verkrüzen, v. Cornberg, Schröter u. A.

5) Bestimmung des nächsten Versammlungsorts (vorgeschlagen sind: Hameln, Dortmund, Cassel, Köln und Braunschweig.

6) Event. Vortrag des Entwurfs zu dem Flugblatt von Br Cramer.

Um 3 Uhr Nachmittags Brudermahl (im Saale des Gasthofs zur Traube), geleitet von den Brr Beamten der Loge „Johannes der Ev. zur Eintr." zu Darmstadt. (Das Gedeck ohne Wein: Fl. 1. 24 Kr. rhein.)

Ein Einweisungs- und Auskunftsbureau befindet sich im Hotel zum Darmstädter Hof von Bruder Wiener (Rheinstrasse 12) Zimmer Nr. 1.

Betreffs alles Weiteren verweisen wir auf die Bekanntmachung des Lokal-Comités des Vereins in Darmstadt (Nr. 16 und 24 d. Bl.)

☞ Zur Beschaffung von Wohnungen und Belegung von Plätzen beim Brudermahl wollen sich alle Theilnehmer am Vereinstage ehestens schriftlich an Br (Herrn) C. Gaulé (Adr. General-Agent Carl Gaulé) wenden. Die gel. Brr wollen dabei genau angeben, ob sie am ganzen Vereinstag, oder nur an der Hauptversammlung am Sonntag theilnehmen, ob sie im Gasthof oder bei Brüdern oder bei sonstigen Freunden logiren wollen, sowie ob sie am Brudermahl theilnehmen. Ebenso wollen jene Brüder benachbarter Logen, welche nur am Sonntag Vormittag kommen und Abends wieder zurückkehren, hiervon Mittheilung machen.

Da die Versammlung sich voraussichtlich sehr zahlreicher Theilnahme zu erfreuen haben wird, so ist rechtzeitige vorherige Anmeldung unerlässlich.

Vertreter deutscher und auswärtiger Grosslogen und Logen, und geehrte correspondirende Mitglieder werden uns ganz besonders willkommen sein.

Der Vorstand des Vereins deut. FrMr.

Br Dr. Rud. Seydel,
Vorsitzender.

Br Dr. H. Künzel,
Vicevorsitzender.

Br Dr. Carl van Dalen.   Br J. G. Findel.   Br O. Freih. von Cornberg.

Der Tempel der Humanität und seine Bausteine.
Von
Br Adam in Lahr.

Wir nennen uns FrMr, weil wir in unserer Gesinnung frei sind — und an einem sehr grossen Baue mauern, nämlich an dem Tempel der Humanität für die gesammte Menschheit. Unter diesem verstehen wir nichts Geringeres, als den Zustand der höchsten Glückseligkeit des Menschengeschlechtes, zu welchem es durch fortwährende Arbeit an seiner geistigen Emporhebung und sittlichen Veredelung gelangen wird.

An diesem erhabenen Tempel mauern tausend und abertausend FrMr als warme Menschenfreunde in unzähligen Werkstätten zerstreut auf dem Erdenrunde, überzeugt, dass nur durch gemeinsames Wirken jenes hohe Ziel erreicht und mit ihm die höchste Aufgabe menschlichen Strebens gelöst werden kann.

Die Idee, für die Humanität, für die fortschreitende Cultur der Menschheit zu arbeiten, konnte wohl in kein schöneres Symbol gekleidet werden, als in dasjenige des Tempelbaues; denn dem Heiligsten, was den Menschen begeistert, also vor Allem seiner Gottheit, baut er Tempel. Und so will der FrMr in seinem Streben, die Menschheit ihrer eigensten Bestimmung, der Glückseligkeit entgegenzuführen, dieser einzigen Idee der Humanität einen Tempel bauen, der unzerstörbar ist, weil er ein Culturgebäude des freien Geistes darstellt, das den Stürmen aller Zeiten Trotz bietet und nach jeder gewaltsamen Unterdrückung in glorreicher Auferstehung kühner und leuchtender denn je sein unbesiegbares Haupt emporgehoben hat.

Wie nun im gewöhnlichen Leben ein Bauunternehmer für sein Gebäude vor Allem gutes Material auswält, das geeignet ist, sein Werk zu befestigen und zu zieren; so wird auch die FrMrei zu ihrem Tempelbaue nur solche Steine verwenden, die vermöge ihrer natürlichen Beschaffenheit eine für den Bau geeignete Bearbeitung zulassen.

Diese Bausteine, welche am lebendigen Tempel der Humanität nur die Menschen selbst sein können, sind so verschiedener Natur, dass eine Wahl — eine Ausscheidung sehr schwer fällt, und es eine grosse Kenntniss, ich möchte sagen: Kunst erfordert, eine für den erspriesslichen Fortschritt des Baues geeignete sorgfältige Sichtung vorzunehmen.

Betrachten wir diese Bausteine — die Menschen — etwas näher, so werden wir zuerst alle jene äusserlichen Verschiedenheiten wahrnehmen, welche die einzelnen Völkerracen, die Geschlechter von einander unterscheiden. Allein diese Verschiedenheit im Aussehen der Menschen hat auf die Arbeit am Tempel der Humanität keinen Einfluss, denn der Bau ist ein geistiger — und für ihn die Natur des innern Menschen allein von besonderer Bedeutung und deshalb ausschliesslicher Gegenstand unserer Betrachtung.

Gel. Brr! Ich führe Sie in einen dem christlichen Cultus erbauten Tempel aus dem Anfang des zweiten Jahrtausends unserer profanen Zeitrechnung, wie schon die alten Meister romanischen Baukunst zu ihren Arkadenbogen Bausteine verschiedener Färbung verwendet haben. Sie sehen wie kältere, grauliche Steine mit wärmeren röthlichen oder gelben abwechseln, und wie diese Farbenabwechslung den Bogen grossartiger und lebendiger gestaltet.

Also steht auch der Bau der menschlichen Gesellschaft geschmückt mit Gliedern von verschiedenen Farben — Temperamenten — welche in die gleichförmige Bewegung des Lebens allerlei lebendige Bilder bringen, in welchen die Gegensätze der einzelnen Farbentöne theils zu harmonischem Ganzen sich zusammenfinden, theils aber auch die grässlichsten Missstimmungen — Dissonanzen — hervorbringen.

In der Beseitigung dieser die Harmonie störenden Dissonanzen beruht ein Stück maurerischer Arbeit, die sich in der Lehrlingsaufgabe — der Bearbeitung des rohen Steines verwirklicht.

Was bedeutet der rohe Stein?

Er ist der ungebildete Mensch, der gewöhnliche Erdensohn, der sich als den Mittelpunkt des Alls betrachtet, um den sich Alles drehen soll; der nur darnach strebt, in seiner über Alles gehenden Selbstliebe seine Sinnenlust zu befriedigen, seine wilden Leidenschaften zur Geltung zu bringen.

Wie der rohe Stein beim profanen Bau vor seinem Einfügen behauen werden muss, so taugt der gewöhnliche Mensch nur dann in die Gliederung der menschlichen Gesellschaft, wenn er seine Leidenschaften, die Auswüchse seines Temperamentes, in das richtige Maass humaner Bestrebungen zurückzuführen vermag, wenn er den überall störend einwirkenden Egoismus bemeistert; denn der erhebende Gedanke, ein nützliches Glied der menschlichen Gesellschaft zu sein, und als solches geachtet zu werden, bedingt die Einschränkung aller selbstischen Bestrebungen. Darum werde der Mensch vor Allem ein guter Mensch, er gestalte sich zu einem solchen Bausteine, dass seine Farbe in die Gliederung passt, dass er zur harmonischen Stimmung beiträgt und keinerlei Störung im grossen Ganzen verursacht.

Er soll leben — aber auch leben lassen. — Nur durch Einschränkung der selbstischen Gelüste, durch Bändigung der eigenen Leidenschaften ist der Bestand der menschlichen Gesellschaft auf die Dauer möglich. — In solcher Gestaltung wird der Mensch dem Bruder die Gelegenheit, seine Thätigkeit zu eigenem Nutzen, wie zum Frommen der Gesellschaft zu entfalten, nicht nur nicht entziehen, sondern selbst zu fördern streben. Dadurch, dass er seinen Nächsten in seinem Streben nicht hindert, erfüllt der Mensch seine Pflicht, dadurch aber, dass er die Thätigkeit des Bruders freudig und opferwillig fördert, bethätigt er seine Nächstenliebe.

Dieser Liebe ist nur der Mensch fähig, welcher sich selbst und seine Bestimmung im Gliedbau der Gesellschaft kennt, und in Folge dieser Erkenntniss sich selbst beherrscht; — der den richtigen Farbenton in die Lokalstimmung des Bauwerkes bringt und dadurch sein Bestehen als würdiges Glied der Gesellschaft möglich macht.

Nicht minder wichtig, wie die Farbe, ist der Kern der Bausteine.

Begreift man unter diesem die innere Bildung, den Charakter des Menschen: so ist gewiss, dass für den Bau des Tempels der Humanität nur Steine von gewissem Feinheitsgrade in die einzelnen Gliederungen passen; insbesondere werden ächte Bildung und Charakterfestigkeit den Menschen befähigen, als Glied des Maurerbundes eine hervorragende nützliche Stellung einzunehmen und unserem Bauwerke eine erhabene Zierde zu sein.

Es strebe darum Jeder nach wahrer Bildung, damit er ein charakterfestes Glied voll Schönheit der Seele im Bunde werde, damit er sich zum Manne gestalte von ächtem Schrot und Korn, fein fühlend für seine Brüder, bieder in seinem Denken und Wollen, ohne Falsch und Trug — fern von gleisnerischer, hinterlistiger Uebervortheilung.

Aufrichtig, wahr und treu stehe er zum Bruder, den er zu lieben geschworen hat, dann wird er ein ächter vollkommener Baustein werden, der da leuchtet mit seinem Wissen, mit seiner inneren Vortrefflichkeit zum Wohle des menschlichen Geschlechtes.

Wird ein Jeder es verstehen lernen, den richtigen Platz in den Gliederungen des Gesellschaftsbaues in würdiger Weise auszufüllen und zu behaupten, so wird dieser Bau mächtig fortschreiten. — Wann aber wird er in seiner Vollendung dastehen?

So wenig als die im grauen Mittelalter begonnenen hochanstrebenden irdischen Tempel ihre einheitliche Vollendung gefunden haben, so wenig wird auch die Arbeit am Tempel der Humanität einmal durch das Menschengeschlecht ihren Abschluss finden. Kein Menschenkind wird ja mit seinen Schwächen und Leidenschaften, es mag noch so sehr gegen sie ankämpfen, die ihm innewohnende Gottähnlichkeit zur vollkommenen Gleichheit mit Gott entfalten können; niemals wird es in der kurzen Spanne Zeit seines Erdenlebens jenen höchsten Grad der Vollkommenheit und Heiligkeit erlangen, dass er als tadelloser Schlussstein in unserem erhabenen Bauwerke betrachtet werden kann.

Wenn aber dieses Ziel nicht zu erreichen ist, sollen wir darum vom Kampfe wider unsere thierische Natur, wider unsere Leidenschaften in unserer Selbstbeherrschung abstellen? Sollen wir darum unserer Aufgabe, nach dem höchsten Grade der Vervollkommnung — der Gottähnlichkeit — zu streben, untreu zu werden?

Nimmermehr!

Achtung! vor dem Menschen, der auf seiner Lebensreise mit unverdrossenem Muthe, mit sicherem festen Schritte vorwärts strebt, auch wenn er voraussehen muss, dass er das Ziel seiner Wünsche niemals erreichen kann!

In der Sehnsucht nach dem Wahren, Schönen und Edeln findet der weise Mensch sein schönstes Glück, seinen gerechtesten Stolz; der ewige Ringkampf um die höchsten Glücksgüter der Menschheit ist die herrlichste Würze des bewegten Lebens. Und um dieses Sehnen, dieses Ringen nach dem hohen Kampfpreise in uns wach zu erhalten, treten wir so gerne in unsere Bauhütten, aus denen die ernste Mahnung an uns ergeht, nie zu erkalten in dem Bestreben, an der Glückseligkeit der Menschheit weiter zu arbeiten, immer wieder neue Bausteine in die Gliederungen des Tempels einzufügen.

In dieser Arbeit finden wir für unser eigenes Innere jene beseligende Erbauung, die jeden im Forschen nach Wahrheit redlich Strebenden mit Freude erfüllt; hier im Cultus des freien Gedankens finden wir jene heiligende Andacht, die des Menschen Herz überall nur im Gefühle der Gottesnähe empfindet.

Die feierliche Stimmung, die unser Gemüth beim Anblick der herrlichen und grossartigen Naturerscheinungen bewältigt, hebt auch unsere Gedanken von der Scholle des Alltagslebens hinweg und steigert sie zur Liebe, weiterzuschaffen mit regem Eifer und unerschütterlicher Ausdauer am erhabenen Tempel der Humanität, eingedenk der hehren Aufgabe, im grossen Latomien der Menschheit die Bausteine zu brechen und zu bearbeiten, auf dass sie eine Zierde am Tempelbau werden.

Ist es uns einmal Ernst um diese Arbeit, so werden wir in ihr niemals erlahmen — so lange ein freundliches Geschick unsere Geistes- und Körperkräfte gesund erhält.

Und dass ein solches Geschick uns treu auf der Bahn unseres grossen Wirkungskreises begleite, dass die Liebe zur Arbeit im Geiste unseres Bundes in uns älteren Brüdern niemals ersterbe, so lange ein Pulsschlag in unsern Adern rollet, und dass eben diese Liebe nur in dem Herzen der heute neuaufgenommenen Werkgenossen frische — lebenskräftige Wurzeln fassen möge, — das walte der Gr. B. a. W.! —

Wie soll sich der Freimaurer ausserhalb der Loge verhalten?

Vortrag, gehalten am 20. April 1870 in Forst i. d. Lausitz.

Von

Br Rector E. Sork,
Vorsitzenden des maur. Kränzchens „zum Licht im Walde."

———

Würdige und geliebte Brr! Ein gemeinsames Band umschlingt uns Alle, die wir hier versammelt sind, ein Band, das unauflöslich geknüpft sein und uns zu immer innigerer Hingabe an einander veranlassen sollte. Haben wir ja doch Alle an jenem bedeutungsvollen Tage, da wir das maur. Licht erblickten, gelobt, dass wir Treue bewahren wollten dem Bunde und Treue den Brüdern, bis der a. B. d. W. uns nach vollbrachtem Tagewerke in den e. O. abrufen wird. Diese Treue dem Bunde und den

Brüdern gegenüber haben wir aber nicht nur in der Loge, sondern auch im eigenen Hause und im Verkehr mit der profanen Welt zu bethätigen und dadurch den Beweis zu liefern, dass wir nicht ganz unwürdige Glieder des Bundes sind und dass wir den Maurer-Schurz mit Ehren tragen.

Wenn wir blos in der Loge oder bei unsern maurerischen Kränzchen-Versammlungen uns in geistig gehobener Stimmung fühlen, wo so vielerlei mit einem gewissen Zauber auf uns einwirkt, wo mitunter tiefergreifende Zeichnungen, wo Herz und Gemüth mit unwiderstehlicher Gewalt hinreissende Ansprachen, wo schöne Gesangs- und Musikvorträge, ja wo schon das Zusammensein mit einer grösseren Anzahl von Brüdern uns anregen und erheben, — so ist es mit unserm Mrthum nichts. Wir sollen den maurerischen Sinn, zu dessen Kräftigung und Belebung wir die geweihten Hallen der Logen jederzeit recht fleissig zu besuchen verpflichtet sind, vielmehr auch ausserhalb der Loge beweisen, wir sollen zeigen, dass uns der Geist der Mrei nicht bloss angeweht, sondern auch durchdrungen hat. Und wo fänden wir dazu eine passendere Gelegenheit oder einen besser zu wählenden Ort als in unserm eigenen Hause und im Verkehre mit der profanen Welt? Das Waizenkorn der Selbsterkenntniss, Selbstbeherrschung und Selbstveredlung, das in unsern Herzen gekeimt hat, und bei dem Einen mehr, bei dem Andern minder erfreulich und kräftig emporwächst, — es soll nicht für uns allein Frucht tragen, um in stiller Genügsamkeit zu geniessen, nein, es ist ein uns anvertrautes Pfund, mit dem wir wuchern und dessen wir so Viele wie möglich theilhaftig machen sollen. In dieser Beziehung steht nun einem Jeden von uns das eigene Haus am nächsten. Hier sollen wir mit stets erneuter Kraft und mit fröhlichem Muthe ans Werk gehen und schaffen und wirken, so lange es Tag ist, damit Friede und Freude bei uns einziehe und bleibende Wohnung nehme, damit Gottes reicher Segen nie von uns wende. Welch eine Fülle maurer. Arbeit wartet hier unser, wenn wir der Schwester, unseres Weibes, wenn wir der uns vom a. B. d. W. anvertrauten Pfänder der Liebe, wenn wir unseres Amtes und Berufes mit Treue gedenken wollen! O, es ist keine geringe, sondern vielmehr eine ungeheure, aber ebenso erhabene Aufgabe, die wir zu lösen haben, und wohl uns, wenn die Lösung uns nicht ganz misslingt! Heil uns, wenn wir aus dem Born der Weisheit und Schönheit stets neue Stärke des Willens gewinnen und nimmer ermüden, mit ungetheilter Kraft den uns obliegenden Pflichten im Hause und Berufe nachzukommen!

Aber auch das profane Leben stellt mit Fug und Recht seine Ansprüche an uns; ihm können, ihm sollen wir uns nicht in zu grossem Maasse entziehen, ebenso wenig, wie wenn wir etwa unsere ganze Thätigkeit demselben widmen wollten und darüber Haus und Beruf vernachlässigten. Wie, so fragen wir nun, meine Brr, soll nun unser Verhalten im profanen Leben, sei es Maurern, sei es Nichtmaurern gegenüber, beschaffen sein? Es ist das eine Frage, die scheinbar, je nach dem verschiedenen Stand und Beruf eines Brs, verschiedene Antworten erheischt, die aber durchaus für alle Brr gleichmässig beantwortet werden muss, weil alle bei ihrer Aufnahme in den Bund dieselben Pflichten übernommen haben.

Wohlan denn! Vergegenwärtigen wir uns im Geiste,

was uns in dieser Hinsicht zu thun obliegt, und erfassen wir das als recht Erkannte mit ganzer Kraft der Seele, dass es uns vollständig erfülle und uns unwiderstehlich zum Handeln bewege und reize!

Zunächst, mein Br, beweise dich als Mann von Charakter, d. i. von einem festen, entschiedenen, sittlichen Willen, zu dem du durch unausgesetzte Beherrschung deiner selbst gelangst. Wenn die Aussenwelt dich als einen solchen erkannt hat, wenn man weiss, dass du kein schwankendes Rohr bist, so wirst du, ohne es vielleicht zu merken, recht bald von einem gewissen Einfluss auf deine· gewöhnliche Umgebung sein, und dieser Einfluss wird sich von selbst in weitere Kreise tragen. Die Guten werden in diesem oder jenem Falle gern dein Urtheil hören, und deine ganze Handlungsweise, die offen vor Jedermann daliegt, wird manchen zur Nacheiferung bewegen; die Bösen aber werden dein Urtheil scheuen, eben weil sie wissen, dass es bei Vielen von Bedeutung ist, und so wirst du auch auf diese grösseren oder geringeren Einfluss ausüben.

Zeige dich ferner, mein Br, in vollkommenster Sittenreinheit, in der Zierde der Schönheit, der jeder Mr eifrig und unablässig nachstreben soll. Alles, was dein Inneres bewegt, was du sprichst und thust, sei lauter und rein und liefere den Beweis, dass das Wahre, Gute und Erhabene das Ideal ist, das du, trotz deiner schwachen Kraft, doch nicht ohne Hoffnung·zu erreichen bemüht bist. Sei überzeugt, wenn die Welt dein Streben vielleicht auch eine Zeit lang verkennt und übel ausdeutet, es wird und muss dir schliesslich gelingen, die Achtung und Anerkennung zu erlangen, die dem wahrhaft Guten nimmer versagt werden kann, und es wird sich bald ein Kreis von Wackern und Braven um dich schaaren, mit denen im Bunde du nach vielen Seiten hin Grosses zu vollbringen im Stande sein wirst.

Auch die Treue, die du dem Bunde und den Brn gelobt hast, darfst du der dich umgebenden Welt gegenüber nicht aus den Augen lassen und hintansetzen, selbst dann nicht, wenn dir vielleicht oftmals schlechter Lohn dafür zu Theil wird. Sei es nun, dass du diese Treue beweisest in der Bewahrung anvertrauter Geheimnisse, sei es, dass du sie kund thust in der aufrichtigen Hingabe an einen Freund oder in der gewissenhaften Verwaltung eines Gemeindeamtes: der Segen dafür wird früher oder später dir zu Theil werden, selbst wenn du als wahrhafter Mr in deinem Herzen auf den Lohn verzichtest und das Gute nur um des Guten willen geübt hast und übest. Ja, mein Br, bewahre solche Treue ohne Ansehn der Person in deiner ganzen Handlungsweise und stelle der Charakterlosigkeit, Bosheit und Nichtswürdigkeit, die mit verläumderischer Zunge alles Gute und Edle in den Staub ziehen will und ihren Angriff auch gegen dich kehren wird, den festen Muth des guten Bewusstseins entgegen!

In deinem Urtheil sei gerecht und milde und zeige dich stets zur Versöhnlichkeit bereit, wenn dir von deinem Beleidiger und Widersacher mit einer gewissen Aufrichtigkeit die Hand geboten wird. Denn einmal haften auch dir, trotz deines eifrigsten Strebens, mancherlei Schwächen und Fehler an, die auch du mit Schonung beurtheilt wissen willst, andererseits gewinnst du auch das verstockteste Gemüth viel eher für das Gute durch eine milde, als durch

eine schroffe, und sei sie die gerechteste Beurtheilung. In solcher Weise handelnd, wirst du als ein echter Johannesjünger in dessen Fusstapfen treten, wirst Manchen zur Busse rufen und den Weg dem bereiten, der alle Menschen mit unaussprechlicher Liebe umfasst.

Und wenn du nun schliesslich, mein Br, mit jener Charakterfestigkeit, Sittenreinheit, Treue, Gerechtigkeit und Milde einen opferfreudigen Gemeinsinn verbindest, wenn du dein noch so kostbaren Zeit allgemein nützlichen Zwecken widmest, wenn es dir nicht zu schwer wird, dich dabei Mühen und Anstrengungen zu unterziehen, wenn du mit freigebiger Hand, so weit es deine pecuniären Verhältnisse erlauben, zu dergleichen Zwecken spendest, so wirst du als ein echter Maurer dastehen vor deinen Brüdern, wie vor der profanen Welt, so wird dein Beispiel segensreich wirken, selbst bis über dein Grab hinaus, und dein Andenken wird bei allen Guten in Ehren bleiben.

So, meine Brüder, ist das Bild, das ich mir von der Handlungsweise eines Maurers ausserhalb der Loge mache; es ist das Bild und Muster, dem ich selbst gern gleichen möchte. Und Ihr nicht auch, meine geliebten Brüder? Ich glaube es gern. — Möchten die heute zusammen verlebten Stunden von Neuem dazu beitragen, dass wir allesammt in unsern Bestrebungen gefördert und mit der Bruderliebe erfüllt würden, die aller übrigen Tugenden Mutter ist! Das walte der a. B. d. W.! Amen!

Freimaurer-Katechismus.

Ein Versuch nach dem „Urbild der Menschheit" und den drei ältesten Kunsturkunden der Freimaurerbrüderschaft von Krause.

Von
Br Busch in Dresden.

In Nachstehendem lege ich der gesammten Brüderschaft einen gedrängten Abriss der unserer altehrwürdigen Symbolik zu Grunde liegenden Menschheitlehre, zuerst wissenschaftlich begründet und dargelegt von Bruder K. Chr. F. Krause, mit dem Wunsche vor, dass auch durch diesen Versuch der „Zweck" unserer k. K. immer klarer erkannt und damit auch thatsächlicher erfüllt werden, zum Heile der Menschheit und zur Ehre des gr. B. a. W.!

Frage. Was ist Freimaurerei.

Antwort. FreiMrei ist Herbeiführung und Darlegung der reinmenschlichen Einheit und Harmonie des Einzelnen wie der Menschheit.

Frage. Welches Grundsymbol haben wir Freimaurer dafür?

Antwort. Das Gleichniss vom Bau lehrt und verpflichtet uns zu planmässiger und bewusster Arbeit an der urbildgemässen Organisation des Menschen und der menschlichen Gesellschaft.

Frage. Worin besteht diese urbildgemässe Organisation?

Antwort. In der vollständigen Verwirklichung aller Grundformen, Grundwerke und Grundbünde.

Frage. Welches sind die Grundformen?

A. Gottinnigkeit als das Leben des Menschen und der Menscheit mit Gott, Sittlichkeit als das freiwillige Wollen und Thun des Guten oder des Göttlichen, Gerechtigkeit als die Gewährung der Bedingungen zu menschwürdigem Lohen.

F. Welches sind die Grundwerke?

A. Wissenschaft als die Erforschung und Darstellung der Wahrheit, Kunst als die Verwirklichung der Urbegriffe und Urbilder (Ideen und Ideale), Bildung als die Weckung und Leitung des Lebens.

F. Welches sind die Grundbünde?

A. Die Grundbünde sind theils Lebensvereine zu geselliger Darlegung des ganzen Lebens, theils Zweckbünde zu gesellschaftlicher Verwirklichung bestimmter einzelner Seiten des Lebens.

F. Welches sind die Lebensvereine?

A. In immer umfassenderen Kreisen sind es: die Ehe und Familie, die Gemeinde, der Stamm, das Volk und zuhöchst die Menschheit in bewusster Selbstverwaltung nicht blos instinktiver Entwickelung.

F. Welches sind die Zweckbünde?

A. Für die Grundformen: der Gottinnigkeits-, der Sittlichkeit- und der Rechtsbund (Staat); für die Grundwerke: der Wissenschaft-, der Kunst- und der Bildungsbund; für das ganze Leben: der Menschheitbund.

F. Was ist nun der Freimaurerbund?

A. Der Frmrbund ist (urbildgemäss) in geselliger Beziehung die organisch-gegliederte Menschheit, in werkthätiger Hinsicht der Menschheitbund zur Herbeiführung dieser harmonischen Gliederung.

F. Ist nicht der Maurerbund sonach der höchste Lebensverein?

A. Ja, indem er bestimmt ist, nicht einzelne Seiten des Lebens, sondern das ganze Leben in Harmonie gesellig darzuleben und durch seine allmälige Ausbreitung über die ganze Erde dereinst alle Menschen organisch zu umfassen ohne Ansehn der Person, des Geschlechtes, des Alters, des Glaubens, des Volkes oder sonstiger Verschiedenheit.

F. Welches Symbol haben wir Freimaurer dafür?

A. Das Sinnbild der Loge, welche sich von Osten nach Westen, von Süden gen Norden, vom Mittelpunkt der Erde bis zum Himmel über die ganze Erde erstrecken soll.

F. Welches Symbol ruft uns diese Worte der alten Urkunden und den Zweck des FrMrbundes als Lebensverein immer auf's Neue wach?

A. Der Brudername lehrt und verpflichtet uns, allen Brüder Maurern nicht nur, sondern auch allen noch Nichtaufgenommenen zunächst und vor allem nach ihrer menschlichen Ebenbürtigkeit und Würde zu begegnen, abgesehen von allen sonstigen untergeordneten Verschiedenheiten.

F. Weshalb ist der FrMrbund auch der höchste Zweckbund?

A. Weil der Freimaurerbund auch die Aufgabe und den Zweck hat, nicht eine einzelne Seite des Lebens, sondern des Menschen und der Menschheit ganzes Leben zu harmonischer Gliederung aller verschiedenen Seiten desselben zu gestalten.

F. Welches Symbol haben wir FrMr dafür?

A. Ihrem allgemeinen Charakter getreu lehrt und verpflichtet uns die FrMrei für die Grundformen durch 3 gr. L., B., W. und Z. nur zu eigener wie vereinter Gottinnigkeit, Sittlichkeit und Gerechtigkeit überhaupt, für die Grundwerke durch 3 S., W., Sch. und St. nur zu eigener wie vereinter Pflege der Wissenschaft, Kunst und Bildung überhaupt, für das ganze Leben endlich durch das Gleichniss vom Bau zu eigener wie vereinter Herbeiführung und Darlegung der Einheit und Harmonie des Menschen und der Menschheit überhaupt.

F. Wie sprechen die alten Ueberlieferungen diesen allgemeinen Charakter aus?

A. Für die Grundformen lehrt und verpflichtet uns die B. nur zu der Religion, in der alle Menschen übereinstimmen, das W. das Gute zu thun, ohne Furcht vor Strafe oder Hoffnung auf Lohn, der Z. zu einem gleichmässig gerechten Verhalten gegen alle Menschen. Für die Grundwerke lehren uns die alten Kunsturkunden: W. gründet unsern Bau, Sch. zieret ihn, St. führt ihn aus. Für die reinmaurerische Arbeit endlich, der Herbeiführung harmonischer Gestaltung des menschlichen Lebens sind der r. St., der K. St. und das M. die Symbole der Aufgaben der 3 Grade: des L., G. und Mstrs. für tüchtige Bearbeitung jedes einzelnen Theiles, für kunstgerechte Zusammenfügung aller Bausstücke und für musterbildgemässe Entwerfung des weiteren Bauplanes nach dem Willen des gr. B. a. W.

Feuilleton.

Baja (Ungarn), am 22. April 1870. — Am 18. April 1870 war unsere Loge der Schauplatz einer erhebenden Feier. Bruder Fialla, der Ehrenmeister vom Stuhl, führte den Hammer. Schon der Umstand, dass die stattgefundene Aufnahme eine ganz zufriedenstellende war, indem der Aufgenommene, aus dem Handwerkerstande, sowohl durch seine feste Haltung, als auch durch die Trefflichkeit seiner schriftlichen und mündlichen Antworten überraschte, leitete die Loge günstig ein.

Nach der Aufnahme ergriff der hammerführende Ehrenmeister, Br Dr. Julius Fialla, das Wort, um sich von der Loge, von seinen theueren Brüdern zu verabschieden. Er erzählte, dass es nun 40 Jahre sind, seitdem er sich hier aufhält und seinen Beruf als Arzt zum Wohle der leidenden Menschheit ausübt. Mit welchem Eifer und welchem Erfolge weiss die öffentliche Meinung. Er ist jetzt alt und gebrechlich und zieht sich demzufolge von seiner ärztlichen Thätigkeit zurück ins Familienleben. Er kann es auch thun, denn er hat sechs Kinder grossgezogen, von welchen die Söhne namhafte

Stellungen einnehmen und ebenso aufopferungsfähige Brüder sind, wie er. Wenn er auf sein thatenreiches Leben zurücksieht, so könnte er manche imposante Momente erzählen; er verzichtet aber darauf, indem das merkwürdigste und herrlichste Moment seines Lebens jener ist, wo ihm der allerhöchste Baumeister der Welten gestattete, diese kleine Bauhütte im Dienste der Humanität ins Leben zu rufen. Nachdem er die Brüder zur Eintracht und Einigkeit, zur festen Ausdauer ermahnt, nachdem er erwähnt, dass uns derzeit Gefahren drohen von Rom her und Gefahren, welche ihre Quelle in unserer Mitte, in unserem eigenen Schoosse haben (er deutete auf den Nationalitätshader hin), schloss er seine Rede damit, dass, wenn er auch von nun an seinen ständigen Wohnsitz in Pest haben wird, so wird er doch immer Bruder unserer Loge sein und bleiben, die er gegründet. Indem er zum Schluss den U. dem würdigsten Br übergiebt, dem Br Sigmund Papp, Mstr. v. St., perlten schon die Thränen in seinen Augen und er verliess seinen Sitz im Orient.

Der Meister vom Stuhl richtete nun einige herzerhebende Worte an den scheidenden Ehrenmeister, an unseren wahren Meister, denn er hat uns in die k. K. eingeführt, und auch an die anwesenden Brr. Er betonte, dass in dem Protocolle der heutigen Loge von dem Geschehenen Erwähnung gemacht werde.

Br Nyers, 1. Aufseher, stellte hierauf den Antrag: „Dass der Br Dr. Julius Fialla, der Zeit Ehrenmeister der Loge, in Anbetracht seiner Verdienste um die FrMrei im Allgemeinen, speciell um die Gründung unserer Loge, für ewige Zeiten zum „gründenden Ehrenmeister vom Stuhl" unserer Loge gewählt werde," welcher Antrag einstimmig angenommen wurde.

Br Dr. Löwy, Sekretär der Loge, richtete schliesslich einige Worte des Dankes an den Scheidenden für jene liebevolle, entgegenkommende Aufnahme, welche er von dem Br und Collegen Fialla seiner Zeit, als er die ärztliche Praxis hier auszuüben begann, erhalten, welche schon damals nicht die eines Concurrenten, nicht die eines Rivalen, sondern die eines älteren Bruders einem jüngeren gegenüber war.

Br Dr. Moritz Löwy.

Berlin. — Br Lobeck ist von der Loge „zum stillen Tempel" in Hildesheim zum Repräsentanten erwählt und als solcher von der Gross-Loge Royal York verpflichtet worden.

Elberfeld. — Unser hochw. Ehrenmstr., Br Reinhard Kamp, erblickte im Mai des Jahres 1820 in der ger. und vollk. St. Joh.-Loge „zu den drei Sternen" im O. v. Rostock das maur. Licht.

Dem, ungeachtet seiner hohen Jahre noch rüstigen, von allen Mitgliedern unserer Bauhütte, so wie in weiteren Maurerkreisen hochverehrten und geliebten Bruder, dem bewährten Mstr. in der k. K., fühlt unsere Loge „Hermann z. L. d. Berge" der er seit 47 Jahren ununterbrochen in heitern wie in trüben Tagen ein wackerer Mitarbeiter und zu öfteren Malen ein treuer Führer war, sich verpflichtet und gedrungen, eine Jubelfeier zu widmen, welche am Sonntag den 16. Mai stattfinden wird.

Frankreich. — L' Avenir Maç. spricht sich in einem Leitartikel gegen die Grossmeisterschaft des Br Mellinet aus, der den Angriffen der Ultramontanen im Senat gegenüber die Mrei nicht in Schutz genommen, der Staatsgewalt zu nahe stehe etc., und befürwortet die Wahl des Br Massol zum Grossmstr.

Die Loge zu Boulogne, welche kürzlich dem Br Em. Arago die mr. Weise ertheilt, wird nächstens die Abgeordneten der radikalen Partei, Girault und Rochefort in den Bund aufnehmen.

Hamburg (Schluss). — Die Verhältnisse unserer Loge zu anderen Logen boten erfreuliche Lichtpunkte dar. Zu der Hochw. Gr. Mutterloge des eklecht. Bundes zu Frankfurt a. M. standen wir durch unsere Brr Repräsentanten, vornämlich durch den s. ehrw. Br J L. Handel, in dem brüderlichsten Einvernehmen.

Die s. ehrw. Loge „Pythagoras Nr. 1" im Orient New-York hat durch ihren diesseitigen Repräsentanten, den Br. W. Rée, uns Mittheilungen ihrer Thätigkeit zugehen lassen, wie wir ihr solche ebenfalls machten und ist zu verschiedenen Malen dorthin übersiedelnden Brn. mit Rath und That in anerkennenswerther Weise zur Hand gegangen. Unsere geliebte Schwesterloge „zur Bruderkette" ist uns bei allen Veranlassungen stets mit dem brüderlichsten Sinne entgegen gekommen und hat die in diesem Jahre wieder gemeinsam mit unserer Loge gehaltene Feier des Bundesfestes dazu gedient, die brüderlichen Beziehungen beider Logen zu einander zu kräftigen.

Die Wirksamkeit unserer Loge nach Aussen hin betreffend, sei erwähnt, dass ein bedeutender Theil der Einnahme zu menschenfreundlichen Zwecken verwendet werden konnte, und dass fast jeder derartige Antrag, den die Brr Beamten der M.-C.-Loge vorlegten, von derselben Genehmigung erhielt, ja, dass noch gar oft von derselben die Mittel in reichlicherem Maasse bewilligt wurden, als erstere beantragten. Gewiss ein schönes Zeugniss für den in unserer Mitte waltenden Geist der Liebe und des Vertrauens. Aufforderungen zu brüderlicher Werkthätigkeit, die von andern Bauhütten an uns gelangten, sei es zur Unterstützung grösserer Liebeswerke, sei es zur Hülfe einzelner bedrängter Brr, sei es zur Erbauung maurerischer Arbeitsstätten, wurden erstere beiden stets, letztere meistentheils berücksichtigt worden, und so weit es nach Maassgabe der eigenen Verpflichtungen geschehen konnte. Die Liebeswerke unserer Loge geben sich namentlich nach drei verschiedenen Richtungen kund, indem ein Theil der dazu ausgesetzten Geldmittel zu Stipendien für junge aufstrebende Talente verwandt wurde. Bisher wurden dieselben zweien der Tonkunst beflissenen angehenden Künstlern behufs ihrer weiteren Ausbildung ertheilt, so wie einem die Arzneikunde studirenden jungen Manne. Die weitere Gewährung solcher Stipendien bis zur Beendigung der betreffenden Studien wird indessen jedes Jahr von einem Beschlusse einer M.-C.-Loge auf Grund vorgelegter Zeugnisse abhängig gemacht. Ein zweiter Theil der ausgesetzten Geldmittel wird dazu verwandt, hülfsbedürftigen Eltern, welche nicht im Stande sind, aus eigenen Mitteln ihren Kindern einen zeitgemässen Unterricht ertheilen zu lassen, dadurch die Sorge um dieselben zu erleichtern, dass für dieselben das Schulhonorar von Seiten der Loge entrichtet wird, so wie auch mit den erforderlichen Lehrmitteln und Büchern versehen werden. Gegenwärtig hat die Loge in solcher Weise für 8 Kinder zu sorgen. Damit dieser Zweig der Logenthätigkeit mehr und mehr geregelt werde, und die Mitglieder eine Garantie dafür haben, dass die ausgesetzten Mittel auch im rechten Sinne verwandt werden, ist neuerdings eine eigene Schulcommission niedergesetzt worden, welche über die Aufnahme angemeldeter Kinder entscheidet; — die Anstalt bestimmt, in welche die Kinder aufgenommen werden; — der vierteljährlich von den betreffenden Lehrern Bericht über Betragen, Fleiss, Fortschritte und Schulbesuch zu erstatten ist; die in vorliegenden Fällen sich mit den resp. Eltern in Connex zu setzen hat u. s. w.

Endlich hat unsere Loge einen nicht unbeträchtlichen Theil ihrer zu milden Zwecken ausgesetzten Geldmittel alljährlich für die Pestalozzi-Stiftung aufzuwenden, abgesehen davon, dass die meisten Mitglieder unserer Loge auch an der Erhaltung dieser unserer Vaterstadt zierenden Anstalt durch einen jährlichen Beitrag betheiligt sind.

Die Bibliothek unserer Loge, bestimmt, maurerische, sowie allgemeine Kenntniss unter den Brn zu befördern, ist auch im verflossenen Jahre durch einige schätzenswerthe Werke bereichert worden. Leider! ist die nach dem vom Br Bibliothekar darüber gemachten Mittheilungen die Benutzung derselben nur eine spärliche gewesen.

Der Journal-Lesezirkel unserer Loge (Zeitschriften maurerischen, wissenschaftlichen und schöngeistigen Inhalts umfassend) hat seinen ungestörten Fortgang gehabt und ist der Br Director des Lesezirkels stets darauf bedacht, durch Einschaltung neuer interessanter Erscheinungen und durch Weglassung etwa nicht allgemein ansprechender Blätter ein immer reges Interesse daran zu erhalten, und jedem billigen Wunsche entgegen zu kommen.

Trotz der vielfachen Aufwendungen, welche die vielseitige Thätigkeit unserer Loge erforderte und trotz der vielen und reichen Unterstützungen, welche sie gewährte, befinden sich doch die Finanzen derselben in einem blühenden Zustande, so, dass wir hoffen dürfen, bei gleichen Hülfsmitteln unsere Thätigkeit noch vielseitiger und fruchtbringender gestalten zu können; aber auch selbst dann, wenn Verhältnisse eintreten sollten, welche in der Zuführung von Mitteln einen Stillstand oder eine Beschränkung herbeiführen würden, dürfen wir nicht fürchten, in unserer Thätigkeit nach aussen und innen wesentlich behindert zu sein.

Wien, 13. Mai. — Die Versammlungen des Br-Vereins „Humanitas" in Wien, finden von nun an regelmässig am ersten und dritten Dienstag eines jeden Monats im Lehrsaale II der Handelsakademie statt. Beginn präcis 7½ Uhr Abends. Am ersten Dienstage Instructions-, am dritten Verhandlungs-Arbeiten. Jedem Br wird gegen vorhergegangene Anmeldung und Legitimation beim Präsidenten: Br F. J. Schneeberger (Arthur Storch) Schleifmühlengasse 20, mit grösstem Vergnügen der Zutritt gestattet. Zu Anfang Juli d. J. grosses Brfest mit Beiziehung der Schwestern in Oedenburg. Anmeldungen hierzu wollen gefälligst an den Obengenannten bis längstens 20. Juni gerichtet werden.

Vom deutschen Norden. — Wenn wir hier, Brüder schwedischen Systems auch längere Zeit schon die Einsicht gewonnen hatten, wie dasselbe — ehrlich befolgt, ein Hemmschuh der Entwickelung des Freimaurerthums ist, so hatten

wir doch immer noch geglaubt, es werde sich ein modus vivendi zwischen Fortschrittspartei und Conservativismus finden oder vielmehr erhalten. Nach Ihrer letzten Broschüre, die ich mit vielem Vergnügen gelesen, ist dies nun nicht mehr möglich. Es handelt sich für uns nur noch darum, wohinein wir den dritten, schon so lange hingehaltenen, Schritt thun? Es ist wahr — haben wir etwas Verwerfliches oder mit unsern Ansichten nicht Vereinbares gefunden, so sollten wir es von uns thun. Dennoch wird es nicht so leicht, jahrelange Gewohnheit und die Erfahrung, dass eigentlich nur wenige der Brr eingefleischte Vertheidiger ihres christlich-german — wollte sagen schwedischen Standpunktes sind, lassen den Bruch Jedem schmerzlich empfinden. —

Briefwechsel.

Br T. in E—ch: „Geschichte" erfolgt nach Erscheinen im Juli; im Uebrigen nach Anweisung verfahren. Brdl. Gruss!

Br Dr. L. in St.: Sollte mich freuen, Sie in D. zu treffen und kennen zu lernen. Freundl. Gegengruss.

Br Dr. Kr. B.: Ihren Wunsch werde ich mit Vergnügen erfüllen. Brdl. Gegengruss!

Br Sch. in W.: Das Gewünschte erfolgt ehestens; der Druck von v. D. Jahrb. pr. 71 beginnt etwa Anfang Septbr. d. J. Brdl. Gegengruss!

Br Tr. in M.: Sie meinen die Erklärung des Br Kalbe in H.? Ich pflichte Ihnen bei, dass dieselbe sehr gut bei Aufnahmen verwendet werden könnte, schon um der Abwechslung willen. Beilage ist prompt befördert. Brdl. Gruss!

Br A. D. in W. bei P.: Bauh. erhalten Sie nun regelmässig; Thlr. 1. 20 Sgr. Ihnen gutgeschrieben (fl. 1. Österr. hier jetzt · · 16½ Ngr.). Brdl. Gruss!

Br A. R—r Mailand: Ihr Beitrag pr. 70 war schon gezahlt. Soll ich den d. d. 19. Apr. erhaltenen Thlr. 1. pro 1871 notiren oder der Centralhilfskasse überweisen. Hrzl. Gruss!

Rundschreiben von Arad u. m. A. in nächster Nummer.

Einladung.

Sämmtliche württemberg'sche Logen feiern nach einem früheren Uebereinkommen alle 3 bis 5 Jahre vereint das

Johannisfest

sowohl zur Förderung und Befestigung des gegenseitigen innigen Anschlusses, als auch zur Hebung des gemeinschaftlichen Interesses für einen gedeihlichen Fortschritt und eine segensreiche Thätigkeit in der Freimaurerei.

Die diessjährige Feier findet am Sonntag, den 26. Juni im grossen Königsbausaale dahier statt. Beginn der Festarbeit: Vormittags 10½ Uhr präcis; nach derselben Festbankett im gleichen Lokale; Preis eines Gedecks fl. 1. 45 kr. Am Abend vorher vereinigen sich die Brüder im Banketsaale der unterzeichneten Loge, welche die Leitung des Festes übernommen hat und die gel. Brr aus Nah und Fern zu möglichst zahlreicher Betheiligung freundlichst einladet.

Anmeldungen und Wünsche in Betreff des Logis u. s. w. wollen an den Br Sekretär gerichtet werden.

Or. Stuttgart, im Mai 1870.

Im Namen der Loge „Wilhelm zur aufgehenden Sonne

Dr. Feodor Löwe,   **C. Heimsch,** jun.   **G. Lemppenau,**
Mstr. v. St.   Deput. Mstr.   I. Aufseher.

Ad. Widmann,
corresp. Sekretär.

Verantwortlicher Redacteur: Br J. G. Findel. — Verlag von Br J. G. Findel in Leipzig. — Druck von Brr Bär & Hermann in Leipzig.

Nᵒ. 22.

XIII. Jahrgang.

Die

BAUHÜTTE.

Begründet und herausgegeben

von

Br J. G. FINDEL.

* Organ des Vereins deutscher Freimaurer. *

Handschrift für Brr Frmr.   Leipzig, den 28. Mai 1870.   MOTTO: Weisheit, Stärke, Schönheit.

Von der „Bauhütte" erscheint wöchentlich eine Nummer (1 Bogen). Preis des Jahrgangs 8 Thlr. — (halbjährlich 1 Thlr. 15 Ngr.)
Die „Bauhütte" kann durch alle Buchhandlungen bezogen werden.

Unsere Arbeit.

Von

Br Gustav Thost in Zwickau.

Das reine, moderne Freimaurerthum unterscheidet sich von allen anderen menschlichen Lehren und Vereinigungen durch die von der Sklaverei der Vorurtheile befreite Denkart.

Ob sie wohnen, die freimaurerischen Brr, unter der brennenden Sonne des Aequators oder in den Eisfeldern des Nord- und Südpoles oder in den milderen Länderstrichen — ob sie reich oder arm — ob hoch oder niedrig — ob von weisser oder gebräunter Hautfarbe — ob sie leben unter den Gesetzen einer erblichen Majestät oder unter den Selbstbeschlüssen ihrer freigewählten Gesetzesvollstrecker — ob sie in ihren Kirchen zu Jehovah oder zu Allah oder zu Einem dreifaltigen Gott ihre Gebete emporschicken — alle diese Verschiedenheiten sind in der freien Auffassung der freien Brüderschaft nicht vorhanden. Kraft unserer neutralen Grundsätze sind wir und die gesammte Menschheit geeiniget in dem Glauben, in dem Wissen von dem ewigen Weltenbaumeister. Während alle anderen Einrichtungen, Genossenschaften, Sekten und gesellschaftlichen Vereinigungen sich selbst nur einschliessen und daher die Anderen ausschliessen und während sie trennen, sind wir ideell geeinigt in der Liebe zur gesammten Menschheit, folglich auch in der Liebe zur Brüderschaft.

Um solch hohe Sätze zu erfassen und zu erkennen, wird ein gebildeter Verstand und ein edles, empfängliches Herz vorausgesetzt. Doch wir nicht allein hegen und pflegen solche Sätze, sondern es gibt Manche, Viele, welche auch ohne Schurz gleiche Anschauungen oder Strebziele haben. Von diesen unterscheiden wir uns nur dadurch, dass wir vereinigt und systematisch an die Förderung dieses Arbeitszieles gehen.

Zu unserer, von der Sklaverei der Vorurtheile befreiten Denkart bringen wir eine auf sittlichen Grundsätzen beruhende Freundschaft und fügen dazu das Streben nach tadellosem Betragen! Während wir fleissig daran arbeiten, unseren inneren Menschen abzuebnen, indem wir abschlagen die Spitzen oder Ecken, welche an unserem Verstande oder an unserem Herzen haften, wird unser Verstand freigemacht von den Vorurtheilen — wird unser Herz empfänglich gemacht für die edle Freundschaft — wird unser äusseres bürgerliches Leben tadelfrei sein. Die in unserem Innern vorgenommene Arbeit soll sich bewahrheiten in unserem äusseren Leben! An unseren Früchten soll man uns erkennen! Nicht allein deshalb thun wir in unserm äussern oder in unserm Berufsleben gute Werke — oder nicht allein deswegen sind wir getreue, ehrliche Arbeiter, weil das Auge der Welt uns sieht, sondern weil wir eine sittliche Ordnung anerkennen oder fördern und weil wir unseren Mitmenschen Praktisch-Nutzbares liefern wollen. Darin wollen wir die Meisterschaft zu erlangen suchen! Wir halten uns nicht an die Namen eines Lehrlings, eines Gesellen oder eines Meisters, sondern wir blicken auf die Idee, welche dieser unserer Symbolik zu Grunde liegt. Es kann Meister dem Namen nach geben, welche zeitlebens weniger als Lehrlinge dem Geiste nach sind, weil sie die solide, innere oder äussere Arbeit noch niemals aufgenommen, weil sie noch niemals die weltordnungsgemässe und im Geiste der Humanität geführte Arbeit angefasst, weil sie nur gearbeitet haben um nicht zu verhungern, oder um zu glänzen, oder Andere auszustechen, oder weil sie zu arbeiten nicht nöthig hatten oder weil sie Gold aufhäufen wollten.

Bei unserer aufgenommenen Arbeit führt uns die selbsteigene Kraft, welche Gutes oder Nützliches einfach zu schaffen strebt, d. i. die Selbsthilfe. Hilf dir selbst, so hilft dir Gott! Der Begriff „Weltenbaumeister" weist auf ewiges Arbeiten hin. Ein arbeitsloses, bequemes Leben soll es nicht geben. Die kosmische Ordnung fordert ewiges Arbeiten. Freilich erzählt uns die Bibel von einem sogenannten paradisischen Leben des Adam und der Eva. Auch das Heidenthum erzählt uns von dem Schlaraffenleben der Menschen, denen Mich und Honig aus Strömen oder Bächen entgegengeflossen. Aber die Bestimmung des Menschen ist, im Schweisse seines Angesichts sein Brot zu verdienen, d. h. zu arbeiten. Dadurch allein wird die sittliche menschliche Ausbildung gefördert oder grossgezogen. Der alte Vater Arndt sagt: „Lieber muntere Hölle, als faulen Himmel." Und Diesterweg sagt: „Das rechte Arbeiten ist religiöse Uebung, ist wahrhaftiger, lebendiger, praktischer Gottesdienst. Das rechte Arbeiten oder das rechte Beten sind nicht neben oder nach einander, sondern in und mit einander. Das Arbeiten aber bleibt die Hauptsache; denn wer rechtschaffen arbeitet, der betet auch."

Das klingt freilich nicht so, wie man dermalen häufig von unsern muhamedanischen, jüdischen oder christlichen Theologen hört, aber es haben alle Theologien den Menschen geschadet, indem sie auf das Jenseits mit Nachdruck gewiesen und indem sie nur so nebenher auf unsere hienieden zu erfüllenden Verpflichtungen deuten. Beinahe will es klingen, als ob die Theologie ihren Guten und Frommen in dem Jenseits irdische Genüsse ohne Arbeit verspreche. Ihre Guten und Frommen sollen mit Abraham, Isaak oder Jakob zu Tische sitzen; sie sollen das ewige Leben verleben unter Absingen von Psaltern; die Arbeit des ewigen Lebens bestehe in dem verzückenden Anschauen der Gottheit.

Die selbsteigene, vom Weltenbaumeister in uns gelegte und von uns zu entwickelnde Arbeitskraft ist es, welche immer thätig schaffen soll. Wer vorzugsweise oder ausschliesslich die Hilfe anderer Menschen in Anspruch nimmt, der ist ein verachtenswerther oder zu bedauernder Bettler, dem man hin los zu werden, einen Pfennig verabreicht. Möge keine Loge, möge kein freimaurerischer Bruder jemals einen solch bettelnden Weg betreten! Ist Hilfe in einzelnen oder ausnahmsweisen Fällen nöthig, so geschehe es mittelst würdigen Aufrufes. Jede Loge sollte es sich versprechen, sich oder ihren eigenen Bedürfnissen selbst zu genügen; sie sollte nicht fordern und bittweise kommen, dass andere Logen, welche ihre eigenen Sorgen haben, ihr mithelfen möchten für Dinge, welche sie zu besorgen sich vorgenommen hat. Im eigenen Hause oder im eigenen Oriente gibt es genug des wohlthuenden Wirkens und Schaffens.

Es ist so in den Logen eine eigene Sache mit der so oft oder allzusehr hervorgehobenen Mildthätigkeit. Man tritt vor uns mit sentimentalen Sprüchen, Versen, Citaten und langgezogenen Phrasen. Mehr und mehr wird (Angesichts der immer wachsenden, unmöglich erfüllbaren, in das Gewand des Bettlers gekleideten und die Selbsthilfe verleugnenden Ansprüche,) das moderne Freimaurerthum der Ueberzeugung werden, das Verabreichen von Gaben grundsätzlich zu unterlassen; denn die Mildthätigkeit befindet sich thatsächlich in den Händen Aller, nicht in denen der FrMr. Täuschen wir uns darüber nicht! Stelle er sich doch innitten oder an die Spitze gewisser, ihm nothwendig erscheinenden mildthätigen Gesellschaften, wobei er Gelegenheit nehmen mag, den freimrischen Anschauungen oder Sätzen praktischen Boden zu erwerben. In der That, unsere freimr. Arbeit ist eine weit höhere. Unsere Logen sind keine Wohlthätigkeits- oder Unterstützungsvereine. Unsere Zeit, die wir unserem Berufsleben abziehen, gilt dem Dienste der Menschheit, nicht dem Dienste eines Einzelnen oder Einzelner, und sie gilt unserer eigenen sittlichen Vervollkommnung. Die darauf zu verwendende Zeit sollte nicht geschmälert oder ausgefüllt werden durch Erwägungen, ob, an wen, wie viel und aus welchen Quellen wir die Gaben spenden. Es ist besser und einfacher, wenn wir unsere Gaben nicht als Maurer, sondern als einfache Bürger mit den Bürgern geben. Legen wir unseren werkthätigen Sinn an den Tag, indem wir uns an gemeinnützigen die Cultur, die Erziehung, die Veredlung, überhaupt die Humanisirung des Menschen bezweckenden, öffentlichen und privatlichen Corporationen und Vereinen betheiligen. Nicht innerhalb, aber ausserhalb der Loge wollen wir bethätigen, dass die FrMrr die ersten und besten sind, wenn es gilt, die Humanität werkthätig zu fördern. Dadurch werden die Zwecke des FrMrthums werkthätig gehoben und das FrMrrthum, Freunden und Feinden gegenüber, in seiner Wahrheit und Klarheit sichtbarlich dargestellt.

Die Arbeit in der gedeckten Loge ist die mahnende, vorsorgliche, liebend erziehende und bildende Mutter, die uns umfängt, die Arbeit draussen in der ungedeckten Loge sei der Zeuge, dass wir treue Söhne unserer Mutter sind!

Bei unseren Arbeiten innerhalb und ausserhalb der Loge ist uns die Kostbarkeit der Zeit stets vor Augen. Wenn wir arbeiten, so arbeiten wir mit aller Kraft der Seele und des Geistes, gerade so wie der ordentliche Handarbeiter und Handwerker mit seiner ganzen physischen Kraft eintreten muss, wenn er etwas Ordentliches schaffen will. Unsere Arbeiten sollen gedrungen, kurz und bündig sein. Allzudeutliche, langgedehnte Beweise, deren Folgerungen und Schlüsse dem geistigen Auge vor Beendigung der Rede schon fertig stehen, oder Abschweifungen von der Sache, oder Einmischung fremdartigen Stoffes rauben uns unsere edle, kostbare Zeit. Cicero nennt das „eine ekelhafte Deutlichkeit." Kleinlichkeitskrämerei, Haarspalterei stehe uns fern. Dürfte sich nicht Manches kürzen lassen in unseren ritualistischen Formen, ohne dem darin eingelegten Geiste zu schaden? Während wir die reine Schönheit der cubischen Form auf unsere Arbeit übertragen, sollten wir uns noch hüten, dass Formengedankenlosigkeit, unnütze Zierathen und überflüssige Conturen auf die glatten, einfachen, ebenen Flächen des Cubus gebracht werden. Solche die reinen Flächen des

Cubus deckende Scheibe widersprechen der höhern, edlen Einfachheit des maur. Grundgedankens. Kürze und Bündigkeit in Rede und in Handhabung unserer Formen sind die Factoren, aus denen das Quadrat unserer Zeit besteht. Wer das Leben liebt — und wir sollen es lieben, um es zu Thaten zu verwenden — der nütze die Länge und Breite der Zeit, um den Nutzen in quadratischer, nicht in linearischer Grösse zu erhalten. Wir thun unsere Arbeit sogleich, ohne Aufschub, ohne Hinausschieben. Mit Aufgang der Sonne im Osten gehen wir an die Arbeit. Und wenn wir unsere Arbeit mit der im Westen untergehenden Sonne untergeben, so haben wir nicht nur unseren Lohn, sondern noch etwas darüber verdient. Pünktlichkeit bringt Segen und fördert den Bau. Unpünktlichkeit ist Gewissenlosigkeit, ist Betrug an sich selber und an Anderen. Der edle Br Washington hatte einen Schreiber, der immer zu spät kam und sich mit seiner falsch gehenden Uhr entschuldigte. Br Washington sagte ihm: „So schaffen Sie Sich eine andere Uhr an, oder ich schaffe mir einen anderen Schreiber an." Der Engländer Samuel Smiles sagt: „Der Unpünktliche ist ein Störenfried; er verspätet sich regelmässig und ist nur pünktlich in der Unpünktlichkeit; er gibt seinen Brief auf, wenn die Post eben abgegangen und er kommt reisefertig auf den Bahnhof, wenn der Zug eben abgelassen worden ist."

Wir thun weg die Sklaverei der Vorurtheile und setzen an deren Stelle die befreite Denkart. Der staatlichen, der kirchlichen und der socialen thatsächlich bestehenden Ordnung, selbst wenn sie Tyrannei und Sklaverei enthalten sollten, stellen wir nicht das gewaltsame Wegthun, die gewaltsame That, die Revolution, sondern die gereinigte, freie Denkart entgegen. So stellen wir uns Alle geistig und im befreiten Denken dem ökumenischen Concile entgegen. Das Fluchen der in Rom versammelten christlichen Priester ist die Folge ihrer knechtischen und knechtenden Denkart. Sie und manche andere Männer tyrannischer Denkart sind die Männer der Mitternacht.

Ist unter uns die befreite Denkart stets aufrecht erhalten worden? Wer von uns will so ökumenisch sein, irgend einer sich bildenden, freimaurerischen Sätzen oder Forschungen ergebenen Genossenschaft, welche, innig mit der Gesammtbrüderschaft verwachsen sein oder in derselben gern verbleiben will, mit dem „der sei verflucht" zu belegen! Irren ist menschlich. Auch der Br kann irren. Aber mehr als andere Menschenkinder soll der FrMrr studiren, abwägen, Duldsamkeit üben, billig denken, schonend urtheilen, mit befreiter Denkart schauen. Wer noch in unseren Tagen fordert zum Eintritt in unsere Mitte das Bekenntniss der christlichen Dogmen? Dann würden wir die ökumenischen Priester mit ihrer knechtenden Denkart aufnehmen, aber einen mit der befreiten Denkart herrlich ausgestatteten Alex. von Humboldt würden wir ausschliessen müssen. Schliesse man nicht wieder die Thüre den Brn, welche bittend anklopfen, um maur., allen Brn wichtige Fragen zu erörtern und Berathungen zu pflegen. Gebe man Raum der von der Sklaverei der Vorurtheile befreiten Denkart! In unserem Katechismus wird der I. Aufseher gefragt: „Wodurch soll sich der FrMrr von anderen Menschen unterscheiden." Er antwortet:

„Durch tadelloses Betragen, durch eine von der Sklaverei der Vorurtheile befreite Denkart und durch eine auf sittlichen Grundsätzen beruhende ächte Freundschaft für seine Brüder."
So und auf diese Weise thun wir unsere Arbeit!

Die Gegenwart und Zukunft der Maurerei in Deutschland.

Von

einem alten Logenbruder.

X.

Wir verkennen und unterschätzen durchaus nicht die grossen Schwierigkeiten, welche der Gründung eines neuen Mrthums schon an und für sich entgegenstehn und von der Entmuthigung, der Unvernunft, wohl gar der Böswilligkeit entgegengestellt werden. Diese Schwierigkeiten und Hemmnisse werden aber alle bedeutend abgeschwächt und zum grössten Theile sogar überwunden werden, wenn alle einsichtigen Brr dazu mit Einigkeit, Festigkeit und Nachdruck zusammenstehn und zusammenwirken. Diese Schwierigkeiten und Hemmnisse werden aber auch schon zum grössten Theile gegenstands- und dadurch machtlos werden, wie bereits gesagt, die Brr sich gleich von vornherein von der Maurerei gänzlich und gründlich ablösen und damit sich ihrer hemmenden und erschwerenden Einwirkung entziehen. Fassen wir nun die wahrscheinlichen oder etwa möglichen Schwierigkeiten etwas näher ins Auge.

Der Gründung einer neuen dem Urzwecke und den Zeitforderungen entsprechenden Maurerei werden entgegen sein und so weit thunlich entgegen wirken die Brüder, welche die Maurerei zu persönlichen, staatlichen oder kirchlichen Zwecken missbrauchen, ferner die Brüder, welche ihrer geistigen und Gemüthsbeschaffenheit wegen ein mystisches oder mittelalterliches Dunkel, bunte Flitter, Bevormundung sowie lebenslänglich eine Anweisung auf wichtige Enthüllungen bedürfen, deren mrische Existenz und maurerisches Behagen ohne die vielverheissenden Hochgrade also thatsächlich aufhörten. Gegner dieser Art sind aber um deswillen allein schon nicht in Betracht zu ziehen, als diese überhaupt sich nicht dem neuen Bunde anschliessen werden und selbst wenn dies auch beabsichtigt werden sollte, gerade diesen der Zutritt grundsätzlich zu versagen sein wird. Eine weitere Schwierigkeit ist die Beschaffung der nöthigen Lokale dorten, wo die Logen sich nicht in der Gesammtheit ihrer Mitglieder dem neuen Bunde anschliessen. Diese Schwierigkeit ist indessen ebenfalls nur eine vorübergehende. Man behelfe sich alsdann, wie es fast jede Loge bei ihrer Gründung genusst, vorläufig und so lange mit gemietheten Räumen, bis die Mittel zu einem eigenen Logenhause entweder durch Ersparnisse sich von selbst ergeben oder durch zu benutzende günstige Umstände anderweitig beschafft werden können.*) Das wesentlichste und am schwersten

*) In den letzten zehn Jahren hat die thörichte Sucht — wir können es wahrlich nicht anders nennen — Platz gegriffen, dass

zu bekämpfende Hinderniss liegt aber in der jetzigen Brüderschaft selbst. Die Depravation des heutigen Maurerwesens hat nämlich einem grossen Theile der Brüder die Ansicht aufgedrängt, dass auf eine gründliche Besserung nicht mehr zu hoffen, sogar die Maurerei in ihren Tendenzen und Bestrebungen nicht mehr zeitgemäss und nicht mehr Zeitbedürfniss sei. Gerade an diese Brüder, auf welchen, eben weil sie die Hohlheit und Unzulänglichkeit der jetzigen Zustände so richtig und klar erkennen, die Gegenwart und Zukunft der Maurerei heute noch allein beruht, möchten wir ausschliesslich und besonders ein Wort der Verständigung und der Mahnung richten. Dass von der jetzigen Maurerei, d. h. mit Beibehaltung oder Schonung ihrer dermaligen Verfassung, ihrer Verderbtheiten, Mängel und Gebrechen nicht einmal auch die entfernteste Möglichkeit oder Wahrscheinlichkeit eine Besserung vorhanden ist, diese Ansicht theilen wir vollkommen. Wir haben sie wiederholt in dieser Schrift ausgesprochen und mit Thatsachen belegt und rechtfertigt. Unser Vorschlag zur Gründung eines durchaus neuen Maurerthums auf ganz anderer Grundlage, mit ganz andern Mitteln und Personen, mit einem Worte eines dem Zeitbewusstsein und dem Zeitbedürfniss entsprechenden Maurerthums ist das nothwendige Ergebniss dieser unserer Ansicht und Ueberzeugung. Gleichzeitig aber haben wir noch die Ueberzeugung, dass in der Brüderschaft heute noch ein fester Kern vorhanden ist, in welchem ein lebensfähiger Keim liegt, aus welchem eine Maurerei der Zukunft, wie sie in uns und tausenden Brüdern lebt, erstehen kann. Die wahre Maurerei ist und für sich ist stets zeitgemäss und niemals ohnmächtig. Die heutige aber ist nicht bloss unzeitgemäss, sie ist geradezu zeitwidrig, sie ist nicht blos ohnmächtig, sondern sogar etwas Todtes durch die Entfremdung von ihrer Idee, ihrer Aufgabe und beider Verfälschung oder Verdunklung. Trotz der ein wirkliches und wahres Menschenthum begünstigenden und fördernden Zeitumstände (Siehe Art. III) sind noch immer, ja sogar noch mehr wie früher das Bedürfniss und die Nothwendigkeit vorhanden, Unantastbares, Hohes und Unvergängliches vor einer Alles regierenden, Alles nivellirenden, destruktiven, geistigen Zeitströmung zu bewahren. Zu jeder Zeit ist es Bedürfniss, dass alle Wohlgesinnten, wenigstens in engerem Kreise, Freiheit des Geistes und des Herzens aufrecht erhalten. Noch heute ist die Nothwendigkeit vorhanden die trennenden und verhetzenden Auswüchse der bestehenden Kirchen im Interesse des religiösen Gefühls, ja der Majestät der Religion selbst, im Interesse des Gemeinwohls, der wahren Aufklärung, der Humanität wie der Gesittung unschädlich

zu machen. Auch heute noch gibt es Tausende, die vergebens gegen leibliche und seelische Noth ankämpfen, denen, wenn auch nicht immer Hülfe, so doch Rath und Trost zu bringen ist, auf dass sie nicht in Verlassenheit und Verzweiflung gänzlich untergehn. Es gibt noch immer geheime Schäden des Herzens und der Familie, die einer heilenden, schonenden Bruderhand bedürfen. Das eigentliche Feld ächt maurerischer Wirksamkeit ist somit noch immer und wir möchten sagen, zu einer Zeit wie die unserige, welche in den Geburtswehen einer grossen Zukunft liegt, sogar noch grösser vorhanden denn je zuvor. Die Maurerei ist daher auch heute noch zeitgemäss und eine moralische, wie gesellschaftliche Nothwendigkeit. Die Maurerei der Gegenwart ist aber weder das Eine noch das Andere. So lange sie sich, wie jetzt, räumlich immer und geistig von der Zeit nicht allein abschliesst, sogar ihr feindlich entgegensteht und entgegenwirkt; so lange sie die Inkarnation Alles dessen darstellt, was ihre Gegenwart im berechtigtem Drange nach Vorwärts von sich abweisen, ja bekämpfen muss; mit einem Worte, so lange die Maurerei sich nicht mit ihrer Zeit identifizirt, daher sich nicht auf ihre Höhe stellt und darauf erhält, wird sie niemals auf dieselbe praktisch und mit Erfolg einwirken noch überhaupt auch ihre wahre Mission erfüllen können. Dass unsere heutige Maurerei beides nicht vermag, dies bezeugen deutlich die Missstimmung in der Brüderschaft selbst, wie die Nichtbeachtung, sogar Geringschätzung des Maurerthums in der sogenannten profanen Welt. Zu den Gegnern der Maurerei sind keineswegs die kirchlichen und prinzipiellen zu zählen, sondern, was weit bedenklicher, jene Männer, die ausserhalb derselben, geleitet und gedrängt von ihrem aufgeklärten Sinn und ihrem der ganzen Menschheit in Wohlwollen zugewendeten Herzen, im öffentlichen wie häuslichen Leben die Tugenden üben und die Geistesthaten vollbringen, zu welchen der Maurer sich freiwillig und ausdrücklich und bindend verpflichtet. Und doch könnten und sollten Maurer und profane Gleichgesinnte, wenn auch nicht geeinigt durch ein äusseres Band, doch fest verbunden durch das Band gleichen Strebens zu gleichem Ziele, zum Heile des Individuums wie der Gesammtheit sich einander wesentlich unterstützen, kräftigen und ergänzen, und so die Logen in Wahrheit sich ausdehnen vom Aufgang bis zum Niedergang und reichen bis in die Wolken, während jetzt deren Wirken nicht einmal den eigenen engbegrenzten Raum ausfüllt. Man missverstehe diesen unsern Ausspruch nicht. Es liegt uns Nichts ferner als die Maurerei selbst und in ihrem Wirken in die Oeffentlichkeit gedrängt zu sehen. Dafür wissen wir zu gut, dass derselben dadurch eine ihrer Haupteigenheiten genommen würde. Wir wissen ebenfalls zu gut, dass ihre Thätigkeit sich zunächst und zumeist auf ihre eigenen Angehörigen zu richten hat. Aber es darf nicht verkannt und unberücksichtigt gelassen werden, dass ihre Angehörigen aus Söhnen bestehen, die in der Loge nicht das finden wollen und sollen, was sie ihrer Ueberzeugung nach draussen meiden und bekämpfen. Die maurerische Thätigkeit ohne Aufgabe derjenigen Eigenartigkeiten und Bedingnisse, deren sie ihrem Wesen nach und zur Erreichung ihrer Zwecke unumgänglich bedarf, in Einklang mit den analogen Elementen im Bunde selbst wie ausserhalb desselben und damit

neu entstehende Logen in kürzester Zeit mitunter sogar sofort an die Erbauung eines eigenen Logenhauses denken, und dabei sogar geradezu auf die Unterstützung ihrer Schwesterlogen mit einer gewissen Sicherheit rechnen. So erklärlich dies auch vom Standpunkte der Solidarität aller Maurer ist, so sollte doch berücksichtigt werden, dass die weitaus grösste Anzahl der Logen mit Hypothekschulden belastet ist, also selber mit nicht geringen Finanznöthen zu kämpfen hat. Man sollte in der Maurerwelt den wirthschaftlich vernünftigen und richtigen Grundsatz unserer lieben Freunde, der Jesuiten, festhalten, dass ein Verein, welcher die ausreichenden Mittel zur Erbauung eines Hauses nicht selber hat, auch keins bauen soll. Damit würde der erste und seltene Grund aller nachheriger, empfindlicher und langwieriger Finanz-Verlegenheiten beseitigt bleiben.

in geistige Wechselbeziehung und Wechselwirkung zu bringen, ist sonach unbedingt nothwendig und wie wir nachweisen werden heute noch sogar möglich.

(Schluss folgt.)

Maurerthum und Frauenemancipation.

Von

Br F. Maier in Stuttgart.

Unser Mrbund verdankt seine grossartige kosmopolitische Bedeutung, seine trotz allen seinen unbestreitbaren Mängeln ebenso unbestreitbare geistige Macht, welche nicht zum geringsten in den fortgesetzten und erbitterten Angriffen seiner Gegner, der das Oberhaupt der katholischen Kirche gegenwärtig leitenden Jesuiten zu Tage tritt, weniger seinen den meisten Mrn und Nichtmrn sogar dem Namen nach unbekannten Stiftern, als dem Umstande, dass derselbe, nachdem er sich um die Mitte des vorigen Jahrhunderts von England aus in den meisten civilisirten Staaten des europäischen Festlands verbreitet hatte, einerseits in den romanischen Ländern (Italien, der pyrenäischen Halbinsel und theilweise auch in Frankreich) im Widerspruch mit den ausdrücklichen Bestimmungen seiner Gründer eine politische Rolle spielte oder vielmehr zu spielen schien (was sich theils daraus erklärt, dass er unter dem Schutze des Geheimnisses die Mitglieder der Aktions- und Oppositionspartei in den Logen vereinigte, theils und vorzugsweise aus einer bald absichtlichen, bald unabsichtlichen Verwechslung desselben mit anderen geheimen Verbindungen, wie den Carbonaris, welche auf den Sturz des durch die Bourbonen repräsentirten staatlichen Absolutismus und auf Errichtung nationaler Rechtsstaaten hinarbeiteten; s. das Nähere bei Findel, G. d. F. über die Carbonari p. 583, über die angebliche Betheiligung der Brrschaft an der franz. Revolution p. 481), andererseits in Deutschland, wo die erste stehende Loge 1733 zu Hamburg gegründet wurde, gleich nach seinem Entstehen die allgemeine Aufmerksamkeit der Gebildeten auf sich zog und bald eine Reihe der talentvollsten und edelsten Männer aller Stände, darunter die Stimmführer der Nation in Kunst und Literatur, sowie die hervorragendsten Fürsten ihrer Zeit zu seinen Mitgliedern oder doch Freunden und Gönnern zählte.

Die Richtigkeit des Gesagten wird jeder denkende Mr, welcher sich von den Gründen seines Beitritts zu unserem Bunde, vorausgesetzt, dass dieselben nicht rein äusserliche, zufällige waren, Rechenschaft zu geben vermag, auch ohne eingehendere geschichtliche Kenntnisse aus eigener Erfahrung bestätigen können. Oder sind es nicht die unsterblichen, von maurerischem Geiste durchdrungenen und theilweise an maurerischen Gebrauchthum anknüpfenden Werke eines Lessing (Nathan), eines Göthe (Wilhelm Meister), eines Mozart, dessen erhabenste Tonschöpfung geradezu eine Verherrlichung unserer königlichen Kunst ist (Zauberflöte), welche der Welt jene hohe Meinung von dem Maurerbunde eingeflösst haben und einflössen, die sich, ich wiederhole es, auch in den Angriffen und Verdächtigungen seiner Gegner deutlich ausspricht? — In

erster Linie ist es Lessing, welcher gegenüber einem in allen seinen Confessionen zur Staatskirche erstarrten und bis zur Unkenntlichkeit entstellten Christenthum in seinem Nathan das classische Ideal des reinen Menschenthums in ewig mustergiltiger Weise aufgestellt und in „Ernst und Falk, Gespräche für Freimäurer" die Nothwendigkeit eines Bundes, der sich die Verwirklichung jenes Ideals zur Aufgabe macht, mit seiner meisterhaften logischen Schärfe nachgewiesen hat.

Da ich schon mehr als einmal die betrübende Erfahrung gemacht habe, dass selbst Brr mit dem Inhalt dieser Gespräche, welche ich die Stiftungsurkunde der Mrei nennen möchte, gänzlich unbekannt sind, so halte ich es nicht für überflüssig, auf denselben hier etwas näher einzugehen.

Die beiden Freunde Ernst und Falk haben sich auf einem Spaziergange in der Nähe eines Ameisenhaufens gelagert. Die Geschäftigkeit und Ordnung in demselben gibt Falk Anlass, den Freund über seine Ansicht in betreff der bürgerlichen Gesellschaft der Menschen zu befragen, ob er dieselbe für Zweck oder für Mittel halte d. h. ob er glaube, dass die Menschen für die Staaten oder dass die Staaten für die Menschen sind. Ernst kann nicht umhin, sich für die letztere Annahme zu entscheiden, nach welcher die Staaten die Menschen vereinigen, damit in dieser Vereinigung jeder einzelne Mensch seinen Theil von Glückseligkeit desto besser und sicherer geniessen könne. Falk stimmt bei und erklärt jede andere Glückseligkeit des Staates, bei welcher auch noch so wenige einzelne Glieder leiden und leiden müssen für nichts anderes als Bemäntelung der Tyrannei.

Durch die Aeusserung, er möchte das nicht so laut sagen, weil eine Wahrheit, die jeder nach seiner eigenen Lage beurtheile, leicht gemissbraucht werden könne, veranlasst Ernst den Freund zu der Bemerkung, er sei, ohne es zu wissen, schon ein halber Freimaurer, da er ja Wahrheiten erkenne, die man besser verschweige, und der Weise nicht sage, was er besser verschweige, wenn er es auch sagen könne. Allein Ernst mag trotz der Bereitwilligkeit Falkens ihm mehr von den Freimaurern zu sagen nichts weiter von ihnen wissen und so wird das begonnene Gespräch über das Wesen des Staats fortgesetzt. Im Verlauf desselben kommen die Freunde zu dem Resultat, dass auch aus der besten denkbaren Staatsverfassung, schon desshalb, weil Ein grosser Universalstaat ein Unding wäre, nothwendig Dinge entspringen müssen, welche der menschlichen Glückseligkeit höchst nachtheilig sind und von welchen der Mensch im Stande der Natur schlechterdings nichts gewusst hätte, nämlich die aus den verschiedenen Interessen, Bedürfnissen und Gewohnheiten der einzelnen Staaten und Staatsglieder ganz von selbst entspringenden Unterschiede oder Nationalitäten, Stände und Religionen; vermöge welcher nicht blosse Menschen blossen Menschen, sondern solche Menschen solchen Menschen gegenüberstehen. Ernst erklärt diese Trennungen und Schranken für nothwendige Uebel und beruft sich auf das Sprichwort: „Wer des Feuers geniessen will, muss sich den Rauch gefallen lassen." „Allerdings! — entgegnet Falk, aber weil der Rauch bei dem Feuer unvermeidlich ist, durfte man darum keinen Rauchfang erfinden? und, der den Rauchfang erfand, war der darum ein Feind des Feuers?" Ernst muss das Treffende des Gleichnisses eingestehen und bekennen, dass recht sehr zu wünschen wäre, dass es in jedem Staate Männer geben möchte, die über die Vorurtheile der Völkerschaft hinweg wären und genau wüssten, wo Patriotismus Tugend zu sein aufhört, Männer, die dem Vorurtheil ihrer angebornen Religion nicht unterlägen, Männer, welche bürgerliche Hohheit nicht blendet und bürgerliche Geringfügigkeit nicht ekelt, in deren Gesellschaft der Hohe sich gern herablässt und der Geringe sich dreist erhebet. — „Und wenn er erfüllt wäre, dieser Wunsch?" fährt Falk fort und kommt damit wieder auf seinen Ausgangspunkt zurück, wenn es nicht bloss hie und da, nicht bloss dann und wann, sondern bereits überall dergleichen Männer gäbe, und zwar nicht in einer unwirksamen Zerstreuung, in einer unsichtbaren Kirche, sondern in einem geschlossenen, über das Erdenrund verbreiteten Bunde? Es sind dies eben die Ernr, von welchen Ernst nichts hören wollte, die sich (neben dem Zweck der Selbstvervollkommnung, der Wohlthätigkeit u. dgl.) mit zu ihrem Geschäfte gemacht haben, jene Trennungen, wodurch die Menschen einander so fremd werden, wieder so eng als möglich zusammenzuziehen. — Man wird zugeben müssen, dass hiemit die Berechtigung, ja die Nothwendigkeit eines solchen über allen Parteien stehenden Menschheitsbundes schlagend und glänzend nachgewiesen ist und es ist bezeichnend, dass Lessing jenes Gespräch zweifelsohne nur seiner 1771 erfolgten Aufnahme in den Frnrbund entworfen hat (Findel p. 428.) Es folgt daraus, dass diese Idee des „grossen Wegweisers der Nation", wie ihn Gervinus, des „Patriarchen der deutschen Geistesfrei-

heit", wie ihn Ruge treffend nennt, eine ureigene, schöpferische und lebensfähige ist, deren volle Verwirklichung eine vielleicht nicht allzuferne Zukunft bringen wird.

Die damalige Freimrei freilich, welche bereits durch allerlei unlautere Elemente mit Hochgraden und dergleichen „Spielereien für grosse Kinder" verfälscht worden war (wussten doch die grössten Schwindler, wie ein Cagliostro die Logen für ihre Zwecke auszubeuten resp. auszubeuteln), musste einen Lessing nothwendigerweise anekeln, und es ist vollkommen begreiflich, wenn der unerschrockene Verkündiger eines neuen Evangeliums, dem es mit der Erforschung der Wahrheit ein so heiliger Ernst war, sich schon bei seiner Aufnahme bitter enttäuscht fand und seine Loge, welche dem gänzlich erlogenen schwedischen Systeme huldigta, nach derselben nicht mehr besuchte, zumal da ihm unter eben so lächerlichen als dünkelhaften Drohungen die Geheimhaltung jener Gespräche von Seiten der Brrschaft angesonnen wurde. (Findel l. c).

Glücklicherweise sind wir heutzutage wenigstens in Deutschland dem lessingschen Ideale um ein Bedeutendes näher gerückt, Dank dem eminenten Fortschritt unseres Jahrhunderts auf allen Gebieten des Wissens und Lebens, Dank auf maurerischem Gebiete vor allem den Reformbestrebungen des Vereins deutscher Frmr und der unermüdlichen Thätigkeit seiner Begründer, welche die noch lebensfähigen Ueberreste des in seiner Idee herrlichen und in seinem Ursprung reinen Maurerbundes als Keim jenes idealen Menschheitsbundes in die Zukunft hinüberretten möchten.

(Fortsetzung folgt.)

Feuilleton.

Aarau, den 10. Mai. — Der von Br Thost in Zwickau gemachte Vorschlag, eine Erziehungsanstalt für unsere Töchter zu gründen, ist in der hiesigen Loge zur Brudertreue in zwei Conferenzlogen am 27. April und 4. Mai eingehend betrachtet und besprochen worden. Es ist allseitig anerkannt worden, dass die Erziehung unserer Töchter im freimaurerischen Geiste gegenüber der um sich greifenden Verbildung und Verflachung in den Pensions- oder Erziehungsanstalten ein Segen oder eine Wohlthat sein würde nicht allein für uns, die Väter, sondern für das gesammte Maurerthum. Auf solche Weise und unter Leitung freimaurerischer Lehrkräfte erzogene Töchter werden als künftige Gattinnen und Mütter ihrem einstigen Hauswesen, namentlich ihren Kindern den Geist der Humanität einhauchen und somit, wenn nicht Maurer mit dem Schurz, so doch ohne denselben, gleichsam wie von selbst entstehend, heranbilden und dadurch dem Freimaurerthum wesentlichen, praktischen Vorschub leisten. Man war der Ansicht, dass, wenn eine solche Anstalt ins Leben gerufen werden könnte, eine jede Loge, die hiesige nicht ausgeschlossen, die übernommene Aufsichtführung als eine hohe Vertrauens- und Ehrensache ansehen und dass sie alle wünschenswerthen Garantien bieten werde.

Indem man den Ansichten des seiner Zeit in diesen Bl. gegebenen Aufsatzes des Bruder Thost allenthalben beitrat, beschloss man, denselben in einer Zuschrift br. zu begrüssen und ihn zu ermuntern, das aufgenommene Thema mit aller Festigkeit zu halten.

Aus Ungarn. — Die am 23. Januar a. c. in Arad gegründete St. Johannis-Loge Széchenyi in Arad hat soeben an die in Ungarn befindlichen St. Johannis-Logen das folgende Rundschreiben erlassen:

Die volk. u. ger. St. Johannis-Loge Széchenyi im Oriente Arad an die ehrw. v. u. ger. Loge zu — —

Ehrwürdiger Mstr!

Gel. Brr!

Voll wahrer Begeisterung für die hohen und heiligen Principien der Frmrei, und getragen von der Idee, das Licht in unserer Stadt leuchten zu sehen und der k. K. im Schosse derselben eine bleibende Stätte zu gründen, haben einige wackere Männer unseres geehrten Mitbürgers, nunmehrigen Meisters v. St., Br. Goldscheider Folge gegeben und sich um ihn geschaart, damit die Idee zur Wahrheit und zum Leben gelange.

Dank dem gr. B. a. W., so wie dem liebevollen, wahrhaft brüderlichen Entgegenkommen der Mitglieder der ger. u. v. St. Johannis-Loge „zu den drei weissen Lilien" im Orient Temeswár, namentlich des ehrw. Mstrs v. St. dieser Loge, des gel. Br. Reimann, ist das schöne heilige Werk gelungen, und nachdem wir von der Zeit unserer Gründung — am 23. Jan. a. c. — mit unsäglichen Schwierigkeiten wegen Gründung einer, der k. K. würdigen Bauhütte zu kämpfen hatten, können wir Euch — ehrw. Mstr. u. gel. Brr. — nun mit freuderfülltem Herzen die brüderliche Nachricht mittheilen, dass wir eine weihe- und würdevolle Bauhütte errichtet, und die ordentlichen

Arbeiten an der k. K. — nachdem wir schon früher einige Arbeits-Logen in provisorischen Bauhütten abgehalten -- am ersten Ostertag, d. i. Sonntag den 17. April a. c. aufgenommen haben und seit dieser Zeit neun ehrenwerthe Männer in ritualmässiger und erhebender Weise aufgenommen haben.

Wir können bei dieser Gelegenheit nicht umhin, ausser den bereits erwähnten gel. Ihm in Temesvar, noch jener gel. Brr mit innigem, tiefgefühltem Danke zu erwähnen, welche uns auf dem Wege zur Erkenntniss des Lichtes mit der leuchtenden Fackel ihrer gereiften Erfahrung und ihrer brüderlichen Liebe vorangeschritten sind. Es sind dies die geliebten Brr Franz Pulszky, Grossmstr. der L. Gr.-Loge; F. L. Lichtenstein, Stellvertretender Grossmstr. d. L. Gr.-L.; Carl Mosch, Ehren-Grossmstr. d. L.-Gr.-L.; J. G. Findel, Buchhändler und Redakteur in Leipzig; Moritz Zille, Gymnasial-Professor und Redakteur in Leipzig und Herm. Fries, Buchhändler in Leipzig. — Mögen Sie uns Gelegenheit finden, ihnen unseren Dank nach Mr.-Art darzubringen, in dem erhebenden Bewusstsein: die Sache unseres heiligen Bundes durch ihr edles Bemühen wesentlich gefördert zu haben, Lohn und Ersatz für die Opfer finden, welche mit diesem Bemühen verknüpft waren.

Indem wir nun Euch — ehrw. Mstr. und gel. Brr. — die treue Bruderhand reichen, bitten wir zugleich, dass auch ihr uns mit eurer gereiften, weisen Erfahrung brüderlich zur Seite stehen und uns Eure Unterstützung angedeihen lassen möget, damit wir eins in Liebe und Eins in dem hohem Streben sein und bleiben mögen: das Licht der Frmrei immer weiter und weiter zu verbreiten, auf dass von seinem Glanze und seiner Wärme immer grössere Kreise geläutert und erhoben werden und die hochheiligen Principien unseres Bundes zur Ehre des gr. B. a. W., zum Wohle der Menschheit, sowie zu dem edlen Berufe des Frmrei selbst immer mehr und mehr befestigt und zur allgemeinen Geltung gelangen mögen.

Somit grüssen wir Euch, ehrw. Mstr. und gel. Brr. i. d. u. h. Z.; senden Euch das Mitgliederverzeichniss unserer Loge und bleiben in unverbrüchlicher Treue Euch verbündet.

Die volk. u. ger. St. Johannis-Loge Szechenyi im Oriente Arad, am 7. Mai 5870.

H. Goldscheider, Mstr. v. St.

Julius Ekel m. p. I. Aufseher.
Szabadkai m. p. II. Aufseher.
Ludwig Traytler m. p. Schatzmeister.
Jacob Schmidt m. p. Secretär.

Sangerhausen, den 29. April 1870 im Locale der Loge zur Brudertreue. — Auf Anregung des Br Cramer zu Eichenbarleben fand heute hierselbst eine Bezirksversammlung des Vereins deutscher Freimaurer statt, zu der sich 42 Brr der hiesigen Loge eingefunden hatten, die durch das Erscheinen des Br Findel aus Leipzig und der Brr Cramer und Krauschitz aus Eichenbarleben nicht nur numerisch verstärkt, sondern auch wesentlich in ihrer maurerischen Stimmung gehoben wurden.

Br Findel eröffnete die Versammlung unter Darlegung des die maurerischen Gegensätze bezweckenden Zweckes des Vereins, begrüsste die Nichtvereinsmitglieder, dankte der hiesigen, durch ihre hammerführenden Beamten vertretenen Loge für Ueberlassung des Locals und machte darauf aufmerksam, dass auch den Nichtvereinsmitgliedern eine erwünschte Theilnahme an der Debatte gestattet sei und schlägt den Br O. Wolff II zum Vorsitzenden vor, der durch Acclamation gewählt wird.

Br Wolff II, welcher die auswärtigen Br herzlich begrüsste, und ihnen für ihr Erscheinen dankte, geht sofort auf die erste Frage der Tagesordnung: Was ist Freimaurerei? ein und beantwortet, diese nach einem kurzen und abgerundeten Referate dahin, dass die Freimaurerei, nur auf Realitäten gerichtet, keine Träumerei zulasse und namentlich auf Befreiung des Menschengeistes hinzuarbeiten habe.

Der zweite Gegenstand der Tagesordnung:

„Maurerische Werkthätigkeit im Allgemeinen" behandelt Br Cramer in einem längeren und sehr erschöpfenden Vortrage, der in einer der nächsten Nummern der „Bauhütte" vollständig wiedergegeben und auf der desshalb hier im Speciellen nicht weiter eingegangen wird.

Br Cramer, welcher hierbei die bereits in seiner Preisschrift niedergelegten Ideen weiter entwickelt, dabei mehrfach an Br Hutschmidt's Ausführungen in dessen Preisschrift anknüpft, beleuchtet demnächst die von den Brr Thost, Verkrüzen und Anderen in der Bauhütte gemachten Vorschläge zur Verwendung des Central-Hilfs-Fonds des Vereins, sowie den Vorschlag einer Schwester zur Erbauung von Arbeiterwohnungen, hält indessen für jetzt nur den Thostschen Vorschlag, namentlich die Errichtung eines Pensionats für Töchter der Freimaurer und deren freimaurerische Erziehung für empfehlenswerth, wogegen er hinsichtlich der übrigen an sich sehr empfehlenswerthen Vorschläge glaubt, dass deren Ausführung zum Theil die Kräfte des Vereins übersteige, oder dass sie ohne Mitwirkung des Vereins zur Ausführung gebracht werden können.

Der Vorsitzende gab von diesen Vorschlägen dem die Br Thost zwar ebenfalls den Vorzug, wünschte aber denselben erweitert, und auch Nichtmaurern dienstbar gemacht zu sehen, da maur. Werkthätigkeit sich nicht einseitig allein auf den Bruderkreis zu erstrecken habe.

Br Hildebrandt hielt den Thostschen Vorschlag überhaupt für nicht ausführbar, zumal das Etablissement für den Süden projectirt sei und die nothwendige Höhe der Pension eine rege Theilnahme nicht erwarten lasse.

Br Carl Wolff I dagegen betonte die Ausführbarkeit, und hiess besonders jede maurerische Thätigkeit willkommen, welche auf Fortbildung der weiblichen Jugend berechnet sei.

Br Findel, auf den ersten Theil der Tagesfrage zurückgehend, bezeichnete die Freimaurerei in ihrer Linie als eine Anlage, sodann als eine Lehre und schliesslich als eine dem entsprechende Thätigkeit. Derselbe zeigte mit welcher Leichtigkeit und mit welchen wesentlichen Erfolgen andere Genossenschaften schnell die äusseren Mittel für ihre Zwecke herbeischaffen, während in den Br-Kreisen nur mühsam und nur von Einzellogen resp. einzelnen Brn nennenswerthe Opfer gebracht werden. Warm empfahl er diesen nachzueifern, frisch die Hand ans Werk zu legen, mit einem Worte einen Anfang zu machen.

Sodann entwickelte er den Geist des Regulativs der Central-Hilfs-Casse und sprach für Capitalisirung derselben.

Nachdem Br Wolff I gegen den Indifferentismus in der Maurerei zu Felde gezogen und es betont hatte, dass es erst besser werden könne, wenn die Maurerei auch eines jeden Maurers Religion geworden und nachdem Br Künzel, deput. Mstr., wiederholt das Wort ergriffen, wird die Frage,

ob der Central - Hilfs - Fond des Vereins fortbestehen und vergrössert werden soll?

und die weitere Frage:

ob dieser Fond dem Regulativ entsprechend capitalisirt werden soll?

zur Abstimmung gebracht und fast einstimmig bejaht.

Ferner verzichten die Vereinsmitglieder, um die Abschwächung des Vereins zu verhüten, auf den Gratisbezug der Mittheilungen des Vereins deutscher Freimaurer.

Noch hatte zur Tagesordnung gestellt werden sollen:

„Maur. Thesen zu Logenvorträgen".

Da diese Frage für Darmstadt nicht vorliegen wird, fand dieselbe durch den Vorsitzenden nur insofern Erwähnung, dass die Logenvorträge nicht willkührlich zu wählen seien, sondern in logischer Aufeinanderfolge in jedem Johannis-Cyclus sich abzurunden haben, um jedem Bruder vollständige Kenntniss des maur. Geistes zu verschaffen. Ebenso wurde noch auf die Wichtigkeit der maur. Statistik hingewiesen, und den Nichtvereinsmitgliedern die Br Cramer'schen und Künzel'schen Entwürfe hierfür kurz vorgetragen.

Br Findel sprach nun noch die Hoffnung aus, dass die Ideen des Vereins hierselbst neuen Boden gewonnen haben möchten, und dass es dabei keineswegs auf Gewinnung neuer

Mitglieder abgesehen sei. Sofern wir nur alle den guten Geist des Vereins unterstützten, seien wir auch schon Mitarbeiter desselben.

Hierauf wurde die Versammlung geschlossen.

Ein einfaches Brudermahl vereinigte dann die sämmtlichen Theilnehmer, bei welchem Rede und Gesang den Frohsinn steigerte und sodann einen ungezwungenen und brüderlichen Verkehr herbeiführte.*)   Referent Br Hildebrandt.

Siegen. — In Folge einer Einladung des Freimaurerkränzchens „zur Linde Wilhelms des Verschwiegenen in Dillburg", kamen am 1. Mai Brüder der Logen von Giessen, Siegen, Wetzlar und anderen Orienten in Haiger zusammen, um in gewohnter Weise das Frühlingsfest zu begehen. „Ludwig zur Treue" in Giessen und die „drei eisernen Berge" in Siegen hatten je 11 Brr, „Wilhelm zu den drei Heimen" in Wetzlar 4, „Hermann zum Lande der Berge" in Elberfeld 2, „Oelzweig in Bremen", „Wilhelm zur aufgehenden Sonne" in Stuttgart", „Lindenberg" zu Frankfurt", „Eos" in Crefeld, „die vereinigten Freunde an der Nahe" in Creuznach" und „la bonne amitié" zu Namur je 1 Br zu dem Tagescontingent gestellt. Au Stoff zur geistigen Belebung und Erstärkung fehlte es nicht. Nach Bewillkommnung der Erschienenen durch den Vorsteher des gedachten Kränzchens, Br Ludw. Koch, wurde auf den Vorschlag des sehr ehrw. Mstrs. v. St. der Loge in Giessen, Dr Schuster, der Mstr. v. St. „der Loge zu den drei eisernen Bergen" in Siegen, Br Ed. Manger, einmüthig zum Vorsitzenden erkoren. Derselbe eröffnete nun den Maurertag mit herzlicher Begrüssung der Brr und trug darauf eine poetische Beschreibung der Dill- Lahn- und Ruhr-Gegenden und ihrer Bauhütten vor mit folgenden Schlussstrophen:

„Hätt' ich nur Rubens Pinsel, des Siegners, wahrlich es sollte
Prangen, ein liebliches Bild, für die Vertrauten, dies Blatt
Frei, wie die Tannen des Haigergaus, wie im Grunde, das freie
Nachbarvolkchen vor Zeit, lasst uns so bleiben vereint.
Maurer „vom Fels zum Meer" und Freie „soweit der Erdkreis",
Bürger der Welt, wie auch immer die Fahne erglänzt.
Anfangslos in die Zeiten verliert sich der Band ja der Freien,
Und wie der Ewigkeit Ring, mög' er ohn' Ende auch sein."

Es folgte ein Vortrag des Br Dr. Friedemann von Dillenburg über die Stellung der Lehrlinge, Gesellen und Meister zur Loge und darauf nach einiger leiblicher Atzung ein Spaziergang in das Dill-Thal. Bei der Tafel wirbelten die Toaste; hell erklang die Gläser, hell strahlte die Begeisterung der Brr für die erhabene Sache unserer Verbindung und ein festes Zusammenhalten der Baugenossen in den Wogen der Zeiten war die Parole für das nächste Jahr. Da der Raum eine Mittheilung der einzelnen Reden nicht gestattet, so soll sich dies Referat darauf beschränken, die Namen der Redner, soweit sie in m. Gedächtnisse sind, zu verzeichnen.

Der Vorsitzende, Br Manger, sprach über das „nie ausgesungene, nie ausgeklungene" hohe Lied der Brei mit dem Wunsche, dass die Zeit eines allgemeinen Maurertages und eines Menschheitfrühlingsfestes näher rücken möge; auf die treuen Schützer unseres Bundes, S. Maj. König von Preussen und S. K. Hoheit Grossherzog Ludwig von Hessen; auf die Giessener Loge und ihren anwesenden Meister v. St., Br. Schuster. Dieser brachte den Dank seiner Loge mit Grüssen der verhinderten Brr. Eckstein, Lips etc. und die Versicherung der wachsenden Bruderliebe, sowie des festen Zusammenhaltens in den Stürmen der Zeit. Brr. Spies von Siegen brachte seinen Trinkspruch dem Dillburger Kränzchen mit dem Wunsche,

*) Der Unterzeichnete und die Brr Cramer und Kramschitz fanden in S. nicht blos höfl. Aufnahme und freundliches Entgegenkommen, sondern auch eine weit über Erwarten hinausgehende Gastfreundschaft, wofür wir der Loge, allen Brrn und ihrem liebenswürdigen Mstr. vom St. Br Meyer hiermit den innigsten Dank zollen.
             J. G. F.

dass aus einem kleinen Anfange ein mächtiger Bau sich entwickeln möge; er schloss mit dem Vortrage und dem Gesange eines vom Br Manger gedichteten, ansprechenden Liedes: „Im jungen Lenz" u. s. w. Es folgt der Dank des Vorsitzenden des Dillenburger Kränzchens Br Koch und darauf von Br Deetgen aus Siegen in gebundener Rede ein Hoch auf die treuen, lieben Schwestern. Manch zündendes Wort entzieht sich, bei allzu flüchtiger Begegnung der schriftlichen Wiedergabe und zuletzt bleibt nur der Gesammteindruck.

Dieser war und ist ein günstiger. Es war ein rechtes Wegen und Drängen auf dem Boden der Freundschaft und Bruderliebe. Ungezwungenheit bei massvoller Schönheit! Nachdem noch das treue Streben einiger Brr für das Wohl der Armen sich in doppelten Sammlungen bekundet hatte, und der Abend gekommen war, trennten sich die Brr mit dem innigen Wunsche: Möge ein solcher Tag noch oft, recht oft wiederkehren!

Literar. Notiz. — Demnächst erscheinen im Verlag von E. Keil „Neue Gedichte" von Br Emil Rittershaus, deren ganzer Ertrag dem Dichter zufliessen soll, „um ihm neben der Ehre auch den Gewinn seines Schaffens zu sichern und dazu beizutragen, ihm den Kampf mit den Aeusserlichkeiten des Lebens zu erleichtern und sein reiches, anerkanntes Talent zur Freude unseres deutschen Volkes weiterer ungestörter Entwickelung zuzuführen." Wir wünschen der Subscription einen namhaften Erfolg und richten an alle Brr die Bitte, für die Verbreitung der „Neuen Gedichte" (Thlr. 2) recht thätig wirken zu wollen.

Leipzig. — Vor Schluss d. Bl. erfahren wir, dass von der Loge Apollo Br Zille zum Mstr. v. St. und Br Pilz zum Redner gewählt worden ist.

Briefwechsel.

Br Dr. L. in S. Nach Oesterreich und Ungarn ist Postnachnahme nicht möglich. Wenn Sie nicht anderweit Auftrag ertheilen, sende ich Ihnen u. Z. die 3. Aufl. m. „Geschichte"; von der 2. Aufl. sind indessen noch 2 Expl. vorräthig. Der Preis des gebd. Expl. ist Thlr. 3. 12 Ngr. Brdl. Gegengruss!

Br Cr. in E—n. Freundl. Dank für die beiden Bestellungen, welche sofort erledigt wurden. Die Stelle aus den Instr. der 3 Weltk. ist interessant und mir neu. Herzlichen Gegengruss, sowie br. Gruss an die Brr Z. und Kr. Der „alte Logenbr." wünscht Deine Photographie, die du gelegentlich beilegen kannst.

Br Ph. M—n in L—o. Beide Brr werden mir herzlich willkommen sein; hoffentlich kommen sie mit zur Jahresversammlung des V. nach Darmstadt. Ihr Wunsch ist thunlichst erfüllt! Brdl. Gegengruss!

Br M—n in S. Für ihre brdl. Verwendung zu Gunsten der 3 Aufl. m. „Geschichte der FrMrei" den wärmsten Dank! Ihren weiteren Mittheilungen sehe ich gern entgegen. Frdl. Gruss!

Br Emil R—n in B—a. Deinem Wunsche habe ich sofort entsprochen; die brocht. Expl. Deiner „Dichtungen" sind vollständig vergriffen und nur noch 80 gebdne Expl. (von 1500 Aufl.) übrig. Der ganze Absatz ist fast das alleinige Werk von etwa 25—30 Logen und Clubs! Herzl. Gruss!

Die Brr O. H. Fink und F. Keisker aus Louisville, Ky erwarte ich im Juni zum Besuch. Da beide Brr die Logen in Bremen, Osnabrück, Hamburg, Berlin, Frankfurt a. M. etc. zu besuchen gedenken, bitte ich um freundl. Entgegenkommen. Br Fink, der Gründer des FrMr-Asyls, ist aus d. Bl. allenthalben rühmlichst bekannt.

Die Artikel aus Arad, Aarau, Sangerhausen, Siegen u. A. konnten wegen Ueberfülle an Stoff in früheren Nrn. nicht gebracht werden. — In der letzten Zeit war es mir durchaus nicht möglich, alle eingehenden Briefe sofort zu beantworten.

Berichtigung.

Nr. 20 S. 127, 2. Sp. Zeile 23 v. o. ist der Satz „gründlicher Bruch mit Haupt und Gliedern" zu streichen und eine bei der Correctur übersehene falsche Wiederholung der vorhergehenden Worte.

Verantwortlicher Redacteur: Br J. G. Findel. — Verlag von Br J. G. Findel in Leipzig. — Druck von Herr Bär & Hermann in Leipzig.

N⁰. 23. XIII. Jahrgang.

Die

Begründet und herausgegeben

von

Br J. G. FINDEL.

* Organ des Vereins deutscher Freimaurer. *

Handschrift für Brr FrMr.   Leipzig, den 4. Juni 1870.   MOTTO: Weisheit, Stärke, Schönheit.

Von der „Bauhütte" erscheint wöchentlich eine Nummer (1 Bogen). Preis des Jahrgangs 8 Thlr. — (halbjährlich 1 Thlr. 15 Ngr.)
Die „Bauhütte" kann durch alle Buchhandlungen bezogen werden.

Der Lehrerstand und die Freimaurerei.

Von

Dr C. Maaschatz in Leipzig.

Die allgemeine deutsche Lehrer-Versammlung, welche alljährlich in der Pfingstwoche zusammentritt, wird diesmal in Wien tagen. Die Freunde des Volkes, und hier insbesondere die liberale Bevölkerung Wiens und anderer österreichischer Städte sehen dieser Versammlung voll freudiger Hoffnung entgegen.

Sollte nicht auch der Maurerbund Ursache haben, dieser Versammlung seine Aufmerksamkeit zuzuwenden? Hat nicht im vorigen Jahre die Beantwortung der vom Verein deutscher Freimaurer gestellten Preisfrage dargelegt, wie sehr der Mrbund bei Verkörperung seiner Ideale auf die Wirksamkeit des Lehrerstandes hingewiesen wird? Und hat nicht eine grosse Schaar von Brn bereits ihre maurerische Thätigkeit der Volksbildung zugewendet?

Die Unterrichtsliga (Ligue d'enseignement) in Belgien, Frankreich u. a., die Gründung confessionsloser Schulen in echt mrschem Geiste in Baden, sind Werke von Brn, denen es Ernst ist um Freiheit und Fortschritt. „Wer die Schule hat, der hat die Zukunft."

Die ersten Eindrücke sind die mächtigsten und bleiben unvertilglich im Menschen. Das wissen auch unsere Gegenfüssler, die Jesuiten, und darum haben sie sich von jeher des Jugendunterrichts bemächtigt. Hier war der sicherste Boden, ihr Unkraut zu sä'n, die beste Stätte zur Ausbreitung ihrer Ideen, das Mittel, welches am sicher-

sten die Erreichung ihres Zieles verhiess. Unter anderen waren die österreichischen Länder jahrhundertelang der Ort ihrer Wirksamkeit und in der neueren Zeit kommt unter jenen Volksstämmen die Ueberzeugung zum Durchbruch, wohin es Jene mit ihnen gebracht haben. Darum war es nicht zu verwundern, dass, als vor 2 Jahren unser Bund eine Taube aus seiner Arche dorthin entsandte, dieselbe keinen Boden fand, wo ihr Fuss ruhen konnte; und wenn auch rühmend anerkannt werden muss, dass sie — würde sie heute dahingesandt, einen schönen, lebenskräftigen Baum finden und von ihm ein Oelblatt mitbringen würde, so lässt sich doch nicht leugnen, dass zur Zeit noch der hinreichende Boden mangelt, auf dem ein Wald solcher Bäume Wurzel fassen könnte.

Gleichwohl ist in einem solchen Staate, wo die verschiedensten Nationalitäten und Religionsgenossenschaften sich unausgesetzt feindlich gegenüber stehen, mehr als anderwärts ein Bund vonnöthen, welcher Alle mit gleicher Liebe umschlingt, die Rechte jedes Einzelnen achtet und hütet und in friedlichem Verein die höchsten Güter des Lebens erstrebt. Darum gilt es hier: Pionniere vor! Dass aber gerade der Lehrerstand zu solchem Pionnierdienst besonders geeignet ist, zeigt schon der Zweck, dem er dient, und der ihn zum Verbündeten der Maurerei macht. Man hat zuweilen dieser Versammlung tadelnd nachgesagt, dass sie mehr moralisch als wissenschaftlich wirke. Jedenfalls ist dies nicht unwahr, aber es gereicht der Versammlung nicht zum Tadel, sondern zum Ruhme. Denn man ist von gewisser Seite bemüht gewesen, die Volksschule zu einer Anstalt herabzudrücken, in welcher durch mechanisches Eintrichtern Kopf und Herz ertödtet wird, oder in welcher die jungen Bürger für eine politische oder kirchliche Partei abgerichtet werden sollten. Dass aber der Lehrerstand bei allen derartigen Beeinflussungen sein Ziel treu und fest im Auge behalten hat, ist hauptsächlich das Verdienst dieser Versammlungen und der damit in Verbindung stehenden pädagogischen Presse.

Sobald nun die Lehrerschaft darnach strebt, das heranwachsende Geschlecht nicht nur mit dem Masse von Kenntnissen und Fertigkeiten auszurüsten, die es fähig macht, einst sich selbst und der Welt zu nützen, sondern es auch das Wahre, Gute und Schöne verstehen und lieben zu lernen, ihm Achtung vor dem Gesetz, Achtung und Würdigung jeder selbständigen persönlichen Ueberzeugung einzuflösen, und vor allen Dingen auch es anleitet, sich selbst in die Hand zu nehmen, zu beherrschen und zu veredeln, so werden damit der Mrei und der Menschheit Bausteine geschaffen, die überall am Platze sind und überall Segen zu stiften vermögen.

So innig wie die Pädagogik mit dem politischen und religiösen Leben verflochten ist, so mischt sie sich doch weder in politische noch in kirchliche Wirren, und hütet sich bei ihrem Friedenswerke, auf die Gestaltung jener Verhältnisse irgend welchen Einfluss auszuüben. „Die deutsche Pädagogik will nicht einer Partei dienen, sondern der ganzen Menschheit. Sie steht über den Parteien, ewigen Idealen folgend." — Während der vorigen Versammlung in Berlin sandte der zu gleicher Zeit in Weimar tagende Schriftstellerverein telegraphisch seinen Gruss „den Männern, die mit ihm vereint arbeiten am Werke der Menschenbefreiung."

Darf sich der Mrbund hierbei nicht als der Dritte im Bunde ansehen? Oder ist er vielleicht der Erste von den Dreien? Gewiss möchte man dies meinen, wenn man bemerkt, wie in der deutschen Lehrerschaft Brr Mr es sind, welche ihren Stand auf die jetzige Stufe erhoben haben. Es gab eine Zeit, wo es mit der deutschen Volksschule anders aussah, und die Geschichte der Pädagogik setzt einen Markstein da, wo die Humanität als leitendes Prinzip in der Volkserziehung auftritt, wo ein höherer Geist zu wehen beginnt, der schon reichliche Früchte im Leben getragen hat. Die Geschichtsschreiber hörten wohl das Sausen des Windes, als die Ideen eines Rousseau und Pestalozzi im praktischen Leben realisirt wurden, als ein Diesterweg und seine Kampfgenossen mit dem lebendigen Odem maurerischer Ideen die Volksbildung beseelten, — aber es blieb ihnen verborgen, woher und wohin dieser Wind weht. Nicht blos hammerführende Brr, wie der langjährige allverehrte Präsident der Versammlungen, Theodor Hoffmann aus Hamburg, Wichard Lange, Ferd. Schnell u. A. haben die Mrei ins praktische Leben übersetzt, nein, auch solche Brr, welche enttäuscht und unbefriedigt von den Zuständen und Leistungen ihrer Logen sich von diesen fernhalten, haben mit echt maurerischem Geiste ihren Stand beseelt und dadurch unserem Bunde einen thatkräftigen Alliirten geschaffen.

Gerade in solchen Zeiten, wo der Staat den Lehrern Nichts gestattete als blinden Gehorsam und stummes Dulden, wo man stolz herabblickte auf den Lehrerstand und den ewig Unzufriedenen überwachen liess, wo man nicht darauf war, wie man ihn geistig und materiell hebe, sondern wie man seine leiblichen und geistigen Bedürfnisse

auf das möglichst geringe Maass beschränke, — gerade da waren Jene am eifrigsten bemüht, ihrem Berufe Männer zu erziehen, deren „Sinn voll Licht, deren Wort voll Kraft, deren That voll Liebe" war. Was im Mrleben die Logenarbeiten, das waren hier regelmässige Conferenzen, Lehrervereine und Lehrerversammlungen. Dass die grösste derselben Wanderversammlung ist, hat seinen besonderen Nutzen, weil dadurch Licht an manchen Ort gebracht wird, der sich noch lange demselben verschlossen haben würde, und Mancher dadurch für die gute Sache gewonnen wurde, der in fremder Macht gefangen lag. Betrachtet man dabei den frischen, regen Geist, der zum Lichte strebt, der tapfer kämpft gegen geistige Zwingburgen, der Alle, die mit ihm wirken, mit gleicher Liebe umschlingt, welcher Religionsgemeinschaft, welchem Volksstamme sie auch angehören mögen; beobachtet man, wie sie sich meist auf den ersten Blick, auch ohne besondere Zeichen erkennen; bemerkt man, wie bei ihnen auch der Brname und zwar ebenfalls nicht nur im Munde existirt, wie die Collegialität als die erste Tugend, ein Verstoss gegen sie als das schwerste Verbrechen gilt: so wird man nicht länger im Zweifel sein, dass man hier einen Baum vor sich hat, den unser altehrwürdiger Stamm ein lebenskräftiges Pfropfreis abgegeben hat. Und am deutlichsten tritt der ihn beseelende Geist in dem Segen, den er stiftet, zu Tage. Von den Früchten, welche die amtliche Thätigkeit schafft, kann ich hier schweigen, da allerorts darüber gerichtet wird. Weniger bekannt dürften jedoch die Anstalten sein, welche dieser Stand in fast jedem einzelnen Lande gestiftet und welche die schönsten Denkmäler des innigen Zusammenhangs seiner Glieder sind. Erstaunlich ist es, wenn man die dürftigen Mittel bedenkt, die den Einzelnen zu Gebote standen und welche doch Stiftungen hervorgebracht haben, die weit in die Hunderttausende gehen. Raubt dem Einen eine Feuersbrunst seine Habe, seine Amtsbrüder bringen sie ihm aufs Neue dar; wirft Krankheit ihn aufs Lager, die Mittel fliessen herbei, mit denen er Linderung und Hilfe suchen kann; naht das Alter heran und macht ihn untüchtig zu fernerer Ausrichtung seiner Geschäfte, — seine Berufsgenossen verscheuchen ihm die Sorgen, um die sich in vielen Fällen der Staat nicht kümmert, dem er gedient. Ja, er kann ruhig sein Haupt zum letzten Schlummer niederlegen: die ihn in die kühle Erde betten, seine Amtsbrüder, sie werden auch die Versorger und Beschützer seiner Wittwe, seiner verwaisten Kinder. — Sei es mir erlaubt, hier eines speciellen Falles Erwähnung zu thun. Vor einiger Zeit wurde in der Pfalz ein junger Lehrer begraben. Seine Collegen standen um seinen Sarg. Er hatte Nichts hinterlassen als sein altes Mütterchen, mit der er bisher treulich sein kärgliches Brod getheilt hatte und der nun mit dem letzten theuern Herzen zugleich die letzte Stütze entrissen war. Da gelobten sich die versammelten Amtsbrüder an seinem Grabe, sie als ihre Mutter anzunehmen; und sie haben es bis heute treulich gehalten. Jeden Monat opfert ein jeder Lehrer der Provinz 6 Kreuzer von seinem Gehalte und dem alternden Haupte ist so geholfen, dass nur noch die Liebe trauert. — Wäre dies nicht ein herrliches Beispiel zu den „Kindern der Wittwe?" Spricht eine solche That nicht beredter als Worte? —

Sicherlich würde man das Wehen dieses Geistes vergeblich suchen, hätten diese Versammlungen ihn nicht angefacht, unterhalten und ausgebreitet. Und mit freudiger Genugthuung kann man jetzt schon bemerken, wie derselbe auch unter der österreichischen Lehrerschaft sich bemerklich macht und zu den schönsten Hoffnungen berechtigt. Jetzt wo die modernen Verkehrsanstalten solche rege Association ermöglichen, vermag die Zeit mit Riesenschritten fortzuschreiten, vermögen solche Versammlungen den Irrthum und Widerspruch zu überwinden und die pädagogischen Wahrheiten zum Bewusstsein der Lehrer des Volkes und der Regierungen zu bringen. Die dabei gewonnenen Thesen werden das geistige Eigenthum und Glaubensbekenntniss der Mehrheit unserer Lehrer, werden von den Besuchern der Versammlungen mit zu den Daheimgebliebenen gebracht und finden Nachklänge in den Herzen der Kinder.

Unwillkürlich erinnern aber diese Versammlungen an unsern Verein deutscher Mr. Was jene für den Lehrerstand und seine Wirksamkeit, das sind unsere Wanderversammlungen für die Mrei. Beiden hat man daher auch nachgesagt, dass sie revolutionär seien. Gewiss sind sie das; denn durch solche Strömung wurden vermoderte, todte Gestalten gestürzt und hinweggeschwemmt, ehe sie in sich selbst zusammenbrachen. Das wahrhaft Gute, Lebensfähige ist von Beiden nie bedroht worden. Wenn aber ganz natürlich Beiden darum auch gleiches Schicksal beschieden war, so ist doch unstreitig unser Mrverein im Verhältniss noch recht gut gefahren.

Es gab Zeiten, wo den deutschen Lehrerversammlungen nicht nur die Lokale verweigert, sondern fast alle Länder verschlossen wurden, wo den Lehrern nicht nur von Staatswegen der Besuch derselben streng untersagt war, sondern wo sie streng deshalb gemassregelt wurden, selbst dann noch, als das Verbot zurückgenommen war, Zu jenen Zeiten war es nur der liberale Herzog von Coburg-Gotha, Br Ernst, der immer und immer wieder die Versammlung in der huldvollsten Weise bei sich aufnahm; und als später auch der freisinnige und edle Grossherzog von Baden in Mannheim an derselben sich selbst betheiligte und ihre Bestrebungen eifrig unterstützte, brach eine äusserlich günstige Zeit an. Freuen wir uns daher für beide, dass nunmehr der Bann gebrochen und eine Zeit gekommen ist, wo man uns sucht und zu sich ruft.

Möchten diese Zeilen dazu beitragen, den Brüdern die Fäden darzulegen, welche den Lehrerstand mit unserm Bunde verknüpfen, damit von Seiten einzelner Brr Schritte nicht mehr zu beklagen sind, die an den letzten Krieg erinnern, wo ein Heer auf seine Alliirten schoss.

Maurerthum und Frauenemancipation.

Von

Br F. Maier in Stuttgart.

(Schluss.)

II.

Wenn wir gesehen haben, dass die Bedeutung unseres Bundes nicht sowohl in seiner thatsächlichen Vergangenheit, als in seiner von den Heroen unserer Nation und Literatur geahnten idealen Zukunft zu suchen ist, so fragt es sich nur, wie jenes Lessing'sche Ideal auf dem Boden der geschichtlich in bestimmten Formen überlieferten Freimrei verwirklicht werden kann.

Zu den wichtigsten Reformvorschlägen, welche grösstentheils von dem Vereine deutscher Frmr ausgingen und in der neuen Verfassung des Frmrbundes der Grossl. „zur Sonne" wenigstens theilweise bereits durchgedrungen sind, möchte ich einen hinzufügen, der uns in neuester Zeit von profaner Seite gemacht wurde und der meines Erachtens eine eingehendere Prüfung unsererseits in hohem Grade verdient.

Die im Berichte der Bauhütte (1869 p. 181) über den von Prof. von Leonhardi veranstalteten Philosophencongress zu Prag erwähnte, eine zeitgemässe Höherbildung der Freimrei betreffende These lautete folgendermaassen: *)

„Die Freimrei sollte der Absicht ihrer Gründer nach das Reinmenschliche pflegen und dadurch ein Band der Bruderliebe stiften zwischen allen denen, die im übrigen Leben durch religiöse, politische oder sonstige Parteistellung getrennt sind. — Aber schon die ursprüngliche Erfassung der freimaurerischen Idee war eine mangelhafte, sofern dadurch die Gleichberechtigung der Frau ausgeschlossen und die Verbindung eine geheime wurde. In Folge davon ist die Freimrei von ihrer idealen Aufgabe mehr und mehr abgekommen, ja da und dort wohl gar in das Gegentheil umgeschlagen. Es wird daher von strebsamen Mrn mit Recht bedauert, dass eine so weit verzweigte Gesellschaft verhältnissmässig so Weniges leistet, während sie doch der Ausgangspunkt einer allgemeinen gesellschaftlichen Höherbildung sein sollte und könnte. Will sie dies werden und die Edelsten und Strebendsten zu diesem Zwecke wieder in sich vereinigen, so muss sie die Idee des allen offnen Menschheitbundes als ihren leitenden Gedanken anerkennen, die Form eines geheimen Ordens, die dem fortgeschrittenen Lebensgeiste sich nicht mehr verträgt, aufgeben und Verzicht leisten auf den Schein jedes andern als des altmaurerischen Geheimnisses: trotz aller Verlockungen des Lebens ein gewissenhaftes, pflichtgetreues Mitglied der menschlichen Gesellschaft zu sein; auch muss sie dann den Frauen die volle Mitgliedschaft zugestehen."

Der letzte Satz dieser These, auf welchem nach dem Zusammenhang offenbar der Hauptnachdruck liegt, ist es, welchen ich einer nähern Betrachtung unterziehen möchte. Die hier gewünschte radicale Umgestaltung unseres Bundes wäre nichts anderes als eine Verwirklichung der von Br Krause, dem wahrhaft maurerischen Philosophen, schon im Jahre 1804 in seinem Naturrecht geforderten Menschheitsbundes, welcher sich nur mit den Angelegenheiten der reinen Menschheit beschäftigen und alle Menschen gleichmässig umfassen sollte und dessen Keime Krause in dem Freimaurerbunde zu erblicken glaubte. Das Ideal dieses ebenso scharfen als tiefsinnigen Philosophen,

*) Verf. möchte der nächsten Jahresversammlung des Vereins deut. Mr als Gegenstand der Berathung den Antrag empfehlen, mit diesem Philosophencongress, der sich mit allen Alle angehenden Fragen beschäftigt, in das Verhältniss gegenseitiger Delegation (Beschickung der Jahresversammlung) zu treten.

dessen hehe wissenschaftliche Bedeutung erst in unseren Tagen ihre volle Würdigung findet, erhebt sich nämlich über das Lessing'sche damit, dass Krause jedem Geschlechte und jedem Alter die Pforte der Krei geöffnet wünschte, also die Zulassung der Weiber, welche des Reinmenschlichen so empfänglich und zu dessen Ausbildung so fähig und so bestimmt seien als die Männer, ja sogar der Kinder verlangte (s. Findel p. 609 sq.)

Es ist mir nun wohl bekannt, dass sich die gewichtigsten Stimmen in unserem Bunde entschieden dagegen ausgesprochen haben, von der Bestimmung der alten Pflichten oder Grundgesetze der neuenglischen Grossl. vom Jahre 1717, wornach keine Weiber Mitglieder der Loge werden dürfen, abzugeben und ich verhehle mir auch selbst nicht, dass eine dahin zielende Reform nur ganz allmählig vorbereitet und durchgeführt werden könnte. Allein es geht mit neuen Ideen gewöhnlich so, dass sie bei ihrem ersten Auftreten aufs heftigste angegriffen, verspottet oder auch todtgeschwiegen werden, bis eine spätere Zeit auf sie zurückkommt, sie als berechtigt und nothwendig erkennt und ihrer Verwirklichung entgegengeführt. Dies wird auch — es ist meine volle Ueberzeugung — das Schicksal der Frauenemancipationsfrage sein, (denn auf diese kommt die Krausesche Forderung in letzter Instanz hinaus) welche, zu Ende des vorigen Jahrhunderts von Hippel in Deutschland angeregt, aber in unseren Tagen durch das neueste Werk des englischen Philosophen und Nationalökonomen J. St. Mill, „The subjection of women" (Die Unterdrückung der Frauen) neue Bedeutung gewonnen hat.

Dass das Weib ein mit dem Manne wenn auch nicht vollkommen gleich ausgestattetes, so doch gleich berechtigtes und bildungsfähiges Wesen ist, ist eine durch wissenschaftliche Gründe ebenso unbestreitbare Thatsache, wie die factische Unterdrückung des weitaus grössten Theils der Frauen, eine Thatsache, die auch im Verlauf der Weltgeschichte in der Weise immer mehr Anerkennung gefunden hat, dass jeder grosse Fortschritt in der Entwickelung der Menschheit überhaupt (ich erinnere nur an das Christenthum und an die erste französische Revolution und verweise im Uebrigen auf Br O. Henne's neuestes ausgezeichnetes Werk, „die Kulturgeschichte im Lichte des Fortschritts", ein Buch, das auf der Höhe unserer modernen Bildung steht und von jedem strebsamen Mr studirt werden sollte) zugleich einen Wendepunkt zu Gunsten der Stellung der Frauen bezeichnet. Schon dadurch wird es wahrscheinlich, dass das Weib dem Manne vollkommen gleich gestellt sein wird, wenn die Menschheit dereinst den Culminationspunkt ihrer Entwickelung erreicht haben und an die Stelle des Rechtes des Stärkeren ein gleiches Recht für Alles, was Menschenantlitz trägt, getreten sein wird.

III.

Die Erkenntniss, dass das Weib ein von Natur mit dem Manne gleichberechtigtes Wesen sei, welche den volkswirthschaftlichen Vertretern der Frauenfrage nur Nebenrücksicht ist, betrachtet Mill als die Hauptsache. Er erwähnt nur beiläufig die Thatsache, dass geistige Befähigung im gegenwärtigen Momente so sehr hinter dem Erfordernisse zurückbleibe und dass der Mangel an Personen, die im Stande sind, Dinge durchzuführen, die einen höheren Grad von Geschicklichkeit und Verständniss verlangen, so gross sei, dass der Schaden, welcher dadurch entsteht, dass man von den Talenten der zweiten Hälfte der Menschen so ziemlich keinen Gebrauch macht und die Ausbildung derselben in auffallender Weise vernachlässigt, (man bedenke, dass die Mehrheit der Frauen keine oder fast keine, die übrigen eine ganz ungenügende und meist durch pietistische und dergl. Parteizwecke verkümmerte Schulbildung geniesst) nachgerade ein sehr ernstlicher werde. Den gewöhnlichen Einwand der Gegner, welcher von dem augenblicklichen Zustand der Frauen ausgeht, ohne die Ursachen desselben in Rechnung zu nehmen, widerlegt Mill treffend wie folgt: [*] „Was immer seit Herodot gesagt und geschrieben wurde, heisst es, über den veredelnden Einfluss freier Staatsverfassungen, über den Nerv und Schwung, welchen sie verleihen, über die höheren Standpunkte, welche sie dem Geiste und Gefühle gewähren, wie viel freier und unselbstischer der Gemeingeist sich entwickele, wie viel kräftiger das Pflichtgefühl sich erhebe und auf welch edleren Standpunkt das Individuum sich in sozialer Beziehung schwinge, ist in jedem Worte ebenso wahr für das Weib, wie für den Mann. Jeder möge sich erinnern, was er empfand, als er als Jüngling der Bevormundung seiner Eltern — und wenn es die geliebtesten und liebevollsten waren — entwuchs und die männliche Verantwortung für sich selbst auf sich nehmen konnte. War es nicht, als wäre eine Last von seinen Schultern genommen? Fühlte er nicht doppelt lebhaft den Werth seines menschlichen Daseins? Und kann man glauben, dass Frauen diese Empfindungen nicht auch kennen? Aber es ist eine merkwürdige Thatsache, dass die Befriedigung und Verletzung des Selbstgefühls, welche den meisten Menschen als Antrieb und Rechtfertigung ihrer Handlungen dient, ihnen bei ihrem Nächsten weit geringfügiger als andere natürliche Empfindungen erscheinen, vielleicht, weil sie dieselben im eigenen Falle mit dem Namen anderer Eigenschaften belehnen und sich nicht bewusst sind, welch' mächtigen Einfluss das Ehrgefühl bei ihnen selbst habe! Diese Triebfedern aber sind beim Weibe mit gleicher Lebendigkeit vorhanden." Ein grosser Theil der Männerwelt wird behaupten, dass das Bedürfniss nach Selbständigkeit naturgemäss dem Weibe fehle und viele Frauen werden dieser Ansicht ebenso sicher beistimmen, als ein schwerwiegender Theil die entgegengesetzte Meinung vertreten und durch die eigene Empfindungs- und Denkungsweise bekräftigen wird.

Mill weist nach, dass dem Weibe ein ebenso lebhaftes Bedürfniss nach Freiheit innewohne, wie dem Manne und dass eine energische Natur, ihrer gesunden Richtung entzogen, den Ausdruck, aber niemals den Trieb ändern könne.

Das Weib, seiner Selbständigkeit beraubt, wird herrschsüchtig und sucht die Ausübung seines freien Willens, das es über sich selbst entbehrt, über Andere zu gewinnen. „Das was man bisher die Natur des Weibes nennt, ist ein durchaus künstliches Ding, das Resultat erzwungener Zurückhaltung und unnatürlicher Steigerung. — Man kann

---

[*] Entlehnt einer Besprechung des Werks von Frauenseite im Feuilleton des Stuttgarter „Beobachters."

sagen, dass keine andere Abhängigkeit den Charakter des Untergeordneten in seinen natürlichen Verhältnissen so gestört und abgelenkt habe, als diese. — Aber das grösste unter allen Hindernissen, mit welchen der moderne Fortschritt zu kämpfen hat, ist die unglaubliche Unwissenheit und Unkenntniss derjenigen Einflüsse, welche auf die Bildung des menschlichen Charakters einwirken. Weil irländische Pächter in der Zahlung ihres Pachtes ihrem Outsherrn gegenüber zurückbleiben, sind sie von Natur faul; weil eine Constitution umgestossen werden kann, wenn die mit ihrer Aufrechthaltung betraute Autorität die Waffen gegen sie wendet, sind die Franzosen einer freien Regierung unfähig, und weil Weiher, wie es heisst, in der Politik sich nur um Persönlichkeiten kümmern, wird angenommen, dass sie für das allgemeine Wohlergehen kein Interesse haben. — Das, was ein Theil der Menschen in der Gegenwart ist oder zu sein scheint, wird als ihre natürliche Bestimmung angesehen, wenn auch die klarsten Beweise der Ursachen vorliegen, durch welche sie so wurden." —

Wenn sich hiermit Mill auf die bekannte Erfahrungsthatsache beruft, dass man ohne im Element des Wassers zu sein, nicht schwimmen lernt und wenn nach dem Gesetze Darwin's zu erwarten steht, dass sich die Fähigkeiten der Frauen in demselben Maasse vervollkommnen werden, als sie entwickelt und geübt werden (denn es ist von C. Vogt u. a. nachgewiesen worden, dass unsere Ahnen weniger Hirn hatten als wir), so sind andererseits die empirischen Beispiele von Frauen, welche sich in den verschiedensten Wissenschaften und Lebenskreisen (als Regentinnen, Schriftstellerinnen, praktische Aerzte u. a.) ausgezeichnet haben, und auszeichnen, allgemein bekannt. Wer aber im Ernste bezweifeln wollte, dass die Frauen für die freimaurerischen Ideen empfänglich sind und uns recht eigentliche Mitarbeit bringen könnten, der lese den „Genius der Menschheit" von Louise Otto-Peters, der begeisterten Vorkämpferin einer wahrhaft menschenwürdigen und der menschheitlichen Lebensaufgabe entsprechenden Bildung und Stellung des Weibes. —

Die principielle Zulassungsfähigkeit der Frauen als gleichberechtigter Mitglieder des Freimaurerbundes dürfte demnach ausser Zweifel stehen und es würde also nur die Frage sein, ob dieselbe ohne völligen Bruch mit den Traditionen unseres Bundes praktisch zu ermöglichen wäre. Ich erinnere in dieser Beziehung an die in den Mittheilungen aus dem Verein deut. Freimaurer II. Band I. H. seiner Zeit von Br Schanberg mitgetheilten Rituale der französischen Frauenlogen und die Abhandlung desselben Verfassers (I. Bd. 3. H. p. 9 sq.) über die Maurerei der Frauen. Dem dort über die französischen Frauenlogen gefällten Urtheile, dass die Rechtsgleichheit dabei nur den Vorwand zu den gesuchten männlich-weiblichen oder brüderlich-schwesterlichen galanten Vergnügungen, Bällen, Concerten, gemeinsamen Essen, Lustfahrten u. dgl.

und die Frauenlogen häufig die Gelegenheit zu gemeinsamem Essen der verbotenen Früchte seien, können wir freilich bei solcher alter Maurerei, welche im günstigsten Falle ein mehr oder weniger geistreiches Spielen mit weichen Gefühlen ist, nur beistimmen. Ob aber aus dieser Verzerrung der Sache ein Rückschluss auf die Sache selbst gemacht werden darf, ist eine andere, wohl der Erwägung würdige Frage.

Es ist in der That gar nicht abzusehen, warum an den wirklichen, ernsten Arbeiten der Brr die Schwestern nicht sollten Theil nehmen können, warum sie nicht in den Hallen der Loge ebenso gut und ebenso sehr ohne Gefährdung des Anstands, wie in denen der Kirche Erbauung und Erfrischung sollten suchen können. Und, was die Hauptsache ist, würden sie nicht ein lebensfrisches Element in diese zugestandenermaassen meist so dürren und leeren Arbeiten bringen? Würde die gemeinsame volle Theilnahme an den Heiligthümern der Maurerei nicht einen fruchtbaren Wetteifer zwischen Bruder und Schwester, zwischen Mann und Frau hervorrufen müssen? Würden wir Maurer nicht dadurch als Vorkämpfer des reinen Menschenthums zur wahren Bildung des weiblichen Geschlechts und damit zur Lösung einer sozialen Frage beitragen? — Unsere „Schwesternfeste" würden dabei ganz in der bisherigen Weise fortbestehen und wenn auch nicht als „reunion de galanterie", vorzugsweise dem geselligen, herzinnigen Vergnügen bestimmt bleiben.

Was schliesslich die Rechtsfrage betrifft, so könnte eine auf gesetzlichem Wege begonnene, auf Verwirklichung jenes Ideals gerichtete Agitation innerhalb unseres Bundes, welcher sich zunächst der „Verein deutscher Freimaurer" zu unterziehen hätte, gewiss nicht als illoyal bezeichnet werden. Wäre dann durch das Mittel der Ueberzeugung dereinst eine Majorität von zwei Drittel Brüdern in einem Grosslogenbund für die Sache gewonnen, so dürfte derselbe getrost, wie jeder andere gesetzgebende Körper, sich selbst in diesem Sinne reformiren.

Die anderen würden bald nachfolgen, wie sie mit Abschaffung der Hochgrade, des christlichen Prinzips und den übrigen zeitgemässen Reformen nachfolgen werden, oder absterben.

Der Gewinn an Lebensfähigkeit aber, der Zuwachs an Weisheit, Stärke, Schönheit, welchen der weibliche Einfluss, dem Mill geradezu die modernen Kennzeichen des europäischen Lebens: Opposition gegen Krieg und Neigung zur Philanthropie zuschreibt, unserem Bunde bringen würde und müsste, lässt sich vorläufig noch gar nicht berechnen. Das ewig Weibliche, die beglückende und sich hingebende Liebe, welche der Kern des weiblichen Wesens, des Gemüths ist und welche uns mit dem All, der Gottheit eint, würde auch in uns Freimaurern Br Goethe's Lösung des Lebensräthsels bewähren:

„Das Ewig-Weibliche
Zieht uns hinan."

182

Feuilleton.

Amerika. — Bei der Feier zu Ehren des 15. Amendement der Verfassung der V. St. hat die Grossl. der Farbigen in Massachusetts bei der Procession ein Banner getragen, mit der Aufschrift: „Die Prince Hall Grosloge grüsst den Grossen Orient von Frankreich wegen Annahme der erhabenen Principien der Freiheit, Gleichheit, Brüderlichkeit ohne Rücksicht auf Race, Farbe oder Religion". Auf der Rückseite der Fahne befand sich die Hand eines Schwarzen die Hand eines Weissen fassend mit den Worten „Deutschland und Italien."

Br Lewis Hayden, Grossmeister der farbigen Grossloge, hatte die Güte uns mehrere Zeitungsnummern mit der Beschreibung der Festlichkeit der Befreiung der Farbigen zu senden, welche Letztere die Losung angenommen: „Nicht die Farbe, sondern das Verdienst!"

Wir feiern unter herzlichen Glückwünschen diesen Triumph der Humanität in Deutschland im Geiste mit.

Arad. — Die Loge „Széchenyi" hier, hat den Herausg. d. Bl. zum **Ehrenmitglied** ernannt.

Berlin. — Die Feier des einhundertjährigen Stiftungsfestes der Grossen Landesloge wird zwei Tage in Anspruch nehmen. Am 23. Juni findet die Bewillkommnung sämmtlicher zum Fest erscheinenden Logen-Deputationen, der Schluss des ersten Jahrhunderts und darauf in anderem Raume ein Bruder-Mahl statt. Am 24. wird die eigentliche Feier, in Verbindung mit dem St. Johannis-Feste, vor sich gehen und darauf eine Fest-Tafel-Loge stattfinden. — Der Bruder Grell wird die Musik leiten und dem hohen Feste entsprechende Tonstücke componiren. (Wöchentl. Anzeiger.)

— Die Gothaer Anträge sind auch in diesem Jahre nicht durchgegangen! Die am 5. Mai in Berlin abgehaltene Conferenz der Grossloge zu den 3 Weltk. hat:

a) den Antrag auf Aufnahme von Nichtchristen vertagt.

b) Der Antrag, dass Tochter-Logen, welche an der Beschickung der jährlichen Maiconferenzen behindert sind, das Recht haben sollten, die zur Berathung in dieser Conferenz gestellten Anträge schriftlich abzustimmen, ist mit grosser Majorität abgelehnt worden.

c) Der Antrag, vorsitzende Meister oder deputirte Mstr. der Logen, wenn solche auch nicht den 4. Grad haben, zu den Maiconferenzen zuzulassen, ist mit sehr geringer Majorität gefallen. (Näheres später.)

Darmstadt. — Das 3. Heft des „Jahrb. der Bauhütten des Eintrachtsbundes" enthält das Rundschreiben der Grossloge zu Bayreuth wider das Concil und den Syllabus, einen Trinkspruch auf die Charitas von Br Gaulé und verschiedene kleine Mittheilungen, darunter den Vorschlag des gel. Br Kahlert zur Einsetzung mr. Deputationen für grössere Mr-Feste und Anwerfung eines Budgetpostens hierfür, weil der mündliche Verkehr und die persönliche Besprechung mr. Reformfragen ungemein wichtig. Ferner den Dank für ein Geschenk, welches Bruder Homberger in Giessen der Charitas überwiesen. Die Wahlen zur Grossloge des Eintrachtsbundes sind, wie bereits mitgetheilt, vorwiegend reactionär ausgefallen. — Das 4. Heft enthält „Kleine Logen auf dem Lande" von Br Nebhuth, Mittheilungen zur Jahresversammlung des „Vereins deut. Mr" und vermischte Nachrichten.

Nr. 113—15 der „Main-Ztg." (Organ der deutschen Fortschrittspartei in Hessen) enthält, mit passender Einleitung und Schlussbemerkung versehen, unter der Ueberschrift „Die Drei und der Protestantenverein" einen Abdruck des gleichnamigen Artikels der Bauhütte von Br Maass. Wir finden diesen Abdruck ganz zeitgemäss und drücken dem gel. Br, der solchen vermittelte, dankbar im Geiste die Hand.

Hof. — Die Loge „zum Morgenstern" hat folgende Brr zu Beamten gewählt: Br Egloff zum Mstr. v. St.; Br Stöckel zum deput. Mstr.; Brr Eckelmann und Müller zu Aufsehern; Br Hörmann II. zum Redner; Brr Helm und Gerber zu Sekretären.

Kissingen. — Brn, welche Kissingen besuchen, theilen wir mit, dass Br Demmler, Besitzer der Villa Oelmühle wie früher so auch in diesem Jahre bereitwillig seine Lokalitäten nebst Garten zur Abhaltung brüderlicher Versammlungen zur Verfügung stellt. Hoffentlich kommt das „Kissinger Maurerkränzchen" auch in dieser Saison wieder zu Stande.

Kopenhagen. — Den Brüdern, welche sich vom schwedischen System losgemacht und unter Br Horwitz eine neue Loge unter der Grossloge von Bayreuth gründen werden, hat sich nun auch Br Mahrer angeschlossen.

Leipzig. — Dem Allgemeinen deutschen Frauenverein in Leipzig ist aus Frankfurt a. M. ein Vermächtniss von Ein Tausend Gulden Rheinisch zugegangen, mit der Bestimmung: die eine Hälfte zum Besten einer Fortbildungsschule für Mädchen, oder zur Ausbildung von Lehrerinnen; die andere Hälfte zur Ausbildung von Krankenpflegerinnen, beides ohne Berücksichtigung der Confession, zu verwenden. Die Erblasserin, Mitglied des Vereins, war Frau Consul Gräbe, geb. Emilie Böttinghaus in Frankfurt a. M.

— Nachdem alle Bemühungen vergeblich waren, den verehrten Br Eckstein zur Wiederannahme des Stuhlmeister-Amtes zu vermögen, ist bei der letzten Wahl der Loge Apollo der um die Loge mannichfach verdiente Br Zille, Herausg. der FrMrZtg., früher deput. Mstr., zum Mstr. v. St. gewählt worden; Dr Anschütz zum deput. Mstr., die Brr Smitt und Hansen zu Aufsehern, die Brr von Leupoldt und Herklotz zu Sekret. Zur Unterstützung des Vorsitzenden ist das Amt eines Redners neu geschaffen und Br Pilz gewählt worden. Die Amtsführung des Dr Eckstein war eine glänzende; der Scheidende, jetzt deput. Landes-Grossmstr., erfreut sich der allgemeinsten Anerkennung und Liebe, sowie der treuen Anhänglichkeit seiner Brr. Möge es dem gel. Br Zille vergönnt sein, unterstützt von dem Vertrauen der Mitwirkung der Brr, die Loge Apollo auf der Bahn des Fortschritts erfolgreich weiter zu führen.

Ungarn. — Dem gel. Br Reimann*) ist es gelungen, vor seinem Scheiden aus Ungarn noch eine Loge zu gründen und

---

*) Br Reimann wird zu unserer Freude an der Vereinsversammlung in Darmstadt theilnehmen. Die Redaktion.

zwar in der zweitgrössten Stadt, in Szegedin. Die neue Loge, an deren Gründung mehrere Brr amerikanischer Werkstätten mit halfen, wird in ungarischer Sprache (nach dem von Br Findel bearbeiteten Rituale) arbeiten und den Namen haben: „Arpad zur Brüche." Bereits haben 14 der angesehensten Männer Szegedins sich zur Aufnahme gemeldet. Die Einweihung findet am 29. Mai statt. Nächstens mehr.

Wien, 27. Mai. — Das vereinigte Johannisfest der Wiener und Oedenburger Brüder, von welchem wir bereits in No. 21 dieses Blattes Anzeige erstatteten, ist definitiv auf den 9. Juli festgesetzt. —

Literar. Notiz. — Im Selbstverlag des Verfassers zu Berlin ist erschienen:

„Das Studium der Freimrei und die ursprüngliche Geschichte derselben von vor der Schöpfung an bis an das 1000jähr. Reich etc. 8 Bände. Bearbeitet von J. Sal. Borchardt, em. Rabbiner. 8. 1. Bd. 234 S. — Inhalt: 1) Geschichtl. Erörterung frmr. Gegenständ. — 2. Axiome über FrMrei. — 3) Das Priesterthum der alten Hebräer. — 4) Aufschwung der FrMrei. — 5) Das alte Meisterwort Jehovah. — 6) Das neue Meisterwort Addonai. — 7) Ursprung und Bedeutung von J. und B. — 8) Hominum facilo und Dara gabra. — 9) Bedeutungen verschiedener Zeichen.

Das ganze Buch ist ein wüstes Chaos hebräischer Worte und gewagter, unbewiesener Behauptungen, ein Gemengsel von Bibelstellen und freimaurerischen Ausdrücken, und all das in unverdaulicher, trockener Darstellung, so dass man beim Lesen ausrufen muss: „Mir wird von alledem so dumm, als ging mir ein Mühlrad im Kopfe herum." Es ist nicht abzusehen, welchen Nutzen dieser Mischmasch stiften soll. Der Verfasser hätte auf das · Durchlesen seiner 8 Bände einen namhaften Preis setzen sollen. —

Maurer. Zopfthum. — „Monde Maç." hebt hervor, dass Br Malapert bei der Installation der neuen freisinnigen Loge Réveil maç. „die kindischen und veralteten Formen" des Schottischen Ritus besonders betont und den Beamten den Eid abgenommen habe, dass sie „jeder Neuerung sich widersetzen und allen Decreten des Obersten Rathes, den erlassenen und künftig zu erlassenden sich unterwerfen" würden. Diese kindischen Formeln wurden nur unterbrochen durch den Eintritt des Grossmstrs. Crémieux und des Br Garnier-Pagés, seines ehem. Collegen in der provisor. Regierung. Schliesslich erklärte Br Malapert dreimal die Loge „im Namen Gottes und des heil. Johannes von Schottland" für eröffnet.

Dieses Schottenthum von 33 Gr. leidet bekanntlich an denselben Fehlern der Verlogenheit, der Frömmelei und der Geschmacklosigkeit, wie das schwedische System der Gr. L. L. von D. Die Redaction der Monde Maç. bemerkt nun bei dieser Gelegenheit: „Wir gehören zu denen, welche für alle Zweige (Systeme) der maurer. Familie die grösste Achtung bekennen; aber wir glauben, der wesentliche Charakter unseres grossen Instituts ist das stete Streben nach Fortschritt. Was wir aber zu Boulogne (bei Installation genannter Loge) wahrgenommen, demnach ist der schottische Ritus die absoluteste Negation desselben; er ist die Verherrlichung veralteter Formen und die Stabilität. Er ist die Negation der Gedankenfreiheit und der Gewissensfreiheit durch die Behauptung eines Dogma. Es ist eine exclusive, religiöse Sekte, nicht die grosse, universelle moralische Verbindung, der Mittelpunkt der Vereinigung für alle freien und guten Menschen" u. s. w.

Darnach ist auch der Schottenschwindel der sog. Loge „Mathias Corvinus" zu Pest zu bemessen; diese Brr sind nur in soweit etwas besonderes, als sie mit Bewusstsein an einer Lüge (der grossen Constitution v. 1786) festhalten und mittelst ihres Bänder-, Grad- und Titelkrams auf die Eitelkeit maur.

Thoren spekuliren, während die FrMrei gerade dazu da ist, allen Vorurtheilen, allem Aberglauben und allen unnöthigen Spaltungen ein Ende zu machen.

Ein Hirtenbrief. — Im „Herold des Glaubens" vom 27. Februar wird der erste Hirtenbrief des neuen Bischofs der Diöcese Alton, Peter Joseph Baltes, veröffentlicht. Natürlich wird darin auch der Freimaurerei gedacht; in dieser Beziehung lässt sich der Herr Bischof folgendermassen vernehmen: .

„Wenn es wahr ist, was von Manchen behauptet wird, dass in den letzten Tagen der Welt der Antichrist an der Spitze einer mächtigen Verbindung von schlechten Menschen erscheinen wird, um gegen Christus und seine heilige Kirche Krieg zu führen, so glauben wir, dass die geheimen Gesellschaften und vorzüglich die Freimaurerei jene mächtige Verbindung sein wird, an deren Spitze er erscheinen soll. Nicht nur alle Mitglieder geheimer Gesellschaften sind excommunicirt, sondern auch alle, die ihnen Vorschub leisten oder sie unterstützen, die ihre Sache vertheidigen — sogar die, welche ihnen Zimmer vermiethen, worin sie ihre Versammlungen halten können.

Alle diese Personen sind vom Empfang der heiligen Sakramente ausgeschlossen und im Banne."

E. Rittershaus, freimaurer. Dichtungen (zu Gunsten der Centralhilfskasse des Vereins):

Or. Basel: 6 Expl. — Or. Bonn: 6 Expl. — Or. Bremen: 4 Expl. — Or. Dresden: noch 11 Expl., im Ganzen 73 Expl. — Or. Essen: 30 Expl. — Or. Halle: 3 Expl. — Or. Klagenfurt: 6 Expl. — Or. Leipzig: Apollo — 3 Expl.; Balduin = 0; Minerva — 0. — Or. Lennep noch 18 Expl., im Ganzen jetzt 55 Expl. — Or. Remscheid: 6 Expl. — Or. Schwiebus: 4 Expl. — Or. Temesvar: 4 Expl.

Briefwechsel.

Br R. in Sch. Betrag erhalten und vom Austritt der Brr Notiz genommen; das Motiv freilich ist wenig stichhaltig, es ist für die Sache der Mrei und den Vs keinen „abgelegen" Orient gibt. Brdl. in Gruss!

Br Sch. in Kr—a. Verbindlichsten Dank! Die betr. Correcturen der Mitgl.-Liste sind gemacht. Herzl. Gegengruss an Sie und alle dortigen Brr!

Br G—r in O. Ihre Notiz kam noch rechtzeitig. Brüderlichen Gruss!

Br A. D—r in W. Die „Bauh." sende Ihnen stets unter doppeltem Kreuzband. Brdl. Gruss!

Br O. in M. N—n. Betrag erhalten; Brdl. Gegengruss! Br Sch.'s Beitrag pr. 69 und 70 ist mir noch nicht zugegangen; soll ich p. Postvorschuss erheben?

Br A. E. in Br. Mittheilung des Vorstands und der Vers.tage des Kr. für das Jahrb. werden mir willkommen sein. Briefl. Antwort später, wenn mehr Zeit. Brdl. Gruss!

☞ Wegen Mangel an Raum in nächster Zeit können wir Forts. und Schluss der Arbeit „Gegenwart und Zukunft der FrMrei", von einem alten Logenbr., in d. Bl. nicht bringen und verweisen wir unsere Leser auf die demnächst erscheinende Broschüre, welche die vollständige Arbeit incl. Vorwort enthält.

D. Red.

No. 24.   XIII. Jahrgang.

Die
BAUHÜTTE.

Begründet und herausgegeben

von

Br J. G. FINDEL.

* Organ des Vereins deutscher Freimaurer. *

Sendschrift für Brr Freimaurer.   Leipzig, den 11. Juni 1870.   MOTTO: Weisheit, Stärke, Schönheit.

Von der „Bauhütte“ erscheint wöchentlich eine Nummer (1 Bogen). Preis des Jahrgangs 3 Thlr. — (halbjährlich 1 Thlr. 15 Ngr.)
Die „Bauhütte“ kann durch alle Buchhandlungen bezogen werden.

Inhalt: Bekanntmachung. — Referat über Werkthätigkeit. Von Br Cramer. — Ein gefährlicher Kath. Von Br J. G. F. — Der Rose Entstehung und Bedeutung. Von Bruder J. M. Buthmann. — Feuilleton: Bayreuth. — Berlin. — Frankfurt a. M. — Pressburg. — Spanien. — Westphalen. — Literatur. — Correspondenz. — Zur Nachricht. — Briefwechsel. — Anzeigen.

Bekanntmachung.

Das unterzeichnete Lokalcomité des „Vereins deutscher Freimaurer“ von den hiesigen Mitgliedern für die Vorbereitungen der diessjährigen Wanderversammlung gewählt, welche vom 23—25. Juli d. J. im Orient von Darmstadt, in unserer Mitte tagen wird, beehrt sich die nachfolgenden Vorschläge zur näheren Kenntniss der Betheiligten, wie aller deutschen Brr Freimaurer zu bringen, denen die unbeschränkte persönliche Theilnahme, mit Ausnahme der Abstimmungen, gestattet ist.

I. Von Samstag, den 23. Juli an werden die mit den verschiedenen Zügen Ankommenden im Bahnhof (im grossen Restaurationssaal des Br Fr. Köhler) von hiesigen Brüdern empfangen werden, die an einer blauen Rosette im Knopfloch zu erkennen sind.

Das Auskunftsbureau befindet sich im Hôtel zum Darmstädter Hof von Br L. Wiener (12. Rheinstr.), Zimmer No. 1 links vom Haupteingang zu ebener Erde, wo während der ganzen Dauer der Versammlungen hiesige Brüder zu gewünschter Auskunftsertheilung bereit sein werden. Hier selbst werden die Gastkarten in Empfang genommen, sowie die bestellten Wohnungen zugewiesen.

Am selben Tage Nachmittag von 2—4 Uhr findet eine Vorstands-Sitzung im Logenhause (18. Sandstrasse) statt.

Daran reiht sich die erste allgemeine Sitzung ebendaselbst von 4—7 Uhr.

Nach Schluss derselben findet gesellige Zusammenkunft im Saale und Garten des Darmstädter Hofes statt.

II. Sonntag, den 24. Juli um 7 Uhr Morgens gemeinschaftlicher Spaziergang nach der im nahen Buchenwalde gelegenen Ludwigshöhe, von wo die herrliche Aussicht nach dem Rhein, der Bergstrasse und dem vorderen Odenwald gewährt ist: Frühstück daselbst. — Diejenigen Brr, welche die Wohlthätigkeitsanstalten, die Krippe, die Kleinkinderschule, die Knabenarbeits- und die Idioten-Anstalt besuchen wollen, werden in derselben Zeit von Brüdern dort eingeführt werden.

Von 11—2 Uhr zweite allgemeine Sitzung im Logenhause.

Um 3 Uhr Bankett im Saale des Gasthofs zur Traube bei Bruder Stempel per Couvert ohne Wein à fl. 1. 24.

III. Montag am 25. Juli Ausflug (wo möglich in Begleitung der Schwestern) nach der Bergstrasse und den Höhen des vorderen Odenwaldes und zwar in zwei Richtungen.

Die erste mit der Main-Neckar-Eisenbahn nach Jugenheim, über den Felsberg, das Felsenmeer und das alte Auerbacher-Schloss.

Die zweite mit der Eisenbahn bis Bensheim über Schloss Schönberg und das Fürstenlager. Sammelpunkt ist Auerbach, wo im Gasthof zur Krone bei Diefenbach Restauration stattfindet.

IV. Dienstag, den 26. Juli Rheinparthie um 7 Uhr mit der Ludwigsbahn nach Mainz, wo der Dom, das römische Museum, das Gutenbergs-Denkmal, das Drusus-Denkmal wie überhaupt die Stadt besichtigt werden können.

Von da ab 10 Uhr 35 M. mit der Eisenbahn nach Oppenheim, wo mit den Brn des freimaurerischen Kränzchens „Concordia zur Landeskrone" nach einem Rundgang durch die Stadt, nach dem Besuch der Katharinakirche, der Landeskrone und einer „Probe ächten Oppenheimer Rebenbluts in den Kellern", ein gemeinschaftliches Mittagsmahl eingenommen wird.

Um 4 Uhr mit der Eisenbahn nach Worms, Besichtigung des Lutherdenkmals und des Doms etc. etc. Um 8 Uhr Rückfahrt nach Darmstadt.

Die allbewährte Gastfreundschaft Darmstadts wird sich am wenigsten in den Bruder-Kreisen verläugnen. Nach ernster Arbeit für die Interessen der deutschen Freimaurerei im Besonderen und des Menschheitsbundes im Allgemeinen werden die lockenden Höhen der Bergstrasse und des Odenwaldes mit den alten Ritterschlössern, und der deutsche Vater Rhein mit seinen uralten Stätten deutscher Sage und deutschen Culturlebens, und seinen Rebengeländen, zwei ungetrübte Freudentage und unvergessliche Erinnerungen allen theilnehmenden Brüdern bereiten.

> „Zur Bergstrass', ihr Brüder, kommt all' an den Rhein,
> Ihr Brüder, wir rathen Euch gut;
> Da geht Euch das Leben so freudig ein,
> Da blüht Euch so fröhlich der Muth." —

Drum auf nach Darmstadt, Ihr Brüder, von Nord und Süd, von Ost und West; auch Ihr, die Ihr noch nicht dem freien Wanderverein der deutschen Freimaurer angehört. Wir heissen Euch Alle zwischen Rhein, Main und Neckar zum Voraus herzlich willkommen!

Orient Darmstadt, den 30. März 1870.

Das Lokalcomité des Vereins deutscher FrMr.

Anmeldungen der Brüder mit etwaigen Wünschen der gastlichen Beherbergung bei hiesigen Brüdern oder der Aufnahme in Gasthäusern wollen an Br C. Gaulé gerichtet werden. (Addr. Generalagent Carl Gaulé in Darmstadt, Elisabethenstrasse Nr. 12.)

Referat über Werkthätigkeit

in der Lokalversammlung des „Vereins deutscher Mr" zu Sangerhausen.

Von

Br Cramer.

Wer den geringen Inhalt und den geringen Erfolg der Loge, wie sie heute im allgemeinen beschaffen ist, erkennt und beklagt, der muss einen bedächtig unternommenen, erneuten Versuch gutheissen, um unsere Verbindung für eine noch so viel Rohheit bergende Zeit und für die unterwühlten Zustände der bürgerlichen Gesellschaft segensreicher wirksam zu machen. Diesen Versuch will der Verein deut. FrMr wagen, indem er vor allem dazu beiträgt, dass mit der Verwirklichung unserer Prinzipien Ernst gemacht wird. Wir wollen also entschieden nichts Neues, sondern nur eine Verjüngung herbeiführen und wer dennoch unsere „Ansichten von Logenzweck und

Mrthum ephemere" oder überhaupt unzutreffende nennt, möge die Richtigkeit seiner Behauptung mit Gründen erweisen. Freilich können auch wir irren, aber wer sich uns nicht anzuschliessen vermag, der sollte unsern guten Willen wenigstens dadurch anerkennen, dass er unser Reden und Thun ohne Voreingenommenheit beurtheilt. Der Verein deut. FrMr möchte sich weder einer falschen Auffassung vom Wesen frmr. That noch einer überstürzenden Hast in den nöthigen Reformen schuldig machen; er protestirt dagegen, dass man die von ihm beabsichtigte Reform mit einer Revolution identificire; er möchte, wie das jeder Vernünftige will, Altes nur ausgeschieden wissen, insofern es veraltet ist.

Der Freimaurerbund ist eine aus dem Volke entsprossene Institution und zur Humanisirung des Volkes bestimmt; er kann weder seinen gesunden Lebensboden im Volke aufgeben noch auf Erfolg verzichten wollen, denn sonst schwebte er als ein phantastisches Gebilde in den Wolken und wäre der Theilnahme denkender Männer unwerth. Der Bund darf sich auch nicht egoistisch darauf beschränken, nur den Kreis der Brr zu erlösen aus den Fesseln, welche die Vernunft, des Menschen und also auch des Menschenthums allerhöchste Kraft gefangen halten; er darf es nicht dem Belieben der Einzelnen anheimstellen, ob und wie sie weiter wirken wollen zur Läuterung der Welt um sie her, denn das hiesse ganz die Unvollkommenheit der menschlichen Natur und den Werth gesellschaftlicher Thätigkeit verkennen. Die blos formalistisch und äusserlich durchgeführte Aufgabe muss den Logen ein vegetirendes Dasein aufzwingen; ein Scheinleben muss die Schwäche der treibenden Idee verrathen.

Werke künden den Geist der sie Schaffenden. Wir haben keinen andern Maassstab, um den innern Werth eines Menschen zu erkennen, als seine Handlungen. Besonders eine Kunst kann Niemand anders als nach ihren Schöpfungen beurtheilen; ja der Begriff der Kunst entsteht erst aus einer eigenthümlichen auf ein schönes Werk gerichteten Thätigkeit. Das äussere Wirken der Frmr hat nun bisher fast allgemein in einem Wohlthun bestanden, in gelegentlichen oder durch Stiftungen vermittelten Geldunterstützungen an Nothleidende, also in Armenpflege. Dies mag in frühern Zeiten gerechtfertigt gewesen sein; heute kann man eine Aufgabe, welche die ganze bürgerliche Gesellschaft mit ihren viel reichlichern Mitteln übernommen hat, nicht mehr als eine eigentlich freimaurerische ansehen, vielmehr müssen wir alle solche Wohlthaten überflüssig zu machen suchen, wie Lessing so schön und treffend gesagt hat. Vergegenwärtigen wir uns auch die gewöhnlichen Geldsammlungen in den Logen, so müssen wir gestehen, dass diese geschwind gegebenen Theilchen des Ueberflusses uns weder glücklicher machen, noch den Empfänger humaner, wir entledigen uns damit mehr unserer Pflichten gegen das Ganze als dass wir sie erfüllten. Nicht einmal Freiwilligkeit der Gaben ist anzuerkennen und es findet gar keine Antheilnahme des Gemüths dabei statt; Liebe, die sich erst im Contact der Seelen entwickeln kann, ist nicht ihr Motiv. Die freimaurerische Kunst beruht wesentlich auf persönlicher Handlung und zwar auf einem gleichmässigen Zusammenwirken Mehrerer oder Vieler; materielle Opfer sind dabei unentbehrlich, dürfen indessen niemals so überschätzt werden als seien sie allein ausreichend, die freimaurerische Gesinnung zu bethätigen. Aber auch die Liebe und das so nothwendige Genossenschaftsgefühl in der Brrschaft gehen verloren durch kalte, blos mit Geld abzumachende Werke, wie die Erfahrung zu lehren scheint; ich wenigstens halte mich überzeugt, dass die Mattherzigkeit und Streitsucht in vielen Logen zum grössten Theil auf jene Ursache zurückzuführen ist. Unsere jetzige „Arbeit" ist selten geeignet, eine volle Manneskraft zu befriedigen und weil es an gründlicher Belehrung, an einem klaren Ziele, an kunstvoller Organisirung der Kräfte und an dem gehofften Erfolge für das Individuum sowohl als auch für die Gesellschaft gebricht, so müssen sich die Einzelnen in Unmuth verzehren und es muss zu allerhand Inconvenienzen kommen. Es wäre aber viel zu erreichen bei dem notorisch guten Willen und Eifer der Neuaufgenommenen und da doch besonders die Mstrschaft jeder Loge die dringendste Verpflichtung hat, für das gute Gelingen der Arbeit zu sorgen!

Dem Gesagten gegenüber werden die Brr nicht verkennen, wie wichtig in jeder Beziehung die Reform der freimaurerischen Werkthätigkeit erscheint. Wir erwarten — um es nochmals zusammenzufassen — von einem kraftvollen äussern Wirken der Brrschaft gewiss mit Recht eine geachtetere Stellung unserer Institution; solche höhere Werthschätzung muss rückwirkend dem ganzen Bunde zu gute kommen, indem sie den Logen wieder mehr als bisher Männer zuführt, die sich im öffentlichen Leben, in Kunst und Wissenschaft bereits als Kämpfer für Humanität ausgezeichnet haben und deren Theilnahme an unseren Arbeiten auf diese selbst, auf die Erforschung und Darlegung der wissenschaftlichen Grundlagen unserer Kunst und also auf deren stetige lebendige Weiterentwickelung von segensreichstem Einflusse werden muss. Aber auch, wenn man unsere Hoffnung auf eine künftige rege Betheiligung der gefeierten Männer unseres Volkes an der Loge für eine chimärische halten wollte, so muss man doch zugeben, dass, wenn es uns gelänge, durch unsere gemeinsame Arbeit Werke zu schaffen, die in der Culturwelt von Bedeutung wären, so müsste dadurch der Gemeinsinn bei uns, das freimaurerische Selbstgefühl und Selbstbewusstsein des Einzelnen sowohl wie des Bundes, diese natürliche zusammenkittende und frisch erhaltende Kraft jeder innigen gesellschaftlichen Verbindung, sie müsste erhöhtes Leben gewinnen und würde uns alsdann über viele andere Uebelstände hinweghelfen. Durch werthvolle, unsern Mitmenschen nützliche Werke können wir auch erst die so hochgepriesene Bruderliebe üben und bethätigen; durch solche Werke würden wir uns recht eigentlich der Würde der k. K. und der Hoheit unserer Aufgabe bewusst; Werke allein machen uns unseres Thuns in den Bauhütten froh; durch sie erhalten wir feste, greifbare Ziele, an die nöthigen werden, an die Stelle allgemeiner Redensarten gehaltvolle Untersuchungen und Belehrungen treten zu lassen. Fallen dann auch einige alte Formen, die der erwachende neue Geist als verbrauchte Hüllen von sich wirft, wer wollte die abgestorbenen beklagen? Wer wollte so geistlos sein, in Aeusserlichkeiten das Wesen zu suchen, da doch der Geist naturnothwendig sich immer wieder andere Formen schafft? — Scheiden mit der neuen Epoche Einige aus unserm Bunde, denen es nur um platte Gemüthlichkeit zu thun war, die nicht arbeiten und mit der Erfüllung übernommener Pflichten endlich Ernst machen wollen, desto besser! Lassen wir sie ziehen, denn Philister richten unfehlbar jede ideale Sache zu Grunde. Uns Allen droht der Materialismus und Egoismus der Zeit mit zunehmender Entfremdung vom Ideale und sucht uns den Stempel eines dürftigen, nur in den Bedürfnissen des Tages aufgehenden Lebens aufzuprägen. Lassen Sie uns daher der ächten, der werkthätigen Freimaurerei pflegen, die wir in wahrhaften Sinne conserviren, wenn wir sie lebendig zu erhalten trachten, während die falschen Conservativen nur Todtes einzubalsamiren wissen. — Nach diesen Ausführungen, die ich im Interesse der Brüder für geboten hielt, welche vom Verein deut. Mr noch keine nähere Kenntniss genommen haben, gehe ich jetzt zum speciellen Theile meines Vortrags über, nämlich zur Schilderung des Studiums der Werkthätigkeitsfrage, in das der Verein deut. Mr seit einiger Zeit eingetreten ist.

Ist Werkthätigkeit Pflicht des Freimaurers, ein Geben

von Almosen aber nicht die entsprechende Art, so ist festzustellen, was Besseres für das Almosen eintreten soll. Aber der Gegenstand einer solchen Untersuchung ist viel zu umfassend, als dass wir hoffen könnten, so leichten Kaufs damit fertig zu werden und er ist viel zu wichtig, als dass wir ermüden könnten im Herbeitragen des Stoffs und seiner Verarbeitung.

(Schluss folgt.)

Ein gefährlicher Rath.

Von

Br J. G. F.

In Nr. 23 der „FrMr-Ztg." gibt ein ungenannter Verfasser den Brüdern in Ungarn den jedenfalls wohl gemeinten, aber gefährlichen Rath, mit den Anhängern des Schottenthums von 33 Gr. gemeinsame Sache zu machen und sich unter dem „weiten Mantel" einer für beide Theile passenden Constitution zu vereinigen. Eine solche naturwidrige Ehe würde aber für die Maurerthum in Ungarn sicher die übelsten Folgen haben, den Grund zu traurigen Zerwürfnissen legen und später eine um so tiefer gehende Spaltung nach sich ziehen. Mögen das die Consuln verhüten, dass das Gemeinwesen Schaden leide! Wir unsererseits rathen den Johannis-Mrn dringend, sich durch scheinbar verlockende Aussichten und Redensarten nicht fangen zu lassen. Eine Verschmelzung mit dem Schottenthum würde der Grossloge von Ungarn nicht nur keinen Segen bringen, sondern ihr vielmehr das Brandmal der Lächerlichkeit aufprägen und in den Augen aller Gebildeten schaden, welche das Hochgradwesen allerwärts für einen überwundenen Standpunkt und für einen Makel der Mrei ansehen, abgesehen davon, dass ein Compromiss mit dem Schottenthum gleichbedeutend sein würde mit der Verleugnung jenes Manifestes, worin kürzlich sämmtliche Johannislogen Ungarns den Stab über die Hochgrade gebrochen und eine davon abweichende begründete Ueberzeugung ausgesprochen.

Das Richtige ist, dass beide Systeme, dass der Joh.-Mrei und das Schottenthum, ruhig und friedlich neben einander hergehen, sich nicht nur nicht befehden, sondern überhaupt total einander ignoriren.

Bei einer Verschmelzung oder einer auch noch so lockeren Vereinigung würde die Grossloge für die 3 Joh.-Grade verlieren und das Schottenthum gewinnen: Die Grossloge würde sich einen geschichts- und zeitwidrigen Ballast auf den Hals laden; sie würde den Antagonismus beider Systeme doch nicht beseitigen können und damit ihre eigene Kraft nur schwächen; sie würde sich die Hände binden, indem ihre Logen dann dem neuen Verbündeten gegenüber ihre Ueberzeugung verleugnen müssten und sich ausser Stand setzen würden, ihre Mitglieder über das Hochgradwesen zu belehren; eine Verbindung mit dem Schottenthum würde überdies eine Art Billigung sein; die hochgraduirten und bebänderten Rosenkreuz- und Kadoschritter würden vornehm auf die Johannisbrr herabsehen, bei den Wahlen ihre Anhänger durchzusetzen bemüht sein, die Verfassung nach und nach korrumpiren,

um schliesslich — das Heft allein in die Hand zu bekommen. Wenn dagegen die Johannislogen und die Grossloge ruhig ausharren, werden sie die Sieger bleiben; denn noch hat der Gr. Or. von Frankreich das Schottenthum nicht anerkannt und ist es höchst fraglich, ob dies je geschieht. Bleibt es aber auf dem Niveau des Winkellogenthums stehen, so werden seine Anhänger ernüchtert und belehrt nach und nach abfallen.

Der Verfasser des Beschwörungs-Artikels in der „FrMr-Ztg." behauptet ganz mit Unrecht, das „Ziel beider Richtungen" sei dasselbe. Wenn dies der Fall wäre, so hätten die Schotten ja gar keine Ursache, sich von der Grossloge zu trennen, selbständig ihre Wege zu gehen und ein unhaltbares System aufrecht zu halten.

Es ist durchaus nicht das Geltendmachen eines Unfehlbarkeits-Standpunkts, wenn man die Anerkennung ausgemachter und zweifelloser Wahrheiten fordert und das Schwarze schwarz, den Tag Tag nennt. Eine ausgemachte, zweifellose und ganz unbestreitbare Thatsache aber ist es, dass die Grundlage des Schottenthums, die sog. grosse Constitution von 1786 auf Fälschung beruht und eitel Lug und Trug ist. Wer aber mit Bewusstsein an einer offenkundigen Lüge festhält, dem fehlt eine jedem Freimaurer unerlässliche sittliche Eigenschaft, die Wahrheitsliebe. Wer „die geistige Hebung" der Menscheit ernstlich will und erstrebt, der muss Vorurtheile, Herrschsucht, Eitelkeit u. dgl. Uebel bekämpfen, nicht nähren und schaffen, wie das Schottenthum thut. Man kann nicht erzieherisch veredelnd auf seine Mitglieder und die Welt einwirken, wenn man an verkehrten und zweckwidrigen Einrichtungen und Anschauungen festhält.

Wenn der Verfasser behauptet, dass ja auch in Frankreich, England, Amerika etc. unter dem weiten Mantel einer gemeinsamen Constitution Johannislogen und Hochgradsysteme neben einander arbeiten, so verräth er damit nur seine Unkenntniss. In England und Amerika sind die Johannislogen alle unter einer Constitution und unter Grosslogen nur für die 3 Grade vereinigt, während die Hochgradsysteme davon durchaus getrennt gehalten werden und unter eigenen, selbständigen Oberbehörden arbeiten. In Frankreich anerkennt der Gr. Or. allerdings einige Hochgrade, aber die Abschaffung steht nahe bevor, da schon vor mehren Jahren bei einer Abstimmung über diese Frage der Minorität nur wenige Stimmen fehlten, um siegreich zu sein. Die Hochgrade des Gr. Orients sind überdies keineswegs identisch mit denen des angebl. schottischen Ritus von 33 Gr., welcher vielmehr in Frankreich eine eigene, vom Gr. Orient getrennte Grossloge besitzt im Suprême Conseil. Der Verfasser des Artikels in der „FrMr-Ztg." kennt offenbar weder die Verfassung und Einrichtungen, noch das Wesen des schottischen Ritus, noch kennt er die Geschichte des Grossen Orients von Frankreichs und all seiner Zerwürfnisse und Streitigkeiten eben in Folge des Hochgradwesens. Nur diese Unkenntniss entschuldigt den Verfasser; denn sonst müsste man ihn für einen verkappten Feind der ungarischen Maurerei halten, für einen Sendling des Schottenthums, der die Johannislogen nur auf die Leimruthe locken will.

Einverstanden sind wir mit ihm, wenn er von „Uneinigkeit" und von offenem Kampfe abräth; aber Alles, was darüber hinausgeht, ist vom Uebel. Die Grossloge von Ungarn soll mit dem Schottenthum nicht paktiren, keinen Compromiss schliessen, noch sich mit ihm vereinigen, sondern es wo möglich ignoriren und sich selber überlassen. Ist aber der Kampf nicht zu umgehen, so ist er unter den gegenwärtigen Verhältnissen besser, leichter und gefahrloser, als nach einer versuchten oder gelungenen zeitweiligen Vereinigung.

Das Vertuschen, das Vergleichen, Versöhnen und Dulden aus falsch verstandener Bruderliebe und Humanität selbst auf die Gefahr der Heuchelei, der Charakterlosigkeit und des Verraths der heiligsten Principien hin ist ein Uebel in unserem Bunde, welches unsere Sache schon vielfach geschädigt hat und das mit Stumpf und Stiel ausgerottet werden muss, wenn je die Maurerei zur Wahrheit werden und unser Bund sich heben soll.

Man vergesse doch ja nicht, dass ein gesundes Glied von einem faulen leichter angesteckt und verdorben wird, als umgekehrt. Die Grossloge von Ungarn für die 3 Johannisgrade ist ein zwar noch jugendlicher und schwacher, aber denn doch ein gesunder Körper. Es wäre durchaus verkehrt, wollte man ihn zu stärken versuchen durch Einflössung von Gift. Wir wiederholen hier nur unsere frühere Mahnung: Principiis obsta! Zu den gegenwärtigen Leitern der ungarischen Grossloge haben wir übrigens das volle Vertrauen, dass sie ihrer Stellung gewachsen sind; fällt doch ihre Pflicht gegen die in der Grossloge vereinigten Johannislogen hier vollkommen zusammen mit der Wohlfarth des Bundes und mit ihren Pflichten gegenüber der Gesammtheit!

Der Rose Entstehung und Bedeutung.

Von

Br J. M. Buthmann,
Altmeister der Loge zur Bruderkette in Hamburg.

Vorgetragen in der Schwesternloge am 27. März 1870 von einer Schwester.

In diesen Räumen, wo von Bruderhänden
Errichtet ward ein Tempel wunderbar,
Stehn heute auch, geschmückt mit Festesspenden,
Wir Schwestern in der treuen Brüder Schaar.
Wie Harfenton klingt es durch diese Hallen,
Ist es der Bundesgeist, der uns umschwebt,
Der freundlich immer, ungesehn von Allen,
Das Liebesband um Bruderherzen webt?
Wir fühlen seiner Schwingen sanftes Wehen
In diesem heut' erschloss'nen Heiligthum,
Er trägt uns sanft zu lichten Höhen,
Wo sel'ge Geister künden Gottes Ruhm.
Drum preisen wir des Maurerthumes Walten,
Und reichen gern, als heil'ges Unterpfand,
Mit ihm die schöne Blüthe zu entfalten,
Dem Bruder stets die treue Schwesterhand.
Die Rosen, uns von Bruderhand gegeben,
Sie sollen uns die ernste Mahnung sein:
Dass immer wir auch unser ganzes Leben
Nur Maurertugend, Schwesternliebe weih'n.
Doch, was der Blumengeist mir leis' vertraute,

Als ich die Deutung näher übersann,
Als sinnend ich auf diese Rosen schaute,
Das nehmt als Schwesterngabe freundlich an. —
Als einst, an jenem grossen Schöpfungsmorgen,
Der Ost erglühte von dem Morgenroth,
Und, was bis dahin lag in Nacht verborgen,
Dem trunknen Aug' sich wonneschauernd bot,
Als blüthenduftend, reichbekränzt die Erde
Im jungfräulichen Schmucke dann erschien,
Um auf den mächt'gen Schöpfungsruf: Es werde:
Zum neuen, schönen Leben zu erblühn:
Da ging der Weltengeist hin durch die Fluren,
Und hauchte Wonne jedem Leben ein,
Und seinen lichtumfloss'nen Segensspuren
Folgt Jubelruf von jedem neuen Sein.
Doch sinnend stand der Mensch, der neugeboren
Im Licht des Geistes zwiefaches empfand,
Was ihm, der zu des Schöpfers Bild erkoren,
Die Sinne wie ein Zauber jetzt umwand.
Raum mocht er noch in seinem Innern tragen,
Was ihm das Herz so tief, so voll bewegt,
Im Freudenrausch fühlt er es höher schlagen,
Er fühlt es, wie zum Himmel es ihn trägt.
Da trat der Schöpfungsgeist mit mildem Frieden
Zu ihm, dem Neuerschaffnen, freundlich hin,
Und Milderung ward und Freude ihm beschieden,
Er fühlt die erste Thrän' im Auge glühn,
Zur Erde sank sie, wie der Thau am Morgen,
Und ihr entspross, so lieblich wunderbar,
Der Schöpfung Krone, die noch still verborgen
Bis dahin in dem Schooss der Erde war.
Die Rose war's in ihrer Pracht und Fülle,
Getaucht in Frühlingsmorgens Purpurgluth,
Gekleidet in der Unschuld reine Hülle,
Wie roth und weiss sie jetzt am Herzen ruht.
Und an derselben hing im Demantscheine
Die erste Zähre, wie ein Tropfen Thau;
So stand sie da in ihrer Gluth und Reine,
Umstrahlt von des Aethers sanftem Blau.
Und als der Mensch das Aug' nun dankend hebet
Zum Meister, der so Herrliches erschuf,
Und dessen Liebe jetzt ihn mild umschwebet,
Da tönt in's Herz es leis' wie Mahnungsruf:
Nimm hin das Bild der Unschuld und der Liebe,
Und bleib in deinem Herzen stets ihm gleich,
Wer in der Brust nur nähret reine Triebe,
Der ist an Schönheit, wie die Rose, reich.
Der solche Pracht den Blumen hat gegeben,
Schmück dich, o Mensch, auch mit dem höchsten Glanz,
Wenn Lieb' und Unschuld immer nur im Leben
Um's Haupt dir winden ihren Blüthenkranz.
Drum sollen auch die Rosen, die wir tragen
Heut' an dem schönen Fest im Bruderkreis
Uns lauter noch als alle Worte sagen,
Dass Lieb' und Unschuld ist des Maurers Preis.
Dass Freude spendend, wie die Pracht der Rose,
Er durch das Leben segenbringend wallt,
Dass, wie ihn fallen auch des Lebens Loose,
Die Liebe stets im Herzen widerhallt.
Des Segens Fülle prangt in Wald und Fluren,
Wenn Rosendüfte durch die Schöpfung wehn,

Allüberall sehn wir der Liebe Spuren,
Sie glänzt in Thälern, glänzt in lichten Höh'n,
So mög' die Liebe denn auch wieder einen
Im Maurerbund, was kalt die Welt getheilt,
Sie tröste Die, die klagen hier und weinen,
Und jede Wunde werd' durch sie geheilt.
Wir reichen gern die Schwesterhand, ihr Brüder,
Zu solchem Werk, das göttlich ist und gross,
Das, wie der Morgenthau träuft segnend nieder,
Bringt Glück und Frieden als das schönste Loos.
Die Schwesternliebe soll mit Schönheit zieren,
Was Bruderstärke kräftig aufgebaut,
Sie soll das Herz mit ihrer Milde rühren,

Dass es nur dankend auf zum Himmel schaut,
Die Rose soll nicht auf der Brust nur glänzen,
Nein, tief im Innern soll sie duftend blühn,
Dass wir das Leben Euch mit Freude kränzen,
Wenn finstre Wolken feindlich es umziehn.
So wollen wir die Maurerpflichten üben,
Euch stets im Leben treue Schwestern sein,
Wir wollen Maurertugend immer lieben
Und gern dem Werke uns in Liebe weihn.
Nicht heute nur, nein, Schwesternfest sei immer.
An Lieb' und Schönheit, wie die Rose reich,
Glänz' unser Leben stets in seinem Schimmer,
Dann wird die Erde schon dem Himmel gleich.

Feuilleton.

Bayreuth. — Bei der letzten Sitzung des Bundesraths der Grossloge „zur Sonne" trug der Grossmeister Br Feustel ein ihm zugekommenes Rundschreiben des Br F. Mayer in Heilbronn vor, in welchem derselbe die in Würtemberg und Baden arbeitenden Logen auffordert, gemeinsam sich zu einer Grossen Loge zu vereinigen, unter dem Hinweis, dass vor einigen Jahren dieser Gedanke von Bayreuth selbst ausgesprochen worden sei. Wahrscheinlich fuhr der Grossmeister fort, sei das Rundschreiben an sämmtliche badische und würtembergische Logen ergangen, wie aus einer br. Zuschrift des verehrten Br von Cornberg hervorgehe, welcher sich ebenfalls über den Inhalt dieses Rundschreibens ausspricht.

Er wolle gern zugeben, dass das Hauptmotiv zu der in jenem Rundschreiben enthaltenen Aufforderung, die weite Entfernung der 4 in Würtemberg arbeitenden Hamburger Tochterlogen von der Mutterloge und die hierdurch nur mit namhaftem Geld- und Zeitaufwand ermöglichte Betheiligung derselben an den Maiversammlungen der Gr.-L. einer gewissen Berechtigung nicht entbehre, müsse sich aber gegen die Behauptung des Br Mayer verwahren, dass der Gedanke einer solchen Vereinigung vor einigen Jahren von hier aus ausgesprochen worden sei.

Wollten die würtemb. und bad. Logen sich zu einer Gr.-Loge vereinigen, so würde ihnen von hier aus zwar kein Hinderniss in den Weg gelegt werden, er halte aber einen solchen Schritt nicht allein für zwecklos, sondern auch für zweckwidrig und den Werth des von Br Mayer gehofften grösseren Aufstrebens des Bundes innerhalb dieser Vereinigung durch die vermehrte Zersplitterung paralysirt.

Wünschten aber die unter der Gr.-L. von Hamburg arbeitenden 4 süddeutschen Logen aus ihrer etwas isolirten Stellung zu treten, so stehe ihnen der Anschluss an den diesseitigen Logenbund frei. Der Umstand, dass die Versammlung der Grossen Loge alljährlich am ihrer Sitz gehalten werden müsse, dass die Entfernung selbst der Logen in Constanz und Hof nach dem Ort der Jahresversammlung keine halb so grosse sei wie von Heilbronn oder Offenbach (Ulm?) nach Hamburg, erleichtern eine lebhaftere Betheiligung an den Bundesangelegenheiten und schliesse durch den persönlichen Austausch der gegenseitigen Ansichten die Glieder näher aneinander, während die verfassungsmässig garantirte Ritualfreiheit diesen Logen gestatte, das ihnen liebgewordene Gebrauchthum beizubehalten.

Bayreuth. — Die Logen „zur deut. Burg" in Duisburg und „zum Tempel der Eintracht" in Posen haben der Grossloge „zur Sonne" in br. Zuschriften den Gefühlen der Freude und Anerkennung Ausdruck gegeben, die der Inhalt des Rundschreibens in Betreff des Concils hervorgerufen. Die Philippika der „FrMr-Ztg." gegen dasselbe scheint nach den vielen Zustimmungen demgemäss wenig Eindruck gemacht zu haben.

Berlin. — Von der Loge zur Verschwiegenheit (3 W.) ist Br Mätzner, früher Meister v. St. einer Tochter der Gr. L. L. von D., fast einstimmig zum Mstr. v. St. gewählt worden.

Frankfurt a. M. — Die Grossloge des eklekt. Bundes hat das Rundschreiben des Gr. Or. von Frankreich sachlich zustimmend beantwortet; der Bericht über diese Beantwortung holt jedoch sehr weit aus und nimmt, mit zarter Rücksichtnahme auf die Berliner Grosslogen, Anstoss an der Fassung jener „Erklärung" des Gr. Or. Ob die Berichterstatter in dem Abfall von der mr. Universalität und in der Ausschliesslichkeit wirklich keine „Verletzung der Humanität und der Brei" erkennen, müssen wir dahin gestellt sein lassen; wir unsererseits pflichten dem Gr. Or. von Frankreich bei und halten es mit der geraden, offenen Aussprache der Ueberzeugung. Indessen ist doch die Erklärung der eklekt. Gr.-Loge nicht blos sachlich correkt, sondern auch gut motivirt, was man jener der Gr.-Loge des Eintrachtsbundes nicht nachrühmen kann. Wir behalten uns vor, auf dieselbe später zurückzukommen und sie eingehend zu beleuchten.

Pressburg, den 23. Mai. — Gestern am 23. d. M. fand die feierliche, ritualmässige Einweihung des neuen, nunmehr definitiven Logenlokales, der schon im Jänner l J. constituirten v. u. g. St. Johannes-Loge zur „Wahrheit" im Orient Pressburg statt, welchem feierlichen Akte, ausser dem dep. Meister der prov. Landes-Grossloge von Ungarn — Br Rosenbaum — und dem Deputirten der Mutterloge „zur Einigkeit im Vaterlande," so wie der Schwesterloge „zur Verbrüderung" zu Oedenburg, auch der um die k. K. so hochverdiente Präsident des Wiener Brudervereines „Humanitas" — Br Schneeberger — in Begleitung von fünf Brüdern beiwohnten. Der Einweihung folgte ein fröhliches Brudermahl, während welchem ausser den üblichen maurerischen Toasten mehrere sehr treffende, Herz und Gemüth erhebende Reden von den Brr Schneeberger, Rosenbaum, Kommorner u. A. m. zum Besten gegeben wurden. Das Brmahl endete erst kurz vor Mitternacht.

Spanien. — Der zu Sevilla erscheinenden freimaurer. Zeitschrift „La Fraternidad" (Revista mensual Masonica), von welcher uns Nr. 1 und 2 vorliegen, entnehmen wir, dass das mr. Licht sich mit bemerkenswerther Schnelligkeit in Spanien verbreitet und dass zu Barcelona, Cadix, Canarias, Cartagena, Cordoba, Ferrol, Habanna, Madrid, Mahon und an andern Orten mr. Werkstätten gegründet werden. Zu Sevilla ist leider auch bereits ein Kapitel entstanden. Unter solchen Verhältnissen sei es an der Zeit, die heiligen Prinzipien unseres Bundes auch durch eine Zeitschrift zu verbreiten. La Fraternidad will die Bundeslehre in ihrer Reinheit vertreten, gegen die Unwissenheit und den Fanatismus kämpfen, philosophische Fragen auf Grund der freien Forschung erörtern u. s. w. Die ersten Nummern sind inhaltlich noch etwas mager und stehen ganz unter dem Einfluss der maurer. Literatur Frankreichs; gleichwohl begrüssen wir die neue Collegin mit aufrichtiger Freude und aller Herzlichkeit und wünschen ihr Glück und Gedeihen. Hoffentlich haben wir uns der Zusendung auch der folgenden Nummern der Fraternidad zu erfreuen; für gütige Uebersendung der ersten Nrn unsern wärmsten Dank.

Aus Westphalen. — In Wien besuchte ich eine maur. Versammlung unter Leitung des Br Schneeberger und habe mich über den herrlichen Geist dieser ca. 50 Brr zählenden Versammlung innigst gefreut. — Wenn irgend thunlich, sehen wir uns im Juli in Darmstadt wieder. (Wie wir hören, wird auch Br Schneeberger als Vertreter der „Humanitas" in Wien und der Oedenburger Loge in Darmstadt an der Vereinsversammlung theilnehmen. Wenn nicht alle Zeichen trügen, wird dies die glänzendste und grossartigste Maurerversammlung, die je in Deutschland stattgefunden.)

Literatur. — Der Redner der Loge Igualdad zu Madrid, Br Pertusa gibt (in spanischer Sprache) heraus: „Tratado General de Franc-Masoneria. Manual del Iniciado," wie es scheint Uebersetzung eines französischen Manuals (Sammlung von Ritualen).

Correspondenz.

Herrn J. G. Findel in Leipzig.

Oedenburg, den 31. Mai 1870.

Gel. Br!

Wenn wir Ihnen, gel. Br, schon für Ihre besondere Mühe verbunden waren, uns das Verzeichniss der verehrten und gel. Brr Buchhändler Deutschlands zuzusenden, um unser Bittschreiben an Dieselben, um freundliche Spende von Büchern zu unserer ins Leben gerufenen Volksbibliothek vom Stapel laufen lassen zu können, um wieviel mehr zu sagen wir Ihnen im Namen unsrer Loge um so mehr noch den verbindlichsten Dank, dass Sie selbst, gel. Br, die Gewogenheit hatten, uns

20 Bücher so gediegenen und werthvollen Inhaltes als Spende zuzusenden,

und ebenso die Brr Buchhändler:

Br W. Dietze in Anclam	19	Bücher.
„ Ad. Oetinger in Stuttgart . . .	16	„
„ B. S. Berendsohn in Hamburg . .	15	„
„ Herm. Fries in Leipzig . . .	15	„
„ L. F. Franke in Quedlinburg . .	9	„

Br F. Bayer Firma Theile in Königsberg Pr. .	9	Bücher.
„ Oscar Bonde in Altenburg . . .	6	„
„ A. Huch in Zeitz	6	„
„ Jul. Unger in Schwäb. Hall . . .	6	„
„ Ernst Lambeck in Thorn . . .	3	„
„ C. F. Wollsdorf in Konitz . . .	3	„
⚹ R. Voigtländer in Creuznach . . .	1	„
„ Hugo Kuh in Reichenbach Pr.-Schl. .	1	„
„ Carl Giessel in Bayreuth . . .	1	„

sonach zusammen: 130 Bücher.

und Br Buchhändler Jos. Noiriel in Strassburg im Namen der ehrw. Loge der vereinigten Brüder in Strassburg frs. 10. und des dortigen verehrten und gel. Br Tugemann frs. 10. = frs. 20. mithin 5 Thlr. 10 Sgr. für die Volksbibliothek zu senden die Güte gehabt.

Haben Sie, gel. Br, die Freundlichkeit, diesen unseren Brief in der von Ihnen redigirten, uns so schätzbaren Bauhütte abdrucken zu lassen, um Ihnen selbst und allen obigen verehrten und gel. Brr Buchhändlern öffentlich hiermit im Namen unserer Loge hierfür den verbindlichsten Dank zu sagen. Mögen Sie alle das Bewusstsein erheben, zu dieser gewiss echt maurerischen Arbeit das Ihrige beigetragen zu haben, um durch die Volksbibliothek die Hebung des Geistes, Charakters und der Denkungsweise unserer Wirthschaftsbürger, ärmeren Handwerker, Lehrlinge, Gesellen und Dienstboten anzustreben, welche Alle deren so sehr bedürfen.

Mögen aber auch noch andere gel. Brüder Buchhändler in Anbetracht dieses erhabenen Zweckes Ihrem Beispiele folgen und durch Zusendung einiger Bücher uns deren br. Beihilfe bethätigen.

Können Sie unser Wirken in einer oder der andern Art auch in der Folge noch unterstützen, so ersuchen wir sehr, uns Ihr Wohlwollen gütigst angedeihen zu lassen, und mit dieser Bitte haben wir die Ehre, Ihnen im Namen der Loge unter wiederholtem Dank deren ehrerbietigsten brüderlichen Gruss zu entrichten, und ebenso uns mit Hochachtung und br. Gruss zu zeichnen i. d. u. h. Z. 3×3

Im Namen der Loge zur Verbrüderung für das Comité zur Volksbildung Ihre treuverb. Brr

Karl Thiering,
Comité-Mitglied und Vorsitzender.

Heinr. Flandorffer,
Comité-Mitglied und Schriftführer.

Zur Nachricht.

Das von mir umgearbeitete Ritual des ersten Grades der Loge zur edlen Aussicht stelle ich allen Logen unentgeltlich zur Verfügung.

Freiburg i. Br. August Ficke.

Briefwechsel.

Br M. F. in M. Unsere Briefe haben sich gekreuzt. Ihr seid Anfang Juli willkommene Gäste! Wenn Du den Juli über hier bleibst, kannst Du während m. Abwesenheit das Geschäft führen. Weiteres mündlich, da ich nun alle Zeit und Kraft auf die Vollendung meiner „Geschichte" concentriren muss. Hrzl. Gruss!

Br G. W. in W—a. Sehr erfreut über Deine Mittheilung; besten Dank. Dein C. und wir Alle wohl und munter. Auf baldiges Wiedersehen! Brdl. Gruss!

Br Gärtner in Dr—n. Ihre echt poetischen Bausteine sind stets hoch willkommen; für die beiden letzten den wärmsten Dank. „Des Mrs Ferien" erscheint ehestens in d. Bl. Hrzl. Gruss und glücklichem Johannisfest!

Br D—l in M—da. Adhuc stat! habe ich Ihnen sofort unter Xbd gesandt. Hrzl. Gegengruss!

Br G—r in B. Das Gewünschte sandte ich Ihnen unter Xband. Brdl. Gegengruss!

Br K. in A. Für die Notiz den wärmsten Dank, Ihren Wink werde ich beachten. Br Seydels Photogr. übersende nächstens mit den Drucksachen in gewünschter Weise: dass mein „Anti-Schiffmann" dort ausserordentlich gefallen", freut mich. Hrzl. Gegengruss; briefl. Antwort müssen Sie mir erlassen.

Br A. K. in G. Der Betrag ist pr 1871 notirt; brdl. Gegengruss!

Br Louis Schl. in S—n. Der Betrag ist der Jahresbeitrag für den Verein deutscher Mr. pr. 1870, worüber Ihnen Quittung im Januar bereits zugegangen. Der Prospect war nur beigelegt. Brdl. Gruss!

Br St. in Gl. Ihren lieben Brief beantworte später, wenn mehr Zeit; das Gewünschte erfolgt durch F. Buchh. dort. Auch ich bin mit vielen Brrn der G. L.-L. befreundet und weiss, dass Br Sch—nn in St. eine höchst liebenswürdige und auf kirchlichem Gebiet freisinnige und charaktervolle Persönlichkeit ist; aber für seinen freimr. Standpunkt habe ich absolut kein Verständniss. Innerhalb der L.-L. fängt es indessen bedenklich an zu wanken. Inzwischen brzl. Gruss, auch von Schw. F., und warmen Händedruck!

Br Dr. Schm. in E. Betrag erhalten und Statuten nebst Quittg etc. an Br H. in Rl. direkt gesandt. Brdl. Gruss und Handschlag!

Anzeigen.

Inserate

finden durch die „Bauhütte" weite und und wirksame Verbreitung:

Pr..gesp. Zeile = 1½ Sgr.
„ durchl. „ = 3 Sgr.

Vergünstigungen bei 3mal. Wiederholung.

Leipzig.   J. G. Findel.

Einladung.

Sämmtliche württemberg'sche Logen feiern nach einem früheren Uebereinkommen alle 3 bis 5 Jahre ver-eint das

Johannisfest

sowohl zur Förderung und Befestigung des gegenseitigen innigen Anschlusses, als auch zur Hebung des gemeinschaftlichen Interesses für einen gedeihlichen Fortschritt und eine segensreiche Thätigkeit in der Freimaurerei.

Die diessjährige Feier findet am Sonntag, den 26. Juni im grossen Königsbausaale dahier statt. Beginn der Festarbeit: Vormittags 10¼ Uhr präcis; nach derselben Festbankett im gleichen Lokale; Preis eines Gedecks fl. 1. 45 kr. Am Abend vorher vereinigen sich die Brüder im Banketsaale der unterzeichneten Loge, welche die Leitung des Festes übernommen hat und die gel. Brr aus Nah und Fern zu möglichst zahlreicher Betheiligung freundlichst einladet.

Anmeldungen und Wünsche in Betreff des Logis u. s. w. wollen an den Br Sekretär gerichtet werden.

Or. Stuttgart, im Mai 1870.

Im Namen der Loge „Wilhelm zur aufgehenden Sonne:

Dr. Feodor Löwe,   C. Heimsch, jun.   G. Lemppenau,
Mstr. v. St.   Deput. Mstr.   I. Aufseher.

Ad. Widmann,
corresp. Sekretär.

Verantwortlicher Redacteur: Br J. G. Findel. — Verlag von Br J. G. Findel in Leipzig. — Druck von Brr Bär & Hermann in Leipzig.

No 25.   XIII. Jahrgang.

Die
BAUHÜTTE.

· Begründet und herausgegeben

von

Br J. G. FINDEL.

* Organ des Vereins deutscher Freimaurer. *

Handschrift für Brr Frr Mr.   Leipzig, den 18. Juni 1870.   MOTTO: Weisheit, Stärke, Schönheit.

Von der „Bauhütte" erscheint wöchentlich eine Nummer (1 Bogen). Preis des Jahrgangs 5 Thlr. — (halbjährlich 1 Thlr. 15 Ngr.)
Die „Bauhütte" kann durch alle Buchhandlungen bezogen werden.

Referat über Werkthätigkeit

in der Lokalversammlung des „Vereins deutscher Mr" zu
Sangerhausen.

Von

Br Cramer.

(Schluss.)

Betrachten wir die Grundrichtungen, in denen sich
die Cultur und folgeweise auch die Humanität vorwärts
bewegt, so treffen wir auf zwei: entweder es wird materielles Eigenthum über das Nothdürftige hinaus angehäuft,
oder aber geistiges Eigenthum, Bildung. Beide Richtungen
verlaufen keineswegs isolirt neben einander, sondern ver-
flechten sich vielfach und bedingen sich gegenseitig;
durch beide wird diejenige Kraft erzeugt, welche den
Kampf aufnimmt mit der rohen, aus der Natur oder aus
der Gesellschaft stammenden Gewalt, die das Menschenthum an seiner Entfaltung stetig hindert. Danach würde
Jeder, der die Humanität wesentlich fördern will, jene
Widerstandskraft hervorzulocken und zu unterstützen
haben, indem er dazu mitwirkt, dass körperliches und
geistiges Besitzthum auch in den untersten Schichten des
Volkes immer mehr zunehmen. In dieser Beziehung haben
zwei der vom Verein deut. Mr veranlassten Preisarbeiten
gezeigt, wie sich freimaurerische Werkthätigkeit beider
Richtungen annehmen und fruchtbar in ihnen verwerthen
könne.

Br Hufschmidt betont vor allem die Hebung der
Volksbildung; er sagt, unsere Hilfsleistung müsse dahin
gehen, dass aus jedem Menschen wird, was nach seinen
Anlagen Gutes aus ihm werden könne. Auch er ist der
Meinung, dass Anstalten für Waisen, Blinde, Taubstumme,
Blödsinnige etc, für welche sich bereits die Menge interessirt und — füge ich hinzu — für die der Staat oder
die Commune eintreten muss, dass also solche Anstalten
allerdings auch von den Brn unterstützt werden können,
dass sie aber nicht vollständig der Freimaurerei entsprechen, die Höheres will. Nur die sog. verschämten
Armen solle der Mr aufsuchen und unterstützen, sonst
aber seinen Einfluss aufbieten für eine bessere Erziehung
und Bildung des Volks. Es sei z. B. die Bildung der
Töchter der unteren Klassen so mangelhaft, dass aus ihnen
wiederum keine guten Mütter werden könnten; wir müssten überhaupt unentgeltliche und confessionslose Schulen
erhalten, von denen auch die höhern dem Unbemittelten
zugänglich seien. Der Einfluss der hyperorthodoxen Geistlichen auf die Schule müsse beseitigt werden; der Staat
habe Fortbildungsschulen zu gründen und zu subven-
tioniren, zu deren Besuch die Kinder nach Verlassen der
Elementarschule verpflichtet sind; endlich müssten die
Seminare reformirt und die Stellung der Lehrer eine würdigere und lohnendere werden. Br Hufschmidt verkennt
nicht, dass alle diese Wünsche nur langsam realisirt werden dürften, aber er will, dass sie entschieden allen Brn
als zu erstrebendes Ziel vorschweben, an dessen Erreichung
Jeder nach Massgabe seiner Geltung im profanen Leben
mitarbeitet. Ein kräftiger Anlauf dazu würde genommen
sein, wenn wir vorerst wenigstens Kindergärten nach
Fröbels System einrichteten; wenn wir Erziehungsvereine
gründeten, um hervorragende Talente unter den Kindern

des Volkes aufzusuchen und auszubilden; alsdann Bildungsvereine für Erwachsene: auch müssten wir gute und billige Volksbücher verbreiten und die Vergnügungen des Volks zu veredeln suchen.

Ich selbst bin in der Beantwortung der Preisfrage wohl zu einseitig von dem Gesichtspunkte ausgegangen, dass zunächst die materielle Lage des Volks gehoben werden müsse; unter einer Arbeiterbevölkerung lebend, glaubte ich mich überzeugt zu haben, dass eine Bildung dieser Klassen ohne nachhaltigen Erfolg sein müsse, wenn nicht erst die leibliche Existenz eine über das Mass des Nöthigsten hinausgehende Sicherung erführe. Ich habe deshalb — abgesehen von einer unerlässlichen, gründlicheren Belehrung in den Logen — darauf hingewiesen, dass sich die FrMr zu Vertrauensmännern des Publikums aufschwingen und dadurch zu einer öffentlichen Macht werden müssten; sie würden alsdann auch über die geistigen und materiellen Kräfte der Nichtmaurer verfügen, um sie zum Besten des Ganzen zu leiten und zu verwenden. Wir FrMr mögen Institute, die nur für die Brschaft bestimmt sind, aus eigenen Mitteln bestreiten, aber unsere Exclusivität darf keinesfalls so weit gehen, dass wir bei gemeinsamem Wirken im Volke die Hülfe von Profanen verschmähen. Es handelt sich ja auch nicht allein um Hebung der niedern Schichten des Volks, sondern ebenso sehr um die Bekämpfung der Selbstsucht in den Höhern, was zweckmäsig durch Zulassung zur Theilnahme an unsern humanen Anstalten geschieht. Es kann mir selbstverständlich nicht einfallen, zu verlangen, dass Jeder von uns sein Hab und Gut hergeben solle, um es unter die Vermögenslosen zu vertheilen; auf dem Eigenthum beruht, wie gesagt, die ganze Cultur, deren Blüthe die Humanität ist, auch wird es stets mehr und minder Begüterte geben; aber wir können durch unsere persönliche Vermittlung und uneigennützige Theilnahme auf Selbsthülfe beruhende Genossenschaften gründen, mittelst deren die Besitzlosen sich emporarbeiten; das stärkt ihr Selbstgefühl, treibt sie zur Geistesbildung an und sie werden auf diese Weise zu edlern Menschen. — Wie Br Hufschmidt keine Bildungsanstalt, so habe ich auch keine cooperative Genossenschaft als eine vorzugsweise für Freimaurer passende empfehlen können und wollen, denn die zu errichtenden bleiben Sache der lokalen Verhältnisse und der Fähigkeit der Unternehmer. Alle möglichen müssten geschaffen, aber natürlich die dringendsten vorgezogen werden und ein grosser Brkreis mit den mannichfachsten Capacitäten könnte recht gut mehrere zugleich ins Leben rufen.

Wer dennoch unbefriedigt davon bleibt, dass nicht ein bestimmtes, von allen Logen gleichmässig zu pflegendes Institut ausgemittelt wurde, wie es etwa die Unterrichtsliga in Belgien und Frankreich, oder die gemeinnützigen Gesellschaften in Holland und der Schweiz, oder die Gesellschaft für das Wohl der arbeitenden Klassen in Deutschland ist, der möge bedenken, dass das Aufsuchen einer solchen überall möglichen Werkthätigkeitsanstalt vorläufig und solange eine müssige Aufgabe bleibt, als die Grosslogen nicht selbst Lust und Liebe zeigen, in dieser Beziehung vorzugehen, denn die Direktion und Centralisation ihrerseits erscheint unumgänglich. Aber die Preisfrage war, wenn auch nach der Art maurerischer Werkthätig-

keit, doch wieder zu allgemein gestellt, als dass man sie hätte durch den Hinweis auf eine specielle ausschliesslich für Freimaurer passende Anstalt beantworten können. Soviel wenigstens dürften wir jetzt als nachgewiesen betrachten, dass die Brrschaft künftig statt der Armenpflege mehr und mehr eine solche Thätigkeit in der profanen Welt zu entwickeln habe, welche auf die Geistes- und Charakterbildung unseres Volkes abzielen, welche also der Loge einen nationalen Werth und damit einen allgemeinen Culturwerth verschaffen muss. Ich weiss es wohl, dass manche erfahrene und thätige Brr ein solches Betonen äusserer Wohlthätigkeitsübung in der Brrei nicht befürworten, denn sie befürchten davon Zersplitterung und ein Abziehen von den geistigen Zielen; aber sie mögen sich überzeugen: 1) dass — wie die Geschichte lehrt — die freimaurerische Idee verkümmert, wenn sie nur innerhalb der Loge geübt wird und ohne äussere Werke bleibt; 2) dass auch ausserhalb der Loge ein gemeinschaftliches Bauen in unserer Kunst entsprechende ist; 3) dass unsere Hülfe hauptsächlich den geistig Armen gewährt werden müsse, aber geistige und moralische Hebung unter allen Umständen eine materielle Unterstützung erfordere; endlich 4) dass Werkthätigkeitsanstalten für die kleineren Kräfte in unserm Bunde das einzige Mittel sind, sich an unserer grossen Aufgabe fruchtbar zu betheiligen.

Wenn nun der Verein deut. Mr das Logenwesen auf eine höhere Stufe der theoretischen und praktischen Ausgestaltung erheben will, so hat er ohne Zweifel das Verhältniss der Loge zur Culturbewegung unserer Zeit zu untersuchen, nach unserer heutigen Welt- und Lebensanschauung die Aufgaben der Loge allseitig zu verdeutlichen und vor allen Dingen den crassen Indifferentismus innerhalb der Brrschaft zu bekämpfen. Denn, schreibt mir sehr richtig ein Br gelegentlich einer Kritik meiner Preisarbeit, was hilft alles Hinweisen auf den geraden, wenn auch mühsamen Weg zum Ziele, wenn Niemand ihn gehen mag. Die Freimaurer kommen mir vor, wie ein ganz besonderer Schlag von Menschen, die gar nicht ins volle Menschenleben hineingreifen, sondern in ihren stillen Kammern seitab der Welt etwas Romantik treiben wollen. Das und ein wenig Ueberschwang des Gefühls, der jedesmal mit dem Verlassen der Loge verwehe, sei so ziemlich Alles. Ich will mich hier nicht weiter in diese Materie einlassen, da ich vorhabe, in Darmstadt die Ursachen des Indifferentismus aufzudecken und unsere Kräfte zu einem geschlossenen Vorgehen gegen diesen mächtigsten Feind des Besserwerdens aufzurufen. Da nun aber von den verschiedensten Seiten Vorschläge kommen, dass auch unser Verein, gleichwie eine Loge oder ein Logenbund Werkthätigkeitsanstalten gründe, so möchte ich mich gleich hier entschieden gegen eine Verrückung unserer Zielpunkte verwahren und gegen eine solche Zersplitterung unserer in erfreulichem Wachsthum begriffenen Geldmittel, dass wir uns in den Ausgaben für unser Hauptwerk vielleicht beschränken müssten. Es wird in Zukunft unbedingt eine grössere Verwendung von materiellen Mitteln unsererseits erforderlich sein. Unser Verein hat bisher bei einer geringen, zerstreut wohnenden Mitgliederzahl, wodurch wir an einer kräftigern, einheitlichern Action behindert waren, nicht recht zur Blüthe kommen können; neuerdings gestaltet sich unsere Lage aber fortwährend besser. Ich will nun nicht auf unsere Statuten recurriren, die uns äussere Werke im Sinne der gleich zu besprechenden Vorschläge gar nicht vorschreiben, denn ich bin mit Br Thost der Meinung, dass wir Statuten eigentlich gar nicht gebrauchen; ich werde mich selbst gern der Majorität der Vereinsgenossen fügen, wenn diese zur Stärkung auch unseres Genossenschaftsgefühls die Schöpfung eines Allen sichtbaren Instituts für nützlich hält, aber wenn man auf diese That zu grossen Nachdruck legt, so befürchte ich, dass mancher Br sei er schon im Verein oder trete er erst künftig ein, sich in den Glauben einwiegen wird, mit seinem Beitrage zur Centralhilfskasse sei er einer persönlichen, agitatorischen Wirksamkeit überhoben; letztere sei Sache des Vorstandes und einiger anderer Brr. Wenn diese falsche Anschauung um sich griffe, so könnten wir niemals das uneingeschränkte Vertrauen der öffentlichen Meinung der Brrschaft gewinnen und auch unser Verein würde in Lethargie versinken.

Dies vorausgeschickt, will ich jetzt die für Verwendung der Gelder unserer Centralhilfskasse gethanen Vorschläge in ihren Hauptzügen skizziren. Es liegen nicht viele Projecte vor, aber schon die Verschiedenheit der wenigen belehrt uns, dass eine die meisten Brüder befriedigende Wahl schwer werden dürfte, wenn wir nicht wenigstens an dem Principe festhalten, vorweg alle diejenigen Projecte zu verwerfen, deren Verwirklichung dem Staate oder den Communen als eine bereits gesetzlich bestimmte oder im Rechtsbewusstsein der Zeit liegende Pflicht zukommt.

Ueber den brieflich an den Vorsitzenden unseres Vereins gerichteten Vorschlag einer Dame, in den grossen Städten billige und gesunde Arbeiterwohnungen zu bauen, kann ich kurz hinweggehen, denn so gut er gemeint und wie dringend nöthig das Verlangte auch ist, so steht er doch ausser allem Verhältniss zu unsern Geldmitteln. Uebrigens werden besonders Fabrikanten, welche die Körperkraft der unteren Volksklassen in grösserm Maassstabe verwenden müssen, durch den zunehmenden Arbeitermangel zur Herstellung solcher Wohnungen immer mehr gezwungen. Besser mit unsern Geldmitteln in Einklang ist der Vorschlag des Br Schröter in Dresden, daselbst eine Schule für schwachsinnige Kinder zu gründen. Sollte denn aber in dem viel verdienenden und luxuriösen Dresden der humane Sinn der Bürgerschaft so abgestorben sein, dass sich durch eine mittelst der Presse, in Versammlungen und durch Petitionen an die Behörden zweckmässig geführte Agitation für Errichtung der gewünschten Schule nicht die erforderliche geringe Summe erzielen liesse? Das scheint nicht glaubhaft. Möchten zuerst die unserm Verein angehörigen Brr in Dresden doch einmal den bezeichneten Weg der Selbsthülfe einschlagen; der dort bestehende „Verein fürs Leben", in welchem einer der unsrigen bereits mit Beifall aufgenommene Vorträge hält, bietet einen Anhalt zur Propaganda und die dortige Brrschaft sowie andere einflussreiche Personen werden ihre Theilnahme nicht versagen. Mit der Sorge für schwachsinnige Kinder beschäftigte sich kürzlich auch der „städtische Verein" in Leipzig und in Folge dieser Anregung werden die Behörden einstweilen Nachhülfeklassen für schwachsinnige Kinder anlegen, um Erfahrungen zu sammeln, was weiter zu geschehen habe. Würde der

gel. Br Schröter in Dresden denselben Erfolg erringen, so müsste dies gelungene Experiment für diejenigen Brr von bedeutendem Nutzen sein, welche immer erst aus einem vorgemachten Beispiele Antrieb zum Handeln und Sicherheit des Strebens hernehmen. Dass die in Rede stehenden Schulen noch in vielen anderen Orten ein dringendes Bedürfniss seien, das unterliegt gar keinem Zweifel.

Die nun folgenden Vorschläge führen uns auf das Gebiet der in der Neuzeit so vielfach verhandelten Frauenfrage, die wohl einmal eine Gesammtdarstellung vom freimaurerischen Standpunkte aus verdiente, denn es ist in ihrem Bereiche nicht allein von Brn Grosses zu leisten, sondern wir müssen auch endlich die der Thätigkeit unserer Schwestern gemässen Wirkungskreise deutlicher feststellen. — Br von Cornberg hat bis jetzt über die von ihm proponirte Bildungsanstalt für weibliche Dienstboten noch nichts Näheres veröffentlicht; wenn der gel. Br die Schaffung einer Anstalt meint, in der Mädchen, die augenblicklich ohne Dienst sind, ein vorübergehendes Asyl finden, in dem sie durch nützliche, fortbildende Beschäftigung vor der Noth mit ihren Versuchungen bewahrt bleiben, so würde sein Vorschlag in demjenigen des Br Verkrüzen in Stuttgart enthalten sein.

Der letztgenannte Br nämlich, dessen Plan auch erst nächstens in der Bauhütte erscheinen wird, will maurerische Werkthätigkeit ins wirkliche Leben übertragen mittelst einer Gesellschaft zur Besserung und Rettung gefallener Frauenzimmer. Man müsse selbst in der Prostituirten noch die Schwester anerkennen und Freimaurer müssten an den Arbeiten auf einem Gebiete sich betheiligen, wo von den Männern so viel gesündigt werde und wo das Weib der Hülfe und des Schutzes so sehr entbehre. Der Br Verkrüzen hielt weniger Besserungs- und Rettungsanstalten für sittlich verkommene Frauenzimmer für nöthig als vielmehr Massregeln, durch die Fehltritte möglichst verhütet oder doch die Folgen der geschehenen nach der moralischen Rehabilitation der betr. Personen gemildert werden. Er beansprucht darum eine umfassende, persönliche Thätigkeit der Mitglieder der Besserungs- und Rettungsgesellschaft, deren allerdings schwere Aufgabe vor allem Muth und Einigkeit erfordere. Den Bedrohten und Gefallenen soll also hauptsächlich geholfen werden durch Rath und nur in so weit durch die That, als durch Empfehlungen und Bewilligung vorübergehender Geldunterstützung mit Erfolg geschehen könne. Die nöthigen Gelder sollen durch die Brr und durch Sammlungen bei Profanen aufgebracht werden. Durch die Bekanntschaft unter den Brn sollen die gefallenen Frauenzimmer Stellen an entfernten Orten erhalten, wo sie unter dem Schutze eines Bruders stehen. Die Brr sollen sich ferner betheiligen bei Anstalten, wo Frauen zur Erwerbsfähigkeit geschult werden, wo Stellensuchende Nachweisung erhalten und Arbeitslose Unterkunft. Eine scharfe gesetzliche Regelung der Prostitutionshäuser müsse angestrebt und die Frage studirt werden, wie am besten für neugeborene uneheliche Kinder zu sorgen sei. Nur für die tiefer gesunkenen Frauenzimmer sollen Rettungshäuser errichtet werden, auch seien Vorkehrungen zu treffen, um das Fortkommen der als gebessert Entlassenen zu sichern. Der gel. Br Verkrüzen hat uns da auf ein Arbeitsfeld aufmerksam gemacht, welches die grösste Beachtung der Brrschaft verdient; er huldigt indessen durchaus nicht der Ansicht, dass es eine einzige beste Art der freimaurerischen Werkthätigkeit gäbe und dass die von ihm empfohlene Wirksamkeit dieser besten Art entspreche. Dennoch hofft er durch allseitige Besprechung auf eine rege Theilnahme für sein Project und er wünscht, ohne eigentlich Anspruch auf unsere Centralhilfskasse zu erheben, dass unser Verein deut. Mr auch für die von ihm vorgeschlagenen Bestrebungen die centralisirende, gewonnene Erfahrungen nach allen Richtungen hin wieder verwerthende Instanz bilde.

Der Vorschlag des Dr Thost endlich geht dahin, eine Fortbildungsanstalt für die Töchter von Brn zu gründen. Ich will hier nicht wiederholen, was der Genannte bereits in seinem Rundschreiben ausgesprochen, sondern nur hinzufügen, dass auch er von der Ueberzeugung durchdrungen ist, dass alles an Mildthätigkeit oder Armenpflege Erinnernde nicht mehr Sache der freimaurerischen Werkthätigkeit sein könne; vielmehr müssten wir gemeinsame Institutionen schaffen, welche der Menschheit und zugleich den Brüdern nützen. Br Thost glaubt annehmen zu dürfen, dass wir in ca. 4 Jahren an die Errichtung der von ihm projectirten Anstalt gehen können, resp. dass unser Fonds alsdann 6—8000 Thlr. betragen werde, zu denen wir eine gleiche Summe als Hypothek zu erwerben hätten. Es sollen in die Anstalt nicht über 50 lange vorher anzumeldende Töchter aufgenommen werden und, wenn jede 200 Thlr. Pension zahlt, sämmtliche für Zinsen, Direction, Haushalt, Bedienung etc. erwachsene Kosten gedeckt sein. Hat der Verein künftig noch mehr Zuschüsse zu machen, so sollen die Töchter weniger Bemittelter Brr für ein geringeres Pensionsgeld eintreten. Es würden freilich nicht alle Brr reellen Antheil an dem Institute nehmen können, auch müssten wir für unsere angelegten Gelder nicht nach pecuniärem Gewinn trachten, als für den unsichtbaren Gewinn haben, dass unsere Töchter freimaurerisch denken lernen und dass sie dereinst als Gattinnen und Mütter den freimaurerischen Geist auf ihre Familien übertragen werden; alsdann würden wir einen ideellen Gewinn. Wenn vielleicht Gruppen von Logen übereinkämen, die Gründung solcher Institute als eine Aufgabe maurer. Werkthätigkeit aufzufassen, so würde der Gewinn ein ausserordentlich grosser sein; auch liesse sich der Plan mannigfach modificiren, so z. B. habe schon ein Dr darauf aufmerksam gemacht, ob es nicht besser sei, statt des Pensionsinstituts ein Seminar für Maurertöchter zu bilden, so dass alsdann nicht bloss für eine Lernstätte, sondern auch für die Zukunft vieler gesorgt würde. Der geliebte Br Thost wünscht nur, dass der Verein wenigstens im Allgemeinen seine Idee sich aneigne, damit jeder, eine Zersplitterung der Mittel bedingenden Werkthätigkeitsäusserung vorgebeugt werde. Wenn man bedenkt, wie unvollkommen Erziehung und Unterricht von Töchtern selbst höherer Stände ist, wie die gewöhnlichen Pensionen nicht Kräftigung des Geistes und Gemüthes, nicht Hinleitung zur Wirthschaftlichkeit, sondern Vorbereitung zu flacher Conversation und Repräsentation zum Ziele haben, so muss man Anstalten nach Dr Thost's Plane in hohem Grade willkommen heissen.

Die Einweihung des Logenhauses in Heidelberg.

In früheren Jahren war es Heidelberg, die unvergleichlich schöne Musenstadt, wo sich zur Zeit des Wonnemonats Brr FrMr in grosser Zahl zusammenfanden und die sogenannten Maifeste feierten. Das waren dann jedesmal zu den lieblichsten Erinnerungen Derer zählen, welche ein gütig Geschick zu jenen Festen geführt hat. Bekanntlich unterblieben aber diese Vereinigungen seit ziemlich langer Zeit. Um so erwünschter kam desshalb den nahen und fernen Bundesgenossen die Einladung der Loge „Rupprecht zu den fünf Rosen" im Or. Heidelberg zur Einweihung des neuerbauten Logenhauses, mit welcher zugleich ein Maifest verbunden werden sollte. Um so erwünschter, sagen wir; denn schon der 28. Mai vereinigte eine grosse Zahl Brüder im Bankettsaale des neuen Heimwesens der Rupprechtsbrüder. Da begrüssten sich hochbeglückt und herzinnig ältere, seit langen Jahren treuverbundene Masonen; dort erschlossen sich rückhaltlos die Herzen derer, die sich zum erstenmal sahen. Aus jedem Auge glänzte Freude, und laut und lauter gab sie bald im Worte sich kund. Und zu der Freude gesellte sich das Staunen darüber, was sich die Heidelberger Brr geschaffen, was ihre Thatkraft ausgeführt hatte. Denn kaum wird eine andere Loge irgendwo zu finden sein, die solche Räumlichkeiten in Haus und Garten eigen nennen kann. Das Haus liegt mitten in der Stadt am Fusse jenes Höhenzugs, auf dessen Fortsetzung sich auch die Schlossruinen finden. Es ist ein stattlicher, massiver Bau, überaus zweckmässig eingerichtet. Und an das Haus reiht sich ein sehr grosser Garten, der sich weit, weit den Berg hinauf erstreckt, auch jetzt schon trefflich angelegt ist und weiterer Verschönerung entgegensieht. Steigt man auf guten Pfaden die Höhe hinan, so laden wohl gewählte Punkte zur Ruhe ein und eine Fernsicht, wundersam ergreifend, erschliesst sich dem Wanderer.

Hat sich das Auge an den Wundern, nah und ferne, satt gesehen, so steigt man weiter empor, und riesige Waldbäume, nicht allzunahe beisammen, verbreiten kühlen Schatten. Man lässt sich wieder nieder und findet sich in traulich stiller Einsamkeit. Fürwahr, hier ist der rechte Ort, sich mit sich selber zu beschäftigen und ungestört in seinem Inneren Umschau zu halten. Beneidenswerth die Brr, die täglich diese Stätte sich erfreuen können! Wir möchten allen Brn, führt sie des Weg nach Heidelberg, es dringend anempfehlen, zuerst die Loge dort mit ihrem Garten zu besuchen. Zum voraus dürfen wir versichern, dass jeder sich daselbst in seiner trauten Heimath fühlen wird.

Doch nicht das Logenhaus mit seinem schönen Garten wollen wir beschreiben — man muss es, will man seinen hohen Werth erkennen, mit eignen Augen sehen. Nein, das Fest, das auf den 29. Mai veranstaltet war und das nach jeder Richtung nur gelungen ausgefallen ist, soll hier in kurzen Zügen geschildert werden.

Hatte schon der Vorabend die glücklichste Stimmung wachgerufen, so liess der lichtklare Sabbathmorgen des Schönen und Erhebenden die Fülle hoffen. War dieser Morgen doch so zauberhaft schön, dass jedes Herz unwillkürlich höher schlagen musste! Die Natur selber feierte einen festlichen Tag; der wolkenlose Himmel blickte mit seinem urewigen Blau segnend hernieder ins duftende Neckarthal; die Höhen erschienen in rosigem Lichtglanz. Brr, in einzelnen Gruppen, zogen, geleitet von den Brn der Rupprechtsloge, dahin, dorthin, und auf den lieblichsten Punkten — der Molkenkur, dem Schlosse etc. — trafen sie endlich sich wieder, gehoben von all der erschauten Herrlichkeit, staunend über die Fülle der Reize, die dieser kleine Fleck Erde in sich vereinigt. Allein dieses Schwelgen in seligen Genüssen und im Anschauen einer gottgesegneten Natur, war nicht das Ziel der Festgäste. Der „Tempel der Humanität" rief sie alle zu rechter Stunde unter sein schirmendes Dach. Um 11 Uhr sollte die eigentliche Festloge beginnen. Wir müssen gestehen, dass wir noch niemals eine solche grosse Zahl Bundesglieder beisammen gesehen haben. Und unter denselben fand sich zu grösster Freude der Feiernden auch der hochverehrte Grossmstr. der Bundesloge „zur Sonne" im Or. Bayreuth, Br Feustel, dem sich der gew. Mstr. v. St. der dortigen Loge, Br Puschkin, angeschlossen hatte. Wir fühlten uns mehr als beglückt, auch diesen theuern Brn wieder ins Auge schauen, sie herzinnig begrüssen zu können.

Endlich war die Stunde gekommen, die den Brn allen den neuen Tempel erschliessen sollte. An der Spitze des Zuges stand Br Bluntschli, der Mstr. v. St. der Loge Rupprecht, und zu dessen Rechten der hoehw. Grossmstr.; diesen folgten die Vertreter verschiedener zahlreicher Bauhütten, meist Stuhlmstr. derselben (wir vermögen nicht, diese Logen alle zu nennen), und an diese schlossen sich alle übrigen Festtheilnehmer, deren Menge so gross war, dass die Loge bei weitem nicht alle fassen konnte. (Wir schätzen die Zahl der Anwesenden auf mehr als Dritthalbhundert.) Ein entsprechender Quartettgesang leitete die Feier ein, die von Br Bluntschli ritualiter eröffnet wurde. Hierauf wollte dieser gewiegte Stuhlmeister den Hammer an den Grossmstr., Br Feustel, abgeben und demselben die Leitung der Festarbeit übertragen; allein dieser verzichtete um so lieber auf sein Vorrecht, als — wie er erklärte — der erste Hammer in der würdigsten Hand sich befinde. Und nun erging sich Br Bluntschli in einem längeren freien Vortrage über die Thätigkeit der Maurer innerhalb und ausserhalb der Loge. Er erklärte das Geheimniss für unbedingt nothwendig, damit ein freier Meinungsaustausch sich gestalten, die Herzen der Brüder sich rückhaltlos öffnen können. Dazu eben verhelfen auch die Ceremonien, die Br Bluntschli zunächst als Mittel zur Erziehung der Brr und zur Bewahrung des Geheimnisses betrachtete. Hauptthätigkeit der Loge sei jedenfalls die innere Thätigkeit: das Behauen des rauhen Steins, die Entfaltung der Tugenden, die den Mr ganz besonders zieren müssen. Aber unmöglich sei es, innere und äussere Thätigkeit zu trennen. Die innere Thätigkeit müsse sich eben im äusseren Leben bewähren. Und wenn man sichtbare Werkstätten baue, so sehe die Welt mehr als sonst auf die Angehörigen derselben, und so lege das neuerbaute Haus den Brn noch weit dringender die Pflicht auf, der höchsten Sittlichkeit sich zu befleissen. Der verehrte Redner beleuchtete sodann die Thätigkeit der Brr als Bürger des Staats nach aussen hin. Nicht die Loge

als solche habe sich nach aussen zu zeigen, sondern nur der einzelne Br nach Massgabe seiner Kräfte. Und da sei vor allem der richtige Takt zu finden, es gelte der unantastbaren Grundsätze sich klar zu werden. Dann werde der einzelne Br überall einzutreten wissen, wo die grossen sittlichen Güter der Menschheit in Frage stehen, wo der Geist der Humanität bedroht sei. Immer aber sei der Gegner als Mensch zu behandeln, nie dürfen die Gesetze der Menschlichkeit von einem Br verletzt werden. Von eben diesem Standpunkte aus seien auch die Reformbestrebungen der Gegenwart auf dem Gebiete der Brei zu betrachten. In dieser Beziehung fehle der Einzelne aber so manches Mal gemäss handeln. Der Redner gibt schliesslich die Versicherung, dass die Loge Rupprecht diese Grundsätze stets wahren und ihnen gemäss handeln werde. — Mit ungetheilter Spannung waren alle Brr diesem nach Form und Inhalt gleich ausgezeichneten Vortrage gefolgt.

Nachdem sodann der hochw. Vorsitzende die Festgäste mit herzlichen · Worten begrüsst hatte und diese Begrüssung von den Rupprechtsbrüdern mit Applaus bestätigt war, gab Br Köbel, II. Aufs. der Heidelberger Loge, eine geschichtliche Skizze der Loge Rupprecht, die sich namentlich über den Bau des neuen Hauses eines Näheren verbreitete.

Die Begrüssung der Festgäste wurde nunmehr, Namens der verbündeten Logen und Namens der sonstigen vertretenen Bauhütten von dem Mstr. v. St. der Loge „Wilhelm zur aufgeh. Sonne" im Or. Stuttgart, Br Dr. Löwe, auf schwungvolle, zündende Weise erwidert. Ganz besonders freudig wurde sein frei vorgetragenes Gedicht: „Der salomonische Tempelbau," aufgenommen. Wir fügen sogleich bei, dass dieser hochw. Br später von einer solch grossen Zahl Anwesender um Mittheilung dieses Gedichts gebeten wurde, dass er diesen Bitten wohl am geeignetsten durch Veröffentlichung desselben in diesen Blättern entsprechen kann; dadurch werden ihm noch weit mehr Brr zu herzlichstem Danke verbunden bleiben. Wir wünschen und bitten dringend, dass dieser Weg von Br Löwe gewählt werden möge.

Der Redner der Loge „Rupprecht", Br Dr. Laur, folgte dem Br aus Schwaben und wenn wir auch hier an ihn die Bitte richten, seinen Vortrag zu veröffentlichen, so möge er daraus schliessen, wie sehr uns derselbe zugesagt hat.

Obgleich Br Löwe im Namen aller Festtheilnehmer der Rupprechtsloge die wärmsten und innigsten Gefühle und Wünsche ausgesprochen hatte, so konnten es sich doch einige Brr nicht versagen, noch besondere Begrüssungen anzureihen. Der erste derselben war Br Glökler, Mstr. v. St. der Loge „Joh. zum wiedererb. Tempel" in Ludwigsburg. Dieser wies darauf hin, dass die Ludwigsburger Brr sich heute nicht dürften zurückhalten lassen, den Heidelberger Brn besonders Glück zu wünschen, da beide Logen je länger als sonst der Fall sei, sich seit dem Bestehen derselben verbunden wissen und treulich in Liebe zusammengehalten hätten. In gebundener Rede brachte nun Br Glökler den „Lieben in Heidelberg" seine und seiner Loge Segenswünsche entgegen und wies schliesslich darauf hin, dass unter dem Schirme Gottes die Loge Rupprecht stets herrlicher und segensreicher blühen und wirken werde. — Der zweite jener Brr war der Mstr. v. St. der Loge „Karl zur Eintracht" in Mannheim, Bruder Keller. Auch dieser Redner wies sein Recht, heute hier aufzutreten, aus der innigen Wechselbeziehung zwischen seiner und der Rupprechtsloge nach. Sei doch eigentlich letztere aus der Loge in Mannheim hervorgegangen! Auch Br Keller kleidete seine Festgabe in gebundene Form und gab eine Deutung der „fünf Rosen", welche die Heidelberger Loge zieren, und die auf nichts anderes hinweisen als Weisheit, Stärke, Schönheit, Liebe und Treue.

Br Bluntschli dankte all den glückwünschenden Brn und sprach sich sofort in längerem Vortrage über „die Geheimnisse" bezüglich des Baues der neuen Loge aus. Er schilderte mit hellen Farben die Aengstlichkeit und die Besorgnisse, die sich anfangs der Brr bemächtigten, aber auch den Muth, die Anstrengung und die Beharrlichkeit derselben, nachdem der Bau einmal unternommen war. Die Freude am Baue sei in demselben Masse gewachsen, als die Mühen und Anstrengungen sich steigerten. Und wenn auch jeder der Brr das Seine nach Massgabe der Kräfte geleistet habe, so müsse er heute doch — die Pflicht der Dankbarkeit fordere dies gebieterisch — zwei Brr, Pfeifer und Reichert, der ganzen Festversammlung als diejenigen bezeichnen, die unausgesetzt alle ihre Kraft und Zeit dem nunmehr vollendeten Werke opferfreudig geweiht haben, jener der Herstellung des Gartens, dieser dem Bauwesen. Br Reichert, der mit wenigen Mitteln so Schönes erzielt habe, sei des unauslöschlichen Dankes der Loge in höchstem Grade würdig. Um ihm ein sichtbares Zeichen dieser Dankbarkeit zu reichen, liess der Vorsitzende diesen Br vor den Altar führen und schmückte ihn mit einem Lorbeerkranze. Br Reichert dankte hierfür in schmucklos-herzlichen Worten tiefgerührt.

Nach geschehener Umfrage brachte noch Bruder Dr. Vogel aus Darmstadt, beauftragt von dem Stuhlmstr. der dortigen Loge, „Joh. der Evangelist", die Glückwünsche der Darmstädter Brr dar, indem er eine Zeichnung des Brs Dr. Künzel vortrug und dann mit beredten Worten seinen eigenen Gefühlen Ausdruck verlieh.

Damit waren die Festvorträge zu Ende. Unter Absingung des Quartetts: „Wer tiefgerührt bei fremden Leiden etc." ging der Almosenstock herum und der rituelle Schluss dieser warhaft gelungenen Festloge konnte nur dazu beitragen, die erhaltenen Eindrücke zu befestigen.

Wie überall bei ähnlichen Anlässen so vereinigten sich auch hier alle Festtheilnehmer im grossen Saale des Museums zu einem grossartigen Festbankette. Es kann uns entfernt nicht in den Sinn kommen, alle Tischreden hier zu skizziren. Die Geister sprudelten; die Worte zündeten. Br v. Cornberg, Mstr. v. St. der Loge „Leopold zur Treue" in Karlsruhe eröffnete die Reihe der obligationsmässigen Toaste; er feierte den Grossherzog Friedrich von Baden. Br Bluntschli rühmte in seinem Toaste auf den Bundesrath der verbündeten Logen „zur Sonne" in Bayreuth die Weisheit der Grossbeamten, die sich dadurch kund gegeben habe, dass sie sich nicht als infallibel ansehen. Br Keller trank auf die besuchenden

Brr, den die Brr Heck aus Mainz und Fr. Ed. Mayer aus Heilbronn erwiderten. Br Feustel aber — schade dass wir dessen herzgewinnende Rede nicht vollständig geben können — ergriff das Wort zu einigen Bemerkungen über das Wesen und die Einrichtungen der grossen Loge „zur Sonne", drückte seine Freude darüber aus, dass er eine neue Zeit habe einleiten dürfen und gedachte schliesslich aller Brüder auf dem Erdenrunde. Endlich feierte noch Br Löwe, wieder in einem trefflich gehaltenen, fesselnden Gedichte, die Schwestern, und seine feurigen Worte rissen die Brr zu lautestem Applause und zu stürmischer Begeisterung hin. Auch bezüglich dieses auch ritualiter geschlossen. Wir aber drücken ihm im Geiste noch die Hand für den wahrhaft schönen Tag, den er mit seinen Brn so vielen, vielen auswärtigen Brn zu bereiten verstand. Ja, wir sind dessen gewiss, dass diese festlichen Stunden belebend, erfrischend, erhebend und hochbeglückend auf jeden Anwesenden wirkten, dass jeder der Loge Rupprecht ein liebetreues, dankbares Andenken wahrt.

Wohin anders hätte sich die Schaar der Brr nunmehr begeben sollen, als in den herrlichen Garten der Rupprechtsloge? Der Abend war so schön als der Morgen, und in jenem Heimwesen konnte man sich so recht nach Herzenslust ergehen. Und damit das Schönste den besuchenden Brn nicht fehle, waren die Schwestern herbeigekommen, an deren Seite sich manch ein trauliches Wort ungescheut wechseln liess.

Aber auch längere Reden wussten die Aufmerksamkeit nicht nur der Brüder, sondern noch mehr fast der Schwestern zu fesseln.

Ein überaus reges Leben gestaltete sich auf der lieblichen Höhe, und im Fluge schwanden die Stunden dahin; der Abend wich der Nacht. Diese aber legte den Festgästen die Mahnung nahe, dass es ihnen leider! nicht vergönnt sei, hier Hütten zu bauen. Die Reihen der besuchenden Brr lichteten sich mehr und mehr und auch wir — mussten endlich scheiden! Aber auch dieses Scheiden wurde durch brüderliches Geleite versüsst, wurde für uns ganz besonders dadurch versüsst, dass wir den liebenswürdigen, zartfühlenden, wahrhaft edlen Grossmeister zur Seite hatten, der noch um Hochmitternacht, als uns das schrille Zeichen zur Abfahrt rief, die Brhand drückten und uns herzinnig von ihm verabschiedeten. Ihm, dem gel. Br Feustel, und all den theuren Brn, die mit uns den Heidelberger Tag verlebten, rufen wir unsere wärmsten Glückwünsche nach. Ihnen und den Heidelberger Brn bleiben wir allezeit in brüderlicher Liebe verbunden. Wenn auch räumlich getrennt, sind wir doch geistig vereint!

Schliesslich sei noch bemerkt, dass sowohl am Abend des 28. als des 29. Mai der Garten mit bengalischem Feuer beleuchtet und dass am 29. ein Feuerwerk abgebrannt worden ist, sowie dass am 29. eine Orchestermusik ihre Weisen erklingen liess.　　Br J. P. G.

Feuilleton.

Bamberg. — Hierselbst vereinigten sich 18 Brüder zu einem maurer. Kränzchen unter dem Namen: „Verbrüderung an der Regnitz", unter der Aufsicht der Loge Eleusis. Vorsitzender ist Bruder Carl Haberstroh, Schriftführer R. Carl Jaeger.

Bayreuth. — Das Beamtenwahlresultat der Loge „Eleusis zur Verschw." ist: Br Lauterbach, Mstr. v. St.; Br Carl Kolb, deput. Mstr.; Br Redlich, I. Aufseher; Br Krauss, II. Aufseher; Br Vogel, Sekretär; Br Puschkin, Redner; Br Engel, Ceremonienmeister; Br Burger, Schatzmeister; Br Staudt, Armenpfleger.

— Die Angelegenheit der Gründung einer Loge in Kopenhagen wurde an die nächste Versammlung der Grossen Loge verwiesen.

Berlin. — Br von Wartensleben, Mitglied des Bundesdirektoriums der 3 Weltk. hat den beachtenswerthen und zu begrüssenden Vorschlag der Einsetzung eines Schiedsgerichts für die Entscheidung von Conflikten unter den deutschen Logen gemacht, welcher dem Grossmeistertage zur Annahme empfohlen werden soll. Das Protokoll der 3 Weltk. enthält einen umfassenden und interessanten Bericht über die Sprengelrechtsfrage der Grossl. und Einzellogen und eine Zusammenstellung der in den Grosslogen-Verfassungen enthaltenen einschlagenden Bestimmungen nebst historischen Notizen über diese Frage. Wir bedauern den Bericht wegen seines Umfangs hier nicht einschalten zu können.

— Am 25. v. Mts. hatte die Loge „zur siegenden Wahrheit" eine Instructionsloge, in welcher eine Besprechung der Br Cramer'schen Preisschrift statt fand, zu welcher auch Br Cramer auf Einladung des Mstrs. v. St. Br Fickert erschienen war und sich an der Diskussion betheiligte. Auch von den 3 Weltkugeln hatten sich verschiedene Brr dazu eingefunden und wurde überhaupt ein ganz erfreuliches Resultat erzielt, worüber später mehr.

Noch kann ich ihnen mittheilen, dass die Loge zur siegenden Wahrheit den Br Bluntschli, Mstr. v. St. der Loge Ruprecht z. den 5 Rosen in Heidelberg zu ihrem Ehrenmitgliede ernannt hat.

Mit Ende dieses Monats beginnen unsere Ferien, und nehmen unsere Arbeiten erst Anfangs October wieder ihren Anfang.

— Auf Anfrage der Grossen Nat. Mutter-Loge zu den 3 Weltkugeln, ob die Grossloge Royal York z. Fr. mit dem Sanctuarium der Patriarchen in Egypten (Ritus v. Memphis), welchem der Prinz Halim Pascha als Grossmstr. vorsteht, in Verbindung treten wolle, antwortete die Gr.-L. Royal-York, dass sie den Ritus von Memphis nicht anerkennen könne und deshalb eine nähere Verbindung mit dem Sanctuarium der Patriarchen ablehne.

Chemnitz. — Ich bitte Sie, in der Bauhütte die kleine Notiz zu bringen, dass in unserer Loge zur Harmonie an Stelle des zum Mstr. v. St. wieder erwählten Br Pickenhahn I., der aus Krankheitsrücksichten abgelehnt hat, Bruder Moritz Schanz zum Mstr. v. St. und Br Valentin Schippel wiederum zum dep. Mstr. erwählt worden ist.

— Die weiteren Wahlen fielen auf: Br Winkler II., I. Aufs.; Br Wolfram I., II. Aufs.; Br Casten, protocoll. Secretär; Br Solbrig, corresp. Secret.; Br Enke, Redner; Br Zschierlich, Präparateur; Br Jacob I., Schatzmeister u. s. w.

Görlitz. — Die Brr der Loge „zur gekr. Schlange" beschlossen, ihrem verst. Mstr. v. St. Br Dittrich ein Denkmal zu errichten und hat ein nicht genannter Br 300 Thlr zu einer Dittrich-Stiftung deponirt.

Haag (Niederlande). — Die Loge „l'Union Royale" hat in ihrer Versammlung vom 9. Juni 1870, an die Stelle des verstorbenen geliebten Br Jonsing, Br J. P. Vaillant, corresp. Mitglied des Vereins deutscher Freimaurer, zum Mstr. v. Stuhl erwählt.

Hamburg. — Der Grossmeistertag hat hier zu Pfingsten stattgefunden; vertreten war diesmal die Gross-L. „zur Sonne" in Bayreuth durch den Grossmstr. Br Feustel und den deput. Grossmstr. Br Puschkin, dagegen fehlte die Gr. L. L. v. D. in Berlin, von welcher Niemand anwesend war. Inzwischen theilen wir nur die Resultate in aller Kürze mit, uns ausführlichen Bericht vorbehaltend: Die „Alten Pflichten" wurden nebst einigen allgemeinen Sätzen angenommen; der von Bruder Paul in Frankfurt bearbeitete modernisirte Auszug, eine Art „allgemeines Grundgesetz" wurde nach längerer Berathung abgelehnt. Die Hochgrade sind nicht anerkannt und die Forderung eines christlichen Bekenntnisses zur Aufnahme nicht gestellt. Dem Grossmeister von Bayreuth gelang es nicht, die Allgemeinen Sätze (die dem Wormser Grundgesetz ähnlichen Fundamentalbestimmungen) der Bayreuther Verfassung zur Annahme zu bringen; leider gelangte ein metaphysischer Glaubenssatz noch zu nachträglicher Annahme. Der Sperber'sche Entwurf, betreffs maur. Werkthätigkeit wurde als unklar und unverständlich abgelehnt. Ueber ein maurer. Schiedsgericht wurde eine Vereinbarung getroffen, welche in der Praxis sich kaum bewähren dürfte und wenig zweckentsprechend erscheint. Ausserdem wurde betreffs Pflege maurerischer Statistik noch ein Beschluss gefasst. — Die Verhandlungen leitete Br Warnatz, Grossmstr von Sachsen und als nächster Versammlungsort wurde Frankfurt a. M. gewählt. Die meisten Gegenstände der Verhandlungen des Grossmeistertags sind, wie man sieht, auf die initiative des „Vereins deutscher FrMr" zurückzuführen, dessen Nützlichkeit kaum mehr in Abrede gestellt werden kann.

Lauban. — Unter den vom Mstr. v. St. der Loge „Isis" Br Augustin im Laufe des Logenjahres gehaltenen Vorträgen befindet sich auch ein solcher „zur Charakteristik des Vereins deutscher Freimaurer." (Ob derselbe zu Gunsten oder zu Ungunsten des Vereins lautete, ist uns nicht bekannt.)

Temesvár. — Wenn schon die Uebung der k. K. das Herz des FreiMrs erhebt, mit weich' stolzer Freude wird er erst erfüllt, wenn es ihm gegönnt, an der Errichtung einer neuen Bauhütte thätigen Antheil zu nehmen. Dies war das Gefühl der Deputation, welche von der hiesigen Loge zu den 3 weissen Lilien mit der Aufgabe ausgezeichnet wurde, in der Nachbarstadt Szegedin der k. K. einen frischen Altar aufzubauen. Diese Deputation, bestehend aus dem w. Mstr vom Stuhle Br Eduard Reimann, deputirter Mstr Br Bela Kramár, II. Aufseher Br Gustav Förk, Sekretär Br Johann Török, und dem Ceremonienmstr Br Julius Stielly, entsprach der ihr gestellten Aufgabe, indem sie aus den in Szegedin befindlichen und einigen neu aufgenommenen Brn ein Loge errichtete, und nach vollzogener Wahl der Beamten feierlich einweihte und installirte. Diese, bis jetzt aus 16 Brn bestehende Loge nahm den Namen „Árpád zur Brudertreue" im O. zu Szegedin an, und wählte zu ihrem Mstr vom Stuhle den Br Ivan Csermelényi, zum deputirten Mstr Br Heinrich Weiss und zum Sekretär Br Ruben Dreifuss. Der Geist, welcher die Brr dieser jungen Loge beseelt und sich in begeisterten Reden kundgab, lassen zuversichtlich hoffen, dass in dieser neuen Bauhütte die k. K. mit allem Eifer und mit Hingebung geübt und gepflegt, und auf ihrem Altar der Humanität würdige Thaten niedergelegt werden und so der die Erde umschlingenden Brüderkette ein frisches Glied eingefügt sei zum Ruhme der k. K. und zur Pflege der Humanität. Gott, der allmächtige Baumeister aller Welten, erleuchte ihr Walten, damit es unserm erhabenen Endziel würdig und in seinem Geiste segensreich werde.

Br J. St.

Die Gr. L. L. v. D. — In Nr. 23 der „FrMr-Ztg." weist ein geschichtskundiger Br nach, dass am 24. Juni 1770 keine zwölf Logen vorhanden waren, aus denen die Gr. L. L. entstehen konnte, dass „geschichtlich begründet am 24. Juni 1870 kein hundertjähriges Jubiläum der Gr. L. L. begangen werden kann und dessen Feier auf einem geschichtlichen — Irrthum beruht." — Die Mittheilungen des Br 3×3 sind sehr interessant und für die Gr. L. L. — charakteristisch.

Zur Tempelweihe der Loge „Rupprecht zu den fünf Rosen" im Or. Heidelberg,

am 29. Mai 1870.

Von Br J. P. Glökler.

Heil der neuen Liebesstatte,
Festgegründet, schön erbaut,
Heil und Segen dieser Stätte!
Ruf' ich freudig, jubellaut.

Heil dem Tempel, drin die Wahrheit
Unversehrt ihr Banner schwingt,
Und der Geist voll Himmelsklarheit
Irrthum, Wahn und Trug bezwingt!

Heil dem Tempel, drin sich schaaren
Brüder um der Güter Gut
Und dies Kleinod stets sich wahren
Jugendfrisch voll Gottesmuth!

Heil dem Tempel, drin der Rosen
Rupprechts fünfe duftig blühn
Und trotz Sturm und Wettertosen
Immer zauberschön erglühn!

Heil dem Tempel, drin die Liebe
Siege feiert, kühn und hehr
Jedes Herz voll heil'ger Triebe
Ein sich taucht ins Liebesmeer!

Solchen Tempel, theure Brüder,
Schauen heute wir beglückt,
Flehn ihm inbrunstheiss hernieder
Gottes Segen, unverrückt.

Gottes Segen — o der walte,
Wandellos in diesem Haus!
Gottes Segen neu gestalte,
Die hier gehen ein und aus!

Und so oft sich schliesst die Kette
Treuer Lieb' im trauten Bund,
Werd' an dieser Gottesstätte
Geisterneutes Leben kund!

Und dies Leben woge weiter
Als gewalt'ger Segensstrom,
Dass wir endlich hehr und heiter
Schauu erbaut den Menschheitsdom!

Briefwechsel.

Hr St. in Gl. Dankend erhalten und soll baldthunlichst Verwendung finden. Gute Besserung und brzl. Gegengruss!

Br C. Gl. in Fkt. Nach Ihrem frühern Schreiben musste ich nur einmaligen Abdruck voraussetzen; die Anzeige soll nur in gewünschter Weise wiederholt und in v. Dalen's Jahrb. aufgenommen werden. Brdl. Gruss!

Br A. R. in B. Besten Dank für die Notizen und herzlichen Gegengruss!

Br J. M. in E. Bitte um gef. Angabe ihrer Loge und Ihres Standes; ich weiss nicht mehr, in welcher Liste ich Sie suchen soll Brdl. Gegengruss!

Br St. in T—r. Für gütige Einsendung den besten Dank; brdl. Gegengruss!

Br Dr. F—a in P. Ihrem Wunsche habe ich sofort mit Vergnügen entsprochen; Berechnung findet nicht statt. Meine besten Wünsche und Grüsse!

Br Dr. C—es in D—g. Gute Besserung und brdl. Gegengruss! Ihr Auftrag ist bestens besorgt!

Anzeigen.

Verantwortlicher Redacteur: Br J. G. Findel. — Verlag von Br J. G. Findel in Leipzig. — Druck von Brr Bär & Hermann in Leipzig.

№ 26. XIII. Jahrgang.

Die
BAUHÜTTE.

Begründet und herausgegeben
von
Br J. G. FINDEL.

* Organ des Vereins deutscher Freimaurer. *

Handschrift für Bar Frölr. Leipzig, den 25. Juni 1870. MOTTO: Weisheit, Stärke, Schönheit,

Von der „Bauhütte“ erscheint wöchentlich eine Nummer (1 Bogen). Preis des Jahrgangs 5 Thlr. — (halbjährlich 1 Thlr. 15 Ngr.)
Die „Bauhütte“ kann durch alle Buchhandlungen bezogen werden.

Der Tempel Salomonis.

Von

Br Feodor Löwe,
Mstr. v. St. der Loge Wilhelm z. a. S. in Stuttgart.[*)]

Dem Herrn zur Ehre und zu seinem Dienst
Wollt' einen Tempel, wie noch keiner war,
Der weise König Salomo erbaun.
Schon lagen Riss' und Pläne fertig da
Und hoher Baukunst Meister harrten nur,
Ans Werk zu gehn, des Königlichen Winks.
Denn für die Arbeit schon herbeigeführt
War aus den Brüchen seltenes Gestein,
Für hohe Säulen Marmor oder Erz
Und zum Getäfel kostbar Holz und Gold.
Allein der König schwieg und winkte nicht,
Weil unentschlossen er im Geiste noch
Die Stätte suchte, die vor allen wohl
Die würdigste für den erhab'nen Bau.

Da trat vor Salomo, dess' düstern Sinn
Mit Bangen sah das ganze Hofgesind,
Ein treu bewährter Diener hin und sprach:
„Vernimm, o König, was sich jüngst begab,
So wie's mein Mund in Wahrheit dir erzählt!
Vielleicht erheitert's dein umwölkt Gemüth!
Zwei Brüder wohnen in Jerusalem,
Der erstgeborene ist längst beweibt,

Vgl. Nr. 26, S. 197.

Der andre aber lebt für sich allein.
Ein Stein und ein Akazienbaum dabei
Grenzt beider Aecker in zwei Hälften ab,
Die sich an Grösse gleichen und an Werth.
Nun wars zur Erntezeit, in Garben stand
Die goldne Frucht gebunden auf dem Feld,
Den Sämann lobend wie des Schnitters Fleiss
Und für die Einfuhr andern Tags bereit.
Da sprach zu seinem Weibe in der Nacht
Der ält're Bruder: Liebe, hat der Herr
Dess Gnade ewiglich, nicht dieses Jahr
Mit reichem Erntesegen mich beschenkt?
Was mir geworden, nähret Dich und mich
Und unsre Kinder; Dank darob dem Herrn!
Allein mein Bruder freut sich nicht wie wir
So lohnenden Ertrags; manch Ungemach
Hat ihm gezeitnet, was in Halmen stand,
Und sorglich wird er in die Zukunft sehn.
Drum will ich hingehn, meiner Garben all'
Die schönste nehmen, auf den Acker sie
Des Bruders tragen, zu den seinigen
Hinstellen sie, doch so bedacht und still,
Dass er nicht merken kann, woher sie kommt —
Und freudig stimmt ihm bei sein treues Weib.
Zur selben Stunde aber sprach zu sich
Der jüngre Bruder: Wenn auch nicht wie sonst
Mir diessmal ist die Aehrenfrucht gereift,
So sei darum dem Herrn nicht minder Dank.
Ich steh allein, für mich ist es genug.
Doch ach, mein Bruder wird in Sorgen sein
Ob seiner Ernte spärlichem Ertrag;

Viel nötbiger als mir ist ihm Gewinn,
Weil er nicht Weib- und Kinderlos, wie ich.
Drum will ich hingehn, meiner Garben all'
Die beste nehmen, auf den Acker sie
Des Bruders tragen, zu den seinigen
Hinstellen sie, doch so bedacht und sill,
Dass er nicht merken kann, woher sie kommt! —
Und wo der Markstein beim Akazienbaum
Die beiden Aecker trennt, begegnet sich
Die Garben auf dem Haupt, das Brüderpaar ...

„Halt", rief der König da, „ich weiss genug:
Nun, Meister und Gesellen, aus Geschäft,
Denn aufgefunden ist, was ich gesucht.
Auf jenem Platz, von Bruderlieb' geweiht,
Erheb' der Tempel sich in Herrlichkeit!"

Der Convent des Gr.-Or. von Frankreich von 1870.

Von

Br Hermann Hirsch,

(corresp. Mitgl. des Vereins deut. Mr.)

Der Convent von 1870 tagte vom 6. bis 12. Juni im grossen Festsaale des Gr.-Or. von Frankreich zu Paris. 308 Logen, Capitel und Räthe waren durch ihre Präsidenten und Delegirte vertreten.

Der Grossmstr. Br Mellinet (Senator und sonst Befehlshaber der Pariser Nationalgarde, seit er als Divisionsgeneral in den Ruhestand versetzt wurde) hatte vor Eröffnung der Versammlung seine Demission eingereicht, obschon seine Amtsführung zu Ende gehen sollte, da man eine der Hauptaufgaben des Convents von diesem Jahre war, einen Grossmeister auf fernere fünf Jahre zu wählen. Die Constitution des G.-O. von Frankreich hat aber noch vier weitere Jahre Lebensfrist.

Die ersten beiden Sitzungen waren vom stellvertretenden Grossmstr. Br Alfred Blanche präsidirt, einer andern offiziellen Grösse des Ordens, denn Br Blanche ist Staatsrath und Generalsekretär der Seine-Präfectur unter dem früheren Präfekten, Herrn Haussmann, wie unter dem jetzigen, Herrn Cherseau. Er war es, der die ersten Wahlen leitete und deren Resultat proclamirte, dann verschwand Br Blanche von den Sitzungen und liess den Vorsitzenden des Ordensrathes, Br von Saint-Jean (ein maurerischer Name), Arzt seines profanen Standes, den ersten Hammer führen.

Nach Prüfung der Vollmachten und der üblichen Eidesleistung sollte der Grossmeister gewählt werden. Einige Brr, Br Colfavru an der Spitze, hatten die Canditur des Exdeputirten Carnot, des Sohnes des berühmten Republikaners Carnot, aufgestellt, der zwar seit 1820 Maurer ist, der aber in den letzten 20 Jahren sich wenig um den Bund kümmerte, nicht einmal die eigenen Söhne darin aufnehmen liess. Carnot sollte als entschiedener Anhänger des Volksunterrichts die Maurerei fortan leiten. Seine Unterstützer wiesen jede politische Bedeutung des Namens von sich, hoben nur die Vorzüge und edlen Eigenschaften des Mannes hervor, der freisinnig, ge-

sinnungstüchtig und eine rein unabhängige Persönlichkeit sei.

Es wurde ausser der offiziellen Sitzung des Convents gleich auf den ersten Abend, eine ausserordentliche Versammlung der Deputirten zum Convent, behufs Vorberathung zur Grossmeisterwahl, anberaumt. Br Colfavru vertrat die Ansprüche und Vorzüge Carnots, während Bruder Rolland (ein ehemaliger Deportirter des Staatsstreiches, der aber die ihm wiederfahrene Unbill längst vergessen hat, (er schreibt im „Constitutionnel" unter dem Pseudonym „Landrol" kritische Artikel), in einer sehr gehässigen Rede gegen die Tendenzen mancher freisinnigen Logen mit Unterstützung einer Wiederwahl des Generals Mellinet schloss. Der Schreiber dieser Zeilen schlug die Wahl des in der Maurerei allbeliebten, allbekannten Br Massol zum Grossmeister vor. Die Maurerei habe sich nicht das Armuthszeugniss selbst zu geben, dass sie unter den zahlreichen, aktiven Mitgliedern des Bundes keinen fähigen Br finden könne, um ihn an die Spitze desselben zu stellen; Br Massol sei derjenige, der die Maurerei in Frankreich am meisten gehoben, der ihr grosse Dienste geleistet und ferner leisten könne, er sei, trotz seiner wohlbekannten, tüchtigen Gesinnung keine politische, sondern eine echt maurerische Wahl. Darauf hielt Bruder Babaud-Laribière, — Mitglied des Ordensrathes und Mstr. v. St. der Loge zu Confolens im Westen Frankreichs, — eine glänzende Rede, in der von vielen schönen Dingen ausser der vorliegenden Frage die Rede war und, nachdem der beredte Br sehr radical-freisinnige Sätze aufgestellt, schloss er, während er, wie er sagte, „sein Herz blute, gegen seinen Meister und Freund Carnot auftreten zu müssen", nicht zu Gunsten des Br Massol etwa, aber zu Gunsten der Neuwahl auf fernere fünf Jahre des Generals Mellinet, den er als ein „Sicherheitsventil" für den Bund unter den bestehenden Verhältnissen darstellte.

Am folgenden Tage fand die Abstimmung für die Grossmeisterwürde statt.

Von 308 Votanten wurden

173 Stimmen für Mellinet,
118 „ für Carnot,
12 „ für Massol,
1 Stimme für Alfred Blanche,
1 „ für Guepin aus Nantes,
3 blanke Zettel abgegeben;

somit war Br Mellinet wieder Grossmeister. Er hielt aber an seiner Entsagung fest, die er schriftlich und unwiderruflich erneuerte. Das Amt war also wieder unbesetzt. Da schien mit einem Male der Ordensrath, in seiner in der Regel für radicale Reformen wenig empfänglichen Majorität, zu einer Abschaffung der Grossmeisterwürde hinzuneigen, die von mancher Seite bei jeder Wahl zur Sprache gebracht worden war. Die leitenden Mitglieder hatten bei der Wiederwahl Mellinets auf eine ungestörte Amtsführung im Namen des Grossmeisters gerechnet, nun hätte das Unterbleiben einer Neuwahl das in der maurerischen Verfassung vorgesehene Interregnum zur Folge gehabt, das ihnen bis zum folgenden Jahre ganz freien Spielraum liess. Es wurde viel Zeit mit Vorberathungen in den Bureaux und mit heftigen Debatten in der Sitzung verloren, bis nach vielen Reden der Convent folgende Beschlüsse fasste: 193 Votanten erklärten sich im Principe für die Abschaffung der Grossmeisterwürde, zugleich aber für die Einberufung einer constituirenden Versammlung fürs Jahr 1871, da der heurige Convent dazu nicht die legale Macht besitze, während nur 25 für die Beibehaltung des Grossmeisters sich erklärten, ferner enthielten sich 33 Delegirte der Abstimmung, weil diese Frage, ihnen zufolge, erst nach der Wahl des diesjährigen Grossmeisters hätte entschieden werden sollen.

Sodann wurde mit einer Majorität von 130 gegen 110 Stimmen beschlossen, die Wahl eines Grossmeisters sofort vorzunehmen, unter Vorbehalt des vorhergegangenen Beschlusses und unter definitiver Beseitigung des vom Ordensrathe gewünschten Interims.

Nun fand eine zweite Vorberathung statt, in der es noch viel stürmischer als in der ersten zuging. In der öffentlichen Sitzung hat einer der das Vertrauen des Br Saint-Jean besonders besitzenden Brr den Namen des Br Eugen Pelletan als Candidaten ausgerufen und derselbe war es, der in der Abendversammlung den Br Babaud-Laribière als Candidaten vorschlug. Dieser Br war auch der offizielle Candidat des Ordensrathes geworden, obschon er der Reform-Minorität desselben bisher angehörte. Was ihn gerade trotz seines Charakters und seiner tüchtigen öffentlichen Gesinnung vielen Brüdern unliebsam gemacht hatte, seine Vertheidigung der Candidatur Mellinets, verschaffte ihm jetzt die Zustimmung seiner Collegen.

Bei der endgültigen Wahl eines Grossmeisters vertheilten sich die Stimmen wie folgt :

167 für Br Babaud-Laribière,
109 für Br Carnot,
10 für Br Massol,
1 für Br Saint-Jean,
5 blanke Zettel.

Br Babaud-Laribière, ehemaliger Commissär der provisorischen Regierung, Volksrepräsentant in den Jahren 1848—1849, Herausgeber der radicalen „Lettres charentaises" ist somit Grossmeister des Gr.-Or. von Frankreich, unter Vorbehalt des Beschlusses des künftigen Convents. Der neue Grossmeister ist ein persönlicher Gegner des Grossmeister-Amtes und wird selbst nach Kräften auf die Abschaffung seiner neuen Würde hinwirken.

Mit dieser lang hingezogenen Wahlübung ging die ganze Session des Convents vorüber. Es waren noch die Wahlen für die austretenden 11 Mitglieder des Ordensrathes vorzunehmen, dann noch eine fernere Wahl an die Stelle des Br Colfavru's, der, in Folge des Misslingens der Candidatur Carnot sich vom Ordensrathe zurückzog, „dessen Tendenzen er nicht theile."

Wie gewöhnlich (und so lange nicht die Wiederwahl der austretenden Mitglieder gesetzlich untersagt wird, dies unvermeidlich) drang die Liste des Ordensrathes wieder durch, die ganze Anzahl der Mitglieder wurde wieder gewählt, es konnte nur die Wahl eines Candidaten der radicalen Pariser Loge „Progrès" durchgesetzt werden. Die Stützen der althergebrachten reactionären Tendenz im Ordensrathe die Brr Cauchois, Hermitte, Oppert, Portallier sind wieder im Amte. Nur haben wir die Hoffnung, durch die neue Verfassung des kommenden Jahres den ganzen Ordensrath neu zu wählen.

In der letzten Sitzung am 12. Juni, nahm der Grossmeister Babaud-Laribière sein Ehrenamt ein. Er hielt eine kurze, freisinnige Ansprache und liess seine gute Hammerführung bedauern, dass er die vorhergegangenen Sitzungen nicht geleitet, die sehr ungenügend repräsentirt worden waren.

Die Anfangs bestimmte Tagesordnung ist in keiner Weise, die Wahlen ausgenommen, eingehalten worden, aber die einzige Schlusssitzung förderte einige maurerische Beschlüsse.

Erst brachte Br Loubatières den Beweis aus dem verbreiteten Hefte bei, in dem der Ordensrath die Antworten der Logen in Bezug auf das Gegenconcil der Maurerei gesammelt hatte, dass eine Majorität sich im Princip für den vorjährigen Vorschlag der Brr Massol und Colfavru erklärt hatte, dass sie nur nicht mit der Einberufung eines Extra-Convents einverstanden war. Schreiber dieses verlangte Auskunft des Ordensrathes darüber, wo nicht ein Tadelsvotum gegen denselben, der nicht das Recht hatte, nach Belieben mit dem selbständigen Beschlusse der Logen zu verfahren. Der Ordensrath glaubte seiner Pflicht genügt zu haben, indem er den Bericht der Logen im Hefte vertheilte und die principielle Zusammenstellung nicht vorher gemacht. Ueber die Sache selbst konnte bei vorgeschrittener Stunde keine längere Debatte mehr stattfinden.

Zum Schluss fasste der Convent zwei echt maurerische Beschlüsse. Das Festessen war bereits in einer frühern Sitzung abbestellt worden; der grosse Orient tagte diesmal ohne Bankett. Es ward einstimmig beschlossen, die Kosten dieses obligatorischen Banketts (zehn francs per Kopf) den Verunglückten in Konstantinopel zuzuweisen und ausserdem in allen Logen eine Collecte zu veranlassen für gleichen Zweck. Br André Rousselle gebührt die Ehre des humanen Vorschlags, der der Maurerei im Osten fruchten wird.

Auf Antrag des Grossmeisters wurde ferner einstimmig erklärt, der Grosse Orient von Frankreich sei eifriger Anhänger des kostenfreien, obligatorischen, von jedem Religionsbekenntnisse befreiten Volksunterrichtes, er schliesse sich in der Weise den Bestrebungen des Bruder Jean Macé von Herzen an und beauftrage den Grossmeister bei Anlass der kommenden Debatte über die Frage im gesetzgebenden Körper, dem Deputirten Jules Simon ein offizielles Schriftstück im Sinne dieses Beschlusses zuzustellen.

Und hiermit endete, besser als der Anfang seiner Sitzungen erwarten liess, der Maurer-Convent des Gr.-Or. von Frankreich für das Jahr 1870.

Fest in der Loge Pythagoras No. 1 zu Brooklyn.

Der Abend des 20. April hatte eine aussergewöhnliche Anzahl von Brüdern in der Loge Pythagoras No. 1 zusammengeführt. Veranlassung dazu war eine Doppelfeier, der Abschied von Br C. Poppenhusen, der auf mehrere Jahre nach Europa sich zu begeben im Begriffe stand, und die 25ste Wiederkehr des Tages der Aufnahme des Br R. Barthelmess in den Mrbund.

Um 8 Uhr wurde die Loge im Lehrlingsgrade durch den vorsitzenden Mstr. Br Nedler eröffnet; derselbe wies in einem einleitenden Vortrage auf die bezeichnete Veranlassung der Versammlung hin; „Wir haben uns," so etwa sagte er, „vor unserem Umzuge in eine neue Werkstätte zum letztenmale hier zusammengefunden, um die maur. Verdienste zweier Mitglieder unserer Loge gebührend zu würdigen. So beschliessen wir mit der heutigen Feier auf eine passende Weise unsere Arbeiten in dieser Halle, indem wir der innigsten Dankbarkeit für Alles, was die Brr P. und B. für unsere Loge und unseren Bund seit einer Reihe von Jahren gethan, Worte verleihen. Die festliche Stimmung, in die wir heute uns erhoben fühlen, geht hervor aus der Bedeutung, welche Einzelne vor Vielen für Viele durch ihre Arbeit und Thätigkeit gewinnen. Denn so sehr auch grosse Weltereignisse als die aggregaten Werke der gesammten Menschheit zu betrachten berechtigt sein mag, so lässt sich doch andererseits nicht läugnen, dass einzelne hervorragende Individuen in's Grosse und Weite, zum Heile oder Verderben der menschlichen Gesellschaft wirken und so, zum Theile wenigstens, die Weltgeschichte machen. Und ihre Thaten finden erst dann die richtige Würdigung, wenn wir in die Zeit und Lage, in der sie zu Tage traten, in ihre Motive, in ihren inneren Zusammenhang einzudringen versuchen. Dann wird auch unser Herz für gleiche Thätigkeit erwärmt, auch unser Entschluss, ein Scherflein zu der allseitigen Entwickelung beizutragen, bestärkt, auch unsere Hoffnung auf ein endliches Gelingen unserer Unternehmungen belebt. Die Biographie ist der Schlüssel zur Geschichte.

Wir haben die Entwickelung und Bedeutung unserer Loge in materieller wie geistiger Beziehung vorzugsweise den zwei genannten Brüdern zu verdanken, die sich als echte Mr bewährt haben, indem sie ihre Kräfte nicht bios für sich und ihre Familien, sondern auch im Dienste der Menschheit, zum Wohle eines grösseren Ganzen zu verwerthen wussten.

Br Conrad Poppenhusen hat am 4. Mai 1849 in unserer Loge als leitender Geist mit an der Spitze derselben gestanden. In jene Zeit fielen die bekannten Kämpfe in der Gr.-Loge des Staates New-York, im Jahre 1849 zu einer Spaltung der letzteren in zwei Körperschaften führend. Der Wunsch, die Loge unwürdiger Fesseln zu entledigen und von veraltetem Formenkram zu befreien, machte ihn thätig zu Gunsten des Einflusses deutscher Wissenschaft und Würde und für den Anschluss an die Gr.-Loge von Hamburg. Mit gleicher Entschiedenheit erhob er sich gegen die, der brüderlichen Gleichheit Hohn sprechenden Vorrechte der Altmeister in der Loge, förderte, wo immer er vermochte, den geistigen Fortschritt und wurde durch Geschenke von guten deutschen Werken der Hauptbegründer der jetzt zu hohem Werthe entfalteten Bibliothek. 1850 war er Redner, 1851 und 52 erster Aufseher; als er für 1853 abermals für letzteres Amt erwählt ward, lehnte er wegen persönlicher Beziehungen zu einem der Altmeister ab. Und als die Loge in demselben Jahre mit ihrem Meister v. St. wegen dessen Betheiligung an einem Hochgradesysteme in Conflict gerieth und in Folge dessen der erste Hammer erledigt wurde, trat Br P. (im Septr.) nach dem Willen seiner Brr in dieses Amt ein und wurde auch auf 1854 in dasselbe berufen. Durch

seine besonnene und energische Haltung führte er, von den einflussreichen Mitgliedern getreu unterstützt, die Loge über die ihr in ihrem eigenen Innern drohenden Gefahren hinweg und veröffentlichte, als 1854 eine heilsame Trennung der nicht harmonirenden Elemente erfolgte, einen Protest gegen die verkehrte Auffassung der Sachlage von Seiten des Gr.Mstrs. der Gr.-Loge des Staates (Papers relating to the late Occurrences in Pyth. Loge No. 1 etc. pp. 24—26). Ein Fest, welches er damals in College Point für die Brr und Schwestern der Loge veranstaltete, wird wegen seiner Anordnung und seines Verlaufes für alle Theilnehmer in steter Erinnerung bleiben. Nachdem er 1855 als deput. Meister gedient hatte, sehen wir ihn 1856 wiederum den ersten Hammer führen und das Logenlokal in Brooklyn einweihen. Auch in diesem Jahre gab er, und zwar in Verbindung mit zwei anderen Brüdern der Loge, den Brüdern und Schwestern der Logen Pythagoras No. 1 und Franklin No. 2 ein grossartiges Fest in College Point. In Anerkennung seiner Verdienste ernannte ihn die Loge Emanuel in Hamburg zum Ehrenmitgliede. Von dieser Zeit an konnte Br P. wegen Ausdehnung seiner Geschäfte und der weiten Entfernung seines Wohnorts kein Logenamt mehr bekleiden; aber sein reger Antheil an Allem, was das Wohl der Loge betrifft, hat sich nicht vermindert. Fortdauernd hat er Geschenke für die Bibliothek gemacht, und durch seine edelmüthige Freigebigkeit einen festen Grund für die jetzt zu erfreulicher Bedeutung angewachsene Erziehungs- und Unterstützungskasse der Loge gelegt. Und wie er, im Gegensatze zu der oberflächlichen und unwürdigen Behandlung der maur. Aufgabe von Seite der Amerikaner, die K. K. als etwas Ernstes und Erhabenes auffasste, so hat er seine Arbeit im Dienste der Humanität nicht auf die Maurerbund beschränkt, sondern ist mit einer Stiftung vor die Oeffentlichkeit getreten, die seinen Namen als den eines Ehrenmannes in ferne Zeiten tragen wird. Die „Poppenhusen-Stiftung" in College Point, zum Wohle der Arbeiter und im Interesse der Erziehung und Bildung gegründet, ist das Werk einer ächt humanen Gesinnung, die krönende Spitze einer ächt maur. Thätigkeit (vgl. Ref. III, S. 61, 146. ff.). Jede Freuden- und Dankesthräne der durch solchen Edelmuth gehobenen Noth, der Kummer und Sorgen erretteten Wittwen und Waisen, der über Roheit und Unwissenheit erhobenen Mitmenschen, wird zum Gebete werden, das für den Gründer zum A. B. a. W. emporsteigt." —

Als einst der griechische Weise Solon von Krösus gefragt wurde, wen er für den glücklichsten Menschen halte? nannte er einen athenischen Bürger Namens Tellus;

---

*) Das „Poppenhusen institut" ist am 7. Mai eröffnet worden. Die unteren Räume des von Br Teckritz, der ebenfalls Mitglied der Loge Pyth. ist, aufgeführten Gebäudes, dessen Kosten die ursprüngliche Annahme weit übersteigen, sind für einen Kindergarten bestimmt, zu welchem auch ein geräumiger Spielplatz im Hofraume gehört. Im 1. Stockwerke sind die Bibliothek und die Lesezimmer; im 2. und 3. Stockwerke ist eine Halle, die 90 × 95' an Flächeninhalt gross, mit geräumigen Gallerien umgeben, wohl 1500 Menschen zu fassen vermag und zu Vorlesungen und Festlichkeiten dienen soll. Die übrigen Räume der oberen Stockwerke sind theils zu Lesezimmern, theils zur Abhaltung gesellschaftlicher Spiele u. dgl. bestimmt. Das Ganze macht den Eindruck der Solidität und geschmackvoller Anordnung.

denn ihm hätten seine Mitbürger aus Dankbarkeit für seine Verdienste um das Vaterland ein Denkmal der Liebe gesetzt. Auch wir w. Br., wollen unserem Genossen, und zwar noch während seines Lebens, ein Denkmal setzen als Zeichen unserer Liebe und Verehrung."

Mit diesen Worten enthüllte der M. v. S. die von dem Bildhauer *Bärer*, Mitglied der Loge, ebenso fleissig, als geschickt ausgeführte, auf blumenbekränztem Piedestale neben dem Altare im O. aufgestellte Büste des Br. P.

"Die zweite noch verhüllte Büste hier", so fuhr der Vorsitzende fort, "ist die unseres Brs. *Barthelmess*, der heute das Erinnerungsfest an seine vor 25 Jahren vollzogene Aufnahme in unsere Gemeinschaft feiert;" und verlas das Protokoll der 819ten Lehrlings- und Receptionsloge der Loge "zu den drei Pfeilern" in Nürnberg v. 7. März 1845.

„Es ist weniger von Bedeutung, dass die Loge „z. d. 3 Pf." die Zahl ihrer Mitglieder um eines vermehrte; wohl aber durfte sie stolz auf den neuen Br. sein, der den Erwartungen, die sie an einen gründlich und vielseitig gebildeten Mann zu stellen berechtigt war, in vollem Maasse entsprach. Mit welcher Begeisterung der junge Mrr. das ihm gewordene Feld der geistigen Thätigkeit zu bearbeiten begann, davon zeugen die 6 Vorträge, welche er noch in demselben Jahre über folgende Themata gehalten hat." (folgt die Angabe derselben). „In Anerkennung seines Eifers wurde er auch schon im Oktober 1845 in den 2., und am 1. Juni 1846 in den Meistergrad befördert, und sodann zum Deputirten*) in die Schwesterloge „Joseph zur Einigkeit" erwählt. Die vielen Vorträge, welche er von seiner Aufnahme bis jetzt gehalten, die vielen schriftlichen Arbeiten aller Art, welche er im Interesse des Logenlebens geliefert hat, aufzuzählen, würde die Gränzen der gestatteten Zeit überschreiten; ist er ja heute noch derjenige, welcher seine Kräfte jederzeit zu Gebote stellt, wenn es darauf ankommt, zu belehren und zu erbauen. Nur Einzelnes sei aus seiner Logenthätigkeit hervorgehoben:

1847 begleitete er das Amt des Sekretärs und die Funktion eines Deputirten in die Schwesterloge.

1848 abermals das des Sekretärs und von der Loge "La Clémente Amitié" in Paris zum Ehrenmitglied ernannt;

1849 das des ersten Aufsehers.

Nachdem 1852 seine Uebersiedelung nach Amerika stattgefunden hatte, machte er es sich vorerst zur Aufgabe, durch Besuchen eine Reihe amerikanischer und deutscher Logen New-York's und Brooklyn's das hiesige Logenwesen kennen zu lernen, und hat seine Erfahrungen darüber in der Zirkel-Correspondenz der Engbünde niedergelegt. Am 10. September 1852 wurde er in der Loge Pythagoras No. 1 affiliirt und schon in der Woche darauf zum Redner und Bibliothekar für das folgende Jahr erwählt. Bei der Installation der Schwesterloge Franklin

*) Die beiden Logen Nürnbergs sind seit vielen Jahren bei ihren Versammlungen zur Förderung freundschaftlich-brüderlichen Verkehrs durch je zwei Deputirte vertreten, die das Zeichen der Loge, zu der sie deputirt sind, neben dem ihrer eigenen tragen und einen Ehrenplatz in der Nähe des Mstr. v. St. einnehmen. Red.

No. 2 (1853) hatte er als Gr. Redner zu fungiren; 1854 begleitete er abermals das Amt des Redners und Bibliothekars und wurde von dem durch ihn mit begründeten geschichtlichen Engbunde zum Sekretär erwählt, als welcher er bis 1856 gedient hat. Während der Jahre 1855 und 1856 sehen wir ihn als Archivar, Bibliothekar und Vorbereitenden thätig; die ausgedehnten Sammlungen der Legen verdanken ihm ihre Ordnung und ihren Flor. 1856 wurde er zum Vorsitzenden des Engbundes erwählt und ist in dieser Stellung bis jetzt verblieben, durch seine geschichtlichen Forschungen manches bis dahin dunkle Gebiet besonders der amerikanischen Mrrei erhellend und in vielen Aufsätzen für maur. Zeitschriften Deutschland's und der Ver. Staaten davon Zeugniss gebend. Die eklektische Loge „zur Br-Treue a. E." in Hamburg ernennt ihn zu ihrem Repräsentanten. Er veröffentlicht eine „Bibliographie der Mrrei in Amerika" und hält, als die Loge von New-York nach Broocklyn übersiedelte, einen Vortrag über ihre Geschichte. 1857 und 1858 begleitete er die Aemter des deput. Meisters, Bibliothekars, 1859 und 1860 das des Meisters v. St; zur Feier des 100jährigen Geburtstages Schiller's (10. Nov. 1859) hielt er den Festvortrag über „Schiller und seine culturhistorische Bedeutung". 1861 war er Redner, Bibliothekar und Archivar; die Logen "Absalom z. d. 3 Nesseln" in Hamburg, "Joseph zur Einigkeit" und "z. d. 3 Pfeilen" in Nürnberg übersandten ihm das Diplom der Ehrenmitgliedschaft. Im Jahre 1862 war er beig. 1. Aufseher, Bibliothekar und Archivar; 1863 Redner, Bibliothekar und Archivar und wurde von der Loge Franklin No. 2 zum Ehrenmitgliede ernannt; 1864 Bibliothekar und Archivar. Von 1865 bis 1868 wurde er wieder mit dem ersten Hammer der Loge betraut; erhielt bei Gelegenheit des 25jährigen Stiftungsfestes der Loge (1866) die Auszeichnung der Ehrenmitgliedschaft der Gr. Loge von Hamburg; sammelte 1867 werthvolle maur. Erfahrungen auf einer Reise nach Europa; wurde correspondirendes Mitglied des Vereins deutscher FMrr., Mitbegründer des Vereins deutsch-amerik. FMrr., Mitarbeiter an der "Reform", dem in Leipzig in 3 Bänden erschienenen "Handbuche der Mrrei" u. s. w. Für 1869 wurde er zum Sekretär gewählt, und seit jetzt, für 1870 als Redner, Bibliothekar und Archivar der Loge unter uns.

Wer von uns, meine Brr wird bei seinem 25jährigen Mr-Jubiläum auf eine so inhaltsreiche maurer. Laufbahn zurückblicken können? — Aufgenommen in einer durch die englische Prov.-Gr.-Loge in Frankfurt a. M. 1789 errichteten Loge, welche ihre Selbständigkeit in Gesetzgebung, Ritual u. s. w. zu behaupten gewusst hat, klassisch und künstlerisch gebildet durch naturwissenschaftliche Studien, ausgedehnte Reisen u. s. w. hat Br B. von Anfang seiner maur. Thätigkeit an sich in einer Sphäre bewegt, in welcher von Bevormundung durch eine Gr.-Loge wenig oder gar keine Rede sein konnte. Diesem Umstande mag es hauptsächlich zuzuschreiben sein, dass er schon frühe als principieller Vertheidiger der Selbständigkeit der einzelnen Logen, als freisinniger Mr in des Wortes schönster Bedeutung auftrat" u. s. w.

Nach Beendigung dieser zweiten biographischen Schilderung fiel auch von der zweiten, aus der Hand des oben genannten Künstlers hervorgegangenen Büste die bergende Hülle.

Daran knüpfte der Vorsitzende Bemerkungen über den Einfluss der gegebenen Beispiele auf die Zukunft der Loge und überreichte dem Br B. in Anbetracht dessen, dass durch seine ausgedehnte maur. Thätigkeit seiner Familie viele Stunden des Verkehrs entzogen worden seien, für seine Schwester als Zeichen der Dankbarkeit der Loge ein ebenso kostbares als geschmackvolles, in ägyptischem Style gearbeitetes Theeservice; ferner für ihn selbst eine Anzahl von auswärts eingelaufener Glückwunschschreiben (von den Logen Absalom in Hamburg, Franklin No. 2 in New-York, von dem Vereine deutscher Mr, den Brüdern J. A. Oelreich jun. und J. F. Arendt in Hamburg), die verlesen wurden.

Br Oppenhusen ergriff das Wort, dankte der Loge für die liberale Anerkennung seines Wirkens in und ausserhalb derselben und hob rühmend hervor, wie er gerade in der Loge die ersten Anregungen zu seinen späteren Schöpfungen im Dienste der Humanität erhalten habe. Bruder Barthelmess aber liess in längerem Vortrage seine maur. Vergangenheit von jenem Abende an, an welchem bei seiner Aufnahme auch sein geliebter Vater wieder sich der Loge „zu den 3 Pfeilen" angeschlossen, in ihrem inneren ursächlichen Zusammenhange und in ihrer Wechselwirkung mit seinem wissenschaftlichen, beruflichen und bürgerlichen Leben als ein abgeschlossenes Bild vor den Augen seiner Zuhörer vorüberziehen, aus dem als nothwendiges Resultat und als Dank für die ihm heute dargelegte Liebe eine treue Hingebung für die Sache der Brei bis zum letzten Athemzuge hervorgehn.

Nachdem die besuchenden Brr maurerisch begrüsst waren, begaben sich die Anwesenden nach den nahe gelegenen Räumen der Gesellschaft Germania, wo ein brüderliches Mahl eingenommen wurde.

(Reform.)

Feuilleton.

Leipzig. — Am 13. Juni trat Br A. Zille mit einer Aufnahme von 4 S. sein Amt als Astr. v. St. der Loge Apollo glücklich an; seine Leitung bekundete Sicherheit und Schwung; die Ansprache an die S. war kräftig und wirkungsvoll und die poetischen Einlagen beim Entzünden d. K. und bei der Wanderung vortrefflich. In der Ausführung des Rituals nahm er einige, nur gutzuheissende Aenderungen vor, darunter (nach der lt. Bearbeitung des Herausgebers) die Ertheilung von Z., Gr. v. W. und der ersten Belehrung durch den Vorbereitenden Br Schwarzwäller im Vorb.-Zimmer. Vor der Aufnahme fand die feierliche Einführung des zugeord. L. Grossmstr. Br Eckstein statt, welchem Br Zille unter herzlicher Begrüssung zunächst das II. übergab, sodann im Namen der Loge, die er 6 Jahre lang so ausgezeichnet geleitet, das ihm zuerkannte Zeichen als Ehrenmeister überreichte. Beide Ansprachen erwiderte Br. Eckstein mit freundlichen Dankesworten. Br Schletter, deput. Mstr. der Loge Balduin war, von einer Reise zurückgekehrt, später eingetreten; er erwiderte den ihm dargebrachten Gruss, indem er für sich und seine Loge dem neugewählten Astr. seine Glückwünsche aussprach.

Aus Schlesien. — Der Verfasser der „Gegenwart und Zukunft der Maurerei in Deutschland" in der „Bauhütte" schneidet mit furchtbar scharfem Messer in die Schäden unserer dermaligen maurerischen Zustände; aber ich — wie ich glaube, mit mir die ganze Maurerwelt — erschrecke vor dem gewaltsamen Mittel, das er kategorisch vorhält, sie zu heilen. Man muss allen Glauben an die Menschheit verloren haben, wenn man mit ihm annehmen soll, dass wirklich so wahrhaftes Menschenthum in der heutigen Brüderschaft lebe, dass sie sich nicht selber zu ihrer Wiedergeburt aufzuraffen vermöge. Und wenn wir auch nicht läugnen können, dass dasselbe allerdings mit sehr groben Scheinmenschenthum verunreinigt ist, so folgt daraus noch nicht, dass wir das Kind mit dem Bade ausschütten, eine durch den Zeitraum von 1½ Jahrhunderten sich bewährt habende, gerade mit zeitweiser Erschlaffung kämpfende grosse Körperschaft mit ihrer ganzen, wenn auch hie und da fehlerhaften oder veralteten Organisation aufgeben, und auf eine neue Vereinigung hinsteuern müssen, deren Schöpfung in unserer materiellen Zeit unüberwindliche Schwierigkeiten entgegentreten. Es folgt vielmehr, dass die hohe Idee unsres Bundes, die doch sicher noch in recht vielen Bruderherzen lebt, mit gemeinsamer Kraftanstrengung auch in den wankenden Gemüthern angefacht, durch Wort, Leben und Beispiel zur Anerkennung und Nachahmung gebracht werden müsse. Dazu sind noch immer die Logen auch mit ihren mangelhaften Einrichtungen die natürlichen Werkstätten. Und wenn die Logenbrüder durch ein edles mustergiltiges Leben die verlorene Achtung der Aussenwelt erst wieder gewonnen haben, — und dies ist die Aufgabe, die man, meines Erachtens zunächst und vor Allem vorliegt und gemeinsamem Streben erreichbar sein muss, — dann, ich meine, kann es nicht fehlen, dass die jetzt so schmerzlich vermissten Intelligenzen der Aussenwelt zu ihr hingezogen, ihre Arbeitskraft dem höhern Zwecke gern und freudig zuwenden werden.

Verzeihen Sie diesen Erguss, den die Ueberzeugung von der guten Sache aus mir hervorgesprudelt hat. Ich möchte Sie aber bei der Gelegenheit noch bitten, mir, wenn es nicht die Diskretion verbietet, doch den Namen des wohlmeinenden und so geistreichen Verfassers der in Rede stehenden Abhandlung zu nennen. Noch genehmigen Sie meinen herzlichen Dank für die freundliche Zusendung des zweiten und dritten Bandes der „Mittheilungen", die ich mit grössten Interesse verfolge.

Spanien. — In Spanien arbeiten folgende gesetzmässig gegründete Logen: 1) Tolerancia y Fraternidad Nr. 11 zu Cadiz, gegr. 1859 unter dem Gr. Or. von Lusitanien. 2) Fraternidad Iberica, Nr. 41 zu Sevilla, gegr. 1867. 3) Fraternidad Nr. 49 zu Madrid, gegr. 1869; — 4) Igualdad zu Madrid, gegr. 1869; — 5) Caridad y Fraternidad zu Cadiz, gegr. 1869; — 6) Afortunada zu Canarias, gegr. 1869; — 7) Patricia zu Cordoba, gegr. 1870; — 8) Amigos de la Humanitad zu Bahon, gegr. 1860 unter dem Gr. Or. von Frankreich; — 9) Hijos de Hiran zu Cartagena, gegr. 1869 (Gr. Or. von Frankreich); — 10) San Andrés Nr. 9 zu Habana, gegr. 1864 (Gr. Or. von Colon); — 11) Prudencia Nr. 6 zu Matanzos. Die Logen von Madrid haben bereits mehrere Filialen errichtet, welche z. Z. noch nicht mit Constitution versehen sind, ausserdem bestehen nicht regelmässig errichtete Logen zu Bajadoz, Lérida, Saragossa, Forrol und an andern Orten. Die Loge Fraternidad Iberica zählt 100 Mitglieder, darunter Cortes-Deputirte, Mediziner, ingenieure, Militairs etc., und zwar 56 Christen (christianos), 3 Protestanten und 17 Rationalisten oder Philosophen. Die Loge Igualdad zu Madrid zählt 72 Mitglieder, darunter 7 Künstler, 4 Cortes-Abgeordnete, 8 Beamte, 3 Aerzte etc.

„Der deutsche Verein zur Verbreitung gemeinnütziger Kenntnisse" in Prag, dessen wir s. Z. gedachten, hat einen umfassenden, ihn ehrenden Bericht über das erste Vereinsjahr veröffentlicht. Daraus ergiebt sich, dass die Zahl der Mitglieder auf 1766 gestiegen ist; eingenommen wurden 3410 fl., ausgegeben 1457 fl.; es wurden mehrere Volksbibliotheken gegründet, autographische Vorträge versandt und gehalten, mehrere derselben gedruckt und in 5000 Exempl. abgesetzt, und die Herausgabe von Flugblättern beschlossen. Obmann ist Ritter v. Dotzauer, Schriftführer Dr. J. Holzamer. Unter den Vorträgen befand sich auch einer über Joseph II. Glückauf zu dem edlen, segensreichen und wahrhaft freimaurerischen Werke!

Die „Neger-Frage" in Amerika ist in ebensoviel Tagen zur principiellen Lösung gekommen, als in Deutschland die sogen. Judenfrage — Jahre gebraucht hat. Diese Frage ist eigentlich erst ganz vor Kurzem eine brennende geworden und schon sind die Grosslogen und die gesammte maur. Presse so gut, wie einig in der Anerkennung des Princips, dass kein maur. Gesetz besteht, welches einen freigeborenen Mann wegen seiner Raçe oder Hautfarbe von der Aufnahme ausschliesse. Selbst Br G. Frank Gouley in St. Lois, der in seinen „Freemason" Feuer und Flammen speit gegen die Anerkennung der Negerlogen und Neger-Grosslogen, also gegen die Zulassung farbiger Mr. in Masse, kann nicht umhin zu gestehen, er habe nichts dagegen, wenn ein würdiger Farbiger auf Grund einstimmiger Ballotage in eine g. u. v. Loge aufgenommen werde. Mit dieser Anerkennung des Princips ist aber im Grunde die Negerfrage bereits gelöst.

Das „Urtheil der Welt" ist oft so entgegengesetzter Art, dass es gut ist, wenn man ein sicheres Bewusstsein und ein ruhiges Gewissen hat. Hier einige Proben der verschiedenartigen Beurtheilung meiner Schrift „die Schule der Hierarchie" etc. 1) Or. H: „Dank, tausend Dank für Ihre vortreffliche Arbeit." — 2) Or. Leipzig „FrMrZtg": „die ganze Schrift ist in einem bittern, scharfen Tone abgefasst und athmet nicht im Geringsten den Geist br. Liebe und Milde." — 3) Or. R: „Ihre neueste Schrift erregt nicht geringes Aufsehen und hat sich in meinem Brkreise viele Freunde erworben." — Or. M-m: „Möge es mich mehr erbauen, als Ihr verdammt bissiger, gehässiger Ton der vorausgegangenen Schrift." — Or. Br-g: „Ihre ruhige Sprache in der Hierarchie etc. hat hier gut gefallen." — Or. Dr-n: „Deine Schrift hat hier grossen Beifall gefunden." — Or. H-g: „Ihre neueste Schrift habe ich mit grossem Interesse gelesen und darin so manches gefunden, was mir aus der Seele geschrieben ist, da ich Gelegenheit gehabt habe, die verderbliche Einwirkung der höheren Grade und die jesuitische Schlauheit, mit welcher die Johannislogen gefesselt werden, keinen zu lernen." Ich constatire mit Befriedigung die Thatsache, dass missbilligende Urtheile bisher nur ganz vereinzelt auftraten und meine Schrift gerade in massgebenden und urtheilsfähigen Bekreisen bis jetzt keinem Worte des Tadels begegnet ist.

Br S. Evans, bisher Herausgeber des „Mass. Monthly" in Boston, hat sich von dieser Stellung zurückgezogen und schreibt in dem diesen Entschluss ankündigenden Briefe u. A. (Mas. Monthly, 1870, p. 28): „Vom Anfang bis zum Ende der Function eines Herausgebers eines maur. Blattes habe ich die Noth-

wendigkeit gefühlt, dass ein solcher vollständig unabhängig sein muss, keine selbstsüchtigen Absichten haben, kein Gr.-Sekretär oder Gr.-Mstr. sein, kein Verkäufer von Monitors, von maur. Schriften oder maurer. oder Odd Fellows-Abzeichen sein darf. Ich habe stets gefühlt und fühle es noch, dass die maur. Literatur nicht das Papier werth ist, auf das sie gedruckt wird, bis sie sich vollständig von solchen Dingen frei macht, bis sie nicht länger dem Geld — oder anderen Interessen maur. Beamten, Händler, Charlatane und Verkäufer untergeordnet wird. Ich bin Bilderstürmer gewesen, wo das Bilderstürmen meine Pflicht und wo das Bild, das zerbrochen werden sollte, ein Humbug war. Veralteter Humbug erscheint mir nicht ehrwürdiger, als neu erfundener. Ich habe es immer für ehr- und schamlos gehalten, Betrug zu unterstützen, und wahrhaftig! es sind ebenso viele oder mehr „fromme Betrügereien" durch Maurer an Maurern in der Neuzeit verübt worden, als je an den Gläubigen irgend einer Sekte zu irgend einer Zeit der Geschichte."

Geheimniss. — Machen wir aus dem Zwecke der Mrei kein Geheimniss, so ist es auch zweckmässig, mithin Pflicht, der Welt die Mittel bekannt zu machen, damit sie sich überzeuge, dass wir zu einem guten Zwecke keine schlechten Mittel wählen. — So glauben auch unter uns noch viele gute Brr, es sei um die FrMrei geschehen, wenn die Brschaft ihren Schleier zurückschlage und einem Nicht-Mr das grosse Geheimniss scheu lasse.
Zeitschrift f. FrMrei, 1839. S. 81. 94.

Grade. — Da jeder Br die Beförgerungs-Ceremonien (II. und III. Grad) aus Büchern erfahren kann, so ist kein vernünftiger Grund vorhanden, weshalb man diese noch geheim hält und warum man nicht unbedenklich die Lehrlinge zu einer Gesellen- und Meisterbeförderung zulässt oder diese in einer allgemeinen Logenversammlung vornimmt, wodurch die Weihe nur feierlicher und heiliger werden könnte.
Zeitschrift für FrMrei, 1839. S. 83.

Notiz. — In Nro. 13 des „Wegweisers" (Organ für die Volksbildung in Deutschland u. Commiss.-Verl. von Rob. Friese in Leipzig) itt das in Baden angenommene Gesetz mitgetheilt, betreffend die Beschäftigung des Kindes und jugendlichen Arbeiters in Fabriken. In Nro. 15 derselben Zeitschrift befinden sich Nachrichten über den deutschen Verein zur Verbreitung gemeinnütziger Kenntnisse in Prag, denen wiederum hervorgeht, was verhältnissmässig wenige, aber entschlossene Männer, die nach einem gut durchdachten Plane arbeiten, leisten können, auch wenn sie nicht über grosse Geldmittel verfügen.

Literar. Notiz. — In einigen Wochen erscheint im Verlage von Br Andreae in Ruhrort: „Centifolien". 100 auserlesene Vorträge ernsten und launigen Inhalts. Gesammelt, herausgegeben und den Brüdern gewidmet von Br W. Jessnitz, Mitglied der Loge in Urefeld. (Preis ca. 15 Ngr.).

Briefwechsel.

Br G—r in A—d: Verbindlichsten Dank für Ihre Freundlichkeit und brdl. Gruss!
Br Br—r in G. Ihren Gruss erwidere freundlichst!
Br G. T. in M. Besten Dank und Gruss!
Br Dr. H. K. in O. Freundl. Dank und Gruss!

Br I. B. in W—n. ihre treffliche Z. erscheint demnächst. Brdl. Gegengruss, auch von Br M.

Br L. H. in A. Willkommen in Darmstadt! Das neue Mitgl.-Verzeichniss des V. wird vielfach berichtigt und möglichst genau erscheinen. Brdl. Gegengruss! Des Abschlusses wegen erscheint Br E.'s Name als Vsmitgl. erst auf der Liste, welche nach der Darmst. V. veröffentlicht wird.

Br W. in ℚ—n. In der Lage, wie Sie, sind noch mehr Brr und wäre es allerdings wünschenswerth und rathsam, dass der Verein der Mr um solcher tüchtigen Elemente willen die Forderung der activen Logenmitgliedschaft fallen liesse. Ob ein solcher Antrag durchzubringen, muss ich dahingestellt sein lassen. Da Sie jetzt noch activ sind, können Sie dem Vereine beitreten und für's nächste Jahr den Antrag einbringen. Sonst können Sie sich auch einer andern Loge, wie der in Hof, anschliessen, deren Mitgl.-Beiträge nicht so hoch und deren Geist Ihnen verwandter ist. — Spir ist ein Russe. Brdl. Gegengruss!

Br Dr. V. in V. Prospect und Brief erhalten; Ihren Wunsch an Herrn Dr. Schleinitz, Director des Conservatoriums, vermittelt. Ihre Rechnung ist s. Z. bezahlt worden. Brüderliche Grüsse an Sie und ihre Schwester.

Br Dr. L. in O. Wärmsten Dank und auf frohes Wiedersehen!

Br Sch. in Ch. Besten Dank für ihre freundliche Zuschrift, die mich sehr interessirte; hoffentlich bald einmal mündlich mehr. Inzwischen in alter Freundschaft brzl. Gruss von Haus zu Haus und Glück auf zu gedeihlicher Wirksamkeit!

Br V. in B—m bei L. Die übrigen Schriften habe ich nicht auf Lager und wollen Sie solche durch eine Buchh. in beziehen; Nr. 90 Verl. von Gropius'sche B. in P.; Nr. 457. 58. (Verl. v. Schwetschke u. Sohn in Braunschweig). Brdl. Gruss!

Br im Süden. Freundl. Dank für Dein Lebenszeichen und brdl. Gruss!

Berichtigung.

Man verbessere in dem Gedichte des Br Buthmann aus „im Licht des Geistes zwiefaches empfand" in: zwiefach — es empfand. Ferner aus: Raum mocht er noch in seinem Innern tragen etc. in: Kaum mocht er noch etc. Weiter sieht gedruckt: Und Milderung und Freude ihm beschieden; ich habe aber geschrieben: Und Milderung ward der Freude ihm beschieden.

Einladung und Bitte.

Mit der nächsten Nummer beginnt ein neues Semester; ich bitte deshalb die gel. Brr und Logen um rechtzeitige Erneuerung ihrer Bestellungen, sowie um gütige weitere Verbreitung d. Bl.

Ohne rege Benützung und Förderung der maurerischen Presse kein Leben, kein Fortschritt!

Die „Bauhütte" wird in den nächsten Nummern bringen: a) Ein dritter FrMrbrief von Goethe von Br Putsche; — b) über die manrer. Symbole von Br J. Hufschmidt; — c) J. A. Fessler ein Vorbild maurer. Strebens von Br A. Maass; — d) zur unbefangenen Würdigung Voltaires von Br Nagel u. s. w.; ferner: Berichte über den deut. Grossmeistertag und seine Beschlüsse; über die Jahresversammlung des Vereins deut. Maurer zu Darmstadt und alle wichtigeren Ereignisse im Logenleben des In- und Auslands. Gedichte von Dr. F. Löwe, Dr. Carl Gärtner, Paul Strebel u. A.

„Jeder FrMr, welcher nicht dem geistigen Schlafe verfallen, welcher nicht den Vorwurf philisterhafter Theilnahmlosigkeit an der Sache der FrMrei verdienen will, sollte ein fleissiger Leser einer oder der andern maurer. Zeitschrift sein, um seine Gedanken und Ansichten über FrMrei, über ihr Wesen, ihre Geschichte, ihre Aufgabe klarer und vollständiger zu machen, die Bewegungen und Bestrebungen innerhalb des Bundes kennen zu lernen, über die wichtigsten Streitfragen, welche auch in der Gegenwart den Bund in verschiedene Lager theilen sich eine eigene unbefangene Ueberzeugung zu verschaffen."

Leipzig.   J. G. Findel.

Verantwortlicher Redacteur: Br J. G. Findel. — Verlag von Br J. G. Findel in Leipzig. — Druck von Brr Bär & Hermann in Leipzig.

No. 27. XIII. Jahrgang.

Die BAUHÜTTE.

Begründet und herausgegeben

von

Br J. G. FINDEL.

* Organ des Vereins deutscher Freimaurer. *

Handschrift für Brr FrMr. Leipzig, den 2. Juli 1870. MOTTO: Weisheit, Stärke, Schönheit,

Von der „Bauhütte" erscheint wöchentlich eine Nummer (1 Bogen). Preis des Jahrgangs 3 Thlr. — (halbjährlich 1 Thlr. 15 Ngr.)
Die „Bauhütte" kann durch alle Buchhandlungen bezogen werden.

Der Weg zur Glückseligkeit.

Von

Br C. F. Holtschmidt,
gew. Redner der Loge Lessing in Barmen.

Welches ist der rechte Weg zur Glückseligkeit? Eine Beantwortung dieser Frage wird wohl auf ein allgemeines Interesse Anspruch machen können, denn alle Menschen sind ja einander gleich in dem Wunsch und dem Bestreben, glücklich zu werden und überstürzen sich in ihrer Hast, den Weg zur Glückseligkeit zu finden. Und doch, wie vielfach verschieden sind die Wege, welche eingeschlagen werden, um jenes Ziel zu erreichen, um das ersehnte Glück zu finden. Aber es gibt nur einen einzigen Weg zur wahren Glückseligkeit und nicht sehr viele Menschen kennen und finden ihn.

So tief auch das Verlangen nach Glückseligkeit in der Menschennatur wurzelt, so sehr auch jeder Mensch sich abmüht, sie zu finden — wie gering sind oft die Resultate dieses Strebens! Wie manchen Lebensweg sahen wir in Nacht und Dunkel gehüllt, ohne Sonnenglanz und Freude, ohne Frieden und ohne Glück, bis er endlich sich verläuft in den Abgrund, wo das klopfende Herz wohl Frieden findet, aber nicht den Frieden, welchen es sich ersehnte oder nur den, den es vielleicht in krampfhaftem Aufschrei sich herbeiwünschte in der Verzweiflung des Unglücks! Wie manches Menschenleben sahen wir in ewigen Kämpfen und Mühen sich abquälen und das ersehnte Glück bleibt dennoch ferne! Und dennoch ist keinem Menschen der Weg zum Glücke verschlossen;

Jeder kann sie finden, die ersehnte Glückseligkeit; Jeder wird sie finden, wenn nur der rechte Weg betreten wird.

Lessing sagt, man lerne nicht die Irrwege durch den rechten Weg, sondern den rechten Weg durch die Irrwege kennen. Aber leider kommen nicht alle dazu, von ihren Irrwegen endlich auf den rechten Weg zu gelangen, sie gehen vielmehr unter, noch während sie den rechten Weg zum Glücke suchen. Und Tausende von Irrwegen gibt es, welche ableiten von dem einen rechten Pfade und welche schliesslich das Menschenherz immer weiter rücken von dem rechten Wege und seinem Ziele, bis diese Irrwege sich endlich in öden und wüsten Steppen verlieren, aus welchen kein Pfad mehr zurückzuleiten scheint.

Wie manches Menschenherz sehen wir in Elend und Verzweiflung unterliegen — und dennoch ist Jedem die volle Glückseligkeit bestimmt! Wie mancher Mensch vertrauert sein irdisches Leben — und doch hat er volles Anrecht auf Glückseligkeit! Wie manches Auge erstarrt in Verzweiflung des Elends, wie manches Herz bricht in den Qualen eines kummerschweren Lebens; wie mancher steigt glücklos und freudenarm hinab in das dunkle Haus, dessen grüner Hügel endlich alles Elend und alle Qualen bedeckt — und doch sollte jeder Grabhügel das Erinnerungszeichen sein eines in Glückseligkeit durchwandelten Erdenlebens! Aber der letzte Gedenkspruch „Friede seiner Asche" deutet nur zu oft den Mangel an Frieden und Glückseligkeit im Leben an und verweist uns dann auf den Frieden des Grabes, welcher ein schlechter Trost ist für den, der im Leben noch vergeblich den Frieden des Herzens sucht. O wenn nur alle Menschen den rechten Weg zum Glücke betreten möchten, wir würden dann auf jedem Grabmal lesen müssen, nicht dass der darunter Gebettete Frieden fand im Tode, sondern dass er Friede gefunden in seinem Leben und nur der Tod dem Leben von Glückseligkeit ein Ziel setzte!

Wohl uns, wenn wir uns sagen können, dass wir den Frieden gefunden, dass wir die volle Glückseligkeit unser eigen nennen! Und sollten wir dies uns nicht sagen können, o so mögen wir eilen, auf den rechten Weg zu kommen, ehe die Nacht hereinbricht und uns hindert, weiter zu wandeln!

Der Irrweg, auf welchem die meisten Menschen wandeln, ist die Sucht, die Glückseligkeit zu suchen in den materiellen Gütern des Lebens. Es ist bei denen, welche auf diesem Wege ihr Ziel zu erreichen meinen, eigentlich von einem Wandeln keine Rede, es ist ein Rennen, Vorwärtsstürzen, Ueberspringen ohne Rast, ein ewiges Haschen und Jagen nach äussern Gütern der Erde. Aber weder in dem Haschen nach Erdengütern kann das Menschenherz Befriedigung finden, noch kann irgend ein Erdengut uns die Glückseligkeit erkaufen. Wer auf diesem Wege sie sucht, wird sich bitter täuschen, auch wenn es ihm gelingen sollte, Güter der Erde zu erhaschen. Wie mancher quälte sich vergebens ab sein ganzes Leben hindurch jene Güter der Erde zu erwerben, die ihn dennoch nicht glücklich hätten machen können! Wie Mancher, mit der Bürde erworbener Erdengüter beladen, musste dennoch im innersten Elend des Herzens zusammensinken! O, nein manche zertretene Hoffnung liegt auf diesem Wege; wie manchen Herzensblutstropfen der Verzweiflung sehen wir auf dem Pflaster dieser Strasse! Wie viele tausende von verfehlten unglücklichen Menschenleben haben auf dieser Heerstrasse menschlicher Leidenschaft und Thorheit geblutet und in Qualen geendet! Wie Manche führte die Leidenschaft auch von dieser Strasse nach abseits in die schmutzigen Hohlwege des Lasters und der Schande!

O meine Brüder, wenn wir einen Tempel unserer Glückseligkeit bauen wollen, so muss derselbe ein festeres Fundament haben, als das schlüpfrige GeRölle der Erde! Was wir darauf bauen, genügt dem Herzen nicht und wird auch wieder zusammenstürzen, uns erdrückend unter seinen Trümmern.

Andere Menschen, statt auf diesem Irrwege, nämlich dem Erwerb der Mittel zum Genuss, zu wandeln, suchen die Glückseligkeit im irdischen Genusse selbst; auch sie wandeln auf einem Irrwege, und zwar auf einem gefährlichen. Jeder sinnliche Genuss, welcher Art er auch sei, erzeugt eine Erschlaffung und Abnahme der Fähigkeit, zu geniessen. Der in Genüssen schwelgende Mensch ist gleich dem, der in berauschenden Getränken des Lebens Kummer zu vergessen sucht. Wohl kann der flüchtige Rausch für kurze Zeit das innere Elend betäuben und zudecken, aber die nachfolgende Reaktion ist um so trostloser:

„So tauml' ich von Begierde zu Genuss,
Und im Genuss verschmacht' ich vor Begierde!"

All diesem Freudenrausch der Erde folgt endlich eine solche Erschlaffung, welche auch endlich das Gefühl abstumpft gegen alle Sinnengenüsse des Lebens. O welch' eine öde, trostlose, jammervolle Wüste ist dann das menschliche Herz, ein ausgebrannter Krater menschlicher Leidenschalt, in dem nur noch die Gespenster vergangener Genüsse als schwarze Larven umherkriechen! Geistig und körperlich gebrochen, Unfrieden und Elend im Herzen, steigt ein solcher Mensch in das einsame Grab hernieder! —

Wohl gibt es auch höhere Güter der Erde, in welchen viele Menschen ihr Glück suchen, aber auch diese können nicht Stand halten in dem Wechsel des Erdenlebens und keine wahre Glückseligkeit schaffen. Wohl sind Freundschaft und Liebe helle freundliche Sterne in der Nacht des Erdenlebens, deren segenden Lichtesglanz ich Ihnen allen und auch mir bis zum letzten Lebensabend wünsche, aber sie allein bieten dem Herzen noch nicht das rechte Glück. Denn wie manchen Frühling der Liebe hat das bittere Verhängniss mit einem Schlage zerstört und verwandelt in einen starren Winter des Elends und der Verzweiflung! O wie manche Thräne ist auf diesem Wege, die Glückseligkeit zu finden, schon geweint worden! Wie mancher qualvolle Aufschrei des Herzens ist von diesem Pfade schon zum Himmel gestiegen, wenn das unerbittliche Geschick uns hinwegnahm das Liebste unseres Herzens und mit ihm alle Seligkeit und allen Halt im Leben, uns verzweifelnd zurücklassend auf dem einsamen Wege! Wie manche schwarze Todeskammer gibt es an diesem Pfade, wie manches Herz ist darin gebrochen, erdrückt von der Wucht seiner Qualen!

Ja, wie schön ist das Leben, durch Freundschaft und Liebe geschmückt, so lange der helle Tag noch lächelt; aber wie freudlos und todt, wenn die Nacht diesen hellen Tag umdunkelt!

Der Weg zur wahren Glückseligkeit muss ein anderer sein; sie grünt nicht in dem trügerischen Strahl dieser Erdensonne; im wechselvollen Loose des Irdischen ist kein wahres Glück zu finden.

Schon von alten Zeiten her haben die Menschen es erkannt, dass das Glück und die Seligkeit nicht im äusserlichen Leben zu finden sei. Die Menschen erträumten sich darum in ihrem Verlangen glücklich zu werden, eine ferne andere Welt, wo kein Leid und kein Elend mehr sein sollte, einen Himmel voll ungetrübter Glückseligkeit und Freude. Jener unzulängliche Begriff eines Himmels ausser uns erhielt später eine neue Auffassung durch die Lehre vom Reiche Gottes inwendig im Menschen, durch die Lehre von einem Himmel im Menschenherzen. Und dieser Himmel ist auch unser!

Und wenn kein Mensch an Himmel glaubt,
Und wär' die Höll' auf Erden,
Der Himmel kann uns nicht geraubt
Und nicht verdunkelt werden;
Und seiner Sonne ew'ges Licht
Wird ewig hell uns leuchten;
Er steht fest und wankt nicht
Und ob sich Welten beugten!

Wie strebt das Menschenherz oft in die Ferne, um in fremdem Lande das Glück zu suchen, welches es in der Heimath nicht gefunden! O, überall, du armes Herz, wirst du dasselbe Elend finden, überall wo du suchst deine Glückseligkeit in den Gütern, Genüssen und Segnungen des äussern Lebens! O schweife nicht in die weite Ferne, um das ersehnte Land deiner Seligkeit zu

suchen — es ist nah und der Weg so freundlich, so eben!
Es ist da, dieses Land — keine irdische Sonne erhellt es,
sondern eine lichtere, unwandelbare Sonne, die niemals
untergeht! Jeden Nebel, den die dunkeln Thäler der
Erde, darin dein Fuss wandelt, in deine Seele werfen,
zerstreut der leuchtende Strahl dieser Sonne; ihr Glanz
erhellt jede dunkle Todeskammer, durch welche dein
Lebenspfad dich führt! Ob herein die Erdennacht auch
bricht — Sonnenlicht umglänzt dein Angesicht!

Kennst du das Land von Wunderblüthen
In seines ew'gen Frühlings Pracht,
Wo keine Erdenstürme wüthen,
Wo immer Tag und niemals Nacht?
Wo ewig hell vom blauen Bogen
Des Himmels strahlt der Sonne Schein,
Den keine Wolke je umzogen?
O, jenes Land muss herrlich sein!

Wo auf des Frühlings sonn'gen Fluren
Niemals die Freude scheu entflicht,
Wo hinter des Bewohners Spuren
Kein drohendes Verhängniss zieht;
Wo glücklich stets die Blicke leuchten,
So freundlich, wie des Lebens Tag;
Wo in dem Thränenstrom, dem feuchten,
Noch nie ein Herz in Kummer brach?

Wo stets der Frieden herrscht und waltet,
So sehr auch hier der Kampf entbrennt;
Wo stets die Liebe segnend schaltet,
Ob hier der Hass die Herzen trennt;
Wo Niemand duldet, bangt und leidet,
Wo treu das Herz, ohn Falsch und List; .
Wo nie der Tod die Treuen scheidet,
Kein einz'ges Glück vergänglich ist?

Es ist die Welt des geist'gen Strebens,
Durchgrünt von heller Lenzessaat,
Das Geisterreich des Menschenlebens,
Die Werkstatt jeder geist'gen That,
Zu der hinan, vom Loos entbunden
Der Erde, sich die Seele reisst,
Wo er sein Arbeitsfeld gefunden,
Der schaffend freie Menschengeist.

Wie uns auch hier die Sorge drücke,
Wie schmerzbedrängt auch hier der Sinn,
An jenes Reiches goldner Brücke
Sinkt jede Qual der Erde hin;
Entrückt des Erdenwegs Bedrängniss
Und allem Elend, aller Noth,
Verlacht der Mensch der Zeit Verhängniss
Und spottet eurer, Schmerz und Tod.

Das ist das wahre, andre Leben,
Das Jeder, der es suchte, fand,
Zu dem die Geister streben,
Des Menschengeistes Vaterland.
Und was hier herniederstrahlt in Wonne,
Der ew'gen Schönheit Ideal,
Es ist der Abglanz jener Sonne,
Von jenem Licht ein einz'ger Strahl.

Wohl Jedem ward schon sel'ge Kunde
Aus jener Welt von Licht und Glück,
Uns Grüsse bringend jede Stunde
Herschweben Boten und zurück.
Wie Mancher, dem die Nacht bedeckte
Den Erdenweg, ging dort im Licht!

Er sah die Nacht, die And're schreckte,
Des Lebens Elend sah er nicht.

Wie mancher ging auf dunkeln Wegen
Und Licht umglänzte doch sein Haupt!
Wie mancher, reich in Glück und Segen,
Derweil ihm Alles hier geraubt!
Wie Manche, die in Ketten lagen
Sie waren dort beglückt und los!
Wie Mancher hat den Tod ertragen
Und triumphirte hehr und gross!

O Land voll Seligkeit und Frieden,
Des geist'gen Schaffens traute Welt!
Dein Licht allein strahlt Glück hienieden,
Dein Licht, das jede Nacht erhellt!
Wie hier sich auch die Menschen drängen
Zum Glück, der Erde Glück zerbricht;
In dieser Erde dunkeln Gängen
Erblüht der rechte Frieden nicht.

Doch ob wir wandeln auch auf Erden,
Wie uns der Erde Loos auch drückt,
Lasst Bürger jenes Staats uns werden,
Dann leben, wandeln wir beglückt!
Dass endlich alle Leiden schwinden,
Sei dies das Werk, dem wir uns weihn:
Dies bess're Land soll Jeder finden,
Die ganze Welt soll glücklich sein! —

Aus: Jahrbuch Loge Pythagoras No. 1 zu Brooklyn.

Geliebte Brüder!

Der Gruss und die Glückwünsche, welche die einzelne
Werkstätte jährlich an ihre Schwesterlogen nach allen
Richtungen der bewohnten Erde entsendet, sollen Zeugniss
geben von dem Leben und Thun der Loge, aus der sie
kommen; sollen anregend wirken auf diejenigen, an welche
sie gelangen; sollten ein stets sich erneuerndes Bindemittel
sein zwischen Brüdern, die, durch den Raum getrennt,
Einem Streben sich gewidmet haben. Dieser Zweck der
Rundschreiben lässt es uns als Pflicht erscheinen, am Beginne eines jeden Jahres die sich darbietende Gelegenheit
zum freundschaftlichen Verkehre zwischen den Logen mit
Freuden zu ergreifen und so dazu mitzuwirken, dass eine
von vielen Seiten vernachlässigte nützliche Gewohnheit
nicht noch mehr in Vergessenheit gerathe. Um so mehr
dünkt uns solche schriftliche gegenseitige Kundgebung der
Gesinnung und Handlungsweise geboten, als die jüngste
Zeit eine Reihe für unseren Bund hochwichtiger Vorgänge
entweder schon zu Tage gefördert hat oder zu baldiger
Reifung in ihrem Schoosse trägt.

Den Angriffen unserer Feinde gegenüber, die nicht
unbedeutender Kräfte sich rühmen und nicht ohne Geschick
gegen unsere Gemeinschaft zu Felde ziehen, gilt es, ohne
Unterlass kampfbereit zu sein. In bittern Klagen über
Mängel und Schwächen, die dem Logenwesen noch an-
kleben, sich zu ergehen, führt, so nothwendig auch solche
Selbstschau als erste Bedingung eines für uns günstigen
Ausganges des Conflictes erscheint, allein nicht zum gewünschten Ziele. Die Unterschiede, welche in Erfassung
der maurerischen Aufgabe, in Uebung der Gesetze und

Formen bei den Logenverbänden und Bauhütten bestehen, dauernd in den Vordergrund zu drängen, vereitelt, so unentbehrlich auch die Einsicht in diese Verhältnisse als Ausgangspunkt für eine erfolgreiche Beseitigung von Missbräuchen sich zeigt, gar oft das opferfreudige, einträchtige Wirken. Viel mehr ist es jetzt die klare Erkenntniss der einfachen und einigenden Principien unserer Brüderschaft und das unverrückte Festhalten an denselben, wodurch der Sieg über jene feindlichen Kräfte errungen werden kann und muss.

Ueberblicken wir die Geschichte unseres Bundes, so hat es ihm seit seiner Loslösung von den Werkgenossenschaften keineswegs an Führern gefehlt, die, was Noth thut, mit Begeisterung erfassend, in Wort und Schrift die Ideale der Wahrheit und der Menschenliebe, der Sittlichkeit und der Schönheit als lockende Strebeziele für die Brüderschaft aufgestellt haben. In der ebenso umfangreichen als mannigfaltigen maurerischen Literatur sind ehrende Zeugnisse solcher Thätigkeit in grosser Zahl enthalten. Auch haben viele einzelne Logen für Förderung des geistigen und leiblichen Wohles ihrer Mitglieder und Umgebung durch wohlthätige Stiftungen, Schulen, Krankenkassen und dgl. nicht Unwesentliches geleistet. Aber es mangelt noch das von Einer Grundlage ausgehende und nach Einem Punkte der Ausführung hinstrebende, allseitige lebensfrische Zusammengreifen; es mangeln oft genug die männliche Offenheit, der selbstbewusste Muth, die unbeugsame Ausdauer, die opferwillige Treue, durch welche allein eine der Verleumdung, Lüge und Hinterlist undurchdringliche Phalanx von Streitern geschaffen werden kann.

Als in England die vier Logen zu einer Grossen Loge zusammentraten, ging die Umgestaltung aus dem Bedürfnisse hervor, in der Brüderschaft, den Trennungen und Wirren des gewöhnlichen Lebens gegenüber, einen neutralen Boden zu gewinnen, auf welchem achtungswerthe, gebildete und friedliebende Männer das allen Menschen Gemeinsame zu finden und zur Geltung zu bringen vermöchten. Das ist in den damals zusammengestellten Constitutionen unwiderleghar ausgesprochen, wenn es heisst: „Sie, (die Maurer) sollen gute und treue Männer sein, oder Männer von Ehre und Rechtschaffenheit, durch was für Secten oder Glaubensmeinungen sie auch sonst sich unterscheiden;" und weiter: „Hierdurch wird die Maurerei ein Mittelpunkt der Vereinigung und das Mittel, treue Freundschaft unter Personen zu stiften, welche sonst in beständiger Entfernung hätten bleiben müssen." Wie damals in den Parteien auf kirchlichem und politischem Gebiete in England, so bietet auch jetzt der Zustand der Menschheit das Schauspiel einer tiefgreifenden Zerklüftung dar.

Eine herrschsüchtige, fanatische Priesterschaft sucht sich, unter Behauptung göttlichen Berufes, mit dem blendenden Glanze übernatürlicher Eigenschaften zu umkleiden und facht, klug berechnend, den Glaubenshass an, um die unwissende Menge und durch sie auch den gebildeten Theil des Volkes in den Fesseln religiöser Vorurtheile zu erhalten; sie geht, unter frecher Verhöhnung der bereits errungenen Cultur, darauf aus, in Schule und Familie, in Leben und Sterben Gränzlinien aufzurichten, welche, wenn durch die äussere Gewalt gefestigt, namenloses Unheil über die Geschlechter der Erde bringen müssen; sie trachtet darnach, diesen Geist der Zwietracht in die Verfassungen der Staaten, in alle gesellschaftlichen Verhältnisse überzutragen. Ja! auch in den Kreis der freien Maurerei hat der böse Geist sein Unkraut ausgestreut, das im Laufe der Zeit, durch Egoismus und Eitelkeit begünstigt, in wuchernder Saftfülle emporgeschossen ist. Man schliesst uneingedenk jener versöhnenden Grundlagen, Leute wegen ihres Glaubens oder Unglaubens, wegen ihrer Hautfarbe oder bürgerlichen Stellung von dem Zutritte aus; man räumt den im äusseren Leben durch die Geburt Bevorzugten Vorrechte ein; man unterhält eine mit der brüderlichen Gleichheit im Widerspruche stehende Beamtenhierarchie mit hochklingenden Titeln und sonstigem Ordensschmuck; man beschränkt die individuelle Freiheit durch unveränderliche, wenn auch noch so unsinnige Landmarken und durch staatliche Gränzen. Und wo solch' unmaurerisches Wesen minder schroff zu Tage tritt, da ist es den Einschüchterungen, die von aussen kommen, gelungen, die durch die alten Constitutionen geforderte Neutralität in ein Feld der gleichgültigen Beschaulichkeit, der selbstgenügsamen Nichtbetheiligung am öffentlichen Leben, der principienlosen Scheu vor Einmischung in „Religion und Politik" zu verkehren und so den Bund an den Abgrund der "Verflachung" und des "Nihilismus" zu führen. —

„Jeder Mensch ist als solcher berechtigt, Freimaurer zu werden," das ist der grosse Satz, der auf das Panier unseres Menschheitsbundes geschrieben werden muss, weil aus ihm allein Wohlfahrt und Segen erblühen können. Wir treten mit ihm all' jenen eben bezeichneten Schranken entgegen. Wir stehen durch ihn im Widerspruche mit den Anmassungen der Geburt und des Standes; denn in unseren Augen sollen allein die Empfänglichkeit für das Gute und der sittliche Werth Geltung verleihen. Wir nehmen durch ihn den Kampf auf gegen die Kirche; denn in den Träumereien der Theologen und einer übersinnlichen Speculation liegt nicht die Erkenntniss der Wahrheit. Wir sind durch ihn Gegner der Rassenvorurtheile; denn die mächtig fortschreitende Naturforschung hat willkührlich gezogene Gränzen zwischen lebenden Wesen als nicht in der Wirklichkeit bestehend dargethan. Wir müssen, auf uns selbst berufend, die Scheidungen, welche innerhalb unseres Bundes von selbstsüchtigen und geistig verkümmerten Menschen, sowie von frömmelnden Systemen verewigt werden wollen, als unmaurerisch bezeichnen. Darum haben wir auch die Thätigkeit des Vereins deutscher Freimaurer und das von ihm in Worms beschlossene Grundgesetz als zeitgemäss willkommen geheissen und die Verfassung und das Rundschreiben jener zwar an Zahl der Töchter und Mitglieder beschränkten, aber desto rührigeren Grossen Loge „zur Sonne" im Frankenlande als Zeugnisse männlicher Thatkraft mit Freuden begrüsst.

(Schluss folgt.)

Maurerkitt.

Von

Br Theodor Bindtner in Wien.

Die Dauer jeder Vereinigung, sei sie durch die Verwandtschaft des Geistes oder des Leibes herbeigeführt, beruht auf unausgesprochenen Gesetzen, die ebenso sehr in der Art und Weise wie die Vereinigung oder Zusammenfügung geschah, als in den Bindemitteln, die dazu benützt werden, verkörpert sind. —

Wir finden im familiären Leben, also in den Kreisen wo die Verwandtschaft des Leibes die erste Rolle spielt, oft Zersplitterungen und Differenzen, die trotz der Verschiedenheit der sich kundgebendenden Geistesrichtungen niemals einen so ernsten, bitterbösen Charakter annehmen würden, wenn nicht die unheilvolle Maxime des Todschweigens der einzelnen misszubilligenden Momente Platz gegriffen hätte.

Aber auch in Vereinen, wo also die geistige Verwandtschaft die herrschende ist, ja in Brüderkreisen, die sich ganz besonders die Harmonie als leitenden, schützenden Genius auserwählt, um so sicherer und ungetrübter nach dem hohen Ziele der Mrei zu wallen, finden wir jenes unglückselige Schweigen in den Augenblicken, wo laut und mannhaft protestirt und missbilligt werden sollte.

Die hierbei waltenden Gründe sind verschieden. Zum Glücke ist die Absicht sehr selten dabei im Spiele und wo sie mitwirkt, da bilden falscher Ehrgeiz und kindischer Neid ihre Grundbasis. Gegen die Absicht giebt es wenig Mittel, denn sie sucht keine und wir können sie nur auf ihre Unwürdigkeit hinweisend, sammt allem was drum und dran hängt aus unseren Kreisen verbannen; denn sie ist es, die die kleinen Tropfen verschwiegener Missbilligung rastlos sammelt, um in irgend einem geeigneten Momente den ganzen Vorrath von Bitterkeit und unversöhnlichem Wesen auszuschütten. Häufiger, ja sehr oft finden wir das unzeitige Schweigen wegen übergrosser Schüchternheit oder Vertrauensseligkeit, falsch verstandener Bescheidenheit, Furcht vor Isolirtsein, Furcht, ohne Absicht, zu verletzen, und Furcht nicht verstanden zu werden. Es sind dies meistens Mrschwächen, keimend in einem pietätvollen Gemüthe! Wilde Schösslinge eines edlen, fruchttreibenden Stammes, die die Weisheit ohne Gnade beseitigen muss, denn ihre Consequenzen sind zu gefährlicher giftiger Natur; sie untergraben mit heuchlerischem Schein von Unschädlichkeit die Thatkraft und die wohlgemeintesten Rathschläge; sie legen das animo, die Kräfte lahm und lullen uns in ein behagliches „laisser aller" ein. Die Schüchternheit greife kühn zum Worte, um alle Fragen oder Widersprüche, welche sich im Innern gebildet, wenn auch stotternd, vorzubringen; denn sie möge bedenken, dass es Brr. sind, die auch das halb ausgesprochene Wort vollkommen verstehen, dass es die Liebe ist, die dem schwankenden Alleinsein, welches bei irgend einem schüchternen Vortrage empfunden wird, kräftigst nachhilft. Der übergrossen Vertrauensseligkeit bringen wir in Erinnerung, dass alles was wir beginnen, menschlich ist und möge es auch noch so aufrichtigem Wollen entsprungen sein, so ist es Weniges, was sich von Vornherein der Vollkommenheit erfreuen

könnte und bedarf desshalb Alles, was geschaffen wird, einer genauen vielseitigen nüchternen Erwägung. Das Vertrauen zum guten Willen verliert nichts, wenn auch die Denkkraft des Einzelnen den schaffenden Geist seines Mitbrs. unterstützt.

Und was verliert die Bescheidenheit, wenn sie alle Zweifel, ja alle unangenehmen Eindrücke eben so bescheiden als liebevoll und offen gesteht? Nicht im Schweigen möge sich die Bescheidenheit manifestiren, sondern im Benehmen, im Worte, in der That. —

Die Furcht mit seiner Anschauung allein dazustehen hat schon manchem Br. unzeitiges Schweigen auferlegt, aber es wurde vergessen, dass selbst im profanen Leben der Mann seine wohlgemeinte Ansicht zur Zeit kundgeben soll und muss, ja auch auf die Gefahr hin, allein dafür einzustehen. So viel Vertrauen zu seinen Brrn. ist aber jedem Maurer erforderlich, dass er von ihnen für wohlgemeinte praktische Anträge nicht im Vorhinein verschlossene Herzen erwartet.

Ebenso extrem ist die Aengstlichkeit — zu verletzen. Ein offenes liebendes Entgegentreten einer Anschauung, der wir niemals beipflichten können, kann seiner Natur nach nie eine Verletzung involviren. · Wir treten niemals Personen, wir treten immer nur der Sache entgegen. Die gemeinsame gute Sache wird aber verletzt und geschädigt, wenn ein solcher naiver Grund uns veranlasst, unsere Bedenken zu verschweigen.

Endlich ists die Furcht nicht verstanden zu werden. — Sind wir denn nicht Geistesverwandte? Nicht als einzelne Träger einer schönen erhabenen Idee aus der isolirten Stellung in der profanen Welt zu einem engen Bunde zusammengedrängt worden?

Welcher Br immer mit gesunden Ideen hervortritt und wenn ihm auch nicht die Gabe des Redners innewohnt, er möge sicher sein, dass es wiederum die Brliehe ist, die ihm das Wort von der Zunge löst, die ihn erwarmen macht für die gute Sache, die ihn vollkommen versteht und begreift, wenn er noch so unvollkommen gesprochen hätte. Diese Aengstlichkeit ist herübergebracht aus profanen Kreisen, aber in unserer Mitte muss sie fallen.

Alle diese Gründe der unzeitigen Schweigens sind nicht stichhaltig und dennoch begegnen wir diesem unseligen Schweigen hauptsächlich in neuen [*]) Brvereinen und jungen Logen und sie sind meistens schuld daran, dass sich die Brr nicht mit dem nöthigen Interesse an den Verhandlungsgegenständen betheiligen, dass die Antragstellung und Durchführung aller Vorkommnisse naturgemäss einzelnen Wenigen überlassen bleibt und das monarchische System in unseren jungen Kreisen unwillkürlich zur Geltung kommt.

Dann aber rückt gar bald die Unzufriedenheit heran und indem ganz vergessen wird, dass die Schuld allein bei den einzelnen Mitgliedern und ihrem unzeitigen Schweigen zu suchen ist, wird der Vorstand für alle Unvollkommenheiten sammt und sonders verantwortlich gemacht.

---

[*]) Wollte Gott, dem wäre so; auch in älteren Logen führt gar oft unzeitiges und feiges Schweigen zu heuchlerischen Zuständen und zur Schädigung der Sache.

Die Redact.

Um solche kleine Gewitter, wie sie schon vorgekommen zu verhüten, rufen wir allen Brüdern aus vollem Herzen zu: „Seid offen!" — Seid offen und unverhohlen beim ersten Momente, der Euch nicht zusagt und tretet liebevoll, aber bestimmt entgegen.

Keine Brüderversammlung, keine Loge möge geschlossen werden, wenn nicht die letzten Zweifel und Bedenklichkeiten laut geworden sind.

Bis auf den Grund soll Einer dem Andern ins Herz sehen können, denn die einzige Bedingung, die unserer Vereinigung Dauer gibt, der einzige Kitt, der uns zusammenhält, heisst: Liebe und Offenheit.

Feuilleton.

Kehl. — Hier wird ein freimaurer. Kränzchen unter dem Namen „Erwin" und unter dem Vorsitz des Bruder Sommer (Agent der franzöz. Ostbahn) demnächst offiziell eröffnet werden.

Spanien. — Der „Legitimista Espaniol", ein Pfaffenblatt, greift die FreiMrei an, indem es den alten Vorwurf, die Freimaurer seien Feinde Gottes, der Kirche und des Staates wieder aufwärmt. —

Unter dem Pseudonym John Truth ist kürzlich in Madrid eine Broschüre erschienen, welche die Bestimmung hat, den vom Fanatismus und der Unwissenheit unterhaltenen Vorurtheilen wider den Freimaurerbund entgegenzuwirken. Den Inhalt bilden folgende Abschnitte: Vorwort. — Ursprung und Objekt der FreiMrei. — Verfolgungen. — Die FreiMrei und der Jesuitenorden. — Reorganisation der FreiMrei in Spanien. — Organisation des Bundes u. s. w.

Die Bestandliste der Grossloge und der sämmtlichen Bundeslogen des FrMrbundes „zur Eintracht" für das Mrjahr 1870—71 ist in passendem Format und hübscher Ausstattung erschienen, wiederum ein Fortschritt, den wir freudig begrüssen. Mögen die norddeutschen Grossl. ihren südlichen Schwestern bald nachfolgen.

Ein mysteriöser Vorfall wird von „M. Allam" berichtet, der übrigens für die Richtigkeit seiner Darstellung einzustehen haben wird. Dieser Tage starb in Pest der israelitische Kaufmann Lerkovics. Sein Begräbnis nach mosaischem Ritus war schon festgesetzt, und auch der Rabbi war dazu erschienen. Da fahren plötzlich 24 Herren in 12 Fiakern vor, steigen aus, eilen in das Zimmer, wo die Leiche aufgebahrt liegt, nageln den Sarg zu, befestigen die Freimaurer-Symbole darauf, und fahren vor den Augen der Familie mit der Leiche davon um sie nach den Regeln der Freimaurer zu beerdigen. = (Hoffentlich eine Ente! Das „Abendblatt des Pester Lloyd", welches diese Notiz bringt, ist uns von befreundeter Seite zugesandt worden.)

Zu meinem „Beitrag zur maur. Werkthätigkeitsfrage in No. 9 d. Bl.

Mehrfache mir bekannt gewordene falsche Auffassungen meines „Beitrags" — Schulen für Schwachsinnige betreff. — veranlassen mich, folgende Bemerkungen zu machen.

1. Es ist gleich von vornherein meine Absicht nicht gewesen, dass die Gründung von Schulen oder geschlossenen Anstalten für schwachsinnige Kinder aus den Mitteln der Centralhilfskasse bewerkstelligt werde; einen darauf bezüglichen Antrag habe ich weder gestellt noch stellen wollen.

2. Es ist durchaus irrig, wenn einzelne Br meinen, ich wünschte, dass aus Vereinsmitteln hier in Dresden eine Schule obiger Art gegründet werde, davon steht in meinem „Beitrage" kein Wort.

Ich wüsste wahrlich nicht, warum ich eine solche Errichtung gerade für Dresden hätte wünschen sollen, da diese Stadt mehr wie andre Orte sich der schwachsinnigen Kinder annimmt und darin viel weiter selbst wie Leipzig ist. Was da erst werden soll, ist eine Nachahmung der hiesigen Maassnahmen, denn schon 1867 wurden hier sogenannte Nachhilfeklassen eröffnet, und seitdem bemühte man sich ernstlich, dieselben in mancher Beziehung zu verbessern, resp. nach einer von mir ausgegangenen Anregung zu Schwachsinnigen-Schulen umzugestalten. Seit Beginn des neuen Schuljahres wirken hier 2 Lehrer (ich gehöre zu ihnen) ausschliesslich unter schwachsinnigen Kindern, zu welcher gewiss nur anerkennungswerthen Einrichtung man sich, so viel ich weiss, noch nirgend entschlossen hat. — Das von Br Cramer erwähnte Experiment, was man in Leipzig erst machen wird oder seit Kurzem macht, ist hier schon seit Jahren ausgeführt worden, hat zu mancherlei Erfahrungen und endlich zu vollkommneren Einrichtungen geleitet.

Alles das aber veranlasste mich, die Brr und vornehmlich solche, welche durch ihre Stellungen — ich denke hierbei besonders an die Brr Bürgermeister, Stadträthe, Stadtverordnete u. s. w. — besondere Gelegenheit haben die Lage Schwachsinniger zu verbessern, zu bitten, auf Schaffung gleicher Einrichtungen wie die Dresdner hinzuwirken oder meinetwegen noch bessere herzustellen. Mein Aufsatz sollte demnach zunächst nichts weiter als anregen, zum Nachdenken über die Erziehung schwachsinniger Kinder veranlassen, weitere Aussprachen herbeiführen u. s. w. — die Mittel der Centralhilfskasse aber dabei ganz und gar ausser Betracht lassen.

Dass der gel. Br Findel meine Sache, ohne dass ich es wünschte, als Antrag in das Programm der diesjährigen Jahresversammlung unseres Vereins aufgenommen hat, freut mich, weil ich nun hoffen darf, dass die bezweckte Anregung eine grössere und vielleicht hier und da wirksamere werden wird; sollte sich die Versammlung aber für die Schwachsinnigen-Bildung seitens des Vereins entscheiden, hoffe ich nicht, wie ja überhaupt die ganze Angelegenheit der maur. Werkthätigkeit noch nicht spruchreif sein dürfte. Nach meinem Dafürhalten ist es besser, wenn mit der Entscheidung noch ein Jahr gewartet wird, während welcher Zeit sich die Ansichten noch mehr klären und die Meinungen einigen können.

Or Dresden.   **F. W. Schröter.**

Literar. Notiz. — Der Güte des gel. Br Vaillant im Haag verdanken wir den neuen Jahrg. des „Jaarboekje voor Nederl. Vrijmetselaren, 5870", welches Mittheilungen über den Bestand der Niederl. Mrei und der des Auslands (ähnlich wie v. Dalen's Jahrb.), zugleich aber auch „historische Beiträge" von den Brüdern Vaillant, Hertzveld und Leeman, Berichte über mr. Festlichkeiten, erbauliche Vorträge, mr. Dichtungen

u. dgl. m. enthält. Den der holländ. Sprache mächtigen Brü
können wir dieses treffliche Jahrbuch bestens empfehlen. Der
4. Band der „Mittheilungen aus dem Verein" wird die Arbeit
des Br Hertzveld in deutscher Uebersetzung vom Verf. bringen.

Zur Besprechung.

Gesänge und Gedichte aus Schwester-Kränzchen vom alten
Kränzelvater der Loge Horus (Br von Carnall) zum Besten
ihres Tempelbaues. Breslau, 1870. Selbstverlag der Loge.
16. 116 S. 12½ Sgr.

Die neue Zeit. Freie Hefte für vereinte Höherbildung der
Wissenschaft und des Lebens, den Gebildeten aller Stände
gewidmet. Im Geiste des Philosophen-Congresses herausg.
von Dr. Herm. Freib. von Leonhardi. II. Heft.
Prag, 1870, Tempsky. 8. 266 S.

Des Maurers Ferien.

Toast.

Von Br Dr. Gärtner II. in Dresden.

Wenn die Natur sich bräutlich schmückt
Und heller die Sonne niederblickt,
Und herrlich der junge Frühlingstag
Das Grün erwecket in Hain und Hag
Und Blüthen treibet allüberall
Und Leben verkündet mit lautem Schall,
Hier unten, tief unten im rauschenden Fluss,
Dort oben, hoch oben im Lerchengruss;
Wenn der Lenz arbeitet in rühriger Hast
Und nimmer sich gönnet Ruh und Rast,
Bis er kann zeigen'im lieblichsten Licht
Der Mutter Erde freundlich Gesicht,
Bis er bei linder Lüfte Kosen
Den Busen ihr schmücken kann mit Rosen:
Da wird's dem Maurer so eigen zu Sinn,
Er leget Hammer und Kelle hin
Und steht von seiner Arbeit auf
Und blickt in den sonnigen Himmel hinauf.
Und blickt hinaus in die wonnige Welt,
Die Gott so herrlich hat bestellt,
Und schaut, wie sich Alles rührt und regt
Und Blüthen treibt und Hoffnung trägt.
— Sag' an, du lieber Maurersmann,
Ist deine Arbeit ganz gethan?
Wie kommts, dass du zu dieser Frist
Vom Werk aufstehst und müssig bist? —
Dein Werk ist niemals ganz gethan,
Dein Werk fängt immer von Neuem an!
Bleib' bei dem Werk, wohlan, wohlauf!
Die Liebe höret nimmer auf!
Ich bin beim Werk, der Maurer spricht,
Aus seinen Augen flammts ihm licht.
Gekommen ist des Jahres Höhe;
Ich schau hinab ins Thal und sehe
Tief unter mir des Winters Nacht,
Die manches Herzleid hat gebracht
In armer Menschenkinder Mitten, —
O Gott, sie haben schwer gelitten!
Wir trugen Brod in Hütt' und Haus
Und wärmten manches Stübchen aus,
Die Sorgenflammen brannten nieder
Und neue Hoffnung strahlte wieder.
So will es Gott im Erdenland,
Und uns're Hand ist seine Hand.
So manches tiefgebeugte Herz,

Ward aufgerichtet aus seinem Schmerz.
So will es Gott im Erdenland,
Denn uns're Hand ist seine Hand.
Was ich gethan auf Maurerwegen,
Das ist des lieben Gottes Segen,
Drum schau' ich froh und gern zurück:
O gönne mir diesen Augenblick!
Gekommen ist des Jahres Höhe:
Ich schau in der Ferne neues Wehe!
Das Glück wird erwartet in jedem Haus,
Und bleibt in gar so manchem aus;
Das Unglück, der ungebetene Gast,
Hält gern in jedem Hause Rast.
Da steh' ich und denke am blühenden Hag
An den kommenden kalten Wintertag
Und an unser Brod in Noth und Tod:
O gieb uns unser täglich Brod!
Und denk' an die Herzen, die brechen wollen
Und mit dem Leben bitter grollen,
Und denk' an Wittwen- und Waisenthränen,
Aus denen leuchtet ein brennendes Sehnen
Nach Rettung aus Lebenswinternacht
Zu fröhlicher Lebensfrühlingspracht,
Und denk' an den Bau der lieben Jugend
Zu einem Tempel der Weisheit und Tugend.
Das Alles gehet mir durch den Sinn; —
Glaubst du noch, dass ich müssig bin?
Wer bauen will, muss vor andern Sachen,
Wonach er bau', einen Plan sich machen.
Schein' ich auch müssig jetzt am Ort:
Die Liebe baut im Herzen fort;
Dass ich mein Werk zu Stande brächt',
Legt sie den Bauplan mir zurecht.
Und zählt es der Jahre hundert Serien:
Ein Maurerherz hat keine Ferien.
Wohlauf, du wackrer Maurerchor:
Das Herz empor, das Glas empor!

I.

Ob Alles endet seinen Lauf:
Die Liebe höret nimmer auf,
Auf dass das Werk gefördert sei, —
Und unser Werk heisst Maurerei!

II.

Ob Alles endet seinen Lauf:
Die Liebe höret nimmer auf;
Sie baut mit Gott in allem Land,
Des Maurers Hand ist ihre Hand.

III.

Ob Alles endet seinen Lauf:
Die Liebe höret nimmer auf,
Sie bleibet, weil sie bleiben muss,
Und bringt der Menschheit ihren Gruss.

„Verein deut. FrMr."

Die Brr Vormänner (Agenten) des Vereins, welche mit
den Jahresbeiträgen noch im Rückstande, ersuche ich
um ehebaldigste Abrechnung.

Die Beiträge der Brüder Peiser in Berlin und
Scheidig in Cöln kann ich wegen mangelnder Adresse
nicht einziehen.   J. G. Findel.

Zur Nachricht.

Das von mir umgearbeitete Ritual des ersten Grades der Loge zur edlen Aussicht stelle ich allen Logen unentgeltlich zur Verfügung.

Freiburg i. Br. Mai 1870.

August Ficke.

Briefwechsel.

Br O. H. in St. G. Besten Dank für die Nrn. der „Lokomotive", deren Inhalt mich sehr interessirt. Wann erscheint die 4. A. von A. st.? Br. Gruss!

Br. C. C. in A. Verbindlichen Dank für das gütigst übersandte Baustück, welches ehestens in d. Bl. erscheinen wird. Ihnen, den dortigen Brn. herzl. Gruss!

Br L. Schm. in Fbg. Br Ihre Sendung dankend erhalten u. Co. rein ausgeglichen. — Wird Br R. nicht bald über Tr.'s Werke verfügen? Ich muss nächstens die Ballen an ihn abgeben lassen. Br. Gruss!

Br Dr. Schm. in B—n. Betrag dankend erhalten. Brdl. Gegengruss!

Br Rob. H. in M—n. Ihrem Wunsche ist entsprochen, und wird Ihnen die Bauhütte regelmässig zugeben. Freundl. Gegengruss!

Br Chr. W. in N. Y. Ihr Circular dankend erhalten; brdl. Gruss!

Br Sch. in H—g. War in Bh. 1862—64 nicht enthalten! Ich habe Ihren Brief an Br Zille adressirt, glaube aber, dass Sie wohl eine Z. in der „Latomia" im Sinne haben. Brdl. Gegengruss!

Br Str. in G. Beiträge erhalten; die Anmeldungen z. V. willkommen; herzl. Gruss!

Bekanntmachung.

Die Loge zur „Verbrüderung" im Or. Oedenburg (Ungarn) und der Bruderverein „Humanitas" in Wien, begehen ihre diesjährige St. Johannisfeier am 9. und 10. Juli in Oedenburg gemeinsam, wozu Sie Brr und Schwestern aus Nah und Fern hiermit auf das Freundlichste zu laden sich beehren.

Das Programm ist folgender Weise festgestellt:

Samstag den 9. Juli Abends 6 Uhr in der Loge: Reception, Erstattung der Jahresberichte und Wahl der Logenbeamten.

Sonntag ½12 Uhr in der Turnhalle: nach Begrüssung der Schwestern Festrede, sodann Bankett.

Im Namen des Brudervereines Humanitas:

F. J. Schneeberger m. p., derz. Präsident.

Dr. Ennemoser,   **Wilh. Landau,**
I. Ordner.   II. Ordner.

Louis Pschikal,
Schriftführer.

Im Namen der Loge zur Verbrüderung:

Karl Thiering m. p., derz. Mstr. v. St.

Jos. Pauly-Király,   **Joh. Meyne,**
I. Aufseher.   II. Aufseher.

Franz Schindler,
Schriftführer.

Anmerkung. Alle Zuschriften von auswärtigen Brn, welche an diesem Feste Theil zu nehmen gesonnen sind, wollen umgehend an den obigen Präsidenten der „Humanitas", Wien, Wieden Schleifmühlgasse 20 gerichtet werden.

Warnung!

Vor einiger Zeit führte sich ein junger Mann, mittelgross, bleich, schwarzhaarig, durch richtige Erkennungszeichen in unsere Kränzchenzusammenkünfte, die er dreimal besuchte, ein. Er wollte in Marseille aufgenommen sein, nannte sich Henri Graf von Wiemira aus Sinciny in Russland und wusste sich, indem er sich auf seine Bekanntschaft mit Brüdern und seine Eigenschaft als Freimaurer stützte, Credit zu verschaffen und sogar den Logendiener um eine bedeutende Summe zu beschwindeln. Seit drei Wochen ist derselbe mit Hinterlassung verschiedener Schulden von hier verschwunden und es liegt nahe anzunehmen, dass derselbe sich auch bei andern Logen melden wird, die hiermit gewarnt werden. Als charakteristisch bemerke ich noch, dass er sich bei uns für einen Russen ausgab, während er im Verkehr mit hiesigen Polen, den Russen verläugnet und sich als Polen gerirt hat.

Carlsruhe, den 23. Juni 1870.

O. Frhr. von Cornberg,
Meister vom Stuhl der Loge Leopold zur Treue.

Verantwortlicher Redacteur: Br J. G. Findel. — Verlag von Br J. G. Findel in Leipzig. — Druck von Brr Bär & Hermann in Leipzig.

N°. 28.   XIII. Jahrgang.

Die

BAUHÜTTE.

Begründet und herausgegeben

von

Br J. G. FINDEL.

* Organ des Vereins deutscher Freimaurer. *

Handschrift für Brr FrMr.   Leipzig, den 9. Juli 1870.   MOTTO: Weisheit, Stärke, Schönheit.

Von der „Bauhütte" erscheint wöchentlich eine Nummer (1 Bogen). Preis des Jahrgangs 3 Thlr. — (halbjährlich 1 Thlr. 15 Ngr.)
Die „Bauhütte" kann durch alle Buchhandlungen bezogen werden.

Einladung

zur

Jahresversammlung des Vereins deutscher FrMr zu Darmstadt am 23. und 24. Juli 1870.

Der Verein deutscher Maurer, dessen Zweck ist a) Förderung der maurer. Wissenschaft in ihrem ganzen Umfange, b) die gegenseitige Verständigung über Alles, was das Gedeihen unseres Bundes fördern und dazu beitragen
könnte, die Bande der Freundschaft und Brliebe enger zu knüpfen und zu befestigen — wird am 23. und 24. Juli d. J.
seine Jahresversammlung halten.

Da die ehrw. Loge „Joh. der Evangelist zur Eintracht" zu Darmstadt das Ansuchen des Vorstandes, den
Verein in ihren Hallen tagen zu lassen, mit brüderlicher Bereitwilligkeit genehmigt hat, so haben die Unterzeichneten
die Ehre und die Freude, die verehrten Brr Mitglieder und Freunde des Vereins nach diesem Oriente
hierzu einzuladen.

PROGRAMM.

Am 23. Juli (Sonnabend) erste Sitzung des Vereins von 4—7 Uhr Nachm.

1) Bericht über die Thätigkeit des Vorstands und die Lage des Vereins, erstattet von Br J. G. Findel.
2) Berathung und Beschlussfassung über das Budget, über den Druck der „Mitheilungen", eines Mitglieder-
   Verzeichnisses, neuer Statuten u. dgl.
3) Berathung über die Pflege freimr. Statistik und die von Br Cramer entworfenen statist. Tabellen.
4) Ueber alljährliche Erstattung eines Berichts an die Vereinsversammlung über die Beförderung der Humanität
   im Leben der Völker und des Menschheitsbundes und Vertheilung von Ehrenmedaillen der Humanität.
   Von Br Dr. H. Künzel.
5) Berathung über den Antrag des Br Pütz und Genossen in Aachen betr. Bildung eines Broschüren-Vereins
6) Antrag auf Zusatz zu § 7 der Statuten nach den Worten „ein unentgeltliches Ehrenamt":
   „Haben jedoch für die durch die Jahresversammlung ihnen verursachten Kosten Entschädigung zu
   erhalten und anzunehmen". (Stuttgart.)
7) Bestimmungen über Anlegung und Verwaltung des Vereins-Vermögens. Von Br J. G. Findel.

8) **Anträge**: a) Erlass eines Flugblattes an die deutsche Brrschaft, um über Ziele und Mittel des Vereins aufzuklären und verwandte Elemente anzuziehen.

b) Bildung von ständigen Kommissionen für die Hauptrichtungen der Vereinsthätigkeit. — Referent Br **Cramer**.

9) Neuwahl von drei Vorstandsmitgliedern (§ 7 der Statuten).

10) Vorberathungen über die Tagesordnung der nächsten Sitzung.

Zweite Sitzung am 24. Juli von 11—2 Uhr Vormittags.

1) Bericht über die Verhandlungen am Sonnabend.

2) Berathung über das Regulativ für Verwendung und Verwaltung der Centralhilfskasse.

3) Erörterung der Mittel und Wege, die Centralhilfskasse zu mehren.

4) Vorschläge über Verwendung der Centralhilfskasse von den Brn **Thost, Verkrüzen, v. Cornberg, Schröter** u. A.

5) Bestimmung des nächsten **Versammlungsorts** (vorgeschlagen sind: Hameln, Dortmund, Cassel, Köln und Braunschweig.

6) Event. Vortrag des Entwurfs zu dem Flugblatt von Br **Cramer**.

Um 3 Uhr Nachmittags **Brudermahl** (im Saale des Gasthofs zur Traube), geleitet von den Brr Beamten der Loge „Johannes der Ev. zur Eintr." zu Darmstadt. (Das Gedeck ohne Wein: Fl. 1. 24 Kr. rhein.)

Ein **Einweisungs- und Auskunftsbureau** befindet sich im Hotel zum Darmstädter Hof von Bruder **Wiener** (Rheinstrasse 12) Zimmer Nr. 1.

Betreffs alles Weiteren verweisen wir auf die Bekanntmachung des Lokal-Comités des Vereins in Darmstadt. (Nr. 16 und 24 d. Bl.)

☞ Zur Beschaffung von Wohnungen und Belegung von Plätzen beim Brmahl wollen sich alle Theilnehmer am Vereinstage sofort und spätestens bis zum 15. d. schriftlich an Br (Herrn) C. **Gaulé** (Adr. General-Agent Carl Gaulé) wenden. Die gel. Brr wollen dabei genau angeben, ob sie am ganzen Vereinstag, oder nur an der Hauptversammlung am Sonntag theilnehmen, ob sie im Gasthof oder bei Brüdern oder bei sonstigen Freunden logiren wollen, sowie ob sie am Brudermahl theilnehmen. Ebenso wollen jene Brüder benachbarter Logen, welche nur am Sonntag Vormittag kommen und Abends wieder zurückkehren, hiervon Mittheilung machen.

Da die Versammlung sich voraussichtlich sehr zahlreicher Theilnahme zu erfreuen haben wird, so ist recht-zeitige vorherige **Anmeldung** unerlässlich.

Vertreter deutscher und auswärtiger Grosslogen und Logen, und geehrte correspondirende Mitglieder werden uns ganz besonders willkommen sein.

Der Vorstand des Vereins deut. FrMr.

Br Dr. Rud. Seydel,   **Br Dr. H. Künzel,**
Vorsitzender.   Vicevorsitzender.

Br Dr. Carl van Dalen.   **Br J. G. Findel.**   **Br O. Freih. von Cornberg.**

Duldsamkeit und Entschiedenheit.

Vom

Herausgeber d. Blattes.

Es ist eine eigenthümliche Erscheinung im Leben unserer Brüderschaft, dass man vielfach geneigt ist, freie Meinungsäusserungen über Zustände und Einrichtungen oder Angriffe auf solche für einen Akt unbrüderlicher Unduldsamkeit zu halten, während man unduldsame und kränkende Einrichtungen und Gesetze ruhig und gewohn-heitsmässig fortbestehen lässt. Die Censur z. B., eine nicht blos höchst lästige und unduldsame, sondern auch entehrende und schädliche Einrichtung besteht innerhalb der meisten deutschen Grosslogen fast unangefochten fort, während ein entschiedener und scharfer, auch die Träger dieser Einrichtung mittreffender Angriff auf dieselbe sofort dem Vorwurf der Unduldsamkeit begegnen würde. Oder, um ein anderes Beispiel zu erwähnen, das sogen. christliche Prinzip hat sich in den Gesetzbüchern wie in

der Praxis vielfach bis auf den heutigen Tag erhalten, obgleich es nicht blos die Ehre des Bundes beeinträchtigt und viele Brüder kränkt, sondern auch eine permanente Beleidigung der einen Grossloge gegen die andern impli-cirt. Jeder einigermassen entschiedene und scharfe An-griff auf diese Unduldsamkeit und ihre Träger behufs Be-seitigung derselben wird sofort dem Vorwurf der Infalli-bilität und Unduldsamkeit begegnen. Und so ists in noch gar vielen Fällen. Die freie Meinungsäusserung, welche den Dingen und ihren Trägern entschieden auf den Leib rückt, wird leichter gebrandmarkt, als berichtigt und widerlegt, während die Unduldsamkeit in Gesetz und Praxis, die viel härtere, weil stabile, die Empfindlichkeit verhält-nissmässig wenig berührt. Ja noch mehr, die Träger solcher unduldsamen Gesetze, Einrichtungen und Zustände fordern sogar um der Bruderliebe und Duldsamkeit willen Anerkennung und Gleichberechtigung und haben diese auch vielfach gefunden.

Wenn aber aus unsern Prinzipien, aus den Lehren unserer Symbole, aus der k. K. Ernst gemacht werden und aller Frivolität, aller Halbheit, allem Widerspruch mit sich selbst ehrlich entsagt werden soll, dann muss der Bund als solcher, dann müssen wir Freimaurer mit aller Entschiedenheit Front machen wider alle Lüge, wider jede Knechtung, wider alle Unduldsamkeit zunächst in unserem eigenen Bereiche. Es gibt der Verschiedenheiten und berechtigten Eigenthümlichkeiten im Leben des Einzelnen, wie des Menschheitlebens genug, welchen wir Rechnung tragen dürfen und müssen, es gibt der Ansichten und Einrichtungen gar Viele, welchen gegenüber die Duldsamkeit ihre volle Berechtigung hat und die eben in ihrer Mannigfaltigkeit dem Leben Reiz und Abwechslung geben; gibt es ja doch selbst Gegensätze, die sich anziehen. Aber die Duldsamkeit hat ihre Grenze an der Unduldsamkeit, die Wahrheitsliebe darf kein Bündniss schliessen mit der nackten Lüge, das Edle sich nicht beschmutzen am Gemeinen, der Freiheitsdrang sich nicht beugen unter die Tyrannei und die Menschenwürde sich nicht versöhnen mit dem, was sie schändet und aufhebt. Der Freimaurerbund nun will das Wahre, Schöne und Gute, er will es auf Grund der Freiheit und Liebe; der Bund und seine Jünger können daher nicht duldsam sein gegenüber dem Gegentheil, sondern müssen mit aller Entschiedenheit kämpfen wider das Böse, Gemeine und Unwahre, wider alles, was die Freiheit aufhebt und die Liebe einengt und ertödtet. In dieser Beziehung kennt der Bund keine Duldsamkeit der Sache gegenüber. Aber freilich — es irrt der Mensch, so lang er strebt. Irrthum ist verzeihlich und mit dem Irrenden muss man Geduld haben und Nachsicht üben. Hier ist die Duldsamkeit am Platze und vollauf berechtigt; indessen schliesst dies doch nicht aus, dass der Irrende zurechtgewiesen, der Fehlende gestraft werde und dass unter Umständen eine scharfe Zurechtweisung gar wohl am Platze ist. Ueber die Grenzen erlaubten Angriffs und berechtigter Zurechtweisung, namentlich Trägern unduldsamer und schädlicher Einrichtungen und Gesetze gegenüber, wird sich mitunter streiten lassen; soviel aber steht jedenfalls fest, dass unduldsame Einrichtungen schroffer und beleidigender sind, als schroffe und beleidigende Urtheile darüber. Ein Urtheil kann berichtigt und abgewiesen werden, Einrichtungen bleiben stehen.

Wir knüpfen diese Betrachtungen an ein in der „Frei-Mr-Ztg" Nr. 25 enthaltenes wohlgemeintes Wort der Mahnung des Br Oxé, deput. Mstr. der Loge in Kreuznach. Derselbe sagt unter Hinweis auf die reformatorischen Bestrebungen auf maurer. Gebiete: „Reformen in System und Ritual werden angestrebt und versucht; das Verhältniss der Grosslogen zu den Tochterlogen, der Joh.-Mrei zu den Hochgraden, des christlichen Prinzips zu dem sogenannten humanen ist der Gegenstand eifriger und ausführlicher Debatten. Wir dürfen diese Bewegung auf dem maurer. Gebiete ebenso wenig unterschätzen, als überschätzen und es gilt da, nicht gleichgültig zuzusehen, wie die Sache sich gestalten wird, sondern einen festen Standpunkt einzunehmen. Und wie die Sachen jetzt stehen, ist es nach meiner Ansicht gewiss an der Zeit, das Feuer verketzerischer Anfeindung nicht zu schüren, sondern zu löschen und in vermeintlicher Infallibilität Vorwürfe über Vorwürfe auf Andersdenkende zu schleudern, ist es nicht blos gerathen, sondern geboten einem versöhnlichen Sinne das Wort zu reden, zur ruhigen Betrachtung und gegen-

seitigen Achtung aufzufordern und insbesondere den Heissspornen wie den Reactionären Mässigung und Nachgiebigkeit anzuempfehlen." Wir stimmen, soweit sich dies auf den Bund bezieht (dem „Orden" gegenüber kennen wir nur das caeterum censeo, Carthaginem esse delendam) und auf diejenigen, die sich selber unter einander als Brr erkennen und behandeln, im Wesentlichen mit dem Redner überein, wollen aber doch die Bemerkung nicht unterdrücken, dass alles Faule, der Vergangenheit und dem Mittelalter Angehörige, alle Feigheit und Selbstsucht verzehre und Licht bringe den Geistern und Herzen!

„Wenn immer nur" — führt Br Oxé fort — „wenn immer nur das gemeinsame Ziel — die geistig-sittliche Förderung der Menschheit — und nicht blos der besondere formale Ausdruck dafür in System und Ritual im Auge behalten wird, dann werden die Pforten der Hölle nicht im Stande sein, die Mrei zu überwältigen!" Gewiss — wenn immer nur, wenn! Aber, wo ist denn das gemeinsame Ziel, nach welchem rüstig gestrebt, der gemeinsame Bauplan, nach dem von rüstigen Arbeitern allüberall gebaut wird? Ausser dem Gebote der Bruderliebe, die vielfach eine Phrase und auf welche gar manche unserer Satzungen ein wahrer Hohn sind, ausser der Mahnung, am r. St. zu arbeiten und einigen alten Formen haben wir ja leider nichts, absolut nichts Gemeinsames. Und was hilft das Ziel der geistig-sittlichen Förderung, der Sammlung der getrennten Menschheit in den Einen Tempel des Friedens und der Liebe, wenn man die Stufen nicht beschreitet, welche zu jenem Ziele führen, wenn man zum Zweck nicht die Mittel will und hinzufügt?! Was hilft all unser Bauen, wenn wir mit der einen Hand wieder einreissen, was wir mit der andern aufgebaut; wenn wir all unsere Bestrebungen durch den reinen Gegensatz neutralisiren? — „Reformen in System und Ritual" sind gewiss nothwendig; das „Verhältniss der Grosslogen" zu den Töchter- richtiger Bundeslogen muss entsprechender geregelt werden, das „christliche Prinzip" als die pure Verleugnung des maurer. Grundgedankens als redendes Zeugniss inhumaner und unmaurer. Gesinnung muss ausgemerzt werden und noch viel mehr. All das ist nothwendig und nützlich, aber weitaus noch nicht genug: es muss ein ganz neuer Geist und neue Triebkraft bei uns einkehren und Wohnung machen; eine vollständige innere Wiedergeburt muss stattfinden; das Parasitenthum, das eitle Geckenthum, das moderne Sybaritenthum, das Pharisäer- und Philisterthum, welches Br Oxé (a. a. O.) so richtig gezeichnet, muss aus den Logen ausgemerzt, mit der Duldsamkeit gegenüber allem Unduldsamen und Faulen muss entschieden gebrochen und die Brrschaft umgestaltet werden zu einer wahrhaft brüderlichen Gesinnungs-, Strebens- und Arbeitsgemeinschaft — einig im Ziele, klar in den Mitteln, thatbereit zum Werke!

Ein dritter*) Freimaurerbrief von Goethe.

Aus den Papieren des Kanzler Fr. von Müller, zugleich mit
der in der Schwesternloge am 11. Juni 1816 zu Weimar
gehaltenen Rede des Letzteren.

Mitgetheilt von

Br Putsche in Weimar.

Unter den Papieren des 1849 als wirklicher Geheim-
rath und Kanzler der Weimarischen Landesregierung verstorbenen Br Friedrich von Müller haben sich zahlreiche Briefe Goethe's, theils eigenhändige, theils von
ihm blos unterzeichnete, vorgefunden, welche der Gross-
herzogliche und Herzoglich-Sächsische Archivar D. Burkhardt jetzt zum Drucke vorbereitet. Einer dieser Briefe,
von der mir sehr wohlbekannten Hand des nachmaligen
Bibliotheksekretär und Grossherzoglichen Rath Kräuter,
vormaligen Amanuensis bei Goethe, geschrieben, fast ganz
maurerischen Inhalts und, wenn auch kurz, doch wegen
der darin niedergelegten Ansicht Goethe's über den Charakter und die Würde der Schwesternfestlogen immerhin
sehr schätzbar, ist mir von Br Burkhardt zur vorläufigen
Veröffentlichung in der „Bauhütte" freundlich überlassen
worden.

Da jedoch dieser Brief sich auf eine in der Schwestern-
loge am 11. Juni 1816 gehaltene Rede von Müllers bezieht und durch die Kenntniss derselben erst recht verständlich wird, so glaubte ich durch die Mitveröffentlichung
dieser Rede den Wünschen vieler Brüder um so mehr zu
entsprechen, als von Müller durch geistige Auffassung,
durch Schwung der Phantasie und durch Meisterschaft in
der Sprache unter den jüngern Männern, die sich zu Anfang dieses Jahrhunderts um Goethe schaarten, und den
ererbten Ruhm Weimar's zu erhalten und fortzubilden
suchten, einen der ersten Plätze einnahm, und auch in
unserer Loge, wo er am 7. März 1809 Aufnahme fand
und nacheinander verschiedene Logenämter, zuletzt das
des deputirten Meisters, bis zu seinem Tode bekleidete,
als Redner und als Dichter vielfach anregend und belebend
gewirkt hat.

Ueber Werth und Pflicht der Theilnahme der Schwestern an den Bestrebungen des Maurers.

Gesprochen in der Loge Amalia zu Weimar den 11. Juni 1816 von
Fr. von Müller.

Durchlauchtigster Protector!
Sehr ehrwürdiger Meister!
Verehrungswürdigste Anwesende!

Wie heilige Pflicht es auch sei, dem Gebote des
Meisters unbedingt zu gehorchen, und auf seinen Wink,
in diesen Hallen bald die eigene Ueberzeugung und Ansicht zu entwickeln, bald ein Gemeinsam-Empfundenes
würdig auszusprechen, — dennoch wird dem Einzelnen
vergönnt sein, widerstrebende Gefühle freimüthig zu bekennen, wenn so ehrenvolles Gebot ihn heute gleich
mächtig aufregt als beklemmend entmuthiget. Ja, je tiefer

*) Der erste und zweite ist bereits in No. 1 der „Bauhütte"
von 1870 mitgetheilt.

er die Bedeutung des Augenblicks und der Aufgabe Würde
fühlt, um so schüchterner muss diess machen, vor so er-
lauchter und verehrungswürdiger Versammlung öffentlich
auszusprechen, was Ihrer Aufmerksamkeit, Ihrer Theilnahme werth sein möchte. Und nur der Gedanke, dass
eben jene unbedingte Pflichterfüllung, in der sich der
ernste Charakter unseres Bundes verkündet, ihm auch den
besten Anspruch auf Nachsicht und Theilnahme geben
werde, vermag ihn so beruhigen und zu ermuntern. —
Wie festlich auch, wie hocherfreulich die nächste Veranlassung ist, die diesen stillen Hallen heute den Besuch
verehrungswürdiger und geliebter Schwestern zuwendet
und den Ernst unserer Arbeiten mit dem heitern Glanze
Ihrer Nähe umleuchtet: doch liegt ein Höheres, ein All-
gemeineres noch zum Grunde, dem solche Gunst des
Augenblickes wir verdanken. Es ist das Interesse edler
Frauen an den Fortschritten der Cultur und Humanität
überhaupt, an dem harmonischen Zusammenwirken vereinter Kräfte zu einem schönen Ganzen, zu würdigen
Zielen männlichen Bestrebens. Es ist Ihre rege Theilnahme an jeder wohlberechneten Anstalt, die den forschenden Verstand mit dem verlangenden Gemüthe ausgleicht,
den rohen Gebrauch der Kräfte des Einzelnen gesetzlich
ordnet und veredelt und den vielseitig verworrenen Richtungen und Verhältnissen des öffentlichen Lebens einen
gemeinsamen heitern und erheiternden Ruhe- und Ver-
einigungspunkt anweist.

Fern von jener kleinlichen Neugierde, die das Verborgene, blos weil es verborgen ist, zu entschleiern sucht,
dürfen doch edle Schwestern sich nimmer des Rechtes
begeben, an den Resultaten Theil zu nehmen, die ein ab-
gesondertes Bestreben der Brüder gewinnen mag, und mit
dem eignen klaren Auge anzuschaun, was denn ein so
ernst scheinendes Thun und Treiben an Blüthen und
Früchten wirklich hervorbringe und verheisse.

„Denn ihnen ist am meisten d'ran gelegen,
Dass Alles wohl sich zieme, was geschieht;
Wo Sittlichkeit regiert, regieren sie,
Und wo die Willkühr herrscht, da sind sie nichts."

Und wie wohlthuend, wie anregend für uns ist diese
ihre Theilnahme!

Wie aber der Werth und Vollgehalt eines grösseren Ge-
mäldes nur aus entfernterm Standpunkt richtig beurtheilt
und empfunden werden kann, so auch die Bestrebungen
unseres Bundes, so weit sie nach aussen sichtbar werden
dürfen. Nicht die Arbeiten vom Bau der einzelnen Säule,
an Verzierung des einzelnen Architravs, vermögen den
Eindruck richtig zu würdigen, den das ganze Gebäude im
Zusammenhang auf seiner Theile auf den unbefangenen
urtheilsfähigen Beschauer macht; aber wie belohnt finden
sich jene und ermuntert zugleich, wenn nun des Kenners
Auge Beifall und Schätzung ausspricht!

Und wo wäre jener reine Sinn für die Fortschritte
der Humanität, jener zarte Takt für harmonische Vereinigung zerstreuter Bestandtheile sicherer zu finden als
im gemüthlichen Urtheile der Frauen? Wie schnell und
treffend findet ihr scharfer Sinn die einzelnen Lücken,
den störenden Missklang eines beabsichtigten Ganzen?
wie leicht wird ihnen die grelle Schattirung bemerkbar,

welche Kleinlichkeit oder Pedanterie oft um das würdigste Gemälde wehen?

Muss auch immerhin vieles ihren Blicken verborgen bleiben, was mit den ernsteren Bestrebungen des Bundes zum Bau eines unsichtbaren Tempels zusammenhängt, stets wird doch da, wo die Kette maurerischen Vereins die Gestaltungen des wirklichen Lebens freundlich ergreift und umschlingt, ihr reines und ungetrübtes Auge wohlgefällig verweilen und des Genusses heitere Kränze winden.

So ist die Theilnahme der Schwestern uns Warnung und Lohn, Reiz und Bürgschaft zugleich, dass unsere Bestrebungen sich nicht ins Wesenlose, Schattengleiche verlieren, so lange sie ihren prüfenden Blicken erfreulich zusprechen und harmonisch begegnen.

Aber auch wir dürfen von ihnen fordern; auch wir sind von ihnen nicht blos beschaulich müssige Theilnahme zu erwarten berechtigt! Denn ein Höheres, Bleibendes und Fortwirkendes muss den schönen Genuss des Augenblicks adeln und heiligen, auf dass es klar erscheine, was einen maurerischen Schwesternverein von gewohnten Kreisen heiterer Geselligkeit auszeichnet.

Lasst es uns daher offen bekennen, dass das Schöne und Anmuthige uns nur Mittel zu höheren Zwecken der Weisheit sei; dass der Kranz von Rosen, mit dem wir unsere Bruderkette schmücken, — wie lieblich sein Anblick auch den Moment zu erfüllen scheine — doch verwelklich ist und an sich allein nicht genügend den ernsteren Anforderungen unsres Bundes.

Denn nur Hülle ist der äussere Bau des Tempels, nur symbolisches Vorbild; ein innerer, unsichtbarer Bau soll sich gestalten und unser eigenes flüchtiges Dasein preiswürdig überdauern. Es ist der Bau veredelter Menschlichkeit, es ist die Sicherung jeder geistigen Errungenschaft im Gebiete der Kultur und sittlichen Freiheit, es ist der stete, unermüdete Kampf gegen Vorurtheil und Leidenschaft, die jedes Heilige zu entwürdigen, jedes Hohe ins Gewöhnliche und Gemeine hinabzuziehen streben. Der Sänger spricht es aus, wenn er uns zuruft:

> „Streng von der Erde düsteren Gewalten
> Fühlt uns im Leben der Mensch umweht,
> Doch von der Freiheit heiteren Gestalten
> Sei der Tempel des Bundes umschwebt!
> Wahn und Vorurtheil verschwinden,
> Wo das Menschliche nur gilt;
> Wo die Bessern sich verbinden,
> Strahlet rein der Wahrheit Bild.

Und zu solchem unsichtbaren Tempel fordern wir von jeder edeln Schwester ein würdig Gastgeschenk, überzeugt und fest vertrauend, dass wir sie gerade dadurch erst am meisten ehren, und dass jede von Ihnen, nach individueller Lage und Beziehung, uns das passendste und beste zu wählen und zu weihen vor sich selbst wissen wird. Wohlwollende Theilnahme, sinnige Würdigung und geistige Anmahnung vermögen ein vielseitig Unendliches und Unschätzbares zu gewähren, sie sind die hülfreichste Verstärkung unsres Bundes, und solcher Gastgeschenke heiteres Gedächtniss lebt in dankbarer Brust der Maurer unsterblich fort, die Hallen jenes unsichtbaren Tempels aufs schönste schmückend und verklärend.

Vielleicht dass uns bei anderer Gelegenheit vergönnt wird, Ihnen, verehrungswürdigste Schwestern, auch unsern Saal der Vergangenheit aufzuschliessen, der der edelsten vorangegangenen Schwestern bleibende Monumente freundlich bewahrt, vor allem jener erhabenen Stifterin und Beschützerin dieser gerechten und vollkommnen Loge, in deren hochverehrten heiligen Namen sie ihre höchste Glorie trägt und findet.

Für jetzt aber, meine geliebten Brüder, lassen Sie uns dem Zauber der Gegenwart ausschliesslich huldigen, und dankbar erkennen, wie grosse Gunst der Augenblick uns spendet, wo unser Durchlauchtigster Protector und Seine erhabene Gemahlin diesen stillen Hallen ihre Gegenwart gönnen und ein hochverehrtes neuvermähltes Fürstenpaar*) als höchstes Weihgeschenk für Erinnerung und Hoffnung uns huldreich zuführen.

Die Liebe des Vaterlandes und seiner erhabenen Regentenfamilie war stets das erste wie das schönste Gesetz unserer Loge; ein treues heiliges Erbtheil ist sie von den Gründern derselben auf uns übergegangen und wird ebenso einst den Stolz unserer Enkel ausmachen.

So werde denn, allerseits verehrungswürdige und geliebte Schwestern, Ihre heutige Theilnahme an unsern Arbeiten eine strahlende Epoche herrlicher Vorbedeutungen bezeichnet, und die innigste Liebe des Vaterlandes, die treueste Anhänglichkeit an den wahrhaft deutschen Mann und deutsche redliche Gesinnung sei das erste Gastgeschenk, was Sie uns bringen und widmen, sei das würdigste Symbol ihrer Huldigung für das erhabene Paar, dem glückwünschend und segenflehend sich heute alle Herzen voll Rührung zuwenden. — —

Auf diese Rede**) bezieht sich Goethe's Brief an den Kanzler von Müller, vom 14. Juni 1816, welcher also lautet:

Ew. Hochwohlgeb.

danke schönstens für die mitgetheilte Rede. Wie sehr wünscht' ich sie gehört zu haben. Auch sie hat den Charakter der diesmaligen Schwesterloge, wo man die Sache ernsthaft und würdig nahm und nicht wie vor alten Zeiten im Scherzhafte und Parodistische zog. So lässt auch Ihre Rede, ohne das Geheimniss zu verrathen, den Werth des Geheimnisses fühlen. Da es mir nicht gelang sie zu hören, danke zum Schönsten für ihre Mittheilung.

Den Herrn von Sinclair würde Morgen früh um 11, wenn es seine Gelegenheit ist, mit Vergnügen sehen.

Verbindlichst

Weimar
d. 14. Juny 16.

G.

*) Herzog Bernhard von Weimar und dessen junge Gemahlin, Herzogin Ida von Meiningen.

**) Welche in unserem Logenarchive abschriftlich aufbewahrt ist

Aus: Jahrbuch Loge Pythagoras No. 1 zu Brooklyn.

———

(Schluss.)

Diese Kundgebungen deutschen Geistes werden allmählich, so hoffen wir, wohlthätigen Einfluss auch auf das Logenwesen unseres Adoptiv-Vaterlandes äussern. Die römische Hierarchie und andere von gleicher Unduldsamkeit, von gleichem geistlichen Hochmuthe durchdrungene Secten versuchen es, in die Constitution der Vereinigten Staaten dogmatische Lehrsätze einzuschmuggeln, die persönliche Freiheit der Bürger und deren Gleichheit vor dem Gesetze zu beeinträchtigen, den Frieden im Lande durch Aufstellung von Scheidewänden des kirchlichen Bekenntnisses zu untergraben, die confessionslose Schule zu vernichten, den Freimaurerbund als Heerd des blinden Umsturzes und der Sittenlosigkeit zu verdächtigen. Und wenn, neben diesem, Menschenwürde und Menschenrechte gefährdenden Gebahren, in unserer Gemeinschaft selbst Einrichtungen und Vorurtheile bestehen, welche, in ähnlicher Weise wirkend, die Einheit in Frage stellen, so wird es zur heiligen Pflicht, offen und ehrlich die Stimme dagegen zu erheben, und die alten Grundlagen der Brüderschaft vor Uebergriffen und Fährlichkeiten zu schirmen. In Uebereinstimmung mit achtungswerthen Beispielen früherer und jüngerer Zeit, scheuen wir uns daher nicht, das hier zu Lande übliche Grosslogenwesen, die Hochgrade mit ihren an kirchlichen Cultus und eine von der Wissenschaft längst überwundene Weltanschauung sich anschliessenden Gebräuchen, den Buchstaben- und Bibeldienst der Rituale, die lebenslänglichen Vorrechte der Grossbeamten und Altmeister, die Ausschliessung ganzer Klassen der Bevölkerung wegen körperlicher Eigenschaften, den Sprengelzwang u. a. als dem ächten Mrthume fremdartige Auswüchse, als schädliche Neuerungen zu brandmarken, deren Zerstörung die erste Bedingung des Gedeihens unseres geistigen Baues ist.

Dass diese Ueberzeugung in immer weitere Kreise dringe und in ihnen zur frischen, muthigen That entflamme, ist unser heisser Wunsch, unser stetiges Bestreben. —

Während des letzten Jahres haben wir in 24 Versammlungen die uns gewordene maurerische Aufgabe zu lösen versucht; 20 von ihnen wurden im Lehrlings-, 2 im Gesellen- und 2 im Meistergrade abgehalten; 2 der Lehrlingssitzungen waren Mitgliederlogen, eine die Wahl- und eine die Johannisfestloge. Ausserdem traten die Beamten fast in jedem Monate zu ungezwungener Besprechung der Interessen der Loge und des Bundes der Reihe nach in ihren Privatwohnungen zusammen, eine Einrichtung, die sich für unsere Verhältnisse als sehr praktisch bewährt hat. Ein Suchender wurde aufgenommen; drei Brüder, unter ihnen einer im Auftrage der gel. Loge „Joseph zur Einigkeit" in Nürnberg, wurden in den zweiten Grad befördert; einer wurde in den Meistergrad erhoben. Ein Mitglied erhielt auf seinen Wunsch ehrenvolle Entlassung; ein hülfeleistender Br ist gestorben.

Unter den gehaltenen Vorträgen heben wir folgende hervor:

Von dem Vorsitzenden, Br Medler,

über „Lebe im Ganzen";

über Entstehung, Ausbildung und Wesen des Lustspiels im Mittelalter;

über Geschichte des religiösen Dramas vom Mittelalter bis auf die neueste Zeit;

über die Allgemeinheit des Maurerbundes (Joh.-Fest);

über das Thema: „Frische Nahrung, neues Blut."

Von Br Barthelmess,

den vorgeschriebenen Jahresbericht;

Abschnitte aus der von ihm verfassten Geschichte der Loge;

über den Vorwurf der Verflachung und des Nihilismus;

über die Nothwendigkeit und die Gefahren der Reform;

Parallele zwischen Johannes dem Täufer — als Johannes der Mythe — und Johann Wolfgang Goethe — als Johannes der Geschichte und des 19. Jahrhunderts (Joh. Fest);

über die Thätigkeit A. v. Humboldt's im Interesse des intellectuellen Fortschrittes der Menschheit;

über Ideale (mit Anwendung auf die Vergangenheit der Loge).

Die Protokolle der Grossloge von Hamburg, die deutschen Freimaurerjournale, das Allgemeine Handbuch der Freimaurer, Kolb's Culturgeschichte der Menschheit u. s. w. haben willkommenen Stoff zu Vorlesungen geboten.

An einem der Clubabende hat Br Schleicher einen Vortrag über den Sauerstoff mit erläuternden Experimenten gehalten.

Kurz nach der Feier des Johannistages wurde mit den Schwestern ein Ausflug nach Pope's Park unter reger Betheiligung veranstaltet.

Die Beziehungen zur Gr.-Loge von Hamburg sind durch die langgedehnten Verhandlungen und Correspondenzen nicht nur nicht getrübt worden, sondern erscheinen in erfreulicher Weise gefestigt.

Mit der strebsamen Loge l'Aménité in Havre ist auf deren Wunsch ein Repräsentativ-Verhältniss eingeleitet worden; sie hat die Brr Medler, Barthelmess und Juencke zu Ehrenmitgliedern, den Letzten zugleich zu ihrem Repräsentanten ernannt; dagegen hat die Loge Pythagoras No. 1 den dortigen Brüdern C. Dally und J. M. Bielefeld die Ehrenmitgliedschaft ertheilt, Letzterem die Function eines Repräsentanten übertragen und sich der von der französischen Loge mit ins Leben gerufenen „L'Union de la Paix" angeschlossen. Der Verkehr zwischen den beiden Logen ist seitdem ein reger gewesen; Schriften und Briefe wurden gewechselt; die Betheiligung der Loge l'Aménité an der Unterrichtsfrage in Frankreich hat hier lebhaftes Interesse hervorgerufen.

Die verschiedenen Kassen befinden sich in befriedigendem Zustande; für Krankenpflege, Begräbnisskosten, Erziehungszwecke u. s. w. mussten und konnten ansehnliche Gaben gewährt werden. Durch den vortheilhaften

Verkauf der Pythagorashalle in New-York, sowie durch weise Sparsamkeit hatte sich das Vermögen der „Kasse für Erziehung, Bekleidung und Versorgung dürftiger Kinder oder Waisen und für Unterstützung von Wittwen" bis zum 15. December 1869 auf § 20,332,63 gesteigert.

So schreiten wir getrost der Zukunft entgegen und ersuchen die Logen und Brüder, denen dieses Rund-

schreiben zukommen wird, um die Fortdauer ihrer Liebe und Theilnahme.

Brooklyn, im Januar 1870.

Im Auftrage der Loge Pythagoras No. 1:

H. Medler, M. v. St.

A. Kurth, 1. Aufseher.　　　H. Teckritz, 2. Aufseher.

C. W. Schumann, Sekretär.

Feuilleton.

Bingen. — Die Loge „Tempel der Freundschaft" in Bingen hat an die Grossloge folgenden Jahresbericht erstattet:

„Auch wenn keine gesetzliche Bestimmung jeder Bundesloge die Pflicht auferlegte, jährlich der Grossloge einen Bericht über ihre Thätigkeit zu erstatten, so sind wir der festen Ueberzeugung, dass selbst ohne diese Vorschrift keine Loge es unterlassen würde, weil nur auf diese Weise der rechte fruchtbringende Verkehr in dem engeren Logenverbande erhalten bleibt. — Wir glauben indessen noch etwas weiter gehen zu dürfen, und unsere Ansichten über die Wahrnehmungen auf dem Gebiete der Mrei auch über die Grenzen unserer engeren Verbindung hinaus aussprechen zu sollen. — Kaum dürfte wohl ein Jahr, wie das abgelaufene, gegründeteren Anspruch haben auf Bedeutung in der geistigen Entwickelung der Menschheit, in dem Streben nach freierer auf dem Boden der Gleichberechtigung Aller basirten Stellung der menschlichen Gesellschaft. Auf politischem, religiösem, und mit diesem Hand in Hand gehendem socialem Gebiete finden wir überall Leben und Bewegung, und zwar eine Bewegung, welche das Ringen nach Befreiung aus den Fesseln der Verdummung und der geistigen Bevormundung mit Genugthuung erkennen lässt, um durch allgemeine Verbreitung wirklicher Bildung die Sitten zu veredeln, Herr der Leidenschaften und der Laster zu werden. — Wir Ihr Freimaurer, die wir uns gerade zu solchen Zwecken und zur Förderung dieser Bestrebungen vereinigt haben, dürfen denselben unsere freudige Anerkennung nicht versagen, ja wir sind verpflichtet, ihre Realisirung mit allen uns zu Gebote stehenden Mitteln zu unterstützen, und darnach zu trachten, ihre Berechtigung zu erreichen, weil sie dem Geiste unseres Bundes nicht allein entsprechen, sondern, weil hier der Boden ist, auf welchem sich die Ideen der K. K. in das praktische Leben am segensreichsten übertragen lassen. — Die Fragen concentriren sich dahin: Die Hand an die Wurzeln des Massenelendes legen! Gesunde Wohnung, genügende Nahrung, schützende Kleidung, und die Möglichkeit, Besitz zu erwerben! — Mass in der Arbeit für Alle. Dabei Gelegenheit zur geistigen Ausbildung für Jedermann je nach seinen Fähigkeiten, seinem Fleiss, seiner Ausdauer; in allem aber das richtige Ebenmaass, denn: allzuviel Besitz ohne Bildung, zu allzuviel Bildung und wenig Besitz, sind ein fruchtbarer Boden zur moralischen Entartung. — Welch grosses Feld für maur. Thätigkeit!

Doch wie überall sich in der Natur Gegensätze zeigen, so ziehen auch neben diesen hellstrahlenden Sternen der Bestrebungen für das allgemeine Wohl der Menschen düstere Wolken am Horizont auf, die sich dem Zenithe allmählich genähert haben und aus deren dunklem Schoosse Blitze zu zucken beginnen, welche die Errungenschaften von Jahrtausenden zerstören sollen. Wir meinen das Gebahren der orthodoxen Parteien aller Confessionen, — der protestantischen Mucker sowohl — als des in Rom versammelten sogen. Ökumenischen Concils. Man wird uns vielleicht, indem wir dies aussprechen, entgegenhalten: ihr verletzt die Vorschriften und Gesetze unseres Bundes! Wir aber meinen umgekehrt, dieselben nicht

zu halten, wenn wir alle diese Vorgänge mit Stillschweigen übergehen, denn sie berühren die Existenz der ganzen menschlichen Gesellschaft, und wir glauben nur eine unserer Pflichten — ja die grösste zu erfüllen, wenn wir uns nicht scheuen, dagegen aufzutreten. (Schluss folgt.)

Fürth. — Das Resultat der Beamtenwahl der Loge „zur Wahrheit und Freundschaft" ist: Mstr. v. St. Ollesheimer; — Dep. Mstr. F. Wassmuth; — 1. Aufs. J. Barbeck; — II. Aufs. J. B. Voit; — Logen-Secretär: Ph. Kreppel; — Corresp. Secretär: B. Berneis; — Reducr: Joh. Spahn; — Schatzmeister: J. Baumann.

In Fürth wird am 11. Sept. die Jahresversammlung der Gr.-L. „zur Sonne" stattfinden. Die obige Loge hat sich erboten, bei dieser Gelegenheit Arbeiten nach den Ritualbearbeitungen der Brüder Ficke, Findel, Puschkin etc. probeweise vorzunehmen.

Siegen, 26. Juni 1870. — Die hiesige St. Joh. Loge „zu den 3 eisernen Bergen" hat nach dem heute abgegebenen Verzeichnisse per 1870/71, 69 wirkliche, 5 Ehren-Mitglieder und ständig besuchende Brr. Das Logenlokal befindet sich im oberen Schlosse zu Siegen. Es sollen im neuen Maurerjahre 19 Arbeiten in den, nur hier in Betracht kommenden 3 Graden stattfinden. Mit unserer Loge ist ein Sterbekassenverein verbunden, welcher den Hinterbliebenen eines verstorbenen Brs eine, in Todesfällen fast immer tröstliche, Beihülfe von 100 Thlr. gewährt. Zum Mstr. v. St. ist Ihr alter Freund, Dr Eduard Manger (Rechnungsrath) einstimmig wiedergewählt worden. Ueber den Verlauf der heutigen Feier des Johannisfestes erhalten Sie, in weniger besetzter Zeit, nähere Mittheilung. Bewusst unserer Aufgabe, für Wahrheit, Licht und Liebe unausgesetzt zu wirken, vollbewusst waren und das Fest in durchaus würdiger Weise verlief. Hätten wir nur erst ein eigenes Lokal! Dieser Wunsch trat heute so recht lebhaft wieder hervor, wo unsere Arbeitsstätte die aus der Nähe und Ferne zahlreich erschienenen Brüder nicht alle fassen konnte und wir überdies Gefahr laufen, dass uns unser Lokal gekündigt werde. In Darmstadt werden sich wohl Minuten finden, die wir mit Ihnen unserer Bausache widmen können. Also auf br. Wiedersehen!

Aus Süddeutschland. — Nach dem Vorbilde anderer Grosslogen hat nun auch die des Eintrachtsbundes zu Darmstadt eine Bestand-Liste ihrer neuen Bundeslogen erscheinen lassen. Es wäre zu wünschen gewesen, dass man diesem Zeichen der äusseren Uebereinstimmung jenes der inneren hätte vorausgehen lassen, d. h. dass endlich diejenigen Logen des Bundes, die noch immer an dem sogen. christlichen Prinzip festhalten, dasselbe fallen gelassen hätten. Die Loge in Darmstadt würde sich ein besonderes Verdienst erwerben, wenn sie jetzt, nach dem Grossmeistertage mit seinen Beschlüssen, sich erklärte.*)

Sieht man sich die Bestandliste näher an, so überzeugt man sich sehr lebhaft von der Zeitgemässheit des Antrages von Br Cramer, dem wir die höchste Beachtung wünschen. Sie bietet eben nicht mehr wie alle die bekannten offiziellen Listen, leidet aber dabei noch an Mängeln und Ueberschwänglichkeiten. Bei Bingen steht z. B. der Grossmeister als Ehrenmitglied mit sämmtlichen Ehren und Würden (auch als Ehrenmitglied eines FrMr-Kränzchens) aufgeführt, was unter Darmstadt gewahrt war; so auch Br Friedrich unter Darmstadt mit sämmtlichen Ehren und Orden, was sich als Ehrenmitglied unter Frankfurt wiederholt. Auch bei einigen anderen Mitgliedern sind sämmtliche Orden aufgeführt. Während nun aber unter Darmstadt die „Jubelmeister" ihren Platz gefunden, sind bei Giessen, was erst vor Kurzem ein neues Mitgliederverzeichniss veröffentlichte, die „Ehrenmeister," ständige Mitglieder des Beamtenkollegs, und die „permanent Besuchenden" weggelassen.

Szegedin. — Die neugegründete Loge heisst „Arpad zur Brüderlichkeit" (nicht Bruderliebe) und ist deputirter Meister Bruder Moritz Weiss.

Gewissenhaftigkeit. — Im „Freemason" beschwert sich ein Br über eine Anzeige (von Asher & Co.) von Findel, history of Freem., weil darin angegeben, sie enthalte 800 S., während sie nur 720 S. stark sei. Im Frmaurerbunde als einem moralischen Institute dürfte eine solche Entstellung der Thatsachen nicht vorkommen.

Situation der Grossloge Alpina.

Die Nummer 18 der „Bauhütte" hat eines neuen Hochgradspuks in Lausanne erwähnt, welcher verdienter Weise von der Grossloge von Hamburg für die Thüre gesetzt worden. Dieser wieder aus der alten Rumpelkammer hervorgeholte „Suprême Conseil helvétique Romand" scheint aber bei dem Suprême Conseil du Grand Orient de France, wie bei der neuen Grossloge von Italien zu Florenz glücklicher gewesen zu sein; denn es meldet die No. 134 der „Chaine d'Union" vom 15. Juni, dass die neu aufgetauchten Grössen mit diesen beiden Gross-Orienten bereits in Repräsentationsverhältnisse getreten; ja sogar, dass ein Abgeordneter derselben bei ihrem Repräsentanten in Paris die Honneurs gemacht habe.

Da diese Mitglieder des neuen suprême Conseils Logen angehören, welche sich an den schweizerischen Logenverein angeschlossen haben, somit dessen Verfassung unterworfen sind, so ist schwer einzusehen, mit welcher Befugniss diese offenbare Verletzung derselben herbeigeführt werden könnte; und es ist auch wohl anzunehmen, dass die in Bälde zusammentretende Grossloge Alpina nicht mit Stillschweigen über diese Erscheinung hinweg gehen werde.

Könnte man sich auch über diese Thorheiten hinwegsetzen, so bleibt das Bedenkliche derselben immerhin, dass sie das Misstrauen rechtfertigen, welches sich mit den deutschen Logen in der Schweiz namentlich gegen die Logen des Waadtlandes seit der jüngsten Grossmeisterwahl bemächtigt hat.

Wollte man nicht absolut den Widerstand von Waadt-

länder- und einiger Genferlogen gegen die Ernennung des gegenwärtigen Grossmeisters auf Rechnung persönlicher Ambition und ihrer Unterstützung setzen, so bliebe kein anderer vernünftiger Grund für denselben übrig, als die Voraussetzung, dass man dieselbe Persönlichkeit mit der Grossmeisterstelle der Alpina belehnen wollte, welche gegenwärtig an der Spitze dieses neu wieder aufgetauchten sogenannten Gross-Orientes steht; denn das in einzelnen Kreisen vorgeschobene Motiv: den Logen französischer Zunge dadurch Gerechtigkeit widerfahren zu lassen, zerfällt in sich selbst, sobald man weiss, dass ebenfalls die ganze Kraft des Widerstandes gegen die Candidatur eines Mitgliedes einer Neuenburgerloge geweckt wurde, während das Grossmeisterthum erst in der vorletzten Wahlperiode von Lausanne an Bern übergegangen. Wenn daher die Logen der deutschen Schweiz befürchten, dass die jenen Bestrebungen fehlgeschlagene Grossmeister-Wahl Trennungsgelüste im schweizerischen Logenvereine geweckt haben dürfte, so ist es denselben um so weniger übel zu nehmen, als sich nicht einsehen lässt, was die Begründung eines supreme Conseil, der in Repräsentationsverhältnisse mit auswärtigen Grosslogen eintritt, für einen Zweck, für eine Bedeutung haben sollte, wenn sich dieser bloss auf eine kaum constitutionsfähige St. Andreasloge, ein Noviziat von vielleicht zwei Mitgliedern und ein Capitel stützt, welches kaum ausreicht, die verfassungsmässigen Würden zu besetzen. Wenn also wirklich nicht die Absicht bestehen sollte: Logen unter die Obedienz dieser neu geschaffenen Körperschaft zu ziehen, so wäre das Unternehmen eine Thorheit, die nur das Achselzucken verständiger Männer verdient; ist sie aber wirklich vorhanden, so kann sie nicht anders als ein Verrath an der Grossloge Alpina bezeichnet werden.

So widerwärtig diese Erscheinung jedem echten Maurer des schweizerischen Logenvereines sein muss, so wenig Gefahr bringend scheint sie auch im äussersten Falle werden zu können. Die einzige wirkliche Gefahr vom nationalen wie vom maurer. Standpunkte aus betrachtet, wäre wohl die: dass durch eine Trennung im schweizerischen Logenverein der Beweis geleistet würde, dass die Elemente deutscher und französischer Zunge sich nicht vertragen oder verstehen können. Dahin darf es die schweizerische Maurerei unter keinen Umständen kommen lassen; denn das verbietet ihr nicht weniger maurerischer Sinn als Patriotismus, und ein solches Resultat wäre eine Thatsache von unberechenbarem Einflusse auf maurorische wie auf profane Kreise. An diesem Ausgang ist aber gar nicht zu denken; denn es darf als sicher angenommen werden, dass solche Trennungsgelüste weder in den 4 ganz ausgezeichneten Logen des Cantons Neuenburg noch in den besten Logen von Genf irgend einen Anklang finden werden; und wenn es auch bedauerlich genug wäre, wenn die Alpina vielleicht einen Theil der Waadtländerlogen, und vielleicht einige Genferlogen verlieren sollte, so wäre das allgemeine maur. Interesse dadurch jedenfalls empfindsamer berührt, als die Existenz der Alpina.

Zur Besprechung.

Fernau, Dr. Rud., das A und das O der Vernunft. Leipzig, 1870. Otto Wigand. 37 Bogen.

Zur Nachricht.

Das von mir umgearbeitete Ritual des ersten Grades der Loge zur edlen Aussicht stelle ich allen Logen unentgeltlich zur Verfügung.

Freiburg i. Br. Mai 1870.

August Ficke.

_____

*) Geschieht ehestens, soviel wir wissen.

Die Redaction.

Hierzu eine Beilage:

Verantwortlicher Redacteur: Br J. G. Findel. — Verlag von Br J. G. Findel in Leipzig. — Druck von Brr Bär & Hermann in Leipzig.

No. 29.　　　　　　　　　　　　　　　　　XIII. Jahrgang.

Die
BAUHÜTTE.

Begründet und herausgegeben

von

Br. J. G. FINDEL.

* Organ des Vereins deutscher Freimaurer. *

Handschrift für Bvr Frmr.　　　Leipzig, den 16. Juli 1870.　　　MOTTO: Weisheit, Stärke, Schönheit.

Von der „Bauhütte" erscheint wöchentlich eine Nummer (1 Bogen). Preis des Jahrgangs 3 Thlr. — (halbjährlich 1 Thlr. 15 Ngr.)
Die „Bauhütte" kann durch alle Buchhandlungen bezogen werden.

Die Freimaurerei und der Unterricht des weiblichen Geschlechts.

(Aus dem Französischen.)

Von

C. C. in Aarau.

Wir haben stets und mit grossem Interesse die in der „Bauhütte" und anderswo erschienenen Zeichnungen über die wichtige Frage einer vernunftgemässen Erziehung des weiblichen Geschlechts im mr. Geiste verfolgt, und sind namentlich lebhaft von der Idee ergriffen worden, die Br Thost in Zwickau durch Errichtung einer maurer. Erziehungsanstalt für junge Mädchen mit so regem Eifer ins Leben zu rufen bestrebt ist. Als würdiges Seitenstück zu dieser Idee finden wir in dem seit Anfang d. J. in Lausanne unter dem Titel „La vérité" erscheinenden maurer. Journal — ein in echt maurer. Geiste geleitetes Organ, welches wir auch den deutschen Brüdern zur Lecture warm empfohlen haben wollen — einen Artikel, der die obige Ueberschrift trägt und den wir im Interesse der Sache uns bestreben, möglichst getreu wieder zu geben.

Bezeichnend ist es und verdient alle Beachtung, dass eine solche Stimme, solch ernste Worte über die Erziehung der weiblichen Jugend aus der französischen Schweiz, dem Waadtlande, diesem Eldorado der Erziehung nach deutschen Begriffen, erschallt, von dort her, wo man glaubt, dass die Erziehung unserer weiblichen Jugend die höchste Vollendung geniessen müsse und wohin man alljährlich tausende deutscher junger Mädchen — auf ein Jahr gemeiniglich wallfahren sieht, um ihrer Ausbildung den letzten so nöthigen Anstrich zu geben. Wir sind allerdings über die durchweg kerngesunden Ansichten in nachfolgendem Artikel weniger erstaunt; wissen wir doch längst, dass die Erziehung und Ausbildung unserer weiblichen Jugend in den französischen Pensionsanstalten und Instituten — natürlich mit Ausnahmen — vielfach eine mangelhafte und verkehrte ist, begründet in der fehlerhaften Richtung und Tendenz dieser Anstalten, die eine naturgemässe Erziehung, oftmals noch beeinträchtigt durch einen übermässig herrschenden Luxus, nicht aufkommen lässt; begründet in dem Mangel der zur Leitung solcher Anstalten berufenen wirklich tüchtigen geistigen Kräfte — woher sollten diese bei der Menge der Institute auch kommen? — begründet aber auch in dem Zusammentreffen so vieler verschiedener Elemente, ungleich befähigt, ungleich vorbereitet; begründet endlich in der Kürze der Zeit, die die Zöglinge gewöhnlich dort zuzubringen haben, und in welcher sie noch in allen nur möglichen Wissensfächern unterrichtet werden sollen, nur nicht in dem, was ihr künftiger Beruf so dringend erheischt.

Wir haben daher auch mit aufrichtiger Freude das von Bruder Thost angeregte Unternehmen s. Z. begrüsst, welches berufen sein wird eine heilsame, aber durchaus nothwendige Umwälzung in der Erziehung unserer weiblichen Jugend hervorzubringen, und wünschen dem segensreichen Unternehmen den besten Fortgang.

In dem erwähnten Artikel heisst es nun, nach einer kurzen Einleitung über die Erziehung überhaupt, die wir füglich als unwesentlich übergeben können, wie folgt:

„Was ist in unserer Heimath in Hinblick auf Erziehung und Unterricht das Feld, welches der maur. Werkthätigkeit der Gegenwart geöffnet ist? Das ist die Frage, die wir heute lösen wollen.

Berücksichtigen wir von vornherein, dass jeder junge Mann sich auf den Beruf vorbereitet, den er später ausüben soll. Der Theologe studirt die heil. Schriften, der Jurist seinen Codex, der Mechaniker, der Ingenieur die Mathematik u. s. w. Selbst der junge Landmann wird durch seine Eltern zu seinem zukünftigem Berufe herangebildet; jeder marschirt dem Ziele zu, das er sich gesteckt und bemüht sich, die hierzu nöthigen Kenntnisse zu erlangen.

Doch wir täuschen uns; eine Klasse von Personen gibt es, welche den falschen Weg einschlägt, eine Klasse, deren Erziehung auf unvernünftigen Vorurtheilen begründet, durchaus nicht in Einklang steht mit der Stellung, die sie später einnehmen soll und wird, wir meinen die Frauen.

Welches ist der wahre Beruf der Frau? Eine gute Gattin und wahre Familien-Mutter zu werden! Aber anstatt sie auf diese nützliche und rühmliche Bestimmung vorzubereiten, gibt man ihnen eine Erziehung, welche gleichzeitig derjenigen des Künstlers und der des Pädagogen die Stange halten soll. Das Uebel ist schon alt, hat doch das unsterbliche Genie von Molière gesagt:

Es schickt sich nicht wohl und zwar aus gar vielen Gründen,
Wenn eine Frau will Alles studiren und finden. —
Das Gemüth der Kinder zum Guten zu leiten,
Das Gesinde beobachten, sein Hauswesen bestreiten,
Seine Ausgaben zu regeln mit Oekonomie,
Das sei ihr Studium und ihre Philosophie!
Verständig darin uns're Vorväter waren,
Zufrieden, wenn die Frau im Kochen erfahren,
Und anstatt in Gelehrsamkeit zu ersticken,
Verstand Wämmse zu nähen, Strümpfe zu stricken.
Nicht lasen sie damals, doch lebten sie gut,
Ihr Hauswesen war ihnen ihr Fleisch und Blut,
Ihre Bücher ein Fingerhut, Nadel und Faden,
Der Brautschatz der Töchter litt dabei keinen Schaden.

Die Frauen der Gegenwart sind weit entfernt von diesen Sitten, könnten wir mit dem Dichter fortfahren. In Wahrheit, was lehrt man sie in der Mehrzahl unserer öffentlichen Unterrichtsanstalten? Ohne Zweifel die wesentlichen Unterrichtszweige; aber man verdirbt auch diesen Unterricht, indem man ihn durch eine Menge unnöthiger Ueberflüssigkeiten erdrückt. Man betreibt Geographie und Geschichte bis zu ihren äussersten Grenzen; man ertheilt Unterricht in der Astronomie und eine ganz, ganz kleine Spanne Zeit ist demjenigen gewidmet, was das Wesentlichste sein sollte: den Arbeiten des weiblichen Geschlechts.

Zu diesem öffentlichen Unterricht, welcher viel zu wünschen übrig lässt, kommen dann noch die Forderungen des gegenwärtigen Gesellschaftslebens. Hat eine junge Tochter eine Idee von Stimme, schnell muss sie sich zum Gesang ausbilden, nicht nur im Chorgesang, sondern zur Sängerin, zur Künstlerin. Diese mühsame Arbeit nimmt alle Erholungsstunden in Anspruch und wirkt auf die übrigen Studien in der traurigsten Weise ein. Oder wenn die Stimme zu sehr verschleiert oder falsch ist, schnell

muss ein Piano her; jedes wohl erzogene junge Mädchen muss Pianoforte spielen und an des Vaters Geburtstag eine klassische Sonate vortragen können; aber sie arbeitet daran wenigstens zwei Stunden pr Tag und welche Arbeit! Ihre Gesundheit leidet darunter, und da man gerade zu der Zeit, wo das Kind zur Jungfrau wird, das Studium des Pianos mit dem grössten Eifer betreibt, darf man da erstaunt sein über Krankheiten, welche eine gewisse Anzahl junger Mädchen hinwegrafft, erstaunt sein, über die Trägheit, mit welcher sie andere viel wichtigere Fächer betreiben?

Diese künstliche Erziehung nach der Mode ist für die Mehrzahl junger Mädchen eine verlorene Zeit. Wie gross die Zahl derjenigen ist, die ihren Lebenszweck verfehlt, geringer noch ist die Zahl derjenigen, welche ihr Ziel erreicht! Und in letzterem Falle, der günstigste von allen, fahren diese jungen Mädchen, nunmehr Gattinnen geworden und in Anspruch genommen durch die Sorgen der Mutterschaft, etwa fort, ihre Kunst auszubilden, sind sie nicht verpflichtet, sie um viel wichtigerer Beschäftigungen willen aufzugeben! Das ist augenscheinlich; die Erfahrung zeigt es uns täglich.

Man wirft uns vielleicht vor, der Erziehung der Frauen jedes künstlerische Element nehmen zu wollen.

Aber das ist ganz und gar nicht unsere Absicht. Im Gegentheil, wir wollen und achten es, dass man, sobald sich bei einem jungen Mädchen Talent für Musik, für Zeichnen, für Poesie etc. zeigt, solches auch ausbilde. Wir sagen, sobald sich solches zeigt, und das ist seltener, als man es sich gemeiniglich vorstellt. Dagegen ist es unmöglich, den Geschmack für Künste bei einer Person zu erwecken, die nicht von Natur aus besonders begabt ist. Die Zeit, welche man zu den unaufhörlichen und unfruchtbaren Uebungen verwendet, ist nicht nur eine verlorene, wie wir bereits nachgewiesen haben, sondern auch ein Hinderniss in andern sehr nützlichen Wissensgegenständen, welche durchaus kein so spezielles Talent erfordern, wie die schönen Künste.

Im Uebrigen ist die Erziehung der Frauen bei uns vielmehr eine Modesache, als die Folge eines vernunftgemässen Princips. Man macht es wie die andern und kümmert sich wenig darum, ob der Zweck erreicht werde. Eltern, Institutsvorsteher und Institutsvorsteherinnen vergessen, welches die der Frau in der gegenwärtigen Gesellschaft zukommende Rolle ist, und ihre Erfahrung hat sie nicht immer weise gemacht. Jede Hausmutter, welche unsere sogenannten höheren Schulen besucht hat, würde uns sagen können, welche Enttäuschung sie beim Eintritt ins Hauswesen gemacht. Sie hat, um uns eines bezeichnenden Ausdrucks zu bedienen, das verbrennen müssen, was sie bis dahin angebetet und das anbeten lernen, was sie verbrannt. Unwissend in verschiedenen Gegenständen der Hauswirthschaft, in einer Menge von Dingen, welche das tägliche Leben betreffen, hat sie eine neue Erziehung angefangen, und zwar in der allerunangenehmsten Weise, unter der Macht der Nothwendigkeit.

Man könnte uns einwenden, dass man in der Familie das ergänzt, was der öffentliche Unterricht heute nicht gewährt. Zuweilen. Es giebt einsichtsvolle Mütter, welche, durch Erfahrungen bereichert, ihre Töchter lehren, wie ein Hauswesen geführt werden muss und sie von vornherein auf ihren zukünftigen Beruf vorbereiten. Aber bleibt ihr bei der Menge von Kenntnissen, welche eine junge Person zu erlangen gehalten ist, bei der grossen Anzahl von Kursen, welchen sie folgen muss, und den häuslichen Pflichten, welche man ihr aufbürdet, wohl die nöthige Zeit für diese mütterliche Unterweisung? Wir bezweifeln es; das junge Mädchen, ganz vertieft in nebensächliche Arbeiten, vernachlässigt die Hauptsache.

Man täusche sich nicht über unsere Absichten. Wir sind durchaus keine Apostel der Emancipation der Frauen, bis jetzt haben uns die Beweisgründe der guten Madame Goegg nicht überzeugen können. Die Frau ist für uns wohl dem Manne gleich, indessen sehen wir diese Gleichheit nicht im Genuss bürgerlicher Rechte und in der Theilnahme der Frau an politischen oder religiösen Debatten. Die Frau hat ihren bestimmten Platz, ihren Einfluss im Schoosse der gegenwärtigen Civilisation, und damit dieser Einfluss gute Früchte bringe, wünschen wir gerade eine Reform in der weiblichen Erziehung, eine Reform, welche nach unserm Dafürhalten die wahre Emancipation sein würde.

Die Veränderungen, die wir in der Erziehung der jungen Mädchen vorschlagen sind kurz und gut: alle Zweige von derselben auszuscheiden, welche keine directe Nützlichkeit in sich bergen, solche zu ersetzen durch praktische Richtungen und nicht durch eigentlich doch nur hergesagte Kurse. Die Zeit scheint uns sehr wohl am Platze, um diesem Werke die Weihe zu geben; dasselbe muss sich behutsam, nach und nach, ohne glänzende Prinzipserklärungen, mehr wie ein Versuch, als eine zur Aenderung der Gestalt der gegenwärtigen Gesellschaft bestimmte Umwälzung vollziehen. Es erübrigt uns, unsern Lesern in Nachfolgendem zu zeigen, wie die Maurerei diese Aufgabe lösen kann und wie sie zu beginnen hat.

Wir haben oben nachzuweisen gesucht, welches die Fehler der gegenwärtigen Erziehung des weiblichen Geschlechtes sind. Ohne Zweifel kann der Freimaurerei niemals das Recht und die Pflicht bestritten werden, hier einzutreten und das Licht überall dahin zu verbreiten, wo es nothwendig ist. Vielleicht ist man weniger einig über die Massregeln der Ausführung; denn hier handelt es sich nicht darum, das knechtisch nachzuahmen, was sich bei unsern Nachbarn, den Franzosen oder Belgiern, zeigt. Unsere Verhältnisse sind ganz verschieden; und vor allem ist es nothwendig, zu unserem Werke die öffentliche Gunst zu erlangen, was schwer halten wird. Es sind der Vorurtheile gar viele gegen die Freimaurerei, deshalb müssen wir, wenn wir mit etwelcher Aussicht auf Erfolg beginnen wollen, bescheiden anfangen.

Andere würden ohne Zweifel sagen: nein, zu grosse Bescheidenheit ist der Sache schädlich: legen wir dem Publikum die Frage deutlich vor Augen und in den Schooss der Maurerei; gründen wir eine wohl ausgerüstete Erziehungsanstalt nach unsern Grundsätzen; sie wird gelingen.

Das ist nicht gewiss; übrigens den bestmöglichen Willen der Brüder vorausgesetzt, ist die waadtländische Maurerei nicht reich genug, um die Kosten eines solchen Etablissements bestreiten zu können. Arbeiten wir unsern Mitteln gemäss und legen wir weder den Brüdern, noch den Logen zu schwere Lasten auf; vermeiden wir vor allem, sie zu entmuthigen und das Unternehmen in Frage zu stellen.

Ein bescheidenes Pensionat, bestimmt für Töchter von Freimaurern, scheint uns alles zu sein, was man für den Anfang zur Ausführung bringen kann.

Zwei oder höchstens drei Zöglinge, weniger bemittelten Familien angehörend, werden durch eine Lehrerin geleitet, welche mit Sorgfalt ausgewählt und bestimmt ist, die Grundsätze einer wahren, praktischen Erziehung zur Geltung zu bringen. Ein kleines Häuschen in einer freundlichen Gegend auf dem Lande würde unsern jungen Mädchen als Asyl dienen, das Establissement würde eine Pensionsanstalt sein.

Dies zeigt in wenigen Worten, wie wir uns die primitive Ausführung dieser neuen Erziehungsanstalt denken, damit sie gleichzeitig vortheilhaft und wenig kostbar sei.

Selbstverständlich würden wir dabei nicht stehen bleiben; wenn wir einigen Erfolg haben, werden wir zu den dreien neue Zöglinge hinzufügen, und vielleicht wird unsere Pensionsanstalt mit der Zeit eine Erziehungsanstalt. Wenn Eltern sehen, dass man den jungen Mädchen hier einen gründlichen und praktischen Unterricht ertheilt, werden sie um Aufnahme ihrer Kinder einkommen; und so wird sich nach und nach unsere Idee in der Gesellschaft ausbreiten; andere Etablissements werden nach Art der unserigen entstehen und der segensreiche Einfluss der Maurerei wird die profane Welt durchdringen. Das ist das Ziel, dem wir nachjagen müssen, denn die Maurerei hat kein Recht zu sein, wenn sie nicht zum Besten der Humanität arbeitet.

Damit dieses Resultat erreicht werde, ist es nöthig, dass die Verwaltung einer solchen Pension in den Händen von Maurern sei, dass diese den Unterricht, der gegeben wird, sowie die Beziehungen zwischen Lehrerin und Zöglingen, in der Nähe überwachen. Wir wollen nicht sagen, dass unser Vorschlag keine Schwierigkeiten finde; welches nützliche Werk sieht nicht seinen Weg mit grossen Hindernissen besät! Aber wir glauben, dass es uns mit Beharrlichkeit und festem Willen gelingen werde, die Hindernisse hinwegzuräumen.

Im Uebrigen sind uns andere Brüder auf diesem Wege vorangegangen. In Dresden z. B. existirt ein zahlreich besuchtes Pensionat, beinahe auf denselben Grundsätzen basirt, wie wir solche soeben bezeichnet haben. Ein Comité von Brüder Maurern leitet dasselbe, und die Loge selbst ernennt den Verwaltungsrath. Warum macht man es bei uns nicht so, wie es sich in Sachsen bewährt hat? Die Geringfügigkeit unserer Mittel hindert uns daran, antwortet man. Ganz recht, indem man die ganze Last einer Loge überlässt; aber auf alle waadtländischen Logen vertheilt, würde sie kaum zu fühlen sein, und im Uebrigen, nach Verlauf einiger Jahre, würde das Etablissement sich selber genügen können; mit der Pension würde sich ein gutes Institut vereinigen, welches die Kosten von dem einen, wie dem andern decken würde.

Unsere Aufgabe (als Journal) ist hier zu Ende. Aehnlich wie der Säemann, Victor Hugo, haben wir das Korn in die Furchen gestreut; erwarten wir, dass es hervorschiesst und eine goldene Ernte bringt. Ein Anderer wird ohne Zweifel die Idee wieder aufnehmen, welche wir in Umlauf setzten; sie wird ein Echo in den Logen finden;

wir werden sie mit unserer Sympathie begleiten; wir werden sie unterstützen, weil wir der Meinung sind, dass sie gut, dass sie maurerisch ist. Für den Augenblick genügt es uns, dass wir sie vor die Oeffentlichkeit gebracht haben, gezeigt haben, dass sie fruchtbar, von nützlichen Folgen und leicht ausführbar ist. Ihnen, gel. Brüder, liegt es ob, sie zur Reife zu bringen und auf das Gebiet der Thatsachen zu führen."

Das Johannis-Fest der sechs vereinigten württembergischen Logen, gefeiert im Or. Stuttgart, am 26. Juni 1870.

„Mögen alle Johannisfestgäste sich bald wieder bei ähnlichen Festen zusammenfinden! Bis dahin ruhe der Segen von oben auf allen!" Mit diesem Wunsche schlossen wir den Bericht über das erste gemeinschaftliche Johannisfest der schwäbischen Freimaurerlogen vom 18. Juni 1865, der in diesen Blättern (siehe „Bauhütte" 1865 No. 28, Seite 217) freundliche Aufnahme fand. Allein fünf volle Jahre verflossen, bis jener Wunsch verwirklicht wurde. Trotzdem klagen wir hierüber nicht; denn das lange Warten auf diese Verwirklichung wurde durch eine, selbst die kühnste Erwartung übertreffende Weise gekrönt. Feierten doch am Sonntag, den 26. Juni, am Tage des Reformationsfestes, die württembergischen Werkstätten ein Johannisfest, das nach allen Richtungen durch und durch befriedigend, erhebend und in des Wortes edelster Bedeutung gelungen verlief! Desshalb fühlen wir uns gedrungen, einen gedrängten Bericht über dasselbe auch in der „Bauhütte" niederzulegen. Sind wir durch unsern Beruf, welche dies Fest mitfeierten, diesen Bericht lückenhaft finden sollten, so appelliren wir zum Voraus an ihre Nachsicht. Sind wir ja doch nur zu gut bewusst, dass eine vollständige Schilderung eines solchen Festes über unsere Kräfte geht! Doch zur Sache!

Die beiden Logen im Orient Stuttgart „Wilh. zur aufgehenden Sonne" und „zu den drei Cedern", sich des im Jahr 1865 gemeinschaftlich abgehaltenen schönen Johannisfestes lebhaft erinnernd, traten schon vor Wochen zusammen und beschlossen, auch heuer wieder eine solche Feier zu veranstalten. Ein Comité, gebildet von den Brn Löwe, Pauli, Heimsch, Lemppenau, Walter und Verkrüzen, wurde beauftragt, die nöthigen Vorbereitungen hiezu zu treffen. Und diese Brüder haben ihre Aufgabe meisterhaft gelöst. Einladungen ergingen nach zahlreichen Orienten; Zusagen trafen überreich ein. Eine Lokalität sondergleichen wurde gefunden, und kein Opfer wurde gescheut, das bevorstehende Fest aufs würdigste zu gestalten.

Schon am 25. Juni trafen sich Abends die Brüder in grosser Zahl im Bankettsaale der Loge Wilh. Besuchende theure Brüder aus den Or. Karlsruhe, Heidelberg, Mannheim etc. konnten da herzlich willkommen geheissen werden; ein reges Leben gab sich kund. Eine längere Besprechung darüber, in welcher Weise künftig dieses Fest stattfinden solle, führte zu dem Beschlusse, dass fürderhin in jedem dritten Jahre die schwäbischen Logen abwech-

selnd in den einzelnen Orienten das Johannisfest gemeinschaftlich feiern werden. Wohl machten die Brüder aus Stuttgart geltend, dass — abgesehen von allen andern Zuträglichkeiten — schon des Lokals wegen eben dieser Orient bleibend als Festort gewählt werden sollte; allein die Delegirten der übrigen württembergischen Logen gingen hierauf nicht ein, was wir, nachdem wir das Festlokal kennen gelernt haben, höchlich bedauern, und wir können die Hoffnung nicht unterdrücken, es werde der Antrag der Logen in Stuttgart doch noch obsiegen.

Der 26. Juni führte noch viele Brr von nah und fern herbei, und um die zehnte Vormittagsstunde waren in den Räumen des Königsbaues — denn hier hatten die Stuttgarter Brüder eine wohnliche, trauliche Stätte bereitet — wohl über 25 Freimaurer beisammen, von denen natürlich die meisten den Logen in Stuttgart, Ulm, Heilbronn, Ludwigsburg und Hall angehörten, von denen aber auch sehr viele zu den badischen und bayerischen Bauhütten zählten, nicht wenige sogar amerikanischen Orienten entstammten. Alle waren festlich gestimmt und aus jedem Auge leuchtete die Freude.

Zur festgesetzten Stunde, Vormittags 10½ Uhr, traten die Brüder in den grossen · Saal des Königsbaues ein, dessen grösserer Theil zur Abhaltung des Festbankets, der kleinere aber zur Abhaltung der Festarbeit auf wahrhaft überraschende Weise hergestellt war. Diese beiden Theile, durch Draperien, Coulissen und Dekorationen von einander geschieden, zeugten nach ihrer Einrichtung von echt künstlerischem Sinn und waren ganz dazu geeignet, die Anwesenden nicht nur zu fesseln, sondern auch zu erheben. Was besonders den zur Loge hergerichteten Theil betrifft, so war dieser auf solch köstliche, ja entzückende Weise ausgestattet und geziert, dass sicherlich noch kein einziger Br eine solche Werkstätte betreten hat, nie eine solche sonstwo betreten wird. Man wurde in diesem Tempel unwillkürlich schon durch seine ganze Gestaltung hoch erbaut, festlich angeweht und hehr gestimmt, und wir sind dessen gewiss, dass sämmtliche Brüder denjenigen kunstsinnigen Werkgenossen im Stillen gedankt haben, welche diese herrliche Stätte also zuzubereiten verstanden hatten.

Der Meister v. St. der Loge „Wilhelm", Br Dr. Löwe, eröffnete die Festloge rituell und leitete dieselbe als erster Hammerführender. Nach der Eröffnung stimmte ein doppelt besetztes Quartett, dem die bedeutendsten Sänger des K. Hoftheaters angehörten, das herrliche Lied an: Du, dessen Allmacht Welten schuf etc. Br Löwe hielt hierauf in freier Rede einen nach Form und Inhalt meisterhaft ausgeführten Vortrag und hierdurch, sowie durch den Wohllaut seiner Stimme wusste er sämmtliche Brüder so sehr zu fesseln, dass jeder, nachdem der Redner geendet hatte, es tief bedauerte, nicht noch länger solch begeisternder Rede lauschen zu können. Wenn wir uns enthalten eine Analyse dieses Vortrags hier zu geben, so geschieht es einzig desshalb, weil wir und mit uns noch viele, viele Brr dringend wünschen, denselben in diesen Blättern vollständig abgedruckt zu sehen.*)

*) Wird mit Vergnügen geschehen, wenn der gel. Br Verfasser die Güte hat, ihn uns zugeben zu lassen.

Die Redakt.

Br Pauli, Mstr. v. St. der Loge „zu den drei Cedern," trat nach Br Löwe auf, in freier Rede die Brr begrüssend, seine Freude über das zu Stande gekommene Fest in herzgewinnenden Worten äussernd und kernhafte Gedanken über die heutige Erei aussprechend. Zugleich aber erklärte dieser gel. Br, dass seine Loge sich für das gemeinsame Johannisfest eine ganz besondere Freude aufgespart habe, sofern durch seine Hand zweien mitfeiernden Brn das Diplom der Ehrenmitgliedschaft überreicht werden soll. Der eine dieser Brüder sei eben der hochverehrte Stuhlmeister Br Löwe, der andere aber sei der Meister v. St. der Loge in Ludwigsburg, Br Glökler. Br Pauli begrüsste diese beiden Brüder nach einander auf die liebevollste Weise und übergab ihnen dann das Logenzeichen und das Diplom, welches sie zu Ehrenmitgliedern der Loge „zu den drei Cedern" ernannte. Nachdem Br Pauli noch seine freudige Genugthuung darüber ausgesprochen hatte, mit diesen beiden Brn in noch engere Verbindung getreten zu sein, sofern er sie Brr seiner eigenen Loge nennen dürfe, dankte zuerst Br Löwe für die Anerkennung, die ihm durch diesen Akt geworden sei, sowie für die Ehre, welche für ihn aus diesem Akte hervorgehe; dann aber richtete Br Glökler, sichtlich überrascht und ergriffen, einige Worte des innigsten Dankes und der lautersten Freude an Br Pauli und die Brüder seiner Loge und bemerkte schliesslich, dass aus dieser Liebesthat der wohlthuende Schluss gleicher Gesinnung und Bestrebung der durch dieses Band inniger verbundenen Logen gezogen werden müsse. —

Br Glökler ging sodann zu seinem Festvortrag über und behandelte in freier Rede das Thema: „Das Johannisfest — ein Fest tiefsten Ernstes, höchster Freude." Den Ernst wies er nach mit der Forderung des Täufers: Bereitet dem Herrn den Weg. „Alle Thale sollen erhöhet, alle Berge und Hügel sollen erniedrigt werden." Die Freude aber ergab sich ihm aus der hieran sich schliessenden Verheissung: das Reich Gottes ist nahe herbeigekommen, es ist in euch," wenn jener Forderung entsprochen ist. Wir möchten wünschen, dass dieser Vortrag an Brn nicht unlieb gewesen wäre!

Br Lehr, Redner der Loge „Wilhelm", sprach in seinem freien Vortrage über die Bedeutung und den hohen Werth einer Feier, wie solche eben jetzt vor sich gehe, die Herzen erhöhe sich; die Herzen erschliessen sich; das Eintrachtsband werde fester geschlossen; jeder Br fühle sich ermuthigt, dem geistigen Despotismus, woher er auch kommen möge kräftig entgegenzutreten und dem Lichte den Weg, der Wahrheit die Pfade zu bereiten. Bei solchen Festen reiche der Mensch dem Menschen die Hand, welcher Bauhütte und welchem System er auch angehören möge. Eben dadurch werde die wahre Freundschaft, die einem Strome gleiche, zur Thatsache, und eben dadurch werde unser Bund zu dem, was er nach seiner erhabenen Idee sein soll. Solch ein Segen aber sei nicht hoch genug anzuschlagen, nicht hoch genug zu preisen. — Die Wärme und Begeisterung dieses Bruders musste in allen Herzen zünden und tiefe Eindrücke hinterlassen.

Br Hohle, Mstr. v. St. der Loge „Barbarossa zur deutschen Treue" in Kaiserslautern nahm hierauf das Wort, um im Namen aller besuchenden Brr für die herzliche Begrüssung des Brs Löwe zu danken. Er drückte die Versicherung inniger Zusammengehörigkeit aus, theilte die dargelegten Gedanken der Vorredner und rühmte die veranstalter dieses Festes ganz besonders, da eben diese Feier eine so ergreifende und nach jeder Richtung gelungene, darum auch segensvolle sei. Wir drücken diesem gel. Br für seine brüderlich trefflichen Worte im Geiste die Brhand.

Noch ein Redner trat auf — Br Treu, Sekretär der Loge „Carl zur Eintracht" in Mannheim. Er zog zunächst eine Parallele zwischen den kirchlichen Orden und unserem Bunde, erging sich dann in längerer Weise über die Aufgaben des letzteren besonders in seiner Wirksamkeit nach aussen und legte schliesslich den Brn die Mahnung ans Herz: „Schau in dich und schau um dich!" — Wie schon bei andern Gelegenheiten, so mussten wir auch diesmal der Redegewandtheit dieses Brs und seinem Eifer in Bezug der Thätigkeit der Mr nach Aussen alle Anerkennung zollen.

Damit war die Zahl der Sprecher erschöpft und Br Löwe, nachdem er allen gedankt hatte, erklärte, dass ihm noch obliege, diesen Tag durch einen Beschluss der Brr der Loge „Wilhelm" zu verherrlichen. Es seien nämlich die Brr Puschkin in Bayreuth, Bluntschli in Heidelberg, Keller in Mannheim, F. Ed. Mayer, in Heilbronn und v. Cornberg in Karlsruhe zu Ehrenmitgliedern der Loge „Wilh. zur aufgeh. Sonne" im Or. Stuttgart ernannt worden, und er habe ihnen allen das Logenzeichen sammt Diplom zu überreichen. Leider sei von diesen Brüdern Meistern nur Br von Cornberg anwesend; allein er, Br Löwe, sei trotzdem hocherfreut, dass seine Loge diesen Schritt gethan habe und dass ihm das Glück zu Theil geworden sei, alle diese Stuhlmeister in den angegebenen Orienten als Brüder der Loge Wilhelm zu proklamiren.

Br v. Cornberg, überrascht durch diese Auszeichnung, sprach gerührt seinen Dank hierfür aus und knüpfe Worte der Freude und Erwartung an diesen Dank, insbesondere der Erwartung, dass sich dieses schöne Fest nicht in allzu langer Frist wiederholen möge.

Vor Beginn der Sammlung für den Almosenstock machte schliesslich Br Löwe bekannt, dass das Ertragniss desselben dem hiesigen Lokal-Wohlthätigkeitsvereine, dem Verein zur Fürsorge für Fabrikarbeiterinnen und dem Verein deutscher Mr in gleichen Theilen ausgefolgt werde. Wenn wir sogleich beifügen, dass 100 fl. eingegangen, so können wir unsere Freude darüber, dass auch der Verein deutscher Mr, d. h. dessen Wohlthätigkeitsfond, bedacht wird, nicht unterdrücken und wir danken den betreffenden Brn für den also gefassten Beschluss hier sogar öffentlich.

Während der Sammlung für den Almosenstock und vor dem Schlusse der Arbeit erfreuten die Brr Sänger die Festtheilnehmer durch den erhebenden Vortrag passender Lieder. Diese Brr haben sich durch ihren Gesang ein nicht genug anzuerkennendes Verdienst erworben; sie aber gaben dem Feste eine ganz eigene Weihe.

Br Löwe schloss nunmehr auf würdigste Weise diese jedem Br unvergessliche und sicher für jeden segensreiche Arbeit.

Man verliess die Festloge und begab sich in den grossen, herrlich geschmückten Bankettsaal. Vor dem Festmahle hatten die Brüder Zeit genug, sich die Dekorationen zu betrachten und die angebrachten Sinnsprüche zu merken. Die letzteren müssen wir hier einschalten. Verrathen sie doch eben so viel poetisches Talent als treffende Wahrheiten.

Ueber dem Eingang in den Saal lasen wir:

„Den Brüdern Gruss, dem Bunde Segen
Und hie gut Maurerthum allwegen.“

An den beiden Gallerien des Saales aber fanden wir an vier Stellen mit grossen Buchstaben die Sprüche geschrieben:

„Weisheit ersinne,
Stärke gewinne,
Schönheit ziere Säul' und Zinne.“

„Halte Mass im frohen Heute,
Und die Lust wird dir gedeihn;
Denk, du sollst nach jeder Freude
Tüchtiger zur Arbeit sein.“

„Im Glaubensbuch
Der Maurer steht geschrieben
Kein Bann und Fluch,
Nur das Gebot zu lieben!“

„Mehr und wen'ger gilt hier Keiner;
Fühle, dass du Bruder bist!
Unser Meister ist nur Einer,
Er, der über Allen ist.“

Wir hörten während unserer stillen Betrachtung von allen Brüdern nur Worte der Freude, des Staunens über die herrlichen Räume mit ihrer durchaus gelungenen maçonischen Ausstattung; wir hörten aber auch allerseits Worte des Dankes für den Genuss, den allen Brüdern die eben geschlossene Loge geboten, Worte des Glückes, das in so reichlichem Masse den Brn geworden, Worte der vollsten Befriedigung über den würdigen Gang der vollendeten Arbeit. —

Der Hammer aber rief die beglückten Brr endlich zum festlichen Mahle und Br Pauli, nach getroffener Uebereinkunft Vorsitzender bei demselben, eröffnete das Bankett rituell und feierlich. Bald sahen wir die Brr in traulichem Gespräche; die Freude selbst liess hoch ihr Banner wehen. Fürwahr, ein erhebender Anblick, so viele gleichgestimmte Männer aus nah und fern im Sonnenschein des reinsten Glücks vereint zu schauen!

Die obligationsmässigen Toaste, die wir des Näheren nicht berühren wollen, wurden ebenso feurig aufgenommen, als sie von den Sprechern vorgenommen wurden. Besonders zündeten die Worte des Bruders Kirchdörfer, Mstr. vom St. der Loge in Hall, der die besuchenden Brr begrüsste sowie der Toast, den Br Walter, Redner der Loge „zu den drei Cedern“, den theuren Schwestern widmete. Und nachdem Br Löwe den Schlusstoast in ergreifender Weise gesprochen hatte, schloss Br. Pauli das Festbankett ebenso feierlich, als er es eröffnet hatte. Der Brr Sänger aber, die durch manch ein Lied das Festmahl würzten, dürfen wir auch hier nicht vergessen: des Dankes Zoll ward ihnen und freudig kund gegeben.

So war auch dieser Theil des Johannisfestes vollendet, und uns erübrigen nur noch einige Schlussbemerkungen. Telegramme, die während des Nachmittags einliefen und verlesen wurden, trugen nicht wenig dazu bei, die Festgenossen zu beglücken. Mit besonderem Applause wurde die telegr. Botschaft des Redacteur dieser Blätter, des gel. Bruders Findel, aufgenommen. Eine Mittheilung aber vermissten wir: die von Bayreuth! — Was sodann die Speiskarte — sonst vornehm „Menu“ betitelt — betrifft, so gewährte sie uns höchste Befriedigung, nicht wegen ihrer Reichhaltigkeit und Feinheit, sondern wegen ihrer Abfassung: sie war deutsch gegeben, die Schwaben wollen deutsch sein und bleiben. Wohl wird mancher Br über die „Frühlingssuppe“, die „italienischen Nudeln“, den „Rheinsalm mit holländischer Tunke“ etc. gelächelt haben; allein diese Gerichte mochten sicherlich nicht minder munden, als wenn sie in französischer Sprache, wie dies jüngst im Or. Heidelberg geschehen, im „Menu“ aufgetreten wären. — Endlich erlauben wir uns noch den Wunsch zu äussern, es möge, findet einst wieder ein solch herrliches Fest in Stuttgart statt, dafür gesorgt werden, dass die Festgenossen auch nach geschlossenem Bankette beisammen bleiben. Wir bedauerten über die Maassen, dass die Brr nicht länger in gleicher Zahl, wie vorher, vereinigt geblieben sind; gewiss ist gerade dadurch manch herzlich, begeisterndes Wort unterdrückt worden.

Mit diesen Bemerkungen und Wünschen wollen wir aber dem Ganzen entfernt keinen Eintrag thun. Im Gegentheil! Wir blicken mit hoher Befriedigung — und mit uns ganz sicher alle Brr — auf diesen wahrhaft schönen Tag zurück. Wir danken herzinnig allen denjenigen Brn, die diesem Tage die heilige Weihe zu geben verstanden. Sind auch — so schliessen wir diesen Bericht, wie vor fünf Jahren — die Festrosen verwelkt: die selige Erinnerung an die glücklichen Stunden stirbt in den Herzen doch nie! Mögen alle Johannisfestgäste sich bald wieder bei ähnlichem Feste zusammenfinden! Bis dahin ruhe der Segen von oben auf allen!　　　Br. J. P. G.

Feuilleton.

Bingen. (Schluss). — Mit Recht folgt die bürgerliche Gesellschaft den oben angedeuteten Bestrebungen der Geistesverwandten und Handlanger der Jesuiten, sowie namentlich dem Vorangehen der Partei und den Beschlüssen des Concils in Rom, mit einem gewissen Bangen, weil nicht allein die Urheber und Leiter dieser ganzen Bewegung eine der modernen Gesellschaft und dem Geiste unserer Zeit feindliche Stellung eingenommen haben und unter einander in solidarischem Zusammenhange stehen, sondern weil auch, was speciell das Concil betrifft, nach dem Syllabus die Beweggründe sowie die Absichten klar dargelegt waren, die das Bedürfniss zu einem verzweifelten Kampfe auf Anerkennung oder Untergang jener Lehren bei den Culturvölkern, jener Lehren, die wir jesuitische nennen, nothwendig erkennen liess. — Und hier, — so meinen wir, — hat der Bund alle Mittel in Bewegung zu setzen, welche ihm geeignet erscheinen, im Verein mit Männern vernünftiger, zeitgemässer, wahrer Bildung, der Ausführung von Beschlüssen einen Damm entgegen zu stellen, von Beschlüssen, die in ihren Consequenzen das Glück, die Zufriedenheit, die geistige Freiheit, kurz die heiligsten Interessen der Menschheit in so hohem Grade bedrohen. Darum begrüssen wir alles, was in diesem Sinne von man. Seite geschieht, mit Freuden, so namentlich die Erklärung der Grossloge zur Sonne in Bayreuth und reichen den Brn gerne die Hand zum gemeinsamen Kampfe, anstatt sie müssig in den Schooss zu legen, oder gar abzuwarten, bis eine höhere, unsichtbare Macht das Unheil von uns abwende! Hier heisst es „Principiis obsta".

Mit Freuden vernehmen wir den Beschluss unserer Schwesterloge im Or. Darmstadt, dem Verein d. M. ihre Logenräume zu den Sitzungen im Laufe dieses Jahres zur Verfügung zu stellen, welchen wir unsere ganze Aufmerksamkeit widmen. —

Wir verstatten uns noch eine Bemerkung bezüglich des vielfachen Gebrauchs der Bezeichnung „Orden" anstatt „Bund", wünschend, unsere Grossloge möge darauf hinwirken, dass man in maur. Kreisen nicht mehr von einem „Orden", sondern von dem „Maurerbunde" spreche, und dass, statt des Vorsatzes „St. Joh." Loge, der allgemeinere Name „ger. und vollk. Bauhütte" beliebt werde.

Und nun wollen wir unsere Blicke noch auf die Thätigkeit unserer eigenen kleinen Bauhütte wenden. — Hierbei müssen wir zunächst erwähnen, dass die Arbeiten in Folge verschiedener äusseren Umstände, insbesondere aber wegen der in früheren Jahren etwas angestrengten Inanspruchnahme einzelner Mitglieder einen kleinen Rückschlag erlitten haben. — Weniger rituelle Arbeiten fanden auch wohl desshalb statt, weil die Zahl der Aufnahmen auf eine beschränkt blieb, und nur eine Affiliation und zwei Beförderungen vorgenommen wurden, so dass die Loge nunmehr noch 35 active Mitglieder zählt. — Der Verkehr zwischen Brn ist nach wie vor ein herzlicher und lebendiger geblieben, und in keinem äusseren Lebensverhältniss haben sie das Band vermisst, das sie für das Leben geschlungen haben. — Ebenso war der Verkehr der hiesigen Loge mit den Logen des Eintrachtsbundes sowohl als mit anderen Logen der Umgegend ein recht reger. — Soweit es ausführbar war, hat die hiesige Loge durch Deputationen die verschiedenen Freuden- und Trauerfeste anderer Logen beschickt, und auch uns wurde die Freude zu Theil, bei unseren Festen Brüder auswärtiger Logen begrüssen zu können.

Wie in früheren Jahren suchte die Loge unverschuldetes Unglück nach Kräften zu lindern, und es war ihr möglich, ausser ihrer nächste Umgebung, ihre Mildthätigkeit zur Linderung der bitteren Noth auch weiterhin z. B. auf die Ostpreussen, die Juden in Westrussland etc. auszudehnen. — Die humanen und zugleich nationalen Bestrebungen des Vereins zur Rettung Schiffbrüchiger an den deutschen Küsten hat die Loge nach Kräften unterstützt. — Drei Zöglinge des hiesigen Pestalozzivereins erhielten zu Weihnachten als Anerkennung ihres Fleisses und guten Betragens kleine Geschenke.

Am 10. Januar 1869 begingen wir unter zahlreicher Betheiligung auswärtiger Brr die Feier der 25jährigen maurer. Thätigkeit unseres gel. Mstr. v. St., der am 27. December 1843 in der Loge Carl zum neuen Lichte dem Maurerbunde zugeführt wurde und seitdem im Geiste dieses Bundes in anerkennendster Weise und mit reichstem Segen gewirkt hat.

Am Jahresschluss trat die Loge nochmals zusammen, einen Rückblick auf das bald scheidende Kalender-Jahr zu werfen.

Unsere pecuniären Verhältnisse gestalten sich nach Massgabe unserer Mitgliederzahl recht günstig.

Leipzig, 27. Juni. — Am 24. Juni feierten die hiesigen Logen Apollo und Balduin zusammen das Johannisfest. Eine Anzahl Gäste aus andern Orienten waren gleichfalls erschienen, um an der Festfreude der Leipziger Brüder theil zu nehmen. Die Loge war festlich geschmückt und jedem Br ward beim Eintritt in den Arbeitssaal eine Rose gereicht. Nach Eröffnung der Loge begrüsste der sehr ehrw. Br Zille, Mstr. v. St. der Loge Apollo, in weihevoller Weise die zum Feste erschienenen Brr und hielt dann eine Ansprache, in welcher er auf die wachsende Ausdehnung des Maurerbundes hinwies (der fast eine Million Menschen auf dem ganzen Erdenrund umfasse) und dann klar auseinandersetzte, wie die Mrei die innigste Gemeinschaft mit der grössten Freiheit verbinde. Hierauf ward von den musikalischen Brn ein Johannislied mit Begleitung von Blasmusik angestimmt, an welches sich der Festvortrag des Br Pilz, Redners der Loge Apollo, reihte. Der Vortragende schilderte die Freude der FrMr am Johannisfeste und legte dann dar, dass die Mrei sich nicht überlebt, dass sie vielmehr noch eine dringende, hohe und heilige Mission habe, weil 1. die Welt noch aus tausend Wunden blute, 2. die Wahrheiten und Ideen der FrMrei noch lange nicht Gemeingut Aller seien, und 3. die FrMrei der Welt immer noch ein Bild des reinsten Glückes und des wahren Friedens vorzuhalten habe. An diese Rede schloss sich wieder ein Lied, nach welchem der sehr ehrw. Br Marbach, Mstr. v. St. der Loge Balduin, verschiedene Mittheilungen machte, und der hochw. Mstr. der Loge Minerva Br Clarus dem sehr ehrw. Br Anschütz, Dep. Mstr. der Loge Apollo, die Ehrenmitgliedschaft von der Loge Minerva mit warmen und herzlichen Worten übergab. Die Festarbeit wurde ritualmässig geschlossen, und dann nach kurzer Pause die Festtafel eröffnet, welche Br Marbach in geist- und gemüthvoller Weise leitete. Dieselbe war gewürzt durch Toaste und musikalische Gaben; auch gedachte man dabei in ehrender Weise der Treue, die bereits 25 Jahre der k. K. gedient. Ebenso ging eine Deputation an die Loge Minerva ab, um ihr die Grüsse und Glückwünsche der vereinigten Logen Appollo und Balduin zu bringen. Das Fest gewährte ein erhebendes Bild maur. Lebens und wird den Brn noch lange eine freundliche Erinnerung bleiben. (FrMr.-Ztg.)

Verein deut. FrMr. — Die Loge „Tempel der Freundschaft" in Bingen a. Rh. ersucht Mitglieder und Freunde des Vereins, Bingen (Drahtbrück) als Sammelpunkt auf der Reise nach Darmstadt zu betrachten und am 22. des Abends im Brkreise einige gemüthliche Stunden zu verbringen. Da sich sieben Brüder aus der Umgegend von Magdeburg-Eichenbarleben, darunter der in weiteren Kreisen rühmlichst bekannte Br Cramer werden am 22. dort eintreffen und Station machen, so mögen die Brüder vom Niederrhein, Westphalen etc. sich ihnen anschliessen und am 23. gemeinschaftlich die Fahrt nach Darmstadt machen. Näheres bei Br Graeff.

Meine Maurer-Weihe

in der Loge Archimedes z. ewigen Bunde in Gera am 20. Oktober 1869.

Von

Br Paul Strebel in Gera.

Auf Schwingen der Erinnerung fortgetragen
Eil' ich die Bahn des Lebens weit zurück
Und sehe mich in meinen Jugendtagen
Still selig lauschen mit verklärtem Blick,
Wenn mir die Mutter Abends Rittersagen
Und Märchenlust erzählte mit Geschick. —
Am tiefsten grub sich damals mir die Kunde
Ein vom geheimnissvollen Maurerbunde.

Phantastisch kühn verstand sie, mir zu schildern,
Was ihrem Auge niemals sich enthält;

Von dunklen Hallen, Sarg- und Todtenbildern
Ward meine junge Seele angefüllt.
Die bangen Schrecken aber sanft zu mildern
Entrollte dann die theuere Frau ein Bild
Vom wahrhaft segensvollen Maurerleben,
Von stillem Wohlthun, sittlich hohem Streben.

Dies Bild im Herzen zog ich in die Welt. —
Vor dem Verstande flohn die Truggestalten,
Die mir des Bundes hehres Bild entstellt,
Die Nebel wichen, die es trüb umwallten;
Ich sah im Maurer jetzt den starken Held,
Der kämpfend strebt die Fahne hoch zu halten
Für Menschenglück, für Recht und Geistesklarheit,
Für Menschenwürde und für ew'ge Wahrheit.

Ich wurde Mann. — Im Innern tief erglühte
Ich von dem Wunsch, dem Bunde mich zu weih'n.
Ich legte dar, was in mir wuchs und blühte
Und klopfte nicht umsonst, man liess mich ein;
Getreu verbürgt durch Bruder Meisters Güte
Betrat ich froh den Pfad zum rohen Stein. —
Wohl nie vergass ich jene Abendstunden,
Da ich durch Nacht zum Licht den Weg gefunden.

Ja, Nacht war um mich! Eine Binde deckte
Das lichtgewöhnte Auge. Wie im Traum,
Aus dem mich starke Getöse oft erweckte,
Schritt ich beherzt aus schwarzer Kammer Raum.
Was konnto Arges nahen, das mich schreckte,
Erhob ich kühn des Tempelvorhangs Saum? —
So folgt' ich denn, den Blick gesenkt nach innen,
Des Schmuckes bar dem Führer ohn' Besinnen.

Mir war, als irrten wir durch eine Wüste
Und suchten emsig nach dem Himmelsthor,
Das der nur findet, der bereuend büsste,
Was er durch eigne Schuld an Werth verlor.
Ich dachte meiner Fehle. — Horch! da grüsste
Tiefernster Worte Klang mein lauschend Ohr.
Mein Herz durchwogte freudig ernstes Bangen,
Wir waren wohl zum Himmel eingegangen.

Ergriffen sank ich auf die Knie nieder
Des Zirkels Spitze auf erregter Brust,
Umrauscht von Tönen, weich wie Engelslieder
Ward der Unsterblichkeit ich mir bewusst.
Hochinnig jubelnd flammte in mir wieder
Der heilge Drang nach edler Thatenlust;
Hell leuchtete in mir ein bessres Leben,
Mir war der Friede in mir selbst gegeben.

Welch eine Stunde! Wie bedeutungsschwer!
Sie hatte Heil und Segen mir gespendet.
Die Binde sank. Ich blickte um mich her
Und stand vom Glanz des Lichtes wie geblendet.
Was ich erträumt, was ich ersehnt so sehr,
Mein freudig' Auge sah es jetzt vollendet:
Ich durfte mitbau'n an dem Tempelwerke
Der Weisheit, Schönheit und der ew'gen Stärke.

Briefwechsel.

Br Nic. W. in Schw. Wird bestens besorgt und erlaube mir in Ihrem Interese s. Z. den Betrag mit einem Male zu erheben. Brdl. Gegengruss!

Redact. des Esquisses Maç. Suisses. Freundl. Dank für die Notiz betr. der Vereinsversammlung in Darmstadt und brüderlichen Gruss!

Bro Geo. Frank Gouley, St. Louis. Many thanks for your kind and fraternal review of the 2d Ed. of my work in the „Freemason", of June, l. —. Fraternally yours!

Br Sigm. F—l in Sziszek, Croatien. Den Betrag von Thlr. 1. 25, pro 2. Sem. incl Porto wollen Sie mir gelegentlich zugehen lassen; brdl. Gruss!

Br C. Gr. in B—n. Alles mündlich, da ich vor der Versammlung unmöglich mehr zum Schreiben kommen kann. Brdl. Gruss!

Br A. P. Gl. in St. Wärmsten Dank und brdl. Gruss; Weiteres mündlich in D.

Br M—r in S—n. Verbindlichsten Dank für die Anmeldungen und die Berichtigung des geogr. Schnitzers. Brdl. Gegengruss!

Br M—s in G. Besten Dank für die I., und freundl. Gruss!

Bekanntmachung.

Or. Hirschberg i. Schl., den 24. Juni 1870.

Behufs Amortisation der von der Loge zur heissen Quelle ausgegebenen Aktien zum Ankauf eines Logen-Grundstücks sind bei der am heutigen Tage stattgehabten Verloosung folgende Nummern:

No. 392. 426. 477. 533. 1330.

gezogen worden.

Die Inhaber der betreffenden Aktien wollen gegen Einsendung derselben den Betrag dafür bei unserm Schatzmeister Br Robert Erfurt (Fabrikbesitzer hierselbst) bis zum 1. October c. erheben.

Die bis dato uns noch nicht remittirten Aktien:

No. 168 bis incl. 275; 678 bis incl. 680; 698 bis incl. 700; 783 bis incl. 785; 803: 904 bis incl. 908 und 1207 bis incl. 1209

werden hiermit für ungültig erklärt.

Steudner,	**Conrad,**
Meister vom Stuhl.	Deput. Meister.
R. Du Bois,	**Freyer,**	**A. Edom,**
I. Aufseher.	II. Aufseher.	Secretär.

Verantwortlicher Redacteur: Br J. G. Findel. — Verlag von Br J. G. Findel in Leipzig. — Druck von Brr Bär & Hermann in Leipzig.

No. 30.　　　　　　　　　　　　　　　　XIII. Jahrgang.

Die
BAUHÜTTE.

Begründet und herausgegeben

von

Br J. G. FINDEL.

* Organ des Vereins deutscher Freimaurer. *

Handschrift für Ber Jr.Mr.　　　　Leipzig, den 23. Juli 1870.　　　MOTTO: Weisheit, Stärke, Schönheit.

Von der „Bauhütte" erscheint wöchentlich eine Nummer (1 Bogen). Preis des Jahrgangs 3 Thlr. — (halbjährlich 1 Thlr. 15 Ngr.)
Die „Bauhütte" kann durch alle Buchhandlungen bezogen werden.

Inhalt: Ignaz Aurelius Fessler, ein Vorbild maurer. Strebens. Von Br Dr. M. Maass. — Auszug aus dem Protokoll der deutschen Grossmeister in Hamburg am 7. Juni 1870. — Feuilleton: Amerika. — Arad. — Augsburg. — Kahl. — Leipzig. — Unfehlbarkeit. — Warnung. — Aufruf. — Briefwechsel. — Benachrichtigung. — Warnung.

Ignaz Aurelius Fessler,

ein Vorbild maurerischen Strebens.

Rede, gehalten zur Sylvesterfeier, am 29. December 1869.

Von

Br Dr. M. Maass,
Redner der Loge Augusta, Or. Sprottau.

Es liegt im maurerischen Wesen tief begründet, dass dasselbe keinen wichtigen Zeitabschnitt vorübergehen lassen kann, ohne an denselben ernste, sittliche Betrachtungen anzuknüpfen, sollte er auch nicht in enger und unmittelbarer Beziehung zur Maurerei stehen. Und so kann denn auch der bürgerliche Jahresschluss, wenn gleich nicht mit der maurerischen Zeitrechnung zusammenfallend, weder dem einzelnen Maurer als Solchen, noch der Gesammtheit einer Loge ganz gleichgültig sein, da die bürgerlichen Zustände eines Ortes einen gar wesentlichen Einfluss auch auf die Logenzustände ausüben. Ueberhaupt, da die Cultur des Innern, die Veredelung und Läuterung des Gemüthes ein Hauptzweck der Maurerei ist, es aber gleichzeitig als eine bereits alte Erfahrung gelten kann, dass moralische Sätze und Lehren, die nur in ihrer Allgemeinheit, ohne Anwendung auf einen bestimmten Fall hingestellt sind, in der Regel ziemlich spurlos verhallen, so ist es geradezu Pflicht der Maurerei, jeden bestimmten Anlass, der sich ihr darbietet, irgend eine sittliche Lehre recht eindringlich darzustellen, mit Begierde zu ergreifen und, im edlen Sinne des Wortes, auszubeuten. Und so möge denn auch der bevorstehende bürgerliche Jahres-schluss uns ein Anlass sein, prüfend in unser Inneres zu schauen, und wenn wir denselben bald darauf heiter in unsern Familien oder in grösseren geselligen Zusammenkünften feiern werden, wenn auch wir nach gethaner Arbeit uns an geselliger Maurertafel zu sinnigem geistigen und leiblichen Genusse zusammenfinden werden, so mögen wir doch auch vorher die ernste Betrachtung nicht scheuen, die dem Manne geziemt, und die auf maur. Gebiete Nichts von der finsteren, hypochondrischen und selbstquälerischen Ascetik des Mönches hat, sondern mit einer frischen und kräftigen Erfassung des Lebens sehr wohl vereinbar ist ja ohne dieselbe gar nicht einmal erfolgreich und nutzenbringend sein kann.

Ich wünschte aber allerdings, meine gel. Brr, diesen sittlichen Betrachtungen eine noch grössere Blick- und Eindringlichkeit dadurch zu verleihen, dass ich dieselben direct an ein concretes Beispiel, an eine Persönlichkeit aus dem Bereiche der Maurerei anknüpfte, die als ein Muster des sittlichen Strebens gelten kann. Dies scheint mir überhaupt in der Maurerei allzusehr vernachlässigt zu werden und mit ein Hauptgrund für die so oft beklagte und gerügte Erfolglosigkeit der maurerischen Arbeiten zu sein. Die maurerischen Vorträge dringen nicht genug ein, weil sie zu allgemein gehalten sind; die Zuhörer glauben schon allzuoft Gehörtes und Selbstverständliches immer wieder von Neuem zu vernehmen, und sie hören daher nur mit halben Ohren auf das Gesagte, innerlich wünschend, es möchte nur erst mit diesem offiziellen Gerede zu Ende gehen, so dass, wenn denn endlich der Schluss der Arbeitsloge ausgesprochen ist, gewissermassen eine schwere Last von ihren Schultern genommen zu sein scheint, und sie wieder frei aufathmen, wobei denn oft ihre nächsten Aeusserungen auf nichts weniger als einen starken Eindruck des Gehörten auf ihr Gemüth schliessen lassen. Und doch könnten den Logenrednern die Kanzelvorträge der Geistlichen so leicht den Weg des Rechten zeigen. Denn was würde wohl schon längst aus diesen geworden sein, wenn die geistlichen Redner sich damit begnügt hätten, allgemeine Moral zu predigen, und immer von Tugend und Menschenliebe und Gottesfurcht u. s. w., ganz im Allgemeinen und, so zu sagen, über die Köpfe der Zuhörer hin zu reden? Nein, nur dadurch haben dieselben sich ihre Eindringlichkeit und Wirksamkeit zu bewahren gewusst, und nur in dem Munde derjenigen geistlichen Redner haben diese Vorträge überhaupt noch Eindringlichkeit und Wirksamkeit, die im Stande sind, ihren Zuhörern grosse, erhabene Beispiele der Sittlichkeit vor Augen zu stellen, in denen die Grundsätze und Ideen derselben sich verkörpern und in realer Gestalt vor die versammelte Gemeinde hintreten. Ein Gleiches müssen aber auch die maurerischen Redner thun, wenn sie Eindruck machen wollen und auch hier kann man behaupten, dass ein maurerischer Vortrag um so mehr Chancen hat, in Gemüth und Sinn der versammelten Brr einzudringen, als er diese Verbindung mit dem Grossen, welches im Leben der Menschheit entweder gegenwärtig noch vorhanden ist, oder einst dagewesen, aufrecht erhält. Und zwar ist in dieser Beziehung der maurerische Redner ja noch günstiger gestellt, als der geistliche, insofern Letzterer in der Regel auf die biblischen Persönlichkeiten als Illustrationen für die Durchführung sittlicher Anschauung beschränkt ist, während dem maurerischen Redner das ganze grosse Gebiet der Geschichte, der profanen, wie der biblischen, der nichtmaurerischen, wie der maurerischen zu diesem Behufe offen steht, aus der er schöpfen darf, wo er vermeint, den Born klaren Lebenswassers sprudeln zu hören, als ihm für seine Auswahl keine andere Schranke als die des eigenen Könnens und Wollens gezogen ist.

Wenn sich ihm jedoch ein treffliches maurerisches Beispiel für die Illustration seiner sittlichen Idee darbietet, so wird er dasselbe natürlich mit Vorliebe ergreifen und so wollen wir, gel. Brüder, dessen auch heute, aus Anlass der maurerischen Feier des Jahresschlusses, uns das Bild jenes um die königliche Kunst so hoch verdienten Mannes wieder vor die Augen rufen, der es für die Entwickelung der deutschen Maurerei überhaupt von der grössten Bedeutung ist, so ganz speziell für unser geliebtes Logensystem, für das Logenwesen von Royal York, geradezu grundlegend und entscheidend gewesen — Ignaz Aurelius Fessler.

Denn was hätten wir wohl beim Jahresschlusse ernster zu bedenken, welchen Entschluss hätten wir wohl nachdrücklicher in uns zu befestigen, als den, auch im kommenden Jahre nie nachzulassen im maurerischen Streben und was in dieser Beziehung im verflossenen und nun zu Ende gehenden verfehlt worden, durch erneute Anstrengung, verstärkten Eifer wieder gut zu machen und einzuholen! — Gerade dafür aber kann uns Ignaz Aurelius Fessler ein so recht lebendiges Bild, ein so recht lebenswarmes und eindringliches Beispiel sein; denn er war ein Mann, der sich eben durch dieses maurerische Streben aufs Höchste auszeichnet, dem dasselbe, um mit dem

Psalmisten zu reden, die Leuchte des Tags und die Fackel der Nacht war, der dieses Streben sein ganzes Leben hindurch auf das Glänzendste bewährt hat. In keiner Richtung aber leuchtet diese Unablässigkeit des maurerischen Strebens bei Fessler glänzender hervor, als in der Methode, die er verfolgte, um zur Erkenntniss der maurerischen Wahrheit zu gelangen, eine Erkenntniss, die zu allen Zeiten nicht leicht ist, die aber zu seiner Zeit durch die obwaltenden maurerischen Systeme noch besonders erschwert war.

Von diesem Streben hat uns Fessler in den „Briefen", welche im ersten Theile von Fesslers sämmtlichen Schriften über Freimaurerei, Berlin 1801, enthalten sind und von denen wir, wie die gel. Brr, welche an den montäglichen Zusammenkünften theilnahmen, sich erinnern werden, in letzterer Zeit mehrere durchgenommen haben, selbst Bericht erstattet. Da treten uns denn, beim Durchlesen dieser Briefe, alsbald drei Momente vor die Augen, nach denen dieses Streben unsere Aufmerksamkeit und unsere Nacheiferung im höchsten Grade verdient. Denn Fessler ging bei seinem Streben von einem klar erkannten Gesichtspunkte aus, er liess sich von keinem Scheine blenden und er liess sich von keinen Schwierigkeiten schrecken, und an der Erreichung seines Zieles hindern.

Er hatte vor vornherein einen klar erkannten Gesichtspunkt, von dem er bei seinem maurerischen Streben ausging. Dieser beruhte auf der festen Ueberzeugung, dass die Maurerei, wenn sie anders einen Werth haben solle, die sittliche Veredelung des Menschen wirken müsse und dass Alles in denselben, was nicht in näherer oder entfernterer Weise dahin wirke, ihrem Wesen nicht entspreche. Dabei konnte er mancherlei acceptiren und that es auch wirklich. Er war sich dessen ganz klar bewusst, dass die maurerische Vereinigung eine Philosophen-Versammlung sein solle, welche über sittliche Maximen und ihre angemessenste Fassung discutirte, moralische Controversfragen aufwürfe, ethische Systeme bearbeitete. Er war sich vielmehr vollkommen klar darüber, dass die Maurerei, wenn sie sich auch von dem offenen und lauten Markte des Lebens zurückzöge, dennoch für das Leben sein und in diesem ihre Verwerthung finden solle. Er war keineswegs der Meinung, dass etwa nur hochgelehrte Männer, Männer der Wissenschaft und hervorragender speculativer Befähigung zur Mitgliedschaft der Logen zuzulassen seien, sondern er wünschte sich Männer aus den drei Jüngern darreichen wollte, von der gefälligen Form der Symbolik und er befand sich in dieser Beziehung ganz auf dem Standpunkte des altenglischen Rituals, welches von dem Bruder Freimaurer wesentlich nur das Eine verlangt, dass er ein freier Mann von gutem Rufe sei. Darum wollte er Lebensweisheit als Kern der maurerischen Uebung, und zwar Lebensweisheit in möglichst anschaulicher, lebensvoller und lebenerweckender Form. Er hatte daher nicht nur Nichts dagegen, sondern er wünschte und erstrebte geradezu, dass der Kern sittlicher Wahrheit, welchen die drei Jüngern darreichen wollte, von der gefälligen Form der Symbolik und Allegorie umhüllt wäre, er wünschte und verlangte künstlerische und specifisch-maurerische Ausstattung der Logenräume, mit der maurerischen Symbolik in Verbindung stehende Bekleidung und Schmuck der Brr, eigenthümliche Redeform, feierliche und rituelle Handhabung der Logenarbeit, in der Hand eines dirigenden Meisters unter Assistenz mit dem besonderen Vertrauen der Brr bechrter Mithelfer liegende einheitliche Leitung des Logenwesens, und inneren Verband der einzelnen Logen untereinander, ein stufenweises Emporsteigen, je nach bewiesener Würdigkeit, durch verschiedene Grade, eine feierliche und allen Theilnehmenden sich unvergesslich einprägende Aufnahme des Aspiranten nach vorhergegangener sorgfältiger Vorbereitung desselben. Er wünschte Mitwirkung aller schönen Künste zur Erhöhung der Feierlichkeit der Logenarbeiten und maurerischen Feste, namentlich der Poesie und der Musik, jener beiden Himmelstöchter, ohne deren Beistand kein höherer Schwung der Begeisterung sich der Gemüther bemächtigen kann. Er wünschte und befürwortete das Alles und führte es auch später, als ihm durch den Auftrag, die Constitution der neuen Grossloge Royal York zu entwerfen, die Gelegenheit dazu gegeben war, auch wirklich durch. Aber er war sich bei dem Allen immer deutlich bewusst, wohin er zu steuern habe und wie alle diese Veranstaltungen immer nur Mittel zum Zwecke, niemals der Zweck selbst sein dürften, und wie daher ein Ueberwuchern der Form über den Geist, ein Vergessen des Endzieles um des angenehmen Weges willen, der dahin führte, auf alle Fälle vermieden werden müsste. Desshalb bekämpfte er jede übermässige Geheimnisskrämerei, jedes eigentliche Schönthun mit dem Geheimnisse, jedes hohle Phrasenwesen, jedes Blümchenstreuen maurerischer Redner, jedes Prunken mit maurerischen Bändern und Auszeichnungen, jedes Gradwesen, dem es nur darauf ankam, eine Stufe über den Bruder emporzusteigen, und denselben im maurerischen Kalender als stehend zu erblicken, ohne ernstlich dahin zu streben, ihn auch in sittlich-maurerischer Tüchtigkeit zu übertreffen.

Desshalb hattte er aber auch einen grossen Kampf mit der Welt des Scheines zu bestehen, die von allen Seiten mächtig auf ihn eindrang und sich seinem maurerischen Streben entgegenstellte. Wie gross diese Welt des maurerischen Scheines damals war, hat er uns selbst in den nacherwähnten Briefen eindringlich genug geschildert und wollen wir hier nur das Bemerkenswertheste und auch heute noch für uns Interessante herausheben, wobei wir noch bemerken, dass dieselben in die letzten Decennien des vorigen Jahrhunderts zurückgehen, d. h. in die Zeit, wo in Deutschland noch das System der strikten Observanz und der schwedischen Maurerei, die Illuminaten- und Rosenkreuzerthum mächtig waren. So sagt er gleich am Eingange seines ersten Briefes, datirt B. den 18. Juni 1797, dass seine Erfahrungen ihn selbst dann noch fest an der Sache hielten, wenn er mit den Personen, die gleich Kindern mit ihr spielten, oder sie verriethen, nichts mehr zu thun haben wollte. Dann erzählt er, wie bald nach seiner Aufnahme in die Loge Phönix zur runden Tafel in L**g, wahrscheinlich Lemberg, (es ist charakteristik genug für die Zeit, in der diese Schrift erschien, dass selbst ein freisinniger Maurer, wie Fessler war, in einer nur als Manuscript für Brüder gedruckten freimaurerischen Schrift Oertlichkeiten, Logennamen, maurerische Systeme und Grade, sowie Persönlichkeiten nur mit Initialen zu bezeichnen wagte) — der ehemalige Meister vom Stuhle der Loge Phönix, Br C**s vom Lande zu ihm hereinkam und nach einer sehr mysteriösen Vorrede über die er-

habenen Wissenschaften der Maurerei, „die ich mit gespannter Aufmerksamkeit anhörte", eine hebräische Bibel verlangte, „in der er das 23. Cap. des 2. Buches Mosis aufschlug und die Uebersetzung des 20. v. von mir verlangte". Er gibt sie so gut er kann, befriedigt aber den hohen Meister nicht, der erklärt, dass hier ein grosses Mysterium enthalten sei. „Schwärmern widersprechen oder sie lächerlich machen, war nie meine Sache", bemerkt Fessler hiezu, er lässt ihn also bei seinem Glauben und sucht ihn nur dadurch zu überbieten, dass er ihn auf das noch Geheimnissvollere des v. 26. eben dieses Capitels hinweist, was denn auch bei Jenem seine Wirkung thut*) „denn nach einer kleinen Pause", erzählt Fessler weiter, „fiel er mir begeistert um den Hals und versicherte mir, ich müsste in den maurerischen Kenntnissen weiter sein, als irgend ein Bruder der Loge Phönix zur runden Tafel." Er erzählt dann weiter, wie in der Instructionsloge, welche vierteljährlich mit dem Ausschusse der Meisterschaft abgehalten wurde, einmal Auszüge aus dem Buche des Errours et de la vérité vorgelesen wurden.

„Der Commentar", bemerkt er, „den Br. R***n „über die vorgelesenen Stellen machte, liess den gewandten Bücherleser bald merken, dass der gute Br. R***n „das Buch nur darum für so wichtig hielt, weil er es „nicht verstand." „Die Art und Weise", setzt er hinzu, „wie nun hier mein erster bescheidener Zweifel über „das Buch und den Commentar aufgenommen wurden, „zeigte mir deutlich, wie sehr es gerade Denjenigen, die „so oft über maurerische Empfänglichkeit gesprochen „hatten, an Empfänglichkeit für geraden, schlichten „Menschenverstand fehlte." „Ich beschloss in „Zukunft" „bemerkte er endlich mit peinlicher Bitterkeit, mein bis„chen Weisheit für mich zu behalten, und nur hörend „und schweigend das Studium der menschlichen „Seelenkrankheiten fortzusetzen."

Und so geht es denn in diesen Berichten über im Logenwesen Erlebtes fort, über verschiedene andere mysteriöse Bücher jener Zeit und ihre Behandlung in den Logen, über das Aufsuchen der geheimnissvollen höchsten Ordensväter, die Auffindung des wahren ächten Ordensplanes u. s. w., endlich über die Idee einer Adoptionsloge, durch welche dem schönen Geschlechte der Tempel des östlichen Lichtes geöffnet werden sollte, werden Mittheilungen gemacht, bis denn endlich der Erscheinung des mysteriösen Br. v. K***y, dem die Maurerei in Folge seiner alchymistischen Versuche den grössten Theil seines Vermögens gekostet hatte, und der nun statt dessen Geisterkunst treiben und Fessler, indem er ihn durch eine Reihe von Graden historisch durchführt, in dieselbe als letzte Blüthe der Maurerei initiiren will, eine ausführliche Besprechung gewidmet wird.**)

---

*) In Wahrheit ist der Sinn beider Verse gleich wenig mysteriös. „Siehe, Ich sende meinen Engel vor dir her", spricht der Ewige in dem ersten zum israelitischen Volke, „der dich behüte auf dem Wege, und bringe dich an den Ort, den ich bereitet habe." Welcher Ort natürlich kein anderer als das gelobte Land ist. Der zweite Vers, von Fessler als 26. angegeben, kann den zärten hebräischen Worten mi la jehovah elai zufolge, nur der 25. unserer Luth. Uebersetzung sein und lautet: „Aber dem Herrn, eurem Gott, sollt ihr dienen."

**) Aehnliches betrachtet bekanntlich noch ein in unserm Jahr-

Aber nicht immer scherzhaft, nein oft auch recht widerwärtig waren die Eindrücke, die er bei diesen practischen Forschungen auf dem Felde der Maurerei empfing. Dennoch aber schreckten ihn diese unangenehmen Erfahrungen und selbst die verletzenden Aeusserungen, die er in Folge dessen über sich ergehen lassen musste, keinen Augenblick von der Weiterverfolgung des eingeschlagenen und. einmal als recht erkannten Weges ab, sondern hatten vielmehr die gegentheilige Wirkung, ihn nur um so mehr zum Beharren auf demselben anzufeuern, wie dies aus zahlreichen Aeusserungen eben dieser Briefe auf das Deutlichste hervorgeht. So sagt er von der ersten Loge, in die er aufgenommen ward:

„Gleich bei meinem Eintritt in die Brüderschaft „schief beurtheilt und verkannt, besuchte ich die Ver- „sammlungen doch fleissig, und freute mich am Ende „selbst, mich so recht im Handwerkssinne als unwissen- „den Lehrling behandelt zu sehen.“

So sahen wir auch schon, wie er die Zurückweisung seiner Bemerkungen über den Commentar zu den Erreurs et vérité einfach stillschweigend hinnam. Da er endlich alle die Verkehrtheiten mit dem Forschen nach dem höchsten Ordensvater u. s. w, mit durchmachen muss, spiegelt sich gewiss der höchst widerwärtige Eindruck, den ein solches Gebahren auf ihn machen musste, doch nur in den Worten ab:

„Die zweideutige Lage dieser guten Menschen ver- „stärkte nicht nur meine Anhänglichkeit an die Frei- „maurerei, sondern befestigte auch den Vorsatz in mir, „bei jeder günstigen Gelegenheit mit ganzer Seele thätig „zu sein.“

·Und auch als er von argen Zwistigkeiten in der Loge Phönix zu berichten hat und von Intriguen, welche besuchende Brr Wiener Logen, die nach Lemberg versetzt wurden, gegen dieselben anzettelten, als er dann die absurden Vorgänge mit der Adoptionsloge erzählen muss, beschliesst er diesen langen und wenig erfreulichen Bericht wieder mit den Worten:

„Alle diese Auftritte hatten ungemein viel Lehr- „reiches für mich, und banden mich fester an die „gute Sache der Maurerei.“

Und ebenso wenig endlich wie die Widerwärtigkeiten schrecken ihn die Schwierigkeiten zurück. War er nämlich mit dem fast schwachsinnig zu nennenden Br. C**s und seiner biblischen Cabalistik ziemlich leicht fertig geworden, brauchte er der abstrusen Commentirung tiefsinniger Bücher nur Passivität entgegenzusetzen, konnte ihm das Suchen nach den abstrusesten Ordensvätern und die wohl nicht ganz der Nebenzwecke entbehrenden Bestrebungen nach einer sogenannten Adoptionsloge höchstens ein Lächeln abnöthigen, so sollte ihm dagegen das Zusammentreffen mit dem Br. v. K***y gar bald eine ernste Aufgabe stellen. Dieser Br. hatte ein mannigfaltiges maurerisches Leben durchgemacht. „Ich sah bald“, schreibt Fessler im zweiten Briefe über denselben, „dass ich einen ungemein erfahrenen Maurer vor mir hatte.“ Und nun beginnt denn auch dieser in dem, was damals Maurerei hiess, allerdings sehr erfahrene Br. einen maurerischen Unter-

richt mit ihm, den so mancher Andere gewiss nicht ausgehalten haben würde; denn etwas Dürreres, Geist- und Lebloseres lässt sich kaum denken, als jene mathematischen Formeln, jene Plus und Minus, zweiten und dritten Potenzen, jene griechischen und hebräischen Lettern, gemischt mit römischen und arabischen Zahlen, aus denen nach der Skizze, die er uns von diesem Unterrichte in dem mehrerwähnten Briefe gibt, jenes Bruders maurerische Unterweisung bestand, mit der er Fessler von Grad zu Grad eines Systemes führt, welches dieser nach seiner bekannten, damals wahrscheinlich erforderlichen Verhüllungs-Manier als das M—I—osche bezeichnet und das uns, da der Br. K***y sich längere Zeit in Russland aufgehalten und dort sehr fleissig der Maurerei obgelegen hatte, die im vorigen Jahrhundert bekanntlich dort noch nicht verboten war, sondern vielmehr in Petersburg und Moskau sich in sehr blühendem Zustande befand, das von Findel in seiner Gesch. der Freimaurerei Bd. I. p. 353 als das Melesino'sche namhaft gemacht zu sein scheint, das seinen Namen von einem kaiserl. russischen Generallieutenant Melesino, von Geburt ein Grieche, hat, der als talentvoller Mann, welcher in gleicher Vollkommenheit in vier Sprachen Loge hielt, mit einem herrlichen Anstand und siegender Beredtsamkeit“ bezeichnet wird.*) Fessler arbeitet Alles mit dem eisernsten Fleisse durch, und obgleich er für seine unermüdliche Arbeit schliesslich keinen anderen Lohn empfängt, als den, dass er in dem Momente, wo der Mystagoge ihn mit den Worten: „Du bist nun durchgeführt“ aus seiner Unterweisung entlässt, Nichts weiter als „ein verworrenes Gewebe von Unwahrscheinlichkeiten und Widersprüchen“ vor sich sieht und, wie er schreibt, „die Empfindung eines Bettlers hat, der des Nachts von unermesslichen Schätzen träumt, und des Morgens im Schoosse der Dürftigkeit und des Elendes erwacht“, so ist er doch sehr bald wieder getröstet, weil er in dem Ritual des letzten ihm geoffenbarten Grades einige Stellen entdeckt, die ihm Stoff zum Nachdenken darboten. Ein einziges Wort, dem er bei dieser Untersuchung begegnet, dass es die Pflicht der Obern des Freimaurerordens sei „die wahre Freimaurerei kräftig fortzupflanzen“, zündet bei ihm sofort. „Dies war es,“ sagt er, „was ich diesen Augenblick der guten Sache der Brüderschaft, mir und meinem Freunde K***y festiglich angelobte, und in diesem Gelübde erhob sich mein gesunkener Muth wieder.“ Und dieser Muth trägt ihn auch durch den neuen Unterricht, den bald darauf der Br K***y mit ihm beginnt, und der in der That nichts mehr und nichts minder ist, als die Offenbarung des unter dem Titel Claviculae Salomonis (der Schlüssel Salomonis) enthaltenen Wissensschatzes, durch den man „in die heilige Geistkunst und die wahrhaftige Erkenntniss seiner sichtigen und unsichtigen Geschöpfe“ eindringen kann. Obgleich nun Fessler die ganze Sache nur aus dem allgemeinen Gesichtspunkte einer Geschichte der Geistesverirrungen“ betrachtet, macht er dennoch die sechs und dreissig Einweihungen in die Geistkunst mit allen Classificationen und Namen der Geister durch, wobei wir ihm wohl nachempfinden, wenn er die Bemerkung nicht unter-

---

hundert erschienenes Buch: „Der Freimaurer“ von J. B. Kerning (pseudonym). Dresden 1841. als den letzten Endzweck der Maurerei.

*) Das Nähere über dieses aus sieben Graden bestehende System siehe daselbst.

drücken kann, „oft hätte ich vor Angst und Bangigkeit Blut schwitzen mögen, aber mein Entschluss stand fest." Er stand fest, denn ihm war klar, dass nur, wenn er dies Alles, so mühevoll und gedankenlos, so absurd und nutzlos es auch sei, genügend kennen gelernt und in sich aufgenommen habe, er im Stande sein werde, der maurerischen Mitwelt die ganze bisher mit der königlichen Kunst getriebene Mystification aufzudecken und für die Herbeiführung eines vernünftigeren und zweckentsprechenderen Maurerthums thätig zu sein und so arbeitet er denn rastlos weiter, neue Theile einer Magia veterum, die in sieben und zwanzig Zusammenkünften durchgemacht werden, sämmtliche Acten der höheren Grade des Clermont'schen, Melesino'schen und Schwedischen Systems, welche im Besitze dieses Br. K***y waren, sowie alle seine theosophischen und magischen Papiere. Und dass er für seine ausserordentliche Mühe denn doch ab und zu durch das Auffinden eines Korns ächter Weisheit, das unter vieler Spreu versteckt war, belohnt wurde, werden wir ihm ebenso gern glauben, als uns mit ihm darüber freuen, dass diese unsäglichen Anstrengungen denn doch auch von der positiven Seite nicht ganz vergeblich waren. Mittlerweile aber war er bereits auf die ächte und wahre Quelle aller diesen Namen mit Recht verdienenden Freimaurerei von einem Br. in Wien hingelenkt worden, auf Lessings unsterblichen „Ernst und Falk", und er hatte gelernt, die Frage, welche Lessing an den Freiherrn von Rosenberg richtete, nachdem ihn dieser zum Br. Freimaurer aufgenommen hatte „Bin ich es nun auch?" an sein eigenes Innere zu richten und aus diesem heraus, mit Benutzung alles des Guten, Schönen und Wahren, was ihm die culturgeschichtliche Entwickelung der Menschheit dafür als Hülfsmittel bot, die wahre und ächte Maurerei zu entwickeln und ihre Grundzüge in das System Royal York niederzulegen, freilich nicht ganz so, wie er wollte — denn er hätte sicher aus eigenem Antriebe keine besonderen Erkenntnissstufen eingerichtet, — er wäre sicher mit dem Br. Schröder, dem Begründer des Hamburger Systems noch viel mehr Hand in Hand gegangen — aber doch wie er den Umständen nach konnte und mit dem steten Wunsche und Streben, das möglichst Beste darzubieten.

Und in diesem rastlosen, von Anfang an seines Zieles bewussten und dasselbe unverwandt im Auge behaltenden, durch keinen, wenn auch noch so glänzenden, Schein geblendeten, durch keine Widerwärtigkeit und Schwierigkeit abgeschreckten Streben, meine gel. Brr., sei und bleibe der Br. Ignaz Aurelius Fessler stets unser behres Vorbild auch in dem sich nun bald vor uns entrollenden neuen Jahre, das wir nicht würdiger einweihen können, als wenn wir das heilige Gelübde thun, wie Er unermüdet, unbeirrt, unabgeschreckt maurerisch zu streben und zu arbeiten, zunächst an unserer eigenen sittlichen Vervollkommnung, dann aber auch derjenigen unserer maurerischen Mitbrüder, endlich aller Menschen überhaupt, mit denen uns die mannigfachen Verhältnisse des Lebens in Beziehung bringen. Dass dies geschehe, dazu gebe der allm. Baum. der Welten uns Allen seinen Segen.

Auszug aus dem Protokoll der Versammlung der Deutschen Grossmeister in Hamburg am 7. Juni 1870.*)

Anwesend:

Br von Messerschmidt, National-Grossmeister.	Grosse Nat. Mutterloge zu den 3 Weltkugeln in Berlin.
Br Borneman, dep. Grossmstr.	
Br Schnackenburg, Grossmstr.	Grossloge Royal York
Br Hedemann, dep. Grossmstr.	zur Freundschaft in Berlin.
Br Weismann, Grossmeister.	Gr. Mutterl. des Eklek.
Br Paul, Grosssecretär.	Freimaurerbundes in Frankfurt.
Br Pfaltz, Grossmeister.	Gr.-Loge zur Eintracht
Br Leykam, Grossaufseher.	in Darmstadt.
Br Feustel, Grossmeister.	Grossloge zur Sonne in
Br Puschkin, dep. Grossmstr.	Bayreuth.
Br Warnatz, Grossmeister.	Grosse Landesloge von
Br Eckstein, dep. Grossmeister.	Sachsen in Dresden.
Br Buek sen., Grossmeister.	Gr. Loge von Hamburg.
Br Buek, Ed., dep. Grossmeister.	

Als Protokollführer: Br Dr. Braband, Mstr. v. St. der Loge Absalom.

Br Dr. Warnatz, durch Acclamation zum Vorsitzenden erwählt, eröffnet die Versammlung mit einer Ansprache und verliest zunächst zwei Briefe der Brüder von Dachröden und Wegener, in welchen dieselben ihr Ausbleiben entschuldigen.

1) Den ersten Gegenstand der Tagesordnung bildet der Entwurf des Bruders Paul „über die freimaurerischen Grundgesetze mit Zugrundelegung der Alten Pflichten des Constitutionsbuches vom Jahr 1723." Nach längerer Debatte vereinigen sich die Brr zu folgendem einstimmigen Beschluss:

Die Alten Pflichten vom Jahr 1723 werden als geschichtliches Denkmal der in England im Jahr 1717 umgestalteten Freimaurerbrüderschaft anerkannt und die darin enthaltenen Grundsätze als massgebend betrachtet, soweit dieselben nicht durch die nachfolgenden Bestimmungen abgeändert werden.

Die zum Grosmeistertag versammelten Brr erachten es für nothwendig, dass die alten Pflichten von 1723 den Verfassungen der einzelnen Grosslogen hinzugefügt werden und vereinigen sich ausserdem über folgende

Allgemeine maurerische Grundsätze.

§. 1.

Die Freimaurerei bezweckt, in einer zumeist den Gebräuchen der zu Bauhütten vereinigten Werkmaurer entlehnten symbolischen Form, die sittliche Veredlung des Menschen und menschliche Glückseligkeit überhaupt zu befördern.

---

*) Wir behalten uns eine Besprechung dieser Beschlüsse für eine der nächsten Nrn. vor und theilen inzwischen ungesäumt den Wortlaut derselben mit.

Indem sie von ihren Mitgliedern den Glauben an Gott, als den obersten Baumeister der Welt, an eine höhere sittliche Weltordnung und an die Unsterblichkeit der Seele voraussetzt, verlangt sie von ihnen die Bethätigung des höchsten Sittengesetzes: „Liebe Gott über Alles und deinen Nächsten als dich selbst."

§. 2.

Bibel, Zirkel und Winkelmass sind dem Freimaurer die Symbole der jedem Meister obliegenden Pflichten und als solche unveränderliche Hauptsymbole der Freimrei.

§. 3.

Nur freie Männer von gutem Ruf und von einer solchen geistigen Bildung, wie sie die Ausübung des freimaurerischen Berufs voraussetzen muss, können als Mitglieder des Bundes zugelassen werden.

Stand, Nationalität oder Farbe, Religionsbekenntniss und politische Meinung dürfen kein Hinderniss der Aufnahme sein.

§ 4.

Zweck und Wesen der Freimaurerei sind in den 3 Johannisgraden vollständig enthalten.

In denjenigen maurerischen Systemen, welche höhere Grade bearbeiten, berechtigt deren Besitz an sich zu keinem besonderen Vorzug in der Leitung der Johannisloge; dagegen geniessen jene 3 Grade in allen maurerischen Systemen gleichmässige Anerkennung.

§ 5.

Aller Vorzug unter den Maurern gründet sich einzig auf wahren Werth und eigenes Verdienst.

§ 6.

Der Freimaurerbund ist keine geheime Verbindung; Zweck, Geschichte, Gesetzgebung und Statistik des Freimaurerbundes sind kein Geheimniss und können der Regierung, wenn es verlangt wird, vorgelegt werden.

· Das von jedem Freimaurer bei der Aufnahme (bezw. Beförderung) an Eidesstatt abgelegte Gelübde der Verschwiegenheit bezieht sich nur auf die Formen des maurerischen Ritus, auf die Gebräuche (das Ritual).

Privathändel oder Streitigkeiten sollen nicht zur Thüre der Loge hereingebracht werden, noch weniger aber Streitigkeiten über Religion, Politik oder Staatsverwaltung.

In Rückblick auf These 5 des ersten und auf These 1 des zweiten Grosmeistertages wird der hier vorliegende, in langer und ernster Berathung formulirte Entwurf eines allgemeinen maurerischen Grundgesetzes den E. deutschen Grosslogen zu schliesslicher Erwägung vertrauensvoll mit der br. Bitte übergeben, im Interesse der Einheit und der Einigkeit des Bundes diesen Entwurf möglichst unverändert annehmen zu wollen. Durch dieses Grundgesetz sollen weder die alten Pflichten ausser Kraft, noch Existenz und Autonomie der einzelnen Grosslogen und Systeme beschränkt oder verletzt werden.

2) Die Berathung über die im vorigen Jahre beantragte Gründung einer Centralstelle wird wegen Abwesenheit des Berichterstatters ausgesetzt.

3) Die Führung und gegenseitige Mittheilung statistische Notizen über maurerische Verhältnisse und Thätigkeit der Logen wird angenommen, den einzelnen Logen jedoch anheim gegeben, in die betr. Rubriken Aufzeichnungen über Bestrafungen, über die intellectuellen Arbeiten und den Besuch der Logen, so wie über maurerische Wohlthätigkeit aufzunehmen.

4) Bezüglich der an fremde Maurer zu verabreichenden Viatica wird verabredet, dass nur solche Brr berücksichtigt werden sollen, welche sich durch nicht mehr als drei Jahre alte Certificate legitimiren.

5) Zwischen den Deutschen einerseits und den Englischen und Amerikanischen Logen andererseits besteht über das Wort im ersten und zweiten Grade die Differenz, dass von den Letzteren das Wort, welches die deutschen Logen im zweiten Grade anwenden, im ersten Grade gebraucht wird. Eine Belehrung der betr. Brr, welche dadurch in Misshelligkeiten kommen könnten, wird beschlossen.

6) Als wünschenswerth wird ausgesprochen, dass bei etwaigen Differenzen zwischen 2 Grosslogen eine 3. Grossloge als Schiedsgericht zu fungiren habe.

7) Den Grosslogen wird zur Annahme empfohlen, dass sich dieselben zur gegenseitigen Unterstützung bei der Prüfung der Suchenden zu folgenden Grundsätzen vereinigen:

a) Mittheilung des Namens des Suchenden — eventuell auch dann, wenn er nicht aufgenommen wird;

b) Einziehung genauer Erkundigung über nicht einheimische Aspiranten;

c) bei Affiliation isolirter Brr ist wie ad a und b zu verfahren;

d) die von einer Loge zurückgewiesenen Suchenden dürfen auch von einer andern Loge nicht aufgenommen werden.

Feuilleton.

Amerika. — Von einem der intelligentesten, hochgestelltesten Mr der Ver. Staaten erhalten wir u. A. folgende erfreuliche Mittheilung: „Die Mrei Amerikas war bisher vielfach gebunden an ritualistische Ausführungen, an dogmatische Lehrweise und Verachtung und Missbilligung jeder Geschichte, welche die Existenz des Bundes in gegenwärtiger Form nicht von König Salomo ableitete. Allmälich werden wir davon frei; breitere Ansichten, als früher, finden Eingang bei Vielen! Intelligenz und Denken beginnen den geeigneten Einfluss auszuüben."

Arad. Die Logo Széchenyi hat folgendes Rundschreiben an die ungarischen Logen erlassen:

"Ehrwürdigen Meister!

Gel. Brr. — Vom Wunsche beseelt, unser schön begonnenes Werk immer mehr zu vervollkommnen, feierten wir am 25. v. M. unser Joh.-Fest verbunden mit der Neuwahl unserer Logen-Beamten, in unserer mit Blumen-Guirlanden und Festons reich geschmückten Bauhütte.

Nachdem die Brr. unter harmonischen Orgelklängen ihre Plätze eingenommen hatten, verlas der Mst. v. St. Br. Goldscheider mit gehobener Stimmung seinen Bericht über unsere bisherigen Arbeiten. — Mit dem Bewusstsein edler Pflichterfüllung können wir auf unser bisheriges Wirken Rückschau halten, unser Br-Kreis ist während der kurzen Zeit von 3 Mon. bis auf 30 ordentliche und 12 Ehrenmitglieder angewachsen, und die nächste Zeit verspricht unsere Zahl zu verdoppeln, mehrere wissenschaftliche Vorträge gaben Zeugniss vom ernsten Streben der Brr, sich in der k. K. immer mehr zu vervollkommnen, ein zweckmässiges Logen-Gesetzbuch wurde ausgearbeitet und dem Druck übergeben, unsere administrative Angelegenheiten sind auf's entsprechendste geordnet, daher unser M. v. St. mit Vertrauen auf die Zukunft, seinen Hammer niederlegte, gleichzeitig mit dem Bedauern erklärend, dass seine sich immer mehrenden Redactions- und Buchdruckerei-Geschäfte sowie auch die jetzt sich immer mehr anhäufenden Logen-Arbeiten, ihn eine eventuelle Neuwahl nicht annehmen lassen. — Er übergibt dem ernannten Wahlmeister sein Winkelmaass mit der Versicherung, dass er so wie bisher auch fürderhin das Wohl der Loge zu fördern aufs eifrigste bemüht sein wird. — Der Wahlmeister Br. Michaelis dankte dem Br. Goldscheider im Namen der Loge für sein bisheriges Wirken, und spricht den Wunsch aus, die Loge möge unseren w. Br Goldscheider zum Senior erwählen, welcher Antrag durch maurerischen Applaus der Brr zum Beschluss erhoben wurde. Nachdem die bisherigen Beamten ihre Insignien auf dem Altare niedergelegt, wurde zur Wahl des Mst. v. St. geschritten. Aus dieser Wahl ging Br. Béla Banhidy als gewählt hervor. — Nachdem Letzterer für das ehrende Vertrauen mit würdigen Worten gedankt, und das übliche Gelöbniss abgelegt, beantragt er, dass man Br Goldscheider in Anerkennung seiner bisherigen Verdienste um die Loge protocoll. den Dank ausdrücke, was durch den Beifall der Brr beschlossen wurde. — Nun erfolgten die weiteren Wahlen mit folgendem Ergebniss: Deputirter Mst.: Br H. Goldscheider; Redner: Br. A. Michaelis; I. Aufseher: Br J. Eckel; II. Aufseher: Br S. Szabadkay; Schatzmeister: Br L. Traytler, Secretair: Br C. Steinitzer, Ceremonienmst.: Br E. Bing, Thürhüter und Almosenier: Br. H. Blau. — Nach Beendigung der Wahlen bittet der nunmehrige Mst. v. St. Br Bánhidy seine Amtscollegen, sowie auch sämmtliche Brr ihm ihre Unterstützung angedeihen zu lassen, und wie möglichst bemüht sein, maurerische Zwecke, und das Gedeihen unserer Loge zu fördern. — Nach rituellem Schluss der Loge folgte eine Tafel-Loge, bei der es an sinnigen und herzlichen im maurerischen Sinne gesprochenen Toasten nicht fehlte. — Mit den besten Wünschen für die Zukunft trennten sich die Brr nach Mitternacht.

Und so wollen wir der Menschheit Wohl zu gründen,
Uns bemüh'n nach seinem weisen Plan,
Und den Lohn nur darin finden,
Dass wir Gutes in der Welt gethan!

Somit grüssen wir Euch ehrw. Mst. u. gel. Br i. d. u. h. Z. und bleiben Euch treu verbündet

Die v. und g. St. Joh. Logo "Széchényi" im Oriente Arad, am 5. Juli 5870.

Carl Steinitzer,   Bánhidy Béla,
Secretair.   Mst. v. St.

Augsburg. (Bericht über die Thätigkeit der Brr zu Augsburg). — Am 9. Juni vereinigte sich ein Theil der hiesigen Brr zu einem Kränzchen unter dem Namen "Augusta" und betheiligten sich bei der Gründung 16 active Brr, während einige hier ansässige hochbetagte Brr nur als Ehrenmitglieder betrachtet werden können. Als Vorsitzender wurde erwählt Br Carl Böckel, als Sekretair Br J. F. Langeloth, als Aufseher Br Carl Spiess.

Die Versammlungen finden alle 14 Tage statt, und wird das Kränzchen sich vielleicht schon in den nächsten Monaten als Loge unter dem Gross-Orient von Bayreuth constituiren. Die hiesigen Brr sind sämmtlich von den besten und wärmsten Geiste beseelt und zu jedem Opfer bereit, um das maurerische Licht im südlichen Bayern, wo es sehr Noth thut, weiter zu verbreiten.

Vielleicht geben diese wenigen Zeilen, einzelnen, zerstreut unter uns wohnenden Brn Veranlassung, sich uns anzuschliessen und werden uns dieselben herzlich willkommen sein. Mehrere Münchener Brr haben ihren Beitritt schon erklärt und sind diejenigen, welche etwa noch beitreten wollen, gebeten, sich an Br J. F. Langeloth zu wenden.

Das Kränzchen feierte das Johannisfest am 19. Juni durch ein festliches Mittagsmahl. Um 2 Uhr eröffnete der Vorsitzende die Tafel mit einer warmen Anrede und trug dann ein schönes selbstgefertigtes Gedicht vor.*) Der Verlauf des Festes war herrlich, Vorträge und Toaste wechselten mit einander und zum Schlusse — den ein brillantes Feuerwerk, arrangirt von Br Taubald krönte — vereinigten wir uns zu zwangloser Unterhaltung mit den Schwestern und den eingeladenen Candidaten.

Möge der grosse Baumeister der "Augusta" seinen reichsten Segen spenden.

Kehl. — Die in Nr. 28 der Bauhütte gebrachte Nachricht von hier, scheint von einem auswärtigen Br herzurühren, welcher Einzelheiten unrichtig auffasste. Wie ich Ihnen schon früher mittheilte, gewinnt unser Bund hier immer mehr Boden. Die hiesigen Brr haben beschlossen, ein Kränzchen unter dem Namen "Erwin" zu gründen und wird dessen Einweihung am 24. Juli erfolgen. Br Emil Durain ist Vorsitzender.

Auswärtige Brr werden uns willkommen sein, wenn sie auch keine spezielle Einladung erhalten; wir beschränken dieselben auf die nächste Umgegend.

Leipzig. — Br Werner, altschott. Obermeister der Loge "Minerva" hier, ist bei seinem 50jährigen Jubiläum als Advocat vielfach ausgezeichnet worden: die Universität ernannte ihn zum Ehren-Doctor, die Stadt zum Ehrenbürger und ausserdem erhielt er einen Orden. Br Werner, ein Maurer von ganzem Herzen, ist innerhalb und ausserhalb des Brkreises sehr beliebt und geachtet.

Unfehlbarkeit. — Die Jesuiten haben ihr Ziel erreicht; der Telegraph meldet aus Rom vom 13. Juli: "Das Concil hat in seiner heutigen Sitzung die Infallibilität mit 450 Ja gegen 88 Nein votirt; 62 Stimmen wurden mit Vorbehalt abgegeben."

Warnung. — Im Monat Mai hat sich hier ein Bruder zur Unterstützung vorgestellt, Namens Alessandro Achille Nobile aus Neapel, angeblich Sprachlehrer. — Derselbe führte ausser mehreren Empfehlungen zwei Diplome mit sich, welche in Ordnung schienen; nämlich ein älteres vom Jahre 1862, ausgestellt von der Schottischen Loge 1156 "I Partenopei risorti" zu Neapel, welche unter der Loge von Palermo steht; unterfertigt ist dieses Diplom von B. Salvatore Luplio † (Rose-croix);

---

*) Erscheint in einer der nächsten Nrn. d. Bl.
Die Redaction.

das neuere Diplom ist vom Jahre 1864, nach welchem die obige Loge neu organisirt und unter dem Namen „I veri figli di Partenopei" der genannten schott. Loge zu Palermo affilirt wurde; unterfertigt ist ebenfalls B. Salvatore Luplio, als Mstr. v. St., doch diesesmal als 33°. Dieses letztere Diplom trägt noch Visas von der engl. Loge No. 100 (L. H. & C.) zu Southampton von 1870 und von der „Stewarts-Loge" zu Stockholm von 1869. — Um nun die industrielle Ausbeutung des Bundes mehr und mehr unmöglich zu machen, habe ich nach meiner Uebung — welche ich den Logen, die ich besuchte, zur Einführung empfohlen — wie in allen Fällen von Unterstützung, so auch hier der Zukunft wegen bei genau unterrichteten Brüdern in Neapel, Paris etc. Auskunft eingeholt, welche ich hier folgen lasse, da ich solches für Pflicht halte, um den Wohlthätigkeitssinn für würdige Brr nicht beeinträchtigt zu sehen, durch eine stillschweigende Begünstigung von industrieller Ausnutzung des m. Diploms.

Man schreibt mir:

„Angefragter ist aus guter Familie in Neapel, aber ein Abenteurer von jener Art geworden, dessen einzige Rettung noch in dem Drucke wirklicher Noth liegt. — Seine Frau war, wie man uns schreibt, in einer der ersten Familien zu Paris Amme und hat man von dort aus Unerhörtes für ihn gelban, doch hat er jene Rücksicht für seine Frau etc. in jeder Hinsicht unerhört exploitirt. — Der betreffende Bruder ist auf dem besten Weg ein vollkommener Logen-Industrie-Ritter zu werden und ich ersuche Sie inständig im Interesse wahrhaft bedürftiger Brüder, zu veranlassen, dass dem genannten Br das Handwerk schmählicher Ausnutzung brüderlicher Wohlthätigkeit gründlich gelegt und ihm nur mit Hilfe zur Auffindung anständigen Erwerbs an Handen gegangen wird."

Da der betreffende Bruder mit Briefen für Galatz etc. versehen ist und über Wien etc. dorthin reist, so benachrichtige ich insbesondere unsere Brüder in Ungarn, Rumänien und der Türkei ihr Verhalten gegen Br Allessandro Achille Nobile nach Vorausgeschicktem einzurichten. Mit brdl. Gruss

Mannheim, 15. Juni 1870. Br Georg Treu.

Aufruf!

Br Georg Steuerlein aus Würzburg, welcher in den Vierziger Jahren bei einem Consulate in Marseille sich befand, wird dringend gebeten, wegen Ertheilung einer wichtigen Auskunft im Interesse der k. K. seine Adresse dem Präsidenten des Br-Vereines Humanitas in Wien, Br Schneeberger (Wieden, Schleifmühlgasse 20) unverzüglich bekannt zu geben. —

☞ Verschiedene Artikel, darunter ein Bericht aus Wien, der längst in unserem Besitz, mussten wegen Mangel an Raum für nächste Nr. zurückgelegt werden.

Die Redakt.

Briefwechsel.

Br E. D. in Z—au. Besten Dank und Gruss!
Br D—a in K. Freundl. Dank für die brdl. Einladung und herzlichen Gruss!
Br M. M. in A. Mit Ihrem Briefe einverstanden und werde mit möglichster Rmsicht darnach verfahren. Brdl. Gruss!
Br Em. R—r in A—g. Besten Dank für die L. und brdl. Gegengruss!
Br B—l in Pl—n. Dankend erhalten und brdl. Gruss!

Benachrichtigung.

Nachdem durch den Uebermuth und die Frivolität der Regierung und Volksvertretung Frankreichs die deutsche Nationalehre angegriffen und ein Krieg heraufbeschworen worden, sind wir leider genöthigt, die

Jahresversammlung des Vereins

welche so glänzend und erfolgreich zu werden versprach, bis zum nächsten Jahre zu vertagen.

Der unterzeichnete Vorstand wird provisorisch die Geschäfte weiterführen.

Der gr. B. a. W. segne Deutschland!

Der Vorstand des Vereins deut. FrMr.

Br Dr. Rud. Seydel,   Br Dr. H. Künzel,
Vorsitzender.   Vicevorsitzender.

Br Dr. Carl van Dalen.   Br J. G. Findel.   Br O. Freih. von Cornberg.

Warnung!

Ein alter Amerikaner, unter dem Namen Seyfried reisend, gibt sich als Maurer aus, ist aber ein gemeiner Betrüger. Derselbe hat einen Bruder unserer Loge, der ihn aus Mitleid 8 Tage beherbergte, um eine namhafte Summe geprellt.

Or. Worms.

Br Dr. G. Münch,
Mstr. v. St.

Verantwortlicher Redacteur: Br J. G. Findel. — Verlag von Br J. G. Findel in Leipzig. — Druck von Brr Bär & Hermann in Leipzig.

N°. 31.　　　　　　　　　　　　　　　　XIII. Jahrgang.

Die

BAUHÜTTE.

Begründet und herausgegeben

von

Br J. G. FINDEL.

* Organ des Vereins deutscher Freimaurer. *

Handschrift für Brr Frmr.　　　　Leipzig, den 30. Juli 1870.　　　MOTTO: Weisheit, Stärke, Schönheit.

Von der „Bauhütte" erscheint wöchentlich eine Nummer (1 Bogen). Preis des Jahrgangs 3 Thlr. — (halbjährlich 1 Thlr. 15 Ngr.)
Die „Bauhütte" kann durch alle Buchhandlungen bezogen werden.

Das Rosen- und Johannis-Fest, als Beginn des Mr-Arbeits-Jahres zeigt als Arbeiten die Mrfeste und jede Logenarbeit als ein Fest.

Festrede zum Johannisfeste 1870 in der ger. und vollk.
Loge Janus im Oriente zu Bromberg.

Festlich haben wir uns heute am Hochsommertage hier in unserm Tempel versammelt, wie in tausenden Bauhütten um das ganze Erdenrund hunderttausende unserer Brüder Freimaurer heute und in jedem Jahre an diesem Tage zusammentreten, um im Rosenschmucke das Andenken an Johannes den Täufer zu feiern und mit dieser Feier die Arbeit eines neuen Maurerjahres zu beginnen.

Auf Geheiss des hochwürdigsten vorsitzenden Meisters bin ich heute an diese Stelle getreten, das erstemal mit der Aufgabe, welche Ihre Wahl, meine Brr, für dieses Jahr mir übertragen hat, unsere gemeinsamen Festgedanken in freiem Ausdrucke zu gestalten. Von dieser Stelle aus entströmten viele Jahre lang bisher gewürzige Blüthendüfte hochreicher Phantasie, welche Sie fortan von einem höhern Platze aus geniessen wollen. Darum ist es nicht ohne Schen und Sorge, dass ich des Meisters Ruf hierher gefolgt bin. Auf dem Stamm, welcher jetzt hier steht, entspriessen solche duftige Blüthen nicht. Was aber diesem Stamme, oder einem andern, auch entfalle, der Mr ihn schüttelt, sei es Blüthenstaub, sei es Samen, seien es dürre Blätter oder Spreu und Hülsen nur, nicht es selbst für sich hat Werth. Wäre es das Beste, Köst-

lichste, es wäre werthlos, wollten Sie's nicht nützen; selbst das Geringste aber erhielte Werth und Verwendung durch Ihren genügsamen und strebsamen Sinn. Und wenn Gehorsam, Eifer und Treue nicht dem Bemühn des Maurers fehlen, dann will der gr. a. B. a. W. einen Strahl seiner Weisheit entsenden, daran die Schönheit Leuchte und der Stärke Flamme zu entzünden.

Möchte heute mein Wort einem klar geschliffenen Glase gleichen, durch dessen rechtgeneigte Flächen ein scharf begrenzter Lichtstrahl seine Einzelnfarben deutlich gesondert und doch zusammenhängend zeigt. Freilich ist das bunte Sonnenfarbenbild unter den Symbolen unseres Bundes nicht hergebracht und üblich, doch sei mir heute sein Gebrauch vergönnt, da es der Licht-Erkenntniss dient, die wir Alle suchen.

Wenn wir uns Alle gleich im Lichte schon befinden, so kann doch Niemand in diesem Leben dasselbe ganz erblicken. Der ganzen Sonne Glanz, von der uns alles Licht kommt, erträgt des Menschen Auge nicht, gerade und voll hinein zu schauen. Ja selbst ein einziger von ihren Strahlen würde verwirrend unser Auge blenden, wenn er mit ungetheilter Kraft es träfe. Darum zerlegen wir den Lichtstrahl, wenn wir ihn genau betrachten und dadurch die wahre Natur des Lichtes erkennen wollen. Auch ist der Regenbogen ja, das grosse Sonnenspektrum der Natur, nach altehrwürdiger Sage das Symbol des ersten Bundes, den der Allbaumeister den Menschen bot und lehrte. Sollte aus dem künstlichen Nachbilde jenes nicht Erkenntniss von dem Lichte zu erlangen sein, welches in unserm Bunde leuchtet?

Um dazu ein reines Farbenspektrum zu erlangen,

müssen wir zuerst einen Strahl der Sonne scharf begrenzen und von allen andern Strahlen trennen; denn wenn die neben einander ausgebreiteten Farbenbilder mehrerer Nebenstrahlen sich theilweise decken, dann wird die Farben-Sonderung und Ordnung unklar und verworren. Jetzt ist es die Johannis-Sonne, die uns im Hochmittage leuchtet. Möcht' es ihr hellster, reinster, wärmster Strahl aus ihrem Mittelpunkte sein, den wir erfassen!

Das Glas Prisma, das uns den Strahl zerlegen soll, hat drei ebene Flächen, deren Durchschnitt die Gestalt eines Dreiecks zeigt, gleich wie der Rahmen des allsehenden Auges auf der Bibel und über unseres Tempels Pforte. Wir deuten uns diese Flächen hier als Jahre und zwar zweie davon als Maurerjahre, von deren einem heute das Ende in des andern Anfang übergeht, die dritte aber als das Erdenjahr, über dessen Mitte sich dieser Uebergang vollzieht.

Nur zwei von diesen Flächen darf der Lichtstrahl auf seinem Wege treffen, soll sich das Farbenbild uns klar gesondert zeigen. Brächten wir eine Kante des Prismas in den Weg des Strahls, damit er die Flächen alle drei zugleich durchleuchte, vermeinend, dadurch ihn vollständiger zu erkennen, so würden wir Nichts deutlich erblicken. Denn so ist unser Geist geartet, dass er das Ganze auf einmal nicht vermag zu fassen. Durch zwei gegen einander geneigte Flächen aber muss der Lichtstrahl gehen, wenn seine Farben sich vor unserm Blicke sondern sollen. Um ein Ding recht zu erkennen, müssen wir von zwei Seiten es beleuchten und betrachten und noch mit einem zweiten Dinge es vergleichen.

Durch die Vergleichung mehrt sich dann von beiden Dingen unsere Kenntniss. Darum lehrt uns unseres Bds alte Weisheit das Gleichniss brauchen zur Erkenntniss, das Symbol. Zwar deckt ein Gleichniss nie das Ganze voll, das wir erkennen möchten; doch was ein Gleichniss unerläutert lässt, das decken andere an andern Punkten wieder lückenhaft; und so nähern wir uns durch Gleichnisse doch der Wahrheit, wenn wir nur jedes Gleichniss recht gebrauchen und am rechten Punkt verlassen. Noch aber haben wir die Anleitung zur Erkenntniss nicht erschöpft, die das gewählte Bild uns bietet. Verfolgen wir den Weg noch weiter, auf welchen es uns leitet!

Wie stellen wir das Glas, das uns der Johannissonne Hochmittagsstrahl zu näherer Beschauung zerlegen soll? Durch welche zwei von seinen Flächen lassen wir den Lichtstrahl scheinen? Soll das letzte Maurerjahr dessen Ende mit des neuen Maurerjahres Anfang er mit der Mitte des Erdenjahres vereint, vom Sonnenstrahl durchleuchtet, das Bild für unsere Betrachtung uns heute geben?

Das letzte Ende unserer Bahn, der Bahn des Einzelnen, wie unseres Bundes und der Menschheit bleibt uns immer dunkel, so lange wir im Lichte des Lebens wandeln. Wir mögen hoffen, dass dasselbe wie Alles, das uns als ein Ende erscheint, ein neuer Anfang sein werde. Das Wann? und Wie? bedeckt ein dichter Schleier, den kein Sterblicher jemals hebt. Drum lassen wir das Ende, von welchem Erkenntniss zu erspähen wir doch nicht hoffen können! Blicken wir vor uns nieder auf den Weg, den wir beschreiten sollen im Anfange des neuen Maurerjahrs, beginnend in des Erdenjahres Mitte!

Wenn wir dann ein durch die gewählten Flächen des Prismas erhaltenes Farbenbild auf ein zweites Prisma in rechter Stellung fallen lassen, so vereinigen sich hinter diesem die durch das erste zerstreuten Farben wieder zu einem weissen kleinen Bilde des Sonnenstrahls. Jedes dass Brs Geist gleicht solchem Prisma, wie der meine. Ein Jeder kann des Lichtes Farben zu näherer Betrachtung sondern, ein Jeder auch sie wiederum vereinen. Ein solches durch zwei Prismen hergestelltes Bild des Sonnenstrahls hat freilich nur einen matten Schein. Aber wenn von vielen solchen Prismenpaaren die Bilder auf einem Punkte zusammen fallen, dann strahlt der Glanz so hell, als er auf Erden kann und unser Aug' ertragen mag, so hell, dass er auch ringsum weiter leuchtet. In diesem Bilde spiegelt sich das Wesen unseres Bundes ab. In unserem Bunde wirken wir Alle, der Lehrling, wie der Gesell und Meister. Lehrling bleibt auch ein Jeder, so lange er strebt, ob er mit dem Gesellen, ob mit des Meisters Schurze sich bekleide. Wir fragen Alle, die einen laut, des Lichtes Farben sondernd, die andern still, sie wiederum vereinend. Antworten suchen wir und finden sie nur durch gemeinsames Suchen. Nur wenn im Bunde wir alle zusammenwirken, erscheint uns Allen des Bundes volles, reines Licht ohne einseitige Färbung, welche immer zugleich eine Trübung ist, und wirkt erleuchtend dann weiter auch auf die Aussenwelt.

Der Wahrheit gleicht ein mannigfaltiges Gebilde, dessen Stücke weit umher zerstreut liegen und erst herbei geholt und zusammengestellt werden müssen. Der findet dieses, dieser jenes Stück beim Suchen. Gewiss hat davon Mancher hier schon reichen Schatz gesammelt, den er noch bewahrt, aber zur rechten Zeit uns bieten wird; doch ist ein jedes Stück zum Ganzen unentbehrlich, seien die einzelnen auch klein und ihrer wenig, die wir heute finden. Davon kann mein lautes Wort allein den Umriss zeichnen und nur in der Stille Ihrer Herzen, m. Brüder, kann sich die Gestalt des Ideals erfüllen und dann erwachen zum Wirken und zum Leben.

Doch mein Blick eilt meinem Wege vor, ganz unvermerkt auf unser Ziel zu früh gerichtet. Erst müssen wir genug Stücke finden und sammeln, ehe sich lohnt, mit den Versuchen der Zusammenfügung zu beginnen oder wenn wir zu unserm ersten Gleichnisse zurückkehren — erst müssen wir den Strahl des Lichtes zerlegen und seine Einzelfarben recht betrachten, bevor sie wiederum vereinigt werden dürfen, wenn wir daraus des Lichtes Wesen gründlich erkennen wollen.

Drei reine Farben zeigt uns das zertheilte Bild des Sonnenstrahls; am Anfang des Bildes roth, gelb in der Mitte und gegen das Ende blau. Nicht gleich an Helle noch an Breite sind die Farben. Am hellsten leuchtet von dem schmalsten Felde das gelbe Licht, blau deckt die breiteste Fläche mit dem sanftesten Scheine, in mässiger Helle und mittlerer Breite sehen wir die rothe Farbe. Roth sind die Rosen, welche heute an so manchem Orte wie die Gärten draussen, so auch unsere Bauhütten Festeshallen schmücken und roth ist auch das Blut, welches zum Opfer für die Wahrheit und die Freiheit so manches Mal vergossen worden ist und wohl leider noch vergossen werden wird. In gelbem Glanze strahlt uns allein vom Altare her, von des Meisters Brust des Winkelmaasses

Gold, wie einstens auch der Sand vom engen Raum der Wüste Galiläas, von welchem aus der grosse Meister Johannes der Täufer die Menschen lehrte, ihr Handeln recht zu richten.

Blau ist die sanfte Farbe, unter welcher, so weit des Himmels Blau die Erde deckt, sich alle Maurer vereinen, zugleich die Farbe der Treue und Beständigkeit, mit welchen jede Arbeit, so auch der Maurer Jahres-Arbeit begonnen und vollendet werden muss, soll sie nicht ihr Ziel verfehlen und durch welche darum das eigentliche Wesen der Arbeit recht bezeichnet wird. Doch worin finden wir die Einheit dieser drei, anscheinend so verschieden, dass wir gar Nichts gemeinsames daran entdecken können beim ersten Anblicke? Warum im Rosenschmucke feiern wir das Winkelmaass des strengen Bussemahners und warum mit dieser Feier beginnen wir die Arbeit des Maurer-jahrs?

Die Rose blüht im Hochsommer des Erdenjahres, wenn viele andere Blumenarten schon geblühet haben und verwelkt sind. Dann öffnet diese Königin der Blumen die geheimnissvolle Tiefe zwischen ihren hundertfältigen Blättern und entsendet wundervollen Duft. So auch erschien im Hochsommer des Menschheitsjahrs Johannes nach vielen andern weisen Lehrern und erschloss die Tiefen seines hehren Geistes und eifrigen Gemüthes, Mahnung zur Herzensbusse und Verheissung des Geisteslebens verkündend.

Wollen wir die Höhe seines Werthes ahnen, so blicken wir zurück auf die bewunderswerthesten der Blumen, welche vor ihm im Lenze des Weltjahrs auf dem Felde des Menschengeistes in mannigfaltiger Gestaltung aufgeblühet waren und von welchen die Geschichte oder die Sage uns Kunde gibt.

Aus der syrischen Phönizier, aus Ninives und Babylons Kultus der gröbsten Sinnlichkeit erhob sich der Chaldäer geheimnissvolle Weisheit und merkwürdige Sternendienst, worin des Menschenwillens enge Grenzen sich schon mit dem Unendlichen verknüpfen. Hier freilich findet unser Blick noch nicht Namen einzelner Menschen als Träger der Idee. Nicht einmal die Sage verräth uns eine Ahnung von der schaffenden Kraft, zu welcher der Geist selbst einzelner Menschen vom Weltbaumeister hier und da befähigt worden ist.

Der Aegypter vergeistigende Natursymbolik und tiefe Priesterlehre entsprang der Sage nach zuerst aus dem erleuchteten Geiste Thaots, den seine späteren Schüler zu den Göttern zählten und den hernach viele griechische Weisen unter dem Namen Hermes verehrten mit dem Beinamen Trismegistos, der dreifach grösseste. In Irans Hochlande reinigte Zoroaster, Buddha im indischen Gangesthale und Laotse in Chinas weiten Landen gleichzeitig fast der Völker Aberglauben und lehrten die Menschen dort der Geisteserleuchtung Wonne, hier der Selbstbezwingung Seligkeit. Unter dem lachenden Himmel Griechenlands erhob dann Sokrates die Sittlichkeit zur Spitze aller Weisheit.

So mannigfach gestaltete sich an verschiedenen Orten und nach einander die eine Hoch-Idee von der erhaltenden und einigenden Macht des Geistes über die zerstörende und spaltende Scheinmacht der Sinne und Begierden. Doch keine jener Formen vermochte sich dauernd zu voll-

enden. Die Sprösslinge jener Geistespflanze, welche um die Grenze der drei Kontinente der alten Welt erblühten, sind längst verschwunden, im Kampfe um das Dasein durch die kräftigere Art des späteren Islam verdrängt, welchen selbst schon wieder heute das mächtigste Geistesgebilde, das durch Johannes vorbereitete Evangelium den Boden einengt, mit nicht mehr ferner gänzlicher Verdrängung jenen bedrohend. Im ferneren Osten Asiens erstarrten eben so der Parsen Sonnen- und Feuerdienst, wie der Indier Ascetik und der Chinesen gemüthlose Moral gleich uralten einsamen Stämmen, deren lebenlose angehäufte harte Holzmassen auf ihren Kronen im näheren Persien nur noch ganz wenige, im weiteren Indien und China freilich noch zahllose, doch hier wie dort nur dünn belaubte Zweiglein tragen, durch fast erstorbene Rinde nur kaum noch dürftig ihre immer kleineren Blätter nähren. Ueber ihren weitgestreckten alten Wurzeln wuchern schon die kräftigen Pflanzen der zwar ebenfalls uralten, aber immer wieder sich verjüngenden Lehre, welche ihnen, wie dem Islam zwar nur allmälig, aber sicher der Nahrung letzten Rest je mehr und mehr entzieht. Auch diese alle sind vom gänzlichen Verdorren nicht mehr fern.

Die alle andern überwindende Geistespflanze aber stammt von einem lebenskräftigen Keime, dessen Sprossen, — ob nicht noch älteren Ursprungs als die genannten, ist kaum zu entscheiden, — jedenfalls seit uralter Zeit erst auf beschränkten Raume, dann ihre Formen umwandelnd zu höherer Gestaltung mit Ueberschreitung dieser Grenzen sich milliardenfach entwickelt und ausgebreitet haben. Sie wollen alle andern Arten verdrängend den Erdball ganz bedecken.

Aus der Bundesverheissung, welche dem Altvater Noah aufleuchtete und seines Sohnes Sem Abkömmlinge, Abraham entsprossen Moses' Gesetze und Elias und der Propheten mahnende Weissagungen. Diese verkündeten zwar noch in nationaler Beschränkung, doch schon unverkenbar das allbelebende Gesetz der Liebe. Keine Beschränkung aber auf ein vermeintlich auserwähltes Volk kennt Johannes der Täufer mehr. Fremdländischen Kriegsknechten antwortete er so wie seinen Stammesbrüdern auf ihre Fragen, was sie thun sollen, Allen Eines:

> Die Wahrheit erkennen — Eure
> Sündenschwäche und Euer Herz von
> Lug und Trug bussfertig bekehren.

Seine schrankenlose Liebe zu dieser Wahrheit besiegelte Johannes durch sein Blut, vergossen von Herodes. So, wie die Rose, deren Roth der Sage nach vom Blute der Liebesgöttin stammt, als sie im schmerzenreichen sehnsuchtsvollen Suchen nach Adonis dem entschwundenen Geliebten, sich am Dorn der Rose ritzte, — so wie die Rose kaum erschlossen, in des Hochsommers Hitze schnell verblühet und entblättert, ein Sinnbild frühen Todes, so war Johannis Lebenswirken nur von kurzer Dauer. Des Welthochsommers Gluthen gaben ihm frühen Tod. — Doch wie das Fallen der Blüthenblätter die Frucht enthüllet, die den Samen erschliesst, so auch enthüllte sich nach Johannes Tode der Grössere, den er verkündet hatte und dem er nur der Schuhriemen aufzulösen, er sich unwerth bekannte, enthüllte sich, die Versuchung, die sich dann zeigte, von sich stossend, gleich wie die Frucht bei ihrer Reife auch das letzte Kelchblatt verdorret abstösst. Doch erst muss noch die Sonnengluth der Frucht selbsteigene Hülle sprengen, bevor ihr Samen sich ausstreuen, keimen und wieder wachsen kann. So musste auch dieser Erhabenste aller Menschen gewaltsamen Tod erleiden, damit sein Wort in alle Menschenseelen sich ergiessen konnte.

So deutet uns der Rose Bild die grosse Geistesthat, deren Vollendung mit Johannes Busseruf begann und die wir mit Bekämpfung unserer Sinnlichkeit und Selbstsucht immer wieder und wieder in uns aufs Neue anfangen müssen, wollen wir ihren Segen uns erwerben und erhalten. Darum ist Johannes auch der rechte Weiser für jede Wiederholung des Anfangs unsrer Arbeit, für welche der Hochmittag die rechte Zeit ist und der Hochsommer des Erdenjahres. Zum hellsten Welthochsommer Hochmittage rief Johannes die Arbeiter zusammen, bereit zu sein zur heissen Erntearbeit, wenn der, den er verkündet hatte, die Zeit ansagen würde, zum Beginn.

Diesem Beispiele folgend hat auch unser Ordnungs-Meister heute am Mittag zur Arbeit uns gerufen, sie zu beginnen, wenn des Stuhlmeisters Hammerschlag den Hochmittag verkünden lasse. Auf dessen Wort begannen wir die Arbeit mit dem Willen der Beständigkeit und Treue, welche auf des Meisters Kleidung durch die Farbe des Azurs bezeichnet wird.

Doch, meine Brüder, ist das denn Arbeit, das wir hier beginnen? Melodische Klänge waren es, die aus diesem Tempel uns zum Eintritt lockten. Hochgeschmückt umgeben seine Hallen uns. Bekannte Formeln sprachen und hörten wir zum Beginn der Feier. Ein Festwort ist's, das jetzt gesprochen wird. Bald wird das Bundeslied aus der geschlossenen Bruderkette froh erschallen, und unserer Feier ernsteren Theil beenden. Dann wollen wir noch zum fröhlichen Mahle uns an der Tafel heitern Schmucke vereinen, den leiblichen Genuss uns mit Gesang und muntern Reden würzen. Ist das wohl Arbeit?

Wenn darüber draussen Mancher lacht, falls ihm davon verlautet, nun der versteht es nicht und weiss nichts Rechtes davon. Wir aber selbst, hier drinnen, sind wir denn ganz gewiss? dass das, was wir hier thun, mit Recht uns Arbeit heisst. Wo ist das Werk, das als gethan wir aufzuweisen haben zur Hochmitternacht?

Nun, meine Brüder, schnell sichtbare Erfolge sind nicht die unausbleibliche Wirkung und nicht das alleinige Merkmal von gethaner Arbeit. Gut Ding will Weile haben. Schnell ist zerstört, doch langsam aufgebaut. Nur niedere Arbeit zeiget bald Erfolg. Des Pflügers Tagewerk springt in die Augen. Wie viele Jahre aber braucht's, bevor des Gutsherrn unablässiger Fleiss sich an dem regelmässigen Zuwachse des Ertrages seiner Aecker zeigt! Geistes-Arbeit bringt nur durch Ausdauer Früchte. Was schnell gelernt ist, das vergisst sich bald. Das lange Geübte aber bleibt uns sicher, wie wenig man von Tage zu Tage auch den Fortschritt merke. Drum, wenn unser Thun auch nicht gleich Sichtbares schafft, so mag es darum dennoch Arbeit sein, die unverloren bleibt.

Was drückt denn aber der Thun des Menschen den Ehrenstempel der Arbeit auf? Sollt' es nicht das Bewusstsein des Zieles sein und seines Werthes, das man erstrebte? Nun welcher Ziele sind wir uns denn bewusst?

die wir durch unser Thun hier erstreben. Daran erinnert der hochw. vorsitzende Meister durch den zweiten Aufseher und beim Ende jeder Arbeit —

Den Verstand zu erleuchten und das Herz für die Tugend zu erwärmen. —

Nicht eines nur von beiden, sondern beides stets vereint. Den Nichts vermag das wärmste edelste Wünschen ohne der Kenntniss von der Ursachen Wirkung und der erleuchtetste Verstand geht irre, wenn er gemeiner Selbstsucht dient und nicht sich leitet an dem Herzenswunsche, für Aller Wohl zu wirken.

Ist's aber für diesen Zweck denn nöthig, dass wir zu einem abgesonderten Bunde uns zusammenschliessen, in abgeschlossener Stille versammelt, wundersame Gebräuche üben und zu unsrer Sprache uns geheimer Sinnbilder bedienen? Bietet das allgemeine Leben draussen nicht Jedem Einzelnen genug und mehr Gelegenheit und Antrieb zur Aufhellung des Verstandes und zur Tugendübung? Unverstand schafft überall und immer Schäden und Leiden deren Ursachen der Verstand zu erkennen und vermeiden lehrt. Dem Thoren fliecht in der Regel der Gewinn, den sich der Kluge wohl zu sichern weiss. Uneigennützigkeit und Wohlthun bringt meistens Ehre, nicht selten Vortheil und immer Selbstbefriedigung. Die natürlichen, süssen Bande der Familie, die unentbehrliche Vereinigung zur Gemeinde und die längst vor uns vorhandene Vaterlands- und Staatsgemeinschaft lehren Jeden fast unabweislich, seinen eigenen Vortheil von dem gemeinsamen Nutzen abhängig zu finden und sich mit der Bezwingung seiner nächsten Ichsucht sein Thun dem allgemeinen Wohle zu widmen. In noch höherem Sinne fordert die Kirche von uns unbedingte Nächstenliebe und Selbstverläugnung und verheisst uns dafür ewige Seligkeit im Jenseits.

Allein erinnern wir uns aus dem ersten Unterrichte, welchen der hochwürdige M. über den Zweck des Ordens uns ertheilte, dass unsres Bundes höchstes Ziel sei, die Schärfen, welche die Einzelrichtung der Konfession, des Standes, der bürgerlichen Stellung, der Nationalität in den Menschen hervortreiben, abzuschleifen, ohne deren edlen Kern zu verletzen, dann können wir nicht zweifeln: jene Verbindungen alle, zu welchen die Menschen draussen sich zusammenschliessen, sind zwar unentbehrlich zum Entwickelungsleben der Menschheit und zur Vervollkommnung derselben förderlich; doch sie können nicht allein genügen. Denn in diesen allen wird die Selbstsucht der Einzelnen nicht aufgehoben, noch verwandelt, sondern nur erweitert über den Grenzen des eigenen Ich's auf den Gesammtkreis der durch jene Verbundenen, welche darin ihrer Jeden gleich seinem eigenen Ich erscheint und diese Selbstsucht wird dadurch nach Aussen jenseits des Gemeinschafts-Kreises nur um so schroffer, weil sie durch diese Erweiterung in dem Bewusstsein der Meisten leicht ihren hässlichen warnenden Anblick verliert. Kaum jemals wohl vergass die Selbstsucht, welche ein Mensch für sich selbst gehegt, so grundlos aller Schonung wie Familiengroll und Nationenhass. Ja im täglichen Verkehre der Staaten mit einander wird für erlaubt gehalten, was unter Einzelnen als Treubruch und Betrug den schwersten Schimpf bereiten und vor dem Richter strenge Ahndung finden würde und davor, was für uns selbst zu thun wir nimmermehr mit unserer Ehre vereinbar hielten, scheut Mancher nicht zurück, wenn dadurch der Partei genützt zu werden scheint, der er sich angeschlossen hat. Die Religion sogar, welche alles versöhnen sollte, seit das Gesetz der unbedingten allgemeinen Menschenliebe ihr aufgegangen ist, auch sie scheidet die Menschen nach ihrem Sonderglauben in Konfessionen, die sich mit bitterer Verfolgung anfeinden, als selbst die Staaten einander um Besitz und Macht. Denn auch der Samen, welche des Welthochsommers Rosenfrucht entfiel, ist allerwärts entartet von seiner reinen Form.

Darum bedarf es allerdings vereinten ernsten Strebens, sie wiederherzustellen und die zahllosen schroffen Klüfte in der Menschheit zu überbrücken, bis sie vielleicht dereinst nach dem Rathschlusse des obersten Baumeisters sich wirklich schliessen. Dieses Ziel unsrer Sehnsucht vergisst der Einzelne unter den Bestrebungen des äusseren Lebens nur zu leicht oder verleugnet es wohl gar einmal im Drange der Begierden. Darum kann Jeder gar nicht zu oft und nicht zu eindringlich durch die Gemeinschaft mit seinen Strebensgenossen daran erinnert werden oder sich selbst erinnern, dieses Ziel zeigt uns der Teppich bei jeder Lehrlingsarbeit. In dem musivischen Pflaster, worauf der Tempel sich erbauen soll, an dem wir arbeiten, sind auf dem Plane die verschiedensten Steine, weisse und schwarze und allerhandfarbige dicht zusammengefügt mit glatten Flächen, zwar nicht ganz Eins, doch eng verbunden ohne jede Lücke. Wohl sollte jedes Bruders Herz bei dem Gedanken höher schlagen, dass uns vergönnt sein soll, zu solchem hohem Ziele mit zu wirken.

Was aber können wir von unserm Bund aus denn dazu thun? Die Gesetze unsres Bundes verbieten uns ja gerade Einwirkung auf die Staatenlenkung und die Kirchenlehre in unserm Bunde zu erstreben und überhaupt mit äusserlichen Werken als Bundesglieder vor die Welt zu treten und wahrlich würde dadurch auch Nichts erreicht. Wir würden nur die Werkvereinigungen mit diesen Scheidungen im Aussenleben um eine noch vermehren und diese Scheidungen, welche die Menschen im äussern Leben trennen, können wir auch gar nicht beseitigen wollen, weil sie mit dem Bestehen der Verbindungen unausweichlich verbunden sind und diese zur Weiterentwickelung der Menschheit unentbehrlich sind. Doch eine Stelle soll Jeder finden können, von welcher alle äusserlichen Bestrebungen und darum alle Scheidungsursachen ausgeschlossen sind. In das Innere unseres Tempels, für welche die Vorschrift unsres Bundes seinen Mitgliedern das Gebiet ihrer Thätigkeit in demselben allein beschränkt, da sollen alle zugelassen werden, welche an dem Streben, die Ursachen unnöthiger Schärfe der unentbehrlichen Scheidungen von innen heraus recht zu mässigen, sich ernst betheiligen wollen, wie verschieden sie sonst auch seien.

Wir alle sind noch rohe Steine ohne Ausnahme, deren unregelmässige Ecken und Spitzen fort und fort abgeschliffen werden müssen, eines den des anderen. Das Getriebe der äussern Welt, der Strom des Lebens draussen aber wirft die rohen Steine wild durch einander und reibt sie planlos an einander ab, zu unregelmässig rundlichen Formen, so dass sie leicht verschiebbar und ohne breite Ruheflächen sich nicht fest und dicht auf und aneinander fügen lassen, sondern dem Zufalle zum Spiele dienen. Solche Steine sind nicht anwendbar zu einem festen dauerhaften Baue. Nicht ecken- und kantenlos sollen die Steine werden, nicht charakterlos die Seelen, sondern nur frei von Unregelmässigkeit. Nicht nach dem Zufalle sollen sie sich gestalten, sondern nach dem Winkelmaasse. Nicht selten aber wirft der Zufall zwei Steine so hart gegen einander, dass von dem einen oder andern grosse Stücke abspringen und dadurch unregelmässig scharfe Kanten und Spitzen neu entstehen oder dass einer oder gar beide Steine völlig zertrümmert werden. Wer hätte nicht davon Erfahrung, wie durch heftige Konflikte, namentlich wenn sie sich öfter wiederholen, Mancher für immer gegen alle andere sich verbittert oder gar auch einmal sittlich ganz zu Grunde geht. Darum ist es das Streben unsres Bundes, diese gefährliche und oft verderbliche Macht des Zufalles durch Beförderung planmässiger Bearbeitung der Steine, welche die Menschenseelen darstellen, abzuschwächen.

Doch nicht der Zufall nur im äussern Leben bringt solche Gefahren und Schäden. Gleiche folgen auch leicht im Innern unsres Bundes aus Unbedacht und Ungeschick, mit welchen Brüder die Werkzeuge gebrauchen, einer an dem andern oder aus nicht ganz vermeidlichen Reibungen zweier Brüder an einander. Ohne Hammer freilich und ohne Meissel können die Flächen der Steine nicht nach dem Winkelmaasse gerichtet werden. Doch ein unbedachter, ungeschickter oder unrichtig geführter Hammerschlag kann einen Stein gar schwer beschädigen und an einer im Ganzen fast schon eben gewordenen Fläche beim Abschlagen einer kleinen Hervorragung eine weitaus grössere Lücke und Vertiefung aussprengen. Wenn dann wieder eine ebene Fläche hergestellt werden soll, muss vielmehr abgeschliffen werden, als zur Abschleifung der so unglücklich abgeschlagenen Hervorragung nöthig gewesen wäre und nicht nur die ganze frühere der Herstellung der nun verdorbenen Fläche verwandt gewesene Arbeit ist verloren, sondern durch die zur Abschleifung der ganzen Fläche bis zum Grunde der Vertiefung neu erforderliche grössere Arbeit wird durch die Masse des Steines selbst und mit ihr sein Werth verringert. Auch der Meissel kann schartig werden oder zerspringen und selbst der Hammer brechen durch einen zu starken und ungeschickt geführten Schlag. Bei anmasslichen Eingriffen Eines in des Andern Sphäre kommen meist bei diesem oder jenem alte, selbst vermeintlich schon ganz abgelegt gewesene Fehler wiederum zum Vorschein, welche sonst vielleicht niemals mehr hervorgetreten wären und haften dann meist hartnäckiger als zuvor. Darum soll jeder erst an sich selbst die Führung der Werkzeuge üben und ihre Wirkung kennen lernen, wobei der eigene Schmerz bei zu harten Schlägen ihn bald Mässigung lehrt, bevor er an einen seiner Brüder die Werkzeuge anwenden darf. Wer aber durfte wohl seine Uebung und Kenntniss schon für so sicher halten, dass er der Erinnerung durch eignen Schmerz entrathen könnte und ohne gerechte Besorgniss vor Beschädigung es wagen möchte, dem Bruder, wenn auch in guter Absicht und vermeintlich zu dessen Besten wehe zu thun!

Aber auch wenn nicht mit Selbstüberhebung Einer

als Hammer den Andern nur als Stein bearbeiten zu dürfen meint und dies versucht, selbst bei blossen Reihungen zweier an einander kann gleicherweise freilich statt der gehofften Glättung die Unebenheit sich mehren und Manches schon Errungene wieder verdorben werden, wenn nicht sorgsam Ungestüm und Hastigkeit vermieden wird. Doch wenn Einer an dem Andern reibt, fühlt jeder Reibende meist gleich oder bald an dem eignen Schmerze beim Angriff seiner eigenen Unebenheiten, wenn die Reibung zu heftig wird. Dadurch lernen wir in unserm Bunde noch mit der Hülfe der stets wach erhaltenen Erinnerung an die Gemeinschaft unsres hohen Zieles, die Reibungen, welche zur Glättung der Flächen nicht entbehrlich sind, auf ihr rechtes Maass zu mildern und niemals der Schonung des Andern zu vergessen.

Und was wir so hier drinnen üben, das bleibt uns draussen, wo wir's anwenden zu unsrem eigenen und zu Aller Vortheil. Ist nun auch Jeder nur ein fast verschwindend kleiner Theil des Ganzen, so ist doch jeder Stein zum ganzen Baue unentbehrlich und wenn die Flächen nur eines Steines wohl geglättet und dadurch wenigstens vor den gewöhnlichsten Angriffen gesichert worden sind, so ist damit der Bau ein gutes Stück gefördert. Dann aber wirkt auch das Beispiel zwar nur unvermerkt, darum aber desto mehr ganz unwiderstehlich. So hat bereits die hohe Idee von der unbedingten allgemeinen Menschenliebe auch von Jenen einen grossen Theil erfasst, welche den erhabensten Verkünder dieser reinsten Lehre dem Namen nach noch nicht anerkennen wollen, und wohl kaum eine geringeren Theil von jenen als von seinen namentlichen Bekennern erfasst, allein dadurch, dass jene unter diesen leben. Diese Wirkung ist so ganz unvermerkt, dass viele sie noch gar nicht merkbar finden wollen, erfolgt im Geist und in der Stille. Ja in der Stille, meine lieben Br! Wir kennen die rechte Antwort, wenn wir sie auch draussen nicht aussprechen sollen, auf die oft gehörte Frage: Wenn es denn Gutes ist, das Ihr erstrebt, warum verberget Ihr es im dunkelen Geheimniss? Wenn wir draussen und laut das Ziel verkünden wollten, dem wir nachstreben, unter solchen, welche dafür die menschliche Kraft für zu gering halten oder selbst an das Ziel nicht glauben, wir würden überall verlacht als aberwitzige, hochmüthige Thoren, welche dem obersten Baumeister vorgreifen wollen, oder kindische Weltverbesserer, die am Fasse der Danaiden schöpfen, und wir zerstörten damit selbst den Boden unsrer Wirksamkeit, die nur in Stille und Geduld gedeihen kann.

Von dem unleugbaren Fortschritte aber, welchen seit dem Anfange des vorigen Jahrhunderts gerade seit unser Bund in seiner jetzigen Gestalt sich gebildet hat, und fast im Verhältnisse mit seiner immer weiteren Verbreitung die Menschheit gemacht hat, in Freiheit, Reinigung und Milderung der Sitten und in allgemeiner Hülfsbereitschaft gegen Noth, sollten wir nicht einen guten Theil dem Streben unsres Bundes zuschreiben dürfen? Niemand sollte wohl meinen können, dass ein so dauernd festgehaltenes und so weit verbreitetes Bemühen ohne Wirkung geblieben sei.

Aber, wenn gleich dies kaum noch geleugnet werden kann, sind dann zur Förderung dieser Zwecke die sonderbaren Formen, die symbolischen Bilder und Gebräuche nöthig oder auch nur wirksam oder die Feste und unsre regelmässigen Versammlungen, in welchen wir bestimmte Kreise von Betrachtungen über unsre Ziele und unsre Mittel immer wiederholt durchlaufen und viele male neu von vorn beginnen? Ist das nicht etwa unnützes Beiwerk, das wir bei Seite lassen könnten und lassen sollten? Zweifellos ist alles dieses nur Menschenwerk und darum verbesserungsbedürftig. Doch haben die grössten Geister den Gebrauch dieser Formen nicht verschmäht. Ich nenne hier nur drei: Lessing, Goethe und den König unsres Staates, den die Geschichte zu unserm Stolze mit Recht den Grossen nennt. Bei weiterer Umschau könnten wir leicht zahllose Namen finden von den besten Klange. Dann aber dürfen wir auch die Wirkung der von Alters her sämmtlichen Maurern überall gemeinsamen symbolischen Bilder und Gebräuche nicht gering achten, dass durch dieselben im fernsten Lande Brüder sich erkennen und in Förderung unsrer Bundeszwecke immer dem andern helfend, sich vereinen, welche wechselseitig ihre Sprachen nicht einmal verstehen. Darum sind diese Bilder und Gebräuche in so weit wesentlich als für diesen Zweck nothwendig und müssen auch so unverändert bleiben, soll sich nicht unser Bund der wirksamsten Mittel eines für sein Ziel berauben.

Diese Formen gleichen den fremdartig bezeichneten Gefässen, in welchen hergebrachterweise Indiens und China's werthvolle Erzeugnisse zu uns kommen und an welchen wir deren Inhalt voraus erkennen. Freilich ist betrüglicher Missbrauch, wenn auch nicht ganz leicht, so doch nicht unmöglich. Aber selbst dann ist das, was wir auf die verfälschte Waare zahlen, die Liebe, die wir auch dem unwürdigen Bruder widmen, niemals vergeblich, denn echte Liebe, welcher ihr Lohn Nebensache bleibt, ist solch ein Wunderschatz, der immer reicher wird, je mehr wir davon geben. Dagegen können diese Gefässe als Geschenk von einem Bruder in wohl angelegter und gelungener Ueberraschung wohl einmal noch weit köstlicheren Inhalt bergen, als wir nach den bekannten Zeichen nur vermuthen, wenn der Fortschritt der Kunst Besseres als bisher erzeugt. Fülle nur jeder Br. die Umrisse unsrer Bilder mit den besten Gedanken und Empfindungen, deren immer sein Geist oder Herz fähig werden und tausche die werthvollsten Erzeugnisse seines Innern mit den Brn aus. Die hergebrachte und gebotene Form wird darin keinen hemmen, wenn sie auch an sich von vorn herein und für jeden Uneingeweihten immer so fremd und verschlossen, wie nur die Sitten des fernen Indiens oder China's, Manchem nicht mehr ganz gefällt.

Aber wenn es auch nichts Neues ist und Besseres, als das Gewohnte, das wir in die Symbole legen oder daraus nehmen, so ist es darum doch nicht Schade. Denn die Gesetze, welchen unser Geist und unser Herz gehorchen, sind wesentlich nicht andre, als die wir in der Körperwelt entdecken. Auch Herz und Geist verzehren ihre Nahrung wie die Pflanze und das Thier, die eignen Formen daraus bildend und bedürfen darum immer neuer Nahrung und regelmässig der gleichen, wenn sie nicht siechen und verkümmern, zuletzt aber vergehen oder vertrocknen sollen. O! meine Brr verschmähen wir darum auch nicht die Hausmannskost der immer gleichen Nahrung, welche unserm Herzen und unserm Geiste in unserm Bunde unter uns geläutigen Formen geboten wird. Finden, wir aber einmal in seltenem Falle eine feinere Kost für unser Inneres, so mögen wir sie mit um so aufmerkendterem Geiste ergreifen, in um so treuerem Herzen bewahren und mit um so eifrigeren Gemüthe verarbeiten. Was wir im Bunde Festfeier nennen, ist, wenn sie mit echtem Maurersinne begangen wird, in Wahrheit Arbeit, strengere Arbeit nur als sonst. Allein des Gastmahles Erregung darf nicht oft geschehen, soll sie nicht dauernde Erschlaffung zur Folge haben.

Wem dabei einmal der Genuss des selbstbewussten inneren Werdens aufgeht, der sucht und findet solche Lust bei jedem, auch der gewohnten Arbeit, die seine Kenntniss mehrt und seinen Willen kräftigt und deren Regelmässigkeit immer die wichtigste Hauptsache bleibt, wie auch dem unverweichlichten Menschen das tägliche Brod einfacher Mahlzeit immer mundet und allein dauernd ihn und gesund ernährt. Wem so jede Pflicht-Arbeit zur Freude wird, nur der ist wahrhaftig frei und mauert heiter an dem Tempel der eigenen Seele und der Menschheit. Ihm wird die Sammlung der Seele von den Kämpfen draussen zur Erbauung im trauten Bruderkreise stets zum Feste.

Wie nun der Rose kurze Blüthe auf Johannis früh abgeschnittenes Leben deutet und wie Johannis Wirken den Anfang der bewussten Liebes-Arbeit bezeichnet, so schliesst sich nun die Arbeit, der letzte Gegenstand unsrer Betrachtung, wieder an deren Ausgang, an die Rose als das Zeichen des allgemeinsten Maurerfestes. Das Rosen- und Johannisfest als Anfang des Maurerjahres zeigt als Arbeiten die Maurerfeste und jede Logenarbeit als ein Fest.

Möchte auch unsre heutige Festarbeit dem obersten Baumeister der Welt gefallen!

Feuilleton.

Dresden. — Die Loge „3 Schwerter" und gr. R. hat den Br Schletter in Leipzig, Ehrenmeister der Loge Baldwin, Herausgeber der Latomia und Geschäftsführer des Maur. Corr.-Boreaus in gerechter und dankbarer Würdigung seiner grossen und ausdauernden Verdienste sowohl auf dem Gebiete des wissenschaftlichen Lebens in der Mrei, als auch hinsichtlich der thatsächlichen Vermittelung eines leichten Verkehres der Logen unter einander, zu ihrem Ehrenmitgliede ernannt.

(FM.-Ztg.)

Italien. — Bei dem am 19. Juni stattgefundenen Johannisfest der Loge Gagliandi zu Alexandrien wurde u. A. in Beantwortung eines solchen von Br Röder in Mailand ein Toast auf die deutsche Maurerei ausgebracht. Bei diesem schönen Feste waren 10 Logen vertreten und wurde ein gemeinsamer Entschluss gefasst, der den Arbeiten der Logen im Norden Italiens gewiss einen neuen Impuls geben wird.

Aus Rheinpreussen. — (Der § 4 des Statuts des Vereins deutscher Freimaurer.) Nach dem Briefwechsel der N. 26 dieses Blattes hat Br W. in O—m die Frage angeregt, ob es nicht thunlich und zweckmässig sei, den Zutritt zum Verein nicht von der activen Mitgliedschaft, sondern lediglich von der nachgewiesenen Eigenschaft als Maurer abhängig zu machen. Diese Frage verdient nach unserer Ansicht Beachtung, weshalb wir uns erlauben, derselben einige Worte zu widmen.

Bekanntlich gibt es eine nicht geringe Anzahl von Freimaurerbrüdern, welche theils aus lokalen oder persönlichen Verhältnissen, theils aus Missstimmung über die ihnen nicht mehr zusagenden Logenzuständen sich von ihren Legen zurückgezogen haben, nichts destoweniger aber der Maurerei unwandelbar treu geblieben und gern für dieselbe mitarbeiten möchten. Derartige Brr nennt das Statut der Berliner 3 Weltkugeln „isolirte Brr" und gestattet ihnen in der richtigen Erkenntniss, dass der Mr so lange Mr bleibt und als solcher anerkannt werden muss als er diese Eigenschaft, wie das Berliner Statut sich ausdrückt, nicht durch „Streichung aus der Liste oder Exclusion verloren sind", den Logenbesuch überhaupt dreimal während eines Jahres (§ 234). Für solche Brr wäre nun der Maurerverein in seiner vollständigen Unabhängigkeit und Universalität — er allein kennt ja nicht verschiedene Lehrart, Konfession und Grad — ganz gewiss ein erwünschtes und willkommenes Feld zu erneuter maurerischer Geistigkeit bieten. Soll der Verein nun diese Brr ferner von sich abweisen? Nach unserer Ansicht liegt dies weder in seiner Pflicht noch im Interesse der Sache, welche er vertritt. Es liegt nicht in seiner Pflicht, als er in seinem Wirken und in seiner sich selbst gegebenen unabhängigen Stellung ausserhalb der Jurisdiction der (leider) verschiedenen maurerischen Gesetzgebungen steht, über dies auch nach seinem Statut und seinem in Wort und Schrift offenkundigen Wirken nur allgemeine maurerische Angelegenheiten bearbeitet. Es liegt nicht im Interesse der Sache, welche er vertritt, weil er sich durch Statut vorgesetzt und verpflichtet hat, die verschiedenen Brr der verschiedenen Lehrarten in gemeinsamen Wirken zu einer harmonischen Einheit zu verbinden. Hieraus allein dürfte die Pflicht erwachsen innerhalb seiner selbst auch diese Schranke zu beseitigen, die noch den Freimaurerbr vom Freimaurbunde trennt. Aus diesen, wie wir glauben, gewichtigen und durchschlagenden Gründen, glauben wir daher auch nicht, dass ein desfallsiger Antrag auf ernstlichen und nachhaltigen Widerstand stossen wird, ja sogar darf. Dass solche Brr vor Aufnahme in den Verein die ehrenvolle Entlassung aus ihrer Loge durch ein Dimissorials und die bisherige Fortdauer ihrer Ehrenhaftigkeit in glaubhafter Weise nachzuweisen hätten, ist selbstredend, wie wir auch dafür wären, dass überhaupt jedes active Mitglied einer Loge nur auf Vorschlag und unter Bürgschaft von mindestens drei Mitgliedern des Vereins aufgenommen werden dürfte. Die bevorstehende Jahresversammlung wird eine passende Gelegenheit bieten diese Angelegenheit im Allgemeinen zu besprechen. Es wird sich alsdann schon zeigen, welche Aufnahme ein etwa später zu stellender desfallsiger Antrag zu gewärtigen hat.

Vegesack. — Den Schutz des hiesigen Mr-Kränzchens übernimmt die Loge zu den 3 Ankern zu Bremerhafen; Vorsitzender ist Br J. P. Jacobsen, Lehrer in Bremen, Redner Schuldirector Dr. Ebeling in Vegesack und Sekretär Br A. Ellersieck in Bremen. Versammlung ist jeden Monat einmal und zwar Sonntags.

Wien, 22. Juni. — Gestern Abends hielt der Br Verein Humanitas in der Handels-Akademie seine zweite Plenarversammlung, behufs Neuwahl des Präsidenten und des Vorstandes sowie wegen formeller Erledigung mehrerer Angelegenheiten, welche in der sogenannten verstärkten regelmässig am 1. und 3. Dienstag eines jeden Monats in obengenanntem Locale stattfindenden Vorstands-Sitzungen principiell zwar bereits entschieden worden waren, aber im Sinne der Statuten nur durch die Plenar-Versammlung Gesetzes-Kraft erlangen können, wie z. B. die Aufnahme und Ausschliessung von Mitgliedern, Ernennung von Ehrenmitgliedern u. s. w. — Laut des vom Präsidenten Br Schneeberger (Arthur Storch) erstatteten Rechenschaftsberichtes hat der Br-Verein Humanitas seit der constituirenden Plenar-Versammlung am 28. Sep. v. J. einen sehr erfreulichen Aufschwung genommen, denn nicht nur dass 46 Brr neu beitraten, wurde in dieser kurzen Spanne Zeit eine bereits von der Behörde anerkannte Filiale zu Bielitz in k. k. Schlesien errichtet, sondern es erfolgte auch zu Graz, Klagenfurt, Linz, Reichenberg und Steinschönau die Einsetzung von Gründungs-Comités*) in welcher Richtung demnächst auch in Triest, Laibach und Prag vorgegangen werden wird. Die Humanitas hat daher eine wahrhaft staunenswerthe Thätigkeit entwickelt, als deren Haupt-Moteur freilich fast ausschliesslich Dr Schneeberger anzusehen ist, welcher bis jetzt ganz allein die sehr umfangreiche Vereins-Correspondenz besorgt, welche allmonatlich ein paar hundert Briefe umfasst. — Es war daher selbstverständlich, dass Br Schneeberger am gestrigen Tage einstimmig als Präsident gewählt wurde. Hinsichtlich einiger der bisherigen Vorstands-Mitglieder machte sich jedoch schon seit mehreren Wochen eine kleine Oppositionspartei bemerkbar, welche sammt und sonders selbst in den Vorstand eintreten wollte, aber bei der gestrigen Wahl nicht einen einzigen ihrer Candidaten durchbrachte. — Der Br-Verein Humanitas besteht mit heutigen aus 98 wirklichen Mitgliedern, nachdem gestern vier Mitglieder gestrichen wurden und der sehr ehrw. und vielgel. Br Dr. Th. Zibaks (Präsident-Stellvertreter) am 28. Mai d. J. i. d. e. O. eingegangen ist. — Die Humanitas wird nunmehr die Drucklegung ihres Mitglieder-Verzeichnisses veranlassen und dasselbe an alle Logen Deutschlands sowie an sämmtliche Gross-Logen versenden.

Für den vorläufigen Endzweck des Br-Vereins Humanitas: „die Fr-Mr. in Oesterreich zu mehren und zu sammeln" ist also in kurzer Zeit sehr viel geschehen, und wird es nur von den Umständen abhängen, wenn die erforderlichen Schritte um förmliche Reactivirung der Fr-Mr in Oesterreich bei der Regierung gethan werden sollen. — Vor der Hand hätte ein solcher Versuch gar keine Aussicht auf Erfolg. Die österreichische Regierung stützt sich einfach auf das Vereinsgesetz vom 15. Nov. 1867 und ist dabei formell im Rechte. — Von diesem Rechte scheint auch die Regierung durchaus nicht Abstand nehmen zu wollen, schon zur gestrigen Plenar-Versammlung wurde ein landesfürstlicher Commissär entsandt, welcher vor Eröffnung der Sitzung kam und auch wieder ging. Offenbar war dies nur eine „symbolische" Andeutung der Haltung, welche die Regierung auch ferner gegen die Fr-Mr zu beobachten gedenkt, nämlich dass sie durchaus nicht gesonnen sei auf das ihr durch § 18 des Vereins-Gesetzes zustehende Recht der stricten Ueberwachung eines jeden Vereins zu verzichten. — Dass die Humanitas ein Fr-Mr Verein sei, ist übrigens in Wien ein öffentliches Geheimniss und wird auch keinem Br bloss deshalb weil er dem Bunde angehört, etwas in den Weg gelegt; aber Logen will man nun einmal nicht haben und wir sind überzeugt, dass die Regierung gegen Winkellogen mit aller Strenge des Gesetzes einschreiten würde. Uebrigens kann es nur eine Frage der Zeit sein, wenn die österreichische Regierung, die sich schon in so vieles gefügt hat, auch die Errichtung von Logen gestatten wird.

Zum Schlusse theile ich ihnen noch die Namen der Ehren-

*) Br van Dalen's Jahrbuch für Fr-Mr auf das Jahr 1871 wird diesfalls alle profanen Adressen bringen.

mitglieder mit, welche gestern ernannt wurden. Es sind dies die Brr:

Berthold Cohnheim in Hamburg, Repräsentant der Oedenb. Loge bei der Grossloge von Hamburg.

Charles Goolden aus London gew. Grossmeister in der Türkei.

Dr. Heinrich Goldscheider Redacteur, Mstr. v. St. der Loge Szechenyi in Arad.

Dr. Zlamal Almos Arzt, Mstr. v. St. der Loge Wahrheit in Pressburg.

Dr. Bakody Th. Mstr. v. St. der Loge St. Istvan in Pest.

Carl Bosch Bürger und Hausbesitzer in Pest, Ehren-Grossmeister der Gr. L. von Ungarn für die 3 Joh. Gr.

Siegmund Papp Ingenieur, Mstr. v. St. der Loge Honseretet (Vaterlandsliebe) zu Baja.

Dr. Julius Fialla Arzt in Pest, Mit-Gründer und Ehrenmeister der Loge in Baja.

Julius Frey-Fecr Mstr. v. St. der Loge zur Brudertreue in Aarau.

Eduard Röhr Redacteur des Triangel, Williamsburgh, Long Island, Amerika.

Carlo Truchi, prof. di fisica à Torino, via Lagrange 15, Ehrenmeister der Loge Pietro Micca.

Paolo Vella Car. Direttore del Dazio Municipale a Torino, Mstr. v. St. der Loge Pietro Micca.

Franz Müller, via San Francesco da Paolo 6 in Turin, Schatzmeister der Loge Pietro Micca.

J. J. Ruegg Bankdirector in Zofingen, Grossmeister der Alpina.

Kramár Bela Pastor, Mstr. v. St. der Loge zu den drei Lilien in Temesvár.

Cscrmelcnyi Ivan Advokat, Mstr. v. St. der Loge Arpad in Szegedin.

Hiermit beträgt die Anzahl der Ehrenmitglieder der Humanitas im Ganzen 34 Brr.

Pfaffenthum. — Ein Knabe aus Gross-Blittersdorf, zu Frankreich gehörend, ertrank in der Saar. Der dortige Geistliche verweigerte die Beerdigung des Knaben nach katholischem Ritus, da der Vater des Knaben ein „Freimaurer" ist. Der „geächtete Vater" wandte sich daher an den protestantischen Geistlichen in Saargemünd, welcher sich sogleich bereit finden liess, das verunglückte Kind zu beerdigen.

Hand an's Werk, Brr!

Mögen die Brr FreiMr überall kräftig mit eintreten, wo es gilt, die schrecklichen Folgen des Krieges zu bekämpfen und für die wackeren Vaterlandskämpfer und deren Familien zu sorgen!

Der Herausg. dieses Bl. ist bereit, patriotische Gaben in Empfang zu nehmen.

Briefwechsel.

Br C d in Ga. bei W. Herzlich willkommen im Verein, wie s. Z., „in der Schlachtlinie" für die Sache des Bundes. Vsschriften seude Ihnen unter ╪band, mir für später die Anknüpfung brieflichen Verkehrs vorbehaltend. inzwischen frdl. Gruss und Handschlag!

Br Dr. Rud. W–h in N.-V. Unter den gegenwärtigen Verhältnissen bedauere ich auf Ihr gütiges Anerbieten nicht eingehen zu können; auch fehlt mir sonst die Zeit zum Vertrieb. Besten Dank!

Br Dr. B. in B–a bei W. Besten Dank für ihren Bericht und brdl. Gegengruss!

Br Dr. Scha. in B–n. Vsbeitr. (Thlr. 3.) dankend erhalten; herzlichen Gegengruss!

Br M. Kr. in B–a. Betrag des Abonnements für Br F–l in Sz. dankend erhalten; Ihnen, wie den Brüdern H. und F–a herzlichen Gegengruss! Das ö. Papiergeld nimmt hier Niemand.

Verantwortlicher Redacteur: Br J. G. Findel. — Verlag von Br J. G. Findel in Leipzig. — Druck von Brr Bär & Hermann in Leipzig.

No. 32.   XIII. Jahrgang.

Die
BAUHÜTTE.

Begründet und herausgegeben

von

Br J. G. FINDEL.

* Organ des Vereins deutscher Freimaurer. *

Handschrift für Brr FrMr.   Leipzig, den 6. August 1870.   MOTTO: Weisheit, Stärke, Schönheit.

Von der „Bauhütte" erscheint wöchentlich eine Nummer (1 Bogen). Preis des Jahrgangs 3 Thlr. — (halbjährlich 1 Thlr. 15 Ngr.)
Die „Bauhütte" kann durch alle Buchhandlungen bezogen werden.

Zum Johannisfest.*)

Von

Br Feodor Löwe,
Mstr. v. St. der Loge Wilhelm z. a. S. in Stuttgart.

Geliebte Brr! — Das fromme Wort: „Gesegnet sei uns diese Stunde!" mit welchem wir nach althergebrachter Weise stets unsere Logenarbeit beginnen, ist heute von tieferer Bedeutung als sonst, denn es tönt in einem für gegenwärtige Versammlung gewählten Raume und vor einer zahlreicheren Schaar von Bundesgliedern, die aus der Nähe und Ferne herbeikamen, hier um Hochmittag das Weltfest Johann des Täufers in brüderlicher Eintracht zu begehen.

Solch ein wohlbedachtes, in edelster Absicht bereitetes Zusammenkommen am lichtreichsten Tage des Jahres müsste Brüder und Bauhütten inniger und fester an einander ketten, die sonst durch räumliche Entfernungen und unwesentliche Meinungsverschiedenheiten getrennt, im Grundgedanken und Streben unserer hohen humanen Verbindung aber doch eins sind, sich eins fühlen sollen.

Von unserer heutigen gemeinsamen Arbeit solch eine die Sache der Freimaurerei fördernde, innigere Verkettung nachbarlicher Bauhütten wünschend und hoffend, lege ich dem rituellen Spruch: „Gesegnet sei uns diese Stunde!" eine tiefere und vollere Bedeutung bei. Möge sein reiner Klang zugleich mit dem Duft der uns schmückenden Rosen,

*) Vgl. Nr. 29, S. 228 d. Bl.

Die Redaktion.

der Blumen aus dem Orient, in weit geöffnete Brherzen dringen.

Das uns hier vereinigende Fest, meine Brr, ist seiner Entstehung nach ursprünglich ein mythisches; denn Jahrhunderte schon, bevor Johannes im Jordan taufte, feierten unsere Urväter, gleich allen Stämmen germanischer Abkunft, den Tag der Sommersonnenwende. Brennende Fackeln von Fichtenholz im Kreise schwingend, stiegen sie in der Abenddämmerung auf die Hügel und Berge, dort dem Sonnen-, dem Zeugungs- und Lebensgott die heiligen Feuer zu entzünden. Unsere Urväter personificirten, wie damals mit Ausnahme der monotheistischen Juden alle Völker der Erde, die Naturkräfte zu Gottheiten, beteten sie an und brachten ihnen Dank- und Sühnopfer. In dieser Götter-Vielheit verehrten sie unbewusst doch nur den einen Gott, zu dem auch wir beten, den wir alle suchen, aber nur ahnen und nicht schauen können. An die Mitsommerfeier knüpften die alten Germanen ihre Hauptgerichtstage, denn das alldurchdringende Licht, Odins Auge, durchschaute und entlarvte das Verbrechen.

Als später die Sendboten der römisch-christlichen Kirche die heidnischen Altäre niederwarfen, das Beil an die Wurzeln geweihter Bäume legten und das Kreuz predigten, war die kirchliche Macht in ihrem Bekehrungseifer doch klug genug, dem Volke alle die alten liebgewordenen Feste zu lassen; aber sie legte ihnen eine andere, christliche Bedeutung unter. Den Tag des höchsten Sonnenstandes nannte sie den Johannistag, obgleich in den alten Festbräuchen auch nicht die leiseste Auspielung an den Täufer gefunden, noch an sie eine Legende von ihm geknüpft werden konnte, und lange noch leuchteten die unter schallendem Liederklang entfachten, lustig flackernden Feuer am Mittsommerabend. So rettete unser Volk, dessen Glauben zerstört ward, einzelne Züge daraus, indem es dieselben auf einen Gegenstand neuer unverfolgter Verehrung übertrug.

Auch diese letzten Ueberbleibsel eines heidnischen Naturdienstes sind heute verschwunden. An ihre Stelle trat längst ein edleres Naturfest, minder geräuschvoll, aber desto weitreichender: Die Glieder eines grossen Bundes begehen es zu gleicher Zeit auf dem ganzen Erdenrunde und statt der lodernden Bergfeuer schlagen bei demselben die reinen Flammen der Liebe und Freundschaft aus brüderlich geeinten Herzen.

Die Baugenossenschaften des Mittelalters, aus denen die Freimaurerei in ihrer jetzigen Gestalt hervorging, erhoben den Täufer zu ihrem Namenspatron und wir, die Erben ihrer Satzungen und Symbole, feiern wie sie zur Zeit der Sommersonnenwende, wenn der Tag den Sieg über die Nacht gewann, unser höchstes Fest, das Lichtfest, den idealen Abschluss eines Maurerjahres. In solcher Weise bewahren wir den alten Sonnencultus unserer Urväter, aber geläutert durch Johannis Geist. In dem zur Höhe gestiegenen Tagesgestirn verehren wir nicht die Gottheit selbst, sondern das Symbol der Macht und Weisheit des grossen Baumeisters der Welt, der dem Planeten wie dem Sandkorn den bestimmten Platz in der Schöpfung anwies.

Wenn wir uns fragen, meine Brr, warum jene Werkmaurer und wir durch sie, den Täufer zum Namenspatron erwählten, so vermögen wir darauf keine urkundlich verbürgte Antwort zu geben; doch ein vollauf genügendes Licht bringt ins Dunkel dieser Frage die leuchtende Gestalt des Täufers selbst und sein, wenn auch noch so kurzes und dürftig gekanntes, an symbolischen Zügen für uns so reiches Leben.

In stiller Weltabgeschiedenheit unbeachtet aufgewachsen, tritt Johannes, der Gottgeschenkte, sein beschauliches Leben in der Wüste verlassend, unerwartet an die Ufer des Jordans. Ein rohes Fell um die Hüften gegürtet, ist er bei seinem ersten Erscheinen vor dem Volke schon der tieferste Mann, der Typus strengster, willigster Enthaltsamkeit und voll heiliger Hingebung an die Sendung, zu der er sich berufen fühlt. Seiner Zeit Verdorbenheit erkennend und nur aufs Ewige schauend, straft sein prophetisches Feuerwort alle, die der Busse bedürfen, mahnt zu innerer Läuterung und reinigender Taufe. Die Erfolge, welche Johannes sogleich errang, bezeugen, dass ihm jener hohe sittliche Ernst eigen war, der jedem reformatorischen Auftreten die Weihe geben muss. Voll bescheidenster Selbsterkenntniss — „Ein Mensch kann nichts haben, es werde ihm denn gegeben vom Himmel" — nennt er sich selbst nur den Vorboten des Grösseren, der da kommen würde und dem er die Wege bereite. Und als dieser kam sich das Haupt netzen zu lassen, beugte sich Johannes demüthig vor ihm, der wachsen, wie er abnehmen müsse. Von da an tauft er nicht mehr, aber er hört nicht auf, das Gewissen seines vom Herrn abgefallenen Volkes zu sein, und der Brüder Gleichheit vor Gott und dem Gesetze zu lehren. Ein freier Mann in der ganzen Bedeutung des Worts trifft sein zürnender

Freimuth, mit der Wahrheit tief einschneidender Waffe, auch den unter römischer Oberhoheit herrschenden üppigen Vierfürsten und durch die List eines verletzten sündigen Weibes fällt Johannes, auf der Sonnenhöhe seines Ruhmes stehend, als ein Opfer seiner Bruderliebe, seiner Ueberzeugungstreue, seines unerschrockenen Muthes, mit seinem Blute die Wahrheit, die er lehrte, besiegelnd, denn die religiöse Idee ist ein Samenkorn, das am kräftigsten immer nur in blutgedüngtem Boden sich entfaltet.

Aber der ernste Busspredigter vom Jordanufer errang sich durch seinen Tod unsterbliches Leben und fast zweitausend Jahre nach seinem Martyrium wird in diesen Tagen, auf dem weiten Erdenrunde, sein Name mit höchster Verehrung genannt.

Konnten die alten Werkmaurer sich einen bessern Mann zum Namenspatron wählen als den starken Ueberwinder des eigenen Selbst, dessen winkelrechtes Leben und Wirken ich Ihnen in flüchtigem Contour auf mein Reissbrett zu zeichnen versuchte? Wahrlich nicht! Wir Geistmaurer haben den alten Werkmaurern und den weisen Gründern unseres Bundes zu danken, denn sie trafen eine gute Wahl, da sie uns Johann den Täufer, nicht als Schutzheiligen, — denn keinen heiligen Fürsprech braucht und nennt der Maurer bei dem Gott, den er bekennt — sondern zum Meister und Muster aufstellten, weil er den geistigen Bau vollkommen verstanden habe, damit wir es ihm gleichthun möchten in Wahrhaftigkeit, Demuth, Beharrlichkeit und freier mannhafter That, um in seines Wandels Fussspuren als echte Johannisjünger zu treten. Im Beispiel, meine Brüder, liegt eine Macht, welche jede andere überwiegt und eben durch sie erzielte und erzielt die Königl. Kunst, die hohe Bildnerin des Menschenherzens, ihre schönsten Wirkungen. Wie einst Johannes dem Grösseren, der nach ihm kommen sollte, die Wege bereitete, so sollen auch wir denen, die nach uns kommen, die Steige richten, die wohnlichere Stätte bereiten, indem wir jenen idealen Tempel auszubauen suchen, über dessen Eingangspforte „Humanitas" mit goldnen Lettern geschrieben steht.

Warum aber, meine Brr, verweile ich so lange bei einer lichtvollen Gestalt, die uns Allen schon von frühster Jugend her, bekannt und vertraut ist? Weil es mehr als je bei der Johannisfeier dieses Jahrs, bei den Wirren dieser Zeit Noth thut uns das Bild des Täufers, gleich einem Symbol ewiger Kraft, lebendig vor Augen zu halten, uns an seiner Stärke zu stärken, an seiner Festigkeit zu festigen, uns enger und näher aneinander zu schliessen, um in den Kampfstürmen siegreich bestehen zu können, die eine verblendete, eine von den lichtscheuen, in die Farbe der Nacht gekleideten ewigen Gegnern unseres menschenfreundlichen Bundes aufgestachelte Macht wider jeden Geist heraufbeschwören will, ihm die abgeschüttelten Fesseln aufs Neue anzulegen, die verlorene finstere Herrschaft wieder zu gewinnen, der Welt die gegenwärtige Gesittung und den Frieden zu rauben, vorgeblich zu Gunsten des bedrohten Glaubens, im Namen der heiligen Kirche und so mit diesem Frevel an der Humanität an den alten Spruch im Talmud erinnernd: „Der Dieb ruft beim Einbruch Gott an!"

Ich weiss sehr wohl, meine Brr, dass die Loge ein neutraler Tempel ist, in dem weder politische noch konfessionelle Streitfragen gebracht werden sollen; aber in Zeiten, wo es sich um eine Bedrohung des Vaterlandes handelt, oder um eine dreiste Antastung alles dessen, was dem Freimaurerbunde hoch und herrlich gelten muss, da darf der Sprecher in der Werkstätte wohl eines Zollstabs Länge über die gezogene Grenze hinausschreiten, mit des Täufers Freimuth auf nahende Gefahren hinweisen und in die rosige Johannisfreude den mahnenden Johannisernst mischen.

Doch nun hinweg, du trübe Wolke vor der Sonne dieses Tags! Scheuche sie fort und tritt noch einmal in deiner reinen Glorie vor uns auf, gewaltiger Lichtbote Johannes, in dessen Geist, zu dessen Ruhm wir uns hier am Tag der Sommersonnenwende in gesegneter Stunde versammelten.

> Vor den Tetrarchen, der beim Mahl
> Mit seinen röm'schen Gästen sass,
> Trat, zu erhöhn das Bachanal,
> Die Tochter der Herodias.
> Ihr buntgewirktes Syrerkleid
> War hochgeschürzt zu üpp'gem Tanz,
> Doch funkelnder, als ihr Geschmeid
> War ihrer Augen Feuerglanz.

> Sie tanzt', der Schönheit sich bewusst
> Und ihres Reizes Zaubermacht,
> Den Tummeltanz, der in der Brust
> Der Männer wilde Gluten facht.
> Und als sie athemlos sich neigt,
> Rief der Tetrarch, schon heiss vom Wein:
> Sag' an, wie man dir Dank erzeigt,
> Und was du auch begehrst, sei dein!

> Zum Purpurpfühl des Fürsten hin
> Schritt die verlockendste der Frau'n,
> Herodias Kind, die Tänzerin,
> Schön wie die Sünde anzuschaun.
> „Du hast mir", sprach sie unverzagt,
> „Was auch die Zunge sich erlaubt
> Zu fordern, fest mir zugesagt,
> So gieb mir — des Johannes Haupt!"

> Rasch wie der Herrscher winkte, schlug
> Ein Haupt vom Rumpf des Henkers Schwert,
> Und her auf goldner Schüssel trug
> Ein Knecht, was Salome begehrt:
> Ein männlich Antlitz schön und bleich,
> Mit Lippen, die ein Lächeln schmückt,
> Als hätte vor dem Todesstreich
> Es gern und freudig sich gebückt.

> Das war des Täufers Angesicht,
> Dess starker Geist das Licht geschaut
> Und von ihm sprach: ich bin es nicht,
> Doch zeugen will ich von ihm laut.
> Der aller Lüge zornentbrannt
> Die unerschrockne Stirne bot,
> Und was als Wahrheit er erkannt,
> Besiegelte mit seinem Tod.

> Ein Schrei drang durch Jerusalem
> Bis weit, wo sich die Wüste streckt:
> Weh dem, der sich das Diadem
> Auf seiner Stirne selbst befleckt;
> Der um ein buhlerisches Weib
> Das Urtheil dem Gerechten sprach —
> An seinem Namen haft' und bleib'
> Ein unlöschbares Mal der Schmach!

> Doch leuchtend soll umflossen sein
> Dein rein Gedächtniss Held Johann,
> Von einem goldnen Glorieuschein,
> Den keine Macht verdunkeln kann.
> Und wo für Höchstes man bereit,
> In heilgen Kampf und Tod zu gehn,
> Da soll dein Odem alle Zeit
> In die entrollten Banner wehn.

> So zu Johannes Ehr' und Ruhm
> Verein'gen wir in seinem Geist
> Uns in des Tempels Heiligthum
> Am Tag, der nach dem Täufer heisst —
> Für ihn, der sich vorm Schwert gebückt,
> Im Drange schönsten Opfermuths,
> Und jede Rose, die uns schmückt,
> Ist uns ein Tropfen seines Bluts.

Literarische Besprechungen.

Das A und O der Vernunft. Von Dr. Rud. Fernau. Leipzig, 1870. O. Wigand. 8. 583 S.

Nach dem Titel urtheilend sollte man eine philosophische Untersuchung erwarten; das ist aber nicht der Fall, das Werk ist vielmehr eine Kritik der jüdisch-christlichen Theologie und ihrer Folgen. Die beste Kritik der positiven Religionsanschauungen wird eigentlich dadurch ausgeübt, dass man die Ursprünge derselben untersucht, ihre Verwandtschaften und Analogien nachweist, ihre Entstehungs- und Entwickelungsgeschichte verfolgt. Ihre Unhaltbarkeit vom Standpunkte der Vernunft darlegen zu wollen, ist dagegen eigentlich nicht zweckmässig; denn das Unrichtige in den Religionslehren kann von jedem denkenden Menschen, der überhaupt sein Denken zur Prüfung dieser Lehren gebrauchen will, ohne grosse Schwierigkeit eingesehen werden, für den Gläubigen aber hat der Nachweis der Unhaltbarkeit seines Credo gar kein Gewicht und kann ihn von demselben nicht abbringen. Denn er will ja eben sein Denken in diesen Dingen gar nicht gebrauchen. Der Verfasser hat nun in seiner Kritik manches Richtige vorgebracht, was indessen schwerlich neu sein dürfte, daneben aber auch manches Unbegründete, wie es bei seinem einseitigen Standpunkte gar nicht anders zu erwarten war. Der Verfasser ist nämlich Materialist, und zwar scheint er die Naturwissenschaft überhaupt mit dem Materialismus identificiren zu wollen. Statt Naturwissenschaft sagt er manchmal schlechtweg Materialismus, womit gewiss gar manche Vertreter der Naturwissenschaft nicht einverstanden sein werden. Zuerst (Seite 6 und 7) sucht der Verfasser der Behauptung der Supranaturalisten zu begegnen, welche sagen, dass alles Wissen, selbst die Zuversicht in unser eigenes Dasein, wie in das Dasein einer äusseren materiellen Welt auf Glauben und im Grunde blosser Glaube sei. Dem Verfasser zufolge ist das aber ein Wissen und er hat darin unstreitig Recht in Ansehung Alles dessen, was der Wahrnehmung gegeben ist, aber nicht in Ansehung der materiellen Welt. Hier dürften die Supranaturalisten mit ihrer Behauptung viel eher Recht haben. Es ist nämlich klar, dass, wenn das Wissen der materiellen Welt ein vollkommen und evident wahres wäre, ein Zweifel an dieser Wahrheit nie würde haben entstehen können; denn dieses Wissen ist uns von frühester Kindheit auf familiär, jeden Augenblick gegenwärtig und von unserem Willen vollkommen unabhängig. Dasselbe würde also nicht weniger Gewissheit haben, als dass $2 \times 2 = 4$ ist. Nun ist aber bekannt, dass es mehrere Denker gegeben hat und noch gibt, welche an das wirkliche Dasein der materiellen Welt nicht glauben, und doch kann man nicht sagen, dass diese Denker von den Körpern weniger als andere Menschen wussten. Der Zustand des Bewusstseins, welcher diesem Unglauben entgegengesetzt ist, ist eben auch kein eigentliches Wissen, sondern ein Glaube. Der Verfasser glaubt freilich, dass „die Materie nebst ihren Naturkräften von den menschlichen Sinnen wahrgenommen werden kann" (S. 449), aber das zeigt bloss, dass er über diesen Gegenstand niemals nachgedacht hat.

Dem Christenthum macht er den nicht ganz unbegründeten Vorwurf, dass dasselbe die Menschen nicht viel besser gemacht habe, als sie früher waren. Allein trifft dieser nicht in noch höherem Grade auch die neueste materialistische Aufklärung? Sie hat zwar allerdings den Sieg der Menschen über die blosse äussere Natur weit gebracht und seine Kräfte vervielfältigt, aber sind dadurch die Menschen auch besser oder glücklicher geworden? Ganz im Gegentheil; die Menschen werden dadurch immer vulgärer und kleinlicher. Die selbstlose Hingebung und die Begeisterung für höhere Interessen nimmt ab, die Anbetung des Goldes und die Gier nach Erwerb nimmt zu und steigt oft zu einer Art Dämonenbesessenheit, zu einer fixen Idee, welche den Menschen unaufhörlich treibt, ohne ihn zur Besinnung kommen zu lassen. — „Help yourself" und „Time is money" sind die grossen Losungsworte dieser Zeit. Durch den immer mehr bewussten und principiellen Egoismus geführten „Kampf ums Dasein" fällt das menschliche Dasein selber immer mehr in Trivialität und Freudelosigkeit herab. Zwar sprechen auch Materialisten viel von Moralität, allgemeiner Verbrüderung der Menschen und ähnlichen schönen Sachen; allein wenn man wähnt, diese Verbrüderung könne auf die empirische Natur des Menschen und auf die Kenntniss derselben allein gegründet werden, so zeigt man nur, dass man von dieser Natur selbst keine Kenntniss hat. Unsere empirische Natur ist nicht so beschaffen, dass wir Kraft derselben zu einander in ein liebevolles und brüderliches Verhältniss treten müssen. Das beweist auf das Evidenteste die ganze vergangene Geschichte und der gegenwärtige Zustand der menschlichen Gesellschaft. Von Natur aus sind wir geborene Feinde im „Kampf ums Dasein", nicht geborene Brüder. Der Mensch kann zwar sich zum Bewusstsein allgemeiner Verhältnisse erheben, aber auch einsehen, dass das Zusammenleben Vieler und die Vortheile, welche daraus für jeden einzelnen fliessen, nicht möglich seien ohne die Befolgung allgemeiner Gesetze; er fordert auch von Andern die Befolgung dieser Gesetze, selbst aber umgeht er dieselben wo und wann es sich nur ungestraft thun lässt. Und vom Standpunkte seiner empirischen Natur aus kann ihn dafür kein Vorwurf treffen. Denn ein solches Handeln ist eben dem natürlichen Egoismus vollkommen gemäss; der Mensch erfüllt eben dadurch

seine Bestimmung am besten, dass er Andere zu übervortheilen weiss.

Nein, nicht aus der empirischen Natur des Menschen heraus und nicht von deren Kenntniss allein kann der Antrieb zu einem wirklichen Fortschritt, zu einem Fortschritt im Innern der Menschen selbst erwartet werden! Die Religionen dagegen enthalten, wenn auch vielfach verhüllt, den Keim des Besseren und Höheren in sich. Die verschiedenen positiven Religionsanschauungen mögen noch so unhaltbar und verkehrt sein; dem religiösen Gefühle der Menschheit liegt eine unzerstörbare Wahrheit zu Grunde, nämlich die richtige Ahnung, dass die sinnliche Welt nicht das A und O der Wirklichkeit ist, dass die bessere Seite der Wirklichkeit vielmehr jenseit der Erfahrung liegt, und dass der Mensch also seine Bestimmung nicht erfüllt, wenn er auch noch so treu und geschickt nur den Trieben und Forderungen seiner empirischen Natur nachlebt. Daher das ideale Streben in der Menschheit, und es ist gewiss nicht der schale, ganz unwissenschaftliche Materialismus, der dieses Streben und die demselben zu Grunde liegende Wahrheit zerstören wird. Sollte es aber wirklich je gelingen, diese Wahrheit aus dem Bewusstsein der Menschen und dieses Streben aus ihrer Brust ganz zu verbannen, dann wäre damit die einzige Quelle verstopft, aus welcher eine Erhebung und Verschönerung des menschlichen Daseins fliessen kann.　　—r.

Die Schule der Hierarchie und des Absolutismus in Preussen. Eine Vertheidigung des Freimaurerbundes wider die Angriffe der „höchstleuchtenden" Grossen Landesloge von Deutschland. Von J. G. Findel. Leipzig: J. G. Findel, 1870. Bl. 1, S. 66.

> — „Wahrheit gegen Freund und Feind,
> Männerstolz vor Königsthronen, —
> Brüder, gält' es Gut und Blut —
> Dem Verdienste seine Kronen,
> Untergang der Lügenbrut!"

Diese Worte Schiller's rufen wir freudig dem Verf. des genannten Werkchens entgegen. Das ist wieder einmal ein ächte Mannesthat, die ungescheut den Missbrauche und Betruge, die sich im Systeme der Grossen Landesloge von Deutschland im Mrbunde breit machen, zu Leibe geht. Hervorgerufen durch die 1855 in Bremen von „Missiporus" gegen Hengstenberg's Angriffe veröffentlichte Vertheidigungsschrift: „Ueber Alter und sittlich-religiösen Charakter der älteren und eigentlichen Maurerei," in welcher das System der Grossen Landesloge mit seinen Hochgraden und seinem christlichen Mysterium, mit seiner Ordenslüge und Ritterspielerei als wahrhaftige Grundlage und als Ausgangspunkt der Mrei gepriesen, dagegen der Ursprung der letzteren aus den englischen (deutschen) Baugenossenschaften als unrichtig bezeichnet, und so jene Behauptung als Rechtfertigungsmittel gegen Hengstenberg's Aufstellungen von Irreligiosität, Unchristlichkeit u. dgl. benützt wird. — Findel charakterisirt in einer kurzen Einleitung das gegenwärtige Wesen des Systems der Gr. Landesloge als mit den Tendenzen der katholischen Kirche nahe verwandt und begründet diese Ansicht durch eine Reihe eingehender, historischer Untersuchungen in den Kapiteln: 1) Das urchristliche Mysterium. 2) Das Alter und der sittlich-religiöse Charakter der Brei. 3) Der Bruder in Christo Hengstenberg. 4) Der Hochgradwahn und seine Früchte. 5) Zeugnisse wider die Grosse Landesloge der FreiMr von D. 6) Schlussbetrachtungen. (Reform.)

Freimaurerische Dichtungen von Emil Rittershaus. Leipzig, bei Br Findel 1870 (10 Ngr.)

Br. E. Rittershaus, wie sein Freund und Br. F. Freiligrath seines Zeichens Kaufmann, ist einer der besten lyrischen Dichter der Gegenwart und unser Bund darf sich glücklich schätzen, ihn einen der Seinigen zu nennen. Der Ertrag der vorliegenden Sammlung, mehreren Brüdern, darunter Klassen-Cappelmann in Köln gewidmet, ist der Bestimmung des Dichters gemäss, wie der Verleger Br. Findel in der Vorbemerkung ausspricht, der Centralhülfskasse des Vereins deutscher Freimaurer bestimmt, welche, „erst vor Kurzem ins Leben gerufen, zu einer dem Sinne der Freimaurerei entsprechenden Werkthätigkeit verwendet werden soll, also zu Werken der Barmherzigkeit, zur Errichtung, Förderung und Erhaltung humaner und gemeinnütziger Institute, zur Hebung der Volksbildung, sowie zur Unterstützung wissenschaftlicher und anderer civilisatorischer Unternehmungen.“ Der Genius unseres Bundes hat den Sinn und das Auge unseres Dichters für alles Reinmenschliche, namentlich für die Licht- und Schatten-

seiten des socialen Lebens ganz besonders geschärft und geweiht und schwerlich dürfte unserem Rittershaus ein jetzt lebender deutscher Sänger den ersten Rang als vorzugsweiser socialer Dichter streitig machen. Er kennt den tiefsten Grund des Lebens, die schwärzesten Schatten, aber auch den ewigen Goldgrund der versönenden Liebe. Die 23 Dichtungen sind alle Gelegenheitsgedichte, aber von ewigem Gehalte, wahrster Gedanken und reinster Empfindungen in vollendeter dichterischer Form und können bei vielen Anlässen in den Logen vorzugsweise verwerthet werden. Man muss diese Dichtungen in ihrer ganzen Frische und Schwungkraft von dem Dichter selbst mit dem ihm eigenthümlich hinreissenden Pathos vortragen gehört haben, wie der, welcher sie in diesen Blättern leider nur mit wenigen Worten zur Anzeige bringt, um sie in ihrer vollen hinreissenden Geistesmacht für immer zu würdigen und zu lieben. Mehrere sind bereits in die fünfte Auflage von Friedrich Erk's Gesangbuch für Freimaurer (1870) übergegangen.

Bei dieser Gelegenheit wollen wir nicht unterlassen, die ganze deutsche Maurerwelt auf eine neue Gedichtsammlung von Br. Rittershaus aufmerksam zu machen, welche in Kurzem bei Ernst Keil von der Gartenlaube (Subs. Ex. 3 fl. 30 kr.) in der Weise erscheinen wird, dass der Erlös nach Abzug der Kosten dem Dichter gleichsam als „Nationaldank“ zufallen soll. Die würdigsten Männer der Nation, darunter auch der Meister vom Stuhl der Loge von Elberfeld, (Br. Rittershaus gehört der Loge von Barmen an) haben sich die Ausführung dieses, hoffentlich dem Dichter reichen Segen und Unabhängigkeit spendenden Planes zur würdigen Aufgabe gestellt. Mögen alle deutschen Maurer diesen Akt nationaler Pietät gemeinschaftlich mit der profanen Welt zum glänzendsten Abschluss zu bringen suchen.

(Jahrb. d. Eintr.bds.)

Feuilleton.

Dänemark. — Kürzlich starb zu Kopenhagen Br Braestrop, Conf. Rath, Grossmeister der Gr.-Loge v. Dänemark. Der Verew. gehörte der orthodoxen Richtung des schwedischen Systems an und war nicht geneigt, Reformen zu begünstigen.

England. — Der „Freemason“ vom 16. Juli enthält einen Ueberblick über den Stand der FreiMrei in allen Welttheilen; der Schluss lautet: „Wie man sieht, ist das Senfkorn der Mrei zu einem grossen, mächtigen Baum geworden, unter dessen Schatten sich Männer aller Nationen vereinigen; hoffen wir, dass die Zeit mit Riesenschritten heranrücke, wo der Einfluss eines so weitverbreiteten Friedensbundes mächtig genug sein wird, die Möglichkeit eines Krieges zwischen civilisirten Völkern schwinden zu machen und wo Wissenschaft Kenntniss und Tugend vereinigt, allein die Geschicke der Welt bestimmen werden.“ (Ob wohl der grosse Orient und die gesammte Brüderschaft in Frankreich Protest erheben wird gegen das Verbrechen des Kaisers und seines Anhangs?)

Frankreich. — Br Brink liefert jetzt Auszüge und Uebersetzungen aus der Deutsch. und FrMrZtg. für „La Chaine d'union“ (Herausg. Br E. Hubert), so dass unsere französischen Brr mehr und genauer als bisher mit den maurer. Vorgängen in Deutschland bekannt werden. Wir begrüssen diese verdienstliche Arbeit des gel. Br Brink um so freudiger, als die Mittheilungen des Br Aschterbosch in „Monde Maç.“ stets sehr dürftig und ungenügend waren.

Oedenburg. — Am 9. und 10. Juli wurde in Oedenburg das Johannisfest gleichzeitig von der dortigen Loge zur Verbrüderung und dem MrVerein Humanitas begangen. Es wurde in der Festloge der Jahresbericht vorgelesen, der zeigte, in welch erfreulichem Aufblühen diese junge Loge begriffen ist. Abends Brmahl, am 10. Gesellenloge, während die Nichttheilnehmer der Gesellenloge den Neuhof, eine schön gelegene Restauration, besuchten. Mittags 11½ Uhr Tafelloge. Br Redner Pozvéh stellte in farbenprächtiger Rede die Bedeutung des Johannisfestes dar, hierauf folgte Gesang und dann die Tafel mit den zahlreichen Toasten. Unter denselben am hervorragendsten waren die von Br Thiering, Mstr, v. St., auf den Landesfürsten, die Minister und das ungarische Volk, Schneeberger, Präs. der Humanitas auf die Hamburger Grossloge, Bergmann auf die Frauen, Stenz, Mstr. v. St. der Grossloge von Gleiwitz in pr. Schlesien und ferner das Gedicht „der Glauben" meisterhaft vorgetragen von Br Brée. Abends gemüthliche Zusammenkunft im Neuhof und Casino. Die Feier war eine ungetrübte, und nahmen die 115 Theilnehmer des Festes wol einen unverwischbaren Eindruck davon mit.   E. D.

Die Prince Hall Grossloge (Farbiger Mr) in Boston.

Br Gardner, der ehrwürdigste Grossmeister der Grossloge von Massachusetts hat in Sachen der Prince Hall Gr.-L. an seine Gr.-L. eine Ansprache gerichtet, welche im Druck vorliegt und auf die Nichtanerkennung obiger Behörde hinausläuft. Die Beweisführung geht natürlich vom Standpunkt der amerikanischen Sprengelrechtstheorie aus, welche für uns keine Beweiskraft, weil keine Berechtigung hat. Im Gesetzbuch der Gr.-L. von Massachusetts heisst es u. A.: „die Grossloge unterhält keinen Verkehr mit Maurern, noch lässt sie solche als Besuchende zu, welche nur auswärtigen Grosslogen angehören und deren Autorität anerkennen." Das ist nun zwar ein allerdings ein Gesetz; aber ein unbrüderliches, dem Geiste der k. K. und den Interessen des Bundes zuwiderlaufendes, die Freiheit der Einzellogen und der Brr beschränkendes, auf rein politische Motive und auf Alleinherrschaft hinauslaufendes Gesetz, das man abschaffen sollte.

Br Gardner gibt folgende, in seiner Schrift urkundlich belegte Thatsachen: 1. Die Mutterloge der Prince Hall-Grossloge, die Africanloge zu Boston ist wahrscheinlich durch Aufnahmen in eine englische Feldloge gebildet; — 2. dieselbe hat 1784 von der Grossloge von England unter Grossmeister Effingham eine rechtskräftige Constitution (Charter) erhalten; 3. dass von der Africanloge Steuern zum Wohlthätigkeitsfond bei der englischen Grossloge eingegangen und gebucht sind von 1789 — 1797; — 4. dass diese Loge im Freimaurerkalender für England bis 1812 als Tochterloge mit aufgeführt ist; — 5. dass sie unter dem Beistand von Logen zu Philadelphia und Providence im Jahre 1808 eine Grossloge bildete, welche Constitutionen (charters) ertheilte, und endlich 6. dass diese Grossloge sich im Jahre 1827 für unabhängig und selbständig erklärte. Auf Grund dieser Thatsachen, welche der Prince Hall-Gr.-L. ein weit legitimeres Bestehen sichern, als manche deutsche und auswärtige Grossloge für sich geltend machen können, dürfen wir getrost die Ueberzeugung aussprechen, dass in Deutschland auch nicht eine Grossloge die Rechtmässigkeit und Aechtheit der Prince Hall-Grossloge in Zweifel ziehen dürfte. Die Anerkennung der genannten Grossloge in Deutschland, Frankreich, Italien etc. kann gar nicht fraglich sein.   F.

Vermischtes. — Das Mai-Heft des „Jahrbuch der Bauhütten des Eintrachtsbundes" enthält einen Artikel „Aus Bingen" von Br Graeff, worin u. A. im Hinblick auf die in Mainz erschienene Schmähschrift bemerkt wird: „Für mich liegt indessen eine neue Mahnung in dem Erscheinen solcher Machwerke, mehr und mehr vor die Oeffentlichkeit zu treten, Veraltetes in den Formen durch Besseres zu ersetzen, überhaupt weniger auf Form als auf Kern und Inhalt zu achten und die Form, die beizubehalten ich für alle Zeiten als eine Nothwendigkeit ansehe, doch stets dem Geiste, den sie darstellen und erwecken soll, anzupassen. Einfach und ernst, mit Herz und Verstand zugleich wirkend, müssen alle Gebräuche und Symbole sein. Aber nie sollen wir sie als Hauptsache betrachten."

Ferner enthält das Heft den Schluss des Art. von Br Nebbuth, worin u. A. mitgetheilt wird, dass sehr tüchtige Brr der Loge in Friedberg sich nicht befördern lassen mögen aus Abneigung gegen die seitherige Beförderungsweise. „Nach meiner Meinung kann hier nur die Ritualfreiheit helfen. Dieselbe möge immerhin auf gewisse namhaft zu machende

Ritualien beschränkt werden. Das Findel'sche Ritual halte ich für sehr geeignet und empfehlenswerth, da es für die Ansprachen eine dreifache Auswahl gewährt und eine gewisse Scene in 3 nicht dramatisch gibt." — Ein Art. über den Grossmeistertag spricht die Hoffnung aus, dass er die Einigungsformel finden werde, da sonst die Logen des Eintrachtsbundes selbständig vorgehen werden, wozu (zur Aufgabe des sogn. christl. Princips) bereits die Vorbereitungen getroffen seien.

„Die neue Zeit." — Freie Hefte für vereinte Höherbildung der Wissenschaft und des Lebens den Gebildeten aller Stände gewidmet. Im Geiste des Philosophencongresses etc. herausgegeben von Dr. Herm. Freih. von Leonhardi. II. Heft enthält drei philos. Vorträge von Dr. Schliephacke, zwei Vorträge von Paul Hohlfeld, Sätze zu einer vergleichenden Betrachtung der Wissenschaft und Religion von H. v. Leonhardi, verschiedene Rezensionen u. dgl. m. Für eine so wunderliche Philosophie, welche den Glauben als „eine Gabe Gottes" betrachtet und zu Behauptungen gelangt, wie solche: „Vollendete Wissenschaft befördert auch den religiösen Glauben" und umgekehrt „der Fortschritt der Erkenntniss wird durch den religiösen Glauben gefördert" haben wir unsererseits kein Verständniss, gleichwol ehren und achten wir die edlen, auf Höherbildung des Lebens und der Wissenschaft gerichteten, der freimaurerischen geistes- und zielverwandten Bestrebungen seiner Schule und empfehlen den Philosophen-Congress sowohl, wie sein Organ „die neue Zeit" der wohlwollenden Betrachtung unserer Leser, wie wir denn überhaupt ernstlich wünschen, dass die Brr Frmr mehr, als bis jetzt geschieht, im Drange nach Licht und den Arbeiten unserer Denker, den Ergebnissen der philosophischen Forschung prüfende Theilnahme zuwenden möchten. „Weisheit leite unsern Bau!"

Das 2. Heft der „Neuen Zeit" enthält auch eine Stelle über Freimaurerei, welche also lautet: „Zu dieser Partei gehören, ihrer Idee nach und so weit sie zu derselben hierin treu geblieben und nicht sonst entartet sind, die besonders von ihren Hauptgegnern, den Jesuiten, mit Unrecht verleumdeten Freimaurer. Der Krebsschaden der heut. FrMrei ist, dass sie noch immer nicht der Geheimnisskrämerei vollständig entsagt und noch immer nicht der Frauen in ihrer vollen Menschenwürde oder daneben auch als ebenbürtige Mitglieder anerkennt. Würde sie das thun, so würden sicher viele gute Kräfte, die sich jetzt grundsätzlich von ihr fern halten müssen, sich dem Mrrbunde anschliessen, und dieser würde bald den Kraftmittel- und Krystallisationspunkt bilden für edlere Geselligkeit und das neutrale Gebiet für versöhnliche Begegnung und lobenskünstlerisches, ehrenwerthes Zusammenwirken der Einsichtsvolleren und Edleren aller Parteien. Der zum Fortschritt geneigte, wenn auch bisher bei weitem kleinere Theil der FrMrei sollte, den durch unsere grosse Uebergangszeit ihm nahegelegten Beruf erkennend, kraft des Rechtes, das die klar erfasste Idee ihm giebt, die Schranken der bisherigen Entwickelung durchbrechen, alle kleinlichen Vorurtheile hinter sich lassend. Ein Anlass dazu könnten ihm die Hindernisse werden, die der Ausbreitung der FrMrei als geheime Gesellschaft in Oestreich mit Recht stösst. Ist nicht zu leugnen, dass eine im Geist der Zeit öffentlich arbeitende Mrei — aber auch nur eine solche, die sie in keiner Hinsicht das Tageslicht zu scheuen brauchte und auch den Verirrungen nicht ausgesetzt wäre, die von sektenmässigen Abschliessen unzertrennlich sind — in Oesterreich, zumal dem Nationalitätenstreite und seinen unsittlichen, schwindelhaften Ausschreitungen gegenüber äusserst wohlthätig wirken könnte, so erscheint es geradezu als Pflicht des einsichtigen Theils der FrMrrbundes, nicht ferner durch Festhalten an irrigen Vorurtheilen sich ein so grosses Wirkungsgebiet selbst verschliessen zu halten. Die Ausbreitung des in zeitwidrigem Vorurtheil verharrenden Logen-Unwesens würde das Schein- und Cliquen-Unwesen, an dem Oesterreich schon allzusehr leidet, nur noch vermehren."

Verein deut. FrMr. — Ein für die k. K. begeisterter Br meldet uns seinen Anschluss an den Verein mit folgenden Worten: „Ich kann nicht länger zögern, meinen Beitritt zu einem Verein zu erklären, der in der Gesammtheit seiner Intelligenzen und der ebenso charakter- als taktvollen Bethätigung für höchst zeitgemässe Strebungen alles das manifestirt, was mich stets mit glühender Begeisterung und frischherziger Thatenlust erfüllte." —

Maurer. Werkthätigkeit. In Oppenheim hat ein „Ausschuss" (darunter die Brr Förster, Fuhr und Lippold) bereits seine menschenfreundliche Thätigkeit begonnen; die Loge in Mannheim hat untenstehenden Aufruf erlassen, ebenso ein Ausschuss von Brrn der drei Logen in Hannover, die Beamten an der Spitze. In letzterem heisst es u. A.: „In diesem Augenblicke ergeht unser Ruf an Euch, Brr Freimaurer der Provinz Hannover, an Euch, die Ihr mit uns geschworen habt, im Dienste der Menschheit zu arbeiten.
Sollen wir in thatenloser Spannung der Entscheidung harren?
Nimmermehr! Lasst uns männlich unserer Pflicht gedenken.
Was gewonnen wird, wird Allen gewonnen; so muss auch das, was verloren geht, Allen verloren gehen. Die Familien, die ihren Ernährer verlieren, der Soldat, dessen Wunde auf dem Schlachtfelde brennt, der als Krüppel heimkehrt, was sie verloren haben, das haben sie für uns Alle verloren. Wir müssen es ihnen ersetzen!
Dazu bedarf es grosser Mittel. Schon haben sich verschiedene Comité's gebildet und zu sammeln begonnen; an ihrer Seite ist auch unser, der Freimaurer, Platz. Organisiren wir eine Sammlung über die ganze Provinz. Wir dürfen uns Grosses davon versprechen, und zwar bei unseren Brrn und bekannten Freunden wegen des erhabenen Zweckes, dem die Sammlung gilt, und bei allen Andern wegen des wohlbegründeten, alten Vertrauens, welches den Freimaurern geschenkt wird.
Ihr Brr in der Provinz Hannover! Bildet da, wo es zweckmässig erscheint, Comité's! Sendet den Ertrag Eurer Sammlungen an uns ein! Ihr wisst, dass im Sinne der Geber darüber verfügt werden wird."

Der Freimaurerbund in den Ver. Staaten. (Ein amer. Urtheil aus „The Amer. Freemason".) — Man kann von uns erwarten, dass wir mit dem Schlussmonat des Jahres 1869 einen Ueberblick über den Zustand der Frmrei in Amerika geben, und wir würden uns sehr glücklich schätzen, es zu thun, hätten wir irgend Befriedigendes zu berichten. Aber, ausgenommen den Zuwachs an Zahl, im richtigen Verhältniss zur Zunahme des nordamerikanischen Gebietes, und die Zunahme der Ausgaben, ist die amerikanische Frmrei dieselbe gestern, wie heute, letztes Jahr, wie dieses und, ohne Zweifel, wie im nächsten. Vollständig unschädlich und unschuldig ausserhalb ihrer gegenwärtigen Art der Gr. Logen-Regierung, wachsen die Logen an Mitgliederzahl — zu welchem Zweck, wenn wirklich ein solcher vorhanden sein sollte, lässt uns schwer sagen; die Logen, einmal gegründet, betrachten es zum Zwecke ihres Fortbestehens als ihre höchste Pflicht, „Maurer zu machen."
Es wird behauptet, dass Friedrich der Grosse, der hervorragende Maurer, als er gefragt wurde, was Frmrei sei, geantwortet habe: „Ein grosses Nichts!" Hätte er bis heute gelebt und wäre, anstatt König von Preussen, Bürger der Ver. Staaten, er hätte keine Veranlassung, seine Antwort zu ändern, sondern vielmehr Grundes genug, sie nur nicht entschiedener auszudrücken. Man kann mit Sicherheit behaupten, dass gegenwärtig eine halbe Million Männer den Maurerlogen des Landes zugehören, und dass jeder derselben nicht weniger als fünf Dollars Jahresbeitrag, ja dass die Hälfte von ihnen doppelt so viel in die Logenkasso bezahlen. Wenn wir die Mittelzahl nehmen, so ist nicht zu hoch geschätzt, wenn wir sagen, dass jährlich von den Meister Maurern nicht weniger als vier Millionen Dollars ausgegeben werden; während der Betrag für Aufnahme- und Beförderungsgebühren — angenommen, dass im letzten Jahre 30,000 Maurer gemacht worden sind und dass im Durchschnitt je 25 Dollars dafür bezahlt werden — sich wieder auf drei Viertel einer Million Dollars beläuft. Wenn wir den Aufwand für weitere Grade und die regelmässigen Beiträge für andere maur. Organisationen dazu rechnen, so ist gewiss nicht zu viel gewagt, wenn wir behaupten, dass jährlich Beiträge für Aufrechterhaltung des Bundes in Nordamerika fünf Millionen Dollars, oder für jedes wirkliche Mitglied desselben 10 Dollars entrichtet werden.
Fünf Millionen sind allerdings nicht so viel, als die Nationalschuld, aber immerhin eine ganz respectable Summe; und wir fragen, welchen Nutzen zieht die Menschheit aus diesen Ausgaben? Werden nur 10 Procent davon für Ernährung, Bekleidung oder Erziehung von Männern, Frauen oder Kindern verwendet? Welchen Werth hat dieser Aufwand für die 30 oder 40 Millionen Einwohner des nordamerikanischen Continents? Unsere conservativen Brr, auf unsere Bemühungen, die Centralisation, welche wir als den Krebsschaden der amerikanischen Frmrei erkennen, zu stürzen, mit Verachtung blicken, können unsere Fragen vielleicht beantworten; aber wir zweifeln stark daran. Sie können möglicherweise mit aller Herablassung dagegen fragen, wozu das für andere moralische oder menschenfreundliche Gesellschaften verwendete viele Geld gut sei, und wer durch dasselbe gekleidet, gefüttert oder erzogen werde? Sie mögen Recht haben, zu glauben, dass diese anderen Vereine ebensoviel Geld ausgeben und ebensowenig damit leisten; allein wir bezweifeln es. Ja noch mehr; wir sind der Ansicht, dass in der nordamerikanischen Christenheit keine so grosse, so geachtete, so reiche Vereinigung besteht, die jährlich so viel für sich selbst verbraucht und so wenig wirklichen Nutzen für ihre eigenen Mitglieder oder für die Menschheit im Ganzen aufzuweisen hat, als der Maurerbund.
Thatsache ist — und diese Thatsache sollte wohl im Auge behalten werden — dass, während jede andere Gesellschaft von Bedeutung im Lande einen Zweck hat, für den sie besteht, wirkt und zahlt, die Frmrei in Nordamerika keinen Zweck hat. Es ist keine Lücke vorhanden, die sie ausfüllt; kein Bedürfniss, dem sie im Geringsten gerecht wird; kein öder Platz, den sie zur Blüthe bringt, kein blühender, den sie öde legt. Das ganze Ding ist so negativer Art; um mit Friedrich dem Grossen zu sprechen, ganz und gar „ein grosses Nichts!"
Im Laufe dieser Jahre haben mehrere Gr. Logen, um dem Ding einen Charakter aufzudrücken, angefangen, „Tempel" zu bauen; einige von ihnen sind bereits damit beschäftigt, andere wollen daran gehen, so bald sie die zum Beginne nöthigen Summen auftreiben können; ob sie das Unternehmen vollenden werden, das kümmert sie nicht. Sie thun dies also aus dem Triebe der Selbsterhaltung; sonst würde man ja ihre Existenz übersehen, ja vergessen. Alle Gr. Logen der Ver. Staaten haben Jahresversammlungen; dazu verwenden sie 2 bis 4 Tage — selten mehr —, und jede zahlt 500 bis 10,000 Dollars für eine solche Versammlung, und jede der vielen, wenn auch die gedruckten Verhandlungen in die Hände des Lesers gelangt sind, so kann dieselbe von Titel bis zur Endseite sich durcharbeiten, ohne nur von Einer That Bericht zu finden, die nicht auch von der Sitzung einer Landschule gefordert werden kann. Die Verhandlungen der Gr. Logen im Jahre 1868/9 — von der von New-York, der kostspieligsten, bis zu der billigsten, der von Idaho herab — bieten nicht Einen erhabenen Gedanken, nicht Eine grossartige Idee, nicht Eine edle That, die man nicht auch von dem Vorstande eines Dorfes zu erwarten berechtigt wäre. Dies ist Freimaurerei im neunzehnten Jahrhundert in Amerika!

Zur Besprechung.

Dr. Pfaff, Emil Rich., Euthanasia, oder: die Kunst, schön und freudig zu sterben. Für Gebildete aller Stände. 2. Aufl. Dresden, 1869. W. Türk.

Allen Brüdern auf dem Erdenrunde.

In Johannisfestlich-schöner Stunde,
Die das Herz uns höher schlagen macht,
Sei jetzt Aller, die im Maurerbunde,
Aller Brüder auf dem Erdenrunde,
Wie es Lieb' und Treue will, gedacht,
Und dies Feuer „Allen" dargebracht.

Aller, die auf heissem Krankenkissen
Manchen Morgen bang herangewacht,
Aller, die bedrückt von Kümmernissen,
Was ein Menschenleben schmückt, vermissen,
Sei voll regem Mitgefühl's gedacht,
Und dies Feuer „Allen" dargebracht!

Aller, deren Herd jetzt ein verwaister,
Die, empor durch Tod und Grabesnacht,
Der allweise grosse Weltenmeister,
In die Kette rief verklärter Geister,
„Aller" sei erinnerungsvoll gedacht,
Und dies Feuer „Allen" dargebracht!

Feodor Löwe.

Zur Notiz.

Freiburg i. B. Da in den Räumen der Loge zur edlen Aussicht ein Militair-Hospital errichtet wird, so sind die obligatorischen Arbeiten vertagt.

Or. Mannheim, den 23. Juli 1870.

Allen ger. und voilk. Freimaurer-Logen.

Sehr ehrw. Mstr. v. Stuhl!

Angesichts der bevorstehenden grossen Kämpfe zwischen den Armeen Deutschlands und Frankreichs lassen wir folgenden Hilferuf ergehen.

Bei der Lage unserer Stadt ist anzunehmen, dass Mannheim einen grossen Theil der ersten und bedeutendsten Transporte Verwundeter beider Armeen für die hiesigen Kriegs-Lazarethe empfangen wird.

Unsere Loge hat es sich daher zur Pflicht gemacht, in Gemeinschaft mit andern Vereinen hier, der Humanität in Unterstützung der verwundeten Krieger beider Nationen nach Kräften zu dienen.

Wir richten desshalb die Bitte an Ihre Loge, uns trotz anderer localen Bedürfnisse dortigen Platzes für den obigen Zweck eine den Verhältnissen entsprechende Gabe unter der Adresse unseres Br Schatzmeisters:

Herrn J. A. Nauen,
für die Loge „Carl zur Eintracht" in Mannheim,
„Unterstützung verwundeter Krieger betreffend",

zukommen zu lassen.

Wir werden denjenigen benachbarten Logen, an deren Orient Lazarethe errichtet sind, selbstverständlich auf Wunsch einen Theil der eingehenden Gelder übermitteln, dagegen bei Minderbedarf die Gelder prompt an Plätze dringendern Bedürfnisses zu befördern suchen.

Nach beendeter Krankenpflege werden wir in den maurerischen Zeitschriften öffentliche Rechenschaft ablegen. Sollten die Postanstalten Baarsendungen nicht allerorts annehmen können, so wollen Sie uns für Ihre Spende Anweisung oder Wechsel auf Frankfurt a. M., Stuttgart, Leipzig oder Berlin zustellen; eventuell können Sie dieselben an Herrn Philipp Feist in Leipzig zur Uebermittelung an unsern Schatzmeister adressiren.

Wir danken im Namen der verwundeten Krieger für Ihre Beihilfe und grüssen Sie in der Ihnen bekannten Weise aufs Brüderlichste!

Die Loge Carl zur Eintracht im Or. Mannheim.

Der Meister v. Stuhl,	Der Deput. Meister,
Br Ludwig Keller.	Br J. Schneider.
Der I. Aufseher,	Der II. Aufseher,
Br Julius Hirschhorn.	Br Gg. Alex. Renner.
Der Repräsentant der grossen Bundesloge,	Der Corr. Secretär,
Br J. Gansen.	Br G. Treu.

Indem wir obige Bitte kräftigst unterstützen, thun wir dies mit dem Wunsche, dass namentlich die Logen des Auslandes, an welche lokale Bedürfnisse nicht herantreten, derselben brüderlichst entsprechen möchten.

Die Redaction.

Verantwortlicher Redacteur: Br J. G. Findel. — Verlag von Br J. G. Findel in Leipzig. — Druck von Brr Bär & Hermann in Leipzig.

№ 33.   XIII. Jahrgang.

Die
BAUHÜTTE.

Begründet und herausgegeben

von

Br J. G. FINDEL.

* Organ des Vereins deutscher Freimaurer. *

Sendschrift für Brr Fr:Mr.   Leipzig, den 13. August 1870.   MOTTO: Weisheit, Stärke, Schönheit.

Von der „Bauhütte" erscheint wöchentlich eine Nummer (1 Bogen). Preis des Jahrgangs 3 Thlr. — (halbjährlich 1 Thlr. 15 Ngr.)
Die „Bauhütte" kann durch alle Buchhandlungen bezogen werden.

Inhalt: Ueber Symbole im Allgemeinen und die Symbole der Mrei insbesondere. Von Br Hutschmidt. — In dieser Zeit. Von Br Feodor Löwe. — Aus: Jahresbericht der unter der ehrw. Gr. Loge von Hamburg arbeitenden ger. und vollk. St. Joh.-Loge „zu den 3 Ankern" im Or. Bremerhaven. 1870. — Feuilleton: Stuttgart. — Freiburg i. Br. Frankreich. — Briefwechsel. — An allen ger. und vollk. Logen Deutschlands. — Mittheilung.

Ueber Symbole im Allgemeinen und die Symbole der Maurerei insbesondere.

Von

Br J. Hutschmidt in Unna.
Redner der Loge in Dortmund.

In den ältesten Zeiten, als noch die Buchstabenschrift nicht erfunden war, wählte man, um wichtige Gedanken und Begebenheiten der Mitwelt mitzutheilen, oder der Nachwelt zu überliefern, Bilder sichtbarer Gegenstände. Die Wahl derselben war nicht ganz willkürlich, Aehnlichkeit des Zeichens mit dem Bezeichneten wurde vom Verstande gefordert. Diese Aehnlichkeit aber konnte häufig eben wieder nur bildlicher Natur sein. Gedanken, Ideen sind Dinge geistiger Art; das Sinnliche, Wahrnehmbare kann nur ein Bild derselben sein; die Begebenheit ist ein in der Zeit Verfliessendes, das Räumlich-Begrenzte ist nur vergleichungsweise Erinnerungsmittel an dasselbe. Ist also auch durch die Aehnlichkeit der Spielraum der Phantasie bei Betrachtung der Bilder für Ideen, oder Thatsachen, bei Betrachtung der Symbole, in etwas begrenzt, so wird man doch, wenn man bedenkt, dass jeder sinnlich wahrnehmbare Gegenstand eine Menge Eigenschaften hat, die nie, oder doch höchst selten sämmtlich auf eine Idee passen, nicht in Abrede stellen können, dass das Symbol ausserordentlich vieldeutig sein kann, und dass es also höchst schwierig ist, Gedanken oder Thatsachen, die nur in Symbolen überliefert sind, mit Bestimmtheit zu ermitteln. Immer werden wir zugeben müssen, dass wir bei der ursprünglichen Bedeutung vorbeigegriffen

haben könnten. Denken wir nur, um das Gesagte an einem Beispiele zu erläutern, an die Sonne, ein sehr häufig vorkommendes Symbol. Sie kann als Licht, als Wärme, als Glanz, als Erhabenheit, als Grösse etc. aufgefasst werden. Und in diesen verschiedenen Auffassungen für wie Vieles kann sie Symbol sein! Für Wahrheit, Offenbarung, Liebe, Zorn etc. Es ist ein misslich Ding um die Symbole zur Träger bestimmter Ideen und Thatsachen, wenn ihnen nicht das klare Wort zur Seite steht. Giebt es denn aber kein anderes Merkmal, an welchem der Sinn eines Symbols zu erkennen ist, als die Aehnlichkeit? Symbole stehen selten vereinzelt da. Sie gehören in der Regel mit mehren zusammen, bilden mit ihnen ein Ganzes. Der Geist dieses Ganzen und die Vergleichung des Einzelnen unter sich und mit dem Ganzen können über den wahren Gehalt aufklären, — aber sie können ihn nicht sichern.

Sollen wir aber um deswillen wünschen, unsere Urahnen möchten uns keine Symbole hinterlassen haben? sollen wir sie unbeachtet lassen? Sollen wir es tadeln, wenn man auch in unserer Zeit noch hin und wieder in symbolischer Darstellung sich gefällt?

In Bezug auf unsere Ahnen müssten wir, wenn wir auf obige Frage mit Ja antworten wollten, jegliche Ueberlieferung zu entbehren wünschen; denn die Tradition ist eben so unzuverlässig, als das Symbol, und gar häufig war das Symbol der Träger der Tradition. Ohne die Tradition und auch in Verbindung mit ihr hat das Symbol oft zu den wunderlichsten Deutungen Veranlassung gegeben und ist so für manchen Aberglauben die unschuldige Ursache geworden; dagegen ist es aber auch für

Weise eine kräftige Anregung zum Nachdenken gewesen, und sie sind an ihm zum Born der Wahrheit hinabgestiegen. Konnten sie auch nicht behaupten, dass sie bei ihren Forschungen nach dem Sinne der Symbole ihren ursprünglichen Inhalt erfasst, so stand es doch bei ihnen, denselben einen edlen, dem Institute, welchem sie angehörten, entsprechenden Gedanken unterzulegen. Was aber die Benutzung symbolischer Darstellungen in unserer Zeit betrifft, so ist nur nöthig, ihnen das Wort zum Begleiter zu geben, und sie werden dann in Zukunft den Zweck der Belehrung mit dem der Anregung zu weiterem Nachdenken verbinden. Und darin eben liegt das Schöne des Symbols.

Das Wort ist die genaueste Bezeichnung der Idee, das Symbol ist unbestimmt. Jenes sagt dem Verstande zu, welcher scharfe Begrenzung liebt; dieses spricht die Phantasie an, welche ein nebelhaftes Verschwimmen in weiter Ferne vorzieht. Das Wort lässt dem Ausmalen wenig Spielraum, es stellt die Idee nackt hin, das Symbol umhüllt sie mit lieblichem Schmucke. Deshalb erscheint sie im Symbole dem Anblicke gefälliger, Wahrheit mit Schönheit gepaart. Das Symbol verhält sich zum Worte, wie Poesie zur Prosa.

Aber nicht nur schöner stellt sich die Idee im Symbole dar, sondern auch, einmal ganz und richtig gefasst, eindringlicher und dauernder. Nur im Klange der Wörter liegt die Erinnerung an die in Worte gefasste Wahrheit; das Symbol tritt uns, da es in der Regel ein uns häufig vor Augen liegender Gegenstand ist, von allen Seiten entgegen. Und sind nicht überhaupt die Eindrücke durch das Auge nachhaltiger, als die Eindrücke durchs Ohr? Wenn also auch an und für sich das Symbol ohne besondern Werth, ja ein kindisches Spielzeug in der Hand des Unverständigen ist, so ist es doch für den Denkenden ein würdiges Darstellungsmittel für die Idee.

Wenden wir uns nun von der Betrachtung der Symbole im Allgemeinen zur Betrachtung der Symbole der Maurerei, so bedarf es nach dem Gesagten einer besondern Rechtfertigung derselben nicht mehr. Indess wollen wir einige Gründe, welche in der Maurerei selbst für die Anwendung der Symbole liegen, nicht unerwähnt lassen.

Der Mrbund soll ein Menschheitsbund sein. Ueber der Verschiedenheit der Nationalitäten und Confessionen wölbt die Maurerei ihr einigendes Gezelt. Neben dem Deutschen ruht unter ihm der Franzose, neben dem Amerikaner der Europäer, neben dem Protestanten der Katholik, neben dem Christen der Jude in Frieden und Eintracht. Nicht vernichten will sie das konfessionelle Gepräge der Einzelnen, noch die nationale Bestimmtheit verwischen, aber in einem gemeinsamen über den Partheien liegenden Gebiete, dem Gebiete des Menschheitlichen, sie vereinigen. Würde sie dies können, ohne eine allen Brüdern verständliche Ausdrucksweise? Die Brüder der verschiedenen Länder und Zonen reden in verschiedenen Sprachen und werden es immer thun, die Maurerei aber redet zu Allen in derselben, in der Sprache der Symbole. Wer in fremdem Lande in eine Gesellschaft tritt, in welcher eine andere als seine Sprache geredet wird, in welcher andere Gebräuche und Sitten herrschen als in seiner Heimath, der fühlt sich unwohl und unbehaglich; das „Sich-nicht-zu-benehmen-wissen," die Furcht

gegen die eingeführten Sitten zu verstossen und das Unvermögen, sich zu verständigen, machen ihm den Aufenthalt unheimlich. Wo der Maurer in der Bauhütte in die Gesellschaft von Brüdern tritt, sei es an den lachenden Ufern des Delaware, oder an des Ganges geheiligten Fluthen, an den Ufern der Themse oder des Nil, überall redet die Maurerei zu ihm in denselben verständlichen Ausdrücken. Und wie wir in fremdem Lande beim Klange der Mutterlaute von wonnigen Schauern uns durchdrungen fühlen, so wird den Maurer allwärts die Sprache der Brei überzeugen, dass sein Fuss auf heimischem Boden stehe. Die Erde ist die Heimath des Maurers, und die maurer. Symbole bringen ihm dies zum Bewusstsein. Der Gruss der Maurer wird in aller Welt verstanden, seine Ankündigung findet überall bereitwilliges Entgegenkommen. Tritt er in eine Loge, so strahlt und klingt ihm überall Bekanntes entgegen. Versteht er auch nicht die Worte des Hochw., des Br Redners, der Aufseher, so versteht er doch die ihn umgebenden Symbole, und sein Denken und Fühlen findet Befriedigung. Die Sprache der Brei ist eine Weltsprache.

Sehr schön sagt dies Br Winkler:

> Sucht ihr Weisen noch die Sprache,
> Anwendbar für jeden Ort,
> Dass sie den Gedanken trage
> Durch die ganze Menschheit fort?
> Längst schon ist sie aufgefunden,
> Diese Sprache, allen treu,
> Ihre Wirkung längst empfunden,
> Und ihr Lehrer: Maurerei.

Die Maurerei nennt sich eine Kunst und mit Recht. Jede Kunst hat die Aufgabe die Idee zum Sinnlich-Wahrnehmbaren zu machen; sie zieht die göttlichen Gedanken in den Kreis menschlicher Anschauung. In Bildern darzustellen ist also ihre eigentliche Aufgabe. Die Maurerei legte deshalb ihre leitenden Gedanken in Symbolen nieder, obschon das nicht ihre Vollendung als Kunst ist, da diese vielmehr in der Darstellung der Ideen durch Thatsachen und Einrichtungen zu suchen ist. Eben dieses Endziel der Brei liegt aber auch schon in den gewählten Symbolen ausgesprochen. Diese Symbole sind zum Theil Werkzeuge, aber sie sind nicht willkürlich aus der Masse der Werkzeuge herausgerissen, sondern sie bleiben innerhalb der Grenzen der bestimmten Kunst, welche durch den Namen des Bundes bezeichnet wird. Alle maurer. Symbole, die nicht direkt diesem Gewerke angehören und das Bauen symbolisch bezeichnen, stellen dem Maurer entweder das Ziel seiner Thätigkeit, oder die Art und Weise derselben vor Augen, oder sie deuten über den Menschen hinaus auf ein Höheres, dessen Fürsorge und Leitung der Mensch in all seinem Thun bedarf. Diese Wahl der Symbole rechtfertigt dieselben, wie nichts Anderes. Jede Thätigkeit im Streben nach dem Reinmenschlichen hat die Maurerei in ihnen vorgebildet. Fassen wir sie aus diesem Gesichtspunkte etwas näher ins Auge!

Bauen ist das allen maurerischen Symbolen zu Grunde liegende Gemeinschaftliche. Bauen heisst: Etwas von der Erde hinweg, dem Himmel, dem Höhern zukehren. Diese Richtung nach dem Höhern, Geistigen, Reinmenschlichen und darum Göttlichen ist die Grund-Idee der Maurerei.

Das Ziel des Baues soll ein Tempel sein, der Dom der Menschheit, ruhend auf den Säulen: Weisheit, Schönheit und Stärke.

Soll ein solcher Dom einst werden, so muss zunächst jeder Mensch ein kubischer Stein sein, denn der rohe Stein würde dem Tempel weder Schönheit, noch Stärke verleihen, und die Weisheit kann ihn also zum Baue nicht verwenden. Er muss unter die Haue des Steinmetzen, der, mit starkem Arme den Hammer schwingend, die hervorstehenden Ecken und schiefen Kanten hinwegtilgt. Du, Maurer, bist der Steinmetz, und der erste rauhe Stein, den du zu bearbeiten hast, ist dein eigenes Herz. Greife die Arbeit kräftig an, aber sei auch vorsichtig in deinem Thun! Lass richtige Erkenntniss und Weisheit stets deine Führer sein! Oft musst du Winkelmaass und Zirkel zur Hand nehmen und nach ihnen deine Thätigkeit beschränken, deine Kraft abmessen. Das erste Kennzeichen, an welchem du merken magst, dass die Arbeit an deinem Herzen nicht vergeblich gewesen, wird deine innigere Theilnahme am Wohl und Wehe deiner Mitmenschen, das Schwinden des Egoismus sein, der nur auf das Seine sieht. Dann ist es dir gelungen, dein Gemüth in die rechte Stellung zur Menschheit zu bringen, und der erwachte Trieb, Andern zu helfen, gibt dir auch die Berechtigung zur Arbeit an ihren Herzen. Aber wenn schon bei der Arbeit an sich selbst Vorsicht Noth that, so ist sie hier doppelt und dreifach nöthig. Masslose Thätigkeit, die sich weder nach Ort und Zeit, noch nach Art des Stoffes zu beschränken weiss, verdirbt oft durch eine Handlung mehr, als sie durch zehn andere gut machen kann. „Weh' denen, die dem Blinden des Lichtes Himmelsfackel leihn!"

Der richtige Steinmetz stellt einen kubischen Stein neben den andern, jeden in vollendeter Gestalt. Aber damit ist's nicht genug. Tausende kubischer Steine machen noch keinen Tempel. Sollen sie das werden, so muss der Meister Maurer sie an rechter Stelle in die Mauer bringen und mit einander verbinden. Kein Mensch kann für sich allein den Zweck des Daseins erfüllen, nur in der Vereinigung ist dies möglich, nur an rechter Stelle im Ganzen eingefügt, nützt er, nur als Glied in der grossen Kette hat er Werth. Der Maurer greift daher zur Kelle und bringt das Verbindungsmittel herbei. Was der Hammer zurecht gemacht hat, das will die Kelle mit andern an sich Schönen zu einer erhabenen Schönheit vereinigen. Sie füllt die Zwischenräume aus, welche einer innigen Verbindung noch im Wege stehen, und gibt so dem Gebäude Festigkeit und Dauer. Und mit dem Bleiloth steht der Br Aufseher daneben und sorgt, dass die Mauer senkrecht aufsteige, dass sie auf dem kürzesten Wege und in der dauerhaftesten Weise zur Höhe gelange.

Aber was würde aus all diesem Thun werden ohne die leitende Hand des Baumeisters? Ein hoher Haufen senkrecht aufgethürmter Steine, ermangelnd jeglicher Schönheit. Damit durch das Fügen von Stein zu Stein ein schöner Tempel werde, muss nach dem Plano gearbeitet werden, den der Grossmeister mit geübtem Finger und weit ausschendem Geiste auf dem Reissbrett entworfen hat. Wenn dann nach dem Plane des Grossmeisters immer an rechter Stelle und in richtigem Verhältniss die Mauern aufsteigen, die Bogen sich wölben und die Thürme emporragen, dann wird der Menschheitsdom in Schönheit

und Stärke der Vollendung immer näher kommen. Und Licht und Wärme werden ihn durchströmen. Das deutet die Sonne an in ihrem Strahlengewande. Licht im Kopfe, klare Erkenntniss seiner selbst und der Welt, und Wärme im Herzen, innige Liebe zu den Mitgeschöpfen, wird die Menschheit allwärts erfüllen. Heil dann und Segen dem treuen Br Maurer, der sich nicht irre machen liess durch des Lebens verschlungene Pfade, noch durch des Schicksals Wechselfälle. Das Flammenauge des gr. B. d. W., welches in jedes Menschen Brust ist, schaute jede seiner Thaten und sein Finger hat sie mit goldenem Griffel in das Buch des Lebens eingetragen.

In dieser Zeit.

Am 30. Juli gesprochen.

Von

Dr Feodor Löwe,

Mstr. v. St. der Loge Wilhelm z. a. S. in Stuttgart.

Meine Brüder! —

Schenken Sie mir für wenige Minuten Ihre Aufmerksamkeit und gestatten Sie mir Ihnen den Grund und Zweck unserer heutigen ausserordentlichen Zusammenkunft darzulegen.

Beim letzten Johannisfeste sprach ich, nachdem ich auf die ebenso gefährliche als thörichte Gebaren der priesterlichen Macht in Rom hingewiesen hatte, folgende Worte: „Die Loge ist ein neutraler Tempel, in den weder politische noch confessionelle Streitfragen gebracht werden sollen; in Zeiten aber, wo es sich um eine Bedrohung des Vaterlandes handelt oder um eine dreiste Antastung alles dessen, was dem Freimaurerbunde hoch und herrlich gelten muss, da darf der Sprecher in der Werkstätte wohl eines Zollstabs Länge über die gezogene Grenze hinausschreiten und mit des Täufers Freimuth auf nahende Gefahren hinweisen."

Nur wenige Wochen sind vergangen, seit ich diese Worte sprach und schon ist solch eine Bedrohung des Vaterlandes, eine dreiste Antastung alles dessen, was uns hoch und herrlich gelten muss, hervorgetreten, und es ist meine innerste Ueberzeugung, dass die deutschen Freimaurer sich dabei ebenso wenig abseits, gleichgültig und neutral verhalten können und dürfen, als es, trotz aller politischen Meinungsdivergenzen, die deutschen Stämme konnten und durften.

Das hohe Prinzip der Humanität zu allseitiger Geltung zu bringen, das Ziel unseres Bundes, die Aufgabe seiner einzelnen Glieder. Allein bei der höchsten humanen Gesinnung auch, die Jeden von uns beseelt, wird doch Jeder von uns den Dieb oder Räuber, der ihm, Eigenthum und Leben gefährdend, ins Haus bricht, ohne Bedenken niederzuschlagen suchen. Diesen Akt der Nothwehr gestattet das Gesetz, billigt der Richter in unserer Brust.

Und solch einen frevelhaften räuberischen Einbruch in's Herz Europas, in die ruhmvolle Werkstatt rastloser Arbeit, der Wissenschaft und Industrie, der Freiheit des Denkens und Gewissens, in's deutsche Vaterland, ersann und versucht jetzt, unter einem nichtswürdigen Vorwand, der Herrscher eines lang geknechteten, künstlich zur Kriegswuth aufgeregten Volkes; und bei aller humanen Gesinnung, die uns beseelt, meine Brüder, müssen wir hoffen, wünschen und beten, dass dieser Ein- und Friedensbrecher dafür aufs Haupt geschlagen und blutig gezüchtigt werde.

Soll der Freimaurer auch alle Menschen ohne Unterschied des Standes, der Religion und Nationalität als seine Brüder lieben, so soll doch auch eine seiner Cardinaltugenden die Liebe zum Vaterlande sein. Wer ihm dieses mit Blut oder Waffengewalt verheeren oder rauben will, den darf er als einen Feind der friedlich-gesinnten, gesitteten menschlichen Gesellschaft bezeichnen und ihm, der sich selbst jedes Anrechts auf Bruderliebe begiebt, darf der Maurer die heilige Bruderliebe entziehn. Darum müssen uns auch jetzt, bei allen humanen Ansichten die wir haben, unsere Landsleute weit, weit näher stehen, als unsere französischen Nachbarn, und wir verletzen das Gebot der Liebe nicht, wenn wir auf die Fahnen, unter welchen nun so viele unserer deutschen Bundesbrüder fechten und vielleicht erbluten müssen, den Segen und Sieg, auf den hinterlistigen Urheber eines furchtbaren Krieges aber und die gehorsamen Werkzeuge seines Willens den Zorn und die Züchtigung des grossen und gerechten B. d. W. inbrünstig herabflehen.

Eine Zeit wie die jetzige, greift tief in alle menschlichen Verhältnisse ein. Auch die deutschen Bauhütten können von ihr nicht unberührt, können keine vollkommen neutralen Plätze bleiben. Es muss gestattet sein im Brkreise, im Logengebäude der Entrüstung und Beschämung Worte zu leihen, dass die sociale und politische Verfassung Europa's heute noch so mangelhaft gestaltet ist, dass sie einem einzelnen Menschen erlaubt, unabsehbares Elend über zwei grosse blühende Länder, über einen ganzen Welttheil zu bringen, weil sein Egoismus, sein wankender Thron eines Krieges bedarf.

Wo die höchsten Güter eines Volkes keinen andern Schutz mehr finden als den der Waffen, da ist der Krieg ein heiliger. Jeder aus einer andern Ursache unternommene ist heute ein Verbrechen an der Menschheit und das Tribunal aller Völker verdammt ihn als eine ruchlose Frevelthat derer, die ihn arglistig geplant, ihn heraufbeschworen haben.

In der festen Ueberzeugung, meine Brüder, dass Sie meine Gesinnungen theilen, dass meine Gefühle bei der jetzigen Weltlage auch die Ihrigen sind, habe ich es gewagt, erst mein Herz vor Ihnen auszuschütten und komme nun zum Zweck unserer heutigen Versammlung, zu welcher ich Sie gerufen habe. Er besteht darin, Ihnen zwei Vorschläge zu machen, die mit unserer Vaterlandsliebe und unseren maurerischen Grundsätzen völlig in Einklang sind, auch am vergangenen Samstag schon von einigen Brüdern gehört und gebilligt wurden.

In den Tagen der Gefahr rücken sich die Menschen näher und ein brüderliches Zusammensein, meine ich, müsste jetzt für Jeden von uns ein doppeltes Bedürfniss und eine zwiefache Wohlthat sein. Darum schlage ich Ihnen vor:

1. Versammeln wir uns, so lange der Krieg währt, jeden Samstag hier so zahlreich als möglich, um bei etwaigen misslichen Ereignissen, die wir bei aller Hoffnung auf den endlichen Sieg der gerechten Sache doch besorgen müssen, uns gegenseitig zu trösten und zu ermuthigen, bei glücklichen und erfreulichen uns gemeinsam zu freuen.

2. Bringen wir auf irgendwelche Weise eine Summe auf, die zur Pflege, zum Besten der in diesem nationalen Kriege Verwundeten von uns verausgabt werden soll, und zwar für die Verwundeten beider Parteien, denn der unglückliche und leidende Mensch wird wieder unser Bruder. Hierdurch tritt die Wilhelmsloge werkthätig in den grossen Kreis zahlreicher Korporationen, die allenthalben für die heilige Sache des Vaterlandes geschäftig wirken; sie zeigt, ganz im Geiste des Maurerthums, dass sie bei der allgemeinen Bewegung nicht unthätig bleiben will, und dass die Brüder, wenn sie auch nicht die Waffen schwingen, doch auf dem Platze sind, sobald das Vaterland ruft.

Diese beiden Vorschläge lege ich Ihnen zur Prüfung vor. Sind Sie einverstanden damit, woran ich nicht zweifle, so bilden Sie dieselben weiter aus. Ich aber schliesse mit dem Rufe: Heil dem Vaterland! Heil und Sieg der gerechten Sache!

Aus: Jahresbericht der unter der ehrw. Gr. Loge von Hamburg arbeitenden ger. und vollk. St. Joh.-Loge „zu den drei Ankern" im Oriente Bremerhaven. 1870.

Gel. Brr!

Unaufhaltsam ist der Schritt der flüchtigen Zeit, und schon wieder ist seit unserem letzen Stiftungsfeste ein Jahr der Vergangenheit anheimgefallen; schon wieder sind wir vereinigt, um uns Rechenschaft abzulegen über der Arbeit und dem Lohn, von den Leiden und den Freuden des verflossenen Jahres.

So lasst denn fahren hin das Allzuflüchtige; Ihr sucht bei ihm vergebens Rath: doch im Vergangenen da lebt das Tüchtige; bewähret sich in guter That.

Wir dürfen nun mit Befriedigung von diesem Zeitraume sagen, dass der Lohn der Arbeit entsprach, und dass die Freude häufiger war, wie das Leid; dass endlich, wenn es auch nicht an Versäumtem und Misslungenem fehlte, so doch das Geleistete und Erreichte überwiegend war.

Wir haben in 12 Arbeiten im ersten Grade 7 Suchenden das maurerische Licht ertheilt, 2 Brr Loge affiliirt und 5 Brr den oeconomischen Anschluss gewährt, während nur 1 Br zwecks seines Anschlusses an die Loge seines jetzigen Wohnortes seine Entlassung erhalten hat, und ein Anderer wegen langjähriger Nichterfüllung seiner Pflichten aus der Mitgliederliste gestrichen ist. Wir haben ferner in einer Arbeit im zweiten Grade 6 Brr in den Gesellengrad befördert, und ausserdem die in Shanghae stattgehabte Beförderung des gel. Br F. Rickmers genehmigt. Wir haben endlich in 3 Arbeiten im dritten Grade 5 Brr Gesellen in den Meistergrad erhoben und zwar Einen, den gel. Br Basse, im Auftrage der s. ehrw. Loge zum schwarzen Bären i. O. von Hannover.

Ausserdem sind 4 Maurerconferenzen, 1 Beamtenconferenz und 2 Mitgliederversammlungen von uns abgehalten worden.

Der numerische Stand unserer Loge beträgt 69, worunter 49 Brr Meister, 13 Brr Gesellen und 13 Brr Lehrlinge. Ausserdem zählen wir 3 Brr Ehrenmitglieder, 13 öconomisch angeschlossene und 3 dienende Brr.

In der heute abgehaltenen Wahl wurde Br With wieder zum Vorsitzenden erkoren, und nahm derselbe auch dieses Amt dankend, jedoch mit der Bitte an, ihm einen deputirten Meister anzuordnen, worauf Br v. Vangerow durch den Willen der Brr zu diesem Posten designirt wurde, während die Wahl zum 1. und 2. Aufseher auf die Brr Frucht und Kandelhart fiel.

Zum ersten Mal seit der Gründung unserer Loge konnte unser gel. Br Schatzmeister uns einen günstigen Bericht über den Stand unserer öconomischen Angelegenheiten geben. Diese bessere Lage aber stellte sich als bedingt heraus, theils durch die zunehmende Zahl der Mitglieder, theils auch durch die Munificenz der gel. Brr Rickmers, denen der Dank der Loge in gebührender Weise ausgesprochen wurde.

Ebenfalls unser Armenfond hat sich, theilweise auch durch die Spenden der soeben genannten gel. Brr, soweit gekräftigt, dass wir zum ersten Male im Laufe des verflossenen Jahres nicht genöthigt gewesen sind, auf unsere Logencasse überzugreifen, um das Bedürfniss zu decken. Uebrigens bemerken wir mit Bezug auf die gewünschten statistischen Nachweise über etwaige wohlthätige, mit der Loge verbundene Anstalten, dass wir bisher ausser der Hülfe, welche wir der Gesellschaft zur Rettung Schiffbrüchiger alljährlich als Logenspende zuwendeten, keine anderen derartigen Institute zu verzeichnen haben. Im Laufe der ersteren Jahre unseres Bestandes veranstalteten wir, namentlich auf den Wunsch unserer Schwestern, kleine Weihnachtsbescheerungen für arme Kinder; dieselben haben aber wieder sistirt werden müssen theils, weil ein Theil der Brr gegen eine derartige, nicht ohne alle Ostentation ins Werk zu setzende Wohlthätigkeit als unmaurerisch protestirte; theils auch, weil selbst die Vertheidiger dieses an sich so unschuldigen Actes sich der Wahrnehmung nicht entziehen konnten, dass neben der beabsichtigten Freude Neid und Missgunst sich lagerten. Die Ansicht, welche wir im Laufe der Jahre über Logenwohlthätigkeit gewonnen haben, und zwar mit ganz besonderer Beziehung auf unsere örtlichen Verhältnisse, möchten wir in Folgendem andeuten. Die Loge soll unserer Anschauung nach eine rein geistige Macht bilden, die ungesehen und unbemerkt ihren Einfluss geltend macht; sie soll sich aber möglichst fern halten von allen, selbst wohlthätigen Schritten, durch welche sie mit der profanen Welt in Conflict gerathen könnte. Die Loge hat die Aufgabe, eine weltbürgerliche Gesellschaft zu bilden, als auch durch brüderliches Zusammenleben und edle Geselligkeit. Die Loge soll ferner ihre Mitglieder zur Wohlthätigkeit im Sinne der Humanität erziehen, und dann diese auf das profane Leben hinaussenden, um das Schwache zu stützen und das Gute zu schützen und zu thun; ja! sie mag selbst, wo die Kraft des einzelnen Bruders versagt, diesem zu Hülfe kommen; aber sie behalte fest im Auge, durch solche Thätigkeit

nicht in eine, wenn auch nur scheinbar, zu grosse Geschäftigkeit zu gerathen, und sodann Alles zu vermeiden, was sie in Gegensatz zu der übrigen bürgerlichen Gesellschaft bringen könnte; denn sie soll und muss jedem Streite grundsätzlich fern bleiben. Uebrigens haben wir es für unsere Pflicht gehalten, dieser unserer Ueberzeugung Worte zu leihen denjenigen Bestrebungen vieler Logen und Brr gegenüber, welche den Einfluss der Freimaurerei und des Logenwesens durch vermehrte Thätigkeit derselben nach aussen heben möchten.

Die grosse Menge der gel. oeconomisch angeschlossenen Brr legt das beste Zeugniss dafür ab, dass wir nicht nur stets bemüht gewesen sind, den weltbürgerlichen Standpunkt unserer Loge zu wahren, sondern auch, dass in dieser Richtung viel grössere Ansprüche an uns gestellt worden, als an andere Logen in Städten von derselben Grösse, wie die Unsrige. Unsere Lage jedoch, welche uns eigentlich zu einer kleinen Vorstadt der grossen transatlantischen Hafenstädte macht, und uns den Stempel amerikanischer Sitte aufdrückt, bedingt es, dass viele, amerikanischen Logen angehörige, wenn auch hier wohnhafte Brr während ihres hiesigen vorübergehenden Aufenthaltes unsere Loge aufsuchen, und, weil sie verwandte Gesinnung finden, den Anschluss wünschen. Mögen sie immer bei uns sich wohl fühlen.

Ausser der Freude, welche uns aus der Arbeit und deren Lohn erwuchs, gaben uns freudige Ereignisse im familiären Kreise der Brr mehrfach Gelegenheit, auch die Freude der Theilnahme zu geniessen. So folgten wir bei den stattgehabten goldenen Hochzeit des gel. Br Eytemann und der silbernen Hochzeit des gel. Br H. Iblder nur dem Rufe des Herzens, indem wir durch glückwünschende Deputationen dem gel. Brn und verehr. Schwestern die innige Theilnahme der Loge aussprachen. Wir rechneten es uns ferner als familiäre Freude an, vor Kurzem den Sohn unseres gel. Br Eelbo als Lufton der Loge zuführen zu können, sowie endlich das maurerische 50jährige Jubiläum unseres ehrw. und gel. Br Grossmeisters Buek auch in unserem Kreise einen lebhaften und frohen Wiederklang fand.

Aber leider sollte uns auch die Trauer nicht fern bleiben, indem der gel. Br Elsner, unser Ehrenmitglied und Repräsentant bei der ehrw. Grossloge von Hamburg uns durch den Tod entrissen wurde. War derselbe auch nur Wenigen unter uns persönlich bekannt geworden und näher getreten, so hatte er es doch gewusst, sowohl durch seine brüderlich-zuvorkommende und aufopfernde Thätigkeit Einzelnen gegenüber, als auch durch seinen die Interessen unserer Loge im Innern der Grossloge vertretenden Fleiss die Liebe aller Brr zu gewinnen, und rufen wir ihm ein schmerzlich bewegtes Lebewohl nach auf seinen Weg zur Heimath.

Anstatt dieses i. d. e. O. hinübergegangenen Bruders hat jetzt der gel. Br M. Pflüger die Repräsentation unsrer Loge übernommen. Indem wir diesem gel. Br unsern wärmsten Dank und herzlichsten Gruss senden, sprechen wir die berechtigte Hoffnung aus, dass sein Interesse für unsere Bauhütte stets ein reges bleiben möge.

Wir benutzen schliesslich die Gelegenheit, welche uns dieser Bericht bietet, zu der Anzeige an die gel. auswärtigen Brr, dass wir den Tag unserer Logenarbeiten im ersten Grade von dem zweiten Mittwoch auf den zweiten Dienstag jedes Monates verlegten.

So möge denn auch für das nächste Jahr der Segen des a. B. d. W. mit uns sein; dann wird auch jener frohe Muth und heitere Sinn nicht fehlen, dessen selbst das reinste Streben bedarf, um ans Ziel zu gelangen. Wo es aber heisst:

> Aeltestes bewahrt mit Treue;
> Freundlich stets begrüsst das Neue;
> Heiterer Sinn und reine Zwecke!

nun! da kommt man wohl vom Flecke.

Wir grüssen Sie warm und innig i. d. u. h. Z. im Auftrage der Loge zu den 3 Ankern.

H. O. With,
Logenmeister.

v. Vangerow,
1. Aufs.

Barth,
2. Aufs.

Frucht,
Secretär.

Bremerhaven, den 2. Mai 1870.

Feuilleton.

Stuttgart. — Trotz der Ferien, welche die Loge „Wilh. zur aufgeh. Sonne" während der Monate Juli und August eintreten lässt, versammelten sich doch seither jeden Samstag einzelne Brr im Logenlokale. Aeusserst zahlreich fanden sie sich aber am 30. Juli ein, um sich über die Art und Weise der Werkthätigkeit in der gegenwärtigen Kriegszeit zu berathen. Der Meister v. St., Br Dr. Löwe leitete diese Berathung mit einer feurigen Rede ein, die von dem reinsten Patriotismus und von der lautersten Humanität zeugte und den tiefsten Eindruck auf die Brr machte. Am Schlusse derselben forderte er die Anwesenden auf, jeden Samstag so zahlreich wie möglich im Logenlokale zu erscheinen, damit man sich näher bleibe, um sich in Gefahren und Bedrängnissen zu trösten und zu ermuthigen, über die sicheren Siege der gerechten Sache Deutschlands aber sich zu freuen und dem Herrn der Heerschaaren zu danken. Aber auch die Frage legte der Vorsitzende den Brrn vor, was unsere Bauhütte zum Besten der Verwundeten und zwar beider Parteien — denn der Unglückliche trete ja zu uns ins Bruderverhältniss — thun könne, thun müsse. Mit dem Ausrufe: „Heil dem Vaterlande! Heil und Sieg der gerechten Sache!" schloss Br Löwe seine Ansprache, für die mit Beifall gedankt wurde. — Zur Lösung der letzten Frage wurde nun von einer Seite beantragt, die Räumlichkeiten der Loge (den Bankettsaal) für Verwundete zur Verfügung zu stellen, während von einer anderen Seite verlangt wurde, es mögen sich allererst die Brr nach Massgabe ihrer Kräfte zu Geldspenden verpflichten, um dadurch für Verwundete eine zweckentsprechende Stätte sammt Mitteln zur Verpflegung beschaffen zu können. Eine lange Debatte entspann sich über diese beiden Anträge, die endlich durch Abstimmung geschlossen wurde, nach welcher allererst Geldmittel durch Zeichnungen der Brr gesammelt werden sollen, und wenn die Noth es gebiete soll unser Bankettsaal zur Aufnahme verwundeter Offiziere (in erster Linie solche, die Brr sind) eingerichtet werden. Sogleich nach Schluss der Berathung fanden Zeichnungen statt; und es wird, wie wir mit Freude hören, auch die Loge „zu den drei Cedern" mit uns zu gleichem Zwecke sich vereinigen; somit dürfte in der That etwas Erkleckliches erreicht werden, was um so mehr Anerkennung verdienen möchte, als sämmtliche Mitglieder der beiden hiesigen Bauhütten nach den unfassenden Veranstaltungen Stuttgarts, die Schrecken und Schauer des Kriegs zu mindern, in Anspruch genommen sind. Wir begrüssen deshalb diese opferfreudige Werkthätigkeit wärmstens. Mehr als je gilt aber in der Gegenwart der Zuruf — wenn auch in anderer Weise gedeutet — an alle Brr: „Jeder sei seiner Pflicht eingedenk!"

Nachschrift. Die Loge zu den „drei Cedern" hat, so sagt man uns, einen Beitrag von 200 fl. zu den oben angeführten Zwecken ausgesetzt — ein neuer Beweis einträchtigen Zusammengehens! Auch hören wir, dass die Mitglieder unserer Nachbarloge in Ludwigsburg zu werkthätiger Liebe sich treulich die Hände reichen.

Freiburg i. Br. — Wir hören zu unserer Freude, dass eine hier stattgefundene Sammlung für verwundete Krieger ein erfreuliches Resultat lieferte. In den Reihen der Sammler waren die Brr der hiesigen Loge am stärksten vertreten, auch ist ein Bruder zum Hauptcassirer gewählt worden. (Bravo!)

Frankreich. — Die Loge du Héros de l'humanité zu Paris hat der Internationalen Liga 100 fcs. überwiesen; ebenso haben bereits andere Logen den gleichen Betrag zu den Sammlungen für die Opfer des Krieges gesteuert, so die Loge les travailleurs zu Levallois-Purrat, la Persévérance Conr. zu Ronen. Die Loge les Frères réunis zu Strassburg hat, gleich der Loge in Mannheim, an sämmtliche franzos. Logen einen Aufruf zu Gunsten der Verwundeten erlassen.

Man erwartet, dass der grosse Orient eine Subscription eröffnen werde.

Briefwechsel.

Br G. Tr. in M: Bestens verwerthet; brdl. Wünsche und Grüsse!

Br G. in Z: Freundl. Dank und herzl. Gegengruss!

Br M—d Eff. in T—r: Besten Dank und freundl. Grusa!

Br J. M. in U: Wird in nächster „Beilage" erscheinen. Brüderl. Grusa!

Br Fr. M—r in T—n: Da mir bereits von Wien (Buchh. S.) 1 Thlr zugegangen, bleibt Ihnen der direkt gesandte 1 Thlr. gut. Die freundliche Theilnahme, welche Sie der Versammlung in D. zugedacht, freut mich; besten Dank. Die Idee kann ja nächstes Jahr verwirklicht werden und wird gute Aufnahme finden. Statuten und Listen an Br C. Tr. in T. unter Band gesandt. Herzl. Gegengrusa!

Br K. in D—n: Betrag dankend erhalten und Cto ausgeglichen. Brdl. Grusa!

Br J. Schn. in W: Die fehlende Nr. 24 gesandt; brdl. Grusa!

Br S. J. F. in S—k, Croat.: Betrag dankend erhalten, den gleichen Betrag in Papiergeld sende ich nach B. zurück. Brdl. Grusa!

Br A. F. in Fr—g: Herzl. Gegengruss und Handschlag!

Br Dr. H. K. in D—dt: Geschah mit Vergnügen; besten Dank und herzlichen Gruss von Haus zu Haus. Freundl. Dank auch für die neue Nr. des Jahrb.

Br Dr. A. L. in O: Dank für das erfreuliche Lebenszeichen; wir hatten inzwischen hier schon weitere Siegesnachrichten. Herzl. Grusa!

Halle a./Saale am 26. Juli 1870.

An alle ger. und vollk. Logen Deutschlands.

Brüder!

Die Opferfreudigkeit des Deutschen Volkes hat überall im Vaterlande die Fürsorge übernommen für unsere Kämpfer, die hinausziehen zum heiligen Krieg; aller Orten organisirt sich das patriotische Werk, aller Orten widmen auch die Brr Mr ihre Kraft den heiligen Thaten der Liebe und der Pflicht.

Aber Eins ist noch zu thun, — und eben dies Eine ist es, wo wir Freimaurer eintreten können und eintreten sollen, da gerade wir — und vielleicht wir allein — es vermögen durch die Bruderkette, die den ganzen Erdball umspannt.

Ein trauriges Schicksal vor allen harrt derjenigen unserer Krieger, welche der Lenker der Schlachten in seiner unerforschlichen Weisheit in die Gewalt des Feindes liefert; für diese zu sorgen, und namentlich für die Verwundeten unter ihnen — das ist eine That würdig unseres Bundes, — das ist ein Werk wie es allen Brüdern auf dem weiten Erdkreis nach der Pflicht unseres Bundes geziemt, dem auch unsere Brüder in Frankreich sich nimmer werden versagen können noch wollen.

Das Loos des Gefangenen ist hart und schwer. Fern von der Heimath, ohne Nachricht von seinen Lieben, angewiesen auf kärglichen Unterhalt, oft wehrlos der Willkühr preisgegeben, selten nur durch ein Wort oder eine That der Liebe erquickt, steht er allein da im fremden, feindlichen Land, allein mit dem Schmerz, dass tapfere Gegenwehr ihm kein besseres Schicksal vergönnte. Wie aber erst, ist er verwundet oder krank, — wenn es keine freundliche Hand giebt um seinen Schmerz zu lindern, keine, die ihm sanft die Augen schliesst, wenn endlich der Erlöser Tod herantritt, — keine zu deren Liebe er sich versieht, dass sie den Seinen in der fernen Heimath melde, wo er ruht im fremden Land!

Und hier können **w i r** helfen!

„Wir wollen unsere französischen Brüder Freimaurer aufrufen, dass sie mit Rath und That jene „Sorgen lindern, dass sie überall, wohin ihr Arm zu reichen vermag, das Herz und die Hand guter Menschen „anstellen zu solchem Liebeswerk, dass sie unter die Bedürftigen vertheilen, was wir und Andere beisteuern „können zur Minderung der Noth. Sie sollen es unsern gefangenen Landsleuten ermöglichen, den Angehörigen „in der Heimath Kunde zu geben; sie sollen auch für die Angehörigen der Gefangenen den Weg bieten, um „Briefe und Unterstützungen zu übermitteln; sie sollen endlich nach Kräften dafür sorgen, dass möglichst „genaue Nachrichten darüber: Wer unserer Landsleute dem Loose der Gefangenschaft verfallen, über Auf- „enthalt und Schicksal derselben hierher gelangen.

Wir unsererseits aber wollen bereit sein zu gleichem Liebesdienst; was wir von Andern fordern, das wollen wir selbst bieten mit freudiger Willigkeit und in der festen Ueberzeugung, dass, wenn auch unser Jahrhundert für die Verwirklichung der erhabenen Idee unseres Menschheitsbundes noch nicht reif erscheint, wir doch durch solche ächte Maurerarbeit wesentlich dazu beitragen werden, die grausamen Consequenzen der Kriege zu mildern, und zu erreichen, dass auch unter der blutigen Arbeit der Waffen und in dem Auflodern der nationalen Leidenschaften den Völkern das Bewusstsein der göttlichen Pflicht erhalten bleibe, in dem Hülflosen und Schwachen, sei er gleich ein Feind, noch immer den Menschen zu ehren!

Wir wissen, dass wir ein schweres Werk unternehmen, dem nur geeinte Kraft gewachsen ist. Aber das Ziel ist erhaben, würdig jeder Anstrengung, werth vor Allem unseres Bundes. Und wenn wir dasselbe erreichen, dann hat die Brei des neunzehnten Jahrhunderts einen Sieg errungen, köstlicher ist als die ruhmvollsten Siege aller Zeiten, und getrost kann so den nachfolgenden Geschlechtern es überlassen, ihr so glücklich begonnenes Werk zu segensreichem Ende zu führen.

Wir meinen auch nicht, dass unser Beginnen unvereinbar sei mit dem heiligen Ernst des Kampfes, in dem wir stehen. Dem Deutschen Volke vor allen ist es gegeben, mit dem festen, stolzen Feindeshass edle Menschlichkeit zu verbinden, über der Bruliebe nicht zu vergessen der Liebe des Vaterlandes, der Pflichten gegen den Staat.

So richten wir denn an alle Logen und an alle Brüder Freimaurer im deutschen Lande den Ruf zu solchem Werk.

Um die Organisation, deren wir zur Ausführung bedürfen, herbeizuführen, haben wir uns an unsere Mutterloge (die Grosse National-Mutterloge zu den drei Weltkugeln in Berlin) gewandt, indem wir annahmen, dass auf diesem Wege — vielleicht in der Grossmeisterconferenz in Berlin — am leichtesten und besten ein Concentrationspunkt zu schaffen sei. Wir glauben, dass für Frankreich die französische Grossloge der natürliche Anknüpfungspunkt sei und dass, wenn ein directer Verkehr nicht thunlich erscheinen sollte, die Grosslogen jedes neutralen Landes (vielleicht in erster Linie Englands) mit Freuden ihre Vermittelung gewähren werden. Wir behalten uns vor, über den Erfolg unserer Schritte nöthigenfalls weitere Mittheilungen zu machen, — würden Rückäusserungen auf dieses Schreiben, sowie etwaige anderweite Vorschläge gern entgegennehmen, — und stellen anheim, vorbereitend schon jetzt zur Beschaffung der materiellen Mittel für die Unterstützung unserer kriegsgefangenen Landsleute Zeichnungen von Beiträgen innerhalb wie ausserhalb der freimaurerischen Kreise zu veranlassen.

Der gr. B. a. W. wolle unser Beginnen segnen, Herz und Hand dazu stärken und unserem Fuss den rechten Weg weisen, um dem Nothleidenden zu helfen!

Mit treuem Brudergruss

Die Johannisloge zu den drei Degen.

Franke	Goecking	vom Hagen	Bertram	Knauth
Mstr. v. St.	Dep. Mstr.	I. Aufs.	II. Aufs.	Secr.

Profane Adresse für diese Angelegenheit:
Rechtsanwalt **Goecking**, Halle a. S.,
grosse Steinstrasse 10.

Vom freien deutschen Rhein. Aufruf an alle deutschen Logen und an alle deutschen Maurer.

Dass die deutschen Freimaurer in Erfüllung ihrer nationalen, wie humanen Pflichten im grossen Augenblick der Entscheidung nicht hinter andern Genossenschaften zurückbleiben würden, war selbstverständlich, da sie jetzt mehr als je wieder die Gelegenheit haben, ihr Prinzip der Humanität zu bethätigen und sie aus Erfahrung wissen, dass nur gemeinsam organisirtes Handeln zu allen Zeiten durchschlagend wirksam ist. Haben sich die sechs in Frankfurt einmüthig vereinigten Logen einerseits mit Recht die freie Hand über die Verwendung der durch regelmässige Wochenbeiträge zu vermehrenden Fonds zur Pflege der Verwundeten und zur Unterstützung der hinterlassenen Familien der im Felde stehenden Soldaten vorbehalten, um als geschlossene Genossenschaft desto intensiver zu wirken; so haben sie doch andererseits auch nicht versäumt, durch ein Comité sich mit den betreffenden Central-Vereinen ins Vernehmen zu setzen, um so im Anschluss an das grosse Ganze wie die Johanniter und Malteser als selbstständiger Bruchtheil zu wirken.

Die Loge Carl zur Eintracht in Mannheim hat einen ähnlichen Aufruf erlassen und sich zur Pflicht gemacht, als „universeller Bund der Freimaurer, deutscher Familie" der „Humanität in Unterstützung der verwundeten Krieger beider Nationen nach Kräften zu dienen." Die Loge Johannis der Evangelist zur Eintracht in Darmstadt hat dem Hilfsverein im Grossherzogthum Hessen ihr Logenhaus mit Veranda, Küche und Garten als Asyl für genesende Soldaten, die ärztliche Hilfsleistung den ihr angehörenden Doktoren Callarius, Heidenreich, Pfannmüller und Jochheim, nebst dem ersten Beitrag von 200 fl. baar zur Verfügung gestellt, im Anschluss daran durch den Loge affiliirten Frauenverein Charitas ein permanentes, die Hausordnung aufrecht erhaltendes Comité, das die Genesenden mit Stärkeund Liebemitteln nach Kräften versehen wird. Wir unterbreiten im Anschluss an diese humanen und patriotischen Bestrebungen allen deutschen Logen und Freimaurern den Vorschlag, mit vereinten Kräften im grossen Augenblick der Humanität und dem Vaterlande zu dienen, und zwar in der Weise, dass alle deutschen Logen ihre vorräthigen Geldmittel und die durch Wochenbeiträge fortwährend flüssig zu erhaltenden, soweit sie dieselben nicht selbst in der nächsten Nähe des Kriegsschauplatzes zu verwenden haben, dem Comité der sechs in Frankfurt a. M. vereinigten Logen anzuvertrauen, durch Vertreter mit diesen in Verkehr zu treten und dem Comité zur Pflicht zu machen, diese Mittel denjenigen Orten, welche dem Kriegsschauplatz am nächsten liegen und die Unterstützung am nöthigsten haben, zur Verwendung zufliessen zu lassen; an denjenigen, wo Logen sind, durch dieselben. Zugleich sollten nach dem Vorgang der Darmstädter Loge alle Logenräume den Verwundeten oder Genesenden zur Verfügung gestellt werden. — Wir zweifeln nicht, da uns die Opferfreudigkeit der Logen und Mr wie ihre Mittel bekannt sind, dass in kurzer Zeit eine Summe von 100,000 fl. in Frankfurt a. M. zur Verwendung bereit liegen wird; ebensowenig zweifeln wir, dass die Logen anderer Länder, namentlich Englands und Amerikas sich dieser mr. Werkthätigkeit anschliessen werden. Auf denn, ihr deutschen Maurer, zeigt durch die That, dass euere Humanität Wahrheit ist!

Anfang August 1870.

Br Dr. Künzel.

Mittheilung der Loge zur goldenen Kugel in Hamburg an die ehrw. St. Johannis-Logen Deutschlands.

Geliebte Brüder!

Wir verfehlen nicht, Ihnen die brüderlich-ergebene Anzeige zu machen, dass wir in Berücksichtigung der Zeitverhältnisse die

Feier des hundertjährigen Bestehens unserer Loge

am Montag den 29. August

nur mit einer ernsten Arbeit begehen werden.

Eine Vorfeier wird nicht stattfinden, in gleicher Weise ist von der am Stiftungstage abzuhaltenden Festtafelloge Abstand genommen.

Mit herzlichem Brudergruss

W. Graupenstein.	C. Eybe.	Dr. W. Buek.	A. Bostelmann.	W. Willhöfft.	A. Scharnweber.
Logenmstr.	I. abg. Logenmstr.	II. abg. Logenmstr.	I. Aufseher.	II. Aufseher.	Secretär.

Verantwortlicher Redacteur: Br J. G. Findel. — Verlag von Br J. G. Findel in Leipzig. — Druck von Brr Bär & Hermann in Leipzig.

No. 34.   XIII. Jahrgang.

Die
BAUHÜTTE.

Begründet und herausgegeben

von

Br J. G. FINDEL.

* Organ des Vereins deutscher Freimaurer. *

Handschrift für Ber Frälr.   Leipzig, den 20. August 1870.   MOTTO: Weisheit, Stärke, Schönheit.

Von der „Bauhütte" erscheint wöchentlich eine Nummer (1 Bogen). Preis des Jahrgangs 3 Thlr. — (halbjährlich 1 Thlr. 15 Ngr.)
Die „Bauhütte" kann durch alle Buchhandlungen bezogen werden.

Inhalt: Vereinsnachrichten. — Der Krieg und die freimr. Werkthätigkeit. Vom Herausg. d. Bl. — Aus der Loge zum innigen Verein am Riesengebirge in Landeshut i. Schl. I., II. Von Br Kayser. — Literarische Besprechungen. — Feuilleton: Frankreich. — Hamburg. — Italien. — Niederlande. — Schweiz. — Ludwigsburg. — Zur Besprechung. — Briefwechsel. — Mittheilung. — Hierzu eine Beilage: Anzeigen.

Vereinsnachrichten.

I.

Zur Jahresversammlung hatten sich — die vielen benachbarten Logen ausgenommen — bereits am 16. Juli 150 Brüder gemeldet; die Versammlung wäre demgemäss numerisch ebenso zahlreich wie geistig brillant geworden. Diese Thatsache berechtigt zu den schönsten Erwartungen fürs nächste Jahr, wo der Verein sein 10jähriges Bestehen unter äusserlich noch günstigeren Verhältnissen inmitten des geeinigten, freien Vaterlandes und im Hinblick auf eine lange Zeit polit. Friedens und neuer Culturfortschritte feiern kann.

Aus dem Jahresbericht theilen wir unter den obwaltenden Verhältnissen nunmehr hier die nachfolgende Stelle mit:

„Für die nächste Jahresversammlung ist uns ein ehrender Beweis von Vertrauen gegeben worden, indem die Loge „zur königl. Eiche" in Hameln auf Antrag des Br G. Weber einstimmig beschlossen hat:

„Den Verein deut. FrMr zu ersuchen, seine k. J. stattfindendende Versammlung in Hameln abzuhalten."

Bruder Weber hat uns im Auftrag seiner Loge eine freundliche Einladung zugeben lassen mit dem brdl. Bemerken, dass wir dort willkommene Gäste sein werden und dass es dem Verein anheimgestellt sei, die Versammlung auch ein Jahr später dorthin zu verlegen. Letzteres eventuell mit Rücksicht auf die erst bis dahin vollendete Fortführung der Bahnlinien."

Alle Brüder werden durch diese brüderliche Einladung gewiss zum freudigsten Danke gestimmt werden.

In der sicheren Voraussetzung, dass die nächste Jahresversammlung ihre nachträgliche Genehmigung ertheilen werde, ordne ich nächstens den Druck eines neuen Mitglieder-Verzeichnisses (das letzte ist vergriffen) und eines Heftes „Mittheilungen" an.

Br J. G. Findel.

II.

Beitritts-Erklärungen.

Annweiler:

1. Br Voelcker, Ph., Mitgl. der Loge Barbarossa z. d. Tr., Kaiserslautern, Grosshändler.

Berlin:

2. Br Ebell, Carl Otto Adolph, Dr. med., Mitglied der Loge zur siegenden Wahrheit. (R.-Y.) Arzt.
3. Br Eberty, Wilhelm Gustav, Dr. jur. u. Stadtgerichtsrath, Mitgl. der Loge „zum goldenen Pflug" (Gr. L. L.)
4. Br Rosentower, Max, Mitgl. der Loge Balduin z. L. in Leipzig, Kaufmann.

Crimmitzschau:

5. Br Kühn, Carl, Mitgl. der Loge Archimedes z. ew. Bunde in Gera, Kfm.

Culmbach:

6. Br Eberlein, Leonh., Mitgl. der Loge Eleusis z. Verschwiegenheit in Bayreuth, Braucreibesitzer.

Darmstadt:

7. Br Andress, Heinrich Wilhelm, Mitgl. der Loge in Mainz, Postsecretär in Darmstadt.
   Mitglieder der Loge Joh. d. Ev. z. Eintr.:
8. Gaulé, Heinrich, Gastwirth zum „Prinz Karl."
9. Gebhard, Julius, Posamentier.
10. Harres, Ludwig, Hof-Maurermeister.
11. Harres, Wilhelm, dep. 1. Aufseher, Schirmfabrikant.
12. Kolbe, Ludwig, Fabrikant.
13. Reuter, Emil, dep. Ceremonienmeister, Fabrikant.
14. Rohde, Karl, Fabrikant.

Gera:

15. Br Bach, Ernst, Mitglied der Loge Archimedes z. ew. Bunde, Kaufmann.

London (England):

16. Br Russel, Edw., Mitglied der Loge Pietro Micca-Ausonia zu Turin, Kaufmann.

Luckau:

17. Br Bahn, Dr. med., Mitgl. der Loge zum Leoparden, prakt. Arzt.

Lyon (Frankr.):

18. Br Laforet, Antoine, Mitgl. der Loge Pietro Micca-Ausonia zu Turin, Kaufmann.

Ohrdruff:

19. Br Stadermann, Georg, Mitglied der Loge (?) Buchhändler.

Oppenheim:

20. Br Weil, Carl, Mitgl. der Loge zum w. Tempel der Brliebe in Worms und des Kränzchens Concordia zur Landeskrone, Ober-Einnehmer.

Saarbrücken:

21. Br Pabst, Fr., Repräsentant der Gr.-L. bei der Loge Stärke und Schönheit, Gutsbesitzer zu St. Johann.
22. Br. Vopelius, Eduard, II. Aufs. der Loge „Stärke und Schönheit", Kaufmann und Fabrikbesitzer in Sulzbach.

Siegen (Loge zu den 3 eisernen Bergen):

23. Br Gregor, Georg, subst. Redner und Vorbereitender, Ingenieur.
24. Br Menue, Adolf, 1. Stew., Kaufmann.
25. Br Fischbach,* Wilh., Schatzmeister, Rendant.
26. Br Jüngst, Fr., 2. Stew., Gerbereibesitzer.
27. Br Daub, Jul., Sekretär, Markscheider.
28. Br Schellewald, Ludw., 2. Aufs., Bahnhofs-Inspector der Deutz-Giessen-Siegener Eisenbahn.
29. Br Marx I., Friedr., Markscheider.
30. Br Marx II., Adolf, Grubenbetriebsführer in Wissen, (der Loge in Siegen angehörig).
31. Br Fischer, J. A., Weinhändler und Weinwirth, Mitgl. der Loge Wilh. zur aufgeh. Sonne in Stuttgart.
32. Br Schuchard, Mitgl. der Loge Hermann zum Lande der Berge in Elberfeld, Grubendirektor.

Turin (Italien):

33. Br Vella, Paolo, Mstr. v. St. der Loge Pietro Micca-Ausonia, Steuerdirektor (Ehrenmitgl. der „Humanitas" in Wien).

Würzburg:

34. Br Conrad, M. G., Mitgl. der Loge L'union des coeurs zu Genf, Lehrer in Gnodstadt.
35. Br Solger, Heinrich, Mitglied der Loge zur Brtreue a. M. in Schweinfurt, Lehrer.

Der Krieg und die freimaurerische Werkthätigkeit.

Von

Herausgeber d. Blattes.

Der Mangel an Organisation und in Folge dessen an gehöriger Initiative behufs maurerischer Werkthätigkeit dürfte kaum je schmerzlicher empfunden worden sein, als angesichts der grossen weltgeschichtlichen Ereignisse, deren Fluthen unser theueres Vaterland, wie wir hoffen und wünschen, zielwärts tragen und treiben. Wie schon bei so vielen frühern Gelegenheiten zeigt auch die Gegenwart wieder eine Fülle guten Willens innerhalb der Brrschaft, aber ebensoviel Zersplitterung und eine Tributpflichtigkeit der maurerischen Thätigkeit an die kräftigere Initiative der nicht-maurerischen Welt, der wir als Apostel und Missionäre der Humanität vielmehr vorleuchten und vorangehen sollten. Statt als Träger humaner Grundsätze und Gesinnungen die nicht-maurerische Welt uns und unserer Sache dienstbar zu machen, uns zur Freude und unserem erhabenen Bunde zur Ehre, lassen wir sie das Panier entfalten und folgen wir ihren Fahnen.

Gewiss kommt es in erster Linie überall nur darauf an, dass das Gute und Nothwendige geschehe und dass wir Freimaurer unsere Pflicht erfüllen, wobei es wenig zu verschlagen scheint, ob man uns als solche kennt und nennt oder nicht. Aber es scheint auch nur so; denn es lässt sich doch wohl kaum in Abrede stellen, dass ein geschlossenes und selbständiges Vorgehen der deutschen Maurerwelt von doppeltem Segen sein würde, sofern ein solches einerseits wohlthätig auf uns selbst zurückwirken, und andererseits ein wichtiger Faktor für die Propaganda der Humanität werden und die Interessen der Mrei und der Menschheit mächtig förden würde.

Die Loge „zum Morgenstern" in Hof hat dort die Initiative ergriffen und hat dies eine sehr günstige Wirkung hervorgebracht. Wie bedeutend würde die Wirkung erst sein, wenn sämmtliche deutsche Logen mit Einem Schlage vorangegangen wären, planvoll und systematisch, und wenn sie ihre Leistungen wenigstens in soweit concentrirt hätten, dass einem Centralpunkte alle Anregungen sowie alle Mittheilungen (Referate) über die Leistungen nebst etwaiger Motivirung des Geschehenen und der gemachten Erfahrungen zugängig gemacht worden wären!

Nicht wir allein fühlen diesen Mangel an Organisation, der uns schon früher nahegetreten und den wir seit Jahren schon durch den Verein deut. Mr zu heben beflissen waren, sondern auch anderwärts beklagt man ihn. So schreibt Br F. aus der Loge „Archimedes" in Gera an die „Freimaurer-Zeitung" mit Hinsicht auf den deutschen Krieg:

„Leider haben wir auch jetzt nicht die wünschenswerthe Centralisation der deutschen Logen, um in einem solchen Falle mit ansehnlichen Summen unsere Theilnahme an den Bestrebungen der Humanität an den Tag zu legen." — Es ist weder Zeit, noch ist es unsere Absicht Vorwürfe zu machen; denn die Vergangenheit gehört uns nicht mehr, aber um der Zukunft willen dürfen wir den Wunsch nicht unterdrücken, dass auch aus den Logen Mittel- und Norddeutschlands mehr Mitarbeiter, als bisher, dem Vereine sich anschliessen möchten, um den Bund nach innen und aussen der möglichsten Vollendung entgegen zu führen und die Leistungsfähigkeit der deutschen Maurerei zu erhöhen. Hätte der Verein deut. Mr sich schon in den ersten Jahren seines Bestehens so kräftig und allseitig entwickelt, wie in den beiden letzten Jahren, so würde zu vorstehenden Klagen jetzt keine Veranlassung mehr vorliegen.

Aber noch ist es Zeit und nichts versäumt, wenn ungesäumt alle deutschen Logen, die der Schweiz mit eingerechnet, ihm ihre besten und thätigsten Kräfte zuführen und, um mit Br Tscharner in Bern zu reden, sich in ihm sammeln und vereinigen. Konnten wir an das Werk des Krieges nicht mit voller Kraft herantreten, so werden wir um so sicherer und erfolgreicher später die Werke des Friedens fördern und unsere glorreiche Mission erfüllen können. Nach beendetem Kampfe treten wir eine neue Epoche nationalen Lebens und culturgeschichtlicher Entwickelung an: sorgen wir dafür, dass wir FrMr mit voller Kraft, mit neuem Geiste und in geschlossener Kette in diese Epoche eintreten!

Aus der Loge zum innigen Verein am Riesengebirge in Landeshut i. Schl.

I.

Statistisches Referat über die bemerkenswerthen Lebensereignisse der Loge während des zweiten Vierteljahrhunderts ihres Bestehens.

Vorgetragen in der 50jährigen Stiftungsfestloge am 25. Mai 1870.

Von

Br Kayser, Redner der Loge.

Der hochverdiente, schon vor 24 Jahren in den ew. Osten gegangene Ehrenmeister unserer Loge, Br Loge, welcher 21 Jahre hindurch in ihr den ersten Hammer geführt, hat bei der Feier des 25jährigen Stiftungsfestes, im Jahr 1845 eine „geschichtliche Uebersicht von der Gründung und Thätigkeit unserer Bauhütte während der ersten 25 Jahre ihres Bestehens" herausgegeben. — An diese Uebersicht anknüpfend, gestatten Sie mir, eine gedrängte Zusammenstellung der Momente vorzulegen, welche während des zweiten Vierteljahrhunderts der Wirksamkeit unserer Bauhütte bemerkenswerth erscheinen.

Am 25jährigen Stiftungsfeste zählte die Loge einen Personalbestand von:

27 Brr Meistern
10 Brr Gesellen } worunter 6 inaktive Brr, ferner
1 Br Lehrling
3 dienenden Brüdern,
9 Ehrenmitgliedern und
1 permanent besuchenden Br, zusammen:
51 Mitgliedern.

Heute weist der Modus für das Jahr 1869/70 mit Ausschluss der im Laufe des Jahres zum ewigen Lichte erhobenen Brr nach:

26 Brr Meister
11 Brr Gesellen } worunter 10 inaktive Brr, ferner
3 dienende Brüder
12 Ehrenmitglieder und
2 permanent besuchende Brr, zusammen:
54 Mitglieder.

Die Uebersicht vom Jahr 1845 theilt mit, dass in den ersten 25 Jahren die Zahl der ordentlichen Mitglieder nie über 30 hinausgegangen; und wenn der Bestand auch in dem letzten Vierteljahrhundert sich nicht wesentlich vergrössert, und namentlich in den letzten 3 Jahren keine Aufnahme stattgefunden hat, so mag der Grund mit in der strengen Prüfung der Qualifikation der Suchenden liegen, zu der wir durch bittere Erfahrungen genöthigt worden sind. So haben im Laufe der letzten 10 Jahre aus diesem Grunde 6 bis 8 Meldungen zurückgewiesen werden müssen.

Während des abgelaufenen halben Jahrhunderts haben nur 5 Brr Meister den ersten Hammer geführt. Der erste derselben, Br von Schoening, hat als solcher nicht fungirt, weil er kurz nach seiner Wahl nach Berlin verzog. Seinen Platz nahm der um unsere Bauhütte hochverdiente, und von der Brüderschaft hochgeliebte Br Loge ein und bekleidete denselben 21 Jahre lang bis zum Herbst 1842. Ihm folgte der Br von Brandenstein, welcher 10 Jahre lang von 1842 bis zu seinem Tode im Jahre 1852 die Loge regierte. Sein Nachfolger war Br Meister, welcher vom Jahr 1852 bis 1861 und von 1866 bis zu seinem vor 2 Jahren erfolgten Tode, 11 Jahre lang, sich mit der aufopferndsten Liebe und Treue sich dem Wohle der Loge widmete, deren Gedeihen ihm Lebenszweck war. In den Zwischenjahren von 1862 bis 1865 und von 1868 ab bis heute erfreute und erfreut sich die Brüderschaft der treuen und umsichtigen Leitung unsers gegenwärtigen Stuhlmeisters des hochw. Br Ottow.

Die langen Reihen von Jahren, in denen jeder einzelne dieser Brr der Loge vorstand, geben ein redendes Zeugniss von der Treue ihrer Amtsführung und von der Liebe und Anerkennung, welche ihnen von Seiten der Brrschaft zu Theil ward.

Ueber die Besetzung der übrigen Beamtenstellen der Loge, sowie über den Ein- und Austritt und die Beförderung sämmtlicher Brüder während der verflossenen 50 Jahre giebt eine unter Br Loge's Hammerführung entworfene und sorgfältig fortgeführte Matrikel, welche sich im Archiv der Loge befindet, und auf welche ich hier Bezug zu nehmen mich begnüge, vollständige Auskunft.

Neben dieser Matrikel befinden sich die übrigen Archivgegenstände der Loge, sowie die Aktenregistratur, die vollständig geführten Protokollbücher über die Logen-

arbeiten und Konferenzen, die Verhandlungen der Grossloge, die reponirten und kurrenten Kassenbücher und
die Korrespondenzen aller Art wohlverwahrt und theilweis
geordnet in eignen Schränken unseres Lokals, warten aber
noch einer neuen Revision und vollständigen Registrirung,
die noch im Laufe dieses Jahres erfolgen soll.

Es gereicht, wie ich hier auszusprechen, nicht an-
stehen darf, der kleinen Anzahl der Brüder unserer geliebten Loge zum Verdienst, dass sie in den letzten
25 Jahren 3 milde Stiftungen bei der Loge geschaffen
hat, deren Zwecke ihre echt maurerische Bruderliebe im
Allgemeinen, wie ihre dankbare Anerkennung und Hochachtung für ihre verdienstvollen Leiter im Besonderen,
Zeugniss gehen. Die thatkräftige Anregung zu diesen
Stiftungen gab, wie aktenmässig feststeht, unser unvergesslicher, in solchem Liebesschaffen unermüdlicher Bruder
Meister. — Es sind die nach feststehenden Statuten von
der Loge verwalteten Stiftungen:
1. Die Logesche Stiftung;
2. Die von Brandensteinsche Stiftung und
3. Die Ottowsche Stipendienstiftung.

Die erste ward von den Brüdern gegründet zum
ehrenden Andenken ihres nach 21jähriger Hammerführung
in den Ruhestand tretenden Meisters v. St., Br Loge am
9. August 1842.

Sie hat zum Zweck:
mit den Revenüen ihres Fonds nachgelassenen und
bedürftigen Wittwen und Waisen verstorbener Brr,
vorzüglich der Mitglieder unserer Loge, zu unterstützen.

Ihr Fonds ist ursprünglich aus einer Johannis-Samm-
lung unter den Brüdern, sodann durch jährlichen Zuschuss
aus dem Logenschatze und endlich aus den späteren
Sammlungen am Johannisfeste hervorgegangen und jetzt
zu einer Höhe von 760 Thlr. angewachsen.

Die von Brandensteinsche Stiftung von den Brüdern
gegründet im Jahr 1852 ebenfalls zum Zeugniss der Anerkennung des Verdienstes, welches Br von Brandenstein
am die echt maurerische Leitung der Loge in einem zehn-
jährigen Zeitraum sich erworben, hat den Zweck:
aus ihrem Kapitalfonds und Zinsertrag augenblicklich in bedrängter Lage sich befindende Brüder
unserer Loge durch Gewähr eines Darlehns gegen
billige Zinsen und ratenweise Zurückzahlung zu
unterstützen.

Ihr Fonds in ähnlicher Weise geschaffen, wie der der
Logeschen Stiftung, und später durch letztwillige Schenkung des Br Brandenstein um 100 Thlr. vermehrt, hat
gegenwärtig eine Höhe von 810 Thlr. erreicht.

Die Ottowsche Stipendienstiftung, dem Verdienste
unseres hochwürdigen Meisters v. St. am 11. April 1860,
als am Tage der Vollendung einer 25jährigen mr. Laufbahn gewidmet, hat den Zweck:
aus dem jährlichen Stiftungsertrage einem oder
mehreren strebsamen Knaben oder Jünglingen, besonders Maurersöhnen eine Unterstützung als Beihülfe zur Ausbildung für ihren Beruf zu gewähren.

Auch dieser Fonds ist in ähnlicher Weise wie die
Fonds der beiden vorigen Stiftungen gegründet, wie jene
aus kleinstem Anfange hervorgegangen, und gegenwärtig
zu einer Höhe von 350 Thlr. gediehen.

Durch die seit einer Reihe von Jahren gewissenhaft
erfolgte statutarische Verwendung dieser Stiftungen ist
manche Sorge gemildert, manche Thräne des Kummers
getrocknet, manches tüchtige Streben angeregt und aufgemuntert worden. Die Loge besitzt an ihnen die wenn
auch bescheidenen aber dauernden Mittel zu äusserer
maurerischer Werkthätigkeit, welche sie selbst in diesem
Umfange auszuüben bei der geringen Zahl der Brr ausser
Stande sein würde.

Der Logenschatz, dem Unterhalt der Loge dienend,
und hervorgegangen und unterhalten aus den laufenden
Beiträgen der Mitglieder und aus den Receptions-, Affi-
liations- und Beförderungseinnahmen, weiset bei vorsichtigster Verwaltung nicht nur keine Passiva, sondern
einen Aktivbestand von 320 Thlr. nach.

Der Armenschatz endlich, welcher seiner Bestimmung
gemäss, keine Kapitalien ansammeln kann, empfängt seine
Mittel aus den regelmässigen Armensammlungen am Schluss
der Arbeiten und aus etwaigen sonstigen Schenkungen
und bezieht durchschnittlich eine Jahreseinnahme von
20 Thlr., welche ihrem Zwecke gemäss alljährlich zu Unterstützungen verwendet wird.

Das Inventarium der Loge, unsere bescheidenen Bedürfnisse hinreichend befriedigend, hat nach neuester Aufnahme in 17 Titeln einen Taxwerth von ca. 1150 Thlr.

Was nun das geistige Leben der Loge betrifft, so
bieten dazu die, wenn auch nur kleine aber inhaltschwere
Bibliothek derselben, die regelmässigen Arbeiten und ein
in den Wintermonaten bestehendes wöchentliches Kränzchen hinreichende Nahrung.

Die Bibliothek besteht, wohlgeordnet, in 11 Titeln
und zählt eine Anzahl von 212 Werken in 267 Bänden.
Ein vollständiges Verzeichniss derselben liegt im Empfang-
zimmer der Loge aus und steht jedem Bruder als Anhalt
zur Benutzung der Sammlung offen. Ausser der Bücher-
sammlung sind die von den Schwesterlogen uns mitgetheilten Personalstatus seit Beginn der Loge gesammelt und
nach den Orienten alphabetisch in Mappen eingeordnet,
so dass hierdurch das rasche Auffinden irgend einer Notiz
ermöglicht ist.

Unsere maurerischen Arbeiten, wohin ich auch die
Brüder- und Schwesternfeste rechne, werden durchschnittlich allmonatlich abgehalten, werden, soweit unsere Kräfte
reichen, durch gehaltreiche Zeichnungen und durch musikalische Vorträge gehoben und gewürzt und durch Mittheilungen aus den Verhandlungen der Grossloge anregend
und belehrend gemacht. Die über die Arbeiten geführten
Protokollbücher gehen davon näheres Zeugniss.

Unsere Kenntnissnahme von den Zeitereignissen in
der Maurerwelt wird vermittelt durch die von der Loge
gehaltene maurerische Zeitschrift „Bauhütte“ und durch
die Mittheilungen aus dem Verein sämmtlicher Mr, welche
Zeitschriften unter der Pflege gemüthvollen maurerischen
Bruderverkehrs für die Kränzchenabende reichen Stoff zu
gegenseitigem Ideenaustausch und zur Belehrung, Läuterung und Erweiterung maurerischer Ansichten dar-
bieten.

Es bleibt für die erfolgreiche Wirksamkeit dieser
immerhin reichen Mittel freilich zu wünschen, dass die
Bibliothek fleissiger benutzt und die Versammlungen zahlreicher besucht werden. Denn es kann Niemanden ent-

gehen, der dafür ein Auge hat, dass dermalen in einem grossen Theile der Maurerwelt eine gewisse Schwüle, Dumpfheit und Mattigkeit Platz gegriffen hat, die, welches auch ihre Ursachen sein mögen, nur durch ein um so engeres Zusammenschliessen der Brüder, in welchem die Ursache dieser Stagnation zur klaren Einsicht und zum Bewusstsein jedes einzelnen Bruders und demnächst zur gründlichen Beseitigung gelangen, gebannt werden kann, — gebannt werden muss, wenn die über Alles zu fürchtende Gleichgültigkeit gegen die erhabene Sache des Bundes nicht überhandnehmen und ihr Ideal in dem Staube des Alltagslebens versinken soll.

Ich schliesse dieses kurze Referat mit dem aufrichtigen Wunsche, dass nach abermals 25 Jahren der Bruder an dieser Stelle eine recht reiche Auswahl von schönen Lebenserweisungen unsrer geliebten Bauhütte dem Bruderkreise vorzutragen habe.

II.

Toast bei der Tafelloge am 50jährigen Stiftungsfest der ger. u. vollk. St. J.-L. z. i. V. a. R. den 21. Mai 1870

dargebracht von

Br Kayser, Redner der Loge.

Nicht ohne Zagen, w. h. u. g. Brüder, nehme ich heute zum drittenmale das Wort, um Ihnen einen Gedanken an das Bruderherz zu legen, welcher der Idee des soeben gesungenen Liedes noch eine grössere Tragweite verleihen dürfte. Der schöne Brauch, am Schluss der Arbeit auch der armen und leidenden Brüder zu gedenken, gewinnt ohne Zweifel an Fruchtbarkeit, wenn seine Erfolge auf die Dauer angelegt werden. So dachten wenigstens die Brüder unserer Loge, als sie zu Ehren verdienstvoller Logenmeister für meilige Zwecke Stiftungen schufen, welche, wie Sie in der Arbeit vernommen haben, aus sehr kleinen Anfängen im Laufe der Jahre zu namhaften Fonds angewachsen sind und damit ihrem schönen Zwecke auf die Dauer und in erhöhtem Massstabe dienen. Es war die Pietät gegen die bewährten Führer unserer Loge, welche jene Schöpfungen ins Leben rief, und diese Pietät fand in dem milden Sinne unseres unvergesslichen Bruder Meister den beredtesten Vertreter. Sein Andenken lebt in den Herzen unserer Brr, und der Wunsch, demselben in dem angedeuteten Sinne einen Ausdruck zu geben, bewegt mich lebhaft, der Sache im Namen der Brüder mein schwaches Wort zu leihen. Denn ich darf ja annehmen, dass in diesem grossen Kreise kein Bruderherz schlägt, das den Verewigten nicht gekannt, und wenn es ihn gekannt, ihn nicht auch lieben gelernt hätte, kein Bruderherz, das den Manen des Seligen den Tribut warmer Bruderliebe auch dauernd zu zollen nicht geneigt wäre. — Und wäre es dem seligen Geiste des Entschlafenen vergönnt, aus seinem Lichtreich heute hinab zu blicken in diesen Erdenkreis, den er einst mit seiner reichsten Liebe umfasste, ein Schauer der Freude, nicht unwerth den Wonnen des Jenseits, müsste seinen verklärten Leib durchbeben in dem Gefühl, dass in seiner eignen wohlwollenden Weise heute seiner von zahlreichen Bruderherzen gedacht wird.

So lassen Sie mich denn, in Kürze zusammenfassend, den hiermit eingeleiteten Gedanken Ihrer vollen Brliebe empfehlen.

Die heutige Armensammlung bilde die Grundlage einer verklärten Stiftung, welche dem Andenken unseres verklärten Br Meister gewidmet sei und seinen Namen in die spätesten Zeiten unserer Bauhütte hinaustrage.

Den speciellen Zweck dieser Stiftung zu bestimmen, wie die Feststellung desfallsiger Statuten überlasse ich gern dem weiteren Ermessen unserer Brüderschaft, welche jeden Wunsch darüber, der aus der Mitte dieses Kreises laut werden möchte, die bereitwilligste Berücksichtigung gewähren wird.

Und so ergreifen Sie denn zur Bekräftigung dieses schönen Moments die Kanonen und lassen Sie dieselben nach Maurerart in dreifachem scharfen Feuer ertönen.

Das erste Feuer gelte:

Den bedürftigen, leidenden und strebenden Brüdern, welchen unter dem Segen des a. B. a. W. unsere Stiftungen gewidmet sind.

Das zweite, es gelte:

Den Manen des entschlafenen Bruders, dessen maurerische Gesinnung sich in der Anregung und Mitschöpfung unserer Stiftungen ein dauerndes Denkmal gesetzt.

Das dritte aber gelte:

Dem Gedeihen und Wachsen der neuen Stiftung, welche, heute durch werkthätige Maurerliebe ins Leben gerufen, wie ihre Schwesterstiftungen dem Segen des a. B. a. W. empfohlen sei.

Die hierauf erfolgte Sammlung hat einen

Ertrag von 19 Thlr. 2½ Sgr.

ergeben, der von Br Hartmann aus Worwa noch auf 25 Thlr. komplettirt worden ist.

Literarische Besprechungen.

Graupenstein, Wilh., Geschichte der St. Joh.-Loge zur goldenen Kugel in Hamburg. gr. 8. 203 S. Thlr. 1 —.

Wiederum können wir mit Befriedigung auf eine umfassende und fleissige Arbeit hinweisen, wodurch unsere Kenntniss der Geschichte der Mrei in Deutschland erweitert und unser historisches Material nicht unwesentlich bereichert wird, auf die vorstehend erwähnte „Geschichte der Loge zur goldenen Kugel" in Hamburg, welche Loge demnächst das Fest ihres 100jährigen Bestehens feiert.

Indem wir uns eine eingehende Besprechung dieser schätzenswerthen Arbeit für später vorbehalten, heben wir heute schon hervor, dass wir es nicht mit einer trocknen Chronik noch mit einer flüchtigen Skizze, sondern mit einer ebenso ausführlichen, wie lesbaren Darstellung zu thun haben, welche nicht allein ein möglichst treues Bild der Erlebnisse der genannten Loge enthält, sondern allenthalben auch auf die bemerkenswerthesten Vorgänge im

Logenwesen Hamburgs, insbesondere der Provinzialloge von Niedersachsen gebührende Rücksicht nimmt.

Der Inhalt gliedert sich in folgende Abschnitte:
I. Einleitung. Vorgeschichtliche Bemerkungen. — II. Von Stiftung der Loge zur goldenen Kugel bis zum Jahre 1777. — III. Von Errichtung der Provinzial-Loge von Niedersachsen bis zum Jahre 1802. — IV. Von der Hammerübernahme des Br Dr. Webber (bekannt unter dem Namen Webber-Schuldt) bis zum Jahre 1824. — V. Von 1824 bis zur Stiftung der aus der Loge zur goldenen Kugel hervorgegangenen hiesigen eklektischen Logen. — VI. Von 1847 bis zur Säcularfeier der Loge. — VII. Schlusswort. —

Diesem folgen noch verschiedene Verzeichnisse und statistische Mittheilungen von geringerem allgemeinen Interesse.

Aus der Loge zur goldenen Kugel, welche unter der Bevormundung der Gr. L. L. v. D. steht und dieser gegenüber eine möglichst selbständige und anerkennenswerthe Haltung einnimmt, gingen s. Z. die in Hamburg arbeitenden beiden eklektischen Logen hervor.

Es mochte keine gar leichte Aufgabe für den gel. Br Verfasser sein, einerseits der Wahrheit getreu zu sein und andererseits doch auch die Grenzlinie vorsichtiger Haltung nicht zu überschreiten, um die Herausgabe dieser verdienstlichen Jubelschrift nicht an die Klippe eines Censurverbots seitens der „höchstleuchtenden" Gr. L. L. scheitern zu lassen. Dies ist ihm in so vorzüglicher Weise gelungen, dass man der Darstellung durchaus keine Befangenheit anmerkt; freilich ist die historische Kritik mitunter nicht streng genug gehandhabt und die Objektivität offenbar etwas beeinträchtigt worden und muss der denkende Leser zuweilen zwischen den Zeilen lesen. Dagegen ist aber auch das ganze Buch fast durchweg von jener Apologie und Geschraubtheit, wie man sie zuweilen in solchen Schriften findet, frei.

Wir empfehlen das Buch hiermit bestens zur Anschaffung und zur Lektüre; es sollte in keiner maurer. Bibliothek fehlen.

Die Ausstattung ist vorzüglich und elegant; der Preis (Thlr. 1.) mässig.

Die Jesuiten. Geschichte und System des Jesuiten-Ordens von Paul E. F. Hoffmann. Mannheim, 1870. Druck und Verlag von J. Schneider. (12 Lieferungen à 18 kr.)

(Fortsetzung.)

Die Fortsetzung enthält die Lieferungen 7 bis 10, womit das Werk abgeschlossen ist, über dessen erste 6 Lieferungen ich jüngst einige empfehlende Notizen brachte.

Im vorliegenden 7. Heft finden wir die Liste der in Oesterreich ausgetriebenen Adelsgeschlechter und ein Verzeichniss der allmählich durch Intriguen und Zwangsmittel herbeigeführten Convertirungen des östreich. Adels, nebst der Schilderung der ganzen planmässigen Protestantenhetze in Oestreich von 1540—1700. — Ferner enthält dieses Heft das Verzeichniss der hervorragendsten Convertiten von 1578 bis in die neuere Zeit.

Endlich entrollt der Verfasser ein Bild des Missionswesens der Jesuiten. —

Im 8. Hefte finden wir die Erörterung des Zwecks des Jesuitismus, welcher ganz richtig, hinsichtlich der neuesten Vorgänge, durch den fortgesetzten Kreuzzug gegen die menschliche Kultur gekennzeichnet wird und nach Domcapitular Moufang — in Rücksicht auf Deutschland — nicht mit Unrecht als die Fortsetzung des 30jährigen Krieges bezeichnet werden kann. Dieser Kampf um die Auseinandersetzung zwischen Staat und Kirche zeigt uns allerdings das Endziel der Hierarchie und damit den Zweck des Jesuitismus: „Die Herrschaft des Jesuitenordens über die gesammte Christenheit und weiter die Herrschaft über die gesammte Menschheit anzustreben."

Als bekanntes Mittel zum Zweck findet die Beichte in diesem Hefte eingehende Besprechung. Die so beliebten Erbschaftserschleichungen sind ebenfalls nicht vergessen. — Die Aufhebung des Jesuitenordens Ausgang des 18. Jahrhunderts durch Papst Clemens XIV. 1773 wird dann geschildert und ihre geheime Thätigkeit als Redemtoristen, Ligorianer etc., bis zur Wiederherstellung des Ordens 1814 unter Carl VII. dann beleuchtet.

Im 9. Heft werden die jesuitischen Wühlereien in Oesterreich, Preussen, Bayern etc. dargelegt, welche Letztere deutsche Provinz allerdings noch theilweise ihr Eldorado zu sein scheint.

Das 9. Heft enthält eine Rundschau über die Propaganda in England, Frankreich, Belgien und Holland, Schweiz, Italien, bis auf die heutige Zeit.

Die Schlussbetrachtung des 10. Heftes beschäftigt sich hauptsächlich mit den Folgerungen, welche aus der gesammten jesuitischen Wirksamkeit unserem Vaterlande drohen und gibt eine Tafel der jesuit. Propaganda in langem Rock, wonach ca. 8000 Jesuiten in 19 Provinzen wirksam sind. In Oesterreich arbeiten davon bei 400 und in Deutschland bei 600 dieser Brüder in Jesu!

Sehr treffend sagt der Verfasser noch am Schlusse, auf die Frage: Ist der Jesuitismus noch gefährlich? „Es gibt Leute, die ihn nicht fürchten; aber die Idee, die Kraft der Intelligenz überwinde Alles." Die Idee existirt freilich schon lang — hat aber tausend Irrthümer und finstere Gewalten, die in dieser Welt herrschen, bis auf den Tag nicht überwunden. Die Waffen des Geistes sind herrlich, aber sie sind gegenüber denjenigen, die sich mit dem Trotz der Lüge widersetzen, oft nicht hinreichend. —Der Gedanke des Jesuitismus ist unveränderlich; er ist zu Zeiten nur mehr maskirt, als sonst. —

Die Stetigkeit des Fortschrittes — die gesunde Entwickelung des europäischen Menschengeschlechts fordert den Kampf der Ausrottung. — Er wird schwer sein, aber desto grösser ist der Triumph!

Soweit der Verfasser dieses Buches, dem ich recht viele aufmerksame Leser wünsche. — Doch noch eines möchte ich hinzufügen, der Jesuitismus wird nicht durch Aufhebung des Jesuitenordens und Ausrottung desselben beseitigt, sondern lediglich durch gesunde Cultur der Menschheit. Dazu brauchen wir jedoch:
1. Naturgemässe Erziehung der Jugend,
2. Trennung der Schule von der Kirche zur Durchführung der gemischten Schulen,

3. Unentgeltlichkeit des öffentlichen Schulunterrichts,
4. Confessionslose (Simulten-) Seminare für Lehrerbildung,
5. Trennung der Kirchen vom Staat,
6. Aufhebung der Ehelosigkeit der kath. Priester,
7. Rückforderung der Selbstständigkeit der Cultusgemeinden für alle Culten,
8. Organisirung von Schulen für Heranbildung von weiblichen und männlichen Laien zur Kranken-Pflege.

Nehmen wir dem Jesuitismus den Boden weg, auf welchem seine Saat so üppig wuchert, d. h. beseitigen wir die geistige Trägheit, die Beschränktheit der Massen, fördern wir alle Anstalten zu gesunder und stufenmässiger Entwickelung der Menschheit und es fällt damit die Möglichkeit des Erfolges für rückläufige Anstrengungen, gleichviel welcher Richtung und welcher Schattirung. Das scheint mir die praktischteste Wirkung maur. Strebens.

Br G. Treu.

Feuilleton.

Frankreich. — Die Freimaurer-Loge „Justice" zu Paris hat in ihrer Sitzung vom 15. Juli c. einstimmig beschlossen, ihrerseits gegen den Krieg Frankreichs mit Preussen energischen Protest zu erheben, weil sie in solchem keinesweges das letzte Rettungsmittel für das französische Vaterland, vielmehr nur ehrgeizige Bestrebungen und dynastische Interessen erblicke, und aus diesem Grunde die Maurerei aller Grade und Riten auffordert, sich diesem Protest anzuschliessen.

Hamburg. — Der frühere Mutterbund der geschichtlichen Engbünde in Hamburg hat sich in einen geschichtlichen Verein umgewandelt, an dessen Versammlungen und Forschungen jeder Br Meister, der Mitglied einer Tochterloge der Grossloge von Hamburg ist, theilnehmen kann. Die Meisterschaften anderer Grosslogen, welche nur die drei Johannisgrade anerkennen, sind berechtigt, mit den geschichtlichen Vereinen und Engbünden von Tochterlogen der Hamburger Grossloge in correspondirende Verbindung zu treten. Die Vereine, welche bei den früheren hannover'schen Logen bestanden, sind durch den Zutritt der letzteren zu den preussischen Grosslogen aufgelöst; dahingegen bestehen solche in Birkenfeld, Braunschweig, Brooklyn, Dresden, Eisenach, Hamburg, Leipzig, Lübeck, Neubrandenburg, Rostock, Weimar und Wismar.

Italien. — Der Grossmeister Br Frapolli, dessen Unterschrift uns seine Wiedergenesung bezeugt, hat an die ital. Logen ein kurzes Rundschreiben erlassen, worin es u. A. heisst, zwei gleich mächtige und civilisirte Nationen ständen einander gegenüber und viele Br befänden sich in den Reihen der einen wie der andern; die Mrei könne weder für die eine noch für die andere Partei nehmen; sie beklage den unseligen Krieg und könne nur das Schicksal der Wittwen und Waisen lindern; im Interesse des Ordens und des Landes sollten die Brr eine wachsame und reservirte Stellung einnehmen.

— Zu Turin erscheint von jetzt ab (Nr. 1 ist vom 30. Juli datirt) eine maurerische Zeitschrift in italienischer Sprache unter der Leitung des Abgeordneten Bruder Mauro Macchi, „Rivista della Massoneria Italiana." Das Blatt, von halboffiziellen Charakter, wird über die Thätigkeit des Gr. Or. berichten und wesentlich den Charakter einer mr. Chronik einhalten.

Niederlande. — Es sind nicht blos englische und amerikanische Brüder, welche an alten, abgethanen historischen Vorurtheilen kleben, sondern auch holländische, wie ein Artikel „Ueber den Ursprung der FreiMrei. Geschichtskundig behandelt für Brüder Lehrlinge. Von Br H. Zeemann" in Nr. 30 und 31 des Mac, Weekblad beweist. Der genannte Verfasser leitet den Ursprung von den Egyptern und von Numa Pompilius (715) her und der Herausgeber des Weekblad druckt diese, nicht einmal auf die Quelle (Krause) zurückgehende, kritiklose Nachbeterei Rebolds gläubig ab. Wir bedauern die Brüder „Lehrlinge", denen man solches Zeug als historische Weisheit vorsetzt.

Schweiz. — Der 18. Versammlung der Schweizerischen Grossloge „Alpina" liegt ein überaus reicher Stoff zur Behandlung vor. Das Traktanden-Verzeichniss für diese am 3. und 4. September d. J. stattfindenden Versammlung weist nicht weniger als 13 Anträge auf, die zum Theil auch von allgemein-maurerischen Interesse sind, namentlich sofern sie sich auf Abschaffung der Titulaturen, auf Revision der Verfassung, Aufstellung eines facultativen Rituals, Herstellung gegenseitiger Representation mit der Gr.-Loge „zur Sonne" in Bayreuth, auf das mehrerwähnte Directoire helv. romand u. dgl. m. beziehen. Wir hoffen unsern Lesern s. Z. einen eingehenden Bericht über die Verhandlungen und Beschlüsse der „Alpina" vorlegen zu können.

Br G. B. Teubner, Mitglied der Loge Pythagoras No. 1, ist am 19. Januar gestorben. Er war 1811 in Meissen geboren, arbeitete bis zu seinem 20. Jahre als Buchbinder und erlernte darauf bei seinem Onkel, B. G. Teubner in Leipzig, die Buchdruckerei; später hat er eine Faktorstelle in der Cotta'schen Druckerei in Stuttgart bekleidet. Nachdem er 1847 nach Amerika ausgewandert war, wurde er unter mannichfachen Schicksalen einer der Gründer der New-Yorker Abendzeitung und etablirte darauf ein eigenes Druckereigeschäft, das er bis zu seinem Tode mit Eifer und Geschicklichkeit betrieb. Hat er durch seine deutsche Biederkeit und Rechtlichkeit, durch seinen Freimuth und sein vielseitiges Wissen die Achtung Aller sich erworben, die ihn näher kannten, so ist er Denen, mit denen er in dem freimaurerischen Verbande gestanden, durch seine treue Anhänglichkeit an denselben, durch seine rege Empfänglichkeit für alles Edle und Schöne, durch seine Liebenswürdigkeit im Umgange theuer und werth geworden. Er wurde am 21. Juni 1850 in obengenannter Loge aufgenommen und hat in ihr verschiedene Aemter, unter ihnen 1864 das des ersten Schaffners, 1865 das des zweiten Aufsehers verwaltet.

Unsere Zeitschrift ist zum grossen Theile sein Werk; sie wird auch nach seinem Tode in seinem Geiste forterscheinen und an ihrer Spitze seinem Namen tragen.

Möge ihm eine freundlich dankbare Erinnerung über das Grab hinaus folgen!　　　　　　　　　　(Reform.)

Ludwigsburg. — Auch hier haben sich die Mitglieder der Loge „Joh. zum wiedererb. Tempel" vereinigt, um zur Linderung des Elends unter unsern verwundeten Siegern ihr Scherflein noch ganz besonders dadurch beizutragen, dass unser Bankettzimmer zu einem geräumigen, hellen und luftigen Aufenthaltsort für Kranke hergerichtet wurde. Die Sanitätskommission drückte bei Einsichtnahme des Lokals ihre Freude unverhohlen über dieses Vorgehen der Brr aus und nahm mit Vergnügen unser Anerbieten an. Schon stehen vier ganz praktisch eingerichtete Betten, sammt allen für Verwundete höchst nöthigen Utensilien parat, und nicht lange wird es dauern, bis dieselben verwendet werden. Die Verpflegung der zu erwartenden Krieger übernimmt, was die ärztliche Seite anbelangt, unser Br Hubbauer sen., ein ausgezeichnet tüchtiger Arzt; die Verpflegung mit zuträglicher Kost übernehmen, alle drei Tage abwechselnd unsere l. Schwestern; die Brüder aber gaben — obgleich alle an dem städtischen und Sanitäts- und Hülfsverein sich betheiligten — nach Massgabe ihrer Kräfte grössere oder kleinere Geldspenden, durch welche es uns möglich wird, den Verwundeten jede nur wünschenswerthe Handreichung zu bieten. So hoffen wir in unserem kleinem Kreise mit — sind auch unscheinbar die Mittel — vereinten Kräften dem namenlosen Elend doch in etwas zu steuern. Wir hoffen aber auch, dass namentlich solche Logen, die von dem Anblick des Kriegsjammers verschont bleiben, um so mehr ihrer Pflicht eingedenk bleiben und solche Bauhütten, welche dem Kriegsschauplatze weit näher sind als wir, werkthätig bedenken und kein Opfer scheuen werden, um diese in ihrer Humanitätsübung zu unterstützen. Möge diese Hoffnung aufs befriedigendste erfüllt werden!

Zur Berichtigung. — In Nr. 33 der „FrMrZtg." erwähnt Br Desetzny in Wien eines Gerüchts, „dass in einer Provinzialhauptstadt eine derartige Winkelloge und noch dazu anerkannt von einer ausländischen Grossloge gegründet worden sein soll." — Abgesehen davon, dass eine von einer Grossloge anerkannte Loge keine „Winkelloge" sein würde, was der Vicepräsident des Vereins „Humanitas" nicht wissen scheint, enthält die Erwähnung jenes Gerüchts eine ganz grundlose Verdächtigung gegen die Brr in Prag und gegen die Gr. Landesloge von Sachsen, auf welche beide der Hieb des Br D. gemünzt ist. Denn ein Hieb ist es, da man in Wien recht wohl weiss, dass die Gründung einer Loge im Geheimen nicht erfolgt ist. Allerdings treten die Brüder in Prag vorsichtig und bescheiden auf. Statt so breitspurig und mit solcher propagandistischer Hast nach auswärts aufzutreten, dürfte es unseres Erachtens sachdienlicher und heilsamer sein, wenn man seitens der „Humanitas" mehr auf Consolidation nach innen Bedacht nähme.

Zur Besprechung.

Durch Thüringen. Gedichte von Murad Effendi. Temesvar, 1870. Brüder Magyar.
(Der Ertrag ist vom Br Verf. „den Verwundeten" und zwar der Alexander-Sofienstiftung in Weimar zugedacht).

Für die deutschen Krieger und deren Familien.

Von Br J. H. in W. (pr. August) . . . . Thlr. —. 20.
Indem wir für dieses patriot. Opfer bestens danken, sind wir zur Annahme weiterer Beiträge gern bereit.
J. G. Findel.

Briefwechsel.

Br L. Tr. in O—n. Betrag dankend erhalten; brüderl. Gruss!

Br Ad. R—r in Sz—a. Erscheint in nächster Nummer. Die Bauh. wird Ihnen inzwischen zugegangen sein. Ihnen und den dortigen Brn freundl. Gruss!

Br Dr. St. in M. Finden Sie in der Nr.; A.-Sch. unter †band gesandt. Ist Ihnen auch die neuliche †band-Sendung (Bauh.) nicht zugegangen? Brdl. Gruss!

Br Dr. L. in St. Verbindlichsten Dank für gütige Uebersendung von „Deutschland über Alles" mit Ihren Liedern und herzlichen Gruss!

Berichtigung.

In der Bekanntmachung der Loge „zur heissen Quelle" vom 24. Juni c. in Nr. 29 der Bauhütte hat sich ein Druckfehler eingeschlichen:

Es soll nämlich statt No. 168 bis incl. 275 heissen:
Nr. 168 bis incl. 175.

In Nr. 32 der Bauhütte Sp. 3, Zeile 24 muss es heissen: „In dem zur höchsten Höhe gestiegenen" — und in dem Schlussgedicht Strophe 2, Z. 3 statt „Tummeltanz" — „Taumeltanz."

Mittheilung der Loge zur goldenen Kugel in Hamburg an die ehrw. St. Johannis-Logen Deutschlands.

Geliebte Brüder!

Wir verfehlen nicht, Ihnen die brüderlich-ergebene Anzeige zu machen, dass wir in Berücksichtigung der Zeitverhältnisse die

Feier des hundertjährigen Bestehens unserer Loge
am Montag den 29. August

nur mit einer ernsten Arbeit begehen werden.

Eine Vorfeier wird nicht stattfinden, in gleicher Weise ist von der am Stiftungstage abzuhaltenden Festtafelloge Abstand genommen.

Mit herzlichem Brudergruss

W. Graupenstein.	C. Eybe.	Dr. W. Buck.	A. Bostelmann.	W. Willhöfft.	A. Scharnweber.
Logenmstr.	I. abg. Logenmstr.	II. abg. Logenmstr.	I. Aufseher.	II. Aufseher.	Secretär.

Verantwortlicher Redacteur: Br J. G. Findel. — Verlag von Br J. G. Findel in Leipzig. — Druck von Brr Bär & Hermann in Leipzig.

Hierzu eine Beilage.

No. 35.

XIII. Jahrgang.

Die

BAUHÜTTE.

Begründet und herausgegeben

von

Br J. G. FINDEL.

* Organ des Vereins deutscher Freimaurer. *

Handschrift für Brr Jr.Mr.

Leipzig, den 27. August 1870.

MOTTO: Weisheit, Stärke, Schönheit

Von der „Bauhütte" erscheint wöchentlich eine Nummer (1 Bogen). Preis des Jahrgangs 3 Thlr. — (halbjährlich 1 Thlr. 15 Ngr.)
Die „Bauhütte" kann durch alle Buchhandlungen bezogen werden.

Inhalt: Jahresbericht über die Thätigkeit des Kränzchens in Würzburg. — Die deutschen Fr.-Mr. und die deutschen Logen während der Nationalkriege. — Ueber Krankenhausen. — Die Maurerei im Kriege. Von Br. Leopold. — Feuilleton: Giessen. — Prag. — Stuttgart. — Elsass-Lothringen. — Trauerbotschaft. — Rundschreiben der Loge Arpad zur Brüderlichkeit zu Szegedin. — Briefwechsel. — Aus Frankfurt a. M. — Mittheilung. — Rebderl. Anerbieten.

Jahresbericht über die Thätigkeit des Kränzchens in Würzburg.

Im Monate April 1869 versammelten sich auf Wunsch und unter Leitung des Br Metz, gewesenen Stuhlmeisters der Loge Rupprecht zu den 5 Rosen im Or. Heidelberg, die hier in der Diaspora lebenden Brr Frmr in einem gedeckten Lokale des Café Büttner.

Die grosse Zahl der anwesenden Brr, der echte maurerische Geist, der die ganze Versammlung beseelte, veranlasste den Br Metz, die hier wohnenden Brüder Freimaurer zu einer engeren Verbindung aufzufordern und empfahl er diese Vereinigung in der Form eines Kränzchens.

Die Worte des Br Metz fanden den wärmsten Anklang in den Herzen der anwesenden Brüder, und eine zweite zu Ehren des Br Metz und anderer auswärtiger Brüder veranstaltete maurerische Versammlung im Café Büttner brachte den Entschluss der Mehrzahl hier wohnender Brr zur Reife, sich zu vereinigen in maurerisch legaler Form und eine Stätte zu gründen zur Pflege der königlichen Kunst.

Die ersten Früchte der organisirenden Thätigkeit des Bruder Metz zeigten sich in öfteren Vorbesprechungen, Besprechungen, welche zu dem Resultate führten, dass eine am 28. Mai 1869 im Hotel Rügmer abgehaltene und von 14 Brüdern besuchte Versammlung beschloss, am hiesigen Platze ein mr. Kränzchen zu gründen.

Mit diesem Tage begann das Freimaurer-Kränzchen dahier seine Thätigkeit und die erste Handlung seines Bestehens war die allsogleich vorgenommene Wahl eines provisorischen Beamten-Collegiums, bestehend aus einem Vorsitzenden in der Person des Br Em. Mayer, Mitglied der Loge in Fürth, aus einem stellvertretenden Vorstande in der Person des Br Heinr. Heim, Mitglied derselben Loge, ferner aus einem Secretär in der Person des Br L. Seissor, Mitglied der Loge in Heidelberg.

Nicht unerwähnt darf bei dieser Gelegenheit das eifrige Streben des in den ewigen Osten eingegangenen Br Ferd. Döring, des Professor Br Schwarzenbach und des Hauptmanns Br Scherz bleiben, welche Brüder schon einige Jahre vorher eine engere Vereinigung der hier lebenden Brr herbeizuführen suchten. Leider wurde deren Streben nicht mit dem gewünschten Erfolge gekrönt. Das Hauptaugenmerk des Kränzchens — welches sich in Beziehung auf die im Dome dahier befindlichen historisch merkwürdigen mr. Säulen, sowie ferner in Beziehung auf den hiesigen Steinberg, den Namen „Zu den zwei Säulen am Stein" beigelegt hatte — richtete sich von dem Tage seiner Gründung an auf das möglichst rasche Erzielen einer formellen Constituirung und wurden dieserhalb die vorbereitenden Schritte geeigneten Ortes gethan, in Folge deren am 27. October 1869 das Kränzchen durch den hochwürdigsten Grossmeister Br Feustel Namens der Grossen Loge zur Sonne im Or. Bayreuth für constituirt erklärt wurde.

Ein an die Loge zur Brudertreue am Main im Or. Schweinfurt gerichtetes Gesuch um Anschluss des hiesigen Maurer-Kränzchens an genannte Loge wurde mit dankenswerther Bereitwilligkeit genehmigt und fand die förmliche Ausführung dieses Aktes unter Anwesenheit von 12 Brüdern des maur. Kränzchens am 12. Dec. 1869 in einer Arbeitsloge im I. Grade mit darauffolgendem Br-Mahle zu Schweinfurt statt.

Bei dieser Gelegenheit wurde auch die Aufnahme eines dienenden Brs für das Kränzchen vorgenommen.

In der Zwischenzeit war eine definitive Wahl der Beamten für das maurerische Jahr 1869/70 vorgenommen worden und stellte das Resultat derselben den Bruder J. M. Vornberger, Mitglied der Loge in Worms, an die Spitze des maurerischen Kränzchens. Als Stellvertreter desselben wurde Br Heinrich Heim von der Loge zu Fürth und als Secretär der Br Seissor von der Loge zu Heidelberg bestätigt.

Die Zahl der Mitglieder des Kränzchens hatte sich im Laufe des Jahres auf 39 erhöht, wovon jedoch 3 Brr, in Folge Deckens bei ihren Logen und 1 Br wegen Abreisens von hier, wieder austraten.

Am Schlusse des maurerischen Jahres 1869/70 entziffert die Mitgliederliste eine Zahl von 35 Brüdern von denen:

17 dem III. Grade,
5 dem II. Grade,
12 dem I. Grade angehören.

Zehn Suchende hatten sich bei dem maurerischen Kränzchen zur Aufnahme in den Maurer-Bund gemeldet, von denen jedoch nur 5 der Loge zur Brudertreue am Main in Schweinfurt zur Aufnahme empfohlen werden konnten.

Im verflossenen Mr-Jahre berief das Kränzchen die Brüder zu 50 Arbeiten, von denen 45 im I. Grade und 5 im III. Grade abgehalten wurden. Ausser diesen Arbeiten hat das Kränzchen an drei Receptions-Arbeiten der Loge zur Brudertreue am Main im Or. Schweinfurt theilgenommen.

Die Organisation des Kränzchens nahm im ersten Zeitabschnitte nach der Gründung desselben den grössten Theil der Clubsitzungen, welche jeden Montag im Sächsischen Hofe, nunmehr Hotel Landsberg, abgehalten wurden in Anspruch.

Nachdem jedoch das maurerische Kränzchen durch unermüdliche Thätigkeit eine entsprechende äussere Gestaltung gewonnen, entfaltete sich auch in seinem Innern eine regere Thätigkeit, und war namentlich der Vorsitzende Br Vornberger bestrebt, den Clubabenden durch belehrende und erbauende Vorträge ein besonderes Interesse zu verleihen.

Die maurerischen Arbeiten des abgelaufenen Jahres vertheilen sich auf:

a) 18 selbstständige Zeichnungen, geliefert von den Brüdern Vornberger, Heim, Schild, Eydam, Schreyer, Müller, Wolpert, Müllerklein und Seissor.

b) 32 Vorträge mit sich daran anknüpfenden Diskussionen.

c) Referate über die wöchentlich erscheinenden maurerischen Zeitschriften „Bauhütte“ und „FrMr-Zeitung“ vorgetragen von dem hierzu ernannten Referenten, Br Aug. Thaler.

Auch maurerische Wohlthätigkeit wurde nach Kräften geübt und wurden an Unterstützungen im verwichenen

Jahre der Betrag von fl. 77. 36 kr. gespendet, nebstdem wurde noch eine Hülfsbedürftige, von dem allernothwendigsten entblösste Mutter (Wöchnerin) mit einer vollständigen Aussteuer an Kindsbetten, Kinderwäsche und Kleidern versehen.

Mit diesen Gaben jedoch war die Opferwilligkeit der Brr noch nicht erschöpft und weist der Armenstock einen Baarvorrath von fl. 55. 31 kr. nach.

Die finanziellen Verhältnisse sind im geordnetsten Zustande und hat sich durch verschiedene Anschaffungen wie Harmonium, Bibliothekschrank etc. ein ziemliches Inventarvermögen gebildet.

Auch dem Glücke wurde die Möglichkeit der Einkehr durch Ankauf eines verzinslichen Looses geboten. Ebenso ist theils durch Schenkung, theils durch Ankauf der Grund zu einer Bibliothek gelegt.

Auch von Festlichkeiten besonders erhebender Art hat das maurerische Kränzchen zu berichten, es ist dies nach chronologischer Ordnung vorerst das Johannisfest als Schluss des Jahres 1868/9, welches am 24. Juni 1869 durch ein Brudermahl im russischen Hofe dahier auf das Feierlichste begangen wurde und hatte das maurerische Kränzchen bei dieser Gelegenheit die Freude, Brüder aus Kitzingen und Marktbreit als Festtheilnehmer zu begrüssen zu können.

Das zweite für das Kränzchen in schöner und angenehmer Erinnerung stehende Fest veranlasste die Anwesenheit des Hochwürdigsten Grossmeisters Br Foustel, dem es während der kurzen Zeit seines Aufenthaltes gelang, die Herzen der Brr mit warmer aufrichtiger Verehrung an sich zu fesseln.

Eine dritte nicht minder erhabene Feier war die Affiliation des Kränzchens bei der Loge zur Brudertreue am Main im Or. Schweinfurt am 12. December 1869, bei welcher Gelegenheit sich das Kränzchen der herzlichsten Aufnahme bei den Brn Schweinfurts zu erfreuen hatte.

Ein Moment der Freude und angenehmer Erinnerung bildet das Schwesternfest, abgehalten am 22. Mai 1870 in dem nahegelegenen Reichenberger Walde, woselbst unter der Gunst des Wetters einige; von ernsten und heiteren Reden und Gesangsvorträgen gewürzte und von ächtem maurerischen Frohsinne durchwehteStunden verlebt wurden.

Das Johannisfest der Loge zur Brudertreue am Main im Or. Schweinfurt, gefeiert am 24. Juni 1870, gab dem Kränzchen Veranlassung in der Zahl von 11 Gliedern demselben anzuwohnen und Zeuge zu sein von der würdigen Pflege der k. K. im Or. Schweinfurt.

Erst spät Abends kehrten die Brüder Würzburgs mit warmen, dankerfüllten Herzen für die ihnen wiederholt gewordene liebevolle Aufnahme in ihre Heimath zurück, mit dem Bewusstsein, das eben abgelaufene Maurerjahr in würdiger ernster Weise beschlossen zu haben.

Und mit festem Vertrauen auf unsere gute Sache und mit Vertrauen auf den ferneren Schutz des allmächtigen Baumeisters der Welten, sehen wir am Schlusse des ersten Jahres des Bestehens des maurer. Kränzchens der kommenden Zeit entgegen.

Möge das Bund der Einigkeit und Brliebe stets umschlingen „Das Kränzchen zu den zwei Säulen am Stein“ in Würzburg.

Die deutschen Freimaurer und die deutschen Logen während des Nationalkriegs.*)

Wir eröffnen hiermit eine fortlaufende chronologische Uebersicht der Leistungen von Seiten der deutschen Mr und Logen, während des Nationalkriegs.

Juli 23. und 26. Die Loge Johannes der Evangelist zur Eintracht im Orient **Darmstadt.** Zurverfügungstellung des Logenhauses als Asyl für genesende Soldaten, mit Veranda, Küche und Garten; ärztliche Hilfsleistung durch die Doctoren Ober-Medicinal-Rath **Cellarius,** General-St.-Arzt **Heidenreich,** Ober-Medicinal-Rath **Pfannmüller** und Dr. **Jochheim;** erster Geldbeitrag von 200 fl. zur Casse des Hilfsvereins im Grossherzogthum Hessen; durch den der Loge affiliirten Frauenverein Charitas ein permanentes, die Hausordnung aufrecht haltendes Comité, Versorgung der Genesenden mit Stärke- und Labemitteln.

23. Juli. Die Loge Carl zur Eintracht im Orient **Mannheim** zeigt in einem Circulare an, dass sie es sich zur Pflicht gemacht habe, in Gemeinschaft mit andern Vereinen in Mannheim, der Humanität in Unterstützung der verwundeten Krieger **beider Nationen** nach Kräften zu dienen. Sie richtet desshalb die Bitte an die Logen, ihr trotz andrer lokalen Bedürfnisse des Ortes für den angegebenen Zweck eine den Verhältnissen entsprechende Gabe unter der Adresse ihres Schatzmeisters D. A. Nauen zukommen zu lassen. Dagegen verspricht sie, denjenigen benachbarten Logen, an deren Orienten Lazarethe errichtet sind, selbstverständlich auf Wunsch, einen Theil der eingehenden Gelder zu übermitteln, dagegen bei Minderbedarf die Gelder prompt an Plätze dringenderen Bedürfnisses zu befördern.

27. Juli. Die sechs vereinigten Logen zu **Frankfurt a. M.** zur Einigkeit, Sokrates zur Standhaftigkeit, Carl zum aufgehenden Licht, Carl zum Lindenberg, zur aufgehenden Morgenröthe, zum Frankfurter Adler haben den Beschluss gefasst, durch regelmässige Wochenbeiträge einen Fonds zu gründen, der zur Pflege der Verwundeten und zur Unterstützung der hinterlassenen Familien der im Felde stehenden Soldaten bestimmt ist. Ein Comité hat sich mit den betreffenden Vereinen ins Benehmen zu

---

*) Nachdem wir bereits „eine Statistik über freimaurerische Werkthätigkeit während des Nationalkrieges gegen Frankreich" im Jahrbuch eröffnet hatten, erhielten wir unterm 2. August von Br Emil Kahlert folgende darauf bezügliche Zuschrift: „Durch den gegenwärtigen Krieg veranlasst, erinnere ich heute an die Nützlichkeit der von Br Cramer entworfenen statistischen Tabellen. Bleibt diese Frage auch vorerst noch unerledigt, so dürfte es sich jetzt schon aus gewichtigen Gründen empfehlen, die Statistik über Werkthätigkeit damit zu beginnen, dass man die Ergebnisse hinsichtlich der entworfenen Tabelle VIII. „An welchen humanen Werken betheiligen sich die Brr noch ausserhalb der Logen? Wie viel Personen sind unterstützt?" möglichst in Bezug auf die Opferthätigkeit beim Vaterlandskriege einmal festzustellen suche. Wenn sämmtliche Logen den Organen der freimaurerischen Presse mittheilen, was sie geleistet haben und noch leisten werden, wäre diess nicht in ständigen Listen in die Freimaurerzeitungen aufzunehmen? Und würde diess nicht eine Aufmunterung für alle sein? Sehr wünschenswerth erscheint es, dass die Meister v. St. in ihren Logen diese Angelegenheit zur Sprache brächten!"

---

setzen, sich aber freie Hand über die Verwendung der ihm zur Verfügung stehenden Mittel vorzubehalten.

29. Juli. Die Loge Ruprecht zu den fünf Rosen im Orient **Heidelberg** hat ihr neuerbautes, schönes Logenhaus als Lazareth zur Verfügung gestellt.

30. Juli. Br **Findel** in Leipzig erlässt in Nr. 31 der „Bauhütte" folgenden Aufruf: „Hand an's Werk, Brr! Mögen die Brr FreiMr überall kräftig mit eintreten, wo es gilt, die schrecklichen Folgen des Krieges zu bekämpfen und für die wackeren Vaterlandskämpfer und deren Familien zu sorgen. Der Herausgeber dieses Blattes ist bereit, patriotische Gaben in Empfang zu nehmen."

Offenbach, 31. Juli. Der Alice-Frauenverein für Krankenpflege hat sein Depot von Verbandmaterialien im hiesigen Logengebäude eingerichtet, dass ihm zu diesem Behufe zu einem grossen Theil bereitwilligst überlassen wurde.

Frankfurt a. M. Das Frankfurter Journal von Dienstag 2. August (zweite Beilage) enthält vom „freien deutschen Rhein" einen „Aufruf an alle deutschen Logen und an alle deutschen Freimaurer", in welchem der Vorschlag gemacht wird, alle auf freimaurerischem Wege aufzubringenden Mittel (in kurzem 100,000 fl.) dem Comité der sechs zu Frankfurt vereinigten Logen unter der Voraussetzung anzuvertrauen, dass es sie denjenigen Orten zufliessen lasse, welche dieselben am nothwendigsten haben; dann alle Logen zur Verfügung der Verwundeten und Genesenden zu stellen, und auch die Logen Englands und Amerikas zu gleicher maurerischer Werkthätigkeit aufzufordern.

Darmstadt, den 5. August. Die Frauen der Charitas haben in dem einen Saale des Logenhauses eine „Arbeitsstube" eingerichtet, in welcher an fünf Nachmittagen der Woche Verbandzeug u. s. w. gearbeitet wird. Auch haben sich die Frauen zu wöchentlichen Beiträgen während des Krieges verpflichtet.

Auch davon wollen wir Akt nehmen, was von Seiten der **französischen Freimaurer** ihren Landesangehörigen geboten wird:

23. Juli. Der Grossorient von Frankreich hat in Verbindung mit der Loge zu Metz das Logenhaus der Letzteren mit 1500 Betten für die Verwundeten zur Verfügung gestellt.

Freiburg im Breisgau, 6. August. Da in den Räumen der Loge zur edeln Aussicht ein Militärhospital errichtet wird, so sind die obligatorischen Arbeiten vertagt.

Gera, Anfang August. Br F. (Fischer, Mstr. v. St.) der Loge Archimedes zum ewigen Bunde fordert, indem er „das Nichtvorhandensein der wünschenswerthen Centralisation der deutschen Logen bedauert, um in einem solchen Falle mit ansehnlichen Summen unsere Theilnahme an den Bestrebungen der Humanität an den Tag zu legen", die Brr Maurer auf, sich wenigstens in den einzelnen Bauhütten zusammen zu schaaren und die Gaben gemeinsam auf den Altar des Vaterlandes niederzulegen.

Halle an der Saale, Ende Juli. Die Loge zu den drei Degen fordert zu Gaben auf, welche durch Vermittlung ihrer Grossloge zu den drei Weltkugeln in Berlin und der französischen Brr Maurer an die in Frankreich gefangenen Deutschen vertheilt werden sollen unter Anerbieten zu gleichem Liebesdienst für die französischen Gefangenen in Deutschland.

Hamburg, im August. Die fünf vereinigten Hamburger Logen haben beschlossen, dem dortigen Verein zur Pflege im Feld verwundeter und erkrankter Krieger 25 bis 30 Betten auf die Dauer eines Jahres zur freien unentgeldlichen Verfügung zu stellen. Die Kosten dieses Unternehmens sind auf 20—25000 Mark veranschlagt.

Berlin, 3. August. Die Grossloge zu den drei Weltkugeln hat beschlossen, verschiedene Räumlichkeiten ihres grossen Gebäudes, so wie den prächtigen Park zu benutzen, um 24 Reconvalescenten aufzunehmen und dafür eine Summe von monatlich 1000 ausgeworfen. Die Grosse Landesloge von Deutschland und die Grossloge Royal-York werden diesem Beispiele folgen.

Darmstadt. Das Hauptmotiv für die maurerische Werthätigkeit während dieses Nationalkrieges spricht sich für die Freimaurer, welche im edeln Eifer für das Wohl der Menschheit jeden blutigen Kampf verabscheuen und ihm entgegen zu wirken suchen, soviel sie es nur vermögen, dahin aus, dass sie sich für die Idee dieses Krieges, der von dem französischen Chauvinismus und dem französischen Cäsarenwohnsinn lange geplant und zum Ausbruch gebracht worden ist, aus dem Grund erwärmen müssen, weil die Humanität mit Bestimmtheit hoffen und erwarten darf, dass der Sieg auf Seiten des Rechts und der gerechten Nemesis endlich der civilisirten Welt dauernde Ruhe und wenn auch nicht ewigen, doch anhaltenden Frieden bringen und mindestens im humanen und civilisirten Europa der letzte Krieg sein wird.

Paris, im August. Die schottische Loge Justice hat, in Erwägung, dass prinzipiell der Krieg eine barbarische Form des veralteten göttlichen Rechts, durch das moderne, auf Vernunft und Gerechtigkeit sich gründende Menschenrecht zurückgewiesen, beschlossen, dass derjenige, welcher die Scheinbilder von Macht und Ehre eines Volkes über die Grundforderungen von Recht und Freiheit setzt (Napoleon III.), nichts gemein habe mit der Sache des Volkes. Sie erhebt deshalb energischen Protest und fordert die Maurer aller Grade und Riten auf, sich diesem Proteste anzuschliessen.

Frankfurt a. M., 14. August. Das Comité der sechs vereinigten Freimaurerlogen hat als erstmalige Beiträge zu Hilfszwecken vom 1.—11. August 393 fl. verausgabt und zwar 175 fl. für das Comité für Saarbrücken; 100 fl. für das Bockenheimersche Offiziers-Reserve-Lazareth; 100 fl. für das Frankfurter freiwillige Sanitätscorps; 10 fl. für das freiwillige Correspondenz-Bureau und 8 fl. für Privatunterstützungen. Die Loge Carl zum Lindenberg, welche zum Eintrachtsbunde gehört, ist durch die Brüder Dr. Scherbius und E. Leykam vertreten.

Stuttgart, Anfang August. Die Loge „Wilhelm zur aufgehenden Sonne" beschloss auf Anregung ihres Meisters v. St., Bruders Dr. Löwe, vorerst nach Maassgabe ihrer Kräfte Geldspenden zu sammeln, um dadurch für Verwundete eine zweckentsprechende Stätte sammt Mitteln zur Verpflegung beschaffen zu können. Eventuell soll auch der Bankettsaal, wenn es die Noth gebietet, zur Aufnahme verwundeter Offiziere (in erster Linie solche, die Brr sind) eingerichtet werden.

Die Loge zu den „drei Cedern" in Stuttgart hat einen Beitrag von 200 fl. zu den oben angeführten Zwecken ausgesetzt. Auch die Nachbarloge zu Ludwigsburg (Br Glökler Meister v. St.), reicht zu werkthätiger Liebe die Hand.

Aus **Frankreich** haben wir weitere Bestrebungen maurerischer Werkthätigkeit zu verzeichnen. Die Logen Héros de l'humanité zu Paris, le travailleurs zu Levallois-Purras, La Persévérance zu Rouen haben je 100 Frs. zu den Sammlungen für die Opfer des Krieges gesteuert. Die Loge les frères réunis zu Strassburg hat einen Aufruf zu Gunsten der Verwundeten erlassen. (Jahrb.)

Ueber Krankenkassen.

Jeder weiss, dass der kleine Mann, also der Arbeiter seine und seiner Familie Existenzmittel fast ausschliesslich durch Verwerthung seiner Muskelkraft beschaffen muss, dass aber viele schädliche Einflüsse: dumpfe Wohnungen, mangelhafte Kleidung, Speisen ohne rechten Nährstoff, von siechen Eltern ererbte Krankheitsanlagen etc. sein Kapital häufig unverwerbar machen, wodurch einer sich sonst nothdürftig erhaltenden Familie der Kampf ums Dasein fast unmöglich wird. Da ist also eine reiche Quelle socialen Elends, denn das fehlende Arbeitslohn zwingt zum Borgen, die lawinenartig wachsenden Schulden zerrütten auf lange hin oder dauernd den Hausstand und demoralisiren vollends denjenigen, dessen Gehirnfunction ohnehin schon durch die alle Innervation aufbrauchende Muskelkraft eine rudimentäre war. Dass an den Kindern einer körperlich und geistig so reducirten Familie alle Kunst des Lehrens zu Schanden werden muss, liegt auf der Hand.

Muss sich der Menschenfreund über die Fortschritte des Maschinenwesens freuen, welche die unteren Klassen des Volks gänzlich dem Helotenthum der schweren Arbeit zu entreissen versprechen, so darf doch auch nicht gesäumt werden, durch Association die oben bezeichneten Uebelstände zu bekämpfen; deshalb sind allenthalben für die Arbeiter Versicherungsanstalten gegen die Erwerbslosigkeit in Krankheitsfällen zu gründen, Vereine zur Krankenunterstützung, die auf Gegenseitigkeit beruht, deren es schon viele aber lange noch nicht genug giebt. Da der Fond solcher Kassen sich, abgesehen von Geschenken wohlhabender Arbeitgeber, aus den Beiträgen der Mitglieder zusammensetzt, so ist zur Errichtung der ganzen Anstalt hauptsächlich persönliche Thätigkeit erforderlich, Menschenkenntniss und zähe Ausdauer, für welche die Besiegung von Hindernissen zum Genuss wird. Da der Einzelne bei solchen Bemühungen, die ja z. B. bei ländlichen Arbeitern an der Stupidität und dem Mangel an Gemeinsinn leicht scheitern, erlahmt und sich unwillig zurückzieht, so ist in diesem Falle recht die Nothwendigkeit einer Vereinigung von einander stützenden und ergänzenden Kräften, freimaurerisches Handeln, erkennbar.

In einigen Gegenden hat man sog. ärztliche Vereine gebildet, wodurch es ermöglicht wird, für jedes grössere Dorf einen eigenen Arzt anzustellen. So zahlt in den Dorfschaften der Mainebene bei Frankfurt jede Familie vier Kreuzer wöchentlich an einen bestimmten, cautionsfähigen Erheber, wofür ihr freie ärztliche Behandlung gewährt wird. (Gemeinsame Beschaffung von Arzneimitteln will, wegen des leicht möglichen Missbrauchs nicht recht gelingen.) Aufgenommen werden nur Personen, die keinerlei Ausschweifung ergeben sind. Der von der Generalversammlung zu wählende Arzt wird auf mehrere Jahre fest angestellt und nur für diese Zeitdauer constituirt sich der Verein. Ein gegenseitiges Kündigungsrecht wird festgesetzt und der Arzt verpflichtet, im Behinderungsfalle auf seine Kosten für einen Stellvertreter zu sorgen. Sind in besondern Fällen ärztliche Assistenten nöthig, so werden diese aus einem Reservefonds bezahlt. Klagen gegen den Arzt entscheidet der Vorstand.

Zur Aufbringung eigentlicher Unterstützungsgelder bei Erwerbsstillstand durch Krankheit dienen nun andere Vereine, die aber Krankheiten durch Ausschweifungen, Rauferei und absichtliche Selbstverletzung ausschliessen. Jeder gesunde, im guten Rufe stehende Mensch zwischen dem 15. und 40. Lebensjahre, gleichgültig welcher Confession, kann Mitglied werden. Das Eintrittsgeld wird dem Lebensalter angemessen auf 1 bis 3 Gulden normirt und kann in Raten bezahlt werden; ferner ist ein ordentlicher Beitrag von vier Kreuzern wöchentlich zu leisten; über Deckung eines etwaigen Deficits bestimmt die jährlich einmal tagende Generalversammlung. Wer mit seinen Beiträgen acht Wochen lang im Rückstande bleibt, gilt als ausgetreten und kann nie wieder aufgenommen werden. Domicilwechsel innerhalb eines einmeiligen Umkreises bedingt nicht den Austritt. Mehrere Vorsteher, ein Controlleur, Kasirer und Erheber verwalten ihre Aemter unentgeltlich. Vorstandssitzungen zur Revision der Kasse und der Bücher finden vierteljährlich statt, wobei noch ein Ausschuss der Vereinsglieder mitwirkt. Nur solche Mitglieder, welche bereits ein Jahr lang zur Kasse gesteuert haben und sich durch einen ärztlichen Schein als krank anmelden und ausweisen, sind unterstützungsfähig. Bei fortdauernder Krankheit ist für jede Woche eine neue Bescheinigung nöthig; auch kann sich der Vorstand von dem Befinden des Kranken persönlich überzeugen. Das erkrankte Mitglied erhält während der ersten drei Monate seines Krankseins wöchentlich 3 Fl., während der nächstfolgenden drei Monate 2 Fl. und bei weiteren sechs Monaten 1 Fl. wöchentlich. Besucht ein Mitglied während vorgeblicher Krankheit Wirthshäuser, so fällt die Unterstützung weg; wer die Kasse missbraucht, wird gestrichen. Jeder zahlt ausserdem noch einen monatlichen Beitrag von drei Kreuzern in die Sterbekasse, wofür nach dem Ableben eines Mitglieds dessen Erben je nach der Dauer der Theilnehmer an der Kasse seitens des Verstorbenen 5—10 Fl. erhalten. Auch bei erwiesener Selbstentleibung eines Mitgliedes erhalten die betreffenden Erben das statutenmässige Sterbegeld. Schliesslich ist in den gedruckt jedem Mitgliede einzuhändigenden und von ihm zu unterschreibenden Statuten Bestimmung über die Auflösung der Kasse getroffen.

Die Maurerei im Kriege.

Von
Dr. Leopold,
Vorbereitender der Loge zur Veredlung der Menschheit zu Glauchau.

Wie soll recht der Maurer bauen
Nach des Weltmeisters Plan,
Wenn aufs Neu' zu unsern Gauen
Frech der Erbfeind tritt heran?
Wenn er lüstern zählt die Stunden,
Zu verwüsten unser Gut,
Wenn aus Deutscher Brüder Wunden
Schon in Strömen fliesst das Blut?

Flucht in Hütten und Palästen
Nicht schon manches Elternpaar,
Manches Weib dem Feind im Westen,
Jammernd in der Kinderschaar?
Riss nicht mancher aus den Armen
Einer Braut sich bebend los?
Web' der Krieg hat ohn' Erbarmen
Thränen nur für Klein und Gross!

Zu dir strecken wir die Hände
Jetzt, Latomia, und flehn:
„Hülf' und Trost noch Allen sende,
Die auf Todeswegen gehn.
Doch, wen schon das Schwert erschlagen,
Wen gemordet schon das Blei,
Bette sanft ihn, ohn' zu fragen,
Ob er von den Unsern sei.

Wo du siehst aus den Geschossen
Blitze sprühen weit und breit,
Sammle um dich die Genossen
Himmlischer Barmherzigkeit!
Wo du hörst des Kriegers Stöhnen,
Wo erschöpft er niederfiel,
Ueb'rall Deutschlands Heldensöhnen,
Ueb'rall baue dein Asyl!

Füll', Latomia, bis zum Rande
Deinen Oelkrug jetzt behend,
Wandle schnell von Land' zu Lande,
Wo nur eine Wunde brennt!
Weiche Tücher, feste Binden,
Schön gerollt von Frauenhand,
Wirst du überall ja finden,
Ueberall, wo du gekannt.

Schwache stärke, Kranke labe
Reichlich jetzt mit jenem Wein,
Den dir sonst als Festesgabe
Oft geschenkt der Vater Rhein!
Stolzer rauscht er jetzt von dannen
Hin die hartbedrängte Bahn,
Doch erfreut, dass deutsche Mannen
Dankbar nun zum Schutze nahn.

Nimm den Zehnten von den Garben,
Den jetzt treue Liebe reicht!
Lass daheim auch ja nicht darben,
Wen schon Gram und Hunger bleicht!
Kleide die verlass'ne Waise,
In der Wittwe stillerm Hans
Breite Stroh und Linnen leise
Noch von unserm Vorrath aus!

Ob die Wahrheit, ob die Lüge
Triumphire hier, ob dort,
Dir, Latomia, werd' der Siege
Schönster stets an jedem Ort!
Selbst im heissen Schlachtgewühle,
Selbst auch in der Feinde Reih'n
Mögest du ein Hort für Viele,
Noch ihr letzter Retter sein!

Lass, wenn auf des Krieges Tennen
Wilder tobt des Hasses Wuth,
Brüder dann sich noch erkennen
An dem Wort', das Wunder thut,
An dem Zeichen, wenn zu .Herzen
Das Gewehr schon doppelt zielt,
An dem Griff, wenn Todesschmerzen
Der Gesunkene schon fühlt!

Ja auf dich baut unser Hoffen!
Lass uns ferner dir vertraun!
Halt' uns stets die Augen offen,
Nur auf deinen Gang zu schaun!
Nimmer aber lass uns rechten,
Wer dereinst vor Gott besteht!
Bleibst du doch von allen Mächten
Uns die höchste Majestät."

Feuilleton.

Giessen, 16. Aug. — Die Loge „Ludewig zur Treue" hat ihren Versammlungssaal sammt Vorzimmer zur Aufnahme von Verwundeten zur Verfügung gestellt und werden einige Brr die Aufsicht über die Verpflegung übernehmen. Br Oncken hat den beim Ausbruch des Krieges zum Besten der Verwundeten gehaltenen Vortrag im Druck erscheinen lassen (Br Ricker) und hält in der Loge Vorträge über die gegenwärtige Lage. Viele der Brr sind in den verschiedenen Comités thätig.

. Mein jüngster Sohn Hermann, das an Jahren jüngste und zugleich einzige Mitglied unserer Loge, welches vor dem Feind steht, ·hat als Reserveoffizier Vice-Feldwebel) die Schlachten bei Weissenburg und Wörth mitgeschlagen und ist in letzterer Schlacht an der Spitze seiner Compagnie durch einen Granatsplitter am Kopfe, der ihm den Helm zertrümmerte, schwer verwundet worden. Aus der Ohnmacht erwacht, hatte er noch Kraft genug, sich in der Nacht bis Sulz zu schleppen (nach leichtem Verband) und gelangte per Eisenbahn Sontag Abend bis Darmstadt. Durch die aufopfernde Pflege meiner Verwandten ist er jetzt der Gefahr entrissen, aber noch nicht transportfähig. Das waren Tage! Meine Tochter ist als freiwillige Pflegerin Tag und Nacht auf der Klinik beschäftigt. (Aus einem Briefe von Br W. Keller).

Prag. — Im Monat December v. J. haben mehrere in Prag ansässige Brr unter Mitbetheiligung einer Anzahl in Böhmen zerstreut lebender Logen-Mitglieder bei der Stadthalterei des Königreiches Böhmen um die Bewilligung zur Reactivirung einer früher in Prag bestandenen Fr.-Mr.-Loge angesucht. Die gemeinsame Eingabe erfolgte mit Bewilligung und unter den Auspicien des s. e. Grossmeisters der grossen Landes-Loge von Sachsen und war von einer sehr eingehenden Denkschrift über Wesen, Zweck und Geschichte der Frmrei in Oesterreich begleitet.

Die böhmische Stadthalterei hat dieses Gesuch unter Hinweisung auf das bestehende Vereins-Gesetz zwar ablehnend beschieden, die ganze Angelegenheit jedoch in einer äusserst zarten, würdigen und wohlwollenden Weise behandelt, welche die höchste Anerkennung verdient. Die genannte Landesstelle bildet wohl formell nur die erste Instanz für derartige Gesuche, da indessen begründete Vermuthungen für die Annahme vorliegen, dass der Statthalterei-Erlass bereits die Ansicht der nächst höheren Instanz — des Ministeriums des Innern — wiederspiegelt, so haben die Bittsteller sich vorläufig mit der abweislichen Entscheidung begnügt.

Bei dieser Gelegenheit wollen wir noch erwähnen, dass die jüngst in der „Bauhütte" enthaltene Notiz, die Wiener „Humanitas" beabsichtige ein Comité behufs Gründung einer Filiale jenes Vereines in Prag einzusetzen, wohl nicht auf die Unterzeichner der erwähnten Eingabe Bezug haben dürfte. Die gedachten Prager Brr, welche sämmtlich ausländischen (nicht ungarischen) Logen angehören, sind der „Humanitas" als Mitglieder u. Z. nicht beigetreten und gedenken unseres Wissens ihren diesbezüglichen Entschluss auch fernerhin aufrecht zu erhalten.

Stuttgart. — Noch füge ich bei, dass wohl seit acht Tagen Brr und Schwestern der hiesigen Logen (namentlich die Brr Walter und Kutter und deren Frauen, sowie Br Verkrüzen) sich dadurch opfern, dass sie den ankommenden Verwundeten und Gefangenen die nöthigen Erfrischungen bieten. Diese Brr und Schwestern, denen sich natürlich noch andere Herren und Frauen anschlossen, sind fast den ganzen Tag über, bis tief in die Nacht hinein auf dem hiesigen Bahnhofe beschäftigt und unterziehen sich jeder Mühe. Ueberhaupt ist die Werkthätigkeit hier über die Massen gross. Und mit Freuden opfert man zum leidlicheren Ergeben unserer Verwundeten. Aber auch die Gefangenen, sogar die Scheusale — Turkos etc. etc. — werden brüderlich bedacht, obgleich diese sich als ware Unmenschen allüberall benehmen.

Elsass-Lothringen. — In den durch unser siegreiches deutsches Heer wiedereroberten Provinzen befanden sich folgende Logen: 1) Fidelité zu Colmar; 2) Amis de la Verité zu Metz; 3) L'Espérance zu Mühlhausen (Lanhoffer, Mstr. v. St.); 4) Progrès zu Ste Marie-aux-Mines (J. Dietsch, Mstr. v. St.); 5) Vrais amis zu Saargemünd; — 6) Frères réunis zu Strassburg (M. Wolff, Mstr. v. St.)

Trauerbotschaft. — Wir erfüllen hiermit die schmerzliche Pflicht, die Brr von dem plötzlich und unerwartet erfolgten Hinscheid des Br Julius Frey-Feer, Fabrikant (Mstr. v. St. der Loge zur Brudertreue) in Kenntniss zu setzen. Derselbe erreichte ein Alter von 48 Jahren, 7 Monaten und 8 Tagen. —

Rundschreiben der Loge Arpad zur Brüderlichkeit zu Szegedin.

Würdiger Meister!
Geliebte Brüder!

Wie weit noch die Menschheit von der Erkenntniss ihres wahren Berufes entfernt ist, dafür giebt eben jetzt die verhängnissvolle politische Lage einen traurigen Beweis.

Alles, was unsere, seit Jahrhunderten mühsam fortschreitende Cultur Schönes und Heilsames geschaffen, sehen wir nun durch einen unvermutheten europäischen Sturm auf das Spiel gesetzt!

Vergebens betonen es Einzelne, vergebens appellirt die die öffentliche Meinung an das Gefühl der geistigen Verwandtschaft, an das Streben nach einem gemeinsamen Ziele, an die heilige Pflicht der Nächstenliebe: all' die schönen Worte vermögen es nicht zu hindern, dass Menschen gegen Menschen wüthen, dass die thierischen Leidenschaften entfesselt werden, und tausend, zu segensreichem Wirken bestimmte Kräfte und Fähigkeiten sich gegenseitig in tödtlicher Fehde vernichten!

Wie nothwendig erweist sich, bei so schmerzlichen Erfahrungen, die verdoppelte Thätigkeit der edlen Freimaurerei!

Insbesondere aber in unserem theuren Vaterlande, wo noch so viele aus trüben Zeiten auf uns überkommene Vorurtheile herrschen, wo die nationalen, confessionellen und sozialen Gegensätze jeden Augenblick ihre Schranken zu durchbrechen drohen: können wir die Ausbreitung des Fr.-Mr.-Bundes und sein hochgeschwungenes Banner der Brüderlichkeit nur mit patriotischer Freude begrüssen.

Von dieser Ueberzeugung geleitet richteten einige hierortige Maurer an die v. u. g. St. J.-Loge. „Zu den drei weissen Lilien" im Orient Temesvár die Aufforderung, in Szegedin eine selbstständige Bauhütte zu gründen. — Die Loge zu Temesvár entsendete unter Führung ihres Meisters v. St. Br Eduard Reimann eine ämtliche Deputation, die nun im Verein mit den biesigen Brr so erfolgreich arbeitete, dass bereits am 29. Mai d. J. diese v. u. g. St. J.-Loge, genannt: „Arpád zur Brüderlichkeit"
nach den alten Gebräuchen und Gesetzen der freien und angenommenen Maurer ihr Leben treten, und sich — die gewählten Ehrenmitglieder ungerechnet — mit 9 Meistern, 2 Gesellen und 4 Lehrlingen constituiren konnte.

Indem wir dies, geliebte Brr, zu Eurer freundschaftlichen Kenntniss bringen, wünschen und hoffen wir, dass die guten Beziehungen zwischen unseren Logen durch gegenseitigen Gedankenaustausch, und bei Gelegenheit durch persönliche Berührung sich immer mehr befestigen mögen!

Der g. B. a. W. lasse auch unser theures Vaterland im echten maurerischen Geiste aufblühen, segne und beschütze alle Jünger der k. K. und erfülle all die guten Wünsche, die wir Euch, geliebte Brr, mit herzlichen Grüssen in d. u. h. Z. jederzeit widmen!

Gegeben:
In der v. u. g. St. J.-Loge „Arpád zur Brüderlichkeit" Orient Szegedin, 7. August 1870.

Johann v. Esermelónyi, M. v. Stuhl. Br Moritz Weiss, dep. Meister. Br Adolf Reltzer, Sekretär. Lorenz Masch, 1. Aufseher. Isidor Leopold, 2. Aufseher. Schlésinger Henrik, Schatzmeister. Moritz Schwáb, Cermonienmeister.

Mitglieder-Verzeichnisse.

Annaberg. — Barmen. — Glogau. — Gotha. — Heilbronn. — Hildesheim (Pforte zum T. d. L.). — Hirschberg. — Landsberg a. W. — Marienburg i. W. — Merseburg. — Mühlhausen i. Th. — Neu-Ruppin. — Neustadt-Eberswalde. — Oppeln. — Rawicz. — Siegen. — Zittau. —

Indem ich für gütige Einsendung verbindlichst danke, bitte ich die gel. Brr Stuhlmstr. und Sektretäre aller Logen bei Vertheilung der Listen die „Bauh." brüderlichst mit berücksichtigen zu wollen.
J. G. Findel.

Für die deutschen Krieger und deren Familien.

Von Br Jul. Ziecher in Ochtmersleben . . . . Thlr. 5.
-     J. G. F. in L. . . . . - 2.

Indem wir für dieses patriot. Opfer bestens danken, sind wir zur Annahme weiterer Beiträge gern bereit. Wir werden die eingegangenen Beträge von Zeit zu Zeit an die vereinigten Logen Frankfurts abführen, da diese einen geeigneten Centralpunkt bilden. Mannheim und andere Orte können sich leicht mit Frankfurt ins Einvernehmen setzen.
J. G. Findel.

Briefwechsel.

Br M.—sch in P. Der Rit. Entwurf von Br Gelpke ist nicht im Buchhandel erschienen und mein Vorrath erschöpft. Brüderlichen Gegengruss!

Br J. P. Cl. in St. Freundlichen Dank und Gruss!

Br K. P. in F. Ist mit Vergnügen geschehen; herzlichen Gegengruss!

Aus Frankfurt a. M.

Nachdem die Presse vom Zusammentritt aller hiesigen **Freimaurerlogen** zum Zweck ihrer gemeinsamen Betheiligung an den Liebeswerken der bestehenden Vereine für Erleichterung der Noth des Krieges bereits freundliche Notiz genommen hat, dürfte es von allgemeinerem Interesse sein, die Nachrichten über diese Angelegenheit durch Nachfolgendes in authentischer Weise vervollständigt zu sehen. Zunächst ist zu bemerken, dass die gemeinschaftliche Thätigkeit der hiesigen Logen nach dem Beschlusse ihrer Gesammtconferenz vom 27. Juli sich nicht blos auf Ansammlung eines laufenden Fonds aus Wochenbeiträgen ihrer Mitglieder beschränkt. Vielmehr ist durch Entnahme einer Summe aus den disponiblen Fonds jeder Loge auch ein gemeinsamer Grundstock gebildet worden, welcher die sofortige Ausgabe von Unterstützungen nach verschiedenen Seiten ermöglicht. Ein Gesammtcomité, aus den Vorständen und je zwei gewählten Mitgliedern jeder der sechs Logen zusammengesetzt, entscheidet nach gemeinsamer Berathung über die Verwendung der aufgebrachten Hülfsmittel. Indessen wird die vereinte Thätigkeit sich auch nicht blos auf Hülfeleistungen zu den bestehenden Vereinen erstrecken, sondern zugleich, trotzdem die zusammenwirkenden Logen keinen besonderen neuen Verein darstellen wollen, diejenige Hülfsbedürftigkeit im Auge halten, welche etwa von jenem Vereine nicht erreicht werden sollte. Zu dem Zweck hat das unter dem Vorsitz der Herren G. W. Martini und Consul von Goldschmidt constituirte Gesammtcomité einer seiner Sectionen namentlich die Aufgabe zugewiesen: einerseits die Vermittlung mit den bestehenden Hülfsvereinen zu pflegen; andererseits die eingehenden Unterstützungsanträge vorprüfend für die Beschlussfassung des Comité's zu behandeln. Je umfassender also die Ziele sind, welche sich die gemeinsame Wirksamkeit der hiesigen Logen für die Kriegszeit gesteckt hat, desto dankbarer wird deren Förderung durch den Beitritt hier weilender Angehöriger auswärtiger Logen zu den Wochensammlungen entgegengenommen werden. Möge das mit grosser Liebe von den vereinigten Logen unternommene Werk segensreiche Früchte tragen und auch, falls es nicht schon geschah, ähnliche Vereinigungen in anderen Städten unseres Vaterlandes veranlassen!

Das Gesammtcomité:

G. W. Martini, Meister v. St. der Loge zur Einigkeit, Präsident.
L. v. Goldschmidt, Meister v. St. der Loge z. a. Morgenröthe, Vicepräsident.
Karl Paul, Meister v. St. der Loge Carl z. a. L. Sekretär.
F. J. Fleus, 2. Sekretär. **J. Crelzenach,** 1. Schatzmeister. **W. Speyer,** 2. Schatzmeister. **Dr. Buddeus.**
Dr. Oppel, Mstr. v. St. der Loge Sokrates z. St.
F. L. Handel. Chr. Enders. K. Itzigsohn. F. L. Berninger. L. Kappus.
Dr. Fuld, Meister v. St. der Loge z. Frkftr. Adler.
A. Durlacher. H. J. Strauss.
Dr. Scherbius, Meister v. St. der Loge Carl zum Lindenberg.
C. Leykam. Br Hahn.

Mittheilung der Loge zur goldenen Kugel in Hamburg an die ehrw. St. Johannis-Logen Deutschlands.

Geliebte Brüder!

Wir verfehlen nicht, Ihnen die brüderlich-ergebene Anzeige zu machen, dass wir in Berücksichtigung der Zeitverhältnisse die

Feier des hundertjährigen Bestehens unserer Loge
am Montag den 29. August

nur mit einer ernsten Arbeit begehen werden.

Eine Vorfeier wird nicht stattfinden, in gleicher Weise ist von der am Stiftungstage abzuhaltenden Festtafelloge Abstand genommen.

Mit herzlichem Brudergruss

| W. Graupenstein. | C. Eybe. | Dr. W. Buck. | A. Bostelmann. | W. Willhöfft. | A. Scharnweber. |
| Logenmstr. | I. abg. Logenmstr. | II. abg. Logenmstr. | I. Aufseher. | II. Aufseher. | Secretär. |

Brüderliches Anerbieten.

Denjenigen gel. Brüdern, welche im Elsass und in Lothringen in Garnison stehen oder Brr Mrn, welche in deutschen Lazarethen sich der Wiedergenesung erfreuen, biete ich hierdurch **Freiexemplare der „Bauhütte"** an und bedarf es seitens der Brr, welche sich melden oder die Vermittelung gütigst übernehmen wollen, nur der Angabe genauer und sicherer Adresse.

Der Herausgeber.

Verantwortlicher Redacteur: Br J. G. Findel. — Verlag von Br J. G. Findel in Leipzig. — Druck von Brr Bär & Hermann in Leipzig.

Nͦ. 36.　　　　　　　　　　　　　　　　　　XIII. Jahrgang.

Die
BAUHÜTTE.

Begründet und herausgegeben

von

Br J. G. FINDEL.

* Organ des Vereins deutscher Freimaurer. *

Handschrift für Brr Fr∴Mr.　　　　Leipzig, den 3. September 1870.　　　　MOTTO: Weisheit, Stärke, Schönheit.

Von der „Bauhütte" erscheint wöchentlich eine Nummer (1 Bogen). Preis des Jahrgangs 3 Thlr. — (halbjährlich 1 Thlr. 15 Ngr.)
Die „Bauhütte" kann durch alle Buchhandlungen bezogen werden.

Auf, Masonenthum!

Von

Br Feodor Löwe,

Mstr. v. St. der Loge Wilhelm z. a. S. in Stuttgart.

Für's Vaterland in Kampf zu gehen,
Gebietet heut die Männerpflicht;
Wo alle deutschen Fahnen wehen,
Fehl' auch Johannis Banner nicht!
Pflanz' hoch es auf, damit es fliege
Dem Bruderbund zu Ehr' und Ruhm,
Und zeig' im heiligsten der Kriege
Dich auf dem Platz, Masonenthum!

Am grossen Werke mitzuschaffen,
Entziehe heut' sich keine Hand;
Zu wirken giebt's auch ohne Waffen
Für das geliebte Vaterland.
Geringer nicht ist der zu achten,
Der Wunde von der Wahlstatt trägt,
Als Jener, der im Dampf der Schlachten
Die Feinde muthig niederschlägt.

Drum öffne deine Tempelpforten
Und rasch an's Samariteramt,
Du Bruderbund, da allerorten
Die glühendste Begeist'rung flammt!
Nun gilt's, mit Thaten zu beweisen,
Dass jene Liebe dich belebt,
Die man in stillen Bruderkreisen,
So hoch in Wort und Lied, erhebt.

Wer sich in diesen grossen Tagen
Behaglich auf das Faulbett streckt,
Mag er den schönsten Namen tragen,
Sein Namen ist und bleibt befleckt.
Für's Vaterland mit einzustehen
Ist heute jedes Mannes Pflicht;
Wo alle deutschen Fahnen wehen,
Fehl' auch Johannis Banner nicht!

Oberstein, den 21. August 1870.

Die ger. und vollk. Joh. Loge zum Felsentempel im Or. Oberstein a. d. Nahe.

Geliebte Brüder!

Der räuberische Ueberfall des alten Erbfeindes deutscher Einheit und deutscher Grösse hat uns und unsere Gegend in nächster Nähe des Kriegsschauplatzes mit all seinen schrecklichen Folgen getroffen: Uebertheuerung der Lebensmittel, vollständige Geschäftsstockung, Missernte, Einquartirungen und dergleichen. Und doch galt es für uns Maurer, die Humanität, die unser Prinzip, auch thatsächlich zu bewähren. So haben wir kleine Zahl von 21 Brn, ein Lazareth für verwundete Krieger eingerichtet und alle Verpflegung nebst ärztlicher Behandlung übernommen. Die Einrichtung bewährt sich und ist das Lazareth bis jetzt stets mit 40—50 Verwundeten gefüllt.

Doch um das segensreich begonnene Werk auch glücklich durchzuführen, müssen wir die Hülfe der Brüder, namentlich der vom Kriegsschauplatze weiter Entfernten und minder Heimgesuchten in Anspruch nehmen. Gilt es doch eine Bitte nicht für uns, sondern um die Leiden unserer deutschen Helden, die mit ihrem Herzblut unsern Herd vertheidigt, möglichst zu lindern. Und so hoffen wir keine Fehlbitte zu thun, indem wir um brüderliche und baldige Unterstützung ersuchen.

Die eventuellen Einsendungen erbitten wir unter der profanen Adresse unseres L Aufseher Herrn Gustav Caesar — Oberstein.

Mit brüderlichem Grusse i. d. u. h. Z.

Fr. Noell,	Haaben,	Gustav Caesar,
Meister vom Stuhl.	Dep. Meister.	I. Aufseher.
Louis Treiss,		Hügel,
II. Aufseher.		Sekretär.

Rundschreiben des Grossorients von Frankreich.

Paris d. 8. Aug. 1870.

Die Freimaurerei hat stets die Leiden, die unvermeidlichen Folgen des Krieges, beklagt. Wenn ihre Wünsche für den Frieden heute unzeitgemäss und unnütz sind, so bleibt ihr doch wenigstens eine Pflicht der Menschenfreundlichkeit zu erfüllen übrig.

Alle Opfer des Krieges in einer brüderlichen Sorgfalt vereinigend, macht der Grossorient von Frankreich den Anfang zu einer maurerischen weltbürgerlichen Unterzeichnung, deren Ergebniss verwandt werden soll zur Pflege der Verwundeten und zur Unterstützung der Maurer in den Land- und Seetruppen und ihrer Familien ohne Unterschied der Abkunft.

Unser Aufruf wird, so hoffen wir, von allen verbündeten Logen gehört werden. Alle Werkstätten, alle Maurer werden sich diesem Werke der Menschenfreundlichkeit anschliessen; alle werden sich beeilen, ihre Beiträge zu bringen, und diesmal wie immer wird die Freimaurerei ihre Aufgabe zu erfüllen wissen.

Gestatten Sie, gel. Brr, die Versicherung unserer brüderlichen Gesinnung.

Der Grossmeister **Babaud-Laribière.**

Nachschrift. Der Bundesrath hat beschlossen, dass in den Räumen des Grossorients von Frankreich (16, rue Cadet) ein Lazareth eingerichtet werden soll.

Bemerkung. Die Unterschriften haben ihren Mittelpunkt im Grossorient und die Verzeichnisse werden allmählich im Amtsblatte der Grossloge veröffentlicht werden.

Ein Ausschuss ist vom Bundesrath ernannt und mit der Vertheilung der Hülfsgelder beauftragt.

Der Grossorient verwilligt als erste Gabe: 3000 Frs.

Eine erste Unterzeichnung unter den Mitgliedern des Bundesraths, an dessen Spitze der Grossmeister steht, hat ergeben: 1100 Frcs.

Goethe, der Mann der Arbeit.

Von

Dr Heinrich Goll,

Mitglied der Loge Carl zur Eintracht im Orient Mannheim.

Ein ungünstiger Zufall setzt mich ausser Stand, Ihnen, wie ich es für diesen Abend beabsichtigte, Mittheilung zu machen von den jüngsten Ergebnissen der philosophischen Spekulation, wie sie in dem Werke „Philosophie des Unbewussten, Versuch einer Weltanschauung" von E. v. Hartmann niedergelegt sind. In diesem Werk ist das neueste philosophische System zu Tage getreten, welches das Walten eines unbewusst vernünftigen Prinzips als letzter Ursache aller uns vorkommenden Erscheinungen nachzuweisen sucht und die Verkündigung des Dogmas von der welterlösenden und befreienden Kraft der Arbeitsthätigkeit, der vollen Hingabe des Einzelnen an das Leben der Menschheit, ihre Ziele und Zwecke zum sittlichen Schwerpunkt hat. Die seltene Uebereinstimmung, mit welcher alle mir bekannt gewordenen Beurtheilungen das Lob dieses Buches verkündet haben, scheint Ursache zu sein, dass die erste Auflage desselben vergriffen worden, bevor die zweite in's Leben treten konnte und dass es desshalb meinen mehrwöchentlichen Bemühungen nicht gelang, eines Exemplars habhaft zu werden. Da es mir somit leider unmöglich gemacht ist, den lange gehegten Vorsatz auszuführen, so sei es mir für heute vergönnt, Ihnen von einem Bruder zu sprechen, dessen ganzes Leben, Thun und Lehren, obwohl er länger als ein ganzes Menschenalter vor dem Erscheinen jenes Dasein geschieden, eine preiswürdige Bethätigung des Satzes gewesen, welcher den ethischen Kern dieser neuen Weltanschauung darstellt: von Goethe, dem Arbeiter und Arbeiterdichter, der erlauchtesten Zierde unseres Ordens. Die Erkenntniss, die in unseren Tagen sich in immer weiteren Kreisen zu brechen beginnt, dass die Arbeit die natürliche Bestimmung, die Würde und die unerlässliche Bedingung der Wohlfahrt des Menschen, jedes einzelnen Menschen ist, an ihm dem grossen Arbeiter kam sie in seltener Weise zur völlig harmonischen Erscheinung und findet sich niedergelegt in zahlreichen Stellen seiner Schriften. Goethe fühlte sich recht eigentlich als Arbeiter, er ging bei seinem dichterischen und wissenschaftlichen Schaffen mit wahrem Arbeiterbewusstsein zu Werke, nicht mit jenem gedrückten, verdrossenen, unklaren, an Unzufriedenheit und Selbstüberhebung krankenden, welches, Dank den Lehren falscher Propheten, heutzutage das Dasein eines Theils unserer Arbeiter vergiftet, sondern mit einem glücklichen, stolzen, arbeitsfreudigen Bewusstsein, wie es in zahlreichen Kernstellen seiner Dichtungen und in so manchem Gespräche, das uns in treuer Aufzeichnung aufbewahrt worden, ausgesprochen ist. Ihm war es Bedürfniss sich's in mehrstündiger Arbeit sauer werden zu lassen, wie er solches an mehr als einer Stelle ausgesprochen, und in welch' hohem Grade jede Bethätigung menschlichen Arbeitsfleisses sein gleichsam sympathisches Interesse erregte, wie er in das einzelne sich einzuleben befähigt und bestrebt war, das tritt uns in seinen Werken oft und vielmals entgegen. Darum ist Goethe auch recht

eigentlich ein Dichter für den Mann der strengen, harten, ausdauernden Arbeit. Wer das Leben mit all seinen Härten im täglichen Kampfe zu bestehen hat, dem taugt es nicht, sich im Geist von ihm abzuwenden im Sinne jenes Idealismus, der die realen Verhältnisse als ein des menschlichen Strebens unwürdiges betrachtend, im Gebiete des Unwirklichen, der nebelhaften Fiction die wahre Heimath des Menschengeistes sucht.

Fliehet aus dem engen, dumpfen Leben
In des Ideales Reich —

Dieser Schiller'sche Ausspruch ist keine nutzbare Lehre, kein Zauberwort der Stärkung, Ermuthigung und Ermunterung für den Familienvater, der auszieht, um in schwerem Tagwerk, um im Schweisse seines Angesichts den Lebensbedarf für die Seinen zu erkämpfen. Das ist nicht die Philosophie, aus welcher der Mann der angestrengten beruflichen Pflichterfüllung neue Spannkraft für seinen Geist schöpfen kann. Wie anders klingt es, wenn Goethe seinen Prometheus aussprechen lässt.

Was kündest du für Feste mir? Sie lieb' ich nicht.
Erholung reichet Müden jede Nacht genug;
Des ächten Mannes wahre Feier ist die That.

Welch andere Kriegsmusik für den Kampf mit der Mühe und Noth des Daseins tönt uns entgegen aus Stellen wie diese:

Feiger Gedanken
Bängliches Schwanken,
Weibisches Zagen,
Aengstliches Klagen
Wendet kein Elend,
Macht dich nicht frei.

Allen Gewalten
Zum Trotz sich erhalten,
Nimmer sich beugen,
Kräftig sich zeigen,
Rufet die Arme
Der Götter herbei.

Oder aus jener sinnigen Dichtung „der Schatzgräber", die wie eine anticipirte Satire auf die in unsern Tagen epidemisch grassirende Sucht des mühelosen Reichwerdens sich anhört:

Arm am Beutel, krank am Herzen
Schleppt' ich meine langen Tage.
Armuth ist die grösste Plage,
Reichthum ist das höchste Gut!
Und zu enden meine Schmerzen,
Ging ich einen Schatz zu graben.
„Meine Seele sollst du haben!"
Schrieb ich hin mit meinem Blut.

Und so zog ich Kreis' um Kreise,
Stellte wunderbare Flammen,
Kraut und Knochenwerk zusammen;
Die Beschwörung war vollbracht.
Und auf die gelernte Weise
Grub ich nach dem alten Schatze
Auf dem angezeigten Platze;
Schwarz und stürmisch war die Nacht.

Und ich sah ein Licht von Weitem,
Und es kam gleich einem Sterne

Hinten aus der fernsten Ferne,
Eben als es zwölfe schlug.
Und da galt kein Vorbereiten.
Heller ward's mit Einem Male
Von dem Glanz der vollen Schaale,
Die ein schöner Knabe trug.

Holde Augen sah ich blinken
Unter dichtem Blumenkranze;
In des Trankes Himmelsglanze
Trat er in den Kreis herein.
Und er hiess mich freundlich trinken,
Und ich dacht': Es kann der Knabe
Mit der schönen, lichten Gabe
Wahrlich nicht der Böse sein.

„Trinke Muth des reinen Lebens!
Dann verstehst du die Belehrung,
Kommst mit ängstlicher Beschwörung
Nicht zurück an diesen Ort.
Grabe hier nicht mehr vergebens.
Tages Arbeit! Abends Gäste!
Saure Wochen, frohe Feste!
Sei dein künftig Zauberwort."

Wie Müssiggang verdrossen, schlaff und feig, Arbeit
dagegen lebensfroh, entschlossen und tüchtig zur energischen Bekämpfung aller Widrigkeiten des Lebens macht,
dieses Thema findet sich in zahlreichen Variationen in
Liedern und Sprüchen ausgeführt.

Was verkürzt mir die Zeit?
Thätigkeit.
Was macht sie unerträglich lang?
Müssiggang.
Was bringt in Schulden?
Harren und Dulden.
Was macht gewinnen?
Nicht lange besinnen.
Was bringt zu Ehren?
Sich wehren.

Uns vom Halben zu entwöhnen,
Und im Ganzen, Guten, Schönen
Resolut zu leben —

Fordert er uns in seinem Lied „Generalbeichte" auf;
als die höchste, nachhaltigste und höchstberechtigte Lebens-
freude rühmt er uns innere Genugthuung, die wir aus
der Bethätigung unserer Arbeitskraft schöpfen. Jeder
möge — so lässt er in dem geselligen Liede „Rechenschaft" den Meister sprechen:

Jeder möge so verkünden,
Was ihm heute wohlgelang!
Das ist erst das rechte Zünden,
Dass entbrenne der Gesang.
Keinen Druckser hier zu leiden
Sei ein ewiges Mandat!
Nur die Lumpe sind bescheiden,
Brave freuen sich der That. —

Arbeit macht uns selbstbewusst und lebensfroh.
Darum ist ihm verdächtig und antipathisch, wer gedrückten,
trübseligen Wesens die Harmonie des thatfreudigen, lebens-
heitern Kreises stört.

Heiter trete jeder Sänger
Hochwillkommen in den Saal,

Denn nur mit dem Grillenfänger
Halten wir's nicht liberal,
Fürchten hinter diesen Launen,
Diesem ausstaffirten Schmerz,
Diesen düstern Augenbraunen
Leerheit oder schlechtes Herz.

Und zumal der Dichter verkennt und verfehlt ganz
und gar seine Aufgabe, wenn er sich zum Verkünder
trübseliger Lebensauffassung, zerrissener Stimmungen, des
heutzutage sogenannten Weltschmerzes macht.

— — Kein Dichter soll heran,
Der das Aechzen und das Krächzen
Nicht zuvor hat abgethan.

Dass dem also gestimmten Geiste nichts ferner liegen
kann als die Verzweiflung am Leben selbst und die Neigung, es vor dem von der Natur bestimmten Zeitpunkt
zu verlassen, auch diess findet sich verschiedentlich angedeutet. Wundert Euch — heisst es in einem der „geselligen Lieder" —

Wundert Euch, Ihr Freunde, nicht,
Wie ich mich geberde;
Wirklich ist es allerliebst
Auf der lieben Erde:
Darum schwör' ich feierlich
Und ohn' alle Fährde,
Dass ich nie mich freventlich
Wegbegeben werde.

Und selbst in alleräussersten Fällen ziemt es dem
Manne, seine Kräfte in gewaltiger Anstrengung zum Ver-
zweiflungskampfe gegen das Missgeschick aufzubieten, anstatt vorzeitig das Ende zu suchen, das ihm ja doch
schliesslich nicht entgehen kann.

Möchte wissen, was es frommt,
Aus der Welt zu laufen!
Magst du, wenn's zum Schlimmsten kommt,
Auch einmal dich raufen.

Kein Volk und keine Zeit hat einen Dichter aufzuweisen, aus dessen Werken eine so reiche Fülle wohl-
thätigster Anregung, ächter Lebensweisheit zu schöpfen
ist, wie Goethe. Es ist kein Alter, kein Stand und keinerlei
Lebensverhältniss, für welches nicht Trost und Ermunterung, Erbauung und gediegene praktische Lehre sich
fände. Für die Arbeiterwelt zumal vermöchte ich mir
einen reichern und nachhaltigern Segen nicht zu denken,
als wenn es gelänge, Goethe bei ihr einzubürgern, seinen
Kultus in ihr heimisch zu machen, seine Lebensanschauung
ihr in Saft und Blut übergehen zu lassen. Und dahin,
gel. Brr, auch unsererseits zu wirken, sollten wir Alle je
nach Kräften und Gelegenheit bestrebt sein. Das mehr
und mehr im Arbeiterstande sich kundgebende Bildungs-
bedürfniss käme uns hierbei entgegen, und seit unsere
deutschen Klassiker von den vertheuernden Schranken
eines langjährigen Verlagsprivilegiums befreit und so
gleichsam erst Gemeingut der Nation geworden sind, sind
auch Goethe's Schriften selbst dem Mindestbemittelten
zugänglich geworden.

Aechte Bildung, höhere Lebensauffassung zu pflegen

und zu verbreiten, darin erkennt ja unser Orden einen wesentlichen Theil seiner Aufgabe. In unsern Tagen des überhandnehmenden Materialismus zumal glaube ich es als dessen eigentliche und erhabenste Bestimmung zu erkennen, ein rettendes Conservatorium abzugeben für alle auf das Höhere gerichteten, idealen Bestrebungen. Nicht für jenen unpraktischen Idealismus, der sich zu den realen Bedingungen und Verhältnissen des Lebens in einem unversöhnbar feindlichen Gegensatze fühlt, sondern für einen gesunden, lebenskräftigen, produktiven Idealismus, der die ewigen Ideen des Wahren, Guten und Schönen in das reale Leben einzuführen, den realen Verhältnissen ihre ideale Seite abzugewinnen strebt. Und dieser lebenverklärende Idealismus hat keinen grössern, keinen gewaltigern, keinen überzeugendern Propheten aufzuweisen, als Goethe, den grossen Arbeiter, unsern unsterblichen Bruder, auf den wir niemals stolz genug sein können.

Literarische Besprechung.

System der Freimaurerei der Loge „zur edlen Aussicht" in Freiburg i. Br. umgearbeitet von August Ficke, Mstr. v. St L. Gr. 4.

Man mag über das frühere Freiburger Ritual urtheilen, wie man will, immerhin war die Bearbeitung desselben durch die Brr Ficke und von Trentowski ein kühnes, verdienstliches und förderliches Unternehmen. Br Ficke hat dieses Verdienst nur erhöht durch die vorliegende neue Umarbeitung, welche uns entschieden besser zusagt. Br Ficke hat sich darin einerseits dem Schröder'schen Ritus etwas mehr genähert, andererseits die fremdländische Darstellung, dem deutschen Sprachgeiste angemessen, verbessert und die dem verew. Br von Trentowski eigenthümlichen Ueberschwenglichkeiten grösstentheils ausgemerzt. Besonders dankenswerth ist auch die Liberalität, mit welcher der Verfasser seine Arbeit sämmtlichen Logen unentgeltlich zur Verfügung stellt.

In einem Vorwort hat sich Br Ficke eingehend über Veranlassung und Richtung seiner Arbeit ausgesprochen. Indem wir hier einfach darauf verweisen, bemerken wir nur, dass er sich für Beibehaltung des ungeschriebenen Buches mit der Aufschrift: „Gott." an Stelle der B. entschieden hat. Er motivirt dies damit, dass die B. nicht passend sei auf den Humanitätsaltar, der allen Glaubensbekenntnissen gleich angehöre; weder das Christenthum noch die christlichen Kirchen umfassen die ganze Menschheit. „Das Buch wird daher von dem Altare genommen aus Achtung für die Menschheit, für das wohlverstandene Interesse der Freimaurerei und für die Selbständigkeit des Geistes." Wir gestehen gern zu, dass wir die Wahl des ersten Gr. Lichtes für keine glückliche, keine sachentsprechende halten und stets gehalten haben; die Urkunde zweier positiven Religionen (Judenthum und Christenthum) eignet sich wenig für einen auf das Reinmenschliche, auf das allen Religionen Gemeinsame gestellten Verein und kann zu mancherlei Unzuträg-

lichkeiten und Missdeutungen führen, wie dies ja auch thatsächlich der Fall war und noch ist. Wir begreifen daher auch nicht, wie der deutsche Grossmeistertag in Hamburg sich so weit verirren konnte, die B. für ein „unveränderliches" maurerisches Symbol zu erklären, um so mehr als bekanntermassen der Grosse Orient von Frankreich die B. längst schon durch das maurerische Grundgesetz (Statutenbuch) ersetzt hat. Dieser Ersatz erscheint uns jedoch ungleich besser als der des Freiburger Rituals mittelst des ungeschriebenen Buches, welches zwar deutbar ist, aber nicht in gleicher Weise eine Idee repräsentirt, wie Zirkel und Winkelmass. Mit Einfügung des ungeschriebenen Buches hat das Freib. Ritual einfach – die 3 gr. Lichter abgeschafft. Das Richtigste möchte wohl sein, die B. durch eine Sammlung der sittlich-religiösen Vorschriften aller Völker und Religionen zu ersetzen. Würde das vom Grossmeistertage angenommene „Grundgesetz" überall eingeführt, so würde das Freiburger Ritual damit einen bedenklichen Stoss erleiden.

Wir sprechen absichtlich vom Freiburger Ritual, nicht, wie der Bearbeiter, vom „System", weil dieses Wort innerhalb des freimaurerischen Gebrauchthums keine Berechtigung hat. Wie in diesem Falle laborirt die schätzenswerthe Arbeit des Bruder Ficke auch sonst noch an einigen veralteten Traditionen, wie z. B. am Festhalten an den, von den Mysterien entlehnten „Reisen" statt der Wanderung. Leitet man den Ursprung des Maurerbundes von der Steinmetzbrüderschaft, nicht von den Egyptern und Eleusinien her, dann müssen die „Reisen" fallen. Doch sind das ja nur nebensächliche Verstösse, die sich leicht corrigiren lassen. Dahin gehört u. A. auch die „Eröffnung der Loge" erst nach Einführung des Suchenden, wodurch diesem Gelegenheit geboten ist, die Gebräuche der Eröffnung und sogar den maurerischen Schlag vor seiner Aufnahme zu erfahren. Diesem gegenüber ist es dann nur offenbarer Widerspruch, wenn dem S. später gesagt wird, er könne noch zurücktreten. Entweder muss diese Form des Freib. Ritus geändert werden, oder das mr. Geheimniss fallen.

Wenn wir noch einige weitere Ausstellungen machen, so thun wir dies mit dem Anspruche massgebender Kritik, da wir recht wohl wissen, wie sehr der Geschmack und das individuelle Belieben und die Gewohnheit bei Beurtheilung des maurerischen Gebrauchthums allenthalben mitsprechen. Wir constatiren nur einfach unsere Ansicht. So ist uns die „Erklärung" (S. 4–5) viel zu lang und scheint uns das Wesentliche derselben in die „Mittheilungen an Suchende vor der Aufnahme", die Jedem zu behändigen sind, zu gehören. Ebenso erscheinen uns spätere Erklärungen und Darlegungen etwas zu breit. Weshalb S. 9 als Bestandtheile des Mörtels nicht „Freiheit, Gleichheit und Brüderlichkeit" angegeben sind und an Stelle der Freiheit die mit der Bruderliebe so ziemlich identische Nächstenliebe gesetzt ist, vermögen wir nicht einzusehen. Ferner scheint es uns (weil ein Theil des geheimen Gebrauchthums) inkorrekt, dass S. 14 statt des einfachen Ordnungsschlags der rythmische gewählt ist. Die Aufnahme und Verpflichtung (S. 15) stimmt fast wörtlich mit der meinigen überein; nur ist in 5) der Gehorsam gegen die maurerischen Gesetze weggelassen, die denn doch wichtiger sind, als der Hammerschlag des Meisters.

Das Hüte-Ablegen vor Schliessung der K. ist nicht motivirt und störend; statt des Schlussgebetes dürfte sich ein Kettenspruch mehr empfehlen. Maurerwort (S. 29) statt Maurerart ist wohl nur ein Druckfehler.

Wir sehen davon ab, auf Einzelheiten in der Diction einzugehen und ziehen es vor, dem Verfasser hiermit nochmals unsere brüderliche Anerkennung und unseren Dank auszusprechen. Die Anregungen und Winke seiner Arbeit werden nicht verloren gehen und „es genügt, das Bessere gewollt zu haben." —

Mögen die Brüder Stuhlmeister von seinem liberalen Anerbieten recht fleissig Gebrauch machen und das maurerische Gebrauchthum gleich ihm einer ernsten Prüfung und Sichtung unterwerfen! —

Feuilleton.

Aarau. — Der Grossmeister und Verwaltungsrath der schweizerischen Grossloge Alpina hat an die schw. Logen folgendes für sich selbstsprechendes Kreisschreiben gerichtet:
„Ehrwürdiger Meister vom Stuhl!
W. u. gel. Brüder!
Wir haben Sie durch Kreisschreiben vom 16. Juli eingeladen, am nächstkünftigen 3. September in der sehr ehrw. Loge Espérance et Cordialité im Orient von Lausanne zur Grossloge zusammenzutreten, und seither ist ihnen das Traktandenheft zugekommen, welches uns Aussicht auf wichtige und umfangreiche Verhandlungen geboten hat. Seit dieser Einberufung sind nun Ereignisse eingetreten, welche nur die allgemeine Aufmerksamkeit vorzugsweise in Anspruch nehmen, und die Sorgen der Geschäftswelt in peinlichem Maasse vermehren, sondern vielmehr noch die Pflichten des Einzelnen gegen das Vaterland in einer Weise in Anspruch nehmen, dass Viele der Theilnahme an jeder anderen Aufgabe entzogen bleiben.

Unter diesen Verhältnissen ist es begreiflich, dass von verschiedenen Seiten der Wunsch gegen uns ausgesprochen worden, dass die Versammlung der einberufenen Grossloge auf ruhigere Zeiten möchten verschoben werden, wo den Geschäften eine ungeschmälerte Aufmerksamkeit, und dem Zusammentritte eine unverkümmerte Theilnahme zugewendet werden könnte.

Der Verwaltungsrath kann nicht misskennen, dass die Gründe für dieses Begehren ihr volles Gewicht haben, und er kann auch an seinem Orte nicht wünschen, dass die Behandlung einzelner auf den Traktanden erscheinender Geschäfte, welche für die Zukunft der Alpina von entscheidender Bedeutung sein werden, in einem Zeitpunkte eintreten, in welchem nicht alle Bedingungen für eine allseitige ruhige Theilnahme vorhanden sind, und auch die nöthige Gemüthsruhe und Geduld der theilnehmenden Brüder erwartet werden darf. Die Entschliessung konnte daher nicht zweifelhaft sein, dass von der Behandlung des vorliegenden Traktandenheftes in diesem Augenblicke Umgang genommen werden muss.

Eine andere Frage musste sich aber gerade bei der Würdigung der Zeitverhältnisse dem Verwaltungsrathe aufdrängen und zwar die: ob die Verhältnisse der Gegenwart nicht auch eine ernste Aufgabe an die Freimaurerei stellen; und ob Ihre Verwaltungsbehörde nicht ihre Stellung verkennen, und ihre Pflicht gegen den Bund verletzen würde, wenn sie gerade in diesem Augenblicke zu einer vollständigen Passivität die Hand bieten sollte, statt vielmehr: Angesichts der dem Vaterlande drohenden Gefahren, und der an der Menschheit durch blutige Schlachten verübten Gewaltthat, seine Brüder zu sammeln; sie an die Pflichten gegen unsern Logenverein und seine Glieder, gegen das Vaterland und die Menschheit durch ernste Worte zu erinnern; unsern Anschluss durch das Gefühl der Zusammengehörigkeit in den Tagen der gemeinsamen Gefahr zu kräftigen, und die Glieder des Bundes aufzurufen zur gemeinsamen That, die wir als Maurer nach den klar ausgesprochenen Zwecken unseres Bundes der Menschheit, wie dem Vaterlande, schuldig sind.

Kein echter Maurer könnte wohl bei der Entscheidung dieser Frage zweifelhaft sein, und so hat denn auch der Verwaltungsrath den Augenblick, im Bewusstsein seiner Pflicht, ergriffen, um die Abgeordneten unserer sehr ehrw. Repräsentanten der hochwürdigen Grosslogen des Auslandes und alle Mitglieder der Grossloge zu sammeln zur Abhaltung einer feierlichen Arbeit, bei der wir uns hoffentlich Alle unseres Maurerberufes würdig zeigen werden.

Es ist wohl selbstverständlich, dass bei dem Zwecke, welcher dieser feierlichen Grossloge angewiesen ist, die Berathung aller Traktanden, welche in Ihren Händen liegen, unterbleiben muss, mit einziger Ausnahme von:

1. A VII. Repräsentationsverhältniss mit der Grossloge von Bayreuth.

2. B IV. Ergänzung eines Mitgliedes in den Verwaltungsrath, welcher sich leider eine zweite Wahl anschliesst, da wir seit wenigen Tagen um den Verlust unseres theuren Bruders Julius Frey-Feer Mstr. v. St. der ger. u. vollk. Loge zur Brtreue im Or. von Aarau trauern.

3. B V. Erhebung einer allgemeinen Liebesgabe; wobei jede Verhandlung über die vom Verwaltungsrathe gestellten Anträge, mit Ausnahme der Bestimmung der Gabe, ausgeschlossen bleibt.

Dagegen wird als Hauptzweck dieser feierlichen Versammlung vom Verwaltungsrathe die Erlassung eines Manifestes der schweizerischen Grossloge zu Gunsten des Friedens in der menschlichen Gesellschaft beantragt werden.

Dieses Geschäft kann weder Gegenstand einer Instruktion noch einer eingehenden Berathung sein. Es handelt sich bei dieser Frage nur um die Uebereinstimmung der Herzen; um die Lösung einer heiligen Pflicht, nach den Grundsätzen unseres Bundes.

Es ist der Verwaltungsrath zum Voraus sicher über die Einstimmigkeit der Versammlung, welche die Anerkennung der hohen Aufgabe der Freimaurerei zur Ehre der schweizerischen Grossloge vor aller Welt beurkunden wird.

So laden wir denn die sehr ehrw. Logen ein, Ihre Deputationen zu bestellen auf Samstag, den 3. September 1870 Morgens um 9 Uhr in der ger. u. v. St.-Joh. Loge Espérance et Cordialité im Or. von Lausanne einzutreffen zu lassen, wo zu dieser Stunde die Vollmachten der reglementarischen Prüfung unterworfen werden. Punkt 11 Uhr soll die Eröffnung der feierlichen Grossloge beginnen.

An alle Glieder sämmtlicher sehr ehrw. schweizerischen Werkstätten richten wir die freundliche Einladung, dieser ernsten und erhebenden Feier beizuwohnen. Vereinigen Sie sich mit uns von allen Seiten in reicher Anzahl, eine herzliche Feier zu begehen und der schweizerischen Mrei ein ehrendes Denkmal zu setzen!

Im Auftrage des Verwaltungsrathes:
Der Gross-Sekretär:
Bohnenblust."

Altenburg. — Obgleich unser Logenhaus zum Lazareth eingerichtet worden ist, so haben doch unsere Arbeiten keine Unterbrechung erlitten. Dem wahrhaft brüderlichen Entgegenkommen des gel. Br Dörffel verdanken wir es, dass dieselben in demselben Lokal, (jetzt Stadtapotheke) worin sie vom December 1797 bis zur Einweihung des jetzigen Logenhauses statt gefunden haben, nun bis auf Weiteres stattfinden können.

Hof, 22. Aug. — Gestern (Sonntag) Nachmittag fand eine Arbeit der Loge zum Morgenstern statt behufs Affiliation des Br Heinr. Paul (Maler) aus Stralsund, der sich in seinem Gewissen gedrungen gefühlt, dem System der Grossen L. L. v. D. zu entsagen und sich einer Loge anzuschliessen, welche sich zu den alten Landmarken bekennt und unter einer freien Verfassung arbeitet. Ausser den einheimischen Brn waren auswärtige (aus Böhmen), ein besuchender Br (Loge in Löwenberg), und das Ehrenmitglied Br Findel aus Leipzig anwesend, welcher in Abwesenheit des 2. Aufs. dessen Stelle vertrat. Nach Eröffnung der Loge und Begrüssung der Brr liess der vorsitzende Mstr. Br Egloff den Br Paul an den A. geleiten, um denselben unter herzlicher, den Umständen angemessener Ansprache der Loge in üblicher Weise als Mitglied zu verbinden, worauf Br Paul seinen Dank aussprach für das brüderliche Entgegenkommen und unter Zusage thätiger Betheiligung an dem Streben der Loge durch geistige Arbeiten. Der Abend verlief in angenehmer und echtmaur. Weise. Nachdem noch 3 S. hell ballotirt waren, fand man sich zu einem gemüthlichen Ermahle zusammen, dem dann ein Schwesterkränzchen sich anschloss, welches gehoben war durch musikalische Genüsse, gemeinsame Lieder und Trinksprüche. Mit dem auf die Schwestern war Br Findel beauftragt, der, auf die grossen Weltereignisse Bezug nehmend, in begeisterter Rede die Siege unserer deutschen Helden auf den blutgedüngten Schlachtfeldern zurückführte auf die Schw., auf die deutschen Frauen, ihnen das Verdienst der Tüchtigkeit unsrer Söhne und Männer vindicirend, sowie er dann auch rühmend und dankend die Opferfreudigkeit und den Fleiss der Hofer Schw. hervorhob, welche sich allsonntäglich im Logenhause zusammenfinden, um Charpie zu zupfen und Verbandzeug für die Verwundeten zu nähen.

Leipzig. — Für das nächste Vierteljahr hat der maur. Club „Maconia" folgende Brr zu Beamten gewählt: Br Findel zum Vorsitzenden. — Br Conradi zum stellvertr. Vorsitzenden. — Br Herklotz zum Schriftführer und Br Graupner zum Schatzmeister. In der gleichen Versammlung am 25. d., der ersten nach den Ferien, beschloss die grosse und kleine und rührige Loge „zum Felsentempel" in Oberstein behufs Erhaltung ihres Lazareths (vgl. Aufruf) nach Kräften zu unterstützen und zu diesem Behufe eine Sammelliste bei den Mitgliedern in Umlauf zu setzen.

Mannheim. — Br G. Treu ist zum Repräsentanten des portug. Grossorients bei der Gr. L. „zur Sonne" in Bayreuth ernannt worden.

Zur Abwehr der in Nr. 34 der Bauhütte (p. 272) enthaltigen Berichtigung. — Im Namen des Br-Vereins „Humanitas" in Wien wird hiermit auf das Bestimmteste erklärt, dass der in der FrMr-Ztg. Nr. 33 erschienene Artikel des Br Besetzny, weder officiell noch officiös sei, sondern, wie dieser Br bestätigen muss, ohne alles Vorwissen der Vereinsleitung geschrieben und zum Drucke befördert wurde, daher blos als der Ausdruck rein individueller Ansichten des genannten Br betrachtet werden muss. Der unbrüderliche, hofmeisterische, ja geradezu hämische Ausfall gegen die Humanitas aus Anlass dieses Vorfalles ist daher vollkommen unberechtigt. Uebrigens erinnert die in

Rede stehende „Selbstmeldung" sehr lebhaft an die Fabel, wo der Löwe über die Klage der Kuh zu Gericht sitzt und der Wolf sich vertheidigt, bevor er noch angeschuldigt wurde. — Thatsächlich dürfte Br Besetzny mit seiner Bemerkung nur eine südlich von Wien gelegene Stadt, in welcher wirklich eine geheime Loge von einem Gr. O. errichtet worden ist, gemeint haben. — Es erscheint wohl selbstverständlich, dass wir, um nicht die Brr jener Loge der Behörde gegenüber in eine sehr bedenkliche Lage zu versetzen, hier näherer Daten uns enthalten müssen. — Was endlich den vom Br Besetzny gebrauchten Ausdruck „Winkelloge" anbelangt, so ist derselbe zwar vom maurerischen Standpunkte vielleicht nicht haltbar, obwohl es kaum einer deutschen Grossloge beifallen dürfte, für Oesterreich (Cislaythanien) die Constitution einer Loge dermalen zu ertheilen, weil sie dadurch sich der Verletzung der Landesgesetze mitschuldig machen würde, was doch offenbar dem Geiste der Mrei schnurstraks zuwiderläuft. — Als Jurist und nach Massgabe des §. 286 des drakonischen und keineswegs mehr zeitgemässen öster. Strafgesetzbuches, welches der Volkswitz sehr treffend den codificirten Belagerungszustand getauft hat, war jedoch Br Besetzny vollkommen im Rechte, vor der Errichtung von Logen in Cislaythanien zu warnen, weil selbe vom Gesetze derzeit als Winkellogen erklärt werden und die Theilnehmer der Strafe des strengen Arrestes von drei Monaten bis zu einem Jahr aussetzen würden.

Nachwort. Der vorstehende, als „unbrüderlich, hofmeisterisch und hämisch" bezeichnete „Ausfall" lautet wörtlich so: „Statt so breitspurig und mit solcher propagandistischen Haltung nach auswärts aufzutreten, dürfte es unseres Erachtens sachdienlicher und ersprießlicher sein, wenn man Seitens der Humanitas mehr auf Consolidation nach innen Bedacht nähme." Da in allen bisher veröffentlichten Berichten über das Wirken der Humanitas nur von der Thätigkeit des Vorsitzenden Br. Schneeberger Rühmens gemacht und die übrige Mitgliedschaft des Br-Vereins als bloss passiv-zustimmend hingestellt war, so versteht es sich von selbst, dass obiger „Ausfall" lediglich an die Adresse des Br Schneeberger gerichtet ist, dem wir bereits zweimal privatim bedeutet, dass wir sein Vergehen nicht durchweg billigen und seine Vereinsleitung keineswegs in allen Stücken gutheissen. Wenn er sich in seiner maurer. Machtvollkommenheit nicht belehren (hofmeistern) lassen will, so haben wir wenigstens nach bestem Ermessen unsere Pflicht erfüllt. Aus der vorigen Nummer des Blattes ersehen unsere Leser, dass sich die Brr in Prag gesammelt haben und nur den Zeitpunkt zu geordneter maur. Thätigkeit abwarten; gleichwohl hat Br Schneeberger geruht, ein Gründungscomité der Humanitas in Prag einzusetzen und den Br H. Landau zum Obmann zu ernennen. Ob dieser Br sich gebrauchen lässt, gegen die älteren und erfahrenern, bereits vereinigten Prager Brr unter der Leitung des Br Jahn, gew. Mstr. v. St. der „Astraea" in Dresden, zu agiren, wissen wir nicht; aber mit Sicherheit dürfen wir voraussetzen, dass keine einzige deutsche Loge dieses Vorgehen des Br Schneeberger billigt.

Der Herausgeber.

Die deutschen Freimaurer und die deutschen Logen während des Nationalkriegs.*)

(Fortsetzung.)

München, den 10. Aug. Dem ersten Zug französischer Gefangenen Morgens fünf Uhr folgte um halb zehn ein zweiter, darunter wieder viele Turcos und Zuaven. Auf diesem Train befanden sich in Waggons zweiter Klasse auch Offiziere, von

*) Da es dem Einzelnen nicht möglich ist, ausser in den grösseren deutschen Zeitungen auch in den Blättern der Provinzen und Städte nach Mittheilungen über maurerische Anerbietungen zu suchen,

denen einer sich durch ein Freimaurerzeichen bemerklich machte, auf welches hin zwei Herren an die Waggons eilten. Der gefangene Offizier rief „als der einzige Sohn einer armen Wittwe" ihr Mitleid an und sie reichten ihm und seinen Kameraden Wein, Bier, Schinken und leerten zu seinem Besten ihre Portemonnaies aus.

Giessen, Mitte August. Die Loge „Ludwig zur Treue" hat ihren Bankettsaal mit einem Raume für 25 Verwundete zur Benutzung angeboten.

Berlin, Mitte August. Die Grossloge „Royal-York" hat beschlossen, aus ihrer Kasse zur Unterstützung der Reservisten- und Landwehrfrauen 2500 Thaler herzugeben und eine gleiche Summe in die Kasse der Centralkomités der deutschen Vereine zur Pflege im Felde verwundeter oder erkrankter Krieger fliessen zu lassen.

Briefwechsel.

Br Th. B—r in W. v. Dalen 70 durch Buchh. S—s an Sie expedirt. Ihren Ausstellungen über Br Ls Arbeit kann ich nicht beipflichten. Humanität und Weltbürgerthum sind mit Nationalität und Patriotismus gar wohl vereinbar und verlangen mit nichten ein „Opfern der Nationalität." Der Freimaurer soll (nach Lessing) nur wissen, wo Patriotismus Tugend zu sein aufhört. Der Sieg des deutschen Heeres ist ein Sieg des Rechts und der Civilisation. Uebrigens trotz Verschiedenheit der Ansichten herzl. Gruss!

Br K. T. in E—bch. Besten Dank für die Notizen zu v. D. Jahrbuch. Meine „Geschichte der FrMrei", an der ich im Juli nicht arbeiten konnte, wird erst Ende September fertig werden. Adhuc stat, 4. Aufl. soll demnächst erscheinen. Brdl. Gruss!

Br K. M—s in K—n. Die Anzeige erscheint in gewünschter Weise; aber Ihrer Loge, die unter dem Druck der Verhältnisse gelitten haben muss, etwas dafür zu berechnen, würde ich für Sünde halten. Wenn die Brüder dort „sich nach Möglichkeit nützlich zu machen suchen", so thue ich desgleichen. Ihren Brgruss und Händedruck erwidere herzlichst. Briefl. Antwort erlassen Sie mir, da jetzt die Arbeit und Korrespondenz bei mir wieder recht heiss zu gehen anfängt.

Br Dr. F. L. in St. Herzlichen Dank und willkommen! Sie können sich nicht „zu fleissig" melden. Herzl. Gegengruss!

so ergeht die Bitte an alle Brüder deutscher Logen, alle in die gegenwärtige Werk- und Liebesthätigkeit einschlägigen Mittheilungen zur Einreihung in diese Uebersicht unmittelbar an Bruder Findel nach Leipzig gelangen zu lassen. **Br Künzel.**

Anzeigen.

Wirthschaft-Verpachtung.

Brüderliches Anerbieten.

Denjenigen gel. Brüdern, welche im Elsass und in Lothringen in Garnison stehen oder Brr Mrn, welche in deutschen Lazarethen sich der Wiedergenesung erfreuen, biete ich hierdurch Freiexemplare der „Bauhütte" an und bedarf es seitens der Brr, welche sich melden oder die Vermittelung gütigst übernehmen wollen, nur der Angabe genauer und sicherer Adresse.

Der Herausgeber.

Verantwortlicher Redacteur: Br J. G. Findel. — Verlag von Br J. G. Findel in Leipzig. — Druck von Brr Bär & Hermann in Leipzig.

No. 37. XIII. Jahrgang.

Die
BAUHÜTTE.

Begründet und herausgegeben

von

Br J. G. FINDEL.

* Organ des Vereins deutscher Freimaurer. *

Bundschrift für Brr Fr∴Mr∴ Leipzig, den 10. September 1870. MOTTO: Weisheit, Stärke, Schönheit.

Von der „Bauhütte" erscheint wöchentlich eine Nummer (1 Bogen). Preis des Jahrgangs 3 Thlr. — (halbjährlich 1 Thlr. 15 Ngr.)
Die „Bauhütte" kann durch alle Buchhandlungen bezogen werden.

„Sehr ehrwürdiger Meister! — Die Loge ist von Innen und von Aussen gehörig gedeckt."

Rede zum Johannistage 1870.

Von

Br Dr. M. Maass,
Redner der Loge Augusta, Or. Sprottau.

Meine gel. Brr! — Das höchste Fest der Maurerei, das grosse gemeinsame Bundesfest ist wiederum erschienen, und ladet uns mit seinem lieblichen Rosenschmucke von Neuem zu herzinniger Theilnahme, zu reiner, durch keine unlautere Beimischung getrübter Freude, zu sinnigem Genusse ein.

Meine gel. Brr! — In der Wiederkehr solcher Tage liegt etwas ausserordentlich Wohlthuendes. Freilich bringt es der Lauf der Dinge mit sich, dass wir ihnen nicht immer mit dem gleichen Interesse, mit der gleichen freudigen Erwartung, mit der gleichen Empfänglichkeit des Herzens entgegensehen. Wir sind nicht immer dieselben, die vorhergehenden Tage und Wochen sind nicht immer dieselben, wir werden älter, die Naivetät, die Unmittelbarkeit, die Frische der Empfindung geht uns allmählich verloren, und bald kommt es dahin, dass wenn wir nun eine solche festliche Zeit, sei es nun eine kirchliche, eine maurerische oder eine nur unsere Person betreffende, wie eine Geburtstagsfeier, einen Hochzeitstag, oder auch einen bürgerlichen Gedenktag, nahen sehen, in uns die Empfindung des Faust rege wird, wenn da die Glockentöne des herannahenden Osterfestes an sein Ohr schlagen, jene Empfindung der Unbereitetheit zum reinen Empfängniss der Freudenstimmung, die da kommen und in unseren Herzen Wohnung aufschlagen will, jene Empfindung der inneren Leere und Dürre, die ihn in die Worte ausbrechen lässt:

„Was sucht ihr, mächtig und gelind,
Ihr Himmelstöne, mich am Staube?
Klingt dort umher, wo weiche Menschen sind:
Die Botschaft hör' ich wohl, allein mir fehlt der Glaube."

Und doch, meine gel. Brr, was wären wir ohne die Wiederkehr solcher festlichen Tage! Wie schaal, wie öde, wie gleichgültig, wie aschgrau würde sich ohne dieselben unser Leben abspinnen, wie wenig würden wir zum Bewusstsein des Werthes und der Schönheit desselben gelangen! Wenn die Seele niedergebeugt von dem alltäglichen, einförmigen Gange des Lebens oder wenn sie ermattet ist unter der niederdrückenden Last anstrengender Arbeiten, oder wenn sie sich wund gerungen hat im Kampfe gegen übermächtige Gewalten, wenn sie, verzweifelnd daran, das, was sie für wahr und recht erkannt hat, im Leben durchzusetzen, nahe daran ist, muthlos die Waffe aus der Hand zu werfen und die Dinge ihren Gang gehen zu lassen, wie sie eben gehen wollen, — dann kommt, wie ein Bote vom Himmel, ein solcher festlicher Tag dazwischen und erfrischt, wie mit einem milden Frühlingsregen, die dürstende Aue, und lässt neues Leben hervorspriessen, wo noch Alles öde und todt dalag. Denn indem wir einen solchen Tag in gemeinsamer Feier mit Anderen begehen, mit Menschen, die uns als Verwandte, oder als Glaubensgenossen, oder als Bürger desselben Ge-

meinwesens oder endlich als Brüder derselben maurerischen Kette nahe stehen und lieb und theuer sind, werden wir uns von Neuem des seelischen Zusammenhanges
mit ihnen bewusst, wir fühlen, dass wir nicht allein in
der Welt stehen; das unselige Gefühl der Vereinsamung
wird von uns genommen, jenes Gefühl, das selbst einen
König Philipp auf seinem goldenen Throne in die schmerzlichen Worte ausbrechen liess: „Ich bin allein!", wir fühlen
vielmehr von Neuem, dass wir Mensch unter Menschen
sind und dass, was uns auch draussen im Leben zeitweise
von ihnen getrennt hat, es doch immer noch Momente
und Zeiten giebt, in denen ein gemeinsames Fühlen uns
wieder zusammenführt und die Brücke zu erneutem gegenseitigen Verständnisse baut.

Und darum sei auch du uns gepriesen, liebliches
Johannisfest, das uns die Freuden der Natur und die
Freuden des Geistes zu gleicher Zeit darbietet und sie
sinnig zu einem Kranze in einander schlingt. Und sollten
wir auch in der That, als wir am heutigen Tage die
Hallen betraten, uns noch nicht in der reinen und festlichen Stimmung befunden haben, welche ein so bedeut-
samer Gedenktag von uns erheischt, diese Stimmung wird
immer mehr bei uns einkehren, immer mehr sich unseres
ganzen Wesens bemächtigen, immer vollständiger und ungetheilter in unser Herz einziehen, je ernstlicher wir bemüht sind, das draussen Liegende aus unserem Herzen
zu lassen, nur ganz der Gegenwart zu leben und dem
Bruderkreise, der sich um uns geschaart hat.

Aber eben diese Aufforderung — das Draussenliegende
draussen zu lassen, — mag wohl leichter ausgesprochen,
als befolgt sein. Wie soll man denn bis zu dem Grade
seiner Gedanken und Empfindungen Herr werden? —
Nun, meine lieben Brüder, ist das doch schon in vielen
Fällen Aufgabe des Lebens, müssen wir doch oft genug,
wollen wir nicht Anders in unserem Berufe oder in unseren gesellschaftlichen Beziehungen zerstreut und theilnahmlos erscheinen, unsere Gedanken und Empfindungen
von dem abziehen, was uns augenblicklich sehr stark beschäftigt und unsere Seelenkräfte vorzugsweise in Anspruch
nimmt, und kann dies ja häufig genug nicht ohne eine
Art von gewaltsamen Ruck geschehen.

Was uns aber auf diese Weise das Leben oft zu
einer unumgänglichen Nothwendigkeit macht, die Maurerei
macht es uns zu einer sittlichen Pflicht, einer Pflicht, die
sie, wie so manche andere sittliche Anforderungen in
ihren Ritualen ausgeprägt hat. Und, meine lieben Brr,
es sei mir erlaubt, in dieser Beziehung an das Wort anzuknüpfen, das wir ja oft genug bei der Eröffnung unserer
maurerischen Arbeit gehört haben und das auch heute
wieder in diesem Tempel erschallt ist. Ich meine das
Wort, welches der erste Br Aufseher spricht, wenn sein
Amtsbruder nach Aufforderung des sehr ehrw. Meisters
seinen Umgang gehalten hat: „Sehr ehrw. Meister, die
Loge ist von Innen und von Aussen gehörig gedeckt."

Meine lieben Brr, ich zweifle nicht, dass Sie diese
Worte gar häufig, und so auch heute, ohne sonderliche
Bewegung vernommen haben; ich zweifle nicht, dass nicht
bloss unser gel. Br erster Aufseher, sondern auch die

gel. Brr Aufseher vieler anderer Logen diese Worte heute
und zu anderen Zeiten ohne sonderliche Bewegung, als
etwas rein Geschäftsmässiges, — denn jede menschliche
Institution hat ja doch auch ihr Geschäftsmässiges —
ausgesprochen haben. Und doch liegt gar viel in diesen
einfachen, nüchternen Worten und unser grosser Schiller
hat gewiss Recht, wenn er im Wilhelm Tell seinen alten
Attinghausen ausrufen lässt?

„Ein tiefer Sinn liegt in den alten Bräuchen!"

Und zwar in diesem Falle ein doppelter — ein historischer Sinn und ein für alle Zeiten bleibender und
gültiger.

Meine Brr, es gab sicherlich eine Zeit in der Mrei,
wo die Meldung des ersten Br Aufsehers: „Die Loge ist
von Innen und von Aussen gehörig gedeckt", nicht so
ganz gleichgültig von den Brüdern vernommen wurde. In
der berühmten Englischen Geschichte von Macaulay lesen
wir, dass die religiösen Versammlungen der Presbyterianer
— jener protestantischen Secte, welche wegen ihrer Opposition gegen die herrschende anglikanische oder bischöf-
liche Kirche in den Zeiten Carls II. und Jakobs II. von
dieser auf das Heftigste verfolgt wurde — dass diese Versammlungen oft aus Furcht vor ihren Verfolgern an den
verborgensten Orten, in einer Scheune, in einem Keller,
auf einem Heuboden abgehalten werden mussten, gerade
wie dies bekanntlich auch mit den religiösen Versammlungen der frühesten Christen der Fall war, dass aber
nicht genug, dass die Mitglieder sich heimlich dorthin
stehlen und jedes laute Geräusch daselbst aufs Sorgfältigste
vermeiden mussten, namentlich auch die Predigern dieser
Gemeinden die grössten Gefahren drohten, wenn sie in
flagranti, in dem Akte des Predigens begriffen, überrascht
wurden, weshalb sie sich in den wunderbarsten Verklei-
dungen, mit der Peitsche in der Hand,
als Maurer- oder Zimmergesellen mit Kelle und Winkelmaass und mit dem Schurzfell angethan, zu diesen Ver-
sammlungsorten begaben und auch dort angekommen,
ihren Eintritt in den Versammlungsort nicht auf die gewöhnliche Weise durch die Eingangsthür, sondern gar
häufig durch ein Bodenfenster oder durch den Rauchfang
bewerkstelligen mussten, um nur nicht ihren Verfolgern
in die Hände zu fallen, welche ihnen oft genug ihren
religiösen Eifer mit Ausstellung am Pranger, Staubbesen
oder auch wohl bei wiederholtem Rückfalle mit langwieri-
gem Gefängniss, ja mit dem Tode am Galgen ver-
galten.

Aehnlichen Gefahren, wenn auch vielleicht nicht ganz
so schlimmen, waren aber meist die maurerischen Versammlungen ausgesetzt, wenn auch vielleicht nur in wenigen Ländern von Seiten der Regierungen, so doch selbst
in Deutschland und Frankreich von Seiten des nicht selten
durch die Geistlichkeit aufgehetzten Volkes. Und da war
es wohl nicht ganz ohne alle Bedeutung, dass der Bruder
zweite Aufseher hinausging und zusah, ob denn auch die
Loge von Aussen, wie von Innen gehörig gedeckt und der
Wachthabende auf seinem Posten aufmerksam sei und
seine Pflicht thue und da mochte zu Zeiten wohl einmal
die Meldung erfolgen: „Sehr Ehrwürdiger, die Loge ist
von Aussen nicht gehörig gedeckt, es sind Profane in der

Nähe", worauf dann die Versammlung eiligst vom Vorsitzenden aufgelöst werden musste.

Nun freilich, meine lieben Brüder, diese Zeiten liegen weit hinter uns und es ist wohl manches Menschenalter dahin gegangen, seitdem ein solcher Schreckensruf zum letzten Male in einer maurerischen Baustätte vernommen wurde, — gegen die Profanen ist die Loge seitdem von Aussen stets gehörig gedeckt gewesen und auch in den Tempel selbst hat sich wohl nie mehr ein Solcher als Horcher und geheimer Spion eingeschlichen, wie dies gleichfalls in früheren Zeiten in den zahlreichen maurerischen Zusammenkünften und namentlich bei noch nicht völlig feststehendem Ritual, wohl vorkommen mochte. Von Profanen haben wir jetztlebenden Maurer nichts mehr zu besorgen, aber drohen uns keine anderen Gefahren? Die Macht der fremden Gegner ist ja selber nicht so gross, dass nicht eine Abwehr gegen dieselben gefunden werden könnte, aber wie, wenn die Gegner aus uns selbst entstehen, aus unserem eigenem Innern, wenn wir durch unseren mangelnden Sinn für die grossen Aufgaben der Maurerei sie uns selbst schaffen? Dann ist die Abwehr gewiss eine bedeutend schwerere, aber freilich auch dann keine ganz unmögliche und aussichtslose, wenn wir nur erst den Feind richtig erkannt haben. Gerade nach dieser Richtung hin enthält aber das Wort des ersten Br Aufsehers eine Mahnung an uns, welche der sorgfältigsten Beachtung werth ist.

Freilich, das Hinausgehen seines maurerischen Amtsbruders ist dann nur eine symbolische Handlung, wie so vieles Andere in unseren Ritualen, welche aber darum die Brüder doch durchaus nicht gleichgültig lassen soll. Denn sehr wohl liesse sich ihr Sinn in folgender Weise auslegen. Gerade wie dieser Br Beamte jetzt auf Geheiss des hochwürdigen Meisters den Tempel einen Augenblick verlässt, um nachzusehen, ob sich in der nächsten Umgebung desselben Alles in gehöriger Ordnung befindet und dann dem Hochw. darüber Bericht erstattet, gerade so sollen auch wir, ehe wir die Hallen des Tempels betreten, in unserem eigenen Herzen strenge Rundschau halten, ob dieses denn nun auch wirklich nach Aussen gehörig gedeckt sei, d. h. wie wir es bereits vorher ausdrückten, ob wir denn auch das Draussenliegende wirklich draussen gelassen haben, und haben wir diese Rundschau nicht vorher gehalten, haben wir ungesammelten Sinnes die geheiligte Schwelle überschritten, so wollen wir wenigstens die Zeit, wo der Br Aufseher sich draussen befindet und Alles in erwartungsvoller Stille verharrt, zu einer solchen Einkehr in uns selbst benutzen, denn so kurz dieser Zeitmoment auch ist, er genügt zur Fassung eines ernsten Entschlusses.

Was ist nun aber unter diesem Draussenliegenden zu verstehen? — Wir antworten hierauf einfach: — Alles, was mit dem Zwecke der Maurerei Nichts zu schaffen hat, es sei nun etwas rein Materielles, oder auch ein Geistiges, das aber dem Bruderbund als solchem Nichts angeht, also die Interessen des Erwerbes, des Berufes, des Hauses, der sonstigen socialen und geschäftlichen Beziehungen. Sie alle haben ihre Zeit und ihre Berechtigung, in ihnen allen sollen und müssen wir uns bewähren, sie alle sind von Gott geordnete Verhältnisse, denen wir uns durchaus nicht entziehen dürfen, aber sie alle

sind auch wiederum dem rein sittlichen Zwecke der Maurei gegenüber etwas Profanes, und wie schon der alte Horaz singt:

> Procul, o procul este, profani!

so rufen auch wir aus: Fort, fort mit Euch, profanen, unheiligen, zerstreuenden Gedanken, ihr habt mir mit eurer sinnverwirrenden Dringlichkeit oft genug die ruhige Besonnenheit und Sammlung des Gemüthes an den gewöhnlichen Werkeltagen getrübt, aber wenigstens von meinem lieblichen Johannisfeste, von dem eigentlichen Weihetage der königlichen Kunst sollt ihr mir fern bleiben, in die Harmonie dieser Stunden soll kein von euch entstammender Missklaut sich einmischen. Wir wollen das Draussenliegende in der That draussen liegen lassen, wir wollen ernstlich das Unsrige darzuthun, dass wir jene Pflicht, die der Meister dem Br Aufseher vorhält, „nachzusehen, ob die Loge von Aussen gehörig gedeckt sei," an unserem eigenen Gemüthe und Herzen erfüllen, damit, wenn dann das „In Ordnung, meine Brüder" des Meisters erschallt, wir auch wirklich im besten Sinne des Wortes in Ordnung und in der geeigneten Verfassung zur Entgegennahme und Beherzigung der uns vom Altare der Wahrheit entgegentönenden Worte und Lehren seien.

Aber nicht nur von Aussen, nein auch von Innen gehörig gedeckt soll ja die Loge sein und lässt sich denn auch dieser Mahnung eine geistige Bedeutung unterlegen? Ja, allerdings, meine lieben Brr, und eine durchaus ungezwungene. Auch dieser Theil der Meldung des Bruder Aufsehers hat, wie wir vorhin sahen, einen historischen Anlass, denn es war in alten Zeiten durchaus nicht unmöglich, dass sich ein Unberufener, ein Profaner, von Neugier oder noch schlimmern Absichten getrieben, in den Kreis der Brüder drängte und dort Unheil anrichtete. Auch dies ist jetzt nicht mehr zu besorgen und wir in unserer kleinen Loge werden wohl am Wenigsten zu befürchten haben, dass wir es übersehen hätten, wie ein Nichtmaurer sich unter uns eingedrängt habe. Nein, Mr sind wir ohne Zweifel Alle, insoweit es auf Reception, Logen-Zugehörigkeit, ritualmässige Beförderung u. s. w. ankommt, ob wir es aber auch Alle in der richtigen maurerischen Gesinnung, ob wir es namentlich zum Alle in diesem Augenblick sind? Denn wie man sich nicht zu allen Zeiten in gleich gehobener Stimmung befindet, so ist auch das Maurersein keineswegs eine unverlierbare Qualität, welche etwa unablöslich an dem maurerischen Schurzfelle und Logenabzeichen haftet, sondern diese Qualität kann sehr wohl verloren gehen oder mindestens beträchtlich verringert werden, wenn sie nicht in beständiger Wirksamkeit erhalten wird, gerade wie ein Feuer erlischt, dem nicht beständige Nahrung zugeführt wird. Das eigentliche Wesen der Maurerei aber ist, das wird wohl so leicht kein Jünger der königlichen Kunst in Abrede stellen, — Brüderlichkeit, Bruderliebe und wenn es in der Natur der Flamme liegt, dass sie nicht zu allen Zeiten gleich hell brenne, sondern nur dann, wenn das sie nährende Material ein recht reichliches ist, wenn also auch die Flamme der Bruderliebe nicht zu allen Zeiten gleich hell und lebhaft lodern kann, so ist doch gerade unser Johannisfest ganz besonders dazu geeignet, das unter der Asche glimmende Feuer wieder in recht lebhafte und weithin leuchtende Gluth zu versetzen und die Herzen der Brüder wieder mit voller Liebe zu einander zu entzünden.

Meine Brr! Gewiss, das Leben, das nach so mannigfachen Richtungen hin zusammenführt, trennt auch wieder und bringt mannigfache Gegensätze und sich entgegenstehende Richtungen hervor. Da sind nicht nur die Gegensätze des Berufes, welche zu Pflichten führen, und die Gegensätze der verwandtschaftlichen und sozialen Beziehungen — denn das menschliche Wesen ist nun einmal so geordnet, dass aus den innigsten Beziehungen der Menschen zu einander oft die stärksten Gegensätze hervorgehen, wie aus dem Leben der Tod und aus dem von Gesundheit strotzenden Körper die lebensgefährliche Krankheit, — sondern auch dem, was von den verschiedenen Menschen als das Wahre und Rechte anerkannt wird. Geburt, Erziehung, Lebensschicksale, sowie ursprüngliche Anlage begründen hier naturgemäss ausserordentliche Gegensätze und der allm. B. a. Welten hat auch nicht gewollt, dass allen Bäumen eine Rinde wachse und dass der Kampf ausbleibe, sondern die Devise, welche über den Eingange eines jeden Menschenlebens steht, lautet: „Durch Kampf zum Sieg und ohne Kampf keinen Sieg." Somit ist es denn auch gar nichts Auffälliges und gar nichts Unnatürliches, dass auch über das Wahre und Gute die Menschen in Streit miteinander gerathen und auch das ist nicht auffällig und unnatürlich, dass dieser Streit, wo er über irgend eine Lebensfrage entbrennt, auch einmal zwei Brüder Maurer gegeneinander in den Kampf führe. Und dabei ist gar Nichts zu beklagen, sondern im Gegentheil es ist ächt maurerisch, es stimmt vielmehr mit der maurerischen Sittlichkeitsidee vollkommen überein, dass Jeder nun auch für das, was er als wahr und recht erkannt hat, mit ganzer Kraft eintrete, unbekümmert darum, welche Sonderinteressen, die die Berechtigung der Allgemeinen nicht anerkennen wollen, welche Standes- und Rang-Vorurtheile er dadurch vor den Kopf stösst, und mit Wem er dadurch zusammengeräth; denn wer nicht etwas von der Härte jenes Wallensteinschen Reiters in sich hat, der da ausruft:

Liege, wer will, mitten in der Bahn,
Sei's mein Bruder, mein leiblicher Sohn,
Zerriss mir die Seele sein Jammerton,
Ueber seinen Leib muss ich jagen,
Kann ihn nicht sachte bei Seite tragen.

— der wird wohl ein sehr wohlwollender Mann sein können, der dem Siege des Guten, wenn er errungen ist, aus vollem Herzen zujauchzt, aber er wird nie selbst etwas Erkleckliches zum Siege dieses Guten beitragen, welcher eben nur in einem oft recht harten und Leib und Seele zerreissenden Kampfe den Schlechten und Mangelhaften errungen werden kann. Und so kann man auch wohl einmal im Leben mit einem Br Maurer über eine Principienfrage in Conflikt gerathen und es ist dabei durchaus nichts weiter zu thun, als dass man ihm zuruft: „Steh' du fest zu deiner Fahne, ich stehe fest zu der meinigen, und Gott helfe uns Beiden."

Aber dann, gel. Brüder, giebt es noch wieder einen einigenden Mittelpunkt, der die getrennten Gemüther wieder zusammenführt und zu neuer Einheit zusammen-

binden kann, und das ist die Loge. Denn diese hat vornämlich ein auf das Wahre und Gute gerichtetes Streben, aber ein solches, aus dem so leicht kein Zwiespalt und Gegensatz der Brüder entstehen kann, wenigstens so lange sie sich auch auf andern Lebensgebieten entgegenstanden und vielleicht auch noch entgegenstehen und zwar gerade um der Wahrheit willen, so wird auch der eine Br in dem andern sofort ein verwandtes Streben erkennen und wenn sie sich auch auf andern Lebensgebieten entgegenstanden und vielleicht auch noch entgegenstehen und zwar gerade um der Wahrheit willen, so wird die maurerische Wahrheit sie sich wieder die Hände reichen lassen, wenn es auch mit der Reserve sein sollte, die der Chor in der Braut von Messina ausspricht —

Aber, treff' ich dich draussen im Freien,
Da mag der blutige Kampf sich erneuen,
Da erprobe das Eisen den Muth.

immer vorausgesetzt natürlich, dass dieser Kampf auch wirklich von beiden Seiten um das als wahr und recht Erkannte geführt werde.

Aber mit dem Eintritt in die maurerischen Festeshallen soll unser Herz gereinigt seid von jeder Kampfeslust sowohl, als auch von jedem feindseligen oder gegnerischen Gefühle — hier herrsche Einigkeit, Friede, Zusammenklang der Herzen, hier herrsche die nicht künstlich gemachte, sondern auf dem Grunde gemeinsamen sittlichen Strebens und Ringens nach dem gleichen Endziele auferbaute Herzenssympathie. Damit dies aber möglich sei, thue Jeder, ehe er sich anschickt die geweihte Halle zu betreten, und noch einmal in dem Momente, wo die Aufforderung an die Brüder erschallt, sich maurerisch zu bekleiden, einen aufmerksamen und prüfenden Blick in sein Inneres und frage sich, ob denn auch der Tempel, den er selbst darstellt, wie von Aussen, so auch von Innen gehörig gedeckt sei, und ob er zu der festlichen Handlung, welcher er entgegenzugehen im Begriffe ist, denn auch die rechte Maurerstimmung des Friedens und der Liebe gegen seine maurerischen Mitbrüder, auch gegen diejenigen, mit denen er draussen vielleicht zeitweilig in Conflikt gerathen, mitbringe und ob er so auf die Frage des Meisters: „Woran erkennen sich die Maurer?" in seinem Herzen nicht bloss antworten könne: „Am Zeichen, Wort und Griff," sondern auch aus voller Ueberzeugung hinzuzusetzen im Stande sei: „Und vor allen Dingen an der ächten maurerischen Gesinnung gegeneinander", welche auch in Bezug auf das brüderliche Zusammenleben und -wirken bei der Logenarbeit, wie bei der Festestafel das Draussenliegende draussen zu lassen und so an ihrem Theile auf das Ernstlichste bemüht ist, eine Loge herzustellen, welche im wahren Sinne des Wortes nach Aussen und nach Innen gedeckt ist und in welcher demnach der maurerische Bau wahrhaft gefördert werden kann.

Dazu, meine lieben Brüder, wollen wir uns alle am heutigen Johannistage wieder ernstlich verbinden; denn wir wissen ja nicht, wie bald uns der allerhöchste Baumeister möglicherweise abberufen wird, um dann Rechenschaft von unserer Arbeit zu verlangen, wir haben es ja leider in den abgewichenen Maurerjahre ernst genug erfahren müssen, wie gar bald dieser Moment eintreten kann, und wie wir Alle, die wir noch vor ganz Kurzem an der

Bahre desjenigen Bruders standen, der ein nicht nach Jahren zählendes langes, aber ein so ungemein thatenreiches und edles Leben hinter sich hatte, und der dabei, trotz seiner mannigfachen Berufssorgen, so lange sein körperlicher Zustand es ihm irgend erlaubte, ein eifriger, vor allen Dingen aber stets ein liebevoller Bruder war, es uns gewiss damals sagten, o möchten doch auch uns einst so viele freiwillig fliessende Thränen nachgeweint werden, möchten doch auch wir einst als so treue Arbeiter im Weinberge des Herrn erfunden werden, — so wollen wir auch heute von Neuem den Entschluss in uns befestigen, mit allen Kräften dahin zu streben, stets und in ganzem Sinne des Wortes Maurer zu sein und nie anders in diese Halle einzutreten als mit den Gesinnungen des Friedens, der Liebe, der Herzlichkeit, der Verträglichkeit, mit einem Worte der ächten und wahren Brüderlichkeit.

Und dazu, wie immer, erflehen wir auch an diesem grossen maurerischen Festestage, deinen Segen, du allerhöchster Baumeister, der du deine Welten gebaut hast in Harmonie und zur Harmonie. Amen!

Eine Johannis-Nachfeier.

(Die Grossloge Royal-York zur Freundschaft in Berlin.)

Wir sind in der angenehmen Lage, aus den Reden und Vorkommnissen innerhalb der Grossloge „Royal-York z. Fr." in Berlin ein Bild zusammenstellen zu können, welches der genannten Grossloge wie dem ganzen Bunde Ehre macht und gewiss allerwärts mit freudiger Genugthuung betrachtet werden wird. Wir sind überzeugt, dass das Nachfolgende unsere Ueberschrift zu rechtfertigen geeignet erscheinen wird.

Beginnen wir mit den Thatsachen. Die genannte Grossloge hat mit den Grosslogen des Benedictinos zu Rio de Janeiro, des Staates Tennessee in Nashville, Alabama in New-Market, Nebraska in Omaha, Jowa in Jowa-City und mit der von Ungarn für die 3 Johannisgrade in Pest engere Freundschafts-Verbindungen angeknüpft. Der verdienstvolle Br Herrig in Berlin, welcher als Mstr. v. St. der Loge Friedrich Wilh. zur gekr. Gerechtigkeit am 24. Juni ausschied, wurde von ihr zum Ehrenmitgliede erwählt. Eine Verbindung mit dem Suprême Conseil, Rite de Memphis in New-York wurde entschieden abgelehnt mit der durchaus sachgemässen Bemerkung, die Tendenzen dieses Obersten Rathes seien nach den hierüber eingezogenen Erkundigungen nicht der Art, dass diese Körperschaft auf Anerkennung Ansprüche machen könne. Endlich, und das ist der Kern unserer Mittheilungen, brachte die Grossloge Royal-York in der Sitzung des Berliner Grossmeister-Vereins am 14. Mai d. J. die Frage zur Erörterung:

Welche Stellung gedenken die Schwester-Grosslogen hierselbst gegenüber dem in kürzester Frist zur Entscheidung zu bringenden Antrage wegen Aufnahme der Juden einzunehmen?

Der Ehrwürdigste Br Schnakenburg, Grossmeister, hob bei dieser Gelegenheit hervor, dass die Grossloge Royal-York sich in kürzester Frist der an sie herantretenden Entscheidung über die Aufnahme von Nichtchristen nach Massgabe der in dieser Beziehung von ihren Tochterlogen gestellten Anforderungen nicht würde entziehen können und da käme denn besonders zu erwägen; wie sich im Falle der Bejahung ihre Beziehungen zu den beiden Schwester-Grosslogen gestalten würden. Von ihrer Seite halte man es im Allgemeinen und unter gewissen Vorbehalten für unbedenklich, die Aufnahme der Juden eintreten zu lassen, die Ertheilung der Genehmigung seitens des Protektors vorausgesetzt.

Daraufhin erklärten die Vertreter der Grossen Nat. Mutterloge zu den 3 Weltkugeln, dass ihrerseits an den freimaurerischen Grundsätzen vom 28. März 1860 festgehalten werden müsse, dass sei bei ihnen die Entscheidung über die Aufnahme der Juden lediglich Ritualsache und kaum zu erwarten sei, dass eines der jetzigen Mitglieder des Bundes-Direktoriums von den vorerwähnten Grundsätzen abweichen werde.

Dagegen könne man freimüthig erklären und die brüderliche Versicherung aussprechen, dass ein Vorgehen der Grossloge Royal-York in Bezug auf die Aufnahme von Juden — sofern denselben nur das Beschreiten der 3 Joh.-Grade gewährt würde — keinen Zwischenfall zwischen den beiden Schwesterlogen herbeiführen würde.

Es äusserten ferner die Vertreter der Grossen Landesloge der FrMr v. D., dass ihrer Grossloge seither noch kein einziger Antrag wegen Gestattung der Aufnahme von Juden zugegangen sei, ein solcher aber auch mit Rücksicht auf den rein christlichen Standpunkt, welchen die Mitglieder dieses Systems bereits mit dem Eintreten in den Orden gelobt hätten, mit aller Entschiedenheit zurückgewiesen werden müsse. Trotz alledem könne aber ebenso, wie solches Seitens der Gr. Nat. Mutterloge soeben geschehen, versichert werden, dass, wenn die Grossloge Royal-York in der beregten Sache nach den Anträgen ihrer Tochter-Logen dereinst vorginge, ein Zwiespalt zwischen den betheiligten Grosslogen dadurch niemals solle herbeigeführt werden.

Nachdem noch bemerkt worden war, dass von den überhaupt z. Z. bestehenden 80 Grosslogen deren 75 mit ca. 9000 Tochterlogen die Juden (Nichtchristen) als Suchende bereits zuliessen, wogegen nur 5 Grosslogen (die 3 preuss., Dänemark und Schweden) mit etwa 230 Tochterlogen sich jener Aufnahme entgegenstellten, wurde es auf der einen Seite als nicht bedenklich erachtet, wenn eine oder die andere der letztbezeichneten 5 Grosslogen sich der Auffassung der grösseren Gesammtheit der Grosslogen anschlösse. Ebenso wurde es aber für zweckdienlich gehalten, wenn von einzelnen Grosslogen der rein christliche Standpunkt (d. i. des Obscurantismus und der Humanitätsheuchelei) pure festgehalten würde, um in den betreffenden Tochterlogen den geistig zurückgebliebenen Mitgliedern den Zutritt zu öffnen, welche in dieser Beziehung ihrem Gewissen Genüge thun wollen. —

Diese beidersaitigen Erklärungen setzen nunmehr die Grossloge „Royal-York z. Fr." in den Stand, das Prinzip der Allgemeinheit, das Humanitätsprinzip, offen zu verkünden und gesetzlich festzustellen und damit einen ebenso weittragenden, wie erfreulichen Fortschritt ins Werk zu setzen. Die Logen der beiden andern Grosslogen treten alsdann freilich noch tiefer in den Schatten und können keinesfalls beanspruchen, in der allgemeinen Werthschätzung mit denen von Royal-York auf gleiche Linie gestellt und mit gleichem Masse gemessen zu werden. Der Anschluss der hannöver'schen Logen wird nach vollendeter Thatsache vollkommen gesühnt und die preussische Maurerei von einem peinlichen Vorwurf befreit, der sie dann wenigstens nicht mehr allgemein trifft. Auch der Bund wird, von anderen Segnungen abgesehen, auch in der Richtung gewinnen, dass die Aufnahmen jüdischer Suchender an Ort und Stelle einer strengeren Prüfung und Sichtung unterzogen werden, als dies in fernen und fremden Orienten mitunter der Fall war und sein konnte.

Für die Einführung des vom Grossmeistertag in Hamburg beschlossenen Grundgesetzes sind die beiderseitigen Erklärungen seitens der 3 Weltk. und der Gr. L. L. v. D. der Todesstoss und wird es nunmehr keiner deutschen Grossloge mehr einfallen, auf diesen Beschluss weitere Rücksicht zu nehmen; das Hamburger Grundgesetz wird einfach ad acta genommen werden.

Wir schliessen diese Mittheilungen, welche den Glauben an die hohe Mission unseres Bundes für die Zukunft von Neuem stärken, mit einem Auszuge aus der diesjährigen Johannisfest-Ansprache des Ehrwürdigsten Brs Schnakenburg:

„Die innigeren Verbindungen der Grosslogen diesseits und jenseits des Oceans, die dem einzelnen Bruder so segensreich die Wege im fremden Lande ebnen, vermehren sich von Jahr zu Jahr, neue Grossoriente entstehen in Ländern, wo noch vor nicht zu langer Zeit der FreiMr wie der gemeinste Verbrecher behandelt wurde, und Deutschland hat mit seinen sieben Grosslogen seit drei Jahren einen bedeutsamen Schritt vorwärts zu allseitigster Einigung gethan, indem es durch seinen Grossmeistertag die Schranken der Mainlinie durchbrach und Zeugniss dafür ablegte, dass die besten und aufgeklärtesten Männer der Nation in allen Hauptfragen der Gegenwart einig sind. Kräftig wurde in diesen Versammlungen die Einigkeit betont, kräftig der Verflachung, sowie mystischer Verdunklung der Maurerei entgegengearbeitet. Ein Geist herrschte in diesen Pfingstversammlungen und dieser Geist wird nicht verfehlen, die schönsten Früchte zu tragen. Aber der Blick auf diese grossartige Gemeinschaft, auf die edlen und gewaltigen Gedanken, die sie tragen und die sich mehr und mehr sichtbar verwirklichen, legt auch allen Brüdern die heilige Pflicht auf, in sich selbst den Geist der Liebe und Gerechtigkeit, der geläuterten Religiösität und der Wahrhaftigkeit fort und fort zu erhalten und zu bethätigen. Es wächst der Mensch mit seinen Zielen, sagt unser grosser Dichter, und wir können hinzusetzen: er versündigt sich an dem heiligen Geiste, wenn er in einer grossartig und frei aufstrebenden Zeit in kleinlichem Egoismus verharrt. Möge denn auch unsere Bauhütte stets ein wahrer Tempel der reinsten Humanität sein, möge hier nicht nur nach den ältesten Grundsätzen unseres Bundes gelehrt, sondern auch gehandelt werden. Mögen wir die Strahlen des in der Welt und Menschheit immer mehr und stärker hervorbrechenden Lichtes der Vernunftmässigkeit wie in einem Brennpunkte sammeln und sie mit der Wärme der Bruderliebe in ächter Lebensfähigkeit der Welt zurückgeben, nachdem die zündenden Funken bereits von unsern Vorfahren in die Menschheit geschleudert wurden.

Möge endlich, wenn der Fanatismus wieder sein Haupt gegen uns erheben sollte, es uns nicht an der Kraft fehlen, uns laut und offen für das zu bekennen, was wir sind, nämlich als Streiter für Licht und Wahrheit, für Menschenrecht und Bruderliebe. Dazu gebe der g. B. a. W. seinen Segen!" —

Feuilleton.

Berlin. — Br Hermann Roller (Loge zur Beständigkeit) hat aus freiem Antriebe und aus eigenen Mitteln dem Ordenshause der Grossen Landes-Loge einen schönen patriotischen Schmuck verliehen, indem er dasselbe mit einem grossen deutschen Banner beschenkte. Ist ihm die Brüderschaft für diese Gabe schon herzlich dankbar, so hat sich im profanen Leben Br Roller dadurch, dass er am 28. Juli Nachmittags 5 Uhr auf dem 80 Fuss hohen verwetterten Thurm der alten Kaiserburg Kyffhausen (der ohne Eingang und mit seinen kahlen vier Mauern glatt in die Höhe steigt) unter Lebensgefahr mit eigener Hand und unter stürmischem Jubel der versammelten Menge ein riesiges deutsches Banner aufgepflanzt, den Dank des ganzen deutschen Volkes erworben.

Potsdam. — In der Meister-Conferenz der Loge Teutonia zur Weisheit am 18. d. wurde zur Pflege der Verwundeten und Unterstützung der Hinterbliebenen eine Beihülfe von 100 Thalern bewilligt.

Chemnitz, 28. August. — Die Loge zur Harmonie in Chemnitz hat beschlossen, der Loge Carl zur Eintracht in Mannheim vorläufig Thlr. 50. zur Unterstützung der verwundeten Krieger beider Nationen zu übersenden.

Moritz Schanz.

Barmen. — Von hier theilt man uns in dankenswerther Weise folgendes mit:

Der deutschen Einheit Wiegenlied
Hast, Bruder Wilhelm, Du gesungen!
Von jener Glut, die Dich durchglüht,
Ist heute jedes Herz durchdrungen!

Nun legt den Kranz Dir Ost und West
Und Süd und Nord, voll Dank, zu Füssen!
Heil, Bruder, Dir! Zum Wiegenfest,
Will Dich die Loge Lessing grüssen!
Die Loge Lessing in Barmen.

Diese, von Br Rittershaus extemporirten, schönen Stro-

phea sanden wir am Montag den 5. September d. dem Geburtstag des Br Musikdirektor Wilhelm in Schmalkalden ab. Vielleicht passt es sich, davon durch die Bauhütte den Brüdern
Mittheilung zu machen. Br Wilhelm ist, wie Du wohl weisst,
Mitglied der Loge Eos in Crefeld und Componist der „Wacht
am Rhein".

Kaiserslautern, den 30. August. — Das diesjährige
Johannisfest der Loge Barbarossa, welches am 17. Juli verbunden mit dem 25jährigen Maurerjubiläum des M. v. Stuhl,
Br Hohle, gefeiert werden sollte, wurde sistirt, da einige Tage
vorher die betr. Kriegserklärungen gegenseitig erlassen waren
und die Welt einem Riesenkampfe mit banger Erwartung ent-
gegensah.

Die Brr der Loge Barbarossa waren „ihrer Pflichten eingedenk" und einigten sich in dem Entschlusse die Räume der
Loge zu einem Lazarethe zu weihen und schon am 20. Juli
wehte auf der Spitze der Loge neben der blauen Fahne mit
Zirkel und Winkelmaass, das „rothe Kreuz im weissen Felde."

Das Lazareth hatte von Anfang der Stunde mit der Missgunst einiger Leute zu kämpfen, die persönliche Abneigung in
ganz ungeeigneter Weise an das Lazarethe ausliessen, so dass
dasselbe hinsichtlich der Verpflegungs- und Erquickungs-Gegen-
stände heute noch nicht so fundirt ist, wie es sein müsste. —
Die Einrichtungen, welche geschaffen wurden, sind sehr einfach, aber zweckmässig, es stehen in dem Bankettsaale und
den verschiedenen Zimmern 50 Feldbetten, die Loge hat alle
Räume hergegeben, bis auf den Logensaal und auch dieser ist
„im Nothfall" zur Verfügung, so dass man dann mit Allem
80 Betten stollen kann. Sollte Ueberfüllung in der Stadt eintreten, dann kann man 100 Betten stellen, da die Ventilation
in den Sälen gut beschaffen ist. — Ausser der Loge sind noch
6 Lazarethe hier. — Verwundete waren bis jetzt 10 Mann auf
einmal einquartiert und wechselte diese Zahl mehrfach; Kranke
dahingegen mit Verwundeten waren schon einmal 49 Mann zugleich da — zwei Leichen hatte man bis jetzt zu beklagen.
— Die Verpflegung wird von einem Militärarzt geleitet unter
Assistenz zweier Unterbeamten, mehrerer Wärter und zwei
Diaconissen und nehmen sich ausser diesen mehrere junge
Damen aus der Stadt des Verbandzeuges und der Verpflegung,
letzterer so weit es möglich ist, an. — Ausser einigen verwundeten Franzosen, waren es wohl nur preussische Landsleute,
welche Pflege in der Loge empfingen.

Man kann sagen, dass mit diesem Werke der Liebe unsere Loge zum zweitenmale eingeweiht wurde; möge der
Segen des Allm. Baumeisters der Welt darauf ruhen!

Aus Preussen. — Dem Briefe eines hochverehrten Brs.
entnehmen wir Folgendes: „Was sagen Sie zu dem Rundschreiben des Gr. Orients in Kriegsangelegenheiten? Die franz.
Brr. sollten doch zuerst dafür sorgen, dass die ersten Regeln
der Humanität, von maurer. Gesinnung gar nicht zu reden, in
diesem Kriege befolgt würden. Wenn sie aber das Maul zu
grossen Redensarten einmal aufreissen müssen, so sollten sie
auch die Hand nicht so erbärmlich zuklemmen. Der Gr. Orient
gibt 3000 Frcs., während die kleinste der drei preussischen
Grosslogen (Royal York) Thlr. 5000 (nahezu 20,000 Frcs.) gibt.
Welcher Gegensatz von Worten und Thaten! — Uns geht es
leidlich; was ich an Gedanken, Zeit, Kraft und Geld übrig
habe, ist den Braven im Felde gewidmet." —

Zur Hilfeleistung im Kriege. — Gleich nach Erscheinen des Aufrufs der Loge „zu den 3 Degen" in Halle erbaten
wir uns mehre Exemplare desselben behufs Versendung nach
Frankreich. Dass diese an ihre Adresse gelangt sind, ersehen
wir aus der „Chaine d'Union" Nr. 139, welche den Aufruf in
französischer Uebersetzung veröffentlicht und bestätigt, dass
unser Streifband auch beim „Gr. Orient" eingegangen. Die

Redaction (Br. E. Hubert, Corresp. Mitglied des Vereins deut.
Mr.) theilt den ganzen Inhalt des Aufrufs mit Ausnahme der
Bezeichnung des „heiligen Krieges", welche sie „sentiments
prussiennes" nennt und tadelt; auch versichert sie, dass man
sich in Frankreich in gleicher Weise der deutschen Gefangenen
annehmen wolle. Insbesondere erbietet sich Br. J. Laverrière
von der Loge Henri IV., boulevard St. Michel 137 in Paris,
allen Deutschen, ob Maurer oder nicht, in den Bedrängnissen
des Krieges hilfreich beizustehen.

Wir danken diesem gel. Bruder für sein edles und wohlgemeintes Anerbieten Namens der deutschen Brüderschaft aufs
Herzlichste, wenn auch die inzwischen eingetretenen Verhältnisse (die massenhafte und barbarische Austreibung friedlicher
Deutscher u. s. w.) ihm die Möglichkeit benahmen, seinen
guten Willen zu bethätigen.

Literar. Notizen. In London (14 York Street, Covent
Garden, W. C.) erscheint seit dem 1. Juli eine neue, theilweis
maurer. Zeitschrift unter dem Titel: „The rectangular Review;
A quarterly Communication on Philosophy, Freemasonry, Ar-
chaeology, Science and the fine Arts." Ein Herausgeber ist
nicht genannt. Den Inhalt des 1. Heftes (160 S. 8.) bilden
Artikel über verschiedene Gegenstände (Pfennigliteratur, die Familie Bonaparte, unsere 7 Sinne u. s. w.), darunter auch einer
„Ueber Freimaurerei, ihre Geschichte, Prinzipien und ihre Wirksamkeit", eine gutgemeinte, aber unwissenschaftliche Arbeit voll
der abgeschmacktesten Behauptungen, wie sie eben noch in
England gang und gäbe. —

In New-York erscheint seit dem 1. September ebenfalls
eine neue, theilweise maurer. Zeitschrift unter dem Titel „Bausteine. Begründet und herausgegeben von Br. G. F. Spina.
Handschrift für Brr. Mr." Die Bausteine erscheinen (in deutscher Sprache) jeden 1. und 15. im Monat; sie sollen den
Brn als Leitfaden dienen, auf die wichtigsten Fragen der Gegenwart aufmerksam machen und die Hochgrade bekämpfen.
Die „Bausteine", welche kein geistiges Sprengelrecht anerkennen, grüssen alle Brr, welche am Baue thätig sind"; sie „grüssen
die „Bauhütte" in Leipzig und insbesondere deren Herausgeber,
den um das wahre Mrthum so hochverdienten, im Kampfe gegen
das Hochgradwesen so unermüdlichen Br. J. G. Findel und erbitten sich dessen brüderl. Unterstützung." (Wir erwidern diesen Gruss aus der Ferne aufs Freundlichste!) Nr. 1 enthält:
„Das Leben Jesu. Von E. Renan" (1. Kap.), „Deutsches
Maurerthum in Amerika." „Sittengesetze der ältesten Zeiten etc."
— Ein Gedicht und „Glatte Steine." —

Ueber beide Zeitschriften lässt sich erst urtheilen, wenn
mehre Nrn. vorliegen; inzwischen begrüssen wir beide.

Zur Besprechung.

Die Freidenker. Erzählung von Andreas Obsieger. Wien,
1870. C. Gerolds Sohn.

Für die deutschen Krieger und deren Familien.

	Transport: Thlr. 7. 20.
Von Br Krauschitz in Eichenbarleben	„ 5. —.
Von Br B. A. C. in E.	„ 2. —.
Vom FrMrclub „Bauhütte" zu Lehesten durch Br Bischoff	„ 20. —.
	Summa: „ 33. 20.

Indem wir für diese patriot. Opfer bestens danken, sind
wir zur Annahme weiterer Beiträge gern bereit. Wir
werden die eingegangenen Beträge von Zeit zu Zeit an die

vereinigten Logen Frankfurts abführen, da diese einen geeigneten Centralpunkt bilden. Mannheim und andere Orte können sich leicht mit Frankfurt ins Einvernehmen setzen.

J. G. Findel.

Für das Lazareth der Loge „zum Felsentempel" in Oberstein.

Vom Mrclub Maçonia zu Leipzig . . .	Thlr.	21. —
Vom Mrclub „Bauhütte" zu Lehesten durch Br Bischoff:	Thlr.	20. —
(mit Obigem zusammen Thlr. 40.)		
Summa:	„	41. —

Wir sprechen auch hierfür den wärmsten Dank aus und bitten recht dringend um weitere brüderliche Unterstützung.

J. G. Findel.

Briefwechsel.

Br E. H—r in Zw. Ihre gütigen Berichtigungen zu v. D. Jahrb. sind dankbarst vorgemerkt; hrzl. Gegengruss!

Br B. in L—n. Ihnen und den wackern opferfreudigen Brrn herzlichsten Gruss, brdl. Anerkennung und wärmsten Dank.

Br Dr. A. L. in G. Dank für Dein Lebenszeichen und herzl. Gruss!

Br H. F. in A—g. Deinen Brief erhalten; hier Alles wohl; unseren Glückwunsch zum demnächstigen Avancement. Wir Alle grüssen Dich bestens.

Br J. P. G. in St. Besten Dank für Deine Notiz und brüderlichen Gruss!

☞ Auf mehrfache Anfragen: Findel, Geschichte der FrMrei, 3. Aufl. erscheint Ende dieses Monats.

Or. Frankfurt a. M., 1. Sept. 1870.

An die deutschen Logen und Brr!

Ohne Zweifel hat jeder Freimaurer „den Aufruf" des verehrten Brs Künzel in No. 34 der „Bauhütte" vom 20. vorigen Monats mit grösster Freude begrüsst, welcher die Bestrebungen unserer vereinigten Logen in so erhebender und umfassender Weise würdigt. „Mit vereinten Kräften im rechten Augenblick der Humanität und dem Vaterlande zu dienen" — diesen Gedanken will Br Künzel in grossartiger Weise auf die gesammte Maurerwelt ausgedehnt wissen. Uns bezeichnet er als den Mittelpunkt, nach welchem hin die Hülfsthätigkeit derjenigen Brüder strömen möge, welche, vom Kriegsschauplatz weiter entfernt, weniger sicher die besonderen Erfordernisse zu erkennen, sowie auf deren Befriedigung zu wirken vermögen.

Die Kundgebung, welche mit unseren Unterschriften in No. 35 der „Bauhütte" erschienen ist, beweist allen Brüdern, dass, wenn wir auch nicht wagen durften, uns ihnen als Mittelpunkt einer solchen gemeinsamen Hülfsthätigkeit anzubieten — so doch dieselben Gedanken, welche den Aufruf des verehrten Bruders Künzel hervorriefen, auch uns beseelten.

Zu unserer Genugthuung hat sich dies auch bereits bethätigt durch Zuweisung von Gaben einzelner entfernter Logen etc.

Somit erklären wir uns bereit, alle Gaben derjenigen Logen, die sich an diesem humanen Werk betheiligen wollen, in Empfang zu nehmen und dieselben im Sinne maurerischer Grundsätze und werkthätiger Liebe zu verwenden. Würden einzelne Logen für die Verwendung ihrer Gaben bestimmte Wünsche hegen, so sollen diese gewissenhaft berücksichtigt werden.

Wie es uns bis jetzt gelungen ist, mancher Noth entgegen zu wirken, manche Thräne zu trocknen, viele Schmerzen zu lindern, so werden wir bedacht sein, dieses Werk eifrig fortzusetzen und am Schlusse unserer Thätigkeit über unser Wirken und über die Verwendung der eingegangenen Gaben Rechenschaft abzulegen.

Der a. B. a. W. segne unser Thun!

Das Comité der Frankfurter Freimaurerlogen.

G. W. Martini, Kaufmann,
Vorsitzender.
L. von Goldschmidt, Consul,
stellvertretender Vorsitzender.

F. L. Berninger, Kaufmann. Dr. med. A. Buddeus. J. Crelzenach, Kfm. A. Durlacher, Kaufmann. Chr. Enders, Kaufmann. Fr. J. Ficus, Institutsvorsteher. Heinrich Hahn, General-Agent. F. L. Handel, Oberpostamts-Secretär a. D. Karl Itzigsohn, Kaufmann. L. Kappus, Lehrer. C. Leykam, Inspector a. D. Dr. Karl Oppel, Lehrer a. der Musterschule. Karl Paul, Lehrer a. d. Musterschule. Dr. jur. J. J. Scherbius. Wolfgang Speyer, Kaufmann. Heinr. Jos. Strauss, Kaufmann.

Verantwortlicher Redacteur: Br J. G. Findel. — Verlag von Br J. G. Findel in Leipzig. — Druck von Brr Bär & Hermann in Leipzig.

No. 38.   XIII. Jahrgang.

Die
BAUHÜTTE.

Begründet und herausgegeben

von

Br J. G. FINDEL.

* Organ des Vereins deutscher Freimaurer. *

Handschrift für Bor Jr.Mr.   Leipzig, den 17. September 1870.   MOTTO: Weisheit, Stärke, Schönheit.

Von der „Bauhütte" erscheint wöchentlich eine Nummer (1 Bogen). Preis des Jahrgangs 8 Thlr. — (halbjährlich 1 Thlr. 15 Ngr.)
Die „Bauhütte" kann durch alle Buchhandlungen bezogen werden.

Inhalt: Einige Gedanken über die idealen Kulturbestrebungen der Menschheit. Von Br Wilhelm Köster. — Ueber das Eigenthümliche des Vereins fürs Leben. — Feuilleton:
Aus Preussen. — England. — Aus der Schweiz. — Wien. — Ungarn. — Die deutschen Frmr und die deutschen Logen während des Nationalkrieges. — Quittungen. —
Briefwechsel. — Anzeigen. — Danksagung. — Bekanntmachung.

Einige Gedanken über die idealen Kulturbestrebungen der Menschheit.

Von

Br. Wilhelm Köster,
II. Redner der Loge Lessing in Barmen.

Was unter der Sonne lebt und denkt, strebt einem idealen Ziele zu: dem Ziele der Vollkommenheit, das ist, der höchsten Wohlfahrt, der Glückseligkeit. Aber verschieden wie die Menschen, so verschieden sind Vorstellungen und Begriffe von Glück und Seligkeit, und so verschieden auch die Wege, auf denen die Menschheit das Glück zu allen Zeiten suchte.

Allein, darinnen trafen die erleuchteten Geister stets zusammen, und ist auch der Weise heute mit ihnen eins: dass wahres Glück nur in der Tugend ist, und dass nur auf ihren Pfaden Glückseligkeit erreicht werden kann. Denn alles Böse und was dem Bösen verwandt ist, schädigt unser Herz, und in den untugendhaften Handlungen, in den Handlungen der Leidenschaft, gehen die Gefühle für das Edle und Hohe, und mit diesem Verluste die beseligenden Empfindungen des Glückes; oder mit andern Worten: Die Fähigkeit, in uns sowohl, wie bei Andern, Glück zu erzeugen.

Erwägen wir: Können Hass und Rache, Liebe hervorbringen? Oder Roheit und Härte: Sanftmuth und Milde? Können Habsucht und Neid, Zufriedenheit erzeugen? Und der Streitsüchtige sich am Glücke des Friedens erfreuen?

O, nein! Das Gleiche bringt überall das Gleichartige hervor! Und das Glück der Liebe bringt nur die Liebe selbst! Zartsinn erzeugt Milde und Sanftmuth! Die hülfreiche Wohlthat ist die Schöpferin von Zufriedenheit und Ruhe! Und nur das neidlose Herz kennt die selige Freude, am Glücke Anderer sich zu freuen.

Fragen wir:

Können denn Alle theilhaftig werden der Tugend, damit Alle Theil nehmen können am Genusse des Glücks? So dürfen wir darauf antworten, dass die Kulturbestrebungen allerdings nach diesem hohen Ideale gerichtet sind. Und sollte diese Antwort nicht schon genügen? Oder muss sie sagen, wie weit es bis zu diesem Ziele ist?

Befangene Geister klagen, dass seit dem Alterthum, seit den Zeiten der Griechen und Römer, kein Fortschritt stattgefunden, oder doch nur ein unwesentlicher zu erkennen sei, der nicht werth des grossen Aufwandes an Zeit und Mühen, an Sorgen und Leiden, welche die Menschheit darum erduldet. Aber, das ist eben eine befangene Ansicht, ein Verkennen der Entwickelungs-Resultate der Kultur und noch mehr des Entwickelungsganges selbst, wobei man namentlich übersieht, wie unzählige Seiten- und Nebenwege dieser Entwickelungsgang zu machen hat. Ja, dass sogar Rückwege gemacht werden müssen, weil die Aufgabe darinnen besteht, dass Alle mitgenommen werden sollen: die Dummen so gut, wie die Klugen, die Schwachen sowohl wie die Kräftigen, ja selbst die Widerspenstigen und die Nachzügler müssen mitgenommen werden. Denn erst wenn Alle mit emporgehoben sind, dürfen wir von dem Jahrhundert sagen, dass es die Höhe eines neuen Fortschritts erreicht hat.

So lange aber als wesentliche Theile noch zurück- oder ausgeschlossen, und noch nicht Alle vom Hauche lichterer Erkenntniss berührt und ergriffen sind, so lange hat sich der Fortschritt einer neuen Zeit noch nicht vollzogen.

Es ist gewiss zu beklagen, dass so viele Widerspenstige und Eigensinnige, und so viele Dumme und Unredliche sich jedem Fortschritt entgegenstemmen. Doch klug und weise ist es auch, die neuen Ideen vor ihrer Aufnahme zuvor sorgfältig zu prüfen; und namentlich ist es weise, sie mit Behutsamkeit ins praktische Leben einzuführen. Denn, mit jedem Uebergang aus dem Alten zum Neuen werden alte Interessen berührt und verletzt, und eine Versöhnung derselben ist in vielen, ja wohl in den meisten Fällen, durch die Gerechtigkeit geboten.

Können aber die Gewähr geistiger und gesetzlicher Freiheit für Alle, und Förderung und Verbreitung des Edlen und Schönen bis hinein in die weitesten Schichten der Gesellschaft Interessen verletzen, deren Versöhnung die Gerechtigkeit zu fordern hätte? Diese Frage führt mich über meine heutige Aufgabe hinaus. Ich bedenke mich nicht, sie zu verneinen, fühle aber, dass ich die ausführliche Antwort schuldig bin, und behalte sie einer spätern Zeit vor.

Allein auf einen Vergleichungspunkt der Kulturhöhe des Alterthums und der Gegenwart muss ich hier doch aufmerksam machen, weil er gerade so nahe liegt. So viel herrliche Blüthen die Wissenschaft und die Kunst im Alter der Griechen und Römer auch zur Entfaltung brachten, wie ein giftiger Thau legte sich auf alle diese Blüthen der Grundsatz, worin jene Zeit befangen war: dass die geistige und gesetzliche Freiheit, und das Licht der Erkenntniss, dass Glück und Wohlergehen im edlern Sinne, nur jeweilig für einen Theil der menschlichen Gesellschaft, für den Theil gewisser, bevorzugter Klassen sei, und die Erbschaft dieses Princips war die Ausschliessung des andern Theils von der Wohlthat der Freiheit und des Lichtes, von der belebenden Wärme der Erkenntniss zur Verdammniss der Sclaverei.

Dem gegenüber fordert die Zeit der Gegenwart die Freiheit und das Licht der Erkenntniss für Alle, und will, dass mit der geistigen und gesetzlichen Freiheit und mit dem Lichte der Wissenschaft, der Weg zum Glücke jedem Menschen geöffnet sei!

Diese Thatsache ist die grösste und bedeutendste in der Kulturentwickelung; an dieser einzigen aber auch erkennen wir, wie hoch sich die Kultur der Gegenwart über jene des Alterthums erhoben hat.

Freilich ist diese Errungenschaft eine Frucht, die mehr als tausend Jahre zu ihrer Reife nöthig hatte, und über deren Geburt, die Zeit der Gegenwart, noch heute bewegt ist.

Das mag wenig tröstlich sein für schwache und noch weniger für selbstsüchtige Naturen, und ich begreife leicht dass die Wahrheit für sie wenig Werth hat: dass nämlich die Lebensbahnen der Menschen in der Unendlichkeit wurzeln, und die Weite ihrer Kulturwege, aus der Vergangenheit in die Zukunft nach diesen Gesichtspunkten gemessen werden müssen. Was? höre ich Sie verwundert fragen: „die Kulturbahnen der Menschen wurzeln in unendlichen Zeiträumen, und nach diesen sollen wir die Dauer ihres Entwickelungsganges bestimmen? Mit dem Massstab unermesslicher Zeiten sollen die Arbeiten und Mühen, die Sorgen und Leiden des Menschen für seine hohen idealen Ziele bemessen werden? Nach dem Maasse der Unendlichkeit, nach welchem ein Menschenleben bemessen, nicht der Raum einer Spanne ist?

Der ganze Kleinmuth dieser Menschen spricht sich in diesen Fragen aus! Arbeiten — und nicht selbst den ganzen Genuss der Arbeit haben!

In dieser Klage erkennen wir den Schmerz ihrer kleinen Seele. Und solche Leute sollen die Schönheit lieben, weil es die Schönheit ist? Sie sollen die Tugend üben um der Tugend willen? Dem Edlen und Erhabenen sich widmen, das doch ihre Seele kaum begreift?

Die Zumuthung ist zu gross für sie. Die Schönheit lieben sie, d. h. wenn sie Sinnengenuss gewährt. — Die Tugend auch üben sie, aber es muss Nutzen, Vortheil dabei sein. — Und sollen sie redlich und rechtschaffen bleiben, so muss kein zu grosser Nachtheil sich damit verknüpfen. — Kurz und gut, es ist allen schwachen und allen selbstsüchtigen Seelen unerfasslich, dass die Menschheit rastlos an Ideen fortarbeiten kann, über deren Erfüllung und Vollendung Generationen auf Generationen ins Grab sinken.

Und begreifen wir darum die Ursache, weshalb selbstsüchtige Elemente niemals Kulturträger sein konnten, und nie gewesen sind. Aber begreifen wir auch an dieser Stelle ein anderes Element, das niemals redlich im Dienste der Kultur gestanden hat; nämlich das herrschsüchtige Element, weil dieses Element sich immer mit der Selbstsucht paart.

Wollen Sie den Unterschied im klaren Bilde so ist es dieser:

Der redliche Culturträger ist ein Edler, der sich am Glücke freut, woran sich Alle freun. Die Herrschsucht und die Selbstsucht aber, — dies schlimme Schwesterpaar es weidet gerne am Glück, das Andere nicht haben. Und nun darf ich es sagen: Sie, die einst grosse Trägerin der Cultur, die Kirche, sie ist nicht Trägerin derselben mehr, seit Selbstsucht und Herrschsucht sie so überwuchert haben, dass kaum noch die erhabenen Züge zu erkennen sind, nach denen sie sich einst gebildet hat! Ihren Händen ist die segensreiche Arbeit längst entfallen! Und doch ist sie berufen, die einst hohe Führerin der jugendlichen Menschheit, Beratherin der erwachsenen Menschheit zu sein. Möge der allmächtige Baumeister der Welten ihr die demuthsvolle Weisheit geben, dass sie an Haupt und Gliedern sich dazu fähig machen kann.

Nach diesen Worte wende ich mich zu uns. Neben dem Gedanken, der in der Kirche sich zur festen Form erhoben hat, ging der Gedanke der Maurerei zu allen Zeiten nebenher, bis auch dieser sich im vorigen Jahrhundert, vielleicht auch mal zu einer ältern Zeit zu einer Bundesform gestaltete. Der Gedanke, der in der Kirche Form und Gestaltung nahm, beruht auf dem Bekenntniss, und zieht den Kreis der Kirche nur so weit, als dies Bekenntniss reicht. — Der Gedanke des Maurerbundes ist nun nichts anderes, als der zur vollen Freiheit erweiterte Gedanke der Kirche. Er zwängt den Menschen nicht in ein Bekenntniss ein; vielmehr verlangt er nur, dass seinen Bundesgliedern nicht fehle ein Herz voll sittlichem Gehalt und Schönheit; ein Sinn für Recht und Wahrheit, mit einem Wort: die wahre Religion, die überall, so weit die Erde reicht, zu Gott und Tugend sich erhebt. Und diese Religion sie soll der Maurer haben, die nirgendswo geschrieben steht, als in der Menschenbrust! Und diese Religion, sie leitet uns den sichern Weg zu Glück und Seligkeit,·mag Jeder nur sein Theil am Werke thun.

Ueber das Eigenthümliche des „Vereins für's Leben" in Dresden.

(Aus „Botschaft an den V. f. L.")

Dass der Mensch ganz wesentlich ein geselliges Wesen sei, ist eine uralte, schon von Aristoteles erkannte Wahrheit. Ueberall, wo Menschen sich zufällig treffen, entwickelt sich unwillkürlich Gesellig keit, wechselseitiger Austausch wie gegenseitige Anregung der Gedanken, Gefühle und Entschliessungen. Allein ein Hauptfortschritt auf allen Lebensgebieten besteht darin, dass dem Zufall seine Macht stetig verkürzt werde, dass bewusster Plan und besonnene Weisheit vollende, was in dunklem Drange begonnen ward. Darum sind Gesellschaften und Vereine für alle möglichen Zwecke, so scheint es wenigstens, gestiftet worden, und noch kein Jahrhundert hat einen solchen Umfang und so grosse Blüthe des Vereinslebens gesehen, wie das unsrige. Da giebt es wissenschaftliche und künstlerische, religiöse und politische, Bildungs- und Vergnügungsvereine. Alle diese Vereine verfolgen an sich gute, menschenwürdige Zwecke. Jeder sucht eine bestimmte Seite des Lebens zu ergreifen und zu fördern, einen einzelnen, sei es grösseren oder kleineren, Theil der ganzen menschlichen Bestimmung zu verwirklichen. Aber gerade deshalb, weil jeder dieser einzelnen Vereine mehr oder minder einseitig ist und sein muss, gewährt er auch nur eine theilweise Befriedigung. Die wenigsten strebsamen Menschen werden sich, wenn es ihnen Mittel, Kraft und Zeit nicht ganz ausdrücklich gebieten, mit einem Vereine, so vortrefflich er sein mag, auf die Dauer begnügen können. Sie werden Mitglieder verschiedener Vereine und suchen so ihren mannigfachen Neigungen und Bedürfnissen, Zielen und Plänen gerecht zu werden. So förderlich nach den verschiedensten Hinsichten das auch ist, die Kehrseite darf doch auch nicht ganz verschwiegen werden: die Gefahr einer allzugrossen Zersplitterung, eines gewaltigen Zeit- und Kraftaufwandes, der mit dem wirklichen Ergebniss in einem schreienden Missverhältnisse steht, liegt nur allzu nahe. Beispielsweise war Einer meiner Freunde gleichzeitig in 13 Vereinen Mitglied und trotzdem, oder vielmehr gerade darum, konnte er zu keiner rechten Befriedigung gelangen.

Ein anderer Freund äusserte einmal: „Ich möchte auch gern einem Vereine beitreten, aber wenn ich nur Alles beisammen haben könnte!" Aber wo wäre ein solcher Verein, der das Ganze der menschlichen Bestimmung zum ausdrücklichen Zwecke seines Strebens und Wirkens gemacht hätte? Nun, wenn es auch derartige Vereine

— dies Wort im gewöhnlichen Sinne genommen — noch nicht geben sollte, Vereinigungen, welche diesem hohen Zwecke dienen, die in diesem Geiste leben, sind leicht zu nennen: vor Allem die Familie, die echte, wahre Familie, die ihrem Urbilde entspricht. Die Familie umfasst ihre Glieder als ganze Menschen und damit zugleich nach allen Seiten und Richtungen der menschlichen Natur. Gewiss hat die Familie eine rechtliche, eine sittliche, eine religiöse Seite; sie ist ein kleiner Rechtsstaat, ein Sittlichkeitsverein im Kleinen, eine Kirche in verjüngtem Maassstabe; noch mehr: sie ist nicht minder Erziehungsverein und Schule und wirthschaftliche Genossenschaft. In der Familie kann und soll auch — nach Möglichkeit — Wissenschaft und Kunst gepflegt werden. Aber mit alledem ist das Familienleben nicht erschöpft. Sein unendlicher Reiz besteht gerade darin, dass alle diese Seiten zu inniger Harmonie in einer höheren Einheit beschlossen und gehalten sind.

Die Familie entsteht allerdings auf andere Weise als ein gewöhnlicher Verein; naturgemäss geht sie aus der Ehe hervor. Die Ehe aber ist nichts Anderes, als das volle geistig-leibliche Vereinleben zweier Personen des entgegengesetzten Geschlechts. Der echte Ausgangspunkt der Ehe hinwiederum ist die volle menschliche d. h. geistig-leibliche Liebe. Nicht blosse Verstandes- oder Vernunftgründe, nicht eine kühle Einsicht in die Zweckmässigkeit dieser Einrichtung, auch nicht blosses Pflichtbewusstsein oder Religionsgebot, die ja so oft der Beweggrund sind, einem Vereine beizutreten, sondern allein der unwiderstehliche Drang nach voller Lebensvereinigung und vollem Vereinleben, d. h. eben die Liebe, sollte den Entschluss, in die Ehe zu treten, herbeiführen, wenn auch die Ausführung dieses Entschlusses noch durch so vieles Andere nothwendig bedingt wird. So können wir schon an der Entstehungsweise die Ehe und die erweiterte Ehe der Familie als von den „Vereinen" wesentlich verschieden erkennen. Noch klarer jedoch wird der Unterschied uns werden, wenn wir den Zweck beider Arten von Vereinigungen in's Auge fassen. Vereine sind auf einen einzelnen bestimmten Zweck gerichtet, sind Zweckgesellschaften. Bei Ehe und Familie hingegen ist das Vereinleben selber der Zweck oder Selbstzweck: sie sind Grund- oder Lebensgesellschaften, und zwar der ersten Ordnung, der einfachsten Art. Grund- oder Lebensgesellschaften von grösserem Umfange ·sind sodann die Gemeinde, der Stamm, das Volk und, wenigstens dem Urbilde nach, zuhöchst die ganze Menschheit.

Immer lebendiger wird der Gegenwart der Begriff der Gemeinde als einer Lebensgesellschaft, die freilich zugleich Zweckgesellschaften mannigfacher Art in sich schliesst; die politische, die religiöse, die Schulgemeinde. Das Selbstbewusstsein und Selbstgefühl der Stämme, oft auch blos sogenannter Stämme, ist in Deutschland nur allzulebhaft, so dass wir keinen Grund haben, dasselbe noch zu verstärken. Die Lebensgesellschaften aber, welche gegenwärtig das Interesse Europas am meisten in Anspruch nehmen, sind die Völker oder die Nationen. Nicht verwechselt dürfen sie werden mit den Staaten, d. h. den Rechtsvereinen, wenn auch jetzt das Bestreben der Völker dahin geht, soweit es irgend thunlich ist, nationale Staaten zu bilden. Der Staat ist aber keineswegs selber das nach jeder Richtung hin organisirte Volk, wie schon aus der ganz geläufigen Unterscheidung zwischen Staat und Gesellschaft hervorgeht. Der Staat ist eine Zweckgesellschaft, keine Lebensgesellschaft, nicht Selbstzweck, sondern Mittel zum Zweck.

Durch Verträge und Bündnisse der Völker (oder der sie zur ·Zeit noch vorzugsweise vertretenden Staaten) werden mehr und mehr Völkerbünde angebahnt. Das dereinstige Ziel kann nicht zweifelhaft sein: die organisirte Menschheit oder der Menschheitsbund. Das würde die umfassendste Lebensgesellschaft sein, welche alle andern Grundgesellschaften: Familie, Gemeinde, Stamm, Volk, Völkerverein in sich enthielte. Zugleich müsste derselbe aber· auch die oberste ·Zweckgesellschaft sein, indem er· die Erreichung der ganzen menschlichen Bestimmung sich zur Aufgabe setzte, die Ausbildung der Menschen als ganzer Menschen, die Vollendung des gesammten Menschenthums in der ganzen Menschheit.

So einfach und klar der eben angedeutete Gedanke eines Menschheitsbundes ist, so gehört ·derselbe doch in dieser Bestimmtheit erst dem Beginne unseres Jahrhunderts an. Der Philosoph Karl Christian Friedrich Krause war es, der ihn 1811 zuerst drückschriftlich bekannt gemacht hat und dafür, wie das allemal geschieht, nichts als Spott und Hohn erntete. Allmählich fängt indess dieser Gedanke bereits an, Eigenthum der Kulturvölker Europas zu werden. Man wird sich dereinst gar nicht· denken können, dass die Idee des Menschheitsbundes nicht schon immer vorhanden gewesen sei: es ist wie mit dem Ei des Columbus. Die beiden Haupteinwürfe gegen diesen Menschheitsbund sind, einmal: „Ich kann mir nicht vorstellen, was dieser Bund eigentlich soll;" zweitens: „Ein solcher Bund mag ganz schön sein, aber für unsere Erde taugt er nicht; er ist zu ideal und wird sich niemals verwirklichen lassen."

. Sind wir im Stande, den ersten Einwurf zu widerlegen, so ist damit auch der zweite so gut als erledigt. Wenn wir. nur das Ziel klar erkennen, wird — über kurz oder lang — auch der Weg zu diesem Ziele gefunden werden. Ein verkehrter Massstab aber ist, zu sagen: „Was bis. jetzt nicht geleistet worden ist, bleibt für alle Zeit unmöglich." Die Menschheit steht noch in ihrem Jugendalter, und es ist noch nicht aller Tage Abend. Wir wollen im Folgenden versuchen, wenn auch nur in den allgemeinsten Umrissen, ein Bild von der Wirksamkeit des Menschheitsbundes zu entwerfen.

Sache des Menschheitsbundes ist das Allgemein- und Reinmenschliche im Gegensatze zu allen Besonderheiten, zum einseitig Leiblichen wie einseitig Geistigen, sowie zu den einzelnen leiblichen und den einzelnen geistigen Kräften (dem Erkennen, dem Fühlen, dem Wollen), das Allgemein- und Reinmenschliche vor und über dem Geschlechtsgegensatze· des Männlichen und des Weiblichen und dem Gegensatze der Lebensalter, das Allgemein- und Reinmenschliche abgesehen von· der Mannichfaltigkeit der Rassen und der Völker, der Confessionen und Parteien, das Allgemein- und Reinmenschliche über aller Einseitigkeit des Berufs und der Stände. Es ist also beispielsweise Aufgabe des Menschheitsbundes, der Ueberschätzung wie Unterschätzung des Leibes entgegenzutreten. Der

Leib ist nicht die Fessel oder der Kerker des Geistes, auch nicht blos sein Organ, sondern in Wahrheit sein Freund und Genosse. Ferner müssen Erkenntniss und Gefühl als gleichstufige und gleichwesentliche Geisteskräfte auch gleichmässig gepflegt werden. Aber erst mit der Bildung des über beiden stehenden Willens oder der sittlichen Bildung ist die geistige Bildung des Menschen vollendet.

In dem innigen Einklang lebendiger Erkenntniss, zarten Gefühles und reinen Willens besteht die geistige Schönheit des Menschen, welche, mit leiblicher Schönheit harmonisch vereinigt, die vollkommene menschliche Schönheit giebt. Ein Haupthinderniss solcher Vollendung der Menschheit, ein Grundschaden ihres bisherigen Zustandes ist die mangelhafte Bildung der Frauen. Vor allem muss das Vorurtheil ausgerottet werden, als ob das Weib von Natur tiefer stehe als der Mann. Beide Geschlechter sind als einander ebenbürtig anzuerkennen; Jedes ist nach seiner eigenthümlichen Weise und Bestimmung auszubilden, damit eine wahre Harmonie beider möglich und wirklich werde. Menschen unwürdig ist ferner so oft die Behandlung der Kinder. Es ist himmelschreiendes Unrecht, die Kinder zu einem Berufe zu zwingen oder nur zu bereden. Auch den Kindern muss ihr ganzes und volles Menschenrecht werden; aber der Staat kann und darf in so etwas nicht eingreifen. Da wäre die (natürlich blos moralisch oder rein geistig zu denkende) Wirksamkeit des Menschheitsbundes ganz am Platze. Pflicht dieses Bundes wäre ferner, auch in dem Farbigen, dem Neger, dem Mongolen, dem Indianer u. s. w., sowie in den Mischlingen die Menschen und das Menschenthum zur Anerkennung zu bringen und allem Rassen-Hass und -Dünkel zu steuern. Gleich verdienstlich wäre die allmähliche Verminderung und schliessliche Ausrottung der falschen und ungerechten Vorurtheile der einzelnen Völker gegen einander. Eine Deutsche kann die Franzosen, ein anderer die Engländer „nicht leiden." Der Grund, auf den er sich stützt, ist entweder völlige Unkenntniss oder oberflächliche Bekanntschaft mit wenigen, vielleicht unwürdigen Gliedern eines solchen Volkes. Wie können wir uns dann wundern, dass andere Nationen uns „nicht leiden" mögen? Eine Schmach der gebildeteren Völker ist immer noch der tiefgewurzelte Hass gegen die Juden, bei welchem Nationalvorurtheil und religiöser Fanatismus zusammenfallen. Die grosse Masse der Christen hat in diesem Punkte mit Jesu hohem Grundsatze der allgemeinen Menschenliebe noch keinen Ernst gemacht.

Der Menschheitsbund müsste überall eintreten, wo Confessionshass und Religionsverfolgung drohte. Wie gross ist noch an vielen Orten die Erbitterung zwischen Katholiken und Protestanten, ja selbst die ganz künstliche und völlig gemachte zwischen Lutheranern und Reformirten! Wie gespannt ist das Verhältniss zwischen den Altgläubigen und den Freisinnigen in einer und derselben Religionsgenossenschaft! Der Altgläubige nennt den Freisinnigen ohne Weiteres einen gottlosen Menschen, wofür der Freisinnige seinem Gegner den Dummkopf und Heuchler ins Gesicht schleudert.

Beruhigend und versöhnend müsste der Menschheitsbund auch walten über dem Hader der politischen Parteien. Freilich sind politische Parteien eine unbedingte Nothwendigkeit, aber die Art des Kampfes sollte eine andere, menschenwürdigere sein! Jede Partei sollte die unlautern Mittel der Lüge und Verläumdung mit Entrüstung zurückweisen. Ist es für die Einzelnen wie für die Parteien wohl vortheilhaft, dass ein sehr grosser Theil der Menschen allen Umgang mit Anhängern der entgegengesetzten Richtung grundsätzlich meidet? Sollte nicht auch mit einem würdigen Gegner ein rein menschlicher Umgang, der von dem Parteistandpunkte einmal absähe, möglich sein? O gewiss, einzelne rühmliche Ausnahmen leuchten voran als leitende Sterne!

Eine ähnliche Einseitigkeit ist es, wenn so Viele nur mit Berufsgenossen oder wenigstens nur mit Solchen, die sie für ebenbürtig halten, zusammenkommen wollen, wenn der Künstler den Handwerker, der studirte Lehrer den Seminaristen, der Grosshändler den Kleinhändler verachtet. Ich habe einmal einen Herrn, der sich für sehr christlich hielt, dabei aber einen unbändigen Gelehrtenstolz besass, in nicht geringe Verlegenheit gebracht, als ich ihn darauf aufmerksam machte, dass Jesus ja auch nicht studirt habe!

Alles das und noch vieles Andere müsste der Menschheitsbund anstreben und ins Werk setzen, wenn er bereits existirte. Aber giebt es nicht mindestens zerstreute Ansätze, hoffnungsvolle Keime zu einer solchen Vereinigung? Der Mann, welcher den Gedanken eines Menschheitsbundes zuerst klar erkannte, Krause, konnte sich in seiner rührenden Bescheidenheit nicht denken, dass die Ahnung zum Wenigsten eines solchen Bundes nicht schon lange vor ihm vorhanden gewesen sei. Das bewog ihn, Mitglied der Freimaurerbrüderschaft zu werden, welcher er mehrere Jahre seines kostbaren Lebens zum Theil fruchtlos und mit dem schnödesten Undanke belohnt, zum Theil aber auch segensreich und lebenweckend gewidmet hat. Die zweckwidrige Geheimlichkeit eines Bundes, welcher Alle angeht, müsse zuerst und vor Allem fallen, wies Krause in seinen drei ältesten Kunsturkunden der Freimaurerbrüderschaft unwiderleglich nach. Diese Geheimheit widerstreite nicht bloss dem reinen Urbilde eines solchen Bundes, sondern auch den ältesten geschichtlichen Denkmalen der Freimaurerei selber. Erfreulich ist es, zu sehen, wie auch innerhalb der Loge durch den „Verein deutscher Freimaurer" neues Leben in dem angegebenen menschheitlichen Geiste zu beginnen scheint.

Aus der Freimaurerei hervorgegangen ist auch unser Verein, der „Verein für's Leben." Auch er darf den wohlbegründeten Anspruch machen, ein Keim des Menschheitsbundes zu sein. Wenn er sich gleich an Umfang mit der Freimaurerbrüderschaft nicht im Entferntesten vergleichen kann, eins hat er doch vor derselben entschieden voraus: die Offenheit. Die geschichtliche Veranlassung zur Gründung unseres Vereins war das Jahr 1848 mit seinen politischen Wirren. Der Stifter desselben, unser verehrter Vereinsältester Oberinspektor Seyffert, gedachte eine Stätte zu gründen, wo Menschen mit Menschen sich vereinen und gegenseitig fördern und veredeln könnten, unbehindert von dem lauten Parteigetriebe des Tages. Den Geist des Vereins glaubte er am verständlichsten und kürzesten auszudrücken durch die drei Grundsätze der Wahrheit, Ordnung und Billigkeit. Die Wahrheit ist einmal der Gegensatz zum Irrthum und der Unwissenheit, andererseits zur Lüge und Heuchelei. Der Verein bezweckt nicht blos seine Mitglieder zu belehren, vor Allem über echtes Menschenthum, sondern auch dieselben sittlich zu veredeln. Die Wahrheit soll nicht blos erkannt, sie soll gewollt, angewandt und verwirklicht werden. Der Theorie muss die Praxis entsprechen. Die Wahrheit werde erforscht und mitgetheilt mit Wahrhaftigkeit. Durch den Grundsatz der Wahrheit tritt unser Verein in ein ganz bestimmtes und zwar bejahiges Verhältniss zur Wissenschaft, wird die Wissenschaft als eine Grundkraft des Lebens, als ein Hauptmittel alles wirklichen Fortschrittes anerkannt und allen Bestrebungen der Dunkelmänner ein ehrlicher und offener Kampf angekündigt.

Unser zweiter Grundsatz ist die Ordnung. Damit erklären wir uns gegen alle gesetzlose Willkür, jedoch nicht minder gegen allen gewaltsamen Umsturz, im eigenen Vereine, wie in allen menschlichen Dingen. Auf Reform, nicht auf Revolution der Gesellschaft geht unser Streben. Wir sind überzeugt, dass jede Revolution, mag sie von unten oder von oben kommen, soweit sie eine rechtswidrige Verletzung der bestehenden Ordnung ist, nur traurige Folgen nach sich ziehen und den Fortschritt hindern muss, wenn sie auch des beigemischten Guten wegen theilweis wohlthätige Wirkungen haben kann.

Mit unserem dritten Grundsatze der Billigkeit, treten wir dem abstracten Juristenrechte mit seinen Ausartungen, dem Buchstabendienste und der Formvergötterung, aber auch aller Lieblosigkeit und aller Anmassung, wie sie sich auch finde, entgegen. Unser Verein richtet sich gleichmässig auf die geistige und leibliche Wohlfahrt, zunächst seiner Mitglieder (§. 1 des Grundvertrags). Unser Verein nimmt jeden Gesinnungsgenossen mit Freuden auf, welcher Confession, welcher politischen Ansicht, welches Standes er auch sei. Unser Verein gewährt auch Frauen die volle Mitgliedschaft. Ist es also zu viel behauptet, wenn uns der Verein für's Leben als ein Keim des Menschheitsbundes gilt? Ist es vermessen, wenn wir an seine Zukunft glauben? und unbescheiden, wenn wir um Genossen werben?

Paul Hohlfeld.[*]

*) Der Verfasser ist Nicht-Maurer.

Die Redaction.

Feuilleton.

Aus Preussen. — Ich habe eine recht innige Freude, die Logen als solche eine so lebhafte Thätigkeit zur Linderung der Kriegsleiden entwickeln zu sehen; eine fortlaufende Uebersicht der betreffenden Leistungen muss überall willkommen sein. In der in Nro. 35 der Bauhütte nach dem Jahrb. des Eintr.-Bds begonnenen Uebersicht vermisse ich nur eine Notiz darüber, dass schon im Juli bei dem Eisenbahnunfall, der einen Militärzug auf der Halle-Nordhäuser Bahn betraf, die Brr in Sangerhausen sofort bei der Hand waren, um ihre Privat- und Logenräume den Verwundeten zur Disposition zu stellen; ferner vermisse die Bezeichnung der Loge in Kaiserslautern als eine der ersten, die ihr schönes neues Haus in ein Lazareth umwandelte.*) Es wäre interessant, zu erfahren, wie sich in den Jahren der Erhebung 1813—15 die deutschen Logen verhielten, und wenn aus dem Jahre 1866 keine bemerkenswerthe Thätigkeit der Logen berichtet werden kann, so dürften wir wohl durch unser vielfaches Erörtern der Werkthätigkeitsfrage Einiges zu der jetzigen frmr. Kraftentwicklung beigetragen haben; denn es ist doch nicht denkbar, dass man jetzt nur darum thätig auftritt, weil dieser Krieg populärer und blutiger ist, als der vor vier Jahren. Freilich kann nun jeder mit Händen**) greifen, dass wir noch viel segensreicher wirken könnten, wenn wir eine einheitliche Organisation hätten, denn die Erkenntniss wird immer allgemeiner, dass die von den Johannitern centralisirte freiwillige Krankenpflege viel zu wünschen übrig lässt.

Mich dünkt, dieser Nationalkrieg wird den freimaurerischen Fortschritt befördern, indem er die Nothwendigkeit der Zusammenfassung der Kräfte und des planvollen Handelns recht vor Augen stellt.

England. — Die Brr und Logen Englands lassen ihre Beisteuer für die Opfer des Krieges der Nationalen Hilfsgesellschaft (National Society) zufliessen, deren Sammlungen bereits die Höhe von 70000 £. (aber 400,000 Thlr.) erreicht haben. Wenn ich recht lese, so gedenkt Br Longstaff aus Hull nächste Woche in Süddeutschland zu sein, um persönlich etwas zu thun. Für diesen Fall bitten wir um recht freundliche Aufnahme dieses thätigen und tüchtigen Brs.

Hamburg. — Am Montag, den 29. Aug., Abends 6 Uhr fand die Feier des hundertjährigen Bestehens der Ehrw. St. Joh.-Loge zur goldenen Kugel in Hamburg — der sechsältesten nach der Lehrart der Gr. L. d. Fr. v. D. — statt. Der grosse Saal des Logenhauses war trotz des Unwetters, welches den ganzen Tag anhielt, von theilnehmenden Brüdern vollständig gefüllt, denn gerade von der Loge z. g. K., die als geistig-strebsame Bauhütte allgemein geachtet wird, die überhaupt die einzige Loge Hamburgs ist, welche bis in die neueste Zeit herein eine an Erlebnissen reiche Geschichte besitzt, erwartete man eine ganz besondere Feier. Hat doch die „goldene Kugel" einen schönen Klang in der hiesigen Maurerwelt, ist sie es doch, welche die Bahn des Fortschritts stets betreten und, wenn auch unter manchen Kämpfen, sich eine ach-

*) Ist inzwischen nachgeholt; auch Saarbrücken ist nicht genannt und wird seine Schuldigkeit ebenfalls gethan haben.
Die Redaction.

**) Aus den Freiheitskriegen ist mir s. Z. beim Durchlesen der mr. Zeitschriften und sonstigen Literatur nichts aufgefallen, als die Ernennung Blüchers zum Ehrenmitgl. in Altenburg und die Einstellung der Arbeiten Seitens mehrerer Logen. Aus dem Jahre 1866 ist uns eine bemerkenswerthe Thätigkeit der Logen nicht bekannt.
Die Redaction.

tungswerthe Selbständigkeit errungen hat. Folgen wir dem eigenen Eindrucke und dem derjenigen Brr, welche wir sprachen, so dürfen wir wohl behaupten, dass diese Feier einen wahrhaft erhebenden Eindruck hervorbrachte. So abgerundet, dabei so durchweht von echt maurerischem Geiste haben wir nie eine Arbeit erlebt. Die Loge selbst hatte kein festliches Gewand angelegt, kein Blumenschmuck war sichtbar, nur auf dem Altar lag ein Lorbeerkranz, der, wie wir in Erfahrung gebracht haben, dem Logenmeister Br Graupenstein von auswärts zugesandt worden war.

In Gegenwart aller Brüder wurde die Loge eröffnet und dann nach üblicher Begrüssung das Lied:

Ein heil'ger Kampf durchbraust das Land,
Der gegen Lug und Trug entbrannt,
Und dämpft des Festes Freuden.
Doch hoffen wir voll Zuversicht,
Dass uns ein neuer Tag anbricht
Zum Trost für alle Leiden.
Gott wird segnen, Gott wird leiten
Unser Streiten,
Dass der Frieden
Unserm Vaterland beschieden!

unter Begleitung des Harmoniums und eines Blechquartetts gesungen.

Darauf hielt der Logenmeister Br Graupenstein eine ergreifende Einleitungsrede, in welcher er der Jetztzeit gedachte und dabei bewies, dass auch die Arbeit der Brr, wenn auch nicht in festfreudiger, so doch gehobener Stimmung begangen werden könnte. Wohl sei es keine Zeit, Feste jubelnd zu feiern, aber erlaubt dürfte es sein, in dankbarer Erinnerung Derer zu gedenken, welche vor uns an dem Altare der Wahrheit und Liebe gestanden und oft in trüber und schwerer Zeit das Banner des Bessenbundes hoch hielten, damit sich — wenn die Zeiten der Noth und des Elends vorüber — unter seinem Schatten Die wieder sammeln möchten, denen die ideale Seite unseres Bundes ein Lebensbedürfniss geworden.

Der Hochw. beleuchtete dann den Gemeinsinn Deutschlands, gedachte der Heldenschaar, die Alldeutschland hinausgesendet auf die Fluren des Erbfeindes deutscher Nation, dankte schliesslich dem Gr. B. a. W. für seinen Segen, den er der gerechten Sache verliehen und wollte gleichzeitig Dank dem erhabenen Protektor, Sr. Majestät dem Könige Wilhelm von Preussen, und unserem weisesten Ordens‡Meister, Sr. Königl. Hoheit dem Kronprinzen von Preussen.

Eine allgemeine Begeisterung bemächtigte sich der Brr, als die Worte ertönten:

Hoch theueres, geliebtes, deutsches Vaterland! Heil und Segen dem Könige Wilhelm, Heil, dreifach Heil dem theueren Königssohne!

Ueberwältigend war dieser Moment und manche Thräne der Freude erglänzte in Folge dieser begeisterten Rede. Alle Brüder erhoben sich und bekräftigten diesen Wunsch nach alter Maurerweise, begleitet von einem Tusch der musikalischen Brüder.

(Schluss folgt.)

Aus der Schweiz. — Die schweizerische Grossloge hat am 3. September in Lausanne getagt, und die grosse Reihe der ihr vorgelegten Tractanden bei Seite gelegt, um über ein Manifest zu Gunsten des Friedens zu verhandeln. Dieses ist sodann einstimmig und mit Acclamation erlassen worden, und wird zunächst allen europäischen Grosslogen zugehen, sodann aber auch eine weitere Verbreitung in allen civilisirten Staaten finden. Da diese Schrift erst noch im Drucke begriffen ist, wird sie die „Bauhütte" in Kurzem ihren Lesern mittheilen. Neben dem Worte fand aber auch die That in dieser Versammlung ihre Stelle, indem eine sehr ansehnliche Summe der internationalen Hilfeleistung zugewendet wurde.

Neben diesem Geschäfte wurde ein gegenseitiges Repräsentationsverhältniss mit der Grossloge zur Sonne in Bayreuth abgeschlossen, und ausdrücklich mit der geistigen Wirksamkeit derselben, und ihrem klaren Verständnisse der Zeitverhältnisse begründet.

Wien. — Sechs gleichgesinnte Brr sind am 6. Sept. aus dem Verein „Humanitas" ausgeschieden; Andere werden vermuthlich nachfolgen.

Ungarn. — Die Loge „zur Vaterlandsliebe (Honszeretet)" zu Baja hat den Herausg. d. Bl. am 19. August „in Würdigung Ihrer Verdienste auf dem Gebiete des Fortschritts in Cultur, Civilisation und Bildung, wie in Würdigung Ihrer grossen Verdienste um das FreiMrthum" zum Ehrenmitglied erwählt, eine Auszeichnung, die wir mit freudigen Danke und als Ermunterung gern annehmen.

Die deutschen Freimaurer und die deutschen Logen während des Nationalkriegs.

(Fortsetzung.)

Berlin, 5. September 1870. — Mein gel. Br. Leider ist meine Freude, Sie und andere Freunde in Darmstadt wieder zu sehen, durch den Krieg vereitelt worden. Hoffentlich wird die nächste Jahresversammlung desto grossartiger werden und bin ich sehr erfreut, dass eine unserer Tochterlogen (Hameln) ihre Räume zu diesem Zweck offerirt hat, wiewohl ich der Meinung bin, dass man für nächstes Jahr wiederum Darmstadt den Vorzug geben muss, um es für den diesjährigen Ausfall zu entschädigen.

Arbeiten wir inzwischen rüstig fort; der jetzige Krieg giebt uns ja Gelegenheit, Humanität im ausgedehntesten Maasse zu üben. Wie alle Logen die grösste Thätigkeit nach dieser Richtung hin entfalten, so sind auch wir Royal-Yorker in Berlin nicht zurückgeblieben. Es war erst beabsichtigt, unsere Localitäten für Krankenpflege einzurichten und in unserem Garten Baracken zu bauen. Von zu Rath gezogenen Sachverständigen wurde jedoch nicht für geeignet, vielmehr für zu feucht gelegen befunden. Deshalb haben wir 4 vereinigte Johannis-Logen und der Innere Orient zusammen 6000 Thlr. aus unseren Kassen hergegeben, und zwar theils für die hinterlassenen Familien einberufener Wehrleute, theils zur Pflege verwundeter Krieger.

Ausserdem ist noch eine besondere Collecte unter den Brüdern veranstaltet worden, die bis jetzt ca. 1000 Thlr. ergeben hat, aus welcher speciell unseren 5 Logen angehörende zu den Fahnen einberufene Brüdern und deren Familien unterstützt werden sollen, wenn es Noth thut.

Auch unsere Frauen haben nicht zurückstehen wollen und haben einen „Schwestern-Verein" gestiftet. Ausser monatlichen Beiträgen, welche dieselben zahlen, beschäftigen sie sich mit Anfertigung von Verbandzeug, Strümpfen, Leibbinden etc. etc., wozu ihnen mehrere Zimmer im Logenlocal eingeräumt sind. Alt und Jung ist da wöchentlich zweimal zu emsiger Thätigkeit versammelt, während ein aus 12 Schwestern gebildeter Vorstand täglich zusammenkommt, um sofort da auszuhelfen, wo in den verschiedenen hiesigen Lazarethen augenblicklicher Mangel an irgend welchen Gegenständen eingetreten ist.

Auch dem hiesigen Lazarus-Verein, welcher hier am Ort ein Lazareth unterhält, sind Zimmer hergegeben worden, in welchen sich dessen weibliche Mitglieder mit Anfertigung ähnlicher Arbeiten beschäftigen.

Gross sind die Opfer, welche dieser Krieg erfordert, unendlich gross! Hoffentlich wird der Siegespreis ihnen entsprechend sein.

Nach Ablauf unserer Sommerferien haben unsere Arbeiten nunmehr auch wieder begonnen, und denke ich dem Verein nächstens wieder mehrere Mitglieder zuzuführen.

Indem ich Sie herzlich begrüsse, bleibe ich

Ihr treuer Br

Carl W. E. Fickert.

Hannover, 5. September 1870. — Gel. Br! Sie haben in Nro. 32 der Bauhütte bereits des Aufrufs gedacht, welcher von Brn der hiesigen drei Logen zur Unterstützung der Angehörigen der zur Fahne Einberufenen, sowie zur Pflege der Verwundeten erlassen ist. In Folge dieses Aufrufs sind bei uns ausser einer grossen Menge von Lazareth-Gegenständen aller Art von unsern Brn und nähern Freunden bis zum 25. Aug. baar eingegangen: 1065 Thlr. 1 Ngr.

Davon sind verwandt zur Anschaffung für Material für Lazareth-Gegenstände etc. . . . . 212 Thlr. 4 Ngr. 1 Pf. und eingezahlt an den hiesigen Lokal-Verein zur Unterstützung der Angehörigen der Einberufenen . . . 300 Thlr. und an den vaterländischen Verein für die Pflege Verwundeter. . . . . 300 Thlr.

──────────

812 Thlr 4 Ngr. 1 Pf.

Die Verwendung des Restes und der immer noch zufliessenden Beiträge, sowie der vorräthigen Natural-Gegenstände, ist einer Commission von 3 Brn, gewählt aus den hiesigen 3 Logen, überlassen. Diese ziehen dabei die Schwestern zu Rathe, welche in der That in aufopfernder Weise, wie täglich in unsern Räumen zu sehen war, bei Anfertigung von Hemden, Binden, Strümpfen etc. thätig gewesen sind und noch sind.

Die übrigen Logen unserer Provinz haben ihre Fonds für sich behalten, da es auch ihnen an Gelegenheit zur Anwendung keineswegs fehlt.

Dies zur gefälligen Notiz im Anschlusse an das in Nro. 35 begonnene Verzeichniss.[*])

Brüderlichen Gruss d. d. u. h. Z.

C. H. E.

Ludwigsburg. — Die Loge hat in ihrem Bankettssaale für vier Verwundete alle nöthigen Utensilien herbeigeschafft. Am 14. August wurde dies kleine Lazareth von vier in der Schlacht bei Wörth verwundeten Kriegern, alle dem norddeutschen Heere zugehörend, besetzt. Die Pflege, das Wachen, die ärztliche Behandlung — alles wird von Angehörigen der Loge besorgt. Alle vier Verwundete gehen, zwei etwas schneller, zwei aber ganz langsam ihrer Genesung entgegen; alle vier aber sind überaus erfreut und dankbar für alles, was man an ihnen thut. Am 30. August wurden sie von unserem Könige besucht. — Wir sind glücklich darüber, dass sich diese Leute bei uns so recht eigentlich daheim fühlen.

Für die deutschen Krieger und deren Familien.

Transport: Thlr. 34. 20.

Von Br Sigm. Spitzer in Wien . . . . . . „ 3. —.

──────────

Summa: „ 34. 20.

Indem wir für diese patriot. Opfer bestens danken, sind wir zur Annahme weiterer Beiträge gern bereit. Wir

---

[*]) Wir sprechen für diese brüderlichen Mittheilungen den wärmsten Dank aus und bitten hiermit im Interesse unseres Bundes nochmals alle betreffenden Werkstätten um gleichgefällige Berichterstattung über diese Angelegenheit, um ein vollständiges Bild maurerischer Werkthätigkeit zu erhalten. Die Redaction.

werden die eingegangenen Beiträge von Zeit zu Zeit an die vereinigten Logen Frankfurts abführen, da diese einen geeigneten Centralpunkt bilden. Mannheim und andere Orte können sich leicht mit Frankfurt ins Einvernehmen setzen.

J. G. Findel.

Für das Lazareth der Loge „zum Felsentempel" in Oberstein.

Der Beitrag des Mrclub Maçonia, hier. beträgt Thlr. 25. —,
also in Summa: „ 45. —.

Wir sprechen auch hierfür den wärmsten Dank aus und bitten recht dringend um weitere brüderliche Unterstützung.

J. G. Findel.

Briefwechsel.

Br Scha. in A. Ihren Vereinsbeitrag hatte mir Br A. s. Z. in Hof mit überreicht. Soll ich den Thlr. 1. —, pr 71 notiren oder den Verwundeten oder der Centralhilfskasse überweisen? Die „Geschichte" sende Ihnen direkt. Brdl. Gruss!

K. in G—l bei Br. Erhalten, hatte aber keine Eile! Brüderl. Gegengruss!

Br Dr. R.—tz in G. Das betr. FreiExpl. ist sofort expedirt worden. Der Schaden der Verpackung ist fast vollständig geheilt. Auf

die hoffentlich nicht zu ferne Gelegenheit zu persönlicher Bekanntschaft freue ich mich. Sonst Alles gut. Herzl. Gruss!

Br F—t in B—n. Freundl. Dank für Ihre sehr willkommenen Mittheilungen und herzl. Gegengruss!

Danksagung.

War es uns auch in Folge der politischen Zeitverhältnisse nicht vergönnt, am 29. August — dem Tage, an welchem die Loge zur goldenen Kugel die Feier ihres hundertjährigen Bestehens beging — viele Brüder auswärtiger St. Joh.-Logen begrüssen zu können, so hatten wir doch die grosse Freude von Nah und Fern Zeichen der brüderlichsten und herzlichsten Theilnahme zu empfangen.

Sowohl von den Grosslogen Deutschlands, als auch von vielen St. Joh.-Logen aller Systeme sind wir durch Glückwunschschreiben innig erfreut worden; dadurch ist aufs Neue das Bewusstsein der Zugehörigkeit zum grossen Bunde in dem einzelnen Bruder wach gerufen und gekräftigt, ein Bewusstsein, das gerade in dieser vielbewegten Zeit, wo das deutsche Vaterland der langersehnten Einheit entgegenreift, nicht stark genug unter den Logenmitgliedern gemacht werden kann.

Nehmen Sie alle, geliebte Brüder, für Ihre Theilnahme, welche Sie in echt brüderlicher Weise uns entgegengetragen haben, unsern innigsten, aufrichtigsten Dank!

Hamburg, den 8. September 1870.

Namens der Loge zur goldenen Kugel:

W. Graupenstein.   C. Eybe.   Dr. W. Buck.   A. Bostelmann.   W. Willhöfft.   A. Scharnweber.
Logenmstr.   I. abg. Logenmstr.   II. abg. Logenmstr.   I. Aufseher.   II. Aufseher.   Secretar.

Bekanntmachung.

Die Loge „Albert zur Eintracht" Or. Grimma, hat beschlossen, ihr diessjähriges auf den 18. Septbr. anberaumtes

Stiftungsfest zu verschieben

und behält sich vor, ihre weitere Entschliessung dieserhalb durch die „Bauhütte" bekannt zu machen.

Verantwortlicher Redacteur: Br J. G. Findel. — Verlag von Br J. G. Findel in Leipzig. — Druck von Brr Bär & Hermann in Leipzig.

N⁰. 39. XIII. Jahrgang.

Die
BAUHÜTTE.

Begründet und herausgegeben

von

Br J. G. FINDEL.

* Organ des Vereins deutscher Freimaurer. *

Handschrift für Brr FrMr. Leipzig, den 24. September 1870. MOTTO: Weisheit, Stärke, Schönheit·

Von der „Bauhütte" erscheint wöchentlich eine Nummer (1 Bogen). Preis des Jahrgangs 8 Thlr. — (halbjährlich 1 Thlr. 15 Ngr.)
Die „Bauhütte" kann durch alle Buchhandlungen bezogen werden.

Inhalt: Manifest der schweizerischen Grossloge „Alpina". — Protest. Vom Herausg. d. Bl. — Aus dem ersten Jahresbericht der Loge „zur Verbrüderung" in Oldenburg. —
Feuilleton: Berlin. — Frankreich. — Hof. — Hamburg. — Zur Beachtung. — Briefwechsel. — Zur Notiz. — Anzeigen. — An die deutschen Logen und Brr!

Die schweizerische Grossloge „Alpina" gebildet aus den Abgeordneten sämmtlicher Freimaurerlogen der Schweiz, versammelt am 3. September 1870 zu Lausanne, hat einstimmig folgendes Manifest beschlossen.

Der Krieg, welcher gegenwärtig zwischen Frankreich und Deutschland ausgebrochen, ist ein allgemeiner Jammer für ganz Europa.

Wir enthalten uns, über die Urheberschaft dieses bedauernswürdigen Streites ein Urtheil zu fällen, da die Freimaurerei allen politischen Erörterungen fremd bleiben will. Die Geschichte wird sie vor ihr Tribunal rufen und jedem der Betheiligten zumessen, was ihm gebührt.

Wir, die wir die Erscheinung nur an sich betrachten, getrennt von ihrer zugestandenen oder geheimen Veranlassung, vermögen darin nur eine tiefe Erniedrigung unseres Zeitalters zu erkennen.

Wer wüsste nicht, wie kostbar das Leben eines einzigen Menschen ist? Sein Tod kann Nationen in Trauer versetzen, kann Gemeinwesen und Familien auf's schmerzlichste berühren; Verwandte und Freunde beugen sich in Thränen über die Leiche eines geliebten Todten.

Es schien dem Schlusse dieses Jahrhunderts vorbehalten, den Werth des menschlichen Lebens zur allseitigen Anerkennung zu bringen: die Wissenschaft weihte die unermüdlichsten Forschungen seiner Erhaltung; die Civilisation trat zurück von der Anwendung alter Criminalgesetzgebungen auf Verbrecher und Mörder; und zu dieser Zeit greifen zwei der mächtigsten und gebildetsten Nationen zu den Waffen und beeilen sich, ohne vorgängige Versuche zur Verständigung oder Anrufung eines Vermittlers, den Kern ihrer Bevölkerung der Niedermetzelung zu überliefern.

Von diesem traurigen Schauspiele, würdig vorangegangener barbarischer Zeiten, werden wir uns nicht von den Einwirkungen der Trauer, des Mitleides oder des Unwillens, die unsere Herzen erfüllen, beherrschen lassen; und so schwach unsere Stimme auch sein mag, so protestiren wir im Namen der Menschlichkeit gegen den Krieg im allgemeinen, und besonders gegen diesen Krieg, gegen diese gemachte und trügerische Feindschaft zweier grosser Racen, die gegenwärtig sich befehden, und gegen das Verfahren, nach welchem ihre Regierungen behaupten, über das Schicksal ihrer Unterthanen und die Geschicke Europa's verfügen zu können.

Wir fordern unter Anrufung des allmächtigen Gottes die unvergänglichen und unveräusserlichen Rechte zurück, welche dem Menschen bei seiner Geburt verliehen: das Recht der Existenz, das Recht auf Wohlfahrt, das Recht auf Freiheit.

Gestützt auf diese Grundbedingungen aller fortschreitenden Civilisation, beklagen wir die Völker, bei denen sie zur Stunde misskannt und verletzt, sogar mit Füssen getreten werden; dennoch beschwören wir die Freunde der Humanität, nicht an der Zukunft zu verzweifeln, und sich nicht entmuthigen zu lassen durch den trügerischen Schein der Gegenwart.

Mögen alle unabhängigen Männer von Geist und Herz, jeder in seinem Wirkungskreise, an dieser Civilisation fortarbeiten, unbekümmert um ihren Erfolg! Die Individualitäten müssen hervortreten und sich geltend machen, die begründeten Ueberzeugungen hervorbrechen ans helle Tageslicht. Nur in dem moralischen Werthe des Individuums wurzelt das Heil der Gesellschaft.

Wenn die blinde Wuth der kriegerischen Mächte nach erschöpfenden blutigen Anstrengungen sich einige Zeit wird gelegt haben, so muss die Stimme der Vernunft wieder Eingang finden. Das Zerreissen häuslicher Bande, die Stockung in den Geschäften, die Theurung der Lebensmittel, die Leiden und unberechenbare Verluste der Handelswelt und der Industrie haben bereits die Völker zu einer gerechten Würdigung der ärgerlichen Enthüllungen vorbereitet, welche sich diplomatische Kreise haben entschlüpfen lassen. Um wie viel mehr wird schliesslich dieses Urtheil zur Geltung kommen, wenn man gezählt haben wird, wie viele Familien in Trauer versetzt, wie viele Unglückliche für ihr ganzes Leben verstümmelt, wie viele Städte und Dörfer in Elend und Verzweiflung gerathen sind? Gewiss wird dann der Tag kommen, wo die Wahrheit im öffentlichen Unglück ihre Stütze finden wird.

Auf denn zur Arbeit in der ganzen Kette des Maurerbundes! Voraus in unserm theuren Vaterland, dem schönen Helvetien, wo die Regierungen keine andere Politik kennen als die Arbeit für die Wohlfahrt des Volkes; wo dieses keinen andern Ehrgeiz kennt als glücklich in der Heimath zu leben, und im Frieden mit Jedermann; wo die beiden Racen, welche unter der Aegide des Bundes ruhen, sich in vollständiger Uebereinstimmung neben einander entwickeln, ohne andere Eifersucht als in nützlichen Fortschritten und in den Bestrebungen für die Wohlfahrt des gemeinsamen Vaterlandes.

Auf zur Arbeit in neutralen Staaten! Haltet fest am Frieden; lasst Euch nicht hinreissen, weder nach rechts noch nach links, um früher oder später die Rolle von Friedensstiftern zu übernehmen.

Auf zur Arbeit auch im Schoosse der kriegerisch aufgeregten Nationen. Nicht nur um auf dem Schlachtfelde den Opfern so vieler blutiger Tage Hülfe zu bringen, sondern auch um die blutenden Wunden des Nationalstolzes zu heilen.

Es sei uns erlaubt, in dieser Richtung unsere ganze Ansicht auszusprechen.

Uns vor Allen gebührt hierüber ein offenes wohlgemeintes Wort an Diejenigen, welche glauben für die Ehre ihrer Fahne zu leiden. Unser Manifest müsste dünkelhaft erscheinen, wenn es von unserer Seite mehr als die strenge Erfüllung einer Pflicht wäre; und diese Pflicht — hier liegt sie.

Wir Schweizer, getheilt in Bürger der deutschen, der französischen, der italienischen und der romanischen Sprache; wir, die wir nicht in den letzten Reihen der romanischen und germanischen Race stehen, erklären unsern missleiteten Brüdern, dass es uns unmöglich ist anzuerkennen, dass ihr unglückliche Streit im mindesten auf einer Ehrenfrage der Race beruht.

Werfen wir einen Blick auf die Vergangenheit. Wenn wir uns dieser Vergleichung bedienen dürfen, so haben wir Spieler in weisser Halsbinde gesehen, und hinter ihren Stühlen standen gekrönte Häupter; auf ihrem Tische lag ein dynastischer Einsatz. Schlag auf Schlag fielen die Würfel, als wenn es sich um ein Spiel handelte, das durch Ueberraschungen gewonnen werden sollte. Von beiden Seiten folgten Herausforderungen. Ein solches Bild fesselt es nicht unsern Blick wie eine traurige Erinnerung an böse Werke im Anfange dieses Jahrhunderts? Zeigt es uns nicht einen empörenden Anachronismus gegenüber dem Geiste unserer Zeit?

Die gegenwärtige Stellung der romanischen und germanischen Race ruht sie wohl auf denselben Begriffen, welche jenem Spiele zu Grunde gelegen? Ruht sie wohl auf den Interessen, welche sich an jenem Spieltische bis zur Vertilgung der muthigsten Kräfte Deutschlands und Frankreichs geltend gemacht haben?

Nein! Nein und tausendmal Nein!

Frankreich und Deutschland, die romanische und germanische Race, haben eine höhere Bedeutung in der menschlichen Gesellschaft; und wenn es nothwendig würde, so wird auch eine höhere Macht als die vereinigte Kraft der kriegführenden Nationen sie daran erinnern, ehe es zu spät sein wird.

Diese Macht, welche erst im Anfange dieses Jahrhunderts sich entwickelt, die öffentliche Meinung, wird eine allgemeine werden, wie das telegraphische Netz, das die Welt umspannt, als Organ des Gewissens und der Menschlichkeit.

Unsere Worte sind zur Stunde noch nur ein bescheidener Wiederhall derselben.

Niemand von uns kann sich der eiteln Täuschung hingeben, dass unsere Stimme auf die Gegenwart einen Einfluss üben werde.

Bereits haben ähnliche Protestationen sich von verschiedenen Seiten geltend gemacht, sie schienen spurlos zu verhallen; aber Niemand darf behaupten, dass sie sich nicht im Stillen Bahn gebrochen in den Herzen und Ueberzeugungen der Städter und Landleute, in den Haushaltungen und Werkstätten. Die Siege der moralischen Errungenschaften verkünden sich nicht durch Posaunenstösse. Jede Reform findet ihre Widersacher und Verläumder. Jede frühreife Manifestation scheint kraftlos; aber der Tag des Durchbruches und des Triumphes der Wahrheit bricht schneller an, als man ihn gewöhnlich erwartet. Davon wird die Abschaffung des Krieges nicht weniger Zeugniss geben als die Unterdrückung der Sklaverei.

Könnte wohl ein schwereres Joch auf der Menschheit lasten, als die Oberherrschaft der Waffen, die Verherrlichung der brutalen Gewalt, die Vergötterung der Eroberer?

Will die Freimaurerei ihren Ueberlieferungen treu bleiben, so gilt es gerade jetzt, ihre civilisatorische Wirksamkeit mit neuer Kraft zu entwickeln. Was sie früher gethan hat, um die durch politische Leidenschaften und religiösen Fanatismus zerissenen Völkerschaften zu versöhnen; was sie vor einem Jahrhundert für Abschaffung der Privilegien und den Schutz persönlicher Rechte durch humane Gesetzgebungen gethan, das soll sie jetzt durch alle ihr zu Gebot stehenden Mittel thun zur Abschaffung des Krieges; denn diese ist nur eines der zunächst stehenden Ziele ihrer allgemeinen Aufgabe.

Die moderne Gesellschaft kennt zwar allerdings die persönliche Freiheit; aber sie wagt es kaum, ihren Schutz als eine allgemeine Pflicht anzuerkennen. Daher auch die aufregenden Streitigkeiten über die Belohnung der Arbeit; daher die endlosen Klagen über die Vernachlässigung der Hülflosen und Nothleidenden; daher so viele Missbräuche der Gewalt, welche sich entgegen allen Grundbegriffen der Gerechtigkeit und Brliebe geltend machen.

Sollen wir beifügen, dass es darunter solche giebt, deren blosse Erwähnung haarsträubend wirkt? Sollen wir hinweisen auf die Verkündung jener gotteslästerlichen Lehre, die man das Dogma der allgemeinen Geistesknechtung nennen könnte, die sich bei allen Völkern auf Kosten ihrer persönlichen Freiheit verbreiten soll?

Wie dem auch sei, die Katastrophen, vor denen wir stehen, nehmen unser ganzes Interesse in Anspruch. Sie scheinen uns zur Genüge zu beweisen, dass es selbst für die Sieger keine schärfere Zuchtruthe giebt als den Krieg! Umsonst nennt man ihn das letzte Beweismittel der Könige; denn, was sind die mit der Schärfe des Schwertes zerschnittenen Länderkarten, als die immer wieder erwachende Veranlassung zu neuem Blutvergiessen? Umsonst auch würden hinfort irgend welche Kriegsmächte gegen einander ringen, um sich im politischen Uebergewichte in Europa zu verdrängen.

Die Bestrebungen unserer Zeit sind nicht geeignet, sich vor dem Glanz der Waffen zu beugen, sie zielen vielmehr unwiderstehlich nach bürgerlichen und sozialen Verbesserungen. Diese haben bis zur Stunde an den alten Bollwerken des Militarismus gescheitert. Ihr Tag muss aber kommen, wenn auf den Ruinen der alten Festung die Fahne der Humanität flattern wird.

Im Namen der Grossloge „Alpina":

J. J. Ruegg,
Grossmeister.

Bohnenblust,
Grosssekretär.

Protest.

Wir haben diesem Friedens-Manifeste mit freudiger Spannung entgegengesehen, in der Hoffnung, es unterstützen zu können; wir sind durch diese das deutsche Nationalgefühl verletzende Fassung bitter enttäuscht worden.

Indem wir mit unseren Brüdern in der Schweiz im Allgemeinen den Krieg für ein Uebel erklären und seine Unmöglichkeit für alle Zukunft wünschen und ersehnen, halten wir es gleichzeitig für eine unabweisbare freimaurerische Pflicht, Verwahrung einzulegen gegen die ganz unmaurerische Einmengung in den politischen Parteienkampf, die es eigentlich unmöglich macht, von maurerischer Seite auf das Manifest einzugehen. Nur soweit dasselbe Theil nimmt an dem Lügensysteme unserer Feinde, muss uns auch als Maurern gestattet sein, den Entstellungen der thatsächlichen Wahrheit entgegenzutreten.

Zunächst bedauern wir, dass die gel. Brr der „Alpina" die Urheberschaft des Krieges ganz ausser Erörterung gelassen, da ohne diese der deutsch-französische Krieg gar nicht gerecht beurtheilt werden kann.

Ungerecht ist sodann der Vorwurf, dass die deutsche Nation „ohne vorgängige Versuche zur Verständigung oder Anrufung eines Vermittlers" den „Kern ihrer Bevölkerung der Niedermetzelung überliefert" habe; denn Deutschland hat 1. in der zum Kriegsvorwand genommenen Frage nachgegeben; 2. war vorauszusehen, dass jeder Versuch einer Verständigung ohne unsere Demüthigung missglücken würde; 3. muss Jedermann klar und zweifellos sein, dass das zum Voraus siegestrunkene Frankreich jede Vermittelung vereitelt und, wie vorher in der Luxemburger- und der Gotthardtsbahnfrage, so auch nachher neue Kriegsvorwände gesucht und erfasst haben würde. — Deutschland kämpft den gerechten Kampf der Nothwehr und des Schutzes, der ihm muthwillig aufgedrungen worden, weil man es hindern wollte, einig und stark zu werden durch Constituirung des deutschen Nationalstaats, weil man ihm Stücke seines Landes streitig machte und weil man seine Ehre schädigte durch sinnlose Forderungen und brüske Behandlung seines Schirmherrn.

Unwahr ist ferner die Behauptung einer „gemachten und trügerischen Feindschaft zweier grossen Racen, die sich gegenwärtig befänden", weil das deutsche Volk, obwohl voll gerechter Entrüstung über Frankreich, keine Feindschaft gegen das französische Volk, geschweige gegen die romanische Race hegt; es wehrt sich in ehrlichem Kampfe und ist bereit, künftig in Frieden mit dem französischen Volke allein um die Palme des Fortschritts in Cultur und Civilisation zu ringen, ohne ihm zu nahe zu treten. Die romanischen Völker in Italien und Spanien haben die Gerechtigkeit unserer Sache anerkannt und uns ihre Sympathien ausgedrückt; wir danken ihnen das und betrachten sie als unsere Brüder, nicht als Feinde.

Unwahr ist es, dass „unsere Regierungen behaupten, über das Schicksal ihrer Unterthanen und die Geschicke Europas verfügen zu können," denn das ganze deutsche Volk befindet sich in diesem Falle in seltener und vollster Uebereinstimmung mit seinen Regierungen und setzt freiwillig Gut und Blut ein für die Wahrung seiner Ehre, für die Beeinträchtigung seiner Selbständigkeit und für sein angegriffenes Gebiet, d. i. also für „das Recht der Existenz, das Recht auf Wohlfahrt, das Recht auf Freiheit."

Es ist unwahr, dass das deutsche Volk mit zu jenen gehört, „bei welchen die Grundbedingungen aller fortschreitenden Civilisation misskannt und verletzt, sogar mit Füssen getreten werden."

Wenn die Siege der deutschen Waffen auch wahrscheinlich ein Uebergewicht der germanischen Race zur Folge haben mögen und der deutsche Nationalstaat die feste und breite Unterlage für das europäische Gleichgewicht, die deutsche Nation das Bollwerk des Völkerfriedens, der Civilisation und Humanität bilden wird, so sieht doch in Deutschland Niemand den obschwebenden Streit als „auf einer Ehrenfrage der Race" beruhend an.

Unwahr ist bis zum Gegenbeweis die Behauptung, dass, „von beiden Seiten Herausforderungen folgten."

Es ist ungerecht, den Vorwurf andeutungsweise zu erheben, als ob Deutschland die „Bedeutung der romanischen Race in der menschlichen Gesellschaft" misskenne oder gar beeinträchtigen wolle; nur den Prätensionen und Uebergriffen des französischen Volks, welches noch heute und zur Stunde Paris für die Seele und das Haupt Europas, die europäischen Hauptstädte dagegen für eitel Trabanten und Diener von Paris erklärt, gilt es entgegenzutreten.

Ungerecht schliesslich ist es, die Erinnerung an vorangegangene barbarische Zeiten auch auf uns anzuwenden.

Von der Art der Kriegführung wollen wir ganz schweigen, obwohl es fast scheint, dass wir auch in diesem Punkte von unseren Brüdern in der Schweiz nicht mit gerechtem Masse gemessen werden, sofern sie von „blinder Wuth der kriegführenden Mächte" schlechthin sprechen.

In solcher Weise wird unseres Erachtens dem Frieden und den Grundsätzen der Mrei nicht gedient und wir bedauern, dass die Grossloge „Alpina", die wir achten und ehren und der wir die rechte Hand guter Brrschaft auch jetzt noch reichen, durch eine so trübe Brille die Verhältnisse ansieht und eine solche Fassung, wie die vorliegende genehmigt hat.

Wir bedauern, dass sie die Wirkung so vieler schöner und wahrer Stellen ihres Manifestes, mit denen wir vollauf übereinstimmen, abgeschwächt hat dadurch, dass sie sich mit den Uebeln dieses und jenes Staates befasst, während es (nach Lessing) die Aufgabe der Mrei nur ist, den Uebeln des Staates und der Gesellschaft überhaupt entgegenzuwirken.

Wir bedauern, dass die Grossloge „Alpina" kein Wort gefunden hat zur Verurtheilung des Volkes, welches frevelhaft den Frieden gebrochen und das Schwert in die Hand gedrückt und wir bedauern, dass sie auch jetzt nur beide Nationen in Einen Sack wirft und beide mit Einem Maasse misst. Da lassen uns die politischen Blätter in Wien, in England und Russland denn doch mehr Gerechtigkeit widerfahren, als die geliebten Brr der „Alpina."

Wir bedauern ferner sehr, dass gerade von freimaurerischer Seite ein solches Zeugniss ausgegangen, das, wenn es weiter bekannt wird, die Achtung vor unserem Bunde nur schmälern kann und muss. Allerdings, — wenn der Maurerbund werkthätig eingreifen will für den Sieg des Wahren und Guten in der Welt, dann darf er dem Schlechten und Unrechten gegenüber nicht neutral bleiben, dann muss er sich erheben zu einem Areopag der unverfälschten Sittlichkeit, der Menschenwürde, der allgemeinen Wohlfahrt. Die Anwendung, welche die Grossloge „Alpina" von dieser Forderung gemacht, ist jedoch leider eine verfehlte und beklagenswerthe; andernfalls würde das Manifest bahnbrechend sein für die Zukunft der Mrei. —

Wir gedenken in allernächster Zeit die echt-maurerischen Bestrebungen für Abschaffung des Krieges und Herstellung des Weltfriedens in eine praktische und erfolgverheissende Bahn zu leiten.

Der Herausgeber d. Bl.

Aus dem ersten Jahresbericht der Loge „zur Verbrüderung" in Oedenburg.

Die Zahl der Mitglieder ist nicht ausserordentlich angewachsen und wir müssen uns gestehen, dass gerade diejenigen Männer, die im öffentlichen Leben unsrer Vaterstadt am meisten hervortreten und deren Stimme die gewichtigste ist, aus verschiedenen zum grössten Theile wohl nicht uns belastenden und nicht stichhältigen Gründen von der Loge sich vor der Hand bald alle entschieden fern halten.

Dass aber andererseits die einmal in der Loge Aufgenommenen sich mit vollstem Eifer der kön. Kunst gewidmet, dafür sprechen wieder Zahlen auf das Eclatanteste. Wir arbeiteten seit Gründung der L. 85 mal: 37 mal im 1. Grade, darunter 20 Receptionslogen; 10 mal im 2., 38 mal im 3. Grade, worunter 5 Logen, 33 Meisterberathungen. Wir versammelten uns freilich auch jeden Monat einmal zum Brudermahle und wer wollte in Abrede stellen, dass diese anspruchslosen Brudermahle uns mit frisch erhielten durch den echt brüderlich gemüthlichen Ton, durch die zwanglose und doch gehaltene Stimmung, die sie hervorbrachten und von der sie wieder beherrscht wurden.

Auch des schon bestehenden, die Feier der Aufnahmen so sehr hebenden Gesangchores der Loge, ist hier der Ort Erwähnung zu thun, so wie des ihn begleitenden von 19 auswärtigen Brr der Loge gespendeten werthvollen Harmoniums.

Es dürfte, liebe Brr, nicht unpassend sein, auf Grund der eben vorgebrachten Zahlen darauf hinzuweisen, wie die hiesigen Mitglieder der Loge durch Zeitaufwand reichlich ausgeglichen, was sie an Geld minder steuerten; minder, da von den, Dank der prompten Cassaführung unseres Br Schatzmeisters, auf ungefähr 3000 fl. sich belaufenden Einnahmen der Loge mehr als ⅞ von den jenseitigen, nicht ganz ⅛ von den diesseitigen Mitgliedern herrühren. Der Logenbesuch war am stärksten 23. April mit 47 Brr, darunter 18 auswärtige Mitglieder, 4 Gäste.

Ob nun freilich auch die Resultate unserer Arbeit der verwendeten Zeit und dem ausgegebenen Gelde entsprechen — denn der Cassarest beträgt nicht ganz 400 fl. — darüber wird es wohl überhaupt schwer sein zu entscheiden, da doch gerade die tiefsten Wirkungen, die das Logenleben auf den sittlichen Charakter der Theilnehmenden ausüben soll, der äusseren Zählung und Messung sich absolut entziehen, ja sogar die allgemeine Besprechung in den meisten Fällen scheuen.

Ich will auch solchen Gewittern, wie eines im Monate März über uns dahinzog, nicht allen Werth absprechen, es entladet sich in ihnen auch das sittliche Leben des angehäuften Zündstoffes; aber im Ganzen dürfte doch gerade die hier in Rede stehende Arbeit des Freimaurers in der stillsten Stille und im allertraulichsten Austausch der Gefühle am meisten gedeihen: ist ja doch jeder fundamentale Bau Unterbau.

Nur mahnen muss die Loge, und in ihrem Namen der M. v. St. fort und fort, dass das Fundament all' unseres Wirkens in der That auch nach aussen hin, auf welches Wirken nach aussen so Manche das ausschliessliche Gewicht legen möchten, kein anderes je sein kann, als die innere Achtung, die unsere Mitbürger der Loge und ihren Mitgliedern zollen; je mehr wir in den Augen der Leute wirklich sind, als was wir die Loge betreten sollen, freie Männer von gutem Rufe, desto grösseren Nachdruck werden wir den hohen Ideen, denen wir uns im Tempel zugeschworen, auch im profanen Leben zu geben im Stande sein; schon darum, weil nur so die Loge sich ihrem Ideale mehr und mehr nähern wird, um zu sein der Berührungspunkt der wahren Elite der Bevölkerung, der erwählten Geister, der durch Intelligenz und sittliche Thatkraft hervorragendsten und eben hiedurch zur Leitung ihrer Mitmenschen berufensten Bürger der Stadt. Der Zahl der unmittelbaren Mitglieder nach wird die Loge immer beschränkt bleiben, demzufolge auch ihre materiellen Mittel (wie denn in der That unser Fond nicht ganz 200 fl. stark ist); um so dringender ist die Ansammlung und Wahrung des geistig sittlichen Capitals der Loge geboten.

Es kommt, liebe Brüder, nicht mir zu, zu bestimmen; wie weit es dem M. v. St. in seinen Receptionsansprachen gelungen ist, nicht nur den unmittelbar Aufzunehmenden, sondern auch den übrigen Versammelten Geist und Tendenz des Freimaurerthums in schärferen Umrissen hervortreten zu lassen, wie es im Katechismus von ihm verlangt wird, die Loge zu erleuchten; und der gute Wille kann ganz gewiss in solchen Dingen nicht auch schon als That gelten; wir wendeten ja übrigens auch hierin das gerade im Logenleben doppelt empfehlenswerthe Princip der Arbeitstheilung des öfteren an, und es vertrat nicht nur der Br 1. Aufseher mich hie und da in sehr ansprechender Weise, sondern fand ich sogar glänzende Unterstützung an unserem I. Br Redner, dessen Tempelweihe — (18. Aug.*) und Winter-Johannisfestrede ja sogar in Druck gelegt sind. Weiter, wurde auch mit Instructions-Vorträgen von Br Alt über die moderne Stellung des Judenthums und Moses als Freimaurer, Kania über die Civilehe, Poszék Religion und Freimaurerthum, Király und Fehér über mehrere specifisch maurische Themata mindestens der Anfang gemacht, obgleich sich bisher Niemand gefunden hat, der sich dieser doch so lohnenden Aufgabe der Instruction der Brüder mit vollerer Kraft unterzogen hätte, wie sie es unstreitig erfordert.

Die Strömung im Orient Oedenburg drängt eben sehr ausgesprochen auf die Behandlung ganz praktischer Themata; ich führe zum Beweise an, dass unsere Hauptfrage, wie die kleinen Landwirthe unserer Vaterstadt zu heben wären, schon 12. Juni v. J., also ²/₄ Monat nach Gründung der Loge, auftauchte, 3. August die Debatte darüber begann; und wir können wohl auch sagen, dass wir den Winter hindurch redlich bemüht gewesen sind, die factische Lösung der Frage mindestens zu suchen. Der betraute Ausschuss, Vorsitzender Br Thiering, Schriftführer Br Flandorffer, beriethen in zwölf Sitzungen, veranstalteten an neun Abenden überraschend zahlreich besuchte Vorlesungen, meist über Ackerbau, verbunden mit Besprechungen, welche unter Anderem das ganz konkrete

*) Bis dorthin hatten wir auf meiner Wohnung arbeiten müssen.

und darum erwähnenswerthe Resultat zur Folge hatten, dass bereits mehrere unserer kleinen Landwirthe im Frühjahr auf unsern Rath mit Maschinen anbauten; schliesslich gründeten wir die Volksbibliothek, Bibliothekare Br Bergmann und Gruber, die 250 Bände zählt, darunter 88 landwirthschaftlichen Inhalts. Gelesen wurden seit 10. Februar 83 Bücher von 30 Lesern, darunter 17 Weingärtner, 6 Geschäftsleute, 3 Wirthschaftsbürger, 1 Beamter, 1 Commis, 2 Dienstmädchen.

Jedoch, liebe Brr., gerade im Verlaufe dieser Arbeit hat sich die Forderung nahezu gebieterisch aufgedrängt, nicht auf die Kräfte unter den Brr uns zu beschränken; sondern auch ausserhalb der Loge Stehende gleichsam ad hoc hereinzuziehen. Und so wie wir bereits mit recht schönem Erfolge zur Vermehrung der Volksbibliothek uns an die Brr Buchhändler Deutschlands wendeten (109 von obigen 240 Bänden rühren von ihnen her), so werden wir wohl auch nächsten Winter für die abzuhaltenden freien Vorträge, denn Vorlesungen sind ermüdend, theilweise Profane zu gewinnen versuchen müssen. Ich führe wieder darauf zurück, es wird in manchen Fällen nur der Initiative und Leitung von Seiten der Loge bedürfen.

Das zweite praktische Thema, das wir aus dem profanen Leben herausgegriffen, war die Simultanschule, und verbanden wir auch hier, wie ich überzeugt bin, treffend Action mit der Theorie. Nach der gründlichsten und schon darum interessanten Discussion in der Loge, weil diese Katholiken und Protestanten und Juden umfasst, regten wir, nicht die Loge als solche, sondern mehrere Mitglieder der Loge, die zugleich Mitglieder der hiesigen evangelischen Gemeinde sind, des Hauptquartiers der Widerständischen, die Verhandlung der bereits halb abgethanen Frage in dieser Gemeinde von Neuem an und wenn auch in letzterer Zeit der Kampf nach jener Richtung ruhen musste, unterliegt es doch keinem Zweifel, dass er sogar umfassender nächsten Herbst wieder aufzunehmen ist.

Sind doch die beiden ausgewählten Arbeiten der Loge: die Hebung der untern Classe unserer Bevölkerung, dass sie den übrigen durch erhöhten Wohlstand und tiefere Bildung gleicher werde, sowie die Freiheit der Schule vom confessionellen Drucke, Arbeiten echt maurer. Geistes, freilich auch so schwieriger Natur, dass sie fürwahr maurerische Zähe erheischen, um darinnen nicht zu ermüden.

Wir concentrirten ja übrigens eben darum auch unsere Kraft auf sie und stellten mehrere andere zur Sprache gebrachte Themata, wie die Sorge für verwahrloste Kinder, oder die Vereinigung unserer gleichfalls confessionell getrennten Kinderbewahranstalten und Gymnasien vor der Hand zurück.

Die leidige Benisch'sche Affaire und die letzte evangelische Pfarrerwahl und unsere Erfahrungen in beiden führe ich hier nur als ein Beweis für die Kundigen, wie wir trotz eigenen Strebens ins volle Leben hineinzuarbeiten und trotz des Gebelfers des hohen und niedern Pöbels unserer Stadt recht wohl wissen, wie weit bereits die old charges in religiösen Dingen uns zu gehen erlauben.

Noch aber muss ich zum Schluss gedenken der vielfachen Berührungen der L. z. Vbr. mit der maurerischen Aussenwelt. Es kamen nicht rur Brüder aus Wien und weiterher mit anderen Gästen sogar aus Amerika, England, Italien und Südrussland zu uns zu Besuch, sondern auch wir entsendeten Abgeordnete zum Stiftungsfeste der Humanitas im December und zur Tempelweihe in Pressburg, Mai l. J. An der Jubiläumsfeier unseres ehrwürdigsten Grossmeisters konnten wir leider uns nur durch unseren Repräsentanten Br Cohnheim betheiligen; der briefliche Verkehr der Loge hat nach allen Seiten geradezu grosse Dimensionen angenommen und uns sehr werthe Verbindungen geschaffen*), ja es beehrte uns sogar die ehrwürdigste Grossloge „zur Sonne“ in Bayreuth mit ihren Zusendungen, als wir uns von ihrer aus Bluntschlis klassischer Feder herrührenden Enunciation gegen das Concil zu Rom einige Exemplare erbaten. Dass unsere Anschluserklärung an das Gegenconcil zu Neapel auch in ihrer bedingten Form, nicht der glücklichste Schritt gewesen, den wir im Verlaufe des Jahres unternommen, ist nachträglich allen klar. Am bedeutendsten aber, liebe Brr, erscheint mir, nächst der Affiliation an unsere ehrw. Mutter, die beschlossene Beschickung der Jahresversammlung des Vereins deutscher Freimaurer zu Darmstadt in der Person Br Schneebergers.

Der schwache Besuch der Lesestunden, die für drei-

mal die Woche in den hintern Zimmern der Loge angesetzt sind, sowie die geringe Benützung der doch auch schon über 100 Numern zählenden Logenbibliothek*) beweisen, dass das Interesse für Lectüre maurer. Bücher und der periodischen Blätter unter uns noch immer sehr unentwickelt ist und geben mir das Recht, zu vermuthen, dass die Wenigsten den nothwendigen Ueberblick besitzen, um die Reformbewegung innerhalb unseres Bundes, eben von jenem Vereine deutscher Freimaurer angeregt, in ihrer Bedeutung zu erkennen; ich kann aber versichern, und die Brr, die auch lesen, werden es mit unterschreiben: die Krise rückt heran, die gerade den Wünschen dieser Loge, ich kenne ihre Stimmung, vollste Rechnung tragen soll; die Arbeit von allem veralteten Schnörkelwesen zu befreien und den Brüdern die in vielen Orienten wirklich verloren gegangene Schwungkraft wiederzugeben, damit unser altehrwürdiger Bund der Freimaurer künftig erst ganz werde, was er seiner ursprünglichen Bestimmung entsprechend werden muss, um fortzuleben: machtvoller Weltbund lichter Humanität, gegenüber den abermals sich gewaltig rüstenden und in hellen Haufen anrückenden Männern des Dunkels.

---

*) Die sehr ehrw. Logen zu Zittau und Annaberg übernahmen jüngst auf das Zuvorkommendste die Beförderung mehrerer Mitglieder der Brr zu Gesellen auf dem Delegationswege.

*) Meist aus Geschenken theils der Mitglieder, theils auswärtiger Freunde der Loge, ich erwähne Br Lachmann in Braunschweig entstanden.

Feuilleton.

Berlin. — Am Freitag, den 26. August c., hatte nach den Ferien die Loge „zum flammenden Stern“ wieder ihre Arbeiten begonnen. Nachdem der vorsitzende Mstr. Br Kleiber die Loge eröffnet, gedachte er in ergreifenden Worten des leider zu früh dahingeschiedenen theuren Brs Kasch, hob zunächst dessen hohe Befähigung zum Kriegerstande und seine Beliebtheit unter den Kameraden hervor, ging dann näher auf seinen Charakter und schliesslich auf den treuen Bruder ein, dessen Heldentod unter allen Brn, insbesondere aber unter den Brn seiner Loge tiefe Trauer erweckt. Darauf leitete der vorsitzende Mstr. in geschickter Weise die Brr zur Freude über, indem er verkündete, dass drei der Brr dieser Loge ein fünfundzwanzigjährige maurerische Thätigkeit hinterlegt hätten, und zwar 1) der deputirte National-Grossmeister Br Bornemann, 2) Br Benda (gegenwärtiges Mitglied der Loge „Blücher von Wahlstadt“ zu Charlottenburg), und 3) Br Mertens. Zur Erhöhung dieser Feierlichkeit trug wesentlich in erster Linie die in Folge vorherigen einstimmigen Beschluss der Meisterschaft gleichzeitig vollzogene Proclamation zum Ehren-Meister vom Br Bornemann, und dann das Erscheinen der zahlreichen Deputation von der Loge zu Charlottenburg, mit dem würdigen Meister vom Stuhl HBr Haas an der Spitze, bei. Die sehr zahlreich versammelte Brüderschaft, erquikt durch die gediegenen Reden und entflammt von den Vorträgen fast durchweg patriotischer Lieder, trennte sich mit erhobenem Herzen. (Wöch. Anz.)

Frankreich. — Dem L'Avenir Maç. zufolge, predigen die ultramontanen Zeitungen dem aufgeregten französischen Volke einen Kreuzzug wider die FrMr. Der „Univers“ schliesst

einen Artikel mit dem Satze: „Die Mrei opfert in der Theorie wie in der Praxis ihren eigenen Interessen die des Vaterlandes und legt ihren Eingeweihten die Pflicht des Verraths auf.“ Als Beweis wird — das Noth und Hilfszeichen angeführt!

Hof. — Von unserer Loge sind zwei Brr auf dem Kriegsschauplatze thätig: Br Egloff jr. beim Sanitätscorps, Br C. Gerber bei der Verpflegung.

Am 18. d. feiert die Loge „zum Morgenstern“ den Tag der Wiedereröffnung und Einweihung der Loge.

Hamburg. (Schluss). — Der Hochw. ging darauf in gedrängter Weise auf die Geschichte der Loge näher, gedachte der um den Orden verdienten BBr. Leonhardi, von Sadthausen und Webber-Schuld, sowie einiger Logenmeister, welche sich um die Provinzial-Loge von Niedersachsen verdient gemacht hatten. Da die Geschichte der Jubel-Loge durch den Druck erschienen ist (ein von dem Br Graupenstein mit grossem Fleisse und genauer Kenntniss gearbeitetes, der Loge z. g. K. gewidmetes Werk); so halten wir es nicht nöthig, hier näher auf das reiche und vielbewegte Leben dieser Loge einzugehen. Nur das sei hier erwähnt, dass von Mitgliedern der Loge zur goldenen Kugel, ausser den beiden hiesigen eklektischen Logen zur Brudertreue an der Elbe und zur Bruderkette, nachfolgende Logen gestiftet sind: 1) goldene Apfel in Eutin, 2) zum Fruchthorn (jetzt Füllhorn) in Lübeck, 3) zum Krokodill in Harburg, 4) zum schwarzen Bär in Hannover, 5) zum rothen Adler hieselbst, 6) zur goldnen Traube in Lüneburg, 7) zum goldnen Hirsch in Oldenburg, 8) zur wahren Treue in Neustrelitz, 9) zum goldenen Zirkel in Göttingen, 10) zum grossen Christoph in Stade, 11) zum Pilger in London, 12) Harpokrates zur Morgenröthe in Schwerin.

Wohl wenige Logen können das von sich sagen.

Zum Schlusse des Vortrages verbreitete sich der Hochw. über die Frage, ob unser Bund jetzt noch eine würdige Stellung im Gebiete menschlicher Einrichtungen einnimmt, und bewies, dass die Idee des Freimaurerbundes nie veralten, darum auch nicht untergehen könne, wenn er auch, wie jede menschliche Einrichtung, seine äussere Erscheinung verändern werde. Wie die Menschengeschlechter kommen und gehen, — so ungefähr sprach sich Br Graupenstein aus — wie von Neuem immer der abgerissene Faden wieder angeknüpft werden muss, so ist auch das Geschäft, das sich die Freimaurer vorgenommen haben, ein nie endendes, weil immer von Neuem beginnendes. So wenig wie dasselbe etwas Neues bringt und bringen will, so wenig kann es auch veralten; denn das Menschenherz ist, wie das Zeichen ihrer Veredelung unser Ziel, bleibt immer gleichgeartet und hülfs- und trostbedürftig.

Nach Schluss des Vortrages, der von jedem Br mit grösster Aufmerksamkeit verfolgt wurde, legten die Beamten ihre Amtszeichen auf den Altar nieder und unter Gebet schloss Br Graupenstein mittels eines Hammerschlages die hundert Jahre, verpflichtete dann die beiden abgeordneten Logenmeister Br Eybo und Br Dr. Buck, hielt eine Ansprache an die BBr Beamten und bekleidete sie wieder mit den Zeichen ihrer Würde, worauf alle Brr das Lied: „Wir nahen Dir, o grosser Meister etc." anstimmten.

In lebendiger und schwungvoller Rede sprach nun der Logenmeister in einem Vortrage seine Gefühle der Brüderschaft aus, wozu er den Zuruf wählte: Friede, Freude und Einigkeit begleite Sie, meine BBr!

Alsdann wurden die BBr Friedrich Wilhelm Nicolaus Carl, Kronprinz von Preussen, Königl. Hoheit, Dr. Theod. Herzdorf, Grossherzogl. Oldenburg. Ober-Bibliothekar, und Provinzial-Capitelmeister H. F. Stuewer zu Ehren-Mitgliedern proclamirt und dem letzteren das Ehren-Diplom überreicht.

Damit war gewissermassen das Signal zur Beglückwünschung der Logen gegeben. Nachdem Br Stuewer zuerst das Wort genommen hatte, brachte der HE. Provinzial-Grossmeister Br Dr. Ritt Namens der Grossen Landes-Loge der Freimaurer von Deutschland und der Provinzial-Loge von Niedersachsen in herzgewinnender Weise die Glückwünsche der Jubel-Loge dar und überreichte im Auftrage der Grossen Landes-Loge einen Hammer nebst einem Glückwunschschreiben. Für die Grosse Loge von Hamburg nahm der Deputirte Grossmeister Br Buck das Wort, für die Loge zum Tempel der Eintracht in Posen Br Dr. Wendland; ausserdem sprach Br Prof. Dr. Redslob, worauf der Logenmeister der Loge zum Pelikan, Br Dr. Lange, Namens dieser Loge und der Loge zum rothen Adler herzliche Glückwünsche darbrachte, wobei er das achtungswerthe Streben der goldnen Kugel hervorhob und dieselbe den hiesigen Schwesterlogen als ein Muster hinstellte, dem nachzuahmen das eifrigste Bestreben sein müsste. Für die fünf unter der Grossen Loge von Hamburg arbeitenden Logen übernahm Br Pepper den Glückwunsch, für die beiden hiesigen eklektischen Logen der Logenmeister Br Hoffmann, für die Loge „Carl zum Felsen" in Altona Br Sager, für die Loge zu den drei Rosen Br Dr. Kratzenstein, für die Loge zur Eintracht und Selbstständigkeit in Cassel der Logenmeister der Absolom-Loge, Br Schäffer. Ausserdem wurden noch mehrere Schreiben answärtiger Gross- und St. Johannis-Logen überreicht.

Wenn irgend einer Loge echte brüderliche Theilnahme entgegengetreten ist, so kann die Loge z. g. K. dies von sich sagen. Ein grosse Zahl von Glückwunschschreiben, sowohl Seitens der deutschen Gross- als St. Johannis-Logen — namentlich waren Schreiben der Tochter-Logen der Grossen National-Mutter-Loge zu den drei Weltkugeln und der Grossen Loge von Preussen, genannt Royal York zur Freundschaft in grosser Zahl vertreten — brachte der Logenmeister Br Graupenstein zur Anzeige. Auch Schreiben aus England waren

eingetroffen, in gleicher Weise mancher telegraphische Festgruss, so u. A. von dem Landes-Grossmeister HEBr von Dachroeden. Die Vorlesung sämmtlicher Schreiben war unmöglich, in einer demnächst stattfindenden Mitgliederloge erfolgen; nur ein telegraphischer Festgruss von dem Logenmeister Br Stentz, Namens der Loge zur siegenden Wahrheit in Gleiwitz wurde zur Kenntniss der Brüder gebracht. Er lautet:

Wie die Kugel rollt,
Bleibe sie immer Gold,
Echt, voller Klarheit!
Das wünscht die siegende Wahrheit.

Nunmehr stimmte die Musik das Lied an: „Auf Brüder! gebt mit Herz und Mund etc."

Alsdann ergriff der zweite abgeordnete Logenmeister Br Pastor Dr. Buck das Wort und hielt eine kurze Rede über das Thema: Wachet, seid männlich und seid stark!

Um 9½ Uhr schloss der Logenmeister Br Graupenstein die Loge, welche der erhebenden Eindrücke so viele hatte und die so wahrhaft schön verlief. Allen BBrn, welche daran Theil nahmen, wird sie unvergesslich bleiben.

Schliesslich sei noch bemerkt, dass die Loge z. goldnen Kugel in Veranlassung ihres hundertjährigen Bestehens dem Unterstützungsverein für die Familien einberufener Wehrmänner die Summe von 1000 Mark Cour. hat zukommen lassen. Dadurch hat auch sie ihre ernste Liebe für das Vaterland zu bethätigen gesucht!

Mag reicher Segen der geliebten goldnen Kugel, wie bisher zu Theil werden, mag sie immerfort bemüht sein, den Bau weiter zu fördern und ihn seiner Vollendung näher zu bringen!

Zur Beachtung.

Von einem Br, Stuhlmstr. oder Vorsitzender eines Clubs, wurde ich vor einiger Zeit um Besorgung eines Exemplars „des Gesetzbuch der Loge Baldin z. L." ersucht.

Heute ist mir durch die brüderl. Gefälligkeit des ehrw. Br Narbach ein Exemplar zugegangen, der meiner Bitte früher nicht entsprechen konnte, weil sich kein disponibles Exemplar in seinem Besitze vorfand und auch im Archiv kein Vorrath mehr war.

Ich habe inzwischen den betreffenden Brief zurückgelegt und kann mich auf den Schreiber nun nicht mehr besinnen. Ich bitte denselben das Exemplar bei mir zu reklamiren.
J. G. F.

Leipzig d. 10. Sept. 1870.

Briefwechsel.

Br A. R. in L—z. Antwort auf Ihre brdl. Anfrage wird Ihnen von Dr. aus zugehen, wohin ich Ihren Brief zur Erledigung gesandt. Brdl. Gruss!

Br G. W.—r in H—s. Mein Bruder — jetzt bei der neunten Feldbatterie — ist ausmarschirt. Wohin? — noch unbekannt. Sei so gut, theile es H—n in V—ch mit. Br F. F—r wird Kunde machen, diese Zeilen erhalten: Was macht Dein Carl? Brdl. Gruss!

☞ Zur Notiz.

Da Inserate für die „Beilage" zu spärlich eingehen, zu viel Mühe machen und überdies von einzelnen Brüdern ungern gesehen werden, so lasse ich die Inserat-Beilagen wieder eingehen und werde im Blatte selbst nur Bücher- und freimaurerische u. dgl. Anzeigen, dagegen keine geschäftlichen fernerhin aufnehmen.

Der Herausgeber.

Or. Frankfurt a. M., 1. Sept. 1870.

An die deutschen Logen und Brr!

Ohne Zweifel hat jeder Freimaurer „den Aufruf" des verehrten Brs Künzel in No. 34 der „Bauhütte" vom 20. vorigen Monats mit grösster Freude begrüsst, welcher die Bestrebungen unserer vereinigten Logen in so erhebender und umfassender Weise würdigt. „Mit vereinten Kräften im rechten Augenblick der Humanität und dem Vaterlande zu dienen" — diesen Gedanken will Br Künzel in grossartiger Weise auf die gesammte Maurerwelt ausgedehnt wissen. Uns bezeichnet er als den Mittelpunkt, nach welchem hin die Hülfsthätigkeit derjenigen Brüder strömen möge, welche, vom Kriegsschauplatz weiter entfernt, weniger sicher die besonderen Erfordernisse zu erkennen, sowie auf deren Befriedigung zu wirken vermögen.

Die Kundgebung, welche mit unseren Unterschriften in No. 35 der „Bauhütte" erschienen ist, beweist allen Brüdern, dass, wenn wir auch nicht wagen durften, uns ihnen als Mittelpunkt einer solchen gemeinsamen Hülfsthätigkeit anzubieten — so doch dieselben Gedanken, welche den Aufruf des verehrten Bruders Künzel hervorriefen, auch uns beseelten.

Zu unserer Genugthuung hat sich dies auch bereits bethätigt durch Zuweisung von Gaben einzelner entfernter Logen etc.

Somit erklären wir uns bereit, alle Gaben derjenigen Logen, die sich an diesem humanen Werk betheiligen wollen, in Empfang zu nehmen und dieselben im Sinne maurerischer Grundsätze und werkthätiger Liebe zu verwenden. Würden einzelne Logen für die Verwendung ihrer Gaben bestimmte Wünsche hegen, so sollen diese gewissenhaft berücksichtigt werden.

Wie es uns bis jetzt gelungen ist, mancher Noth entgegen zu wirken, manche Thräne zu trocknen, viele Schmerzen zu lindern, so werden wir bedacht sein, dieses Werk eifrig fortzusetzen und am Schlusse unserer Thätigkeit über unser Wirken und über die Verwendung der eingegangenen Gaben Rechenschaft abzulegen.

Der a. B. a. W. segne unser Thun!

Das Comité der Frankfurter Freimaurerlogen.

G. W. Martini, Kaufmann, Vorsitaender. L. von Goldschmidt, Consul, stellvertretender Vorsitzender. F. L. Berninger, Kaufmann. Dr. med. A. Buddeus. J. Creizenach, Kfm. A. Durlacher, Kaufmann. Chr. Enders, Kaufmann. Fr. J. Ficus, Institutsvorsteher. Heinrich Hahn, General-Agent. F. L. Handel, Oberpostamts-Secretär a. D. Karl Itzigsohn, Kaufmann. L. Kappus, Lehrer. C. Leykam, Inspector a. D. Dr. Karl Oppel, Lehrer a. der Musterschule. Karl Paul, Lehrer a. d. Musterschule. Dr. jur. J. J. Scherbius. Wolfgang Speyer, Kaufmann. Heinr. Jos. Strauss, Kaufmann.

Verantwortlicher Redacteur: Br J. G. Findel — Verlag von Br J. G. Findel in Leipzig. — Druck von Brr Bär & Hermann in Leipzig.

No. 40.　　　　　　　　　　　　　　XIII. Jahrgang.

Die
BAUHÜTTE.

Begründet und herausgegeben

von

Br J. G. FINDEL.

* Organ des Vereins deutscher Freimaurer. *

Zeitschrift für Brr Frmr.　　　Leipzig, den 1. Oktober 1870.　　　MOTTO: Weisheit, Stärke, Schönheit.

Von der „Bauhütte" erscheint wöchentlich eine Nummer (1 Bogen). Preis des Jahrgangs 3 Thlr. — (halbjährlich 1 Thlr. 15 Ngr.)
Die „Bauhütte" kann durch alle Buchhandlungen bezogen werden.

Beförderungs-Ceremonien und maurerische Festfeiern.

Ein Samenkorn für die Brei der Zukunft.

I.

Im Nachstehenden lege ich Gedanken nieder, die sich mir schon vor Jahren gebildet und seitdem immer mehr befestigt haben. Sie reihen sich folgerecht ein in das Idealbild des Mrbundes, wie ich es von jeher aufgefasst, und welchem ich die äusserliche, thatsächliche Verwirklichung zu geben mit gleichgesinnten Brüdern schon geraume Zeit bemüht war. Vollständigere Kenntniss und reifere Beurtheilung aller vorliegenden Zustände bringen jeden reformatorisch vordrängenden Sinn immer zuletzt zu der Ueberzeugung, dass sich der sofortigen Verwirklichung des Besten überall unüberwindliche Mächte entgegengestellt finden, und dass Diejenigen sehr dünn gesäet sind, welche das Ideale unter allen Umständen um sein selbst willen zu realisiren entschlossen sind. Die Folge wird sein, dass das Ideale zwar mit festem Glauben und treuer Liebe festgehalten wird und als ferner leitender Stern allem Wollen und Handeln verschwebend bleibt, zugleich aber im Grunde darauf Verzicht geleistet werden muss, es wirklich werden zu sehen: so dass wir es nur als ein besonderes Glück und gleichsam als ein Geschenk vom Himmel preisen, wenn Etwas von dem erreicht wird, was wir herzustellen wünschen.

Diese etwas trübselige Betrachtung möge zur Rechtfertigung dafür dienen, dass hier nur ein „Samenkorn für die Zukunft" angekündigt wurde. Und soll ich es kurz voraus bezeichnen, wie zum Inhalte des Folgenden meine Erwartung sich verhält, so bekenne ich mich einerseits zu der Hoffnung unter unsern Brüdern Einige zu finden, die mit mir den gemachten Vorschlag an sich billigen, andererseits aber auch zu dem entschiedensten Zweifel, dass an die Ausführung desselben eine Hand angelegt wird, ehe diese Zeilen schon wieder vergessen sind.

Eine kritische Ansicht über unsere drei Grade und die Weise, in dieselben zu befördern oder aufzunehmen, liegt dem, was ich sagen will, zu Grunde. Der kurze, zusammenfassende Ausdruck dieser Ansicht würde sein: Unsere drei Grade beruhen in ihrer Unterscheidung, Anzahl und Stufenfolge durchaus auf tiefer Wahrheit und innerster sachlicher Nothwendigkeit, die Einzelheiten ihrer Symbolik und Ausdeutung sind im Wesentlichen sinnvoll und der Wahrheit der Sache entsprechend, aber unsere Anwendung dieses herrlichen Materials auf die wirkliche Maurerlaufbahn widerspricht ganz und gar dem Sinne desselben.

Ueber den Sinn der dreifachen Gradeintheilung ist von jeher viel Zutreffendes und Tiefes gesagt worden. Die Grundanschauung dafür ist nicht schwer zu finden, und gibt dann viel Gelegenheit und Handhaben zu geistvollen Combinationen. Wer nun den tiefen Sinn und die schönen Beziehungen gefunden und aufgewiesen zu haben glaubte, nahm dann als selbstverständlich auch die Richtigkeit unserer gewohnten Anwendungen an. Eben hierin dürfte der Irrthum liegen, den das Folgende erst klar machen, dann an Anlass zur Zeichnung des Besseru und Richtigern benutzen will.

Lehrling, Geselle und Meister sollen die Aufeinanderfolge in der Entwickelung und Veredelung des Menschen darstellen, wie solche Aufeinanderfolge in allgemeiner, ideeller Gesetzmässigkeit, deren Abbild im Ganzen und Grossen sich im wirklichen Leben wiederfindet, gewisse Stufen nacheinander durchlaufen muss. Lehrling ist der Mensch, sofern er seinen niedern Begehrungen und selbstischen Trieben gegenüber noch genug damit zu thun hat, die Stärke dieser seiner niedern Natur zu brechen, seinen Willen auf die rechten Ziele zu lenken, seine Triebe diesen Zielen in strenger Zucht dienstbar zu machen und so sich als Einzelwesen auf die Gesellung vorzubereiten. Im Allgemeinen entspricht dieser Zustand dem Jugendalter, indess so Mancher zeitlebens nicht über denselben hinauskommt; jedesfalls entspricht dieser Zustand einer gewissen Naturstufe des Menschen, mit der seine Entwickelung sowohl im Individuum als in der Gesammtheit des einzelnen Volks, ja in der Menschheit, der Idee gemäss überall beginnen muss.

Geselle sodann ist der Mensch, sofern er sich bereits als Mitmenschen fühlt und weiss und will: er hat den Einzelwillen, die Selbstsucht, bereits im Prinzip überwunden; sein Wollen gehört in keiner Weise mehr der niedern Region, dem blossen Naturleben und Einzelleben an; nur seine Schwäche ist es, nie ihm durch fortgesetzte Anwandlungen niederer Art fortgehends noch zu schaffen macht. Jetzt bedarf er also vor Allem der Vertiefung und Stärkung seines Gemeingefühles, seiner geselligen Liebe, die ihn der Gemeinschaft der Mitmenschen einfügt und er bedarf ferner hier, der Anweisung, wie er in solcher Gemeinschaft und für dieselbe thätig sein könne. Es ist klar, dass der allgemeinen Idee nach die Zeit mittlerer Mannesreife am meisten dem Gesellenthum entspricht; denn dies ist die Zeit des allseitigsten Gemeinschaftslebens und der entschiedensten, berufsmässigen Arbeit für die Gemeinschaft der Menschen. Und wenn der Lehrlingsstand noch die niedere, untermenschliche Natur, gleichsam den Thierzustand zur unmittelbaren Voraussetzung hat, so ist die Basis des Gesellenstandes recht eigentlich die Menschheit, die specifische Menschennatur, Humanität, der Lebensinhalt des menschlichen Erdenbürgers rein als solchen. Aber der Mensch ist erst vollendeter Mensch, erst Meister, wenn er auch das Uebermenschliche sich aneignet und einverleibt hat: das höchste Ideal des Menschen ist die Gotteskindschaft oder die Gottmenschheit, der Lebensinhalt des Himmelsbürgers. In seinem Herzen und Geiste soll der Mensch verbunden und durchdrungen sein mit Gott: Gott, das Göttliche, aller absolute Idealgehalt und die universelle schöpferische Liebe, soll ihn innigst beseelen und soll ihm in Gedanken, Gefühlen, Phantasiebildern und edler, idealer Leidenschaft erfüllen. Dieses Göttliche im Menschen ist sein unsterbliches Theil; es ist nicht für das kurze Erdenleben und für dessen Verhältnisse allein, sondern es ist für die Ewigkeit und für das Universum bestimmt. Das höhere Alter ist es nothwendig, das sich am meisten und am liebsten in diese Region eintaucht, um so mehr, je mehr der Sinn eines gesund Alternden sich verinnerlicht, vergeistigt, immer mehr wegwendet von den Gegenständen irdischen Wirkens zu den Gegenständen geistiger Contemplation, und in der Nähe des Todes dazu dringende Veranlassung findet.

Die Stufenfolge der drei Grade ist hiernach ein durch-aus wahres, sinnvoll erschöpfendes Abbild der Dreigliederung in der Entwickelung des Menschen, der Menschheit, ja des Universums und folgende Dreiheiten entsprechen nach dem Gesagten einander wechselsweise:

Lehrling —	Geselle —	Meister;
Einzelwesen —	Gesellschaftswesen —	Universalwesen;
Natur —	Gesellschaft —	Gott;
Sinnlichkeit —	Herz, Seele —	Geist;
Thierheit —	Menschheit —	Gottmenschheit;
Jugend —	mittleres —	höheres Alter,

— welche Triaden vielleicht noch durch manche andere, nicht minder dazu stimmende vermehrt werden könnten.

Und trotz dieser Fülle fruchtbarster und tiefgreifendster Beziehungen, trotz dieser durchherrschenden Wahrheit der Grundlagen, soll unsere Einrichtung von drei Graden und von dreierlei Beförderungs- oder Aufnahmeacten, die Vertheilung derselben auf die Laufbahn des Maurers, auf einem Irrthum, also auf Missbrauch jener geistvollen Ueberlieferung beruhen? Ich scheue mich nicht dies zu bejahen, und es ist nicht eben schwer, es zu beweisen.

Wir nehmen Männer in unsern Bund auf zur Zeit, in der sie sich uns melden, vom achtzehnjährigen Lufton an bis zum Greise, der etwa spät noch sich entschlösse, in unsere Kette zu treten; die Meisten unserer Suchenden sind im reifen Mannesalter. Alle aber ohne Unterschied nehmen wir als Lehrlinge auf, gleich als ob sie Alle zu uns in jenem Zustande ihrer Entwickelung kämen, in welchem sie wesentlich noch auf die Bezähmung ihrer niedern Natur, auf die Rechtgestaltung des Einzelmenschen als solchen, angewiesen werden müssten, aber noch nicht reif dafür gelten könnten, die Ausbildung für die Gemeinschaft durch den Gesellengrad, geschweige denn die Stärkung ihres Gottesbewusstseins und ihres unsterblichen Theils durch den Meistergrad in sich aufzunehmen. Männer, welche längst die schwierigsten Aufgaben in Familie, Beruf, Staatsleben und in allen möglichen Lebenskreisen übernommen haben und fortgehends an denselben arbeiten, behandeln wir zunächst wie Solche, denen zum ersten Male der Ernst des Lebens und die Pflicht sittlicher Bildung entgegentritt; ja wir suchen ihnen einzureden, dass sie erst durch längere Uebung in der Lehrlingsweisheit dazu fähig würden, die Tiefen des zweiten, und endlich auch des dritten Grades zu ergründen. Ich will nicht davon sprechen, dass man dadurch gerade das Tiefsinnigste und Schönste dieses ganzen Gradsystems, nämlich seinen Zusammenhang, dem Aufgenommenen vorläufig entzieht, und dadurch selbst das Verständniss des ersten Grades erschwert und seine Bedeutung verringert; ich will noch weniger betonen, dass Mancher, der vor seiner Beförderung dem Leben entrissen wird, mit diesem Verluste in den ewigen Osten hinübergehen muss, während ihm die Höhe der Aufnahmegebühren doch ein Recht auf vollständigeren Genuss der maurerischen Güter erworben haben sollte. Ich hebe hier nur hervor, dass unsere Anwendung des Gradunterschieds eine Voraussetzung festgehalten wird, welche durchaus unwahr ist, die Voraussetzung nämlich, als habe Jeder, der sich uns meldet, die Stadien der Entwickelung, welche durch die drei Grade ausgedrückt werden, wirklich noch als eine Reihe zeitlich getrennter Stadien zu durchlaufen. Nehmen wir hinzu, dass der als gereifter Mann zum Lehrling Aufgenommene eine Menge weit unreiferer und vielleicht auch sittlich und intellectuell ungebildeterer Brüder als Gesellen und Meister über sich sehen und als die Fortgeschrittenen betrachten muss, so wird die Unwahrheit jener Voraussetzung und das Widersinnige der ganzen Einrichtung ausserordentlich klar. Es liesse sich noch glimpflicher darüber urtheilen, wenn es möglich wäre, die Beförderungen bloss symbolisch aufzufassen, d. h. als sinnbildliche Akte, durch welche jene oben dargestellte ideelle Dreiheit der menschlichen Bildungsstufen anschaulich werden solle. Aber weit entfernt davon, nur sinnbildlich zu gelten, haben ja unsere Gradunterschiede einen sehr realen Einfluss; denn erstens kostet jede Beförderung besonderes Geld, zweitens sind die Lehrlinge von den Gesellen-, und Meisterlogen factisch ausgeschlossen und ebenso die Gesellen von den Meisterlogen und wird der je höhere Grad für den je niederen als Geheimniss behandelt und drittens sind sogar Verfassungsrechte mit der Erlangung des zweiten und des dritten Grades verbunden, z. B. Stimm- und Wahlrechte u. dgl. Das wäre denn doch eine weit getriebene Symbolik, mit der sogar eine ungleiche Vertheilung der Mitgliederrechte, also eine durchaus nicht sinnbildliche, sondern sehr wirkliche Folge, verknüpft wäre! Gibt es doch sogar Logensysteme, welche den Lehrlingen das Sprechen in den Versammlungen verbieten, — von hierarchischen Missbräuchen des Logenbeamtenthums, wie Censur u. dgl, wodurch sogar die sogenannten „Meister" mitbetroffen werden, so dass die ganze Unterscheidung zur Fratze wird, hier zu geschweigen.

Wenn es nach dem bisher Ausgesprochenen in den meisten Fällen factisch unwahr ist, dass der sogenannte „Lehrling" dem Sinne dieser symbolischen Bezeichnung nach wirklich bloss Lehrling: so ist es ebenso meist faktisch unwahr, dass mit dem Beförderten in der Zeit bis zur Beförderung diejenige Veränderung vorgegangen wäre, welche jene wichtigen Gradunterschiede zum nothwendigen und angemessenen Ausdrucke hätte. Der zum Gesellen beförderte Lehrling mag in seiner sittlichen und geistigen Bildung wirklich seit seiner Aufnahme fortgeschritten sein, aber wie selten wird sich dieser Fortschritt als Fortschritt vom herrschenden Einzelwillen zum herrschendem Gemeinschaftswillen! Und wie selten vollends wird beim Meisterwerden der ganze Weg, welchen jene drei Stadien abtheilen, wirklich seinem Sinne nach, d. h. als Weg vom Einzelwesen zum Gesellschaftswesen und von diesem zum gottdurchdrungenen Geiste durchlaufen sein! Dazu wäre eine Einrichtung der Beförderung nöthig, die sich auf keine Weise herstellen lässt: eine Einrichtung, durch welche eben nicht allein im Allgemeinen der sittliche und geistige Fortschritt des Aspiranten, sondern sein innerstes Seelenleben den leitenden Persönlichkeiten oder den abstimmenden Brüdern genau bekannt würde. Die wirkliche Praxis der Beförderungen, mit der ideellen Bedeutung derselben verglichen, würde uns vollends ganz enttäuschen; denn zumeist erlangt ja den nächsten Grad Jeder, der ihn begehrt, und der den früheren eine Zeit lang besass; aber hiervon soll gar nicht einmal die Rede sein. Selbst beim besten Willen und bei der

tiefsten und strengsten Auffassung würde es nicht gelingen, diejenigen, deren Zustand nach obiger Auslegung des Sinns noch wirklich der des Lehrlings ist, und die in diesem Sinne Gesellen und Meister zu Nennenden, rein von einander abzusondern. Die wirklich ausgeführte Scheidung bleibt also in diesem Betracht ebenso, wie im vorigen, durchaus illusorisch, und vor Allem im höchsten Grade ungeeignet, eine Verschiedenheit von irgendwelchen Rechten und Pflichten darauf zu begründen.

Aber habe ich oben nicht selbst gesagt, dass der Sinn des Lehrlingsgrades besonders der Jugend, der des Gesellenthums vor Allem dem mittleren Alter, der des Meisters dem höheren Alter angemessen sei? Könnte man nicht etwa den gordischen Knoten hier einfach dadurch zerhauen, dass man jeden höheren Grad an ein bestimmtes Alter knüpfte, und den in vorgerückterem Alter Eintretenden den versäumten niedern Grad immer nur historisch mittheilte? Es liesse sich hierfür anführen, dass hierdurch jedem Alter seine besondere Aufgabe eindringlich gemacht würde, und Jeder in seinem Grade nicht sowohl erführe, was er ist, als was er sein soll. Jedes Alter würde dann eben auf die ihm geeignetste Weise im Bunde angeredet und erzogen und die hiernach bestimmte Verschiedenheit der Rechte bekäme die natürliche Basis verschiedenen Alters, welche jeder Bescheidene und billig Denkende respektirt. Ich verhehle nicht, dass dieser Vorschlag einige Verwandtschaft hat mit dem von mir selbst beabsichtigten; indessen doch nur sehr geringe Verwandtschaft. Ja, gerade das schärfste und gewichtigste aller meiner Bedenken gegen die bisherige Praxis muss ich gerade gegen diesen Vorschlag ebenso sehr kehren, wie gegen das Bestehende.

Ich behaupte nämlich, und will es begründen, dass die ganze Scheidung, selbst wenn sie vollkommen im Sinne der Sache gelänge, dem eigentlichen, tiefsten Interesse und Zwecke der Maurerei, der geistig-sittlichen Heranbildung und Veredlung, nur hinderlich sein kann.

R. Seydel.

Ein geschichtliches Denkmal.

Hochwürdiger Grossmeister!
Hochwürdige, Sehr ehrwürdige Brüder-Aufseher und Beamte,
Sehr ehrwürdige Mitglieder,
Geliebte Brüder!

Schnöde Begegnungen, die ich Abseiten der grossen Landes-Loge zu Berlin habe erfahren müssen, unfreundliches und willkührliches Betragen derselben, gegen drey mit ihr und Ihnen meine vielgeliebten B. verbundene L. zwingen mich, Sie von einem schmerzhaften Schritt zu benachrichtigen, welchen ich zu thun mich genöthigt gesehen habe. Schon lange Zeit hat mich die grosse Landes Loge als ein Schattenbild angesehen, der neuerlich hat sie erst angefangen, der Loge zu den 3 Reissbretern in Altenburg, der Loge zum Rautenkranz zu Gotha und der Loge Balduin zu Leipzig despotische Gesinnungen zu erkennen zu geben, welche diese in ihren Vorrechten kränkten.

Diese guten L. ersuchten mich um Beystand, und ich konnte nicht umhin, mich für sie zu verwenden und der grossen Landes-Loge Vorstellungen zu thun, diesen aber den Anhang mit beyzufügen, dass despotische Grundsätze, und meine Gedenkungsart keineswegs neben einander bestehen könnten, ich mich dahero bewogen fände, den mir von ihr anvertrauten Hammer eines Landes-Grossmeisters, ihr wiederum in ihre Hände zurückzugeben, und denselben feierlichst niederzulegen. Da nun die grosse Landes-L. meinen Vorstellungen kein Gehör gegeben, sondern nur mein Anerbieten in Absicht der Landes-Grossmeister-Stelle angenommen hat, sie auch wirklich zu der Wahl eines neuen Grossmeisters in der Person des Hochwürdigen Bruders von der Goltz geschritten ist, und mir diese Wahl in sehr harten und schnöden Ausdrücken bekannt gemacht hat, so kann ich nicht umhin, Ihnen meine theuersten Brüder dieses zu melden, damit Sie nicht etwa durch ungleiche Vorspielungen in den Irrthum geriethen, ich sey von der grossen Landes-Loge abgesetzt worden. Keineswegs meine Brüder, sondern ich habe den Landes-Grossmeisters Hammer, bey so bewandten Umständen freiwillig niedergelegt, da ich nicht länger gesonnen war, despotischen Grundsätzen und willkührlichen und herrschsüchtigen Absichten durch das Ansehen, welches mir mein Rang in der profanen Welt giebt, einiges Gewicht zu geben. Die Freymaurerey ist ein Band der Liebe und des Wohlthuns, welches Menschen von allerley Gattung und Ständen unter dem theueren Bruder-Nahmen vereinigt, um durch Tugenden das allgemeine Wohl und die Glückseligkeiten der Menschen zu befördern. Wie könnten sich mit solchen Gesinnungen despotische Grundsätze vereinigen lassen, und wozu Herrschsüchtige Absichten? Pflicht, warme Bruderliebe und aufrichtige Wünsche für Ihr wahres Wohl, rufen mich auf, Sie, meine geliebten Brüder, vor dem eisernen Joch der grossen Landes Loge zu warnen, und Ihnen mein eigenes Beyspiel als ein Exemplum vorzustellen! Was haben Sie nicht zu erwarten, wenn ich unfreundlich und hart behandelt werde? Ich kann nicht länger mit der grossen Landes Loge vereinigt bleiben, aber wie sehr sollte mich es schmerzen, wenn Sie mir dieses Bruchs wegen Ihr Brüderl. Zutrauen entzögen. Ich wenigstens habe die Ehre Ihnen zu versichern, dass ich mit der Brüderlichsten Zuneigung in unserer heiligen Zahl jederzeit verharre

Ihr
sehr wohl affectionirter Bruder
Ernst, H. z. Sachsen-Gotha.

Gotha, d. 14. Jan. 1777.
An die Loge zum goldenen Apfel.

Toast.
Von
Br K. in Ohrdruf.

Hochwürdiger Meister!
Geliebte Brüder! Tod ist Leben und Leben ist Tod. Beides sind Gegensätze und gleichwohl bedingen sich beide gegenseitig.

Ueberall in der Welt ruft der Untergang und die Verwesung des Alten, Abgestorbenen neues junges Leben hervor, fördert und erhält es, sichert ihm seine Existenz. Im grossen Weltenorganismus beruht das Leben auf dem Tode, wie dies leicht an unzähligen Beispielen aus allen Verhältnissen und Kreisen, menschlichen, wie thierischen, internationalen, wie socialen, staatlichen wie familiären gezeigt werden könnte. Doch genügt die Andeutung.

Wie aber der Tod Leben, so bedingt auch reciprok das Leben den Tod. Jede Creatur ist im Kampfe mit seinesgleichen sowohl, wie mit den umgebenden Geschöpfen anderer Art, um ihre Existenz zu gewinnen, zu sichern, zu erhalten. Der Kampf um das Dasein, dieses grosse und wahre Princip des Darwinismus, führt herbei den Untergang des Schwachen, Hinfälligen, Alten und Veralteten.

Das wahre Leben beruht nicht in der Stabilität, in der Ruhe auf den Errungenschaften der Väter, nicht im Festhalten am Althergebrachten, nicht in der Defensive, sondern im freien Schaffen, in der Offensive, im Fortschritt.

Was du ererbt von deinen Vätern hast,
Erwirb es, um es zu besitzen,
Was man nicht nützt, ist eine schwere Last,
Nur was der Augenblick erschafft, das kann er nützen.

So auch bei uns, geliebte Brüder, in unserem Maurerleben.

Das Seelenleben jedes einzelnen Bruders muss, wenn es ein wirklich maurerisches sein soll, ein fortwährender Kampf sein zwischen guten und bösen Regungen, Gewohnheiten, Ansichten. Die einen veranlasst und getragen vom Streben nach Selbsterkenntniss, Selbstbeherrschung, Selbstveredlung, — die anderen von Leidenschaften, Indifferentismus, Charakterschwäche.

Um die Palme ächter Lebensweisheit ist der Kampf heiss entbrannt und entbrennt in dem Bruder, welcher mehr und mehr den Sieg der guten und den Untergang der bösen Geister in seiner Brust konstatiren kann!

Aber wie im innern Einzelleben, so ist es auch im äusseren Maurerleben, im Umgang mit den Brüdern; so ist es im Logenleben, im Verkehr der Logen unter sich und der Tochterlogen mit den Grosslogen.

Die Maurerei ist in ihren Grundprincipien und Symbolen ist stets dieselbe geblieben. Diese können, weil sie rein menschliche sind, d. h. weil sie auf der Unvollkommenheit des Menschen basiren und deren möglichste Beseitigung erstreben, nie veralten. Sie stehen und fallen mit der Menschheit selbst. Bei dem ehrwürdigen Alter unseres Bundes aber, dessen äusserer Organismus und Ritus in der Vorzeit sich entwickelt hat, einer Zeit, die in ihren socialen, religiösen und politischen Anschauungen und Formen durch die Neuzeit vollständig überflügelt und überwunden ist — lag es in der Natur der Sache, dass die alten Formen der Freimaurerei im Logenverbande einer zeitgemässen fortschreitenden Entwickelung sich nicht entziehen konnten und zum Theil fallen mussten.

Auch hier ist es das Princip des Fortschritts Lebensprincip.

Entgegenarbeitende Bestrebungen, zu starres Festhalten am Hergebrachten ohne Gestattung berechtigter

Modifikationen müssen daher den ewigen Kampf des Mikrokosmus um so heftiger entbrennen machen und — ihre Niederlage beschleunigen.

Auch wir haben einen derartigen Conservatismus von Oben zu empfinden, auch wir stehen heiss im Kampfe dagegen, wie unser hochw. zug. Mstr. v. St. vor einiger Zeit uns darlegte und wie uns die jüngste Inspectionsloge klar vor Augen führte.

Aber um so berechtigter ist mithin auch die Energie in den Fortschrittsbestrebungen, die vom Meisterstuhle unserer Loge entwickelt wird. Desshalb bitte ich Sie, gel. Brüder, Ihr Glas mit mir zu einem Toast auf die freie Entwickelung unseres Bundes zu lernen.

Wir bringen

das erste Feuer: dem Tod des Veralteten aus der Vergangenheit

das zweite Feuer: dem freien Fortschritt als dem wahren Leben der Gegenwart.

das dritte Feuer: der Hoffnung auf eine freie zeitgemäss entwickelte reiche Zukunft unseres Bundes.

Die deutschen Freimaurer und die deutschen Logen während des Nationalkriegs.

(Fortsetzung.)

Berlin. — In reiflicher Erwägung nach jeder Richtung hin ist von dem Direktorium des Bundes der FrMr der Gr. Nat.-M.-Loge zu den drei Weltkugeln aus ökonomischen und sanitätlichen Gründen von der Herrichtung eines Lazareths für Verwundete abgesehen worden. In ökonomischer Beziehung wurden zu dem gedachten Zweck die unteren Räume des Ordenshauses zwar als für ausreichend genug, jedoch sonst als für nicht zusammenhängend genug, — und in sanitätlicher Beziehung (wobei namentlich die Stimme eines in der medicinischen Welt als Autorität geltenden Bruders den Ausschlag gab) als zu tief und feucht gelegen und auch sonst noch durch die Nähe des Grabens als für nicht geeignet befunden.

Die Errichtung eines Lazareths ausserhalb des Ordenshauses wurde ebensowenig beliebt. Dagegen wurde die inzwischen zu Tage getretene, von Sr. Majestät dem Könige bereits sanctionirte

„Stiftung für deutsche Invaliden und Hinterlassene der im Felde gebliebenen deutschen Soldaten"

als vorzüglich zum Wohlthun geeignet befunden und von der Brüderschaft der Grossen National-Mutter-Loge auf das Freudigste begrüsst.

In der am Donnerstag, den 25. August stattgehabten Conferenz hat nun die Gross-Loge beschlossen, zum Gründungs-Fonds dieser in's Leben tretenden vaterländischen Stiftung einen Beitrag von sechstausend Thalern aus dem Vermögen der Gross-Loge zu bewilligen, des Glaubens, dass sie hierdurch ihrer nationalen Theilnahme Ausdruck gebe und sich von jedem Particularismus fern halte, zumal die deutsche Sache auf dem Spiele gestanden, deutsche Soldaten das Vaterland vom Erz-

feinde befreit, also auch die Brüder Freimaurer als deutsche Brüder handeln müssten, umsomehr als der Durchlauchtigste Protektor als deutscher Bundes-Feldherr dieser allgemeinen deutschen Invaliden-Stiftung bereits seine Sanction ertheilt.

Ausser diesem einstweiligen Beitrage von Seiten der Grossloge werden noch in den hiesigen vier Tochter-Logen Sammlungen veranstaltet, über deren Zweck fürerst die vier vorsitzenden Meister, demnächst die gesammte Brüderschaft der vier Tochter-Logen Beschluss fassen. —

Wer wollte leugnen, dass die drei vaterländischen Gross-Logen in ihrer Liebesopferwilligkeit Enormes leisten: die Gross-Loge zu den drei Weltkugeln in dem obengedachten Beitrage zur deutschen Invaliden-Stiftung etc., die Grosse Landes-Loge in der Herrichtung eines Lazareths (dessen Unterhaltungskosten die Summe von monatlich nahezu 600 Thlr. erheischen) und die Gross-Loge „Royal-York"*) in dem Beitrage von 5000 Thalern, zur Hälfte für die Verwundeten und zur Hälfte für die hülfsbedürftigen Hinterlassenen. Hierzu kommt noch, dass die Opferwilligkeit keineswegs als abgeschlossen zu betrachten, vielmehr noch jede Gross-Loge, jede Tochter-Loge, ja jeder Bruder, wenn die Noth es erfordert, nach Kräften zu opfern bereit ist.

(Wöchentl. Anz.)

Gotha. Nachdem eine Meisterkonferenz der Loge „Ernst zum Compass" Anfangs August beschlossen hatte 600 Thaler zur Milderung des durch den Krieg verursachten Elendes zu verwenden, wurde einige Tage darauf eine Versammlung sämmtlicher Brüder einberufen, um über das „Wie" zu berathen. Man beschloss 200 Thaler dem Landesdelegirten für freiwillige Krankenpflege zu übergeben, die übrigen 400 Thaler aber zur Unterstützung der Familien der im Felde stehenden Krieger zu verwenden. Zu letzterem Zweck wurde eine Commission von 6 Brüdern gewählt, welche die bedürftigsten Familien aussuchen und die Grösse der Unterstützung je nach Bedürfniss bestimmen sollte. Jeder der 6 Brüder übernahm mindestens eine Familie und es wurde hervorgehoben, dass dieser nicht blos die Unterstützung hinausgehen, sondern der Familie auch in sittlicher Beziehung mit Rath und That zur Seite stehen solle.

Ausserdem wurde dem Landesdelegirten mitgetheilt, dass die Loge bereit sei im Falle des Bedürfnisses ihre Lokalitäten zur Errichtung eines Lazareths zu überlassen.

Auch die Schwestern vereinigten sich, um zwei Tage in der Woche im Logenhause Lazarethbedürfnisse zu arbeiten und es sind schon mehrere grosse Kisten mit letzteren gefüllt an die Lazarethe nahe am Kriegsschauplatz gesendet worden. Die Mittel dazu werden durch Beiträge der Schwestern — auch die Durchl. Schwester Herzogin Alexandrine hat einen namhaften Beitrag gegeben — und der Brüder beschafft.

---

*) Die Hochwürdige Gross-Loge wolle verzeihen, wenn der Herausgeber betreffs dieser Mittheilung gegen seine Befugniss gehandelt; er glaubte indess bei Aufführung der freimaurerischen Opferwilligkeit auch der Gross-Loge „Royal York" Anerkennung zollen zu müssen.

Aus **Hamburg** wird uns Folgendes berichtet: Der Kampf, welchen Deutschland gegen Frankreich führt, hat bekanntlich die Herzen Aller geöffnet! Reiche Gaben sind geflossen, um das Elend zu lindern, die blutigen Wunden zu reinigen und den Kranken und Hülflosen Milderung ihrer Leiden zu bereiten und Hülfe zu schaffen. — Auch hier ist Grosses in dieser Beziehung geschehen, und jeder Tag liefert den Beweis, dass die Bevölkerung in ihrer Opferwilligkeit nicht lässig ist. Dass an diesen Liebeswerken jeder einzelne Bruder sich betheiligt hat, ist wohl als selbstverständlich anzunehmen; dessen ungeachtet bedurfte es nur der Anregung des Provinzial-Grossmeisters Br Dr. Ritt, um auch die Neue die Bruderschaft der hier zur Provinzial-Loge von Nieder-Sachsen gehörenden sechs Logen zu weiteren Thaten anzuspornen. Musste auch der zuerst in's Auge gefasste Plan, an der Herrichtung von Betten für Verwundete sich zu betheiligen, fallen gelassen werden, weil in dieser Beziehung Seitens des Staates das Erforderliche in's Werk gesetzt war, so konnte doch in diesen Tagen durch den Provinzial-Grossmeister Br Dr. Ritt eine Summe von 3000 Mark Courant den vereinigten Comité's für die Verwundeten übergeben werden, welcher in nicht ferner Zeit eine zweite Spende folgen wird. Aber auch einzelne Logen sind trotz der Betheiligung ihrer Mitglieder an obigen Liebeswerken nicht zurückgeblieben. So hat allein die St. Johannis-Loge zur goldenen Kugel als Erinnerung an den Tag ihres hundertjährigen Bestehens die Summe von 1000 Mark Courant dem Unterstützungs-Verein für die Familien einberufener Wehrmänner zukommen lassen; von der St. Johannisloge zum Pelikan ist der Beschluss gefasst, eine namhafte Summe für verschämte Arme zu gewähren, und neuerdings hat auch die St. Andreas-Loge Fidelis einen Beitrag aus der Logen-Kasse von 500 Mark Courant für patriotische Wohlthätigkeits-Zwecke bestimmt. — Hoffentlich werden die anderen hiesigen Schwester-Logen diesem schönen Beispiele folgen.

(Wöchentl. Anz.)

Feuilleton.

England. Wenn auch langsam dämmert Einsicht und bessere Ueberzeugung doch in einzelnen Brn auf; so z. B. bekennt Br John Yarker im „Freemason", er glaube, dass bei der jetzigen Zusammensetzung der Mrei Alles, was über den Meistergrad hinausgehe, werthlos und der Grund vieler Verwirrung sei. In der That, die obwaltende Behandlung der Hochgrade in England treibt über kurz oder lang die besten Elemente aus dem Bunde hinweg."

Englische Logen veranstalten Concerte zu Gunsten der Opfer des Krieges und die Grossloge von Schottland hat einen Aufruf erlassen zu Gunsten einer Sammlung in ihren Logen.

Erlangen, im Sept. — Die Loge Libanon z. d. 3 Cedern dahier hat einen schweren Verlust erlitten. Am 18. ds. M. ging der vielgel. und allgemein hochgeachtete, vieljährige Meister vom Stuhl Br J. Merz in Folge eines Herzschlages in den ewigen Osten ein, viel zu früh für seine Familie und für die trauernde Loge. Den 19. August 1808 dahier geboren, ward er in seinen Jünglingsjahren im Jahre 1828 unserem Bunde zugeführt und seit dem Jahre 1854 führte er ununterbrochen durch das Vertrauen der Brüder, den ersten Hammer. Von ihm kann man mit vollem Rechte sagen, er habe nie einen Feind gehabt. Sein für alles Erhabene und Schöne empfängliches Herz und Gemüth, sowie Menschenfreundlichkeit und Sanftmuth, seine Bescheidenheit, sein Eifer für unsern Menschheitsbund sicherten ihm die Liebe und Hochachtung Aller, die ihn kannten. — Aus Liebe und Dankbarkeit für sein treues, unermüdetes Wirken auf dem Gebiete maurer. sowie des profanen Lebens, hat denn auch die Loge ihn mit allen maurer. Ehren zur Erde bestattet; ein grossartiger Zug der Mitglieder der Loge und Nürnberger und Fürther etc. Deputationen, sowie vieler anderer Leidtragender bewegte sich unter Choral, Musik und Wachsfackeln zum Grabe.

Nach der kirchlichen Einsegnung widmete Br Wilhelm I. als deputirter Meister dem heimgegangenen Meister einige Worte des Dankes, worauf Br Spahn aus Fürth ein ergreifendes Gedicht vortrug, das er wenige Augenblicke vor der Leichenfeier erst niederschrieb.

Br Merz war Ehrenmitglied der 3 Frankfurter Bundeslogen, so wie jener zu Bayreuth und der Loge „Joseph zur Einigkeit" in Nürnberg und erreichte ein Alter von 62 Jahren und 1 Monat.

Ruhe und Friede seiner Asche!

Frankreich. — Unter der Ueberschrift „Le devoir présent" sagt die „Chaine d'Union": „Das Martyrium war immer der Vorläufer der Wiedergeburt und neuen kräftigeren Wiederauflebens. Noch kein Martyrium war so gross und einschneidend, wie das, welches Frankreich jetzt zu bestehen hat." — „In diesem grossartigen Kampfe hat es das Bewusstsein, dass es für das Völker, für die Föderation kämpft."(?)

„Nehmen wir daher als FrMr die harte Pflicht auf uns: zu kämpfen. Wir legen die Grundsteine der neuen Welt, zur Ausrottung des Krieges und zur Föderation der Völker! Brr, wir werden siegen." Hubert

— Die FreiMr in Chalons liessen beim Einzuge der Deutschen über die Pforte des Logenhauses die freimaurer. Embleme anbringen. Ein ultramontanes Blatt benutzte diesen Umstand, um die FrMr der Behörde zu denunciren.

Italien. — Der Grosse Orient von Italien hat ebenfalls eine Sammlung für die Opfer des Krieges, ohne Rücksicht auf ihre Nationalität, eröffnet; die Gaben gehen aber nur spärlich ein, weil die Brüder im Felde stehen und die Logen leer sind.

Die Regierung nimmt nunmehr Besitz von Rom als Hauptstadt Italiens. Sobald dies geschehen, wird auch die Grossloge von Italien ihren Sitz nach Rom verlegen. Die Mrei, heisst es in einem Rundschreiben des Grossmstrs Br Frapolli, wird dazu beitragen, die Welt von der päpstlichen Unfehlbarkeit zu erlösen, zu derselben Zeit, wo sich das italienische Volk nach einem Jahrhundert des Verfalles und der Sclaverei consolidirt.

Auf Anregung mehrerer Brüder haben einige in Florenz anwesende Abgeordnete, darunter die Brr M. Macchi, Frapolli u. A., einen Aufruf an die beiden kriegführenden Nationen und „an unsere Brr der Demokratie in Frankreich und Deutschland" erlassen, der an den dummen deutschen Michel appellirt, welcher glücklicher Weise das Zeitliche gesegnet und einer selbstbewussten Nation Platz gemacht hat, einer Nation, welche „ihrer Pflicht eingedenk". ist gegen sich selbst und gegen die Menschheit. Deutschland wird dem völkerrechtswidrig und barbarisch Krieg führenden Frankreich sicher einen gerechten Frieden zwischen Zirkel- und Winkelmass dictiren. In dem italienischen Aufruf heisst es u. A.:

„Millionen von heroisch dargebrachten Opfern des Krieges haben die Ehre Frankreichs hoch erhoben. Die Republik verabscheut diesen unheiligen Krieg. Ein prompter und für beide Nationen ehrenvoller Friede kann allein die Civilisation retten und das Glück Europa's verbürgen. Möge Deutschland sich in seinen Bedingungen als gross und hochherzig erweisen." Auffallend ist es, dass gleichzeitig von Seiten der italienischen und der englischen Brrschaft aus ähnliche Ansinnen an uns Deutsche gerichtet werden.

Ungarn. — Die Grossloge von Ungarn für die 3 Joh.-Grade ist nunmehr anerkannt, die von den Hochgradlern gegründeten Winkellogen entbehren der Anerkennung und werden eine solche auch nicht erlangen. Die Mitglieder der letztern dürfen in keiner anerkannten g. und v. Loge als Besuchende zugelassen werden. Die besseren Elemente dieser Hochgradlogen d. i. solche, denen es nur um die reinen Zwecke der k. K., um die Pflege der Humanität zu thun ist, nicht um Eitelkeit und Herrschsucht, um Beutelschneiderei und politische Conspiration, werden sich über kurz oder lang den Johannislogen in Ungarn anschliessen.

Eine eigenthümliche Erscheinung und seit Begründung der Bauhütte bisher nicht dagewesen, ist die Thatsache, dass sich neuerer Zeit viele Suchende an den Herausgeber des Blattes mit der Bitte um Einführung in den FrMr-Bund, resp. um näheren Aufschluss betr. der Aufnahme gewandt haben, und zwar aus Böhmen, Holstein, Mecklenburg, Franken, Galizien etc.

Das Manifest der „Alpina" muss überall in den deutschen Herzen ein Gefühl erwecken, welches von dem der Entrüstung nicht allzu weit entfernt ist. Wir möchten, Brüdern gegenüber zu aller Letzt, nicht hart und barsch urtheilen. Wir möchten so gern dem Manifeste die mildeste Erklärungsweise geben; aber Kopf wie Herz suchen wir vergebens. Der Protest der Bauhütte ist allenthalben ein gerechter. Ohne uns lange umzusehen und ohne eine gebührende Abstimmung in den Logen vorzunehmen, darf man dreist sagen, dass nicht nur die deutschen Logen, sondern dass die gesammte deutsche Nation nicht gegen die Schweizer Grossloge, sondern auch die grosse Zahl der Schweizerbürger zu protestiren, Veranlassung hat. Der Gang der schweizerischen Ideen und Sympathien gegen die deutschen Waffen und gegen das deutsche Volk spricht sich in den schweizerischen Zeitungen und in dem Verkehr mit Schweizern aus. Beide sind voll der Unliebe gegen uns, und vor allen Schriften ist es dasjenige Journal, welches da erscheint, allwo die „Alpina" am 3. September getagt und gesprochen hat. Nur mit wahrer Entrüstung, trotz des Strebens nach einem gegentheiligen Gefühle, kann man die Lausanne-Zeitung in die Hand nehmen und lesen. Und wer mit Schweizerbürgern und Republikanern in diesen Tagen über den Krieg gesprochen hat, wird tief ergriffen sein von dem Gedanken, dass die schweizerischen Ansichten in ausgedehntem Maasse denen der modernen Franzosen so ähnlich seien, wie ein Ei dem andern. Hochgestellte Herren sprechen und glauben Dinge, welche uns, den Deutschen, Entsetzen einflössen. Da wollen sie aus den sichersten Quellen geschöpft haben und

wissen, dass mit dem Siege die Deutschen Schaffhausen und Basel aus strategischen und anderen Gründen in die Annection hereinnehmen! Vergebens wird ihnen versichert, dass ein solcher Gedanken nie in eines Deutschen Kopf gekommen sei. Aber jene zucken die Achsel. Vergebens wird versichert, dass jeder Mann des deutschen Volkes das Schweizerland und jeden Quadratzoll desselben als geheiligten Boden betrachte und lieb habe. Aber jene sagen, sie wüssten es anders. Vergebens wird gesagt, dass mit dem Siege der Deutschen die gesammte Schweiz, namentlich aber Neufchatel, das Waadtland und der Canton Genf, gesichert seien vor dem französischen Länderhunger und Ueberhebungsgeist, welcher bereits trotz des Protestes Seiten der Schweiz das neutrale Faucigny und Chablais verschlungen. Es wird Sache der „Alpina" sein, ehe sie uns aufklärt über unsere Ansichten, die in ihrem Lande geltenden Ansichten zu läutern und auf die Säule der thatsächlichen Wahrheit zu stellen.

Der Kern des Manifestes der „Alpina" spricht nicht für, sondern gegen die Deutschen — spricht nicht gegen, sondern für die Franzosen!

Das scheint das Manifestes Zweck zu sein! Und in der That scheint die Hälfte oder mehr von der Schweiz im Geiste für Frankreich einstehen zu wollen und sieht mit Missgönnen auf das sich einigende, friedliebende deutsche Volk, welches in seinem tiefsten Innern nichts weniger als aggressiv ist.

Möge diese Nachlese Platz finden an der Seite des Protestes von Br Findel, dem sie als kleine Ergänzung dient.

T.

Literar. Notiz. — Der Güte des verehrten Verfassers verdanken wir eine dem Umfange nach zwar kleine, aber immerhin interessante Schrift: „Lachmann, Geschichte der Loge Carl zur gekr. Säule in Braunschweig von 1844—1869" (8. 32 S.) Dieser Nachtrag zu des Verfassers umfangreicherer Schrift über die Vergangenheit ist mit grosser Umsicht und Gewissenhaftigkeit zusammengestellt und ganz besonders deshalb wichtig und belehrend, weil er auf die mannichfachsten Bestrebungen und Beschlüsse der Loge unter stetem Hereinziehen weiterer und allgemeinerer Strömungen eingeht. Diese alte Loge hat auch in der neueren Zeit eine wirkliche Geschichte, weil Leben und Streben, wenn letzteres auch nicht überall glücklichen Erfolg hatte, wie z. B. der Versuch, zum Halten einer Vorträge anzuregen, die Biographien zu vervollständigen, einen deutschen Mrcongress, und eine deutsche Central-Grossloge (1848) zu Stande zu bringen u. dgl. mehr. Trotz des geringen Umfanges sind viele der Fragen zur Erwähnung gelangt, welche in jüngster Zeit auf der Tagesordnung standen oder noch stehen, wenn dieselben auch selbstredend nicht näher erörtert werden konnten, so die Judenfrage, die des Glaubens an Gott, die der Abschaffung der Titulaturen, die Reformfrage überhaupt, die der mr. Werkthätigkeit, den Wegfall der Beförderungsgebühren, die Amtsdauer, resp. die Erneuerung der Beamten etc.

Wer daran arbeitet, das Logenleben zu heben, wird aus diesen historischen Notizen leicht Nutzen ziehen und sie verwerthen können, und zwar um so mehr, wenn man bei jeder einzelnen Frage die früheren Jahrgänge der Bauhütte zur Hand nimmt, wo alle diese Fragen eingehend beleuchtet sind. Jede Loge wird aus dieser Schrift lernen und kann in mancher Hinsicht diese altehrw. aber rüstige und einem gemässigten Fortschritt huldigende Loge zum Muster nehmen. Weshalb eine solche Loge dem Verein nicht beitritt, dem Verein kein Contingent zuführt, begreifen wir nicht.

Den Schluss des Schriftchens bilden historische Notizen über den Holzmindner Mr-Verein und über die Anstalten der Loge: 1) Stipendienstiftung; — 2) Wittwen- und Waiseninstitut; — 3) Wittwen- und Waisenlegate (Hinterlassenschaftspflege); — 4) Schwesternhilfe; — 5) Speiseanstalt für dürftige Reconvalescenten; — 6) Sterbekasse; — 7) Lachmannstiftung; — 8) Legate. Ehre, wem Ehre gebührt!

Literar. Notiz. — Das Grand Royal Arch Chapter des Staates von Missouri hat seine „Proceedings" (Protokolle) von seiner Gründung an (1846) bis auf das J 1869 herausgegeben, mit aller Umständlichkeit und Ausführlichkeit. Das Buch ist sehr schön eingebunden und prachtvoll ausgestattet, auf gelbes schweres Tonpapier gedruckt; der Inhalt ist ohne alles Interesse und absolut geist- und wortblos, so dass wir die Brr des Royal-Arch-Kapitels für — Verschwender erklären müssen. Es jammert einen dieses Volkes!

Zuruf!

Von
Br Feodor Löwe,
Metr. v. St. der Loge Wilhelm z. a. S. in Stuttgart.

Soll man dich einen Maurer nennen,
  So sei es auch!
Denn frei zur Wahrheit sich bekennen
  Ist Maurerbrauch.

Halt an dem Bunde ohne Wanken
  Und streite mit
Für jenen göttlichen Gedanken,
  Den er vertritt.

Neig' nicht das Haupt, wo leerer Schimmer
  Die Macht gewann,
Vor hohler Grösse bückt sich nimmer
  Ein freier Mann.

Wo Tugend man und Schönheit feiert,
  Verweile gern;
Doch wo die Sünde sich entschleiert,
  Da bleibe fern.

Dem Bruder eile beizuspringen,
  Wenn Unglück droht;
Und suche Linderung zu bringen,
  Wo Lindrung noth.

Wer nicht die rasche Zunge meistert,
  Kennt Weisheit nicht;
Doch wo es gilt, da sprich begeistert
  Für Recht und Licht.

Zur Wahrheit frei sich zu bekennen
  Ist Maurerbrauch;
Willst du dich einen Maurer nennen,
  So sei es auch!

Für die deutschen Krieger und deren Familien.

Transport: Thlr. 37. 20.
Beitrag per September von Br Joh. Hermann
  aus Wolfenb. z. Z. in Ludwigslust . . . „ —. 20.
                         Summa: „ 38. 10.

Indem wir für diese patriot. Opfer bestens danken, sind wir zur Annahme weiterer Beiträge gern bereit. Wir werden die eingegangenen Beiträge von Zeit zu Zeit an die vereinigten Logen Frankfurts abführen, da diese einen geeigneten Centralpunkt bilden. Mannheim und andere Orte können sich leicht mit Frankfurt ins Einvernehmen setzen.

J. G. Findel.

Für das Lazareth der Loge „zum Felsentempel" in Oberstein.

Transport: Thlr. 45. —.
Ertrag einer Sammlung unter 9 Brn in Schleiz
(durch Br Emil Walther) . . . . . „ 8. —.
                         also in Summa: „ 53. —.

Wir sprechen auch hierfür den wärmsten Dank aus und bitten recht dringend um weitere brüderliche Unterstützung.
J. G. Findel.

Briefwechsel.

Br. P. J. in P—n: Die Schriften dankend erhalten. Hoffentlich können Sie nächstes Jahr nach D. zur Versammlung kommen. Freundl. Gegengruss.
Br. J. C. Br. in G—a: Betrag über Frankfurt dankend erhalten; Brüderl. Gruss!
Br. W. W—e in Sch—e: fl 6. —. Oesterr. W. dankend erhalten. Brüderl. Gegengruss!
Br. F—ds in S—n: Vereinsbeitr. Thlr. 10. —. erhalten; Ihren, Br. M.s und der übrigen Brr. Grüsse erwidere herzlichst.
Br. M. K—r in E—ch: Vereinsbeitr. Thlr. 2. —. erhalten; Ihnen und Br. Sch—l freundbr. Grüsse.
Br. B. in E—n: Besten Dank. Brüderl. Gruss!
Br. R. in W—n: Mit Ihnen ganz einverstanden! Mehrere Logen haben bereits auch Zahlen sprechen lassen, wie Berlin, Hamburg u. a., in nächster Nr. Osnabrück. Ihr Bericht erscheint in nächster Nr.; besten Dank und herzlichen Gegengruss!
Br. F—dl in O—ck: Freundl. Dank und Gegengruss!
Br. T.—. Dein aus der Schweiz mitgebrachtes „Reisegeschenk" findest Du in dieser Nr. Grosse P. und die dortigen Brr. und sei selber bestens gegrüsst!

Anzeigen.

Verantwortlicher Redacteur: Br J. G. Findel. — Verlag von Br J. G. Findel in Leipzig. — Druck von Brr Bär & Hermann in Leipzig.

N⁰. 41.   XIII. Jahrgang.

Die
BAUHÜTTE.

Begründet und herausgegeben

von

Br J. G. FINDEL.

* Organ des Vereins deutscher Freimaurer. *

Handschrift für Brr Frmr.   Leipzig, den 8. Oktober 1870.   MOTTO: Weisheit, Stärke, Schönheit.

Von der „Bauhütte" erscheint wöchentlich eine Nummer (1 Bogen). Preis des Jahrgangs 3 Thlr. — (halbjährlich 1 Thlr. 15 Ngr.)
Die „Bauhütte" kann durch alle Buchhandlungen bezogen werden.

Beförderungs-Ceremonien und maurerische Festfeiern.

Ein Samenkorn für die Brei der Zukunft.

II.

(Schluss.)

Die maurerische Gradeintheilung nach Lehrling, Geselle und Meister zeigte sich uns als durchaus sinnvoll und in symbolischer Weise inhaltreich; aber ihre bisherige Anwendung auf eine wirkliche Eintheilung der Maurerlaufbahn und auf eine durchgeführte Scheidung von Klassen ebenso entschieden als widersprechend und sinnwidrig. Wir mussten uns gestehen, dass auf keine Weise ernstlich zu erreichen war, im Lehrlingsgrade wirklich nur Solche, die dem Sinne dieses symbolischen Ausdruckes nach Lehrlinge sind, zu beherbergen, und ebenso wenig zu erreichen, dass der Gesellengrad wirklich Gesellen und nur Gesellen, der Meistergrad in Wahrheit lauter Meister in einander verbunden hielte. Aber noch immer konnte der Gedanken Boden gewinnen, als wäre dem Uebelstande abzuhelfen, wenn man einfach Altersklassen abtheilte und dieselben durch verschiedene Weihen, entsprechend unsern Beförderungsweihen, zu bestimmten Zeit gleichsam antreten liesse. Die Weihe wäre dann ein Erziehungsmittel und ein Hinweis auf Das, was ein Jeder auf seiner Altersstufe solle, nicht aber ein Zeugniss dafür, dass er es wirklich leiste. Wollte man auch dann noch verschiedene Befugnisse an diese verschiedenen Grade knüpfen, so hätte man den leicht zugestandenen Vorrang, den das Alter gewährt, für sich.

Halten wir uns nicht länger bei der Nebensache auf, dass hierdurch leicht die Gefahr einer Greisenherrschaft einträte, welche kaum minder bedenklich scheint als Jünglingsherrschaft. Es ist vielmehr im ersten Artikel schon bemerkt worden, dass diese ganze Auskunft von Altersklassen in der Weise der bisherigen Grade an einem Grundgebrechen leidet, welches ihr eben noch mit der bisherigen Gradeinrichtung gemeinsam bliebe, und welches nachzuweisen, meine nächste Aufgabe ist.

Die Beförderungen sollen den sittlich-geistigen Fortschritt des Maurers begleiten und dem Fortgeschrittenen überall Das bringen, wozu er durch die frühere Stufe reif geworden. Der behauene rohe Stein ist dazu reif, kubisch gestaltet zu werden, und wer sich an der rohen Steinmetzarbeit hinreichend geübt, kann an die feinere Arbeit des kubischen Zurechthauens gestellt werden; endlich kann er von da ans Reissbrett aufrücken. So meint man, wer seine selbstisch-sinnliche Natur erst längere Zeit mit Erfolg bekämpft habe — als symbolischer Lehrling, — der könne und solle erst nachher dazu angeleitet werden, seine geselligen Triebe zu bilden und gross zu ziehen, bis er endlich reif wird, sich an die ewigen Güter des Geistes, an das Göttliche und Jenseitige zu erinnern und seine Seele damit zu nähren.

Die Vorstellung, welche hierbei zu Grunde liegt — es kann nichts helfen, es verschweigen zu wollen, — ist so unpädagogisch und unpsychologisch wie möglich. Wir sollen unsere selbstische und sinnliche Natur bekämpfen. Wodurch, fragen wir, und wozu? Mittel sowohl als Zweck dieses Kampfes weisen uns hinaus über diese niedere Sphäre in die höhere, und verlangen, dass die Güter der höheren Regionen in unsere Seele schon eingeführt werden. Bekämpfung und Besiegung des Niedern und Schlechten gelingt überall nur durch den Besitz, durch die Aneignung des Besseren und Höheren. Darum wird schon im Lehrlingsgrade überall darauf hingewiesen, dass die Bruderliebe es ist, welche in uns über Selbstsucht und Sinnlichkeit triumphiren soll, und wenn nicht sonst, so wird wenigstens in den Trauerlogen auch dem Lehrlinge nahe gelegt, wie Jeder sein Ziel in der Ausbildung zu einer ewigen, unvergänglichen, gotterfüllten Persönlichkeit zu sehen hat, die er dem allen Tod überragenden Himmelreiche einverleibt. Unsere Praxis kann es also gar nicht vermeiden, faktisch den Inhalt der Grade zu vermischen. Wollten wir statt dessen die Theorie unserer Gradeintheilung konsequent festhalten und durchführen, so würden wir dem Lehrlinge und theilweise dem Gesellen die wirksamsten und bedeutsamsten Erziehungsmittel und Bildungsmittel entziehen. Und dies thun wir in der That zum Theil, dadurch unseren Zwecken selbst hohnsprechend. Wir verlangen vom Lehrlinge, dass er seine Selbstveredlung durch die maurerischen Mittel fördere, und doch berauben wir ihn der ernstesten und tiefgreifendsten dieser Mittel selbst. Könnte nicht mancher Lehrling uns sagen: ich würde viel besser fortgeschritten sein, wenn Ihr mich durch den Ernst und die Tiefe des Uebersinnlichen, das Euer Meistergrad andeutet, in der Hingebung alles selbstischen Interesses unterstützt hättet? Kann nicht auf alle Fälle Jeder uns vorwerfen, dass wir versäumt haben, ihm, gleich dem Gesellen, die ganze Innigkeit der geselligen Liebe fühlbar zu machen, wodurch er sicher die Bebauung des rohen Steines an sich viel besser und schneller würde vollziehen gelernt haben? Und soll er genug Antrieb empfinden, sein Selbst zu bekämpfen, wenn er nicht sieht, zu welchen Ziele dies führen, zu welchem höheren Gute ihm dies verhelfen soll? Alles dies ist so einleuchtend, dass es nicht nöthig scheint, darüber ausführlicher zu sein. Man würde auch die Uebelstände, die hiermit zusammenhängen, überall deutlich wahrnehmen, wenn sie nicht dadurch meistens beseitigt wären, dass ein Jeder den Inhalt des Gesellen- und Meistergrades aus den übrigen Bildungsquellen des Lebens schon mitbringen kann, also nicht nöthig hat, erst zu warten, bis seine Maurerlaufbahn ihn zu diesem Inhalte führt. Eben dadurch aber enthüllt sich das ganze Beförderungswesen als Illusion, wo nicht als ein Spiel mit ernsten Dingen.

Der positive Vorschlag nun, der hier gewagt werden sollte, den ich hier als „ein Samenkorn für die Zukunft" gleichsam in die Erde senken möchte, ergibt sich leicht, wenn wir die Resultate der vollzogenen Kritik zusammenfassen:

1) Das Menschenleben durchläuft der Idee nach drei Hauptstufen der sittlich-geistigen Entwickelung, welche ebenso ideegemäss durch Jugend, Mannesreife und Alter bezeichnet sind, und welchen die drei in unseren Graden repräsentirten Grundinteressen entsprechen: das Selbst, die Gesellschaft, das Göttliche.

2) Die Erziehung und Heranbildung jedes Einzelnen erfordert aber, dass der Inhalt aller dieser Stufen schon von früh an in seiner ganzen Wirkungskraft an ihn herantrete, dass also schon der jugendliche Sinn eingetaucht

werde in das Lebenselement der menschlichen Gemeinschaft und des Uebersinnlichen, aber nicht etwa die Wirkung dieser Elemente auf die verschiedenen Lebensalter vertheilt werde.

Wenn der erste dieser beiden Sätze eine Gradeintheilung möglich macht und empfiehlt, so bindet er dieselbe doch zugleich an die wirklichen Lebensstufen, an das Lebensalter des Menschen. Hierzu bringt. der zweite Satz die entschiedene Abwehr aller aus solcher Eintheilung folgenden Scheidung.

Sei es mir gestattet, nun ohne Weiteres die Vorschläge zu formuliren, welche mir hieraus zu folgen scheinen:

1) Die sogenannten Beförderungs-Ceremonien sollen, ebenso wie die Aufnahmen, kultusartige, ästhetisch-schöne, erbauende und erziehende Feierlichkeiten sein, Feste, an welchen alle Brüder ohne Unterschied theilnehmen;

2) Diese Feste sollen den Lebensgang der einzelnen Brüder begleiten, indem sie, gleich den Jubiläen, den Eintritt eines oder Mehrerer in eine höhere Altersklasse oder in einen neuen hauptsächlichen Lebensabschnitt feiern, dabei die höheren zu übernehmenden Aufgaben lebendig und ergreifend darstellen. Den naturgemässen Abschluss bildet dann die Trauerloge, indem sie in gleicher Weise den Tod feiert.

Die einzelnen praktischen Fragen, welche die wirkliche Einführung dieser Neuerung zu erledigen hätte, wollen wir jetzt noch kurz übersehen. Sie sind weder zahlreich, noch schwierig; keine derselben enthält eine ernstliches Hinderniss. Das einzige Hinderniss, das unserem Vorschlag entgegensteht, ist die Gewöhnung ans Alte.

Wir denken uns also zunächst den Fall, dass wirklich das ganze Leben vom 18. Jahre an, wie es jetzt freilich nur bei Luftons möglich ist, sich mit dem maurerischen Leben deckt. Dann würden alle bedeutsamen Lebensstadien von entsprechenden maurerischen Weihen begleitet werden können.

Die Aufnahme würde dann viel besser und angemessener, als es z. B. die kirchliche Confirmation oder Firmirung versucht, den Eintritt des Jünglings in die Welt der Erwachsenen, in die Menschheit feiern und darstellen, und würde in diesem Sinne sich der überlieferten Symbole und Rituale frei zu bedienen haben.

Die so entstehenden „Lehrlinge" bildeten einen Novizengrad, dem aber die Theilnahme an allen höheren Weihen ebenso freistände, wie z. B. auch in der Kirche jedes Glied den Feierlichkeiten, welche anderen Gliedern gelten, z. B. den Trauungen, Ordinationen u. dgl., beiwohnen darf.

Das 30. Lebensjahr muss nach physiologischen und psychologischen Beobachtungen als das der vollendeten Mannesreife betrachtet werden. Deshalb wird es häufig als Grenze angenommen, wo es sich in Staat und Gemeinde um die Bestimmung der Wahlfähigkeit oder Wählbarkeit handelt. Erreichung aller bürgerlichen Rechte, öffentlicher Anstellungen, voller Selbständigkeit in Beruf und Haushalt, sowie die Verheirathung, fallen im Durchschnitt in die Zeit des Uebergangs in die dreissiger Jahre. So möge denn auch dieses Jahr im Maurerleben dadurch gefeiert werden, dass ein besonderer Act mit besonderen symbolischen Weihen den Eintritt in den Grad der Männer, der „Gesellen" begleite, um die Pflichten eindringlich vorzustellen, welche vorwiegend dem mittlern Mannesalter zufallen.

Will man besondere Rechte an diese Eintheilung anknüpfen, so kann man auch hier vom 30. Jahre an die Mitwirkung durch Wählen und Wählbarkeit zu Aemtern datiren lassen; dagegen die Freiheit des Mitrathens, des Vortragens, des allgemein maur. Mitwirkens müsste auch dem Lehrlinge gewahrt bleiben.

Es bliebe den Logen vorbehalten, ausser den Hauptabschnitten des Lebens nun auch specielle Lebensereignisse ihrer Brüder würdig zu feiern, wie es jetzt schon mehrfach geschieht. Nur würden diese Feiern nicht die Bedeutung von Hauptabschnitten gewinnen können.

Ein solcher und der letzte Abschnitt dieser Art aber wäre endlich der Eintritt in den Grad der Alten, der „Meister". Seine Feier wäre unserer jetzigen Meisterbeförderung zu entnehmen, aber, wie bereits hervorgehoben wurde, allen Brüdern zu ihrer Erweckung und Förderung zugänglich zu erhalten, wie ja auch der Schluss des Ganzen, die Trauerloge, einem Jeden zugänglich ist.

Ein besonderes Recht mit diesem dritten Grade zu verbinden, sehe ich keine Veranlassung. Er würde mit dem 60. Lebensjahre angetreten und eher die Berechtigung zu grösserer Ruhe und Zurücktreten von der Aktivität in der Loge einleiten, als etwa noch grössere positive Rechte in derselben mit sich bringen.

Wenn hiernach Alles glatt und einfach liegt, so erhebt sich eine Schwierigkeit nur in dem Falle, dass die Aufnahme in den Bund erst in einem späteren Lebensalter erfolgt. Aber mit einigem guten Willen ist es doch sehr leicht, hierüber hinwegzukommen. Bei der freien Behandlung des Rituals, die wir hier überall voraussetzen, würde ein veränderter Aufnahmeritus für den zwischen dreissig und sechzig Stehenden, ein noch anderer für den über sechzig Stehenden, leicht zusammenzustellen sein. Diesem Ritus folgte dann die einfache Mittheilung, dass der Aufgenommene dem zweiten oder dritten Grade angehöre, dass er dadurch die oder die Rechte habe u. s. w. Da er jeder andern Ceremonie mit beiwohnen darf, so gehen die durch sein Alter versäumten Weihen ja nicht völlig verloren.

Entschlösse man sich irgendwo zu dieser neuen Einrichtung, so würde gewiss auch die Reform der Rituale selbst dadurch in Fluss kommen und manches Veraltete und Geschmacklose dahinfallen. Umgekehrt scheint mir jede Reform der Rituale so lange in der Luft zu schweben, als nicht die zwei Grundvoraussetzungen des gegenwärtigen Bestandes zuvor aufgehoben worden, und diese sind: 1) das Geheimniss, 2) die gegenwärtige Scheidung nach Graden.

R. Seydel.

Abwehr.

Mit eben soviel Staunen, als Befremden, habe ich und mit mir wohl viele, wenn nicht alle deutschen Freimaurer das unter dem 3. September d. J. von der Grossloge „Alpina" beschlossene und publicirte Manifest gelesen, ein Schriftstück, welches sowohl nach Form als Inhalt als ein vollständig verunglücktes, wenn nicht geradezu unpassendes bezeichnet werden muss.

Dass, was zunächst die Form betrifft, das fragliche Schriftstück entweder französisch gedacht und nur deutsch niedergeschrieben, oder dass es ursprünglich französisch geschrieben und nur zur Veröffentlichung in das Deutsche übertragen worden ist, bedarf für Deutsche keines Nachweises. Ich gedenke aber dieses nebensächlichen Umstandes nur, weil nicht blos die Sprache, sondern auch der Gedanke und Inhalt des „Manifestes" vollkommen undeutsch sind, weil wir vielmehr in diesem Schriftstück das finden, was uns leider in den meisten französischen Publikationen entgegentritt, mögen ihre Verfasser in Frankreich, Belgien oder der Schweiz heimisch sein, nämlich vollständige Unkenntniss der deutschen Zustände und Verhältnisse, und daher verkehrte Beurtheilung derselben, Phrasenthum und Selbstüberhebung.

Hätte die Alpina sich darauf beschränkt ihr Bedauern über den dermaligen Krieg auszusprechen, hätte sie die dabei betheiligten Freimaurer daran erinnert auch in der Aufregung des Kampfes der Gebote der Humanität eingedenk zu sein, und nicht zu vergessen, dass auch der gegenüberstehende Krieger ein Mensch ist, hätte sie sich darauf beschränkt, eine menschliche Kriegführung zu empfehlen, so würde kein deutscher Freimaurer an einer solchen Kundgebung Anstoss genommen haben, wenn sie vielleicht auch an die Adresse Deutschlands gerichtet, für unnöthig gehalten hätte.

Denn dass der Krieg an sich eines der grössten Uebel ist, welches die menschliche Gesellschaft betreffen kann, darüber herrscht nicht blos unter den Freimaurern, sondern unter allen denkenden Menschen ein so unbedingtes Einverständniss, dass es zu dessen Bethätigung schwerlich einer besonderen Kundgebung bedurfte. Ebenso sicher ist es aber auch, dass die Zwecke der Maurerei, welche eine sittliche Veredelung nicht blos der Bundesglieder, sondern der Gesammtheit des Menschengeschlechts anstreben, in ihren Zielen auch auf Herbeiführung eines Kulturzustandes der Völker hinausgehen, durch welchen Uebel, wie der Krieg, möglichst beschränkt, bezüglich beseitigt werden. Wer aber das Leben und die Wirklichkeit kennt, wer die Geschichte der Menschheit und der Lehren, welche sie uns giebt, beherzigt, der wird sich auch sagen, dass wir Freimaurer uns unserem Ziele nur zu nähern vermögen, dass die Erreichung des Ideals, dem wir nachstreben, wegen der menschlichen Unvollkommenheit, auf Erden überhaupt nicht zu erwarten steht, und dass es fortgesetzter, Jahrhunderte lang währender Arbeit bedürfen wird, das Prinzip der Humanität und sittlichen Veredelung des Menschen durch alle Schichten des Volkes zu verbreiten; er wird deshalb auch durch den jetzigen Krieg in seinem Streben nicht irre werden.

Allein auf eine solche Erklärung hat sich die Alpina nicht beschränkt, auch nicht darauf, die Brüder aufzufordern, die Leiden des Krieges durch thätiges Sorgen für die von den in den Kampf gezogenen Kriegern Zurückgelassenen, für die Hinterbliebenen der Gefallenen, für die Pflege der Verwundeten, nach Kräften zu mildern, sondern sie hat einen Protest erhoben „gegen den Krieg überhaupt, gegen diesen Krieg insbesondere, gegen die gemachte und trügerische (?) Feindschaft zweier grosser Racen, die sich gegenwärtig befehden und gegen das Verfahren, nach welchem ihre Regierungen behaupten, über das Schicksal ihrer Unterthanen etc. verfügen zu können."

Sollte ein solcher Protest, abgesehen von der Berechtigung der Alpina zu demselben, überhaupt einen Sinn haben, so wäre zu erwarten gewesen, dass er zu einer Zeit erlassen worden wäre, wo der Ausbruch des Kriegs drohte. Dies ist nicht geschehen. Erst am 3. September, nachdem der Krieg bereits wochenlang gedauert, nachdem Tausende gefallen, Schlag auf Schlag erfolgt ist und die Deutschen entscheidende Erfolge errungen haben, erlässt die Alpina ihr Manifest.

Merkwürdig, als vor nicht zu langen Jahren der Sonderbundskrieg in der Schweiz stattfand, als Italien mit Frankreichs Hülfe die Deutschen aus dem lombardischen Königreich vertrieb, als Preussen und Oestreich sich im Kampfe gegenüberstanden, hat man solche Kundgebungen nicht für nöthig erachtet. Hat die Alpina in jenen Ereignissen „keine tiefe Erniedrigung unseres Zeitalters," erblickt? Warum denn gerade jetzt? Hat der Tod damals keine reiche Ernte gehalten, hat er nicht das Glück und Wohl Tausender zerstört, Handel und Gewerbe beeinträchtigt?

Was bezweckt also das Manifest der Alpina? — Ausser dem Unwillen über den Krieg, und insbesondere diesen (?) Krieg, enthält es die Aufforderung zur Arbeit in der ganzen Kette des Maurerbundes, voraus in der Schweiz, deren Regierung dabei Lobsprüche ertheilt werden. Die Berechtigung der Alpina zu dieser Aufforderung wird ihr Niemand bestreiten. Aber sie richtet diese Aufforderung auch an alle neutrale Staaten; „Haltet fest am Frieden, lasst Euch nicht hinreissen, weder nach rechts, noch nach links, um früher oder später die Rolle von Friedensvermittlern zu übernehmen." Die Berechtigung zu einer solchen Aufforderung von Seiten der Logen muss bestritten werden. Kommt doch die Alpina hier mit dem Prinzip, welches sie an die Spitze ihres Manifestes, und gewiss mit Recht stellt, nämlich dem Prinzip, dass alle politischen Erörterungen der Freimaurerei fremd bleiben müssen, in direkten Widerspruch. Denn dass diese Aufforderung an die neutralen politischen Staaten und nicht an die in denselben befindlichen Logen gerichtet ist, liegt auf der Hand. Diese Aufforderung ist daher, gelinde gesagt, unpassend, zeigt aber auch eine in keiner Weise gerechtfertigte Ueberhebung.

Dass irgend eine der neutralen Mächte sich in ihren Entschliessungen durch das Manifest der Alpina bestimmen lassen würde, das können nur Solche glauben, welche die Freimaurerei und ihre Stellung in derselben vollständig überschätzen und misskennen. Endlich enthält das Manifest die Aufforderung zur Arbeit „auch im Schoosse der kriegerisch aufgeregten Nationen, nicht nur um auf dem Schlachtfeld den Opfern so vieler blutiger Tage Hülfe zu bringen, sondern auch um die blutenden Wunden des Nationalstolzes(?) zu heilen." Dass auch von Seiten der Schweiz nach ersterer Richtung schon vor Erlass des Manifestes der Alpina und nach demselben sich eine sehr anerkennenswerthe Werkthätigkeit bewährt hat, wird Jeder gern anerkennen, während sich die Frage, ob dieselbe durch das Manifest der Alpina gefördert oder hervorgerufen worden ist, der Beurtheilung des Fernstehenden entzieht. Ist es der Fall gewesen, so ist nur zu bedauern, dass dieser anerkennenswerthe Theil des Manifestes, durch seinen sonstigen Inhalt so wesentlich abgeschwächt und beeinträchtigt worden ist. Was aber „die Heilung der Wunden des Nationalstolzes" betrifft, bezüglich deren es das Manifest als Pflicht erklärt „den missleiteten Brüdern auszusprechen, dass es ihm unmöglich ist anzuerken, dass ihr unglückseliger Streit auf einer Ehrenfrage der Race beruhe" so hat Niemand, weder in Deutschland noch in Frankreich, meines Wissens einen solchen Gedanken gehegt oder ausgesprochen.

Frankreich hat an Preussen den Krieg erklärt und das Geschrei: „revanche pour Sadowa, und au Rhin", hat deutlich genug gezeigt, dass der Ruhm, den die Preussischen Waffen bei Sadowa errungen mit ihren Folgen und der Wunsch Frankreichs, seine Grenzen bis an den Rhein auszudehnen, die Ursachen des Krieges waren. Sind doch diese Rufe nicht blos von dem Volk in Paris ausgegangen, sondern haben auch in den Sitzungen des gesetzgebenden Körpers, sowie in der Presse und in den diplomatischen Verhandlungen seiner Staatsmänner wiederholt offenen Ausdruck gefunden. Unsere Nachbarn über dem Rhein wollten nicht dulden, dass auch nur der Norden unseres deutschen Vaterlandes zu einer politischen Einigung gelange. Nicht blos Preussen, sondern das ganze Deutschland hat den ihm hingeworfenen Fehdehandschuh aufgenommen, nicht aus Hass gegen das französische Volk, nicht um dasselbe zu unterdrücken, oder ihm eine andere Regierungsform aufzudringen, sondern um unsere Selbstständigkeit zu wahren, um einen Angriff abzuwehren, der uns der Selbstbestimmung unserer eigenen Angelegenheiten berauben wollte.

Deutschland hat in diesem Kampfe bisher den Sieg an seine Fahnen gefesselt, und es ist wiederholt von massgebender Seite ausgesprochen, dass es nur einen Frieden will, der es gegen ähnliche unberechtigte Angriffe möglichst sicher stelle. Ein Kampf gegen die französische Race, um mich dieses Ausdrucks des Manifestes zu bedienen, der als Ziel eine Unterjochung oder gar Vernichtung derselbe bezwecke, hat niemals ausgesprochenermassen im Plane Deutschlands gelegen, so wenig wie Deutschland sich in die inneren Angelegenheiten Frankreichs zu mischen gedenkt. Es bleibt daher, mit Rücksicht auf Deutschland, unverständlich, wenn die Alpina meint, der Streit beruhe auf einer „Ehrenfrage der Race" mindestens nach Ansicht der Streitenden. Was hat also die Vertheidigung der Deutschen gegen den ihnen aufgedrungenen Krieg mit der „Ehrenfrage der Race" zu thun? Gewiss eben so wenig, als die Vorkehrungen der Schweiz, welche zur Aufrechthaltung ihrer Neutralität gegen die kriegführenden Parteien, im Beginn des Krieges einen Theil ihrer Truppen aufbot und an ihre Grenzen sendete.

Aber noch viel verkehrter und unrichtiger ist die in dem Manifest gegen die Regierungen Frankreichs und Deutschlands ausgesprochene Anschuldigung, dass sie behaupteten über das Schicksal ihrer Unterthanen „verfügen zu können" (eine Phrase, die doch wohl nur bedeuten soll, dass sie ohne Rücksicht auf den Wunsch und Willen des Volkes den Krieg begonnen und fortgesetzt hätten). Abgesehen davon, dass das Manifest hier recht eigentlich in das politische Gebiet übergreift und das Verfahren der Regierungen vom Standpunkte ihrer Unterthanen (zu denen die Glieder der Alpina gar nicht gehören), einer Kritik unterzieht, was durchaus unmaurerisch ist, stellt sich diese Anschuldigung auch nach jeder Beziehung als grundlos, ja als unwahr dar. In Frankreich wie in Deutschland haben die Regierungen unter fast einstimmiger Billigung der gesetzlichen Vertreter des Volks den Krieg gebilligt, und wenn das Manifest solches in Abrede stellt, so zeigt es nur, dass ihm die thatsächlichen Verhältnisse unbekannt sind, da man nicht annehmen kann, dass es absichtlich unwahre Behauptungen aufstellen will. Aber nicht blos Regierungen und die gesetzlichen Vertreter des Volks in Deutschland haben diesen Krieg gebilligt, nein, das ganze deutsche Volk hat ihnen Beifall zugejauchzt, und in allen Schichten der Bevölkerung in Stadt und Land hat sich das Volk erhoben zur Abwehr des drohenden Angriffs, zur Erhaltung der Selbstständigkeit und Unverletztheit des deutschen Gebiets.

Nur die vollständigste Unkenntniss deutscher Verhältnisse und Zustände konnte daher die Alpina veranlassen eine so ungerechte Anklage gegen die Regierungen zu richten, eine Anklage, die ausserdem eine um so schärfere Rüge verdient, als sie zugleich eine von Unbetheiligten und deshalb Unberechtigten geübte Kritik des Verfahrens des greisen, heldenmüthigen Schirmherrn des norddeutschen Bundes enthält, eines Mannes, den wir nur mit Ehrerbietung nennen, und der als Maurer und Protektor des Maurerbundes in seinen Staaten den deutschen Freimaurern insbesondere verehrungswerth ist.

Ein fernerer Beweis ihrer Unkenntniss deutscher Verhältnisse und unberechtigter Einmischung in fremde Angelegenheiten findet sich ferner in der Phrase des Manifestes:

„Wir fordern unter Anrufung des allmächtigen Gottes die unvergänglichen und unveräusserlichen Rechte zurück, welche Er dem Menschen bei seiner Geburt verliehen: das Recht der Existenz, das Recht der Wohlfahrt, das Recht auf Freiheit."

Greift hier die Alpina nicht wiederum auf staatsrechtliche Verhältnisse über, welche der Freimaurerei fremd bleiben sollen? Für wen fordert denn die Alpina diese Rechte, und von wem fordert sie dieselben? Etwa für uns? Aber wer in aller Welt sagt ihr, dass wir dermalen der politischen Freiheit entbehren, welche wir für nothwendig und nützlich halten? Und wenn wir nun zum Beispiel meinten, es gebe ein Recht auf Wohlfahrt (?) überhaupt nicht gebe?

Wäre die Alpina mit den Grundgesetzen der deutschen Staaten und ihres Nordbundes nur einigermaassen bekannt, so müsste sie wissen dass in demselben die un-veräusserlichen allgemeinen Menschenrechte, welche sie wohl bei obiger Phrase im Auge gehabt hat, den Angehörigen der deutschen Staaten grundgesetzlich gewährleistet sind, und in praktischer Wirksamkeit bestehen, und sie konnte ihr Mitleid mit den Völkern „bei denen sie zur Stunde misskannt, ja mit Füssen getreten werden", wenigstens in Beziehung auf Deutschland, welches desselben nicht bedarf, für sich behalten.

Ebenso phrasenhaft und unrichtig ist aber der Schluss des Manifestes:

„Was sie (die Freimaurerei) früher gethan hat, um die durch politische Leidenschaften und religiösen Fanatismus zerrissenen Völkerschaften zu versöhnen, was sie vor einem Jahrhundert für Abschaffung der Privilegien (?) und den Schutz persönlicher Rechte durch humane Gesetzgebung (?) gethan, das soll sie jetzt durch alle ihr zu Gebote stehenden Mittel thun zur Abschaffung (?) des Kriegs etc."

Kein Freimaurer wird zwar unterschätzen, was in geistiger Beziehung durch das Maurerthum für Aufklärung und sittliche Hebung der Menschheit geschehen ist, aber gewiss ist es ein grosser Irrthum zu glauben, dass das durch die Maurerei geschehen sei, was ihr im Manifest zugeschrieben wird. Sie selbst ist ein Produkt des Geistes der Zeiten, und hat ihre Rückwirkung auf denselben geübt, sie ist ein erheblicher Moment in den Zuständen und Verhältnissen der Völker, durch welche die Förderung und Hebung des Kulturzustandes der Nationen bedingt wird, aber es ist durchaus unrichtig, ihrer Einwirkung, die ja vorzugsweise auf die geistige und sittliche Fortbildung ihrer Mitglieder gerichtet ist, ein entscheidendes Gewicht bezüglich der Punkte beizulegen, welche im Manifest hervorgehoben sind, und die zum grössten Theil ganz ausserhalb der Sphäre der unmittelbaren Wirksamkeit der Freimaurer fallen. Eben so irrig erscheint aber auch die Aufforderung „für Abschaffung des Kriegs zu wirken", eine Forderung, die als eines der zunächst stehenden Ziele der Maurerei bezeichnet wird. Die nächsten Ziele der Maurerei gehen nur, wie schon im Eingange erwähnt, auf Veredelung und sittliche Hebung ihrer Mitglieder, und der Menschheit überhaupt. Nur eine mittelbare Folge dieses Strebens und seiner Wirksamkeit wird es sein, wenn es gelingen sollte, im Laufe der Zeiten einen Kulturzustand der Nationen herbeizuführen, der den Krieg seltner machen, und nur auf Nothfälle beschränken wird. Wie es aber die Freimaurer, die als solche sich in die Politik nicht einmischen sollen, anzufangen haben, den Krieg „abzuschaffen", darüber bleibt uns das Manifest die Belehrung schuldig.

Doch genug und fast zu viel schon ist gesagt über das Manifest der Alpina, um den Beweis zu führen, dass es ein nach Form und Inhalt verunglücktes und unpassendes Schriftstück genannt werden muss.

Wenn die Brüder der Alpina und der zu ihr gehörigen Logen in ihrer Eigenschaft als Schweizer dies Manifest erlassen hätten, so würde darüber kein Wort zu verlieren sein, denn gerade in politischen Dingen ist man es gewohnt, die sich einander widersprechensten Ansichten kund geben zu sehen, weil so Viele das, was geschieht, nicht mit Unbefangenheit prüfen, sondern mit Sympathieen oder Antipathieen für einen oder den andern Theil auffassen, und sich von diesen leiten lassen.

Wenn aber eine, nur eine verhältnissmässig geringe Anzahl von Logen repräsentirende Grossloge, sich über zwei mächtige Nachbarvölker zu Gericht setzt und ohne Kenntniss der einschlagenden Verhältnisse, ihr Verdammungsurtheil in phrasenhaftem Styl in die Welt hinaussendet, wenn sie richtet ohne angerufen zu sein und ohne die Streitenden gehört zu haben, ja mit der ausdrücklichen Erklärung, dass sie der Urheberschaft des Streites fremd bleiben wolle, wenn sie Anklagen gegen die Regierungen und die Regierten erhebt, wenn sie für die kämpfenden Nationen politische Rechte verlangt und gleichwohl deren Verhalten „würdig vorangegangenen barbarischen Zeilen" achtet, so muss einem solchen Vorgehen jede genügende Veranlassung, noch mehr aber jede Berechtigung abgesprochen werden.

Weiss ich mich daher auch in der Idee des Maurerthums und in dem Streben nach dessen Verwirklichung im Allgemeinen mit den Schweizerbrüdern eins, so konnte dies mich nicht abhalten, mit der Wahrheitsliebe, deren

sich der Maurer befleissigen soll, sie darauf hinzuweisen, dass der Schritt, welchen sie mit dem Erlass des Manifestes der Alpina gethan, ein gänzlich verfehlter war.

Urtheile ich nach dem Eindrucke, den dieses Manifest auf mich gemacht hat, so wird derselbe in ganz Deutschland ein durchgehends ungünstiger sein; beim grösseren Publikum durch die darin zu Tage tretende Unkenntniss der deutschen Verhältnisse, ihre verkehrte Auffassung, unrichtige Beurtheilung der politischen Fragen, und Verletzung des deutschen Nationalbewusstseins, bei den Freimaurern durch unmotivirte, absprechende Urtheile, durch Einmischung politischer Fragen, durch Mangel jeder neuen Auffassung und jedes praktischen Vorschlags zur maurerischen Arbeit während des Kampfes, und deren Ersetzung durch die leider auch in der Freimaurerei mehr und mehr zur Herrschaft gelangende Phrase.

Wir wünschen im Interesse der Alpina, dass sie überhaupt, aber namentlich ein solches Manifest nicht veröffentlicht hätte.

Ein Bruder in Thüringen.

Feuilleton.

Berlin. — Das Bundes-Directorium der grossen Loge zu den drei Weltkugeln, seit längerer Zeit mit der Revision der Rituale der drei Johannis-Grade beschäftigt, hat schon jetzt durch Circular vom 1. September c. angeordnet, dass folgende Titulaturen eingeführt werden sollen, und zwar:

1) Ehrwürdig für Beamte einer Bundes-Loge;
2) Sehr ehrwürdig für die Bundes-Loge, für den Meister vom Stuhl und den deputirten Meister sowie für die Mitglieder der Gross-Loge;
3) Ehrwürdigst für die Gross-Loge, den Gross-Meister und den deputirten Gross-Meister sowie für das Bundes-Directorium und dessen Mitglieder.

(Wöchentl. Anz.)

Chemnitz, 30. Septbr. 1870. — Loge zur Harmonie. Heute geleiteten wir unseren am 27. dieses i. d. e. O. eingegangenen geliebten Br F. L. Pickenhahn zu seiner letzten Ruhestätte.

In einer 28jährigen maur. Thätigkeit hat derselbe in verschiedenen Aemtern der hiesigen Loge seine Kraft gewidmet, und von 1867 bis 1870 mit grosser Hingebung und Treue den 1. Hammer in derselben geführt, zu dessen fernerer Uebernahme der Verewigte im Gefühl körperlichen Leidens bei letzter Wahlloge nicht zu bewegen war, worauf ihn die Bruderschaft zu ihrem Ehren-Altmstr ernannte. Die vielen, der hiesigen Loge wie auch der Brei im Stillen geleisteten Dienste sichern dem Geschiedenen die Anerkennung, Liebe und Dankbarkeit seiner Brr.

Dresden. — Am 30. October wird dem in der Versammlung vom 16. Juli 1870 gefassten Beschlusse gemäss eine erweiterte Versammlung der Grossen Landesloge von Sachsen abgehalten werden. Infolge der günstig gewählten Zeit und wegen der Wichtigkeit der zu besprechenden Anträge lässt sich erwarten, dass die Versammlung eine allseitig besuchte sein

werde, um so mehr, da während 2 Jahren keine derartige Versammlung des sächs. Logenbundes stattgefunden hat.

(FrMr-Ztg.)

Die deutschen Freimaurer und die deutschen Logen während des Nationalkriegs.

(Fortsetzung.)

Osnabrück. — Gel. Br Findel. Unter Bezugnahme an Ihre Aufforderung, die verschiedenen Logen mögen ihre geleisteten Beiträge oder ihre sonstige Thätigkeit bei dem stattfindenden Kriege Ihnen zur Registrirung mittheilen, bin ich so frei, Sie zu benachrichtigen, dass unsere kleine Loge ein Capital von circa 500 Thlr. hergegeben zur Erbauung einer Baracke behuf Aufnahme von circa 30 Kranken und dass die letztere bereits vollendet und theilweise benutzt worden ist.

Ausserdem haben sich viele Brr persönlich bei Ausrüstung einer beträchtlichen Sendung von Liebesgaben für das Cernirungscorps bei Metz, bestehend in wollenen Unterzeugen, Spirituosen, geräucherten Fleischwaaren etc., durch reiche Spenden betheiligt.

Mir war es vergönnt, die Sendung mit mehreren anderen Delegirten begleiten zu dürfen.

Die Freude der Truppen über die Gaben war unbeschreiblich bei Allen ohne Unterschied der verschiedenen Grade, die Dankbarkeit derselben, sie wenigstens theilweis vor gänzlichem Herunterkommen durch das fortwährende Bivouakleben geschützt zu haben, eine überaus grosse.

Das Gefühl, ein Sandkörnlein zur Abwehr von Erkältungen etc. der braven Truppen beigetragen zu haben, liess uns die vielen Unbequemlichkeiten, die eine solche Reise mit sich bringt, bald vergessen.

Wir hatten es uns nämlich zur Aufgabe gestellt, die Gaben direct an diejenigen Truppenkörper zu bringen, welche aus hiesiger Gegend rekrutirt sind, uns nicht wie es sehr häufig geschieht, solche den Johannitern oder deren Depots zu überweisen.

Zu gleichem Zwecke und mit ähnlichen Sendungen trafen wir mit Brrn aus Detmold und Hamburg zusammen.

Indem ich wünsche und hoffe, dass die Opferfreudigkeit sowohl für die im Felde stehenden, als für deren zurückgebliebenen Bedürftigen noch lange nicht bei unsern deutschen Brrn erkalte, grüsse Sie i. d. u. h. Z. d. **3** mal **3**.

Osnabrück,   Ph. Finkenstädt,
d. 22. Septbr. 1870.   Schatzmstr. der Loge z. gold. Rade
                      in Osnabrück.

Wiesbaden. — Wie wir aus der Bauhütte lesen, hat eine grosse Anzahl Logen, als solche, Mittel gesammelt, deren zweckmässige Vertheilung zur Linderung und Heilung der Wunden dienen sollten, welche der unselige, in frivoler Weise von Frankreich provocirte Krieg geschlagen hat.

Auch unsere Loge Plato zur beständigen Einigkeit im Kr. Wiesbaden ist in diesen echt maurerischen humanen Bestrebungen nicht zurückgeblieben, sie hat zwar einen Aufruf an die Logen nicht erlassen, sie hat es jedoch nicht unterlassen, ir den ihr zunächst liegenden Kreisen einzutreten, vor Allem für die Besserung der Lage der Familien, durch das Ausrücken in das Feld ihrer Männer, ihrer Ernährer grosse Verluste erwachsen sind.

Unter dem Vorsitz unseres Mstrs. v. St.: Br Roth hat sich eine Commission gebildet, welche den besonders dürftigen Familien der in das Feld gerückten Landwehrleute und Reservisten, neben den Unterstützungen, welche solche aus den zu diesem Zwecke gebildeten Vereinen erhalten, und die in Folge der grossen Ansprüche, welche an solche Vereine gemacht werden, hier und da nur theilweise genügend erledigt werden können, noch eine weitere Unterstützung zuweisen. Die Mittel hierzu wurden und werden weiter aufgebracht durch einmalige Kollectiven, durch regelmässige resp. monatliche Beiträge und endlich durch Auskegeln von Gegenständen, welche von Brüdern zu dem Zwecke bereitwilligst geschenkt wurden.

Der Kranken- und Verwundetenpflege wendeten wir auch unsere Aufmerksamkeit zu, und wenn auch unsere Loge nicht in der Lage ist, ihre eigenen Räume zur Aufnahme von Verwundeten zur Verfügung zu stellen, so war sie doch sogleich bereit, einen namhaften Geldbetrag der Stadt zum Barackenbau zu überreichen.

Unsere Versammlungen in letzter Zeit dienten vorzugsweise den Berathungen über die Art der Linderung der durch den Krieg geschlagenen Wunden, und Ausgleichung entstandener Verluste.

Auch bei der Ausrüstung der Sanitäts-Compagnie, gebildet aus hiesigen Bürgern, welchen auch Brr unserer Loge angehören, wiesen wir vor ihrem Abmarsch den namhaften Betrag einer einmaligen Collecte zu; bei dieser Gelegenheit wurde das nachfolgende schöne Gedicht unseres Brs Wissmann gesprochen.

Wir hielten es für zweckmässig, in unseren nächstgelegenen Kreisen der durch den Krieg entstandenen Noth zuerst helfend beizusteuern; da jedoch der Krieg im ganzen deutschen Vaterlande seine traurigen Folgen fühlbar machen wird, so wird auch unsere Loge, wenn ihr Mittel übrig bleiben, den von verschiedenen Seiten gemachten Vorschlägen zur Centralisation der von den Logen beigesteuerten und noch beizusteuernden Oelder, Rechnung tragen.

Das rothe Kreuz.

Rothes Kreuz auf weissem Grunde,
Gottes Segen über Dich!
Balsam bringst Du jeder Wunde
Sorgsam, samariterlich.
Sei dem Freunde sie geschlagen,
Mag der Feind sie klaffend tragen,
Ohne Scheidung ab und auf
Legst Du Deine Hülfe drauf.

Rothes Kreuz im weissen Felde,
Gottes Segen sei mit Dir!
Wo der Kriegsruf schreckhaft gellte,
Leuchtet Frieden Dein Panier.
Suchst den Schmerz und stillst ohn' Ende,
Füllst dort Herz mit Trostesspende,
Winkst noch wo das Auge bricht,
Hoffnung zu aus ew'gem Licht.

Rothes Kreuz, Du höhres Zeichen
Wahren reinen Menschenthums,
Deine stillen Worte weichen
Nicht dem Werk des Siegerruhms.
Gottgeweihtes Christuszeichen,
Liebeszeichen sonder Gleichen,
Rothes Kreuz im weissen Feld:
Wer Dir dient, ist auch ein Held!

~~~~~~~~

Zur Auskunft

über die, in dem Gesuch in No. 21 der FrMr-Ztg. vom 21. Mai 1870, mitgetheilte „Brandschatzung" verfehlt die Loge zur Bruderkette nicht, Folgendes zur Kunde der gesammten Maurerwelt zu bringen:

Hainr. Ludw. Hennies, geb. den 20. Febr. 1820 zu Hildesheim, wurde am 27. Septbr. 1855 in unserer Loge in den I. Grad aufgenommen, aber schon am 10. Juni 1857 antragsmässig ehrenvoll entlassen, war also selbstverständlich von da ab nicht befugt, ein diesseitiges Certificat ferner zu benutzen. Da aus dem Eingangs erwähnten Artikel nicht zu ersehen ist, ob der Br.-Verein Humanitas dem p. p. Hennies das missbräuchlich benutzte Certificat abgenommen oder ihn in Besitz desselben belassen hat, so richten wir das brüderliche Gesuch an sämmtliche Logen, resp. deren Mitglieder, dass, im Uebrigen erloschene Certificate oder etwaige andere, aus unserer Loge herstammende Legitimationen, falls ihre Benutzung zu fernerer Schwindeleien (wir vermögen dergleichen Manöver leider nicht anders zu bezeichnen) versucht werden sollte, anhalten und an den Unterzeichneten (prof. Adresse: Kreuzweg No. 4, Hamburg) einsenden zu wollen. Wir danken schliesslich noch dem Br-Verein Humanitas für den Eifer und die Mühe, welche derselbe auf die Entdeckung des Betruges verwendet hat.

Hamburg, d. 26. September 1870.
       Die eklekt. Bundesloge „zur Bruderkette",
         im Auftrage II. Brünner, Secretair.

Briefwechsel.

Br. Fr. in A—r: Freundlichen Dank für den Jahresbericht als Lebenszeichen. — Die Stellen aus Caesar, de bello gall., die meinem Gedächtniss entschwunden waren, sind noch heute zutreffend und interessirten mich höchlich. Brüderl. Gruss!

Br. K—s in F. bei G.: Die Bauhütte wird Ihnen wöchentlich regelmässig pr. Feldpost zugehen. Sie sind der erste Br. unserer Armee, der von meinem Anerbieten Gebrauch macht und hat mich Ihr 1. Brief daher doppelt erfreut. Herzl. Gruss!

Br. M—th in Br.: Besten Dank für Ihren freundl. Besuch; bedauere Sie nicht getroffen zu haben. Brüderl. Gruss!

Br. N. in F—g: Die in Aussicht gestellten briefl. Mittheilungen werden mir willkommen sein! Herzl. Gegengruss!

Br. O. B. in E—ch: Einverstanden! Wärmsten Dank und achtungsvollen brüderl. Gegengruss!

Br. Fr. S. in Ch.: Besten Dank für Ihre briefl. Mittheilung und herzl. Gegengruss!

NB. Ausser Stande, den Brr allen zu antworten, welche mir ihren

Dank und ihre Zustimmung zu meinem Proteste wider das Schweizer Manifest ausdrückten, entbiete ich denselben hiermit brüderl. Gegengruss!

Zustimmung zu dem Proteste des Br. Findel gegen das Friedensmanifest der schweizerischen Grossloge „Alpina".

Mit Erstaunen hat unsere Loge von genanntem Manifeste Kenntniss erhalten. Und dieses Manifest hat die „Alpina" einstimmig angenommen! Wir bedauern dieses.

Hat denn keiner der in genannter Grossloge gegenwärtig gewesenen Brüder gewusst, was Deutschland von Frankreich schon hat erdulden müssen und wieder erdulden sollte? Wusste denn keiner jener Brüder, dass der jetzige deutsche Krieg von dem ganzen deutschen Volke ein heiliger Krieg genannt wird? Die hochwürdigen Brr. in der Schweiz scheinen das deutsche Volk sehr wenig und das französische Volk gar nicht zu kennen.

Wir danken dem Br Findel, dass er dem Manifest der „Alpina" alsbald und unmittelbar einen Protest in der Bauhütte hat folgen lassen; und wir stimmen diesem Proteste von ganzem Herzen und Wort für Wort bei, nicht nur aus Patriotismus, sondern auch des Rechtes, der Ehre und der Sittlichkeit, also der maurerischen Grundsätze wegen.

Wir hoffen und erwarten, dass sich sämmtliche deutsche Logen unserer Erklärung anschliessen werden; denn:

„Ein heiliger Kampf durchbraust das Land,
Der gegen Lug und Trug entbrannt."

Friedberg in Oberhessen, den 28. September 1870.

Die Loge Ludwig zu den drei Sternen:

| A. Seyd, | Nebhuth, | H. Schimpff, |
| Meister vom Stuhl. | I. Aufseher. | Sekretär. |

. Verantwortlicher Redacteur: Br J. G. Findel. — Verlag von Br J. G. Findel in Leipzig. — Druck von Brr Bär & Hermann in Leipzig.

Nᵒ. 42.

XIII. Jahrgang.

Die

BAUHÜTTE.

Begründet und herausgegeben

von

Br J. G. FINDEL.

* Organ des Vereins deutscher Freimaurer. *

Sendschrift für Brr FrMr.   Leipzig, den 15. Oktober 1870.   MOTTO: Weisheit, Stärke, Schönheit.

Von der „Bauhütte“ erscheint wöchentlich eine Nummer (1 Bogen). Preis des Jahrgangs 3 Thlr. — (halbjährlich 1 Thlr. 15 Ngr.)
Die „Bauhütte“ kann durch alle Buchhandlungen bezogen werden.

Inhalt: Vereinsnachrichten. — Zur Frage maurerischer Werkthätigkeit. II. Von Br Busch. — Feuilleton: Frankreich. — Italien. — Niederlande. — Noch ein Friedens-Manifest. — Bitte um Auskunft. — Die Wacht am Rhein. Von Br Hugo Koch. — Die deutschen FrMr und die deutschen Logen während des Nationalkriegs. — Cor-respondenz. — Quittung. — Briefwechsel. — Anzeigen.

Vereinsnachrichten.

Beitritts-Erklärungen.

Asch (Böhmen):

36. Br Alban, F., Mitglied der Loge zum Morgenstern in Hof, Gasdirektor.
37. Br Schneider, Bernb., Mitglied der Loge Eleusis zur Verschw. in Bayreuth, Correspondent.

Augsburg:

38. Frank,* W., Mitglied der Loge Wilh. zur aufgeh. Sonne in Stuttgart, Bureauchef (L. A. Riedinger).
39. Br Kolb, Hugo, Mitgl. ders. Loge, Kaufmann.
40. Br Spiess, Carl, Mitgl. der Loge Constantia zur Zuv. in Constanz, Kleidermacher.
41. Br Taubald, G., Mitgl. der Loge Wilhelm zur aufg. Sonne in Stuttgart, Fabrikdirigent.

Eichenbarleben:

42. Br Krauschitz, Mitgl. der Loge Asträa in Wolmir-stedt.

Elberfeld:

43. Br Tillmann, Theod. Jul., Mitgl. der Loge Hermann z. Lande der Berge, Kaufmann.

Neheim (Westfalen):

44. Br Bloemendal, Carl, Mitglied der Loge la Persé-vérance zu Maastricht, Kaufmann.

Schönlinde (Böhmen):

45. Br Wünsche, Wilh., Mitgl. der Loge z. d. 3 weissen Lilien zu Temesvar, Fabrikant.

Für die Centralhilfskasse des Vereins sind ein-gegangen:

Von Br Jul. Ziecher in Ochtmersleben . Thlr. 5. —.
Von Br Krauschitz in Eichenbarleben . „ 1. —.
Von Br Wilh. Wünsche in Schönlinde . „ 1. —.

Für die Sammlungen des Vereins ist eingegangen:

Von Br Jolowicz in Posen:
1 Mayer, Chronik der Logen in Posen.
1 Kurzer Abriss der Loge zum Tempel der Eintr.
1 Jachin und Boaz or an auth. Key etc.

Von Br Br Dr. Lachmann in Braunschweig:
Dessen „Geschichte der Loge Carl z. gekr. S.“ von 1844—69.

☛ Diejenigen Brr Mitglieder und Obmänner (Agenten) des Vereins, welche mit den diesjährigen Bei-trägen noch im Rückstande sind, bitte ich hiermit wiederholt und dringendst, mir dieselben zugehen zu lassen.

J. G. Findel.

Zur Frage maurerischer Werkthätigkeit.

Von

Br Busch in Dresden.

II.

Im ersten Aufsatz waren die beiden unerlässlichen Grundforderungen entwickelt und dargelegt, denen unsere Werkthätigkeit unbedingt entsprechen muss, soll sie wirklich maurer. Werkthätigkeit sein. Wir erkannten zunächst, dass sie dem Grunde, der Absicht nach auf nichts anderes als auf Förderung des Rein- und Allgemeinmenschlichen gerichtet sein dürfe, dass die Werkthätigkeit dann aber auch der Form nach diesem Charakter der Allgemeinheit entsprechen müsse. Nicht einzelne Seiten des Menschen oder einzelne Personen oder einzelne Lebenskreise, sondern den ganzen Menschen und die ganze Menschheit habe unsere Werkthätigkeit deshalb ins Auge zu fassen, wenn natürlich auch an bestimmten Punkten und mit einzelnen Individuen begonnen werden müsse.

Es trat dabei zugleich im Stillen die Frage und mit deren unbefangener Beantwortung die sichere Ueberzeugung an uns heran, dass die bisherigen Vorschläge besonders der zweiten Grundforderung nicht hinreichend entsprechen, da sie nur eine oft sehr partikulare und verschwindende Wirkung haben würden.

Welch' Gebiet verspricht nun aber die umfassendste, nachhaltigste und bedeutendste Wirkung? Welches Gebiet ist das Feld auf dem die reinmenschliche Harmonie aller Lebenskreise, welche herbeiführen zu helfen unsere, die Aufgabe der Mrei ist, am sichersten und erfolgreichsten zu verwirklichen ist? Ist es nicht das Gebiet der Jugenderziehung? Hat nicht die Jugenderziehung die nachhaltigste, umfassendste und bedeutendste Wirkung? Giebt nicht der Geist, in welchem wir unsere Kinder erziehen, der näheren Zukunft ein entscheidendes Gepräge? Und wenn nun diese Erziehung auch ihrem Inhalte nach dem maurerischen Charakter entspricht, würde da nicht das Leben selbst, das ganze Leben in maurerischem Geiste geführt werden und die Werkthätigkeit, welche solche Erziehung vorbereitet und gewährt, allen aufgestellten und aufzustellenden Grundforderungen entsprechen?

Worin besteht aber nun dieser maurerische Charakter der Erziehung? Erinnern wir uns, dass die k. K. nicht einzelne Seiten, wie etwa blos die sittliche Veredlung, sondern den ganzen Menschen und die ganze Menschheit zu umfassen und deren innere Glieder auf gleichmässige und harmonische Weise zu entwickeln berufen ist. Diesem Ziele muss also auch unsere Jugenderziehung zustreben, wenn sie eine maurerische sein soll.

Daraus ergiebt sich zunächst, dass diese Erziehung nicht blos Unterricht, nicht blos Denk- und Gedächtnissübung sei, sondern neben der Aneignung von Kenntnissen und Fertigkeiten auch die Bildung des Gefühls und die Kräftigung des Willens erforderlich ist. Ein Blick auf unsere Gegenwart zeigt uns aber, dass wir wohl sehr gescheidte, sehr vielerlei wissende Kinder haben, das edlere Gefühl aber in zunehmender Genusssucht und Umgangsroheit unterzugehen droht, während der Wille zur Ausführung des als wahr und nöthig Erkannten mehr und

mehr hinter Nützlichkeits- oder vielmehr Pfiffigkeitsgründe sich versteckt.

Daraus ergiebt sich ferner, dass die Erziehung der Kinder beiderlei Geschlechts auch keinen Unterschied erleide durch Rang und Stand oder Geld und Gut, da die Kinder nicht als Sprösslinge von Millionären oder von Holzhackern, sondern als gleich bildungsbedürftige und gleich bildungsberechtigte Menschen zur Schule kommen sollen.

Daraus ergiebt sich ferner, dass der Unterricht für beide Geschlechter bis zu einer gewissen Grenze und in gewissen Fächern ein gleichmässiger sei, denn es ist beiden Geschlechtern nöthig, das Wesen der rein- und allgemeinmenschlichen Lebensformen: Gottinnigkeit (Religion) Recht, Sittlichkeit; der Grundwerke: Wissenschaft, Kunst, Bildung und der Grundbünde und Lebens-Vereine hierzu klar zu erkennen, da die Knaben nichts Besseres sind als die Mädchen und diese uns, nach Louise Otto's schönem „Genius der Menschheit" viel zu gut sein sollten, nur auf „Versorgung" dressirt zu werden und wenn diese ausbleibt, gedankenlos sich und Andern zur Last werden zu lassen.

Daraus ergiebt sich ferner, dass bei diesem Unterrichte als einen harmonisch den ganzen Menschen und die ganze Menschheit umfassenden, auch der Lehrstoff demgemäss ausgewählt und bestimmt werde. Heutzutage wird aber so Vielerlei getrieben, dass die Gefahr sehr nahe liegt, den Lehrplan — planlos werden zu lassen. Wo jedoch Einheit und Harmonie, die beiden Grundsäulen maurerischer Wissenschaft gelehrt werden sollen, muss auch der Lehrstoff einheitlich und harmonisch ausgewählt und bestimmt sein. Unsere „höheren Schüler" arbeiten und leben sich aber mit bedauerlich-vergeudetem Fleisse so in hebräische, altgriechische und römische Anschauungen oder andererseits so in nur realistische, empirische Auffassung des Lebens hinein, dass sie die Forderungen der Gegenwart und Zukunft kaum verstehen und von Ideen und Idealen, welche doch dem wirklichen Leben zu Grunde liegen sollen, kaum einen blassen Schimmer erhalten! Dass es mit unsern Töchtern darin noch viel, viel trauriger bestellt ist, das wird allerorten bestätigt und mit Recht bekämpft — nur halte ich dafür, dass es gar keine wirkliche Abhülfe wäre, wollte man die Mädchen dieselben algleich einseitigen Wege führen; es muss vielmehr der ganze Grund, der ganze Plan für beide Geschlechter ein besserer werden, auf dem das Allgemein-Nöthige zu jedem Geschlecht Speciell-Nothwendige in dem rechten Verhältnisse zu einander steht. Denn es wird allerdings vorzüglich der Beruf der Mädchen einst tüchtige Hausfrauen und gute Mütter zu werden, fast gänzlich unbeachtet gelassen; man sagt sich wohl gelegentlich einmal, dass nur gute Mütter, gute Söhne und Töchter erziehen könnten, aber man thut nichts, die künftigen Mütter dazu in die gehörigen Stand zu setzen. Bei den Knaben ist er aber nicht viel besser. Man erzieht mit allem möglichen Kostenaufwande Techniker, Gelehrte und was sonst — wo aber erzieht man in ihnen Menschen, ganze harmonische Menschen, die wieder ihre Kinder zu Menschen zu erziehen wissen? Man nimmt auch die Kinder schon in verschiedene Vereine auf, man registrirt sie z. B. in Kirche, in Gemeinde, in Staat, —

wer aber giebt ihnen dafür ein Bild dessen, was Kirche, Staat etc. sein sollen und zur Zeit sind? Wer lehrt ihnen Wesen und Aufgabe der Religionsvereine, der Rechtsvereine (Staaten), wer das Wesen und die Aufgabe der menschlichen Gesellschaft — d. i. die sociale Frage! — kennen? Wer es nicht selbst in den Mannesjahren mit mehr oder minder offenen Augen sich mühsam zusammensucht — aus dem Religions- oder vielmehr Confessions-Unterrichte mit seiner bekenntnisstreuen Unduldsamkeit oder aus dem nur äusserlichen Beschauen der Geschichte — meist Schlachten und Siege und Siege und Schlachten — lernt der Schüler all' diess Grundwesentliche aber unbedingt Nöthige zu leidlicher Lebensführung nicht! Diess führt auf eine weitere Konsequenz!

Alle Mächte, welche die Zukunft an sich reissen und künftige Generationen sich dienstbar machen wollen, haben von jeher die Jugenderziehung in ihre Hände zu bringen gesucht und zu bringen gewusst. Und sie halten das Errungene auch fest mit allen Kräften, denn mit der Schule würde ihnen ein Hauptweg und ein Hauptmittel zu ihren Zielen entschlüpfen. Diess sollten wir uns nicht zweimal sagen lassen. Alle unsere Feinde — und unsere Feinde sind Alle die, welche um des nutzbaren Uebergewichtes ihres einzelnen, dem Ganzen doch untergeordneten Lebenskreises willen die gleichmässige Entfaltung aller, die Harmonie aller Lebenskreise nicht wollen, also gerade unsern Zweck nicht wollen und die Verwirklichung der Maurerei nach Kräften hemmen — alle diese lehren so ziemlich dieselben Gegenstände, aber in welcher Zurichtung und Präparation, in welchem Geiste! Und wie werden die an sich auch ziemlich gleichen Kinder dabei zugerichtet! Man denke nur an manche ganz richtig Präparandenanstalten genannte Institute! Der Geist aber ist es, der lebendig macht! Der Geist kann auch niemals auf die Dauer unterdrückt, eine Schule in maurerischem Geiste auch niemals im Voraus untersagt werden! Dieser maurerische Geist ist aber nach dem Bisherigen nichts anderes, als das Streben nach Harmonie und Einheit, nach Herbeiführung eines maurerischen Zeitalters! Wir stehen unzweifelhaft am Beginne desselben! Ueberall, in Kirche, Loge, Staat, überall strebt man, die Erscheinung, das Erfahrungsbild mit der Idee, dem Urbilde, in Einklang und Harmonie zu setzen, an Stelle der oft zur Hauptsache gewordenen, also überlebten Form die Hauptsache selbst zu erfassen und für das besser erkannte Wesen eine nur bessere Form zu finden. Man strebt, das Allgemeinmenschliche, Wesentliche, Ewige zur Geltung zu bringen, das vom Besonderen, Zufälligen, Zeitlichen so oft verdrängt worden. Aber welche Irrthümer, hüben wie drüben, welche Unklarheit, welche traurige, das erstrebte Gute oft geradezu vernichtende Unwissenheit über die Grundbedingungen einer Höherbildung der Menschheit sehen wir da überall. Sollten wir da dem „wahrheitsuchenden" Geiste der Gegenwart nicht das maurerische Licht mittheilen? Und das ist? Es ist die Wahrheit, dass jeder Mensch und jeder Lebenskreis und die ganze Menschheit zuhöchst an sich und in sich selbständig, d. h. frei, aber auch mit den gleichberechtigten Ober-, Neben- und Untergliedern organisch und harmonisch verbunden sein soll — die Grundwahrheit der Einheit und Harmonie des Menschen und der Menschheit mit allen ihren hier nur zum allerkleinsten Theile angedeuteten Consequenzen. Dazu gehört aber vor allem auch die Ertheilung allen Unterrichts in diesem einheitlichen und menschheitlichen Sinne, zuhöchst der Unterricht in der Menschheitlehre, d. h. der Lehre von der urbildgemässen Gliederung der Menschheit.

In ersterer Beziehung ist zunächst zu erwähnen, dass z. B. der Geschichtsunterricht zu ertheilen ist mit stetem Hinweis auf die Wichtigkeit einzelner Männer, wie verschiedener Völker für die Kulturentwicklung der Menschheit; der geographische Unterricht nicht blos Specialkenntniss einzelner Landstriche vermittelt, sondern deren Bedeutung für die ganze Erde darlegt; der Religionsunterricht die verschiedenen Confessionen als Schattirungen der Einen Gottinnigkeit überhaupt würdigt und so möglichst durch alle Lehrfächer hindurch nicht blos das Einzelne an sich kennen zu lernen, sondern auch der harmonische Zusammenhang und die organische Wechselwirkung des Ganzen auf die Theile und der Theile auf das Ganze zu berücksichtigen ist. Das wird ganz von selbst darauf führen, alle sogenannten einzelnen Wissenschaften nur als gleichberechtigte Theile der Einen Wissenschaft überhaupt anzuerkennen, welche nicht gleichgültig oder gar hochmüthig und feindlich auf einander blicken sollen, wie z. B. Theologie und Naturwissenschaft oft thun. Wahre Wissenschaft — d. h. nicht blosse Menschensatzungen — kann einander niemals widersprechen, denn alle Wissenschaft ist im Grunde nichts anderes als wohlbegründete Erkenntniss Gottes, des Einen alleinigen, all umfassenden Grundwesens, von dem man doch nicht im Ernst wird behaupten wollen, dass Gott sich selbst widersprechen könne. Wohl aber wird es auch dahin führen, die unhaltbaren Begriffe von Gott abzulegen, z. B. dass er allmächtig sei, d. h. machen könne, was er wolle, während diese eigentlich abscheuliche Willkürherrschaft überhaupt nicht zu berichtigen ist, dass er allmächtig ist, weil Er es ist, der alles ist und macht, oder von der Gerechtigkeit Gottes: dass Gott das Gute belohne und das Böse bestrafe, was erfahrungsgemäss gar nicht wahr ist und uns Maurern, die wir nicht das Gute um Lohn thun und das Böse aus Furcht unterlassen sollen, eigentlich einen besseren und höheren Standpunkt zuspricht als Gott selbst hätte, während Gerechtigkeit dem Begriff des Rechtes nach doch darin besteht, Jedem die Bedingungen seines normalen Daseins möglichst zu gewähren — alle diese scheinbar unwesentlichen Abänderungen müssen geschehen, sollen wir auch von Gott richtigere Anschauungen erhalten, Anschauungen, die mehr als man glaubt von Einfluss auf das allgemeine tägliche Leben sind.

Werden so geläuterte Erkenntnisse zuhöchst von Gott dargeboten, so ist ferner zu ebenso wichtigen praktischen Anregungen nothwendig die Lehre von der urbildgemässen erfahrungsmässigen und unsterblichen Gliederung der Menschheit zu geben, mit anderen Worten: vom Menschen und der Menschheit nach ihren ewigen, unveränderlichen Seiten, nach ihrer zeitlichen, geschichtlichen Erscheinung und nach ihrer jeweiligen Aufgabe zur Weiterbildung des Einzelnen wie der Gesammtheit. Nach der ewigen, unveränderlichen Seite würden sonach die Uebergriffe der bereits erwähnten Grundformen des Lebens: Religion, Sittlichkeit, Recht, Schönheit; der Grundwerke: Wissenschaft,

Kunst, Bildung und der Grundbände derselben zu Verwirklichung dieser einzelnen Seiten wie des ganzen Lebens überhaupt, gleichsam das Einmaleins alles Lebens zu lehren sein, wie ich auf Grund des Krause'schen Urbildes der Menschheit in meinem bereits in diesem Blatte veröffentlichten Entwurfe eines „Freimaurer-Katechismus" darzulegen versucht habe. Diese Elemente aller zeitlichen Gestaltungen würden dann wieder zu unbefangener, über der Zeit stehender Würdigung der dermaligen Verwirklichung dieser Urbegriffe und Urbilder in Kirche, Staat, Loge etc. führen, sowie zu Erkenntniss und Durchführung des in allen Gebieten, dem kirchlichen, politischen und socialen Gebiete, eben jetzt Nöthigen Anlass geben und damit hoffen lassen, dass einst dem planlosen, oft so kostspieligen Experimentiren aller Art, wie dem thatenlosen Gehenlassen oder sinnlosen Widerstreben auf allen Gebieten endlich einmal die bewusste klare Einsicht in den ewigen Grund und die geschichtliche Entwickelung — nicht eins oder das andere, sondern beide vereint — und damit die freie Wahl des wirklich Heilsamen folgen werde.

Dass dies aber geschehe und der jetzigen stückweisen Einsicht gegenüber eine harmonische Erkenntniss des Lebens und fürs Leben Platz gewinne, dazu sind — Mrschulen nothwendig. Sie sind nach Obigem Elementarschulen, denn sie unterweisen in den wirklichen Elementen allen Lebens, sie sind auch gleich den Universitäten, denn die Erziehung ihrer Schüler soll in universalem Geiste geschehen.

Diess sind ungefähr die Grundzüge einer maurerischen Erziehung und gewiss werden mir nun auch die geliebten Brüder beistimmen, dass solche Schulen zu gründen, den gegenwärtigen Anforderungen ein dringendes Bedürfniss und zugleich für uns Maurer die beste Art maurerischer Werkthätigkeit sein würde. Wir werden dann ganze Menschen, wir werden uns künftige Maurer erziehen, durch deren Lebensarbeit in und für das öffentliche Leben — der wahren g. u. v. Loge! — die Menschheit jene Organisation und Harmonie erreichen wird, in deren Grundsätzen sie als Kinder schon von Jugend auf erzogen und gebildet worden sind. Und das ist doch gewiss viel nachhaltiger und fruchtbarer, als wenn sie erst acht Jahre lang zum Theil einander Widersprechendes lernen müssen, was noch dazu als erster Eindruck am stärksten haftet, und dann durch einen kurzen ein- oder zweijährigen Cursus erst eine leidliche Ordnung hineinbringen sollen. Sehen wir doch an uns selbst, welch' ausserordentlich geringe Umbildungskraft die Grundsätze der Maurerei bei fast abgeschlossenen Charakteren haben, so dass wir das Ding doch wohl am andern Ende — an der Kindererziehung von Anfang an anfassen sollten! Ein krummer Baum wird niemals gerade, drum siehe bei Zeiten, wie du ihn gut gewöhnest!

Sollte auch die moderne Pädagogik die vorentwickelten Gesichtspunkte und Aufgaben von maurer. Schulen oder Maurerschulen als die ihrigen zu reklamiren geneigt sein, so würde diess nur zum Theil richtig sein, im übrigen mich aber in meinem aus der Philosophie K. Ch. Fr. Krause's entwickelten Schlussfolgerungen bestätigen und dringend wünschen lassen, dass sich besonders Lehrer und Erzieher eingehend damit beschäftigen möchten. Auch

ohne die specielle Anwendung auf die vorliegende Frage nach der besten Art maurerischer Werkthätigkeit dürften diese flüchtigen Gedanken nicht ohne Werth sein und die durch Gründung solcher Maurerschulen unzweifelhaft mit herbeigeführte Zeitigung des Sieges unserer k. K. dürfte gewiss als ein Beweis gelten, dass diese Werkthätigkeit eine wahrhaft maurerische ist und sein wird. Dann würde selbst alles hier Gesagte schon längst gefordert aber noch nicht erfüllt, so müssten wir gerade deshalb mit der Verwirklichung vorangehen, damit die Aussenwelt um so eher nachfolge! Das ist die Hauptsache!

Ich beantrage deshalb hierdurch:

Der Verein deutscher Maurer wolle sich für Errichtung von Maurerschulen als zweckmässigstem Gegenstand maurer. Werkthätigkeit aussprechen und zunächst die Gründung Einer solchen Musteranstalt anstreben;

welche sonach vorläufig mit wenig Schülern eröffnet werden könnte. Denn neben diesem wünschenswerthen baldigen Lebenszeugniss einer bestimmten planmässigen Vereinswerkthätigkeit würden inzwischen die Vorarbeiten zu geordneter, aus der Idee des Ganzen heraus entsprungenen Erweiterung, bez. Beschränkung und Auswahl der Lehr-Ziele und Gegenstände einhergehen und mit dem Wachsthum der Anstalt und der Schüler nach und nach von den allerersten Elementarklassen zur Volksschule, Fortbildungsschule, vielleicht Universität oder Akademie übergegangen werden können. Die Anstalt würde sonach eine Musteranstalt der Erziehung und zwar schon vom Kindergarten bis zum 17 oder 18 Jahre hinauf in maurerischem Geiste und maurerischer Lehre sein. Denn wie Gewerbeschulen nicht schon blos dadurch solche sind, weil sie von Gewerbtreibenden gegründet und unterhalten werden, sondern weil in ihnen Gewerbliches gelehrt wird, so muss in Maurerschulen auch Maurerei gelehrt werden, nicht Z. W. und Gr., sondern die Grundsätze, welche unsere Symbole so schön und im Ganzen so wenig fruchtbar uns predigen. Welche Wirkung, welche ungeahnte und fruchtbringende würden sie haben, so der ganze Unterricht der Kinder von Anfang an im Geiste der k. K. geschähe, statt im Sinne und nach den Anweisungen staatlicher oder kirchlicher Mächte! Und wenn eine Fortbildungsanstalt in maurerischem Geiste für durchführbar gehalten wird, sollte da eine zwar viel durchgreifendere, wirkungsvollere Gesammt-Schule nicht ebenfalls auch durchführbar sein? Mit der Zeit würden die Schüler immer höhere Klassen bilden, neue Schüler die unteren füllen und so die Anstalt sich immer weiter nach Bedürfniss entwickeln; die frühern Schüler und Schülerinnen können dann wieder Lehrer und Lehrerinnen an ihrer Schule und den inzwischen entstandenen Zweiganstalten werden und so die Keime unsrer k. K. in tausend und abertausend empfänglichen Herzen künftiger Männer und Frauen zum Aufgehen gelangen, ganz abgesehen davon, dass auch diese Schüler, gleich den Schülern anderer Verbindungen, als Missionäre und Sendlinge auf einflussreichen Posten gelangen und so umfassender für die k. K. wirken könnten! Da sich diess der Natur der Sache nach nur langsam und spät wird als sichere Frucht zeigen, so müssen wir schon jetzt den Kern zu stecken nicht säumen! Inzwischen haben unsere Lehrer und Lehrerinnen hinreichend Zeit, an der Hand von Krauses

Werken etc., die Ahnungen unserer Symbolik und des öffentlichen Lebens in eigene Wissenschaft und Lehre umzusetzen. Hat sich nur erst unsere Musterschule als solche bewährt, so werden bald Zweiganstalten gegründet werden müssen und dies wird dann auch die bestehenden Schulen zwingen, ihren Lehrplan auf harmonische Weise zu entwerfen und statt um verwirrendes und erschöpfendes Vielerlei zu bieten, ihn zu concentriren im Sinne und Geiste reiner ganzer Menschlichkeit!

Auf, meine Brüder! Uns und nicht unseren Feinden gehört die Zukunft, wenn wir ihren projektirten Universitäten Maurerschulen entgegenstellen! Die Konsequenz in jenen Anstalten, der einheitliche Geist hat Erfolg und muss Erfolg haben! Nehmen wir uns ein Beispiel daran und gründen wir — Maurerschulen.

Was nun die Wahl des Ortes einer ersten Musterschule, deren innere Einrichtung etc. betrifft, so würde die Regelung dessen wohl einen aus finanziellen und pädagogischen Kräften zusammengesetzten Ausschusse zu übergeben sein. Dabei könnte aber schon die Frage erwogen werden: ob nicht zunächst einigen Waisenkindern, vielleicht von Brr Maurern hinterlassenen, ein solcher maurerischer Unterricht zu geben sei. Denn auf das Lucrative eines modernen Pensionates, ja die oft marktschreierische Reclame derselben, müssen wir wohl unbedingt verzichten, da sie der schnurgerade Gegensatz zu der mühevollen, und so ausserordentlichen Wirksamkeit eines Gustav Werner in Reutlingen sind, dessen aus ebenfalls unscheinbarem Kerne hervorgegangenen zahlreichen Anstalten mir immer als eine Art Vorbild vor Augen stehen! Und wenn auch Tagesschüler und Schülerinnen gegen ein angemessenes Schulgeld uns zugeführt werden können, so steht die Erziehung Armer, verlassener Waisen, insbesondere von Brr Vereinsmitgliedern doch wohl uns am nächsten an. Die Wechselwirkung von aus dem Leben frisches Leben mitbringenden Kostgängern und Tagesschülern und von andauernd und sorgfältig gepflegten Anstaltern wäre dabei gewiss von Nutzen. Die Anstalt selbst würde deshalb noch kein Waisenhaus, das wäre nicht der Zweck, wenigstens nicht der nächste, aber einzelne Brüder und Logen wie Logengruppen könnten doch mit der Zeit mehr und mehr Freistellen gründen und sie mit unbemittelten Waisen ihres Orientes besetzen. Allein das sind nicht unmittelbar dringliche Fragen; für jetzt bleibt es unsere nächste Aufgabe, über den Gegenstand unserer Vereins-Werkthätigkeit überhaupt schlüssig zu werden — letztere Andeutungen sollten nur zeigen, dass solche Ziele, welche anderen Brüdern vielleicht als einzige und hauptsächliche betrachten, mit dem hauptsächlichen einer maurerischen Musterschule sich ganz gut vereinigen, ja eigentlich erst recht gut erreichen lassen. Die Aufstellung eines fernern Zieles scheint ja oft eine Versäumniss näher liegenderer, einfacher und leichter zu erreichender Zwecke, aber das scheint auch nur so! Jene näheren Punkte sind sehr oft schöne Aussichtspunkte, bei denen man gern ganz sitzen bleibt und darüber vergisst, wohin man ursprünglich eigentlich gehen wollte oder sollte! Hält man aber das stracks im Auge, nun so nimmt man ja ganz von selbst jene angenehmen Stationen, wie z. B. Töchterpensionat, Fortbildungsschule, Waiseninstitut etc. mit und löst doch auch jene eigentliche Aufgabe und unsern eigentlichen Auftrag. Einigen wir uns daher zunächst über das Prinzip meines Vorschlages; die künftige Ausführung wird dann gewiss noch manchen an sich ganz trefflichen Gedanken mit zur Verwirklichung bringen, der nur als Hauptgegenstand eines Vereines von heute 600, in 20 Jahren vielleicht 20,000 Mitgliedern, weder qualitativ noch quantitativ den aufzustellenden Grundforderungen an maurerische Werkthätigkeit hinreichend entspricht.

◦◦◦

Feuilleton.

Frankreich. — „L'Avenir maç." berichtet über eine zahlreich besuchte Arbeit der Loge les Amis-Réunis. Gegenstand der Tagesordnung war die Erörterung der Frage: „Welche Pflichten haben die Freimaurer, wenn das Vaterland in Gefahr ist?" Nachdem die Proclamirung der Republik maurerisch begrüsst worden war, hielt Br Ch. Laterade einen feurigen und mit Beifall aufgenommenen Vortrag, der mehr auf Deutschland als auf Frankreich anwendbar ist. Zuerst schildert der Redner die Uebel und Leiden des Krieges im Allgemeinen, die tief beklagend, und hebt hervor, dass die Maurerei, die Avantgarde der Civilisation, den Krieg zurückweise; die Mrei lehre das Dogma der Bruderlichkeit, der menschlichen Solidarität, sie betrachte die Menschheit als Eine Familie. Trotzdem, führt er fort, sei die Vaterlandsliebe berechtigt und auch der Krieg, wenn er ein Vertheidigungskrieg sei. Den Angriffskrieg nennt er das Recht des Stärkeren, die Einmischung in die Angelegenheiten Anderer, ein Attentat auf die Unabhängigkeit eines Theils der menschlichen Familie; er bezeichnet ihn als ruchlos und verbrecherisch, hat aber dabei ganz vergessen, dass sein Land den Angriff gegen Deutschland geplant und gutgeheissen, den Krieg provocirt und erklärt hat. Das lassen unsere französischen Brr ganz ausser Acht und so spricht auch unser Br Laterade nur von dem feindlichen Angriff gegen Frankreich, dem gegenüber Alle zu den Waffen eilen, alle Logen sich in Bollwerke der Vertheidigung umwandeln müssten; Jeder könne seinem Lande als Mobilgardist oder mit seinem Rathe oder mit Geld. Alles, was in der Maurerei noch Kraft habe, müsse sich bewaffnen und zur Vertheidigung beitragen: Das ist die Pflicht der Freimaurer. (Wen Gott verderben will, den schlägt er mit Blindheit).

———

Italien. — Die für den 18. September anberaumt gewesene constituirende Maurerversammlung der italienischen Logen ist durch Erlass des Br Fr. Campanella unter den gegenwärtigen Verhältnissen, welche eine ruhige Berathung kaum ermöglichen, vertagt worden, um später nach Rom einberufen zu werden.

———

Niederlande. — In Amsterdam ist ein Allgemeiner Friedens-Verein gegründet worden, der unter den Brn der Niederlande viele Theilnahme findet.

Die Loge de Ware Broedertrow beabsichtigt, an sämmtliche Logen der Niederlande eine Einladung behufs Veranstaltung eines Allgemeinen maurer. Congresses zu richten, der zum Gegenstande haben soll — die Abschaffung des Krieges, der als das Faustrecht des 19. Jahrhundert bezeichnet wird. Dies ist mit Bezug auf den gegenwärtigen Krieg ganz und gar unzutreffend, da in demselben nicht der Stärkere, sondern Wahrheit, Gerechtigkeit und Sittlichkeit gesiegt haben und Deutschland nur das Amt der allwaltenden Nemesis vollzog.

Die Einberufung eines maurerischen Congresses behufs Abschaffung des Krieges, heisst das Pferd beim Schwanze aufzäumen und die Sache verkehrt anfangen. Der Weltfriede kann nur durch sittliche Mächte, d. i. durch Verbreitung vorurtheilsfreier und gerechter Anschauungen, sittlicher Haltung, freier Staatseinrichtungen und vor Allem durch Bildung der Massen gesichert werden; daran müssten die Logen arbeiten. Um das aber zu können müsste der Bund selbst erst auf festere Grundlagen gestellt, nach Innen und aussen ideegemäss ausgestaltet und ein allgemeiner Bau- oder Arbeitsplan (Riss) angenommen werden. In dieser Richtung bewegte sich und nach diesem Ziele steuerte das 1867 in Worms angenommene Manifest des Vereins deut. FreiMr, welches von sämmtlichen Grosslogen der Welt — einfach ad acta gelegt wurde. Wer mit Ernst an die Hebung des Bundes gehen und wirklich die Sache der Freimaurerei zur Sache der Menschheit machen will, der unterstütze den Verein deutscher Maurer und helfe ihn umgestalten in einen allgemeinen (internationalen) Maurer-Verein.

～～～

Noch ein Friedens-Manifest. — Der in London erscheinende „Freemason" theilt in kurzer Notiz mit, die Loge „Des Amis Philanthropes" (der Menschenfreunde) in Brüssel habe eine Ansprache an die Brr Maurer in Frankreich und Deutschland bezüglich des gegenwärtigen Krieges erlassen. „Es ist" — bemerkt der Freemason — „ein gut geschriebenes Manifest, überschreitet aber zu weit die uns gezogene Schranke der Politik, als dass es dem Geschmacke der Englischen Maurer entsprechen könnte. Unter den Unterzeichnern befinden sich die Brr Anspach, Bürgermstr. und Repräsentant, Mstr. v. St., G. Jottrand, 1. Aufs., Repräsentant von Brüssel" u. s. w.

Dieser „Aufruf" (S. 16 S.) ist uns in deutscher Uebersetzung zugegangen. Er ist zu umfangreich, als dass wir Raum genug hätten, ihn wörtlich hier abzudrucken. Er stimmt dem Sinne nach und an manchen Stellen selbst beinahe dem Wortlaut nach mit dem Schweizer Manifeste überein. So heisst es gleich im Anfang u. A.: „Ganz Europa kann nicht ohne Erröthen sehen, dass nach einer seit Jahrhunderten bestehenden Civilisation, nach einer so langen Praxis der Gesetzlichkeit, Völker, die gewöhnt sind die unbedeutendsten Privatstreitigkeiten vor Gericht zu bringen, unter einander von keinem schiedsrichterlichen Spruch wollen und es der blinden Gewalt überlassen über ihre grössten Interessen zu entscheiden." — „Es ist eine Schande für das Jahrhundert, dass es das allgemeine Solidarverhältniss, welches die Philosophie in der sittlichen Weltordnung, welches unter der Hand der Industrie sich so zu sagen verkörpert und materiell greifbar wird, nicht besser vertheidigt; eine Schande ist es" u. s. w.

Und an einer andern Stelle heisst es: „Das Haupthinderniss des Friedens in Europa ist gefallen: Das Kaiserthum ging seinem Falle entgegen, langsam untergraben von der öffent-

lichen (!?) Meinung. — Germania, sei du nicht die Erbin jener Politik, die dich bedroht und die du vernichtet hast; untersuche nicht, was das Kaiserthum würde gethan haben, wenn es siegreich gewesen wäre; berufe dich nicht auf Stammesverwandtschaft, auf Nationalität, auf deine Sicherheit, um zu fordern, dass deine Grenzen erweitert werden" u. s. w.

Kurz, die Brüsseler Brr mischen sich in gleicher Weise in die politischen Verhältnisse ein, wie die Schweizer, und sie thun dies auf Grund der oberflächlichsten und ungenauesten Auffassung der wirklichen Verhältnisse. Das Haupthinderniss des Friedens ist das französische Volk, welches den Krieg fortführt, das französische Volk, welches stets die Forderung der Rheingrenze elektrisirte und theilte, das französische Volk, welches für das Kaiserthum und für diesen Krieg sein Votum abgab, während die jetzige provisorische Regierung vom eigenen Volke nicht bestätigt und gewählt ist und Niemand uns verbürgen kann, wielange die Republik und die friedliche Gesinnung der Franzosen Bestand hat. Dass wir ohne Rücksicht auf unsere Sicherheit handeln sollen, ist eine geradezu abgeschmackte und unsinnige Forderung.

Die beiden Proteste in Nr. 39 und 41 d. Bs. gelten auch der vorstehenden Brüsseler Kundgebung. —

———

Bitte um Auskunft. — Sollte irgend ein Leser d. Bl. den Aufenthalt des seit der Schlacht von Sedan vermissten **Fritz Lochner**, Soldat im 14. bayr. L.-Inf.-Reg., 1. Batt. 1. Comp. kennen, so wird um gefällige Nachricht dringendst ersucht.

———

Die Wacht am Rhein.

Von
Br Hugo Koch.

Es glänzt ein grosser Edelstein
In Deutschlands Krone hell und rein;
So lang ein deutsches Wort erklingt, —
So lang ein deutsches Lied man singt,
Wird seiner rühmend stets gedacht:
Der Heldenschaar, der deutschen Wacht!

Mit Stolz, — wie könnt' es anders sein,
Erfüllet uns die Wacht am Rhein,
Die gegen Frankreichs Uebermuth
Geopfert hat ihr theures Blut,
Getreu erfüllt den hohen Schwur:
„Kein Feind betritt die deutsche Flur!"

Das deutsche Volk, es weiss recht gut,
Ach! blüt' gesiegt der Uebermuth,
Gesiegt die wilde Räuberschaar,
Die von dem Feind entsendet war:
Entsetzen wäre jetzt sein Loos, —
Für lange Zeit das Elend gross. —

Drum heissen Dank Dir, Retterschaar,
Du machtest durch das Schwert uns klar,
Dass wir ein grosses Volk jetzt sind,
Das fühlt der Mann, das fühlt das Kind,
Drum allerorts von Gross und Klein
Erschallt das Lied: „Die Wacht am Rhein."

Ja, juble laut du deutsches Land,
Das jetzt die eigne Kraft erkannt,

Europa staunt, was Du vollbracht! —
Doch wisse, dass in heisser Schlacht
Geflossen ist das deutsche Blut, —
Dass grosse Hülfe Noth jetzt thut.

Ja juble Du der Wacht am Rhein,
Doch woll' ihr immer dankbar sein;
Der Wittwen und der Waisen Schaar
Verlangt nach Hülfe, Jahr für Jahr:
Für sie zu sorgen ist Dir Pflicht,
Das, deutsches Volk, vergesse nicht!

Und singet Ihr „die Wacht am Rhein",
Bedenkt: — gelichtet sind die Reih'n,
So mancher Tapfre in dem Streit
Ist elend für die Lebenszeit! —
Du deutsches Volk kennst deine Pflicht,
O! du verlässt die Wack'ren nicht! —

Coburg, 25. September 1870.

Die deutschen Freimaurer und die deutschen Logen während des Nationalkriegs.

(Fortsetzung.)

Coburg. Das in der heut. Nr. d. Bl. abgedruckte von Br Koch in der Loge Ernst für Wahrheit, Freundschaft und Recht in Coburg am 26. Septbr. vorgetragene, von ihm am Vorabende auf der Rosenau verfasste Gedicht, gab in Verbindung mit einem von Br Gehrlicher verlesenen auf Sammlung und Vertheilung von Unterstützungen für verwundete Krieger und deren Hinterlassenen, Veranlassung zur Bildung einer Commission, die sich speciell mit dieser Angelegenheit befassen soll.

Vielen Brüdern wird noch von Interesse sein, zu erfahren, dass zwei coburger Brüder das eiserne Kreuz erhielten:
Br Wernecke, Hauptmann im 95. Inf.-Reg. und
Br Schminke, (Buchhalter) Vice-Feldwebel desselben Regiments, nun Lieutenant.

Letzterer, der bei Sedan von seiner Compagnie nur einige 40 Mann zurückbrachte, befindet sich wohl, Hauptmann Wernecke, schwer verwundet, auf dem Wege der Besserung.

Gundelsdorf.   Br B—r.

Stuttgart. Im Anschluss an bisherige Berichte über die Thätigkeit der hiesigen Logen während des gegenwärtigen Krieges, können wir heute mittheilen, dass seit dem 31. Aug.; dem ostpreussischen Armeecorps angehörige verwundete Krieger, in der Loge Wilhelm zur aufg. Sonne, die sorgsamste Pflege geniessen. Wie die Brüder der beiden hiesigen Logen sich hierbei in die materielle Unterstützung theilen, so theilen sie sich auch in die Warte am Krankenbette. in gleich brüderlicher Weise, und wir glauben jetzt die erfreuliche Hoffnung aussprechen zu dürfen, dass es dieser Pflege, unter dem Beistande des g. B. a. W. und unterstützt durch die anerkennungswerthe Aufopferung ausgezeichneter Aerzte gelingen wird, die der Loge anvertrauten Kranken, obgleich dieselben grösstentheils sehr schwer verwundet waren, alle wieder den Kreisen ihre Familien zurückgeben zu können.

Correspondenz.

Das in No. 40 der Bauhütte S. 315 abgedruckte Schriftstück ist weder von der Loge zum goldenen Apfel noch mit deren Zustimmung[*] veröffentlicht worden. Eine Abschrift desselben ward vor mehreren Jahren zu anderem und vertraulichem Gebrauche den betr. Akten entnommen. Aus den letztern wird noch nachfolgendes Schriftstück mitgetheilt

> „Hochwürdiger Grossmeister,
> Hochwürdige, sehr ehrwürdige Brüder
> Aufseher und Beamte,
> Sehr ehrwürdige Mitglieder,
> Geliebte Brüder!
>
> Mit dem Vergnügen das man empfindet, wenn man Streitigkeiten geendiget siebet, an denen uns Pflicht und Kränkung Theil zu nehmen zwangen, mit diesem Gefühle melde ich Ihnen meine Brüder, dass durch ein Schreiben der Hochwürdigen grossen Landesloge von Deutschland an mich vom 3. Julius a. c. die zeitherigen Spaltungen zu meiner Zufriedenheit beigeleget sind. Ich bitte Sie also meine über diesen Vorfall an Sie abgelassenen Circulare vom 14. Jan. und 8. März dieses Jahres in ihrem Archive zu kassiren, zum Beweis wie bereit ich aus Liebe für das Ganze bin, alles von meiner Seite zu thun, was das Andenken in dieser unangenehmen Sache, die ich mich zu vergessen bemühe, verkennen kann und verbleibe mit wahrer Ergebenheit
>
> Ihr wohlgeneigter Bruder
> Ernst, Herzog zu S.-Gotha.

Gotha, 1. August 1777.
An die Loge zum goldnen Apfel
zu Wildenfels."

Dresden, am 3. October 1870.

Wilhelm Ludwig Erdmann Richter,
d. Z. Mstr. v. St. der Loge z. g. Apfel.

Für die deutschen Krieger und deren Familien.

Transport:	Thlr.	38. 10.
Beitrag per Oktober und November von Br Joh. Hermann aus Wolfenbüttel .	„	1. 10.
Summa:	„	39. 20.

Indem wir für diese patriot. Opfer bestens danken, sind wir zur Annahme weiterer Beiträge gern bereit. Wir werden die eingegangenen Beiträge von Zeit zu Zeit an die vereinigten Logen Frankfurts abführen, da diese einen geeigneten Centralpunkt bilden. Mannheim und andere Orte können sich leicht mit Frankfurt ins Einvernehmen setzen.

J. G. Findel.

Briefwechsel.

B—r in G—t. Besten Dank; erscheint in einer der nächsten Nummern. Brüderl. Gruss!

Br E—as in J—m. War ein Versehen des Setzers, der die alte Anzeige hereinnahm. Nur reine Geschäftsanzeigen, wie Stellen-

---

[*] Die von mir veröffentlichte Abschrift, auf Büttenpapier geschrieben, nicht aus den letzten Jahren, sondern ersichtlich ziemlich alten Datums, ist von einem Bruder aufgefunden und mir überlassen worden. Es handelt sich demgemäss nicht im Entferntesten um eine Indiscretion und war selbstredend eine Zustimmung der Loge nicht nöthwendig. Über das Verhalten der Gr. L. L. ändert die stattgefundene Ausgleichung nichts; die Gr. L. L. lässt sich öfters zu einer „milden Praxis" bequemen, während der faule Punkt im Geiste und in den Einrichtungen des „Systems" liegt.

Die Redaktion.

gesuche, Empfehlung von Handelsartikeln, die ohne Beziehung zur Mrei u. dgl. sind von der Aufnahme ausgeschlossen. Brdl. Gruss!

Br S. und C. in Gn. Antwort später nach erfolgter Einsichtnahme, jetzt sehr beschäftigt. Brdl. Gruss!

Br L—g in D—s. Besten Dank für die Anmeldung des gel. Br S. Statuten und Quittung sind Ihnen zugegangen. Brüderlichen Gegengruss!

Br Fr. F—r in N—a. Mein Herm. steht mit s. Batterie vor Paris; er schrieb zwischen Toul und P. und befindet sich munter und wohl. Theilen Sie es Br W. mit. Br. Gruss!

Br M. H—l in M. Ihrem Wunsche habe ich gern entsprochen; das Inserat wird aber schwerlich etwas nützen. In Berlin ist m. W. für solche Zwecke ein Auskunftsbureau errichtet. Brdl. Gruss!

Br J. R—l in Rustschuk. Katechismus 1 und 2 gesandt; die Banh. wird Ihnen pr 4. Oktbr. wöchentlich zugeben und habe ich mit gesandtem Betrage das Conto ausgeglichen. Brdl. Gruss!

Br F. Z—na in Dr. Brüderlichen Dank und freundlichen Gegengruss!

Br G. in Z—ch. Verbindlichsten Dank für die gütigst übersandten Baustücke, wovon ich das eine ehestens in d. Bl. abdrucken werde. Brüderlichen Gruss!

Br M—nn in W—l. Beitrag per September ist in Nr. 40 d. Bl. quittirt. Brdl. Gruss!

Anzeigen.

In den ersten Morgenstunden des gestrigen Tages entschlummerte sanft, nach langjährigen Leiden unser theurer

Br Joh. Andreas Schubert,

Regierungsrath und Professor emer. Ritter d. Kön. Sächs. Civ. Verd. Ordens.

Seit mehr als 40 Jahren war Derselbe Mitglied unserer Loge und seit 10 Jahren Dirigent der Lehr- und Erziehungsanstalt für Knaben zu Friedrichstadt-Dresden, sowie als solcher dep. Mstr. v. St. unserer Loge hon. cs.

Die Verdienste, welche sich der Verstorbene in dieser Stellung durch seine aufopfernde Hingebung und Thätigkeit und das herzliche, natürliche Wohlwollen für die Zöglinge unserer Anstalt erworben hat, werden, wie gewiss in den Herzen so Manches der Letzteren, so auch in der Geschichte unserer Loge treu und ehrenvoll aufbewahrt bleiben. Wir aber erkennen schmerzerfüllt den Verlust, den unsere Loge durch den Tod dieses unseres trefflichen Mitarbeiters erlitten und trauern um ihn, als um Einen unserer Besten.

Or. Dresden den 7. Oktbr. 1870.

Die vereinte Loge zu den drei Schwertern und Asträa zur grünenden Raute.

E. A. F. Rumpelt gen. Emil Walther,	E. R. Pfaff,	Gustav Westen,	C. Jul. Spalteholz II.,	Ed. Ferd. Springer,
z. Z. Mstr. v. St.	dep. Mstr.	z. Z. I. Aufs.	z. Z. II. Aufs.	II. prot. Secr.

Verantwortlicher Redacteur: Br J. G. Findel. — Verlag von Br J. G. Findel in Leipzig. — Druck von Brr Bär & Hermann in Leipzig.

№ 43. XIII. Jahrgang.

Die

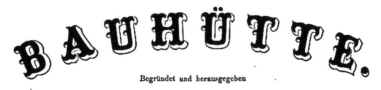

BAUHÜTTE.

Begründet und herausgegeben

von

Br J. G. FINDEL.

* Organ des Vereins deutscher Freimaurer. *

Handschrift für Bru Brüder. Leipzig, den 22. Oktober 1870. MOTTO: Weisheit, Stärke, Schönheit.

Von der „Bauhütte" erscheint wöchentlich eine Nummer (1 Bogen). Preis des Jahrgangs 3 Thlr. — (halbjährlich 1 Thlr. 15 Ngr.)
Die „Bauhütte" kann durch alle Buchhandlungen bezogen werden.

Inhalt: Aufruf. — Die Zukunft der Volksschule. Von Br Hrh. Solger. — Indifferentismus und Toleranz. (Eine Stimme aus der Alpina). — Feuilleton: Hof. — Die deutschen Fürste und die deutschen Logen während des Nationalkriegs. — Berichtigung. — Quittungen. — Brüderliches Anerbieten. — Briefwechsel. — Anzeigen.

Or. Carlsruhe, den 6. Oktober 1870.

Die ger. und vollk. St. Joh. Loge Leopold zur Treue im Orient Carlsruhe an die sehr ehrw. ger. und vollk. St. Joh. Logen Deutschlands.

Gel. Brüder unserer deutschen Schwester-Logen!

Von dem Grundsatze ausgehend, dass jede Inanspruchnahme der Gesammtheit zu Gunsten des Einzelnen erst dann gerechtfertigt erscheint, wenn dieser sich gänzlich ausser Stande sicht, das Nothwendige aus eigener Kraft zu vollbringen, hat die unterzeichnete Loge bisher sorgfältig jede Veranlassung vermieden, ihren gel. Schwester-Logen mit einem Unterstützungsansinnen zu nahen.

Heute treten wir guten Muthes mit der offenen Bitte um reiche br. Gaben zu Ihnen heran, denn wir fordern weder für uns, noch wären wir allein im Stande, die nothwendige Hülfe in ausreichender Weise zu leisten, selbst dann nicht, wenn unsere eigenen Mittel, an sich beschränkt, nicht bereits durch milde Gaben aus Anlass dieses Krieges erschöpft wären, denn, theuere Brüder! wir nehmen Ihr offenes Herz, Ihren milden Sinn und Ihr maurer. Pflichtgefühl in Anspruch für diejenigen Brüder der Lahrer Loge, welche in Kehl, und die unserer Strassburger Nachbarloge, welche, wie der Meister vom Stuhl der letzteren, dessen Haus durch Brand und Geschosse bis auf die Grundmauern in Trümmern liegt, in ihrer materiellen Existenz so schwer beschädigt wurden, dass sie ohne die Hülfe, welche wir ihnen bringen wollen, nicht im Stande sein dürften, sich aus eigener Kraft wieder aufzurichten.

„Tief sind die Wunden und lange wird es währen, ehe wir uns werden erholen können . . . . trüb „und düster lastet der Kummer auf dem Vaterherzen, wenn er die Kinder ansieht und mit bangem Herzen „sich fragt, wie werde ich sie erhalten, erziehen?"

lautet die Antwort auf unsere Erkundigung, ob Brüder der Strassburger Loge durch die Belagerung hilfsbedürftig geworden seien.

Diese tief ins fühlende Bruderherz schneidenden Worte zeichnen bedeutungsvoller die Lage, als wir es vermöchten und daher wollen wir uns nur noch erlauben, auf eine, an Ort und Stelle in profanen Kreisen, gemachte Wahrnehmung hinzudeuten:

Jede von deutscher Seite kommende Unterstützung öffnet uns mehr und mehr die Herzen unserer künftigen Landsleute und rückt die Zeit näher, wo sie, die ihrem wahren Vaterlande seit beinahe zweihundert Jahren gewaltsam entfremdeten, ihrer innersten Natur nach dennoch deutsch gebliebenen Stammesbrüder, sich selbst mit Freuden als verloren gewesene und nun ins alte Vaterhaus zurückgeführte Söhne wiedererkennen werden.

Auch diesem mitverbundenen, patriotischen Nebenzwecke werden Sie, gel. Brüder, gerne dienen und sagen wir Ihnen im Voraus im Namen unseres grossen, gemeinsamen Vaterlandes, in gerührtem Sinne der uns engverbündeten Logen von Lahr und Strassburg und im eigenen Namen den herzlichsten br. Dank für Dasjenige, was Sie in Erfüllung unserer Bitte thun werden.

Ihre Sendungen bitten wir an den unterzeichneten Bruder

„**Freiherr von Cornberg in Carlsruhe, Grossherzogthum Baden**"

richten oder den Redaktionen der maurerischen Zeitschriften*) zustellen zu wollen, in welchen wir demnächst über den Empfang und die Verwendung Rechenschaft ablegen werden.

Wir drücken Ihnen dankerfüllten Herzens in brüderlicher Liebe die Br-Hand und grüssen Sie i. d. u. hl. Z.

Namens der Loge die Beamten:

O. Frhr. v. Cornberg,	Fr. Krug,	A. Bielefeld,
Mstr. v. St.	Repräsentant.	Dep. Mstr.
Goldschmidt,	W. Schmitt,	Kollmar,
Sekretär.	Redner.	II. Aufseher.
H. Leichtlin,	R. Bregenzer,	
I. Aufseher.	Zeremonienmeister.	

*) Wir unterstützen diese Bitte von ganzem Herzen und erklären uns zur Annahme von Liebesspenden bereit.
Die Redaction.

Die Zukunft der Volksschule,
ein Hochbild für maurerisches Streben.

Vorgetragen im Kränzchen zu Würzburg am 5. Sept. 1870.

Von

Dr Hch. Solger.

Hochgeehrte Brr! Sie werden es gewiss als wohl begründet ansehen, wenn ein Br, der Lehrer ist, sich erlaubt, Ihre Aufmerksamkeit auf die Volksschule zu lenken. Ich hoffe, dass Sie das um so lieber thun werden, als ich Ihnen durchaus nicht trübe Bilder aus der Schul- und Lehrermisere, sondern vielmehr die trostreiche Zukunft der Volksschule zeigen will. Und dann ist doch die Schule, die so bedeutend ins Leben eingreift, ja auch für unsere Bestrebungen ein Grundfaktor, dessen Werth immer sehr hoch geschätzt worden. Es wäre unnöthig, wenn ich dies hier nachweisen wollte. Als Freimaurer müssen wir dringend wünschen, dass die Volksbildung gut sei. Und da in dieser Beziehung noch viel zu wünschen übrig ist, so muss ein Vorblick in die Zukunft, der einem Aufblick zum Ideale gleichkommt, sehr nutzbringend sein. Schauen Sie daher heute mit mir auf Grund der wirkenden Gegenwart durch den Schleier der Zukunft! Betrachten wir die Zukunft der Volksschule.

„Es glüht ein Mittag grosser Mühen, ein immer lauter Arbeitstag; die Ernten des Gedankens blühen, und Werke folgen Schlag auf Schlag. Es gründet die Freiheit, es baut sein Recht, es sucht ein nimmermüdes Geschlecht das Höchste, was sterblicher Wille vermag." Und diese Riesenanstrengungen der Menschheit können nicht vergeblich sein. Sie müssen insbesondere auch der Schule zum Segen gereichen. Die öffentliche Meinung, seit Hand-habung der Presse die erste Grossmacht der Welt, verlangt gebieterisch, dass das Schulwesen überall seiner Würde gemäss gestaltet und bedacht werde. Und die zweite Grossmacht der Welt, die nord-amerikanische Union, hat dies schon lange anerkannt und grossartig ausgeführt. Die andern Staaten können nicht zurückbleiben. In allen civilisirten Ländern wird über Schulwesen debattirt. Ein grosser Verein, die Unterrichtsliga, wirkt mit einem Eifer, der die grösste Anerkennung verdient, für Hebung der Volksschule und Volksbildung überhaupt, namentlich in Belgien, Frankreich und England. Selbst in der Türkei sind für Förderung des Schulwesens ganz erfreuliche Schritte geschehen. Sollte da Deutschland, das pädagogische Herz der Welt, das, ohne davon zu ruhmreden, faktisch an der Spitze der Civilisation marschirt, sollte unser theures Vaterland, das eben nach glänzender Besiegung seines Erbfeindes sich zu einem grossen einheitlichen Staate erbaut, sollte es den freiheitlichen Ausbau seines mit Recht berühmten Schulwesens unterlassen dürfen? Sollten nicht auch in Preussen und Bayern noch freisinnige Schulgesetze entstehen? Wir hoffen dies um so zuversichtlicher, weil hierin schon mehrere deutsche Kleinstaaten (z. B. Anhalt, Sachsen Koburg-Gotha, Baden) mit gutem Beispiel vorangegangen sind, denen kürzlich auch Oesterreich-Ungarn folgte. Es kann nicht fehlen. Das ganze Deutschland muss noch eine Organisation seines Schulwesens erhalten, wie es dem Programm aller vorwärtsstrebenden Schul- und Volksmänner entsprechend ist.

Was bisher wie ein Bleigewicht den Aufschwung der deutschen Schule hinderte, die Abhängigkeit derselben von der Kirche, verschwindet immer mehr. Nachdem die höheren und mittleren Schulen das Joch der Hierarchie abgeschüttelt, nachdem die Pädagogik sich von der Theologie emanzipirt und als selbständige Wissenschaft aufgetreten, folgt nun auch die freie Stellung der eigentlichen Volksschule. Sobald sich der Staat von der Kirche getrennt hat — ein Ereigniss, das nach der bekannten Ueberhebung Roms bald eintreten wird — muss auch die Trennung der Schule von der Kirche erfolgen. Die Schule ist eine öffentliche Anstalt, die unmittelbar für die Familie und Gemeinde, erst mittelbar für Staat und Kirche wirkt. Die Gemeinde, die in erster Linie für Erhaltung der Schule sorgt, muss auch das Recht haben, bei Festsetzung des Stundenplans u. dgl., wie auch bei Anstellung der Lehrer ihre Stimme zu erheben. Der Staat soll nur bei etwaiger Verkümmerung der Schulzwecke helfend und entscheidend auftreten, überhaupt nur die Oberaufsicht führen. Dagegen ist ein Miteingreifen der Kirche ganz zu entbehren, da über den Religionsunterricht, wie später nachgewiesen werden wird, ganz neue Bestimmungen in Kraft treten müssen.

Die Schule wird eine freie Organisation erhalten, bei deren Feststellung immer die Fachmänner, die Lehrer, zu hören sind. Statt der bisherigen Lokal-Schulinspektionen, die nur von den Geistlichen ausgeübt wurden, müssen Ortsschulkommissionen entstehen, die aus gewählten Gemeindegliedern, dem Bürgermeister und den Lehrern zusammengesetzt sind. Wenn die Geistlichen Freunde der Schule sind, so werden sie gerne zur Mitwirkung bestimmt werden; ihre bisherige Herrschaft ist dagegen sehr entbehrlich. Die Bezirks-Schulinspektion muss durch Fachmänner geführt werden, deren Rath auch bei höheren Stellen gehört werden soll. Denn soll das Schulwesen sich ernstlich heben, so muss es bis oben hinauf von der geistlichen Bevormundung befreit und auf die eigenen Füsse gestellt werden. Dann ist auch das Ministerium für Volksbildung von dem des Cultus zu trennen, event. weit besser mit dem des Innern zu vereinigen.

Die innere Organisation der Volksschule muss ebenfalls in sehr bedeutender Weise geändert werden. Der Volksschule, die das Kind erst nach gehöriger Reife aufnehmen darf, wird überall der Kindergarten vorangehen, der selbst bei der besten Familienerziehung nicht entbehrt werden kann. Der Kindergarten ist eben nicht zu verwechseln mit Kinderbewahranstalten, die für Pflege und Unterhaltung jener Kinder sorgen, deren Eltern, wie z. B. Fabrikarbeiter, den ganzen Tag bei der Arbeit sind. Der Kindergarten, für alle Kinder täglich nur mehrere Stunden geöffnet, ist eine Anstalt, die, von besonders dazu herangebildeten Damen geleitet, den wichtigen Zweck verfolgt, die Kinder vom vierten bis sechsten Lebensjahre gemeinschaftlich in rechter Weise zu beschäftigen, d. h. durchaus nicht Schulunterricht zu geben — obwohl einzeln schon geeignet vorzuarbeiten — sondern durch verschiedene Spiele und Beschäftigungen, durch Gespräche und Gesänge die Kinder schon in früher Jugend zur Aneignung jener persönlichen und geselligen Tugenden zu erziehen, deren Besitz nicht bald genug erworben werden kann. Die Kindergärten werden sich daher immer mehr einbürgern und zum Aufblühen unserer Schulen nicht wenig beitragen. Sie werden auch die Unsitte, die Kinder zu bald in die Schule zu schicken, immer mehr beseitigen, besonders wenn auch die Aerzte, deren Rath für die Schule so nothwendig, mehr gehört und überhaupt zu

ständigen Mitgliedern der Schulkommission ernannt werden. Die Volksschule der Zukunft wird eine allgemeine, also auch Communalschule sein; sie wird alle Kinder ohne Unterschied des Standes oder der Religion aufnehmen. Die Bezeichnungen „Armenschule, Bürger-, kathol., prot., israelit. Schule" werden daher nicht mehr existiren. Es muss das Bestreben aller Edlen sein, die Armen mit demselben Unterricht der Volksschule zu versehen, den die Wohlhabenden geniessen. Dazu gehört aber auch, dass das Schulgeld aufgehoben und aus Gemeindemitteln, event. mit Kreis- und Staatsunterstützung ersetzt werde, und dass den Armen, wie in Amerika für alle Kinder geschieht, die nöthigen Bücher u. s. w. unentgeltlich verabreicht werden. Wenn diese Pflichten dem Staate und den Gemeinden nicht schon des bestehenden Schulzwanges wegen zukämen, so müssten sie aus Klugheit freiwillig übernommen werden. Denn dadurch, dass wir den Armen einen billigen guten Unterricht verschaffen, werden wir am besten dazu beitragen, die schwere sociale Frage, deren Existenz durchaus nicht zu leugnen ist, einer gründlichen und friedlichen Lösung entgegen zu führen. Das werden zuletzt auch unsere verbissensten Lasalleaner noch einsehen und würdigen lernen. Also keine abgesonderten Armenschulen mehr, wohl aber Rettungsanstalten für verwahrloste Kinder und besondere Schulen für die Geistesarmen, für die Schwachsinnigen, die Blödsinnigen u. dgl.

Wie die nach Vermögensklassen getrennten Schulen, so müssen auch die confessionellen verschwinden. Die grosse Mehrzahl der deutschen Lehrer hat sich auf der diesjährigen Lehrerversammlung zu Wien dahin ausgesprochen, dass der Religions-Unterricht nach seiner Organisation und Ausführung vollständig dem Lehrerstande zu überlassen sei, und dass es allen Eltern freistehen müsse, ihre Kinder an diesem Unterrichte theilnehmen zu lassen oder nicht. Wenn aber der Religions-Unterricht einmal den Lehrern überlassen ist, dann wird die Religion gelehrt werden, was die Menschen eint, nicht was sie trennt. Die landläufigen Klagen über zuviel religiösen Memorirstoff werden nicht mehr existiren. Das Religionsbuch für interconfessionelle Schulen wird seinen Inhalt nicht allein aus der Bibel, sondern auch aus der Weltgeschichte, überhaupt aus den Schriften aller Geistesheroen schöpfen. Wenn unsere Schulen so confessionslos werden, dann erst wird unsere Jugend wahrhaft religiös. Uebrigens, es sei dies nochmals bemerkt, wird die Freiheit der Eltern, ihren Kindern durch Geistliche Religionsunterricht zu ertheilen, gewiss nicht aufgehoben werden; obgleich allerdings noch der Fall eintreten könnte, dass der Staat der Zukunft den Unmündigen in Bezug auf religiösen Unterricht annähme und dieselben gegen gewisse Lehren schützte, die mit der fortschreitenden Wissenschaft im schroffsten Widerspruch stehen.

Wie im Religionsunterricht der Schule bedeutende Aenderungen eintreten werden, so auch in andern Unterrichtsfächern. Da durch Ertheilung eines vereinfachten Religionsunterrichts mehr als die Hälfte der früher auf diesen Gegenstand verwendeten Zeit erspart wird, so können andere wichtige Fächer und Lehrgegenstände die bisher ziemlich vernachlässigt wurden; gründlicher und besser betrieben werden, besonders Geschichte und Naturkunde.

Während bisher unsere Kinder oft mit der Geschichte des sogen. auserwählten Volkes besser vertraut waren, als mit der vaterländischen, wird diese uns so theuere Geschichte in Zukunft mit jener Ausführlichkeit und Begeisterung gelehrt werden, die sie als Geschichte eines grossen Volkes beanspruchen kann. Ueberhaupt werden sich im Geschichtsunterricht, der selbständig auftreten muss, bedeutende Reformen vollziehen. Das Gedächtniss der Jugend wird nicht mehr mit einer Unmasse von Zahlen und Namen überschüttet werden. Statt die vielen Schlachten und Regenten speciell zu schildern, wird man in erster Reihe kulturhistorische Thatsachen beleuchten, und nur jene Personen einer näheren Betrachtung würdigen, die als Wohlthäter der Menschheit zu bezeichnen sind. Die Naturwissenschaft muss in der grössten Ausdehnung berücksichtigt werden, damit im ganzen Volke eine vernünftige Weltanschauung entstehe, die unabhängig von abergläubischen und andern unerweisbaren Vorstellungen es ermöglicht, das Leben in würdigster Weise zu leben. Zur Erreichung dieses herrlichen Zieles auch die schönen Künste, besonders Zeichnen, weit mehr als bisher gepflegt werden. Statt der vielen geistlichen Lieder, die unsere frohe Jugend oft durch unverständliche ernste Bilder abschrecken, müssen deutsche Volkslieder erklingen, die Jung und Alt aus frischer Brust entsteigen. Statt der vielen Schönschreibübungen wird man eine rationelle Stenographie betreiben, deren Feststellung allerdings noch zu gewärtigen ist. Nicht weiter auf Einzelnes eingehend, resumiren wir: Die Volksschule wird einst Kinder aller Stände und Konfessionen vereinigen und zum wahren Menschenthum erziehen, sie also zu jenem Ideale hinführen, das auch uns Maurern als höchstes Ziel erscheint.

(Schluss folgt.)

Indifferentismus und Toleranz.

(Eine Stimme aus der Alpina.)

Die Bezeichnungen: „indifferent" und „tolerant" werden zu unserer Zeit so häufig gehört und gelesen, dass sie Jedermann-mundgerecht sind. Allein man ist doch vielseitig nicht recht im Klaren über dieselben; sie werden theils identifizirt, theils verwechselt. Es dürfte daher nicht am unrechten Platze sein, gerade in diesem Augenblicke sie etwas näher ins Auge zu fassen. Dabei wollen wir sie nicht im weitesten Sinn des Wortes nehmen; denn die beiden können vorkommen auf allen Gebieten, auf denen verschiedene und einander mehr oder weniger widerstreitende Anschauungen sich begegnen; wir beschränken unser Thema über Erörterung von Indifferentismus und Toleranz auf das religiöse Feld, auf dem sie am meisten zur Anwendung gelangen.

Gemeinsam ist beiden Begriffen die Leidenschaftslosigkeit in ihrem Verhalten zu verschiedenen, einander mehr oder weniger widerstrebenden religiösen Anschauungen oder Glaubensbekenntnissen. Es stehen beide im Gegensatz zur Ausschliesslichkeit, zum Fanatismus und Terrorismus. So wesentlich aber dieses gemeinsame Moment ist, so sind Indifferentismus und Toleranz doch noch bei weitem nicht ein und dasselbe.

Die Toleranz beruht auf Grundsätzen der Vernunft; sie fällt nicht vom Himmel wie der Schnee und Regen, sondern sie muss erworben und gewonnen werden; gewonnen und erworben durch vorurtheilslose Prüfung verschiedener Religionslehren und ist das Ergebniss einer geläuterten von humaner Gesinnung getragenen sittlichen Lebens- und Weltanschauung.

Der Indifferentismus dagegen ist die natürliche Folge gedanken- und bildungslosen, für alles Höhere gleichgültigen Dahinlebens einer in der niedersten Athmosphäre sich bewegenden Menschennatur; oder dann das Ergebniss kalkulirenden, aber die höhern Interessen des Menschen und der Menschheit missachtenden Verstandes.

Also zwischen beiden Begriffen ein sehr wesentlicher Unterschied und demzufolge wird einleuchten, dass nicht schon jeder, der in fröhlicher Gesellschaft, erwärmt vom Wein das Lied mitsingt: „Wir glauben all' an einen Gott"; oder „Umsonst suchst du des Guten Quelle" das Prädikat eines toleranten Menschen verdient.

Gemäss dem vorbezeichneten Unterschied zwischen Toleranz und Indifferentismus kann nun auch das Verhältniss der beiden zur Mrei bestimmt werden.

Die Maurerei will die Wahrheit suchen. Sie sagt aber: Die Wahrheit ist nicht Besitzthum einer einzelnen Religionsgenossenschaft, sondern ich suche die Wahrheit mit der Leuchte der Vernunft versehen, im ganzen Gebiete der Natur und im ganzen Gebiete des geistigen Lebens der Menschheit. —

Der Maurer sagt ferner mit Christus: „Liebe deinen Nächsten wie dich selbst."

Der Maurer sagt ferner: Jeder Mensch, als unvollkommenes Wesen ist dem Irrthum unterworfen, und keiner ist unfehlbar; Mastai Ferretti so wenig als irgend ein anderer Mensch, und der Maurer sagt wiederum: Da jeder Mensch irrt, so bin ich nicht berechtigt, einen andern seines Irrthums wegen zu verdammen; und Irrthum kann nicht kurirurt werden durch einen Scheiterhaufen, sondern nur durch Belehrung.

Schon diese einzelnen wenigen Grundsätze der Mrei genügen zum Beweise, dass die Toleranz eine Pflanze ist, die maurerischem Boden entwachsen. Der Maurer ist tolerant gegen alle auf sittlicher Grundlage beruhenden Religionsansichten, weil er eben in allen nach der Wahrheit sucht und in allen einen Theil derselben findet. Er ist tolerant, weil er dem Wort huldigt: Liebe die Menschen, und weil er weiss, dass das reine Menschthum über der Konfession steht und vor der Konfession, vor irgend einer Kirche da war und auch jede gegenwärtig bestehende Konfession überdauern wird. Der Maurer ist tolerant, weil er weiss, dass nur Belehrung den Irrthum entfernen kann, nicht die Verdammung. Er ist tolerant, weil er weiss, dass blinder Gehorsam und blinder Glaube den Menschen entwürdigt, indem sie ihm den Gebrauch der Vernunft verbieten, die vom grossen Baumeister der Welten dem Menschen als Leitstern verliehen worden auf seiner mühevollen Reise nach dem Osten.

In einem ganz andern Verhältniss steht der Indifferentismus zur Maurerei. Er steht ausser der Maurerei und ist ihr fremd; fremd, wenn er von sittlicher Verkommenheit, fremd, wenn er aus geistiger Trägheit stammt, und fremd, selbst wenn er ein Ergebniss des kalkulirenden Verstandes ist. Auch das Thier hat Verstand; höher aber steht die Vernunft. Der Maurer aber will nicht nur den Verstand kultiviren; sondern will, dass der Verstand erleuchtet und erwärmt werde und geleitet von den Strahlen der Vernunft. Der reine Verstandesmensch wird sein Lebtag ein Egoist sein; die Maurerei aber bekämpft den Egoismus.

Aus dem Angegebenen darf geschlossen werden, dass die Toleranz sich gleich bleibt und ihre Wesenheit nicht verändern kann, weil sie eben ein logisch nothwendiges Ergebniss fester selbst unveränderlicher Grundsätze und Weltanschauungen ist.

Nicht so der Indifferentismus; auf den ist kein Verlass. Der Indifferente aus geistiger Trägheit kann unter Umständen zum Fanatiker werden, der Scheiterhaufen errichtet. Der indifferente Verstandesmensch, der wird zwar selbst nicht zum Fanatiker aus eigener Ueberzeugung; aber er wird sich unter Umständen hergeben zum Werkzeug des Fanatismus, wenn es seinen niedern Interessen, denen er einzig lebt, konvenirt.

Aber nun die Frage: Hat die Toleranz, die humane Duldung von Anschauungen und Richtungen in der höchsten geistigen Lebenssphäre keine Grenzen? — Wir glauben doch, sie hat ihre Grenzen und sie beginnen da, wo eine Richtung, ein System den Boden der Belehrung und ruhigen Erörterung verlassend zu List, Trug und Gewalt greift und die Gleichberechtigung verschiedener Anschauungen mit Füssen tretend, einen Vernichtungskampf zu führen beginnt gegen alles, was nicht unbedingt zu seiner Fahne schwört.

Und dieser Zeitpunkt ist da. Wir verweisen nach Rom, wo der Jesuitenorden den Papst und die dem Orden ergebene Majorität des Konzils dazu treibt und dazu bringen wird, der ganzen civilisirten Welt den Krieg zu erklären. Die grossen geistigen Errungenschaften des 18ten und 19ten Jahrhunderts werden an der Schwelle des 20ten als Teufelswerk verdammt. Der sonnige Tag der Intelligenz und der freien Geistesentwicklung soll weichen der trostlosen Nacht des Mittelalters. Eingeführt und durchgeführt soll werden die für alle denkenden und denkfähigen Menschen unerträglichste Knechtschaft, die Knechtung des menschlichen Geistes, der menschlichen Vernunft. Ist das nicht ein Vernichtungskampf gegen alles das, was vornehmlich dem Maurer heilig ist? Der Maurer hat gelobt, bis zum letzten Athemzug seinen hohen Beruf zu kultiviren und heilig zu halten: Humanität und Toleranz, Wahrheit und Gerechtigkeit. Wenn dieser Schwur geleistet dem allmächtigen Baumeister der Welten, geleistet Angesichts seiner Brüder, nicht blosses frevles Spiel sein soll, sondern ernst gemeint, so ist es vor allem aus der Maurer, der dieser Feindesmacht gegenüber in die Schranken treten soll. Ein schlechter Bürger, der sein politisches Vaterland beim Ueberfall des Feindes im Stiche lässt; ein schlechter Maurer, rufen wir, der sein geistiges Vaterland widerstandslos dem Feind überliefert. Allein da genügt es nicht an salbungsvollen Protesten, nicht an schwungvollen Redensarten. Nicht mit Blumenbouquets besiegt man den Gegner, sondern mit Waffen; nicht mit der Phrase, sondern mit der That. Wohlan, der Maurer

nehme den hingeworfenen Fehdehandschuh auf; er vertausche die Leuchte der sanften Belehrung gegenüber der Knute des Terrorismus mit dem Schwert, dem scharfen Schwert der zürnenden Vernunft, des feurigen Geistes, der zwingenden und niederschmetternden Logik.

Sei es uns gestattet, mit einigen Worten die Art und Weise anzudeuten, womit die Maurerei, speciell die schweizerische, sich an dem Kampf der geistigen Kultur gegen das jesuitische Barbarenthum wirksam betheiligen dürfte.

Benutzen wir die Presse, kämpfen wir in und mit derselben; aber kämpfen wir nicht nur mit und in ihr, sondern überall, wo sich uns Gelegenheit bietet in kleinern und grössern Kreisen. Der Feind wird Rekruten werben, offen und geheim, wo er sie trifft und wie er sie braucht. Er wird namentlich den ihm leichter zugänglichen Landmann bearbeiten; werfen wir uns auf die Arbeiterklasse, den Löwen der Zukunft. Wir haben oben die Stellung der sogenannten Indifferenten zur Maurerei bezeichnet. Jetzt ist die Zeit da, auch an sie heranzutreten, die brauchbaren Elemente derselben aufzurütteln aus dem geistigen Schlaf und sie zu interessiren für die Geschicke der Gesammtheit; sie aus passiven Mitgliedern der Gesellschaft zu aktiven zu machen.

Unser Kampf darf aber, um wirksam zu sein,
1) nicht vereinzelt geführt werden und muss
2) sich ein bestimmtes klares Ziel setzen, was wir in Kürze noch erörtern wollen.

Der Krieg wird vorab gegen die freidenkenden Katholiken geführt. Nun ist freilich in Staaten, in denen die Katholiken die Minderheit bilden, die Sache für sie anfänglich weniger gefährlich. Das vorwiegend protestantische Element in Volk und Staat vermag sie immer noch wirksam zu schützen. Ganz anders verhält sich die Sache in ausschliesslich oder vorherrschend katholischen Gebieten: Da sind wohl die freidenkenden Katholiken noch der Staat im Stande, die gefährdeten Freiheiten mit Erfolg zu vertheidigen. Denn der Feind hat einen mächtigen Verbündeten in unserm eigenen Lager, den Fanatismus der Volksmassen; und wenn jetzt auch noch in vorherrschend oder ausschliesslich katholischen Landestheilen selbst Geistliche auf Seite der Vernunft, auf Seite der denkenden Bürger, auf Seite der gefährdeten Gemeinwohls sich befinden und ihr oppositionelles Wort hören lassen, so werden diese Stimmen, ohnehin schwach und schüchtern, unzweifelhaft ganz zum Schweigen gebracht, wenn Rom seinen Willen bestimmt und befehlend ausgesprochen und der Jesuitengeneral sein grobes Geschütz spielen lässt.

Vereinzelt vermögen die katholischen Kantone, das lehrt uns übrigens auch die Geschichte zur Genüge, nichts auszurichten. Sie werden einer um den andern unterjocht werden, und was von freiem Geist in denselben sich regt, geknickt, wie die getrennten Glieder des Ruthenbündels. Aber etwas vermögen sie und vielleicht sehr viel, wenn die freidenkenden Eidgenossen des Gesammtvaterlandes vereinigt handeln; wenn nicht da ein Trüpplein Freiburger, dort ein Fähnchen Walliser, hier ein Harst Luzerner sich gegen die Uebermacht stemmt, sondern wenn die grosse Mehrheit des Schweizervolkes zusammensteht und ihrerseits den unverschämten Forderungen Roms ein dreimalhunderttausendstimmiges: „non possumus, non volumus" entgegendonnert.

Das sollte unseres Erachtens möglich sein; es sollte möglich sein, das gesammte Schweizervolk zu überzeugen, dass es sich nicht nur um die Interessen und geistigen Freiheiten einzelner Gebietstheile handelt, sondern um die Interessen und Freiheiten des Schweizerlandes; und diese Ueberzeugung, man darf es mit Freude konstatiren, beginnt sich immer mehr Bahn zu brechen.

Damit ist schon viel gewonnen; aber es handelt sich darum, noch mehr zu gewinnen; nämlich darum, nicht nur eine Allgemeinheit der Ueberzeugung von der Nothwendigkeit eines Vertheidigungskampfs zu erzielen, sondern auch Einheit in der Aktion zu gewinnen und einen einheitlichen Zielpunkt. Die bevorstehende Revision der Bundesverfassung kömmt uns diessfalls als günstige Gelegenheit entgegen.

Bilde man im Sinne unserer Ausführung die Bundesverfassung weiter aus. Mache man durch eine Revision derselben die darin niedergelegten Fundamentalgrundsätze, die bloss zum Theil verwirklicht sind, etwas mehr zur Wahrheit. Die völlige Freiheit und Gleichstellung aller Schweizerbürger vor dem Gesetz ist noch nicht volle Wahrheit. Die Katholiken waren bisher nur zur Hälfte freie Republikaner, nämlich nur in politisch-bürgerlicher Hinsicht; in kirchlicher, in Glaubens- und Gewissenssachen waren sie abhängiger von Rom, von einer fremden Macht, als es mit dem Begriff eines freien Mannes, als es mit dem Geist der Bundesverfassung vereinbar ist; und jetzt sollen sie ihre Vernunft, ihre Gewissen und ihren Glauben ganz gefangen geben, sollen geistig willenlose Sklaven eines in Rom residirenden Autokraten werden und der niederste neue Janitscharen soll ihnen den Fuss auf den Nacken setzen dürfen!?

Wir werden das nicht dulden wollen, und das Schweizervolk wird das nicht dulden wollen; nun aber dann ermanne es sich; halte seinen Schild vor und schreibe als neuen Artikel, als neues oder erweitertes Grundgesetz auf denselben: „Die Eidgenossenschaft ist unabhängig von jeder fremden Botmässigkeit; in jeder Hinsicht, weder in politischen noch in Glaubenssachen einer fremden Macht unterthan."

Die Maurer sind nicht die ersten, die dieses Verlangen laut werden lassen; es ist schon gestellt worden aus der Mitte des Volkes; aber an die Maurerei dürfte es nun sein, diese gerechte Forderung nach Kräften zu unterstützen.

Ist in dieser Zeichnung der Unterschied zwischen Indifferentismus und Toleranz richtig aufgefasst, weiss der Maurer, dass sein Beruf, zu dem er geweiht ist, ihm jenen verbietet und diese zur Pflicht macht, so weiss er auch, dass ihm keine Wahl bleibt, wenn es die Vertheidigung der höchsten Güter der Menschheit: die Freiheit des Geistes und des Gewissens gilt, je nach seiner äusseren Stellung als Mensch und als Bürger zu ihrer Vertheidigung auf den Kampfplatz zu treten. Gleichgültigkeit in solcher Bedrängniss ist nicht weniger Verrath an den heiligsten Interessen der Menschheit, als Zaghaftigkeit vor den Waffen des Eroberers Verrath am freien Vaterlande ist.

Unterscheidet wohl, die Ihr wisset, dass unsere Pflicht als Maurer unsern Versammlungen die Erörterung politischer und religiöser Fragen verbietet. Unsere Logen sollen und können nicht in solchen Dingen oberster Gerichtshof sein; der Maurer aber ist auch Bürger, und soll auch in dieser Stellung für das Wohl der Menschheit nach seinen Ueberzeugungen einstehen. Es ist weder Politik noch Dogma, es ist die Menschheit und Menschlichkeit, die Euch als freie Maurer und als Bürger in die Schranken ruft, um dem Lichte, dem Ihr zugeschworen, im Kampfe gegen die Finsterniss und geistige Knechtung zur Seite zu stehen. Nicht Eure Logen sollen hier Rathsäle sein; das haben Euch schon lange gepredigt, wo Euer Weg geht; aber Euer Herz und die Ueberzeugungen, welche die Arbeiten in Euren Tempeln geweckt, sollen Euch zur That rufen, und Euch sagen, dass jeder an seinem Orte und in seinen Verhältnissen sich als Kämpe des Lichtes und der Freiheit zu bewähren hat.

Feuilleton.

Hof. — Den Brüdern des „Morgenstern" gestaltete sich die Monatsloge am 5. Oktober zu einer besonders erhebenden und feierlichen dadurch, dass die Brr Bertschinger und Hoffmann, um die innere Einrichtung der Werkstätte dem schönen Aeusseren mehr und mehr entsprechend zu machen, die Loge mit 3 schönen neuen Hämmern von Metall, gut versilbert und geschmackvoll gearbeitet, überraschten. Der Mstr. vom Stuhl Br Egloff überreichte dieses sinnige Geschenk unter passenden Ansprachen den beiden Aufsehern und ergriff den für ihn bestimmten H., das Sinnbild des Gesetzes und der höchsten maurerischen Autorität unter dem Gelöbniss, ihn mit Strenge gepaart mit Milde stets handhaben zu wollen. Darauf rief er die Brüder in Ordnung und liess durch Sprüche aus Marbach, dieselben feierlich einweihend, zum ersten Mal in Gebrauch nehmen und den edlen Gebern nach Maurerart

danken. Nach der Aufnahme eines S. blieben die Brüder noch lange vergnügt beisammen.

Die deutschen Freimaurer und die deutschen Logen während des Nationalkriegs.

(Fortsetzung.)

Carlsruhe. Die hiesige Loge Leopold zur Treue konnte sich als solche nur mit sehr geringen Mitteln an der allgemeinen Wohlthätigkeit betheiligen. Durch Aufführung ihres Logengebäudes tief in Schulden gebracht, hat sie das Aeusserste aufgeboten, um aus ihrer Kasse 200 fl. dem hiesigen

Frauen-Verein und 100 fl. der National-Invalidenstiftung zuzuwenden. Die Räumlichkeiten ihres Gebäudes für ein Lazareth anzubieten, war sie durch den Umstand verhindert, dass sie durch Miethverhältnisse gebunden nicht berechtigt ist, selbständig darüber zu verfügen. Ueberdies war hier auch kein derartiges Bedürfniss vorhanden, da noch bedeutende und günstiger sich eignende Lokalitäten angeboten waren, ohne benutzt werden zu können. Viele Mitglieder der Loge aber haben in allen Zweigen der Wohlthätigkeit und Hilfe sich mit Aufopferung von Zeit und Mitteln wahre Verdienste erworben und es ist ein erhebendes Bewusstsein, überall, wo es gilt, die Brr zu finden.

Friedberg, in Oberhessen In der stehenden Rubrik der Bauhütte: „Die deutschen Freimaurer und die deutschen Logen während des Nationalkriegs" darf auch unsere Loge nicht fehlen. Wir sehen in diesem Repertorium einen Nachweis, dass und wie die deutschen Logen ihre Pflicht thun. Kann es aber eine höhere Pflicht für die deutschen Freimaurer geben, als die Noth des gegenwärtigen Kriegs zu lindern? Wir nennen ja diesen Krieg einen heiligen Krieg, weil er uns aufgezwungen wurde und gegen Lug und Trug gerichtet ist. Aus diesen Gründen bedauert unsere Loge, nicht mehr als geschieht thun zu können. Unsere Pflicht im eigenen Hause hat unser gesammeltes Kapital bis auf 200 fl. aufgezehrt. Wir fügen diesem Betrage aus der Logenkasse noch 100 fl. hinzu, welche wir in der nächsten Zeit durch Einschränkungen sparen müssen. Unsere junge und kleine Loge gibt alles hin, was sie hat. Diese 300 fl. sind wie folgt vertheilt worden:

a) an das Comité des hiesigen Hilfslazareths 100 fl.

b) an die deutsche Invalidenstiftung 200 fl.

Ferner soll die Logenkasse an letztere einen jährlichen Beitrag bis zu 25 fl. leisten.

Letztere Ausgabe sollte in jeder Logen-Rechnung unter der Rubrik: „maurerische Werkthätigkeit" vorkommen.

Indem ich um gütige Aufnahme der vorstehenden Mittheilung bitte, grüsse ich den Br Findel freundlichst und brüderlichst.

Nebhuth.

Berichtigung.

(Verspätet.)

In Nr. 20 l. J. dieses Blattes ist in einem Referate über die sogen. Messloge der Loge Apollo zu Leipzig gesagt: „Bei dem darauf folgenden Brudermahle sprach der deput. Mstr. der Loge zum aufblüh. Baum in Eisleben (Gr. L. L. v. D.) Br Dr. Lorbacher den Toast auf die besuchenden Brr, indem er sich den maurerischen Humanitätsbestrebungen rückhaltslos anschloss unter Wiederholung des Gedankenganges der Ecksteinschen Rede, welche das sogen. christl. Princip als inhuman bezeichnet und den Hochgraden entgegengetreten. Damit hat Br Lorbacher gleich Br Schiffmann in Stettin den eigentlichen Kern und das Wesen des schwedischen Systems verurtheilt und preisgegeben."

Der Unterzeichnete erinnert sich aber mit aller Bestimmtheit, dass er bei seinen einfachen Dankesworten mit keiner Silbe[*] auf die vom hochw. Br Eckstein bei der Arbeit ge-

[*] Der Herausgeber hat jenen Bericht gleich nach der Arbeit niedergeschrieben und erinnert sich seinerseits mit aller Bestimmtheit, dass eine Verwechslung nicht vorliegt, dass vielmehr Br Lorbacher dem Br Eckstein ohne Vorbehalt beigestimmt, worauf ich meine Brr Tischnachbarn sofort aufmerksam machte. Die Brr Apollo's können die Richtigkeit meiner Berichterstattung bestätigen, und thun es auch, wie ich mich durch Anfrage überzeugt. Es behagte somit Br Lorbacher im Innern und halte ich das Gehagte vollständig aufrecht. Seine Schlussfolgerung auf Grund der Prämissen ist richtig, was allerdings nicht anschliesst, dass sich Br L. dieser Consequenz nicht bewusst war und dass er somit in der Lage sein mag, dieselbe zu desavouiren.

Der Herausgeber.

haltene Rede zurückgegangen, sondern nur der Aufforderung des hochw. Br I. Aufsehers in seinem Toaste auf die besuchenden Brr, festzustehen in dem Kampfe gegen Finsterniss und Verdummung, wie er gerade in unserer Zeit von Rom aus wieder versucht werde, vollständig beigestimmt habe. Es kann also hier nur eine Verwechselung von Seiten des Referenten zu Grunde liegen. Selbstverständlich wird damit auch der am Schlusse des Referats gezogene Schluss vollständig hinfällig.

Leipzig, im Octbr. 1870.

A. Lorbacher,
gew. deput. Mstr. der Loge z. aufblüh.
Baum in Eisleben.

Für die deutschen Krieger und deren Familien.

Transport: Thlr. 39. 20.

Von Br Israel in Eyhau . . . . . „ 1. —.

Summa: „ 40. 20.

Indem wir für diese patriot. Opfer bestens danken, sind wir zur Annahme weiterer Beiträge gern bereit. Wir werden die eingegangenen Beiträge von Zeit zu Zeit an die vereinigten Logen Frankfurts abführen, da diese einen geeigneten Centralpunkt bilden. Mannheim und andere Orte können sich leicht mit Frankfurt ins Einvernehmen setzen.

J. G. Findel.

Unseren deutschen Brüdern in Strassburg und Kehl.

Von den Brüdern der Loge Leopold z. Tr. in Carlsruhe, bis jetzt gesammelt . . . fl. rh. 600. —.

Von Br J. G. F. . . . . Thlr. 2. —.

Von Br Keisker aus Louisville . . . „ 1. —.

Brüderliches Anerbieten.

Br Dr. Besetzny, Landes- und Gerichtsadvokat in Sechshaus bei Wien (Rudolfsheimerstrasse Nr. 14) befugt in allen nicht-ungarischen Ländern zu vertreten, erbietet sich, Brr Mrn unentgeltlich über österr. Rechtsverhältnisse Auskunft und brüderlichen Rath zu ertheilen.

Briefwechsel.

Br d. B. in N—r. Verbindlichen Dank für gütige Uebersendung der Listen. Ihnen und den verehrten s. e. Br N—e herzlichen Gruss!

Br A. E—k in Br—a. Einzelne Nummern der Bauh. 68 und 69 sind noch zu haben und bitte ich um Aufgabe der Nrn. oder Bestellung durch eine dortige Buchhandlung. Das Schw.-Manifest ist auch in der „FrMr-Ztg." beleuchtet. Für Ihren Beitrag besten Dank! Brdl. Gruss!

Br B—e in E—n. Freundlichen Dank für Ihre Bestellung, die bestens besorgt ist. Brdl. Gruss!

Br C. Cl. in A. Ihrem Wunsche ist gern entsprochen worden; brdl. Gegengruss!

Br B—o in W. Freundlichen Dank für gütige Einsendung der Reclame und brdl. Gegengruss!

Br Schn. in M. Erscheint in nächster Nummer. Brüderlichen Gegengruss!

344

Mittheilung und Glückwunsch!

Die gewaltigen Ereignisse, welche über unser theures Vaterland hereinbrachen, haben auch im Logenleben manche Störung gebracht, und so konnten auch wir in unserem engeren Bruderkreise einen Festtag an geweihter Stelle nicht feierlich begehen, und zwar den 14. August, an welchem Tage unser gel. und verehrter Br R e i n i n g e r vor 50 Jahren im Or. von Gotha das maurerische Licht erblickte.

Durch eine Deputation brachten wir dem gel. Br Jubilar an gedachtem Tage Namens aller Brr unserer Loge zu diesem nur wenigen Brüdern zu Theil werdenden Ehren- und Festtage die herzlichsten Glückwünsche, und bestimmten die feierliche Verhandlung auf heute, wo wir nach dreimonatlicher Pause, die erste Versammlung unserer Bauhütte anberaumten und ausführten.

Leider konnte der Gefeierte, durch Unwohlsein verhindert, dabei nicht erscheinen, weshalb wir uns mit gebührender feierlicher Erwähnung dieses Festes begnügen mussten, aber am folgenden Tage abermals eine Deputation an Denselben entsandten, und dabei die Photographien sämmtlicher Brüder Gründer unserer Loge, wozu auch der Jubilar gehört, als ehrendes Andenken überreichten, und so werden auch in Kürze all die geliebten Brr, welche sich später unserem Oriente anschlossen, auf gleiche Weise ihre Liebe und Anerkennung zu erkennen geben.

Wir alle aber sprechen den herzlichsten Wunsch aus, dass der g. B. a. W. unserem guten und hochgeschätzten Br R e i n i n g e r einen ruhigen und glücklichen Lebensabend in Gnaden verleihen möge!

Or. Schweinfurt, den 3. Oktober 1870.

Die sämmtlichen Brr der Loge „Bruder-Treue am Main":
durch deren Meister vom Stuhl:
Nicolaus Will.

Verantwortlicher Redacteur: Br J. G. Findel. — Verlag von Br J. G. Findel in Leipzig. — Druck von Brr Bär & Hermann in Leipzig.

Nᵒ. 44.   XIII. Jahrgang.

Die

BAUHÜTTE.

Begründet und herausgegeben

von

Br J. G. FINDEL.

* Organ des Vereins deutscher Freimaurer. *

Handschrift für Brr Frmr.   Leipzig, den 29. Oktober 1870.   MOTTO: Weisheit, Stärke, Schönheit.

Von der „Bauhütte" erscheint wöchentlich eine Nummer (1 Bogen). Preis des Jahrgangs 3 Thlr. — (halbjährlich 1 Thlr. 15 Ngr.)
Die „Bauhütte" kann durch alle Buchhandlungen bezogen werden.

Rundschreiben an sämmtliche ger. und vollk. Freimaurer-Logen in Deutschland.

Im Vertrauen auf die den deutschen Freimaurern eigene Opferwilligkeit erlauben wir uns im Auftrage der Grossen National-Mutterloge „zu den drei Weltkugeln" Ihre maurerische Werkthätigkeit auf die Stadt Strassburg hinzulenken, welche unter der Fackel des Krieges und den Nachwehen desselben mehr als jede andere deutsche Stadt gelitten hat. Dieselbe nimmt durch den Besitz des altehrwürdigen Münsters das besondere Interesse jedes Br Freimaurers in Anspruch.

Die Aufgabe des Freimaurers ist es seit undenklichen Zeiten, von Generation zu Generation, stets gewesen, die Sorgen der Armen und Unglücklichen in jeder Zone bereitwillig zu erleichtern. Um so bereitwilliger wollen wir den Brüdern in Strassburg unsere Hand reichen, deren Bauhütte wir, wenn auch früher und in veränderter Gestalt, als einer der ältesten in Deutschland ein ehrendes Gedächtniss bewahrt haben. Wir üben dadurch zugleich einen Akt der Dankbarkeit aus für die Wirksamkeit der längst in den ewigen Osten eingegangenen Brüder, welche von dort aus — wenngleich damals unter der Hülle der Werkmaurerei — vor sechs Jahrhunderten das maurerische Licht zuerst spendeten und in weiteren Kreisen verbreiteten.

Da der von dem deutschen Grossmeister-Tage in Anregung gebrachte „Zirkelbund" behufs Beschaffung von Mitteln zur Werkthätigkeit der deutschen Freimaurer in ihrer Gesammtheit noch nicht in das Leben getreten ist, so richten wir hierdurch an sämmtliche deutsche Werkstätten unserer Königl. Kunst, sowie an jedes einzelne Mitglied die Einladung:

der Freimaurerloge „zu den vereinigten Brüdern" (les frères reunis) zu Strassburg als Zoll der Dankbarkeit im Hinblicke auf die Wirksamkeit des Meisters Erwin von Steinbach und seiner Gesellen beim Baue des dortigen Münsters eine Summe als Opfergabe der sämmtlichen deutschen Freimaurer zur Linderung des Nothstandes zur Verfügung zu stellen.

Wir benachrichtigen Sie brüderlich ergebenst, dass die Grosse National-Mutterloge in der ausserordentlichen Conferenz am 13. d. M. die Summe von fünfhundert Thalern als erste Gabe zu diesem Zwecke überwiesen hat, und dass wir bereit sind, alle für die Strassburger Loge bei uns unter der Adresse unseres Gross-Archivars Bruder Petersson (Geh. Rechnungsrath a. D., hier, Splittgerbergasse im Logenhause) eingehenden Beiträge in Empfang zu nehmen und von 14 Tagen zu 14 Tagen nach Strassburg abzuführen.

Berlin, den 15. Oktober 1870.

Das Bundes-Directorium der grossen National-Mutterloge „zu den drei Weltkugeln".

v. Messerschmidt.　　C. Vater.　　v. Horn.　　Heydemann.

F. Bornemann.　　G. v. Wartensleben.　　Zschiesche.

Petersson,
Gross-Archivar.

Strassburg.

Eine dreifache Mahnung an die deutschen FreiMr.

Von

Herausgeber d. Blattes.

Eine altberühmte Stätte deutscher Bildung, Gesittung und Kunst, Strassburg mit seinem stolzen Münster ist nach fast zweihundertjähriger Entfremdung dem deutschen Reichskörper wiederum einverleibt. In dieser hocherfreulichen und gewichtigen Thatsache liegt für die Maurer Deutschlands eine dreifache Mahnung.

Zunächst bezeichnet dieselbe einen Wendepunkt unserer geschichtlichen Entwicklung, unseres nationalen Lebens; sie ist uns der Markstein einer neuen Zeit. Diese Zeit, meine Brüder, sollen wir verstehen und beherrschen lernen. Sie birgt manches Edle, Schöne und Grosse in ihrem Schoosse, aber daneben auch noch immer die alten Erbübel der Selbstsucht, des Vorurtheils, des Aberglaubens, der Trägheit und der Herrschsucht. Wenn unsere Maurerarbeit nicht leerer Schein, sondern fruchtbare That ist, wird es uns sicher gelingen, die edleren und besseren Keime zu pflegen und zu hüten, damit sie zur labenden Frucht heranreifen, dem Lichte wahrer Erkenntniss zum Siege über Trug und Wahn zu verhelfen und das Walten niederer Mächte allenthalben in engere Grenzen einzudämmen. Wir leben in einer Zeit der Umgestaltung und des Fortschritts. Da gilt es, Alles, was sich als Neues und Besseres ankündigt, ernster Prüfung zu unterwerfen, ob es auch gut und lebensfähig und heilsam; da gilt es, nicht pedantisch am Altgewohnten hängen zu bleiben, sondern das Bewährte und Verheissungsvolle mit frischem Muthe zu erfassen und selber mit fortzuschreiten; da gilt es, den Guten zu ermuthigen, den Verzagten zu trösten, die Besonnenen zu sammeln, von den Schwellen der Loge aus die Milde versöhnlichen Sinnes, das Licht einer leidenschaftslosen Ansicht der Verhältnisse, die wohlthuende Wärme aufrichtiger Bruderliebe zu verbreiten. Auch in dieser Beziehung heisst es: „Jeder sei seiner Pflicht eingedenk!"

Die andere Mahnung, welche Strassburg an uns ergeben lässt, ist die der Vollendung des Tempels der Menschheit. Die Perle der alten deutschen Stadt ist der hochragende, weise angelegte und schön hinausgeführte Münster, das Werk Erwins von Steinbach, der 41 Jahre lang dem

Bau vorstand. Von besonderer Bedeutung ist der genannte Baumeister für die FreiMrei noch durch die Gründung der Strassburger Bauhütte. Im Jahre 1275 stiftete er die Laienbrüderschaft der freien Steinmetzen, deren Satzungen das Geheimniss der Hütte waren und nur mündlich mitgetheilt werden durften. Diese Laienverbrüderung trat an die Stelle der mönchischen Bauvereine, welche die grossartigen Bauwerken jener Zeit, wie dem des Strassburger Münsters nicht mehr gewachsen waren. Dort also ward der Grund mitgelegt für jene Genossenschaft, welcher der Bund der Freimaurer entstammt. Doch dies nur nebenbei. Für unsere Betrachtung ist es allein von Gewicht, darauf hinzuweisen, dass unsere Vorfahren wirklich einen Bau aufführten nach den Gesetzen und Regeln ihrer Kunst, dass sie es nicht bei der Behauung der rohen Steine bewenden liessen und dass sie so etwas Bleibendes schufen, nachkommenden Geschlechtern zum Nutzen und zur Freude. Hat nun unser Bund von den alten Steinmetzen die alten Satzungen, Gebräuche und Handwerkszeuge für seinen Geistesbau entlehnt, so dürfte es ihm auch ziemen, die Werke seiner Altvordern sich zum Muster zu nehmen und einstlich Hand anzulegen zur Aufrichtung und zum Ausbau des Tempels der Menschheit. Das freimaurerische Bauen bezeichnen wir als Kunst. Jede Kunst ist eine gestaltende Thätigkeit und sie will angeschaut werden im Kunst-Werk.

Die freimaurerische Arbeit war bisher einseitig nur nach innen und auf den Einzelnen gerichtet; sie bestand fast lediglich in der Bearbeitung der rohen Steine. Oder um ganz wahr zu sein; die Loge hat die Bearbeitung des rohen Steines nur gepredigt, ohne sich weiter um die Ausführung zu kümmern. War demgemäss im Grunde auch dieser Theil unserer Arbeit mehr oder minder der Willkür anheimgestellt und der Aufsicht der Meister entzogen, so war vollends von einem kunstgerechten Zusammenfügen dieser Bausteine und von gemeinschaftlicher Thätigkeit nach Plan und Riss nicht die Rede. Verhehlen wir es uns nicht, meine Brüder, dass dieser Umstand mehr als alle sonstigen Schäden und Gebrechen in Brauch und Verfassung zu den abfälligen Urtheilen der Aussenwelt, wie zu der Lauheit vieler tüchtiger Brüder die Veranlassung gab. Natürlich! Zur Aneignung sittlicher Grundsätze, zur Erbauung in Wort und Beispiel und zu edler Geselligkeit ist auch ausserhalb der Logen Gelegenheit genug geboten; die Lehren und Grundsätze der Maurerei sind heutigen Tages Gemeingut der Welt und werden von den Dächern gepredigt und was die Ausübung angeht, so sind wir Freimaurer zwar vielleicht besser, als wir sein würden ohne die Beihülfe des Bundes, aber im Uebrigen keineswegs die Auserwählten und Berufenen, welche den „Profanen" in Weisheit und Tugend vorleuchten. Gar Mancher trägt den Schurz und ist-kein Maurer und hinwiederum gar Mancher kennt Zeichen und Wort und die besonderen Punkte des Antritts nicht und ist doch ein freier Maurer in Gesinnung und That. Die Besten unter uns sind dem Bunde beigetreten in der Hoffnung, eine zu gleichem Wirken in Liebe und Freiheit verbundene Genossenschaft Geistesverwandter zu finden, und mit dem Wunsche, mit uns an gleichem Werke, am Bau des Tempels der Menschheit mit thätig zu sein und Gelegenheit zu finden, seine Kraft verwerthen, am rechten Orte nach seiner Befähigung Anstellung finden und etwas Hohes und Heiliges mit schaffen zu können. Wie arg enttäuscht sind diese Alle gewesen, als sie gewahrten, dass die Logenarbeiten — von geschmacklosen und veralteten Formen und ungeschickter und pedantischer Handhabung derselben ganz abgesehen — sich lediglich um Aufnahmen und Beförderungen, um Verwaltungsangelegenheiten und um den kirchlichen nicht unähnliche Erbauungsstunden handelte und von gemeinsamer Thätigkeit zum Wohle der Menschheit kaum eine Spur zu treffen sei. Dass die Logen in ihrer dermaligen Einrichtung und Praxis gar nichts bieten, namentlich wenn sie gut zusammengesetzt und gut geleitet sind, möchten wir zwar nicht behaupten, aber für den strebsamen, gebildeten und thatbereiten Mann bieten sie doch in der Allgemeinen viel zu wenig, so dass das Interesse am Logenbesuch alsbald zu erlahmen, die Begeisterung und Theilnahme für die Sache der Mrei bald zu erkalten pflegt. Man bleibt Maurer in der Gesinnung, im Wollen und Streben, zieht sich aber von den Logen zurück, weil man Zeit und Kraft anderwärts besser und fruchtbarer zu verwerthen glaubt. Dem kann nur abgeholfen werden durch Aufnahme einer planvollen Werkthätigkeit nach Aussen, durch Inangriffnahme eines Werkes, welches fortrückend und wachsend sich erkennen lässt, die Freude des Schaffens und Gelingens gewährt und damit zugleich auch ein neues Bindemittel zwischen den Arbeitern selber wird. Darauf verweist uns das Hauptsymbol unseres Bundes, die Architektur oder der solomonische Tempel; dahin deuten unsere Werkzeuge; dazu mahnt uns der Strassburger Münster.

Derselbe Br Lessing, der in seinen Gesprächen die innere geistige Thätigkeit der k. K. so treffend charakterisirt und darauf hingewiesen hat, dass die maurerische Arbeit eine geräuschlos im Stillen sich vollziehende ist, deren Erfolge sich erst nach Jahrhunderten ermessen lassen, derselbe Br Lessing hat die Mrei auch als ein Institut bezeichnet, welches alle baubedürftigen Plätze der menschlichen Gesellschaft auszufinden und zu besetzen, alle nöthigen Arbeiten unter die erforderlichen Hände zu vertheilen sucht. Lassen wir uns das gesagt sein, liebe Brr! —

Die dritte Mahnung endlich, welche Strassburg an uns ergehen lässt, ist die der maurerischen Einigung Deutschlands.

Den Namen Strassburg trägt jene alte Urkunde vom J. 1459, die „Ordnung der deutschen Steinmetzen", welche unsere Vorfahren „die Meister und Gesellen desselben Handwerks" berathen haben, die „in Kapittelsweise bey einander gewesen sind zu Speyr, zu Strassburg vnd Regensburg" um altes Herkommen zu erneuern und zu läutern zum Nutzen und zur Nothdurft aller Meister und Gesellen des ganzen Handwerks des Steinwerks. Den Inhalt dieses Grundgesetzes, dessen Artikel durch Mehrheitsbeschluss eines Kapitels, d. i. einer allgemeinen deutschen Steinmetzen-Versammlung, sollten gemildert, gemindert und gemehrt werden können je nach der Zeit und des Landes Nothdurft, setze ich als bekannt voraus und erinnere nur daran, dass es am Schlusse desselben heisst: der Werkmeister Jost Dotzinger von Worms, der Baumeister des Strassburger Münsters und alle seine Nachkommen desselben Werkes solle „unser Ordnunge des Steywerks oberster Richter" sein und jeder Meister, der keinen Bau mehr habe, sei verpflichtet sein Hüttenbuch und das Geld der Ordnung dem Werkmeister gen Strassburg zu schicken. Die autonomisch constituirte Genossenschaft der deutschen Steinmetzen erkannte selbst bis in die neuere Zeit herab die Strassburger Hütte als deutsche Haupthütte und deren Werkmeister als oberste Richter in allen Bundesangelegenheiten an. Der Ruf der Vergangenheit an die Gegenwart mahnt zur Einigung der deutschen Logen in Ost und West, in Süd und Nord und zur Aufrichtung einer neuen deutschen Haupthütte, wenn deren Sitz unter veränderten Verhältnissen auch nicht gerade in Strassburg aufgeschlagen zu werden braucht.

Schon mehrfach ist der Wunsch nach einer deutschen National-Grossloge laut geworden, so von Breslau her und von Glauchau aus, zuletzt aus der Mitte des Vereins deutscher FrMr. auf der Jahresversammlung in Worms. — (Vgl. das „Grundgesetz" des Vereins und in Findel, Geschichte der Freimaurerei unter „Einheitsbestrebungen"); — aber niemals ist die Zeit hierfür so günstig gewesen, wie jetzt, wo die staatliche Einigung Deutschlands sich vollzieht und die Stätte der alten Haupthütte dem Reiche wiedergewonnen worden. Nie ist die Zeit hierfür so günstig gewesen, wie jetzt, wo der Anfang zur Einigung der deutschen Maurer und Logen bereits gemacht ist im Verein deutscher Maurer und im deutschen Grossmeistertage. Dieses Institut darf nur einigermaassen erweitert und gesetzlich geregelt werden und — die deutsche National-Grossloge ist fertig. Dieselbe denken wir uns nicht als eine Centralmacht, welche die bisher bestehenden Grosslogen zu blossen Provinzial-Grosslogen herabdrückt und alle Selbständigkeit der einzelnen Bundestheile aufsaugt, sondern vielmehr als Repräsentanten der Gesammtheit mit wesentlich berathender Befugniss, als eine Behörde, welche die gemeinsamen deutschmaurerischen Angelegenheiten Gesetzesvorschläge vorbereitet und vermittelnd wirkt, allein nach aussen repräsentirt, gemeinsame Institute verwaltet und für maurerische Streitfälle ein oberstes Schiedsgericht bildet. Der für den Grossmeistertag beliebte Turnus könnte auch für die National-Grossloge beibehalten und nur das Beamtencollegium theilweise anderweitig besetzt werden. Mitglieder derselben würden sämmtliche Grossmeister und deputirte Grossmeister, sowie etwa 30 (von je 10 Logen zusammen einer) freigewählte Brüder sein.

Hoffen wir, dass diese dreifache Mahnung zur Erneuerung im Geiste der Zeit, zur Aufnahme planvoller Werkthätigkeit und zur Einigung der deutschen Logen nicht vergebens an uns ergehe, damit das deutsche Mrthum, gleich dem Strassburger Münster, zeuge von Weisheit, Stärke und Schönheit.

Die Zukunft der Volksschule,
ein Hochbild für maurerisches Streben.

Vorgetragen im Kränzchen zu Würzburg am 5. Sept. 1870.

Von

Br Hch. Solger.

(Schluss.)

Um diese grosse Aufgabe zu lösen, muss die Volksschule hinsichtlich ihrer Gliederung eine zweckmässige Aenderung erfahren. Die Kinder dürfen künftig die Schule nicht schon zu einer Zeit verlassen, da sie für das Leben zu wenig vorbereitet sind. Der Schulbesuch wird unbedingt bis zum 14. Jahre dauern, und der allgemeinen Volksschule wird eine höhere und eine Fortbildungsschule folgen, die wenigstens je drei Jahreskurse umfassen. Ist die Fortbildungsschule, durch Schulzwang erhalten, wöchentlich mehrmals von allen Jenen zu besuchen, die mit dem 14. Jahre an der Arbeit gehen müssen, so ist die höhere Volksschule, deren Besuch freigestellt und also auch bezahlt werden muss, für Alle, die eine moderne Bildung erwerben wollen, ohne gerade tiefe humanistische oder realistische Studien zu machen, also für die Mehrzahl der Bürger. Die höhere Volksschule, die erst geschaffen werden muss, wird die Krönung der allgemeinen Volksschule sein. Mit dieser aufs engste verbunden, wird sie gegenüber den gelehrten und technischen Anstalten die deutsche Nationalschule repräsentiren, die uns einen Bürgerstand erziehen wird, der für das Wohl des Vaterlandes die sicherste Bürgschaft bietet.

Die organische Verbindung der Volksschule mit den bestehenden Mittelschulen wird nur allmählich erfolgen. Das letzte Ziel ist erreicht, wenn dieselben (Real- und humanistische Gymnasien) sich auf der achtklassigen Volksschule erbauen, so dass diese, die dann allerdings auch eine fremde Sprache lehren wird, erst ganz besucht sein muss, bevor der Eintritt in die Mittelschulen erfolgt. Wenn nun die Volksschule eine fremde Sprache in ihren Lehrplan aufnimmt, was allerdings zunächst nur in Städten geschehen wird, so muss diese fremde Sprache eine moderne sein, Französisch oder Englisch, je nach Lage des Landes. Der Forderung der anthropologischen Pädagogik gemäss soll eben nach der Muttersprache nicht Latein und Griechisch, sondern erst eine neue Sprache gelernt werden, und diese Forderung der Theorie stimmt glücklicher Weise mit jener der Praxis, mit dem Wunsche des Volkes überein. Da aber unsere Gelehrten sich den Forderungen der modernen Pädagogik beharrlich verschliessen, so wird die Verbindung der Volksschule mit den Mittelschulen noch lange durch die Lateinschule, (Progymnasium), beziehungsweise auch durch die Gewerb- (Real-) Schule bewerkstelligt werden müssen. Bezüglich der Real-Schulen

und realistischen Gymnasien lässt sich indessen eine günstige Reform schon früher erwarten, weil an diesen Anstalten das Volk mehr betheiligt ist, und dieses das lateinische Erbübel schon lange richtig beurtheilt. Was speziell die bayerischen Gewerbschulen betrifft, so ist als nächstes Ziel anzustreben, dass sie zu Realschulen mit vier Kursen umgewandelt werden, die, ohne Latein, die Vorbereitung für die Realgymnasien bieten. Dann ist wenigstens der realistische Bildungsgang für die Mehrzahl der Gebildeten festgestellt. Das Studium der alten Sprachen soll eben nur in humanistischen Gymnasien betrieben werden; die realistischen haben mit dem Studium der modernen Sprachen und der Naturwissenschaften vollauf zu thun. Man wird auch in gewissen exklusiven Kreisen noch zu der Erkenntniss kommen, dass Bildung nicht nur aus Rom und Hellas bezogen werden muss; man wird auch noch zugestehen müssen, dass die Universitäten nicht allein für die Abiturienten der humanistischen Gymnasien errichtet sind. Der Gegensatz von Humanismus und Realismus muss ausgeglichen werden, und zwar schon von den unteren Schulen an. Wenn sich auch unsere humanistischen und realistischen Gymnasien noch nicht, wie vorhin bemerkt, unmittelbar auf die Volksschule stützen, so werden sie doch in naher Zukunft wenigstens eine gemeinsame Vorschule haben, ein Progymnasium, das unseren Gewerb- (eigentlich Real-) Schulen ähnlicher sein wird, als den Lateinschulen. Diese Idee, in dem modernen Gesammt-Gymnasium von Hauschild[*]) in Leipzig bereits mit Glück durchgeführt, hat auch schon in Oesterreich Boden gewonnen, und wird gewiss noch überall zur Geltung gelangen. Welche wichtigen Folgen daraus entspringen werden, wollen wir der Kürze halber nicht näher beleuchten. Ebenso wenig sollen hier die nothwendigen Reformen der Gymnasien und Universitäten genauer dargestellt werden. Es genügt auf die berechtigten Forderungen hinzuweisen, dass an den Gymnasien der Geschichtsunterricht nicht länger von den Geistlichen ertheilt werde, und dass die Gymnasiasten nicht durch zu viele Aufgaben (besonders in den alten Sprachen) körperlich und geistig ruinirt werden; dass unsere Hochschulen durch Veranstaltung öffentlicher Vorträge mehr für Volksbildung wirken (Wanderprofessoren gewiss nutzenbringend), dass ferner ein inniger Verkehr zwischen Docirenden und Hörenden hergestellt werde (Disputationen der Studenten unter Leitung der Professoren sind dringend geboten), und dass endlich überall Lehrstühle für neue Sprachen und Pädagogik (mit pädagogischen Seminaren) errichtet werden.

Bei Besprechung der höheren Schulen müssen wir den Bildungsanstalten für das weibliche Geschlecht eine besondere Aufmerksamkeit widmen, da in gegenwärtiger Zeit die Frauenemancipation sehr eifrig erörtert wird, und diese Frage mit jener der Töchtererziehung enge verknüpft ist.

Wenn wir auch gerne dem Pädagogen beistimmen, der behauptet „Deutschland wird und muss dahin kommen, dem weiblichen Geschlechte .. ein grösseres Anrecht zuzuerkennen", damit es ihm auch möglich sei, „sich eine selbständige ökonomische Stellung zu verschaffen", so werden wir doch als ersten Grundsatz festhalten, dass

[*]) Jetzt Br Zille.

der natürliche Beruf des weiblichen Geschlechts ist, die Pflichten der Gattin und Mutter zu erfüllen, also für das Haus zu wirken. Hierzu braucht es aber keiner Allerweltsbildung, wie solche gegenwärtig in den meisten Töchterinstituten erworben wird. Es müssen vielmehr parallel den höheren Volksschulen für Knaben, worüber schon gesprochen, auch höhere Volksschulen für Mädchen geschaffen werden, damit unsere Töchtererziehung gründlich reformirt werde. In den, am besten von den Communen zu gründenden, höheren Volksschulen für die weibliche Jugend werden jene Frauen herangezogen werden, die wir in der Jetztzeit so sehr vermissen, Frauen echt deutscher Art, die ihr Glück im häuslichen Kreise und nicht in Moden und Salons suchen. Und hat sich unsere Frauenwelt einmal von ihrer verkehrten Weltanschauung emancipirt, dann wird auch ihr Geschrei nach Emancipation bald verstummen. Es wird einestheils die Zahl der Hagestolzen sich bedeutend vermindern, und anderntheils werden die berechtigten Forderungen der Frauen gerne unterstützt werden und so zur Durchführung gelangen.

Von den Töchterschulen kommt man unwillkürlich auf Privatschulen überhaupt. Diese werden von Manchen verurtheilt, haben aber die Berechtigung ihres Bestehens zur Genüge bewiesen, weil gerade aus den Privatschulen die bedeutendsten Fortschritte im Schulwesen stammen. Wenn sie sich nur frei von Schwindel halten, so werden sie als Ergänzung der öffentlichen Schulen eine bedeutende Zukunft haben, besonders wenn einmal das amerikanische "selfgovernment" auch in unseren Staaten, bez. in unserem Schulwesen mehr Boden gewinnt.

Der Hebung der Schule muss die des Lehrerstandes zur Seite gehen. Durch dessen äussere Besserstellung wird auch seine innere Kraft noch mehr erstarken. Weil man in Zukunft den Lehrern einen ordentlichen Gehalt mit freier Stellung bieten wird, kann auch eine ganz andere Lehrerbildung gefordert werden. Statt der bisherigen Präparanden-Schulen, durch welche die Volksschullehrer von andern Ständen abgesondert und deshalb einseitig wurden, müssen künftig die höheren Volksschulen eintreten, in welchen der angehende Lehrer mit den jungen Bürgern gemeinsam arbeiten und sich für das Seminar genügend vorbereiten kann. Sehr gut wird es sein, dass vor dem Eintritt in das Seminar ein Jahr zu praktiziren ist, während dessen der werdende Lehrer die ganze Schwere seines gewählten Berufes anschaulich erkennen und diesen eventuell noch mit einem andern vertauschen kann. Beim Seminar wird das von allen Lehrern verurtheilte Internat nicht mehr sein, wohl aber ein Convict.

Wer sich zum Unterricht an höheren Schulen oder zur Leitung des Schulwesens ausbilden will, besucht auch die Universität, resp. das damit verbundene pädagogische Seminar. Durch solchen Bildungsgang wird der deutsche Lehrerstand an niedern und hohen Schulen, einheitlich und mächtig erscheinen. Was die deutschen Geistesheroen, die künstlerischen Dichter, wie Lessing, Goethe, Schiller; die dichterischen Naturforscher, wie Alex. v. Humboldt, die grossen Philosophen, wie Kant, Fichte, Hegel; die philosophischen Theologen, wie Schleiermacher; die Anthropologen und Pädagogen, wie Herbart, Pestalozzi und Diesterweg; was diese und andere deutsche Geistesheroen

gelehrt und gethan, das wird die Schule der Zukunft zur Geltung bringen und aller Welt zuführen. Die deutsche Schule wird herrlich blühen. Ihr Einfluss wird sich besonders bedeutend in Amerika zeigen. „Die Schule Amerika's", sagt W. Lange, „deutet auf eine grosse Zukunft, die im hellsten Lichte strahlt. Zieht in das innere Heiligthum dieses Gottestempels der pädagogische Genius Deutschlands ein, dann und nur dann wird er den Ruhm des Geistes, der ihn gebaut hat, laut verkünden." — Daraus ist zugleich zu ersehen, welche Rolle die englische Sprache in der Lehrerbildung der Zukunft spielen wird.

Die deutsche Schule hat eine grosse Mission. Was die kirchlichen Streitigkeiten zerrissen, das wird sie einen im Geist und in der Wahrheit. Ihr Symbol ist die Rose. Unter dem Sinnbild der Liebe wird sich die Welt einigen, nicht unter dem Kreuze. „Die Rose sei das Symbolum, daran eine neue Menschheit glaubt." Die deutsche Schule wird auch zur friedlichen Lösung der schweren socialen Fragen beitragen. Sie wird die kosmopolitische Bedeutung unseres Vaterlandes dauerhaft begründen und dafür den Dank einer freien Nation, den Dank der Welt ernten.

Das, gel. Br, ist in grossen Zügen das Ideal der Volksschule, wie es den vorwärtsstrebenden, echt freisinnigen Schulmännern vor Augen steht und wie es von denselben eifrigst angestrebt wird. Dieses Ideal beruht auf den Forderungen der anthropologischen Pädagogik, ist also der Natur entsprechend und deshalb richtig. Was aber der Idee nach richtig ist, dass muss unbedingt, wenn auch nur allmählich, zur Verwirklichung gelangen. Wollen Sie daher, besondern in der jetzigen Zeit, da der Kampf der modernen, naturgemässen Schule mit der alten, einseitigen, noch energisch zu führen ist, Ihr geneigtes Augenmerk auf die anzustrebenden Zukunftsschule richten, über die ich Ihnen Einiges darzustellen wagte. Unterstützen Sie die Reformbestrebungen der deutschen Lehrerwelt, und Sie werden damit auch für die Erreichung maur. Ziele die beste Stütze gewinnen.

~~~~~~

Literarische Besprechungen.

I.

Die Gegenwart und Zukunft der Maurerei in Deutschland. Von einem alten Logenbruder. Handschr. für Brr. Leipzig. 1870. J. G. Findel. 8. 60 S. 12 Ngr.

Ein ungenannter, für die Sache der Brei begeisterter Bruder hat in diesem Schriftchen seine während einer langjährigen Maurerlaufbahn gewonnenen Ansichten niedergelegt, in der wohlmeinenden Absicht, die Brüderschaft zu gründlicher Selbsthülfe zu veranlassen, weil von den Grosslogen und vom Grossmeistertag doch nichts zu hoffen, im Uebrigen aber die Lage des Bundes eine solche sei, welche dringend zu einer tiefgreifenden Umgestaltung mahne. Die Erfahrungen des Verfassers, zum Theil leider begründet und ernster Prüfung wohl werth, haben ihn zu einer so hoffnungslosen Auffassung der Verhältnisse geführt, dass er der maurer. Reform befriedigende Erfolge abspricht und Rettung nur noch in der Gründung eines ganz neuen Bundes sieht.

Die Schrift, — den Brüdern von Cornberg in Carlsruhe, O. Henne in St. Gallen, Cramer in Eichenbarleben und Emil Rittershaus in Barmen gewidmet —, hat bei ihrem (theilweisen) Erscheinen in der ‚Bauhütte‘ allenthalben Sensation erregt und man hat nicht umhin gekonnt, die scharfe und beredte Kritik, welche der Verfasser an den Einrichtungen und Zuständen der deutschen Mrei übt, vielfach als berechtigt anzuerkennen. Diese negative Seite ist, um dies gleich vorweg zu sagen, entschieden die stärkere Seite der Schrift, während die positiven Vorschläge den schwächeren bilden. Als eines der Hauptübel erkennt der Verf. die Centralisation in den Grosslogen. „Durch ein solches Uebermass der Rechte und Befugnisse der Grosslogen muss jedes Gefühl der Selbständigkeit und Freiheit der Bewegung und mit ihm jede innere Kraft in den Logen verloren gehen. Die Mrei ist dadurch für manche Logen zu einem ganz gewöhnlichen Vereine herabgesunken oder vielmehr herabgewürdigt, der unter mysteriösen Formen einen Cultus übt, der jeden Verständigen anwidert, weil er geistlos und heuchlerisch ist." Ausserdem bekämpft der Verf. die Theilnahmlosigkeit und Unwissenheit vieler Mr, das sogen. christliche Prinzip, die Aufnahmegesetze, die Wahlen der Beamten u. dgl. m. Obwohl er damit meist den Nagel auf den Kopf trifft und diese Kritik zumeist durchaus berechtigt ist, übersieht der geehrte Verf. dabei nur, dass die gerügten Uebelstände nicht allgemein, sondern speziell preussischen Grosslogen-Verhältnissen entlehnt sind und dass trotzdem auch innerhalb der freier organisirten Crosslogenbünde, wie Sachsen, Hamburg, Bayreuth, nicht jene Blüthe der Mrei zu finden ist, wie sie der Verf. ersehnt, und nicht jede Apathie und alles Unbehagen verschwunden ist, ein Beweis dafür, dass die Reform der mr. Gesetzbücher allein ist nicht thut und das Uebel tiefer sitzt.

Um nun dem marasmirenden FrMrbunde (S. 43) neues und wirkliches Leben und damit neue und wirkliche Spann- und Widerstandskraft zu geben, ist (dem Verfasser zufolge) vor Allen unumgänglich nöthig: Gründlicher Wechsel an Haupt und Gliedern, gründlicher Bruch mit den jetzigen schon einer todten Vergangenheit angehörenden Logensystemen und deren traurigen, verderbenbringenden Consequenzen. Heil und Erfolg versprechend erscheint ihm nur: „ausserhalb des alten Bundes Schaffung eines neuen Mrthums auf zeitgemässer und den wahren Bundeszwecken entsprechender Grundlage mit vorsichtiger Benutzung der in der jetzigen Mrei vorhandenen adäquaten Mittel und Personen." Für diese neue Mrei nun werden (S. 52 folgende) eine Reihe Vorschläge und Gesetzesbestimmungen gemacht, welche der Hauptsache nach bereits in den Grosslogen von Bayreuth, Sachsen, Hamburg u. s. w. eingeführt und verwirklicht sind. Dass diese Reformen anderwärts durchgeführt werden, ist im Interesse des Bundes durchaus unerlässlich; wir zweifeln aber, dass sie für Schaffung eines neuen Mrthums ausreichend sein würden. Wenn wir daher unsererseits dem Verfasser nicht beizupflichten vermögen, so geschieht dies einerseits in der Hoffnung auf eine allmälich sich vollziehende, erfolgreiche Reform innerhalb des gegen-

wärtigen Mrthums, wozu ein verheissungsvoller Anfang bereits gemacht ist, andrerseits weil uns die Vorschläge für einen neuen Bund nicht radikal genug erscheinen. In den höhergebildeten und freisinnigen Kreisen des nicht mr. Publikums würde ein solcher Versuch nur dann auf Anklang und Theilnahme rechnen können, wenn der neue Bund das Geheimniss vollständig aufgäbe und das Princip der Oeffentlichkeit annähme und wenn er (in Bezug auf Werkthätigkeit) sich mehr dem Illuminatismus näherte. Auch noch ein anderer Gesichtspunkt lässt uns den Austritt aus den Logen und die Gründung eines neuen Bundes nicht als unbedenklich erscheinen, nämlich der, dass damit eine weitweite, grosse, kosmopolitische Verbindung aufgegeben werden müsste ohne die Sicherheit auch nur annähernden Ersatzes. Je freier sich unsere politischen Verhältnisse gestalten, desto leichter wird es einzelnen Logen werden, sich zu einer rettenden That aufzuraffen und eine erfolgreiche Reform von innen heraus durchzuführen mit oder auch ohne die Grosslogen, aber immer doch innerhalb des Rahmens der grossen Verbindung, die dann durch entschiedenes und glückliches Vorgehen einzelner Bundestheile viel leichter zur Nachfolge getrieben und von einzelnen Punkten aus in die Vorwärtsbewegung hineingezogen werden kann und wird. Auf diesem Wege vollzieht sich eine heilsame, regenerirende Umgestaltung zwar viel langsamer, aber auch viel sicherer und bedeutungsreicher. Manche Reformen machen sich fast ganz unmerklich auf dem Wege der Thatsachen, wie z. B. die Zurückdrängung des Geheimthuns und die Anbahnung grösserer Oeffentlichkeit, in welcher Richtung man der von einem Freundeskreise der „Bauhütte" ergriffenen Initiative allenthalben nachfogt, ohne dass darüber auch nur ein Wort verloren worden wäre. Im Uebrigen ist die Reform der mr. Gesetzbücher zwar ein nothwendiges Mittel zum Zwecke, aber kaum der Punkt, von dem aus die Regeneration des Mrthums erfolgreich bewirkt werden könnte. Als solchen glauben wir vielmehr die Reform der Werkthätigkeit erkannt zu haben. Sie allein vermag den Bund nach innen zu läutern und zu erfrischen, nach aussen hin in der Achtung zu heben und zu einem Anziehungspunkte für edle, strebsame, thatbereite Männer zu machen.

Den kritischen Theil des Schriftchens, das recht warm und beredt geschrieben, empfehlen wir bestens zu ernster Erwägung und gewissenhafter Beachtung.

————

II.

Euthanasia oder die Kunst, schön und freudig zu sterben. Für Gebildete aller Stände von Dr. Emil Rich. Pfaff. 2. Aufl. Dresden, 1869. W. Türk. 16. 146 Seiten.

Br. E. R. Pfaff, Dep. Mstr. der Loge zu den drei Schwerdtern und Asträa, hat in diesem recht empfehlenswerthen Schriftchen eine Anleitung zur Kunst, schön zu sterben gegeben, wozu er als Arzt besonders berufen und befähigt war. Er hat seinen Gegenstand weniger vom theologischen, als vielmehr vom naturphilosophischen Standpunkte aus behandelt und ist dabei in gleicher Weise der theoretischen, wie der praktischen Seite desselben gerecht geworden, letzterer u. A. durch den Hinweis auf die Abfassung von Testamenten, auf die Lebensversicherungen u. dgl.

In sinniger Weise hat der Verfasser Alles verwerthet, was irgendwie geeignet schien, dem Tode seinen Schrecken zu nehmen und die Frage von dieser oder jener Seite aus zu beleuchten. Den Inhalt bilden nicht langstilige Abhandlungen, sondern kleine Betrachtungen in gefälliger Form und zwar unter den Rubriken: I. Sein oder Nichtsein. — II. Weg mit den Schrecknissen des Todes. — III. Grosse Vorbilder. — IV. Bestelle dein Haus in Zeiten. — V. Hänge dein Herz nicht an irdische Dinge. — VI. Sei glücklich durch das Glück Anderer. — VII. Richte deinen Blick in die Sterne. — VIII. Sei ergeben in den Willen der Vorsehung. — IX. Der Zustand der Seele bei Annäherung des Todes. — X. Wiedersehen. — XI. Was sagen unsere grössten Denker und Philosophen dazu (Aussprüche von Kant, Herder, Fichte, Goethe, Jean Paul u. v. A.) Den letzten Abschnitt bildet: XII. Die letzte und höchste Staffel der Kunst, schön zu sterben, welcher in die folgenden Rubriken zerfällt: Die Freimaurerei. — Ihr Zweck und ihre Grundprincipien. — Die Geheimnisse der FrMrei. — Verbreitung des FrMrbundes. — Die drei Grade. — Der Meistergrad.

Auch wenn im Schlussabschnitte nicht speziell·auf die FrMrei näher eingegangen wäre, würde der aufmerksame Leser im Verfasser allenthalben den FreiMr erkannt haben, sowohl in den Anschauungen und Ueberzeugungen, die er vorträgt, wie in der edlen, menschenfreundlichen Gesinnung, die aus dem Ganzen hervorleuchtet.

Wir empfehlen das bescheidene Werkchen einer wohlwollenden Beachtung und wünschen ihm überall recht guten Erfolg!

Feuilleton.

Mannheim, 14. Oct. — Der Krieg, von Napoleon so frevelhaft an Deutschland hervorgebracht, naht hoffentlich seinem Ende, zum Mindesten lässt der augenblickliche Stand der Dinge eine Anspannung zu in der Uebung der Werkthätigkeit, die überall an die Stelle der friedlichen Logenarbeiten getreten. An einer Hauptetappenstation zum und vom Kriegsschauplatze wohnend, war es den Mitgliedern der hiesigen Loge vielfach gegeben, sich bei den Truppendurchzügen so wie in der Pflege der Verwundeten werkthätig nützlich zu machen. Ein Hauptförderungsmittel dieser Werkthätigkeit bestand aber in den reichen Liebesgaben, die uns in Folge unseres Aufrufs hier und von so vielen Logen in so dankenswerth rascher Weise gesendet wurden. Der seiner Zeit erfolgende Rechenschaftsbericht wird hierüber in allen Einzelheiten nähere Mittheilung bringen. Für heute will ich nur einer Verwendung erwähnen, um zu veranlassen, dass dieser Seite sich noch mehr die allgemeine Liebe zuneige. Es betrifft unser wiedergebornes Strassburg. Am 29. September wurde von unserer Bauhütte in die Tags zuvor den Deutschen geöffnete Stadt ein Anfang brüderlicher Hülfe gesandt. Ein Schreiben — da Civilpersonen an diesem Tage noch nicht in die Stadt gelangen konnten — bot sofort 1000 Franken der Logenverwaltung in Strassburg zu freier Verfügung an; bereits am 3. Oct. konnte die Summe selbst überbracht werden. In einem vom 6. October datirten Briefe dankt der Meister vom Stuhle der Strassburger Loge in einer so herzgewinnenden Weise, dass ich wünsche, zum Abdruck des Schreibens ermächtigt zu sein. Indessen darf ich wohl soviel sagen, dass die Noth unter den Brüdern in Strassburg gross, die Hülfe daher geboten ist. Es ist ein dankbarer Boden, auf dem jede Liebessaat hundertfältige Frucht bringen wird.

München, 18. October 1870. — Wenn aus einer Stadt, die lange als ultramontan verschrieen, Ihnen die Kunde kommt, dass 4 Brr: Prof. Scherer, Kaufm. Schäfer, Cafetier Baumann und meine Wenigkeit, jeder einem andern Orient entstammend, unterm 27. Juli l. J. ein Mr-Kränzchen constituirten unter dem vielsagenden Namen: "Kette", denen sich bald 2 weitere Brr, die Inspectoren Maller und Pfeiffer anschlossen und dass Aussicht vorhanden, dass kommende Mittwoch mehre würdige Brr sich unserer Kette anfügen werden, werden auch Sie, der grosse Kämpe für die Sache der Mrei, gewiss freudig ergriffen werden.

Wir halten an dem eklektischen Bunde, streben darnach, intelligente, strebsame, für das Wohl des Bundes begeisterte Männer, Männer, die nicht nach politischen Sonderinteressen oder irgend einem persönlichen Vortheil trachten, Männer, die in rituellen Formen und blosser Geselligkeit das Wesen der Mrei finden, sondern in Bethätigung wahrer Bruder- und Nächstenliebe, in Hebung unserer und aller Menschen geistigen und moralischen Kräfte — solche Männer trachten wir unserer Br-Kette anzuschliessen.

Möge uns der a. B. a. W. seinen Segen geben, dass unser Bau gedeihe und dauerhafter sei, als die 1777 hier gegründete Loge Theodor zum guten Rath!

Unter herzlichen Grüssen
Ihr Sie hochschätzender Br:
Dr. Franz Braun.

Der Wahrheit die Ehre. — In Nr. 41 der "Bauhütte" spricht sich ein Br T. als Nachlese und Ergänzung zu dem Protest von Br Findel in Nr. 39 in einer Weise über die Schweizer und ihre Partheinahme im gegenwärtigen Kriege aus, die nur zu sehr zu falscher Auffassung unter den Brn im deutschen Vaterlande Anlass bietet, und durchaus einer Erwiderung und Berichtigung bedarf, sowohl was die schweizerische Presse, als die Schweizer selbst anbetrifft.

Es darf als unumstösslich behauptet werden, dass gerade die hervorragende Schweizer-Presse, dort wo sie nicht geradezu neutral ist, sich mehr der deutschen als der französischen Sache zuneige. Wer darf sich erlauben der Haltung der "N. Zürch. Zeitung", des "Bund", der "Sonntagspost" u. A. m. gegenüber zu behaupten, sie seien voll Unliebe gegen uns, sprächen sich gegen die deutschen Waffen und gegen das deutsche Volk aus!? Und diesen Blättern, die weit über die Grenzen der Schweiz hinausgehen, stehen andere Kantonsblätter von grossen Auflagen, mit Tendenz anbetrifft, würdig zur Seite, wie "Thurgauer Zeitung", "Schaffhauser Tagblatt," "St. Gallener Tagblatt," "Schweizerbote" u. A., von vielen kleineren Organen gar nicht zu reden.

Wenn Br T. ferner behauptet, dass der Gedanke der Anectirung von Basler- und Schaffhauser Grenzen nie in eines deutschen Kopf gekommen sei, so ist er ebenfalls sehr im Irrthum. Einverstanden, dass Deutschland eine solche Absicht nicht hegt, was hier auch nicht zu rechtfertigen wäre, so müssen wir doch leider zugeben, dass die sich wiederholenden Hetzereien süddeutscher Blätter, die nicht von der Schweizer-Presse provozirt worden sind oder werden und denen gegenüber sich die letztern mit anerkennenswerther Mässigung benommen, eher das Gegentheil beweisen.

Was nun die Schweizer selbst anbetrifft, so wäre es eigentlich unnöthig, die lieblose und harte Beschuldigung des Br T. zu widerlegen, wohl aber ist es eine Ehrenpflicht für uns in der Schweiz lebenden Deutschen, anzuerkennen, wie sehr es gerade die Schweizer, Behörden wie Private, bewiesen haben, dass sie über den Partheien beider Heere stehen. Das haben sie bewiesen durch die liebevolle Begegnung und Aufnahme der vielen Tausenden von Frankreich ausgewiesenen Deutschen, denen von Paris an durch den heimathlichen Bodens alle nur mögliche Sorgfalt, Pflege und Unterstützung, sowie freie Fahrt auf den Schweiz. Bahnen zu Theil geworden; das haben die Schweizer bewiesen durch ihre freudige und grossartige Opferwilligkeit an Spenden zu Handen des internationalen Komités zu Basel und zu Handen auch der verschiedenen speciell deutschen Hülfskomités; das haben sie neuerdings bewiesen durch ihre uneigennützigen und mit Erfolg gekrönten Bemühungen kurz vor Ende der Belagerung Strassburgs; das haben namentlich auch die Schweizerbehörden bewiesen durch das Hinsenden auf eigne Kosten zahlreicher Aerzte und Krankenpfleger auf die Kampfplätze beider Heere — alles Thatsachen, die auch dem Br T. sehr wohl bekannt und denen gegenüber es unbegreiflich erscheint und von geringer Sachkenntniss zeugt, wie der Br T. sich zu einem so ungerechten Urtheil über die Schweiz versteigen konnte.

Dass die Stimmung in der Schweiz eine, wie nicht anders zu erwarten, getheilte ist, soll gerne zugegeben werden, ich sage aber nicht zuviel, wenn ich behaupte, dass die Mehrzahl der Gebildeten, von Anbeginn des Krieges an den deutschen Waffen den endlichen Sieg wünschte.

Mögen diese auf grösster Wahrheits- und Gerechtigkeitsliebe beruhenden Zeilen dazu dienen, den schlechten Eindruck, den die Anklage des Br T. nur zu leicht unter den deutschen Brn hervorgerufen haben dürfte, zu verwischen.

Aarau, d. 10. October 1870.

Br C. Clausen.

Zur Besprechung.

Henne-Am Rhyn, O., Kulturgeschichte der neueren Zeit. I. Bd. Leipzig, 1870. O. Wigand.

Für das Lazareth der Loge „zum Felsentempel" in Oberstein.

	Transport: Thlr. 53. —
Von Br A. Ellersieck in Bremen	„ 3. —
also in Summa:	„ 56. —

Wir sprechen auch hierfür den wärmsten Dank aus und bitten recht dringend um weitere brüderliche Unterstützung.

J. G. Findel.

Briefwechsel.

Br Th. S. in W—a: Betrag dankend erhalten und Bauhütte und Adhoc stat expedirt. Bauhütte sende vom 4. Quartale 1870 bis Schluss 3. Quartals 1871; die Quartale 1—3, 1870 können eventuell durch eine dortige Buchhandlung bezogen werden. — Patriotismus hört da auf, Tugend zu sein, wo er sich bornirt und andere Nationalitäten misskennt, missachtet oder schädigt oder, wie Sie sagen, „den Gesetzen des Reinmenschlichen entgegen ist." Das Verhältniss einer nationalen Individualität zur andern ist dasselbe, wie das des einen Individuums gegenüber dem andern; beide haben das Recht, sich zu behaupten, zu entwickeln und geltend zu machen, nur nicht auf Kosten des andern. Brdl. Gegengruss!

Br Dr. W. in Dr—n: Ihr durch Br B. vermittelter Gruss wird herzlichst erwidert.

Verantwortlicher Redacteur: Br J. G. Findel. — Verlag von Br J. G. Findel in Leipzig. — Druck von Brr Bär & Hermann in Leipzig.

№ 45. XIII. Jahrgang.

Die
BAUHÜTTE.

Begründet und herausgegeben

von

Br J. G. FINDEL.

* Organ des Vereins deutscher Freimaurer. *

Handschrift für Brr FrˑMr. Leipzig, den 5. November 1870. MOTTO: Weisheit, Stärke, Schönheit.

Von der „Bauhütte" erscheint wöchentlich eine Nummer (1 Bogen). Preis des Jahrgangs 3 Thlr. — (halbjährlich 1 Thlr. 15 Ngr.)
Die „Bauhütte" kann durch alle Buchhandlungen bezogen werden.

Rundschreiben.

Die vollk. u. ger. St. Joh.-Loge „Széchenyi" im Orient Arad, hat aus Anlass der Uebersiedlung der Grossloge in Florenz nach Rom, das nachstehende Rundschreiben an sämmtliche Schwester-Logen Ungarns und an den nicht-politischen Verein „Humanitas" in Wien gerichtet:

Ehrwürdiger Meister!
Gel. Br!

Auf Antrag des Grossmeisters und Ehrenmitgliedes des Vereins „Humanitas" in Wien, L. Frapolli, hat die Grossloge in Florenz beschlossen, ihren bleibenden Sitz nach Rom, der nunmehrigen Hauptstadt Italiens, zu verlegen.

Mit freudig erfüllten Herzen vernahmen wir diese für die Freimaurerei so hochwichtige Nachricht. Von Rom aus wurde die Freimaurerei unzählige Male verflucht, von Rom aus wurden die Freimaurer stets verfolgt und seit dem beinahe tausendjährigen Bestehen unseres Bundes haben tausende unserer Brüder viele Drangsale erduldet, ja einen schmerzvollen Tod erlitten für ihre Ueberzeugung durch den von Rom genährten religiösen Fanatismus; und in einigen Tagen wird das Licht der Maurerei in eben diesem Rom einkehren, um mit ihren segensvollen Strahlen die Nacht des Aberglaubens zu erhellen und durch ihr edles Wirken die eingewurzelten Vorurtheile zu zerstreuen.

Wohl noch selten hat die Freimaurerei einen so erhebenden Triumph gefeiert, wie diesen; auf den Trümmern einer plötzlich entschwundenen irdischen Herrlichkeit, auf dem zusammengestürzten Kartengebäude des menschlichen Wahns, erhebt sich in stiller Glorie das Licht der Maurerei, und die wahre Aufklärung feiert einen hehren Sieg, den Sieg der freien humanitären Ideen über die weltliche Anmassung, über eine beklagenswerthe Verblendung.

Nicht ein Ungefähr, nicht eine Constellation weltlicher Machtverhältnisse, hat dies unmittelbar bewirkt, gel. Brr! es musste geschehen, das „Wann" war eine Frage der Zeit. Ueber was die gesammte vorurtheilsfreie Intelligenz aller Völker den Stab gebrochen, kann seinem Schicksal nicht entgehen; es muss von der Erde schwinden, wie der Schnee, getroffen von den Strahlen der Frühlingssonne, spurlos verschmilzt.

So wie der Mensch die Vorurtheile abstreift, so wie er immer mehr zur Erkenntniss der wahren Menschenwürde gelangt, so wie die Aufklärung allgemeiner wird und die Seelenmacht der befangenen Gemüther verscheucht, so wird auch allmälich alles Baufällige, was menschliche Willkür in finsteren Zeiten geschaffen, zerfallen und am Horizont der Weltverbesserung steigt eine bessere Zukunft auf.

Der geistige Bau, den die Freimaurerei im Innern der Menschen friedlich errichtet, hat Jahrhunderte lang den Stürmen getrotzt, er stand wie ein Fels unerschütterlich beim Anprall der Verichtung drohenden Wogen und wird auch ewig fortbestehen, so lange sie selbst sich treu bleibt und das Banner der Aufklärung, der wahren Humanität frei flattern lässt.

Indem sie in Rom ihren Einzug hält, findet sie einen glänzenden Lohn für ihr Wirken, um so grösser und hehrer, da sie selbst so Vieles beigetragen zum Erringen desselben.

Durchdrungen von der grossen Tragweite, von der hohen Bedeutung dieses Ereignisses, haben wir, gel. Brr., einmüthig beschlossen, unseren Gefühlen sowohl protocollarisch Ausdruck zu geben, als auch Euch brüderlich aufzufordern mit maurerischer Begeisterung Euch uns anzuschliessen.

Und indem wir überzeugt, dass unsere Worte einen lebhaften Widerhall in Euren Herzen finden werden, bitten wir Euch noch, weinet eine stille Thräne den Brüdern nach, die in den ewigen Osten eingegangen sind und denen nicht vergönnt war, an unserer Freude Theil zu nehmen.

Somit empfangt unsere innigsten Wünsche für das Fortgedeihen und immer weitere Aufblühen der Maurerei, indem wir uns zeichnen in d. u. h. Z.

Orient Arad, den 15. October 1870.

Carl Steinitzer, m. p.
Sekretär.

Béla Bánhidy, m. p.
Mstr. v. St.

Antwort auf das Brüsseler Manifest.

An die ehrwürdigen Brüder der ger. u. vollk. Loge der Menschenfreunde im Orient zu Brüssel.*)

Ihr habt, gel. Brr, einen Aufruf erlassen an die Freimaurer in Frankreich und Deutschland, einzutreten für Beendigung des schrecklichen Krieges, der eben jetzt Europa zerrüttet, und für Wiederherstellung des goldenen Friedens, der heissen Sehnsucht der leidenden Menschheit. Wir erkennen gern an, dass Ihr damit eine maurerische Pflicht zu erfüllen geglaubt; wir finden aber, dass, indem Ihr Euch dabei in politische Theoreme eingelassen und damit ein der Freimaurerei als solcher mit gutem Grund untersagtes Gebiet betreten habt, Ihr Meinungen aussprecht, die weit entfernt allgemeine Gültigkeit zu haben, den Widerspruch nicht weniger Freimaurer, namentlich in Deutschland herausfordern werden.

Wir erlauben uns hiermit, geliebte Brüder, diese unsere Worte zu rechtfertigen, indem wir Euch soweit erforderlich auf das von Euch betretene Gebiet folgen, und indem wir die maurerischen Prinzipien, die wir freilich auch im Staat zu bethätigen suchen sollen, und ohne deren Bethätigung auch kein gedeihliches Leben der Völker möglich ist, hervorgehoben. Nebenbei scheint es am Platz, dass wir auch unsererseits unsern, den deutschen, politischen Standpunkt darlegen, um so mehr als in öffentlichen Blättern zur Zeit die patriotische Haltung der deutschen Freimaurerei in Zweifel gezogen werden will.

Ihr fragt: soll dieser Krieg, in welchem die Künste des Friedens die Gräuel der Verwüstung verhundertfacht

---

*) Wir beabsichtigten auf das Brüsseler Manifest nicht näher einzugehen, sehen uns nun aber doch zur Aufnahme dieser Entgegnung durch den Umstand veranlasst, dass der Brüsseler Aufruf im Börsenblatt für den deutschen Buchhandel neuerdings den deutschen Brüdern zum Kauf angeboten wird.

Die Redaktion.

---

haben, fernerhin noch Europa mit Blut tränken? Ihr mahnt die Kriegführenden: „Hier gilt es, nicht Gegenbeschuldigungen, nicht vergebliche Diskussionen zu erheben, sondern die maurerischen Principien, Freiheit, Gleichheit, Brüderlichkeit zur Geltung zu bringen, die in dem Worte Gerechtigkeit enthalten sind, und Gerechtigkeit muss endlich doch unter den Menschen herrschend werden; das Geschick des Menschen kann nicht das sein, immerwährend gegen Frevelthaten sich erwehren zu müssen. Der grosse Irrthum, der den Krieg möglich macht, besteht darin, dass eine Raçe nur auf Kosten der andern sich staatlich gestalten, nur durch deren Untergang gross werden zu können meint." — Zu dem jetzt siegreichen Deutschland sprecht Ihr: „Das Haupthinderniss des Friedens in Europa ist gefallen, das Kaiserthum in Paris; es glaubte sich zu retten durch den Krieg, der Krieg hat es gestürzt. Das freie Frankreich weist jeden Eroberungsgedanken von sich. — Deutschland, höre auf die Stimme Deiner Demokraten, eines Jakobi, eines Venedey. Schon Kant hat Dir zugerufen: Handle so, dass deine Handlungen der Menschheit als allgemeine Regel dienen können. — Frankreich desavouirt den Krieg; darum ehrenhafter Frieden mit ihm, darum verzichte auf Landerwerb; begnüge Dich damit, dass fortan beide Völker frei neben einander wohnen und wetteifernd in innerer Entwicklung voranschreiten. — Dieser Krieg hat keinen Grund mehr fortzudauern. Es ist Zeit, dass Alle, die ein Herz haben, die weisse Fahne erheben, und den Kriegsherren wie den Völkern zurufen: Friede, Pflicht, Freiheit! Wir wollen nicht vergessen, dass nichts gethan ist, so lange noch etwas zu thun bleibt für die Gerechtigkeit!"

So sprach Ihr, liebe Brüder, in Eurer edlen Begeisterung für das Heil der Menschheit. Wir auch, wir verabscheuen nicht weniger, wie Ihr den Krieg und die ihn verursachenden Vorurtheile und Ungerechtigkeiten der Menschen. Aber indem wir an der Hand der Geschichte und der Menschen- und Völkerkenntniss tiefer in den Grund der Erscheinungen hineinsehen, kommen wir zu andern Ergebnissen und zu andern Forderungen in unsern

Bestrebungen für Verwirklichung der maurerischen Ideen im Leben der Nationen, und halten wir zum Frommen der europäischen Menschheit und, da nun einmal die französische Frivolität uns den abscheulichen Krieg gewissenlos aufgezwungen, zur Herstellung eines dauerhaften Friedens andere Garantieen für nothwendig als schöne Worte, an denen es zumal französischen Fürsprechern niemals gefehlt hat.

Die deutsche Nation zeichnet sich vor Allen dadurch aus, und wir glauben hierin bei keinem verständigen Mann auch unter den Nichtdeutschen Widerspruch zu begegnen, dass sie am Unbefangensten und Billigsten Fremdes beurtheilt und aufnimmt, und dass die Ideen der Humanität bei ihr mehr als bei irgend einer andern allgemeines Verständniss und Verwirklichung gefunden, entsprechend schon dem angeborenen Volkscharakter und ebenso der weltbürgerlichen Richtung, welche die politische Entwickelung Deutschlands eingeschlagen. Die Logenangehörigen Lessing und Herder, Fichte und Goethe waren die eminenten Erzieher unserer Nation für die Neuzeit, und diese Geistesheroen, und wir können auch Kant hierher rechnen, haben den maurerischen Menschheitskultus in Deutschland aufs Wirksamste gefördert, und die hehren Lehren des Menschenthums, die Tugenden der Gerechtigkeit und der Nächstenliebe, der Wahrhaftigkeit und Treue, des Billigkeit- und Pflichtgefühls sind derart dem deutschen Volk wie keinem sonst ebenso durch Geburt wie durch Erziehung zur andern Natur geworden. Und so wird Deutschland schon durch seinen Volkscharakter, und ebenso auch durch seine politische und militärische Organisation wohl für immer verhindert sein, den Weg einer egoistischen, ruhmsüchtigen Eroberungspolitik einzuschlagen. — Ganz anders in Frankreich. Hier finden wir das Volk wesentlich noch mit denselben geistigen Eigenschaften behaftet, wie sie die alten römischen Schriftsteller bereits an den Galliern gezeichnet; ja wir sehen diese Eigenschaften an den Franzosen noch schärfer hervortreten unter dem Einfluss ihrer politischen Geschicke und Leitungen, unter dem Einfluss der unseligen Centralisation des Landes im krankhaften Pariserleben. So beklagen wir an dem reich und vielfach begabten Volke seine masslose Eitelkeit und Ueberhebung, seinen rücksichtslosen Egoismus, seine grenzenlose Ruhmsucht, sein Haschen nach dem Rheingrenze, seinen Mangel an Billigkeits- und Rechtsgefühl andern Völkern gegenüber, Eigenschaften, welche bei der socialen und politischen Bandlosigkeit und der Neuerungssucht der Franzosen selbst schliesslich ebenso zum Unglück gereichen mussten, wie ihren Nachbarn. Insbesondere aber fanden die schlimmen Dispositionen des französischen Volkscharakters Nahrung in den traurigen Zuständen des zerrütteten, deutschen Reiches, und Deutschland hat vorzugsweise von diesen Dispositionen zu leiden gehabt. Seit Jahrhunderten und unter den verschiedensten Regierungen ward Frankreich gewöhnt auf Kosten Deutschlands zu zehren und zu wachsen an Ausdehnung und Macht, — so sehr dass es jeder Franzose unbedenklich als sein Recht ansieht, sich in die deutschen Angelegenheiten zu mischen, und nicht zu gestatten, dass die deutsche Nation in Einigung gedeihe. Dass der Rhein ihre natürliche Grenze sei und dass die linksrheinischen, deutschen Rheinlande von Rechts-

wegen ihnen gehören und uns geraubt werden dürfen, darüber waren alle Franzosen einig. Und jene Verhinderung der Einigung Deutschlands und diese Wegnahme der Rheinlande waren so volksthümlich, dass kein Parteiführer und keine Regierung es wagen konnte diesen Forderungen des kranken Volksgeistes zu widersprechen, dass ein Krieg dafür unternommen jederzeit der begeisterten Zustimmung Aller sicher war. Und selbst diejenigen Franzosen, welche jetzt nach den so unerwarteten, ungeheuren Erfolgen der deutschen Waffen vorzugsweise sich rühmen, Gegner des Krieges zu sein, sie waren von jeher die eifrigsten Wortführer der französischen Eroberungspläne gegen Deutschland; sie sind nur jetzt theilweise nicht für den Krieg gewesen, weil ihnen Zeit und Gelegenheit dazu nicht günstig schien. Allgemein war man in Frankreich über die Erklärung des Kriegs und unseres Wissens sind im Senat wie im Gesetzgebenden Körper zu Paris die Gelder für diese Kriegführung einstimmig bewilligt worden, während in Deutschland Jedermann diesen frivolen Krieg als ein schweres Unglück beklagt hat.

Gewiss, Napoleon hat den Krieg erklärt nicht gegen den Willen des Volkes, sondern er hat damit nur den Willen des Volkes ausgeführt, indem er freilich derart seine Interessen zu fördern meinte. Denn dass der Vorrang in Europa Frankreich gebühre, dass nichts geschehen dürfe ohne seine Genehmhaltung und dass die Welt Ruhe haben könne, nur wenn Frankreich befriedigt sei, das sind Axiome, welche in jedem französischen Gemüth als vollberechtigt feststehen.

Und dieses, kein Recht Anderer achtende und dabei masslos empfindliche, französische Prestige beherrscht so sehr auch heut noch selbst die Ideen auch der Nichtfranzosen, dass man, wie wir sehen, dem französischen Ehrgefühl Dinge als gar zu verletzend nicht zumuthen will, in die sich zu fügen man von andern Nationen und namentlich von der deutschen unbedenklich verlangt. Eroberungen von Land und Leuten, und selbst Raub im tiefsten Frieden steht den Franzosen zu; das Eroberte und Geraubte aber wieder zurückzugeben, wenn sie besiegt sind, das zu verlangen ist unerhörte Beleidigung. So hat Frankreich von Deutschland ganz ohne Scheu und ohne Rücksicht fort und fort Provinzen weggenommen, selbstverständlich immer wider Willen ihrer Bewohner, zuletzt noch einzelne Theile des Elsasses erst in diesem Jahrhundert, und wenn man in den Friedensschlüssen nach den Befreiungskriegen die meisten dieser Landestheile, wieder ohne sie zu fragen, grossmüthig bei Frankreich gelassen, so hat man, statt dafür Dank zu ernten nur die Gier in den französischen Gemüthern lebendig erhalten und gefunden nach der ganzen Rheingrenze. Und nur um so eifriger auch haben seither die Pariser Regierungen das Werk fortgesetzt, in ihren deutschen Landen dem misshandelten Volke seine Muttersprache, d. h. sein eigenstes, geistiges Sein auszutilgen. — Wenn aber dies Volk trotzdem jetzt vorzöge, französisch zu bleiben, so verdiente der verkehrte Wille eines entarteten Kindes, das seine Mutter nicht mehr kennen will, wohl kaum Rücksicht. Eine Nation, eine Gemeinde, eine Familie darf das Recht an ein einzelnes Glied, das sich naturwidrig ablösen will, nie aufgeben. Wenn aber einige deutsche

Demokraten heute der Wiedervereinigung von Elsass und Deutsch-Lothringen mit Deutschland entgegen reden, so sind das doctrinäre Parteimänner, die ganz isolirt stehen, um so gewisser als gerade auch sie in ihrer doctrinären Erblindung ihr Vaterland vor diesen Ereignissen in eine militärische Verfassung zu bringen gesucht hatten, die unsere Niederlage in diesem Kriege zweifellos gemacht hätte. Die bösen Rathschläge dieser vereinzelten Männer sind deshalb allgemein als hohle Phrasen erkannt, von denen der gesunde Sinn des Volkes sich abwendet. Dieser gesunde Sinn aber verlangt aus triftigen Gründen die von Frankreich uns genommenen, linksrheinischen Lande wieder zurück, und namentlich im Südwesten Deutschlands herrscht hierüber nur eine Stimme, da man hier die Barbareien nie vergessen kann, welche seit Jahrhunderten die so oft aus dem Elsass herübergebrochenen französischen Raub- und Mordbrennerbanden, an dem unschuldigen und wehrlosen Volke mit Lust verübt, Barbareien, wie sie nach offiziellen Erklärungen der französischen Regierung auch jetzt wieder uns Badenern durch die Turkos zugedacht waren.

Die Franzosen leiden am Hochmuthswahn und all die schreienden Unglücksfälle des jetzigen uns ruchlos aufgenöthigten Kriegs haben sie davon noch nicht zu heilen vermocht, der Wahn dauert fort und damit der Krieg; sie sind noch nicht zur Erkenntniss ihrer und unserer gekommen. Es sind noch weitere Schläge nothwendig zur Heilung des kranken Volkes. Wir sind der Ueberzeugung, dass nur die Einnahme von Paris, der Stadt, welche die schamlosen Gecken frevelhaft die „heilige", unantastbare nennen, und nur die Wegnahme der Rheingrenzlande die Franzosen zur Einsicht und zur Demuth zu bringen vermögen, die Unglücklichen, welche planmässig durch offizielle Lügenberichte fanatisirt, und zu die scheusslichsten Verbrechen, zu Meuchelmord und Vertrags- und Ehrenwortbruch systematisch verleitet werden, und welche noch heute uns Andere für Barbaren erklären, und von sich rühmen an der Spitze der Civilisation zu marschiren, während gerade sie, nicht genug mit den unvermeidlichen Gräueln eines schrecklichen Krieges, während dieses Krieges ungescheut namenlose Unmenschlichkeiten verüben und sich dadurch mindestens ebenbürtig erweisen den afrikanischen Wilden, die sie herbeigeholt haben, heute mit ihnen unter derselben französischen Fahne in ihrer Weise thätig zu sein.

Ihr sagt, geliebte Brüder, Gerechtigkeit müsse herrschend werden auf Erden, und die Menschen können doch nicht dazu verdammt sein, fortwährend gegen Frevelthaten sich vertheidigen zu müssen; es sei nur ein trauriger Irrthum, dass eine Nation nur auf Kosten der andern meine gedeihen zu können. Wir sind völlig derselben Ansicht, nur haben wir die Ueberzeugung, dass solche Belehrungen nicht an unsere Adresse, sondern immer und immer wieder vor Allem nur an die Franzosen zu richten sind. Nur durch gründliche Heilung der Franzosen von ihrem Hochmuthswahn kann die Welt Ruhe und Frieden bekommen; nur wenn die Franzosen zur Einsicht gebracht werden, dass Andere, wenigstens ebenso civilisirte Nationen gleichen Rechtes sind wie sie, dass sie endlich aufhören müssen ihre Nachbarn zu missbrauchen und zu berauben, dass es auch für sie eine Nemesis gibt und eine unabwendbare Sühnung der Frevel, die sie Andern anthun, wenn sie endlich erkennen, dass ihre eitle Ruhmsucht vom Uebel ist, und dass auch sie eine gedeihliche Existenz nur erlangen können, indem sie ihre eigenen, so reichen Kräfte friedlich verarbeiten und entwickeln, — nur dann wird Europa, werden sie und wir gesicherter, normaler Zustände uns erfreuen können.

Wenn wir also die Fortdauer des Krieges fordern bis entscheidende Resultate erlangt sind, — trotz unsres Abscheus vor demselben und trotz der schweren Opfer, die er uns und unsern Familien kostet, — so sind wir uns wohl bewusst der Bedeutung unserer Worte. Wir sind aber überzeugt, dass Deutschland diesen gründlich ausgefochtenen Krieg nicht bloss für sich führt, dass die Opfer, die es dafür bringt, dem ganzen Menschengeschlecht zu gute kommen, dass es dadurch zum Wohlthäter der Menschheit wird. Und eben diese hohen Gedanken sind es, die uns in unserer Trauer erheben und stärken!

Denn mehr und mehr will es uns bedünken, dass der unglückliche Volkscharakter und die unglückliche Politik Frankreichs, wir wiederholen unter allen Regierungsformen, nicht wenig dazu beitragen, dass auch in unserer Zeit die Ideen der Humanität, der Gerechtigkeit und Wahrheit und Sittlichkeit noch so wenig Ausdehnung und Macht gewinnen konnten, so vielfach verkannt und gefälscht worden. Gewiss, die maurerischen Ideen werden einen grossen Sieg dann feiern, wenn der Egoismus und Materialismus der grenzenlos eitlen und unwissenden Franzosen, wenn diese Untugenden, welche alle französischen Verhältnisse verwirren und beflecken, überwunden und unschädlich gemacht sind. Dass aber in Frankreich die Charakterfehler des Volkes auch die Freimaurerei verdarben, mindestens die maurerischen Grundsätze nicht zur Geltung kommen lassen, das geht unter Anderm daraus hervor, dass ein hervorragendes Mitglied der jetzigen provisorischen Regierung, einer der bedeutendsten und achtbarsten Männer des Landes, und wohl der beste Freimaurer und Republikaner in Frankreich, die zu Anfang des Krieges beschlossene Ausweisung der Deutschen vom französischen Boden, auf öffentlicher Tribune nicht nur gebilligt, sondern noch verlangt hat, dass diese nur von rohesten Rachegefühlen dictirten Massregelungen armer unschuldiger Menschen noch verschärft werden sollen. So sehen wir sogar diesen Mann, heute von wüster Leidenschaft so verblendet, dass er vorangeht in beispiellos barbarischen Misshandlungen harmloser Mitmenschen, in Brutalitäten, die aller Humanität, aller Civilisation Hohn sprechen.

Wir können nur aufs Tiefste solche traurige Verirrungen beklagen, ersehen aber aus all dem, dass vor Allem in Frankreich die Pflege des maurerischen Geistes Noth thut, und dass Freimaurer aus nicht beim Krieg betheiligten Ländern zunächst wohlbegründeten Anlass haben, ihre brüderlichen Ermahnungen insbesondere an die Franzosen zu richten.

Wenn aber unsere Brüsseler Brüder an den Edelmuth Frankreichs appelliren und verlangen, dass dasselbe gerecht sein, und die italienischen Landestheile, die jene „Parodie einer Volksabstimmung", deren Opfer es selbst 18 Jahre lang gewesen sei, ihm gegeben habe, an Italien wieder zurückstellen, an Garibaldi sein Vaterland wieder zurückgeben solle, so meinen wir, es läge doch noch unendlich viel mehr Grund vor, dass Frankreich, das jetzt republikanische Frankreich das vielfache Unrecht, das es unter seinen in allen Formen immer nur despotischen Regierungen zumal uns Deutschen angethan, wieder gut mache, dadurch dass es den Raub am Rhein an das siegreiche Deutschland wieder „zurückstelle" ohne jene Parodie einer Volksabstimmung, und damit sich und der Welt den ersehnten Frieden gebe. Dann, nur dann, wenn Frankreich also die an Deutschland begangenen Unbilden erkennt und sühnt, wird dies jetzt so schwer heimgesuchte Land den schönsten Sieg über sich selbst errungen haben und für die Ideen der Humanität, der Gerechtigkeit, der Freiheit, Gleichheit und Brüderlichkeit dauernd gewonnen sein.

Die deutschen Freimaurer haben bei jeder Gelegenheit ihre Stimme erhoben gegen diesen seit Jahren von Frankreich angedrohten Krieg. Die Loge zur edlen Aussicht im Orient zu Freiburg hat dies gethan vor 2 Jahren in einer in der Pariser Zeitung Le Temps erschienenen Erklärung. Wir erinnern uns nicht, dass französische Logen gegen den in Paris vor 3 Monaten geschehenen Friedensbruch protestirt haben. — Bei dieser Sachlage können wir jetzt nur dafür wirken, dass die Freimaurerei mehr und mehr sich läutere, sich ausdehne und erstarke und dass sie endlich eine Macht werde, kräftig genug gegen schlechte Leidenschaften und Vorurtheile auch in öffentlichen Dingen siegreich und entscheidend anzukämpfen; dann dürfen wir auch die Hoffnung hegen, dass nach Beendigung dieses traurigen Krieges und nach Herstellung des mit den nöthigen Garantieen versehenen Friedens die Logen einstimmig gegen die Wiederkehr der Barbareien der Schlachtfelder mit solchem Erfolg sich erheben können, dass die Verhöhnung alles dessen, was der Menschheit heilig ist, durch Krieg bei civilisirten Völkern für die Zukunft unmöglich sei.

Freiburg, 14. Oktbr. 1870.

Dr. Eimer,
II. Aufseher der Loge zur edlen Aussicht.

Die Loge Concordia in der Verbannung.

Die Deutsche Loge Concordia im Orient von Paris, der als zeitiger Mstr. v. St. ich vorzustehen die Ehre habe, hat sich so mancher Beweise brüderlicher Theilnahme von Ihnen, gel. Br Findel, und auch Seitens unserer deutschen Schwesterlogen und Brüder zu erfreuen gehabt, dass sie wohl hoffen darf, es dürfte vielen Brr Lesern der „Bauhütte" erwünscht sein, einige Mittheilungen über die Concordia zu empfangen.

Aber diese Nachricht hat auch zum Zwecke, an die Brüder unseres Orientes, welche Paris verlassen mussten, einen Gruss aus der Ferne zu richten, der ihnen ein Sammelruf sein soll, sich um mich zu schaaren, damit in der ernsten und gefahrvollen Stunde die Brkette nicht gesprengt werde, die uns in Einigkeit und herzinnigem Verkehre umschloss! —

Es ist wohl unnöthig hier auf die Stellung, welche die in deutscher Sprache arbeitende, unter französischer Obedienz des Gr. Orients de France stehende Loge Concordia in Paris einnahm, hinzuweisen. Unsere Beziehungen zu den französischen Schwesterlogen waren stets die angenehmsten und mit einer nicht genug zu rühmenden freundlichen Herzlichkeit, mit wirklicher entgegenkommender brüderlicher Freundschaft wurde unserem Besuche in den französischen Logen stets begegnet, namentlich aber war dies nach der Kriegserklärung vom 15. Juli 1870, also zu einer Zeit der Fall, wo im profanen Leben die Stellung der deutschen Staatsangehörigen eine sehr „unangenehme" zu werden begann.

Das Circular der Loge Les enfants de Pergovie Or. Clermontferrand gibt ein Zeugniss von dem brüderlichen ächt maurerischen Geiste, der damals die französischen Logen durchdrang.

Die resp. Loge Les Admirateurs de l'Univers (Br Dr. Barré, Meister v. Stuhl) votirte in ihrer Sitzung vom 5. Aug. eine Adresse an die Concordia, in welcher sie ihre Sympathien in würdiger wahrhaft edler Sprache ausdrückte. Leider kam mir diese Adresse zu spät zu Händen, als dass ich solche in unserer letzten aussergewöhnlichen Sitzung vom 16. Aug. a. c. hätte verlesen können.

Die ehrw. Loge L'Amitié (Mstr. v. St. Br Baumann, ein Franzose trotz des deutschen Namens) beschloss in ihrer Sitzung vom 17. Aug. einstimmig eine Adresse in gleichem Sinne. Andere Logen sollten folgen. Der unserer Sitzung am 16. Aug. beiwohnende Br Baumann, war von seiner Loge beauftragt, der Loge Concordia in der Person ihres Mstr. v. St. den Bruderkuss zu überbringen. — Diese letzte unserer Arbeiten fand mit Rücksicht auf viele anwesende französische Brüder, ausnahmsweise in französischer Sprache statt. Die Colonnen waren sehr zahlreich besetzt — alle Beamten an ihren resp. Plätzen. Br Härkloss, I. Aufs.; Br Ried, II. Aufseher; Br Dr. Meyer, unser Altmeister, nahm den Rednersitz ein; Dr Boerries, Secr. Nachdem ich die Arbeiten eröffnet und auf den Ernst der gegenwärtigen Lage, die auch uns in sehr direkter Weise, berührte in einigen Worten hingewiesen, auch die Correspondenz verlesen worden, nahm Br Baumann, Meister v. Stuhl der Loge L'Amitié das Wort und sprach den Wunsch aus, der gegenwärtige Krieg möge ein baldiges Ende nehmen und es uns erlaubt sein, die friedlichen Arbeiten der Maurerei aufs Neue und mit vermehrter Kraft wieder aufzunehmen. — Der Grosse Orient de France hatte beschlossen, alle Räumlichkeiten des Tempels der rue Cadet zu einem Lazareth umzugestalten und die Concordia, indem sie zu diesem humanitären Vorhaben durch 3 × 3 applaudirte, votirte aus der schwachen Logen-Kasse 450 frcs.; wovon auf meinen Antrag 150 francs für das gleiche Werk der Loge Carl zur Eintracht im Orient Mannheim überwiesen wurde — behufs Unterstützung der Verwundeten beider Armeen.

Hierauf richtete unser gel. Br Dr. Meyer noch einige Worte an die Brüder, durch welche er sie zur Eintracht und brüderlichen Liebe zu einander und zu unseren französischen Brüdern ermahnte, zugleich aber auch Klugheit und Vorsicht ausserhalb der Loge anempfahl. — Die Tagesordnung der feierlichen Monatssitzung, die am 7. September stattfinden sollte, ward festgestellt und nachdem die Arbeiten in gewohnter feierlicher Weise geschlossen, gingen die Brüder in Frieden auseinander, nicht ahnend dass wir sobald unserer maurerischen Wirksamkeit entrissen und in unseren profanen Geschäften gewaltsam gestört werden sollten. —

Erlauben Sie mir nun noch, in aller Kürze die Vorkemmnisse seit dem 16. Aug. in Paris, insofern sie unser maurerisches Leben interessiren, hier zu berichten.

Bereits hatten viele Brüder unserer Loge darunter auch die Brüder L. und II. Aufseher Abschied von mir genommen — und ich würde in unserer September-Sitzung die Loge zu desfallsiger Beschlussnahme aufgefordert haben. Niemand von uns wollte jedoch dem immer mehr circulirenden Gerüchte an eine allgemeine Ausweisung aller Deutschen, Glauben schenken, da uns dies zu unpolitisch — zu ungeheuerlich erscheinen wollte.

Dass unsere Auffassungsweise zu sanguinisch war, sollte uns das berühmte Decrot des General Trochu vom 28. August curr. beweisen, welches, wie damals alle Sensations-Affichen in der Nacht vom 28. auf den 29. Aug. der Pariser Bevölkerung bekannt gemacht wurde.

Unnöthig auf dessen Inhalt zurückzukommen: — wie wäre es aber möglich gewesen, in der bewilligten dreitägigen Frist die Brüder zu einer neuen Versammlung zusammenzuberufen um über event. zu ergreifende Massnahmen Beschluss zu fassen!? — Unter den gegebenen Verhältnissen rieth mir daher auch Br Thevenot, General-Secretär des Gr. Orients de France, keine Erklärung wegen Suspendirung der Concordia (wozu ich ja auch aus eigner Machtvollkommnheit nicht das Recht gehabt) abzugeben, sondern es bei der einfachen Anzeige der uns aus dem oben angezogenen Decrete erwachsenen Zustände, denen zufolge unsere Arbeiten momentan nicht stattfinden könnten, bewenden zu lassen.

In Abwesenheit unseres Br Grossmeisters, des Br Bauhaud-Laribière war Br de Saint Jean, Präsident des Ordensrathes so freundlich mir ein Empfehlungsschreiben an alle Logen mitzugeben, in welchem er in liebenswürdiger Weise mich der brüderlichen Aufnahme in den von mir zu besuchenden Logen anempfiehlt und mich zugleich in meiner Eigenschaft als Mstr. v. St. der Concordia beglaubigt.

Es verschaffte mir diese freundliche Recommandation die herzliche Aufnahme in der hiesigen guten Loge: „Zur Hoffnung" und ich halte es für eine Pflicht hier Namens meiner und der Brüder Frautzer und Stritter der Concordia und Br Alberti der Loge Jerusalem des Vallées Egyptienne, die sich auch hier befinden, dem vorsitzenden Mstr. Br Tscharner und den übrigen Brüdern hiesigen Or. unsern innigen Dank auszusprechen für die vielfachen Beweise inniger Theilnahme und aufrichtiger Freundschaft bei unsern vielleicht zu häufigen Besuchen dieser mit musterhafter Ordnung geleiteten Loge. — Auch danke ich dem gel. Br von Cornberg, Mstr. v. St. der Loge Leopold zur Treue im Orient von Carlsruhe für seine Bereitwilligkeit, mir nützlich und dienlich zu sein, aufrichtigst.

Dieser Tage hatte ich die Freude den Br Dr. Meyer hier zu sehen, der, obgleich es ihm gelungen war einen Aufenthaltsschein für Paris zu erwirken, dennoch es vorgezogen sich den Schrecken der fanatisirten Pariser Bevölkerung zu entziehen und vorläufig seinen Aufenthalt in Montreux am Genfer See zu nehmen.

Heute am 15. Oktober 1870 sind es gerade drei Jahre, dass wir zum ersten Male in der damals neu gegründeten Loge Concordia das Licht getragen. Mein Herz ist voller Wehmuth, gedenke ich des Augenblicks, als wir damals unter so erfreulichen Aussichten die neue Werkstätte gründeten! Wie waren wir alle voll Muthes und Hoffnung und wohl dürfen wir auf unsere Arbeiten zurückblickend sagen, dass wir manche förderliche Arbeit im Geiste der Maurerei begonnen und zu gutem Ende geführt haben — dass wir, ein Jeglicher nach seinen Kräften mit Hingebung und werkthätiger Liebe arbeiteten am gemeinsamen guten Werke.

Der Tempel ist nun seiner Lichter beraubt! Die Hammer der Meister ruhen! die Arbeiter feiern gezwungen! — O möchte es uns bald vergönnt sein, wiederum die Leuchter anzuzünden und zu rühren die fleissigen Hände zum Aufbaue des idealen Tempels.

Mit den herzlichsten Grüssen an Sie, geliebter Bruder, und die Brüder in Deutschland und an die Brüder der Concordia!

Heinr. Brink,
Mstr. v. St. der Loge Concordia.

Adresse:

Bern, in der Schweiz, Hotel Boulevard.

Feuilleton.

Bayreuth. — Die Loge „Eleusis" fordert im Anschluss an den Kalsruher Aufruf auch ihrerseits in einem gedruckten Rundschreiben ihre Mitglieder zu Beiträgen für Kehl und Strassburg auf. —

Das neue Mitglieder-Verzeichniss des Freimaurerbundes der Gr.-Loge „zur Sonne" (v. J. 1870) ist soeben in verbesserter Gestalt, wenn auch im alten Format, erschienen. Dasselbe enthält die Listen von 15 Logen; zum Logenbunde ge-

hören ausserdem die Mr-Kränzchen in Bamberg, Baden, Würzburg, Kehl, Augsburg, Neustadt a. H.

Dresden. — Auf ergangene Einladung hatten sich den 11. Oct. 7 Uhr Abends zahlreiche Brüder im Logengebäude der ebenen Säulen eingefunden und wurden dieselben gegen

8 Uhr in den Arbeitssaal berufen. Der Dep. Mstr. Br Krenkel eröffnete die Loge mit dem Hinweis, dass es heute doppelter Arbeit gelte und deshalb eine Fest-, Lehrlings-, Receptions- und Tafel-Loge anberaumt sei — einmal gelte es der Aufnahme des Herrn Professor Basch, in weitem Kreise als Ehrenmann und tüchtiger Künstler bekannt, dann aber gelte es der Feier zweier fünfundzwanzigjähriger Maurer-Jubiläen und zwar der Brr Küchenmeister und Thiele, von denen der erstere Meister v. St., der letztere I. Aufseher dieser Loge sei. Hierauf ward Br Küchenmeister von den Schaffnern eingeführt und von Br Krenkel in acht brüderlicher, vom Herzen kommender und zum Herzen gehender Ansprache begrüsst, die Verdienste des Jubilars bezeichnend und vom oberen Baumeister erbittend, dass ihm das goldene Jubiläum zu Theil werden möchte. — Dann schlossen sich in gleicher Weise an der Landesgrossmstr. Br Warnatz, der Mstr. v. St. der Loge zum goldenen Apfel in Dresden, Br Richter, so wie Br Spalteholz, I. Aufseher der Loge zu den 3 Schwertern u. Asträa zur grünenden Raute in Dresden, welcher letzterer im Namen seiner Loge das Ehrenmitgliedszeichen überbrachte; alsdann sprach Br Smitt, I. Aufs. der Loge Apollo in Leipzig, dem Jubilar im Namen seiner Loge, in welcher Br Küchenmeister vor 25 Jahren recipirt worden sei, die besten Glückwünsche bringend. Zwei, inzwischen eingetroffene Logen-Schreiben, welche ebenfalls Gratulationen brachten, wurden verlesen. Hierauf übernahm Br Küchenmeister den Hammer, dankte in herzlichen Worten, denen eine wahre Rührung unschwer anzumerken war, hervorhebend, wie er überrascht sei, sich und sein fünfundzwanzigjähriges Jubiläum überhaupt so gefeiert zu sehen; versicherte, allerdings stets den redlichen Willen gehabt zu haben, dem Bunde zu nützen, wenn er auch vielleicht nicht stets in der Wahl seiner Mittel, seinem geraden und offenen Naturell zufolge, lange gesucht und glücklich immer gewesen sei. Er versprach, angefeuert durch die Beweise so grosser Liebe auch fernerhin bemüht und eifrig bestrebt sein zu wollen, das Wohl seiner Loge und der Maurerei überhaupt zu befördern. Alsdann ward der zweite Jubilar, Br Thiele, ebenfalls festlich eingeführt und vom Stuhle, wie von den Brüdern Warnatz und Richter zu seinem Ehrentage beglückwünscht. Man verschritt nun zur Reception des Herrn Professor Basch nach dem üblichen Rituale, worauf die Arbeit in herkömmlicher Weise beendet wurde. Die hieran sich schliessende Fest-Tafel begann 9½ Uhr und endete, gewürzt durch allerlei ernste und heitere Trinksprüche, wie Musikvorträge 2½ Uhr Morgens. Es war wieder ein Fest, wie es des Maurers würdig ist — nichts Gesuchtes und Gemachtes — acht brüderlich-maurerische Weihestunden. (FrMrZtg.)

England. — Bei seiner Anwesenheit in Edinburg ist der Prinz von Wales feierlich als Protektor der schottischen Logen installirt worden.

Erlangen. — Wenn unsere deutschen Logen für die in siegreichen Kämpfen braven Krieger so reiche Liebesgaben sammeln und zum Opfer bringen, so üben dieselben nur eine der ersten Pflichten der Maurerei und der Humanität. Auch die Loge Libanon zu den 3 Cedern dahier ist hinter diesen edlen Beispielen nicht zurückgeblieben, wenn auch in diesem Blatte noch keine Erwähnung davon geschehen ist. Es bestehen nämlich in Erlangen

1) ein Verein für Felddiakonie,
2) ein Verein für Erquickung durchziehender Krieger,
3) ein Verein für Verwundete und Erkrankte,
4) ein Verein für Unterstützung von Familien der im Felde Stehenden,
5) ein Verein für Unterstützung der geprüften Städte Strassburg und Kehl.

Für alle diese Vereine hat die Loge Libanon thätig gewirkt und ansehnliche Beiträge geopfert und wird es auch noch ferner nach Maasgabe ihrer Kräfte thun; ausserdem stehen 5 Mitglieder unserer Loge im Felde, worunter theilweise Verheirathete, die Leben und Gesundheit dem deutschen Vaterlande zum Opfer bringen und deren hinterlassener Familie auf Kriegsdauer eine monatliche Unterstützung gereicht wird.

Aus diesem Grunde glaubte die Loge Libanon zu den 3 Cedern der Aufforderung einzelner Bauhütten, um directe Einsendung von Liebesgaben an Dieselben nicht entsprechen zu können, vielmehr hat sie solche an die oben erwähnten Komités abgegeben; ja sie hat jüngst sogar den Beschluss gefasst, dem wackern Componisten „der Wacht am Rhein" in Folge eines veröffentlichten Aufrufes eine Liebesgabe übermitteln zu lassen. —

Schweiz. — Nr. 21 der neuen freisinnigen und recht gut redigirten maurer. Zeitschrift „La Verité" (Herausgegeben von Br H. Vidoudez zu Lausanne) enthält die Zustimmungserklärung der Loge in Friedberg zu unserem Proteste gegen das Friedens-Manifest der „Alpina," während eine Uebersetzung unseres Protestes für eine der nächsten Nummern in Aussicht gestellt wird. Ausserdem enthält diese Nummer einen Artikel „Project eines maurer. Congresses" auf den wir, da in den folgenden Nummern der Gegenstand weiter erörtert worden soll, später zurückzukommen gedenken. Der Verfasser (J. B.) nimmt ein ökumenisches mr. Concil, also einen internationalen Mr-Congress in Aussicht, behufs Berathung der Mission der Mrei und Aufnahme planvoller Werkthätigkeit im Interesse der Menschheit. Sein Ziel ist die Ermöglichung grösserer geistiger und sittlicher Machtentfaltung des Maurerbundes. (Wie es scheint, wird die nächste Vereinsversammlung im Darmstadt sich zu einer epochemachenden gestalten, denn der Boden ist für den Samen der Zukunft allenthalben gelockert.)

Stade. — Der s. ehrwürdige Mstr. v. St. der Loge Friederike zur Unsterbl. Br. J. Grube hat sich das Verdienst erworben, einen „Rückblick aus dem Logenleben" der genannten Loge zu bearbeiten, der uns gedruckt vorliegt und aus dem wir demnächst Einiges dem weitern Bruderkreise mittheilen. Der geschätzte Verfasser hat diese Arbeit herausgegeben als „Festgabe zur Feier des 25jährigen Bestehens der Loge und des Einweihungsfestes des neuen Logenhauses."

Das Fest selbst ist noch nicht abgehalten, wenngleich dasselbe auf den 30. September angesetzt war, weil der Neubau noch nicht ganz, namentlich in seinen Dekorationen beendet ist; indessen werden wir die Feier Mitte November ansetzen können, wo sich hoffentlich dann noch ein drittes, das „Friedensfest" anreihen möchte!

Ich verfehle nicht, Ihnen gleichzeitig mitzutheilen, dass unsere Loge dem hiesigen Komité für Verwundete etc. vorläufig 25 Thlr. übergeben hat. Freilich ein Tropfen in dem Meer des Elends und des Jammers welches der Krieg mit sich führt, indessen gaben wir, in Rücksicht der durch den Bau zu deckenden Kosten von pl. m. 1500 Tblr., die wir durch Aktien unter uns Brüdern zu sichern gedenken, gern und unsern Verhältnissen entsprechend.

Unseren deutschen Brüdern in Strassburg und Kehl.

	Transport:	Thlr.	3. —.
Von Br W. Th. Israel in Eybau		„	1. —.
Von Br Ritter, Kreis-Einnehmer in Freyburg a. d. Unstr.		„	2. —.
	Summa:	„	6. —.

J. G. Findel.

Briefwechsel.

Br C. K. in B—g. Ihre Sendung ist Ihnen für Bauh. 1871 gutgebracht, da 70 schon gedeckt ist. Brdl. Gruss!

Br Fr. F—r in H—s. Dein Bruder Herm. stand am 16. Oktbr. in Orleans, erkältet und halsleidend; von Chartres aus schreibt er munter und gesund und gutes Muthes trotz grosser Entbehrungen und Anstrengungen. Er ist Oberkanonier beim 1. Armeecorps, 10. Feldbatterie, Reserve-Artillerie und wird jetzt in Versailles sein. Brdl. Gruss!

Anzeigen.

Zum Besten der durch den Krieg Nothleidenden erscheint in den nächsten Tagen bei Unterzeichnetem:

In

tiefer Mitternacht.

10 Reden

von

Br Oswald Marbach.

ca. 6 Bogen. Preis 15—20 Sgr.

Inhalt: 1. Welche Zeit ist es? Zum Stiftungsfeste 1867. 2. Welche Zeit ist es? Zum Stiftungsfeste 1868. 3. Was ist Wahrheit? Zum Stiftungsfeste 1869. 4. Freimaurerische Reform. Johannisfestrede 1869. 5. Die Freiheit. Lehrlingsloge am 25. Septbr. 1869. 6. Die Parteien und die Freimrei. Zum Stiftungsfeste 1870. 7. Die Geduld des Frmrs. Lehrlingsloge am 20. April 1870. 8. Die religiöse Bedeutung der Freimaurerei. Lehrlingsloge am 31. Mai 1870. 9. Die Bedeutung des Krieges in der sittlichen Weltordnung. Lehrlingsloge am 30. August 1870. 10. Kriegerische Beispiele für freimaurerische Arbeit. Lehrlingsloge am 24. Septbr. 1870.

Diese Sammlung von Reden wird allen Brüdern eine willkommene Erscheinung sein, dieselben behandeln durchgehends zeitgemässe, auf das innere wie äussere Leben der Frmrei sich beziehende Fragen.

Um des mit der Veröffentlichung verbundenen edeln Zweckes Willen, ersuche ich die S. E. hammerführenden Meister auf dieses Werkchen besonders aufmerksam zu machen und mir recht zahlreiche Bestellungen zugehen zu lassen.

Leipzig. Hermann Fries.

Dem im Novbr. d. J. erscheinenden 11. Jahrgang von

C. van Dalen's

Jahrbuch für Freimaurer für 1871

soll wiederum ein

ANZEIGER

für literar. und geschäftliche Anzeigen aller Art

beigegeben werden, welchen wir um so mehr zu allseitiger Benutzung bestens empfehlen können, als die bisherigen Inserate sich als besonders wirksam erwiesen haben.

Das Jahrbuch — ein bequemes Nachschlage- und Notizbuch namentlich für Solche, welche sich viel auf Reisen befinden — verbleibt mit dem ihm beigedruckten Anzeiger nicht nur ein volles Jahr lang in den Händen der Abnehmer und in steter Benutzung, sondern findet auch einen bleibenden Platz in jeder freimaur. Bibliothek.

Wir berechnen die durchlaufende Zeile mit 2 Ngr., die halbe Seite mit nur 1 Thlr. 10 Ngr., die ganze Seite (44 Zeilen) mit 2 Thlr. 15 Ngr. Ich bitte um baldige Zustellung Ihrer Inserat-Aufträge.

Leipzig.

J. G. Findel.

Neuer Verlag von J. G. Findel in Leipzig.

Soeben ist erschienen:

Findel, J. G., Geschichte der Freimaurerei von der Zeit ihres Entstehens bis auf die Gegenwart. Dritte Auflage. gr. 8. Thlr. 3. ord. — eleg. geb. Thlr. 3. 12 Sgr.

Früher erschien:

Gegenwart und Zukunft der Freimaurerei. Von einem alten Logenbruder. 8. 9 Sgr.

Reatz, Dr., Privatdocent in Giessen, Geschichte des Seeversicherungsrechts. 8. I. Bd. Thlr. 2. —.

Spir, A., Kleine Schriften. 8. Thlr. 1. —.

Inhalt: 1) Ueber die Einheit in der Natur. — 2) Von den apriorischen Elementen des Erkennens. — 2) Vom Empirismus in der Philosophie. — 4) Nicht-metaphys. Erklärung der Hauptthatsachen der Wirklichkeit. — 5) Was kann die Philosophie für die Naturwissenschaft thun? 6) Kritische Rundschau. — 7) Die Religion und die Religionen. —

Bekanntmachung.

Die Loge „Albert zur Eintracht" Or. Grimma wird ihr

Stiftungsfest

Sonntag, den 20. November d. J.

begehen und ladet zur brüderlichen Theilnahme hierdurch freundlichst ein.

Verantwortlicher Redacteur: Br J. G. Findel. — Verlag von Br J. G. Findel in Leipzig. — Druck von Brr Bär & Hermann in Leipzig.

No. 46.　　　　　　　　　　　　　　　　XIII. Jahrgang.

Die
BAUHÜTTE.

Begründet und herausgegeben

von

Br J. G. FINDEL.

* Organ des Vereins deutscher Freimaurer. *

Handschrift für Brr Frmr.　　　Leipzig, den 12. November 1870.　　　MOTTO: Weisheit, Stärke, Schönheit.

Von der „Bauhütte" erscheint wöchentlich eine Nummer (1 Bogen). Preis des Jahrgangs 8 Thlr. — (halbjährlich 1 Thlr. 15 Ngr.)
Die „Bauhütte" kann durch alle Buchhandlungen bezogen werden.

Schiller.

(Zum 10. November.)

Aus Br Funkhänel's Nachlass.

Heute ist der Jahrestag von Schillers Geburt.

Mit freudigem Stolze feiern deutsche Männer heute sein Gedächtniss und richten ihm ein neues Denkmal auf zu dem unvergänglichen Denkmal, welches er im Geiste und Gemüthe der Menschheit allenthalben, wo höhere Gesittung heimisch ist oder es noch werden wird, sich gegründet hat.

Nichts aber, was der Menschheit angehört, darf dem Mr fremd sein und darum sei dieses hohen Wohlthäters derselben an seinem Geburtstage auch von uns in hohen Ehren gedacht! Er war und ist der Unsere, obgleich·er nicht Mitglied unseres Bundes war. So sehr es uns erfreut, Geisteshelden wie Goethe und Wieland zu den treuen und bis an das Ende thätig gebliebenen Bundesbrüdern zählen zu dürfen, so dürfen wir doch auch Solche zu den Unseren zählen, die edel menschlich sich bewährt und gewirkt, ja die, wie Schiller im höchsten gedenkbaren Sinne und Maasse, als Führer der Mit- und Nachwelt zu höheren und edleren Bahnen, der Menschheit ihre beste Kraft und ihre ganze Lebensthätigkeit geweiht haben. Und wenn wir das, was die einstigen Brr Maurer Lessing und Herder in gleichem Sinne für die Menschheit und noch im Besonderen unmittelbar für die Freimaurerei gethan haben, nicht im Entferntesten geringer anschlagen darum, dass Beide — Lessing aus Ekel an dem vergebens

von ihm bekämpften Verirrungen des damaligen Logen-Wesens und Treibens, Herder der ausgesprochenen Ansicht folgend, dass er für seine hochmenschlichen Ideen durch seine Schriften unmittelbarer und umfassender als im abgeschlossenen Kreise der Loge, wirken könne, — in späteren Jahren sich von der Loge fern hielten, so thut es auch unserer innigen Liebe und dankbaren Verehrung gegen Schiller nicht im Mindesten Eintrag, dass derselbe — Gott weiss, um welcher einwirkenden Umstände willen — nie unserem Bunde angehört hat.

Wie gern möchte ich heute, an seinem Gedächtnisstage, Euch in treffenden, kräftigen Zügen ein lebendiges Bild dieses grossen Todten malen! Ich wage es nicht, weil ich es in kurzen Worten zu thun nicht vermag; und es bedarf dessen nicht, weil in uns Allen das, was er dichtend aufgebaut, durch dieses aber auch sein Bild, wie ein geistig sich selbst auf den Grund der Seele abprägendes Lichtbild, lebt und Gestalt gewonnen hat.

Man pflegt Schiller mit Goethe in Vergleichung zu bringen und streitet noch heute darüber, welcher von Beiden grösser sei, — als ob Männer von solcher Grösse es bedürften, dass der Ruhm des Einen auf Kosten des Anderen wachse. Auch diess kommt mir nicht bei.

Nur zur Rechtfertigung des Gedenkens an ihn in den Hallen der Freimaurer lasst mich noch einige Worte beifügen.

Ich sagte vorhin, dass Schiller durch sein Wirken für die Menschheit im höchsten Sinne Mr gewesen sei. Sein Wirken liegt vor uns in seinen Werken und in seinem Leben.

Sogleich sein erstes, wie eine Bombe in die Welt der Zeitgenossen geschleudertes Werk, die „Räuber", war ein Kampf für die Menschheit gegen die Ungerechtigkeit, gegen die Engherzigkeit, gegen die Entwürdigung unter dem Drucke der äusseren gesellschaftlichen Verhältnisse. Freudigen Muthes wurde der jugendlich feurige Dichter Märtyrer seiner hohen, wenn auch noch wie ungeklärter Most gährenden menschheitlichen Ideen. Schon geläuterter treten diese in seinem Don Carlos, besonders in den idealen Menschheitsplänen des Marquis Posa hervor, um sodann im weiteren Verfolg seiner glänzenden Geisteswerke immer geklärter, von der dem heissen Drange der ersten Kämpfe eigenen Einseitigkeit immer freier sich zu entfalten.

Und während Freiheit und Wahrheit in schroffen Gegensätzen gegen die bestehenden Verhältnisse der Gesellschaft und des Staates das Feldgeschrei seiner ersten grossen Dichtungen waren, söhnten sich in ihm bei dem weiteren Fortschreiten auf seiner Bahn die Gegensätze je mehr und mehr aus und es tritt uns aus seinen folgenden Dichtungen immer reiner und vollendeter die hohe Idee der Veredlung des Menschlichen unter allen noch so verschiedenen Gestaltungen der äusseren Verhältnisse, die hohe Idee der Menschheit zur sittlichen Freiheit, die hohe Idee des ewig Wahren, Guten und Schönen entgegen.

Denselben Ideen und Strebzielen wandten sich auch seine geschichtlichen Werke zu, von welchen bekanntlich die über den Aufstand der Niederlande und über den dreissigjährigen Krieg die bedeutendsten sind. Nicht blos National-Geschichten wollte er schreiben — „Ein ganz anderes Interesse ist es" — so äussert er sich selbst hierüber — „jede merkwürdige Begebenheit, die mit Menschen vorging, dem Menschen richtig darzustellen. Es ist ein armseliges kleinliches Ideal, für eine Nation zu schreiben; einem philosophischen Geist ist diese Grenze durchaus unerträglich. Dieser kann bei einer so wandelbaren zufälligen und willkürlichen Form der Menschheit bei einem Fragment (und was ist die wichtigste Nation anderes?) nicht stille stehen. Er kann sich nicht weiter dafür erwärmen, als soweit ihm diese Nation oder National-Begebenheit als Bedingung für den Fortschritt der Gattung wichtig ist."

Und in gleichem Geiste strebte er in seinen philosophischen Schriften mit heissem, rastlosen Ringen nach Wahrheit in den höchsten Dingen, als der kostbaren Ausbeute aus den Schachten des Geistes für die Menschheit.

Man hat geglaubt, ihn wegen seiner unerbittlichen Kritik überlieferter Glaubenssatzungen und wegen seiner besonders in den „Göttern Griechenlands" sich aussprechenden idealen Begeisterung für das klassische Alterthum mit seiner menschlich-schönen Götterlehre den Mangel an christlichem Glauben, wo nicht den Mangel des Glaubens an Gott, vorwerfen zu dürfen. Meine Brr, wie wäre es nur möglich, dass ein Schiller wirklich dem poetischeren Aberglauben der alten Griechen den Vorzug gäbe vor den erhabenen, menschheitbeglückenden Lehren der Christusreligion? Und wenn er die schöne, geist- und genussreiche Zeit der alten Griechen als Dichter mit dem „finsteren Ernst und traurigen Entsagen", mit der abstracten Kälte des „entseelten Wortes" — überhaupt mit Erscheinungen in der heutigen Welt, die wir nur als eine mit Recht bekämpfte Verzerrung der christlich-kirchlichen Lehren, wie die spätere Zeit leider deren wirklich hervorbrachte, in eine Vergleichung stellt, die zu Gunsten jener herrlichen Vorzeit ausfallen muss, dürfen wir dann annehmen, dass er jene Zeiten, „da der Dichtung zauberische Hülle sich noch lieblich um die Wahrheit wand," mit ihrer abergläubigen Verhüllung der Wahrheit zurückwünschte, — er, der durch den Schluss jenes vielbefehdeten Gedichtes, das ich besonders anführte, — „was unsterblich im Gesang soll leben, muss im Leben untergehn" — bestimmt genug andeutete, wie er nur ein poetisches Gebilde der Vergangenheit, der kahlen Nüchternheit und den finsteren Eifern späterer Zeiten habe gegenüber halten wollen? — Oder könnten wir Unglauben bei einem Dichter voraussetzen, welcher, wie er in seiner „Glocke", sogleich am Anfange auf den „Segen, der von oben kommt", hinweist, der von der Erde vertrauten Saat, von welcher der Säemann hofft, „dass sie entkeimen werde zum Segen nach des Himmels Rath," zu dem Gedanken übergeht:

„Noch köstlicheren Saamen bergen
Wir trauernd in der Erde Schooss,
Und hoffen, dass er aus den Särgen,
Erblühen soll zu schön'rem Loos,"

der, wie er, in den „Worten des Glaubens" die Zuversicht ausgesprochen hat:

„Und ein Gott ist, ein heiliger Wille lebt,
Wie auch der menschliche wanke;
Hoch über der Zeit und dem Raume webt
Lebendig der höchste Gedanke.
Und ob Alles in ewigem Wechsel kreist,
Es beharret im Wechsel ein ruhiger Geist."

der, wie er in dem Liede „an die Freude" gethan, bei jeder freudigen Empfindung und jedem hohen Gedanken hinauf deutet zu den Sternen, „wo der Unbekannte thronet", wo den für die bessere Welt Duldenden „ein grosser Gott belohnen" und uns „richten wird, wie wir gerichtet," der, wie er in seiner „Jungfrau von Orleans", besonders auch den von christlicher Glaubensandacht getragenen Heldenmuth gefeiert hat? —

Lasst mich nur mit einem Worte nochmals auf das herrliche Lied „an die Freude" zurückkommen. Man hat öfters um seinetwillen die Meinung aussprechen hören, Schiller habe unserem Bunde angehört und dieses Lied sei eigist in der Loge von ihm gedichtet worden. Diess ist zwar ein Irrthum; kann es aber ein Lied geben, welches maurerischer wäre nach seinem ganzen Inhalte, als dieses, von der Verklärung der Freude an in dem Gedanken, dass durch sie „Bettler Fürstenbrüder werden" dass sie uns mit den Brüdern emporhebe dahin, wo „ein lieber Vater wohnen muss" bis zu dem hohen Gedanken über „der Wahrheit Feuerspiegel", über „der Tugend steilen Hügel", über die Aussöhnung mit der ganzen Welt, deren „Schuldbuch vernichtet" sein soll, bis zu dem Anfeuern des edelsten Sinnes in dem schönen Verse:

„Festen Muth in schweren Leiden,
Hilfe, wo die Unschuld weint,
Ewigkeit geschwornen Eiden,
Wahrheit gegen Freund und Feind,
Männerstolz vor Königsthronen,
— Brüder, gält' es Gut und Blut, —
Dem Verdienste seine Kronen,
Untergang der Lügenbrut!"

Wahrlich, Schiller war doch ein Freimaurer!

Er gehörte zu den grossen Geisteshelden, die in dem vorigen Jahrhundert eine neue Zeit, eine neue geistige Welt schufen. Er glänzt mit seinen Kampfes- und Siegesgenossen an dem Himmel der Menschheit als ein Stern erster Grösse, als eine Sonne, die in der Welt des Geisteslebens nie untergehen wird. Er wirkte nicht blos, indem er neue, grosse Ideen der Menschheit darreichte, sondern er zog auch durch seine Kraft des Gemüthes, durch seinen hohen, feurigen Schwung der Rede die Menschheit unwiderstehlich zu sich und zu seinen hohen Ideen heran. Auch wenn wir es aus seiner Lebensgeschichte nicht wüssten, fühlten wir bei dem Lesen und Hören seiner Werke, dass er sie mit seinem Herzblute geschrieben, dass er diesem seinem Berufe sich selbst und sein Leben wahrhaft geopfert und dass seine Lebenskraft sich allmählig, wie das Oel an dem Brennen der Lampe, sich verzehrt hat. Diess fühlt das Volk aus seinen Dichtungen heraus und eben darum ist er bei aller Höhe seines kühnen Gedankenfluges Dichter des Volkes wie keiner sonst. Er hebt uns mit sich empor zu dem Edlen und Herrlichen; er hat seine hohen Gedanken, Empfindungen und Aufrufe zum Grossen, Wahren und Schönen uns unmittelbar in Geist und Herz hinein gesungen. Im Geiste und Herzen der Menschheit wird er aber auch fortleben von einem Geschlechte zu dem andern.

Auf, Brüder, huldiget dem hohen Genius! Er, der Maurer ohne Schurz und ohne Wort und Griff und Zeichnung, er sei begrüsst nach Maurerbrauch!

Zur unbefangenen Würdigung Voltaires.
Züge zu einem maurerischen Lebensbilde.[*)]
Von
Br Dr. Nagel in Mohlheim a. d. R.

Es ist misslich, in der ausgesprochenen Absicht unbefangenerer Würdigung über einen Mann zu reden, wenn das allgemeine Urtheil über denselben durchaus die volle

[*)] Ich ersehe aus Findels Geschichte der Freimaurerei (2. Aufl. S. 259), dass Voltaire im Jahre 1778 in den Bund aufgenommen wurde. Voltaire ist also im vierundachtzigsten Jahre seines Lebens, zu einer Zeit, da er jede Stunde seines Todes gewärtig sein musste, im Jahre seines Todes selbst, Maurer geworden und hat mit seinem Eintritt in den Bund gewissermassen sein langes Leben und Wirken besiegelt. Mit welchem Rechte er diesen Schritt gethan, das wird sich, glaub ich, aus den folgenden Blättern unzweifelhaft ergeben; vielleicht sogar wird es ihnen ergeben, dass, auch unter den völlig veränderten Verhältnissen der Gegenwart, Voltaire noch immer als leuchtendes Vorbild echt maurerischen Wirkens dasteht.

Macht eines Vorurtheils erlangt hat und in unveränderter, durch keine eingehende Prüfung erschütterter Sicherheit von Mund zu Mund, von Geschlecht zu Geschlecht getragen wird. Und trete ich nicht mit den Versuch, zu einer gerechteren Beurtheilung Voltaires beizutragen, einem solchen Vorurtheil entgegen? Ist nicht Voltaire in weiten, ja, vielleicht in den weitesten Kreisen des deutschen Publikums ein für allemal gerichtet, verurtheilt? Die Bejahung dieser Frage wird, glaub ich, um so weniger zweifelhaft sein, je mehr Jeder sich der Momente bewusst wird, aus denen das Urtheil über den Mann sich zu gestalten pflegt. Versuchen wir, uns diese Momente zu vergegenwärtigen. Vor Allem ist hier die Jedermann bekannte Geschichte des Aufenthalts Voltaires am Hofe Friedrichs des Grossen zu nennen — eine Episode im Leben des Mannes, die, so kurz sie ist, allerdings sehr zu geeignet ist, seinen Charakter im ungünstigsten, ja, im schlimmsten Licht erscheinen zu lassen. Denn es ist nicht zu bestreiten, dass er in jener Zeit aus Habsucht und zu streng verbotenen Wuchergeschäften, aus Furcht vor Entdeckung zu Fälschung von Urkunden und zu einem Versuch, die Richter zu bestechen, sich hat verleiten lassen, kurz, dass er die von Lessing ihm gewordene Bezeichnung „Schelm" damals vollkommen verdient hat. Ebensowenig lässt sich läugnen, dass er dem grossen Könige gegenüber sich durch Lüge, durch eine bis zum völligen Aufgeben jeder Selbstachtung gehende persönliche Erniedrigung, durch Wortbrüchigkeit befleckt hat. Mit einem Worte, Voltaire offenbart während seines Zusammenseins mit Friedrich eine Reihe von Eigenschaften, die nothwendig Jeden, der sie besitzt, auf einer tiefen Stufe wahrhaft sittlicher Bildung erscheinen lassen müssen.

Das zweite, für die Bildung unseres Urtheils über Voltaire entscheidende Moment bietet Schillers bekanntes Gedicht, „das Mädchen von Orleans". Die Erklärung dieses Gedichtes sagt Jedem, dass Voltaires Witz und Spott es war, der in dem wenigstens dem Namen nach bekannten Gedicht: „La Pucelle" um „das edle Bild der Menschheit zu verhöhnen", die hohe, herrliche uns Allen durch den Lieblingsdichter unseres Volkes so vertraut, so theuer gewordene Gestalt der frommen Schäferin „im tiefsten Staube wälzte". Und wenn auch unter allen denen, welche Schillers Ausspruch zu dem ihrigen machen, gewiss kaum ein einziger von der Richtigkeit desselben durch eigene Lektüre des Gedichtes sich zu überzeugen sucht, so bleibt es darum doch nicht minder wahr, dass Voltaires frivoler, schamloser Spott die edle jungfräuliche Gestalt nicht nur „im tiefsten Staube wälzte", wie durch den tiefsten Schmutz schleifte. Bildet man sich nun so die Vorstellung von einem wahrhaft faunischen Cynismus Voltaires, eine Vorstellung, die um so widerwärtiger wirkt, je mehr man sie unwillkürlich mit der Vorstellung von dem auf der Höhe des Ruhmes stehenden, also auch alten Voltaire, dem „Patriarchen", wie seine Freunde ihn zu nennen liebten, verbindet, so knüpfen sich an andere Worte des oben genannten schillerschen Gedichtes Vorstellungen, welche dem Mann bei uns vollends das Urtheil sprechen. Wenn Schiller von dem Witz Voltaires sagt: „Er glaubt nicht an den Engel und den Gott, dem Herzen will er seine Schätze rauben, den Wahn bekriegt er und verletzt den Glauben" — tritt da nicht zu der Vorstellung, dass

Voltaire das Heilige, das Göttliche in den Bereich seines Spottes gezogen, sogleich die weitergehende Vorstellung, dass er alles und jedes Glaubens bar gewesen, dass ihm, dem Glaubenslosen, nie ein Gott gelebt? Oder ist nicht Voltaires Name in weiten Kreisen identisch mit dem eines Atheisten, eines Gottesläugners? Dieser letzte Zug vollendet, glaub ich, das Bild, welches der Name Voltaires in Deutschland gewöhnlich hervorruft. Ich habe schon angedeutet, dass in diesem herkömmlichen Charakterbilde die Züge betrügerischer Habsucht, sittlicher Feigheit und frivolen, ja cynischen Witzes durchaus richtig sind; ja, ich muss, um ganz wahr zu bleiben, noch hinzufügen, dass ganz unzweifelhaft, mindestens die beiden letzten Züge nicht nur bei den erwähnten, sie für unsere Vorstellung gewöhnlich erzeugenden Anlässen hervortreten, nein, dass sie ihn bis in sein spätestes Alter hinein begleiten. Denn eine sittliche Feigheit ist es, wenn der alte Voltaire, der von Frankreich, ja, von ganz Europa anerkannte Vorkämpfer der Humanitätsideen nicht wagt, mit offenem Visir zu kämpfen, wenn er nach wie vor seine eigenen Schriften verläugnet. Und ein frivoler, ja, ein wahrhaft ruchloser Spott ist es, wenn der mehr als siebzigjährige Greis, er, der sein Leben lang die katholische Kirche mit dem ausgesprochenen Wunsche sie zu vernichten, bekämpft hat, sich unter feierlicher Vortragung von Kerzen und Messbuch zur Kirche begibt, um dort aus der Hand des Priesters das Abendmahl zu empfangen.

Trotz alledem darf ich zu behaupten wagen, dass die bei uns von dem Manne üblich gewordene Vorstellung keine ganz richtige ist. Nicht nur deshalb, weil man, ihn von seinen Lebensverhältnissen, seiner Zeit, seinem Volk losreissend, als rein persönliche Schuld ihm Manches aufbürdet, in dem doch auch ein herrschender und bestimmender Einfluss des Jahrhunderts nicht zu verkennen ist; auch nicht deshalb nur, weil der schwerste aller ihm gemachten Vorwürfe, der des Atheismus, völlig ungegründet ist und durch alles, was er je, in irgend einer Periode seines Lebens geschrieben hat, aufs glänzendste und siegreichste widerlegt wird; nein, ganz besonders deshalb ist das Bild des Mannes kein ganz wahres, weil es ein durchaus unvollständiges ist, weil es, wider alle Natur, nur aus Schatten zusammengesetzt ist und jede Ahnung des Lichtes unterdrückt, das leuchtend und wärmend auch von ihm ausstrahlt.

Wenn man — um mit wenigen Worten den ersten der so eben bezeichneten Gesichtspunkte zu rechtfertigen — wenn man, sage ich, Voltaires fanatische Bekämpfung des Christenthums und der christlichen Kirche verurtheilt, warum verschweigt man denn so ganz die entsetzlichen blutigen Gräuel, die zu seiner Zeit im Namen eben jener Religion von Bekennern eben jener Kirche verübt wurden? Empfindet man aber die tiefste sittliche Empörung über den Dichter der Pucelle, so erfordert es doch auch die Gerechtigkeit, sich zu sagen, dass das Zeitalter Ludwigs des Fünfzehnten es war, welches diese Giftblüthe überfeinerter Kultur entstehen sah; dass fürstliche Gönner und Gönnerinnen und die gesammte vornehme Welt jene „Bagatelle" — so lautete der sehr bezeichnende saloppe Ausdruck dieser Kreise — mit dem grössten Entzücken, der grössten Bewunderung aufnahmen. So wenig darin ein freisprechendes Urtheil für den Mann gefunden werden

kann noch soll, so muss es doch entschieden als erste Bedingung und Pflicht gerechter Beurtheilung bezeichnet werden, den Schriftsteller, heisse er nun Voltaire oder Klopstock, nicht ausser Beziehung zu dem Bildungsstande und der Geschmacksrichtung des Publikums, für welches seine Werke zunächst bestimmt sind, zu betrachten. Völlig freizusprechen ist aber Voltaire von dem so oft wider ihn erhobenen Vorwurfe des Atheismus — für alle Diejenigen wenigstens, welche nicht die von Voltaire an einer Stelle einem Eiferer in den Mund gelegte Schlussfolgerung zu der ihrigen gemacht haben, die Schlussfolgerung: „Du glaubst nicht meinen Gott, also glaubst du keinen Gott." Es ist wahr, Kampf, leidenschaftlicher, mit allen ihm zu Gebote stehenden Mitteln des Wissens und des Witzes geführter Kampf gegen Kirche und Offenbarung ist das A und das O der schriftstellerischen Thätigkeit Voltaires, ist seine höchste Lebensaufgabe; Christenthum und Kirche, vor Allem die katholische Kirche, gelten ihm als Grund wie als Ausdruck des verabscheuungswürdigsten Aberglaubens und Fanatismus; Fortschritt und Glück der Menschheit erblickt er nur in dem Sturz und in der Vernichtung des Christenthums; „Écrasez l'infame!" diese schreckliche Losung ist das ceterum censeo, welches in allen Briefen Voltaires an seinen Freund Damilaville wiederkehrt: — nun, es fehlt ihm wie seinem ganzen Jahrhundert an jedem historischen Sinn, an der Fähigkeit, durch unvoreingenommene Hingabe an seinen Gegenstand, die Geschichte der Vergangenheit, zu einer wirklichen Erkenntniss der weltgeschichtlichen Bedeutung und Berechtigung des Christenthums zu gelangen. Aber bei alledem, so vollständig auch Voltaire mit dem Offenbarungsglauben gebrochen hat, der Glaube an die Persönlichkeit Gottes ist durch sein ganzes Leben begleitet. Dieser Glaube ist freilich nicht Ausdruck des innersten Gemüthsbedürfnisses, nein, er ist das, wie ihm scheint, unabweisliche Ergebniss seines Denkens und seiner rein verständigen, vorwiegend teleologischen Naturbetrachtung. Aber wie vollständig ihn dieser Glaube durchdringt, das zeigt sein vielbekannter, in einem Brief an den Prinzen Heinrich von Preussen enthaltener Satz: „Wäre Gott nicht vorhanden, so müsste man ihn erfinden; aber die ganze Natur ruft uns zu, dass er vorhanden ist." Nichts vermochte ihn in diesem Glauben wankend zu machen: in einem Gedichte über das Erdbeben von Lissabon, welches, wie wir aus Goethes Dichtung und Wahrheit wissen, Gottesfürchtige und Philosophen in gleicher Weise zu den trübsinnigsten Betrachtungen anregte, sagte er: „Es hilft nichts, man muss sich zu dem Geständniss entschliessen, dass es auf der Erde Böses wie Gutes gibt, und dass nur die Hoffnung auf eine ungetrübtere Entfaltung unseres Seins in einer neuen Ordnung der Dinge uns über die gegenwärtigen Leiden trösten kann. Die Zuversicht auf die Güte der Vorsehung ist die einzige Zuflucht für die Menschen in der Dunkelheit seines Denkens und im Unglück seines Handelns und Duldens." Es ist also tiefste Ueberzeugung, wenn er bei Besprechung eines atheistischen Buches sagt: „Kein Vorwand kann den Atheismus rechtfertigen. Und hätten alle Christen einander erdrosselt und hätten sie die Eingeweide ihrer im Glaubensstreit erschlagenen Brüder verschlungen, wenn auch nur ein einziger Christ auf der Erde geblieben wäre, er müsste im Anblick der Sonne das höchste Wesen anerkennen und verehren, er müsste schmerzvoll ausrufen: Meine Väter und meine Brüder waren Ungeheuer, aber Gott ist Gott." Den Kern seines religiösen Denkens spricht er im „Glaubensbekenntniss der Deisten" kurz und treffend aus, wenn er sagt: „Wir verdammen den Atheismus, wir verabscheuen den Aberglauben, wir lieben Gott und das Menschengeschlecht — das ist unser Glaubensbekenntniss mit wenigen Worten."

„Wir lieben Gott und das Menschengeschlecht" — mit diesem Bekenntniss Voltaires gehe ich zur Begründung meiner vorhin ausgesprochenen Behauptung über, dass das bei uns herkömmliche Bild des Mannes kein ganz wahres, ein durchaus unvollständiges sei, dass es in Wirklichkeit ausser tiefen Schatten auch helles, strahlendes Licht zeige. Warum spricht man immer nur von dem betrügerischen Habsucht Voltaires, und verschweigt so ganz den menschenfreundlichen Gebrauch, den er so manches Mal von seinem bedeutenden Vermögen machte? Den kleinen, verfallenen Flecken Ferney, sein stilles Asyl nach zahllosen Verfolgungen, verwandelt er in kurzer Zeit in eine gewerbfleissige, wohlhabende Stadt; eine entfernte Verwandte des „grossen" Corneille, des ersten klassischen Dichters Frankreichs, welche in grosser Armuth schmachtete, lässt er erziehen und verschafft ihr durch seine berühmte zwölfbändige kommentirte Ausgabe der dramatischen Werke ihres Ahnen ein reiches Heirathsgut, „denn", sagt er, „es geziemt sich für einen alten Soldaten, der Tochter seines Generals nützlich zu sein"; nach der Geburt ihres ersten Kindes aber findet die junge Frau in einer prächtigen silbernen Vase, welche ihr Voltaire bei einem Besuche zurücklässt, seine Quittung über ein bald nach der Verheirathung ihm entliehenes Kapital von 12,000 Livres; es lässt sich endlich nichts zartfühlenderes denken, als die Art, wie er im Verborgenen, um sich genug zu thun, die unschuldigen Opfer einer von religiösem Fanatismus beherrschten Justiz vor materieller Noth schützt, wie er ihnen Jahre lang eine Heimat in seinem Hause bietet, bis er ihre Sache, die er zu der seinigen gemacht, zu einem siegreichen Ausgange geführt hat.

Ich habe das schönste Blatt aus diesem inhaltreichem Leben aufgeschlagen, das Blatt, auf welchem die reichste Fülle werkthätiger Liebe verzeichnet steht, das Blatt, welches den glänzenden Beweis bietet, dass es Voltaire nicht genug war, in Schrift und Wort allein Aberglauben und Fanatismus zu bekämpfen, nein, dass er mit der grössten Energie handelnd ins Leben eingriff, wenn es galt, die durch Verletzung von Recht und Gesetz gehöhnte Menschheit zu rächen; wenn es galt, Leidenden und Verfolgten ein Beschützer und Freund zu sein. In dem vollen Kranze, welcher Voltaires Stirn schmückt, sind die unverwelklichsten Blätter diejenigen, auf welchen die Namen Calas, Sirven, de la Barre, Montbailli, Lally verzeichnet stehen.

Indem ich dazu übergehe, Voltaires menschenfreundliche Thätigkeit für diese unglücklichen Opfer einer fanatischen Justiz zu schildern, bemerke ich, dass, wenn auch bei der Darstellung der Ereignisse, die schliesslich sein Eingreifen herausfordern, sein Name natürlich völlig verschwindet, doch die Möglichkeit einer solchen Darstellung allein sein Werk ist: denn sein, nur sein Verdienst ist es, wenn die finstern, lichtscheuen Thaten, von denen ich zu berichten haben werde, vor das Forum der Oeffentlichkeit gezogen worden sind, vor das allein sie die Verurtheilung erfahren konnten, welche ihre Wiederkehr für alle kommenden Zeiten unmöglich machte.

Die grösste Berühmtheit hat der Prozess Calas erlangt: ich erzähle ihn, wie die übrigen, nach Voltaires Briefen und den von ihm mitgetheilten Aktenstücken.

Jean Calas, ein Mann von 68 Jahren, war seit mehr als 40 Jahren Kaufmann in Toulouse. Er, wie seine Frau und seine Kinder waren Protestanten, nur ein Sohn war zum Katholizismus übergetreten, doch entfremdete ihn das der Familie so wenig, dass der Vater ihm fortwährend ein kleines Jahrgehalt zahlte. Wie tolerant überhaupt Calas war, beweist besonders der Umstand, dass seit 30 Jahren eine eifrig katholische Magd in seinem Hause diente, welche alle seine Kinder erzogen hatte. Der älteste Sohn des Calas, Marc-Antoine, ein junger Mann von ruheloser, düsterer und gewaltthätiger Sinnesart, der weder Geschick zum Kaufmann bewiesen hatte, noch Advocat werden konnte, weil er Protestant war, und der sich in halber Verzweiflung dem Spiel ergeben hatte, ging schon seit längerer Zeit mit Selbstmordgedanken um, die er sogar gegen einen seiner Freunde aussprach und in denen er sich durch die Lektüre aller je über den Selbstmord geschriebenen Bücher noch bestärkte. Nach einem Verlust im Spiel beschloss er noch an demselben Tage seinen Vorsatz auszuführen. Zufällig speiste an jenem Tage ein mit den Calas befreundeter junger liebenswürdiger Mann aus Toulouse, Namens Lavaisse, welcher Tags zuvor von einer Reise nach Bordeaux zurückgekehrt war, mit der Familie, d. h. mit Calas, seiner Frau, dem ältesten Sohn Marc-Antoine und einem jüngeren Sohn Pierre zu Nacht. Kurz vor Beendigung der Mahles verliess der älteste Sohn das Zimmer, die übrige Gesellschaft begab sich bald darauf in ein anstossendes Gemach und blieb noch längere Zeit zusammen. Als der junge Lavaisse sich endlich empfahl, begleitete ihn Pierre die Treppe hinab. Auf einmal entfährt beiden ein Schrei des Entsetzens: in der aus dem Laden in das Magazin führenden Thüre hängt der Körper des Marc-Antoine, die Bekleidung sorgsam geordnet, das Haar glatt, nicht die geringste Verletzung am Körper, kurz, Alles bezeugte den Selbstmord. Der Schrei der beiden Leute hatte die Eltern herbeigerufen, das verzweiflungsvolle Jammern von Vater und Mutter zog die nächsten Nachbarn ins Haus. Zu seinem Verderben verschwieg der bei dem grenzenlosen Jammer noch um die Ehre der Familie besorgte Vater, dass sein Sohn Hand gefunden worden sei: er wollte jedem Gespräch über Selbstmord vorbeugen und liess glauben, dass sein Sohn todt an der Erde gelegen habe. Als Pierre und Lavaisse, welche nach Wundärzten und Gerichtspersonen weggeeilt waren, zurückkehrten, umgab eine aufgeregte Menge die Stätte des Unglücks. Auf einmal schrie ein Fanatiker aus dem niedrigsten Volk, Jean Calas habe seinen eigenen Sohn erhängt: augenblicklich stimmte Alles in diesen Ruf ein. Einige Stimmen fügten hinzu, dass der Todte am folgenden Tage zur katholischen Kirche habe übertreten wollen und seine Familie und der junge Lavaisse ihn aus Hass gegen diese erdrosselt; gleich darauf zweifelte Niemand mehr daran, dass es eine religiöse Pflicht für protestantische Eltern sei, ein Kind zu ermorden, wenn es katholisch werden wolle. Einmal erregt, ging man noch weiter: man redete sich ein, die Protestanten aus Languedoc hätten sich Tags zuvor versammelt, hätten mit Stimmenmehrheit einen Henker aus ihrer Mitte gewählt, ihre Wahl sei auf den jungen Lavaisse gefallen und dieser habe innerhalb vierundzwanzig Stunden die Nachricht empfangen und sei von Bordeaux herbeigeeilt, um der Familie bei der Ausführung des Mordes beizustehen. Während dieser Aufregung langte der oberste Stadtrichter von Toulouse an: anstatt, wie das Gesetz es vorschrieb, ein Protokoll an Ort und Stelle aufzunehmen, wurde die Leiche nach dem Rathhause geschafft, dort das Protokoll aufgenommen und — die Familie Calas, wie die katholische Magd und Lavaisse augenblicklich ins Gefängniss geworfen. Der Selbstmörder wurde, obgleich er als Kalvinist gestorben war, mit dem grössten Prunk in der Kirche Saint-Etienne beigesetzt, trotz der Einsprache des Pfarrers. Die Bussgenossenschaft der weissen Brüder, in die er, wie gesagt wurde, am folgenden Tage hatte eintreten wollen, veranstaltete einen feierlichen Gottesdienst für ihn, wie für einen Märtyrer: auf einem prächtigen Katafalk stand ein Skelett, den Marc-Antoin vorstellend, in einer Hand die Märtyrerpalme, in der andern eine Rolle mit der Aufschrift: „Abschwörung der Ketzerei." Es fehlte nur noch, dass der Selbstmörder heilig gesprochen wurde: das ganze Volk betrachte ihn als einen Heiligen: einige riefen ihn an, andere beteten auf seinem Grabe, andere wieder flehten ihn um Wunder an, noch andere endlich erzählten die Wunder, die er verrichtet: es wurden förmliche Protokolle über diese Wunder aufgenommen. Verhängnissvoll war es für die Familie, dass mehrere Mitglieder des Stadtgerichts zu den weissen Brüdern gehörten. Beschleunigt aber wurde das Verhängniss durch das Herannahen einer wahrhaft teuflischen öffentlichen Feier, der Jubelfeier, welche der vor 200 Jahren stattgefundenen Ermordung von 4000 hugenottischen Bürgern Toulouses galt: man sagte laut, dass das Schaffot, auf welchem die Calas gerädert werden sollten, die Hauptzierde des Festes bilden werde, man sagte laut, dass die Vorsehung selbst diesem Feste diese Opfer zugeführt habe.

Zwar wurde das in allen Formen fehlerhafte Verfahren des Stadtgerichts vom Parlament von Toulouse kassirt, aber das Parlament selbst stand unter dem Einfluss der vom sinnlosesten Fanatismus eingegebenen Zeugenaussagen, welche die Stelle der völlig fehlenden Beweise vertreten mussten. Von 13 Parlamentsrichtern bestanden 6 lange darauf, den Jean Calas, seinen Sohn Pierre und Lavaisse zum Rade, die Frau des Calas zum Scheiterhaufen zu verurtheilen; die sieben andern, gemässigter, verlangten wenigstens eine Untersuchung. Beide Parteien bekämpften sich lange mit lebhaftem. Einer der Richter, von der Unschuld der Angeklagten und der Unmöglichkeit des Verbrechens überzeugt, sprach eifrig zu Gunsten derselben, er wurde der öffentliche Anwalt der Calas in allen Häusern von Toulouse, in denen der religiöse Wahn laut das Blut der Unglücklichen verlangte. Ein anderer, durch seine Leidenschaftlichkeit bekannter Richter sprach mit demselben Eifer gegen die Angeklagten. Endlich wurde das Aufsehen so gross, dass beide ausscheiden mussten: sie zogen sich aufs Land zurück. Unglücklicherweise hatte

der den Calas günstige Richter das Zartgefühl, in seiner Zurückgezogenheit zu bleiben, während der andere zurückkehrte und seine Stimme abgab, und diese eine Stimme entschied: die Mehrheit der Richter, welche alle Angeklagten für schuldig hielt, verurtheilte aber nur den einen Jean Calas zum Rade. Es war aber offenbar unmöglich, dass dieser, ein Greis von 68 Jahren, dessen Beine seit langem geschwollen und schwach waren, seinen 28jährigen ganz ungewöhnlich starken Sohn allein sollte gehängt haben: nothwendig musste er den Beistand seiner Frau, seines Sohnes Pierre, des jungen Lavaisse und der Magd gehabt haben: sie hatten sich an jenem verhängnissvollen Abend keinen Augenblick verlassen. Aber diese Annahme war ebenso sinnlos wie jene. Denn wie hätte die eifrig katholische Magd es leiden sollen, dass Hugenotten einen von ihr erzogenen jungen Menschen deshalb ermordeten, weil er die Religion dieser Magd liebte? Wie hätte Lavaisse nur deshalb von Bordeaux kommen sollen, um einen Freund zu ermorden, von dessen vorgeblichem Uebertritt er nichts wusste? Wie hätte eine zärtliche Mutter Hand an ihren eigenen Sohn legen sollen? Wie hätten alle zusammen einen an Kraft ihnen allen gewachsenen jungen Mann überwältigen sollen, ohne langen und heftigen Kampf, ohne lautes Geschrei, welches die ganze Nachbarschaft herbeigerufen hätte, ohne Verwundungen, ohne zerrissene Kleider? Es war augenscheinlich, war wirklich ein Mord verübt worden, so waren alle Angeklagten gleich schuldig, weil sie sich keinen Augenblick getrennt hatten. Alles aber sprach dafür, dass sie nicht schuldig waren, dass der Vater allein es nicht sein konnte — und doch verurtheilte der Richterspruch ihn allein zum Tode. Das Motiv zu diesem Spruch war so unbegreiflich wie alles Uebrige: die zur Verurtheilung des Jean Calas entschlossenen Richter redeten sich und den anderen vor, der schwache Greis werde die schrecklichen Qualen der Hinrichtung nicht ertragen können, er werde unter den Schlägen der Henker sein und seiner Mitschuldigen Verbrechen gestehen. Aber ihre Erwartung wurde getäuscht: der Greis rief, auf dem Rade sterbend, Gott zum Zeugen seiner Unschuld an und betete zu ihm um Verzeihung für seine Richter. Die beiden Dominikaner, welche in seinen letzten Augenblicken bei ihn waren, sprachen laut den Wunsch aus, einst auch mit so frommen Gefühlen aus der Welt scheiden zu können. Bald darauf setzte ein zweiter Richterspruch die Frau Calas, die Magd und den jungen Lavaisse in Freiheit; Pierre wurde, um den Widerspruch mit dem ersten Urtheil nicht zu grell hervortreten zu lassen, verbannt. Das Urtheil war so sinnlos wie das frühere: war Pierre schuldig, so musste er gerädert werden, wie sein Vater; war er unschuldig, so durfte er nicht verbannt werden. Aber die Richter, beschämt durch die ergreifende Frömmigkeit des Jean Calas, glaubten ihre Ehre zu retten, wenn sie den Glauben erweckten, dass sie ihn begnadigten — als ob man nicht auch eine Pflichtverletzung gewesen wäre. Die Verbannung wurde übrigens nur zum Schein ausgeführt; man geleitete Pierre zu einem Thore der Stadt hinaus und zu einem anderen wieder herein und sperrte ihn drei Monate lang in ein Dominikanerkloster, wo man ihn mit dem Schicksale seines Vaters bedrohte, wenn er seinen Glauben nicht abschwören würde. In gleicher Absicht wurden die Töchter der Mutter entrissen und auch in ein Kloster gesperrt. Die unglückliche Frau, welcher alle die Ihrigen in einer zum Theil so entsetzlichen Weise entrissen worden waren, stand, auch ihres Vermögens be-raubt, ohne Unterhalt, ohne Hoffnung, und vor Uebermass des Schmerzes selbst fast dem Tode nah, allein und ver-lassen in der Welt.

(Schluss folgt.)

Feuilleton.

Dänemark. — Am 1. November wurde der Kronprinz von Dänemark von S. Maj. dem König von Schweden in den FrMrbund aufgenommen und wird derselbe die Stelle eines Ordensmeisters von Dänemark annehmen.

Döbeln. — Die Lotterie „Saxonia" veranstaltet „für sächsische Invaliden und Soldaten-Wittwen der deutsch-französ. Krieges" eine Verloosung von Geld- und Natural-Gewinnsten (1. Gewinn 1000 Thlr., 2. 500 Thlr. u. s. w.) und kostet das Loos 1 Thlr. — Die Verloosung geschieht unter der Controlle des Stadtraths von Döbeln. Im Verwaltungscomité befindet sich Br Schmidt, Buchh. und Br Hawerkamp, Handelsschul-Direktor u. A.

„So möge denn deutsche Mildthätigkeit, patriot. Mitgefühl mit zahlreichen Liebesgaben und in reichlichster Betheiligung auch zu unserer Glücksurne herantreten."

Frankfurt a. M. — Das verdiente Mitglied der Gr. Mutter-Loge Br Ficus wurde in Anerkennung seiner 30jähr. Mrthätigkeit von seiner Loge „zur Einigkeit" zum Ehrenmstr. ernannt.

Sieben deutsche Brr in St. Louis (Amerika) richteten an die Grossloge des eklkt. Bundes ein Gesuch um Constitution für eine deutsche Loge. Mit Rücksicht auf die dortige Gross-loge, welche eine von einer auswärtigen Grossloge constituirte Werkstätte nicht anerkennen würde, wurden die Brr ablehnend beschieden, wie dies auch bereits seitens der Grossloge von von Hamburg geschehen war. (Wir können einen solchen Be-schlusse nicht beipflichten und es nicht billigen, wenn man Brüdern, die um Brod bitten, einen Stein reicht. Den ihnen bekannten amerikanischen Verhältnissen Trotz zu bieten, war und ist Sache der Brr in St. Louis.)

Leipzig. — Aus dem neuesten Rundschreiben der Gross-loge zu Bayreuth, das wir in der nächsten Nummer veröffent-lichen werden, ersehen wir, dass 10 Pariser Logen wirklich den Schirmherrn Deutschlands, Br König Wilhelm, und den Kronprinzen von Preussen in Acht und Bann gethan. Die Nachricht war uns aus Bern und aus Bromberg gemeldet; wir konnten aber kaum daran glauben, weil sie zu ungeheuerlich und zu lächerlich klang. So gross die militärischen Nieder-lagen Frankreichs sind, werden sie doch in den Schatten ge-stellt durch den vernichtenden Schlag, den die geistige Schä-tzung des französischen Volks erlitten hat. Weit entfernt uns darüber zu freuen, beklagen wir dieses harte Schicksal unsers Nachbarvolkes, mit dem wir nach hergestelltem Frieden unsererseits in Freundschaft und Wohlwollen leben wollen.

Der in London erscheinende „Freemason" hat einen Leit-artikel über „Political Masonry", worin er das Vorgehen der Brr in Italien, Spanien und Belgien und die versuchte Ein-mischung der Brei in politische Händel scharf rügt. Die Acht-Erklärung der 10 Pariser Logen nennt er „ebenso unlogisch, wie thöricht, ebenso thöricht, wie ungerecht." Auch Bruder Washington sei, obwohl der Abfall der Ver. Staaten als Re-bellion angesehen wurde, von der Grossloge von England nicht in den Bann gethan worden, weil er im Unabhängigkeitskriege gegen sein Mutterland gefochten. Auch die deutschen FrMr, welche als Soldaten ihre Pflicht erfüllen, seien nicht zu tadeln und der Freemason fürchtet, die Verstandlosigkeit, „die mora-lische Blindheit" in Frankreich sei nur „der Vorläufer grössern Schreckens und Elends" für das arme Land.

Den Schwestern.

Von
Br Feodor Löwe,
Mstr. v. St. der Loge Wilhelm u. s. S. in Stuttgart.

Der erste Trunk aus diesem Glas,
Ihr sei zum Dank es dargebracht,
Die einst an uns'rer Wiege sass
Und manche Nacht um uns durchwacht;
Die sammt den Schwestern uns gelenkt,
Mit guten Worten klug belehrt —
Wer dankbar nicht der Mutter denkt,
War nie der Mutter Sorge werth.
Ob auch in's Glas die Thräne sinkt,
Der Mutter gilt's, ihr Brüder trinkt!

Den zweiten Trunk, aus Herzensgrund
Bring' ich ihn der Gefährtin dar,
Die für das Leben einen Bund
Mit uns geschlossen am Altar —
Die ihrer Frauenpflicht bewusst,
Im Haus geschäft'ge Hände regt,
Und an die frohe Vaterbrust
Ihr blühend Ebenbild uns legt.
Seht, wie das Gold im Kelche blinkt,
Der Gattin gilt's, ihr Brüder trinkt!

Der dritte Trunk, er sei geweiht
Bis auf den letzten Tropfen hin,
Der hohen holden Weiblichkeit,
Der keuschen Sitte Hüterin,
Die in der Anmuth Reich hinein
Des Mannes raube Kraft erhebt,
Und herrlich schon in's ird'sche Sein
Ihm Himmelsrosen flicht und webt.
Schaut, wie der Wein im Kelch uns winkt,
Den Schwestern gilt's, ihr Brüder trinkt!

Zur Nachricht.

Wir bemerken, dass die reiche Gabe der Carlsruher Loge allein unter deren Mitgliedern aufgebracht ist, nicht durch Sammlung ausserhalb des Brkreises.

Br Bärmann, Besitzer des Knaben-Instituts zu Ingenheim bei Landau möchte ein Scherflein zur Linderung des Jammers beitragen und erbietet sich, zwei Söhne von Brüdern in Kehl oder Strassburg in sein Pensionat aufzunehmen um die Hälfte des ohnehin sehr niederen Preises von 320 fl.

Für die in Kehl und Strassburg beschädigten Brr

sind bei dem Unterzeichneten eingegangen:

Von der Loge Leopold zur Treue im Or. Carls-ruhe, (einschliesslich 165 fl. vom Maurer-kränzchen Badenia zum Fortschritt in Baden-Baden)	fl. 771. 46.
Von auswärtigen bes. Brn	- 22. 10.
Von der Loge zum Friedensbunde im Or. Neu-Brandenburg 20 Thlr.	- 35. —.
Von der Loge zu den drei eisernen Bergen im Or. Siegen 20 Thlr.	- 35. —.
Von der Loge Wilhelm zur aufgehenden Sonne im Or. Stuttgart	- 50. —.
Von der Loge zum goldenen Hirsch im Or. Olden-burg 60 Thlr.	- 105. —.
Von der Loge zu den drei Hammern im Or. Naumburg 10 Thlr.	- 17. 30.
Von der Loge zu den drei Hammern im Or. Neustadt-Eberswalde 26 Thlr.	- 45. 30.
Von der Loge zum rothen Adler im Or. Hamburg 100 Thlr.	- 175. —.
Von der Loge zur Rose am Teutoburger Walde im Or. Detmold 20 Thlr.	- 35. —.
Von der Loge Friedrich zur Treue an den drei Bergen im Or. Striegau 5 Thlr.	- 8. 45.
Von der Loge zum goldenen Rade im Or. Osnabrück 50 Thlr.	- 87. 30.
Von zwei Brr dieser Loge ausserdem 15 Thlr.	- 26. 15.
Desgl. von dort „Ein Baustein für den Mstr. v. St. in Strassburg" 5 Thlr.	- 8. 45.
Von der Loge Bruderkette zu den drei Schwänen im Or. Zwickau 10 Thlr.	- 17. 30.
Von der Loge zum Oelzweig im Or. Bremen 500 Thlr.	- 875 —.
Von der Loge Eleusis zur Verschwiegenheit im Or. Bayreuth	- 50. —.
Von der Loge Lessing zu den drei Ringen im Or. Greiz 10 Thlr.	- 17. 30.
Von der Loge zu den drei Balken des neuen Tempels im Or. Münster 25 Thlr.	- 43. 45.
Von dem Comité der vereinigten Logen Frank-furts a. M.	- 150. —.
Von der Loge zu den drei Zirkeln im Or. Stettin 36 Thlr.	- 63. —.
Von der Loge zum Füllhorn im Or. Lübeck 20 Thlr.	- 35. —.
„ „ „ Auguste zum goldenen Zirkel im Or. Göttingen 50 Thlr.	- 87. 30.
Vom maur. Kränzchen im Or. Forst i. d. Lausitz 16 Thlr. 15. Sgr.	- 28. 52.
Von der Loge Carl zum Rautenkranz im Or. Hildburghausen	- 10. —.
Von der Loge Wilhelm zu den drei Säulen im Or. Wolfenbüttel 100 Frcs.	- 47. 20.
Von der Loge Georg zur wahren Brudertreue im Or. Leer 30 Thlr.	- 52. 30.
Von der Loge Tempel der Bruderliebe im Or. Rawicz 40 Thlr.	- 70. —.
Von der Loge Selene zu den drei Thürmen im Or. Lüneburg 50 Thlr.	- 87. 30.
Von der Loge zu den drei Cedern im Or. Stuttgart	- 50. —.

Vom maur. Club im Or. Schwarzenberg im Erz-gebirge 12 Thlr.	- 21. —.
Von der Loge zur deutschen Redlichkeit im Or. Iserlohn 35 Thlr.	- 61. 15.
Von der Loge Julius zur Eintracht im Or. Stargard in Pommern 15 Thlr.	- 26. 15.
Von der Loge Carl zum Brunnen des Heils im Or. Heilbronn	- 50. —.
Von der Loge Tempel der Tugend im Or. Schwedt 25 Thlr.	- 43. 45.
	Summa bis heute: fl. 3310. 53.

Carlsruhe, den 29. October 1870.

O. von Cornberg.

Unseren deutschen Brüdern in Strassburg und Kehl.

	Transport: Thlr.	6. —.
Von der Loge Friedrich August zum tr. Bunde in Wurzen	„	20. —.
Durch Br Haberstroh in Bamberg	„	8. 17.
	Summa:	34. 17.

Indem wir hierfür bestens danken, bitten um weitere Beiträge. Thlr. 25. —. sind hiervon bereits nach Karlsruhe abgesandt.

J. G. Findel.

Briefwechsel.

Br Ed. Röhr in W—g: Vom „Triangel" ist uns Nr. 15 nur in 1 Exple. zugegangen; wir bitten um baldgefällige Nachlieferung. Brdl. Gruss!

Br A. R. Besten Dank für gütige Einsendung. Anonyme Zu-schriften werden niemals berücksichtigt; der Gegenstand ist übrigens auch jetzt schon zu oft und genügend behandelt. Brdl. Gegengruss!

Br Schl. in Z. Betrag dankend erhalten. Brdl. Gruss!

Br vea C. in C. Ist gern geschehen! Ueber die grosse Liste war ich, wie Sie voraussetzten, sehr erfreut. Meine Sendung wird Ihnen zugegangen sein. Sehr mit Arbeit überladen, nur noch herz-lichen Gegengruss mit diesem Wege.

Br P. Z—l in M. Sie lassen nichts mehr von sich hören; Nach-richt wäre mir erwünscht.

Br C. H. in K—n. Das Packet, von Herrn K. an mich zurück-gegeben, habe ich Ihnen durch Br R. zugeben lassen, nachdem ich das interessante Bild in Augenschein genommen. Brdl. Gruss!

Anzeigen.

Knaben-Institut
zu
Ingenheim b. Landau (bayr. Rheinpfalz).

Diese Anstalt befindet sich auf dem Lande in sehr freundlicher und gesunder Gegend und wird von 4 Brn geleitet; Unterrichtsgegenstände: deutsche, französische und englische Sprache; — Mathematik, Naturwissenschaften; — Handelswissenschaften etc. etc. Sorgfältige Erziehung! Pensionspreis fl. 320. s. W. — Beginn des Winter-semesters 15. Oktober. Prospecte auf Verlangen durch den Vorstand:

Br Bärmann.

Verantwortlicher Redacteur: Br J. G. Findel. — Verlag von Br J. G. Findel in Leipzig. — Druck von Brr Bär & Hermann in Leipzig.

Nᵒ. 47.   XIII. Jahrgang.

Die

BAUHÜTTE.

Begründet und herausgegeben

von

Bʀ J. G. FINDEL.

* Organ des Vereins deutscher Freimaurer. *

Handschrift für Bau Brüder.   Leipzig, den 19. November 1870.   MOTTO: Brüderheit, Stärke, Schönheit

Von der „Bauhütte" erscheint wöchentlich eine Nummer (1 Bogen). Preis des Jahrgangs 3 Thlr. — (halbjährlich 1 Thlr. 15 Ngr.)
Die „Bauhütte" kann durch alle Buchhandlungen bezogen werden.

Rundschreiben der Grossloge zur Sonne im Or. von Bayreuth.

Hochw. geehrte und geliebte Bʀʀ!

Es liegen uns drei Schriftstücke vor, welche nach einstimmiger Ansicht des unterfertigten Grossmeisters und des Bundesrathes unserer Grossloge nicht mit Stillschweigen übergangen werden sollen. Diese Schriftstücke sind:

1) das Manifest der schweizerischen Grossloge „Alpina" vom 3. September, uns eingesandt mit brüderlichem Schreiben derselben vom 16. desselben Monats,

2) der Aufruf der ger. und vollk. St. Joh.-Loge „der Menschenfreunde" im Or. von Brüssel vom 12. und 15. September, und

3) das Manifest von 10 Logen Frankreichs dat. Paris 16. September, Post-stempel 14. October.

Sie verbreiten sich sämmtlich über den gegenwärtigen Krieg zwischen Deutschland und Frankreich und richten an die beiderseitigen Völker Mahnungen zum Frieden.

Die beiden ersterwähnten haben bereits öffentliche Verbreitung gefunden, es wird daher nicht nöthig sein, sie ihrem Inhalte nach zu reproduciren; das letzterwähnte, und nach Lage der Umstände wohl weniger verbreitete Schriftstück ist eine wortreiche Variation über die Trias „Freiheit, Gleichheit, Brüderlichkeit"; es geräth in seiner eigenthümlichen Auffassung der Verhältnisse sogar dahin, dass es den deutschen Regierungen bei diesem Kriege den Endzweck unterschiebt, „den Protestantismus an die Stelle des Katholicismus der lateinischen Racen zu setzen" und gipfelt darin, dass es „die Ungeheuer in Menschengestalt" den König Wilhelm und den Kronprinzen von Preussen im Namen der Freimaurerei in Acht und Bann erklärt.

Wohl wissen wir, dass die Freimaurerei grundsätzlich jeder politischen Agitation fern zu bleiben hat; wenn wir nun gleichwohl auf eine Besprechung dieser Schriftstücke eingehen, so geschieht es desshalb, weil wir nicht den Schein auf uns laden wollen, als müssten wir den ungerechten Unterstellungen jener Manifeste stillschweigend eine Berechtigung zuerkennen, so geschieht es desshalb, weil es Brüder sind, die zu uns sprechen, und deren irrige Anschauungen wir berichtigen möchten, damit diese nicht auch ihre brüderlichen Gesinnungen gegen uns trüben.

Wir brauchen wohl nicht erst zu versichern, dass wir mit sehr Vielem, was dort im Allgemeinen über den Krieg und dessen Folgen so ausführlich und so schön gesagt ist, vollkommen einverstanden sind. Wir haben aber nicht nöthig, diese Ideen unseren deutschen Brüdern in und ausserhalb der Logen an's Herz zu legen. Ist auch unser Land vor den unmittelbaren Drangsalen des Krieges durch den Heldenmuth seiner Söhne verschont geblieben, so leidet es doch auch schwer darunter, und alle Gaue, alle Stände haben schon dem Vaterlande den blutigen Tribut der Pflicht gebracht. Unser ganzes Volk beklagt es, dass es zu den Waffen greifen, dass es sein gutes Recht auf so schreckliche Weise zur Geltung bringen musste; es beklagt selbst die Leiden, in welche ein verblendeter Feind immer tiefer sich stürzt, und sehnt sich nach Frieden.

So sehr wir also auch hierin mit den erwähnten Kundgebungen unserer Brüder uns im Einklang befinden, so wenig können wir anderweitigen Anschauungen beipflichten, die in ihren Manifesten theils offen theils verdeckt enthalten sind; wir können nicht umhin, sie geradezu als falsch und ungerecht zu bezeichnen; wir vermögen nur schwer, über Gefühle des Unmuths Herr zu werden, wenn wir sehen, wie wenig man den thatsächlichen Verhältnissen gerecht wird und der Wahrheit die Ehre gibt.

Ist der Krieg ein furchtbares Unglück, so ist doch klar, dass die Verantwortung hiefür Demjenigen zufällt, der den Krieg hervorruft. Dieser Seite der Frage, diesem Cardinalpunkt, gehen aber jene Manifeste ganz aus dem Wege.

Mit Erstaunen mussten wir schon bisher die unbegreifliche Erscheinung wahrnehmen, wie ein ganzes Volk in seiner leidenschaftlichen Erregtheit der Selbsterkenntniss so absolut verlustig gehen kann, dass es des Anlasses zum Kriege gar nicht gedenkt, dass es die Angegriffenen zu Angreifern macht, und so im Grossen die Fabel vom Wolfe und vom Schafe verwirklicht, die sein Lafontaine so trefflich gegeben hat. Aber mit schmerzlichem Befremden sehen wir selbst das Urtheil von Brüdern neutraler Länder von dieser Auffassung der Dinge beeinflusst.

Müssen wir denn wirklich die geliebten Brüder hier nochmals an die näheren und ferneren politischen Ereignisse erinnern, die sich unter ihren Augen zugetragen haben? — Müssen wir sie fragen, ob es Deutschland, ob es Belgien und die Schweiz waren, die Frankreich seit Decennien wiederholt mit Krieg bedrohen, oder ob Frankreich es war, das bei beliebigen Anlässen Deutschland, Belgien und die Schweiz mit Krieg und Annexion bedrohte? — Hat das deutsche Volk gegen den mannigfachen Wechsel der Regierung in Frankreich protestirt, oder hat das französische mit Neid und Intrigue die bundesstaatliche Einigung und Erstarkung Deutschlands zu hemmen gesucht? — Hat Deutschland Compensationen verlangt, als Nizza und Savoyen von Frankreich annektirt, als Algier und Cochinchina erobert wurden, oder hat Frankreich Compensationen verlangt, als Deutschland sich unter Preussens Aegide zu einem festeren Ganzen consolidirte und seine deutsche Nordmark gegen Dänemark schützte? — Hat das deutsche Volk „nach Rache für Sebastopol oder Magenta" gerufen, oder hat das französische nach „Revanche pour Sadowa" gedürstet, als ob dabei Frankreichs Interesse und Ehre geschädigt worden wäre? — Hat nicht Deutschland in seiner Friedensliebe und seiner kosmopolitischen Parteilosigkeit es sogar geschehen lassen, dass einem deutschen Bruderstamme seine italienischen Besitzungen entrissen, dass dem deutschen Bunde Luxemburg entfremdet wurde? — Hat Deutschland nach Wiedereroberung des ihm durch Gewalt und Verrath geraubten Elsasses begehrt, oder ist es Frankreich, das nicht aufhörte nach fremdem Gute, nach unsern kerndeutschen Rheinprovinzen zu trachten, eine Manie, die alle Parteien, alle Politiker jenes Landes seit Decennien beherrschte, die auch die Grundursache des jetzigen Krieges ist? — War nicht selbst zu diesem Kriege, durch die Verzichtleistung des Prinzen Leopold bereits jeder Schein einer Ursache aus dem Wege geräumt, als Frankreich, da das greise Oberhaupt des norddeutschen Bundes sich nicht zu noch weiteren Demüthigungen herbeiliess, in übermüthiger Kriegsbegier den Fehdehandschuh hinwarf? — Es ist eine des französischen Volkes unwürdige Täuschung seiner selbst und Anderer, die Schuld dieses Krieges nur seinem Kaiser zuzuschieben. Nein! Frankreich, das ganze französische Volk verlangt seit Jahrzehnten nach Krieg gegen Preussen, und selbst die Männer, die jetzt an der Spitze Frankreichs stehend den Krieg desavouiren, haben seiner Zeit der Regierung die schärfsten Vorwürfe gemacht, dass sie nicht schon längst diese oder jene Handhabe zum Kriege benützte.

Warum haben denn die Freunde des Friedens, warum hat unser Friedensbund seine Stimme nicht erhoben zu einer Zeit, wo die Verhütung des Krieges noch im Bereiche der Möglichkeit lag? Warum haben sie nicht abgemahnt von der eitlen Selbstüberhebung, die in alle Angelegenheiten des Nachbarvolkes anmassend intriguirend sich einmischt?

Warum fanden sie kein Wort der Warnung gegen die Raubgelüste nach anderer Völker Eigenthum? Warum kein Wort der Entrüstung, als dem deutschen Volke trotz seiner friedliebenden Nachgiebigkeit dieser Krieg auf die frivolste Weise aufgedrungen wurde? Warum erhob die Humanität keinen Protest gegen die rücksichtslose barbarische Austreibung aller Deutschen, selbst der Weiber, der Kinder, der Greise? Warum bekämpfen sie nicht jenes konsequente System der Lüge und der Täuschung, das in Frankreich zur Stunde noch ebenso herrscht wie unter dem Kaiserthum, und das verblendete missleitete Volk nicht zur Erkenntniss seiner selbst, seines Unrechts und seines Unglücks kommen lässt? Warum, statt den politischen Fanatismus zu berichtigen, der des französischen Volkes Existenz für bedroht erklärt, schüren sie den Krieg sogar zu einer „Ehrenfrage der Racen" zu stempeln? Warum beschwört man sogar den religiösen Fanatismus herauf, indem man dem deutschen Volk der Denker zelotische Absichten zuschreibt, die keinem ferner liegen können, als ihm?

Das deutsche Volk hat seit seinen Befreiungskriegen gegen alle seine Nachbarn nur zu friedliebend, nur zu nachgiebig sich gezeigt. Es hat auch diesen Krieg nicht gewollt; aber nachdem man ihm denselben aufgedrungen, will es nicht Tausende seiner Söhne umsonst geopfert haben, es will nicht in guthmüthiger Uneigennützigkeit zum dritten Male dem übermüthigen Feinde Straflosigkeit gewähren, und sie somit gleichsam bei einem ahermaligen Friedensbruch ihm wieder in Aussicht stellen: **es verlangt nun Sühne,** es verlangt, dass Frankreich, das mit offenkundiger Absicht auf neuen Länderraub auszog, nun den alten Länderraub herausgebe; es verlangt, dass die Kette der unsere Grenzen bedrohenden Bollwerke zu einem Schutzwall gegen neue Störungen umgewandelt werde. In diesem Verlangen befindet sich das ganze Volk in Uebereinstimmung mit seinen Regierungen, hierin besteht keine Meinungsverschiedenheit zwischen Süd und Nord, **hierin legt das deutsche Volk das strenge Winkelmass des Rechtes zwischen sich und seine Nachbarn.**

Die deutschen Freimaurer sind daher weder als solche, wenn anders unser Grundgesetz es gestattete, noch als deutsche Staatsbürger in der Lage, dem berechtigten Begehren ihres ganzen Volkes irgendwie entgegen zu wirken. Wenn die Brüder neutraler Staaten nicht durch die Worte der Wahrheit auf unsere Gegner einwirken können, dass sie zur Erkenntniss ihres Unrechts und ihrer Lage, zur Erkenntniss der innern und äussern Nothwendigkeit, die Hand zur Sühne und zum Frieden zu bieten, kommen, so ist es nicht unsere Schuld, wenn das unglückliche Volk, mit dem wir nun, aller früher erlittenen Unbill vergessend, so lange und so gern in Frieden lebten, in wahnsinniger Verblendung immer mehr in sein Verderben sich hineinwühlt, und in machtloser Raserei seinem eigenen Lande unheilbare Wunden schlägt.

So glänzend aber auch die Erfolge unserer Waffen sein mögen, unser friedliches Volk kann dadurch nicht über Nacht zu einem kriegerischen werden, es wird nicht siegestrunken sich über die anderen Völker erheben, noch auf neue Eroberungen sinnen. Es wird weder „die brutale Gewalt verherrlichen noch unter der Oberherrschaft der Waffen stehen." Wer letzteres vorauszusetzen wagt, der kennt den Geist des deutschen Volkes nicht. Wie die Biene ihren Stachel nur gebraucht gegen den, der sie oder ihr Haus bedroht, weil sie fühlt, dass dieser Akt ihr selbst Verderben bringen kann, so wird auch das deutsche Volk seine gewaltige Wehrkraft nur in einem gerechtem Krieg der Vertheidigung gebrauchen, weil es weiss, dass die allgemeine Wehrpflicht auch gewaltig in alle Stände hineingreift, und ohne Ansehen der Person seine besten Söhne, seine edelsten Geister als Opfer fordern darf.

Sowie das deutsche Volk seine Ruhe und seinen Frieden wieder errungen hat, wird es getreu seinen civilisatorischen Bestrebungen nur darauf bedacht sein, seine innere Gestaltung einheitlich zu vollenden, an seiner freiheitlichen Entwicklung zu arbeiten, mit treuem Bienenfleisse die Segnungen des Friedens wieder in vollstem Maasse zu erwerben, zu wahren und zu geniessen.

Wir haben nun unsern geliebten Brüdern den Standpunkt darzulegen versucht, auf dem in dieser grossen Frage unser ganzes Volk sich befindet. Wir vermögen auch als Maurer uns nur auf jene Seite zu stellen, auf welcher nach unserer vollsten und klarsten Ueberzeugung das Recht steht, und können nicht einen vermittelnden Standpunkt zwischen Recht und Unrecht einnehmen. Wir müssen leider den Waffen die Entscheidung über das grosse Ganze anheimstellen, und können nur im Einzelnen die Wunden heilen, welche die Waffen schlagen. Das suchen wir nun auch nach besten Kräften zu thun. Alle unsere Bauhütten nehmen daran werkthätigen Antheil; reiche Hilfe wurde schon gespendet von den einzelnen Brüdern, sowie von den Logen für die Verwundeten und Nothleidenden ohne Unterschied zwischen Freund und Feind. Die grosse „National-Mutterloge" in Berlin, die Logen „Leopold zur Treue" in Karlsruhe, die Loge „Zum wiederaufbauten Tempel" in Worms rufen uns soeben wieder zu neuen Werken der Menschenliebe auf, und wir haben sicherlich nicht nöthig, die Aufmerksamkeit unserer Brüder auf diese Rundschreiben zu richten und sie aufzufordern im Wohlthun milde zu werden, sondern nach Kräften zur allgemeinen Linderung der allgemeinen Noth beizutragen.

Wir haben auch mit wahrer Befriedigung des Herzens vernommen, welch' thätigen Antheil unsere Brüder in den neutralen Ländern an dieser maurerischen Werkthätigkeit genommen, wir haben namentlich unseren Brüdern und dem ganzen Volke der Schweiz den wärmsten Dank zu sagen für alle Liebe, die sie den ausgewiesenen Deutschen und den von den Drangsalen des Krieges so schwer heimgesuchten Strassburgern bezeigt haben. Wir ersehen daraus, dass, wenn auch unsere Ansichten über die politische Sachlage vielleicht etwas auseinander gingen, doch unsere Herzen durch die Grundidee unseres Bundes, die Menschenliebe, eng verbunden blieben.

Wenn aber die Stunde des Friedens geschlagen haben wird, — und wir hoffen zu Gott dass dieses bald geschehe — dann wird sie auch unsern Bund wieder zu neuer Friedensarbeit rufen. Dann gilt es nicht nur die Wunden zu heilen, welche die Waffen dem Leibe und dem Wohlstand von Tausenden schlugen, dann gilt es auch die Wunden zu heilen, die sie den Herzen schlugen. Dann gilt es mit Weisheit und mit Liebe der Stimme der Vernunft und Gerechtigkeit da Gehör zu schaffen, wo sie es jetzt im Kriegsgetümmel nicht finden kann. Dann gilt es mit versöhnenden Worten und Werken jene Seelen zu harmonischem Einklang zu stimmen, in denen jetzt nur greller Misston erklingt, die süssen Gefühle der Bruderliebe in jene Herzen zu flössen, in denen jetzt nur Bitterkeit waltet, und denen die jetzt unsere Feinde sein zu müssen glauben, zu zeigen, wie gerne wir ihre Freunde geblieben wären und bleiben werden, wie gerne wir sie Brüder nennen.

Zu dieser maurerischen Arbeit werden dann sicherlich auch unsere Brüder in der Schweiz und in Belgien, ja wir hoffen selbst unsere Brr in Frankreich gerne mit uns die Kette schliessen. Der gr. B. a. W. möge aber alsdann unsere Arbeit segnen und sie beleben mit seinem Geiste!

Mit diesem Segenswunsche schliessen wir unser Sendschreiben, hoffend, dass diese offenen Worte aus Bruderherzen auch offene Bruderherzen finden mögen, und grüssen Sie im Namen des Bundesraths der Grossloge zur
Sonne herzlichst i. d. u. h. Z.

Ihre treu verb. Brr:

Feustel,   **Puschkin,**   **Redlich,**
Grossmeister.   Dep. Grossmeister.   Gross-Sekretär.

Gegeben im Or. Bayreuth am 1. November 1870.

Zur unbefangenen Würdigung Voltaires.
Züge zu einem maurerischen Lebensbilde.

Von
Br Dr. Nagel in Mahlheim a. d. R.

(Fortsetzung.)

Das war der Stand der Sache, als Voltaire aus seiner
weit entfernten Einsamkeit am Genfer See mit mächtiger
Hand in dieselbe eingriff. Hören wir ihn selbst, wie er sich in
einem mehrere Jahre nach dem schrecklichen Ereignisse
an seinen Freund Damilaville geschriebenen Briefe darüber ausspricht. „Gegen Ende März 1762 theilte mir
ein Reisender, welcher durch Languedoc gekommen war
und mich in meiner Einsamkeit aufsuchte, die Hinrichtung
des Calas mit und versicherte mir, dass er unschuldig
sei. Ich erwiderte ihm, dass sein Verbrechen nicht wahrscheinlich sei, dass es aber noch weniger wahrscheinlich
sei, dass Richter einen Unschuldigen sollten zum Rade
verurtheilt haben. Ich erfuhr am folgenden Tage, dass
einer der Söhne des Unglücklichen eine Zuflucht in der
Schweiz, in der Nähe meiner Einsiedelei gesucht habe.
Seine Flucht liess mich vermuthen, dass die Familie
schuldig sei. Indessen überlegte ich doch, dass der Vater
zum Tode verurtheilt worden sei, weil er, allein, keinen
Sohn der Religion wegen ermordet habe, und dass dieser
Vater im Alter von 69 Jahren den Tod erlitten habe.
Ich erinnere mich nicht, je gelesen zu haben, dass ein
Greis von einem so schrecklichen Fanatismus erfüllt gewesen sei. Ich hatte stets bemerkt, dass diese Wuth nur
die Jugend ergriff, deren feurige Einbildungskraft sich so
leicht am Aberglauben entzündet. Das liess mich wieder
an einem Verbrechen zweifeln, welches ausserdem so ganz
gegen die Natur ist. Ich kannte die näheren Umstände
noch nicht. Ich liess den jungen Calas zu mir kommen.
Ich erwartete, einen Besessenen zu sehen, wie sein Vaterland ihrer manche hervorgebracht hat: ich sah einen
schlichten, offenen Menschen, von sanftestem und anzie-
hendstem Gesichtsausdruck, welcher, während er mit mir
sprach, vergebliche Anstrengungen machte, seine Thränen
zurückzuhalten. Er sagte mir, dass er bei einem Fabrikanten in Nîmes in der Lehre gewesen sei, als er durch
die öffentliche Stimme erfahren habe, dass man in Toulouse seine ganze Familie zur Hinrichtung verurtheilen
wolle; dass fast ganz Languedoc sie für schuldig halte,
und dass er um sich der entsetzlichen Strafe zu entziehen,
einen verborgenen Aufenthalt in der Schweiz aufgesucht
habe. Ich fragte ihn, ob seine Eltern von heftiger Ge-
müthsart seien: er sagte mir, dass sie nie ein einziges

ihrer Kinder geschlagen, dass es keine zärtlicheren und
nachsichtigeren Eltern gebe. Ich gestehe, dass es nicht
mehr bedurfte, um mir die Unschuld der Familie sehr
wahrscheinlich zu machen. Ich zog weitere Erkundigungen
bei zwei anerkannt rechtschaffenen Kaufleuten in Genf ein,
welche in Toulouse bei Calas gewohnt hatten. Sie be-
stärkten mich in meiner Ansicht. Weit entfernt, die
Familie Calas für eine Familie von Fanatikern und Mördern
zu halten, glaubte ich zu sehen, dass Fanatiker es seien,
die sie angeklagt und zu Grunde gerichtet — ich wusste
seit langer Zeit, wessen Parteigeist und Verläumdung
fähig sind. Wie gross aber war mein Erstaunen, als auf
mehrere nach Languedoc gerichtete Briefe Katholiken
und Protestanten mir antworteten, dass man am Verbrechen der Calas nicht zweifeln dürfe. Ich liess mich
nicht abschrecken: ich nahm mir die Freiheit, an die
höchsten Behörden von Languedoc und den benachbarten
Provinzen, wie an mehrere Staatsminister zu schreiben:
alle riethen mir übereinstimmend, mich nicht in eine so
schlimme Geschichte einzulassen; jedermann verdammte
mich, aber ich blieb fest. Mein Entschluss war gefasst.
Die Wittwe Calas lebte, seit man ihr auch ihre Töchter
entrissen hatte, in der tiefsten Zurückgezogenheit: Thränen
waren ihre Speise, sie harrte nur auf den Tod. Ich fragte
nicht, ob sie Protestantin oder nicht, ich fragte nur, ob
sie an einen Gott glaube, der die Tugend belohne und
das Verbrechen strafe, und ob sie im Namen dieses Gottes
erklären wolle, dass ihr Gatte unschuldig den Tod erlitten habe. Sie zögerte nicht: auch ich zögerte nicht. Ich
bat Herrn Mariette im Rath des Königs ihre Vertheidigung
zu übernehmen."

So weit Voltaire in seinem Brief an Damilaville. Es
war nun aber nöthig, Frau Calas zu bewegen, aus ihrer
Zurückgezogenheit hervorzutreten und die Reise nach
Paris zu unternehmen. Es gelang: die Pflicht, die Ehre
ihres Gatten wiederherzustellen, überwand ihre Schwäche.
Dank Voltaires Briefen fand sie in Paris überall die
freundlichste Aufnahme, Thränen der liebevollsten Theilnahme und die einflussreichste Unterstützung in den
höchsten Kreisen der Gesellschaft. Voltaire gewann noch
zwei berühmte Advocaten, Herrn de Beaumont und Herrn
Loiseau, die im Verein mit Herrn Mariette die Vertheidigung der unglücklichen Familie, auf Grund der von
Voltaire ihnen zugestellten authentischen Urkunden, vor
dem Publikum übernahmen und den aus der Veröffentlichung ihrer Vertheidigungsschriften fliessenden Gewinn
zustellten. Laut und entschieden verlangte jetzt die
öffentliche Meinung in Paris Gerechtigkeit für die Calas:
selbst die Minister des absoluten Königs konnten sich
gegen diesen Ruf nicht verschliessen und — der Mutter

wurden die Töchter zurückgegeben. Doch auch einzelne feindliche Stimmen wurden laut — war ja doch die Religion mit im Spiele. Mehrere sogenannte Fromme — dévots, ist der französische Ausdruck — sagten laut, es sei besser, einen alten Calvinisten unschuldig rädern zu lassen, als die Richter aus Languedoc der Gefahr auszusetzen, einen Irrthum einzugestehen; noch andere Stimmen erklärten Toleranz für eine wahrhaft „ungeheuerliche Lehre."

Da schrieb Voltaire seine berühmte „Abhandlung über die Toleranz", durch welche er das Urtheil und die Theilnahme der Fürsten und Völker Europas für die Familie Calas in die Schranken rief und den vollständigen Triumph des verletzten Rechts herbeiführte. Da diese Schrift, ein Versuch, die Toleranz historisch und philosophisch zu begründen, von so weittragender Bedeutung ist, so ist es mir wohl gestattet, etwas näher auf den Inhalt derselben einzugehen. Ist auch, wie das bei Voltaires Mangel an historischer Kritik nicht anders zu erwarten ist, die historische Begründung grossentheils verfehlt, so hat sein aus der Fülle und Tiefe innerster Lebensüberzeugung unternommener Versuch als solcher allein gewiss auch jetzt noch ein Recht allgemeiner gekannt zu werden.

Nach einer ruhigen, klaren Darstellung des bisherigen Verlaufes des Prozesses, welcher die Schrift veranlasst, geht Voltaire zu seinem eigentlichen Gegenstande über. Ob Calas schuldig oder unschuldig ist, sagt er, in beiden Fällen ist es im Namen der Religion ein grosses Verbrechen verübt worden: es liegt also im Interesse der Menschheit zu prüfen, ob das eine Folge der Religion, oder ein Missbrauch derselben sei, mit andern Worten, ob das Gebot der Religion Barbarei oder Barmherzigkeit ist. — Was sollen, ruft er, die Rolle der weissen Brüder bei der Verurtheilung des Calas gedenkend, was sollen diese frommen, durch ihre Absonderung von den übrigen Bürgern allein, schon beständig zum Streit herausfordernden Brüderschaften? Man weiss ja, was geschehen, seitdem die Christen sich um Formen und Dogmen gestritten haben: Blut ist geflossen, auf Schaffotten wie in Schlachten, seit dem vierten Jahrhundert bis zu unseren Tagen — darüber müssen die in Frankreich seit der Reformation verübten Gräuel jeden die Augen öffnen: Die grausam blutigen Verfolgungen der Hugenotten, wegen ihrer abweichenden Abendmahlslehre; die feige Niedermetzelung Tausender wehrloser Waldenser, deren einziges Verbrechen ihre an die Patriarchenzeit des Alten Bundes erinnernde Einfachheit war; die neuen Bürgerkriege, welche Frankreich mit allen Gräueln des Mordes zugleich die einem noch verderblicherem Frieden entstammte Bartholomäusnacht; die Ermordung Heinrichs III. und Heinrichs IV. durch Mönchshand. „Es gibt," schliesst er diese beredte Ausführung, „Menschen, welche behaupten, dass Menschlichkeit, Nachsicht, Gewissensfreiheit schreckliche Dinge sind: aber, aufrichtig, würden sie ähnliche Gräuel hervorgebracht haben." — „Und ist denn," fährt er fort, „die Toleranz gefährlich?" — Ein Blick auf Holland, England, Deutschland, selbst einige Theile Frankreichs zeigt ihm, dass der öffentliche Friede nicht mehr durch die Verschiedenheit des religiösen Bekenntnisses gestört wird. Er wendet seinen Blick nach den fernsten Reichen Asiens, besonders nach China, dem Ideal der Humanitätslehrer jener Zeit,

und über das Meer, nach Amerika, nach Philadelphia, der „Bruderstadt" der Quäker, und überall bieten ihm die Zustände den thatsächlichen Beweis für die Möglichkeit des friedlichen Nebeneinanderseins der verschiedensten Religionsgesellschaften; bieten ihm vor Allem den für die zur Herrschaft Berufenen beherzigungswerthen Beweis, dass Toleranz nie einen Bürgerkrieg hervorgerufen, während Intoleranz die Erde mit Mord bedeckt hat. „Wählt nun", ruft er mit einer Anspielung an das Urtheil Salomnis aus, „wählt zwischen den beiden Nebenbuhlerinnen, der Mutter, welche will, dass man ihr Kind tödte, und der Mutter, die demselben entsagt, wenn es nur am Leben bleibt". — Er untersucht dann weiter, ob Intoleranz im Natur- und Menschenrecht begründet ist. Beide beruhen auf dem allgemeinen Grundsatz: „Thue nicht, was Du nicht willst, dass man Dir thue." Wie kann aber nach diesem Grundsatze ein Mensch zum andern sagen: Glaube was ich glaube und Du nicht glauben kannst, oder Du bist des Todes — wie man in Spanien und Portugal sagt; oder, wie es in andern Ländern heisst: Glaube, oder ich verabscheue dich; glaube, oder ich füge dir Böses zu, so viel ich kann; Ungeheuer, du hast nicht meine Religion, also hast du gar keine Religion? Wäre ein solches Verhalten im Menschenrecht begründet, so müssten folgerichtig die Völker, welche Träger verschiedener Religionen sind, einander verabscheuen und vernichtend übereinander herfallen. „Das Recht der Intoleranz," sagt er, „ist also sinnlos und barbarisch, es ist das Recht der Tiger, ja, es ist noch weit schrecklicher; denn die Tiger zerreissen doch um zu fressen, und wir haben uns Buchstaben zu Liebe vernichtet." Die weitere Frage, ob die gebildeten Völker des Alterthums die Intoleranz gekannt, verneint er; „keines von ihnen", sagt er, „beschränkte die Gewissensfreiheit; die Griechen verfolgten die Epikuräer nicht, welche die Vorsehung und das Dasein der Seele läugneten, und die Römer hatten den schönen Grundsatz: Deorum offensae Diis curae, der Götter selbst ahnden den wider sie verübten Frevel. — Aber sind nicht die christlichen Märtyrer der römischen Kaiserzeit ein greifbarer Widerspruch gegen die Vorstellung einer bei den Römern herrschenden Toleranz? Keineswegs, erwidert er, in Rom wurde Niemand wegen seines Glaubens zur Rechenschaft gezogen; Märtyrer konnten also nur die werden, welche sich offen gegen die Götter des Staates erhoben und deshalb von den Kaisern als staatsgefährlich betrachtet wurden. „Es war gewiss," sagt er, „sehr weise, sehr fromm von jenen Männern, nicht an jene Götter zu glauben; aber wenn sie, nicht zufrieden, Gott im Geist und in der Wahrheit anzubeten, gewaltsam gegen die Staatsreligion auftreten, so ist man, so sinnlos jene Staatsreligion auch sein mag, doch genöthigt, zuzugeben, dass sie selbst unduldsam waren." Wenn es nur die Religion war, welche man verfolgte, würde man da nicht jene erklärten Christen geopfert haben, die schaarenweise ihre verurtheilten Brüder umgaben? Würde man sie nicht behandelt haben, wie wir die Waldenser, Albigenser und andere Ketzer behandelt haben? Wir haben sie haufenweise erwürgt und verbrannt, ohne Unterschied des Alters und Geschlechts. Gibt es unter den beglaubigten Berichten über die alten Christenverfolgungen einen einzigen Zug, welcher an die Bartholomäusnacht erinnert; einen einzigen, welcher jenem noch jährlich in Toulouse gefeierten Festo gleicht, an welchem ein ganzes Volk in feierlichem Umzuge Gott dankt und sich glücklich preist, dass es vor 200 Jahren 4000 Mitbürger niedergemetzelt? Ich sage es mit Schaudern, aber es ist wahr, wir, wir Christen, sind Verfolger, Henker, Mörder gewesen — und wessen? Unserer Brüder. Wir haben hunderte von Städten zerstört, mit dem Kruzifix und der Bibel in der Hand; wir haben nicht aufgehört, Blut zu vergiessen und Scheiterhaufen anzuzünden, von Konstantin bis zu den Schlächtereien in den Cevennen." Und, zugegeben, heisst es weiter, dass die Römer viele Christen nur der Religion wegen getödtet haben: möchten wir dieselbe Ungerechtigkeit begehen? Und wenn wir ihnen vorwerfen, verfolgt zu haben, möchten wir selbst Verfolger sein? — Aber wie denn? Soll jedem Bürger erlaubt sein, nur seiner Vernunft zu glauben, und zu denken, was diese erleuchtete oder getäuschte Vernunft ihm vorschreibt? Gewiss; vorausgesetzt, dass er die öffentliche Ordnung nicht stört; denn es hängt nicht von Menschen ab, zu glauben oder nicht zu glauben, aber es hängt wohl von ihm ab, die Bräuche seines Vaterlandes zu achten; und wenn ihr sagtet, es sei ein Verbrechen, nicht an die herrschende Religion zu glauben, so würdet ihr selbst eure Väter, die ersten Christen, anklagen, und diejenigen rechtfertigen, die ihr beschuldigt, sie dem Märtyrertode überliefert zu haben. — Ihr antwortet, der Unterschied ist gross, alle anderen Religionen sind Menschenwerk, und die römische, katholische, apostolische Kirche allein ist Gottes Werk. Aber, ehrlich, weil unsere Religion göttlich ist, darf sie doch Hass, Wuth, Verbannung, Gütereinziehung, Gefängniss, Folter, Mord und Lobgesänge ob solchen Mordes herrschen? Je göttlicher die christliche Religion ist, so weniger gebührt es dem Menschen, sie anzubefehlen; stammt sie von Gott, so wird Gott sie ohne Euch aufrecht halten. Ihr wisst, dass Unduldsamkeit nur Heuchler und Empörer erzeugt: welch' schreckliche Wahl! Und endlich, möchtet ihr durch Henker die Religion eines Gottes aufrecht halten, den Henker umgebracht haben, eines Gottes, der nur Sanftmuth und Geduld gepredigt hat? — Voltaire wirft dann die Frage auf, ob zu den göttlichen Satzungen des Judenthums auch die Intoleranz gehört habe und findet, dass trotz aller blutigen Thaten der jüdischen Geschichte vor dem Exil, eine ungewöhnlich grosse Toleranz gegen andersgläubige Völker geherrscht habe, während nach dem Exil innerhalb des Judenthums die Sekten der Sadducäer, Pharisäer, Essener, trotz ihrer grundverschiedenen Ansichten über Vorsehung und Unsterblichkeit, friedlich neben einander bestanden. Zu Jesu Leben und Lehre übergehend, weist er nach, wie nur die blindeste, sinnloseste Verfolgungswuth einzelne seiner Gleichnisse zu ihrer Rechtfertigung habe missbrauchen können, wie alle seine Worte und Werke nur Sanftmuth, Geduld, Nachsicht gepredigt, wie er sich endlich freiwillig dem schimpflichsten Tode dargeboten, und schliesst mit den Worten: „Wollt Ihr Jesu gleichen, so werdet Märtyrer, nicht Henker." — Aber gibt es denn, fragt er weiter, keinen Fall, in dem die Intoleranz im Menschenrecht begründet ist? Gewiss, sagt er, sobald eine Religionsgesellschaft die öffentliche Ordnung stört, den Gesetzen des Staats zuwider handelt." Damit eine Regierung nicht das Recht

habe, die Irrthümer der Menschen zu strafen, ist es nöthig, dass diese Irrthümer keine Verbrechen sind; sie sind Verbrechen nur dann, wenn sie die gesellschaftliche Ordnung stören; sie stören diese Ordnung, sobald sie Fanatismus einflössen; die Menschen müssen also damit anfangen, nicht fanatisch zu sein, um Toleranz zu verdienen. „Es wäre der Gipfel der Thorheit, zu verlangen, dass alle Menschen von übersinnlichen Dingen das Gleiche dächten: leichter könnte man die Welt mit Waffen bezwingen, als die Meinungen nur einer einzigen Stadt in diesem Punkte vereinigen." So stellt er denn schliesslich die Forderung allgemeiner Toleranz auf, weil alle Menschen, als Kinder desselben Vaters, als Geschöpfe desselben Gottes unsere Brüder seien. „Lasst uns," schliesst er, „den Augenblick unseres Lebens dazu verwenden, eines Herzens in tausend Zungen ihn zu loben, dessen Güte uns diesen Augenblick verliehen hat."

Dies ist, in gedrängter Darstellung, der Inhalt der Voltaireschen Abhandlung über die Toleranz, in welcher die zu Anfang aufgeworfene Frage, ob Toleranz eine Folge oder ein Misbrauch der Religion sei, thatsächlich also dahin beantwortet wird, dass das Gebot der Religion Liebe sei, und dass nur die Menschen, die, den Geist der Religion verläugnend, um Buchstaben und Glaubenssatzungen streiten, die Schuld der Intoleranz treffe.

Die ausserordentliche Wirkung der Schrift äusserte sich fast augenblicklich: am 7. März 1763 wurde in dem vollständig versammelten Staatsrath die Sache der Calas verhandelt. Eine ungeheure Menschenmenge erwartete in der Gallerie des Schlosses die Entscheidung desselben. Bald meldete man dem König, dass alle Stimmen ohne Ausnahme sich dafür ausgesprochen, dass das Parlament von Toulouse nicht nur sämmtliche Prozessakten, sondern auch die Motive des Todesurtheils an den Staatsrath einsenden solle, der König bestätigte diesen Beschluss. „Es gibt also noch Menschlichkeit und Gerechtigkeit unter den Menschen, im Rath eines geliebten Königs," ruft Voltaire aus; „dank' sei dafür dem Gott der Güte, dem alleinigen Quell der Gerechtigkeit und aller Tugenden; — doch wer sollte es glauben, zwei Jahre noch dauerte es, ehe das Parlament von Toulouse diesen vom Könige bestätigten Beschlusse Folge leistete — und wer weiss, ob es ohne die in ganz Europa durch Voltaire wachgerufene thätige Theilnahme für die Calas sich je dazu verstanden haben würde, denselben auszuführen. „Es handelt sich darum," schrieb Voltaire an die Markgräfin von Baden-Durlach, „das Andenken eines tugendhaften Mannes wiederherzustellen, seine Wittwe und seine Kinder zu entschädigen, und Religion und Menschheit durch Vernichtung eines ungerechten Richterspruchs zu sühnen. Aber es ist schwer, dahin zu gelangen; die welche in unserem Frankreich für bares Geld das Recht die Menschen zu richten gekauft haben, bilden eine so bedeutende Körperschaft, dass kaum der Staatsrath ihre ungerechten Richtersprüche zu vernichten wagt. Es hat wenig Zeit bedurft den Calas zu rädern, aber Jahre und unglaubliche Ausgaben, um seiner Familie eine armselige Entschädigung zu verschaffen, und wer weiss noch, ob sie dieselbe erhält." — Doch die gerechte Sache siegte: das Parlament von Toulouse musste endlich der Weisung des Staatsraths folgen, und der Staatsrath erklärte am 9. März 1765, an demselben Tage, an dem drei Jahre zuvor Calas gerädert worden war, einstimmig die Familie für unschuldig und stellte das Andenken des geräderten Calas wieder her; der König aber überwies der Familie als Ersatz für den erlittenen Vermögensverlust eine Summe von 36000 Livres. In Paris herrschte allgemeine Freude, Alles drängte sich auf den öffentlichen Plätzen und den Spaziergängen, um sich die ersehnte Kunde mitzutheilen; man eilte, der endlich gerechtfertigten Familie seine Theilnahme zu beweisen und überschüttete die Richter mit Segenswünschen, wo sie erschienen. Voltaires schönster Lohn aber waren die Freudenthränen, die ihm mit dem jüngsten Sohne des Calas zusammen zu vergiessen vergönnt waren. „Meine alten Augen," schreibt er an den Grafen von Argental, „entströmten sie so reichlich wie den seinigen, die Rührung wollte uns beide überwältigen." Drei Jahre seines Lebens hat Voltaire der Sache dieser einen Familie, welche für ihn zu einer Sache der ganzen Menschheit geworden war, unausgesetzte Mühe und Sorge gewidmet; „kein Lächeln," schreibt er, „ist während dieser drei Jahre über meine Züge geglitten." —

(Schluss folgt.)

Feuilleton.

Aus Hamburg. — Hamburg, bekannt durch seinen grossen Wohlthätigkeitssinn, hat bereits viel für die Vertheidiger deutscher Ehre gethan und noch immer ist diese Stadt bemüht, Leiden aller Art zu lindern. Ob indess auch die Kunde nach auswärts gedrungen ist, dass die hiesigen fünf unter der Grossen Loge von Hamburg arbeitenden Logen ihr unter dem Namen „Freimaurer-Krankenhaus" bekanntes Institut 27 Verwundeten zur Verfügung gestellt haben, darf wohl bezweifelt werden. Die Errichtung der Betten, die Fürsorge für die verwundeten und erkrankten Krieger, sowie die Bestreitung der nicht unbedeutenden Kosten haben die Mitglieder dieser Logen in freundlichster Weise übernommen. Auch für die Seelsorge bemühte sich die Commission dieses Privat-Lazareths, indem sie an den Br Dr. Buck, Prediger an St. Nicolai (abgeordneter Logenmeister der St. Joh.-Loge zur goldenen Kugel hierselbst), die brüderliche Aufforderung und Bitte richtete, dieselbe den ihrer Obhut anvertrauten Kriegern zu Theil werden zu lassen. Dieser Bitte entsprach der verehrte Bruder mit grösster Bereitwilligkeit. (Wöchentl. Anz.)

Anathema. Das ultramontane Blatt „die Rheinpfalz" bemerkt nach Mittheilung der Achtserklärung der Pariser Logen: Also auch ein Anathema sit, der sei „verflucht!" Was sagt der „Pf. Kurier" und seine Abschreiber dazu, nachdem sie uns so Gräuliches über das „Anathema sit" der katholischen Kirche zum Besten gegeben? Nicht wahr, da heisst's auch: „Halt Bauer, das ist was Anderes!"
Darauf antwortete der „Pfälzer Kurier":
Und weil wir doch einmal bei den „Rheinpf." sind, so wollen wir ausnahmsweise eine Frage beantworten, mit der dieses geistreiche Blatt uns beehrt. Dasselbe nimmt nämlich eine Correspondenz aus der Vorderpfalz auf, in welcher erzählt wird, dass zehn Pariser Logen den „Freimaurerbann" — „also auch ein Anathema sit" über die Maurer König Wilhelm und Kronprinz Friedrich ausgesprochen hätten. Der Erzähler fragt, was der „Kurier" dazu sage, und meint, unsere Antwort würde lauten: „Halt Bauer, das ist was anders!" Fehlgeschossen, Hochwürden! Unsere Antwort lautet vielmehr so: Wenn im 19. Jahrhundert einige hundert Freimaurer anathematisirten, so wäre das gerade so dumm, als wenn einige hundert Bischöfe anathematisiren. Verstehen Sie? Gerade so dumm! Beliebt ihnen vielleicht eine Fortsetzung dieses theologischen Frage- und Antwortspieles? Wenn wir gerade bei Laune sind, stehen wir zu Diensten!

Zur Besprechung.

Isis. Der Mensch und die Welt. Von C. Radenhausen. 2. Aufl. I. I. Hamburg 1870. Otto Meissner.

Briefwechsel.

Br Fr. M—g in Nbg. Geschäftliche Anzeigen gelangen in der Bauh. nicht mehr zum Abdruck laut früherer Mittheilung. Brüderlichen Gruss!
Br P. Gr. in M—a. Besten Dank für gütige Einsendung; erscheint in einer der nächsten Nummern. Brdl. Gegengruss!
Br K. Fr. in Lesina (Dalmatien). Wegen des gewünschten Katalogs wollen Sie sich an die nächstgelegene deutsche Buchhandlung wenden. Valentini's deutsch-ital. und ital.-deut. Wörterbuch kostet neu 2½ Thlr. Preuss. Freundl. Gegengruss!

Anzeigen.

Neuer Verlag von J. G. Findel in Leipzig.

Soeben ist erschienen:

Findel, J. G., Geschichte der Freimaurerei von der Zeit ihres Entstehens bis auf die Gegenwart. Dritte Auflage. gr. 8. Thlr. 3. ord. — eleg. geb. Thlr. 3. 12 Sgr.

Früher erschien:

Gegenwart und Zukunft der Freimaurerei. Von einem alten Logenbruder. 8. 9 Sgr.

Reatz, Dr., Privatdocent in Giessen, Geschichte des Seeversicherungsrechts. 8. 1. Bd. Thlr. 2. —.

Spir, A., Kleine Schriften. 8. Thlr. 1. —.
Inhalt: 1) Ueber die Einheit in der Natur. — 2) Von den apriorischen Elementen des Erkennens. — 3) Vom Empirismus in der Philosophie. — 4) Nicht-metaphys. Erklärung der Hauptthatsachen der Wirklichkeit. — 5) Was kann die Philosophie für die Naturwissenschaft thun? — 6) Kritische Rundschau. — 7) Die Religion und die Religionen. —

Im Verlage des Unterzeichneten erscheint Ende November:

Br Carl van Dalen's
Jahrbuch für Freimaurer
(Taschenbuch mit Notizkalender)
auf das Jahr 1871.
Elfter Jahrgang.

Inhalt: Stiftungsfeste der Logen — Maurer. Gedenktage — Notiz. buch — Verzeichniss sämmtlicher Grosslogen, ihrer Grossmeister und Repräsentanten — Verzeichniss sämmtlicher activen Logen Deutschlands, Ungarns und der Schweiz mit ihren Meistern v. St. und deput. Meistern, sowie der Mrclubs — Verzeichniss des Vorstands und der corresp. Mitglieder des Vereins deut. FrMr — Die deutschen Logen Amerikas etc. — Maurer. Chronik des verflossenen Jahres — Todtenschau — Maurer. Literatur u. s. w.

☞ Das „Jahrbuch" wird so gebunden, dass die Brr Abnehmer den Text herausnehmen und die Einband-Decke mehre Jahre lang benutzen können, wodurch in der Folge dieses beliebte maurer. Taschenbuch etwas billiger zu stehen kommt. Ich bitte um weitere Verbreitung. Der neue Jahrg. ist reich ausgestattet und enthält manche Verbesserungen und Erweiterungen.

Bereits fertig sind die beliebten Einband-Decken zur „Bauhütte" in Callico mit blindgedruckter Randverzierung, Rückenvergoldung, auf der Vorderseite freimaurerische Embleme in Goldpressung für Jahrgang 1870. 12½ Sgr.

Diese Einband-Decken sind auch als Aufbewahr-Mappen zu gebrauchen.

Ferner erschienen:

Mittheilungen aus dem Verein deutscher FrMr.
IV. Band. 1. Theil. 8. broch. 15 Ngr.

J. G. Findel.

Knaben-Institut
zu
Ingenheim b. Landau (bayr. Rheinpfalz).

Diese Anstalt befindet sich auf dem Lande in sehr freundlicher und gesunder Gegend und wird von 4 Brn geleitet; Unterrichtsgegenstände: deutsche, französische und englische Sprache; Mathematik, Naturwissenschaften; — Handelswissenschaften etc. etc. Sorgfältige Erziehung!

Pensionspreis fl. 320. s. W. — Beginn des Wintersemesters 15. Oktober. Prospecte auf Verlangen durch den Vorstand:

Br Bärmann.

FrMr-Schriften.

Nachfolgend verzeichnete Schriften sind zu den beigesetzten Preisen durch mich zu beziehen. (Die eingeklammerten Preise bedeuten den Ladenpreis oder den Preis nach einem antiqu. Verzeichnisse von Kössling.)

Bei Abnahme der Sammlung im Ganzen kann ich einen namhaften Nachlass gewähren.

Leipzig. **J. G. Findel.**

	Thlr.	Sgr.
Abhandlung über d. allg. Zusammenkunft der Freymaurer. 1784. Ppbd.	—.	7½
Abschiedsreden eines Bruders wahrer und ächter Maurerey alten Systems. Philadelphia. 5787. br.	—.	5.
Apologie des Freimaurer-Ordens. o. O. 5817. br. (28 sgr.)	—.	10.
— — des Ordens der Freimaurer. 3. Ausg. Mit Titelkpfrn. Philadelphia. 3889. br.	—.	12.
— — Dasselbe. Berl. 1778. br. (246 S.) .	—.	10.
— — Dasselbe. 3.Ausg. Berl.1785. (3 Expl.) à	—.	10.
Arbeiten, die neuesten, d. Spartacus u. Philo im Illum.-Orden. O. O. 1794. br. (Etwas stockfleckig). (1. 15.)	—.	20.
Aufklärung über wichtige Gegenstände in der Freymaurerey, bes. über d. Entstehung ders. A. d. Loge Puritas. 1787. Fpbd. Selten. (1. 5 sgr.)	—.	20.
Aufschluss, vollendeter, d. Jesuitismus u. des wahren Geheimnisses d. Freimaurer. Rom. 1787. br.	—.	5.
Bauer, Freimaurer, Jesuiten und Illuminaten in ihrem geschichtlichen Zusammenhange. Berl. 1863.	—.	12.
Beiträge zu einer Gesch. der Freimaurer in Oesterreich. Regensb. 1868. br. . . .	—.	5.
Beweis, dass die afrikan. Bauherrn sich auf Kenntn. des Alterth. legen. Const. 1790. br. (2 Expl.) . . . . à	—.	3.
Briefe, die Frmrei betreffend. 1. 2. Sammlg. (v. Vogel). Nürnb. 1783. 84. Ppbd. . .	—.	20.
Brüder, d. theoretisch., od. 2. Stufe d. Rosenkreutzer. Athen 1785. cart. (Sehr selten). (2. 20.)	1.	—.
Charakteristik der alten Mysterien für Freimaurer und Fremde. Frkf. 1787. (2 Expl.) (1. 20.) . . . . à	—.	15.
Cretzschmar, Religionssysteme und FrMrei. Frkf. 1838. br.	—.	10.
Dechamps, V., d. FrMrei. (Charakter, die bibl. Masken od. d. Loge u. d. Protestantismus.) A. d. Franz v. Berrisch. 2 Bdchn. Münst. 1868. br. (Mit Bleistift beschrieben) .	—.	7½

(Fortsetzung folgt.)

Verantwortlicher Redacteur: Br J. G. Findel. — Verlag von Br J. G. Findel in Leipzig. — Druck von Brr Bär & Hermann in Leipzig.

No. 48.   XIII. Jahrgang.

Die

BAUHÜTTE.

Begründet und herausgegeben

von

Br J. G. FINDEL.

* Organ des Vereins deutscher Freimaurer. *

Handschrift für Brr. Fr.Mr.   Leipzig, den 26. November 1870.   MOTTO: Weisheit, Stärke, Schönheit.

Von der „Bauhütte" erscheint wöchentlich eine Nummer (1 Bogen). Preis des Jahrgangs 3 Thlr. — (halbjährlich 1 Thlr. 15 Ngr.)
Die „Bauhütte" kann durch alle Buchhandlungen bezogen werden.

Inhalt: Vereinsnachrichten. — Gedanken über Unsterblichkeit und Seligkeit. — Der neueste freimaurer. Bannspruch aus Frankreich. Von Br Dr. Känzel. — Literarische Besprechung. — Feuilleton: Leipzig. — Wien. — Literar. Notiz. — Bitte um Rath. — Toast auf die Schwestern. Von Br Dr. Gärtner. — Danksagung. — Quittung. — Briefwechsel.

Vereinsnachrichten.

Beitritts-Erklärungen.

Basel:

46. Br Meck, Carl, Mitglied der Loge zur Freundschaft und Beständigkeit, Kaufmann.

Breslau:

47. Br Schmook, C. A., deput. Redner der Loge Friedr. zum goldenen Scepter, General-Agent.

Paris: (z. Z. in Bern):

48. Br Brinck, Heinr., Mstr. v. St. der Loge Concordia, Kaufmann.

Rheda:

49. Br Küper, Fritz, Mitglied der Loge zur alten Linde in Dortmund, Kaufmann.

Wendischcarsdorf:

50. Br Schmidt, Jos. Anton, Mitglied der Loge zu den 3 Schw. und Asträa in Dresden, Oberförster. (Durch Adv. Leissring in Dippoldiswalde.)

Für die Sammlungen des Vereins ist eingegangen:

Vom Gr. Or. der Niederlande:
Bulletin van den Nederlandsch Groot-Oosten. Eerste Jaarg. 5870—71. 1. und 2. Liefg.

Von Br O. Henne in St. Gallen:
1 Henne, Kulturgeschichte der neuern Zeit. I. Bd.

Von Br Longstaff in Hull:
The Kingston Masonic Annual 1871. Edited by L. W. Longstaff, Past j. Grand W., Member of the Verein deut. FrMr.

Von der Loge Carl zur gekr. Säule in Braunschweig:
1 Mitgliederliste 1870/71.

Beitritts-Erklärungen zum Verein für 1871 werden schon von jetzt ab entgegengenommen.

Die Versendung der „Mittheilungen" IV. 1, der neuen Bestandliste und des Bibliothek-Verzeichnisses hat begonnen und wird mit thunlichster Beschleunigung fortgesetzt. Die Brr Obmänner (Agenten) werden um gütige Vertheilung der ihnen zugehenden Sendungen freundlichst ersucht.

Leipzig.   J. G. Findel.

Gedanken über Unsterblichkeit und Seligkeit,

bei dem Andenken an die im letzten Jahre aus der Loge Janus im Oriente zu Bromberg in den ewigen Osten eingegangenen Brüder.

Am Tage aller Seelen, 2. Nov. 1870.

Finsteres Schwarz umkleidet heute unsern ganzen Tempel, selbst den Altar und den hochwürdigsten Meister, so wie Alle, welche ihm zur Hülfe bei der Führung unserer Arbeit zugeordnet sind. Nur wenn sich unser Blick nach Oben richtet, wo unser Auge den gestirnten Himmel zu finden pflegt, begegnet es hier allein nicht der schwarzen Farbe finsterer Nacht, sondern dem Zeichen des flammenden Sterns. Hier unten wird das finstere Schwarz, das für sich allein ganz unsichtbar wäre, nur unterbrochen und erkennbar durch die Helle, welche an den Antlitzen und Maurerkleidungen der Brüder von dem flammenden Sterne und den die Loge erleuchtenden Lichtern wiederstrahlt.

Ebenso unsichtbar, wie die schwarze Finsterniss sind für sich selbst die leeren Stätten der Brüder, welche nach dem Rathschlusse des obersten Baumeisters der unerbittliche Tod aus unserer Bruderkette uns entrissen hat. Nur das Licht des Lebens, welches von dem Glanze des Allbaumeisters in unsern, der Zurückgebliebenen Seelen, noch wiederstrahlt, lässt uns mit Trauer diese Lücken in unserer Bruderkette in der Erinnerung an die Entschwundenen empfinden.

Sie, welche noch bis vor einigen Jahren diese Lücken ausfüllten, sind nun dahin, nachdem sie hienieden ihren Lauf vollendet haben.

Vor dem Andenken dieser Vollendeten tritt heut' am Tage aller Seelen für uns Alles andere zurück, selbst die Anrede, welche sonst bei jedem Feste von dem Redner zuerst in Ehrerbietung dem hochwürdigsten Meister und dann in Freundschaft den versammelten Brüdern allen vorab gebührt. Heute aber gönnen wir wohl Alle gern den Vollendeten in unseren Gedanken den einzigen Platz.

Doch nein! — dass ich mich nicht verrede — den einzigen nicht, den ersten nur. Sonst gäben wir ihrem Andenken nicht vollständig die hohe Bedeutung, die es zu ihrer Ehre für uns haben kann und soll. Des Maurers Blick haftet nicht an der kurzen Spanne seines irdischen Wirkens allein. Frei blickt er über Tod und Grab hinaus, stets eingedenk, dass er, wie Jeder, zwar nur ein Glied, aber ein Glied in der endlosen Kette der Wesen ist, welche neben und nach einander das Werk des Allbaumeisters, das Weltall und ihren geordneten Weltlauf erfüllen, und dass jede seiner Thaten ohn' Ende fortwirkt. So galt das Streben auch unserer vollendeten Brüder zugleich uns, den Zurückgebliebenen. Was sie in ihrer Jugend säeten und während ihres Lebens baueten, davon sollen wir die Früchte ernten: Drum lasst uns zur höchsten Ehre unserer heimgegangenen Brüder an deren Andenken suchen leben zu lernen, stärker, schöner, weiser! —

Sollen wir zu diesem Ende den Lebensgang jedes der Vollendeten heute vor unserer Erinnerung vorüberführen?

Ja, wenn wir dies könnten, es wirklich könnten und im vollem Sinne, wenn hier an meine Stelle Brüder träten, welche diesem oder jenem der Dahingeschiedenen recht nahe gestanden haben und uns von ihrem Thun und Leiden, ihrem Denken und Empfinden, von ihrem Streben, Irren und Gelingen ein volles Bild entrollten, lebendig klar und reich, — gewiss, dann ehrten wir sie würdig durch solche Rückschau, zugleich zum Segen und Gewinn für uns.

Was kann ich aber davon Ihnen, meine Brüder, bieten, der ich so wenig von dem äussern und innern Leben der Verstorbenen selbst aus eigner Wahrnehmung erfahren habe und ausser diesem wenigen nur die Berichte Anderer wiedergeben könnte? Wie dürft' ich wagen, mir ein Urtheil darüber zuzutrauen, wie sie gestrebt und mit sich gerungen, wo sie dennoch gefehlt und wo sie sich selber mit Erfolg bezwungen haben?

Freilich ist mir die frische Thatkraft des Bruders und seine heitere Liebenswürdigkeit nicht unbekannt, den nur vor wenigen Tagen ein grausiges Geschick betraf[*]) zu unserer Aller Schrecken und wer könnte anders als die ergebene Geduld hoch zu bewundern, mit welcher er nach den Berichten seiner nähern Freunde die schwersten Körperleiden bis zu seinem End' ertragen hat. Mich hat, wie wohl uns Alle, der Anblick der schönen, niemals durch den kleinsten Missklang nur getrübten Eintracht oft erquickt, die zwischen ihm und seinem Bruder und Geschäftsgenossen herrschte — seinem unglücklichen Bruder, der mit ihm zugleich der schrecklichen Gefahr verfiel. Bis jetzt noch ohne Ahnung von dem schweren, unersetzlichen Verluste, der ihn zumeist betrifft, steht ihm davon die Trauerkunde noch bevor, wenn er selbst dem Tod entrinnt. Wir heben unsere Hände flehend zu dem Throne des Allvaters, der über Tod und Leben der einzige Herr ist und der Aller Herzen lenkt, für diesen Br, dass er den Seinigen und uns erhalten bleibe, dass ihm sein hartes Leiden bald sich mildere und dass sein Gemüth den schweren, schweren Schlag ertragen und überwinden möge, wenn er nicht länger ihm erspart werden kann.

Von einem andern Bruder, welcher kurze Zeit vor dem Unglücke entschlief, dessen wir eben nur mit Schmerz gedacht, weiss ich aus eigener Erfahrung wohl, welch' mitleidreiches, hilfbereites Herz in seinem Busen lebte, wie er niemals von Anderer Noth und Elend erfuhr, dass er nicht eiligst Hülfe, wenigstens Linderung dafür suchte, wie er dann reichlich von dem Seinen gab, ohne zu fragen, wie viel er selber missen könnte, und Alles das so still und anspruchslos, dass kaum jemals ein Anderer davon

---

[*]) Vor Kurzem verunglückten hier die beiden Brr Nabel nebst einem ihrer Lehrlinge und ihrem Hausknechte durch plötzliche nicht erklärliche Entzündung von Aetherdunst, der beim Aufschöpfen des aus einer zerbrochenen Aetherflasche ausgelaufenen Aethers einen Kellerraum angefüllt hatte. Einer der Brüder und der Lehrling sind an den erlittenen Brandwunden gestorben. Die beiden andern befinden sich in der Besserung. Der noch lebende der beiden Brüder soll sich wohl veranlassungslos mit dem Gedanken quälen, dass er durch sein Hinzukommen auf irgend eine Weise die Entzündung des Aethers verursacht habe. Es ist deshalb die grösste Gefahr für ihn vorhanden, wenn er vor seiner völligen Genesung den Tod seines Bruders erführe.

wusste, wenn nicht dessen Mithülfe nöthig, da, wo die Noth zu gross war und ihm allein die Hülfe nicht gelang. Wohl habe ich von Manchen der Verstorbenen gehört, dass sie mit steter Müh' und Sorge um ihr täglich Brod gerungen, der Eine durch sein beharrliches Bemühen endlich doch, wenn auch bescheidenen Erfolg erlangt, Andere ihr dauernd Missgeschick bis an ihr Ende haben tragen müssen und auch ergeben still getragen haben, erhoben über ihres äussern Lebens Last, der Eine durch die Pflege schöner Kunst und Alle durch die tröstende Gemeinschaft unseres Bruderbundes.

Auch ist mir wohl bewusst, welch' einen treuen Jugendlehrer wir bis vor nicht zu langer Zeit in unserer Mitte hatten, den wir mit Stolz nur unsern Bruder nennen durften; wie er sein reiches Wissen hingab an die Jünglinge, damit in ihnen die Anlagen entwickelt würden, womit ihr gütiges Geschick sie wohl beliehn; welch' hoher Achtung, Liebe und Verehrung er genoss von seinen Schülern, nicht weniger von den Berufsgenossen, und wie er dabei so bescheiden blieb, dass nur sehr Wenige die ganze Grösse seines Werthes kannten.

Dies Alles aber und, was ich sonst noch von den verblichenen Brüdern sagen könnte, wissen Sie Alle, so wie ich und besser noch. Wenn wir dessen gedenken, so finden wir zur Förderung unseres inneren Menschen in Allem dem, nur die Erkenntniss, dass uns das Gute gut, das Schöne schön und beides wohl erstrebenswerth erscheint; vielleicht auch noch, wie viel uns selber fehlt, um den Vollendeten in diesem oder jenem Guten oder Schönen nahe zu kommen, oder selbst wohl gar die Erneuerung unseres Willens, ihnen darin kräftiger, als seither, nachstreben. Doch dazu hätte uns das Anschauen schon ihres Lebens genug Anlass geboten, während sie noch unter uns verweilten und soweit wir dies damals nicht ausgenutzt, wie wenig könnte davon das kurze Angedenken einiger Augenblicke uns ergänzen.

Wenn es nur gälte, Muster zu finden für unser Streben und wenn wir diese nur in solchen Brüdern suchen wollten, deren Wirken wir nicht mehr mit eignen Augen schauen könnten, dann vermöchte ich wohl ein lebendiges Bild zu entfalten von dem frühern Leben des Bruders, der uns jüngst verliess, zu einem grössern Wirkungskreise abberufen, und den wir ferner hier wohl immerdar bei uns vermissen werden. Doch das ist's nicht, was heute uns bewegt.

Von den verstorbenen Brüdern aber könnte meine Schilderung für den Nichts werth sein, der nicht selbst schon mehr von diesen weiss, als ich ihm sagen kann und denen nicht genügen, die ein lebendiges Bild von deren Leben in sich tragen. Wie könnt' ich gar dem Andenken der Vollendeten selbst durch meine Darstellung Genüge thun! Nein, sparen wir uns solch' ein Stümperwerk, damit wir nicht den Schein erwecken, dass der Verlust der Menschheit und unser eigener an den Entschlafenen nicht grösser sei, als ich vermag ihn darzustellen.

Gedenken wir hier nur noch einmal ihrer Namen und der Zeiten; da sie das Licht des Bundes, der uns verbindet, zuerst erblickt und sich desselben, von einer Stufe zu der andern fortschreitend, immer mehr theilhaft gemacht, bis sie zum ewigen Osten eingegangen sind!

Dann wird dem Geiste Aller, die ihr Bild im Herzen tragen, dasselbe unentweiht vorüberschweben und unzerstückelt durch die Erwähnung immerhin unvollständiger oder gar entstellter Einzelnheiten und in die Herzen von uns Anderen, welche solcher Anschauung entbehren und sie durch alle Einzelnheiten nicht gewinnen könnten, wird sich die Mahnung eingraben, zu sorgen, dass je länger um so weniger uns solch ein Mangel bei dem Andenken an unsere Brüder drücke, welche vor uns des Todes dunkeln Weg beschreiten sollten.

Deren Verlust wir jetzt betrauern, sind:

(Folgen die Namen:)

Friede ihrer Asche! — Ihrer Asche? Frieden? Ja, ja, so sagt ich und empfand dabei das wärmste Wünschen für die Entschlafenen so, wie wir Alle wohl. Und doch, welch Widersinn im Denken. Der Asche Frieden! Kann denn Asche Frieden haben? Oder meinen wir wohl nur, dass die leiblichen Ueberbleibsel der Vollendeten in der geweihten Stätte ihrer Gräber zusammenbleiben, dass Niemand frevelhaft sie rühren oder gar zerstreuen möge? Warum dann aber Frieden und nicht — nur Ruhe — dieser Asche? und für wen gilt dieser Wunsch? Ist's nur, damit in uns nicht die empfindsame Vorstellung verletzt werde, die wir auf diese Ueberbleibsel lenken? Doch darum solch ein feierlicher Ausruf? Und dann, o meine Brüder, bleiben wir mit unserer Vorstellung dem näheren Geschicke dieser Ueberbleibsel ja ganz fern, wenn wir Verletzungen unserer Empfindung meiden wollen! Oder glauben wir etwa, wie einstens unsre Altvordern auf diesem Boden und gleich manchem andern Volk der Vorzeit, dass die Seelen der Verstorbenen Unfrieden leiden, wenn die Reste ihres Leibes nicht an derselben Stelle unberührt zusammen in der Mutter Erde Schooss verbleiben? Ei dann gäb' es keinen Frieden für keine Seele, die den Leib verliess. Nicht lange Zeit danach, dann spriesst der Stoff, der diesen Leib zuletzt gebildet — vorher war jeden Augenblick es andrer Stoff — im Grase auf und in den Blumen, in den Bäumen, die überm Grabe der Geliebten grünen, blühn und Früchte tragen und wandert weiter, unabsehbar weiter in den endlosen Kreislauf der Natur. Nach einem Menschenalter ist die letzte Spur verschwunden von der Gestalt, die den geliebten Geist umschloss.

Und dennoch rufen wir den Wunsch um Frieden der Asche nach, doch nicht des Leibes, nein der Seele Asche, des Geistes, der hienieden unruhevoll die Zeit durchlebte. Der Seele nur, dem Geiste gilt unser Wunsch um friedenvolle ewige Seligkeit. Denn wir glauben an Unsterblichkeit des Geistes. Sonst wären wir nicht hier in diesem Tempel, dessen grosses Licht die Bibel ist. Diese fasst wunderbar vollständige Sammlung aller Urkunden lehrt, wie von Gott, dem Welten-Schöpfer -Lenker und Erhalter das Bewusstbum in dem Geschlecht der Menschen sich nach und nach entwickelt hat und welche mit unbefangenem Sinn und mit Benutzung alles anderen Wissens gelesen und verstanden vor unserm eigenen Gemüthe die tiefste Wahrheit, wie Nichts andres, uns enthüllen.

Zerfällt denn wie der Leib, in Asche auch der Geist? Wäre das nicht Vernichtung, vor der uns grauen möchte? Oder was wir aus unserm Geiste, wenn dessen

Leib vergeht, durch den allein erwirkt? Dunkles Räthsel, um dessen Lösung die Menschheit ringt und ringen wird, so lang' sie denkt. Nur ahnen können wir des Allbaumeisters weise Liebe, dass uns die Lösung dieses Räthsels nimmer werden und dennoch uns der Trieb zu seiner Lösung stets bewegen soll.

Wohl niemals drang dieser Trieb auf Menschen mächtiger ein, als heut' auf uns, da in den letzten Monden jäher Tod so viele Tausende verschlang und noch verschlingt im blutigen Kampfe unsres Volkes mit dem Nachbarvolke, von denen jedes meint, dass sein allein das Recht und bei dem andern nur das Unrecht sei, die treu gehorsam ihre herbe Bürgerpflicht erfüllend, Brüder hier gegen Brüder drüben kämpfen und nur zu oft der Brüder einer, unwissend freilich, seinen, unsern Bruder tödtlich trifft.

O du grosser Baumeister aller Welten, der du doch für und für die Liebe bist, strafe die Zweifelsfrage nicht! Wie darf, wie kann es sein, dass irrende Leidenschaft so grausiges Unheil schafft, so viele tausende, kräftige, junge Leben hier und drüben tilgt, die deinen Tempel mit zu bauen glühten und jetzt — zerbrochene Steine — thatlos liegen immerdar? Hier klagen Väter um die hoffnungsvollen Söhne, welche die feindlichen Geschosse hinweggerafft oder die — fast noch trauriger — die unsäglichen Beschwerden des Krieges nicht ertragen haben und grausamer Krankheit langsam im fremden Land erlegen sind. Dort jammern Mütter, Wittwen, Waisen um den Ernährer, den der Krieg verschlang und fragen trostlos, wer sie in ihrem Alter stützen und wer die jungen Kinderseelen, wie der Vater zugleich mit Ernst und Milde, sorgsam und kräftig vor dem Bösen wahren und zum Guten lenken werde. Kann es uns trösten, dass dein Finger die Wage der Entscheidung lenkt und dass dein Urtheil uns von dem Unrecht frei zu sprechen scheint? Mindern mag das wohl den Schmerz, doch ihn uns nehmen nimmer.

Eins aber kann uns über diesen Schmerz erheben, ohne ihn zu tilgen, der uns noth thut; kann uns, wie Jenen drüben, die noch herberes Weh erleiden, den Schmerz zum Heile wandeln. Wie aus dem Staube der zerfallenen Leiber, du Allbaumeister, neue Saaten grünen lässest, so sind auch auf dem Felde deines Geistes jene Leben nicht verloren, die sich dem Vaterlande zum Opfer hingegeben haben und hier wie drüben müssen neue schönere Geistesblüthen spriessen aus dem Blut gedüngten Acker, wenn erst der Friede wiederkehrt.

Aber dieser Glauben, diese Hoffnung, lösen sie uns wohl das Räthsel, vor dessen weiter heut' als je gerissenen unergründlich tiefen Abgrund uns das Erlebniss dieser Tage mit stärkerer Mahnung, als sonst schon täglich, zieht? Füllen sie den Abgrund aus, welcher das Diesseit von dem Jenseit trennt? Gewiss nicht! Denn hienieden erhebt sich Keiner wohl so hoch zur Selbstvergessenheit, dass dem Gemüthe es allein genügen könnte, wohl zu wissen: „Die Welt läuft weiter nach dem Plane, den ihr der Weltbaumeister vorgezeichnet hat, zu immer höherer Vollendung in ewigem Wechsel. Der Eine kommt, der Andre geht. Ein Jeder thut das Seine an dem grossen Werke und, was er thut, wird wohl gelenkt zum Heil des Ganzen, mag er selbst es wohl oder übel meinen." Keiner kommt, so lang er athmet, so weit in

Selbstverleugnung, dass es ihn nicht kümmern sollte, was aus ihm selber werde, und aus den Seinen, wenn das Leben des Leibes weicht, der nicht Er selbst ist, sondern nur sein wechselnd Kleid.

Auf solche Fragen antwortet unser grosses Licht, die Bibel: „Der Geist ist ewig und gewinnt sich durch sein Wirken auf Erden für das Jenseits ewiges Leben oder ewigen Tod." —

Welch neues Räthselwort! Kann Tod denn ewig sein, der einzige Augenblick, in dem des Leibes Leben endet? Denn bis zu diesem ist's noch Leben, wie lange auch der Kampf des Sterbens währe. Oder was ist ewig? Ist's Zeit ohne Ende? Nein, wir sagen ja, dass Ewig auch keinen Anfang habe, und darum könnte auch Leben nicht ewig sein, das einen Anfang hatte. Ewig aber ist völlig Anderes als die Zeit, das Gegentheil der Zeit, deren Wesen die Veränderung, das Geschehen, ist. Ewig ist ganz veränderungslos. So kann ein einziger Augenblick, der Augenblick, wohl ewig, in sich zeitlos sein, der die Veränderlichkeit des Wirkens und Empfindens endet. Dann wäre jeder Tod wohl ewig, da er des Leibes Leben endet, welcher nur ein steter Wechsel des Wirkens und Empfindens ist und Leben könnte auch darum nimmer ewig sein?

Allein der Geist ist völlig Anderes als der Körper, das Gegentheil des Körpers. Darum muss Geistes Tod und Leben völlig anders sein, als Leibes Tod und Leben. Des reinen Geistes Leben ist wechsellos und unveränderlich. So lang' der Geist, als Seele, noch am Leibe haftet und durch ihn wirkt, so lange ist er nicht reiner Geist, so lange wird er noch. Erst wenn der Leib zerfällt, dann ist der Geist das, was er im Wirken durch den Leib — geworden ist — lebendig, liebend, selig oder todt, weil liebelos, darum unselig.

Denn des Geistes Leben ist die Liebe, die Liebe für die Andern, nicht für diesen oder jenen Einen, nein die reine Liebe für Alle andern, für das ganze All. Der Liebe Mangel ist des Geistes Tod. Und was der Geist geworden hier im Wirken, das ist er ewig, nach des Leibes Tode, ewig ohne Wechsel und Veränderung, die nur in Raum und Zeit den Körpern und darum auch dem vom Körper noch beschränkten Geist eigen ist. Hier können wir, gebannt in Raum und Zeit nur ringen nach der Liebe, sie durch unsern Willen übend an den Nächsten und dieses Liebestrebens einziger Lohn ist das Gefühl der Liebe, das Vorgefühl der ewigen Seligkeit. Wer nur den Lohn sucht, kann nie die Liebe finden, die der einzige Lohn ist. Wer nur die Liebe sucht, der findet sicher sie zugleich als Lohn. Wie Jeder in dem Augenblick empfindet, in dem sein Erdenleben endet, für ihn die Zeit der Wechsel aufhört, so ist für ihn der Ewigkeit Empfindung. Doch sei sie selige Liebe, oder Selbstsucht, die dann gänzlich hoffnungslos oder an Höllenhass, das ist für ihn allein. Was er gethan, damit wirkt der Geist wieder in den Andern gemäss des Geistes Wesen nach seinem Ziele hin, der immer allgemeinern Liebe. So zeigt sich mir die Bibel Lehre in dem freien Lichte unsres Bundes, wie ihr auch kein Erfahrungswissen widerspricht. Wenn dieses Irrthum scheint, der gebe seine bessere Einsicht liebevoll zu guter Zeit uns, seinen Brüdern, kund, damit ein Jeder Alles prüfe, was das Ziel des Lebens klärt und sich nach dem erkannten Ziele hin die besten Bahnen suche.

Und du allgütiger Baumeister aller Welten, hilf uns in diesem Suchen, und lass auch diese Stunde nicht an uns verloren sein, damit wir rüstig in der Liebe Uebung streben.

Unsern vollendeten Brüdern aber möge ihre letzte Empfindung Liebe, reine Liebe nur gewesen sein! In diesem Sinne, Friede ihrer Asche! Amen.

Der neueste freimaurerische Bannspruch aus Frankreich.

(Eingesandt von Br Dr. Künzel in Darmstadt.)

Am 16. September d. J. haben die nachfolgenden*) zehn Freimaurerlogen in Paris, welche unter dem Grossorient von Frankreich stehen, les Trinosophes de Bercy, les Disciples de Fénelon, les Hospitaliers français, l'Union de Belleville, l'Athéné français, la Persévérance, les Amis de la patrie, les Sectateurs de Menès, l'Orientales, la Persévérante Amitié folgende Zuschrift, an die deutschen Maurer erlassen, und zwar solchen Inhalts, dass wir dieselbe als einen „freimaurerischen Bannspruch" charakterisirt haben. Dieses Aktenstück bezeichnet so entschieden den Geist, von dem die französische Freimaurerei getragen ist, dass wir dasselbe trotz seines widerlich unmaurerischen Inhalts für wichtig genug halten, um es übersetzt in ganzer Ausdehnung mitzutheilen.

„Brüder! — Der brudermörderische Kampf hat begonnen. Dem ungeheuern Schmerz, den wir Angesichts der Zerstörung und des Blutbads, bis dahin noch in der Geschichte unbekannt, empfinden, gesellt sich der noch viel tiefere zu:

— König Wilhelm und sein Sohn sind unsere Brr! —

Der Kronprinz, der Grossmeister der preussischen Freimaurerei, hat sich den Titel eines Beschützers der allgemeinen FreiMrei beigelegt.

Sind das Diejenigen, welche, die grossmüthigen Lehren unserer Freimaurerei vergessend, die ersten Pflichten der Humanität mit Füssen treten! Sie sind es, welche Strassburg haben beschiessen und verbrennen, die Grausamkeiten

---

*) Darunter sind einige vom unsinnigen Rit. von Memphis oder Misraim von 99 Gr.
Die Redaction.

Die Pariser Opinion Nationale veröffentlicht folgendes, etwas sehr komisches Aktenstück:

Citation. Im Namen der beschimpften Menschlichkeit! Im Namen der verletzten Gewissensfreiheit! Im Namen des verkannten Rechtes und der Gerechtigkeit!!! werden die Brr Wilhelm I., König von Preussen, und Friedrich Wilhelm Nikolaus Karl von Preussen, Kronprinz aufgefordert, Samstag den 29. Oktober 1870, um 7 Uhr Abends, im Freimaurer-Lokal der Rue J. J. Rousseau 35 in eigener Person oder in der Person eines Vertreters, der Freimaurer ist, zu erscheinen, um sich gegen die von der Pariser Freimaurerei gegen sie erhobene Anklage zu verantworten. Falls sie sich nicht einstellen, oder nicht vertreten lassen, wird ihnen ein Vertheidiger von Amts wegen ernannt und so verfahren werden, wie es die freimaurerischen Gebräuche vorschreiben.

O... von Paris, am 21. Oktober 1870.

---

in Bazailles verüben und die Bewohner dieses Ortes niederschiessen lassen, nachdem man die Häuser in Brand gesteckt. Sie sind es, welche Laon mit einer Beschiessung bedrohten; sie sind es, und sie können auf keinen ihrer Generale die Schuld abwälzen, die androhen, Paris, diese Hauptstadt der Civilisation in Brand schiessen zu lassen; sie sind es, welche ohne Rücksicht auf die alten Archive der Geschichte und des Fortschritts, vertreten durch seine Denkmäler, seine Bibliotheken, seine Museen, alles zu zerstören drohen, um ihren wahnsinnigen und unersättlichen Ehrgeiz zu befriedigen! —

Diese Ehrgeizigen haben ihre Eide gebrochen; sie sind unwürdig und meineidig; sie haben ihre Ehre verwirkt. Wir schliessen sie für immer aus; wir verschmähen jedo wechselseitige Verbindung mit diesen Ungeheuern in menschlicher Gestalt, die bis jetzt unsere Brüder in Deutschland irre geführt haben. Die Freimaurerei, erhaben durch ihre Grundsätze, erhebt sich und schwebt über der Politik und den Religionen; sie erkennt in allen Menschen Brüder, und sucht durch tägliche Anstrengungen jeden Einzelnen auf die gleiche sittliche und intellektuelle Höhe zu erheben, um das letzte Ziel des Menschen zu erreichen: allgemeine Brüderlichkeit.

Die zwei Brüder, welche wir verstossen, sind mit unsern Grundsätzen, unsern Bestrebungen, unsern Zielen bekannt; aber sie haben die deutschen Freimaurer davon abwendig und der Erreichung ihrer ehrgeizigen Plane dienstbar gemacht. Sie haben den grössten Theil unserer deutschen Brüder fanatisirt. — Diese beiden Brüder sagen, dass sie einen heiligen Krieg führen und wollen eine religiöse Sekte an die Stelle einer andern setzen. Für sie ist der Protestantismus das letzte Ziel. Sie wollen ihn durch das Recht der Eroberung an die Stelle des Katholicismus der lateinischen Raçen setzen, wie auch die Grossloge zu Berlin nur einen Theil der Christenheit als Brüder anerkennt, und die Heiden und Muhamedaner nur jeder Theilnahme am Recht des freien Menschen, des Freimaurers noch zurückdrängt.

Wir beklagen den Irrthum unsrer deutschen Brüder, welche wie wir die Opfer des Ehrgeizes ihrer Souveräne geworden sind; sie glauben der Religion zu dienen und sie werden nur dazu gebraucht, diese Ehrgeizigen in ihren Eroberungsplänen zu unterstützen. Eine Million Deutsche wird unnützer Weise für die zwei Menschen verbraucht, ja unnützer Weise; denn dieser furchtbare Verlust von Menschenleben wird doch nicht den Fortschritt in seinem Laufe aufhalten, nicht die Wahrheit verhindern, die Welt zu erleuchten und aufzuklären.

Die S. Ehrw. Meister v. Stuhl:
A. Toussier, Defresne, Terlunen, Mahé, Martin, Mention, Decamus, Weil, Raguet.

„Deutsche Brüder! — Denkt an die Ketten, die man für Euch schmieden will, denkt an Eure Ideen, die man beschränken will, denkt an Eure Kinder, welche ihr mit so viel Liebe und Zärtlichkeit erzieht, die eine Beute des Preussischen Minotaurus werden, denkt an die Freiheit, wie wir, strengt Euch an, und seid frei! — Deutsche Brüder! denkt an die Zukunft, denkt an den Fortschritt! Eisenbahnen und Elektricität haben die Entfernungen verschwinden gemacht; sie haben die Beziehungen der Menschen zu einander immer inniger gestaltet, die jeden Tag sich besser kennen lernen. Die Raçen, die Idiome mischen sich, die Bedürfnisse werden gleiche. — Seien wir gleich! — Die conventionellen Schranken, welche die Staaten trennen, sind bestimmt zu verschwinden; die Steuern, welche unter den Namen Zölle auf die Waaren drücken, welche den Durchgang von einem Lande zum andern zu machen haben, werden gewaltsam in Wegfall gerathen. Kein Grund wird mehr für den Bestand der Heere vorliegen, und die letzten blutigen Gräuel, von den Sonvoränen anbefohlen, werden eine Mauer menschlicher Knochen aufschichten, so hoch, so dicht, so breit, dass der Krieg aus unsern Sitten und Gebräuchen durch die einzige Thatsache eines unaussprechlichen Schreckens verschwinden wird. — Seien wir Brüder!

„Deutsche Brüder! wir, die Pariser Freimaurer, sind ohne Furcht über den Ausgang des Kriegs, wir haben ihn nicht gesucht; aber Angesichts der Barbarei, welche der Krieg gegen den Fortschritt anstiftet, ist uns unsere Pflicht vorgezeichnet; wir werden sie zu erfüllen wissen. Was auch kommen mag, Paris wird nicht untergehen, es kann nicht untergehen, weil es die Idee, den Fortschritt, die Zukunft der Völker einschliesst. Davon ist nichts vergänglich. Und am glücklichen Tage, wo die Civilisation noch einmal über die Barbarei siegen wird, kommt zu uns als grossmüthige Brüder, wir werden Euch mit Freuden empfangen und auf Eure Wunden den heilenden Balsam der Brüderlichkeit träufeln!

Der Meister der Loge der   In Auftrag der Secretär
Trinosophen von Bercy   Marcius Voisin.
A. Toussier.

Literarische Besprechungen.

Gesänge und Gedichte aus Schwesterkränzchen vom alten Kränzelvater der Loge Horus (Br von Carnall). Zum Besten ihres Tempelbaues herausgegeben von der Loge Horus in Breslau. Breslau, 1870. Selbstverlag der Loge. 116 S.

Den Inhalt dieser Sammlung bilden Tafelgesänge zur Begrüssung der Schwestern, allgemeine Tischlieder, Gedichte zum Jahreswechsel, Lieder vermischten Inhalts und humoristische Dichtungen.

Mannichfaltig im Inhalt, zeichnen sich die Dichtungen meist durch Gemüthlichkeit und Laune aus und werden sich bei geeigneter Veranlassung und in rechter Stimmung dankbar verwenden lassen.

Wie sie aus Schwester-Kränzchen herausgewachsen, dürften sie auch vorwiegend in solchen mit gleichem Beifall aufgenommen werden, wie dies in Breslau der Fall war, um so mehr, als viele Gedichte durch ihren humoristischen Anflug eine ungezwungene Heiterkeit zu erhöhen und die Geselligkeit zu würzen geeignet sind. Manche sind recht sangbar; hie und da lässt die Form etwas zu wünschen übrig. Indessen machen sie gewiss keinen höheren Anspruch als den, sinnige, warmempfundene und echt-maurerischer Gesinnung entstammte Gelegenheits-Gedichte zu sein und wollen sie daher mit einem strengen ästhetischen Massstabe nicht gemessen sein.

Da der Ertrag zur Ausschmückung des neuen Tempels der Loge Horus verwendet werden soll, wünschen wir dem Werkchen noch ferneren guten Absatz. Bisher hat sich, wie bei fast allen maurerischen Unternehmungen, nur eine verhältnissmässig geringe Anzahl von Logen (72 von den 312, an welche die Subscriptions-Einladung ergangen) an dem übrigens erfreulichen Erfolge betheiligt. Der Verkauf wird der Loge eine Netto-Einnahme von 200 Thaler zuführen. Der grösste Absatz hat unter den schlesischen Logen stattgefunden.

Das Werkchen sei hiermit fernerer freundlicher Beachtung empfohlen!

Feuilleton.

Leipzig. — Die „Maçonia" feierte ihr Quartal am 17. Nov. in üblicher Weise durch ein gemüthliches Brudermahl. Die Beamtenwahl ergab Br Maunschatz als Vors., Br Herrklotz als Vicevorsitz., Br Ahnert als Schriftführer und Br Graupner als Schatzmeister. Demnächst findet wiederum ihre jährliche Weihnachtsbescheerung statt.

Wien. — Der Br-Verein „Humanitas" hat am 14. Nov. ein Schwesternfest abgehalten, bei welcher Gelegenheit Br Rud. Erlebach die Schwestern begrüsste. Sein Trinkspruch „Willkommen" ist durch Lithographie in hübsch ausgestattetem Heftchen vervielfältigt worden. (Wir danken dem Br Verfasser für gütige Einsendung.)

Literar. Notiz. — Bei Kröner in Stuttgart erschien: „Drei Kameraden. Zeitlieder zum Besten der deutschen Invalidenstiftung herausgeg. von J. G. Fischer, Feodor Löwe und Carl Schönbardt." — Das Werkchen sei bestens empfohlen!

Bitte um Rath an die Brüder der preussischen Freimaurerlogen! — Nachdem ich eine lange Reihe von Jahren in den vereinigten Staaten Nordamerikas verlebte, bin ich nun Willens, den Abend meines vielbewegten Lebens; in Deutschland, resp.: Berlin, im Kreise meiner Verwanden, Freunde und Bekannten zuzubringen. Bald nach meiner Ankunft in Amerika wurde ich Freimaurer und hänge nun mit ganzer Seele an diesem erhabenen Bunde. Die schönsten Tage meines Lebens, meine angenehmsten Erinnerungen bleiben mir jene Stunden, welche ich in maurerischen Werkstätten, in Kreisen geliebter Brüder zubrachte. Um so schmerzlicher war es deshalb für mich, als ich erfuhr, dass meinen Glaubensgenossen, den Israeliten, die Thore der maurerischen Tempel im Preussenlande verschlossen bleiben, ihren Namen kein Plätzchen gegönnt wird neben jenen ihrer christlichen Brüder. — Doch ich weiss mir Rath zu verschaffen, ich werde einfach meinen früheren Glauben verlassen und zur christlichen Kirche übertreten. —

Um so leichter wird mir dieser Schritt werden, als ich bereits erkannte, dass ein längeres Warten auf einen Messias der Juden ohnedem fruchtlos bleiben wird, da ja der verheissene Messias aus dem Stamme David kommen und in Bethlehem im jüdischen Land geboren werden soll. (Micha 1. Kap.)

Da es nun weder einen Stamm David in der Gegenwart gibt, noch ein Bethlehem in einem jüdischen Lande, so ist es auch nicht wahrscheinlich, dass noch hieraus ein Erlöser kommen wird. Es ist also, meines Dafürhaltens, vergebens noch länger auf jenen Stern der aus dem Geschlechte Jakobs ausgehen und auf jenes Scepter, das aus Israel kommen sollte (4. Mose 24, 17.) zu hoffen.

Ich machte mich desshalb auch bereits mit den Grundsätzen und Grundgesetzen des Christenthums bekannt, suchte und forschte da, wo einzig und alleine die Wahrheit gefunden werden kann, in jenem Buche, das die Christen ihr „Gottwort", ihr „neues Testament," ihr „heiliges Evangelium" nennen. (Ebräer 4. Kap. 12. V.) Ich suchte, jedoch ich fand nicht, ging weiter und immer weiter und verstrickte mich dabei in ein endloses Labyrinth, in undurchdringliche Irrgänge, von welchen aus ich mit lauter Stimme rufe: Zur Hilfe dem Sohne der Wittwe. — Ich suchte nehmlich vergebens jenes Reich welches einst ein „Gott der Liebe" baute. Ich ging von Kirche zu Kirche, beleuchtete mit dem Buche des Evangeliums, die katholischen, protestantischen und reformirten Dome, Kirchen und Kapellen, allein — „ich fand das Christenthum nicht."

Desshalb frage ich Euch, ehrwürdige und geliebte christliche Brüder, welcher Kirche verlangt Ihr, dass ich mich anschliesse, um Eurer Mitgliederschaft würdig zu werden? Und wenn beim Uebertritte zu einer Kirche mich ein Priester auffordert, den Vater der Wahrheit zum Zeugen anzurufen, dass ich künftig hin seine Kirche als die Allein selig machende, allein wahre und unfehlbare anerkennen werde, darf ich, soll ich, muss ich den Eid darauf leisten? Ich kann unmöglich einen solch' wichtigen Schritt thun, ohne vorher Euern Rath einzuholen, und ich frage desshalb die Brüder der preussischen Logen: In welche Kirche predigt in der Gegenwart der Apostel der Liebe und des Friedens, das Wort Gottes rein und unverfälscht so wie es ihm sein göttlicher Meister lehrte? In welche Kirche segnen die Priester den die fluchenden Feinden, speisen ihre hungrigen, tränken ihre durstigen, kleiden ihre nackten Feinde? (Matth. 5. K. 44. V.) In welcher Kirche finden sich die Priester, welche nach dem Willen ihres Meisters, alle ihre Habe den Armen geben, keine zwei Röcke, keine zwei Paar Schuhe, kein Geld im Beutel? (Matth. 10. K. 10. V.) Die ihr ganzes Vertrauen auf den Gott setzen, der die Vögel unter dem Himmel ernährt, die Lilien auf dem Felde kleidet?

In welcher Kirche finden sich jene gewaltigen Lehrer, vor dessen Worten alle Schmerzen und Seuchen aus dem kranken Adam weichen und nach deren Willen, selbst der Tode zum Leben ersteht, durch jene Kraft, welche der Gott der Christen seinen Jüngern und Aposteln für alle Zeit verlieh? (Lucas 9. Kap.)

Wo findet sich jene geistige Kraft und Gewalt, durch welche in gleicher Weise, der unbussfertige Sünder die Strafe für seine Vergehen erleiden muss, ohne dem Arm einer weltlichen Obrigkeit zu benöthigen, ohne eine Macht in Anspruch nehmen zu müssen, die auf Pulver und Blei, Stahl und Eisen, Scheiterhaufe und Folterwerkzeuge sich gründet. (Apostelg. 5. K.)

In welcher Kirche empfängt jeder Gläubige eine Gabe des heiligen Geistes zum allgemeinen Nutzen, damit der Eine redet von der Weisheit, der Andere Wunder bewirkt, der Dritte weissaget, oder in fremden Sprachen spricht, wie die Apostel am Pfingstfeste im Tempel zu Jerusalem thaten? (1. Kor. 12. K.) u. s. w.

In welcher Kirche predigt der Berufene und Auserwählte, mit dem Geiste der Wahrheit gesalbte, Priester Gottes zu den Gemüthern der Gläubigen und nicht der sogenannte Schrift-gelehrte in todten Worten zu den Ohren seiner Zuhörer? (1. Kor. 2. K.)

Wenn dann jener Schulgelehrte z. B. weiter von mir fordert, dass ich mein Gebet, das ich bisher in verschlossener Kammer in heiliger Ehrfurcht vor dem grossen Baumeister aller Welt in wenig Worten verrichtete, mittels einer Anzahl Kugeln an einer Schnur hängend, vielleicht noch auf offener Strasse Dutzend- und Schockweise dem neuem Gotte darbringe, soll ich deshalb meine Nebenmenschen verachten, beleidigen, ihnen fluchen, und — Wer sind und werden dann meine Freunde? — — Wenn selbst die Kirche gegen den Staat in die Schranken treten sollte, weicher Parthei soll ich meinen Arm, meine Kraft weihen? Die Beantwortung dieser Fragen ist nothwendig und unerlässlich, so lange eine Forderung an den Freimaurer ergeht, dass er das Glied einer Kirche sein müsste, um als ein Mitglied einer Freimaurerloge aufnahmsfähig zu sein und als würdig befunden werden zu können. —

Dr. Ismael.

Toast auf die Schwestern.

Von
Von Br Dr. Gärtner II. in Dresden.

Weihnacht! . . Das ist ein schönes Wort:
Es öffnet sich des Himmels Pfort'
Und Engel steigen d'raus hernieder
Mit süssem Klang der Himmelslieder.
O seliger Erinnerungstraum! . .
Hell strahlt der liebe Lichterbaum,
Und ist das Stübchen noch so klein,
Sein Strahl dringt mächtig doch hinein,
Und ist das Herz auch noch so trübe,
Hell macht es doch der Baum der Liebe.

Weihnacht! . . O wunderseig'es Wort:
Es öffnt sich des Himmels Pfort',
Die Engel zieh'n zur Heimath wieder —
Mit süssem Klang der Himmelslieder.
Geschlossen ist der Himmelsraum,
Wir schauen nach als wie im Traum.

Doch durch der Erde Lande zieht
Der Nachhall von dem Engelslied;
Doch durch der Erde Lande bricht
Der Abglanz von dem Himmelslicht;
Der Liebessonnenschein von drüben
Ist auf der Erde hangen blieben
Und hat gesenket allerwärts
Hinein sich in das Menschenherz,
Und auch die Engel sind noch da:
Du kannst sie sehen fern und nah',
Wie sie in freundlicher Gestalt,
Mit treuer Liebe Allgewalt,
In rauhen Erdenwintertagen
In's Haus die Freudenbotschaft tragen
Und mit des Auges süssem Schein
Licht tragen in die Nacht hinein;
Licht tragen in der Hütten Nacht,
In denen Armuth weinend wacht
Und seufzt und fleht in bängster Noth:
O gieb uns unser täglich Brod! —
Licht tragen in des Kindes Seele,
Dass Gottes Weg es nicht verfehle;
Licht tragen in das Jünglingsblut

Und ihm erwecken Sinn und Muth;
Licht tragen in des Mannes Schmerz,
Dass froh er aufschaut himmelwärts;
Licht tragen in des Lichtes Schein,
Dass es noch heller möge sein
Und immer heller möge werden
In Herz und Haus auf dieser Erden.

Fürwahr, die Engel sind noch da,
Du kannst sie schauen fern und nah':
Die Schwestern sind es, gross und klein,
Die mit der Liebe Sonnenschein;
Bei Kummer- und bei Freudenzähren,
Das Erdenleben uns verklären.

Und giebt es in der Welt voll Mängel
Daneben auch noch böse Engel, —
Die guten Engel hab' ich gemeint,
So weit die Maurersonne scheint;
Denn, Brüder, in dem Maurerlicht
Gedenken der bösen Engel wir nicht,
Weil sonst sie verläumdend die Stimm' erheben: —
Es dürft' auch böse Brüder geben.

Ihr Brüder in der Tafelrunde,
Auf dass gesegnet sei die Stunde,
Schenkt von den nassen Flammen ein;
Die Schwestern sollen gegrüsset sein!

I.

Sie tragen das Licht in die Nacht hinein
Mit ihres Auges süssem Schein;
Sie tragen das Licht in der Höllen Nacht,
In denen die Armuth weinend wacht
Und seufzet und fleht in der bängsten Noth:
O gieb uns unser täglich Brod!
Ehre den Schwestern!

II.

Sie tragen das Licht in des Kindes Seele,
Dass Gottes Weg es nicht verfehle;
Sie tragen das Licht in des Jünglings Geist,
Dass er dereinst als Mann sich erweist;
Sie tragen das Licht in des Bruders Schmerz,
Dass fröhlich er aufschaut himmelwärts!
Liebe den Schwestern!

III.

Sie tragen das Licht in des Lichtes Schein,
Auf dass es noch heller möge sein
Und immer noch heller möge werden
In Herz und Haus auf der weiten Erden.
Fürwahr, die Engel sind noch da:
Die Schwestern sind es fern und nah.
Treue den Schwestern!

Danksagung.

Frau Wittwe Dr. S., von den nächsten Angehörigen und Freunden ihres seeligen Mannes verlassen, — und nur auf ihre Kenntnisse und Thätigkeit angewiesen, sich, ihre alte Mutter und einziges fünf Jahre altes Kind durchs Leben zu bringen hat zur Erlernung der Entbindungskunst die namhaftesten Unterstützungsmittel bei Freimaurern namentlich bei Br Dr. H. Schwarzschild in Frankfurt und Br Schneeberger in Wien, bei den Logen in Bingen, Darmstadt, Mainz, Worms und Wien gefunden und dadurch alle Aussicht gewonnen eine der leidenden Menschheit wie auch sich und den Ihrigen nützliche Existenz zu begründen.

In einem hierher gerichteten Schreiben sprach die Dame allen Männern, welche sich ihrer in der höchst bedrängten Lage mit Erfolg angenommen, den wärmsten Dank mit der Bitte der Mittheilung an ihre Wohlthäter aus, und erlediget wir uns gerne dieses Auftrags durch diese Blätter.

Oppenheim, 18. Nov. 1870.

Das FrMr-Kränzchen,
Concordia zur Landeskrone.

Unseren deutschen Brüdern in Strassburg und Kehl.

Transport: Thlr. 34. 17.
Von Br E. Th. N. in Leipzig . . . . „ 1. —.
Vom Mrkränzchen „zur Verbrüderung an der
Regnitz" in Bamberg (fl. 20.) . . . „ 11. 13.

Summa: „ 47. —.

Indem wir hierfür bestens danken, bitten wir um weitere Beiträge. Thlr. 25. —. sind hiervon bereits nach Karlsruhe abgesandt.

J. G. Findel.

Zur Besprechung.

Isis. Der Mensch und die Welt. Von C. Radenhausen. 2. Aufl. I. 1. Hamburg 1870. Otto Meissner.

Briefwechsel.

Br. Z. in L—r. Zu Ihrer Verlobung den aufrichtigsten Glückwunsch und brdl. Gruss!

Br. O. M. in St.-G n. Besten Dank für Ihre br. Aufmerksamkeit; die betr. Nr. war mir schon zugegangen. Brdl. Gruss!

Br. C. L. in H—f. Mir geht es wieder ganz gut; zum Schw. Feste werde ich nicht kommen können, da ich in den nächsten Monaten mit Arbeit zu sehr überladen bin. Die Versendungen für den Verein nehmen jetzt schon viel Zeit in Anspruch, dazu die Jahresschluss-Arbeiten und die redactionellen Vorbereitungen für den neuen Jahrg. der Bauh. Wir grüssen herzlich.

Br. Dr. F. L. in St. Besten Dank für die „Zeitlieder" und herzlichen Gruss.

Br. in Thüringen. Aus den übersandten Nr. werden Sie ersehen, dass der Art. nicht an Sie adressirt war. In Folge eines Schreib- oder Druckfehlers war in Br Clausens Notiz irrig in Nr. 41 statt Nr. 40 verwiesen. Brüderlicher Gruss!

Den Brn. in N—n. Von meinem Br Herm. bin ich seit leider 4 Wochen ohne Nachricht. Herzlichen Gruss!

Verantwortlicher Redacteur: Br J. G. Findel. — Verlag von Br J. G. Findel in Leipzig. — Druck von Brr Bär & Hermann in Leipzig.

Nᵒ. 49. XIII. Jahrgang.

Die

BAUHÜTTE.

Begründet und herausgegeben

von

Br J. G. FINDEL.

* Organ des Vereins deutscher Freimaurer. *

Handschrift für Brr Frmr. Leipzig, den 3. December 1870. MOTTO: Weisheit, Stärke, Schönheit.

Von der „Bauhütte" erscheint wöchentlich eine Nummer (1 Bogen). Preis des Jahrgangs 8 Thlr. — (halbjährlich 1 Thlr. 15 Ngr.)
Die „Bauhütte" kann durch alle Buchhandlungen bezogen werden.

Ein allgemeiner Maurer-Congress.

Von

Br J. G. Findel.

Manche Ideen treten zu früh in die Oeffentlichkeit hinaus und haben dann in der Regel das Schicksal, wirkungslos zu verhallen. Später aber ackern zuweilen äussere Ereignisse die Gemüther um und machen sie empfänglich zur Aufnahme der ausgestreuten Saat. Dies ist auch der Fall mit der Idee eines allgemeinen (internationalen) Maurer-Congresses, die wir schon vor Jahren in der „Bauhütte" erörterten und zur Verwirklichung empfahlen, ohne damit irgendwo, weder in der Heimath noch in der Ferne, geneigtes Gehör und thatbereite Unterstützung zu finden. Gleiches Schicksal hatte das Worm-ser „Grundgesetz" vom J. 1867, welches als Frucht jener Erörterungen in §. 4 die Bestimmung enthält, dass „der Gesammtlogenverband der ganzen Erde (Universal-Gross-loge) seinen lebendigen Ausdruck durch die zu erstreben-den allgemeinen (internationalen) Maurercongresse und das auf denselben zu wählende oberste Beamtencollegium erhalten soll." Nach §. 6 soll jede Grossloge unter den Gesetzen der Universal-Grossloge stehen und sollte nach den Absichten des Vereins deutscher Maurer das in Worms berathene und angenommene „Grundgesetz" ein Versuch sein, die Fundamentalbestimmungen des Bundes zum Aus-druck zu bringen und den Bestrebungen der gesammten Maurerwelt die Richtung zu geben, welche zur idee-gemässen Ausgestaltung des Bundes als einheitlichem

Ganzen führen müssten. Hierzu lag der Keim von Anfang an in ihm selber und diese einheitliche Gestaltung ist eine unerlässliche Forderung, wenn er wirklich ein Bund, wenn er der Bund der Bünde werden und zu einer plan-vollen Werkthätigkeit in Einem Geiste, zur Verfolgung gemeinschaftlicher Strebeziele gelangen will. Die bisherige lose Verbindung verschiedengestalteter und nichts weniger als geistes- und gesinnungsverwandter Grosslogen durch gegenseitige Repräsentation, die nicht einmal durchgeführt, ist keinesfalls genügend, um die Bezeichnung „Bund" der FrMr für unsere Gesellschaft zu rechtfertigen und jene rituelle Behauptung: „Alle auf dem ganzen Erdenrund zerstreuten Brüder bilden nur Eine Loge", oder die Be-zeichnung des Bundes als einer grossen Familie und der Brüder als „Glieder Eines Leibes" zur vollen Wahrheit zu machen. Und doch liegt die Grösse, die Stärke und Be-deutung unseres Bundes gerade in seiner Universalität und in der harmonischen Vereinigung der Grundsätze der Freiheit und Gemeinsamkeit, des Individualitäts- und des Gesellschaftsprinzips, in diesen Eigenthümlichkeiten seines Wesens, welche ihn der starren, geistwidrigen Ein-förmigkeit und dogmatischen Gebundenheit der katho-lischen Kirche gegenüber zum Repräsentanten des wahren Katholizismus, zum Träger der Weltverbrüderung machen!

Zwei äussere Ereignisse mussten, wie es scheint, erst ins Mittel treten, ehe der prophetische Gedanke des Ver-eins deutscher Maurer betreffs eines allgemeinen Maurer-congresses wieder auflebend empfängliche Herzen finden konnte: das katholische ökumenische Concil mit dem Siege des Jesuitismus und der deutsche Nationalkrieg in diesem

Jahre. Beide Ereignisse weckten diesen Gedanken wieder auf und zwar gleichzeitig und unabhängig an verschiedenen Punkten, in der Schweiz, in den Niederlanden und in Frankreich.

Die Concentration der Hierarchie und der Kirche im Papstthum, resp. im Jesuitenorden und die von daher der Geistesfreiheit, der Sittlichkeit und der Civilisation drohenden Gefahren mussten nothwendig die freie Einigung des Maurerbundes Allen nahe legen, welche ein Herz für die Menschheit und ihre heiligsten Güter haben. Der deutsche Nationalkrieg seinerseits drängt ebenfalls nach gleicher Richtung hin, sofern er das Bedürfniss wach rief, den sittlichen Einfluss der Freimaurerei zu steigern und zu Gunsten des Weltfriedens nutzbar zu machen. Welchen Antheil die Angst vor neuen kriegerischen Verwickelungen mit dem starken Deutschland, überhaupt vor einem Uebergewicht deutscher Waffen und deutschen Geistes an solchen Bestrebungen haben möge, das kann billig ausser Frage bleiben: genug, dass die Forderung einer behufs Geltendmachung von Recht und Gerechtigkeit, behufs Förderung des Friedens in der grossen menschlichen Gesellschaft gesteigerten geistigsittlichen Einwirkung unseres Bundes, also die Forderung einer Ausdehnung seiner berechtigten Machtsphäre durchaus begründet, edel und zeitgemäss ist.

Diese Gedanken sind in uns angeregt werden sowohl durch die in Holland und Frankreich aufgetauchten Bestrebungen für Einberufung eines allgemeinen Maurer-Congresses, wie insbesondere durch einen in Nr. 21 und 22 der in Lausanne erscheinenden maurer. Zeitschrift: „La verité" enthaltenen Artikel über den gleichen Gegenstand. Wir theilen denselben seinem Hauptinhalte nach in deutscher Uebersetzung mit, um sodann einige weitere Bemerkungen daran zu knüpfen. Der Verfasser J. B. sagt dort:

„Der gegenwärtige Krieg enthüllt auf schlagende Weise die derzeitige Ohnmacht der Mrei. Diesen Krieg hat man vorausgesehen; Jedermann sprach davon wie von einer unvermeidlichen Nothwendigkeit. Haben wir versucht, ihm zuvorzukommen? Haben wir die uns verfügbaren unwiderstehlichen Mittel dagegen in Anwendung gebracht? Denn ich stehe nicht an, die Behauptung auszusprechen: Wenn die Maurer Europas sich dem Kriege widersetzt hätten, — der Krieg würde nicht ausgebrochen sein! Nein! Wir haben diese Geissel herankommen lassen mit all ihren Schrecken, mit verschränkten Armen ruhig dastehend; wir haben protestirt, aber zu spät; wir haben die Opfer des Krieges unterstützt — gewiss ein humanitäres und echt-maurerisches Werk, — aber wir haben das Elend nicht gehindert und im Keime erstickt.

Und während die Ereignisse in den Kabineten, in den Arsenalen und Kasernen sich vorbereiteten, war während dieser Zeit die Maurerwelt müssig? O, nein! sie debattirte über Fragen des Gradwesens, Verfassungsbestimmungen u. dgl. m. Mit Ausnahme der bemerkenswerthen Bewegung, welche von unserem Br Jean Macé ausgeht (die Unterrichtsliga), hat sich die Mrwelt mit nichtigen Dingen beschäftigt (des oeuvres futiles).

Es ist hohe Zeit, solche sterile Agitationen aufgeben, da die profane Welt über uns und unsere Arbeiten lächelt und immerzu nach den Erfolgen unserer Thätigkeit vergeblich fragt. Um zu grossen weltbeglücken-den Erfolgen zu gelangen, muss die Maurerwelt in ihrer Gesammtheit Nebendinge bei Seite lassen und sich ein grosses würdiges Ziel stecken, genau begrenzt und klar ausgesprochen, und alle Kräfte für dessen Erreichung zusammenfassen. Vereinigung gibt Stärke!

Um die Maurer einig zu machen, ist es nöthig, dass sie sich sehen, kennen lernen und dass sie über die ihnen zugewiesene grosse Mission vereint berathen. Das aber kann nur in einem ökumenischen Congress der Fall sein, wo allerdings die abweichendsten Ansichten zum Vorschein kommen werden, die sich aber doch endlich in einem Punkte zu einer gemeinsamen Ueberzeugung zuspitzen und daher schliesslich einen bedeutsamen Fortschritt begründen werden."

Der Verfasser führt dann noch aus, wie günstig gerade die Gegenwart nach abgeschlossenem Frieden für ein solches Unternehmen sein würde und schliesst nach Beseitigung einiger Einwürfe, die man etwa dagegen geltend machen könnte, mit der Aufforderung, dass nicht irgend eine Grossloge, sondern dass einzelne Brr Maurer die Initiative ergreifen und sich als Congress-Ausschuss vereinigen sollten. Der Congress sollte nur berathende Befugniss haben und für seine Beschlüsse nur die Macht der Ueberzeugung eintreten lassen. Der Augenblick ist günstig, ruft er; darum frisch ans Werk!

Indem wir in diesen Ruf freudig mit einstimmen, halten wir es gleichzeitig für unsere Pflicht, auf die Gefahr aufmerksam zu machen, welche ein Scheitern des Unternehmens in Folge mangelnder Vorbereitung oder in Folge mangelnder Betheiligung mit sich bringen würde. Was nur Schuld dieser eben bezeichneten Factoren, würde man nur allzugeneigt der Sache selbst zur Last legen und die dadurch erzeugte Entmuthigung würde einem neuen Versuche unübersteigliche Hemmnisse in den Weg legen. Lassen wir doch nicht ausser Acht, dass unter allen Umständen das Unternehmen ohnehin seine grossen Schwierigkeiten hat, äussere durch die räumliche Ausdehnung des Bundes und die Kosten weiter Reisen für die Betheiligten, innere durch die nicht zu leugnenden Mangel an Gemeinsinn und an grossartiger idealer Auffassung, an Begeisterung und Opferfähigkeit innerhalb unseres Bundes selbst. Um der Sache selbst willen, die uns am Herzen liegt, müssen wir eine allzu grossartige Anlage des Unternehmens und eine pomphafte Einladung ebenso entschieden widerrathen, wie wir vor unzeitigen, vereinzelten und nicht gehörig vorbereiteten Verwirklichungs-Versuchen warnen.

Geradezu würden wir es für einen beklagenswerthen Missgriff ansehen, wollte man auf einem solchen Congresse zunächst und hauptsächlich die Friedensfrage oder mit andern Worten — die Abschaffung des Krieges auf die Tagesordnung setzen; denn das hiesse der Versammlung von vornherein den Todesstoss geben und die Sache beim verkehrten Ende anfangen. Die Hauptfrage müsste vielmehr nothwendig die einheitliche Constituirung des Mrbundes, die idee- und zeitgemässe Weiterentwicklung desselben und die Aufnahme planvoller Wirksamkeit in Einem Geiste und für gleiche Ziele sein, wodurch allein des Bundes Einfluss nach aussen gestärkt und die Maurerei, der Phrase und des Scheins entkleidet, zur Kunst erhoben werden kann. Erst wenn wir aus einer blosen Gesinnungsgemeinschaft eine Strebens- und Arbeitsgemeinschaft geworden sind, erst dann wird unser Bund in der Lage sein, die Berechtigung und Bedeutung seines Daseins einleuchtend und schlagend darzuthun; erst dann wird jeder Bruder mit vollem Rechte singen können: „O selig, o selig ein Maurer zu sein!" Vergessen wir doch ja nicht, dass die Gründer unseres Bundes nur den Grund zum Bau gelegt und die Umrisse des Bauplanes gezeichnet haben und dass demzufolge wir nur dann gewissenhafte Verwalter des hinterlassenen Erbes sind, wenn wir den Riss vollenden, den Bau weiterführen. Thun wir dies, dann wird auch in Fragen des Rechts und der Menschenwürde, der Freiheit und des Friedens unser Bund eine beachtete Stimme abzugeben im Stande sein, ohne sich in die Angelegenheiten dieses oder jenes Staates zu mischen, getreu seiner Mission, ein Bund mit der Menschheit und für die Menschheit zu sein!

Scheuen wir einen kleinen und unscheinbaren Anfang nicht, aus dem Grosses sich entwickeln kann und soll, und knüpfen wir an Bestehendes an. Hierzu gibt die nächste Jahresversammlung des Vereins deutscher Maurer in Darmstadt die geeignetste Handhabe; wenn Brr aus der Schweiz, aus Italien, England, den Niederlanden und Frankreich, vielleicht auch aus Amerika sich als Theilnehmer einfinden, so kann ohne Ostentation der Grundstein zu einem künftigen internationalen Maurer-Congress gelegt und nach gegenseitigem Austausch der Ansichten ein Ausschuss niedergesetzt werden mit dem Auftrage und der Vollmacht, denselben einzuberufen, die Tagesordnung festzustellen und alle sonstigen Vorbereitungen zu treffen.

Unter Hinweis auf diese Jahresversammlung rufen wir mit den Schweizer Brn: „Die Gelegenheit ist günstig; darum frisch an's Werk!" Gross und erhaben ist das Ziel, herrlich und lohnend die Aussicht auf das zu schaffende Werk, würdig des 19. Jahrhunderts.

Auf, Maurer, seid bereit;
S'ist hohe Mittagszeit!

Zur unbefangenen Würdigung Voltaires.

Züge zu einem maurerischen Lebensbilde.

Von
Br Dr. Nagel in Mühlheim a. d. R.

(Schluss.)

Zu der Zeit, als noch die ganze Familie Calas im Kerker schmachtete, das Urtheil an dem unglücklichen Vater nicht vollstreckt war, forderte der religiöse Fanatismus in Languedoc schon ein neues Opfer. Der Bischof von Castres liess die Tochter eines Herrn Paul Sirven, welche er bei seiner Haushälterin gesehen hatte, als er erfuhr, dass ihre Familie hugenottisch sei, ohne Weiteres in ein Kloster sperren. Um den gewünschten Uebertritt zum Katholizismus zu beschleunigen, wurde das arme zweiundzwanzigjährige Mädchen derartig gepeitscht, dass es wahnsinnig wurde. In diesem Zustande entfloh sie, und einige Zeit nachher fand man ihre Leiche in einem Brunnen, welcher in sehr grosser Entfernung von ihrem elterlichen Hause auf freiem Felde stand. Alles war noch in voller Aufregung über die gegen die Calas erhobenen Beschuldigungen, und so glaubte man jetzt einen neuen Beweis dafür zu haben, dass der Protestantismus es Eltern zur Pflicht mache, ihre Kinder ums Leben zu bringen, sobald sie eine Hinneigung zum Katholicismus zeigten. Dieser Aberglaube galt dem Richter statt jedes Beweises — das unglückliche Mädchen musste von ihrer eigenen Familie umgebracht worden sein: der Richter erliess einen Verhaftsbefehl gegen Vater, Mutter und die beiden Schwestern des Mädchens. Auf diese Nachricht versammelt Sirven seine Freunde: alle sind völlig überzeugt von seiner Unschuld, alle widerrathen ihm aber auch, dem Wüthen des Fanatismus die Stirn zu bieten und dringen auf schleunige Flucht. Sirven floh mit Weib und Kind. Schon war die strenge Jahreszeit eingetreten. Die Unglücklichen mussten zu Fusse über das schon mit tiefem Schnee bedeckte Gebirge; eine der beiden Töchter, eine junge Frau, wurde mitten in der Schneewüste entbunden und trug, selbst dem Tode nahe, ihr sterbendes Kind in ihren Armen weiter. Die Familie erreichte die Schweiz — und fand eine Zufluchtsstätte bei Voltaire. Die erste Nachricht, welche die Sirven hier erreichte, war die, dass sie alle zum Tode verurtheilt und im Bilde hingerichtet worden, und ihr ganzes Vermögen mit Beschlag belegt worden sei. Da dies Urtheil von einem unter dem Parlament von Toulouse stehenden Gerichtshof gefällt worden war, so musste, wenn eine Vernichtung desselben erreicht werden sollte, an eben jenes Parlament appellirt werden, an dem der Fanatismus so eben durch die Hinrichtung des Calas seinen Triumph gefeiert hatte. Ehe nicht in der Sache Calas der Staatsrath das letzte Wort gesprochen hatte, konnte von keinem erfolgreichen Schritte für die Sirven die Rede sein. Inzwischen that Voltaire alles, was ihm die Umstände zu thun erlaubten: er gewann denselben Herrn de Beaumont, der durch die Vertheidigung der Calas seine Jugend mit Ruhm gekrönt hatte, auch für die Vertheidigung der Sirven; er schrieb an alle deutsche Fürsten, an die Kaiserin von Russland, die Könige von Polen und Dänemark, um ihren thätigen Beistand für die unglückliche Familie zu gewinnen — sie alle sandten reiche Unterstützung, Friedrich der Grosse unter anderen sandte 500 Livres und bot der Familie eine Zuflucht in seinem Lande an. Als endlich die Gerechtigkeit in der Sache gesiegt hatte, wandte Voltaire sich mit einem durch klare Darlegung des Sachverhaltes motivirten dringenden Gesuch um Revision des Prozesses Sirven unmittelbar an das Parlament von Toulouse selbst, an welchem, nach der Vernichtung des über die Calas gefällten Urtheils durch den Staatsrath die freisinnigere Partei die Oberhand gewonnen hatte: das Parlament von Toulouse sprach die Sirven frei. Acht Jahre waren bis dahin verflossen, und während dieser Zeit war Voltaires Haus den Sirven Heimath gewesen. — Wie weit Voltaire davon entfernt war, das, was er für die beiden Familien gethan, was sie ihm verdankten, sich als Verdienst anzurechnen, geht aus den schönen an Damilaville gerichteten Worten hervor: „Bei dem entsetzlichen Schicksal der Calas und Sirven", schreibt er, „habe ich nur das gethan, was alle Menschen thun: ich bin meiner Neigung gefolgt. Die Neigung eines Philosophen ist nicht, die Unglücklichen zu beklagen, sondern i l nen zu dienen." Wie aber seine Zeitgenossen dachten, beweist unter andern folgende schöne Stelle eines Briefes der Kaiserin Katharina II. von Russland. Mit einem Wechsel, dem sie Voltaire für die Sirven schickt, schreibt sie: Es heisst nichts, seinem Nächsten etwas von seinem grossen Ueberfluss abgeben, aber es heisst sich unsterblich machen, wenn man die Sache der Menschheit führt, wenn man die unterdrückte Unschuld vertheidigt. Was Ihr für die Calas und Sirven getban habt, erwirbt Euch die solchen Wundern gebührende Verehrung. Ihr habt die verbündeten Feinde der Menschheit bekämpft: Aberglauben, Fanatismus, Unwissenheit, Ränkesucht, schlechte Richter und die Macht die in ihrer aller Händen ruht. Es bedarf grosser Eigenschaften und Tugenden, um solche Hindernisse zu überwinden: Ihr habt bewiesen, dass Ihr sie besitzt: Ihr habt gesiegt."

Nicht minder unaufhörlich als mit dem Namen Calas und Sirven ist Voltaires Name mit dem Namen de la Barre, Montbailli und Sally verbunden. Der arme de la Barre, ein einundzwanzigjähriger junger Mensch, wurde von einem seiner Tante feindlich gesinnten Menschen in Abbeville, einer kleinen Stadt der Picardie, angeklagt ein Kruzifix verstümmelt zu haben — weil es bezeugt werden konnte, dass er einmal mit seinen Kameraden ein leichtfertiges Lied gesungen hatte und ohne den Hut abzunehmen, in einiger Entfernung an einer Prozession vorübergegangen. Obgleich die eigentliche Anklage nicht durch einen einzigen unterstützt werden konnte, Jedermann vielmehr die Verstümmelung einem betrunkenen Soldaten oder einer schwerbeladenen Holzkarre zuschrieb; obgleich ich, selbst wenn die Anklage gegründet gewesen wäre, nicht ein einziges französisches Gesetz die Todesstrafe gerechtfertigt haben würde, so wurde der Unglückliche dennoch zu einem qualvollen Tode verurtheilt, und das Urtheil an ihm vollstreckt. Er starb mit der bewunderungswürdigsten Ruhe, einer Ruhe, die Voltaire wegen der grossen Jugend des Unglücklichen über die des Sokrates stellt: „Ich hätte nicht geglaubt," sagte er zu dem Geistlichen, „dass man einen jungen Menschen um eine so geringe Sache tödten würde."

Voltaires Entsetzen und Abscheu waren grenzenlos, als er in seiner Einsamkeit am Genfer See diesen neuen Justizmord erfuhr: alle Briefe jener Zeit lassen den Schauder durchfühlen, der ihn schüttelte: es ekelte ihn, ein Franzose zu sein. Es liess ihm nicht eher Ruhe, als bis er alles, was die Unschuld des Unglücklichen ins hellste Licht zu setzen geeignet war, zusammengebracht und veröffentlicht hatte und er dem als Mitschuldigen de la Barres abwesend verurtheilten jungen d'Etallonde eine Offiziersstelle im Heere Friedrichs des Grossen verschafft hatte. „Wer weiss", sagt Voltaire von dem jungen Manne, den der König mit grosser Auszeichnung behandelte, den, einen Liebling des ganzen Regiments, er bald zu seinem Adjudanten machte", wer weiss, ob er nicht einmal kommen wird, um Genugthuung für den ihm in seinem Vaterlande widerfahrenen Schimpf zu fordern."

War es in der Sache de la Barres Voltaire nur vergönnt, die Unschuld des Gemordeten wiederherzustellen, so war es ihm dagegen beschieden, in der Sache Montbaillis wenigstens ein dem Feuertode entgegenschmachten-

des Opfer einer barbarischen Gerechtigkeit abzuringen und in anerkannter Unschuld dem Leben und der Freiheit wiederzugeben.

Die sechzigjährige Wittwe Montbailli, eine dem Trunk sehr ergebene Frau, lebte in demselben Hause mit ihrem Sohn und dessen Gattin, einem allgemein des besten Rufes sich erfreunden Ehepaar. Eines Morgens früh will Jemand die alte Frau sprechen; die beiden jungen Leute stehen auf, klopfen, warten lange — die Thüre wird nicht geöffnet. Endlich treten sie ein: da liegt die alte Frau todt auf einem Koffer neben ihrem Bette. Alles sprach dafür, dass übermässiger Branntweingenuss am Abend vorher der Frau einen plötzlichen Schlaganfall zugezogen hatte, die Aerzte waren übereinstimmend dieser Meinung. Erst bei der Beerdigung wurden einzelne Stimmen laut, dass die Mutter, die den Tag vor ihrem Tode ihre Kinder aus dem Hause habe treiben wollen, von diesen aus Rache ermordet worden sei — des Erbens wegen konnte es nicht sein, da die Schulden der alten Frau grösser waren als ihr Vermögen. Die Beschuldigung wurde lauter und immer lauter ausgesprochen, so dass das Gericht von Saint-Omer sich bewogen fand, Montbailli und seine Frau zu verhaften. Die Untersuchung stellte die völlige Unschuld beider heraus, doch, eingeschüchtert durch das Geschrei des Pöbels, behielt das Gericht beide in Gewahrsam. Die Sache kommt an das Obergericht in Arras. Ohne neues Verhör, nur auf die Verdachtgründe hin, welche das so viel besser unterrichtete Gericht von Saint-Omer als völlig unhaltbar verworfen hatte, wurde das Ehepaar zum Tode verurtheilt. Montbailli erlitt den Tod mit der Ruhe der Unschuld; als ihm von der Kirchenpforte die Hand abgehauen wurde, sagte er: „Diese Hand hat keinen Muttermord begangen"; als ihm auf dem Rade die Glieder gebrochen wurden, sagte er dem auf ein Geständniss dringenden Geistlichen: „Warum wollt Ihr mich zwingen, eine Lüge zu sagen? Wollt Ihr eine solche Schuld auf Euch laden?" Der Körper wurde, noch lebend den Flammen übergeben. Montbaillis Gattin war zum Feuertode verurtheilt worden: sie sollte den Tod erleiden sobald sie im Gefängniss ihre Entbindung überstanden haben würde.

Da gelangte die Sache zur Kenntniss Voltaires: er zauderte nicht, er reichte eine ausführliche Denkschrift beim Kanzler de Maupon ein und hatte die Freude, dass ein neu zusammenberufener Gerichtshof in Arras Montbailli und seine Frau für unschuldig erklärte: die Wittwe wurde im Triumph in ihre Vaterstadt zurückgeführt.

Ich nenne endlich noch den General Sally, der unter dem völlig unbewiesenen Vorwande begangener Unterschleife, in Wahrheit aber wegen seines unglücklich geführten afrikanischen Feldzuges von Pariser Parlament, in ächt karthagischer Art, zum Tode verurtheilt und, weil man seine Enthüllungen fürchtete, mit einem Knebel im Munde zum Schaffot geschleift worden war. Auch in diesem Falle liess sich Voltaire weder durch sein hohes Alter noch durch seine körperlichen Leiden abhalten, das thätigste Interesse zu beweisen. Der achtzigjährige Greis setzte sich mit den Neffen des Gemordeten behufs einer Revision des Prozesses in Verbindung. „Ich will gern Ihr Sekretär sein," schrieb er ihm. „Es wird ein Trost für mich sein, dass die letzte Arbeit meines Lebens der Vertheidigung der Wahrheit gilt." Es war seine letzte Arbeit. Er lag auf dem Todtenbette, als er die Nachricht erhielt, dass seine Bemühungen gelungen, dass das Urtheil des Parlaments, welches den General dem Tode überliefert, vernichtet worden sei. Da schrieb er an den Sohn des Gemordeten — es waren seine letzten Zeilen —: „Der Sterbende richtet sich bei dieser grossen Nachricht noch einmal wieder auf, er sieht, dass der König der Vertheidiger der Gerechtigkeit ist: er wird zufrieden sterben." Darnach sank er zurück, um sich nicht wieder zu erheben.

Soll ich nun noch hinzufügen, dass Voltaire es war, an den sich die in der entwürdigendsten Erniedrigung lebenden Leibeigenen des Klosters Saint-Claude in der Franche-Comté wandten, dass er, wenn auch ohne selbst den Erfolg zu erleben, für ihre Sache, dass er für die Aufhebung der damals auch noch auf allen Gütern des Königs herrschenden Leibeigenschaft muthig und mannhaft in die Schranken trat? Ich glaube, es bedarf dessen kaum mehr, um die Ueberzeugung zu befestigen, dass Voltaire der uneigennützigsten, aufopferungsvollsten Menschenliebe nicht nur fähig war, nein, dass er diese Tugend der Tugenden, seit er sich aus seinem sturm- und drangbewegten Leben in sein stilles Ferney gerettet, dem innersten Drange seines Wesens folgend, bis an sein Lebensende ununterbrochen im vollsten reichsten Masse geübt.

Eine wahre Proteus-Natur steht in Voltaire uns gegenüber, die verschiedenartigsten, die höchsten wie die niedrigsten Eigenschaften liegen in seinem Wesen nebeneinander, der schneidendste Verstand neben dem flammendsten Enthusiasmus, der höhnendste Witz neben der tiefsten Gefühlserregbarkeit, völliger Mangel an Muth für seine eigene Person, die muthigste Entschlossenheit, wo es, um eine Welt zu retten, einer Welt voll barbarischer Vorurtheile und Misbräuche entgegenzutreten galt, habgieriges Trachten nach Geld und Gut, und ein Spenden aus vollem Herzen aus der vollen Händen, um die Thränen unverschuldeten Elends zu trocknen. Ist es, angesichts eines solchen Menschen gerecht, immer nur die negative Seite seines Wesens dem Urtheil zu Grunde zu legen? Muss nicht für ihn wie für jeden Menschen das letzte, das entscheidende Moment in der Wagschale des Urtheils die Antwort auf die Frage sein: ob und in welchem Masse das echt, das ewig Menschliche, das hoch über jeder Zeit und jeder Partei steht, in ihm zur Erscheinung gelangt ist?

Ich überlasse die Antwort auf diese Frage Ihnen: mich aber dünkt, das französische Volk hat einen Markund Merkstein für das Urtheil aller Zeiten hingestellt, als es während der grossen Revolution, deren Moses Voltaire gewesen war, die Summe seines Lebens und seines Werthes ziehend, diese Worte unter sein Standbild im Ehrentempel des Volks, im Pantheon schrieb:

„Den Manen Voltaires."

Dichter, Geschichtschreiber, Philosoph, erweiterte er den menschlichen Geist und lehrte ihn, dass er frei sein müsse. Er vertheidigte Calas, Sirven, de la Barre und Montbailli, bekämpfte die Atheisten und die Fanatiker; er flösste Duldung ein; er machte die Menschenrechte gegen die Leibeigenschaft des Feudalwesens geltend."

Die Thätigkeit des Unterstützungs-Comités der vereinigten Frankfurter Logen.

Mitte November 1870.

Angesichts der wohlwollenden Theilnahme, welche unserem bescheidenen Wirken von nah und fern aus der Brüderschaft gezollt wird, und welche sich wiederholt in kräftiger Unterstützung und Mitwirkung manifestirt hat, liegt uns die Pflicht ob, den Brüdern Rechenschaft abzulegen über die Verwendung dessen, was sie in unsere Hand gegeben. Und um so freudiger erstatten wir Bericht über unsere Thätigkeit, als es uns — trotz dessen, dass unsere Mittel verhältnissmässig nur sehr gering sind — doch gelungen ist, viel schweres Elend zu lindern, bittere Thränen zu trocknen, armen Verwundeten Linderung zu bringen, Sterbenden den Hinübergang zu erleichtern.

Unser Zweck konnte selbstverständlich nicht sein, irgend einen Zweig der Abhülfe des entsetzlichen Kriegselends in unsere Hand zu nehmen, — für alle einzelnen Zweige bestehen hier am Orte besondere Vereine, die mit den grossartigsten Geldmitteln wirken und, durch den stets lebendigen und thatkräftigen Wohlthätigkeitssinn der Bürgerschaft unterstützt, Unglaubliches leisten; wir konnten uns nur zum Zwecke setzen, da helfend einzugreifen, wo ganz besondere Fälle vorlagen, oder wo die anderen Vereine in Folge der Grossartigkeit ihres Wirkens nicht dem einzelnen Falle die Berücksichtigung schenken konnten, welche er wohl verdient.

Es besteht z. B. ein Verein, welcher Frauen und Kinder der im Felde stehenden Krieger unterstützt. An diesen Verein aber kommen die Anforderungen in so grosser Zahl, dass es unmöglich ist, die einzelnen Fälle speziell zu untersuchen, zu prüfen und nach Bedürfniss und mit Berücktichtigung aller eingreifenden Verhältnisse der Noth abzuhelfen. Ein solcher Verein muss sich begnügen, das Factum fest zu stellen und dann nach weise festgesetzten Normen die Unterstützung zu geben. Uns verbleibt es dann, der besonderen Sachlage Rechnung zu tragen, also z. B. der gesellschaftlichen Stellung der Betreffenden, oder der grösseren, oder geringeren Leichtigkeit, selbst Etwas zu verdienen. Da ist z. B. auf einem benachbarten Dorfe eine Frau, deren Mann im Felde steht, und welche ein 3 Monate altes Kind zu pflegen hat. Der genannte Verein kann ihr nur bewilligen, was er für eine Frau und für Ein Kind festgesetzt hat; wir aber sagen: „Die mittellose Frau hat auch noch einen 72jährigen arbeitsunfähigen Vater zu ernähren und einen 69jährigen, aus Frankreich vertriebenen armen Onkel", — und helfen hier nach. — Eine in dürftigen Verhältnissen lebende Frau besucht ihren schwer verwundeten Mann, der in einem Lazarethe am Rhein liegt. In Mainz wird ihr plötzlich die freie Retourfahrt verweigert; das ersparte Geld hat sie natürlich ihrem Manne dort gelassen, mit den paar Kreuzern, von welchen sie unter Weges leben wollte, bezahlt sie die Fahrt nach Frankfurt, — hier aber steht sie hungernd und verlassen und hat noch einen Weg von 20 Stunden nach der Heimath, wo sie von 3 Kindern erwartet wird. Für einen solchen Fall existirt natürlich kein eigenes Comité! Es galt aber, die

Frau ungesäumt zu ihren Kindern zu befördern, — das war ein Werk für uns.

Noch ein Beispiel! In einer kleinen Stadt sind menschenfreundliche Bürger zusammen getreten, ein Lazareth zu errichten. Sie nehmen die Verwundeten (gleichviel ob Deutsche oder Franzosen) mit Herzlichkeit auf, pflegen sie in wahrer Bruderliebe, — — aber die Geldmittel entsprechen nicht dem guten Willen. Der Krieg dauert fort, die milden Gaben bleiben aus, wie nun? Können die Leidenden hülflos gelassen werden? In solchen Fällen erkannten wir es als Pflicht, die barmherzigen Samariter zu unterstützen.

Ferner: Ein Br N. N., der seit dem Jahre 1840 Bijouterie-Fabrikant in Paris ist, wird bei Tagesgrauen aus dem Bette geholt, noch im Nachthemde, nur mit leichten Beinkleidern und einem Rocke bekleidet, auf den Bahnhof geschleppt und nach Deutschland geschickt. In unaussprechlicher Gemüthserregung kommt er zu uns, aber das herzliche Bruderwort und die geöffnete Bruderhand beruhigen ihn wunderbar. Wir geben ihm das nöthige Geld, dass er in's deutsche Hauptquartier reisen kann, wo er um die Bewilligung bitten will, seine Frau (eine geborene Französin) und seine Kinder aus Paris zu holen oder sie zu erflehen. — Solches und Aehnliches kommt allwöchentlich vor uns.

Das ist also die Art unseres Wirkens. Unsere Einnahme entflossen folgenden Quellen:

Gründungsfonds der Frankfurter Logen . fl.	950. —.
Beitrag der Loge „Tempel zur Eintracht" in Posen . . . . -	43. 45.
Beitrag des Maurer-Kränzchens in Löbau . -	31. 30.
Beitrag der Loge „zu den drei Degen" in Halle -	192. 30.
Beitrag des Maurer-Kränzchens in Glarus . -	167. —.
Beitrag der Loge „zum preussischen Adler" in Insterburg . . . . -	57. 45.
Beitrag der Loge „Archimedes" in Gera . -	17. 30.
Beitrag der Loge „die Jünger des Pythagoras" in Galacz . . . . . . -	404. 32.
Durch die Redaction der „Bauhütte". . -	71. 10.
Ausserordentliche Gaben Einzelner (Brüder und Nichtbrüder) . . . . . -	421. 45.
	fl. 2357. 27.
Wochenbeiträge der frankfurter Brüder . -	6755. 43.
Gesammt-Einnahme bis Mitte November: fl.	9113. 10.

Unsere Ausgaben und Leistungen können wir in Folgendem übersichtlich zusammenstellen:

Wir haben gegeben
dem Hauptvereine für die Pflege Verwundeter im Felde:

für Saarbrücken . . . . . fl.	275. —.
für Metz . . . . -	800. —.
für Wörth . . . . -	300. —.
für Sedan . . . . -	500. —.
dem freiwilligen Sanitätscorps (in 4 Raten) -	450. —.
dem Correspondenz-Bureau für Verwundete (in 2 Raten) . . . . -	20. —.
dem Vereine zur Unterstützung der Familien im Felde stehender Krieger . . -	200. —.
dem Comité zur Unterstützung der Ausgewiesenen (in 3 Raten) . . . . -	400. —.

dem Comité zur Pflege durchreisender Krieger Verwundeter und Gefangener auf dem Hanauer Bahnhof . . . . . fl.	50. —.
dem Privat-Lazarethe des Herrn Dr. Buckenheimer (in 2 Raten) . . . . -	200. —.
dem Lazarethe in Hanau (in 2 Raten) . -	200. —.
" " - Soden " . . . -	200. —.
" " - Wilhelmsbad . . . -	100. —.
" " - Kloppenheim . . . -	100. —.
" " - Rödelheim . . . . -	50. —.
" " - Kusel (in der Rheinpfalz) -	100. —.
" " - in Oberstein . . . -	165. —.
für das 34. Infanterie-Regiment . . . -	100. —.
für das 5. Dragoner-Regiment . . . . -	50. —.
zur momentanen Abhülfe der grossen Noth in den Orten Schmitten u. Arnoldshain -	100. —.
der Loge in Strassburg . . . . . -	300. —.
der Brüdern in Kehl . . . . . . -	150. —.
dem Comité zur Pflege verwundeter und kranker Krieger . , . . . -	200. —.
der Armen-Augenheil-Anstalt in Wiesbaden -	50. —.
	fl. 5000.

Neben diesen Unterstützungen für Vereine und Lazarethe war es besonders nöthig, der Frauen und Kinder zu gedenken, deren Ernährer im Felde stehen. In der ersten Woche unserer Thätigkeit gaben wir 8 fl. aus, zwei Frauen erhielten je 4 fl.; — heute haben wir bereits eine regelmässige Wochenausgabe von 258 fl. und seit 4 Tagen sind schon wieder 25 Bittgesuche eingelaufen! Im Monat August verausgabten wir an Familien im

Felde stehender Krieger . . . fl.	73. —.
im September . . . . -	437. 40.
im Oktober . . . . -	572. 30.
im November (bis heute!) . . . . -	859. 30.
	Summa: fl. 1942. 30.

Die Bedürfnisse in dieser Richtung wachsen in's Unglaubliche, und — wir können die Dürftigen nicht abweisen. Oder wäre es möglich? Ein Vater ist alt und fast blind, die Mutter hat zwei Brüche und die Gicht, verdienen können Beide Nichts, Vermögen ist nicht da, und der Sohn, der einzige Ernährer, steht im Felde. — Oder: Die Frau hat 2 Kinder, eines von 2 Jahren, eines von 11 Monaten, sie muss diese pflegen, kann also fast Nichts verdienen und der Staat gibt ihr, seit ihr Mann im Felde steht, monatlich 2 Thaler, d. h. täglich 2 Groschen, mit welchen sie noch nicht die Wohnung bezahlen kann; — wovon soll sie leben? — Oder: Ein Lohnkutscher in Paris, der 3 Jahren verheirathet ist, einen Fiaker und 3 Pferde auf der Villette hatte, wird mit seiner Familie plötzlich aus der Stadt geschafft. Von seinem Vermögen, das in Haus, Stallung, Wagen und Pferden steckte, kann er keinen Centime retten. So kommt er dürftig und von Allem entblösst in seinem Heimathorte an. Hier hatte er sich seiner Zeit einen Einsteller zum Militär gekauft; die preussische Regierung aber, die unterdessen sein Vaterland annectirt hat, lässt das nicht gelten, steckt ihn sogleich in den Soldatenrock, und da dies sein erster Dienst ist, erhält die Frau vom Staate gar Nichts. Die

Frau mit den 3 Kinderchen, von welchen das jüngste noch an ihrer Brust liegt, hatte bisher in Wohlstand gelebt und ist jetzt am Bettelstabe. Und ihre Heimathgemeinde? Die sagt: „Wir sind selbst arm; wir haben kein Geld und können Andere nicht füttern. Geht nach Frankfurt!" — Müssen wir nicht hier helfen? Solche Fälle treten allwöchentlich neu an uns heran und zehren einen grossen Theil unserer Mittel auf.

Endlich haben wir noch nach einer dritten Richtung gegeben, 177 fl. in einzelnen, nicht zu classificirenden Fällen, z. B. 25 fl. an einen durch seine Verwundung blind gewordenen Soldaten u. dergl. mehr.

Und nun noch ein Wort zum Schluss!

Wir haben stets und überall den Grundsatz fest gehalten (und als Maurer konnten wir gar nicht anders), dass wir der Noth helfen ohne Ansehen der Person, und selbstverständlich sind von unseren Gaben in Lazarethen verpflegt und auf der Durchreise gelabt worden, Franzosen ebensogut wie Deutsche. Wir sind überzeugt, so im Sinn und Geiste Derer gehandelt zu haben, die uns ihre Beisteuern vertrauensvoll übergeben. Indem wir den menschenfreundlichen Gebern hiermit den klaren Blick in unsere Thätigkeit eröffnen, bitten wir, unseres anspruchslosen Wirkens nicht zu vergessen. Wir wissen, es geschieht Viel, unendlich Viel, die entsetzliche Noth und das namenlose Elend des Krieges zu lindern, — soll doch das, was allein von hier aus in Geld, Kleidungsstücken, Victualien etc. aufgewendet worden, sich schon auf beinahe eine Million beziffern! — und doch sagen wir: „Vergesst unser stilles Thun nicht!" Wer da giebt in die grossen Vereine (und das thun wir alle, ja auch nach verschiedenen Richtungen), hat gewiss gut und edel gehandelt, aber bei uns vermag auch ein kleines Scherflein ganz besonderen Segen zu stiften und wer nur einer einzigen Wochensitzung zur Vertheilung der Gaben beigewohnt hätte, der würde mit erhöhter Freudigkeit fördern, was wir begonnen. Für Strassburg haben sich allenthalben Comités gebildet, und grosse Summen sind gesammelt worden; aber unsere Gabe lag schon bereit und unser Scherflein war der erste Druck der Bruderhand, der den Brüdern gegeben wurde, sogleich als die Thore geöffnet waren. Deutschland hat etwa 350 Logen und Freimaurer-Kränzchen — wenn uns jede nur eine einzige Einsammlung des Armenbeutels zusendet — wie viele Thränen könnten wir damit trocknen! — Wir bitten nicht für uns. Dank aber sagen wir, tiefgefühlten Dank, Denen, die uns zu ihrem Organ gemacht, des Maurers schönste Pflicht zu erfüllen.

Dr. Karl Oppel,
Mstr. v. St. der Loge Sokrates z. St.

<center>~~~⌘~~~</center>

Feuilleton.

Aus Hamburg. — Am 26. October d. J. fand in der im Or. Hamburg arbeitenden Loge des eklektischen Bundes zur Brudertreue an der Elbe in Gegenwart einer grossen Zahl von Mitgliedern derselben und besuchender BBr. eine erhebende Feierlichkeit statt. Es war, nachdem die L. am 15. September 25 Jahre bestanden hatte, diese Arbeit die erste in dem neubegonnenen Cyclus. Musste auch die Feier des 25jährigen Stiftungsfestes unter dem Ernst der Zeit bis zu einem günstigen Zeitpunkte verschoben werden, so glaubten die BBr. Beamten die erste Arbeit des 26. Jahres doch auszeichnen zu müssen, was 1) durch die Einführung eines neuen Gesangbuches (die L. hat das treffliche Hildesheimer Gesangbuch adoptirt) geschah, sowie 2) durch die Weihe eines neuen Teppichs. Auf Veranlassung eines gel. Brs. hatten sich einige Schwestern meistens von BBrn. Beamten vereinigt, der L. zum 25jährigen Stiftungsfeste einen Teppich zu sticken. Nachdem mit herzlichen Worten vom Stuhle aus der Dienste erwähnt wurde, die der alte Teppich in den 25 Jahren geleistet, wie viele fr. Such. über ihn dem Lichte zugeführt, wie oft zur Arbeit ausgebreitet worden, wurde von demselben Abschied genommen, die BDr. Ceremonienmeister aufgefordert, den neuen Teppich durch die dien. BBr. in den Tempel bringen zu lassen, der dann zusammengerollt vor dem Altar niedergelegt wurde. Die Brr, in Ordnung stehend, begrüssten ihn maurerisch, worauf derselbe entrollt und ausgebreitet wurde. Mit eindringlichen Worten- wies der vorsitzende Meister auf die hohe Bedeutung des Teppichs hin und knüpfte daran die Aufforderung, in maurerischer Weise den BBrn. und deren Schwestern, die sich zur Ausführung dieses sinnigen Geschenkes verbunden, zu danken, worauf unter Harmonium-Begleitung das Lied No. 3 aus dem neueingeführten Gesangbuche gesungen wurde. Der deputirte Meister Br. Conn nahm hierauf das Wort und machte die Mittheilung, dass den beiden fr. Such., denen bei der Arbeit dieses Abends die maurerische Weihe ertheilt werden sollte, noch ein dritter Aspirant hinzuzufügen sei — der jüngste Sohn des vorsitzenden Meisters, des Brs. J. F. Hoffmann — für welchen alle vorgeschriebenen Formalitäten erfüllt und er also der Erste sein würde, der über den neuen Teppich dem Lichte zuschreite. Mit freudiger Ueberraschung nahm der vorsitzende Meister diesen Beweis der Liebe und Achtung der BBr. dankend entgegen, und wurde von demselben der seinem Herzen so nahe stehende fr. Such. mit warmer Ansprache, wie sie unvorbereitet der Augenblick eingab, aufgenommen. Demnächst erfolgte die Aufnahme der anderen fr. Such. Nach dem Schlusse der Arbeit vereinte ein einfaches Br.-Mahl noch längere Zeit einen grossen Theil der Anwesenden.

3 ╳ 3.

<center>~~~~~~~</center>

Cöthen. — In der am 1. Juli d. J. abgehaltenen General-Versammlung unseres Sterbecassen-Vereins wurde zunächst der Rechnungsbericht mitgetheilt, welchen die gewählten Revisoren geprüft und für richtig befunden haben. Sodann wurde die Tagesordnung durch Annahme sämmtlicher Anträge erledigt und die Neuwahl der Directionsmitglieder resp. deren Stellvertreter bewirkt, demzufolge die

BBr. Hennig II., (Staatsanwalt und Kreisgerichtsrath).
„ Laurentius (Apotheker),
„ Zeising, (Kaufmann),
„ Schettler, (Buchhändler),
„ Müller, (Repräsentant und Fabriksdirector),
„ Lietz, (Postdirector)

sämmtlich in Cöthen für das laufende Jahr gewählt sind.

Zugleich wurde auf Ansuchen mehrerer Mitglieder beschlossen, den Antrag betr. Erhebung eines besondern Eintrittsgeldes und die Erhöhung des Sterbegeldes auf 150 Thlr. auf die Tagesordnung der nächsten Generalversammlung zu setzen.

Das Gedeihen des Vereins erweckt nun eine berechtigte Befriedigung für die vergangene Zeit und eine zuversichtliche Hoffnung für die Zukunft. Denn die Mitgliederzahl hat sich bis zum 1. Juli d. J. um 110 vermehrt, sodass der Bestand excl. der vier Sterbefälle an diesem Tage 381 betrug; inzwischen sind wieder vier neue Anmeldungen erfolgt. Der eiserne, zinsbar belegte Fond ist seit 1. Juli v. J. von 669 Thlr. 28 Sgr. 9 Pfg. auf 1138 Thlr. 19 Sgr. 1 Pfg. gestiegen und da die Einnahme pr. Sterbefall am 1. Juli c. 236 Thlr. 2 Sgr. 6 Pfg. betrug, so schien es geboten, den jedesmaligen Beitrag pr. Fall nunmehr auf $^1/_8$ des Normalclassenbeitrages zu ermässigen, ohne dadurch die Zulänglichkeit der jedesmaligen Einnahme zu gefährden.

Frankfurt a. M. In der Sitzung der hiesigen Gross-Loge am 27. Mai wurde auf Grund der vorgelegten Statuten und Protokolle der Gross-Loge von Ungarn und unter der Voraussetzung, dass die neue Gross-Loge sich grundsätzlich von Verhandlungen über kirchliche und staatliche Angelegenheiten fern halte, beschlossen, die Gross-Loge von Ungarn anzuerkennen und mit derselben das Verhältniss gegenseitiger Vertretung einzugehen. Zum Vertreter bei der Gross-Loge in Ungarn wurde Br Bakody, Mstr. v. St. der Loge St. István, und zum Vertreter bei der hiesigen Gross-Loge Br Oppel, Mstr. v. St. der Loge Sokrates z. Standhaftigkeit, an erster Stelle vorgeschlagen.

Leipzig. Am 14. Nov. fand in der Loge Apollo eine Arbeit statt, welche in vieler Hinsicht sich von den gewöhnlichen Lehrlings-Logen auszeichnete. Erstens war die Theilnahme an derselben eine sehr erfreuliche, und unter andern lieben Gästen waren auch die verehrten Jubilare der Loge Balduin (Br Heydenreich) und Minerva (Br Schröter) erschienen. Dann war die Arbeit aber auch deswegen besonders interessant, weil zum ersten Male alle Titulaturen der Brr wegfielen, und dadurch eine Einfachheit entstand, die keineswegs störte, vielmehr einen erhebenden Eindruck gewährte. Mir kam es dabei vor, als sei das hehre Bild unserer Maurerei wieder von einigen Schlacken befreit und sein Glanz ein hellerer geworden. Nachdem der Mstr. v. St., Br Zille, die Loge ritualmässig eröffnet und die Gäste mit herzlichen Worten begrüsst hatte, wurden zwei Suchende aufgenommen, und an diese Aufnahme schloss sich eine höchst zeitgemässe und fesselnde Rede des Br Zille, in welcher er über den Antheil sprach, den die Frmrei an der Einigung des deutschen Vaterlandes haben kann. Hierauf wurden zwei Brr vom vorsitzenden Mstr. besonders begrüsst, es waren die Brr: Klinger, welcher seit 45 Jahren der Maurerei sich gewidmet und noch jetzt als ein Dreiundachtziger mit frischem Geiste derselben dient, und Br Bodek II., welcher aus dem Kriege krank heimgekehrt war und zum ersten Male wieder einer Logenarbeit beiwohnte. Die Loge sprach ihnen durch 3×3 ihre Theilnahme aus. Auch theilte der Br Mstr. v. St. einige Beschlüsse der Grosslogen-Versammlung mit, und berichtete den Brrn Apollos, dass 250 Thlr. für milde Zwecke hinsichtlich der kriegerischen Ereignisse verausgabt worden sind. Die nach Schluss der Arbeit folgende Tafel war reich gewürzt durch Toaste und musikalische Genüsse, namentlich erfreuten die lieben Brr Orchestermitglieder durch ein originelles Streichquartett und zwei theure Brr Sänger durch den Vortrag zweier Lieder, welche der Mstr. v. St. zur Feier des Tages gedichtet hatte. Der ganze Maurer-Abend war ein erfreulicher und erhebender. (FrMrZtg.)

Taucha. Am 18. Nov., wie im vorigen Jahre, veranstalteten gegen 40 Leipziger Brr einen Besuch bei den gel. Brrn in Taucha. Br Kind von hier übernahm den Vorsitz der Versammlung, die, wie Br Marquart bemerkte, damit ihr harmloses Gepräge bezeugte. Anregende Trinksprüche u. a. von Br Findel belebten und erhoben die Gemüther; dabei wurde auch der drei in Leipzig arbeitenden Logen und deren vorsitz. Mstr. Brr Müller, Barbach und Zille gedacht. Das letzte Töpfchen des von Br Börsch gespendeten Fasses alten Biers wurde zum Besten der Tauchaer Armen versteigert; die ganze Armensammlung ergab über 20 Thlr., welche zu einer Weihnachtsbescheerung verwendet werden sollen. Die innige Verbindung zwischen den Brrn in Leipzig und Taucha hat sich aufs neue als lebendige Thatsache dargestellt und hat zugleich noch mehr an Herzlichkeit gewonnen. (FrMrZtg.)

Unseren deutschen Brüdern in Strassburg und Kehl.

Transport:	Thlr.	47. —.
Aus Freiburg a. d. Unstrut:		
Br Blöthgen in Laucha	Thlr.	1. —.
Br Schadewell in Freiburg a. U. .	„	1· —.
Br Cramer daselbst	„	. 15.
Br Schöner daselbst	„	1. —.
Br Siegel	„	2. —.
Von Br A. in A.	„	4. —.
	Summa:	„ 56. 15.

Indem wir hierfür bestens danken, bitten wir um weitere Beiträge. Thlr. 56. —. sind hiervon bereits nach Karlsruhe abgesandt.

J. G. Findel.

Briefwechsel.

Br v. C. in C. Herzlichen Gegengruss! Erscheint in nächster Nr. Br K—r in B—n: Dankend erhalten; Brief. Antw. später. Brüderl. Gegengruss!

Zur Nachricht.

Die eingegangenen Beträge (von 56 Thlr. für Oberstein und 40 Thlr. 20 Ngr. für Frankfurt a. M.) habe ich an das Ort ihrer Bestimmung abgehen lassen. Nachdem in letzter Zeit weitere Gaben mir leider nicht zugeflossen, bitte ich solche fernerhin direct zu senden (an Br Caesar in O. od. Br K. Paul in Frankfurt) und schliesse hiermit unter wiederholtem Danke diese beiden Sammlungen.

J. G. Findel.

Anzeigen.

Verantwortlicher Redacteur: Br J. G. Findel. — Verlag von Br J. G. Findel in Leipzig. — Druck von Brr Bär & Hermann in Leipzig.

№ 50.   XIII. Jahrgang.

Die

BAUHÜTTE.

Begründet und herausgegeben

von

Br J. G. FINDEL.

* Organ des Vereins deutscher Freimaurer. *

Handschrift für Die Brüder.   Leipzig, den 10. December 1870.   MOTTO: Weisheit, Stärke, Schönheit.

Von der „Bauhütte" erscheint wöchentlich eine Nummer (1 Bogen). Preis des Jahrgangs 3 Thir. — (halbjährlich 1 Thir. 15 Ngr.)
Die „Bauhütte" kann durch alle Buchhandlungen bezogen werden.

Inhalt: Die alten Pflichten und der dritte Grossmeistertag. Vom Herausg. d. Bl. — Ueber die Schönheit. Von Br W. Keeler. — Zur Frage der maurerischen Werkthätigkeit. Von Br Sirchmann. — Literarische Besprechung. — Feuilleton: Bielitz. — Charlottenburg. — Kaiserslautern. — Potsdam. — Aus Oesterreich. — Protest wider das Manifest. — Quittung. — Brüderliche Bitte. — Briefwechsel. — Anzeigen.

Die alten Pflichten und der dritte Grossmeistertag.

Von

Herausgeber d. Blattes.

Ueber die Beschlüsse des letzten Grossmeistertages befindet sich nicht blos die Maurerwelt im Allgemeinen im Unklaren, sondern die betheiligten Grossmeister selbst scheinen keineswegs einig zu sein. Namentlich ist es allenthalben fraglich, ob die dort angenommenen „Alten Pflichten" vom J. 1723 gesetzliche Geltung haben oder nur als „historisches Denkmal" in den maurerischen Gesetzbüchern mit abgedruckt werden sollen.

Dem von mehrern deutschen Grosslogen mitgetheilten Protokoll zufolge wurde (bei Berathung des § 2) ausdrücklich beschlossen:

„Die alten Pflichten unverändert als historisches Denkmal beizubehalten und denselben nur einzelne durch die heutige Berathung zu präcisirende „allgemeine Grundsätze" voranzustellen."

Später aber trägt Br Eckstein die von der Redaktions-Commission verfassten „Allgemeinen Grundsätze" vor, welche von den Brüdern einstimmig angenommen werden. Sie lauten:

„Die A. Pfl. v. J. 1723 werden als geschichtliches Denkmal der in England im J. 1717 umgestalteten Freimaurerbrüderschaft anerkannt und die darin enthaltenen Grundsätze als massgebend betrachtet, soweit dieselben nicht durch die nachfolgenden Bestimmungen abgeändert werden."

Diese beiden Beschlüsse des Grossmeistertags sind nicht gleichlautend. Dass die Ansichten darüber, welcher von beiden auf Gültigkeit Anspruch zu machen habe, unter den Betheiligten auseinander gehen, merkten wir schon früher aus Privatgesprächen, jetzt liegt es aber dafür offenkundig vor. Br Warnatz hat in einem Nachtrag zum Protokoll seine Meinung dahin ausgesprochen, dass „durch dieses Grundgesetz weder die Alten Pflichten ausser Kraft, noch die Existenz und Autonomie der einzelnen Grosslogen und Systeme beschränkt oder verletzt werden sollen." Demgemäss hält er den zweiten Beschluss für massgebend.

Aus einem Artikel des Br Wilhelm Keller in der „FrMrZtg" (Nr. 49), worin er neuerdings für die ungeschmälerte Annahme und Gültigkeit der veralteten und vielfach nur auf Werk-Maurer anwendbaren Alten Pfl. eintritt, ersehen wir, dass in der Grossloge „zu den 3 Weltkugeln" zu Berlin die Erklärung abgegeben worden ist und zwar in der Sitzung vom 25. August d. J.: „In Betreff der Alten Pflichten war man darüber einverstanden, dass deren Forderung nicht mehr eine zeitgemässe und sie daher nur als historisches Denkmal ohne Abänderung anzuerkennen und aufzubewahren seien."

Die obersten Beamten der Gr. Nat. M.-Loge halten demgemäss den ersten Beschluss für massgebend, nicht die Eckstein'sche Fassung.

Obwohl wir unsererseits zugeben müssen, dass correcter Weise Br Warnatz im Rechte sein müsste, weil ein späterer Beschluss, insbesondere ein von einer genannten Redactions-Commission vorgelegter, den früheren aufhebt, glauben wir doch vom sachlichen Standpunkte aus der Ansicht der Gr. Nat. M.-Loge zu den 3 Weltk. beipflichten zu müssen.

Die Sache liegt nämlich so: Die dort angenommenen „Allgemeinen Grundsätze" (das aus nur 7 §§ bestehende Grundgesetz) enthalten, wie auch Br Keller richtig bemerkt, fast alles Wesentliche der „Alten Pflichten", nur in mehr Ordnung und in moderner Form und Redeweise. Sollten nun beide Gesetze nebeneinander gelten, so wäre das eine nur die Wiederholung des andern und eine wunderliche, nicht gerade dem mir. Prinzip der Schönheit entsprechende Zusammenstellung von ziemlich gleichen Verfassungsbestimmungen in alterthümlicher und moderner Fassung. Zwei allgemeine Grundgesetze neben einander in Geltung zu lassen, wie es die Eckstein'sche Fassung will, würde nothwendig zur Unklarheit und zu Streitigkeiten darüber führen, wieweit dies oder jenes in den Alten Pflichten „durch das neue Grundgesetz abgeändert" ist oder nicht. Jedenfalls würde es als ein höchst unglückliches gesetzgeberisches Verfahren angesehen werden müssen, zwei sich einander theils bedingende, theils gegenseitig aufhebende Gesetze vorzulegen, während gerade in solchen Dingen die grösste Klarheit, Bestimmtheit und Folgerichtigkeit herrschen und jeder Zweifel ausgeschlossen sein muss. Die Brüderschaft müsste die Beschlüsse des Grossmeistertags solchen Falls um so mehr entschieden ablehnen, als auch die 7 §§ ohnehin zu mancherlei schwerwiegenden Bedenken Anlass geben. Doch hiervon ein ander Mal. Einen weiteren Grund, weshalb es sich empfiehlt, die „Alten Pflichten" nur als historisches, nicht als verbindliches logenrechtliches Aktenstück anzusehen, haben wir schon oben berührt: dieselben enthalten mancherlei Bestimmungen, welche nur für Werkmaurer, für Bauleute Sinn und Bedeutung haben. Man soll aber nichts als „massgebend" und als Gesetz hinstellen, was nicht in allen Punkten befolgt und gehalten werden kann. Noch mehr: die Alten Pflichten enthalten Andeutungen, welche, einer roheren Zeit angehörig, für eine Gesellschaft edler und gebildeter Männer des 19. Jahrhunderts ein Hohn und eine Schmach sein würden. Schon um deswillen, deucht uns, sollte Br Keller, den diese Stellen doch gewiss nicht minder unangenehm berühren, wie uns, etwas weniger verliebt sein in dieses sonst immerhin ehrwürdige Denkmal einer vergangenen Zeit. Zu einem maurer. Grundgesetze für Gegenwart und Zukunft fehlt den Alten Pflichten Alles und Jedes, — vor Allem aber eine genügende Definition über Zweck, Wesen und Aufgabe der Freimaurerei.

Ueber die Schönheit.

Von

Br W. Köster in Barmen.

Wie die Schönheit innig verbunden ist mit der Tugend, so ist das Hässliche dem Laster verwandt.

Was ist schön? Die Frage ist so leicht, wie bekannt das Wort ist. Schwerer ist die Beantwortung; minder leicht der Begriff.

Wir können sagen: was uns gefällt, auf den ersten Blick, ohne Nachdenken gefällt; was uns freudiges Behagen macht, und unser Wohlgefallen erweckt, sobald es erscheint, — das ist schön. — Nun gut, der erste Schritt zum Verständniss, der Anfang der Lösung ist damit gethan. Das ganze Feld, das zu der Frage gehört, ist aber weit, und dazu müssen wir das Gebiet näher betrachten.

Ich muss zunächst erinnern, dass schön eine Beschaffenheit bezeichnet, und dass wir das Schöne in diesem Sinne in der äussern Form finden. Den Hauptbegriff — die Schönheit, — suchen wir im Innern des Wesens dagegen auf.

Das Ideal der Schönheit ist im Menschen, und nur da, in dem Gebilde, welches das Ebenbild Gottes genannt wird.

Das Schöne der Form suchen wir an Körpern, beim Zeichnen durch Linien auszudrücken, und das Vollkommene wird erreicht, wie ein Meister lehrt, durch die zweckmässige — sagen wir: glückliche Verbindung schöner Linien; und die schönsten Linien sollen nach ihm die Wellen- und die Schlangenlinien sein.

Die Schönheit des Wesens — der Seele, spricht sich in guten Handlungen aus. — Das Vollkommene, das Ideal, erreichen wir durch die Wahrheit.

Nicht aber in der Form, auch in Farben und Licht liegt der Ausdruck des Schönen. Und nur des Schönen? Nicht auch der Schönheit? Folgen wir der Betrachtung.

Die Grundfarben sind grün, roth, blau und gelb. Gemischte: violett, rosa u. s. w.

Die erste Farbe, die grüne, ist das Kleid der Wälder und der Auen. Die ganze Erde ist damit geschmückt. Die zweite zeigt sich in Pracht und Schöne im Nordlicht und in der Abendröthe. Das Blau spannt sich im Azur des Himmels über uns aus — und die letzte Farbe strahlt im Glanz der Sterne uns entgegen.

Die Mannigfaltigkeit und die Kunst der Verbindung der Farben, schuf die Natur im Gefieder, im Kleide der Vogelwelt; und am sinnigsten im Reich der Blumen und Blüthen.

Die schönste Verbindung des Lichts und der Farben ist im Edelgestein.

Das Grün im Smaragd, der im Südspanischen Gebirge sich findet. Das Roth im Rubin, der meistens aus Asien kommt. Das Blau im Amethist, der auch bei uns gewonnen wird. Das Gelb im Topas. Das Licht nennen wir im Edelstein und in allen Farben: das Feuer. Und dass die Schönheit des Lichts höher steht, als die Schönheit der Farben, das lehrt uns der Kostbarste aller Edelsteine, der farblose, wasserhelle Diamant, dessen Werth in seinem sprühendem Glanze, seinem Feuer besteht. — Das ist aber auch berechtigt, denn im Lichte sind sie alle die Farben enthalten.

Der gebrochene Sonnenstrahl, der sich so schön als Regenbogen malt am Himmel, zeigt uns die Farben, in grün und roth und blau und gelb, und die Kunst der Vermischung, in violett und rosa u. s. w.

Ich frug vorhin, ob denn in Licht und Farbe nur das Schöne des Aeussere? ob nicht die Schönheit selbst schon hier zu suchen sei?

So oft ich Licht und Farbe bewundert habe, ob in

Gottes Natur oder im Gebiet der menschlichen Kunst; im Blumenflor auf dem Felde — ob in der Malerci; im Colorit der Landschaft, oder in der Carnation, d. i. in der zarten, menschlichen Haut — es ist mir immer gewesen, als schaute ich in das Gebiet der Schönheit selbst hinein.

Welchen Reichthum der Kunst hat der Schöpfer in diese Werke gelegt! Welche Fülle des Lichts, welche Pracht und Mannichfaltigkeit in Farben und Formen überall!

Ich stehe staunend, und das sinnende Auge weiss nicht, wo es anfangen, wo es enden soll, den Reichthum an Schönheit zu bewundern.

Gehen wir auf die Flur und betrachten die kunstvollen Gebilde der Gräser und Moose, und Kräuter und Blumen! Gehen wir in den Wald, und sehen, den hohen schlanken Bau der Bäume, und wie sich hoch oben die Krone schattig mit Laub bedeckt! Gehen wir zu der See, da sind Korallen und Muscheln, an Formen und Farben so schön, wie es schöner das Auge nicht sah! Und hat uns beseligt die Kunst, in Bäumen und Blumen und Gräsern und ist das Auge erfreut an dem was die See uns gezeigt, so wenden wir mit grösserem Interesse der Welt der Thiere uns zu. —

Wie zart und kunstvoll ist das Reh gebaut; wie fein und zierlich die Gazelle, mit einem Augenpaar, so klug und sanft im Blick! Wie schön und prächtig ist das Pferd, und gar — der stolze Löwe! Und ist der Hund nicht schön, aus dessen Auge, Klugheit und Treue spricht?

Und in der Vogelwelt bei uns, da ist der Schwan mit blendend weissem Gefieder, der Goldfasan und der Pfau; in Farben Hier, und Dort in Formen so schön!

Das ist das Reich des Schönen, in dem der Mensch zum Schluss als höchste Kunst erscheint. In diesem Reich tritt das Erhabene auf. In grossen überwältigenden Formen kommt es zur Vorstellung in uns. In den riesigen Formen ist die Kraft des Wesens zugleich gedacht. — Erhaben ist der Anblick des Meeres, wenn unermesslich weit, die grosse Wogenmasse vor uns erscheint. Die Berge der Alpen und der Hochwald — wo ernste Stille uns umgiebt — erhaben ist der Eindruck, den sie auf uns üben. Erhaben endlich ist der Riesendom, der scheinbar sich, hoch über unserm Haupte wölbt. Und wenn in dunkler Nacht, zu seiner Kuppel das Auge aufwärts schaut, im reichsten Strahlenglanze der Sternenhimmel flammt; in dieser Schönheit ist Erhabenheit und Majestät zugleich.

In dieser Welt da steht der Mensch, als höchstes Werk des Schöpfers, weil die Vernunft — des Geistes Licht — und Edelsinn und Tugend in ihm wohnen; weil er Bewusstsein hat von sich und von dem Schöpfer, und weil er fühlt, dass Schönheit ihn umgibt, und dass sie selbst in seiner Seele thront, von Gott entflammt, dem Urquell aller Schönheit.

In der Formen- und Farben-Welt stellt sich das Schöne dar: in Uebereinstimmung der verbundenen kunstvollen Linien, im sanften, milden Ausdruck des Gebildes, und in der Harmonie der Farben, und lebensvoller Frische.

Wohnt im Menschen die Ruhe und der Friede und Harmonie im Fühlen und im Denken, dann ist er in Uebereinstimmung mit der Schönheit, und ahnt und empfindet das Selige und Beglückende der Gemeinschaft mit Gott. — Das sind Momente, wo die höchsten Ideale sich in der Seele erheben, und wo das Gefühl der Wonne den Ausdruck sucht in der Kunst.

Im Reich der Töne, der Farben und des lebendigen Worts, in Musik, Gesang und Dichtung, spricht der Geist sein ideales Denken aus.

Und welchen Einfluss hat die Schönheit der Ruhe und des Friedens; die Schönheit der Harmonie im Fühlen und im Denken, auf den Menschen? Welchen Einfluss übt sie auf seine Handlungen aus?

Unbeirrt wandelt der Mensch, wenn die Schönheit ihn beseelt, die Wege der Tugend. — Die Liebe erfüllt sein Herz — und sein Thun ist Barmherzigkeit, Sanftmuth und Milde. — Die Freundschaft lässt ihn im Wohlthun nicht müde werden; und seine Treue übt Werke der Redlichkeit. Ja, Liebe, Freundschaft und Treue, das sind Monumente, welche die Schönheit auf den Pfaden der Tugend errichtet hat.

Der Gegensatz des Schönen — ist das Hässliche, das Entgegenstehende der Tugend ist das Böse. Ist das Schöne der Form: die glückliche Verbindung schöner Linien, so wird eine planlose Verbindung und eine Verzerrung der Linien, das Bild entstellen. Ist die Milde des Ausdrucks, und die Harmonie — in Licht und Farbe schön, so ist die Härte des Ausdrucks — eine ungeschickte Zusammenstellung und Vermischung der Farben und die Vertheilung des Lichtes — hässlich.

Gefällt das Schöne auf den ersten Blick, ohne dass wir darüber nachdenken, so erregt das Hässliche sofort ein Unbehagen und unser Missfallen. Ist das nicht wohl die Schönheit in uns, welche diese Gefühle erweckt?

Ist in der Tugend — Schönheit, so ist im Laster die Hässlichkeit in den widerlichsten, formlosesten Gestaltungen.

In der Ruhe ist Schönheit und im Frieden.

Die Unruhe ist nicht schön, — der Unfriede ist hässlich.

Sanftmuth und Milde sind schön.

Bosheit und Härte sind sehr hässlich.

Die Barmherzigkeit ist schön. —

Der rohe, unbarmherzige Mensch ist abscheulich.

Wohlthun der Freundschaft ist schön. —

Der Geiz ist hässlich, — aber auch die Verschwendung; doch schön ist die Sparsamkeit.

Die Wahrheit ist schön und die Treue: Muth und Vertrauen und Stärke gewinnen wir durch sie.

Sehr hässlich sind Lüge und Falschheit — sie machen verlegen — unsicher, muthlos und feige.

Sind diese Tugenden mit der Liebe vereint und tritt die Klugheit hinzu, so ist der Mensch edel, fromm und weise.

Verbindet sich aber die Klugheit mit dem Hässlichen, z. B. mit Geiz und Ehrsucht, so entsteht der kalte Egoismus. — die Selbstsucht — und treten Hass und Feindschaft hinzu, so wird der Mensch erschrecklich hässlich.

Scharfsinn mit Schönheit verbunden, bildet den Witz; der Witz ist schön, doch muss er nicht viel gebraucht werden.

Scharfsinn mit Hässlichkeit vereint, gibt Spott und Hohn — den Sarkasmus —. Spott und Hohn mögen Berechtigung haben, wo Böses mit Bösem vertrieben werden soll, schön sind sie, nicht.

Schönheit mit Einfältigkeit verbunden, giebt das Komische; tritt der Muthwille hinzu — den Scherz. — Erinnere man sich bei allen Scherzen, dass Einfältiges und Muthwilliges darin liegen, und übertreibe nie den Scherz.

Das Einfältige mit dem Hässlichen verbunden, gibt das Lächerliche. Wer sich zum Lächerlichen hergiebt, mache es doch ja so flüchtig wie möglich; das Bild der Lächerlichkeit wird widerlich und man kann es nur eben im Vorübergehen ergötzlich finden.

Die Dummheit eint sich mit dem Schönen, — so viel ich weiss, — nicht; verbindet sich Dummheit mit der Hässlichkeit, so entsteht das Gemeine. Das Gemeine ist dumm und hässlich, deshalb wende man sich mit Unwillen von allem Gemeinen ab.

Und nun will ich zum Schluss die Schönheit mit einigen Zügen im Bilde zeigen.

Ich erwähnte im Anblicke des Sternenhimmels der Majestät.

Gelingt es dem Maler, mit der höchsten Schönheit die plastische Ruhe zu verbinden, so stellt er die Majestät im Bilde dar. Auf Erden ist sie nicht zu finden; was hier davon erscheint, ist nur ein Zerrbild davon. Der wahre Künstler weiss das, und wählt seinen Vorwurf aus dem Reich des Poesie.

Verbinden sich Ernst und Würde mit der Schönheit, so stellt sich die Hoheit dar. — Sie ist eine Erscheinung unter den Menschen, aber eine seltene, und nur vorübergehend tritt sie hervor.

Malt uns der Maler die Schönheit und setzt diese in Bewegung — z. B. im Lächeln des Antlitzes des Kindes — so entsteht das Reizende. Reiz ist Schönheit in Bewegung.

Die Schönheit vereint mit der Unschuld, giebt das liebliche Bild der Anmuth. Und werden Reiz und Anmuth verbunden, so haben wir das holdseligste Geschöpf im Bilde.

Das ist die Welt der Schönheit und der Tugend, für die ich Sinn und Interesse habe lebendig machen wollen. Ich habe es nur in wenigen Zügen versucht.

Es ist uns aber ein erhabenes Vorbild auf der Lebensbahn gegeben; ein Lehrer, der wie Keiner, das hohe Ideal der Tugend und der Schönheit gelehrt; der täglich uns zuruft: „Liebet Euch unter einander!" und in seiner Bergpredigt: „Selig sind die Friedfertigen, denn sie werden Gottes Kinder heissen."

Jesus von Nazareth ist uns das hohe Vorbild! Folgen wir Alle seinen Lehren! Wandeln wir auf seinen Pfaden der Tugend und der Schönheit!

Die Liebe wird dann in unsern Harzen sein, und der Segen Gottes — welcher ist: die Ruhe und der Friede — wird sich in unsere Seele senken.

Zur Frage der maurerischen Werkthätigkeit.

Von
Br Grohmann in Mittweida.

In No. 42 der Bauhütte hat Br Busch in Dresden in Anerkennung, dass die maurerische Werkthätigkeit sich insbesondere der Erziehung der Jugend zu widmen habe, den Antrag gestellt:

Der Verein deut. Maurer wolle sich für Errichtung von Maurerschulen als zweckmässigstem Gegenstand maurerischer Werkthätigkeit aussprechen, und zunächst die Gründung Einer solchen Musteranstalt anstreben.

Wie hat man sich nun die Ausführung dieses Antrages zu denken? Doch unmöglich in der Weise, dass in diesen zu errichtenden Schulen besondere Unterrichtsstunden über Grundsätze der Maurerei ertheilt werden, sondern vielmehr, dass bei jeder passenden Gelegenheit, etwa in den Unterrichtsstunden über Religion, Geschichte, Erklärung der Schriftsteller, bei Ausarbeitung freier Aufsätze, insbesondere in dem Umgange mit den Zöglingen dieselben auf den Zweck des menschlichen Lebens aufmerksam gemacht werden, sich selbst zu tüchtigen und aufrichtigen Menschen auszubilden, zu gleicher Ausbildung ihrer Mitmenschen nach Kräften beizutragen, überhaupt die Humanität zu befördern.

Da dies nothwendiger Weise von den Lehrern und Erziehern geschehen wird, so muss man voraussetzen, dass diese, wenn sie dem Bunde nicht angehören, doch von dem Geiste der Maurerei durchdrungen sein müssen, und dass nur solche Männer bei den in Antrag gebrachten Anstalten verwendet werden können. Man kann nur in dieser Qualität der Lehrer und Erzieher die Grundlage finden, auf welcher irgend eine Lehranstalt zu einer maurerischen sich gestalten kann.

Haben wir nun derartige Männer theils an der Spitze, theils als wirkende Kräfte an den verschiedenen bereits bestehenden höheren und niederen Schulen, und wirken dieselben in dem angedeuteten Geiste, so müssen nothwendig diese Schulen ebenfalls Maurerschulen werden; und wenn an allen höheren und niederen Schulen die Lehrer in diesem Geiste thätig sind, so müssen die Grundsätze der Maurerei die ganze Jugend durchdringen.

Es lässt sich wohl auch annehmen, dass insbesondere die unserm Bunde angehörigen Männer in diesem Geiste bereits wirken und gewirkt haben; es sind nur die Folgen, wie bei allem inneren Wirken der Maurerei, nicht immer äusserlich greifbar zu erkennen.

Um wenigstens eine grössere und bewusstere Bethätigung herbeizuführen, dürfte es wünschenswerth erscheinen, wenn die Brüder Lehrer und Erzieher, die an einem Orient wohnen, sich zu regelmässigen freien Besprechungen in den Logenlokalen zusammenfinden, um sich selbst darüber klar zu werden, in welcher Weise sie am nachhaltigsten ihre maurerische Wirksamkeit in den ihnen anvertrauten Anstalten ausüben können. Auch andere Brüder würden mit Interesse diesen Besprechungen beiwohnen.

Allein den 3 Logen des Orients Dresden, woher der eingangsbemerkte Vorschlag stammt, gehören 58 Brüder an, die als Lehrer und Erzieher wirksam sind. Ueberdies haben 2 Logen daselbst 2 Erziehungsanstalten für Knaben (Zur höheren Bürgerschule) und für Töchter gebildeter Stände mit weiblichem Seminar, die sich eines blühenden Zustandes erfreuen, und von denen man voraussetzen kann, dass sie, welchen 4 Brüder als Lehrer beziehendlich Director angehören, im maurerischen Geiste geleitet werden. Es sind daher in diesem Orient reiche Elemente vorhanden, die sich über Beförderung dieses Zweckes in regelmässigen Zeiträumen berathen und die erzielten Wirkungen mittheilen können.

Wird die Jugend als besonders zu bebauendes Feld maurerischer Werkthätigkeit mit Recht anerkannt, so erscheint es ferner wünschenswerth, so viel als möglich Lehrer und Erzieher dem Bunde zuzuführen. Ein sehr grosser Theil derselben ist aber pecuniär nicht in der Lage, wenn sie dem Wunsch, dem Bunde beizutreten, hegen, solchen auszuführen. Es ist daher zu Beförderung des guten Zweckes sämmtlichen Logen zu empfehlen, dass sie solche Lehrer unter Erlass der Aufnahme- und Beförderungsgelder aufnehmen, und so lange von Abforderung der jährlichen Beiträge absehen, bis sich ihre pecuniäre Lage gebessert hat.

In wie weit in dieser Beziehung der Verein der deutschen Freimaurer die Logen mit seinen Mitteln unterstützen kann, muss man der Entschliessung desselben anheim geben.

Literarische Besprechung.

Centifolien. 10) auserlesene Vorträge ernsten und launigen Inhalts. Gesammelt und herausgegeben von W. J.(essnitz) Ruhrort, Andreä & Co.

Da Witz, Laune und Humor wohlthätige Genien sind, die sich öfter, als wohl geschieht, auch in den Logen und bei traulichen Brudermahlen zeigen sollten, haben wir diese Sammlung „auserlesener" Vorträge, die wir für Originalarbeiten hielten, um so mehr begrüsst, als sie ausdrücklich als für den Brkreis bestimmt erklärt wurden. Bei näherer Einsicht sind wir leider bitter enttäuscht worden. Vorab handelt es sich nicht um eigene Arbeiten, sondern um fremdes, aus allen Ecken und Enden zusammengetragenes Gut; sodann findet sich unter den ernsten Sachen zwar manches Gute und Bekannte, nur ist nicht abzusehen, wie das und jenes gerade in Logen und unter Freimaurern soll verwendbar sein und drittens finden sich unter den komischen Vorträgen nicht wenige, die einer von höherem Geiste angehauchten, ihrer Mission treuen und aus gebildeten Männern bestehenden Loge nun und nimmermehr zu Gehör gebracht werden sollten und können. Dass sich doch dergleichen in maurerischen Werkstätten breit machen darf und sogar mit Beifall aufgenommen wird („der Herausgeber ist in Maurerkreisen bekannt durch seine amusanten Vorträge"), das zeigt deutlicher, als irgend etwas anderes den Verfall mancher Logen, welche sich über das Niveau gewöhnlicher Resourcen nicht erheben. Wo solches Bänkelsängerthum „amusant" gefunden und zugelassen wird, da mag es recht ehrbare und wohlhabende Philister geben, aber nimmermehr ein maurerisches Publikum, welches an Geist und Streben, an Sitte und hohem Selbstbewusstsein, an Würde und Weihe den sogen. „Profanen" vorleuchten soll.

Dass in einigen der „auserlesenen" Vorträge auch das Judenthum parodirt wird, darf allerdings nicht Wunder nehmen, da diese Sammlung einer der Grossen Landesloge von Deutschland angehörigen Loge entsprossen ist.

Feuilleton.

Bielitz (Oesterreich). Obwohl seit Jahren ich mit grossem Interesse Ihr echt mr'sches Auftreten in Ihrem hochschätzbaren Blatte verfolget, bot sich mir nie Gelegenheit dar, meine br'liche Hochachtung bezeugen zu können. Geliebter Br! Gestatten Sie mir daher in gegenwärtiger Zeilen, der so tiefgefühlten mr. Hochachtung Ausdruck zu leihen, da Ihr eisern consequentes Auftreten in unserer h. Sache von jedem denkenden Br mit der herzlichsten Freude begrüsst werden muss. Der A. B. a. W. verleihe Ihnen Kraft und Ausdauer, an dem begonnenen Bau fortzuarbeiten, damit ein segensreiches Vorwärtskommen erzielt werde, denn ein frischer neuer Geist thut Noth. Umsomehr, da wir an dem Uebergang der alten zur neuen Zeit stehen, der noch von gewaltigen Kämpfen begleitet sein wird; dennoch wollen wir aber hoffen, dass hervorragende Geister für die k. K. einstehen und um das h. Banner sich schaaren werden, fest und treu unsern Geisterbau zu stützen, damit endlich durch die Kraft der Rede, durch die siegreiche Gewalt der Wahrheit der Geist aus den alten Banden befreit und für das neue Evangelium gewonnen werde: „das Evangelium der Freundschaft, des Wohlthuns, der reinen Menschlichkeit."

Von diesem Geiste beseelt und unter grossen Schwierigkeiten arbeitet unser kleiner Brkreis nach Möglichkeit, und sind auch unsere bisher im Sinne der Maurerei geleisteten Resultate so Null zu betrachten, so ist doch der gute Wille mit der Devise „Warten und Hoffen" aufs Besserwerden vorhanden.

Doch zur Sache. Geliebter Br! In letzter Sitzung stellte ich den Antrag den gegenwärtig gewesenen 7 Brr, für die in Strassburg und Kehl beschädigten Brr ein kleines Scherflein beizutragen, und obgleich unser kleiner Brkreis anderweitig bereits vielfach in Anspruch genommen wurde, kamen sämmtliche Brr meinem Antrag bereitwilligst entgegen, so dass ich in die Lage versetzt bin, beigefaltet den Betrag in Höhe von 20 fl. Oe. W. Ihnen einhändigen zu können, welche kleine Summe Sie brüderlichst einer Bestimmung zugehend machen wollen, und wofür ich im Namen unsers ehrw. Br-Vereins herzlichsten Dank sage.

Dr Gustav Hensler.

Charlottenburg (Blücher von Wahlstatt). Am Mittwoch, den 23. November c., fand die Aufnahme des Kaufmanns Hrn. Conrad Maass durch den vorsitzenden Meister SEBr Maass statt. — Wenn die Aufnahme eines Lnfton in der Maurerwelt immer schon als ein freudiger Act begrüsst wird, so war der in Rede stehende vollständig angethan, sich zu einem schönen Feste zu gestalten, da der allverehrte und allgeliebte vorsitzende Meister der Loge selbst es war, der den geliebten Sohn dem Bunde zuführte. Es hatte sich denn auch eine reiche Zahl von Brn eingefunden (insbesondere aus Berlin von Seiten der drei Gross-Logen, und waren in erster Reihe anwesend: die Logenmeister SEBBr Fränkel und Bretschneider, der Repräsentant SEBr Dumont, HDr Möser etc. etc.), die dem greisen Meister hierdurch ihre innigste Theilnahme an dem frohen Ereigniss an den Tag legen und Zeuge sein wollten der schönen Handlung, in welcher von Anfang bis zum Ende eine solche Herzlichkeit athmete, dass sich in manches Auge die Thräne stahl und die Herzen davon tief gerührt wurden. Zur Erinnerung an das schöne Fest schenkte der SEBr Löwinson der Loge ein schönes Bildniss Blücher's in Baroque-Rahmen, das vom Meister und allen Brn dankend begrüsst wurde. Eine Tafel-Loge, die zuletzt in ein Br-Mahl verwandelt wurde, vereinte gemüthlich die Brr. bis Mitternacht.

(Wöchentl. Anz.)

Kaiserslautern. Verwichenen Samstag, den 26. Nov. wurde die Loge in Kaiserslautern, nachdem sie ihrer humanilären Aufgabe in diesem verhängnissvollen Kriege Genüge geleistet, ihrem eigentlichen Zwecke wieder übergehen. Mit recht wehmüthigem Gefühle müssen wir constatiren, dass der Besuch nicht so zahlreich war, wie man sie mit Recht hätte erwarten müssen; denn was konnte wohl für einen Freimaurer nach solch überstandener Gefahr, wie sie uns in der Pfalz drohte, wünschenswerther sein, wie seinen Brüdern wieder einmal mit rechter Innigkeit die Hand zu drücken und ihnen ins Bruderauge sehen zu können?

Diese Unannehmlichkeit jedoch war überwunden, nachdem unser gel. Br Meister Hohle die Stätte der Weisheit mit solch meisterhaftem Rückblicke über die letzten Monate schmückte, dass jeder Br in der gehobensten Stimmung sich fühlen musste. Durch und durch deutsch von Anfang bis zu Ende, war jedes einzelne Wort human, maurerisch. Das war verstanden, um die Herzen zu sich und zur Mrei hinzuziehen! Einzelne Sätze wiederzugeben, hiesse dem Ganzen Eintrag thun.

Drei neue Thüren, die unserem herrlichen Tempel noch fehlten, liess unser Meister auf eigene Rechnung herstellen und erwähnte mit folgenden Worten diese für uns aneifernde That: „Wenn ich einst diese Loge nicht mehr besuche, d. h. wenn meine Seele vom Körper geschieden — — —, so mögen diese drei Thüren, durch welche Weisheit, Schönheit und Stärke einziehen sollen in unsere Halle, ein kleiner Beweis sein, was mir die Loge, was mir die Brr, was mir die Mrei waren." Dank, tiefen Dank solchem voranleuchtenden Beispiele.

Ingenheim. **Bärmann.**

Potsdam (Teutonia zur Weisheit). In Anbetracht der kriegerischen Verhältnisse und dass viele Mitglieder und ihr Meister SEBr. Puhlmann zur Zeit im Felde, hat die Loge beschlossen, die Feier des Stiftungsfestes, welches am Sonntag, den 4. December c., stattfinden sollte, bis dahin auszusetzen, wo unsere siegreichen Waffen ruhen werden und Frankreich zum Frieden gezwungen sein wird. — Vom 1. December c. ab werden die Logen-Arbeiten wieder ihren regelmässigen Fortgang haben.

(Wöchentl. Anz.)

Aus Oesterreich. Ich versprach Ihnen, theurer Br, vor Jahr und Tag: ich würde der „Bauhütte" über meine mr. Erlebnisse gelegentlich meiner Bereisung Ungarns hin und wieder Mittheilungen machen. Leider kann ich mein Versprechen nicht erfüllen. Ich habe mich nun schon eine geraume Zeit eingehend über die ungar. Mrei zu unterrichten gesucht, indem ich in Pest namentlich viel mit den Brn verkehrt, — was ich jedoch bisher gesehen, gehört und erlebt habe, ist der Art, dass ich Sie bitten muss, mich meines früheren Versprechens zu entbinden; denn etwas Böses mag und Gutes kann ich nicht berichten. — Verzeihen Sie mir, wenn ich mein Urtheil, wenn auch sehr scharf, doch sicherlich auch ebenso wahr dahin ausspreche, dass ebenso wie die ungarische Cultur (deutsche Cultur kennt man in Ungarn nicht) eine widerwärtige Fratze, auch die ungarische Freimaurerei, so weit ich sie kennen gelernt, nur ein hässliches Zerrbild*) der Frmrei ist.

Auch in Oesterreich scheint mir die Mrei eben nicht zur Blüthe zu kommen. Es wird, um mich eines kaufmännischen, aber recht bezeichnenden Ausdruckes zu bedienen, zu viel in Frmrei „gemacht". Die Aufnahmen finden ohne die gehörige Prüfung der Suchenden statt; — nur rechte Quantität — auf Qualität kommt es weniger an. Die Folgen solchen Leichtsinnes sind denn auch schon in einigen Fällen in recht unangenehmer Weise zu Tage getreten. Ob man sich daraus eine Lehre zieht, muss ich sehr bezweifeln. Nicht minder schädlich für die junge Mrei in Oesterreich ist auch die total verkehrte, wenn auch gutgemeinte Art und Weise, Reclame für den Bund zu machen. Bekanntlich hat sich die bessere Wiener Presse, namentlich die grössern Blätter, zu viel in Frmrei gezeigt; sie schweigt das Bestehen des Mrbundes todt. Da fällt es irgend einem Heissporn ein, man müsse à tout prix in die Lärmtrompete stossen und — giebt die Statuten der Loge in Oedenburg sammt einer recht deutlichen Einladung zum Beitritt in das vortreffliche Institut dem schmutzigsten und gemeinsten Witzblatt, dem „Kikeriki"**). In der That hätte der ärgste Feind der Frmrei, speciell der Loge in Oedenburg, ihr kein grösseres Uebel zufügen können, als sie im „Kikeriki" loben zu lassen. Der Kikeriki ist, wie Sie schon aus dem beiliegenden Exemplar, welches die „Empfehlung" der Frmrei enthält, ersehen, ein ganz ordinäres, antideutsches Schmutzblatt, dessen Leser den untersten Klassen angehören. Man denke sich nun, die Frmrei in Oesterreich erwählt sich zum Leiborgan ein solches Blatt — was muss da jeder Gebildete sagen?

Ist das eine Art und Weise, der Frmrei in Oesterreich Eingang zu verschaffen? — Ich glaube kaum.

Unser Protest wider das Manifest der „Alpina" ist nun auch in den „Esquisses maç. Suisses", herausgegeben von Br Ch. Mercanton in Nyon in französischer Uebersetzung erschienen, mit einem Nachwort versehen, worin aus der Brname verweigert und stets nur von „M. Findel" (Herrn F.) die Rede ist. Es giebt eine Gegnerschaft, mit der ein Streit, unter Umständen auch das Unterliegen, eine Ehre ist; es giebt aber auch eine andere Gegnerschaft, mit der anzubinden unter der Würde gebildeter und selbstbewusster Männer ist. Zu dieser Sorte gehören die „Esquisses" des Br Mercanton, weniger deshalb weil das Blättchen ein geistverlassenes, innerlich

———

*) Wir glauben nicht, dass dieses Urtheil auf alle oder auch nur auf die Mehrheit der ung. Logen anwendbar sein dürfte. Der geehrte Verfasser obigen Berichts scheint ausser Acht zu lassen, dass die ungarische Mrei noch jung und daher in unfertigem Zustande ist. In Pest scheint allerdings Manches faul zu sein.
Die Redaction.

**) Auch in einem Wiener Blatt, ich glaube der Wiener Abendztg., stand — wie ich aus einem mir zugefertigten Exemplare gesehen — eine ziemlich unglückliche Reclame für die Mrei und für Storch's Rinaldini-Roman „der FrMr. und Jesuit" aus der Feder des Br Besetzny unter der Ueberschrift „Das mr. Geheimniss". Wir schenen unsererseits keineswegs die Oeffentlichkeit, allein in Bezug auf die Mrei, nur müssen solche Artikel mit Geschick abgefasst sein und in geachteten Zeitschriften stehen, um gebildete Männer unserer Sache geneigter zu machen.
Die Redaction.

und äusserlich jämmerliches Dasein fristet, als vielmehr weil die Sprache des Herausgebers eine zu niedrige ist, als dass man sich darauf einlassen könnte. Die Anti-Kritik unseres Protestes findet, dass „der Tadel des Herrn F. und seiner Helfershelfer völlig unbegründet ist." Dem Proteste in Nr. 39 der Bauh. seien „noch zwei Artikel gefolgt, unter anderem Namen als dem seinigen, welche die Schimpfereien (diatribes) des besagten Aktenstücks aufgenommen." „Diese Artikel besprechen hiesse ihnen einen Werth beilegen, den sie nicht haben; deshalb enthalten wir uns dessen. Was den Protest. selber angeht, so haben wir darüber das Folgende zu sagen: „Er ist eine Eselei oder ein Werk schlechter Gesinnung" (C'est une ânerie, ou c'est une oeuvre de mauvaise foi.) — — „Diese parteiischen Anklagen, welche Herr Findel hinzufügt mit seiner Feinheit eines Bauernlümmels von der Donau." — „Aber die Alpina ist noch nicht so weit herabgesunken, dass sie die Billigung der Bauh. nöthig hätte, trotz des Geräusches, welches dieses Blatt dem gehässigen und lügenhaften Pamphlet seines Herausgebers zu geben vermag. Es ist nicht das erste Mal, dass er in seiner maurerischen Laufbahn Resolutionen und Aktenstücke angegriffen hat, die sein Eid ihm zu respektiren gebot: am Werke kennt man den Künstler."

Doch genug dieser Stilproben, auf welche, wie uns dünkt, die „Alpina" keine Ursache hat, stolz zu sein.

Schliesslich findet diese Anti-Kritik das Manifest der „Alpina" bekräftigt durch die Adresse der belgischen Maurerei (das Brüsseler Manifest), das es an der Spitze der Nummer gebracht und „das von jedem wahren Freimaurer als unparteiischer Ausdruck der wahren Prinzipien unseres Instituts betrachtet werden wird." De gustibus non est disputandum. —

Für die in Kehl und Strassburg beschädigten Brr

sind bei dem Unterzeichneten eingegangen:

Von der Loge zu den drei Bergen im Or. Freiberg 100 Thlr. u. 37 Thlr. 22 Sgr. . . .	fl. 241. 2.
Von Br Krüger, Oberbaurath in Hannover, 20 Thlr.	- 35. —.
Von der Loge zu den drei Ankern im Or. Bremerhaven 20 Thlr.	- 35. —.
Von Br Leyrer, Secretär der Loge zur Grossmuth im Or. Pest 2 Thlr.	- 4. 30.
Von der Loge zur Wahrheit und Freundschaft im Or. Fürth	- 165. —.
Von der Loge zum Widder im Or. Berlin 15 Thlr.	- 26. 15.
Von der Loge zum Morgenstern im Or. Hof	- 10. —.
Von den Brr Cramer, Krauschitz und Ziechor in Eichenbarleben 9 Thlr.	- 15. 45.
Von der Loge zu den drei Degen im Or. Halle a. d. Saale 200 Thlr.	- 350. —.
Von der Loge zur goldenen Kette im Or. Bunzlau a. Bober 25 Thlr.	- 43. 45.
Von der Loge Reuchlin im Or. Pforzheim	- 50. —.
Von der Loge Hermann zur deutschen Treue im Or. Mühlhausen in Thüringen 25 Thlr.	- 43. 45.
Von Br Harteneck in Rhodt	- 15. 30.
Von Br Dr. Schmidt in Edenkoben	- 5. —.
Von den drei Logen zur Ceder, zum weissen Pferd und zum schwarzen Bären im Or. Hannover 100 Thlr.	- 175. —.
Durch Br Findel 25 Thlr. eingesandt	- 43. 45.
Von Br Feustel, Grossmeister der Loge zur Sonne im Or. Bayreuth	- 50. —.
Von der Loge Friedrich August zu den drei Zirkeln im Or. Zittau 40 Thlr.	- 70. —.
Von der Loge Glückauf zur Brudertreue im Or. Waldenburg 10 Thlr.	- 17. 30.
Vom Bruderverein im Weiseritzthale im Or. Potschappel 10 Thlr.	- 17. 30.
Von der Loge Akazie im Or. Meissen 25 Thlr.	- 43. 45.

Von der Loge Victoria zur Morgenröthe im Or. Hagen 50 Thlr.	- 87. 30.
Von der Loge Carl zur gekrönten Säule im Or. Braunschweig 100 Thlr.	- 175. —,
Von der Loge Urania zur Eintracht im Or. Bützow 50 Thlr.	- 87. 30.
Vom Freimaurerkränzchen im Or. Cöthen 50 Thlr.	- 87. 30.
Von den vereinigten 4 St. Johannis-Logen von der Loge Royal York zur Freundschaft im Or. Berlin, erste Rate 50 Thlr.	- 87. 30.
Von der Loge Charlotte zu den drei Nelken im Or. Meiningen	- 100. —.
Von der Loge zur Pyramide im Or. Plauen 50 Thlr.	- 87. 30.
Von der Loge zur Verbrüderung im Or. Gedenburg in Ungarn 10 Thlr.	- 17. 30.
Von Br Frederik Loeser aus Brooklin 1 Nap.	- 9. 30.
Von der Loge Apollo im Or. Leipzig 100 Thlr.	- 175. —.
Von der Loge Johannes zum wiedererbauten Tempel im Or. Ludwigsburg	- 100. —.
Von der Loge Euthanasia zur Unsterblichkeit im Or. Beeskow 10 Thlr.	- 17. 30.
Von der Loge zum treuen Bruderherzen im Or. Annaberg 40 Thlr.	- 70. —.
Von der Loge zur Vaterlandsliebe im Or. Wismar 10 Thlr.	- 17. 30.
Von der Loge zur Einigkeit im Vaterlande im Or. Pest in Ungarn	- 50. —.
Von der Loge zu den drei goldenen Schlüsseln im Or. Berlin 5 Thlr.	- 8. 45.
Von der Loge Carl zur Treue im Or. Schleswig 63 Thlr.	- 110. 15.
Von der Loge Irene im Or. Tilsit 17 Thlr.	- 29. 45.
Von dem FrMr-Kränzchen zur Kette im Or. München	- 20. —.
Von der Loge die Freunde der Eintracht im Or. Mainz	- 150. —.

Summa fl. 2845. 17.

Hierzu aus der ersten Liste - 3310. 53.

Summa bis heute fl. 6156. 10.

Carlsruhe, den 29. October 1870.

O. von Cornberg.

Unseren deutschen Brüdern in Strassburg und Kehl.

	Transport: Thlr. 56. 15.
Von dem Brkreis in Bielitz (fl. 20 öster.)	„ 11. 10.
	Summa: . 67. 25.

Indem wir hierfür bestens danken, bitten wir um weitere Beiträge. Thlr. 55. 13. sind hiervon bereits nach Karlsruhe abgesandt.

J. G. Findel.

Brüderliche Bitte.

Sollte ein Br im Besitze des dechiffrirten Textes und der Uebersetzung von Browne's Meister-Fragestück oder einer Erklärung der Chiffre auf dem Meistertapis (How, Freemason's Manual, Ed. 2. S. 142) sein, so würde er mich durch gütige leihweise Ueberlassung zu innigstem Danke verpflichten. Br J. G. Findel.

Briefwechsel.

Br C. Bl. in R—m: Betreffs der Bauhütte werde Ihrem Auftrag gemäss verfahren; 2 v. Dalen mehr sende Ihnen pr. Packet mit den Vereinsmittheilungen und können Sie mir natürlich den Betrag s. Z. hier vergüten. Brüderl. Gruss!

Br C—d in L—ch: Ihren jüngsten Brief s. Z. erhalten; ebenso Ihre Posteinzahlung. Brüderl. Gruss!

Br U—r in Br.: Bauhütte erhalten Sie wöchentl. durch W—r; Vereinsbeitrag pr. 1871 erhalten; in Darmstadt im Juli herzlich willkommen. Brüderl. Gruss!

Br G. in Z.: Auf Ihr letztes Schreiben bitte ich mir die Antwort zu erlassen, da ich es für zweckmässig halte, wenn wir uns nur über freimaurerische Angelegenheiten unterhalten, nicht über Politik. Zur Höhe der Schweizer Auffassung erheben sich in Deutschland nur die Communisten Bebel und Schweitzer. Wir Deutschen freuen uns über die avisirte Erweiterung der Bundescompetenz auf Presse und Vereinsrecht, da uns der politische Scharfblick des Schweizers fehlt, welcher jetzt schon weiss, dass es nur gilt, „den aus den Schlachten zurückkehrenden Süddeutschen die Waffen gegen den Maulkorb abzutauschen". Wir warten die Vorlagen ruhig ab. Die Antwort der „Schweizerischen Handelszeitung" (Nr. 140) auf das Bayreuther Rundschreiben beweist uns nur die leidenschaftliche Verblendung, die Unwissenheit und Borniertheit der Schweizer Presse, welche von den deutschen Zuständen weiter nichts kennt, als „die preussische Landraths- und Corporals-Knute" und in den Franzosen ein höchst unschuldiges Opferlamm sieht. Wenn sich die Schweizer ein Verständniss über die gegenwärtige Sachlage holen wollten, was ich nicht glaube, so müssten sie die im Jahre 1852 erschienene Schrift von Gust. Diezel: „Deutschland und die abendländische Civilisation" lesen. Die Schweizer Handelszeitung ist zwar mit deutschen Lettern und in deutscher Sprache gedruckt, aber ganz in französischem Geiste geschrieben; es freut mich, dass Sie diese Entgegnung auf das Bayreuther Rundschreiben, „das mit anerkennenswerthem Takte und brüderlicher Rücksicht abgefasst ist", selber für eine „nicht würdige" ansehen. Brüderl. Gegengruss!

Anzeigen.

Verantwortlicher Redacteur: Br J. G. Findel. — Verlag von Br J. G. Findel in Leipzig. — Druck von Brr Bär & Hermann in Leipzig.

№ 51 u. 52.　　　　　　　　　　　　　　XIII. Jahrgang.

Die

BAUHÜTTE.

Begründet und herausgegeben

von

Br J. G. FINDEL.

* Organ des Vereins deutscher Freimaurer. *

Handschrift für Brr Brür.　　　Leipzig, den 17. December 1870.　　　MOTTO: Weisheit, Stärke, Schönheit.

Von der „Bauhütte" erscheint wöchentlich eine Nummer (1 Bogen). Preis des Jahrgangs 3 Thlr. — (halbjährlich 1 Thlr. 15 Ngr.)
Die „Bauhütte" kann durch alle Buchhandlungen bezogen werden.

Protest.

　　Nachdem im Verlaufe des dermaligen Krieges zwischen Deutschland und Frankreich die von diesseitiger Grossloge übrigens nichtanerkannte Loge „les amis philanthropiques" in Brüssel, ferner: die zum Grand Orient de France gehörigen zehn Logen in Paris „les trinosophes de Bercy, les disciples de Fenelon, les hospitaliers français, l'Union de Belville, l'Athenée française, la Persévérance, les amis de la Patrie, les sectateurs de Menes, l'Orientale und la persévérante amitié", ferner die Schweizer Grossloge Alpina, sowie im Verlaufe der letzten politischen Er-eignisse Italiens die Grossloge von Italien, Schriftstücke und Manifeste erlassen und auch den deutschen Grosslogen und Logen zugesendet haben, welche sich mit der vom Gebiet der Maurerei principiell und in deren vollstem Interesse völlig ausgeschlossenen Erörterung und Besprechung politischer Zeitfragen und Angelegenheiten und theil-weise selbst in leidenschaftlicher und parteiischer Weise beschäftigt und damit offenbar die Politik in die Maurerei hineingetragen haben, so protestirt feierlichst die unterzeichnete Grossloge im Namen des sächsischen Logenbundes gegen solchen Missbrauch der Maurerei und behält sich ausserdem die Vernehmung mit den übrigen deutschen Gross-logen und Logen und Weiteres vor.

　　Gr.-Orient Dresden, am 3. December 1870.

Die grosse Landesloge von Sachsen.

Gustav Warnatz,
d. Z. Grossmeister.

Emil Walther,　　　　　　　　　　　　　　　　　　Carl Julius Sperber,
d. Z. I. Grossaufseher.　　　　　　　　　　　　　　　　d. Z. II. Grossaufseher.

Gustav Westen,
d. Z. korresp. Grosssekretär.

Glaube, Liebe, Hoffnung.

Zum 50jährigen Stiftungsfeste der Loge „zum innigen Verein a. R."

Von

Br Kayser in Landeshut i. Schl.

———

Sohn! wie von Alt zu Neu die Jahr enteilen,
Magst Du — dem Fortschritt hold — von Stuf' zu Stufe
Fortstreben, träg' am Alten nie verweilen! —
Jung stets am Geiste — folg der Neuzeit Rufe:
Von alten Fesseln kühn Dich frei zu ringen:
Doch alt an Treu als Maurer im Berufe! —

Werd' alt am Glauben! Doch auf neuen Schwingen
Trag er dich stets, durch Erdenlast und Mühen,
Zu sel'gen Höh'n mit ihm hindurch zu dringen!

Alt deine Liebe — ewig neu ihr Glühen
Mag sie dein Herz dem Menschenwohle weihen,
Für Wahrheit, Recht und Freiheit dich erziehen!

Alt deine Hoffnung! Täglich doch erneuen
Mag sie den Muth zu rastlos kühnem Streben,
Bis Himmel dich — wo altes neu — erfreuen!
So sprach der Greis und — hat verhaucht sein Leben.

Br. Rocke.

Der Greis m. h. u. gel. Brr, der mit diesem ernsten Mahnruf sein Leben verhaucht, — er ist das heute in den Schooss der Vergangenheit hinabsinkende halbe Jahrhundert unserer Bauhütte. Sein Ruf ist gerichtet an den Sohn, an das heute erstehende neue Säkulum, in welches wir Brüder die Erfahrungen, die Freuden und die Schmerzen, die wir im alten glaubend, liebend, hoffend gemacht, genossen und erduldet haben, glaubend, liebend, hoffend hinübertragen.

Lassen sie uns in dieser ernsten Feierstunde das Mahnwort des scheidenden Greises mit der Achtung, wie sie dem Alter gebührt, in nähere Betrachtung ziehen.

Vor Allem ist es die Treue im Beruf, welche bei „lebendigster Liebe zum Fortschritt" bei „rastlosem Streben sich frei zu machen von der Fessel des Veralteten", der Maurer zu bewahren aufgefordert, von der Stimme der ins Gras sinkenden Vergangenheit beschworen wird. — Aber fassen wir in ihrer ganzen Tiefe und Schwere diese Forderung: Des Maurers Beruf hat einen weiteren Umfang als der des Laien. Es ist nicht blos die Treue und Wahrhaftigkeit, welche im Handel und Wandel, in Ausübung jedweder Lebensthätigkeit äusserlich durch Wort und That sich ausspricht, wie es das eiserne Pflichtgebot fordert. Für den Maurer empfängt die Treue im Beruf erst ihre wahre Weihe, wenn sie aus innerer Gesinnung hervorquillt, — einer Gesinnung, für welche das Pflichtgebot gar nicht existirt, weil sie demselben zuvorkommt, weil sie unaufgefordert von ihm aus innerem Drange früher und mehr leistet als jene fordern könnten. Ihr, dieser Gesinnungstreue, ist, was die Welt Opfer nennt, in jeder Sphäre des Berufs ein unbekanntes Ding. Was sie für recht und gut und schön erkannt, in jeglicher Lebensstellung, das leistet die maurerische Treue, gleichviel ob leicht ob schwer, ob mit äusseren Genüssen, ob mit Widerwärtigkeiten und Kämpfen verbunden. Denn den wahren, durch nichts antastbaren Genuss ihres Handelns erwartet sie nicht vom äusseren Erfolge; sie findet und bereitet ihn sich selber in der Befriedigung dieses ihres inneren Dranges und geniesst ihn in dem Hochgefühl des gewollten wenn auch nicht erreichten Guten und Schönen. So ist sie diese Treue das gerade Gegentheil der Selbstsucht, die sie selber nicht kennt und die sie verachtet in jeglicher Gestalt, in welcher sie von aussen ihr entgegentritt. — Das ist der weitere Umfang, der tiefere Gehalt maurerischer Berufstreue. Mit ihr ist denn nothwendig verbunden die lebendigste Liebe zum wahren Fortschritt, das rastlose Streben, abzuwerfen das Veraltete, sich frei zu machen von seiner Fessel. Eben darum ist dann aber auch ihr unablässiges Streben, immer tiefer und klarer zu erkennen und zu durchdringen, was wahrer, was nur scheinbarer Fortschritt ist, was wirklich veraltet und unbrauchbar geworden und was sich seit grauen Jahren als tüchtig und ehrwürdig bewährt hat. Die maurerische Treue geht mit Vorsicht und Bescheidenheit zu Werke, sie überstürzt sich nicht, prüfet selber und lässt vor Allem einer von maurerischer Gesinnung getragenen Einsicht gebührende Geltung. Mit solcher Gesinnungstreue tritt der Maurer dem lauten Rufe der Zeit nach Reform auch im maurerischen Bunde entgegen, prüfend, erwägend, entscheidend, was der Zeitgeist in zahlreichen Stimmen anpreist, das gesunkene Wesen des Menschheitsbundes zu heben und weiter zu entwickeln. — Eine solche Gesinnungstreue im Beruf fordert die Stimme des Greises, der heute zu Grabe gegangen. Ob wir sie uns angeeignet im Laufe der vergangenen Jahre, ob wir sie hinübertragen in das neue Säkulum, in welches wir heute eintreten? — Wohl uns, wenn wir mit dem Apostel sprechen können: „nicht dass ich es schon ergriffen hätte, aber ich jage ihm nach."

„Alt, ehrwürdig alt, nicht veraltet sei und bleibe in uns der Glauben, der Glauben, der auf neuen Schwingen uns hindurch trage durch Erdenlast und Mühen zu seligen Höhen." — Aber welches sind diese neuen mächtigen Schwingen, mit welchen wir uns zu solchem Fluge aus dem Staube der Erde zu erheben vermöchten? — Wohl lehrt uns die Vernunft, festzuhalten an dem Aufblick zu einem liebenden Vater, der die ewige Ordnung der Körper- und Geisterwelt gegründet, der die Myriaden der Welten wie das mikroskopische Thierleben im Wassertropfen mit seiner Weisheit und Liebe umspannt; — wohl begreifen wir, dass dies Erdenleben unseres Geschlechts nur einen Theil, nur eine Anfangsstufe von dem Dasein bilden könne, zu dem die bis an das Grab sich entwickelnde und läuternde Geisteskraft berufen ist, dass wir seines Geschlechts sind, dass wir berufen und kraft dieser Berufung in ewiger Vollendung uns ihm nähern sollen.

Aber wenn wir den Blick werfen auf die in Selbst- und Genusssucht versunkene Menschenwelt um uns her, auf das blinde Rennen und Haschen nach Befriedigung unlauterer Triebe, auf den nie endenden Kampf mit der Noth und dem Elend um das tägliche Brod, einen Kampf der jede menschenwürdige Erhebung zu edleren Anschauungen des Lebens unmöglich macht, — auf die Wirren und Intriguen, die in höheren Kreisen gesponnen, auf die unlauteren oder unklar aufgefassten Motive, mit welchen Parteihass, Standesvorurtheil, Herrschsucht, Scheinglaube — und wie sie alle heissen mögen die Ausgeburten einer gährenden Zeit — gegen die ruhige Entwickelung gesetzlicher Verhältnisse ankämpfen, — wenn wir alle diese, auch dem ungeübten Auge erkennbaren Hemmungen einer höheren Entwicklung der Menschheit an unserm Auge vorübergehen lassen, — o, da beschleicht auch das glaubensstarke Herz ein Zweifel an der Bestimmung der Menschheit, wähnt seine Vollendung wenigstens in unendliche Ferne hinaus gerückt. — Und da ist es denn eben der uralte, von der Vernunft immer von Neuem geborene feste Glaube an die Menschheit, die uns an- und eingeborene Ueberzeugung, dass sie, die Menschheit, mit all ihren überirdischen Fähigkeiten und Anlagen nicht zwecklos ins Dasein gerufen sein kann, dass sie vielmehr in schwerem Kampf mit dem Irrthum erstarken, mit Anwendung aller eignen Kraft siegreich, wenn auch in weiter Ferne doch endlich zum Ziele gelangen müsse. Es ist an uns, die Kraft dieser uralten und immer neuen Glaubensschwingen immerdar zu regen und zu stählen.

„Werde alt in der Liebe — ewig neu sei ihr Glühen" das ist der zweite Zuruf, den die heimgegangene Zeit an uns richtet. Ja die Liebe erweckt und belebt jenen Glauben, wie dieser hinwiederum ihr Feuer schüret! Wie kann die Liebe freundlich sein und langmüthig", wie kann sie, „ertragen und dulden" im Bruderkreise der Menschheit, wenn sie den Glauben an diese Menschheit? Und was wäre das für ein Glauben an diese, der der Liebesthat für die Brüder sich entfremdet und entäussert! — Glauben und Liebe gehören untrennbar zusammen und ergänzen einander.

Aber es ist keine maurerische Liebe, die sich genügen lässt am schönen Wort, das in der Arbeit erklingt; an der Behäbigkeit, die im geselligen Kreise der Brüder umfängt, an der falschen Duldung, mit der wir das Auge schliessen gegen die Fehler und Schwächen des Bruders. Die wahre Liebe, wie sie selber inne wohnt, will auch nur den inneren Menschen, verlangt mit diesem nach Einheit und Gleichheit im geistigen und sittlichen Streben. Darum wird sie gepeinigt und gemartert durch jeden Makel in dieser Sphäre, von dem sie das Bruderherz befleckt sieht; und sie kann nicht ruhen und rasten, bevor sie nicht ausgeglichen den trennenden Zwiespalt. Die wahre maurerische Liebe schonet nicht und will nicht geschonet sein, wo sie einen Flecken gewahrt am Bruderherzen wie am eignen. Wir nennen uns Glieder des Menschheitsbundes, aber mit welchem Rechte, wenn wir theilnahmlos oder gleichgültig ertragen, dass der Kern der Menschenwürde in uns und andern kränkelt oder verletzt wird.

Aeusseres Wohlthun, das die Menge als Ausfluss innerer Güte erachtet, kann den wahren Maurer, und wäre es noch so reich und umfassend, nicht bestechen und erfreuen, wo es trügerisch nur dient, die innere Fäulniss zu verhüllen. Wo aber die gemeinsame Liebesarbeit vor Allem darauf gerichtet ist, den inneren Menschen mit Erfolg zu veredeln und zu kräftigen, da fliesst die äussere Spende von selber und beglückt den Spender im Bewusstsein des sittlichen Werthes der Wohlthat, mehr als den Empfänger.

Haben wir solche Liebe geübt im verflossenen Lebensabschnitt unserer Loge, tragen wir sie warmen Herzens hinüber in die neue Zeit, dann haben wir Theil an dem Erziehungswerk, zu dem des Greisen Stimme uns mahnt, an dem Erziehungswerk für **Wahrheit, Recht und Freiheit.**

Endlich alt und immer neu sei dein Hoffen! So ruft nicht blos die Vergangenheit, auch die Gegenwart und die Zukunft. Und in der That,

> Wo Glauben und die Liebe walten,
> Da muss auch Hoffen sich gestalten!

Denn des Glaubens und der Liebe That haben keinen Boden im starren Sein, gehen ewig auf das lebendige Werden. Das Werden aber liegt in der Zukunft, die ohne Hoffen für Glauben und Liebe verschlossen liegt. Und wo die Hoffnung erloschen ist, da ist auch der Glaube und die Liebe todt, denn sie haben den Boden verloren, auf welchem allein sie lebendig sich erweisen können.

„Ohne dich traute verödet die Welt!"

klingt des Dichters begeistert Wort.

„Mit dir erneut sich täglich der Muth zu rastlos kühnem Streben"

lautet des Greisen hoffnungsreicher Trostspruch.

Darum, meine Brüder, — um auch einer hoffnungsarmen Stimme der Zeit noch hierbei zu erwähnen — wie schmerzlich uns die düstere Schilderung berührt, welche ein alter Logenbruder von der Gegenwart unseres Bundes in der „Bauhütte" entwirft, wie sehr wir genöthigt sind, seinem Schattengemälde volle Wahrheit zuzuerkennen; wir können und dürfen seinem Mittel nicht Rechnung tragen, mit dem er die gänzliche Auflösung des Bundes als eines in seinen Grundfesten vermorschten Gebäudes, und die Schöpfung eines neuen mit vorsichtigster Wahl des Bewährten und mit dem Neubau einer Verfassung fordert, welcher den Einheitsideen der Neuzeit entspricht. — Die radikale Rettung der maurerischen Idee, die er allein in der Anwendung dieses Mittels erblickt, muss meines Erachtens aus dem Innern des dermalen bestehenden, in geschichtlicher Zeit so glänzend bewährten Bundes, d. i. aus dem Innern der jetzt und künftig ihm angehörenden Brüder hervorgehen. Auf unseres Goethe schönes Wort:

„Werd' selber besser, gleich wird's besser sein!"

legt der Verfasser, wie alle die Stimmen, welche jetzt über maurerische Werkthätigkeit und Bundesreform laut geworden, meines Erachtens viel zu wenig Gewicht. Dasselbe liegt den Gedanken zu Grunde, welche ich über diese brennende Zeitfrage in der „Bauhütte" veröffentlicht habe; auch heute noch, nachdem ich die gekrönten Bewerbungsarbeiten über diese vom Verein deutscher Maurer gestellte Preisfrage mit aller Theilnahme gelesen, bin ich der Ueberzeugung, dass ohne diese Prämisse des eignen Besserwerdens jede Reform des Bundes nichtig und erfolglos bleibt; dass aber mit ihr und auf ihrem Boden hervorspriessend alle äussere Reform sich mit Nothwendigkeit von selber gestaltet. — Wie jedes naturwüchsige Erzeugniss dem Licht und der Luft zustrebt und sich ohne künstliche Hülfe von aussen zur schönen Blüthe und Frucht entfaltet; so muss die von der Vernunft und dem Gemüth der Brüder ergriffene maurerische Idee bei steter Veredlung dieses Bodens, aus dem allein sie, ihrer Natur gemäss nur Licht und Luft beziehen kann, zur Blüthe und Frucht, d. i. zur werkthätigen Veredlung des Brudergeschlechts emporwachsen. Die Bedingung ihres äusseren Lebens aber, Freiheit der Entwicklung in Gesetzgebung und Verfassung, diese erzwingt sie unfehlbar nur in dem Maasse als ihre innere Würde in einem Musterleben der Brüder zu Tage tritt und damit die Welt zu ihrer Anerkennung nöthigt.

Mit und in der Hoffnung, dass es also werde, lassen Sie uns den maurerischen Glauben, die maurerische Liebe bethätigen.

Literarische Besprechung.

Die Freidenker. Eine Erzählung von Andr. Obsieger. Wien, 1870. Gerold's Sohn.

„Soll die Menscheit siegen, kehre jeder Mensch den hohen Werth seiner schönen und grossen Seele unverzagt nach auswärts, in keiner andern Form als in der eines grossen edlen Thuns und Lassens, und die Wahrheit der Sinnen- und Elementarwelt wird ihm elementar anfliegen. Dieser neue Bund zum Erringen der höchsten Tugend erkenne seine Anhänger in nichts Anderem, als in ihren guten und schönen Werken, in Gesinnungen und Handlungen und bedenke: das Unglück der Völker entquillt aus der Unsittlichkeit aller Mächte. Sobald diese sittlich sind, ist die Menschheit frei und glücklich." — Diese dem Vorwort der Erzählung entnommenen Worte bekunden von vornherein des Verfassers freimaurerische Gesinnung, die denn auch das ganze Buch allenthalben widerspiegelt, namentlich auch der Versuch, zur Gründung eines Denkerbundes anzuregen. Die dahin bezüglichen Stellen sind für uns von besonderem Interesse, so dass wir sie auszugsweise hier mittheilen.

Von seinem Denkerbunde der Zukunft, der wohl für immer ein frommer Wunsch bleiben wird, hat sich der Verf. dessen theilweiser Verwirklichung, dem FrMrbunde zugewendet. Er hat sich bei der Loge zu den 3 Schwertern und Asträa in Dresden zur Aufnahme gemeldet und wollen wir wünschen, dass er im Bruderkreis volle Befriedigung finde, wie er voraussichtlich uns ein willkommener Bundesgenosse sein wird.

Auf die Erzählung gehen wir, da wir kein literarhistorisches Organ sind, nicht näher ein. Nur soviel sei beiläufig bemerkt, dass es dem Verfasser an Plastik der Darstellung fehlt und dass uns sein Stil vielfach zu überschwenglich erscheint. Das hohe, edle Streben, die lichtfreundliche und freie Auffassung von Welt und Menschen und das manchmal recht anmuthige Pathos des Verfassers verliert sich, wohl eine Folge der Jugendlichkeit, vielfach ins Unbestimmte, Nebelhafte und Ueberschwengliche. Die Darstellung erinnert lebhaft an den freimaur.

Roman von Meyerns „Dia — na — Sore", manchmal auch an Jean Paul und Klopstock. Vom künstlerischen Standpunkte aus ist die Dichtung zu philosophisch, vom Standpunkte der Wissenschaft aus zu dichterisch.

Von seinem Denkerbunde heisst es unter Anderem: „Ich frage Niemand, wessen Standes, Ranges oder Religion er sei; hier gilt nur die Denkerwürde, uns ist der Geist die einzige legitime Majestät. Meine Lehre passt für alle Menschen, welchem Berufe sie auch immer obliegen, denn auch die Geistersonne scheint auf hoch und niedrig. Die Erfahrung beweist, dass Gott der Menschheit nie durch der Propheten Mund ein grosses Ziel gewiesen hat, das er ihr nicht erreichen liess, und wie sehr sie geneigt ist, im Allgemeinen die Menschen zu tadeln, des Hohen haben sie doch bereits Vieles erreicht und sie stehen dem Höchsten nahe. Doch sie besitzen das Hohe erst, wie man rohes Gold und Edelsteine besitzt; die Kunst, in dem hohen Götterstyle ihr Leben daraus zu bilden, haben sie sich noch nicht angeeignet, um sie mit gewohnter Leichtigkeit sogleich und stündlich zu üben, weil sie die grossen Lehrmeisterinnen: die Religion, die Poesie und die Philosophie ebenso in ihrer wahren Bedeutung als Lebenszweck unbeachtet lassen, wie die eingebornen Mentoren ihres Selbst: das Gewissen, das Genie, die Vernunft.

„Die natürliche Kunst des höheren Lebens unter den davon abgelenkten Menschen zur allgemeinen Geltung zu bringen, ist Denkeraufgabe, ist die von Gott aufgetragene Mission der vorurtheilslosen Geister. Die Menschen werden mit staunenswerthem Geschicke diese Lebenskunst üben, wenn sie Denker geworden sind."

„Was die Religion, die Poesie und die Philosophie auf dem höheren Lebensgebiete der Sitte, der Kunst und Wissenschaft für das allgemeine Leben end- und mustergiltig gelehrt haben, das soll nun durch unsere Lehre in allen Ständen und Verhältnissen Wirklichkeit durch das Leben eines neuen Zeitgeschlechtes der Denker werden." — —

„Ein Denkerbund kann in seinen Bestrebungen auf die Massen, wie sie gegenwärtig ethisch und intellectuell beschaffen sind, nicht bauen, sondern er muss für eine höheren socialen Absichten vorerst jene gereifteren Geister zu gewinnen suchen, welche sich durch Sympathie auch wirklich und lebendigst für höhere Angelegenheiten der Menschen interessiren und die von der gemeinen Stimme des Tages, welche die ideale Strömung der Geister verleugnet, mit in das Schlepptau genommen sind."

Er weist hin auf eine erscheinende bevorzugte Persönlichkeit, die „das himmlische und weltliche Evangelium in der einheitlichen Form des Gott-Menschlichen allen Menschen durch ihr Buch des Lebens lehren wird". „Auf diesen Meister, welcher der Menschheit ein grosses und heiteres Leben bieten wird, bereite deine Schüler vor, damit sie die Apostel seiner erlösenden Wahrheit, die grossen erleuchteten Verkünder des Evangeliums der Denker werden, in dessen Licht Niemand in die Irre geht." — —

„Doch nun zu unserem und des Bundes Geheimniss. Kein Glied unseres über die ganze Erde verbreiteten Bundes kennt es ausser mir. Der gealterte Geisterhort vertraut es stille den erwählten Jüngern; so überkömmt es jeder Nachfolger von seinem Vorgänger und erlangt damit alle Vollmacht über den Bund der Geister. Darum neige dein Haupt mir zu und lasse mir die höchste Vollmacht des Bundes, die nur lebendig besteht und nicht als geschriebene Urkunde in deine Seele sprechen. Es wird dieses Wort wie eine Sonne in der Welt deines Geistes aufgehen und mit dauerndem Licht deine Gedankenwelt gleich dem Himmel mit seligen Geistern beleuchten, in alle Geistesgestalten deines Lebens göttliche Würde, Kraft und Schönheit ausgiessen." — —

Wir empfehlen hiemit diese gehaltvolle Schrift; jeder Br wird darin Anregung, Belehrung und maurerische Stimmung finden.

Feuilleton.

Aus Amerika. — Als Auswüchse des Mrrthums existiren hier mehrere sog. Orden, deren Endzweck dem des Mrrthums im Allgemeinen ähnlich ist, soweit man nämlich die hier durchgängig geltende Idee der gegenseitigen Unterstützung als gültig anerkennt. Die Beförderung der Humanität ist hier kaum nomineller Zweck.

Ein Mitglied der Erwin-Loge in St. Louis, B., machte mir s. Z. die naive Bemerkung, er gehöre zum „Orden" der Freimaurer, Odd Fellow, Herrmanns Söhne, Sieben weise Männer, jedoch noch nicht zu den rothen Männern und den Druiden, werde sich jedoch auch dort noch aufnehmen lassen; er habe es jedesmal im Geschäft bemerkt, wenn er zu einem neuen Orden beigetreten sei. Der Gute ist nämlich Tabaks- und Cigarrenhändler. Zur selben Zeit war das Begräbniss eines beim Baden ertrunkenen Bruders, wobei der Redner der Loge am Grabe eine mrr. Rede vom Stapel liess, die wohl als Tischrede am Platz gewesen wäre, da sie sich in Redensarten erging, ohne die geringste Rücksicht auf die Wittwe zu nehmen, die in der drückenden Sonnenhitze, betäubt von dem plötzlich hereingebrochenen Unglück, einmal über das andere in Ohnmacht fiel. Beim Nachhausegehen blieb die ganze Gesellschaft in dem Biergarten eines Bruders, wo ich dem mir angeborenen bösen Mundwerk sehr freien Lauf liess und die gel. Brr in einer Philippika auf verschiedene unpassende Dinge in etwas scharfer Weise aufmerksam machte. Da sie alle betreffs des Mrrthums auf unsichern Füssen standen, nahmen sie die Sache gut auf, und waren zufrieden einmal etwas zu hören, was nicht gerade im Ritual stand.

Das Non plus ultra, was mich aber sogar in Amerika so überraschte, dass ich Auge und Ohr nicht traute, war eine Lehrlingsaufnahme in der Germanialoge in Neu-Orleans.

Der Aufzunehmende war Jude. Als er nach gehöriger Vorbereitung in die Loge eingeführt wurde, wurde er u. A. gefragt, welcher Religion er angehöre. Er antwortete: Jude! Meister: „Bruder Aufseher fragen Sie den Candidaten ob er nicht seine Religion wechseln will." Antw. Nein. Ich fand das undelikat. Ausser dem Feuer und Wasser kam aber noch eine Sache, die ich erwähnen muss. Während der zweiten Reise kam ein Satz über Sünde und ihre Strafe, und um das nachdrücklich zu machen und die mr.sche Strafe zu versinnbildlichen ruft der Meister: Werft ihn in den Abgrund! „Da kommt das Schicksal rauh und kalt, der Führer des Cand. packt ihn mit fester Hand kunstfertig im Genick und schleudert ihn durch einen Papierschirm, dessen Geknatter dem Armen wohl Schrecken verursacht haben mag. Ausser anderem Hokuspokus wurde der Cand. noch mit heissem Siegellack auf der linken Brust zum Maurer. „gesiegelt", so dass er das Brandmal nach vierzehn Tagen noch sehen konnte, und eine unblutige Aderlassscene aufgeführt, angeblich um Blut zur Unterschrift zu liefern. Das war aber alles noch nichts. Nach der dritten Reise wurde vom Mstr. gefragt: „Hat Jemand gegen den Cand. etwas einzuwenden? Allgemeines Schweigen. Auf die dritte Wiederholung der Frage erhielt der Mstr. vom Dr. Secretär einen Brief, der etwa lautete: An den geehrten Mstr. v. Stuhl der Loge Germania in N.-O. Ich habe gehört,

dass Herr W. heute Abend in den Orden aufgenommen werden soll. Ich wende mich an Sie, um mir zu meinem Recht gegen diesen Herrn zu verhelfen, der mich unter dem Versprechen der Ehe verführt hat und mich nun verlassen hat etc. Marie Elisabeth.

Der Mstr. zum Cand. „Was haben Sie hierzu zu bemerken?" Antw.: Ich kenne keine M. El. Die Examination wurde mit allerlei Kreuz- und Querfragen fortgesetzt, wobei der Cand. zuletzt auf eine betreffende Frage die Antwort gab: „Ich habe noch keinem Mädchen die Ehe versprochen und wenn ich mit einer etwas zu thun hatte, habe ich immer baar bezahlt." Nachdem man ihn genugsam maltraitirt hatte, wurde, ohne seine Unschuld an dem im Brief enthaltenen Vorwurf förmlich anzuerkennen, das Thema fallen gelassen und die Aufnahme ging weiter.

Dass der oben erwähnte Brief von einem Br. im Einverständniss mit dem Mstr. aufgesetzt war, ist wohl kaum zu erwähnen. Für meinen Geschmack war dies etwas zu starker Tabak, so dass ich einen wahren Widerwillen gegen alles das gefasst habe, was man hier mit dem Namen Brei bezeichnet.

Als ich im letzten Winter in Neu-York eine Loge besuchte, war ich gegenwärtig, wie in Zeit von etwa eine halben Stunde etwa 15—20 Brr wegen Unordnung im Quittungsbuch, d. h. wegen unregelmässiger Bezahlung der Beiträge suspendirt wurden. Das Ganze wurde so geschäftsmässig vorgenommen als möglich. So lange ich hier bin, habe ich in keiner Loge einen Vortrag gehört, immer und überall nur gedankenloses Herunterbeten des Rituals. Unmittelbar nach Schluss der Loge gehen Alle auseinander. Die Kränzchen oder Clubs, deren wesentliche Bedeutung in der persönlichen Annäherung der Brr liegt, existiren hier nicht, zuletzt geht in die Loge um seine Geschäftskarte in Umlauf zu bringen. Dabei herrscht eine Strenge in der Prüfung für Besuchende, die es jedem Mstr. v. Stuhl von Deutschland mindestens schwer machen würde, oft aber geradezu unmöglich, Eintritt zu erlangen.

Die Prüfung beschränkt sich nämlich nicht auf Z. W. und Gr., sondern bewegt sich ganz besonders im Katechismus, der nicht gedruckt ist, sondern von Mund zu Mund übertragen wird. Es existirt ein Druck davon von einem gewissen Morgan, um jedoch das zu entdecken, sind verschiedene Fragen und Antworten verändert. Dass alle Fragen und Antworten spitzfindig sind und sehr oft nicht gerade geistreich, versteht sich von selbst.

Der Eid, der in Deutschland nur angedeutet wird, und den man durch das Wort eines freien Mannes so würdig ersetzt hat, existirt hier überall noch in seiner vollen Länge.

Ein Lehrling kann nach einem Monat um Beförderung nachsuchen, die, wenn der Candidat sein Katechismusexamen besteht, auch ohne weiteres gewährt wird. Der Geselle kann nach einem Monat um Meisterbeförderung nachsuchen unter denselben Umständen. Oft ist es der Fall, dass die Beförderung ohne Meisterberathung vorgenommen wird, einfach auf die Meldung nach den Fragen des Mstrs. ob noch Geschäfte zu erledigen seien. Es wartet einer im Vorzimmer auf Beförderung. Ich lernte in Neu Orl. einen Doctor G. Saßfras kennen, der aber von seiner Loge in Indiana (Terre haute) ausgestossen worden ist. Ich melde es dir, da ich vermuthe, dass er in Deutschland in Logen sein Unwesen treibt, und würde wünschen wenigstens in den Dresdner Logen, wo er angeblich verheirathet ist, es bekannt zu machen. Er schwindelte in Neu Orleans furchtbar, pumpte Jedermann an und verschwand dann plötzlich, ich vermuthe, nach Deutschland. Ich bitte Dich, es zu thun auf meine Verantwortung hin.

Hildesheim. — Für die in Noth gerathenen Brüder in Strassburg habe ich unter den Mitgliedern unserer Loge 60 Thlr. gesammelt, die ich zur gefälligen Weiterbeförderung durch Posteinzahlung Ihnen hieneben übermittle.

Für das in der Bauhütte geführte Verzeichniss erlaube ich mir zur etwaigen Einrückung die Mittheilung, dass unsere Loge (Pforte zum Tempel des Lichts) am 23. Juli d. J. auch 100 Thlr. für die verwundeten Krieger an den hiesigen Ausschuss eingezahlt hat.

Aus der Schweiz. — Heute am 29. Nov. wird der gewesene Grossmeister der Alpina, Br Meystre in Payerne (Canton Waadt, wo er in letzter Zeit als Advocat gelebt) begraben.

Ein Volkslehrer-Seminar. — Wir machen gern auf einen zwar nicht äusserlich, aber um so mehr innerlich mit den freimaurer. Bestrebungen verwandten Vorschlag aufmerksam, dessen Verwirklichung sehr zu wünschen wäre, nämlich auf den Vorschlag der Begründung eines von Staat und Kirche unabhängigen, echt wissenschaftlichen Volkslehrer-Seminars in Hamburg. Derselbe geht von dem Geschichtslehrer Aug. G. Todtenhaupt aus und ist in einer (gedruckten) Eingabe „an die hohe Bürgerschaft" niedergelegt. Es sollen auf philosophischer Grundlage im Geist der Menschheitslehre Lehrer für Erwachsene und zwar für die verschiedenen Stände, also für das ganze Volk herangebildet werden. Die Wichtigkeit eines solchen Instituts leuchtet von selbst ein.

In tiefer Mitternacht. — Unter diesem Titel hat Br O. Marbach eine Schrift zum Besten der in Krieg Nothleidenden herausgegeben, worin u. A. zwei Vorträge (Welche Zeit ist es? und: mr. Reform) enthalten sind mit den gröbsten Anschuldigungen und Verleumdungen gegen den Verein deut. Mr., sowie mit persönlichen Insulten der unverzeihlichsten Art. Nachdem Bruder Marbach auch von unbetheiligter Seite (Hamburger Logenblatt) in zermalmender Weise zurechtgewiesen und von unserer Seite wiederholt bedeutet worden ist, wie alles Beweises baar und wie unbegründet seine Ausfälle gegen den Verein sind, ist der unveränderte Abdruck dieser Logenreden ein Vorgehen, welches nicht verfehlen wird, in allen Mrkreisen die verdiente Indignation hervorzurufen. Wir behalten uns vor, demnächst des Weiteren auf diese mitternächtlichen Machwerke zurückzukommen.

Neue maurerische Zeitschrift. Vom 1. Januar 1871 an wird unter dem Titel „Union", ungarisch-österreichische Freimaurerzeitung" eine maurerische Wochenschrift in Temesvár erscheinen, herausgegeben von Br Alb. Strasser, Sprecher der (Hochgrad-)Loge „Hunyady".

Im Prospect heisst es: „Es ist dies in Ungarn-Oesterreich die erste periodisch erscheinende maurerische Druckschrift und wurde ich zur Herausgabe derselben ebenso sehr durch den erfreulichen Aufschwung veranlasst, welchen das Freimaurerthum unter gesetzlichem Schutze in Ungarn nimmt, als mich hierzu das lebhafte und von allen maurerischen Kreisen

Ungarns tief empfundene Verlangen bestimmte, mit der maurerischen Welt des Auslandes in eine innige Verbindung zu treten, und sohin auch dem Auslande gegenüber — welches dem noch jungen Maurerthum in Ungarn zum nachahmenswerthen, leuchtenden Vorbilde dient — von den Erscheinungen auf dem Gebiete des ungarischen Maurerthums, von unseren Strebungen, von unseren Erfolgen im Dienste der guten Sache Nachricht zu geben, das gegenseitige Verständniss zu vermitteln und so jene Annäherung und je festere Knüpfung des echt maurerischen Verbandes anzustreben, für welche geographische Grenzen, ethnographische und nationale, politische und confessionelle, oder gar rituelle Unterschiede kein Hinderniss sein dürfen.

„Demgemäss wird die „Union" die bemerkenswerthen Vorkommnisse im Freimaurerthum des gesammten Auslandes in ihren Spalten sorgfältig verzeichnen, und glaube ich diesfalls nicht macht stark" an die jungen Maurerthum in Ungarn Logen des Auslandes directe Mittheilung aber allgemein interessirende Ereignisse aus dem Logenleben, sowie von den einzelnen geliebten Brüdern ihre geistige Unterstützung meines Unternehmens durch Einsendung von Beiträgen mir erbitte.

„Für Ungarn speciell wird die „Union" — wie schon der gewählte Titel bezeugen mag — nach dem Grundsatze „Einigheit macht stark" dahin streben, dass die in unseren geliebten Vaterlande eingeführten verschiedenartigen Riten, durchdrungen von dem Bewusstsein der Zusammengehörigkeit im Wesen und Zweck, sohin durchdrungen von dem Bewusstsein der Solidarität der maurerischen Interessen in unserem Vaterlande sich in brüderlicher und harmonischer Weise einigen in dem Bestreben der Errichtung eines eigenen Grossorientes von Ungarn, welcher auf vollkommen demokratischer Basis, unter Wahrung der Rechtsgleichheit aller Riten und der Autonomie der einzelnen Logen, dem Maurerthume Ungarns auch die Autorität und allseitige Anerkennung vor der auswärtigen Maurerwelt zu schaffen geeignet ist."

Von der „Union" wird wöchentlich eine Nummer, 1 Bogen stark, erscheinen. Preis vierteljährig mit freier Postzusendung für Ungarn-Oesterreich 1 fl. 80 kr., für das Ausland Thlr. 1. Nach Ungarn-Oesterreich und Deutschland erfolgt die Zusendung direct pr. Post.

Die Einsendung der Pränumerationsgelder wird franco erbeten an die Adresse: Albert Strasser, Secretair der „Temesvarer Lloydgesellschaft" in Temesvar (Ungarn)", unter welcher Adresse franco auch alle auf die Redaction bezüglichen Einsendungen erbeten werden. — —

Wir begrüssen dieses erfreuliche Lebenszeichen und heissen zum Voraus diese neue Collegin willkommen, selbst wenn wir, wie zu vermuthen ist, vielfach eine gegnerische Stellung zu ihr werden einnehmen müssen. Unter Brn gibt es nur Gegner, keine Feinde. Lediglich die Sache, die Wahrheit und die Wohlfahrt unseres Bundes im Auge, werden wir in brüderlicher Gesinnung stets offen und entschieden unsere Ueberzeugung aussprechen. Wir haben schon zu wiederholten kalen uns gegen die Fusion der in Ungarn vertretenen Rito ausgesprochen, weil sich dieselben wie Feuer und Wasser, wie Wahrheit und Verirrung zu einander verhalten und eine unnatürliche Zusammenschmelzung disparater Elemente nur zu Verwirrung und Streit führen kann. Der innere Widerspruch tritt bereits in vorliegendem Programm augenfällig hervor, wo in einem Athem von demokratischer Basis und Rechtsgleichheit aller Rite die Rede ist. Hochgrade sind eine aristokratische (im schlimmen Sinne — aristokratische) Einrichtung und das offenbare Gegentheil von Demokratie; sie sind ein Zerrbild reiner Maurerei und eine mit der Würde, dem Ernst und der Heiligkeit des Maurerthums contrastirende Lächerlichkeit, eine Trübung der mr. Idee und nichtig und nutzlos in ihrer Wirksamkeit, ein Anachronismus im 19. Jahrhundert. Eine Verbindung der Joh.-Brei mit dem Schottischen Ritus von 33 Gr. würden wir für einen beklagenswerthen Rückschritt ansehen. Unsere Losung ist: friedliches Nebeneinanderbestehen der verschiedenen Rite, edler Wetteifer in allem Guten, aber keine Fusion!

Zur Besprechung.

Klenke, Dr. Herm., **Schuldiätetik.** Praktische Gesundheits-
pflege in Schulen etc. Leipzig, 1871. Ed. Kummer. 8.

Empfangs-Anzeige.

Auf den von unserem ehrw. Meister vom Stuhl, Bruder
Dr. Bluch, erlassenen Aufruf an alle Freimaurer-Logen
Deutschlands, wurde uns von den nachverzeichneten Logen zur
Unterstützung der verunglückten Strassburger Brüder die
Summe von 684 fl. 30 kr. zu Theil als:

Aus Demmin, Friedrich Wilhelm zur Liebe und Treue	fl.	17.	30.
Aus Döbeln (Maurerkränzchen)	-	8.	45.
„ Greiz, Lessing zu den drei Ringen	-	47.	15.
„ Goslar, Hercynia zum flammenden Stern	-	87.	30.
„ Hirschberg, zur heissen Quelle	-	17.	30.
„ Marburg, Marc Aurel zum flammenden Stern	-	17.	30.
„ Münchenbernsdorf, Victoria zum flammenden Stern	-	8.	45.
„ Nienburg, Georg zum silbernen Einhorn	-	43.	45.
„ Offenbach a. M., Carl und Charlotte zur Treue	-	101.	—.
„ Oldenburg, zum goldnen Hirsch	-	70.	—.
„ Prenzlau, zur Wahrheit	-	17.	30.
„ Regensburg, Maurerclub	-	7.	—.
„ Putbus, Rügia zur Hoffnung	-	26.	15.
„ Schweinfurt, zur Brudertreue am Main	-	25.	—.
„ Stettin, zu den drei Zirkeln	-	63.	—.
„ Striegau, Friedrich zur Treue an den 3 Bergen	-	8.	45.
„ Wittstock, Constantia	-	17.	30.
„ Worms, zum wiedererbauten Tempel der Bruderliebe	-	100.	—.

Summa fl. 684. 30.

Mit unserer Logenthätigkeit bildete sich auch zu gleicher
Zeit, aus einigen unserer Brüder ein Hilfs-Comité, um auch die
Opferwilligkeit der Profanen in Worms und Umgegend in Anspruch zu nehmen und es wurde uns auch hierdurch möglich
eine weitere Summe von 365 Thlr. an den Maire von Strassburg zur Vertheilung an die schwer betroffenen übrigen Bewohner Strassburgs zu senden.

Brr Maurer! Wenn schon das blosse Mitleid, das im
Gefühle und in Worten sich äussert, mildernder Balsam für
das verwundete Herz des Unglücklichen ist, um wie viel mehr
muss eine thätige Theilnahme wie sie genannte Logen ihren
unglücklichen Brüdern Strassburgs an den Tag gelegt haben,
den gebeugten Muth dieser Bedrängten wieder aufrichten! —
In dieser Anerkennung und durchdrungen von den innigsten
Gefühlen des Dankes für die menschenfreundlichen Unter-
stützungen, melden wir hierdurch allen gehenden Logen den
Empfang der eingesandten Beträge und empfehlen sie dem
Schutze des obersten Baumeister's aller Welten, damit er
Ihren Tempel beschütze vor allen Unglücksfällen, und aus der
Schaale der Vergeltung mit dem Preise des Glücks sie kröne.

Im Auftrage der Loge zum wiedererb. Tempel der
Bruderliebe in Worms

Metzger,
Corresp. Sekretär.

Unseren deutschen Brüdern in Strassburg und Kehl.

Transport:	Thlr. 67.	25.
Von Br Conrad in Lorch	Thlr. 1.	—.
Von den Brn der Loge zum Tempel des Lichts gesammelt durch Br Menge, Mstr. v. St. (für Strassburg)	„ 60.	—.

Summa: „ 128. 25.

Indem wir hierfür bestens danken, bitten wir um weitere
Beiträge. Thlr. 128. 25. sind hiervon bereits nach Karlsruhe
abgesandt.

J. G. Findel.

Für das Comité der Frankfurter Logen.

Von Dr Simon Menger in San Antonio (Texas) Thlr. 10. —

Brüderliche Bitte.

Sollte ein Br im Besitze des dechiffrirten Textes und
der Uebersetzung von Browne's Meister-Fragestück oder
einer Erklärung der Chiffre auf dem Meistertapis (How,
Freemason's Manual, Ed. 2. S. 142) sein, so würde er
mich durch gütige leihweise Ueberlassung zu innigstem
Danke verpflichten. **Br J. G. Findel.**

Briefwechsel.

Br. B—e in E—n. Ihre Bestellung für Br. G. in L. ist besorgt
und Br. M. geantwortet. Besten Dank und brdl. Gruss!
Br. B—r in W—n. v. Dalen sende Ihnen durch Buchh. S—s;
Einlage bestens besorgt. Brief. Antwort behalte mir für später vor,
wenn mehr Zeit; inzwischen herzl. Gruss!

Anzeigen.

Neuer Verlag von J. G. Findel in Leipzig.

Soeben ist erschienen:

Findel, J. G., Geschichte der Freimaurerei von
der Zeit ihres Entstehens bis auf die Gegenwart.
Dritte Auflage. gr. 8. Thlr. 3. ord. — eleg. geb.
Thlr. 3. 12 Sgr.

Früher erschien:

Gegenwart und Zukunft der Freimaurerei. Von
einem alten Logenbruder. 8. 9 Sgr.

Reatz, Dr., Privatdocent in Giessen, **Geschichte des
Seeversicherungsrechts.** 8. I. Bd. Thlr. 2. —.

Im Verlage des Unterzeichneten ist soeben erschienen:

Br Carl van Dalen's
Jahrbuch für Freimaurer
(Taschenbuch mit Notizkalender)

auf das Jahr 1871.
Elfter Jahrgang.

Inhalt: Stiftungsfeste der Logen — Maurer. Gedenktage — Notizbuch — Verzeichniss sämmtlicher Grosslogen, ihrer Grossmeister und Repräsentanten — Verzeichniss sämmtlicher activen Logen Deutschlands, Ungarns und der Schweiz mit ihren Meistern v. St. und deput. Meistern, sowie der Mrclubs — Verzeichniss des Vorstands und der corresp. Mitglieder des Vereins deut. FrMr — Die deutschen Logen Amerikas etc. — Maurer. Chronik des verflossenen Jahres — Todtenschau — Maurer. Literatur u. s. w.

☞ Das „Jahrbuch" wird so gebunden, dass die Brr Abnehmer den Text herausnehmen und die Einband-Decke mehre Jahre lang benutzen können, wodurch in der Folge dieses beliebte maurer. Taschenbuch etwas billiger zu stehen kommt. Ich bitte um weitere Verbreitung. Der neue Jahrg. ist reich ausgestattet und enthält manche Verbesserungen und Erweiterungen.

Bereits fertig sind r die beliebten Einband - Decken zur „Bauhütte" in Calico mit blindgedruckter Randverzierung, Rückenvergoldung, auf der Vorderseite freimaurerische Embleme in Goldpressung für Jahrgang 1870. 12¹/₂ Sgr.

Diese Einband-Decken sind auch als Aufbewahr-Mappen zu gebrauchen.

Ferner erschienen:

Mittheilungen aus dem Verein deutscher FrMr.
IV. Band. 1. Theil. 8. broch. 15 Ngr.

J. G. Findel.

FrMr-Schriften.

Nachfolgend verzeichnete Schriften sind zu den beigesetzten Preisen durch mich zu beziehen. (Die eingeklammerten Preise bedeuten den Ladenpreis oder den Preis nach einem antiqu. Verzeichnisse von Kössling.)

Bei Abnahme der Sammlung im Ganzen kann ich einen namhaften Nachlass gewähren.

Leipzig.   J. G. Findel.

	Thlr.	Sgr.
Dreimal drei Worte zur Lehre und Warnung. Von e. Freimaurer. Berl. 1796. br. (2 Expl.) . . . . à —. 5.		
Eckstein, Geschichte der Freimaurer-Loge im Orient von Halle. Halle 1844. br. Nicht im Handel . . . . —. 10.		

	Thlr.	Sgr.
Elias Artista mit dem Steine der Weisen. 2 Chron. 13. 5. O. O. 1770. 4. broch. (4 Expl.) . . . . à —.		2.
Enthüllung d. Systems d. Weltbürger-Republik In Briefen aus der Verlassenschaft eines Freimaurers. Rom 1786. Ppbd. (1. 10.)	—.	10.
Erläuterung der Freimaurerei. A. d. Engl. d. Br Preston, übers. von Meyer. Stendal 1780. Ppbd. (—. 25.)	—.	7¹/₂.
Etwas über die Hirtenbrief an die wahren und ächten Freimaurer alten Systems. Germanien 5786. Ppbd.	—.	7¹/₂.
Etwas für die Priesterwelt oder das Grab Mosis. Eine morgenländische Geschichte. O. O. 1786. br. Der weisse Stier. Memphis 1774. Ld.	—.	6.
Fleischer, fernere Betracht. über das Horus Europens neuere Aufklär. u. die Bestimmung des Menschen durch Gott. 2. Bde. Wien. 1787. Pp	—.	5.
— — Beschreib. der drei wirkenden Grundeigenschaften d. menschl. Seele, als die Quellen d. moral. Tugenden und der moralischen Gebrechen etc. Gedruckt 1786. Pp.	—.	5.
— — Gedanken üb. d. Selbsterkenntniss nach d. Grunde d. Natur in einem Sendschreiben an wahre Glieder d. Freimaurer-Ordens. Frankf. 1785. Pp.	—.	3.
— — Katechismus z. Unterricht u. Gebrauch aller Völker nach d. Willen des einigen Gottes in s. dreifachen Offenbarung. Wien 1787. Pp.	—.	5.
Francs-Maçons écrasés, les. Av. grav. Amst. 1747. (selten.) (2. 20.)	1.	15.
Freimaurerei, die, im Oriente v. Hannover. Hannov. 1859. br. (1. 20.)	—.	20.
Geheimniss aller Geheimnisse in macrososmo et microcosmo, od. geh. Geheimnisse der Rosen- u. Gülden-Kreuzer. Lpzg. 1788. br. (3 Expl.) . . . . à —.		3.
Geheimniss des betrübenden und tröstenden etc. Kreutzes Jesu Christi u. s. Glieder. Frkf. 1782. Pp.	—.	3.
Geschichte des Schicksals der Freimaurer zu Neapel. Frkf. 1779. br. (selten.) (rl. 1. —)	—.	10.
Geschichte der grossen National-Mutterloge der preussischen Staaten, genannt zu den 3 Weltkugeln. Berlin 1867. br. . . .	—.	20.

(Fortsetzung folgt.)

☞ Die nächste Nummer d. Bl. (Nr. 1 des neuen Jahrgangs) erscheint erst heute über 14 Tage. Nächste Woche erscheint keine Bauhütte.

Verantwortlicher Redacteur: Br J. G. Findel. — Verlag von Br J. G. Findel in Leipzig. — Druck von Brr Bär & Hermann in Leipzig.

Lightning Source UK Ltd.
Milton Keynes UK
UKHW022223140219
337291UK00006B/327/P

9 780364 472125